LIEBL / KOPITZKI (HRSG.)
Die Gans ist noch nicht gebraten

LIEBL / KOPITZKI (HRSG.)
Die Gans ist noch nicht gebraten
Ein Lesebuch zum Konstanzer Konzil

Für Sebastian

Besuchen Sie uns im Internet:
www.gmeiner-verlag.de

© 2014 – Gmeiner-Verlag GmbH
Im Ehnried 5, 88605 Meßkirch
Telefon 0 75 75 / 20 95-0
info@gmeiner-verlag.de
Alle Rechte vorbehalten
2. Auflage 2015

Lektorat: Claudia Senghaas, Kirchardt
Herstellung: Julia Franze
Umschlaggestaltung: U.O.R.G. Lutz Eberle, Stuttgart
unter Verwendung der Bilder »Meister der Chronik des Konzils von Konstanz« und
»Konstanzer Richental Chronik Belehnung des Burggrafen Friedrich von Nürnberg,
nach Verleihung des Fahnenlehens der Mark Brandenburg«
Druck: GGP Media GmbH, Pößneck
Printed in Germany
ISBN 978-3-8392-1496-1

INHALT

Vorwort   13

14. JAHRHUNDERT

John Wyclif *Begriff der Kirche / Die Geistlichkeit /
Der Papst / Die Reform der Kirche*   27

15. JAHRHUNDERT

Ulrich Richental *Chronik des Konzils zu Konstanz*   35
Jan Hus *Über die Kirche / 1. Brief aus dem Kerker /
2. Brief aus dem Kerker / 3. Brief aus dem Gefängnisse
(10. Juni 1415) / 4. Brief aus dem Gefängnisse
(26. Juni 1415) / Das Hus-Urteil vom 6. Juli 1415*   57
Leonardo Bruni *Leonardo grüßt Niccolò Niccoli*   82
Peter von Mladoniowitz *Augenzeugenbericht der
Verbrennung Jan Hus'*   91
Gianfrancesco Poggio Bracciolini *Sendschreiben an
Leonardo Aretino*   96
Oswald von Wolkenstein *Konstanzer Lied*   107
Aeneas Sylvius *Grabschrift für Manuel Chrysoloras*   112
Johannes Engelmar *Red vom concili zu Costnitz*   114
Thomas Prischuch *Des consili grundveste /
Des Konzils Fundament*   122
Eberhard Windecke *Lied aus Konstanz*   126
Guillaume Fillastre d. Ä. *Aus dem Konzils-Tagebuch*   129
Mossén Borra *Brief an den König von Aragón und Sizilien*   146

Siegfried Meisterlin *Die Lehre des Jan Hus* 153
Hartmann Schedel *Die Schedel'sche Weltchronik* 158

16. Jahrhundert

Martin Luther *Glosse auf das vermeintliche kaiserliche Edikt* 165
Johannes Bugenhagen *Predigt am Grabe Luthers* 169
Thomas Müntzer *Das Prager Manifest* 174
Johannes Agricola *Tragedia Johannis Huss* 180
Johannes Cochläus *Ein heimliches Gespräch von der Tragödie des Johannes Hus zwischen Dr. Martin Luther und seinen guten Freunden* 189
Erasmus von Rotterdam *Brief an Marcus Laurinus von 1523* 196

17. Jahrhundert

Abraham a Sancta Clara *Genealogie des Antichrist* 201
Matthäus Merian / Martin Zeiller *Topographia Sueviae: Costantz* 204
Johann Friedrich Speth *Das Ende von Jan Hus und Hieronymus von Prag* 209
Gabriel Bucelinus *Konstanzer Chronologie* 216

18. Jahrhundert

Christoph Meiners *Reise im Sommer 1782* 225
Philipp Eberlin *Eine merkwürdige Anekdote* 233
Giovanni Domenico Mansi *Das Konstanzer Konzil* 236

19. Jahrhundert

Gustav Schwab *Die Papstwahl*	253
Honoré de Balzac *Die schöne Imperia*	259
Nikolaus Lenau *Die Albigenser – Schlußgesang*	273
Karl Spindler *Fastnacht in Konstanz*	277
Eduard Duller *Kaisers Wort, Gottes Wort*	281
Conrad Ferdinand Meyer *Hussens Kerker / Plautus im Nonnenkloster*	287
Ernst Wichert *Ein Lebensausweis*	298

20. Jahrhundert

Rainer Maria Rilke *Vision*	305
G. Hägermann *Der Konstanzer Scheiterhaufen*	308
Oskar Wöhrle *Jan Hus – Der letzte Tag*	316
Egon Erwin Kisch *Im letzten Kerker des Magisters*	328
Richard Schlemmer *Trutziges Stadtvolk*	334
Julius Hay *Gott, Kaiser und Bauer*	341
Hans Jensen *Fluch der Drei*	351
Dieter Kühn *Ich Wolkenstein*	359
Wilhelm Wolfgang Schütz *Vom freien Leben träumt Jan Hus*	371
Pavel Kohout *Ecce Constantia*	377
Bruno Epple *Der Schatten des Hus*	389
Arno Borst *Die Papstwahl des Jahrs 1417*	392
Andreas Nohl *Hieronymus – Chronik eines Verrats*	400
Bohumil Hrabal *Die Zauberflöte*	404
Libuše Moníková *Treibeis*	408

21. Jahrhundert

Iny Lorentz *Die Wanderhure* — 419
Sabine Wassermann *Im Zeichen des Ketzers* — 426
Hans van Ooyen *Der Dekadenring von Konstanz* — 435
Stephen Greenblatt *Die Wende – Wie die Renaissance begann* — 441
Sabine Weigand *Die silberne Burg* — 450
Gerhard Zahner *Da schwebt ein Fenster in der Luft. Das Huszimmer* — 458
Monika Küble / Henry Gerlach *Heumond* — 465
Petra Gabriel *Der Gelbe Hans* — 474
Arnold Stadler *Es war kein Liebeskonzil* — 483
Theresia Walser / Karl-Heinz Ott *Konstanz am Meer* — 500
Rolf Böhme *Mein Konzil* — 513

ZEITTAFEL KONSTANZER KONZIL — 523

LITERATURVERZEICHNIS — 529

VERBRENNUNG DES MAGISTERS JOHANNES HUS
Rosgartenmuseum Konstanz, Hs. 1, Richental: Konzilschronik. In: Feger, Otto (Bearb.): Ulrich Richental: Das Konzil zu Konstanz. Faksimile. Starnberg – Konstanz 1964. Fol. 58r

SITZUNG DES KONZILS IM MÜNSTER
Rosgartenmuseum Konstanz, Hs. 1, Richental: Konzilschronik. In: Feger, Otto (Bearb.): Ulrich Richental: Das Konzil zu Konstanz. Faksimile. Starnberg – Konstanz 1964. Fol. 12v und Fol. 16r

GESCHENK EINES GROSSEN IN SALZ GEPÖKELTEN TIERES AUS LITAUEN AN DEN KÖNIG
Rosgartenmuseum Konstanz, Hs. 1, Richental: Konzilschronik. In: Feger, Otto (Bearb.): Ulrich Richental: Das Konzil zu Konstanz. Faksimile. Starnberg – Konstanz 1964. Fol. 70r

VORWORT

600 Jahre Konstanzer Konzil. Die Stadt feiert das Jubiläum als Ereignis mit europaweiter Ausstrahlung. Ein spannender Veranstaltungsreigen, Vorträge und Ausstellungen, Symposien und Festspiele, aber auch eine Reihe von interessanten Publikationen rücken das Konzilsjubiläum ins Licht der internationalen Öffentlichkeit. Einen Blick vorwärts zurück gewährt auch dieses, die sechs Jahrhunderte überspannende Lesebuch. Bereits sein Titel, scheinbar ein lustiges Zitat, führt ins Zentrum des Konzils: Johannes Cardinalis von Bergreichenstein, auch Reinstein genannt, ein tschechischer Anwalt und Diplomat, der den theologischen Abweichler und Prager Magister Jan Hus auf seiner Reise nach Konstanz begleitete, notierte am 10. November 1414 in einem Schreiben an die Freunde daheim die Worte: »Noch ist die Gans nicht gebraten und fürchtet sich auch nicht davor, denn in diesem Jahr fällt auf den Samstag vor Martini eine feierliche Vigil – und da werden Gänse nicht gegessen.«

Von Bergreichenstein schreibt nicht über kulinarische Genüsse. Seine Worte zielen auf seinen Herrn und Meister. Der Name Hus, ins Deutsche übertragen, heißt Gans. Der redliche Diplomat und Anwalt versuchte in einer verklausulierten, diplomatischen, aber auch kalauernden Form mitzuteilen, dass der Prager Gelehrte lebt, »noch nicht gebraten« sei. Hus war, beschützt von einer stattlichen Anzahl von Begleitern, eine Woche zuvor in Konstanz angekommen und nahm in der St. Paulsgasse (heute Hussenstraße) bei der Witwe Fida Pfisterin Quartier. König Sigismund hatte ihn zu der Reise mehr oder weniger genötigt.

Die Fahrt an den Bodensee kam einem Triumphzug gleich. Wo immer der Böhme seine von Rom abweichende Auffassung von Kirche kundtat, das üppige Leben, den Reichtum der Klöster und die Privilegien des Klerus kritisierte, schlug ihm seitens des Volkes Sympathie entgegen. König Sigismund, der im Dezember 1414 in Konstanz eintreffen sollte, hatte dem Reformator freies Geleit zugesichert. Hus ahnte, dass er dennoch sein Leben aufs Spiel setzte, wenn er sich dem König und dem Konzil auslieferte. Aber er war andererseits von der Notwendigkeit, der Wahrheit des Evangeliums Gehör zu verschaffen, so tief überzeugt, dass er keine Rücksicht auf sich selbst nehmen konnte. Papst Johannes XXIII., der nur mit viel Mühe die Alpen überquert hatte – in den verschneiten Bergen war sein Reisewagen umgestürzt und hatte ihn hinausgeworfen, ein böses Omen –, sicherte Hus zu, ihn in der Stadt nicht zu behindern oder gewaltsam gegen ihn vorzugehen. Dazu löste er das Interdikt und den Kirchenbann, der auf dem böhmischen Reformator gelastet hatte. Andernfalls hätte er sich in der Stadt, die ihm wie ein »wahres Babel« vorkam, nicht frei bewegen können.

Tatsächlich erlebte die alte Bischofsstadt mit dem Konzil die glanzvollsten Jahre ihrer Geschichte. Im Spätherbst des Jahres 1414 versammelten sich am See 29 Kardinäle, etwa 300 Bischöfe, eine große Zahl Vertreter deutscher Universitäten, dazu etwa 600 bis 700 in- und ausländische Fürsten mit ihrem zahlreichen Gefolge. Die Teilnehmer schieden sich nach ihrer Herkunft in vier Nationen, wobei die deutsche auch Schotten, Dänen, Skandinavier, Böhmen, Ungarn und Polen mitumfasste. Außerdem waren Vertreter der italienischen, der englischen und der französischen Nation anwesend. Die Nationen berieten für sich gesondert und führten in der Vollversammlung je eine Stimme, wobei eine fünfte dem Kardinalskollegium zukam. Konstanz war, so gesehen, der Schauplatz des größten europäischen Kongresses des Mittelalters.

Im Laufe des Konzils soll die Bodenseestadt, die damals um die 6.000 Einwohner zählte, mehr als 72.000 Fremde beherbergt haben. 2.000 Handwerker – Schneider, Kürschner, Goldschmiede, Schuhmacher, Fleischhauer sowie 300 Feinbäcker – waren nach Konstanz gekommen, um hier ihre Geschäfte zu machen. Der Chronist des Konzils, Ulrich Richental, berichtet stolz, dass es nie an Lebensmitteln gefehlt habe. Problematisch war die Frage der Unterbringung.

Vor der Stadt entstand eine Lagerstadt, um die Ankömmlinge aufzunehmen. Dennoch hausten viele in schlichten Bretterbuden, und die Klöster in der Umgebung wurden in Massenquartiere umgewandelt. Mehr als 700 offizielle Dirnen, die sich mit gelben Schärpen kenntlich machten, hatten sich ebenfalls zum Kongress eingefunden, was den italienischen Humanisten Benedetto da Piglio zu einem hinreißenden »Frauenlob« veranlasste: »So groß ist die Schar der herrlichsten Frauen und Jungfrauen, die durch ihre zarte Gesichtsfarbe den Schnee übertreffen, dass man auch von Konstanz mit Recht sagen kann, was Ovid von Rom behauptet: Äneas' Mutter herrscht in dieser Stadt.« Die »offenen Frauen« wohnten in Petershausen oder vor den Toren der Stadt. Aber es gab dazu noch die »geheimen Frauen«, Hübschlerinnen, die den Herren zu Diensten standen. Das Gewerbe blühte. Anlass für die moralische Schelte von Hus.

Ganze drei Wochen lang konnte sich der Magister ohne größere Einschränkungen in der Stadt bewegen. Selbst Messen hielt er – allerdings nicht in der Öffentlichkeit. Dann wurde die Gans zwar nicht gebraten, aber noch vor Ankunft des Königs verhaftet. Johannes XXIII. wies in dieser Causa jede Schuld von sich. Im Gespräch mit dem treuen Hus-Anhänger Peter von Mladoniowitz gab er offen seine Ohnmacht gegenüber den Kardinälen zu, die angeblich die Verhaftung veranlasst hatten. Hus wurde zunächst im Haus des Domkantors festgehalten, eine Woche darauf ins Dominikanerkloster verbracht (das heutige »Inselhotel«), wo ein unwürdiger Kerker für ihn hergerichtet worden war. Das Entsetzen seiner Anhänger über diese Gefangenschaft, zumal über das gebrochene Schutzversprechen des Königs, war groß. Auch Sigismund, der in der Christnacht mit dem Schiff von Überlingen kommend im Konstanzer Hafen gelandet war, mit ihm seine zweite Gemahlin Barbara von Cilli und ein großes Gefolge, zeigte sich erbost. Der Papst verwies auf die Kardinäle. Die waren selbst auch nach vielen Gesprächen nicht bereit, Hus freizulassen. Sigismund drohte mit Abreise. Als auch das nicht wirkte, wurde er wankend. Das Konzil war sein Werk. Sollte es, noch bevor es in die Gänge gekommen war, gescheitert sein?

Sigismund hatte eine Mission. Er wollte in Konstanz das Große Abendländische Schisma beenden. Das war eine unendliche Geschichte: 1378 erhoben zwei Päpste – in wechselnder Besetzung – den Anspruch auf den Stuhl Petri. Einer saß in Rom, der andere im südfranzösischen Avignon. Beide Stellvertreter Christi waren mit halb Europa verbündet. Nur das Heilige Römische Reich Deutscher Nation ergriff weder für die eine noch für die andere Seite Partei. Um den Streit endlich beizulegen, trat 1409 das Konzil zu Pisa zusammen. Weil sich keiner der amtierenden Päpste dort blicken ließ, kam die Kirchenversammlung auf die originelle Idee, ein neues Kirchenoberhaupt zu wählen, und die beiden anderen abzusetzen, was die Widerspenstigen nicht akzeptierten. Also gab es plötzlich drei Päpste. Gewählt wurde der gelehrte Franziskaner Peter Filarghi aus Candia als Alexander V. An die Stelle des »verruchten Dualismus«, hieß es in einem gleichzeitigen Traktat, war eine »verfluchte Dreiheit« getreten. Der erste Versuch, die Einheit der Kirche auf dem Konzilsweg wiederherzustellen, endete in einem Misserfolg.

Dass der Konzilsweg doch noch zum Erfolg führte, das Ende der Kirchenspaltung gefeiert werden konnnte, war vor allem das Verdienst von König Sigismund. Dem geistig beweglichen, aber sonst sprunghaften Herrscher – er sprach angeblich sieben Sprachen – wird in der Konzilsfrage erstaunliches Geschick und große Beharrlichkeit nachgesagt. Mit der neutralen Politik seines Vorgängers brechend, schloss er sich Papst Johannes XXIII. an, dem umstrittenen Nachfolger von Alexander V., und rang ihm die Zustimmung zu einem neuen Kongress ab. Johannes XXIII. berief das Konzil ein und eröffnete es auch. Offenbar betrachtete er es als Fortsetzung des Pisanums. Er hoffte, von ihm die Bestätigung im Amt zu erhalten. Der Traum vom Einheitspapst platzte schneller als gedacht.

Schon bald im neuen Jahr wurden aus der Mitte des Konzils erste Anklagen gegen Johannes erhoben, dessen Lebenswandel in der Tat zu wünschen übrig ließ. So wurde auch kolportiert, dass Baldassare Cossa, wie der Papst mit bürgerlichem Namen hieß, seinen Vorgänger Alexander vergiftet haben sollte. Wie auch immer. Schriftlich bot er, scheinbar zur Einsicht gekommen, seinen Rücktritt an und verlas den Text unter Tränen im Münster, dem Tagungsort der Versammlung. Doch der Mann hielt nicht sein Wort. Der Papst entfloh dem Konzil und der Stadt. Herzog Friedrich IV. von Österreich war ihm dabei behilflich. Die Flucht bekam beiden nicht. Johannes XXIII. wurde bald aufgegriffen, unter Hausarrest gestellt, am 29. Mai 1415 als Papst abgesetzt und mit einer Kerkerhaft belegt.

Um diesen Prozess zu ermöglichen, verabschiedete das Konzil das Dekret »Haec sancta« (»Diese heilige« Synode), verfasst von dem französischen Kardinal Guillaume Fillastre, in dem zumindest auf dem Papier die Oberhoheit des Konzils über den Papst verkündet wurde. Herzog Friedrich aber verlor das Vertrauen des Königs und büßte mit Macht- und Gebietsverlust.

So gesehen war Johannes XXIII., im Übrigen der Einzige von den drei Päpsten, der nach Konstanz angereist war, das erste »Opfer« des Konzils. Aber der Entmachtete durfte weiter leben, immerhin. Im Unterschied zum Häretiker Jan Hus, dem die Kirchenversammlung im Sommer den Prozess machte und den sie am 6. Juli 1415 zum Tode verurteilte. Nach dem geltenden Recht übergab ihn die Kirchenversammlung dem weltlichen Arm zur Hinrichtung auf dem Scheiterhaufen. Noch kurz bevor das Feuer auf dem Brühl in Konstanz angezündet wurde, versuchten der Reichsmarschall von Pappenheim und der Pfalzgraf bei Rhein Hus noch einmal zum Widerruf zu bewegen, doch dieser soll unbeeindruckt vom Geschehen geantwortet haben: »Welche Irrtümer soll ich widerrufen? Ich bin mir keiner bewusst. In der evangelischen Wahrheit, die ich geschrieben, gelehrt und gepredigt habe, will ich heute sterben.« Der Magister soll mit den Worten »Heute bratet ihr eine Gans, aber aus der Asche wird ein Schwan hervorgehen« in den Flammen gestorben sein. Worte, die 100 Jahre später Martin Luther auf sich bezogen hat. Er vollendete die Reform der Kirche an Haupt und Gliedern. Davon hatten Hus und Hieronymus geträumt.

Hieronymus von Prag, der zunächst widerrufen hatte, starb ein Jahr später auf dem Scheiterhaufen. Die kompromisslose Haltung, mit der er in den Tod ging, nötigte dem italienischen Humanisten

Gianfrancesco Poggio Bracciolini, der der Hinrichtung beigewohnt hatte, allen Respekt ab: »Vir praeter fidem egregius« (abgesehen vom Glauben – ein hervorragender Mann). Hieronymus, ein glänzender Rhetoriker, war einer derjenigen Boten gewesen, der die ketzerischen Lehren des englischen Philosophen und Theologen John Wyclif von Oxford nach Prag und unter die Leute gebracht hatte. Auch Hus erkannte in Wyclifs Schriften einen Mitstreiter für die Wahrheit des Evangeliums, das es gegen den Missbrauch durch Papst, Kirche und weltliche Gewalten zu verteidigen galt. Nur folgerichtig verurteilten die Konstanzer Konzilsherren auch die Lehren des Engländers.

Das Konzil beendete am 11. November 1417 mit der Wahl Martins V. im Konstanzer Kaufhaus (das heute fälschlicherweise »Konzil« genannt wird) das seit mehr als 30 Jahre währende Große Abendländische Schisma. Wohl an die 80.000 Menschen, Frauen und Männer, bejubelten die Wahl, berichtet Richental. Sigismund hatte erreicht, dass Gregor XII. resignierte und Benedikt XIII. abgesetzt werden konnte. Der drohende Zerfall der Kirche, der wichtigste Punkt der Verhandlungen, konnte abgewendet werden. Damit war aber nur ein Ziel – die causa unionis – erreicht. Die beiden anderen Ordnungspunkte, die sich das Konzil gesetzt hatte, die Klärung der kirchlichen Verkündigung und Sakramentslehre, um damit die Ketzerei wirksamer bekämpfen zu können – die causa fidei – sowie innerkirchliche Reformen – die causa reformationis – wurden auf die lange Bank geschoben. Hätten sich, wie in Konstanz in der 39. Sitzung beschlossen, die Allgemeinen Konzilien zu einer ständigen Einrichtung entwickelt, so wäre Filastres revolutionäres Dekret »Haec sancta« zum Zuge gekommen, und es hätte sich eine Art Kontrollinstanz über das Papsttum etablieren können.

Die unendliche Geschichte ging für die römisch-katholische Kirche nicht – wie erhofft – glücklich aus: Der Tod der beiden böhmischen Märtyrer Hus und Hieronymus stürzte einen Teil der europäischen Welt ins Unglück. Mehr als zwei Jahrzehnte sollten die Hussitenkriege dauern, bis König Sigismund, bald auch Kaiser Sigismund, sie als beendet ansehen konnte. Doch die Wunden, die der Krieg bei den Tschechen verursachte, bluteten lange Zeit weiter.

Und der protestantische Weg, den Luther und seine Anhänger einschlugen, führte am Ende zur Abspaltung von der römisch-katholischen Kirche.

Das erste Konzil jenseits der Alpen, so schließt Kardinal Fillastre sein Tagebuch, das er während seines Aufenthaltes am See geführt hatte, »war schwerer zu berufen als alle früheren Konzilien, in seinem Verlauf einzigartiger und wunderbarer, aber auch gefahrvoller als sie: schließlich übertraf es sie an Dauer«. Von November 1414 bis April 1418 tagte die Versammlung, 45 Sitzungen sind verbürgt. Es war in der Tat der bewegteste und bunteste Kongress, der den Namen eines Konzils trägt. Die Ergebnisse der Synode wirken bis heute in vielfacher Weise nach. Das gilt sowohl für den konziliaren Gedanken, der die Superiorität des Konzils über das Papsttum behauptete, als auch für die Frage nach dem unrühmlichen Verhalten der Kirche gegenüber den beiden böhmischen Rebellen Hus und Hieronymus.

Zur ganzen Geschichte und Nachgeschichte dieser großen Oper, die Ein- und Aufzüge von Papst, Kaiser, Klerus und Ritterschaft kennt, scharfe Debatten, Festgeselligkeit und Liebeleien, Kerkereinsamkeit, Fluchtdramatik und Scheiterhaufen, gehören aber auch die neun Musen – in der griechischen Mythologie die Schutzgöttinnen der Künste. Vor allen anderen muss an dieser Stelle Klio aufgerufen werden. Sie ist die zu Rühmende, die Muse der Geschichtsschreibung, also der Erinnerungskultur. Bei keinem anderen Konzil war sie so aktiv wie in Konstanz. Noch 600 Jahre danach bewegt sie Lyriker, Dramatiker, Romanciers, Komponisten, Politiker, gar nicht zu reden von der Wissenschaft. Nach Thomas Martin Buck und Herbert Kraum betrachtet auch die moderne Forschung die Konzilien nicht mehr nur unter theologischen oder kirchenpolitischen Gesichtspunkten, sondern stellt auf ihren Charakter als »polyvalente Phänomene« ab, die nicht auf ihren Ereignischarakter zu reduzieren sind. Die Konzilien waren demnach neben ihrer Bedeutung als internationale politische Knotenpunkte auch Ideenbörsen, Medienereignisse und Drehscheiben des Wissens.

Auch Konstanz sah damals viele große Gelehrte. Der Historiker

Alexander Patschovsky spricht sogar von einer »nationenübergreifenden Geisteselite«, die sich am See ein Stelldichein gab. Er hat dabei den hochgebildeten Manuel Chrysoloras im Blick, einen Griechen aus Byzanz. Oder Leonardo Bruni, dem eine unbefangene Beschreibung der Stadt zu verdanken ist. Und natürlich Poggio, der Hieronymus von Prag als seinem Verwandten im humanistischen Geiste ein literarisches Denkmal setzte, nach vergrabenen Bücherschätzen suchte, Vorlesungen über antike Autoren vor illustrem Konzilspublikum hielt und Briefe über Konstanz schrieb, die »von Sottisen über die alemannischen Tiermenschen ebenso strotzen wie von antiken Zitatschmuckstücken«, wie Patschovsky schwärmt.

Gianfrancesco Poggio Bracciolini hat viel Aufmerksamkeit und Anerkennung gefunden – allerdings längst nicht in dem Maße wie die Glaubensbrüder Hus oder Hieronymus. Conrad Ferdinand Meyer hat ihm eine Novelle gewidmet, mit der er die Verbindung italienischer Humanisten mit Konstanz und seinem Konzil literarisch unsterblich gemacht hat. Der US-amerikanische Literaturhistoriker Stephen Greenblatt nobilitierte Poggio in seinem Doku-Roman »Die Wende« zum Pionier der Renaissance. Und selbst im Konzilskrimi des Autorenpaars Monika Küble und Henry Gerlach »In Nomine Diaboli« spielt der Sekretär von Johannes XXIII. eine gewichtige aufklärerische Rolle.

Das Konzil hatte zweifellos auch seine Poesie. Wobei die Poesie – als wichtigstes Medium der Antike und des Mittelalters – eher eine Spielart der Rhetorik war. Die poetischen Texte waren zum Lesen und Vorlesen oder bei Liedern – wir denken an den lyrischen Propagandisten Oswald von Wolkenstein, Sigismunds Diener – zum Zuhören bestimmt. Der Literaturwissenschaftler Helmut Weidhase spricht von »oraler Medialität«. Selbst Briefe, wie die Epistel Poggios über den Feuertod des Hieronymus, waren im Grunde an die Öffentlichkeit gerichtet. Auf Multiplikation waren auch die 50 Sendschreiben angelegt, die Hus von Konstanz aus an seine Freunde und Anhänger verschickte. In diesem Zusammenhang mag erwähnt werden, dass auch literarische Konzilszeugnisse keine Unikate blieben. So gab es von der »Invektive« gegen Papst Johannes XXIII. des kirchenpolitischen Autors Dietrich von Niem diverse Abschriften, vom Tagebuch Fillastres (»Gesta Concilii Constantiensis«) schon zu Lebzeiten des Verfassers mindestens sechs Exemplare.

Die üppige Überlieferung vom Konstanzer Konzil war für die Herausgeber Reiz und Herausforderung gleichermaßen, das Lesebuch »Die Gans ist noch nicht gebraten« zum Jubiläum zusammenzustellen. Zumal bisher keine entsprechende Anthologie vorliegt, die Schriften vom 14. Jahrhundert – der erste Text stammt von Wyclif – bis ins 21. Jahrhundert kompakt in einem Band bietet. Und es gibt auch »Ungelesenes«, wie das Konzilsstück von Theresia Walser und Karl-Heinz Ott. Die Auftragsarbeit der Stadt Konstanz war zum Zeitpunkt der ersten Auflage dieses Buchs weder publiziert noch uraufgeführt (Uraufführung war am 27.06.2014 auf dem Münsterplatz). Das ist nicht die einzige Novität. Büchner-Preisträger Arnold Stadler, in Meßkirch geboren, und der ehemalige Freiburger Oberbürgermeister Rolf Böhme, ein Konstanzer »Frichtle«, sind unserer Einladung zur Mitarbeit gefolgt.

Aber auch diese Anthologie ist nicht vollständig. Wir haben eine subjektive, im Sinne der Kirchenversammlung »illustre« Auswahl getroffen. Die literarischen und semiliterarischen Texte nehmen unterschiedliche Haltungen und Meinungen ein und erarbeiten damit eine von uns angestrebte »Multiperspektivität« zum Konzil und der Stadt Konstanz. Nicht jedes Jahrhundert kommt gleich gut weg. Es gibt einen deutlichen Überhang an Beiträgen aus dem Jahrhundert des Konzils – die Quellenlage lässt das zu und konnte längst nicht ausgeschöpft werden – und dem 20. Jahrhundert. Das hat Gründe. Einer davon ist das in unserer Zeit gewachsene Interesse an Geschichte und Geschichten sowohl auf Seiten der Produktion als auch der Rezeption. Das Interesse an schöngeistiger »historischer« Literatur ist im Übrigen eine vergleichsweise junge Entwicklung. Sie ist verbunden mit dem englischen Romancier Walter Scott, der seine großen Romane – wie der französische Autor Honoré de Balzac – im 19. Jahrhundert veröffentlichte. Dem folgte eine Flut an »historischen« Publikationen.

Die Auswahl, weitgehend chronologisch geordnet, umfasst viele Gattungen, Lyrik, Roman, Novelle, Drama, Essay, Glosse, Reportage, Briefe natürlich. Selbst eine Totenrede fand Aufnahme. Aber das Lesebuch bietet auch Chroniken und – im Fall von Wyclif und Hus – Quellenmaterial, das nach unserem Gefühl »Basiswissen« vermittelt. Unter den Autorinnen (sie sind in der Minderheit, was dem Thema geschuldet ist) und Autoren sind bekannte Namen. Einige wurden bereits erwähnt. Weitere Namen, die dem Buch Gewicht geben, sind etwa der Hus-Weggefährte Peter von Mladoniowitz, für das Jahrhundert danach stehen der renitente Christenmensch Thomas Müntzer, Lutherfreund Johannes Agricola und Luthergegner Johannes Cochläus sowie der große niederländische Humanist Erasmus von Rotterdam, der viele Sympathisanten in Konstanz hatte. Im 16. Jahrhundert bekommt es der Leser mit dem Kreenheinstetter Bußprediger Abraham a Sancta Clara und dem hiesigen Chronisten Gabriel Bucelinus zu tun. Eine kleine Entdeckung sind die Reiseberichte des Göttinger »Professors der Weltweisheit« Christoph Meiners, der Ende des 18. Jahrhunderts die Schweiz bereiste und am Bodensee Station machte.

Schon kurz nach dem Feuertod von Jan Hus und den folgenden Hussitenkriegen entstanden in der Heimat des Ketzers verschiedene Werke, die sein Schicksal und die Kreuzzüge gegen die Tschechen behandelten. Zur Zeit der Gegenreformation, die bemüht war, die Erinnerung an den Reformer auszulöschen und den Kult des Erzkatholiken und Märtyrers Johannes Nepomuk zu verbreiten, fielen die meisten bis dahin verfassten Werke der Inquisition zum Opfer. Im 18. Jahrhundert, stärker noch im darauffolgenden Jahrhundert, hatte die hussitische Tradition wieder eine große Bedeutung erlangt. Dementsprechend liegt eine Vielzahl literarischer Arbeiten vor. Dieses Lesebuch ist kein Spiegel jener Bewegung, kann und will es nicht sein, zumal nur wenige der Werke ins Deutsche übersetzt vorliegen und eine Dokumentation erschweren. Apropos Übersetzungen: Einige frühe Texte liegen nur in Spätmittelhochdeutsch vor. Sie zu lesen, ist Herausforderung, ist Knobelarbeit und nicht jedermanns Sache, das ist den Herausgebern durchaus bewusst. Aber sie geben beispielhaft einen originären Eindruck von der Schrift, der Sprache und Denkweise der spätmittelalterlichen Gesellschaft wider. Auch darum geht es in diesem Lesebuch.

Unsere Auswahl hat unbestritten einen Nachteil, den viele Anthologien haben: Nicht alle aufgenommenen Texte konnten in voller Länge wiedergegeben werden. Wir mussten aus Gründen des Umfangs hier und da den roten Stift ansetzen. Aber keine Sorge, einer der bekanntesten Prosatexte zum Konzil, Balzacs Novelle »Die schöne Imperia«, liegt in seiner ganzen Schönheit vor; ebenso die Konstanz-Reportage von Egon Erwin Kisch oder die Hus-Hommage von Rainer Maria Rilke. Das Streichkonzert, das gelegentlich eine Titelgebung durch die Herausgeber erzwang, fiel nicht immer leicht, so bei Nikolaus Lenaus langem und traurigem Gedicht über die Albigenser-Bewegung. Und auch beim Roman ›Jan Hus – Der letzte Tag‹ des Wahl-Konstanzers Oskar Wöhrle und Dieter Kühns wunderbarer Biografie über Oswald von Wolkenstein, zwei Text-Beispiele aus dem 20. Jahrhundert, taten wir uns mit unseren Eingriffen schwer. Wer sich als Leserin und Leser die Zeit nehmen und den ganzen Roman oder die ganze Erzählung haben will, der wird sich – über die heimische Buchhandlung, die städtische Bibliothek oder übers Netz, auch da wurden wir fündig – alle zitierten Texte beschaffen können.

Nicht alle Autorinnen und Autoren beschäftigten sich in ihren Werken ausschließlich mit dem Konstanzer Konzil, mit der Vor- und der Nachgeschichte. Für den »klassischen« italienischen Kirchenchronisten Giovanni Domenico war das Konstanzer nur eines von vielen Konzilien. In dem modernen Roman »Treibeis« von Libuše Moníková ist das Konzil ebenfalls nur ein Nebenstrang. Aber im Zusammenhang mit dem von ihr im Roman erwähnten Frei- und Feuertod des Prager Studenten Jan Pallach, der mit diesem radikalen Schritt 1969 gegen den Einmarsch der Sowjets in die Tschechoslowakei protestierte, bricht die alte Wunde »Hus auf dem Scheiterhaufen« wieder auf. Das Gleiche gilt für Bohumil Hrabals kleine, aber feine Novelle »Die Zauberflöte«. Darin erzählt er von einem jungen Mann, der Benzin über Schwäne gegossen hat, einfach so …

Nicht immer kommt man dem medialen Unternehmen Konzil, das selbst mit Kunstmitteln angereichert war, mit ästhetischen Mitteln bei. »Versager« gibt es im 15. ebenso wie im 20. Jahrhundert. Pavel Kohout, Autor eines Konzilsstücks, ist dafür ein gutes Beispiel. Er scheiterte mit seiner Auftragsarbeit »Ecce Constantia« am Widerstand von Konstanzer Theaterleuten und Teilen des Gemeinderats. Zu Recht oder zu Unrecht, wer weiß das schon? Es geht hier um Kunst ... Poetisch ist das Stück, aber in moderner Version, medienwirksam und televisionär. Das Konzil wird zur Lokalreportage, zum publizistischen Unternehmen. Von Hus, Synonym für das Konstanzer Konzil, erscheint nur ein Standbild, seine Verbrennung ist ein virtueller Feuerzauber. Aber urteilen Sie selbst – auch aus dem Drama Kohouts haben wir eine Szene ausgewählt.

Wir wollen nicht als postume Besserwisser dastehen. Das gilt auch für die »Fehler« der anderen Autorinnen und Autoren. Wir haben Richentals Irrtümer nicht gezählt. Wir halten uns auch nicht bei der Frage auf, ob Hus auf dem Pferd in Konstanz eintraf oder in einem Wagen. Im besten Fall ist das Dichtung. Und auch bei den unterschiedlichen Schreibweisen von Namen – Jan, Johann, Johannes Hus oder Huß – oder Orten – Kostnitz, Costnitz, Contantia oder doch Konstanz – haben wir uns zurückgehalten. In die Rechtschreibung haben wir gelegentlich eingegriffen, auch um die Lesbarkeit von »alten« Texten zu erleichtern.

Unsere Auswahl hat Grenzen, wie gesagt. Dazu gehört, dass mit diesem Lesebuch keine theologische oder wissenschaftliche Debatte angestoßen werden soll. Das hat im Übrigen auch Richental mit seiner herrlich illustrierten Chronik – die Bildkunst der Fresken in der Augustinerkirche verdanken sich dem Konzil – nicht geleistet. Dazu war und ist die Causa »Konzil und Kirche« einfach zu komplex. Die Herausgeber hätten Tausende von Quellen, Akten und Protokolle studieren, dokumentieren und auswerten müssen. Daran lag uns nicht. Es hätte zu einem anderen Ergebnis geführt. Wir wollten aber genau dieses, um Illustrationen aus der Richental-Chronik des Rosgartenmuseums Konstanz angereicherte Lesebuch, das mit einem zusätzlichen »Service« den üblichen Rahmen einer Anthologie wenn nicht sprengt, dann doch sinnvoll erweitert: Jeder Autor, jeder Text und damit jedes Jahrhundert erhalten einen Steckbrief. Wir lassen die Leserinnen und den Leser mit dem Materialberg nicht allein, wir machen den Weg zum Gipfel frei ... Dass es bei dem einen oder anderen Steckbrief zu Wiederholungen kommt, liegt in der Natur der Sache, dem Konzil, dem 600-jährigen. Wir gehen nicht davon aus, dass die gebratene Gans am Stück gegessen wird – das heißt, die Anthologie in einem Rutsch gelesen wird. Im anderen Fall kann das Lesebuch auch als Nachschlagewerk dienen. Was noch? Viel Spaß beim Entdecken neuer und alter Texte!

Waltraut Liebl / Siegmund Kopitzki, Konstanz, Oktober 2013 bzw. Dezember 2014, anlässlich der zweiten korrigierten und aktualisierten Auflage

ps
14. JAHRHUNDERT

JOHN WYCLIF

Am Anfang war – John Wyclif (1330–1384). Wer genau und auf welchem Wege seine radikal-kritischen Lehren nach Böhmen brachte, lässt sich nicht klären. Sicher ist: Hieronymus von Prag (1379–1416) war einer der prominenteren Überbringer der reformatorischen Botschaft von der Insel. Der reiselustige Student setzte 1398 nach England über, wo er mit den Schriften des englischen Philosophen, Theologen und Kirchenreformers in Berührung kam und sie sich aneignete. Da war er auf einer Linie mit seinem Lehrer an der Prager Universität, Magister Jan Hus (1369–1415). Dieser orientierte sich bereits 1402 in den Predigten in der Bethlehemkirche an der Theologie des englischen Vorbilds mit dem Ergebnis, dass es in Böhmen zu einer großen reformatorischen Volksbewegung führen, aber Hus als Ketzer auf den Scheiterhaufen in Konstanz bringen sollte. Ein Schicksal, das sein treuer Schüler Hieronymus mit ihm teilte. Das Konzil von Konstanz (1414–1418) hatte die Lehren von Wyclif und Hus als häretisch verurteilt, was automatisch auf jene ausgedehnt werden musste, die sich zu den beiden Reformatoren bekannten. Obwohl schon damals allen Beteiligten klar war, dass die Verurteilung der beiden Prager Gelehrten hauptsächlich der politischen Lage geschuldet war – und zwar sowohl der kirchenpolitischen als auch der weltlichen.

Theologische Grundlage der Verketzerung von Hus waren auch die von ihm vertretenen 45 wyclifschen Thesen zur römisch-katholischen Kirche, die nach Meinung der Konzilsherren »aufrührerisch irrtümlich, verwegen, Ärgernis erregend, unsinnig und gegen alle guten Sitten und die Wahrheit verstoßend« waren. Unbarmherzig nahm die Kirche Rache an dem Verbreiter der Thesen, aber auch an ihrem toten Urheber. Der Bischof von Lincoln ließ die Gebeine von John Wyclif 1418 exhumieren und verbrennen, die Asche wurde in den Fluss Swist gestreut. Wyclifs Anhänger, die Lollarden, sahen sich der Verfolgung durch die kirchlichen und weltlichen Autoritäten ausgesetzt.

Worin bestand nun die Brisanz der Thesen des Doctor Theologiae John Wyclif, der gerne und erfolgreich der englischen Krone diente und als Dank zwei gut dotierte Pfründe erhielt, aber letztlich nicht verhindern konnte, dass seine Ideen von der Synode in Oxford als ketzerisch verurteilt wurden, worauf er seine Ämter am Hof verlor? Gemäß seinen Schriften (»Von der Kirche«, »Von der bürgerlichen Herrschaft«, »Vom Amt des Königs« – siehe auch die Dokumentation) sollte weltlicher Besitz einzig weltlichen Herren zukommen. Das musste den Adel freuen. Von der Kirche verlangte er, dass sie nach dem Vorbild Jesu und der Apostel in Armut und Gleichheit leben sollte – eine Forderung, die im Widerspruch zu seinem eigenen Lebensstandard stand. Um das kirchliche Armutsideal durchzusetzen, billigte John Wyclif dem Staat sogar das Recht zu, sich kirchlichen Besitz anzueignen. Und er blieb nicht bei der grauen Theorie: Der streitbare Reformer unterstützte den Machtwillen der weltlichen Herrscher in mehreren Prozessen gegen die Kirche – was ihm in Rom keine Freunde machte. Dann heißt es in seinen Schriften weiter, dass sich die Gläubigen vor den vom Papst oder den Bischöfen verhängten Verordnungen nicht fürchten müssten. Sie sollten auch nicht Geld für Ablässe ausgeben, weil diese nichts taugten. John Wyclif leugnete zwar nicht die Schlüsselgewalt in frommen Händen, aber engte diese ein. Er wandte sich auch gegen die Ohrenbeichte und missbilligte die Transsubstantiationslehre (Wandlung von Brot und Wein in Fleisch und Blut), die Bilder-, Heiligen- und Reliquienverehrung sowie den Priesterzölibat. Das war mit der römisch-katholischen Kirche, die seit 1378 von zwei Päpsten regiert wurde, nicht zu machen.

John Wyclifs Lehren fanden zunächst sowohl beim Adel als auch in großen Teilen der Bevölkerung Zustimmung und beeinflussten den Aufstand der englischen Bauern von 1381, was bei seinen Vorgesetzten gar nicht gut ankam. Zwar wurden seine Schriften als ketzerisch verurteilt, aber aus Furcht vor einem erneuten Volksaufstand wurde John Wyclif offiziell nicht angeklagt. Er führte weiterhin privilegiert sein Pfarramt fort und vollendete 1383 die Übersetzung der Bibel aus dem Lateinischen ins Englische. Für Kontinentaleuropa aber waren *seine Ideen insofern von Bedeutung, als sie in den Volksbewegungen der Lollarden und der Hussiten fortlebten und schließlich auch den Reformator Martin Luther (1483–1546) prägten. – Die folgenden Texte sind der deutschen Rechtschreibung angepasst.*

Begriff der Kirche

Die Kirche ist der Leib Christi, welcher durch die ewigen Worte der Prädestination mit Christo, dem Bräutigam der Kirche, verbunden ist. Alle, die durch die Erlösung der himmlischen Gnade teilhaftig werden, und sonst keine, sind Glieder der hl. Kirche ... Christus ließ sich herab, die Kirche seine Braut zu nennen; er ist vermählt mit jedem Glied der hl. Kirche ... Wie jeder Mensch hoffen soll, dass er selig werde, so soll er auch annehmen, dass er ein Glied der hl. Kirche sei, und sie lieben und verehren als seine Mutter. Wie niemand weiß, ob der andere ein prädestinierter Sohn der Kirche oder ein Vorhergewusster ist, so soll er auch nicht aburteilen, ob er ein Glied der Kirche sei, noch ihn verdammen, exkommunizieren, kanonisieren oder sonst eine Erklärung über ihn geben, es sei denn, es wäre ihm geoffenbart ... Manche, die man Glieder der Kirche nennt, sind als Feinde derselben zu achten und heißen besser die Synagoge des Satans ... Wir wollen offen sagen, wie wir von der Kirche denken; unser Grund ist, dass Christus, der beides ist, Gott und Mensch, also der Beste, der Weiseste und der Tugendhafteste, der je war oder sein wird, das Haupt der Kirche ist, und dass das Gesetz, das er den Menschen gegeben und mit seinem Leben bestätigt hat, der hl. Kirche Richtschnur sein soll, und sie lehren, wie jedermann leben solle, ... und uns dünkt, je genauer die Kirche sich an die Anordnungen und Befehle Christi hielte, umso besser stünde es mit ihr; und demgemäß sollten alle Auswüchse abgeschnitten werden von ihrem Baum.

Die Geistlichkeit

Die Ursache, warum die Welt verschlimmert und die Liebe erkaltet – der Grund aller dieser Übel steht in den Priestern, … denn sie sollten die Führer in dem Kampfe Christi sein, aber jetzt sind sie die Hauptleute auf der Seite des Antichrist und hindern andere durch ihre Heuchelei, dass sie nicht für Christus fechten; und wenn einige wahrheitstreue Männer gegen diesen Verrat, der in den Feinden Gottes ist, handeln oder sprechen wollen, so verfolgen sie sie als Häretiker durch die List des Feindes, wie die Hohenpriester mit Christus taten zur Zeit seiner Passion.

Der Papst

Dass der Papst der Nachfolger Christi sei, verstehe ich so, dass er der Menschheit Christi in den Sitten folgen, ein armes Leben nach der Weise Christi und der Apostel leben, Schmach und Verachtung vor allen tragen soll … dass dieser Papst Petri Vikar und so Vikar Christi ist, das sollte man so begründen, dass er Christus folgt; denn die Schrift lehrt uns, dass die Wahl, von Menschen gemacht, ein falsches und unvollkommenes Zeichen ist, um einen Vikar Christi zu machen, sondern die Werke und das Leben eines Menschen tun es und machen den Nachfolger Christi; und so hat auch Christus zu den Juden gesagt, sie sollten seinen Werken glauben; und demnach sollte der wahre Vikar Christi der Ärmste und Demütigste von allen und der Aufrichtigste in der Kirche Christi sein …

Die Reform der Kirche

Hätte uns nicht Gott den Samen seines Evangeliums gelassen, wir wären wie Sodom geworden. Christus ist das alleinige wahre Haupt seines Leibes und jedes Gliedes desselben.

Das Allerhöchste ist die Predigt des Evangeliums; sie hat auch Christus seinen Jüngern mehr als alles andere eingeschärft; denn durch sie hat er die Welt aus des Widersachers Hand erobert; und wer immer es ist, der Priester zu solcher Tätigkeit bringen kann, hat dazu Vollmacht von Gott und tut etwas Verdienstliches.

Der Klerus soll zunächst sich selbst reinigen und dann durch und mit ihm die Kirche.

Bezüglich des Verhältnisses von Kirche und Staat heißt es, dem Kaiser, was des Kaisers, Gott, was Gottes ist, ungeschmälert und unvermischt zurückzugeben ... es steht fest, dass ein Kleriker nicht ohne Todsünde bürgerliche Herrschaft hat. Zwischen Staat und Kirche soll ein wesentliches Verhältnis stattfinden. Der Staat soll nicht gleichgültig gegen das Gesetz Gottes und die Kirche sein, aber nicht etwa unmittelbar die Kirche leiten und die Kirchendiener anstellen. Freie Gemeinden und freie Prediger sind die Einrichtung, die der apostolischen am nächsten kommt.

Das Volk soll dem Geistlichen als seinem zweiten Vater helfen nach Vermögen, dass er einen billigen Lebensunterhalt habe, wenn er seinen Beruf recht vollbringt, Gottes Willen lehrt.

Bei der evangelischen Idee des »gemeinen« Christentums als den einzig wahren, allgemeingültigen, nicht zu übersteigenden, ist jeder pharisäische Partikularismus gerichtet und diese auch dem Mönchtum als »Privatreligion« gegenübergestellt. Wahrlich, es kann nicht sein, dass, wenn ein Mensch seinem Gott nicht fehlt, der Geist Gottes ihm fehlt, ihm zu zeigen, was er Besseres tun sollte, als alle diese Orden es können.

Über die bürgerlichen Dinge insgemein heißt es unter Erinnern an 1. Kor. 13: Denn kein äußerliches Werk ist schlechthin sittlich gut, sondern wie fern es von sittlicher Gesinnung ausgeht.

So jemand uns nachweisen kann, dass wir gegen Gottes Gesetz oder gegen gute Vernunft sprechen, so wollen wir in Demut davon lassen; denn wir wollen mit all unserer Macht nur Gottes Sache halten, denn wir sind gefangen in der Wahrheit, und mit Gottes Gnade werden wir stets darin bleiben.

Aus: Carl Werkshagen: Der Protestantismus am Ende des XIX. Jahrhunderts in Wort und Bild. Bd 2. Verlag Wartburg, Berlin 1902. Die Texte sind auch im Internet dokumentiert: www.glaubensstimme.de (Stichwort: Wiclif)

PASTETENBÄCKER UND VERKAUFSSTAND
Rosgartenmuseum Konstanz, Hs. 1, Bl. 23r Richental: Konzilschronik

15. JAHRHUNDERT

ULRICH RICHENTAL

Der Konstanzer Mediävist Arno Borst (1925–2007), der einige Jahre an der Bodensee-Universität lehrte und forschte, hatte keine gute Meinung von Ulrich Richental (1360–1437). Dem angesehenen Sohn eines Konstanzer Stadtschreibers verdankt die Nachwelt eine Chronik des Konzils zu Costnitz (1414–1418), die ihresgleichen sucht. Er habe 20 Jahre vom Vermögen des Vaters und von der Erinnerung an das Konzil gezehrt, notiert Borst etwas herablassend über Richental, und was dieser zwischen 1424 und 1433 über die Kirchenversammlung geschrieben habe, sei ein »ungenaues, oberflächliches Machwerk mit vielen farbigen Einzelheiten über Bagatellen – und mit einem verschämten Bericht vom Wunder des Gottesvolkes«.

Richtig ist, dass Richental, der eine geistliche Ausbildung genossen und die niederen Weihen erhalten hatte und etwas wohlhabend war, das Konstanzer Konzil als Zeitzeuge miterlebt hat. Er war in seinem Leben nie ganz untätig, sondern zeitweise als Kaufmann auch außerhalb der Stadtmauern unterwegs. Und er war einer der ersten Konstanzer Bürger, der durch den Grafen Eberhard von Nellenburg (1363–1422) im Dezember 1413 von den Konzilsplänen erfuhr. Richtig ist aber auch, dass er auf der Basis von eigens für die Chronik gesammelten Quellen in annalistischer und thematischer Art und Weise die wichtigsten Ereignisse geschildert hat – samt Personen- und Wappenverzeichnissen oder auch Preislisten. Dass ihm Fehler und Ungenauigkeiten unterlaufen sind – so erwähnt er König Sigismund (1368–1437) erst, als dieser schon über einen Monat in der Stadt weilte –, ist von den Nachgeborenen ebenso registriert (und korrigiert) worden, wie die Tatsache, dass seine Chronik kein Meisterwerk kritischer Geschichtsschreibung ist – und zu jener Zeit auch nicht sein konnte. Schwerer wiegt wohl der Vorwurf, dass Richentals politisches und theologisches Interesse an diesem bedeutenden Völkerkongress gegen null tendierte. Und das, obwohl er Zugang zu den kirchlichen und weltlichen Entscheidungsträgern hatte. Vieles erfuhr er, da hat Borst wohl recht, auf den Konstanzer Straßen von Boten und Schreibern.

Ein anderer oft gehörter Vorwurf trifft ihn nicht: Dass er sich mit der fein illustrierten Chronik, die er ohne direkten öffentlichen Auftrag begann, bereichert hätte. *Umgekehrt wird ein Schuh draus, wie Jürgen Klöckler, Konstanzer Stadtarchivar und Herausgeber einer Faksimile-Ausgabe der Richental-Chronik von 2013 in seinem Kommentar zur Edition schreibt. Neben dem allgemeinen wirtschaftlichen Niedergang der Stadt nach dem Konzilsende und der von König Sigismund hinterlassenen Schuldenlast habe der Chronist,* »*der selbst zu den geprellten Gläubigern Sigismunds zählte, sein Vermögen insbesondere für sein historiografisches Großprojekt namens Konzilschronik aufgezehrt*«. *Da seine Ehe kinderlos blieb, erlosch der Familienname Richental nach dem Tod seiner Frau (um das Jahr 1445), in der Reichsstadt. Allerdings: Er lebt weiter, von der Nachwelt immer wieder mit seiner Chronik zitiert, aber auch als Romanfigur.*

Die Urchronik, der Ur-Richental, gilt als verloren. Die Chronik, die anlässlich der Feierlichkeiten zum 600-jährigen Jubiläum des Konzils in einer repräsentativen Faksimile-Ausgabe vorliegt, geht auf die Konstanzer Handschrift zurück, die im Besitz des dortigen Rosgartenmuseums ist. Insgesamt sind 19 Textträger der Chronik nachgewiesen, entstanden ab 1460 bis ins späte 17. Jahrhundert. Dabei handelt es sich um 16 Abschriften und drei Drucke. Drei Abschriften gelten ebenfalls als verloren. Von den 16 Handschriften, die nach dem Aufbewahrungsort benannt werden, sind sieben bebildert. Klöckler teilt die überlieferten Fassungen in drei Gruppen auf. Zur ersten Gruppe zählt er die Handschriften, in denen Richental von sich selbst in der ersten Person Singular spricht (»Subjektivierte Form«). Die zweite Gruppe umfasst die anonymisierten Formen, in denen vom Chronisten in der dritten Person Singular die Rede ist (»Objektivierte Form«). Die dritte Gruppe schließlich bilden gekürzte und redaktionell bearbeitete Versionen (»Mischform«), die zwischen den Erzählperspektiven wechseln, den Text kürzen, neu zusammenstellen und ändern.

Die »Manipulationen« sind nicht unerheblich. Richentals viel zitierter Hinweis darauf, dass während des Konzils 700 Prostituierte gezählt wurden, findet sich in der sogenannten Aulendorfer Chronik (heute: New York Public Library) wieder, nicht aber in der Konstanzer Handschrift, die um 1464/65 entstanden ist. Aus dieser wiederum ergibt sich nicht einmal der Verfasser der Chronik, er wird zugunsten der »erber lüt« getilgt, welche diese Handschrift »von gedachtnusse wegen« anfertigen ließen. Hinter dieser Formulierung, so Klöckler, verbirgt sich das »offizielle« Konstanz, Amts- und Funktionsträger samt Honoratioren, die mit der Anonymisierung der Verfasserschaft das Werk kurzerhand zu einer »historiografischen Selbstdarstellung« der Stadt umwidmeten.

Die vier Auszüge aus der Richental-Chronik in der Übersetzung von Otto H. Brandt sind der Aulendorfer Handschrift entnommen. Sie handeln vom Einzug der hohen Herren in die Stadt, von Hussens Ende, von der Beerdigung des Herrn Landolfus, Kardinal von Bari, von der Papstwahl, die das Ende des Abendländischen Schismas bedeutete und: von einem Mord. – In Klammern Anmerkungen der Herausgeber. Die Rechtschreibung wurde der heutigen Norm weitgehend angepasst.

Chronik des Konzils zu Konstanz

AM 13. DEZEMBER RITTEN VIER KARDINÄLE EIN, denen viele Erzbischöfe und Bischöfe entgegenzogen. Unter ihnen war auch der Kardinal Otto de Colonna, der später zum Papst erwählt wurde. Noch immer aber fehlten die Spanier und die Gelehrten aus Paris, und ohne die Ersten wollte man nicht anfangen, weil sie zu Benedikt XIII. hielten. Am 14. endlich kamen die Gelehrten aus Frankreich, von Paris nicht weniger als 22, und mit ihnen viele Erzbischöfe und Bischöfe desselben Landes.

Darnach wartete man auf die Ankunft des Königs und der Kurfürsten, und man hielt keine Sitzung ab, weil niemand mittun wollte.

Alle Tage ritten geistliche und weltliche Fremde ein, und viele Fremde bestellten für ihre Herren Herberge und kauften Speise, Futter und Heu ein, um über diese Zeit hinwegzukommen. Am Heiligen Abend endlich kam Botschaft vom König, dass er nah sei. Man wusste aber nicht, wie nahe er war. Noch am selben Tage kamen er und seine Gemahlin, die Königin, nach Überlingen, und sie ruhten dort bis eine Stunde vor Mitternacht. Sie sandten auch zum Papste, dass er auf sie mit der Messe warten sollte, die man vor Tagesbeginn singt. Das geschah, und die Bürger zu Konstanz sandten Schiffe und Schiffer nach Überlingen und ließen die Ratsstube für den König wärmen.

Am Weihnachtstag kamen frühmorgens zwei Stunden nach Mitternacht König Sigmund und seine Gemahlin Barbara, geborene Gräfin von Cili, und mit ihr die Fürstin Elisabeth, Königin von Bosnien, nach Konstanz. In ihrer Begleitung befand sich der Kurfürst Ludwig von Sachsen. Von den Schiffen gingen sie in die Ratsstube und wärmten sich wohl eine Stunde. Und um drei Uhr früh, da schenkten die Konstanzer dem König und der Königin zwei goldene Baldachine. Darauf gingen sie unter den Baldachinen, die je vier Männer an vier Stangen trugen, in die Kirche zur Mette. Nach der Mette hielt der Papst die erste Christmesse: Dominus dixit ad me (der Herr sprach zu mir) in einer schönen Bischofsmütze, die mit Gold und Edelsteinen besetzt war. Nach der Messe sang man Laudes (eines der täglichen Breviergebete). Das dauerte bis zum Tagesgrauen. Darauf hielt der Papst die andere Messe: Lux fulgebit (ein Licht wird leuchten). Nach der Messe sang man abermals, und das dauerte bis zur neunten Stunde. Darauf hielt der Papst die dritte Messe: Puer natus est nobis (ein Knabe ist uns geboren worden), und das währte bis zur elften Stunde. Neun Stunden also waren sie alle im Münster. Dann gab der Papst dem Volk den Segen und ging in die Pfalz zurück.

Gleich darauf zog der König mit den Königinnen und der Frau Anna von Württemberg, die mit ihm gekommen war, in das Haus zu der »Leiter« vor St. Stephan, wo er drei Tage und drei Nächte blieb, von da zog er in das Kloster Petershausen auf einige Zeit, weil er die Ungarn wegen ihrer großen Unruhe nicht in der Stadt behalten konnte. Nach vier Wochen zog der König wieder in die Stadt, ließ aber die Ungarn zu Petershausen, die da viel Unordnung anstifteten. Denen aber ging es nicht gut, denn wenn ein Geschrei entstand, liefen die von Petershausen zusammen, legten sich hinter die Ungarn und züchtigten sie. Der König wohnte in des Freiburgers Hof an der Münstergasse, seine Gemahlin und die Königin von Bosnien zogen in Bundrichs Hof, Anna von Württemberg in Herrn Hans Bischofs Hof, wo sie auch blieben.

Kurze Zeit darauf ritt Burggraf Friedrich von Nürnberg, Statthalter des Kurfürstentums Brandenburg, ein, das ihm nachmals verliehen würde, und zog in Heinrich von Tettikofens Haus am Fischmarkt, genannt zum Hohen Haus, mit 400 Pferden und 4 Wagen.

Zwölf Tage nach der Wahl des Hans Schwartzach zum Bürgermeister (d. i. am 11. Dezember), kamen vor den Rat zu Konstanz Gesandte des Papstes, des Königs und anderer Herren und beschwerten sich, dass die Herberge und die Lebensmittel zu teuer seien. Der Rat ordnete eine Deputation zu ihnen ab, und sie machten folgende Verordnung. Man sollte von einem Bett, in dem zwei wohl liegen könnten, nicht mehr als 1½ rheinische Gulden monatlich geben, und alle Monate sollte der Hauswirt Betttücher geben und Pfühle und Kissen neu waschen lassen; für den Stand eines Pferdes sollten auf jede Nacht 2 Pf. gegeben werden. Das dauerte aber nicht lange, denn jeder Fremde versah sich mit Betten und Stallung und verglich sich mit seinem Hauswirt selbst. Und so gab man nach Jahresfrist für ein Bett auf einen Monat nur 1 rheinischen Gulden, von einem Pferd aber 1 Pf. und 3 Heller.

Während dem lebten Bürger und Fremde in solcher Eintracht, dass keine Klage noch irgendwelcher Hader entstand und auch keine Feuersbrunst ausbrach.

Diese Leute erließen auch eine Verordnung über die Lebensmittel. Für einen Scheffel Getreide vom allerbesten, selbst als es am teuersten war, gab man 18 Schillinge, für geringeres 16 Schillinge. Das dauerte aber nur drei Wochen. Darnach erhielt man den Scheffel Getreide für 13 oder höchstens 15 Schillinge. Für gebackenes Brot und gutes Weißbrot zahlte man 1 Pf., für 14 Brote 1 Schilling. Des Brotes gab es, so viel man brauchte, denn man schaffte viel Brot auf Karren, Wagen und zu Schiff herbei. Außerdem gab es auch viele fremde Bäcker in Konstanz, die täglich auf dem Markt buken. Auch gab es Bäcker, die kleine Öfchen hatten, die sie auf Karren führten; und in ihnen buken sie Pasteten, Ringe und Brezeln. Die Pasteten waren bisweilen mit Hühnerfleisch und anderem Fleisch gefüllt und wohl gewürzt. Man bekam sie ziemlich billig zu kaufen.

Für den Malter Hafer gab man, selbst als er am teuersten war, nicht mehr als 30 Schillinge. Aber auch das dauerte nicht länger als drei Wochen. Darnach schlug er ab, sodass man einen Malter für 18 Schillinge erhielt. Später kam so viel Hafer nach Konstanz durch fremde Kaufleute, dass ein Malter zu 1 rheinischen Gulden verkauft wurde. Ein Viertel gute rote oder weiße Erbsen kostete 4 Schillinge; auch Bohnen, Linsen, Gerste und anderes Gemüse fand man hinreichend und zu angemessenen Preisen. Ein Viertel Zwiebeln kostete 2 Schillinge oder 20 Pfennige, ein Viertel Rüben 8–10 Pf., ein großer Kohlkopf 2 Pf., ein kleiner 1 Pf. Ebenso war der Wein immer billig, und man fand dort jede Sorte, die man begehrte. Ein gutes Maß Malvasier (ein griechischer Likörwein) für 3 Schillinge, ein Maß Reinfall (Wein von Riviglio in Istrien) für 20 Pf., ein Maß Elsässer für 4–6 Pf., ein Maß guter Landwein für 3–4 Pf. und guten Wein für die Knechte mit 2 Pf. Auch allerhand Fleisch von Wildbret, Vögeln, Schweinen, Rindern und Lämmern war vorhanden. Ein Pfund Rindfleisch gab es für 3 Pf., ein Pfund Lammfleisch, das man vorher wog, um 7 Heller, ein Stück Lammfleisch, das man nicht wog, um 18 Pf., ein Pfund Schweinefleisch für 4 Pf., ein kräftiges altes Huhn für drei Dickpfennige (eine kleine Scheidemünze von 7 Pfennig), ein geringeres für 2, ein Ei kostete 1 Heller, niemals mehr. Da man am Freitag oder an Fasttagen aufschlagen wollte, so verbot das der Rat. Alle mussten die Eier auf den Markt bringen, damit arm wie reich sie kaufen könne. Eine Drossel kostete 3 Heller, eine Amsel 5 oder 6. Ebenso fand man Wildbret jeder Art und zahlte für ein Pfund Wildschwein 7 Pf., ein Pfund Rehwild 5 Pf. und ein Pfund Hirschfleisch 4 Pf. Ebenso bekam man das Pfund von Dachs,

Otter oder Biber für 8 Pf. Einen Hasen kaufte man gewöhnlich selbst in den teuersten Zeiten für 6 bis 8 Dickpfennige, ich habe sie zu 4 gekauft. Einige sagen, sie hätten sie für 12 Dickpfennige gekauft, das glaube ich aber nicht, denn ich habe es nicht gesehen. Ebenso fand man allerhand lebende Fische, oder wenn man sie so nicht haben konnte, gesalzen und geräuchert. Überall war der Preis bestimmt, sodass der Käufer wie der Verkäufer wohl dabei bestehen konnte. Mit der Waage verkaufte man große Fische, kleine jedoch mit dem Maße. Für ein Pfund Hecht zahlte man 17 Pf., für ein Pfund Karpfen 18 Pf., ebenso viel für die Schleien, für ein Pfund Felgen 1 Schilling, für ein Maß Gründeln 27 Pf. usw. Ein gesalzener Stör kostete 2 bis 3 Dickpfennige, ein großer Stockfisch 3 Schillinge, die kleinen 2 Schillinge, je nachdem es jeder brauchte. Ein Viertel Heringe erhielt man für 3 bis 4 Schillinge, und als es ihrer sehr viel gab, gab man für ein Viertel 2 Dickpfennige und weniger. Es kamen auch aus Verona in Baumöl gebackene Fische, die sich lange halten sollten und die den Felgen glichen. Für sie zahlte man für das Stück 6 Pf. Feilhielt man auch »Hoppazgen« (Frösche) und Schnecken, die die Welschen kauften.

    Heu kam in großer Menge zu Schiff und auf Karren herein. So sah ich, Richental, und noch viele andere an einem Tag während einer Tagesstunde von der Brücke zu Konstanz 25 große Schiffe mit Heu aus dem Rheintal und dazu noch viele Karren mit Heu aus dem Thurgau und Hegau kommen. Das alles wurde geschätzt, und man zahlte für jede Last mit dem Traglohn beim besten Heu 32 Pf. War das Heu nicht gut, so gab man für die Last 26 Pf. Niemals wurde das Heu teurer, solange das Konzilium dauerte, eher billiger. 100 große Strohbunde erhielt man für 4 Schillinge; für eine Last Stroh, die die Frauen von Wolmatingen und aus dem Thurgau brachten, gab man 6 Pf. Man fand immer genug vor.

    Ebenso stand es mit dem Holze, das auf Lastschiffen vom Rheine oder über den Bodensee, auf Karren aus dem Thurgau kam. Das alles ward nach seinem Werte geschätzt. Für ein gutes Lastschiff mit Holz gab man 1 Pfund Pfennige und nicht darüber, für ein kleineres Lastschiff 18 Schillinge. Die großen Schiffe wurden von Leuten geschätzt, die der Rat zu Konstanz bestimmt hatte. Wie hoch sie den Wert auf ihren Eid geschätzt hatten, das musste gezahlt werden. Ein Karren Holz aus dem Thurgau ward ebenfalls von denen geschätzt, die der Rat bestimmt hatte, und zwar am oberen Markt zu Konstanz und an der St. Paulsgasse. Für einen Karren Holz gab man 2 Schillinge oder weniger, je nachdem, wie der Karren war. Für das, was über die Rheinbrücke hereinkam, standen ebenfalls Leute da, die es schätzten, und niemals trat Mangel an Holz ein.

Was nun die Gewürze anlangt, so gab man für ein Pfund Pfeffer 9 Schillinge, für ein Pfund Ingwer 12 bis 13 Schillinge, für ein Pfund Safran 4 rheinische Gulden. Da sehr viel Safran nach Konstanz kam, musste man den Preis mindern, denn solche Dinge, die im Leben notwendig waren, ließ man unverkauft nicht aus Konstanz heraus.

Auch Bretter, Ziegel, Lehm, Steine und Kalk fand man allezeit genügend und zu angemesseneren Preisen als heutzutage.

Nun erzähle ich, wie das Konzil gegen die beiden (gemeint sind Jan Hus und Hieronymus von Prag) handelte, wie der König zu anderen Herren hinwegritt, und wie er wieder zurückkam. Am Sonnabend nach Ulrichstag (die drei Verhöre fanden am 5., 7., und 8. Juni 1415 statt) ward früh eine Sitzung gehalten. Dabei waren der König, Herzog Ludwig von Bayern-Heidelberg und viele weltliche Fürsten und Herren. Da ließ man Hans Hus aus Böhmen, den Ketzer, holen, und vor ihm predigte der hochwürdige göttliche Meister Johannes Thacheri von der Schule zu Paris über seine schlimme Ketzerei. Hus wurde mit der heiligen göttlichen Lehre aus der Heiligen Schrift überwunden, dass seine Artikel, die er gepredigt und gelehrt hätte, eine falsche Ketzerei seien, und alle gaben ein vollgültiges Urteil über ihn. Da er zum Priester geweiht war, sollte man ihn zuerst degradieren und ihm seine Weihe nehmen. Da standen der Erzbischof Nikolaus von Mailand, zwei Kardinäle, zwei Bischöfe und zwei Weihbischöfe auf (Richental erzählt ungenau: Nach dem dreifachen Verhör wurde er in sein Gefängnis zurückgeführt und man versuchte, ihn zum Widerruf zu bringen). Sie kleideten ihn als Priester, rissen ihm die Kleidung unter Gebeten herunter und entkleideten ihn seiner Würde. Er aber machte ein Gespött daraus. Wie das geschehen war, verurteilten sie ihn als einen Ketzer, der wegen seiner Schlechtigkeit bestraft werden müsse. Sie übergaben ihn den weltlichen Richtern und baten den König, ihn nicht zu töten, sondern ihn gefangen zu halten. Da sprach der König zu Herzog Ludwig: »Da ich der bin, der das weltliche Schwert führt, so nehmt ihn, lieber Oheim Herzog Ludwig, unseres und des Heiligen Römischen Reiches Kurfürst und unser Erztruchsess, und tut ihm, wie einem Ketzer gebührt, an unserer Stelle.« Da rief Herzog Ludwig den Vogt von Konstanz, Hans Hagen, und sprach: »Vogt, nimm ihn hin und verbrenne ihn als einen Ketzer.« Dieser rief die Ratsknechte und den Henker herbei, damit sie ihn hinausführten, um ihn zu verbrennen. Sie durften ihm aber weder das Gewand noch den Gürtel, den Geldbeutel, das Messer, das Geld, die Hosen oder die Schuhe nehmen oder abziehen. Das geschah auch. Er hatte zwei gute schwarze Röcke von gutem Tuch und einen verzierten Gürtel, zwei kleine Messer in einer Scheide und einen ledernen Geldbeutel, in dem wohl etwas sein konnte. Er trug eine weiße Bischofsmütze auf seinem Kopfe, auf der waren zwei Teufel gemalt, und zwischen beiden stand Heresiarcha, d. h. so viel als »Erzbischof aller Ketzer«. Die von Konstanz führten ihn mit mehr als 1.000 gewappneten Männern hinaus, und die Fürsten und Herren waren auch gewappnet.

Zwei Diener Herzog Ludwigs führten Hus, der eine zur Rechten, der andere zur Linken. Dieser war nicht gefesselt, denn sie gingen nur neben ihm und riefen mich, Richental, zu sich. Vor und hinter ihm gingen die Ratsknechte, und sie führten ihn zum Geltinger Tor hinaus. Infolge des großen Gedränges musste man einen Umweg machen, und es wurden immer mehr der gewappneten Leute, gegen 3.000, ohne die Unbewaffneten und die Frauen. Auf der Brücke am Geltinger Tor musste man die Menschen zurückhalten, nur truppweise wurden sie über die Brücke gelassen, weil man befürchtete, dass die Brücke zusammenbräche. Man führte ihn auf das kleine äußere Feld in die Mitte. Während er hinausgeführt wurde, betete er beständig: »Jesu Christe, fili dei vivi, miserere mei« (Jesu Christi, du Sohn des lebendigen Gottes, erbarme dich meiner!). Als er auf das äußere Feld kam und das Feuer, Holz und Stroh bemerkte, fiel er dreimal auf seine Knie und sprach laut: »Jesu Christe, fili dei vivi, qui passus es pro nobis, miserere mei« (Jesu Christi, du Sohn des lebendigen Gottes, der du für uns gelitten hast, erbarme dich meiner!). Darnach fragte man ihn, ob er beichten wolle. Er sprach: »Gern, obgleich es hier sehr enge ist.« Es war ein Priester da, Ulrich Schorand, den rief ich, Ulrich Richental. Dieser ging zu Hus hin und sprach zu ihm: »Lieber Herr und Meister, wollt Ihr dem Unglauben und der Ketzerei, um derentwillen Ihr leiden müsst, entsagen, so will ich gern Eure Beichte hören. Wollt Ihr das aber nicht tun, so wisst Ihr selbst wohl, dass in den geistlichen Vorschriften steht, dass man keinem Ketzer die Beichte hören soll.« Da erwiderte Hus: »Es ist nicht nötig, ich bin kein Todsünder.«

Als er darauf anfangen wollte, deutsch zu predigen, wollte das Herzog Ludwig nicht leiden und befahl, ihn zu verbrennen. Da ergriff ihn der Henker und band ihn in seinem Gewand an einen Pfahl. Er stellte ihn auf einen Schemel, legte Holz und Stroh um ihn herum, schüttete etwas Pech hinein und brannte es an. Da begann er gewaltig zu schreien und war bald verbrannt. Als er selbst schon verbrannt war, war doch noch die Bischofsmütze ganz. Diese zerstieß der Henker, und da verbrannte sie auch. Es entstand aber der schlimmste Gestank, den man je riechen konnte, denn der Kardinal Pankratius hatte sein Maultier, nachdem es an Altersschwäche gestorben war, dort begraben lassen. Infolge der Hitze tat sich die Erde auf, sodass der Gestank herauskam. Dann führte man alles, was man von der Asche fand, in den Rhein.

~⚜~

Inzwischen dauerte das Konzilium in Ruhe und Eintracht weiter, und die Fremden waren so sicher, dass sie auf eine Meile weit um Konstanz in die Städte und durch Wälder und wohin sie sonst gehen wollten, spazieren gehen konnten, besonders gingen sie täglich in das Aichorn spazieren. In diesem Wäldchen gab es Wirte, die allerlei Wein schänkten, wie man es wünschte. Bei ihnen fand man auch gebratene Hühner und was man sonst begehrte, auch hübsche Frauen. Die geistlichen Herren gingen spazieren, in welchem Garten sie immer wollten, und niemand wehrte es ihnen. Sie taten auch keinen Schaden. So vertrieben sich die Herren die Zeit.

Am 18. September kam vom König die Mitteilung, dass er hoffe, die Angelegenheit, wegen deren er weggeritten sei, zu einem guten Ende zu führen. Doch mache ihm großen Kummer der Papst Benedikt, weil er ein vornehmer Herr sei. Denn die Fürsten des Landes wollten nicht gegen das Konzil handeln. Da ward wiederum Laudes geläutet früh, zu Mittag und zu Abend.

Am Donnerstag vor St. Gallentag starb zu Mittag der hochwürdige Herr Landolfus, Kardinal von Bari aus dem königlichen Geschlechte von Neapel. Man schaffte ihn zu den Predigermönchen in das Kloster, und dort blieb er unbegraben bis an den dritten Tag. Am dritten Tag bestattete man ihn auf der linken Seite im Chore in einem eichenen geschnitzten Sarge und tat viel Balsam hinzu gegen den üblen Geruch. Dann läutete man mit allen Glocken viel mehr als bei einem Domherrn. Am Freitag vor Allerheiligen hielt man seinen Gedächtnisgottesdienst. In beiden Seitenschiffen hatte man ein Gerüst gemacht, auf dem standen 34 brennende Kerzen, sodass auf beiden Seiten 68 Wachskerzen standen, von denen jede vier Pfund wog. In der Kirche hatte man beim Altar eine hölzerne Hütte ohne Wände gemacht. Sie ruhte auf vier Säulen und trug ein rechteckiges Dach, auf dem 12 große brennende Kerzen standen, neben zahlreichen kleinen. Insgesamt waren es mehr als 400 Kerzen, die im Abstand von 2 Fingern voneinander standen, und das Haus glich einem hölzernen Häuslein, das vollständig zu brennen schien. Dieses Haus war 20 Schuh lang, 14 breit. In ihm lag die Bahre, ein großes Bett, das mit vier goldenen kostbaren Tüchern bedeckt war. Zu Füßen und zu Häupten standen je zwei brennende Kerzen. Um das Haus herum saßen seine Diener, nicht weniger als 45. Diese waren alle schwarz gekleidet, in neue lange Mäntel mit Kapuzen. Das Tuch war aber nicht zugeschnitten und genäht, sondern sie hatten sich darin eingehüllt. Jeder bekam dazu zwölf Ellen, und jede Elle kostete einen Gulden. Die Mäntel zogen sie auf der Erde einen Schuh weit nach, je nachdem sie kleiner oder größer waren. Ein jeder trug in seiner Hand eine brennende Kerze, die ein halbes Pfund wog, und in dem Tore über der Gruft lag auch ein goldenes Tuch, und vier große Kerzen brannten dabei. Die hielt ein Kardinal, und zwei unterstützten ihn dabei, von denen der eine die Epistel sang, der andere das Evangelium. Nach der Messe traten 7 Kardinäle ein, die als Priester im Messgewand gekleidet gingen, und jeder las eine Kollekte. Dem Gedächtnisgottesdienst wohnten zwei Patriarchen, alle Kardinäle, alle Geistlichen und alle Laien, alle Fürsten und Herren, der Bürgermeister und der gesamte Rat bei. Einem jeden gab man auf Kosten des Verstorbenen, mochte er Herr oder Knecht, Frau oder Mann sein, ein halbes Viertel Wachs, was man mit nach Hause nehmen konnte. Ich, Ulrich Richental, fragte die Verwalter, was der Gedächtnisgottesdienst und das Begräbnis kosten könnten. Diese sagten, dass es alles in allem wohl 1.300 Dukaten koste. Darnach nach 14 Tagen grub man den Kardinal wieder aus und überführte ihn nach seiner Heimat Neapel.

In der Zeit, wo der König hinweggeritten war, geschah nichts Neues, als dass sie sonntäglich die Prozession in dem Münster hielten und dass täglich Messe im Dom gelesen wurde. Jeden Tag predigte in der Messe ein gelehrter Mann. Geistliche und Weltliche ritten aus und ein. Von Fürsten, Rittern und Knechten wurden manche Stechen und Ringelspiele abgehalten und mit den Frauen ein Tanz. Dies schöne Leben führte man immer in Liebe und Freundschaft. Die Konstanzer bauten beständig nicht um ihres eigenen Vorteils willen, sondern damit die Armen etwas verdienten. Als Tagelohn gab man 18 Pf. Es kamen auch viele Priester und gelehrte Leute und arbeiteten im Graben, am Mauerwerk oder in den Weinbergen. Trotz dieser vielen Menschen wurden nur wenige Leute hingerichtet, nur die, an denen man große Schuld fand.

Nun wäre es noch ganz angenehm zu erfahren, wie das Kaufhaus zu einem Konklave umgebaut und vermauert wurde, wie man den Herren das Essen hineinbrachte, wie es vor der Tür untersucht wurde, damit kein Brief hineingelangte, und wie die Wahl geschah. Von dem Eckhause zu den Fischreusen war alles mit hohen Balken abgesperrt. Die standen so dicht nebeneinander, dass keiner eine Hand hindurch strecken konnte, und sie waren so hoch wie ein Kriegsspieß. Vorn war eine Tür angebracht, an der außen 12 Söldner des Rats und innen 12 Söldner des Königs Tag und Nacht Wache hielten. Alle Fenster und Türen des Kaufhauses wurden vermauert. Unten an der Rosstränke war es auch bis an das Gewölbe bei der Konradsbrücke vollkommen abgesperrt. Nur vorn an der Brücke ging eine Tür in das Kaufhaus. Auch dort standen 12 Söldner des Rates vor dem Tore und 12 des Königs innen. Das Tor, das jetzt der Kranich heißt, war verriegelt. In dem See waren, so weit, wie eine Armbrust reichte, große Balken aneinandergebunden, damit niemand hineinführe. Die vordere Tür, die Tür gegenüber dem Rathaus und die Tür gegenüber dem See sowie alle Fensteröffnungen wurden vermauert und oben die hölzernen Fenster mit Brettern verschlagen, sodass kein Gesicht noch auch Luft hereinkonnte. Daher musste man innen Licht anzünden. Im ersten Stock, wenn man die Treppe hinaufkommt, war links eine Kapelle mit drei Altären gebaut, die auch kein Tageslicht empfing, sodass man Messe mit Kerzen halten musste.

Für jeden Wähler gab es eine besondere Wohnung, eine kleine Zelle mit einem Bett, mit einem Tischchen, an dem wohl zwei sitzen konnten. Vor der Zelle war ein kleiner Verschlag, in dem der Diener wohnte. Die Zellen waren so verteilt, dass ein jeder Kardinal Leute von andern Nationen, als zu der er selbst gehörte, zu Nachbarn hatte. Niemals lagen die, die aus einem Lande kamen, nebeneinander. In dem Kaufhaus brannten unten im Erdgeschoss zwei Laternen zu je vier großen Kerzen, und ebenso auch im ersten Stock, Tag und Nacht. Die Treppe des Kaufhauses war verbreitert, die Tür aber mit einem großen gewaltigen Vorlegeschloss verschlossen. Von den

Schlüsseln hatte der König einen, das Konzil den andern und das Domkapitel den dritten. Wenn man in das Haus eintrat, war an der Türe ein viereckiges Loch, das ebenfalls mit einem großen Vorhängeschloss verschlossen werden konnte. Die Schlüssel dazu besaß der Hochmeister von Rhodus, der hatte den Rücken gegen die Tür des Kaufhauses gekehrt, vor ihm stand ein mit einem Tuche gedeckter Tisch, hinter dem Tische standen zwei Bischöfe, den Rücken gegen den See gekehrt. Außerdem standen bei ihm zwei Herren, die das Konzil sandte und die Tag und Nacht dableiben mussten. An der Treppe standen auf den einzelnen Stufen stets drei Fürsten und Grafen, die auf das Essen warteten, bis es hineinkam. Das Essen brachte man ihnen folgendermaßen: Jeder Herr, der drinnen war, hatte eine Gelte, die ungefähr so groß war, dass man ein kleines Kind darin hätte baden können. Diese war geschnitzt, sauber gemalt und mit dem Wappen des Herrn versehen.

Zwei Knechte trugen die Gelte an einer Stange, und darin befanden sich Brot, Fleisch und alles, was man den Herren senden wollte. Voraus ging ein anderer Knecht, der zwei Trinkgefäße in seiner Hand trug, von denen das eine mit weißem, das andere mit rotem Wein gefüllt war. Diese Gefäße waren so, dass jedermann hindurchsehen konnte, damit nichts Verborgenes darin war. Die Knechte kamen bis an die Schranken, wurden hineingelassen und dann wieder hinaus, wenn sie fertig waren. Wenn sie an der Treppe des Kaufhauses waren, nahmen die Fürsten und Grafen die Speisen, um sie den einzelnen Bischöfen zu geben. Die Bischöfe öffneten die Gelten, zerschnitten Brot, Fische und Fleisch, ob sie irgendwelche Briefe darin fänden. Das Gemüse und das Getränk probierten sie mit Löffeln, und nachdem es probiert war, gaben sie alles dem Hochmeister. Dieser nahm Speise und Trank, schloss das Loch auf und gab es dem, dem es gehörte.

Nun ist noch zu erzählen, wie die Wahl geschah, und das hat mir der Notar des Erzbischofs von Gnesen beschrieben, der bei ihm im Konklave war. Es war bestimmt, dass derjenige, welcher Papst würde, die Stimmen von zwei Dritteln der Kardinäle und von zwei Dritteln der Nationen haben sollte. Während dieser Wahl gingen

Einzelne von einem zum anderen, besonders der Erzbischof von Gnesen und der Erzbischof von Riga, die es aber nicht verhindern konnten, dass viele erwählt wurden. Mancher hatte 12 Stimmen, andere 9, 6, 4, sodass die Wahl nicht vor sich gehen konnte. Das dauerte bis zum Tage vor Martini. Da beschlossen die Deutschen, weil das Konzil in ihr Land gelegt sei, die Wahl in keiner Weise zu stören. Sie kamen daher überein, keinen aus ihrer Nation zum Papst zu wählen, damit man nicht sage, er wäre mit Gewalt erhoben worden. Sie kamen mit den Italienern zusammen und sagten ihnen diese ihre Meinung, sodass sich die Italiener sehr freuten. Wie das die Engländer hörten, kamen sie bald zu den Deutschen und Italienern und taten das Gleiche. Darüber freuten sich die drei Nationen sehr. Nun wandten sich die Deutschen und Engländer an die Franzosen oder Spanier und baten sie, dass sie das Gleiche täten wie sie. Jene verweigerten es, und die Spanier sagten, wenn nicht einer von ihnen Papst würde, so wären die sieben Könige, die sie in Spanien hätten, unzufrieden, und es würde noch viel schlimmer als früher. In gleicher Weise sagten die Franzosen, weil sie die vornehmste Schule zu Paris hätten, und weil auch ihr König und seine Untertanen der mächtigste Fürst und sie die besten Christen seien, so wollten sie einen Papst aus ihrer Nation haben. Diese Verhandlung währte den ganzen Tag bis in die Nacht hinein.

Alle Tage hatten die Geistlichen eine Prozession von dem Münster bis zum Fischmarkt vor dem Rathaus gegenüber dem Kaufhaus. Wenn sie dort hinkamen, knieten sie nieder, und der Patriarch begann langsam zu singen, sodass man ihn wohl hören konnte: Veni sancte spiritus, (Komm, Heiliger Geist) und dann betete er. Am Dienstag und Mittwoch gingen sie an der Stadtmauer entlang zu den Predigermönchen und dann in das Münster. Am St. Martinstage gingen sie nach der Messe wiederum in einer Prozession vor das Kaufhaus und dann, nachdem man gesungen und gebetet hatte, in das Münster zurück. In jenen Tagen verhandelten die Deutschen und die Engländer, die fest geblieben waren, mit den Spaniern und Franzosen. Wenn die Wahl gestört würde, so trügen sie allein die Schuld, und sie würden ewig verflucht sein. Endlich brachten sie in der Nacht vor dem

Martinstage durch ihre große Härte es dahin, dass die Spanier und die Franzosen ihrem Beispiele folgen wollten. Gerade zu der Zeit, als am Martinstage die Prozession vor dem Kaufhaus war, waren alle 53 in der Kapelle des Kaufhauses zur Messe. Nach der Messe sangen sie ebenfalls »veni sancte spiritus« und beteten. Darauf wurden sie einig, und in der elften Stunde, noch ehe die Prozession ins Münster zurückkam, rief man aus dem Konklave: Wir haben einen Papst, Otto von Colonna. Jedermann lief vor das Kaufhaus, und es mochten wohl 80.000 Personen sein. Es geschah auch ein großes Wunderzeichen von den Vögeln. Ehe die Wähler in das Kaufhaus gegangen waren, war das Dach allnächtlich von Raben, Dohlen, Krähen und anderen Vögeln besetzt. Sobald aber die Herren dort waren, setzte sich kein Vogel mehr auf das Dach. Wie der Papst erwählt wurde, lag tiefer Nebel. Als er zum Mittag aufstieg, kamen sehr viele kleine Vögel herangeflogen, wie Meisen, Zeisige, Buchfinken, Distelfinken Rotschwänzchen und andere. Eine Schar nach der anderen, und es konnten wohl 2.000 sein. Die setzten sich alle auf das Dach des Kaufhauses, dass es jedermann sah und sich darüber wunderte. Dann hieß man jedermann nach Hause zum Mittagessen gehen, weil man wieder um 1 Uhr nachmittags in das Münster kommen sollte.

In der ersten Stunde nach Mittag läutete man alle Glocken, und es versammelten sich der König, alle Geistlichen und Weltlichen, der Rat und alle Bürger, was bis zur Vesperzeit dauerte. Da ging man in einer Prozession auf den oberen Markt und weiter bis zum Kaufhaus. An den Schranken hielt der Papst auf einem weißen Pferd und war wie ein Bischof gekleidet mit einer weißen Bischofsmütze. Neben ihm standen die 22 Kardinäle und die 30 Wähler der Nationen zu Fuß, die alle bleich und hässlich geworden waren. Die Prozession umging den Papst und seine Begleitung, und jedermann fiel auf die Knie. Der König kniete ebenfalls nieder und küsste die Füße des Papstes. Das Gleiche taten Herzog Ludwig von Heidelberg und alle anderen Fürsten, von den Geistlichen aber nur der Patriarch und die Erzbischöfe. Nachdem der König und Herzog Ludwig ihm die Füße geküsst hatten, reichte der Papst ihnen die Hand und segnete sie. Die 52 kehrten nun zu Fuß mit der Prozession zurück, in lange

Mäntel gekleidet, die der Knecht, der mit in dem Konklave gewesen war, hinten hielt. Nach den Wählern ritt der Papst. Rechts führte der König, links Herzog Ludwig von Bayern das Pferd am Zaume. So zogen sie langsam in das Münster. Die Diener des Papstes liefen mit ihren silbernen Stäben voraus und wehrten das Volk ab, damit es nicht dränge. Wie man zum Münster kam, stieg er ab und ging zu Fuß hinein. Da sang man »Te deum laudamus« und »Veni sancte spiritus« mit einer Kollekte.

Am Freitag nach dem Martinstage wurde unser Heiliger Vater, der Papst Martin V., auf der Pfalz zum Evangelisten geweiht, und er nahm den Namen Martin an. Am Sonntag wurde er in der Pfalz zum Priester geweiht und am Sonntag zum Bischof. Am Montag nach dem Martinstage leisteten ihm alle Patriarchen, Bischöfe und Weltgeistlichen den Gehorsam. Am Dienstag leisteten ihm alle Schwarzmönche, Benediktiner, Zisterzienser, Äbte und Mönche aller Orden Gehorsam. Am Mittwoch leisteten ihm Gehorsam alle Bettelorden, unser Herr, der König, alle anwesenden weltlichen Fürsten und die Gesandtschaften der weltlichen und geistlichen Fürsten.

Darnach baute man an zwei Tagen im Chor des Konstanzer Doms Stühle, Bänke und Tische und wollte am Sonntag früh Martin V. zum Papst weihen. Es wurde ein schöner Sitz errichtet, auf dem er saß. Jenseits des Sakramenthäuschens standen auf einem Tische 12 brennende Kerzen, das Sakrament, das heilige Öl, das Chrisma und viele Büschel mit Flachs. Vor dem Hauptaltar standen auf einem Tische 4 brennende Kerzen, zwei Weißbrote und zwei silberne Gefäße mit Wein. Auf dem Altar standen alle Reliquien, die jetzt in Konstanz sind, eine weiße Bischofsmütze mit den drei Kronen und die Rose, die Papst Johann dem König gab. Kurz nach Mitternacht, am Sonntag vor Katharinentag, am 21. November, läutete man zum ersten Male mit der großen Glocke, bald darauf zum zweiten Male. Vor ein Uhr läutete man dann mit allen Glocken, und es kamen in das Münster die zwei Patriarchen, alle Erzbischöfe, Kardinäle und Bischöfe, alle geistlichen und weltlichen Prälaten und Herren und unser Herr, der König, sowie Papst Martin V. Wie alle drinnen waren, verschloss man das Münster, und der Kardinal von Ostia hielt die Messe.

Nach der Messe setzte sich der Papst auf seinen Sitz zwischen dem Hauptaltar und der Sakristei. Man begann ihn zum Papst zu weihen, goss Öl auf sein Haupt und umwand es mit einem weißen Tuch. Auf dem Altar standen sieben silber-vergoldete Leuchter mit sieben brennenden großen Kerzen. Zahllos war die Zahl der sonst brennenden Kerzen. Auf dem Altar lagen auch die Häupter des heiligen Konrad und des heiligen Pelagius, dazu auch die Papstkrone und seine Priestermütze. Zum Anfang sang man eine Litanei in lateinischer und eine in griechischer Sprache. Dann weihte man ihn zum Bischof. Wie er geweiht war, führte man ihn aus dem Chor heraus. Hoch über seinem Haupte hielten vier Kardinäle ein schönes weißes Tuch mit roten Kreuzen und zwei Kardinäle und zwei Bischöfe ein schönes goldenes Tuch vor ihm, sodass er sich darunter beugen musste. Sie gingen hinaus und kamen dann wieder in das Schiff herein; dort stand ein Bischof mit einem großen Stabe in der Hand, an dem oben ein Flachsbüschel war. Nachdem man ihn angezündet hatte, richtete man den Stecken auf und sang laut »Pater sancte, sic transit gloria mundi«, d. h. Heiliger Vater, also vergeht der Ruhm der Welt. Der Papst antwortete: »Deo gratias« (Gott sei Dank). Darauf ging er zu des Leutpriesters Altar, hielt Messe, und dabei sang man eine Epistel in lateinischer, eine in griechischer Sprache. In beiden Sprachen war auch das Evangelium verlesen. Darauf sang man zwei »Gloria in excelsis« (Ehre sei Gott in der Höhe). Nachdem er die Hostie verteilt hatte, ging er vom Altar herunter und setzte sich links neben dem Altar auf seinen Sitz. Man brachte ihm die Hostie auf einem flachen Metallteller, und er genoss ein Stück, ein anderes Stück gab er dem Evangelisten. Der Bischof von Ostia genoss das dritte Stück aus dem Kelch. Nach dem Segen ging jeder in seine Herberge, und das war zwischen 7 und 8 Uhr.

In der achten Stunde am selben Tage ritten die beiden Patriarchen, 20 Kardinäle, alle Erzbischöfe und alle gefürsteten Äbte auf den oberen Hof. Sie und ihre Rosse waren ganz mit weißem Tuch bedeckt, sodass man nur die Füße sah. Auf ihrem Kopfe hatten sie die Priestermützen. Unser Herr, der König, Herzog Ludwig und alle Fürsten und Herren gingen zu Fuß dahin. Zu Fuß erschien auch der Hochmeister zu Rhodus. Auf dem oberen Hofe war ein großes Schaugerüst von der mittelsten Tür bis an das Nebenschiff nach der Pfalz zu gemacht. Zwei große breite Treppen führten hinauf, und auf dem Gerüst stand ein hoher Sitz, der wohl 5 Stufen hoch war. Auf allen Seiten war er ganz mit goldenen Tüchern behängt. Daneben nur vier Stufen hoch stand auf beiden Seiten ebenfalls ein Sitz, und so ging es weiter herunter, auf jeder Seite stand auf einer Stufe ein Sitz, die alle mit goldenen Tüchern bedeckt waren. Auf den höchsten Sitz setzte sich der Papst, der wie ein Bischof gekleidet war. Ein Patriarch stand vor ihm und hatte die Papsttiara mit den drei Kronen und mit dem goldenen Kreuze in seiner Hand. Auf den nächsthöheren Sitzen saßen links zwei Kardinäle, rechts der Hochmeister von Rhodus und der Kardinal von Flischgo. Weiter herab saßen auf jeder Seite acht Kardinäle und unten der König und die anderen Laienfürsten. An der Treppe des Gerüstes saßen die Auditoren und die Gelehrten. Auf dem oberen Hofe selbst, dem Papst gegenüber, hielten auf Rossen die Erzbischöfe, Bischöfe und gefürsteten Prälaten.

Das Gedränge war so groß, dass der König selbst kaum hinaufkommen konnte, und auf dem Schaugerüst brannten so viele große Kerzen, dass man sie nicht zählen konnte. Obwohl man langsam sang, konnte man es doch nicht verstehen. Ein Patriarch erschien mit einem goldenen Kreuze in seiner Hand und kniete damit vor dem Papste nieder. Dann kam ein Bischof mit einem Stabe in der Hand, an dem ein Flachsbüschel angezündet wurde. Als das schnell verbrannte, rief der Bischof: »Pater sancte, sic transit gloria mundi!« Wieder antwortete der Papst: »Deo gratias!« Das geschah zweimal. Darauf standen drei Kardinäle auf, denen das Hochamt zu halten zustand. Alle vier knieten nieder, standen wieder auf, nahmen dann von den Patriarchen die Tiara und brachten sie zum Papst. Während dieser Zeit sangen die Sänger gar schön, wohl eine Stunde lang. Sie setzten die Tiara auf das Haupt des Papstes, der nun mit seiner Krone herunterkam. Er setzte sich auf ein weißes Ross, das ganz in rotes Tuch eingehüllt war. Damit ihn jedermann sehen könne, hielt man keinen Baldachin über den Papst. Der König kniete vor ihm nieder, küsste ihm die Füße und führte sein Pferd mit der rechten Hand am Zaume. In der linken hatte er einen Stab, um Platz zu machen. Markgraf Friedrich, der ebenfalls dem Papst die Füße geküsst hatte, führte ihn auf der linken Seite und machte ihm ebenfalls mit einem Stabe Platz. Hinter dem Rosse gingen Herzog Ludwig und ein gefürsteter Graf von Orsini.

Währenddessen saßen alle Kardinäle, Bischöfe und die Äbte wieder auf. Als Erster des Zuges ritt der edle Graf Hugo von Rümeln in einem rotsamtenen Rock mit einem goldenen Stabe, um dem Volke zu wehren. Darauf kamen 12 weiße gesattelte Pferde, die mit roten Tüchern behangen waren. Darauf kamen die Prokuratoren, die Notare und andere Diener des Papstes. In der Hand trugen sie Stäbe mit roten Fähnchen, etliche einen Stab mit einem vergoldeten Engel. Dann kamen die Auditoren und Sekretäre, das Kreuz des Papstes, die Sänger, die beständig sangen, schließlich ein Priester, der unter das Volk Geld auf die Straße warf. Nun kamen die Äbte, die Bischöfe, die Erzbischöfe, gegen 173, immer zu zweien nebeneinander. Das Roß eines jeden wurde von einem Knechte am Zaume geführt. Nun kamen die Kardinäle zu zweien, denen immer zwei Knechte die Pferde führten, dann ein Priester, der wiederum Geld auswarf, und ein weißes gesatteltes Ross mit roten Tüchern behangen. Auf dem Sattel standen zwei große Leuchter mit brennenden Kerzen vor dem Sakrament, das in einer Monstranz lag. Gleich hinter dem Sakrament ritt der Papst Martin. Hinter ihm ein Geharnischter auf einem kräftigen Ross, mit einer langen Stange, auf der ein hoher, spitzer Hut, der oben eng und unten weit war, sich befand. Der Hut, der von oben nach unten geteilt halb gelb, halb rot war, hatte einen goldenen Knopf, und auf dem Knopf stand ein goldener Engel mit einem goldenen Kreuze in seiner Hand. Dahinter ritten Söldner, und auf sie folgten die Handwerker und die Domherren mit ihren brennenden Kerzen. Den Schluss bildete das niedere Volk, alle Posauner und Pfeifer, die aber nicht spielten. Da sie langsam vom oberen Hof bis zu St. Stephan ritten, dauerte es einige Zeit. Dort wartete man eine Weile, und dann gingen und ritten sie zum oberen Markt.

Als der Papst an das Haus zum Schlegel bei der Laurentiuskirche kam, kam ihm die Judenschaft in ihrer Kleidung mit vielen großen brennenden Kerzen entgegen. Unter einem Baldachin trugen sie auf einem rotsamtenen Kissen mit vier Zipfeln die Zehn Gebote. An jedem Zipfel waren zwei Schellen, und wenn man daran rührte, begann es zu klingen. Die Juden sangen Hebräisch, und wie sie zum Papst kamen, knieten sie nieder, zeigten ihm die Zehn Gebote und baten ihn, ihre Freiheiten und ihre Rechte, in denen sie bisher gelebt hätten, zu bestätigen. Er wollte aber ihre Gebote nicht annehmen. Da empfing sie der König und sagte zu ihnen: »Moses' Gebote sind gut und recht, aber Ihr wollt sie nicht halten noch recht verstehen.« Darauf sprach der Papst heimlich, was ich nicht verstehen konnte, drehte sich zu den Juden herum und redete laut, dass es jedermann hören konnte: »Omnipotens deus avertat velamen ab oculis vestris, ut possitis videre lumen aeternae vitae! (Möge der allmächtige Gott den Schleier von euren Augen hinwegziehen, damit ihr das Licht des ewigen Lebens sehen könnt)«. Er segnete sie mit der rechten Hand »in nomine patris et filii et spiritus sancti (Im Namen des Vaters und des Sohnes und des Heiligen Geistes)« und ritt dann die Mordergasse über den oberen Markt und St. Stephan nach dem oberen Hof, wo er dem Volk den Segen gab. Dem Bürgermeister Heinrich von Ulm sandte der Papst das Ross, darauf er geritten war, als Geschenk. Jedermann ging nach Hause, und das alles dauerte bis zur elften Stunde.

Am Montag nach dem Nikolaustage wurde früh sieben Uhr der Probst Heinrich von Luzern auf der Predigerbrücke ermordet. Er wurde in die Pförtnerstube der Predigermönche getragen, wo er bald verschied. Der Mörder, der gefangen genommen wurde, gestand sogleich ohne alle Folter, und er glaubte, er hätte nicht unrecht gehandelt, denn die Bürger von Luzern hätten es ihm geheißen und ihm auch Geld dafür gegeben. Am Donnerstag darauf wurde der Mörder hingerichtet. Noch aber lag der Probst unbegraben, weil man nach der Meinung der Geistlichen einen getöteten Pfaffen vor drei Tagen nicht begraben soll. Man brachte den Mörder vor die Mauer hinaus, und als er bei den Predigermönchen vorbeikam, begann der tote Leichnam zu schwitzen. Wie nun der Mörder im Rathaus verurteilt wurde, fing der Leichnam an zu bluten und ward so schön und rot, wie man ihn nie vorher gesehen hatte. Diesen Vorgang sahen alle Predigermönche und gegen 300 Menschen, die des Wunders wegen in das Kloster liefen. Dann erst wurde der Tote begraben, der Mörder wurde hinausgeschleift und auf ein Rad gesetzt. Sonst geschah nicht viel Neues, was wichtig zum Niederschreiben wäre, abgesehen davon, dass geistliche und weltliche Herren aus- und einritten. Alle Lebensmittel waren noch billig zu haben.

Aus: Ulrichs von Richental Chronik des Konzils zu Konstanz 1414–1418. Hgg. von Dr. Otto H. Brandt. Voigtländers Quellenbücher, Band 48. Voigtländer Verlag in Leipzig 1913. S. 30ff., S. 70ff., S. 78ff. u. S. 110ff.

JAN HUS

Unvermummt, so heißt es, »mit offenem Visier«, ritt Jan Hus (1369–1415) am 3. November 1414 auf einem Pferd namens Grabstyn in Konstanz ein. Es war kalt, der Magister aus Prag trug einen Pelzmantel, als er sein Quartier bei der »ehrsamen Witwe« Fida Pfister in der St. Paulsgasse (heute Hussenstraße) aufsuchte, die an die Konzilsteilnehmer die raren Zimmer vermietete. Der Reformator wurde von einer stattlichen Reisegesellschaft mit mehr als 30 Pferden und zwei Wagen begleitet. Zu dem Tross gehörten die von König Sigismund (1368–1437) bestellten Begleiter, die Ritter Wenzel von Dauba (1396–1422) und Johannes von Chlum (1381–1425), Magister Johannes Cardinales von Bergreichenstein, auch Reinstein genannt (1375–1428) als Vertreter der Prager Universität und der junge Sekretär von Chlum, Peter von Mladoniowitz (1390–1451). Dessen Aufzeichnungen sind eine wichtige Quelle für das Leben und Schicksal des böhmischen Reformators in Konstanz.

Die Reisegesellschaft hatte am 11. Oktober den Weg von Prag nach Konstanz angetreten. Eine größere Menschenmenge verabschiedete den Prediger aus dem südböhmischen Dorf Husinec, darunter war ein polnischer Schuster, der ihm, so heißt es, die Hand drückte und sagte: »Gott sei mit dir! Ich glaube, du wirst nicht wiederkehren. Es gebe dir der König aller Könige den Segen für die gute Lehre, die ich von dir empfangen habe ...« – Eine düstere Vorahnung, die eintreffen sollte. Jan Hus wurde während des Konstanzer Konzils (1414–1418) wegen eben der »guten Lehre« als Ketzer verbrannt.

Die Reise an den Bodensee kam einem Triumphzug gleich. König Sigismund, der das Konzil in geschickten Verhandlungen mit Papst Johannes XXIII. (1370–1419) in Lodi eingefädelt hatte, sicherte ihm für die Hin- und Rückreise »freies Geleit« zu. Andernfalls wäre der Magister aus Prag wohl kaum nach Konstanz aufgebrochen. Allerorten liefen die Menschen zusammen, um den so berühmten wie berüchtigten Reformator zu hören. Hus stieg vom Pferd und predigte in deutscher Sprache. In größeren Städten ließ er einen Anschlag an die Türen der Kirchen heften: »*Magister Johannes Hus zieht jetzt hier durch nach Konstanz, um daselbst den Glauben zu bezeugen, den er bisher bekannt hat, noch bekennt und so, so Gott will, bis zu seinem Tode bekennen wird* …« *Es ging ihm um Glaubensfragen, vor allem aber um den maroden Zustand der Kirche, die in die Obedienzen der drei amtierenden Päpste Johannes XXIII., Gregor XII. (1335 – 1417) und Benedikt XIII. (1342 – 1423) aufgespalten war. Für eine Lösung des Großen Schismas bot das Kirchenrecht keine klare Lösung an, daher galt schon um 1400 ein Generalkonzil als mögliches Entscheidungsgremium. Johannes nahm als Einziger der drei Päpste am Konzil teil. Als er alle Felle davonschwimmen sah, floh er am 20. März 1415 aus Konstanz und wurde am 29. Mai 1415 für abgesetzt erklärt.*

Nicht nur, dass Hus sich gegen Kreuzzüge aussprach, die eine wichtige Einnahmequelle des Papstes und der Könige bedeuteten, der ehemalige Rektor der Universität Prag wandte sich insgesamt gegen die kirchliche Autorität. Er polemisierte gegen die unerschöpfliche Geldgier der Geistlichkeit, gegen Steuern für Sakramente, gegen Gebühren fürs Glockenläuten, gegen Ämterkauf und den Ablasshandel. In seinem Glaubensverständnis war nicht der Papst das Haupt der Kirche, sondern Christus. Nicht der Heilige Vater in Rom, sondern Gottvater im Himmel konnte Sünden vergeben. Er hatte mit dieser Meinung, wie Erasmus von Rotterdam (1466 – 1536) es dann von Martin Luther (1483 – 1546) spöttisch behauptete, »*dem Papst an die Krone, den Mönchen an den Bauch gegriffen*«. *Besonders verlangte er aber auch, dass das Abendmahl unter beiderlei Gestalten gefeiert wurde, dass man also den Laien den Kelch nicht entziehe. Das konnte nicht gutgehen.*

Fast alles, was Jan Hus gegen die päpstliche Kirche lehrte, stammte aus den Schriften des radikalen englischen Denkers John Wyclif (1330 – 1384), der es als erster Europäer wagte, den totalen Widerstand gegen die »*Amtskirche*« *theologisch zu formulieren. Wie Hus, der die aus Oxford nach Prag importierten und bald verbotenen Schriften des englischen Theologen eifrig studierte, gehört er* zu den Vorläufern der lutherischen Reformation im 16. Jahrhundert. Im Übrigen: Auch der Englandreisende Hieronymus von Prag (1379–1416), der seinem Lehrer und Intimus Jan Hus nach Konstanz gefolgt war und ebenfalls den Feuertod starb, war ein glühender Anhänger Wyclifs, der im Mai 1415 vom Konzil nochmals als Erz- und Ur-Anstifter der jüngsten Ketzerei gebrandmarkt wurde. Diese Entscheidung bildete die Grundlage für das weitere Vorgehen gegen Hus, ein juristisch anfechtbares Verfahren.

Für seine »Ketzereien«, die längst schon die Kirchenoberen in Rom erreicht und zum Handeln gebracht hatten, sollte Hus Abbitte leisten. Gleich mehrfach wurde er mit dem Bann belegt, den er allerdings nicht annahm. Die Androhung des Interdikts für Prag (Verbot der Erteilung von Sakramenten, Halten von Messen und Ausübung weiterer liturgischer Handlungen) zwang ihn im Herbst 1412 zum Verlassen der Stadt. Selbst König Wenzel IV. (1361–1419), der ihm lange Zeit zugetan war, kündigte ihm die Freundschaft. In der Folge hielt sich Hus nahezu zwei Jahre auf verschiedenen Gütern seiner verbliebenen adligen Anhänger auf. Den Zwangsaufenthalt nutzte er, um sein wohl berühmtestes theologisches Werk »De ecclesia« (Über die Kirche) zu schreiben. Auch seine Predigtensammlung »Postille« hat in jener Zeit ihren Ursprung. – An dieser Stelle ein Auszug aus »De ecclesia«. Die Abkürzungen im Text betreffen Hinweise auf Bibelstellen. Die Rechtschreibung wurde angepasst.

Über die Kirche

JETZT WILL ICH DAS WORT DER DOKTOREN AUFGREIFEN, worin es heißt: »Dem Apostolischen Stuhl der römischen Kirche und ihren Prälaten müssen die Untergebenen in allem und jedem gehorchen, sofern darin nicht das reine Gute verhindert oder das reine Böse befohlen ist.« Hier muss man beachten, was der Apostolische Stuhl sei, über den viele Leute, insbesondere die Lehrer des Kirchenrechts, vielerlei sagen; was der Apostolische Stuhl jedoch ist, wissen sie nicht. Denn manche meinen, das sei der hölzerne oder steinerne oder sonst wie beschaffene Stuhl des Papstes, auf welchem der Papst zu sitzen pflegt; andere sagen, das sei die römische Kurie; wieder andere, das sei der Sitz des Heiligen Petrus, auf welchem er zu sitzen pflegte; andere, das sei Rom; andere, das sei die Gewalt des Papstes; andere, das sei die Kirche oder Basilika des Heiligen Petrus. Indessen ist es bekannt, dass »Apostolischer Stuhl« von »apostolisch« kommt, »apostolisch« aber kommt von »Apostel«, »Apostel« aber heißt »von Gott gesandt«. – »Denn welchen Gott gesandt hat, der redet Gottes Worte …« spricht der Heiland (Joh. 3,34).

Darum sagt er auch zu seinen Jüngern (Joh. 20,21): »Gleich wie mich der Vater gesandt hat, so sende ich euch«, und zwar, um die Wahrheit zu bezeugen, das Wort des Heils zu predigen und durch Lebenswandel und Lehre dem Volk den Weg zur Seligkeit zu zeigen. Ein jeder Priester, der nicht das Seine sucht, sondern die Ehre Gottes, den Fortschritt der Kirche und das Heil des Volkes, der den Willen Gottes tut, die Ränke des Antichrist aufdeckt und das Gesetz Christi predigt, hat die Zeichen, welche beweisen, dass Gott ihn gesandt hat … Jeder Papst, Bischof, Priester oder Prediger muss auf diese Weise von Gott gesandt sein. Und daher sagt der Apostel (Röm. 10,15): »Wie sollen sie predigen, wenn sie nicht gesandt werden?«

Da wir nun wissen, was ein Apostel ist, können wir entsprechend wissen, was »apostolisch« ist. Denn »apostolisch« heißt, wer den Weg des Apostels beachtet. So wie als wahrer Christ derjenige bezeichnet wird, der Christo in seinem Wandel nachfolgt, so ist wahrhaft apostolisch derjenige Priester, welcher der Lehre der Apostel folgt, indem er das Leben des Apostels lebt und seine Lehre lehrt. Darum wird jeder Papst in dem Maße apostolisch genannt, wie er die Lehre der Apostel lehrt und tut. Wenn er aber die Lehre der Apostel hintansetzt und mit Wort und Tat das Gegenteil lehrt, so wird er »falscher Apostel« oder »Abtrünniger« genannt … Apostolischer Stuhl kann demnach genannt werden der Lebenswandel

des Priesters, der mit seinem Tun das Leben des Apostels beachtet, so wie der Apostolische Stuhl das Leben des Apostels ist ...
Unter dem Stuhl der Majestät Christi ist hingegen die Aufrichtung des ewigen Reiches zu verstehen, von dem er nicht vertrieben werden kann, und dieser Stuhl ist Christi innerer Stuhl. Sein äußerer Stuhl, auf dem er mit seiner Gnade ausruht, wohnt oder residiert, ist die Gesamtheit der Heiligen, so wie umgekehrt gilt: Der Stuhl, auf dem der Satan ausruht, wohnt oder residiert, ist die Gesamtheit aller Sünder ... Aber zu unserem Hauptthema: Der Apostolische Stuhl ist dasselbe wie der Stuhl Moses, von welchem der Heiland (Mt. 23,2) sagt: »Auf Moses Stuhl sitzen die Schriftgelehrten und Pharisäer.« Der Stuhl Moses aber ist weder Mose selbst noch sein hoher Richterstuhl aus Holz oder Stein noch die Synagoge, der Stuhl ist vielmehr die Vollmacht, zu lehren und das Volk zu richten. Das kann man aus den Worten Christi beweisen, denn er sagt: »Auf Moses Stuhl ...«, andererseits: »Was sie sagen ...« – das heißt: Was sie aufgrund der Vollmacht und Lehre Moses lehren – »das tut« (Mt. 23,3). Der Apostolische Stuhl ist also die Vollmacht, zu lehren und zu richten nach dem Gesetz Christi, welches die Apostel gelehrt haben, auf welchem die weisen Männer sitzen müssen, »die Gott fürchten, wahrhaftig und der Habsucht feind sind« (Ex. 18,21).
O, wenn doch heutzutage jener Stuhl solche Männer hätte! Und wo sind sie zu finden? In der römischen Kurie, wo sie auf dem Stuhl Petri präsidieren, das heißt: Aufgrund der Vollmacht der Apostel sitzen, die eine Vollmacht ist, geistliche Dinge zu richten und das Gesetz des Herrn Jesu Christi zu lehren. Wenn hierbei Habsucht, Ungerechtigkeit und Hochmut ausgeschlossen sind und ein heiliges Leben blüht, so bezeugt es der Heiland selbst (Mt. 23,2–7): »Auf Moses Stuhl sitzen die Schriftgelehrten und Pharisäer. Alles nun, was sie euch sagen, das haltet und tut's; aber nach ihren Werken sollt ihr nicht tun: sie sagen's wohl, und sie tun's nicht« – das bezieht sich auf ein Leben ohne die Werke des Gesetzes. »Sie binden aber schwere und unerträgliche Bürden und legen sie den Menschen auf den Hals« – das ist die unrichtige Lehre und die Ungerechtigkeit. »Aber sie selbst wollen dieselben nicht mit einem Finger

regen« – das ist das üppige Leben. »Alle Werke aber tun sie, dass sie von den Leuten gesehen werden« – das ist die Eitelkeit. »Sie machen ihre Denkzettel breit« – mit ihren Bullen durch die ganze Welt, als wären sie die Ersten, die das Gesetz Gottes beachten, – das ist die Heuchelei. »Und die Säume an ihren Kleidern machen sie groß« – womit sie ihre Maultiere bedecken. »Sie sitzen gerne obenan über Tisch« – zu ihrem Vergnügen und um der Ehre willen »und in den Schulen« – das ist: in den Kirchenversammlungen, denn jener will Kardinal sein, dieser Patriarch, dieser Erzbischof – und haben's gerne, dass sie »gegrüßt werden«, kniefällig »auf dem Markt«, das heißt: in der Öffentlichkeit, »und von den Menschen Rabbi genannt werden« – das ist: Lehrer, welche die gesamte Kirche Christi regieren. Darum nennen sie auch die römische Kurie die Lehrerin der Kirchen.

Dies zugegeben, ist es möglich, dass sie der Stuhl nicht Christi, sondern des Satans sind, denn sie sitzen, ihrem eigenen Leben nach zu urteilen, auf dem Stuhl der Pestilenz … Wahrhaftig also sitzt auf dem Stuhl Moses oder Petri, wer in der Vollmacht der Schrift richtig lebt und richtig lehrt, wer nichts Fremdes zum Gesetz hinzutut noch bei dem Stuhle Gewinn oder Hoheit sucht. Umgekehrt sitzt unrichtig auf dem Stuhl, wer unrichtig lehrt und unrichtig lebt, oder wer richtig lehrt und falsch lebt, oder wer weder richtig lehrt noch richtig lebt. Und solche gibt es leider in großer Zahl, die das Ihre suchen und nicht, was Jesu Christi ist (Phil. 2,21) …

Hieraus ergibt sich: Der Stuhl Moses oder auch der Apostolische Stuhl ist (a) die Vollmacht, das Gesetz Gottes zu lehren, oder (b) die Gemeinschaft der aufeinanderfolgenden heiligen Päpste oder Bischöfe, eine Gemeinschaft, die für das sorgt, was der Ehre Gottes dient, der heiligen Kirche nützt und für ihren Leiter und für ihre Untergebenen heilsam ist, die keinen Fähigeren benachteiligt noch ohne Prüfung irgendeinen an der Ausübung seines kirchlichen Amtes hindert um Geldes oder um verwandtschaftlicher Beziehungen willen oder aus Ansehen der Person …

Wenn daher vom Papst ein Mandat ausgeht, so muss der treue Jünger Christi bedenken, ob es ausdrücklich das Gebot eines Apostels oder des Gesetzes Christi ist, oder ob es seine Grundlage im Gesetz Christi hat, und wenn das der Fall ist, so muss er einem solchen Gebot ehrfürchtig und demütig Gehorsam leisten. Wenn er aber in Wahrheit erkennt, dass das Gebot des Papstes dem Gebot oder Rat Christi zuwiderläuft oder der Kirche Schaden bringt, dann muss er mannhaft Widerstand leisten, damit er nicht durch seine Übereinstimmung an dem Verbrechen mitschuldig wird. Darum habe ich im Vertrauen auf den Herrn und Christus Jesus, der in seiner Macht und Weisheit die Bekenner seiner Wahrheit beschützt und mit dem Lohn der ewigen Herrlichkeit belohnt, der Bulle Papst Alexanders V. Widerstand geleistet, die der Prager Erzbischof Sbinko im Jahre des Herrn 1409 von ihm erlangte, worin er befiehlt, niemand dürfe, selbst wenn er eine apostolische oder eine andere Sondererlaubnis dazu besitzt, Predigten oder Ansprachen vor dem Volke halten, außer in Bischofs-, Stifts-, Pfarr- oder Klosterkirchen oder deren Grabeskirchen.

Dieses Mandat, das den Taten und Worten Christi und seiner Apostel zuwiderläuft, ist nicht apostolisch, denn Christus hat auf dem Meer, in der Wüste, auf dem Feld, in Häusern, in Synagogen, in Ortschaften, auf Marktplätzen vor dem Volke gepredigt, und seinen Jüngern befahl er (Mk. 16,15): »Gehet hin in alle Welt und prediget das Evangelium aller Kreatur.« Sie aber machten sich auf und predigten überall, das heißt: wo immer das Volk sie hören wollte, mit der Hilfe des Herrn. Auch bringt dieses Mandat der Kirche Schaden, weil es das Wort Gottes bindet, damit es nicht frei laufen kann, und drittens bringt es den Kapellen Schaden, die von den Diözesanen bestätigt und vom Apostolischen Stuhl mit guten Gründen dafür privilegiert worden sind, dass das Wort Gottes in ihnen gepredigt werde. Denn es ergibt sich offenkundig kein Nutzen aus diesem Mandat, sondern es liegt arglistige Täuschung darin, dass Plätze, die für den Gottesdienst bestimmt und mit guten Gründen für die Verkündigung des Wortes Gottes vom Heiligen Stuhl privilegiert sind, um privater Neigung willen und auf eine ungerechte, rücksichtslose und auf irdischen Vorteil bedachte Bittstellung hin ihrer erlaubten Freiheiten beraubt werden. Darum habe ich von jenem Mandat an

Papst Alexander selbst zu seiner besseren Unterrichtung appelliert, doch während meiner Appellation verstarb der Papst, und da man mir in der römischen Kurie kein Gehör gab, erlangte Herr Sbinko, Erzbischof von Prag, Prozesse, die mich bedrängten, von welchem ich im Jahre des Herrn 1410 an Papst Johannes XXIII. appellierte, der aber zwei Jahre hindurch meinen Rechtshelfern und Bevollmächtigten keine Audienz gewährte, und in der Zwischenzeit wurde ich weiterhin von Prozessen bedrängt. Da mir also die Appellation von einem Papst an seinen Nachfolger nichts genützt hat, und da die Appellation von einem Papst an das Konzil so viel ist wie mitten in der Bedrängnis langwierige und unsichere Hilfe herbeirufen, darum habe ich schließlich an das Haupt der Kirche, an den Herrn Jesus Christus, appelliert. Er ist bei der Entscheidung des Rechtsstreits auf jeden Fall dem Papste vorzuziehen, denn er kann nicht irren, noch kann er einem Menschen, der ordnungsgemäß darum bittet, Gerechtigkeit versagen, noch kann er ihn aufgrund seines Gesetzes unschuldig verdammen.

Im Übrigen habe ich der Verordnung über die Erteilung oder Veröffentlichung des Ablasses im Jahre des Herrn 1412 durch die Bullen Papst Johannes' des XXIII. widerstanden, wovon ich anderswo genügend gesagt habe. Denn der Papst kann erlaubtermaßen nur das bestimmen, was der Zerstörung der Bosheit und der Erbauung der Kirche dient, was allgemein beachtet werden müsste. Das bezeugt der Apostel (2. Kor. 10,4ff.): »Die Waffen unserer Ritterschaft sind nicht fleischlich, sondern mächtig vor Gott zu zerstörende Befestigungen, wir zerstören damit die Anschläge und alle Höhe, die sich erhebt wider die Erkenntnis Gottes.« Auch sagt er (2. Kor. 13,10): »Auf dass ich nicht, wenn ich gegenwärtig bin, Schärfe brauchen müsse nach der Macht, welche mir der Herr zu bessern und nicht zu verderben gegeben hat.«

… Und es ist offenbar, dass der Papst irren kann, und zwar umso mehr, als sich in einem solchen Falle die Menge, Stärke und Unüberwindlichkeit seiner Sünde ins Vielfache steigern würde … Denn so wie der Stand des Papstes, der der Kirche nützt, größeres Verdienst erwirkt, so schafft größeren Verlust derjenige, der seine Stellung als

Papst missbraucht und der Kirche schadet. Ein Zeichen für das Versagen des Papstes ist es, wenn er das Gesetz Gottes und die frommen Bekenner des Evangeliums hintansetzt und sich menschlichen Traditionen zukehrt. Diesen Fehler hat Bernhard an Papst Eugen getadelt, weil er das Geschwätz der menschlichen Gesetze in seinem Palast gestatte, während das Gesetz Christi schweigen müsse, welches das vollkommene Gesetz ist, das da Seelen bekehrt (Ps. 19,8). Das zweite Zeichen ist es, wenn der Papst und die geistlichen Oberen den Wandel verlassen und sich weltlich in der Welt verstricken. Das dritte Zeichen ist es, wenn er den Händlern der Welt im Dienste Christi Vorrangstellungen gibt und mit Eifer, in erster Linie zur Fortsetzung seines weltlichen Lebens, die armen Kirchen bedrückt. Das vierte Zeichen ist es, wenn er durch sein Mandat oder durch die Ernennung Ungeeigneter in der Seelsorge die heilsbedürftigen Seelen des Wortes Gottes beraubt.

Hieraus ist zu entnehmen: Einem irrenden Papst Widerstand leisten, ist so viel, wie dem Herrn Christus gehorchen – was vor allem bei den Provisionen hervortritt, die der persönlichen Bevorzugung verdächtig sind. Darum rufe ich die Welt zum Zeugen dafür auf, dass die Verteilung von Pfründen durch den Papst in der Kirche allzu viele Mietlinge zeitigt, aufseiten der Päpste aber Gelegenheit gibt, die Gewalt des Stellvertreters allzu sehr zu steigern, das Ansehen vor der Welt allzu hoch zu schätzen und die fantastische Heiligkeit allzu sehr zu lieben. Jene Doktoren aber, welche vom Papst irdischen Lohn erwarten oder sklavisch seine Macht fürchten und so behaupten, er sei von unfassbarer Gewalt, er sei zur Sünde unfähig und nicht zur Rechenschaft zu ziehen und daher sei es ihm erlaubt zu tun, was ihm beliebt, sind falsche Propheten, falsche Apostel, Antichristen! …

Aus: Textdokumentation im Internet: www.glaubensstimme.de (Stichwort: Hus)

Es gab aus Sicht Sigismunds wenigstens drei gute Gründe, das Konzil einzuberufen. Neben der Beendigung des Großen Schismas stand die Reform der Kirche an Haupt und Gliedern an sowie die *Causa Hus.* Dass der Magister selbst ein Interesse daran haben musste, seine reformerischen Ideen in Konstanz vorzustellen, ist ebenfalls so unstrittig wie die Tatsache, dass ihm das Konzil dazu kaum Gelegenheit bieten sollte. Keine seiner wohlvorbereiteten Reden konnte er halten. Nur bis zum 28. November 1414 durfte er im Haus der Pfisterin wohnen, wo er auch einige Messen las, dann wurde er trotz königlichem Schutzbrief verhaftet und in den Kerker geworfen. Zunächst saß er im Dominikanerkloster (das heutige »Inselhotel«), dann wurde er nach Gottlieben in die Burg des Konstanzer Bischofs verbracht und schließlich kehrte er, von der Gefangenschaft gesundheitlich und körperlich geschwächt, Anfang Juni 1415 nach Konstanz in das Franziskanerkloster zurück. Sigismund war zum Zeitpunkt seiner Verhaftung noch nicht in der Stadt. Als er endlich am Christabend mit seinem Gefolge von 900 Höflingen in Konstanz eintraf, reagierte er mit Wutausbrüchen darüber, dass sich die Kardinäle über seinen Geleitbrief hinweggesetzt hatten, und drohte bald mit Abreise. Aber die Kardinäle und Feinde von Hus, darunter auch der Prager Theologe Stephan von Pálec (1370–1424), der ehemals zu den ersten Verfechtern der Lehren Wyclifs gehört hatte, blieben stur und bald musste der König zur Kenntnis nehmen, dass die Freilassung des Magisters die Sprengung des Konzils bedeuten würde. Er gab nach und erteilte am 1. Januar 1415 den Kardinälen die Erlaubnis, das Verfahren gegen Hus nach eigenem Ermessen weiterzuführen.

Über das Verhalten von König Sigismund, der schon zu dem Zeitpunkt auf die böhmische Krone spekulierte, hat die Geschichte ihr Urteil gefällt. »O Johannes Hus, armer Dominus. Seufzest Ach und Weh, armer Domine. Wärst du doch daheim geblieben, dein Geleit war falsch geschrieben. Ob's der Kaiser selbst verspricht, einem Ketzer hält man's nicht«, sangen die Konstanzer noch im 19. Jahrhundert. Und Kaiser Karl V. (1500–1558) soll, als man ihm vorschlug, das dem »Ketzer« Martin Luther (1483–1546) für den Reichstag zu Worms von 1521 gewährte freie Geleit zu brechen, gesagt haben: »Ich will nicht schamrot werden wie mein Vorgänger Sigismund.«

Zu Beginn seines Aufenthaltes in der Konzilsstadt hatte Hus Hoffnung, dass ihm Gerechtigkeit widerfahren könnte. »Noch ist die Gans nicht gebraten und fürchtet sich auch nicht davor«, schrieb von Bergreichenstein (Reinstein), der bereits am Konzil von Pisa teilgenommen hatte, am 10. November den Freunden nach Böhmen – der Name Hus ins Deutsche übersetzt heißt Gans (andere Quellen berichten fälschlicherweise, dass Hus diese kalauernden Zeilen nach Hause sandte). 270 böhmische und mährische Edelleute protestierten in einem gemeinsamen Schreiben an Sigismund gegen die Verhaftung von Hus, aber ohne Erfolg. So war dieser nun den Kardinälen ausgeliefert. Sie unterwarfen ihn in drei Sitzungen vom 5. bis 8. Juni quälenden Verhören und nötigten ihn zum Widerruf. Doch der Magister zeigte sich widerspenstig und verwegen in der Argumentation. Selbst Sigismund geriet in die Defensive, als der Reformator allgemein den Ehebruch anprangerte. Der König, als Schürzenjäger bekannt, konnte nur kleinlaut antworten: »Johannes Hus, kein Mensch lebt ohne Sünde.« Nur wenn er des Irrtums überführt werden könne, wolle er widerrufen, verkündete der Magister und sandte weiterhin Briefe an die besorgten Prager Freunde, er tröstete sie, dankte ihnen für ihre Treue und sprach ihnen Mut zu. An dieser Stelle vier Schreiben des Magisters, die er aus dem Kerker versandte.*

1. Brief aus dem Kerker

Magister Johann Hus, in der Hoffnung ein Priester und Diener des Herrn Jesu Christi, allen getreuen lieben Brüdern und Schwestern im Herrn Jesu, welche Gottes Wort von mir zu hören pflegten und empfangen haben, Gnade und Friede von Gott, unserem Vater, und vom Heiligen Geiste, dass ihr makellos in seiner Wahrheit lebet! Getreue und liebe Freunde, ihr wisset, dass ich mit euch durch lange Zeit gearbeitet, indem ich euch das Wort Gottes ohne

Ketzerei und Irrthum, wie ihr es wisset, predigte, und mein Wunsch war und wird immer bis zu meinem Tode nach euerem Heile gerichtet sein. Ich hatte mir vorgenommen vor meiner Abfahrt, bevor ich mich zu dem Concil nach Kostnitz begäbe, euch zu predigen, indem ich euch namentlich die falschen Zeugen und Zeugenschaften vorzuhalten hatte, welche wider mich lügenhaft gezeugt, welche ich alle samt ihren Aussagen verzeichnet habe, und diese werden euch, falls man mich reizt, oder zum Tode verdammt, deswegen verkündet, damit ihr, wenn ihr es sehet, nicht erschrecket, als ob ich wegen irgendeiner Ketzerei, woran ich festhielte, verurtheilt würde, und auch darum, damit ihr ohne Furcht und ohne Wanken in der Wahrheit beharret, welche euch Gott durch meine Prediger und durch mich Unwürdigen zu erkennen gegeben hat, und drittens deswegen, damit ihr euch vor hinterlistigen und heuchlerischen Predigern zu wahren wisset.

Allein nun habe ich mich auf den Weg gemacht, ohne Geleite unter viele und große Feinde, welche ihr an den Zeugenaussagen erkennen und nach Beendigung der Versammlung erfahren werdet, deren viel mehr sein werden, als ihrer gegen unseren barmherzigen Erlöser und mächtigen Heiland waren, welcher durch seine Verheißung und durch euer aufrichtiges Gebet mir die Weisheit und die Stärke seines Geistes verleihen wird, auf dass ich fest beharre und auf dass sie mich nicht auf die unrechte Seite hin abwenden können, falls er Versuchung, Schmähung, Einkerkerung oder den Tod mich erleiden lässt, so wie er selbst gelitten und seine liebsten Personen solchen Leiden unterworfen und uns ein Beispiel gegeben hat, damit wir um seiner und unsers Heiles willen leiden. Er Gott und wir seine Geschöpfe, Er der Herr und wir seine Diener, Er der Herr aller Welt und wir seine armen, hilflosen Leutchen, Er der nichts bedarf, wir bedürftig, Er hat vieles um uns Sünder gelitten, warum sollen wir nicht leiden? Ist doch unser Leiden in seiner Gnade unsere Reinigung von Sünden und Befreiung von den ewigen Qualen, und unser Tod ist unser Sieg. Fürwahr, es ist unmöglich seinem Diener, dass er verloren gehe, wenn er mit seiner Hilfe ausharret. Daher, ihr lieben Brüder und Schwestern, betet inständig, auf dass mir Gott Standhaftigkeit verleihe, und auf dass er mich vor Befleckung behüten wolle, – und wenn zu seinem Ruhme und zum Frommen mein Tod (dienen sollte) – auf dass er mich solchen ohne böse Furcht bestehen lassen wolle; wenn es aber zu euerm guten oder bessern ist, auf dass er mich euch wiedergebe und wieder makellos heimführe, damit wir noch gemeinsam in seinem Gesetze uns belehren und die Netze des Antichrist ein wenig zerstören und den zukünftigen Brüdern ein gutes Beispiel nach uns hinterlassen.

Vielleicht werdet ihr mich vor meinem Tode nicht mehr sehen. Wenn aber der mächtige Gott mich euch wiederzugeben belieben wird, so werden wir uns dann desto freudiger wieder erblicken und jedenfalls werden wir in der himmlischen Freude zusammentreffen. Der barmherzige Gott, der den Seinigen einen reinen Frieden gibt hier und nach dem Tode, und der von den Todten den großen Hirten herausgeführt durch Vergießung seines Blutes, der unserer Erlösung ewiges Zeugnis ist, wolle uns in allem Guten bilden, damit wir seinen Willen erfüllen in Eintracht ohne Zwiespalt, damit wir, des Friedens genießend, in Tugenden den ewigen Frieden durch unseren Herrn Jesus Christus erlangen, der ewiger Gott und wahrer Mensch ist, geboren aus der Jungfrau Maria, dem Ehre sei und werde mit allen Auserwählten, mit denen sie, hier in der Wahrheit ausharrend, in der ewigen Freude wohnen werden. Amen.

2. Brief aus dem Kerker

Magister Johann Hus, in der Hoffnung ein Diener Gottes, entbietet allen Getreuen, welche Gott und sein Gesetz lieben und lieben werden, seinen Wunsch, dass sie in der Wahrheit und in der Gnade Gottes zunehmen und bis in den Tod standhaft verharren! Geliebteste, ich ermahne euch, erschrecket nicht und lasset euch nicht deswegen einschüchtern, dass sie meine Bücher zum Verbrennen verdammt haben; bedenket, dass sie auch die Prophezeiungen des heiligen Jeremias, welche Gott niederzuschreiben befohlen, verbrannt haben; damit sind sie jedoch dem, was er vorhergesagt, nicht entgangen, denn nach der Verbrennung befahl ihm Gott, dieselbe Rede und mit noch mehren Zusätzen aufzuzeichnen, was auch geschah. Er sprach im Gefängnisse sitzend, und der heilige Baruch, der sein Schreiber war, schrieb es nieder. So steht es geschrieben in seinen Büchern, im sechs und dreißigsten und im fünf und vierzigsten Capitel.

Auch in den Makkabäischen Büchern ist geschrieben, dass das Gesetz Gottes und diejenigen, welche es lehrten, verbrannt wurden; später hat man im neuen Bunde Heilige samt den Büchern des göttlichen Gesetzes verbrannt. So haben auch Cardinäle die Bücher des heiligen Gregor, welche Moralium heißen, verdammt und verbrannt, und wollten sie alle verbrennen; aber Gott hat sie durch seinen einzigen Schüler Petrus gerettet. Auch den heiligen Johannes Chrysostomos haben zwei allgemeine Concilien als einen Ketzer verdammt; und doch hat der gnädige Gott ihre Lüge nach dem Tode des heiligen Johannes gezeigt. Wenn ihr diese Dinge vor Augen habet, so lasset euch nicht durch Drohungen dazu bringen, dass ihr das nicht leset, was ich geschrieben, oder dass ihr ihnen euere Bücher zum Verbrennen auslieferet. Bedenket, was uns der gnädige Heiland zur Warnung gesagt im Evangelium des heiligen Matthäus im vier und zwanzigsten Capitel, dass vor dem Jüngsten Tag eine solche Trübsal sein wird, wie von Anbeginn der Welt nicht gewesen ist, und auch später niemals in solcher Art sein wird, dass es geschehen könnte, dass auch die Auserlesenen in Irrthum geführt werden; aber diese Tage werden abgekürzt werden für die Auserlesenen. Dies bedenkend, Geliebteste, stehet fest, denn ich hoffe zu Gott, dass die Schule des Antichrist vor euch erschrecken wird; und – um euch zu beruhigen – das Concil wird von Kostniz nicht nach Böhmen kommen, denn ich halte dafür, dass viele aus dem Concil, ehe sie euch die Bücher abzwingen, früher sterben werden, und aus dem Concil wie Störche in die Welt auseinanderfliegen, und wenn der Winter kommt, erkennen werden, was sie im Sommer gethan.

Wisset, dass sie ihr Oberhaupt als Ketzer verdammt haben. Nun antwortet, ihr Prediger, die ihr da prediget, der Papst sei der irdische Gott, dass er nicht sündigen könne, dass er nicht Simonie treiben könne, wie die Juristen sagen, dass der Papst das Haupt der ganzen heiligen Kirche sei, welche er sehr gut verwaltet, dass er das Haupt der heiligen Kirche sei, dass er das Asyl ohne Mangel sei, zu dem ein jeder Christ seine Zuflucht nehmen muss! Ei, schon ist das Haupt abgeschlagen, der irdische Gott in Banden, schon ist er in Sünden verkündet, schon ist die Quelle versiegt, die Sonne verfinstert, das Herz herausgerissen, das Asyl aus Kostniz geflohen und in Gewahrsam gebracht, auf dass ja niemand zu ihm seine Zuflucht nähme, das Concil hat ihn als Ketzer verdammt, weil er Ablässe und Bisthümer und andere Pfründen verkauft, und jene haben ihn verurtheilt, von denen viele von ihm gekauft und andere unter anderen gemarket! Da hatte Johann, Bischof von Leitomysl, um das Prager Erzbisthum gefeilscht, aber andere haben ihn überboten. Und warum haben sie nicht früher ihren Zorn gegen ihren Feind gekehrt? Es sagt doch ihr Recht, dass, wenn jemand seine Würde durch Geld erlangt, er deren entsetzt werden soll? Ei, geschmäht seiet ihr Verkäufer und Käufer und Mäkler und Zwischenhändler! Der heilige Petrus schmähte und verfluchte den Simon, weil er den Heiligen Geist um Geld erkaufen wollte. Diese haben den Verkäufer geschmäht und verdammt, und sie selbst, die Käufer und Mäkler und Verkäufer in ihrem Hause, sind in Kostniz geblieben. Der Bischof, welcher gekauft, der andere, welcher verkauft, und der Papst, welcher für die Zustimmung Geld nahm!

So steht es auch in Böhmen, wie euch bekannt. Wenn Gott im Concil sagen würde, wer von euch frei ist von der Sünde der Simonie, der verdamme den Papst Johann; mir scheint, dass einer nach dem anderen herauslaufen würde. Und warum sind sie also vor ihm gekniet, warum haben sie seine Füße geküsst und ihn den heiligsten Vater genannt, da sie es wussten, dass er ein Ketzer, Mörder und geheimer Sünder sei? Wenn seine Sünden ans Licht gekommen, warum haben ihn die Cardinäle zur päpstlichen Würde erkoren, da sie doch wussten, dass er ein so arger Mörder sei, dass er den heiligsten Vater getödtet? Warum haben sie ihm erlaubt, Simonie zu treiben, solange er Papst war, da sie doch zu seinen Rathgebern deswegen bestellt waren, damit sie gut rathen; und wenn die nicht schuldig sind, welche mit ihm Simonie getrieben, warum hat, ehe er von Kostniz entflohen war, keiner gewagt, ihn anders zu nennen, als »heiligster Vater«? Denn damals haben sie sich noch gefürchtet; als ihn aber der weltliche Arm ergriffen, mit Gottes Zulassung oder Willen, da haben sie sich zusammengerottet und sich ausgesprochen, dass er niemals loszulassen sei. Fürwahr, schon hat sich die Bosheit, Schmach und Schande des Antichrist am Papste und an anderen im Concil geoffenbart. Schon können die treuen Diener aus den Worten des Heilands merken, was er gemeint hat, als er sprach: »Wenn ihr den Gräuel sehen werdet auf der wüsten Stätte, von welchem Daniel vorhergesagt hat« – wer liest, der verstehe: »der große Gräuel«, das ist die Hoffart, der Geiz, der Pfründenhandel; »auf der wüsten Stätte«, das ist die Würde, welche aller Demuth und anderer Tugenden bar, so wie wir augenfällig an denjenigen sehen, welche das Amt der Würde bekleiden. O wenn es möglich wäre, die Bösartigkeit zu beschreiben, auf dass die getreuen Diener sich davor bewahren, gerne würde ich es thun. Aber ich hoffe zu Gott, dass es nach mir andere Rüstigere geben wird, welche besser die Boshaftigkeit des Antichrist verkünden werden, und die ihr Leben einsetzen werden zum Tode für die Wahrheit des Herrn Jesu Christi, welcher mir und euch die ewige Freude geben wird. Amen.

3. Brief aus dem Gefängnisse (10. Juni 1415)

Magister Johann Hus, in der Hoffnung ein Diener Gottes, entbietet allen getreuen Böhmen, welche Gott lieben und lieben werden, seinen Wunsch, dass es Gott ihnen geben möge, in seiner Gnade zu leben und zu sterben und in der himmlischen Freude ewiglich zu weilen, Amen! Ihr in Gott getreuen Herren und Frauen, Arme und Reiche, ich bitte und ermahne euch, dass ihr Gott gehorchet, sein Wort preiset, gerne höret und erfüllet, und ich bitte euch, dass ihr an der Wahrheit, welche ich aus dem Gesetze Gottes geschrieben, und aus den heiligen Reden gepredigt habe, haltet; ich bitte auch, dass, wenn jemand von mir in der Predigt oder im gewöhnlichen Verkehre etwas gegen die göttliche Wahrheit gehört, oder falls ich etwas dergleichen irgendwo geschrieben hätte, so wie ich zu Gott hoffe, dass dem nicht so sei, dass ihr daran nicht haltet; ich bitte auch, wenn mich jemand in leichtfertigen Gewohnheiten im Reden oder im Handeln befunden hätte, dass er sich daran nicht halte, sondern dass er für mich zu Gott bete, dass es ihm gefallen möge, mir zu vergeben; ich bitte, dass Priester gute Sitten lieben, preisen und ehren. Und insbesondere diejenigen, so im Worte Gottes arbeiten, bitte ich, dass sie sich vor bösen Menschen hüten, insbesondere vor unwürdigen Priestern, von denen der Heiland sagt, dass sie im Schafspelze sind und im Innern gierige Wölfe.

Ich bitte die Herren, dass sie ihre armen Leute gnädig behandeln und gerecht sie lenken; ich bitte die Bürger, dass sie ihre Geschäfte rechtschaffen führen; ich bitte die Handwerker, dass sie ihre Arbeit gehörig verrichten und gebrauchen; ich bitte die Diener, dass sie ihren Herren und Frauen treu dienen; ich bitte die Lehrer, dass sie einen guten Lebenswandel führen und treu ihre Schüler lehren, dass sie vorerst Gott lieben, um seines Ruhmes und um des Vortheils der Gemeinde und ihres Heiles, keineswegs aber um der Habgier noch um weltlicher Ehren willen lehren; ich bitte die Studenten und andere Schüler, dass sie ihren Lehrern im Guten gehorchen und dass sie emsig um der Ehre Gottes und ihres und anderer Heiles willen lernen. Ich bitte alle insgesamt, dass ihr dem Herrn Wenzel von Dubä, Andres von Lestno und dem Herrn Johann von Chlum, dem Herrn Heinrich von Plumlow, dem Herrn Wilhelm Zajic, dem Herrn Miska und anderen Herren aus Böhmen und aus Mähren sowie auch den getreuen Herren des polnischen Königreiches danket und für ihren Eifer dankbar seiet, weil sie als

Gottes rüstige Schirmer und Förderer der Wahrheit oftmals gegen das ganze Concil sich gestellt haben, indem sie bewiesen und einstanden für unsere Befreiung. Und insbesondere Herr Johann von Chlum und Herr Wenzel von Dubä, denen sollt ihr glauben, was sie sagen werden, denn sie waren in der Versammlung, als ich mich vertheidigte; sie wissen es wohl, welche Böhmen und was für viele und unwürdige Sachen sie gegen mich vorgebracht, wie die ganze Versammlung gegen mich geschrien und wie ich geantwortet auf das, was sie von mir verlangten. Ich bitte euch, betet zu Gott für die königliche Gnade des römischen und böhmischen Königs und für euere Königin und Frau, auf dass unser lieber Gott mit uns und mit euch wohne in Gnaden jetzt und darnach in der ewigen Freude. Amen.

Ich schrieb euch diesen Brief in Fesseln, auf den morgigen Tag mein Todesurtheil erwartend. In der vollen Hoffnung zu Gott, von der göttlichen Wahrheit nicht zurückzutreten und die Irrthümer, welche falsche Zeugen gegen mich ersonnen und bezeugt, nicht abzuschwören; wie mir der gnädige Gott waltet und bei mir ist in verschiedenen Anfechtungen, das werdet ihr erkennen, bis ihr euch bei Gott in Freude mit seinem Beistande wiederfindet. Von Magister Hieronymus, meinem lieben Genossen, höre ich nichts, außer dass er im schweren Kerker ist, den Tod erwartend, so wie ich. Und dies wegen seines Glaubens, welchen er standhaft den Böhmen gezeigt; und Böhmen, unsere grausamsten Feinde, haben uns anderen Feinden in Gewalt und Kerker geliefert. Ich bitte euch, betet zu Gott für uns; auch euch, insbesondere Prager, bitte ich, dass ihr Bethlehem, diesem ehrbaren und gottgefälligen Orte, hold seid, so lange es der allmächtige Gott gestatten wird, dass darin das Wort Gottes geprediget werde; denn um dieses Ortes willen wurde der Teufel ergrimmt und hat wider denselben Pfarrer und Domherrn aufgereizt, als er sah, dass sein Reich an jenem Orte zerstört werde. Ich hoffe zu Gott, dass er den Ort bis zu seinem heiligen Willen erhalten und darin einen größeren Nutzen durch andere stiften werde, als er durch mich Ohnmächtigen gestiftet hat. Das aber bitte ich euch, liebet euch untereinander, lasset die Guten mit Gewalt nicht unterdrücken und gönnet jedermann die Wahrheit. Dieser Brief wurde gegeben am Montage vor dem heiligen Veit durch einen guten Engel Gottes.

4. Brief aus dem Gefängnisse
(26. Juni 1415)

Magister Johann Hus, in der Hoffnung ein Diener Gottes, entbietet allen getreuen Böhmen, welche Gott lieben und lieben werden, seinen Wunsch und sein ohnmächtiges Gebet, dass sie in der Gnade Gottes leben! Getreue und in Gott geliebte Christen! Noch ist mir das in den Sinn gekommen, dass ihr wissen sollet, wie das hoffärtige, geizige und aller Schmach volle Concil meine böhmischen Bücher verdammt hat, die es doch weder gehört noch gesehen hat, und wenn es sie gesehen hätte, sie nicht verstanden haben würde, denn im Concil waren Italiener, Franzosen, Engländer, Spanier, Deutsche und andere aus andern Nationen; ausgenommen wenn sie Bischof Johann von Leitomysl in etwas verstanden hat, der hier war, so wie andere aufstachelnde Böhmen mit dem Prager und Wyschrader Capitel, von denen die Verhöhnung der göttlichen Wahrheit und unseres böhmischen Landes ausgegangen, welches ich in der Hoffnung Gottes für das Land des besten Glaubens halte, wenn ich dessen Sehnsucht nach dem Worte Gottes und nach den Gebräuchen erwäge. O wenn ihr die Versammlung sehen würdet, welche sich das heiligste und unfehlbare Concil nennt, ihr würdet da eine große Schmach sehen, so dass ich insgemein von Schwaben gehört habe, ihre Stadt Constantia oder Kostniz werde in dreißig Jahren der Sünden nicht los werden, welche das Concil in ihrer Stadt verübt, und ich sage noch mehr, dass alle an dem Concil Ärgernis genommen haben, einige ausspuckten, als sie die schmählichen Sachen sahen.

Und ich sage euch, dass, wie ich vor dem Concile stand, und den ersten Tag sah, dass keine Ordnung vorhanden sei, ich laut sprach, als alle schwiegen, folgendermaßen: »Ich hielt dafür, dass größere Ehrbarkeit und Güte und bessere Ordnung in dieser Versammlung walten würde, als da wirklich ist!« Da sagte der höchste Cardinal: »Wie sprichst du? Auf der Burg hast du demüthiger geredet!« Und ich antwortete und sprach: »Weil auf der Burg niemand gegen mich geschrien hat, aber hier schreiet ihr alle!« Und weil die Versammlung in solcher Unordnung vorging, da sie mehr Böses als Gutes gestiftet, so lasset euch getreue und gottgeliebte Christen durch ihre Erhebung nicht einschüchtern, denn ich hoffe zu dem lieben Gott, dass ihnen dies nicht frommen wird. Sie werden auseinanderfliegen wie Schmetterlinge, und ihre Einsetzung wird festhalten wie ein Spinngewebe. Mich wollten sie da durch Furcht überwinden, konnten aber die Hilfe Gottes in mir nicht überwältigen; mit der Schrift wollten sie gegen mich nicht vorgehen, so wie es die gnädigen Herren gehört haben, welche in der That der Wahrheit zur Seite standen, auf alle Schmach hin es wagend, Böhmen, Mähren und Polen, insbesondere aber Herr Wenzel von Dubä und Johann von Chlum; denn diese standen, da sie König Sigmund selbst zu mir in die Versammlung einließ, und hörten es, wie ich sprach: »Ich fordere Belehrung; habe ich etwas Böses geschrieben, so will ich belehrt werden!« Da sprach der höchste Cardinal: »Da du belehrt werden willst, so nimm hin die Belehrung, zu widerrufen, wie dies fünfzig Magister der Heiligen Schrift befunden haben!« Ei der schönen Belehrung! So hätte die heilige Katharina, das junge Mädchen, der Wahrheit und des Glaubens Jesu Christi entsagen müssen, weil fünfzig Magister gegen sie waren; aber die theuere Jungfrau beharrte bis zum Tode und hat die Magister zu Gott geführt, wie ich Sünder sie nicht hinführen kann. Dies schreibe ich euch, dass sie weder mit einer Schrift noch aber mit irgendwelchen Beweisen mich überwältiget, sondern mich mit Arglist und Drohungen versucht haben, um mich zum Widerrufe und Eide zu bewegen; doch der gnädige Gott, dessen Gesetz ich gepriesen, war bei mir und ist es und ich hoffe, wird bei mir sein bist zum Sterben und wird mich in seiner Gnade bis zum Tode bewahren. Der Brief wurde geschrieben am Mittwoch nach St. Johann dem Täufer, im Kerker, in Fesseln, in Erwartung des Todes. Aber ob des göttlichen Geheimnisses willen darf ich nicht sagen, es sei dies mein letzter Brief, denn noch kann mich der allmächtige Gott befreien.

Aus: *In der Zeitschrift des böhmischen Museums, Jahrgang 1848, finden sich auf den Seiten 401–415 neun Briefe von Magister Johann Hus aus der Zeit seiner Haft in Kostnitz.* – Textdokumentation im Internet: www.glaubensstimme.de (Stichwort: Hus)

Um diese Zeit traf auch Hieronymus von Prag (1379–1416) in Konstanz ein. Der Ritter von Chlum und der Edle von Dauba bedrängten ihn, er möge sich nicht in Lebensgefahr bringen, sondern wieder abreisen, um weiterhin der guten Sache in Böhmen dienen zu können. Tatsächlich befolgte er ihren Rat, er wurde aber nahe dem oberpfälzischen Städtchen Hirschau gefangen genommen und, an Händen und Füßen gefesselt, zurückgebracht. Ein Jahr musste er im Kerker verbringen, bevor ihn das Konzil der Ketzerei schuldig sprach. Seinen Freund Jan Hus sah er nicht wieder.

Was Hus betrifft: Das Konzil wartete auf die Unterwerfung, blieb aber nicht untätig. In einer Sitzung am 18. Juni wurden die Anklagepunkte revidiert und reduziert, die ihm in seinem Kerker vorgelegt wurden. Am 25. Juni hatte das Konzil beschlossen, sämtliche Schriften des hartnäckigen Ketzers verbrennen zu lassen. Sofort schickte er eine Nachricht nach Prag: »*Lasset euch nicht davon erschrecken, liebe Brüder!*« *Das Konzil entsandte eine erste und eine zweite Delegation in den Kerker, um ihn umzustimmen, vergeblich. Am 6. Juli, 6 Uhr morgens schließlich, fand die nächste und zugleich letzte Sitzung statt. Anwesend waren der König, die Reichsfürsten, königliche Abgeordnete, Kardinäle, Bischöfe, Priester und eine große neugierige Volksmenge, die als Augenzeugen dem Ereignis beiwohnen wollte. Der Bischof von Lodi, Giacomo Arrigoni (1368–1435), bestieg als Erster die Kanzel und hielt die Predigt. Als Text hatte er das Pau-*

luswort »*Der sündige Leib soll zerstört werden*« *ausgewählt und ermahnte die Konzilsväter, die zu dieser Zeit entstandenen Ketzereien mit Stumpf und Stiel auszurotten. Weitere Redner folgten, in der Sache einig. Zwischenrufe waren nicht erlaubt, doch Hus hielt sich nicht daran, immer wieder wurde er niedergebrüllt. Als er endlich zu einer letzten Aussage aufgefordert wurde, beharrte er erneut auf seiner Weigerung abzuschwören und seinen durchdringenden Blick auf den König richtend, dessen verpfändetes Wort so schamlos verletzt worden war, soll er laut Peter von Mladoniowitz (1390 – 1451) erklärt haben:* »*Ich bin aus eigenem freien Entschluss vor dem Konzil erschienen, unter dem öffentlichen Schutz und dem Ehrenwort des hier anwesenden Kaisers.*« *Tiefe Röte überzog, so die Chroniken, das Angesicht Sigismunds, als sich die Augen der ganzen Versammlung auf ihn richteten.*

Nachdem sämtliche Anklagepunkte verlesen worden waren, wurde das Urteil gesprochen. An dieser Stelle die deutsche Übersetzung der ursprünglich in Latein verfassten Quelle.

Das Hus-Urteil vom 6. Juli 1415

(...) Daher gibt diese heilige Synode (...) bekannt, dass Johannes Hus Häretiker gewesen ist (und weiter ist); sie verordnet, dass er gerichtet und verurteilt werden muss und verurteilt ihn hiermit als Häretiker; seine besagte Berufung verwirft sie als schimpflich, Ärgernis erregend und als Ausdruck der Geringschätzung für die Jurisdiktion der Kirche; sie gibt weiter bekannt, dass eben dieser Johannes Hus sowohl durch seine öffentlichen Predigten als auch durch die Schriften, die er veröffentlicht hat, das christliche Volk, vor allem im Königreich Böhmen, verführt hat, und dass er für dieses christliche Volk kein wahrhafter Prediger des Evangeliums Christi gewesen ist im Sinne der heiligen Lehrer, sondern vielmehr ein Verführer. Weil aber diese heilige Synode durch alles, was sie gesehen und gehört hat, zu der Erkenntnis gelangt ist, dass der gleiche Johannes Hus ein derart hartnäckiger und unverbesserlicher Irrlehrer ist, dass er nicht den Wunsch hat, in den Schoß unserer heiligen Mutter Kirche zurückzukehren oder die Häresien und Irrtümer abzuschwören, die er in aller Öffentlichkeit verteidigt und gepredigt hat – erklärt und verfügt dieses heilige Konzil von Konstanz, dass derselbe Johannes Hus seines Priesteramtes und aller anderen Weihegrade, die er empfangen hat, entkleidet werden und verlustig gehen soll; es beauftragt seine Väter in Christus, den Erzbischof von Mailand [u. a.] den vorgeschriebenen Regeln entsprechend und in Gegenwart der heiligen Synode nach den Erfordernissen des Rechts die besagte Degradierung vorzunehmen. Da die Kirche Gottes nun nichts mehr mit ihm zu tun hat, überlässt die heilig Synode von Konstanz Johannes Hus der weltlichen Rechtsprechung und verfügt, dass er einem weltlichen Gerichtshof überlassen werden soll.

Aus: Textdokumentation im Internet: www.historicum.net/themen/reformation

Nach der Urteilsverkündung begann die Zeremonie der Amtsenthebung. Die Bischöfe kleideten ihren Gefangenen in das priesterliche Gewand. Abermals zum Widerruf ermahnt, sprach er zum Volk: »Mit welchem Auge könnte ich den Himmel anblicken, mit welcher Stirn könnte ich auf diese Menschenmenge sehen, der ich das reine Evangelium gepredigt habe? Nein, ich erachte ihre Seligkeit höher als diesen armseligen Leib, der nun zum Tode bestimmt ist.« Dann wurden ihm die Teile des Priesterornats nacheinander abgenommen. Während dieser Handlung sprach jeder Bischof einen Fluch über ihn aus. Schließlich wurde ihm eine hohe Papiermütze aufgesetzt, mit Teufeln bemalt, die die Inschrift trug: »Häresiarcha« (Erzketzer). Als er so aufgeputzt war, sprachen die Prälaten: »Nun übergeben wir deine Seele dem Teufel.« »Aber ich«, sprach Hus, seine Augen zum Himmel erhoben, »befehle meinen Geist in deine Hände, o Herr Jesus, denn du hast mich erlöst.«

Dann wurde er der weltlichen Obrigkeit übergeben und zum Richtplatz geführt, dem Brühl, westlich der Altstadt. Ein riesiger Zug folgte ihm nach, Hunderte von Bewaffneten, Priestern und Bischöfen sowie die Einwohner von Konstanz. Als Hus gebunden am Pfahl stand und alles zum Anzünden des Feuers bereit war, wurde er nochmals ermahnt, sich durch Widerruf seiner Irrtümer zu retten. »*Welche Irrtümer*«, *soll er gesagt haben,* »*sollte ich widerrufen, da ich mir keines Irrtums bewusst bin? Ich rufe Gott zum Zeugen an, dass ich das, was falsche Zeugen gegen mich behaupteten, weder gelehrt noch gepredigt habe! Ich wollte die Menschen von ihren Sünden abbringen! Was immer ich sagte und schrieb, war stets für die Wahrheit; deshalb stehe ich bereit, die Wahrheit, welche ich geschrieben und gepredigt habe, freudigst mit meinem Blut zu besiegeln.*« *Als das Feuer ihn umflammte, soll er zu singen begonnen haben, bis seine Stimme brach:* »*Christe, du Sohn des lebendigen Gottes, erbarme dich meiner!*« *Andere Quellen berichten, dass seine letzten Worte waren:* »*Heute röstet ihr eine Gans. Aber nach mir wird ein Schwan kommen. Den werdet ihr nicht braten können.*« *– Das Familienwappen des Reformators war ebenfalls eine Gans.*

Der Schwan hat im 16. Jahrhundert einen Namen erhalten: Martin Luther. Viele Werke des Reformators, der viele Ideen und Ideale von Hus in seine Predigten und Schriften aufnahm, ziert ein Schwan. Über den Wahrheitsgehalt der letzten Worte von Hus darf spekuliert werden, ähnlich wie über die berühmte Aussage von Galileo Galilei (1564–1642) über das heliozentrische Weltbild: »*Und sie bewegt sich doch.*« *Hus' Hinrichtung löste den ersten Prager Fenstersturz und die Hussitenkriege aus (1419–1434). Fünf Kreuzzüge wurden gegen die aufständischen Taboriten entsandt. Die Kriege verwüsteten in der ersten Hälfte des 15. Jahrhunderts nicht nur Böhmen und Mähren, sie griffen auch auf die Nachbarländer über, bis die Hussiten zuerst durch Zugeständnisse, jedoch auch durch innere Zerrüttung besiegt wurden. Aber nicht das Gedenken an Hus. In seiner Heimat ist der Reformator ein Mythos und unbestrittene Identifikationsfigur. Und auch in den protestantischen Kirchen genießt er hohes Ansehen. Die römisch-katholische Kirche dagegen hat ihn (immer) noch nicht rehabilitiert. 1999 erklärte allerdings Papst Johannes Paul II. (1920–2005) sein »tiefes Bedauern« über den »grausamen Tod von Jan Hus und für die daraus folgende Wunde, Quelle von Konflikten und Spaltungen, die dadurch in den Geist und die Herzen des böhmischen Volkes gerissen wurde«.*

In der Konzilsstadt erinnert seit 1862 ein imposanter, grauer querliegender Findling, der »Hussenstein«, mit der goldenen Inschrift »Johannes Hus« am vermuteten mittelalterlichen Richtplatz an sein trauriges Schicksal. An seinem Todestag, dem 6. Juli, treffen sich dort jedes Jahr tschechische Pilger zu einer Gedenkfeier.

LEONARDO BRUNI

Der Konstanzer Historiker Alexander Patschovsky zählt Leonardo Bruni (1369–1444) zu den großen Humanisten des Konstanzer Konzils (1414–1418). Der nach seiner Heimatstadt auch Aretino genannte Gelehrte stammte aus einer armen Familie und kam als Student nach Florenz. Hier war er Schüler des griechischen Gelehrten und späteren Konstanzer Konzilsteilnehmers Manuel Chrysoloras (1355–1415) und wurde bald in den Kreis des Humanisten Coluccio Salutati (1331–1406) aufgenommen. Bruni, der sich als Platon-Übersetzer einen Namen machte und eine Geschichte von Florenz verfasste (»Historia del popolo fiorentino«, 1650 gedruckt) erhielt 1405 das Amt eines päpstlichen Sekretärs und diente in dieser Funktion gleich mehreren christlichen Oberhäuptern hintereinander: Papst Innozenz VII. (1336–1406), Gregor XII. (1335–1417), Alexander V. (1340–1410) und Johannes XXIII. (1370–1419). Er hielt sich nur kurz am Bodensee auf. Als sein Herr und Meister Johannes XXIII. am 20. März 1415 heimlich und als Knappe verkleidet die Kirchenversammlung fluchtartig verließ, kehrte auch er der Stadt den Rücken und reiste nach Florenz zurück.

Aber die wenigen Monate Aufenthalt in der kleinen, nur »zwei Bogenschüsse« messenden Reichsstadt, wie Benedetto da Piglio (1365–1423) urteilte, ein anderer italienischer Humanist und Konzilsteilnehmer, reichten zu einem zwiespältigen Stimmungsbericht. Auf den Spuren der Stadtgeschichte schreibt er von allerlei Entdeckungen – wobei seine Erklärung zur Vorgeschichte der Stadt nicht den heutigen Erkenntnissen entspricht. Nicht minder anregend ist allerdings der Vorspann des Schreibens an seinen Humanistenfreund und Chrysoloras-Schüler Niccolò Niccoli (1365–1437). Nur von wenigen Dienern begleitet, reitet er der alten Via Claudia entlang die Etsch aufwärts, überwindet den Reschenpass, taucht dann in ein tief verschneites Waldtal ein, nur um wieder vor einem riesigen Berg zu stehen ...

In der Quellenforschung werden diese ausführlichen Schilderungen als einzigartig beschrieben. Stets beschränkten sich die Berichte zu den Überquerungen bis dahin auf wenige Worte: »Es scheint fast so, dass man über die Beschwerlichkeiten, die jeder Alpenüberschreitung innewohnten, nicht gerne berichten wollte«, notiert der Salzburger Kulturhistoriker Christian Rohr, dem die Übersetzung des Textes aus dem Lateinischen zu verdanken ist. Bruni machte es.

Leonardo grüsst Niccolò Niccoli

Wenn ich glaubte, dass du dich dafür interessierst, was hier getan und gesagt wird, würde ich dir von den Konzilsverhandlungen schreiben und Kommentare zu den täglichen Vorkommnissen anfertigen. Aber wenn ich dich gut kenne, hast du eher die Gesinnung, dass du dich nicht nur nicht darum sorgst, es zu erfahren, sondern auch glaubst, dass du, wie du es gewöhnlich ausdrückst, diesen Überdruss und die Spinnereien der Menschen ignorieren müsstest. So wie es die Aufgabe von jemandem ist, der zum Mahl einlädt, nach den Geschmäckern der Tischgenossen zu fragen, so ist es Aufgabe dessen, der einen Brief an einen Freund schreibt, eine für dessen Wünsche passende Materie zu wählen. Da du freilich allzu wählerisch bist, lässt dein Bauch keinerlei Nahrung zu, und vieles, was den Übrigen schmeckt, ekelt dich an. Lasset uns dir daher ein Mahl bereiten, das deinem Geschmack gefällt; und weil du etwas, was aus unseren Gegenden kommt, verachtest, lasset uns nach einem fremdartigen Hauptgericht suchen. Ich glaube, dass du daher in der jetzigen Zeit an nichts mehr Gefallen findest, als wenn ich dir von meiner Reise berichte. Lies also, doch nicht von der ganzen Reise – wem würde dies von Nutzen sein? –, sondern von meinem Aufbruch aus Italien.

Nachdem ich am 27. November bald in der Früh nach Verona gekommen war, verweilte ich dort den ganzen Tag, um die Stadt zu besichtigen – es gibt dort nämlich einiges, was alt und sehenswert ist –, reiste aber am nächsten Tag gleich zu Sonnenaufgang entlang der Etsch den Alpen entgegen.

Als wir dann zu dem Ort kamen, wo die Etsch die weiten Ebenen Italiens erreicht, erlebte ich ein ganz wunderbares Schauspiel: Die Straße verläuft ganz in der Tiefe, eng zwischen den beiden Bergketten, gleich, als ob sie sich durch das Zutun der Natur durch einen engen und gewundenen Schlund windet. Es ist ein wahrhaft »alpiner« und erhabener Ort, so wie das Tosen des Wassers und der Ansturm der Fluten die ungestümen und rohen Sitten der Völker, von denen der Fluss entspringt, nachzuahmen scheint. Zwischen dem Fluss und dem Berg auf der rechten Seite war kaum so viel Platz für den Weg, dass gerade ein einzelner Reiter oder vielleicht noch gerade ein einzelner Wagen passieren konnte. Zur linken Seite aber berührt die Flut den Berg und macht ihn unpassierbar; links und rechts steile Felsen, die wie ein Paar zum Himmel ragen. Dieser Anblick bietet sich nach dem Eintritt ins Etschtal für eine lange Wegstrecke: Links und rechts erheben sich höchst bedrohliche Felsen, zwischen ihnen ergießt sich der tiefe Fluss, der äußerst schmale Weg schlängelt sich zwischen Fels und Fluss, und den Himmel erblickt man wie durch eine Spalte; die Berge weisen harte und raue Felsen auf, ja vielmehr sind alle diese Berge nichts anderes als harter Fels und marpessischer Marmor. Da möge schon die kilikische Pforte weichen und ebenso der Engpass von Caudium, der durch die Niederlage der Römer geadelt wurde. Es steht für mich ausreichend und noch darüber hinaus fest, dass schon ein kleiner Mensch, der auf der Höhe steht und Felsbrocken hinunterwälzt, den Ansturm aller Gallier und Germanen verhindern könne, wenn diese passieren wollen.

Nach einer zweitägigen Reise durch dieses Tal erreichten wir Trient, eine Stadt, die sich durch eine ganz reizende natürliche Lage auszeichnet. Sowohl oberhalb als auch unterhalb davon erstreckt sich eine etwas weitere Ebene und zudem schlängelt sich der Fluss selbst recht anmutig vorbei. Zu Recht könnte es jemanden wundern, dass sich in dieser Stadt Männer, Frauen und die übrige Bewohnerschaft, die entweder Italienisch oder Deutsch sprechen, innerhalb einer einzigen Stadtmauer aufhalten. Denn so, wie jeder entweder in einem Italien oder dem oberen Gallien zugewandten Teil der Stadt wohnt, so spricht er dementsprechend auch entweder unsere oder jene Sprache. Zudem glaube ich auch, dass es sich in den Versammlungen und öffentlichen Sitzungen dergestalt verhält, dass die einen in unserer und die anderen in barbarischer Sprache ihre Meinung abgeben – alles Bürger ein und derselben Stadt.

Nachdem wir von Trient einige Meilen aufgebrochen waren, wurden wir von einer eigenartigen barbarischen Sitte aufs Höchste beunruhigt. Es verhält sich nämlich folgendermaßen: Es gibt dort zahlreiche Burgen, die hoch auf dem Felsen über den Fluss ragen und Adeligen gehören. Wenn diese nun eine größere Anzahl an Reisenden erblicken, lassen sie, wenn sich die Gruppe schon unterhalb ihrer Burg befindet, plötzlich von der Festung Hörner erschallen; zudem erhebt eine möglichst große Anzahl an Menschen von den Mauern und Befestigungen ein barbarisches Geschrei und feindliches Geheule. Durch das unvermutete Ereignis fährt allen Menschen der Schrecken in die Glieder, und es gibt wohl kaum jemanden mit so viel standhaftem Mut, dass er nicht schon aus Überraschung beunruhigt wird, besonders weil es sich um Örtlichkeiten handelt, die bewusst für die Räuberei ausgewählt sind. Jene Burgherren glauben, dass diese barbarische und schreckliche Sitte zum Schutz ihres Eigentums beiträgt, und Menschen eher vom Unrecht ablassen werden, wenn sie schon erblickt und angeschrien wurden und dann meinen, dass sie beobachtet werden. Mir freilich wurde klar, durch ein feindliches Land zu reisen, und öfter kam mir dabei jenes Zitat in den Sinn: »*Als Turnus von der Burg in Laurentum das Kriegszeichen erhob und die Hörner mit rauem Schall laut ertönten.*« Doch kehren wir zum Thema zurück.

Von Trient kamen wir nach Tramin, ein Dorf, das ganz lieblich und glücklich zu linker Seite des Flusses liegt, wenn auch die Felsen darüber furchterregend aufragen. Dieses Dorf ist berühmt für die große Anzahl seiner Weinberge und, wie es scheint, dem Bacchus besonders heilig. Es gibt dort nämlich mehr Weinberge, als ich je an einem anderen Ort gesehen habe. Der Boden selbst, an dem die Weinstöcke gepflanzt sind, ist an manchen Stellen so weiß, dass es fast wie Schnee aussieht. Dies kommt daher, dass der steil darüber aufragende Berg aus Marmor besteht. Dieser bricht in Stücken ab und gibt dem Boden, den er bedeckt, einen hellen Anschein. Im Bereich von Tramin gibt es so viel Wein, dass der Überschuss bis in die Gegenden jenseits der Alpen exportiert wird.

Sodann erreichten wir Meran, wobei ich nicht weiß, ob ich von einer Stadt oder einem Dorf sprechen soll. Alles ist dort freilich wie für eine Stadt zur Genüge vorhanden, außer dass es keine Stadtmauern gibt. Ich glaube, dass dies bei so reichen Orten wie Tramin und Meran daher rührt, dass sie am Fuße von so steilen Felsen liegen und es unmöglich ist, sie mit Mauern zu umgeben.

Von Meran folgten wir der Etsch und erreichten am dritten Tag die Passhöhe. Die Straße steigt dort zwischen zwei Gipfeln leicht an. Auf der Passhöhe selbst bildet sich eine ebene Fläche, wo sich darüber hinaus auch zwei Seen befinden, die nur wenig voneinander entfernt sind. Hier befindet sich die Wasserscheide: Vom einen See entspringt die Etsch, die sich nach Süden wendet, vom anderen ergießt sich ein Fluss Richtung Deutschland, den die Bewohner Inn nennen.

Der Abstieg von der Passhöhe gestaltete sich bei Weitem schwieriger als der Aufstieg: Der Weg ist steil abfallend und eng, und an manchen Stellen führt er von Menschenhand geschaffen in langen Kehren über steile Felsen gleichsam in einen Höllenschlund. Rechts der Straße droht ein gewaltiger Berg, links ist der Abgrund schon vom Anblick her furchterregend; überall, wohin man blickt, gibt es eine unglaubliche Menge von Tannen, dazu Fichten/Föhren, Zypressen, Eschen, Buchen, Bergeschen und andere Waldpflanzen.

Von diesem Pass reisten wir für zwei Tage durch tiefe und schwer begehbare Täler am Fuße der Berge und gelangten schließlich wieder zu einem weiteren Pass, den die Barbaren Arlberg (Adlerberg) nennen. Die Überquerung dieses Berges war der mit Abstand schwierigste und härteste Abschnitt der Reise. Denn abgesehen davon, dass der Weg für den Aufstieg immer steil hinaufgeht, war damals alles schon mit Schnee bedeckt, und zwar an mehreren Stellen über 20 Fuß hoch. Der Saumpfad führte mitten durch den Schnee: Er war gekennzeichnet durch die Fußabdrücke der Reisenden und nicht mehr als einen Fußbreit. Die Menschen konnten auf diesem Weg ohne Probleme wandern, denn sie sind leichter und gehen mit behutsamen Schritten. Die Pferde aber wurden mitleiderregend und mühsam an Zügeln geführt: Wenn sie mit dem einen oder anderen Lauf vom Pfad abkamen, tauchten sie in den Tiefschnee ein und konnten nur mit großer Mühe und unter Gefahr herausgezogen und auf den Weg zurückgebracht werden. Diese Schwierigkeiten betrafen uns auf einer Strecke von ungefähr drei Meilen, bis wir nach der Passhöhe schon mit dem Abstieg begannen. Ich wage zu behaupten, dass auf dieser Wegstrecke alle Gefahren und Schwierigkeiten lauerten.

Die Wegstrecke durch die Alpen, die wir von der Etschquelle, die wir vorhin erwähnt haben, bis zur Talsohle nach der völligen Überschreitung zurücklegten, beträgt etwa 200 Meilen. So viele Felsen, so zahlreiche und endlose Bergrücken, so viele Gipfel und Steigungen, so viele Höhen erheben sich dabei überall, dass es äußerst bemerkenswert erscheint, was jene Mutter und Weltschöpferin Natur sich dabei gedacht hat, als sie dies schuf. Mich freilich überkommt, wenn ich diese ständigen Mühen betrachte, häufig eine Art von Schauer und Ehrfurcht, und selbst jetzt kann ich mich nicht ohne Schaudern daran erinnern.

20 Meilen nach der Überschreitung der Alpen kamen wir in eine Stadt namens Feldkirch; sie ist reich und gepflegt, hat ansehnliche Häuser und ist reich an Wein- und Obstgärten.

Am nächsten Tag brachen wir von dort auf und überschritten nach sieben Meilen den Rhein. Der Rhein entspringt in den Alpen nicht weit von dem Ort zu linker Hand, an dem wir ihn überquert hatten. Bald aber wendet er sich nach rechts und strömt mächtig und kräftig, von seinem eigenen Schwall und vom Zutun zahlreicher Nebenflüsse unterstützt, nach Nordosten in geradem Verlauf. Das Wasser hat eine Farbe, die zwischen blau und grün liegt, einen schnellen Lauf und ein sandiges Flussbett, das dennoch so fest ist, dass man die Fußspuren nicht sehen kann.

Nachdem wir mit dem Schiff ans andere Ufer übergesetzt hatten, ließen wir den Fluss rechts liegen und kamen über eine weite Ebene und sumpfigen Boden zu einer Burg namens Rheineck. Dort stießen wir wieder auf den Rhein, der an der Burg vorbeifließt. Denn gleich, als ob der Fluss des bisherigen Verlaufes überdrüssig wäre, ändert er dort seine Richtung und wendet sich eher Richtung Nordwesten und mündet bald nach der Burg in einen See. Als ich davon hörte, begehrte ich, dies zu sehen, schickte die Pferde und den Tross auf dem Landweg vor und fuhr selbst in einem Fischerboot auf dem Fluss und mitten über den See nach Konstanz.

Der See ist mit Abstand der schönste und weist an allen Seiten viele Burgen und Dörfer auf. Das Wasser ist hell, am Grund voller Kies und durchscheinend. Er weist zwar zahlreiche Fischarten auf, doch gemessen an der Menge des Wassers nicht allzu viele. Er erstreckt sich 25 Meilen in der Länge und an manchen Stellen zehn, an anderen 15 Meilen in der Breite.

Am Ende des Sees liegt die Stadt Konstanz, nicht groß, aber reich und ansehnlich. Nahe ihrer Stadtmauern fließt der Rhein aus dem See und bildet wieder einen Fluss. Darüber gibt es eine Brücke, die direkt von einem der Stadttore zu den Germanen führt; auf der gegenüberliegenden Seite der Brücke stehen zahlreiche Häuser entlang des anderen Flussufers.

Was die Vorgeschichte und Ursprünge der Stadt betrifft, so traf ich, obwohl ich öfter so manchen Bürger fragte, noch auf keinen Menschen, der auch nur den Namen und Erinnerungswürdiges von seinem Großvater wusste, geschweige denn von der Stadt. Als ich dann genauer nachforschte, fand ich eine Marmortafel, die eine alte Inschrift aufwies, aus der hervorgeht, dass die Stadt ihren Namen von Constantinus, dem Vater des Constantin und Caesar unter Diocletian und Maximian erhalten habe, während sie bis dahin Vitodura genannt wurde. Keiner der Bürger versteht es, die Tafel zu lesen, und daher hält sich im Volk die Meinung, dass sie ein besonderes Heiligtum des christlichen Glaubens sei. Weil dumme Frauen und die übrige ungebildete Menge die Hände daran reiben und danach mit den Händen ihr Gesicht wieder reiben, haben sie schon fast alle Buchstaben auf der Tafel zerstört, obwohl doch darauf nicht die Namen der Heiligen Christi, sondern der Verfolger des christlichen Glaubens geschrieben sind.

Ich will jetzt versuchen, auch die Gebräuche und Einrichtungen der Stadt aufzuzeigen – denn auch solche Dinge gehören zur Reiseliteratur. Jedes Jahr wird einer der Bürger in einer Wahl bestimmt, der dann die höchste Gewalt mitsamt der Entscheidungsbefugnis besitzt. Dieser wohnt freilich nicht in einem öffentlichen Gebäude, sondern in seinem gewohnten Privathaus. Wenn er einmal durch die Stadt schreitet, wird er von Liktoren begleitet, die Ruten in der Hand tragen. Ansonsten unterscheidet ihn aber nichts von den übrigen Bürgern.

Dieser hat auch die Gewalt, die Hochgerichtsbarkeit gegenüber wem auch immer auszuüben, wenn über Mord, Raub, Diebstahl, Giftmischerei, Ehebruch und die übrigen Straftaten Gericht gehalten wird. Ihm stehen im Rat die Männer zur Seite, die die Stadt ihm zur Verfügung gestellt hat. Die Angeklagten selbst werden in Ketten vorgeführt. In der Verhandlung wird sowohl den Anklägern als auch den Verteidigern die Möglichkeit gegeben, gegen oder für den Angeklagten zu sprechen. Wenn alle gehört worden sind, schreitet man zur Urteilsverkündung. Wenn der Angeklagte verurteilt wird, vollziehen die Liktoren des Amtsträgers die Strafe. In derselben Weise wird über Zivilsachen bei diesem Amtsträger und ihrem Rat verhandelt. Weil sie in der Stadt die freie Gerichtsbarkeit besitzen, hat die Redekunst großen Einfluss. Wenn daher jemand für redegewandt befunden wird, wird dieser als Advokat in Zivil- und Strafsachen herangezogen und genießt in der Stadt großes Ansehen und Würde.

Die gesamte Stadt teilt sich in zwei Stände: Ritter und einfache Bürger. Die einfachen Bürger gehen dem Handel und Handwerk nach, die Ritter hingegen stützen sich auf ihren vererbten Besitz, leben von ihren Einkünften aus demselben und bewahren ihre ritterliche Würde. Wenn etwa ein einfacher Bürger zu größerem Reichtum kommt und in den Ritterstand gelangen möchte, glaubt man, dass ihm das keineswegs erlaubt sei; die Adeligen, die der Ansicht sind, dass diese Würde bei ihm entweiht und beschmutzt würde, lassen selbst nicht zu, dass er das erreicht. So sind beide Stände seit langer Zeit fest in ihren Grenzen umrissen, weil es für schändlich gehalten wird, wenn Ritter sich dem Handel und schmutzigeren Berufen zuwenden, und weil die Adelsschicht in keiner Weise zulässt, dass die einfachen Bürger in den Ritterstand und seine Würden aufsteigen. Die Stadtregierung liegt jedoch gemeinsam in der Hand der Adeligen und der einfachen Bürger.

Leb wohl. Verfasst am 31. Dezember.

Aus: Christian Rohr: Zur Wahrnehmung von Grenzen im 15. Jahrhundert. Leonardo Brunis Bericht über seine Reise von Verona nach Konstanz 1414 (Epist. 4,3). In: Ulrike Aichhorn / Alfred Rinnerthaler (Hrsg.): Scientiaiuris et historia. Kovar Verlag, Egling an der Paar 2004. S. 869ff.

PETER VON MLADONIOWITZ

Er war am reformorientierten Hedwigskolleg in Prag unter den ersten Stipendiaten und ein Schüler von Jan Hus (1369–1415). Auf dessen Reise zum Konzil von Konstanz im Herbst 1414 nahm er die Funktion eines Schreibers wahr. Er wohnte in der Bodensee-Stadt mit Hus unter einem Dach, wo er auch Augenzeuge seiner Gefangennahme war. Peter von Mladoniowitz, 1390 in Mladeňovice (Mähren) geboren, blieb während des gesamten Prozesses gegen seinen der Ketzerei angeklagten Lehrer in Konstanz. Er kümmerte sich nicht nur um die umfangreiche Korrespondenz und fertigte Protokolle an, er bestach auch die Wärter, um für Hus bessere Haftbedingungen zu ermöglichen. Mladoniowitz leitete seine Briefe aus dem Kerker weiter und setzte sich immer wieder an offiziellen Stellen für ihn ein – vergeblich, wie der Verlauf des Casus Hus zeigte.

Seine Erlebnisse von den Reisevorbereitungen bis hin zu den Konzilsverhandlungen schrieb er in einem anrührenden Bericht nieder – an dieser Stelle eine stark gekürzte Fassung der Verurteilung und Verbrennung des tschechischen Reformators. Nach seiner Rückkehr in die Heimat wurde von Mladoniowitz 1416 Magister an der Prager Universität und 1420 zum Priester geweiht. Im Zusammenhang mit den gewaltsamen religiösen Auseinandersetzungen – er zählte zu den eher gemäßigten Hussiten – musste er Prag verlassen und lebte von 1427 bis 1438 in der Verbannung im mährischen Batelov. Rehabilitiert, bekleidete er 1440 das Amt des Rektors der Karls-Universität. 1448 wurde er als Teilnehmer des Konzils von Basel genannt, Peter von Mladoniowitz starb 1451.

Augenzeugenbericht der Verbrennung Jan Hus'

ALS ALLE GEGEN den Magister vorgebrachten Artikel bereits beendet und verlesen waren, las ein kahlköpfiger und greiser Auditor und Prälat […] das Schlussurteil gegen Magister Johannes Hus, und Magister Johannes antwortete zu gewissen Punkten dieses Urteils, indem er, auch wenn man es ihm wehrte, dagegen Einwände machte.

Danach legte er auf Geheiß von sieben Bischöfen, die bei seiner Degradierung dabei waren, die Altargewänder an, als ob er eine Messe feiern wollte. Und als er die Alba anzog, sprach er: »Da mein Herr Jesus Christus von Herodes zu Pilatus geführt ward, hat man ihn mit einem weißen Gewand verspottet.« Die genannten Bischöfe [begannen] sogleich [ihn] zu degradieren. Zuerst nahmen sie ihm den Kelch aus seinen Händen und sprachen Fluchworte … Und in der Folge nahmen sie die anderen Kleidungsstücke von ihm: die Stola, das Messgewand und andere usw., und bei den einzelnen Teilen stießen sie nach ihrer Weise eine Verfluchung aus.

Als alle diese Gewänder, wie erwähnt, von ihm genommen waren, gingen die genannten Bischöfe weiter an die Verletzung seiner Tonsur. Und als sie ihm die Tonsur an vier Seiten, nämlich rechts und links, vorn und rückwärts mit einer Schere zerstörerisch angeschnitten hatten, sprachen sie zum Schluss folgende Worte: »Jetzt hat die Kirche bereits alle kirchlichen Rechte von ihm genommen und hat weiter nichts mehr mit ihm zu schaffen. Deshalb übergeben wir ihn dem weltlichen Gerichtshof.« – Bevor sie aber eine Schandkrone aus Papier auf sein Haupt setzten, sprachen sie unter anderem zu ihm: »Wir überantworten deine Seele dem Teufel!« – Und der Magister sagte mit gefalteten Händen und mit zum Himmel gerichteten Augen: »Und ich überantworte sie dem gütigsten Herrn Jesus Christus.« – Die Papierkrone aber war rund und ungefähr eine Elle hoch. Es waren drei schauerliche Teufel drauf gemalt, wie sie gerade die Seele mit ihren Krallen zerren und festhalten wollen. Und auf dieser Krone war der Titel seiner Prozesssache aufgeschrieben: »Dieser ist ein Erzketzer.«

Darauf sprach der König zu Herzog Ludwig: »Geh hin und nimm ihn!« Und der übernahm den Magister, gab ihn in die Hände der Henker und geleitete ihn in den Tod. Als aber der bereits also gekrönte Magister aus der genannten Kirche [Hauptkirche der Stadt Konstanz] geführt wurde, verbrannte man auf dem Friedhof dieser Kirche zur gleichen Stunde, wie es hieß, seine Bücher. Als er es im Vorübergehen sah, lächelte er über ihr Tun. [...] Fast die ganze Bürgerschaft der Einwohner aber war in Waffen und geleitete ihn in den Tod.

Als der Magister zur Hinrichtungsstätte kam, beugte er die Knie, betete mit ausgebreiteten Händen und mit zum Himmel emporgerichteten Augen inbrünstig. – Die Hinrichtungsstätte aber war auf einer bestimmten Wiese zwischen Gärten, wenn man aus der Stadt Konstanz heraus gegen die Burg Gottlieben geht, zwischen den Toren und den Vorstadtgräben der genannten Bürgerstadt. – Während er nun so, wie vorerwähnt, betete, fiel die genannte Schandkrone, die mit drei Dämonen ringsum bemalt war, von seinem Haupt. Er lächelte, als sein Blick darauf gefallen war. Und einige Söldner, die um ihn herumstanden, sagten: »Man soll sie ihm wieder aufsetzen, damit er zugleich mit seinen Herren, denen er gedient hat, den Dämonen, verbrannt werde. Auf Geheiß des Henkers aber erhob sich der Magister von der Stelle des Gebetes. Als sie ihm sein Gewand ausgezogen hatten, banden sie ihn mit Tauen an eine Säule, wobei er mit den Händen rückwärts an die genannte Säule gefesselt war.

Als man ihn aber am Hals mit einer berußten Kette zusammenschnürte, betrachtete er sie, lächelte und sprach zu den Henkern: »Der Herr Jesus Christus, mein Erlöser und Heiland, ist mit einer härteren und schwereren Kette gefesselt worden, und ich Armer scheue mich nicht, um seines Namens willen gefesselt diese Kette zu tragen.« – Die Säule aber war ein dicker Balken von der Stärke ungefähr eines halben Fußes. Man hat sie an einem Ende zugespitzt und in die Erde in die genannte Wiese eingerammt. Unter die Füße des Magisters aber hat man zwei Bund Holz gelegt. Der Magister trug noch seine Schuhe und eine Fessel an den Füßen, als er an den

Pfahl gebunden war. Die genannten Holzbündel, die mit Stroh vermischt waren, legten sie überall rings um den Körper des so dastehenden Magisters bis an sein Kinn. An Holz aber waren es zwei Fuhren oder Wagen. Bevor aber der Magister angezündet wurde, trat der Reichsmarschall Hoppe von Pappenheim und mit ihm der Sohn des ehedem Klem an ihn heran, und sie forderten ihn auf, wie es hieß, sein noch heiles Leben zu retten und dem von ihm einst Gepredigten und Gesagten abzuschwören und es zu widerrufen. Der Magister aber blickte zum Himmel und antwortete mit lauter Stimme: »Gott«, so sprach er, »ist mein Zeuge, dass ich das, was mir fälschlich zugeschrieben wird und was man mir durch falsche Zeugen aufgebürdet hat, niemals gelehrt und auch niemals gepredigt habe. In dieser evangelischen Wahrheit aber, die ich geschrieben, gelehrt und gepredigt habe nach den Aussprüchen und Auslegungen der heiligen Lehrer, will ich heute gern sterben.« Und als das der Marschall zusammen mit dem Sohn des Klem vernommen hatte, schüttelten sie einander die Hände und gingen sogleich von dannen.

Dann zündeten die Henker den Magister an. Er sang darauf mit lauter Stimme. – Und als er zum dritten Male begonnen hatte zu singen, schlug ihm alsbald der Wind die Flammen ins Gesicht, und also in sich betend und Lippen und Haupt bewegend, verschied er im Herrn. Im Augenblick der Stille aber, bevor er verschied, schien er sich zu bewegen, und zwar so lange, als man zwei oder höchstens drei Vaterunser schnell sprechen kann.

Als das Holz der genannten Bündel und Taue verbrannt war und immer noch eine Körpermasse dastand, die an der genannten Kette um den Hals hing, stießen darauf die Henker die genannte Masse zusammen mit der Säule zu Boden, belebten das Feuer weiter, und zwar mit einer dritten Holzfuhre und verbrannten die Masse vollständig. Sie gingen herum und schürten die Knochen mit Stangen zusammen, damit sie umso schneller zu Asche würden. Und als sie sein Haupt fanden, teilten sie es mit einer Stange in Stücke und warfen es wieder ins Feuer. Da sie aber unter den inneren Organen sein Herz gefunden hatten, spitzten sie eine Stange nach Art eines Spießes an und befestigten am Ende das Herz, brannten es besonders und schüttelten es beim Verbrennen mit Stangen und machten schließlich jene ganze Masse zu Asche. Und auf Geheiß der genannten Herren, des Klem und des Marschalls, warfen die Henker sein Hemd zusammen mit den Schuhen ins Feuer und sagten dabei: »Damit die Böhmen nicht etwa wie Reliquien halten, werden auch wir dir deinen Preis dafür geben.« Das taten sie auch. Und so luden sie zusammen mit den einzelnen genannten Ascheteilen der Holzscheite alles auf einen Wagen und versenkten es im nahen Rheinfluss daselbst und zerstreuten es.

Aus: Peter Mladoniowitz: Hus in Konstanz. Slavische Geschichtsschreiber III, hrsgg. von Günther Stökl. Verlag Styra, Graz/Wien/Köln 1963. S. 249ff.

GIANFRANCESCO POGGIO BRACCIOLINI

Conrad Ferdinand Meyer widmete ihm eine Novelle, die zur Zeit des Konstanzer Konzils spielt (»Plautus im Nonnenkloster«, 1882); Rita Monaldi und Francesco Sorti bringen ihn in ihrem historischen Roman »Das Mysterium der Zeit« (2011) in Zusammenhang mit Banden, die in der Renaissance antike Texte gefälscht und damit gehandelt haben; und gleichzeitig feierte der amerikanische Autor Stephen Greenblatt den Italiener in seinem Buch »Die Wende – Wie die Renaissance begann« (2011) als Entdecker von Lukrez' Schrift »De rerum natura«. Um den Humanisten Gianfrancesco Poggio Bracciolini, der 1380 im heutigen Terranuova Bracciolini geboren wurde und 1459 in Florenz starb, ranken sich viele Mythen und Legenden. Wahr ist, dass er vier verschiedenen römischen Päpsten als Sekretär gedient hat, zuletzt dem 1415 abgesetzten Johannes XXIII. (1370–1419), den er zum Konstanzer Konzil begleitete. Dass er als »Bücherjäger« bekannt war, davon handeln, auch wenn unterschiedlich gewichtet, die Novelle von Conrad Ferdinand Meyer und der Bestseller von Stephen Greenblatt. Zu den Legenden gehört, dass Poggio Bracciolini über die Verurteilung des tschechischen Reformators Jan Hus (1369–1415) ein Buch verfasst habe. Bei der Publikation »Jan Hus der Ketzer. Verhör, Verurteilung und Hinrichtung« handelt es sich um eine Fälschung. Der hier zitierte Text, ein Sendschreiben an seinen Freund – und Sekretär von Papst Johannes XXIII. – Leonardo Aretino resp. Bruni (1369–1444), stammt allerdings aus seiner Hand, nach einhelligem Urteil von Experten.

Der Brief gilt als Sensation. Poggio Bracciolinis Bewunderung für Hieronymus von Prag (1379–1416), der nach der Verhaftung von Jan Hus nach Konstanz eilte, um seinem Lehrer und Freund zu helfen, ist wohl authentisch. Er setzt dem böhmischen Reformer, der schließlich selbst der Ketzerei angeklagt und in Konstanz verbrannt wurde, als einem Verwandten im humanistischen Geiste ein literarisches Denkmal. Darin kommt eine das Mittelalter revolutionierende Veränderung zum Ausdruck, wie der deutsche Historiker Alexander Patschowsky urteilt: »*Die Scheidelinie zwischen Gut und Böse, zwischen Wahr und Falsch, zwischen Freund und Feind verläuft nicht mehr entlang kirchlich-autoritativ festgelegter theologischer Dogmen, sondern neuer Gradmesser im Wertekanon wahren Menschseins wird die Vertrautheit mit antiker Bildung und dem ihr eigentümlichen Ethos.*« *Wobei der Augenzeuge Gianfrancesco Poggio Bracciolini sowohl des Hieronymus' Flucht, den Widerruf seiner Lehre als auch die Tatsache übergeht, dass der Ketzer unter den Qualen des Scheiterhaufens verständlicherweise erbärmlich schrie. In seinem späteren Leben war der Italiener wieder für die Kurie in Rom tätig, zuletzt leitete er die florentinische Kanzlei unter den Medici.*

In einigen Ansichten war Hieronymus von Prag, dessen tschechischer Name Jeroným Pražský lautet, radikaler als sein Freund und Lehrer Jan Hus. Dem Mitbegründer der hussitischen Bewegung war es ein großes Anliegen, eine mögliche Kirchenreform auf Grundlage der ursprünglichen Überlieferung herzustellen. Zudem war Hieronymus von Prag ein Anhänger des radikalen englischen Kirchenreformers John Wyclif (1330–1384). Kaum hatte er seine Prüfung zum Bakkalaureus an der Artistenfakultät in Prag abgelegt, machte er sich auf den beschwerlichen Weg in das entlegene Oxford, um sich dort Abschriften philosophischer Traktate John Wyclifs über Kirche und Gesellschaft zu beschaffen. Eine Gedenkplakette am Haus »*Zum Delphin*« *in der Hussenstraße in der Altstadt von Konstanz erinnert daran, dass Hieronymus von Prag 1415 hier gewohnt hat.*

Sendschreiben an Leonardo Aretino

Als ich mehrere Tage im Bade (zu Baden im Ergäu oder Argau) zubrachte, schrieb ich an Nicolaus (Nicoli) einen Brief, den du, wie ich vermute, wirst gelesen haben. Bei meiner Rückkehr nach Konstanz begann in wenigen Tagen die öffentliche Verhandlung wider Hieronymus (von Prag), den man für einen Ketzer ausgibt. Ich habe mir vorgenommen, dir diesen Handel zu berichten, teils wegen seiner Wichtigkeit, teils und vornämlich wegen des Angeklagten Rednergabe und Gelehrtheit. Ich bekenne, dass ich nie einen Mann gesehen habe, welcher in Verteidigung seiner Sache und sogar seines Lebens mehr sich der Wohlredenheit der Alten, welche so sehr bewundert werden, genähert hat. Wundersam war zu bemerken, mit welchen Worten und Gründen, mit welcher Geläufigkeit, mit welchem Blicke, Antlitz und Selbstvertrauen er seinen Gegnern Antwort gab und endlich seinen Handel verteidigte. Wie sehr ist zu bedauern, dass ein so edler und ausgezeichneter Kopf sich dem Hange zur Ketzerei hingegeben hat, wenn anders wahr sein sollte, was man ihm Schuld gibt. Meines Tuns ist es indessen nicht, eine so wichtige Sache zu beurteilen, sondern ich füge mich den Aussprüchen derjenigen, die für weiser gehalten werden. Du musst übrigens nicht erwarten, dass ich dir in der Weise öffentlicher Berichterstatter den Handel bis ins Einzelne vortragen wolle; denn das würde lange dauern und ein Geschäft mancher Tage sein. Ich werde nur hervorleuchtende Stellen ausheben, welche dir besonders die Gelehrtheit des Mannes an den Tag zu legen imstande sind.

Als vieles, was diesen Hieronymus der Ketzerei bezichtigte, zusammengebracht und durch Zeugen erhärtet war, fand man endlich angemessen, dass er auf die einzelnen Artikel, die ihm vorgehalten würden, Antwort erteile. Man führte ihn deshalb in die Versammlung des Gerichts und hieß ihn auf die vorgetragenen Punkte antworten; allein er weigerte sich lange, auf die böslichen Anschuldigungen seiner Gegner etwas zu erwidern, und bestand darauf, dass er seine Sache vortragen und verteidigen wolle, bevor er seinen Widersachern zur Rede stehen solle. Er verlangte daher, dass man erst anhören möchte, was er für sich anzuführen habe, und sodann werde er auch auf die Anschuldigungen kommen, die ihm seine Widersacher zur Last legen.

Diese Abhör ward ihm nicht bewilligt und er stand deshalb mitten in der Versammlung auf und sprach: Welch eine Ungerechtigkeit ist es, dass ihr mich, der 360 Tage im härtesten Kerker, in Unrat, Schmutz, Fäulnis, eisernen Banden und in einem Mangel aller Bedürfnisse lag, nicht eine Stunde lang anhören möget, da ihr doch meinen Widersachern und Verleumdern stets euer Ohr geliehen habet! Aus dem Grunde eben, weil ihr andern so lange schon gehorcht, haben euch diese überredet – dass ich ein Ketzer, Feind des Glaubens und Verfolger der Geistlichkeit sei; mir aber wird keine Erlaubnis zu meiner Verteidigung gestattet, weil euer Gemüt mich im voraus schon für einen unrechtschaffenen Menschen erklärt, und ihr nicht erst erkennen wollet, wer ich sei. Allein ihr seid, sprach er, Menschen und keine Götter; nicht von ewiger Dauer, sondern sterblich; ihr könnet fallen, irren, betrogen, überlistet, verführt werden. Man hält euch für Lichter der Welt und für die Weisesten des Erdenrundes, weshalb ihr besonders dahin trachten müsset, dass ihr nichts leichtsinnig, unbesonnen oder wider die Gerechtigkeit vornehmet. Ich bin nur ein Menschlein, um dessen Leben es sich hier handelt, und ich rede als Sterblicher keineswegs allein für meine Person; sondern es dürfte vielmehr dem Ansehen so zahlreicher Weisen übel lassen, wenn ihr etwas Ungerechtes gegen mich beschlösset; denn hier könnte nicht nur die Tat, sondern das Beispiel sehr von Übel werden.

Dieses und vieles andere trug er anständig unter dem Geräusch und Murmeln derjenigen vor, die ihm gern in seine Rede gefallen wären.

Endlich ward beschlossen, dass er zuerst auf die ihm zur Last gelegten Irrtümer öffentlich Red' und Antwort geben sollte; nachher würde er die Erlaubnis haben, vorzutragen, was er wollte. Es wurden ihm daher von einem erhöhten Platz herab die Artikel der Anklage wider ihn vorgelesen, wobei man jedesmal frug, was er dagegen einzuwenden habe? Hierauf wurden die Zeugnisse angeführt.

Es ist kaum zu sagen, wie schlau er seine Antworten gefasst, und mit welchen Gründen er sich geschirmt hat; auch ging nichts, was eines ehrbaren Mannes unwürdig wäre, über seine Lippen. Wenn er wirklich in seinem Innern so gesonnen war, wie er es mit Worten bekannte, so war nicht nur kein entscheidender Grund für die Todesstrafe vorhanden, sondern man konnte nicht einmal einen für die leiseste Ahndung auffinden. Er behauptete, dass alle die vorgetragenen Angaben falsch und alle ihm zur Last gelegten Vergehen von seinen Widersachern ausersonnen seien.

Als man ihm unter anderem vorwarf, dass er den apostolischen Stuhl herabwürdige, den römischen Bischof bekämpfe, dass er ein Feind der Cardinäle, Verfolger der Kirchenobern und ein Widersacher der christlichen Religion sei, erhob er sich und sprach mit klagender Stimme und emporgehaltenen Händen: Wohin soll ich unter diesen Umständen mich wenden? Wessen Hilfe, ihr versammelten Väter, anflehen? Wen soll ich bitten? Wen beschwören? Etwa euch? Aber meine Verfolger haben ja euere Gemüter von jeder Huld zu mir abwendig gemacht, indem sie mich für einen Feind aller derjenigen ausschrien, die hier richten sollen. Sie haben wohl eingesehen, dass wenn alles, was sie ersonnen haben, nicht von Belange sei, so werdet ihr dennoch euern gemeinsamen Feind und Bekämpfer, für den sie mich in böslichster Absicht darstellten, durch euere Aussprüche niederdrücken. Und so ist denn für mein Heil, wenn ihr jenen Glauben schenket, nichts Ersprießliches mehr zu hoffen. – Manche hat er mit Witz, manche mit beißenden Worten gehechelt; viele mussten bei diesem betrübenden Anlasse lachen, wenn er über die ihm gemachten Vorwürfe seinen Scherz ausgoss.

Als man ihn frug, was er von dem Geheimnisse des Abendmahls halte?, erwiderte er: Zuvor sei es Brot, bei und nach der Einsegnung aber der wahre Leib Christi; alles übrige wie die Kirche lehre. Da wandte einer ein: Du solltest aber, sagt man, behauptet haben, auch nach der Einsegnung verbleibe das Brot. Hierauf erwiderte er: Ja, bei dem Bäcker bleibt das Brot. Einem Mönche aus dem Orden der Prediger, der ihm heftig zusetzte, sagte er: Schweige, du Gleisner! Einem andern, der bei seinem Gewissen schwur, rief er zu: Das ist der sicherste Weg zum Betrügen! Einen seiner bissigsten Widersacher nannte er stets nur Hund oder Esel.

Wegen Menge und Schwere der Beschuldigungen konnte an diesem einzelnen Tage der Handel nicht zu Ende gebracht werden, weshalb man dazu den dritten Tag nachher anberaumte.

Als nun an diesem Tage der Inhalt aller einzelnen Vergehen vorgetragen und durch Zeugnisse erhärtet war, stand er auf und sprach: Da ihr meine Widersacher so aufmerksam angehöret habt, ist es billig, dass ihr auch meiner Verteidigung mit Gelassenheit euere Ohren leihet.

Nachdem ihm nun ungeachtet des Widerstrebens vieler die Erlaubnis zu reden erteilt worden, fing er an mit Gott, den er bat, dass er ihm den Geist und das Vermögen der Rede verleihen möge, welche zum Nutzen und Heil seiner Seele gereichen würde. Dann fuhr er fort: Ich weiß wohl, ihr einsichtsvollen Männer, dass viele der edelsten Leute ihrer Tugenden halber schwerer gelitten haben, indem sie durch falsche Zeugen überwunden und durch gewissenlose Richter verurteilt worden sind. – Er begann mit Sokrates, den er von dessen Landsleuten ungerecht verurteilt nannte, und der, obgleich ihm die Gelegenheit dazu geboten ward, nicht entweichen wollte, damit er die zwei Schrecknisse der Menschennatur überwände, die Furcht vor dem Kerker und Tode. Dann erwähnte er die Gefangenschaft des Plato, die Flucht des Anaxagoras und die Peinigung des Zeno; ferner noch die gewissenlose Verurteilung vieler Heiden, die Landesverweisung des Rutilius, des Boethius und die unverschuldete Tötung jener, deren Boethius Meldung tut.

Dann ging er zu Beispielen der Hebräer über und erwähnte erstlich, dass Moses, dieser Befreier und Gesetzgeber, von den Seinigen manchmal als ein Verführer und Verächter seines Volkes sei verleumdet worden. Joseph überdies wäre aus Neid von seinen Brüdern verkauft und nachher wegen erlogenen Versuchs eines Ehebruchs in Ketten geworfen worden. Außer diesen hätten Jesaias, Daniel und fast alle Propheten als Verächter Gottes und als aufrührerische Männer ungerechte Urteile erdulden müssen. Auch der Susanna Verurteilung und überdies vieler andern, die als höchst rechtschaffene

Menschen gewissenlosen Aussprüchen unterliegen mussten, führte er nebenbei an. Sodann kam er auf Johannes den Täufer und auf unsern Heiland selbst, welche beide, wie allbekannt sei, durch falsche Zeugen und gewissenlose Richter zum Tode verurteilt wurden. Stephanus sei durch einen Rat der Priester um sein Leben gekommen, auch alle Apostel hätten nicht als gute Männer, sondern als unruhige Aufwiegler des Volks, als Verächter der Götter und als Urheber böser Werke den Tod erdulden müssen. Unverantwortlich sei es, dass ein Priester von Priestern gewissenlos verurteilt werde, und doch zeigte er, dass solches geschehen sei; unverantwortlicher, wenn dieses durch einen Rat von Priestern geschehe, was ebenfalls vorgekommen wäre; am unverantwortlichsten aber, wenn es durch ein Concilium der Priester bewirkt werde, und doch sei auch dieses nicht ohne Beispiel. Solches alles hat er mit vielem Nachdrucke und unter gespannter Aufmerksamkeit der Zuhörer vorgetragen.

Weil nun das ganze Gewicht des Handelns auf den Zeugen beruhte, so entwickelte er die Gründe, aus welchen diesen Zeugen gerade kein Glauben zu schenken sei, vornämlich da sie nicht im Dienste der Wahrheit, sondern aus Hass, bösem Willen und Missgunst ihre Angaben vorgebracht hätten. Die Gründe des Hasses verstand er so sehr zu erweisen, dass er fast jedermann überzeugte; denn sie waren, mit Ausnahme auf Glaubenspunkte, alle so wahrscheinlich, dass man diesen Zeugnissen in der Tat nur einen geringen Wert beimessen durfte. Er rührte alle Gemüter und stimmte sie zum Mitleid; denn er beteuerte, dass er aus eigenem Antriebe das Concilium besucht habe, um sich zu reinigen. Er zeigte, wie sein Leben und seine Bemühungen von ihm viele Pflichterfüllung und Anstrengung gefordert haben. Auch bei den Alten, sprach er, sei es kein seltener Fall gewesen, dass die gelehrtesten Männer in Dingen des Glaubens abweichende Meinungen gehegt, wodurch sie den Glauben nicht eben gefährdet, als vielmehr den Weg zur Wahrheit gebahnt hätten. So führte er an, dass Augustinus und Hieronymus in manchen Punkten nicht bloß verschiedener, sondern sogar entgegengesetzter Meinung gewesen seien, ohne dass man deswegen einen Verdacht der Ketzerei auf sie geworfen hätte.

Die Erwartung herrschte allgemein, dass er sich reinigen würde durch einen Widerruf der Beschuldigungen oder um Verzeihung seiner Irrtümer bäte. Stattdessen aber behauptete er, dass er keine Irrtümer in sich trage und keineswegs gesonnen sei, die Irrtümer anderer als die seinigen zu widerrufen. – Dann ging er über auf das Lob des Johannes Hus, der des Jahres vorher zum Feuertode verdammt worden, und welchen er einen redlichen, rechtschaffenen und heiligen Mann nannte, der solcher Todesart nie schuldig gewesen sei. Auch er stehe bereit, mit festem und unerschrockenem Mute sowohl jegliche Strafe zu erdulden, als auch seinen Feinden und falschen Zeugen, die so unverschämt lügen, zu unterliegen; allein diese würden einstens vor Gott, den sie nicht betrügen könnten, Rechenschaft über ihre gewissenlose Aussage ablegen müssen. – Es bemächtigte sich der Anwesenden eine große Beklommenheit des Herzens; denn sie wünschten, dass dieser vorzügliche Mann, wenn er nur guten Sinn dafür besäße, gerettet würde. Er dagegen beharrte steif auf seinem Entschlusse und schien den Tod begierlich zu wünschen. Dem Lobe des Johannes Hus ließ er einfließen, dass derselbe nichts wider das Wesen der Kirche Gottes, sondern nur gegen die Missbräuche der Geistlichkeit, gegen den Stolz, die Pracht und Üppigkeit der Kirchenoberen eingewendet habe. Denn weil die Kirchengüter erstlich für die Armen und Pilger, sodann für den Kirchenbau vorhanden seien: So müsse einem rechtschaffenen Manne unwürdig erscheinen, wenn dieselben Güter für Huren, Gastmahle, Marställe, Koppeln, Hunde, schöne Kleider und andere Dinge vergeudet würden, die der Religion Christi zuwiderliefen.

Die Gewandtheit seines Geistes bewies er hierbei vornämlich dadurch, dass er keinen derjenigen, die seinen Vortrag unterbrachen, dazwischenmurmelten oder seine Behauptungen anfochten, ungeschmitzt entschlüpfen ließ, denn er jagte ihnen entweder eine Schamröte ab oder nötigte sie zum Schweigen. Wurde das Murren zu stark, so beklagte er sich darüber gegen die ganze Versammlung, und wenn Ruhe eintrat, nahm er den Faden seines Vortrages wieder auf, indem er die Anwesenden bat und beschwor, ihn ungestört fortreden zu lassen, weil sie ihn ferner ja nimmermehr anzuhören genötigt sein würden. Sein Gemüt war so unerschrocken und fest, dass ihn kein Geräusch außer Fassung zu bringen vermochte. Der Beweis für sein außerordentliches Gedächtnis besteht darin, dass er 370 Tage in der Tiefe eines feuchten und finstern Turmes lag, über dessen Scheußlichkeit er sich nicht aus dem Grund beklagte, weil er darin viele Leiden erduldet habe, sondern weil er sich über die an ihm verübte Unmenschlichkeit verwundern müsse. An jenem Orte konnte er nicht einmal lesen, weil er überhaupt kein Tageslicht sah. Rechnet man hierzu noch die Seelenangst, von welcher er tagtäglich gepeinigt wurde, so hätte ja diese allein schon sein Gedächtnis völlig zerstören sollen. Nichts desto minder führte er so viele der gelehrtesten und weisesten Männer als Zeugnisse seiner Meinungen, und so zahlreiche Kirchenlehrer als Stützen seiner Behauptungen an, dass es selbst für einen Mann sattsam gewesen wäre, der diese ganze Zeit mit größter Muße und Ruhe dem Studium der Weisheit hätte widmen können. Seine Stimme war angenehm, offen, wohlklingend und mit Würde gepaart; seine Gebärden wusste er als Redner zum Ausdruck der Entrüstung und zur Erregung des Mitleids anzuwenden, obgleich er das Letzte weder begehrte noch zu erlangen strebte. Er stand furchtlos, unerschrocken, den Tod nicht bloß verachtend, sondern wünschend, gleich einem andern Cato. O Mann, des ewigen Andenkens in der Menschheit würdig! Wenn er den Anordnungen der Kirche widerstrebte, so lobe ich dieses nicht; sondern ich bewundere seine Gelehrtheit, seine mannigfaltige Wissenschaft, seine Wohlredenheit und den Scharfsinn seiner Antworten. Leider aber waren ihm, wie ich erachte, alle diese Gaben von der Natur zu seinem eigenen Verderbnisse gespendet worden.

Hierauf ward ihm zur Besinnung eine Frist von zween Tagen anberaumt, während welcher ihn viele der kenntnisvollen Männer besuchten, um ihn von seinen Gesinnungen abwendig zu machen. Auch der Cardinal (Erzbischof) von Florenz (Zabarella) ging in der Absicht zu ihm, ihn auf den rechten Weg zu leiten.

Da er aber hartnäckig auf seinen Irrtümern beharrte, ist er von dem Concilio als ein Ketzer verdammt und auf dem Scheiterhaufen verbrannt worden. Mit heiterer Stirne, fröhlichem Antlitz und lebhaftem Blicke schritt er seinem Tode entgegen. Das Feuer und die Henkerswerkzeuge jagten ihm keinen Schrecken ein, sodass kein Stoiker jemals mit so festem und unerschüttertem Mute den Tod, welchen er wünschte, scheint ertragen zu haben.

Als er auf der Richtstätte angelangt war, zog er seine Kleider selbst aus und warf sich sodann vor dem für ihn errichteten Pfahl auf die Knie nieder, um zu beten. Hierauf ward er mit nassen Stricken und einer eisernen Kette entblößt an den Pfahl gebunden, wo man ihn mit Scheitern Holz, zwischen welche Späne eingemischt worden waren, umlegte. Im Augenblicke, da die Flamme das Holz entzündete, begann er einen Hymnus zu singen, den Rauch und Feuer endlich in seinem Mund erstickten.

Ein großes Zeichen seiner Seelenstärke gab er insbesondere dadurch, dass er dem Henker, welcher das Feuer rückwärts von ihm anlegen wollte, damit er es nicht sähe, zurief: Tritt hervor und lege mir das Feuer an unter Augen! Denn so ich dieses gefürchtet hätte, wäre ich an den Platz, welchem zu entgehen in meiner Willkür stand, niemals gekommen.

So endigte dieser vorzügliche Mann, dem es nur an Willigkeit des Glaubens gebrach. Mit eigenen Augen sah ich seinen Ausgang und alle einzelnen Vorfälle dabei. Mag er nun aus böser Gesinnung oder Hartnäckigkeit das Äußerste gesucht haben, so würdest du nicht desto minder urteilen, dass er als ein Mann aus dem Schoße der Philosophie in den Tod gewandelt sei. Ich habe dir aus Anlass meiner gegenwärtigen Muße ein langes Liedlein gesungen; denn ich zog dem Nichtstun vor, dir Gegenstände zu erzählen, welche den Berichten unserer Alten so ziemlich nahekommen. Jener Mutius Scävola hat sich mit keiner größeren Seelenstärke seinen Arm verbrennen lassen, als dieser Hieronymus seinen ganzen Leib; auch trank Sokrates mit keinem festern Entschlusse den Giftbecher, als dieser den Scheiterhaufen bestieg. Doch nun genug; und verzeihe mir, wenn ich in Worten zu weitschweifig gewesen bin. Die Sache selbst würde wohl eine ausgedehntere Darstellung verdienen; allein ich wollte nicht gar zu schwatzhaft werden. Gehabe dich wohl, mein teurer Leonardo. Gefertigt zu Konstanz am 3. Tage vor den Kalenden des Juni (den 30. Mai 1416), an welchem Tage Hieronymus den Feuertod erlitten hat.

Nochmals, gehabe dich wohl und bleibe mir freundlich gewogen.

Aus: Gianfrancesco Poggio Bracciolini: Noch ein Feuertod. Hieronymus von Prag. In: Wilhelm von Scholz: Der See. Ein Jahrtausend deutscher Dichtung vom Bodensee. Reuss & Itta Verlagsanstalt, Konstanz 1915. S. 117ff.

OSWALD VON WOLKENSTEIN

Dieter Kühn hat ihm zum 600. Geburtsjahr mit dem Biografie-Band »Ich Wolkenstein« (1977) einen Kranz geflochten, der den einäugigen Südtiroler Ritter und Abenteurer, Handels- und Weltreisenden, Dichter, Komponisten und Sänger auch bei einem breiten Publikum populär gemacht hat. In der Wissenschaft wurde Oswald von Wolkenstein als der größte Dichter zwischen dem Lyriker Walther von der Vogelweide (um 1170–1230) und dem Weimarer Johann Wolfgang von Goethe (1749–1832) genannt. Diese Erkenntnis ist relativ neu. So richtig (wieder-)entdeckt wurde Oswald von Wolkenstein, von dem mehr als 130 Lieder und Spruchgedichte überliefert sind, im Unterschied zu den klassischen Minnesängern – neben Walter von der Vogelweide etwa noch Wolfram von Eschenbach, Hartmut von Aue, Neidhart von Reuental oder Gottfried von Straßburg – erst im 20. Jahrhundert. Denn all die Besonderheiten seiner Kunst, die heute als Zeichen seiner Genialität geschätzt werden, werteten die romantischen Wiedererwecker deutscher Dichtung des Mittelalters als unvereinbar mit den Vorbildern der hochmittelalterlichen Klassik des 12. und 13. Jahrhunderts.

In seiner Liebesdichtung, die ein Drittel der überlieferten Produktion ausmachte, dominieren Liedtypen mit sinnlichen oder szenischen Motiven. Hinzu kamen neue, teilweise derbe Inhaltstypen wie Neujahrsgrüße und Liebesduette, deren Wirkung der Dichter durch die Virtuosität seiner Reimkunst zu steigern vermochte. Seine geistlichen Lieder, die ein Viertel seines Werks umfassen, zählen textlich wie musikalisch zu seinen schönsten Schöpfungen. Thematisch zeigt sich Oswald von Wolkensteins geistliches Liedschaffen von den vorherrschenden Frömmigkeitsbewegungen seiner Zeit geprägt, wie die Marienverehrung sowie die »Vier letzten Dinge«, Tod, Jüngstes Gericht, Himmel und Hölle. Selbstredend verurteilte der Konzilsteilnehmer – zunächst im Gefolge von Herzog Friedrich IV. (1382–1439) und ab Februar 1415 unter König Sigismund

(1368–1437) –, den armen Reformer Jan Hus (1369–1415): »Ja Hus, zu Haß wird alles Leid, / und Luzifer, auf den Pilatus hört, / umhege dich«, reimte er. Oswald von Wolkenstein, der zeitlebens dem Raub und der Gewaltanwendung zugeneigt war, wie Dieter Kühn darlegt, identifizierte sich, zumindest nach außen hin, mit dem Bewusstsein seines Standes und seiner Klasse. Den übrigen Anteil an seinem lyrischen Werk füllt die Gruppe autobiografischer Lieder. In immer neuen Variationen inszeniert er darin Episoden seines ereignisreichen Lebens zu faszinierenden Erzählliedern oder Situationsschilderungen. Dazu gehört auch das »Konstanzer Lied« (hier in neuhochdeutscher Übertragung), in dem er seine Erfahrungen und Erlebnisse mit der Geschäftstüchtigkeit der Einwohner der Konzilsstadt besingt und auch beklagt. Zugleich lässt es den Konzilsalltag aufscheinen, das Leben und Treiben bei Tanz und Spiel, beim Trunk in den Wirtschaften und bei »leichten Mädchen« – der Konstanzer Chronist Ulrich Richental (1360–1437) zählte bis zu 700 Dirnen.

Oswald von Wolkenstein, der in seiner Heimat lange Zeit den Ruf eines notorischen Rebellen und Landesfriedensstörers hatte, verließ das Konzil und die Stadt bereits im Herbst 1415 wieder. Der König hatte ihn mit wichtigen Gesandtschaften nach Spanien und Portugal betraut. Auch in Paris hielt sich der »Diplomat« auf, von dem gesagt wird, dass er gerne unterwegs war. 1416 kehrte Oswald von Wolkenstein wieder an den See zurück und heiratete zu Beginn des Jahres 1417 Margarethe von Schwangau, mit der er sieben Kinder hatte und der er mehrere Lieder widmete. Verschiedene Bildzeugnisse dokumentieren Oswald von Wolkensteins Präsenz in Konstanz, darunter ist auch eine kolorierte Zeichnung in Ulrich Richentals Konzilschronik, sie zeigt den Dichter im Gefolge des Pfalzgrafen Ludwig. Er sollte noch einmal 1430 mit Kaiser Sigismund die Stadt besuchen, dabei hat er der Konstanzer Vorstadt Paradies ein Gedicht mit dem schönen Anfang »O wunnikliches paradis, / wie gar zu Costnitz vind ich dich! / für alles, das ich hör, sich, lis, / mit gütem herzen freust du mich.« – Oswald von Wolkenstein starb 1445 in Meran.

Konstanzer Lied

Willst du im Leid erheitert sein
Und ungenetzt beschoren sein,
Dann zieh nach Konstanz an den Rhein,
Wenn sich die Reise füge.
Darinnen wohnen Fräulein zart,
Die grasen einem um den Bart,
Ob sich kein Härlein drein verschart,
Das man nicht gerne trüge.
Mit einer trieb ich manchen Spott
Und holte mir daraus viel Not:
Die rückte mein Gesicht ins Lot,
Als ob man mich erschlüge.
Sie ließ die Hand im Bartgekraus
Und las die langen Haare raus:
Nur ein paar kurze hielten's aus.
Sie trieb es wie im Kriege.

Sie sprach: »Jetzt horch und überleg:
Wer bei uns nascht, der holt sich Schläg!«
Die andre zeigte mir den Weg
Per Faustschlag um die Ohren,
Dass mir mein gutes Aug verging,
Als ich den Ehrentrunk empfing,
Bis mir das Maul am Boden hing:
So wurde ich zum Toren.
Wer leiht, dem fällt der Zins in' Schoß:
Denn Els und Elli tanzten los
Und hüpften Passgang wie ein Ross –
Da ging mir nichts verloren!
So habe ich mich dann doch gefreut,
Und nur mein Bart hat mich gereut,
Der lag im Zimmer ausgestreut
Wie bei der Saat das Korn.

Denk ich erst an den Bodensee,
Dann tut mir gleich der Beutel weh!
Da lernte ich das ABC
Per Schilling in der »Weide«.
»Los, zahl, du musst!« war ihr Gesang.
Der Steinbrecher von Nesselwang
Schrie los, dass mir der Schädel klang,
Ich soll zu Hause bleiben!
Er hielt mich wohl für eine Flasch',
Nahm mir das Geld, ließ mir die Tasch':
Was soll man denn so hopp und rasch
Das Naschen dort vermeiden?
Ich bin marschiert in manchem Heer,
Nach Preußen, Reußen, übers Meer,
Doch so massive Gegenwehr
Musst ich noch nirgends leiden.

Erst viel Geschrei, dann wenig Glanz!
Nur Ziererei und Arroganz
War gar nicht teuer auf dem Tanz
Zu Konstanz dort in Schwaben.
Und fänd ich sonst in meinem Lauf
So billige Weiber für den Kauf
Ging mir der Beutel selten auf
Zu meines Geldes Schaden.
Was mir das Leben beigebracht,
Darauf gab keine Dame acht!
Sie sagten bloß: »Na, Gute Nacht!«
Und wandten ihren Kragen.
Ich sprach: »He, bleibt mal schön im Haus!
Ihr schaut doch auch nicht anders aus!
Bist du vielleicht aus Gold, du Maus?
Das musst du mir schon sagen!«

Mir riet ein weises Mückelein:
Gesindel stellt sich nie ein Bein,
Und Brücken müssen gerade sein,
Um darauf zu gehen und reiten.
Der Hochmut kommt oft vor dem Fall,
Gar manche spielt sich auf mit Schall,
Tut wie ein Pfalzgraf auf dem Ball
Und balzt doch mit den Leuten.
Ein jeder liebt sich selber wohl,
Drum ist die Welt von Toren voll. –
Wenn ich aus Konstanz scheiden soll,
Das merk ich an der Seiten.
Ich preis den guten »Goldenen Schlegel«,
Zu diesem kehr ich meine Segel;
Wo ich auch bin auf dieser Welt,
Sein Lob will ich nicht meiden.

Aus: Helmut Maurer: Konstanz im Mittelalter. Band II. Vom Konzil bis zum Beginn des 15. Jahrhunderts. Verlag Stadler, Konstanz 1989. S. 33ff.

AENEAS SYLVIUS

Die Grabschrift für Manuel Chrysoloras (1355–1415) wird Aeneas Sylvius zugeschrieben, der 1405 im italienischen Städtchen Corsignano (bei Siena) als Enea Silvio Piccolomini geboren wurde, Teilnehmer des Konzils von Basel (1431–1439) war und von 1458 bis 1464 als Papst Pius II. den Heiligen Stuhl besetzte. Sein Wirken als oberster Hirte der römischen Kurie gilt als widersprüchlich. Er war ein entschiedener Verfechter des »Papalismus« und setzte sich für die Entscheidungsgewalt des Papstes in allen kirchlichen und weltlichen Belangen ein – er starb daher nicht zufällig 1464 in Ancona an der Adriaküste bei dem Versuch, ein Heer gegen die Türken aufzustellen. Vor seiner kirchlichen Laufbahn führte Aeneas Sylvius ein polyglottes Leben als Dichter und Lebemann. Kaiser Friedrich III. (1415–1493) schätzte seine Dienste am Wiener Hof sowie seine lockeren Verse und erklärte ihn zum »Poeta laureatus«. Was Aeneas Sylvius auch war: ein Freund des klassischen griechischen und römischen Altertums. Schon die Wahl seines Papstnamens ist als Anspielung auf den »frommen Äneas« von Vergil (70 v.Chr. – 19 v.Chr.) zu verstehen. Dieses Interesse erklärt die ihm zugeschriebene Schrift auf der Grabplatte von Chrysoloras im Chor der ehemaligen Konstanzer Dominikanerkirche. Dort, im innersten Sakralraum jenes Ortes, der der italienischen Nation der körperschaftlich in »Nationen« gegliederten Konzilsversammlung als Tagungsstätte diente, fand der Gesandte, der für die Verbrennung von Jan Hus (1369–1415) stimmte, 1415 seine letzte Ruhestätte.

 Manuel Chrysoloras (oder Emmanuel Chrysoloras) wurde in Konstantinopel geboren, er war gleichermaßen bedeutend als Diplomat und Mann der Kirche wie als Humanist. Seit 1393 lebte er in Italien. Mit seinen »Erotemata sive Quaestiones« (Fragen der griechischen Sprache, gedruckt 1496) verfasste er die erste griechische Elementargrammatik in Italien. Der große Gelehrte unterrichtete in Florenz griechische Sprache und Literatur, mit ihm nahm die Wie-

deransiedlung des Griechischen im Kanon abendländisch-humanistischer Bildung ihren Anfang. Chrysoloras wurde hochverehrt. Als einen »göttergleichen Mann« von »überwältigender Humanität« rühmte ihn sein Schüler und Konzilsteilnehmer Cencio de' Rustici (1390–1445) in einem Brief, mit dem er Manuels Sohn Johannes zum Tod des Vaters kondolierte. – Übersetzung von Wilhelm von Scholz.

GRABSCHRIFT FÜR MANUEL CHRYSOLORAS

DER ICH LATIUM GELEHRT, frei von verdorbener Sprache
neu zu üben die Künste des Altertums, der ich
des Demosthenes und des Cicero glänzende Rede
wieder ans Licht gebracht, ich, Chrysoloras mit Namen,
hier, an fremder Stätte, starb ich und lieg ich begraben.
Hierher führte mich mein Amt zum Konzil, als verworren
In der Kirche zugleich drei Päpste rangen um Herrschaft.
Mein Geschlecht stammt aus Rom. Mich selbst gebar die berühmte
Stadt des Ostens, Byzanz. In Konstanz ruht meine Äsche.
Wo der Tod uns trifft, gilt nichts: überall auf der Erde
ist der Himmel gleich weit und der Ort der ewigen Strafen.

Aus: Dino Larese (Hg.): Tausend Jahre Dichtung am See. Huber Verlag, Frauenfeld 1994. S. 103.

JOHANNES ENGELMAR

Vielleicht war er ein kleiner Kleriker, Johannes Engelmar, und vielleicht stammte er aus dem Österreichischen. Dort ist sein Familienname oft zu finden. Andererseits gibt es auch in den Bayerischen Wald hinein Bezüge – mit der Ortschaft St. Englmar. Dort wird seit 150 Jahren die Legende vom Einsiedler Englmar in einem religiösen Schauspiel dargestellt. Der gottesfürchtige Eremit soll zu Weihnachten um 1100 von einem Gefährten erschlagen worden sein ...

Das ist eine schöne Geschichte, aber sie geht in diesem Fall nicht auf. Johannes Engelmar lebte 300 Jahre später. Seine »Red vom concili zu Costnitz« entstand wohl nach Ende des Konzils (22. April 1418) und noch vor der Wiederbelehnung Herzog Friedrichs von Österreich (19. Mai 1418). Dessen Bündnis mit dem Papst Johannes XXIII. (1370–1419) trug ihm zwar den Titel eines Generalkapitäns der römisch-katholischen Kirche ein, brachte ihn aber auch in erhebliche Schwierigkeiten. Als bekannt wurde, dass er dem Papst Fluchthilfe geleistet hatte, wurde er von König Sigismund (1368–1437) geächtet, was den Verlust einiger Gebiete der österreichischen Vorlande an die Eidgenossen zur Folge hatte. Das Konstanzer Konzil war für Herzog Friedrich IV. von Österreich (1382–1439), der auch den Beinamen »der mit der leeren Tasche« trug, alles andere als eine Erfolgsgeschichte.

Aber auch davon handelt Engelmars »Red vom concili zu costnitz«, die mehr als nur das ist, nämlich Nachricht, Kommentar, Essay und Journalistenpoesie in einem. Wobei der Autor, der sich selbst kein gutes intellektuelles Zeugnis ausstellt, sich als Medium versteht: Durch ihn redet Gott (»Ich will's mit Gottes Hilfe wagen, der gab mir meinen Sinne Licht, denn hohe Denkkunst kann ich nicht.«). Dennoch erfährt der Leser aus dem 200-Verse-Text – hier in einer Übersetzung aus dem Spätmittelhochdeutschen des Konstanzer Literaturwissenschaftlers Helmut Weidhase – Mehreres über das Konzilsgeschehen. Erstens, dass es eine an Mit- und Nachwelt adressierte Reimpublizistik gab, und zweitens, wie wenig diese sich an Formgesetzen orientierte. Drittens fällt die negative Haltung von Engelmar gegenüber dem Prager Magister Jan Hus (1369–1415) und seinem Martyrium auf. Aber das sind zu vernachlässigende Erkenntnisse. Denn geradezu genial – viertens – fasst der kleine Kleriker die spektakulären Geschehnisse des Konzils zusammen: den allerersten Grund für den Kongress – das Große Abendländische Schisma – und die Vermittlerrolle von Sigismund; die angesichts der Menschenmassen infrastrukturell geforderte Stadt und die »fremden Sippen« und »Nationen«, die am Konzil teilnahmen; die misslungene Papstflucht und die daraus resultierende Krise von Herzog Friedrich; den Tod des Reformators und seines »Gesell« Hieronymus von Prag (1379–1416) sowie die Wahl von Papst Martin V. (1368–1431). So gelesen, rückte Engelmar exemplarisch die Konzilsaufgaben – causa unionis, causa fidei, causa reformationis – in den Blick.

Andere Dichter – teils Autodidakten wie Engelmar – haben übrigens ähnliche »historische Lieder« in dieser Zeit publiziert, etwa der Augsburger Thomas Prischuch (1387–1469), der dafür allerdings fast zehnmal so viele Zeilen investieren muss. Oder der gelehrte, aus Franken stammende Vagant Muskatblüt, dessen Geburts- und Sterbedatum nur vage mit Ende des 14. und Mitte des 15. Jahrhunderts zu benennen sind, der auch während des Konzils in Konstanz weilte und sich mit höchst raffinierten Kunstmitteln seinen Zuhörern empfahl. Gegen den armen Hus war er strenggläubig. Er wünschte, dass auch dessen Anhänger, die ungebratenen Gänse (Wortspiel: Hus-Gans), gebraten werden mögen ...

Red vom concili zu Costnitz

Wär' ich der Kunst rundum gelehrt,
so fest wie es mein Herz begehrt,
so wollt ich gern die Chronik dichten
vom Weltlauf und von den Geschichten,
die geschehn zu unsern Tagen.
Ich will's mit Gottes Hilfe wagen,
der gab mir meinen Sinnen Licht,
denn hohe Denkkunst kann ich nicht,
dass ich die Wahrheit ganz durchgründe
und diesen Lauf der Welt verkünde.
Dass Kurzred stift zu Nutz und Frommen
Gedächtnis für die nach uns kommen.
Denn denen soll es Urkund' geben,
wie irre ging der Welten Leben,
besonders bei dem Stuhl zu Rom,
auch wie das römisch Kaisertum
unstet in seinem ganzen Treiben.
Das will ich hiermit gern beschreiben,
und wem es passt, der mag es lesen.
Der findet, lang ist's her gewesen,
was man Konzil von Konstanz hieß.
Wer wissen will, der merke dies:
Zwei Päpste auf der Welt regierten,
die alle Christenheit verirrten,
noch heut der Menschen Zweifel lebt,
wenn ein Papst widern andern strebt,
woraus großer Unglaub sich vermehrt.
Noch mehr: der Päpste gab's bald drei,
die übten fleißig Simonei
ganz gegen Gott und Rechtsgebot.
Ganz gleich, wer kam, wenn er nur bot.
Wer Pfründe wollte, Gottesgaben,

für Geld war es sogleich zu haben.
Für leere Taschen nichts davon
gab's da zu Rom und Avignon,
für nichts war nichts dort anzuschaffen,
nichts für die Laien, nichts für Pfaffen.
Viel andres war auch Gegenteil
Vom heil'gen Stuhl und Glaubensheil.
Das wirkten diese Häupter oben,
die Ordnung konnte keiner loben,
als sie im Schisma sich verfingen
und Gottes Satzung übergingen.
Wie sehr sie falsch gewesen sind
Und an den rechten Sachen blind,
beweist im Evangelio
Lucae capitulo sedecimo,
als Jesus Christ dem Sankt Petro
Gewalt erteilte und sprach so:
›Du Peter, Felsen voll Vertrauen,
die Christenheit soll auf dich bauen.
Wenn du entbindest, ist entbunden
So hier wie dort von Höllenschlunden,
und wen du bindest hier auf Erden,
der soll auch dort gebunden werden.
Du hast des Himmelsschlüssels Kür
Und Macht zum Schloss der Kirchentür.‹
Das sagte Gott nicht zweien, dreien,
um die Gewalt nicht zu entweihen.
Und denen, die dawider streben,
ist als Exempel dies gegeben.
Ein jeder weiß: Wer anders tut,
scheut nicht der heißen Höllen Glut.
Davon lass ich das Reden bleiben,
will nun von dem Konzile schreiben,
wie ich's verheißen, wie ich's kann.
Zum Ersten fing es damit an:

Lang war's, dass keiner Kaiser war.
Da ward die Gnade offenbar
An Sigmund, Ungarns König, der
ward Röm'schen Reiches Herr,
zum Könige von Rom erwählt
und Mehrer aller Christenwelt.
Er zog alsbald in welsches Land,
wo er den Papst Johannes fand.
Mit diesem kam er überein,
Kurfürsten stimmten gunstvoll drein,
dass man die Irrung ganz zerstieße,
ein geistlich Haupt erneut erkiese
zum Trost der Christen allgemein.
Konzil in Konstanz sollte sein.
Der Papst Johann bald selbst da war,
der König auch mit großer Schar,
manch Patriarch, manch Kardinal.
Dass vom Konzil die Welt erschall,
gab's Bischöf, Äbte und Prälaten.
Die Universitäten hatten
her von Paris und manchem Land
die klügsten Köpfe, die man fand.
In vielen Sprachen wohl erfahren,
nach Konstanz zum Konzil gefahren.
Mir wäre solch Gelehrtensein
mehr wert als Gold und Edelstein.
Viel Volk zog ein. Die Herzög', Grafen
und Fürsten hatten auch zu schaffen,
sie neigten sich vor Königs Hand,
erhielten Lehen, Eigenland.
Der Menge gab's unmäßig viel,
dass ich hiermit versichern will,
zur Weihnacht an den heil'gen Krippen
erschienen soviel fremde Sippen,
dass achtzigtausend Leut es waren.

Es kamen diese großen Scharen
als stattlich starke Welsch-Nation
aus Lombardei und Arragon,
dann aus Ukraine, Portugal,
aus Frankreich, Spanien überall,
aus England und aus Flandern,
von einem Meer zum andern,
aus Böhmen, Ungarn, Walachai,
die Griechen, Türken war'n dabei,
selbst aus der fernen Arabei,
aus Sachsen, Preußen, Polenland,
aus Holland, Seeland und Brabant,
aus allen Landen um und um
erschien man zum concilium.
Die Fürsten und die Prinzipaten
sandten ihre Ambassiaten.
Und alles dies Ereignis wurd'
im Jahr nach Jesu Christs Geburt
im vierzehnhundertfünfzehnt Jahr.
Ihr Nachgebornen nehmt nun wahr,
welch ein Verlust ereignet sich:
Der Papst ließ das Konzil im Stich!
Er kam zu dem von Österreich,
er sprach: »O Herzog Friedereich,
du hast mich ja geführt hierher,
ich bitt' bei deiner Fürstenehr,
geleite heimwärts mich sofort,
denn hier ist mir kein Freudenort!«
Der Herzog ließ sich davon rühren,
begann den Papst hinwegzuführen
gen Schaffhausen auf ein Schloss.
In Konstanz war die Hölle los,
dass sich der Papst von dannen stahl.
Die Nachricht drang bis in den Saal,
wo König Sigmund wütend sprach:

»All Christenwelt greif' an die Sach',
wo Herzog Friedrich Länder hab',
da nehme man sie diesem ab!«
Den Herren, Städten ward erlaubt,
dass man ihm alle Länder raubt,
ihm alles, was sein Eigen heißt,
gewaltsam und sogleich entreißt.
Da ging ihm manch Besitz verloren.
Seitdem hat viel dem Reich geschworen,
wovon der edle Fürst vertrieben.
Wollt Gott, es wäre ausgeblieben.
Was daraus wird, das will ich lassen
und nicht in meine Rede fassen.
Denn künft'ge Dinge weiß ich nicht,
die weiß nur Gott und sein Gericht.
Stattdessen will von andern Dingen
Ich jetzt die Chronik vorwärts bringen.
Da hob sich viele Müh' und Plag'
In Böhmen in der Stadt zu Prag
von einem Aberglauben-Pfaffen,
der machte viele dort zu Affen.
Er wurde Meister Hus genannt.
Artikel voller Falschheit fand
er wider Christenglauben. Dies
bracht ihn ins Konzilsverlies.
Er folgte Wiclifs Büchern nach,
von dem der Irrglaub erst aufbrach.
Derselbe Wiclif schuf das Übel
mit Schriften gegen heil'ge Bibel.
Dieselben Bücher lehrt der Hus
Und sein Gesell Hieronymus.
In Konstanz hat man sie verbrannt,
die falschen Lehren ganz verbannt.
Noch dieses sag ich allen Frommen,
die nach uns in die Welt noch kommen,

wie langs Konzil gewähret hat.
In Konstanz, dieser werten Stadt,
sind viereinhalb Jahr' sie gesessen,
um Recht und Unrecht abzumessen,
wie rechter Priester wahre Haltung
und Ordnung bleibe ohne Spaltung.
Das allerbeste kam zuletzt,
hat alle Christenheit ergötzt:
Drei Päpste wurden abgesetzt,
entledigt aller Macht, gefällt.
Dafür ein neuer Papst gewählt,
sein Name Martin. Er steht ein,
uns von aller Schuld und Pein,
von Missetat zu absolvieren.
Das wird die Christenheit nun zieren,
das war ihr selten auch so not.
Ihr Christenleute, bittet Gott:
Was da ward gedeterminieret,
und gar weislich ordinieret
nach Konzilsrat allgemein,
das mög beständig wirksam sein.
Auch dass das Kaisertum geling,
das lang am dürren Baumast hing,
und uns viel Gnade widerfahr.
Dies hat Johannes Engelmar
Gedichtet von geschehnen Dingen.
Gott helf uns und lass wohl gelingen!

Aus: Die historischen Volkslieder der Deutschen vom 13. bis 16. Jahrhundert. Gesammelt und erläutert von R. v. Liliencron. Verlag von F. G. W. Vogel, Leipzig 1865. S. 258ff. – Übersetzung von Helmut Weidhase.

THOMAS PRISCHUCH

Die Quellen sprudeln in seinem Fall nur spärlich: Thomas Prischuch war ein Augsburger Bürger, er gehörte dem Patriziergeschlecht der Breyschuchs/Preyschuchus an. Sein Geburtsjahr wird unterschiedlich angegeben, einmal mit 1370, ein anderes Mal mit 1387, sein Todesjahr mit 1419/20 und mit 1469. Prischuch war zweimal verheiratet und hinterließ einen Sohn. Der fromme Mann wird als Besitzer von reichen Gütern urkundlich erwähnt.

Prischuchs literarische Produktion ist bescheiden. Sie umfasst die Mariendichtung »Unser Frauen Guldin Predigt«, die als vermisst gelten muss, sowie zwei Reimpaarreden über das Konstanzer Konzil: »Des concilis grundveste« von 1418 (1878 Verse) und »Des concili schlussred«, ebenfalls von 1418 (692 Verse). Die erste Rede liefert ein Protokoll der Teilnehmer des Konzils, das nur bedingt zuverlässig ist, doch erfüllte es im Wesentlichen seine panegyrische Funktion, also Herrscherlob. Die Rede ist König Sigismund (1368–1437) gewidmet, der das Konstanzer Konzil (1414–1418) auf den Weg gebracht hat. Sein Lob beginnt, sein Lob schließt den Spruch. Aber auch die Schönheit von Barbara von Cilli (um 1390–1451), zweite Gemahlin des Königs, wird gepriesen. Sie muss wirklich gut ausgesehen haben. Denn auch ein anderer Konzilsteilnehmer, Aeneas Sylvius, der spätere Papst Pius II. (1405–1464) laudierte die Königin in seiner Sammlung biografischer Skizzen, bemerkte aber kritisch, dass Barbara, durch den Hang ihres Gatten zur ehelichen Untreue, gleiche Wege zu wandeln verlockt wurde (»denn ein untreuer Gatte mache sein Weib treulos«).

Das Herrscherlob von Prischuch könnte dem König anlässlich seines Besuches in Augsburg im Herbst 1418 vom Verfasser überreicht worden sein – der im Gegenzug ein neues Wappen erhielt und an Ansehen gewann. Der Ort und Zeitpunkt werden auch für die zweite, ebenfalls dem König gewidmete und seine Verdienste für das Gelingen des Konzils feiernde Rede vermutet. Ein Auszug aus der Rede – in der Übersetzung der Herausgeber – an dieser Stelle.

Obwohl Prischuch ein in der zeitgenössischen Reimpublizistik prominentes Ereignis in einer verbreiteten literarischen Gattung bearbeitete, präsentieren sich seine Gelegenheitsreden nicht ohne Anspruch. Er habe, erklärt er, sein Werk nur für den Gebildeten bestimmt, nicht für die Toren, die alles lächerlich finden. So setzt die »Grundveste« mit einer Bitte um himmlischen Beistand für den Dichter ein und endet mit der Hoffnung, dass das Konzil auf einem guten Weg sei (»Das ticht von Costenz ist genent / des hailigen conzilis fundament; / wer des tichts namen gern west: / es haist des conzilis grundvest.«). Der Gelegenheitsdichter verwendet ausgesuchte Reime, bezieht sich auf fremde Schriften und unterscheidet sich von anderer Ereignisdichtung insofern, als er das Sprecher-Ich des Textes zunächst im Dialog mit einem fingierten Augenzeugen über das Konzilsgeschehen unterrichten lässt. – Der Auszug aus »Des consili grundveste« berichtet von dem Versuch einiger Adliger, Sigismund zu bestechen, um ihn zum Verlassen des Konzils zu bewegen.

Es herrscht im Übrigen Unklarheit darüber, ob Prischuch sich je in Konstanz aufgehalten hat. Details in »Des consili grundveste« und in dem kleineren Gedicht »Des consili schlussred« sprechen allerdings dafür. Das Finale der Kirchenversammlung – Papstwahl und Auflösung des Schismas – erlebte er in Augsburg, wie man weiß. Die Wirkung der Gedichte blieb im Wesentlichen auf Augsburg beschränkt. In der alten Reichsstadt sind zwei der drei erhaltenen Handschriften verfasst worden, eine weitere befand sich im Besitz des Chronisten Burkhard Zink (1396–1474/75).

Des consili grundveste

Ich wil dir sagen noch mer ains,
das dunkt mich sicher nit ain klains;
ich waiß dri fürsten mächtig,
die waren des wol ainträchtig,
si wollten mit dem kunig anheben
und im vil guldin haben geben,
ze sechs malen hundert tusend,
...
dass ers conzili het betrogen
und daim gen Unger wer gezogen
und das conzili het verlan.
Der kunig sprach: »so müst ich stan
In schand, in laster und in spot
Gen dem conzili und vor got!
Darumb so gedenkt sin niemermer,
das ginge an mein kuniglich er!«
Doch sprich ich wol än allen scherz,
dass es wol haist ain bider herz,
das nit erwaicht solich großes gold.
Der kunig hat wol sein er hold,
dass er darumb solich gut mit näm,
das allen fursten gefiel und zäm.
Er merkt, dass auf dem gefert
Solich groß gut ist so vil verzert,
dass mans nicht kann summieren,
geraiten und kalkulieren,
das silber gold und groß gut;

Des Konzils Fundament

Ich will dir noch eines sagen;
das scheint mir nicht unwichtig:
Ich kenne drei mächtige Fürsten,
die waren sich darin sehr einig,
dass sie den König dazu überreden wollten
und ihm dafür viel Geld geboten haben,
so etwa sechsmal Hunderttausend,

damit er das Konzil sein lässt
und wieder nach Ungarn zurückkehrt
und damit dem Konzil den Rücken kehrt.
Der König aber sprach: Wenn ich das tun würde,
wäre ich in Schande, in Laster und Spott
gegenüber dem Konzil und vor Gott!
Darum lasst ab von dem Gedanken,
das ginge gegen meine königliche Ehre!«
Doch sage ich das ohne jeglichen Scherz,
dass es ein aufrichtiges Herz sein muss,
das sich nicht von so viel Gold erweichen lässt.
Der König hat wohl geneigt sein wollen,
und dass er solche Angebote gern nähme,
die allen Fürsten gefielen und sie gefügig machte.
Er bemerkt, dass unterwegs
so viel von dem großen Besitz verbraucht wurde,
dass man es nicht in einer Summe sagen
noch schätzen oder kalkulieren kann.
Das Silber, Gold und große Gut,

das man ze Constenz zerung tut	*das man in Konstanz zum Leben braucht*
von herberg uß und wider haim,	*bis zur Herberge und wieder nach Haus.*
das trift ain großen schaz,	*Ich meine, dafür braucht man einen*
ich main!	*großen Schatz.*
Wer an kunig Sigmund das hat	*Wer an König Sigmund das Anliegen*
begert,	*richtete,*
der hat ain tail seiner er verrert;	*der hat einen Teil seiner Ehre verloren,*
zu guter sach er niemer taugt.«	*und eignet sich nicht mehr für eine gute*
	Sache.

Aus: Die historischen Volkslieder der Deutschen vom 13. bis 16. Jahrhundert. Gesammelt und erläutert von R. v. Liliencron. Verlag von F. D. W. Vogel, Leipzig 1865. S. 248.

EBERHARD WINDECKE

Er war so etwas wie der Biograf von König und (ab 1433) Kaiser Sigismund (1368–1437). Über seinen Herrn und Wohltäter verfasste der Mainzer Eberhard Windecke (1380–1440) mit seinen »Denkwürdigkeiten zur Geschichte des Zeitalters Kaiser Sigmunds« (1438/39) ein herausragendes Buch, in dem er das zeitgenössische Königtum im Rahmen der europäischen und der Reichsgeschichte beschrieb. Damit wich der Chronist, der keine höhere Bildung besaß, vom traditionellen Modell der Darstellung der Welt als Kaiser- und Papstgeschichte ab. Allerdings verblieb er, seiner Zeit entsprechend, als Autor in der Rolle des Dieners des Patriarchen. Windecke war aber nicht nur ein denkwürdiger Geschichtsschreiber, sondern auch ein (bisweilen windiger) Kaufmann und Vermittler von Pfandgeschäften. In diesen und weiteren Funktionen – er bewährte sich auch als persönlicher Kurier zwischen Krone und Tiara – war er Sigismund während des Konzils in Konstanz (1414–1418) zur Seite gestanden. Das Gedicht über die Konzilsdamen – vom Konstanzer Literaturwissenschaftler Helmut Weidhase übersetzt und um einige wenige Zeilen gekürzt – ist Teil der Kaiser-Biografie.

Dieses Lied, notiert Windecke, »habe ich aufgeschrieben, damit junge Leute erfahren und besser verstehen, wie unverschämt böse sich die Geistlichkeit zu Zeiten verhalten hat. Darum lies es und höre auf meinen Rat: Tue nicht ebenso! Sing auf!« Er spricht damit das fröhliche Gunstgewerbe während des Konzils an, das neben »ehrbaren« Dirnen auch Kleingeld-Flittchen kannte, und von deren Angebot nicht nur weltliche Genossen, sondern auch die Geistlichkeit regen Gebrauch machte – der Konstanzer Chronist Ulrich Richental (1360–1437) nennt die Zahl 700, aber das waren nur die »offiziellen« Damen. Einigen Konzilsvätern war die laxe Moral der Priester ein Dorn im Auge. Der Rektor der Pariser Universität, Jean Charlier de Gerson (1363–1429), legte daher eine Schrift vor, in der er an die priesterliche Ehelosigkeit erinnerte und sie anmahnte. Der Vor-

sitzende der Kardinalsversammlung, Kardinal Francesco Zabarella (1360–1417), suchte dagegen den Ausgleich zwischen Moral und Natur und forderte, »dass dem tief verwurzelten Übel der Unzucht der Geistlichkeit wohl nur durch Zulassung der Priesterehe gegengesteuert werden dürfte«. Der Kardinal stieß damit eine Debatte an, die innerhalb der römisch-katholischen Kirche noch heute geführt wird. Was das Thema Ehe und Familie angeht, brachte die im 16. Jahrhundert folgende lutherische Reformation zwar eine moralische Wende, die aber nicht unbedingt zur Emanzipation der Frau beitrug.

LIED AUS KONSTANZ

JETZT HAT MAN NEUE MÄR IM LAND VERNOMMEN,
wo das Konzil nach Konstanz ist gekommen
und mit ihm viele Dirnen just zugleich.
Die wurden lustig, munter und bald reich.
Den Schabenjungfern, die zunächst noch scheu,
den'n brachte man die Lektionen bei,
wie man die Künste triebe recht und gern
sowohl beim Knecht als auch beim Herrn.
Da war manch fremde Sprach gemischt,
doch jede hat den Rechten leicht erwischt.

Nur Gästen mit Dukaten, Nobeln, Kronen
erlaubten schwäb'sche Dirnen, beizuwohnen.
Ein Junggeselle, dem ist dies geschehen:
Er hat in schwarze Augen tief gesehen,
gehörten einer, die war stolz und fein
und von Gebärden, wie sie sollten sein.
Sie hat das Herz in seiner Brust entzückt.
Er wusste kaum mehr recht zu gehen und stehn,

sein Herz wollt' brechen, denn sie war so schön!
Sie tat, als könnte sie kein Bächlein trüben,
doch ahnt' ich wohl: Dort, wo zu freiem Lieben
sie's abends trieben, da beim Rhein im Haus,
da barg sie sich als wie im Loch die Maus.
Das schuf dem Jüngling Weh und groß Beschwer:
Er wollt' es übersehn, tät sie es nimmermehr.

Es kam der Papst nach Deutschland, wie bekannt,
da kamen hübsche Frauen angerannt,
das wirkten Kurtisanen, weil ja diesen
mitnichten Gulden fehlten zum Genießen.
Mein Herr, der Bischof, warb mit großem Loben:
Die Hübschen sind zum Ehrenstand erhoben!
Viel große Blappart-Münzen zu verschwenden,
gelang ihm bestens und mit vollen Händen.
Mein Schreiber kam zum Rheinhaus einst gegangen,
vom vornehm bunten Mantel warm umfangen,
gleich hieß es: »Seid willkommen, Kurtisan,
'nen Gulden her, dann ist der Beischlaf dran ...«

Aus: Helmut Weidhase: Imperia. Verlag Stadler, Konstanz 1994. S. 16f.

GUILLAUME FILLASTRE D. Ä.

Er stammte aus der historischen französischen Provinz Anjou, Guillaume Fillastre d. Ä., 1348 wurde er in La Suze-sur-Sarthe geboren. Nachdem er an der Universität von Angers studiert und den Grad eines Doktors der Rechte erworben hatte, lehrte er zunächst Jurisprudenz in Reims. Dort wurde er 1392 zum Dekan des Domkapitels berufen. Wenig später begann er sich in die innerfranzösischen Auseinandersetzungen um das Große Abendländische Schisma einzumischen. Die kirchenpolitischen Aktivitäten brachten ihn schließlich 1409 nach Rom, wo er am Hof von Papst Johannes XXIII. (1370–1419) zwei Jahre später den Kardinalshut in Empfang nehmen konnte.

Den Höhepunkt seiner Karriere erlebte er auf dem Konstanzer Konzil (1414–1418), wo er vor allem eine überragende politische Rolle spielte. Gemeinsam mit dem befreundeten Kardinal Pierre d'Ailly (1350/51–1420) und als »Erfinder« des Dekrets »Haec sancta« (»Diese heilige« Synode) vom 6. April 1415, die die Hoheit des Konzils über den Papst festschrieb, hatte er großen Anteil daran, dass die Versammlung die drei miteinander konkurrierenden Päpste – neben Johannes waren das Gregor XII. (1335–1417) und Benedikt XIII. (1342–1423) – absetzte und mit Martin V. (1368–1431) einen neuen Pontifex wählte. Fillastres nüchternes und realpolitisches Denken erlaubte es ihm, sich an der Demontage des früher von ihm gefeierten Papstes zu beteiligen. Als Johannes alias Baltassare Cossa starb, würdigte er ihn mit den Worten: »Er hat Großes und Wunderbares vollbracht und die Einheit der Kirche überaus befestigt.«

Guillaume Fillastre war nicht nur ein erfolgreicher Kirchenpolitiker und Kanonist, sondern auch einer der wenigen Nicht-Italiener, die schon in den ersten Jahrzehnten von den humanistischen Strömungen ergriffen wurden. Ein reicher Pfründenbesitz gestattete ihm auch, als Sammler und Mäzen aufzutreten. Von seinen weitgespannten intellektuellen Interessen zeugen viele Bücher, die er der Bib-

liothek des Kathedralkapitels von Reims stiftete. Außerdem leistete er wertvolle Dienste für die Geografie und Kartografie. Und noch eine Besonderheit macht ihn für die Nachwelt interessant: Fillastre führte während des Konstanzer Konzils ein Tagebuch (»Gesta Consilii Constantiensis«), das wertvolle Hinweise auf die Geschehnisse während dieser Jahre der zerstrittenen Kirche gibt. Für Heinrich Finke, der 1926 eine kommentierte lateinische Ausgabe veröffentlichte, sind die Tagebücher eine Quelle ersten Ranges, für das Verhältnis von Konzil und Kaiser Sigismund (1368–1437), für Konklave und Papstwahl, aber auch über viele maßgebliche Konzilspersönlichkeiten ergeben sich »neue charakteristische Züge«.

Der Auszug aus dem Tagebuch stammt aus der ins amerikanische Englisch übersetzten Ausgabe, der von Max Forster ins Deutsche übertragen wurde. Darin schildert Fillastre die Flucht von Papst Johannes XXIII. im März 1415 über Schaffhausen, Laufenburg nach Freiburg im Breisgau und die diplomatischen Ränkespiele mit dem Ziel, die Einheit der Kirche wiederherzustellen. Johannes fühlte sich durch die Debatte der Synode über neue Mitglieder in seinem Amt bedroht. Am Ende wurde er wieder eingefangen und abgesetzt.

Einer der Helfer des Papstes war Herzog Friedrich IV. von Österreich (1382–1439), dem Sigismund in der Folge den Krieg erklärte. Der Konstanzer Chronist Ulrich Richental (1360–1437) berichtet, dass der König eine feierliche Urkunde an die Kirchentür zu St. Stephan anschlagen ließ, in der er seine Untertanen dazu aufrief, sich gegen den Herzog zu stellen.

Kardinal Guillaume Fillastre verbrachte sein letztes Lebensjahrzehnt hauptsächlich an der Kurie in Rom. Dort starb er hochgeehrt am 6. November 1428.

Aus dem Konzilstagebuch

Während die Nationen ihre Verhandlungen weiterführten, kamen die deutsche und die englische Nation zu dem Entschluss, dass der Papst unmittelbar neue Mitglieder der Synode ernennen sollte. Die französische Nation hielt ein feierliches Treffen ab. Mittlerweile war sie sowohl nach Zahl wie Ansehen die stärkste, zu ihr zählten 400 Männer hohen Ranges. Die Beratungen der Franzosen begannen, sie brauchten aber länger als die anderen Nationen, um zu einem Ergebnis zu kommen. Deswegen wurde die nächste Sitzung auf den 19. März festgelegt. An diesem Tag trafen sie sich wie immer am selben Ort, aber bevor alle versammelt waren, traten die Prälaten, Doktoren und Gesandten der Könige und Prinzen der deutschen und der englischen Nation ein. Unter den Mitgliedern der französischen Nation waren auch fünf Kardinäle, der Kardinalbischof von Ostia, die Kardinalpriester von Cambrai, Sankt Mark und Challant sowie der Kardinaldiakon von Saluzzo. Darauf erschien König Sigismund mit einer großen Anzahl von Großherzögen, Grafen und Baronen. Die ganze Halle war so gefüllt, dass sich viele Prälaten mit den niedrigsten Plätzen begnügen mussten, um den Gesandten des Königs von Frankreich Platz zu machen, was schon für die Vertreter der Könige von England und Polen und anderen Fürsten erforderlich war.

Als schließlich alle Platz genommen hatten, erklärte der König, dass die Nationen der Deutschen und der Engländer die Auswahl der Mitglieder der Synode festgelegt hatten und nun zusammengekommen seien, um der französischen Nation die Ergebnisse ihrer Verhandlungen mitzuteilen, und dass er an den Beratungen persönlich teilnehmen werde. Die Franzosen antworteten, dass sie gerne die Ergebnisse der anderen hören, sie danach beraten und ihre Schlussfolgerungen schließlich mitteilen würden.

Sodann wurden die Ergebnisse der anderen zwei Nationen verlesen. Das lief darauf hinaus, dass der Papst sofort die neuen Mitglieder der Synode ernennen sollte, die das Konzil bestimmt hatte. Nach dem Vortrag warteten die Deutschen und die Engländer, um sich die Debatte der Franzosen anzuhören. Die Franzosen jedoch wollten sich allein beraten, was den König erzürnte. Dennoch befahl er den anderen, sich zurückzuziehen, und sagte, dass nur er und sein Stab bei den Franzosen bleiben würden. Auf ihren Protest hin erklärte der König, dass nicht alle dem französischen Königreich angehören würden, sondern einige aus Savoyen und der Provence stammten, also Teil des Reichs sind. Daraufhin verließ er den Saal und nach großem Aufruhr folgten ihm etliche Männer. Als endlich Ruhe eintrat, nahmen die verbliebenen Mitglieder der Versammlung wieder ihre Plätze ein und führten die Debatte fort. Nach den Reden der Botschafter der Könige von Frankreich, Sizilien und Zypern und den Gesandten der Universitäten von Paris, Orleans und Toulouse wurde entschieden, die Beschlüsse schriftlich festzuhalten.

Die Botschafter waren ebenfalls der Meinung, dass der Papst die neuen Mitglieder der Synode ernennen sollte, die ausgewählt worden seien. Es schien so, als würde die Mehrheit diese Meinung teilen. Als dem Papst (Johannes XXIII.) seine Situation klar wurde, verließ er in der Nacht von Mittwoch auf Donnerstag, den 21. März, die Stadt. Mithilfe von Herzog Friedrich von Österreich floh er per Schiff auf dem Rhein nach Schaffhausen, einer Stadt, die zum Herrschaftsgebiet des Herzogs gehörte. Der Papst sagte, er sei aus Furcht vor dem König geflüchtet. Tags zuvor hatte der König aber in Anwesenheit der Kardinäle von Ostia und Sankt Mark angeboten, dem Papst in jeder Hinsicht Schutz zu gewähren.

Als am Donnerstag die Flucht des Papstes bekannt wurde, waren der König und das Konzil sehr bestürzt und viele von ihnen nahmen seine Verfolgung auf. Am Freitag entsandte die Versammlung der Kardinäle drei aus ihrer Gruppe nach Schaffhausen, den Kardinalbischof Orsini, den Kardinalpriester von Sankt Mark und den Kardinaldiakon von Saluzzo, um Johannes zum Rücktritt zu drängen. Sie sollten ihn auch dazu überreden, die neuen Mitglieder der Synode zu ernennen und alle weiteren nötigen Schritte für die Einigkeit und den Auftrag des Konzils einzuleiten. Herzog Ludwig von Bayern und der Ritter Nicholas von Calleville (eigentlich Colard),

Gesandter des französischen Königs, besuchten ihn ebenfalls. Sie rieten ihm, sich nicht zu weit vom Konzil zu entfernen, und versprachen ihm zudem, sich für seine Sicherheit ebenso einzusetzen wie für die Aussöhnung mit dem Herzog von Österreich, dem der König Strafe für seine Tat angedroht hatte.

Die drei Kardinäle und die Gesandten hielten sich von Samstag, 23. März, bis Montag, 25. März, beim Papst auf. Am Sonntag verließen die Kardinalpriester von Pisa, Piacenza, Tricarico und Challant sowie die Kardinaldiakone Brancacci, Bari (nicht der französische Kardinal, da er nicht beim Konzil anwesend war), Colonna, Sankt Angelo und Conti das Konzil und schlossen sich dem Papst an. Währenddessen blieben die Kardinalbischöfe von Ostia und Lodi und die Kardinalpriester von Venedig, Aquileia und Cambrai und die Kardinaldiakone von Fieschi und Florenz dort. Bevor die drei Kardinäle, die zum Papst geschickt wurden, ans Ziel gelangten, hatte Johannes aus Schaffhausen drei Briefe verschickt, einen an den König, einen an die Kardinäle und einen an die ganze Versammlung. In diesen Briefen schreibt er, dass er zurücktreten würde, sobald seine Sicherheit gewährleistet sei. Er sei nicht geflohen, um dem Konzilsplan im Weg zu stehen, sondern aus Angst um sein Leben. Man bemerkte jedoch, dass er sofort nach seiner Ankunft in Schaffhausen eine Botschaft nach Konstanz geschickt hatte, die an der Tür des Münsters befestigt worden war, in der er allen Mitgliedern der Römischen Kurie und seinen persönlichen Bediensteten befahl, ungeachtet ihres Rangs, ihm nach Schaffhausen zu folgen. Dieser Befehl erzeugte viel Aufregung in der Versammlung, die ihn dafür verantwortlich machte, dass sich seinetwegen das Konzil auflösen könnte, ohne das Schisma beseitigt zu haben. Aber die Kardinäle, die nach Schaffhausen gesandt worden waren, berichteten indessen, dass der Papst seinen Befehl zurücknehmen wolle.

Am Dienstag (26. März) nach Palmsonntag im Jahr 1415, dem ersten Jahr des Konzils, hielt die Versammlung eine Sitzung ohne Papst ab. Der König erschien festlich gekleidet, der Kardinal von Cambrai übernahm den Vorsitz. Bis auf den kranken Kardinal von Ostia hatten sich alle Kardinäle versammelt. Dann ratifizierte und bekräftigte das Konzil folgende Beschlüsse und Artikel, die vom Kardinaldiakon von Florenz verlesen wurden:

»Im Namen der Heiligen Dreifaltigkeit, des Vaters, des Sohnes und des Heiligen Geistes und dieser Institution der Kirche Gottes, der Heiligen Synode, bekannt als das Heilige Konzil von Konstanz, sind wir versammelt, um der Kirche die Einheit und Reform an Haupt und Gliedern zu bringen. Deswegen ordne ich das Folgende an:

Erstens war und ist diese Synode recht- und ordnungsmäßig zusammengekommen in der Stadt Konstanz und wird ebenso recht- und ordnungsmäßig eröffnet und geführt.

Des Weiteren wird die Abreise des Papstes und anderer Prälaten aus Konstanz dieses Heilige Konzil nicht auflösen. Es wird weiterhin vollständig bleiben und seine Autorität bewahren, auch wenn andere Befehle gegeben wurden oder werden.

Des Weiteren wird dieses Heilige Konzil nicht aufgelöst, bis es das jetzige Schisma beendet hat und die Kirche sowohl in Fragen des Glaubens als auch der Moral vollständig reformiert hat.

Des Weiteren kann dieses Konzil an keinen anderen Ort vertagt werden, außer unter zwingenden Umständen und nur mit der Genehmigung und durch Abstimmung des Heiligen Konzils.

Des Weiteren haben alle Prälaten und andere Mitglieder das Konzil zu besuchen und dürfen es nicht verlassen bis zu seiner Auflösung, außer unter zwingenden Umständen und der Genehmigung durch das Konzil. Sollte ein Mitglied das Konzil verlassen, muss es seine Befugnisse an die verbliebenen Mitglieder übertragen. Sollte er das nicht tun, drohen Strafen, die das Konzil festlegt und für die Vollstreckung sorgt.«

Die drei Kardinäle und die Gesandten, die nach Schaffhausen geschickt wurden, kehrten mit einer Botschaft des Papstes zurück. Als sie an jenem Dienstag in Konstanz ankamen, waren auch die Kardinäle von Pisa und Challant eingetroffen:

»Unser Papst ist bereit, jeden Kardinal der Heiligen Römischen Kirche als Mitglied der Synode zu ernennen, um seine Abdankung in den Weg zu leiten. Sollten drei Kardinäle zu dem Entschluss kommen, dass er zurücktreten soll, wird er dies tun, selbst gegen seinen Willen. Darüber hinaus ist er bereit, acht Prälaten aus 32 Nationen zu ernennen, die seine Abdankung ausführen mögen. Bis das Konzil seine Besprechungen beendet hat, wird sich der Papst im Umkreis von Konstanz aufhalten und sich nicht weiter als ein bis zwei Tagesreisen entfernen. Er bittet, dass das Konzil nicht aufgelöst wird, bis Gottes Heilige Kirche wieder vereint wird. Des Weiteren soll der Ort des Konzils nicht ohne Genehmigung des Konzils verändert werden. Der Papst ist bereit, all diese Punkte mit apostolischen Bullen zu versiegeln …«

Den Botschaftern und Kardinälen versprach der Papst, dass er sich nicht weiter als einen Tag Reiseweg von Konstanz aufhalten werde, sofern der König ihm Sicherheit bietet und nicht gegen den Herzog von Österreich in den Krieg zieht.

Am Tag ihrer Rückkehr, Mittwoch, den 27. März, nach Palmsonntag, berichteten die Kardinäle und die Gesandten des französischen Königs, König Sigismund und dem Konzil in einer öffentlichen Sitzung von den Zusicherungen, die sie vom Papst erhalten hatten. Dieser Bericht genügte weder dem König noch dem Konzil. Trotzdem wurde der König gebeten, nicht gegen den Herzog von Österreich Krieg zu führen, da dies das Ende des Konzils bedeuten und dazu führen würde, dass der Papst sich noch weiter von Konstanz entfernt. Das Konzil und der König hatten zwar den nächsten Sitzungstermin auf Donnerstag festgelegt, aber er wurde auf Samstag, in die Osternacht, verschoben.

An diesem Donnerstag, 28. März, während der Papst mit sieben Kardinälen in Schaffhausen auf dem Weg zur Kirche war, um die Messe zu feiern, drang die Nachricht zum Papst durch, dass König Sigismund dem Herzog von Österreich den Krieg erklärt hatte. Und es erwies sich als wahr. Daraufhin kehrte der Papst zurück in sein Quartier und plante ungeduldig seine Weiterreise. Am Osterfreitag verließ der Papst, vermutlich ohne jegliche Osterfeier, mit dem Herzog und ein paar bewaffneten Männern die Stadt. Obwohl er darum flehte, begleiteten ihn nicht einmal die Kardinäle zu den Toren der Stadt. Selbst sein eigener Neffe, der Kardinal von Tricarico, weigerte sich. Sie fürchteten alle, vom Herzog von Österreich in Geiselhaft genommen zu werden. Das war Teil seiner Forderung für die Verluste, die er durch den Krieg erlitten hatte.

Alle anderen Prälaten und wichtigen Männer, die dem Papst gefolgt waren, verließen ihn dort. Manche kehrten zurück nach Hause, andere nach Konstanz. Der Papst reiste mit einigen Bediensteten und einer Handvoll Prälaten weiter nach Laufenburg am Rhein, eine der Städte im Besitz des Herzogs, vier Meilen von Schaffhausen und drei Meilen von Basel entfernt. Mit anderen Worten: Er befand sich anderthalb Tagesreisen entfernt in einer Stadt, in der er Gefangener des Herzogs war. Die Ironie des Schicksals: Der Papst war, um einer Gefahr zu entkommen, vom Konzil fast alleine in einem Fischerboot geflüchtet, nur um in eine viel größere Gefahr zu geraten, nämlich verlassen und allein in die Gefangenschaft des Herzogs von Österreich. Wir müssen annehmen, dass dieses ein Fingerzeig Gottes war.

Am Ostersamstag, den 30. März, waren diese Vorgänge weder den Kardinälen noch den Botschaftern des französischen Königs bekannt. Sie wurden zudem weder respektvoll behandelt noch angemessen von der Französischen Nation empfangen. Deswegen entschieden sie, nicht an der Sitzung teilzunehmen. Der König versuchte unermüdlich, die Kardinäle zur Teilnahme zu bewegen und konnte die hohen Herren in ihren Roben schließlich doch noch dazu bewegen, ihre Plätze im Konzil einzunehmen. Dafür musste aber das Programm der Sitzung verändert werden. Also wurde die Sitzung unter den Augen des prächtig bekleideten König Sigismund abgehalten. Kardinal Orsini hatte den Vorsitz inne und die folgenden Beschlüsse wurden ratifiziert und bekräftigt. Wie gewöhnlich wurden sie vom jüngsten Kardinaldiakon, dem Kardinal von Florenz, verlesen:

»Im Namen der Heiligen Dreifaltigkeit, des Vaters, des Sohnes und des Heiligen Geistes, Amen.

Die Heilige Synode von Konstanz, die einem General-Konzil entspricht, ist rechtmäßig versammelt, um das jetzige Schisma zu beenden und der Kirche Einheit und Reform an Haupt und Gliedern zu bringen, um den allmächtigen Gott zu loben. Um diese Ziele zu erreichen, ordne ich das Folgende an:

Erstens hat diese Synode, die einem General-Konzil entspricht, ihre Kraft direkt von Jesus Christus, und alle Menschen, egal welchen Ranges, selbst der Papst, haben den Befehlen im Glauben und mit dem Ziel der Beendigung des Schismas zu folgen.

Des Weiteren darf Papst Johannes XXIII. weder die Römische Kurie und ihre Vertreter oder die Repräsentanten der Stadt Konstanz zu einem anderen Ort befehlen, noch soll er sie direkt oder indirekt ohne Erlaubnis der Heiligen Synode dazu überreden, ihm zu folgen. Dies gilt auch für jene hohen Herren, deren Verlassen des Konzils wahrscheinlich seine Auflösung bedeuten würde. Und wenn er dieses versucht hat oder in der Zukunft versuchen würde, oder auch wenn er mit kirchlichen Strafen oder Ähnlichem droht, um sie dazu zu bewegen, werden seine Anordnungen nichtig und ungültig. Das Konzil macht sie ungültig. Aber diese Repräsentanten sollen ihre Ämter so weiterführen wie zuvor, solange die Synode in der Stadt gehalten wird. (...)

Des Weiteren, im Interesse der Einigkeit, sollen keine neuen Kardinäle ernannt werden. Um betrügerische und falsche Aussagen zu vermeiden, werden keine Kardinäle anerkannt, die nicht schon vor der Abreise des Papstes öffentlich als Kardinal eingesetzt waren.«

Aber aufgrund der unterschiedlichen Auffassung des Konzils bezüglich des Machtverhältnisses zwischen Konzil und Papst, insbesondere im Zusammenhang mit der Reform der Kirche, die im ersten Artikel ausgeführt worden ist, hat der Kardinal von Florenz versäumt, diesen Artikel und den folgenden zu verlesen, weil er diesen Artikel als nicht juristisch korrekt empfand. Etliche Kardinäle, die sich nicht genügend einbezogen fühlten bei der Gestaltung des Artikels, waren nicht gewillt, an der Sitzung teilzunehmen. Nachdem die Sitzung beendet war, gab es beträchtliche Auseinandersetzungen zwischen dem Kardinal von Florenz und seinen Stellvertretern. Letztendlich entschied das Konzil, dass die Beschlüsse in einer zukünftigen Sitzung wieder in ihrer vollen Länge vorgetragen werden sollen.

Die fünfte Sitzung wurde am Samstag, den 6. April, abgehalten. Wieder sträubte sich die Mehrheit der Kardinäle teilzunehmen, aber am Ende besuchten die Kardinäle, außer den Erkrankten, die Versammlung. König Sigismund war mit seinen königlichen Insignien anwesend, Kardinal Orsini, Bischof von Albano, stand der Versammlung vor, der Erzbischof von Reims las die Messe. Die folgenden Beschlüsse wurden vom Bischof von Posen, einem Polen, vorgelesen, weil der Kardinal von Florenz sich weigerte.

»Im Namen der Heiligen Dreifaltigkeit, des Vaters, des Sohnes und des Heiligen Geistes, Amen.

Diese Heilige Synode von Konstanz, die einem General-Konzil entspricht, ist versammelt, um das jetzige Schisma zu beenden und der Kirche Einheit und Reform zu bringen, um den allmächtigen Gott zu loben. Um dieses zu tun, ordne ich das Folgende an: (…) Des Weiteren erklärt die Synode, dass jede Person, egal welchen Rangs und Ansehens, selbst der Papst, die sich weigert, den Mandaten und Verordnungen zu folgen, die von der Heiligen Synode befohlen werden, bestraft werden soll, es sei denn, sie zeigt Reue.

Des Weiteren erklärt es Papst Johannes XXIII. und alle Prälaten, die auserwählt wurden für dieses Konzil, als frei, solange es dem Konzil richtig erscheint oder bis Beweise gebracht werden, die das Gegenteil erzwingen. Dies bezeugt das Heilige Konzil vor Gott und den Menschen.«

Am folgenden Dienstag, den 9. April, schickte der Papst einen versiegelten Brief von Laufenburg nach Konstanz. Darin beschrieb er, dass er aus ständiger Angst Konstanz verlassen habe und nach Schaffhausen gezogen sei und wie dort, am Karfreitag, König Sigismund dem Herzog von Österreich den Krieg erklärt hatte und er deswegen mit dem Herzog und Herrn von Schaffhausen nach Laufenburg weiterziehen musste. Obwohl er seinen eigenen Tod fürchtete, fürchtete er noch mehr die Möglichkeit, dass das Elend, das ihm geschehe, für Pedro de Luna (das ist der Gegenpapst Benedikt XIII.) ein Hindernis für die Einheit der Kirche durch seine Abdankung werden könnte. Dieser Brief wurde dem König und den Nationen überbracht und löste Empörung aus, da der Papst immer noch darauf bestand, dass er allein aus Furcht um sein Leben geflohen sei.

Bemerkenswert ist, dass der Papst, noch während er in Schaffhausen weilte, dem König und dem Konzil eine Bulle über die Ernennung der Mitglieder der Synode geschickt hatte, die seine Abdankung verlangten. Diese Liste wurde aber nicht akzeptiert. Der Erzbischof von Reims informierte König Sigismund heimlich im Namen Johannes XXIII. darüber, dass der Papst Schaffhausen nicht aus Angst vor dem König verlassen hatte. Der König zwang daraufhin den Erzbischof, diese Nachricht öffentlich zu wiederholen und schriftlich zu bezeugen. Als der Papst davon Kenntnis erhielt, teilte er mit, dass er diese Aussage gegenüber dem Erzbischof niemals gemacht habe und er bestand darauf, dass sie unwahr sei. Dieses habe er auch verschiedenen hohen Herren mitgeteilt. In dieser Erklärung versicherte er, dass er aus Furcht gegangen sei, aber er habe den Ausdruck »aus Angst vor dem König« nicht verwendet.

Der Erzbischof korrigierte sich daraufhin und sagte, dass er die Nachricht nicht direkt vom Papst erhalten hätte. Vielmehr habe er sie von Kardinal Challant und dessen Bruder, dem Bischof von Terouanne erhalten, die zu dem Zeitpunkt ebenfalls in Schaffhausen gewesen waren. Kardinal Challant erwiderte jedoch, dass der Papst tatsächlich gesagt hätte, dass er nicht aus Angst vor dem König gegangen sei, sondern weil viele aus dem Umfeld des Königs feindselig über ihn gesprochen hätten. Er sei geflohen, weil er Angst hatte, der König könnte auf sie hören und ihm Schaden zufügen.

Das sechste Treffen fand nach Ostern am 17. April 1415 statt. Der Kardinalbischof von Ostia war Vorsitzender der Versammlung und Sigismund war mit seinen königlichen Insignien anwesend. Die folgenden Dekrete und Erklärungen wurden ratifiziert:

»Im Namen der Heiligen Dreifaltigkeit, des Vaters, des Sohnes und des Heiligen Geistes, Amen.

Die Heilige Synode von Konstanz, die einem General-Konzil entspricht und die Heilige Katholische Kirche repräsentiert, ist rechtmäßig versammelt im Heiligen Geist, um wirklichen Frieden und

Einheit der Kirche Gottes zu bringen. Deshalb wird das Folgende erklärt und bezeugt:

Die Synode erklärt, dass die folgende Auswahl von Mitgliedern aus den vier Nationen des Heiligen Konzils, die über die Abdankung des Papstes Johannes XXIII. abstimmen, rechtmäßig ist und der Einheit der Heiligen Mutter Kirche dienen.

Des Weiteren erklärt sie, dass der Papst Johannes XXIII. aus der Synode Mitglieder ernennen darf, die seine Abdankung vollziehen, um die Einheit und den Frieden der Kirche Gottes zu erzielen, in Übereinstimmung mit den Vorschlägen, die er bereits selbst vorgebracht hat. (…)

Des Weiteren verpflichtet sie die Delegierten, dass sie Papst Johannes XXIII. im Namen des Heiligen Konzils drängen, nach Konstanz zu reisen oder in eine der Städte Ulm, Ravensburg oder Basel, um nach besten Kräften die Einheit und Reform der Kirche voranzutreiben, wie es bereits durch das Heilige Konzil vorbestimmt ist.

Des Weiteren sollen die Delegierten dem Papst im Namen des Heiligen Konzils, seiner Durchlaucht, König Sigismund, eine Sicherheitsgarantie abgeben. Und sollte der Papst tatsächlich in eine der genannten Städte einziehen, sollen diese Versprechen gehalten werden.

Des Weiteren muss Papst Johannes versprechen und schwören, sich einen der genannten Orte innerhalb der nächsten zwei Tage auszuwählen und sich innerhalb von zehn Tagen – ab dem Zeitpunkt der Übermittelung des Orts – dorthin zu begeben. Diesen Ort darf er ohne Erlaubnis des Konzils so lange nicht verlassen, bis die vorherigen Artikel in Kraft gesetzt werden. Sollte er dennoch diesen Ort ohne Erlaubnis des Konzils verlassen oder gegen andere vorherige Artikel verstoßen, soll er in einer Bulle seine Zustimmung dazu geben, nicht mehr als Papst zu amtieren. Sollte er nicht zustimmen, wird er in diesem und in anderen Fällen angeklagt und ein Verfahren gegen ihn als Unterstützer des Schismas eröffnet sowie der Häresie verdächtigt.

Des Weiteren beauftragt die Heilige Synode Kardinal von Ostia, prominenter Würdenträger der Heiligen Römischen Kirche, nach

Anhörung aller Parteien, Bittschriften zur Gewährung eines gerechten Verfahrens an das Kardinalskollegium zu versiegeln und zu verschicken. Sollte er sich weigern, werde auch er angeklagt. (...)
Bemerkenswert ist, dass das Konzil die Delegierten schon gewählt hatte, die zum Papst geschickt wurden, nämlich die Kardinäle von Sankt Mark und den Diakon von Florenz, den Bischof von Carcassonne, einer von den Botschaftern des Französischen Königs, den Bischof von Feltre und andere bereits genannte Delegierte. Sie waren bereits beim Herzog Friedrich von Österreich in Freiburg, das zum Bistum Konstanz gehörte und wo der Herzog mit dem Papst bleiben sollte, um für ihn und die ganze Delegation sicheres Geleit zu verschaffen. Diese Aufgabe hatten sie am vorherigen Dienstag erledigt.

Die Delegierten verließen Konstanz mit sicherem Geleit von König Sigismund am Freitag, 19. April, und begaben sich auf den Weg nach Freiburg (nicht das Freiburg im Aargau, sondern das untere Freiburg, in der Nähe von Basel, ungefähr zwei Meilen vom Rhein entfernt). Sie sollten dem Papst die Dekrete des Konzils überbringen. Aber bevor sie Freiburg erreicht hatten, war der Papst am Samstag, den 20. April, zwei Meilen weiter nach Breisach am Rhein geflohen, wo es eine Brücke über den Fluss gibt. Deshalb setzten sie nach Breisach über, wo sie Dienstag, 23. April, ankamen. Dreimal an diesem Tag sandten sie nach dem Papst in die Herberge, wo er sich aufhielt. Einmal wurden zwei der Doktoren geschickt, um herauszufinden, ob der Papst noch anwesend war oder nicht, denn es gab Gerüchte, dass er die Stadt bereits verlassen habe.

Einige seiner Diener und Kammerleute sagten, dass sie nicht wüssten, wo er sei, weil sie nicht in seinem Zimmer gewesen waren. Die Delegierten kamen bis sieben Uhr abends zu keiner Gewissheit, als Bindaccio, ein dem Papst dienender Adliger, zu ihnen kam und sagte, dass der Papst in der Nacht zuvor ernsthaft erkrankt sei und sich immer noch in seinem Quartier befinde. Er erklärte den beiden Kardinälen, dass der Papst sie zuerst sprechen wolle. Sie aber weigerten sich aus dem Grund, weil sie den Papst nicht alleine sprechen wollten, denn das sei nicht ihr Auftrag. Daraufhin schickte der Papst eine Botschaft, dass die gesamte Delegation zu ihm zu einer

Audienz kommen solle. Aber wegen der späten Stunde verschoben sie alles auf den nächsten Tag.

Am folgenden Morgen besuchten sie ihn, berichteten über ihren Auftrag und überbrachten dem Papst ein Schreiben des Königs, das ihm persönliche Sicherheit garantierte. Der Kardinal von Sankt Mark war der Sprecher. Nachdem der Papst die Erklärungen vernommen hatte, antwortete er, dass er bereit und willig sei, der Kirche, wie versprochen, durch seine Abdankung zum Frieden zu verhelfen. Er bedauerte, dass er aus Furcht Konstanz verlassen habe und wegen dieses feindlichen Drucks von Ort zu Ort gezogen zu sei.

Er will nicht, wie er sagte und manche vermuteten, nach Italien zurückkehren. Er wollte nach Frankreich gehen, wo die Könige und Prinzen die Kirche unterstützten und das Schisma beenden wollten. Er habe sich mit Frankreich schon in Verbindung gesetzt und plane, dort in der Obhut der Prinzen seine Abdankung zu vollziehen. Er habe dem Großherzog von Burgund geschrieben und der habe schon zweitausend Reiter geschickt, die auf der anderen Seite des Rheins auf ihn warteten. Er fügte hinzu, er würde die Bitte der Delegation noch einmal überdenken und sich mit ihnen nach dem Abendessen darüber unterhalten. Nach dem Abendessen und nach weiteren Beratungen gingen die Kardinäle zum Papst zurück und sprachen lange mit ihm. Sie konnten ihm jedoch keine Hilfe geben bezüglich der Auswahl des Ortes, denn er war in den Händen des Herzogs von Österreich, der seinetwegen in den Krieg gezogen war. Dann drangen sie noch stärker auf ihn ein, seine päpstlichen Ämter sofort aufzugeben, solange seine Sicherheit und Freiheit garantiert seien. Doch sie konnten ihn dazu nicht überreden.

Am nächsten Morgen, nach Sonnenaufgang, am 25. April, verließ der Papst Breisach alleine und zu Fuß, nur von einem fremden Diener begleitet, ohne Antwort oder Abschied die nichtsahnenden Delegierten, eilte zur Bücke mit der Absicht, diese zu überqueren. Dort wurde er von einem Mann erwartet, der ihm auf einem anderen Weg gefolgt war und der ihm half. In einer Scheune wartete der Papst auf die Reiter und die Begleitung. Als diese erschienen, wurde er von Männern des Herzogs von Österreich in Richtung

Basel nach Neuenberg geführt. Es gibt dort keine Brücke. Der Papst hoffte daher, ein Boot über den Fluss nehmen zu können, doch er überquerte den Fluss nicht, da ihn Mitglieder der Kurie überraschten und überwältigten.

Am gleichen Tag, ungefähr um acht Uhr abends, kam die Nachricht in Neuenberg an, dass König Sigismund den Baslern befohlen hätte, das Städtchen zu stürmen. Die Bewohner Neuenbergs bereiteten sich auf ihre Verteidigung vor. Einige Männer des Herzogs von Österreich wandten sich an den Papst und rieten ihm, Neuenberg zu verlassen und nach Breisach zurückzukehren. Als König Sigismund, der in Konstanz davon erfuhr, dass der Papst nach Frankreich fliehen wollte und von bewaffneten Männern begleitet werden sollte, befahl er seinem Gesandten Herzog Ludwig von Bayern, ihn aufzuhalten. Ludwig, ein Bruder der französischen Königin und Cousin des Herzogs von Österreich (der Sohn einer Schwester seiner Mutter), war auch Vermittler im Konflikt zwischen Sigismund und Herzog Friedrich von Österreich. Dieser Brief erreichte den Herzog um acht Uhr abends. Das war der Grund, warum der Papst festgehalten wurde, da der Bericht der Basler, sie würden Neuenberg stürmen, falsch war und jeglicher Grundlage entbehrte.

Eben um acht Uhr abends wurde der Papst gezwungen, sich als Laie zu verkleiden. Er ritt auf einem kleinen Pferd durch die Nacht nach Breisach, ohne davor geschlafen zu haben und alles hinter sich lassend. Die Mitglieder der Kurie folgten ihm in Eile und großer Unordnung. Sie erreichten Breisach spät und warteten an einem Tor anderthalb Stunden, bis sie von Tor zu Tor geschickt wurden, um eingelassen zu werden.

Die Delegierten des Konzils erfuhren am Donnerstagmorgen mit großem Erstaunen von der Abreise des Papstes und entschieden, nach Konstanz zurückzukehren. Sie reisten am gleichen Tag nach Freiburg, verzweifelt darüber, ihre Mission nicht erfüllt zu haben. Als sie am Freitag, den 26. April, Freiburg wieder verlassen wollten, wurden sie von den Stadtoberen von der bevorstehenden Ankunft der beiden Herzöge von Österreich und Bayern informiert, die vor Ort Friedensverhandlungen führen wollten. Die Delegierten wurden gebeten, auf sie zu warten, weil es auch ihre Aufgabe sei, Frieden zu stiften. Dem stimmten die Delegierten zu. Sie entschieden sich zu warten und hörten bald darauf von der Rückkehr des Papstes in Breisach. Um 11 Uhr traf der Herzog von Bayern ein, aber nach einem kurzen Aufenthalt ritt er nach Breisach, um dort den Herzog von Österreich zu treffen.

Am nächsten Tag, Samstag, den 27. April, brachte der Herzog von Österreich den Papst zurück nach Freiburg. Die Kardinäle und der Bischof von Carcassonne beschlossen, mit Unterstützung der anderen Delegierten den Papst in Breisach aufzusuchen, aber auf dem Weg dahin trafen sie ihn und ritten mit ihm gemeinsam zurück. Sie erinnerten ihn an die Bitte der Delegierten und mühten sich erneut ab, ihn zur sofortigen Amtsaufgabe zu bewegen und eine von zwei Optionen zu wählen: entweder in allen Ehren und mit allen Sicherheiten ausgestattet abzudanken oder schimpflich abgesetzt zu werden und allen Gefahren ausgesetzt zu sein. In der Nacht hatte der Bischof von Carcassonne eine lange Diskussion mit ihm und der Papst antwortete, dass er noch in der Nacht alles überdenken und am nächsten Tag seine Entscheidung treffen werde.

Am Sonntagmorgen antwortete Papst Johannes XXIII., dass er bereit sei, sofort sein Amt abzugeben, unter der Bedingung, dass ihm Freiheit garantiert und zwischen König Sigismund und dem Herzog von Österreich der Frieden wiederhergestellt wird. Andernfalls würde er der Amtsenthebung nicht zustimmen. Er führte seine Vorstellungen über die Bedingungen seiner Zustimmung weiter aus. Nämlich, dass er Kardinal und Leiter des gesamten Kollegiums werden wollte, ein Gesandter und ständiger Vikar mit voller päpstlicher Gewalt in Italien sowie einige andere Privilegien. Darüber hinaus sollte die Abdankung an einem Ort stattfinden, in dem er frei sei, etwa in Burgund, Savoy oder Venedig. Dort würde er abdanken und die päpstliche Mitra mit einem Kardinalshut tauschen. Das waren seine Worte an diesem Tag und er versicherte den Delegierten und vielen anderen, seine Versprechen zu halten.

Dazu billigte er die Ernennung der Mitglieder der Synode, die seine Abdankung in der geforderten Form ausführen konnten, und befahl Francis von Montepulciano, Bischof von Arezzo, seinem damaligen Sekretär, eine Bulle mit diesem Inhalt auszuarbeiten. Er war jedoch nicht bereit, diese Bulle ans Konzil weiterzuleiten, solange seine Forderungen nicht erfüllt waren, nämlich die Garantie der Freiheit und der Friede zwischen Sigismund und dem Herzog von Österreich. Der Papst vertraut die Bulle Graf Bartoldo von Orsini an, der sie dem Konzil übergeben sollte, wenn die Bedingungen des Papstes erfüllt worden sind. Der Papst schrieb daraufhin einen Brief, in dem er seine Abdankung erklärte und versprach, sie in aller korrekten Form durchzuführen. Diesen unterschrieb er mit eigener Hand.

Mit diesem Brief reisten nun die Delegierten nach Konstanz, wo sie am Mittwoch, den 1. Mai, um vier Uhr nachmittags eintrafen. Um 9 Uhr war die Zwölftagefrist abgelaufen, die sie für die Erfüllung ihres Auftrags zur Verfügung hatten. Sie sandten die Botschaft ihrer Ankunft an den König und an die Nationen und dass sie bereit seien, über das Ergebnis ihrer Reise zu berichten. Aber sie erhielten die Antwort, dass sie an diesem Tag nicht gehört werden könnten, da das Konzil bereits tags zuvor den Donnerstag, 2. Mai, als Termin festgelegt hatte. An dem Tag hatte das Konzil vor, den Papst für seine Straftaten anzuklagen, sowie all seine Anhänger. Und so geschah es auch.

Aus: The Council of Constance. The Unification of the Church. Translated by Louise Ropes Loomis. Edited and Announced by John Hine Mundy and Kennerly M. Woody. Columbia University Press, New York and London 1961. S. 221ff.

MOSSÉN BORRA

Er war Diener verschiedener Herren, der Hofnarr Mossén Borra, eigentlich Antonio Tallender (um 1358-1446). Zur Zeit des Konstanzer Konzils (1414–1418) gehörte er zum engsten Kreis von König Sigismund (1368–1437). Ein anderer seiner hohen Herren, König Alfons von Aragon und Sizilien (1396–1458), hatte ihn 1416 an den See zum europäischen Gipfeltreffen der katholischen Kirche befohlen. Zum königlichen Hofstaat zählten etwa 300 Gaukler, Musiker und Sänger. Der berühmteste und berüchtigtste war Oswald von Wolkenstein (1377–1445). Die Prominenz Oswalds erreichte Borra zwar nie, aber dafür hatte er das Vertrauen Sigismunds, den er 1415 in Perpignan kennengelernt hatte. Es heißt von ihm, dass er an der Schwelle zum königlichen Gemach schlief.

Sigismund liebte Anekdoten, der »Narr« lieferte sie ihm. Gleichzeitig berichtete der Augen- und Ohrenzeuge Borra in Briefen nach Spanien über die Geschehnisse vom Konzil. Ein Spion im Narrenkostüm? Ja und nein. Denn trotz seiner »Agententätigkeit« blieb er unbeschadet und Intimus des Königs. 1422 wurde er für seine »treuen« Dienste von Sigismund sogar zum Ritter geschlagen, er erhielt ein eigenes Wappen und einen Sack voller Gulden – nebenbei: Mossèn, Mossén oder Mossen (katalanisch) war die Anrede für Ritter im spätmittelalterlichen Aragón. Auch bei der Vergabe von Pfründen durch den in Konstanz neu gewählten Papst Martin V. (1368–1431) wusste der schlitzohrige Borra sich und seiner Familie einen üppigen Anteil zu sichern. Seinen Ruf eines treuen Dieners hat ihm die Nachwelt auf ihre Weise dokumentiert: Auf der Grabplatte im Kreuzgang der Kathedrale von Barcelona ist ein Hund abgebildet, Symbol für Treue.

Der deutsche Historiker Heinrich Finke machte 1936 auf die im Kronarchiv in Barcelona liegenden und schon 1896 gedruckten, aber unbeachtet gebliebenen drei erhaltenen Briefe von Mossén Borra aufmerksam. In dem hier zitierten Schreiben schildert er den Mordan-

schlag auf Herzog Ludwig VII. von Bayern-Ingolstadt (1368–1447) im Jahre 1417. Borra erweist sich dabei als begabter Beobachter. Im gleichen Brief liefert er auch eine Beschreibung des Wahlmodus, und der Hofnarr erteilt seinem König den freundlichen Rat, sich an der Papstwahl zu beteiligen. Im gleichen Jahr erlebte Borra im Konstanzer Münster das Weihnachtsfest, von dem er auch ausführlich nach Hause berichtet. Auffallend an den Briefen ist ein kollegialer Ton gegenüber dem Herrscher. Immer wieder berichtet er von Geschenken, die er erhält und von der Sorge, sie zu verlieren. – Der Brief wurde von Meike Knittel aus dem Spanischen übersetzt; ihr verdanken die Herausgeber auch den Hinweis auf Mossén Borras Korrespondenz.

Brief an den König von Aragón und Sizilien

An den grössten und hervorragendsten Fürsten und Herrn und teuersten Herrscher, unseren König von Aragón und von Sizilien.

Größter und hervorragender Fürst und Herr und unser teuerster Herrscher, wir, Mossen Borra grüßen Euch und lassen Euch wissen, dass ich und der Kaiser gesund sind und fröhlich – bene inteligitis. Mein Gebieter und Herr, Ihr wisst, dass ich Euch neulich von all dem geschrieben habe, was ich wusste. Aber im Moment weiß ich nicht mehr als das, was Ihr, wie ich glaube, schon wissen müsstet: Nämlich, dass es zwei Herzöge von Bayern gibt, Söhne von zwei Brüdern. Der ältere ist Herzog Ludwig, Bruder der Königin von Frankreich, und der andere heißt Heinrich und ist zwischen 25 und 30 Jahre alt und Herzog Ludwig ist um die fünfzig. Ludwig verlangt ein Territorium von Herzog Heinrich, von dem man sagt, dass es ungefähr 900.000 Gulden wert ist, über das sie einen Prozess vor dem Kaiser geführt hatten. Herzog Heinrich hat mich am Montag, den 17., zum Essen eingeladen – über den Brei und das Fleisch muss man nicht weiter reden –, anschließend gab er mir zwei große goldene Pokale aus Deutschland, die sieben Mark und 30 Dukaten wert sind: Da muss man nicht mehr dazu sagen.

Am Morgen des darauffolgenden Tages, der ein Dienstag war, verkündete der Kaiser das Urteil, durch das Herzog Heinrich gewann. Der andere war verärgert: da ist nichts weiter dazu zu sagen. Dann kam der Donnerstag und sie hatten noch weitere Auseinandersetzungen: der Herzog Ludwig sagte: Du hast das Urteil zwar gewonnen, aber du wirst es nicht lange genießen. Der andere erwiderte, dass er es sehr wohl genießen werde, und viele andere Dinge, die zu lang wären, um davon zu schreiben. Der Kaiser ließ sie zum Schweigen bringen. Daraufhin ging Herzog Heinrich, Herzog Ludwig aber blieb und aß mit mir und dem Kaiser, und alles in allem wurde viel gescherzt und gelacht, weil er sehr gut Französisch sprach. Nach dem Essen gingen der Kaiser und ich zu Bett, um zu schlafen.

Herzog Ludwig ging nur mit zweien oder dreien, und der Herzog Heinrich zu Pferd und begleitet von all den Seinen, siebzig oder achtzig an der Zahl. Sie erwarteten ihn auf einem Platz, griffen ihn an und verwundeten ihn unter der Taille an der linken Seite und machten ihn nach und nach fertig. Herzog Ludwig nahm ihm das Schwert, mit dem er ihn verletzt hatte, ab und danach fiel er. Danach gab ihm Heinrich, oder die, die mit ihm waren, einen Schlag, der ihn in der Mitte der Stirn bis unterhalb des Ohrs erwischte und weiter bis zu den Pulsadern, dann mit dem Dolch zwei Hiebe in den Rücken, einen in die Schulter und noch einen in den Rücken: Nachdem er das getan hatte, flüchtete Heinrich im Glauben, dass der andere tot sei, und er ging zum Stadttor: riss aus und schloss die Tore hinter sich, sodass es großen Lärm in der Stadt gab. Als der Kaiser davon erfuhr, bewaffnete er sich sofort und sie riefen über 100.000 Mann zusammen, sie entdeckten die geschlossenen Türen und sie wollten sie nicht öffnen, weil sie glaubten, dass jene dann flüchten würden. Dann aber ließ der Kaiser die Tore öffnen und sie zogen aus, auch der Kaiser, aber der andere hatte da schon mehr als eine Meile Vorsprung. Er folgte ihm noch mehr als anderthalb

Meilen auf dem richtigen Weg, danach ging es in den Wald und ins Gebirge und dort verloren sie ihn: Um Mitternacht kehrte er um und durchquerte das Wasser, auf diese Weise hat er schnell flüchten können und man wusste nicht, wohin er ging, noch, woher er kam.

Bis heute sind der Kaiser und seine Leute nicht zurückgekehrt und ich bin in Konstanz geblieben, aber er lässt mich versorgen und königlich behandeln. Der Herzog Ludwig ist nicht in Todesgefahr, zuvor ging es ihm gut. Der Kaiser hält sich sieben Meilen entfernt von hier in einer Stadt namens Chairuch auf, die eine freie Stadt ist, sich aber an den Kaiser hält, wo sich über 100.000 treffen und dazu die Leute des Kaisers, die über 3.000 sind, darunter Ungarn und Böhmen, weil ihm so viele gehorchen, die Böhmen wie die Ungarn: der König von Böhmen ist sein Bruder, und sehr alt, und von Tag zu Tag hofft er auf die Nachricht seines Todes: und jener König hat viele Schätze angesammelt, aber dieser wird sie gut anlegen: ich hoffe immer noch, meinen Anteil zu erhalten, aber sprechen wir nicht weiter darüber.

Alle schreiben ihm [Sigismund], und ich auch, dass er wiederkommen soll, ich glaube aber, dass er es nicht tun wird, bis er besagten Herzog Heinrich gerichtet hat, aber der schickt Botschafter. Mehr hat er bisher von dieser Sache noch nicht hören lassen. Der Herzog Ludwig ist so weit noch nicht frei von Todesgefahr, weil ihn Fieber überkommen hat. Ich weiß nicht, was sein wird: die Verletzung der Seite oder der Flanke heilen nicht richtig, was große Schmerzen verursacht: sobald ich mehr weiß, werde ich es euch sagen.

Am selben Tag. Mossen Maciá Despuig ist hierhergekommen und alle ließen ihm Ehrungen und einen großen Empfang zuteilwerden. Ihr kennt den Grund seines Kommens, aber der Kaiser und das ganze Konzil hat sich gewundert, dass sie auf die Kardinäle von Peñiscola warten sollten. Diese sind hier den anderen gleich, sie können kommen oder jemanden schicken und sie werden vom Konzil behandelt, als ob sie präsent seien, obgleich sie abwesend waren.

Heute, wo Donnerstag ist und Tag der Heiligen Simon und Judas, waren alle fünf Nationen übereingekommen, die Kardinäle und die ganze Welt *uno corde et pura volumptate ad faciendum papam et electionem.* Ich glaube, dass Ihr den Modus schon kennt: es gibt sowohl Nationen als auch Kardinäle und ich glaube, dass es alles in allem 53 Personen sein werden. Auf die Weise hat jede Nation sechs Männer. Sie können keinen Papst wählen, wenn vier nicht einverstanden sind, und dies gilt für alle Nationen der Welt, worüber alle sehr zufrieden sind. Denn so können sie absolut keine Fehler machen, weil alle einwilligen müssen, da es sonst nicht wirkungsvoll wäre. Und morgen, am Freitag, wird das Dekret verkündet und anschließend am Samstag veröffentlicht und es wird eine Sitzung abgehalten und sofort am folgenden Montag werden sie die Papstwähler benennen und anschließend *Te Deum laudamus* singen. Es wird eine große Prozession geben und ich schwöre Euch bei Gott, dass dies durch den Heiligen Geist geschehen ist: kein Mensch kann es bisher glauben. So zahlreich waren die Unruhestifter gewesen ... Einige Kardinäle und Franzosen haben diese Satzung erfunden, die es noch nie gegeben hatte. Nachdem die übrigen Nationen gesehen haben, wie gut das war, sind sie alle den Engländern gefolgt. Aber alle sind in diesem Punkt einig wie Brüder und in der Tat sicherlich und ohne jegliche Zweifel werdet Ihr noch im November einen Papst haben. Es ist ein Ende in Sicht, wahrhaftig, das ist sicher, also sprechen wir nicht weiter.

Eure Gesandten schreiben Euch ausführlicher und sicherlich könnt Ihr sagen, dass alle wahre Wunder vollbracht haben und Meister Felipe erfreut sich eines guten Rufes und großer Berühmtheit auf diesem Konzil und es ist unumgänglich, egal, wer Papst sein wird, dass er ihn zum Kardinal machen wird, da sie ihn in großen Ehren halten, die Kardinäle und das ganze Konzil. Aber er bleibt unter eurer Herrschaft oder wie er zu mir sagt: Was bedeutet es, dass alle Geld erhalten haben und zufrieden sind, während er weder Pfründe noch Geld bekommen hat. Mein Wort darauf, mein Herr, Ihr müsst ihn bezahlen, weil Ihr auf der ganzen Welt, bei Gott, keinen anderen Diener wie ihn, keinen, der Euch solche Ehre erweisen würde, finden werdet. Aber Ihr müsst wissen, wenn es einen Papst gibt, werden alle etwas davon haben wollen und er ist allen etwas schuldig. Ich schreibe nicht weiter – *bene inteligitis.*

Ich glaube, dass der Kaiser sehr bald kommt, da das Konzil ausgeschickt hat, um zu sagen, dass er kommen soll. Und sobald der Papst gewählt ist, wird er mit seinen Vorbereitungen beginnen, um nach Mailand zu gehen, um die zweite Krone entgegenzunehmen, und von dort aus direkt nach Rom, so sichert er sich gewiss das, wovon wir jetzt nicht weiter reden wollen.

Mein erhabener Herr, ich empfehle Euch meine Frau und meine Kinder, da ich nicht weiß, wann ich zurückkehren kann, aber sobald ich weiß, wann es so weit sein wird, werdet Ihr meine Nachrichten erhalten. Und ich ersuche euch, dass Ihr mich der Frau Königin, Eurer Frau empfehlt und ich bitte Euch inständig, dass Ihr ihr die Briefe zeigt, die ich Euch schreibe und wenn es ihr gefällt, möge sie sie als die ihren ansehen. Mein Wort darauf, dass ich keine Zeit habe, ihr zu schreiben, so viel, wie ich zu tun habe, mal dort, mal dort. Ich empfehle mich auch all den Damen und Zofen Eures Hofes und dem Herrn Thronfolger Don Juan, der ein großer Herr zu sein scheint, und wünsche, dass er große Fortschritte machen möge. Sagt ihm, dass sie für ihn probieren sollen, damit nichts vergiftet ist, was ich nämlich auf keinen Fall möchte, weil er mein Freund ist.

Und zuletzt noch dies: Burggraf Friedrich von Nürnberg hat mir gestern zwei große Pokale und fünfzig Gulden geschenkt. Als er öffentlich zum Kurfürsten von Brandenburg und Erzkämmerer des Heiligen Römischen Reiches ausgerufen wurde, wurden Trompeten gebraucht und sie machten ihre Turniere, als ich durch die Stadt ging, aber sprechen wir nicht weiter davon.

Ich habe keine Angst, außer zu sterben und dass dann alles in den Rachen des Teufels fällt.

Geschrieben in Konstanz am Tag nach Sankt Simon und Judas. Immer Euer Ritter, wo ich auch bin.

Mossén Borra

Herr, ich habe anschließend erfahren, dass Eure Botschafter Einspruch erheben werden, dass sie nicht einwilligen werden. Ich glaube, dass sie weder dem Dekret und noch die Kardinäle von Peñiscola betreffend zustimmen wollen. Aber falls sie das zu Eurem Wohl und

Eurer Ehre tun, werden sie sich ärgern, denn dadurch werden sie Euch nur all Euren Ruhm und Eure Ehre entziehen. Es ist der falsche Moment, nun da alles vorbereitet ist und sie ins Konklave eintreten wollen. Sie werden deshalb nicht davon ablassen. Und wenn die Welt hier einig ist und nur Ihr seid außen vor, dann sehe ich keine Ehre und keinen Vorteil darin, aber ich glaube, dass sie Euch ausführlicher schreiben werden. Ich sage nicht mehr, aber Gott will nicht, dass man dies tut. Und was die Ehre, den Ruf und die Berühmtheit betrifft, die Ihr überall erlangt habt, Ihr werdet sie verlieren wegen geringer Dinge, die Eure Herrschaft gar nicht betreffen. Ich sage nun nichts mehr. Ihr versteht schon mit wenigen Worten.

Nachdem ich den Brief geschlossen habe, ist es Gott sei Dank doch geschehen: Eure Botschafter sind mit all den übrigen Nationen übereingekommen. Wären sie anders vorgegangen, wären Euer Wohl und Eure Ehre verloren gegangen. Deshalb sage ich nun nichts mehr, außer, wie gut dies ist; aber wenn das, was Mossen Maciá gesagt hatte, tatsächlich erfolgt wäre, wäre es schlecht gewesen *per infinita secula seculorum*. Ihr versteht schon.

Und heute am Samstag und Vorabend von Allerheiligen wurde eine Sitzung abgehalten und eine Verfügung erlassen, die 18 Kapitel enthält, um die ich mich nicht kümmere, weil eure Gesandten sie euch schicken. Von heute an bis in zehn Tagen muss jede Nation Wähler ernannt haben und ins Konklave eintreten und so könnt ihr sagen, dass dies von heute an getan wird. Von den Kardinälen von Peñiscola sagt man, dass sie nach drei Monaten gut hätten hier sein können, sie hätten also kommen können, aber, wenn sie in diesen zehn Tagen oder während des Konklaves noch kommen, werden sie empfangen. Mehr weiß ich nicht.

Geschrieben heute am Vorabend von Allerheiligen.

Aus: Tres cartas autógrafas é inéditas de Antonio Tallander Mossén Borra, maestro de los Albardanes de D. Fernando el de Antequera, y algunos documentos desconocidos relativos al mismo personaje / por D. Manuel de Bofarull y de Sartorio, Barcelona 1895. S. 22-27.

SIEGFRIED MEISTERLIN

Der Augsburger Benediktiner-Mönch und Chronist Siegfried Meisterlin (um 1435–1497) gehörte zu den Gegnern des böhmischen Reformators Jan Hus (1369–1415) und dessen Anhängern. Daher ist es umso bedeutsamer, eine Sammlung der Lehren Hus' aus seiner Feder zu haben. Diese gnadenlose Abrechnung mit dem vermeintlichen Ketzer ist Teil seiner 1488 abgeschlossenen »Chronik der Reichsstadt Nürnberg«, eine Auftragsarbeit, die zuerst in lateinischer, dann auch in deutscher Sprache erschien, und für die er die »in Aussicht gestellte klingende Entlohnung« erhielt, wie es in der »Allgemeinen Deutschen Biographie« (1875/1910) heißt.

Jan Hus passierte die alte Reichsstadt im Oktober 1414 auf seinem Weg zum Konzil von Konstanz (1414–1418). Er predigte dort vor einer großen Menschenversammlung. Das wird auch Friedrich VI. von Nürnberg (1371–1440), dem späteren Friedrich I. von Brandenburg, nicht entgangen sein. Er nahm ebenfalls am Konzil teil. König Sigismund (1368–1437), der ihm gewogen war, verlieh ihm am Bodensee im Frühjahr 1415 die erbliche Würde des Markgrafen und Kurfürsten. In der Folge war Friedrich mit dem gewaltsamen Vorgehen Sigismunds gegen die Hussiten nicht einverstanden. Das Verhältnis kühlte sich merklich ab.

Bereits 1457 verfasste Siegfried (auch Sigmund oder Sigismund) Meisterlin, der zuletzt in der Nähe von Nürnberg eine Pfarrei betreute, ein anderes großes Werk. Seine Chronik von Augsburg, das sich seinerzeit als »Hauptstadt Schwabens« verstand, bewerten Historiker als erstes humanistisches Geschichtsbuch Deutschlands.

Die Lehre des Jan Hus

Kaiser Karl IV. hatte ein Erzbistum in Prag errichtet und dabei eine Hohe Schule gegründet, die »universale studium« in allen Künsten genannt wird. Diese Schule wurde durch die Deutschen, deren gar viele da waren, regiert. Das duldeten die Böhmen gar ungern und murrten. Nun war einer unter den Böhmen edel und reich, hatte in England studiert in der Stadt Oxford und war dort auf einige Bücher gestoßen, die der Ketzer Wiclif gemacht hat, sie werden »de universalibus et realibus« genannt. Die schrieb er ab und brachte sie mit sich nach Prag als besonderen Schatz, darin waren etliche Artikel wider die Priester, auch wider den Stand der Christenheit, auch wider die Obrigkeit geistlicher und weltlicher Prälaten. Dieser Meister, der es also brachte, hieß Putripiscis, das ist Faulfisch. Die Materie teilte er denen mit, die den Deutschen feind waren. Unter ihnen hieß einer Meister Hanns, geboren in dem Dorfe Hus (nun ist Hus so viel als eine Gans), und stammte von armen Leuten. Man hielt ihn auf der Schule für einen listigen und geschwätzigen Laien. Als ihm die Bücher Wiclifs bekannt wurden, nahm er sie gierig auf, machte sich an den trunkenen Wenzel und erreichte, dass die Deutschen unterdrückt und gemäht wurden. Die schworen zusammen, und an einem Tage gingen aus Prag zweitausend Meister und Schüler oder Studenten, nach etlichen Tagen aber dreitausend, die zogen gen Leipzig und errichteten dort eine Hohe Schule.

Als Johannes Hus sie nun vertrieben hatte und ohne jeden Widerspruch die Schule allein regierte, hielten ihn die Böhmen für einen gar gelehrten Laien und, da er den Schein eines ehrbaren Lebens führte, für einen heiligen Mann. Da ließ er aus seinem Munde das Gift falscher Lehre fallen, die er lange im Herzen getragen und ausgebreitet hatte. Er erhielt auch ein treffliches Predigtamt in der Kirche zu Prag, die man Bethlehem nennt. Dort fing er an zu sagen von dem Wiclif, wie er so trefflich und wohl geschrieben habe. Dem hingen bald etliche Pfaffen an und lobten ihn dem Volk gegenüber, besonders die, die eine große Schuld begangen oder die solches begangen, dass sie sich nicht trauten, vor ihrem Bischof zu bestehen. Sie hatten eine Hoffnung: Nähme diese Lehre überhand, so wollten sie sich wohl behaupten. Zu ihnen gesellten sich einige, die gar wohl gelehrt waren und doch keine Gottesgabe oder Pfründe hatten, die beneideten diejenigen, die große Pfründen hatten, und hofften, ihre Sache würde besser, den Mächtigen eine Gegenpartei zuzurichten. Es schreiben auch etliche, dass es die Königin mit ihnen gehalten habe, die hoch über ihrem Mann stand, der allein zu Hause auf dem Lotterbett schnauft und manchmal in den Keller und in die Küchen spazieret. Es verblendete auch viele Geistliche der Neid und viele Weltliche die Habgier, dass sie mit sehenden Augen nicht sahen und dass sie wohl verstanden und nicht verstehen wollten und in Worte verfielen, mit denen sie Gott schändeten. Und wiewohl sie vielleicht wider etliche Ungelehrte und wider diejenigen, die ein schändliches Leben führten, Ursache zu böser Nachrede hatten, so wickelten sich doch darein auch die Gelehrten und Frommen und bellten wie die Hunde wider alle Priesterschaft und beschlossen, sie wollten Waldenser Sekte und Ordnung halten, lehren und predigen, die die folgenden Artikel hielten.

Folgende Artikel predigen und halten die Hussiten wider die heilige Christenheit:

Der Papst ist ein Bischof wie ein anderer Bischof über sein Bistum und nichts weiter.

Ein Priester ist in aller Gewalt wie der andere, und es besteht unter ihnen kein Unterschied. Welcher Priester besser ist als der andere, das liegt nicht an der Prälatur, sondern an der Heiligkeit der Lebensführung.

Wenn eine Seele von dieser Welt scheidet, so hat sie allein zwei Wege: Sie fährt sofort gen Himmel oder schnell zur Hölle, was man aber sagt vom Fegefeuer, so erklärten die Hussiten, es sei kein Fegefeuer, sondern die Habgier der Pfaffen habe es erdacht, und es sei verloren Ding, dass man für die Toten bitte.

Man soll abtun alle Bildnisse, es sei zu Gottes Ehre oder der reinen Jungfrau Maria oder der Heiligen und so weiter.

Dass man Kerzen, Asche, Palmen, Weihwasser und auch die Taufe und ander Ding segne, sei ein lächerlicher Spott.

Bettelorden und Mönche habe der Teufel erdacht und erfunden.

Alle Priester sollen arm sein und nichts haben als das Almosen.

Wer predigen will, dem sei es erlaubt, er sei Laie oder Priester.

Man soll keine Sach leiden in der Christenheit, ob Frauenhäuser, Spiel, Wucher oder was auch immer, darum, dass größeres Übel vermieden bleibe.

Wer in Todsünden ist, mag weder geistlicher noch weltlicher Richter sein und aller Freiheit beraubt, und niemand soll ihm gehorsam sein.

Firmung und letzte Tauf oder Ölung seien nicht zu zählen unter die Sakramente.

Es sei eine Ursache zum Lügen, dass die Menschen dem Priester ins Ohr beichten.

Es sei genug, dass ein jeglicher Mensch in seinem Herzen Gott bekenne.

Man soll zur Taufe allein lauteres Wasser nehmen ohne Chrysam oder heiliges Öl.

Dass man die Leute in Kirchhöfen begrabe, sei zu nichts nutze, die Pfaffen haben es erdacht von Gewinnes wegen.

Es gelte gleich, wo die Körper zugedeckt werden.

Das geziemendste und größte Stift und Gotteshaus, darin Gott angebetet werden soll und die Toten begraben werden sollen, sei die Welt. Die aber Kirchen bauen und Klöster und Kapellen und Bethäuser, die wollen die göttliche Majestät in einen Winkel zwingen, als ob sie nicht an allen Stätten gleich gnädig sein könnte.

Die zierlichen Gewänder, Messgewänder, Altartücher, Kappen, Teppiche, Korporale, Kelche, Patenen, Rauchfässer seien unnütze und verlorene Kosten.

Ein Priester mag zu jeder Stunde und an allen Stätten das heilige und würdige Sakrament konsekrieren und sogleich denen geben, die es begehren.

Es braucht auch der Priester nicht mehr sprechen denn die Worte, darin die Kraft des Sakramentes liegt.

Es soll niemand weder die Jungfrau Maria noch Engel noch irgendwelche Heiligen anrufen, denn sie können niemandem helfen.

Es sei eine verlorene Zeit, dass man die sieben Tageszeiten singe oder spreche.

Man soll keinen Tag ohne Arbeit sein außer allein am Sonntag, und alle Tage, die den Heiligen zugesprochen sind, aufgeben. Wer an den Tagen faste, die die Kirche angesetzt hat, der erwerbe keine Verdienste.

Zum Allerletzten, als diese Artikel nun eingewurzelt waren, da wurde erst eingefügt der Artikel, dass man das hochwürdige Sakrament den Laien unter beiderlei Gestalt geben sollte: Brot und Wein. Sie predigen, das hätte seinen Grund im heiligen Evangelium, und sprechen, die römische Kirche und die ganze Christenheit wären unwissend und ungelehrt, weil sie es nicht täten, oder aber so neidisch, dass sie es nicht tun wollten.

Fragst du, ob auch die vernünftigen Prälaten, geistliche und auch die hochweisen strengen und ehrbaren Ritter, Knecht und Ratgeber dieser finnigen Lehre anhangen, wisse die Antwort also: Mit Gott isset man gerne, und sein Brot ist süß, und die Fürsten haben ihre Lust daran. Denn die Großmächtigkeit der Priesterschaft und die große Menge der Klöster, die Karl und Johann, sein Vater, im Reich Böhmen gestiftet hatten, war denen ein Dorn im Auge, die da Hoffnung hatten, wenn Hus seine Sache vollbringe, so wollten sie das alles besitzen. Das Gold aber und das Silber, das in den Kirchen war und in der Priester Gewalt, an den Heiligtümern und Kelchen und so weiter, entlockt dem Volk von Gomorrha ein Verlangen, darüber Sackmann zu machen und so weiter. Ein Rat zu Prag und die Metzger und etliche fromme Bürger wollten die strafen, die die Ursache des Auflaufs und des Raubes gewesen waren, da fielen sie gar genau alle in den Tod.

Unter diesem Tumult hatte Kaiser Sigismund, der nach Wenzel erwählt worden war, das Konzil zu Konstanz versammelt. Dorthin ward Hanns Hus gefordert, dort überwunden, und da er verstockt war, wurde er verbrannt, desgleichen darnach sein Ketzermeister Hieronymus.

Aus: Siegfried Meisterlin: Chronik der Stadt Nürnberg. Nürnberg 1488. – Siehe auch die Dokumentation im Internet: www.glaubensstimme.de

HARTMANN SCHEDEL

Er war Arzt in Nürnberg, vermögend und hoch angesehen, folgerichtig im Register der 92 Ehrbaren Familien der Stadt geführt sowie Mitglied des »Größeren Rates«; er war das, was wir »weltgewandt« nennen würden, nicht zuletzt durch seine Reisen und Auslandsaufenthalte, die ihn auch an die Universität Padua nach Italien führten, wo er neben Medizin, Anatomie auch Chirurgie studierte und promovierte; als einer der ersten Deutschen überhaupt hatte er Zugang zur griechischen Sprache erlangt. Kurzum: Er war ein Hochbegabter, der bereits im Alter von 16 Jahren an der Universität Leipzig Vorlesungen in den Rechtswissenschaften und im Kanonischen Recht hörte und das Studium mit einem Magister in den Freien Künsten abschloss. Und dennoch ist der Humanist Hartmann Schedel (1440–1514) nicht durch seinen sozialen Status und seinen Beruf »berühmt« geworden, sondern durch die von ihm verfasste »Nürnberger Chronik«, besser bekannt als die »Schedel'sche Weltchronik« aus dem Jahr 1493, ein Jahr nach der Entdeckung Amerikas.

Die Chronik erschien in einer lateinischen und deutschen Fassung und gilt neben der Gutenberg-Bibel als das bedeutendste Zeugnis deutscher Buchdruckkunst des 15. Jahrhunderts. Die genaue Auflage ist nicht bekannt. Verschiedene Quellen sprechen aber von 1.400 Exemplaren der 656 Seiten dicken lateinischen Ausgabe – für den europäischen Buchmarkt – und von 700 Exemplaren der deutschsprachigen Version mit 597 Seiten. Über den Preis herrscht ebenso Unklarheit. Je nach Ausstattung des Buchs betrugen die Kosten zwischen 3 und 8 Gulden. Ein 1495 in London verkauftes Exemplar kostete 66 Shilling 8 Pence. Eine gut erhaltene Ausgabe der Chronik brachte 2001 bei einer Auktion in der britischen Metropole 579.000 Euro ein.

»Berühmt« wurde die großformatige Chronik, die bei Anton Koberger (1440–1513) in Nürnberg gedruckt wurde, der damals den Buchmarkt im deutschsprachigen Raum beherrschte, aufgrund der Holzschnitte aus der Werkstatt von Michael Wolgemut (1434–1519)

und seines späteren Stiefsohns Wilhelm Pleydenwurff (1460–1494). Da Albrecht Dürer (1471–1528) bis 1490 in die Lehre von Wolgemut ging, wird angenommen, dass er an den insgesamt 1.804 Illustrationen der Chronik beteiligt war. Der renommierteste deutsche Künstler des Humanismus und der Reformation wohnte seinerzeit in der Nürnberger Burgstraße, in der auch Schedel ein Haus besaß, ererbt von seinem Vetter und – nach dem frühen Tod der Eltern – gutmeinenden Erzieher.

Hartmann Schedel hatte seine Chronik in enzyklopädischer Form »von anbeginn der welt bis auf diese unsere Zeit« zusammengestellt und – wie damals üblich – in sieben »Weltalter« gegliedert, von »der Erschaffung der Welt« bis zum »Ausblick auf den Weltuntergang und das Jüngste Gericht«. Eine seiner Hauptquellen war das »Supplementum chronicarum« des Italieners Jacobus Foresta (1434–1520). Das weist schon darauf hin: Inhaltlich liefert die Weltchronik nur die traditionelle historische Sichtweise. Dennoch übte sie einen gewaltigen Einfluss auf die kulturelle, kirchliche und intellektuelle Geschichte des Spätmittelalters aus. Bis ins 17. Jahrhundert ist eine aktive Rezeption der Chronik als historisches Nachschlagewerk und Bestandsaufnahme städtischen Lebens Ende des 15. Jahrhunderts nachgewiesen.

Aber auch heute noch besitzt Hartmann Schedels Enzyklopädie große Anziehungskraft, wie der jüngste Nachdruck des Werks belegt. Stephan Füssel, Leiter des Instituts für Buchwissenschaft der Gutenberg-Universität Mainz, der bereits 2001 eine Gesamtausgabe besorgte, hat jetzt erneut einen Nachdruck von dem seltenen handkolorierten Exemplar der Herzogin Anna Amalia Bibliothek in Weimar mit Begleitheft herausgegeben.

Der das Konstanzer Konzil (1414–1418) und das sechste Zeitalter »von der Geburt bis zur Gegenwart« betreffende Teil der »Weltchronik« stellt drei Hauptakteure in den Mittelpunkt: Gegenpapst Johannes XXIII. (1370–1419), der am Ende sein hohes Amt an Martin V., zuvor Oddo di Collona (1368–1431), verliert, womit das seit 1378 andauernde Abendländische Schisma endet, sowie König Sigismund (1368–1437), der den Europäischen Kirchenkongress auf den Weg gebracht hatte. Sigismund wurde in Nürnberg geboren, insofern gilt

Schedels uneingeschränktes Herrscherlob auch dem großen Sohn der Stadt. Auch für den böhmischen Reformator Jan Hus (1369–1415), der auf seinem Weg nach Konstanz auch die Stadt Nürnberg passierte, und dessen Schüler Hieronymus von Prag (1379–1416) hat er ein Wort übrig. Schedel lobt beide als scharfsinnige Menschen und gute Redner, die allerdings den irrigen Lehren des Engländers John Wyclif (1330–1384) aufgesessen seien. Der folgende knappe Auszug – in Frühhochdeutsch und in einer Übersetzung durch die Herausgeber – gilt dem Porträt von Papst Martin V. Es ist eine Weichzeichnung, aber anderes ist von der Geschichtsschreibung des 15. Jahrhunderts nicht zu erwarten.

Die Schedel'sche Weltchronik

MARTINUS DER FUENFT ein roemer dauor Otto genant auß dem edeln roemischen columneser geschlecht geporn ist in disem iar an sant Martins des bischofs tag in dem concili zu Costnitz mit verwilligung aller nation vnd der cardinel auß cardinal zu babst erkorn worden. dann er wardt von iugent auff durch seine eltern zu lernung guoter sytten vnd kunst angewisen vnd darnach in seinen auffwachsenden tagen zu Perus (Perugia) in den babstlichen rechten gar wol gelert. Von dannen kome er gein Rom. daselbst wardt er von seiner woltueglichkeit vnd schriftlicher weißheit wegen Vrbani des sechsten referendari vnd darnach ein cardinal. vnd so denn in dem concili zu Costnitz zwispeltigkeit erschinnen so hielt er alweg ein mittel gemaynem nuotz fuerderlich darumb so wardt er kaiser Sigmunden vnd den cardineln angename vnd beheglich. Er schicket sein babstlich ambt nit in schlaff vnd mueessigkeit sunder in arbeit vnd sorgfeltigkeit. vnd wiewol er dauor nit werlt gescheid oder fuerschlegig sunder gueetig vnd mylt geschatzt wardt so erzaiget er sich doch also in seinem babstthumb das an ime hohe werltgescheidigkeit vnd kein vberfluessige miltigkeit erschine. Nach entschaft des concili keret er wider in welsche land gein Florentz alda blibe er zway iar. Darnach zohe er gein rom do gienge ime die gantz stat entgegen. vnd er wardt nicht anders dann als ein vater der statt empfangen. vnnd die statt rom. die dann an gepewen vnnd sytten die gestalt einer statt verlorn het durch ine wider in ein burgerlich wesen gebracht. Zu letst starb er im .xv. iar seins babstthumbs vnd im .lxxiii. iar seins alters. vnd wardt von dem roemischen volck vnd der pfafheit also bewaynet als ob die kirch gottes vnd die statt rom auß diss mans tod vaterlose worden wer.

Martin V., ein Römer, der sich davor Otto genannt hatte und der aus dem edlen Geschlecht der Columneser stammt, ist in diesem Jahr, am Tag des Bischofs Sankt Martin, im Konzil zu Konstanz mit der Einwilligung aller Nationen und der Kardinäle vom Kardinal zum Papst gewählt worden. Denn er war durch seine Eltern von Jugend an zum Erlernen der guten Sitten und zum Studium der Kunst und Wissenschaft angehalten worden. In den dann folgenden Jahren seines Erwachsenwerdens wurde er in Perugia in den päpstlichen Rechten sehr gut unterwiesen. Von dort ging er nach Rom. Aufgrund seiner Geschicklichkeit und seiner Gelehrtheit wurde er Mitarbeiter von Urban VI. und danach Kardinal. Als im Konzil zu Konstanz der Zwiespalt der Kirche offenbar wurde, hielt er immer einen Weg zum allgemeinen Nutzen für förderlich und das war es, weshalb er für Kaiser Sigismund und die Kardinäle angenehm und behaglich war.

Er sah die Aufgabe seines päpstlichen Amtes nicht in Faulheit und Müßiggang, sondern in Arbeit und Sorgfalt. Bevor Martin V. das Papstamt annahm, wurde er nicht als verinnerlichter Mann, der sich durch vorauseilende Vorschläge hervortut, geschätzt, sondern als gütiger und großzügiger Mensch. Es zeigte sich während seines Papsttums, dass an ihm große Weltklugheit und keine maßlose Großzügigkeit festzustellen waren. Nach Beendigung des Konzils kehrte er zurück nach Italien. Zunächst ging er nach Florenz, wo er zwei Jahre blieb, und reiste dann nach Rom, wo ihm die ganze Stadt entgegenströmte. Er wurde wie ein Stadtoberhaupt mit höchsten Ehren empfangen. Und die Stadt Rom, die nicht nur was die Pracht der Gebäude angeht, sondern auch aufgrund des dortigen Lebenswandels an Bedeutung verloren hatte, wurde durch ihn wieder zu höchstem Ansehen gebracht. Schließlich starb er im 15. Jahr seines Papsttums, das war in seinem 73. Lebensjahr. Er wurde vom römischen Volk und dem Klerus so sehr beweint, als ob die Kirche Gottes und die Stadt Rom durch den Tod dieses Mannes vaterlos geworden wären.

Aus: Hartmann Schedel: Nürnberger Chronik. Nürnberg 1493. In: wikisource.org/wiki/Schedel'sche_Weltchronik. Auch: Hartmann Schedel: Weltchronik – 1493. Kolorierte Gesamtausgabe. Stephan Füssel. Taschen Verlag, Köln 2013. 684 S.

VERHANDLUNGEN ZU LODI
Rosgartenmuseum Konstanz, Hs. 1, Richental: Konzilschronik. In: Feger, Otto (Bearb.): Ulrich Richental: Das Konzil zu Konstanz. Faksimile. Starnberg – Konstanz 1964. Fol. 5v

16. JAHRHUNDERT

MARTIN LUTHER

»*Was soll ich über Luther sagen*«, *fragte sich 1597 etwas ratlos Johannes Keppler (1571–1630) und antwortete: Es sei eigenartig,* »*dass er trotz aller widrigen Umstände die Wahrheit nie im Stich gelassen habe*«. *Was dem Astronomen ein Rätsel blieb, das war Martin Luthers Fluchen und seine unflätigen Ausdrücke ... Oder, sinnierte Keppler, stimme doch der Satz, dass* »*große Naturen mit großen Tugenden auch große Fehler hervorbringen ...?*«– *Aber wer ist schon fehlerfrei, ließe sich dagegen einwenden!*

Um die Wahrheit des Evangeliums, die es gegen Missbrauch durch Papst, Kirche und weltliche Gewalten durchzusetzen galt, war es auch Jan Hus (1369–1415) gegangen. Seine unerbittliche Wahrheitssuche brachte dem böhmischen Theologen den Scheiterhaufen vor den Toren der Stadt Konstanz ein. Der 1483 im sachsen-anhaltischen Eisleben geborene Mönch und Professor für Bibelexegese Martin Luther, der mit seinen 1517 veröffentlichten 95 Thesen gegen die Bußpraxis (auch den Ablasshandel) die Spaltung der Kirche auslöste (von Luther nie beabsichtigt), hatte da mehr Glück. Nachdem er im Januar 1521 mit dem »Kirchenbann« (Exkommunikation) und im April des gleichen Jahres vom Reichstag mit der »Reichsacht« (»Wormser Edikt«) und dem Bann durch Kaiser Karl V. (1500–1558) belegt worden war, schützte den »Vogelfreien« sein weiser Landesherr Kurfürst Friedrich III. (1463–1525). Er ließ ihn »entführen« und als »Junker Jörg« (also inkognito) auf der Wartburg unterbringen. Dort, im geschützten Raum, übersetzte der Geächtete das Neue Testament in nur drei Wochen aus dem Lateinischen in die ostmitteldeutsche Hochsprache. Dabei nutzte er vor allem die kritische griechisch-lateinische Bibel-Ausgabe des niederländischen Humanisten Erasmus von Rotterdam (1466–1536).

Martin Luther, der die Einsicht in das Prinzip der Gerechtigkeit Gottes »sola gratia« (allein aus Gnade) als seinen Wendepunkt in der Reformation bezeichnete, teilte nicht nur die Widerspens-

tigkeit des Wahrheitsfanatikers Hus (»Verteidige die Wahrheit bis zum Tode«), er stand auch in der Tradition des Ketzers, der Anleihen in der Lehre des englischen Philosophen und Theologen John Wyclif (1330–1384) genommen hatte. Diese Erkenntnis war ihm nach der Leipziger Disputation mit Johannes Eck im Juli 1519 aufgegangen. Der Anwalt der römisch-katholischen Kirche verteidigte die »altkirchlichen« Positionen und konnte durch geschicktes Taktieren den Heißsporn Luther zur Aussage verleiten, einige zentrale Thesen des böhmischen Ketzers – etwa, dass nicht nur der Papst, sondern auch Konzilien irren könnten – »wahrhaft evangelisch« seien.

Mit der Leugnung der Autorität der Kirche hatte Luther begonnen, die Kirche von Rom zu verlassen – und musste sich nun mit seinen »Vorgängern« auseinandersetzen, mit denen er plötzlich verglichen wurde. Er sollte dabei zu einer weiteren überraschenden Erkenntnis kommen. Einige Monate später sandte ihm ein Prager Magister ein Exemplar von Hus' Schrift »De ecclesia«. Nachdem Luther das Buch gelesen hatte, musste er erstaunt feststellen: »Ich habe bislang unwissentlich alles von Johannes Hus gelehrt und gehalten«.

Und der Reformator, der 1524 den Orden der Augustiner verließ und die ehemalige Nonne Katharina von Bora (1499–1552) heiratete, der an Hexen glaubte, eine unglückliche Figur in den Bauernkriegen machte (hinter seiner Ablehnung des Aufstandes stand sein Zerwürfnis mit Thomas Müntzer) und die Täuferbewegung ablehnte (»ein gewiss Zeichen des Teufels«), gar nicht zu reden von seiner Einstellung gegenüber den Juden (»dass man ihre Synagogen verbrenne …«), bekannte sich ostentativ zu Hus. Er sah sich schließlich als dessen Erbe. 1531 äußerte er in der – hier auszugsweise zitierten – »Glosse auf das vermeintliche kaiserliche Edikt«: »Der Heilige Johannes Hus hat von mir geweissagt / als er aus dem Gefängnis im Böhmerland schrieb / Sie werden jetzt eine Gans braten (denn Hus heißt eine Gans) / Aber nach hundert Jahren werden sie einen Schwan singen hören / Denn sollen sie leiden / Dabei soll es auch bleiben / so Gott will« – tatsächlich soll Hus diese rätselhaft prophetischen Worte in den Flammen auf dem Konstanzer Brühl gesagt haben. Hus' Hinrichtung verhinderte nicht die Organisation seiner

Anhänger, der Hussiten, und führte schließlich zu zwei Jahrzehnte dauernden Kriegen.

Durch die Deutung der Weissagung auf seine eigene Person und deren Weiterverbreitung durch Wegbegleiter wie Johannes Bugenhagen (1485–1558) entwickelt sich nach dem Tod des Reformators 1546 der Bildtypus »Luther mit dem Schwan«. Es ist nicht ganz klar, wer dieses Motiv geschaffen hat und wann es das erste Mal benutzt wurde. Einzelne Beispiele stammen noch aus den letzten Jahren des Reformationsjahrhunderts. Im 17. und 18. Jahrhundert spielten die vielfältigen Varianten des Motivs eine Rolle bei der Verklärung von Luthers Leben und Werk. Ende des 19. Jahrhunderts wurde kaum noch auf diesen Bildtyp zurückgegriffen.

»Luther mit dem Schwan« ist dennoch mehr als nur eine Arabeske der künstlerischen Verehrung Luthers. Nach Auffassung von Kunsthistorikern muss es als formales Bindeglied zwischen den Porträts des Reformators durch Lucas Cranach (1472–1553) und den Lutherdenkmalen des 19. Jahrhunderts gesehen werden. Der Reformator gehört im Übrigen zu den am häufigsten im Bild erfassten Personen der deutschen Geschichte. Schon zu Lebzeiten wurden geschätzte 500 Bilder von ihm angefertigt, vermutet wird zudem eine hohe Dunkelziffer von Tausenden weiterer unbekannter oder verschollener Abbildungen. Der Hus'sche Schwan jedoch wurde durch die Vielzahl der Darstellungen und die vielfältige Verwendung zum allgemeinen Kennzeichen und – zum Attribut Luthers.

Glosse auf das vermeintliche kaiserliche Edikt

Ich aber / Doktor Martinus / bin dazu berufen und sehe mich dazu gezwungen / Doktor zu werden / aus Dankbarkeit / und aus reinem Gehorsam / musste ich das Doktoramt annehmen und meiner allerliebsten heiligen Schrift schwören und geloben / sie treu und ehrlich zu predigen und zu lehren / Über diesem Lehren ist mir das Papsttum in die Quere gekommen / und wollte es mir verwehren / Darüber ist es ihm auch gegangen / wie allen vor Augen liegt / und wird es ihm noch viel schlimmer gehen / und sie werden mich nicht los / Ich will in Gottes Namen und in seinem Auftrag / zu den Löwen und Ottern gehen / und den jungen Löwen und Drachen mit Füßen treten / Und das soll während meines Lebens begonnen und nach meinem Tod zu Ende gebracht sein. / Der Heilige Johannes Hus hat von mir geweissagt / als er aus dem Gefängnis im Böhmerland schrieb / Sie werden jetzt eine Gans braten (denn Hus heißt eine Gans) / Aber nach hundert Jahren werden sie einen Schwan singen hören / Den müssen sie ertragen / Dabei soll es auch bleiben / so Gott will.

Das will ich zu diesem Edikt / das mal zur Glosse gesagt haben / Lebe ich und kratzt mich jemand / ich kann die anderen noch viel besser jucken und kitzeln / Indes / Möge sich niemand wegen dieses Edikts zerkratzen / das sie im Namen des frommen Kaisers / so schändlich erlügen und veröffentlichen / Sie sollten ihre Lügen unter dem Namen eines frommen Kaisers weglassen / denn sie haben nunmehr seit über sechshundert Jahren ihr ganzes lästerliches Wesen / ihren Stand / ihre Lehre / ihr Leben und was sie sind und tun / alles unter dem Namen Gottes und der heiligen Kirche / begonnen und erhalten / Aber der gleiche liebe Gott / wollte solchen Lästerungen einmal ein Ende bereiten / und seinen Namen wieder heiligen / auf dass sein Reich auch einmal komme / und sein Wille geschehe / Amen / Amen / und falle das lästerliche Papsttum und was daran hängt in den Abgrund der Hölle / wie es Johannes verkündet hat in der Apokalypse / Amen / Sage wer ein Christ sein will. Amen.

Aus: Martin Luther: Auf das Vermeint Keiserliche Edict Ausgangen jm 1531 jare nach dem Reichstage des 1530 jars. Glosa. D. Mart. Luthers. Gedruckt zu Wittenberg durch Nickel Schirlentz, 1531. S. 54.

JOHANNES BUGENHAGEN

Martin Luther (1483–1546) nannte ihn »Doktor Pommer« oder »Doktor Pomeranus«. Der Beiname von Johannes Bugenhagen (1485–1558) ergab sich aus seiner Heimat Pommern. Dort, in Wollin, wurde er als Sohn eines Ratsherrn geboren. Und noch einen zweiten Beinamen hatte Luther für ihn parat: »Bischof der Reformation«. Damit würdigte der Wittenberger die Verdienste Bugenhagens für die Reformation, dem im Übrigen ein hohes Organisationstalent nachgesagt wird. Dabei stand der Gelehrte, der nach dem Studium an der Universität Greifswald die Leitung der Lateinschule in Treptow übernahm – dem heutigen Trzebiatów – und sich dort mit humanistischer Literatur, dem Programm von Erasmus von Rotterdam (1466–1536), der Heiligen Schrift und den Lehren der Kirchenväter beschäftigte, nicht von der ersten Stunde an auf der Seite Luthers.

Als dem 1509 zum Priester geweihten Bugenhagen dessen antirömische Schrift »Von der Babylonischen Gefangenschaft der Kirche« (1520) in die Hände fiel, soll er ausgerufen haben: »Ei, ei, das ist ein sehr gefährlich Buch, der Mann ist ja einer von den größten Ketzern, die seit Christi Geburt gelebt haben …«. Nach einer gründlichen Lektüre der Schrift änderte er aber seine Meinung: »Wir alle sind blind, der Mann, der dies Buch geschrieben hat, sieht allein die Wahrheit.« Von da an hatte er vor Luther den größten Respekt und trug dessen Lehre in aller Freimütigkeit in seinen Predigten vor. Um selbst Verfolgungen zu entgehen, siedelte Bugenhagen 1521 nach Wittenberg um, wurde bald darauf zum Pastor der dortigen Kirche bestellt und – nach einem weiteren Studium der Theologie – zum Professor und Generalsuperintendenten des sächsischen Kurkreises. Diese drei Ämter bekleidete er bis zu seinem Tode.

Johannes Bugenhagen war einer der unermüdlichsten Gehilfen Luthers bei der Reformation. Er scheute nicht die Debatte. In einem weitverbreiteten Brief an den Breslauer Pfarrer Johann Heß griff er das symbolische Verständnis des Abendmahls bei dem Gesin-

nungskollegen Reformator Huldreich Zwingli (1484–1531) an und eröffnete damit den berühmten Abendmahlsstreit unter den Reformatoren. Gemeinsam mit dem Humanisten Philipp Melanchthon (1497–1560) war ihm die Umsetzung der reformatorischen Erkenntnis ins Alltagsleben der Menschen ein großes Anliegen (»Von dem Christlichen glauben vnd rechten guten wercken«, 1526). Dazu reiste er viel, selbst ins Ausland. Bugenhagen war Luthers Seelsorger und traute ihn 1525 mit Katharina von Bora – er selbst hatte drei Jahre zuvor Walburga Rörer geheiratet und wurde so zum Begründer des evangelischen Pfarrhauses. Er half Luther (1539 bis 1541) bei der Revision seiner Übersetzung der Bibel, die er selbst unter dem Titel »Det Nye Testament« ins Niederdeutsche übertrug.

Nach dem Tod des Reformators hielt er die bewegende Leichenpredigt, die auch das wohl letzte Wort von Jan Hus (1369–1415) vom Schwan, der da kommen würde, um die Kirche an Haupt und Gliedern zu reformieren, aufnahm, das Luther so gern auf sich bezog.

Predigt am Grabe Luthers

Lieben Freunde! Ich soll jetzt und will gerne bei dem Begräbniß unsers herzlieben Vaters, D. Martin seligen, eine Predigt thun, was aber, oder wie soll ich reden, so ich vor Weinen nicht wohl kann ein Wort machen? Und wer soll euch trösten, so ich euer Pfarrherr und Prediger nicht reden kann? Wohin kann ich mich von euch wenden? Ich werde ohn Zweifel mit meiner Rede mehr Heulens und Trauerns machen. Denn wie sollten wir nicht alle herzlich trauern, so Gott uns dies Betrübniß zugeschickt, und den hohen, theuren Mann, den ehrwürdigen D. Martin Luther, von uns weggenommen, durch welchen er uns allen, und allen Kirchen Christi in deutschen Landen, auch vielen in fremden Nationen, unaussprechliche Gaben und Gnade erzeiget hat, durch welchen er auch herrlich obgesieget hat wider das Reich des Satans, wider so mancherlei schändliche Abgötterei und Menschensatzung, ja wie es Paulus nennet, wider die Teufelslehren in aller Welt, und hat uns offenbaret im Evangelio das hohe, große, himmlische Geheimniß, seinen lieben Sohn Jesum Christum (wie es zu den Ephesern und Colossern St. Paulus auch nennet), durch welchen unser lieben Vater Christus sein Evangelium vertheidiget hat wider den leidigen Papst und mancherlei Rotten und Tyrannen, ja wider alle Pforten der Höllen, welchem theuren Mann er gegeben hat den Geist der Kraft und Stärke, daß er niemand scheuete, wie groß und mächtig er wäre, und also freudig auf dem Evangelio und reiner Lehre hielt, daß es oft dafür angesehen ward von der Welt, als wäre er mit Strafen und Schelten zu scharf, und thät ihm zu viel, wie auch die Jüden und Pharisäer, die bittern und giftigen Ottern, Christo Schuld gaben, denn es schmerzte sie übel und that ihnen wehe, daß sie gestraft wurden durch die lautere Wahrheit, aber die heilsame Lehre nahmen sie gleichwohl nicht an.

Diesen hohen Lehrer und Propheten und von Gott gesandten Reformator der Kirche hat uns Gott weggenommen; ach! wie können wir das Trauern und Weinen lassen? Wie können wir doch dem lieben Paulo hie gehorchen, da er saget: ihr sollt nicht traurig sein über denen, die da schlafen? Aber er setzt gleichwohl darzu: wie die andern, die keine Hoffnung haben. Wir aber, die wir glauben, wissen, daß die da entschlafen sind in Christo, wieder zu einem bessern Leben erweckt werden, da wir wiederum werden mit jenen zusammen kommen und ewig bei einandersein.

Aber die Welt ists nicht werth gewesen, daß sie diesen theuren Mann Gottes länger haben sollte, weiter ihn zu lästern und zu verfolgen, wiewohl doch dieselbe undankbare Welt auch viel Gutes durch diesen hohen Mann empfangen hat, besonders darin, daß sie erlöset ist von so mancherlei Beschwerungen und Tyrannei des leidigen Papstthums; also daß viel von Widersachern (bei welchen noch etwas Weisheit oder Verstand ist) lieber wollte, der theure Mann hätte noch lange sollen leben.

Dieses habe ich zum Eingange gesagt, daß wir ja große Ursach haben, herzlich zu trauren, dieweil wir einen solchen hohen theuren Mann verloren haben. Und wahrlich (so daß etwas heißen mag) es trauern mit uns christliche Könige, Fürsten und Städte und alle, die da erkannt haben das Evangelium der Wahrheit, darum trauern wir ja nicht alleine, sondern viel tausend hin und wieder in der Christenheit mit uns. Es hat dem leidigen jetzigen Papst, Kardinal, Meinz oder Herzog Heinrich nicht gebühren mögen, über den Tod dieses Mannes (welche er alle mit der Wahrheit heftig erzürnt hat) sich je zu freuen, und ich hoffe, die Widersacher sollen sich nicht lange über seinen Tod freuen, denn die Person ist wohl in Christo verschieden, aber die gewaltige, göttliche Lehre dieses theuren Mannes lebt noch aufs allerstärkste.

Denn er war ohne Zweifel der Engel, davon in der Offb. am 14. Kap. stehet, der da geflogen ist mitten durch den Himmel und hatte ein ewig Evangelium etc., wie denn der Text saget: Und ich sah einen Engel fliegen mitten durch den Himmel, der hatte ein ewig Evangelium zu verkündigen denen, die auf Erden sitzen und wohnen, und allen Heiden und Geschlechtern und Sprachen und Völkern. Und sprach mit lauter Stimme: Fürchtet Gott und gebet ihm die Ehre, denn die Zeit seines Gerichts ist kommen, und betet an den, der gemacht hat Himmel und Erden, und das Meer und die Wasserbrunnen. Und ein andrer Engel folgte nach, der sprach: Sie ist gefallen, sie ist gefallen, Babylon, die große Stadt, denn sie hat mit dem Weine ihrer Hurerei getränket alle Heiden.

Dieser Engel, der da saget: Fürchtet Gott und gebet ihm die Ehre, war D. Martinus Luther. Und dass hier stehet: Fürchtet Gott und gebet ihm die Ehre, das sind die zwei Stücke der Lehre D. Martini Luthers, das Gesetz und Evangelium, durch welche die ganze Schrift geöffnet wird, und Christus erkannt wird, unsere Gerechtigkeit und ewiges Leben, zu welchen zweien er auch dies Stücke hinzu gesetzt hat: die Zeit seines Gerichts ist kommen; und hat gelehret vom rechten Gebet und Anrufung gegen Gott, den himmlischen Vater, im Geist und der Wahrheit, wie der Engel auch saget: Betet an den, der da gemacht hat Himmel und Erden etc.

Denn nach der Lehre dieses Engels wird folgen ein anderer Engel, welcher Trost wird predigen der betrübten und angefochtenen Kirche, und über die Widersacher Blitz und Donner, ewiges Gericht und Verdammniß, wie denn der andere Engel sprach: Sie ist gefallen, sie ist gefallen, Babylon die große Stadt. Darum werden die Widersacher von diesem unsern Betrübniß nicht lange sich freuen, wie auch Christus saget, Johann. 16: Euer Betrübniß soll zur Freude werden, denn der Offenbar. nach, im gemeldeten 14. Kap. sehen wir, daß das vorher gangen ist und noch gehet. Soll die Offenbar. etwas sein, so wird ohne Zweifel das andere folgen.

Aber, ach! wie laufe ich so weit mit meiner Rede, in diesem unserm Weinen und Betrübniß? Dies sei genug von unserm billigen Trauern geredt, denn wir trauern ja billig, daß ein solcher theurer Mann, rechter Bischof und Seelenhirte von uns geschieden. Aber in dieser Betrübniß sollen wir auch billig erkennen Gottes Güte und Barmherzigkeit gegen uns, und Gott danken, daß er nach hundert Jahren von dem Tode des heiligen Johannes Huß (welcher um der Wahrheit willen getödtet ist Anno 1415) balde uns erwecket hat, durch seinen Geist, diesen theuren Doctor Martin Luther, wider die antichristliche Lehre des leidigen satanischen Papsts, und wider die Teufelslehren, wie denn Johannes Huß von einem künftigen Schwane selbst prophezeiet hat vor seinem Tode, denn Huß heißt auf böhmisch eine Gans; ihr bratet, sagte J. Huß, jetzt eine Gans, Gott wird aber einen Schwan erwecken, den werdet ihr nicht brennen noch braten, und da sie wider ihn viel schrieen, daß er ihnen nicht konnte antworten, soll er gesagt haben: nach hundert Jahren will ich euch antworten, das hat er redlich gethan durch unsern lieben Vater D. Luther und eben angefangen im folgenden Jahr nach hundert Jahren. Ja, wir sollen Gott danken, daß er den theuren Mann uns erhalten hat und seiner Kirche in dem heftigen Streiten, in so viel harten Kämpfen, und daß durch ihn Christus so oft obgesieget hat, nun fast bis in die dreißig Jahr, dem Herrn Christo sei Lob und Ehre in Ewigkeit, Amen.

Aus: Dr. Martin Luther's letzte Lebenstage. Tod und Begräbniß. Eine Denkschrift zur dritthundertjährigen Gedächtnißfeier des Todestages Luther's. Nach den Quellen herausgegeben von Julius Leopold Pasig, Dr. der Phil., Nachmittagsprediger an der Universitätskirche zu Leipzig und ordentl. Mitglied der historisch-theologischen Gesellschaft daselbst. Leipzig, Verlag von Friedr. Wilhelm. Grunow 1846. – Die (vollständige) Predigt am Grabe Luthers von Johannes Bugenhagen ist auch im Internet unter www.glaubensstimme.de dokumentiert.

THOMAS MÜNTZER

Am 27. Mai 1525 wurde er vor den Toren der thüringischen Stadt Mühlhausen, wo er Pfarrer an der Marienkirche war, enthauptet, sein Leib aufgespießt, sein Kopf auf einen Pfahl gesteckt. Das bittere Ende eines frühen Sozialrevolutionärs, der sich im Bauernkrieg auf die Seite der Schwachen gestellt hatte – er war an der Übermacht des Adels gescheitert.

Thomas Müntzer wurde um 1489 in Stolberg (Harz) geboren, er studierte Theologie in Leipzig und Frankfurt an der Oder. Nach einigen Stationen als Prediger und Beichtvater wechselte er 1520 nach Zwickau. Es heißt, dass er die dortige Pfarrstelle auf Empfehlung von Martin Luther (1483–1546) erhalten habe, der Müntzer bei Aufenthalten in Wittenberg aufgenommen hatte. In Zwickau lernte er den Tuchweber und Laienprediger Nicolaus Storch (um 1500–1536) kennen, der sich zusammen mit anderen »Zwickauer Propheten« gegen den Reichtum von Patriziern und Klerus empörte. Müntzer sympathisierte mit dieser Bewegung, die die Gewissheit eines Zeitalters der Gerechtigkeit in naher Zukunft verkündete. Nachdem ihn der Stadtrat von Zwickau des Aufruhrs verdächtigte, wurde er aus der Stadt vertrieben. Seinen letzten Sold soll er mit »Thomas Müntzer, qui pro veritate militat in mundo« (Thomas Müntzer, der für die Wahrheit in der Welt kämpft) quittiert haben.

Von Zwickau aus reiste Thomas Müntzer in das Königreich Böhmen – in jenes Land, von dem 100 Jahr zuvor die »Erzketzerei« des Jan Hus (1369–1415) ausging. Das Ziel wurde nicht zufällig ausgewählt: »Es waren die Gläubigen in Böhmen, die Hussiten, wie sie genannt werden, sie haben mich gelehrt, das Ende zu erkennen. Damals, 1521, bin ich dort herumgereist. War in Saaz und dann in Prag. Ha, damals bei meiner Predigt in der Kirche des Jan Hus, da nannten sie mich noch Thomas Lutherus«, notierte Müntzer einmal. Hus und die Hussiten waren nicht nur für ihn als Theologen

Vorläufer und Vorbild, sondern auch für den Augustinermönch Luther. Der Reformator distanzierte sich jedoch zu Beginn des Bauernkriegs von Müntzer.

In Prag verfasste Thomas Müntzer, den Friedrich Engels als Sozialrevolutionär rühmte und der in der ehemaligen Deutschen Demokratischen Republik allerhöchstes Ansehen genoss, sein erstes uns erhaltenes Werk: »Das Prager Manifest«. Die in vier Fassungen überlieferte Schrift enthält die Grundzüge einer von Mystizismus und Endzeiterwartung durchdrungenen Theologie. Seine Kernaussage ist, dass die Auserwählten Erleuchtung nur durch den Heiligen Geist erhalten könnten, unabhängig von den Worten in der Heiligen Schrift. Das »Manifest« und seine aufrührerischen Predigten veranlassten auch die Obrigkeit in Prag, ihn schon nach wenigen Wochen der Stadt zu verweisen. Bei diesem Konflikt blieb es nicht. Ein kurioser Höhepunkt: Müntzers »Fürstenrede« vom Juli 1524 auf dem Schloss zu Allstedt vor Herzog Johann von Sachsen (1468–1532). In der Rede bezeichnete er sich als von Gott gesandt und forderte die Fürsten auf, sich an seine Seite zu stellen. Vergeblich, wie die Geschichte weiß.

Das Prager Manifest

Ich Thomas Müntzer von Stolberg bekenne vor der ganzen Kirche und der ganzen Welt, da diese Briefe gezeigt werden mögen – (was) ich auch mit Christus und allen Auserwählten, die mich von Jugend auf gekannt haben, bezeugen mag – dass ich einen höheren Unterricht des heiligen unüberwindlichen Christenglaubens gehabt und erlangt habe. So habe ich mein Lebetag – Gott weiß, dass ich nicht lüge – durch keines Mönchs oder Pfaffen (Vermittlung) die rechte Übung des Glaubens gelernt, auch die nützliche Anfechtung, die den Glauben im Geist der Furcht Gottes verklärt, (und zwar) des

Inhalts, dass ein Auserwählter den Heiligen Geist siebenmal empfangen muss. Von keinem Gelehrten habe ich auch nur ein einziges Wörtlein von der in allen Kreaturen ausgedrückten Ordnung Gottes vernommen; auch nicht, dass vom Ganzen her ein Weg verläuft, alle Teile zu erkennen habe ich nicht von denen gehört, die Christen sein wollen, sonderlich nicht von den verfluchten Pfaffen.

Ich habe wohl von ihnen die bloße Schrift gehört, die sie aus der Bibel gestohlen haben wie Mörder und Diebe. Diebstahl heißt es (in) Jeremia im 23. Kapitel, das Wort Gottes aus dem Munde des Nächsten stehlen, welches sie selber aus dem Munde Gottes keinmal gehört haben. Ich meine, das sind ja feine Prediger, die der Teufel dazu geweiht hat. Aber Sankt Paulus schreibt den Korinthern am dritten der anderen Epistel, dass die Herzen der Menschen das Papier oder Pergament sind, da (hinein) Gott mit seinem Finger, nicht mit Tinte, seinen unverrücklichen Willen und ewige Weisheit einschreibt. (Dies ist) eine Schrift, welche jeder Mensch lesen kann, wenn er eine aufgetane Vernunft hat. Dasselbe schreiben Jeremia und Hesekiel: Gott schreibt sein Gesetz am dritten Tag der Besprechung, wenn die Vernunft der Menschen geöffnet wird. Das tut Gott deshalb von Anbeginn in seinen Auserwählten, damit sie nicht ein ungewisses, sondern ein unüberwindliches Zeugnis vom Heiligen Geist haben, der da genugsam Zeugnis gibt unserm Geist, dass wir Gottes Kinder sind. Denn wer den Geist Christi nicht in sich spürt, ja der ihn nicht gewiss hat, der ist nicht ein Glied Christi, sondern des Teufels, nach Röm. 8.

Nun hat die Welt infolge Verirrung vieler Sekten eine lange Zeit die Wahrheit unaussprechlich begehrt. So ist der Spruch des Jeremia wahr geworden: Die Kinder haben nach Brot verlangt; es war aber niemand da (gewesen), der es ihnen gebrochen hätte: Es sind ihrer viele da gewesen, auch heutzutage, die ihnen das Brot – das ist das Wort Gottes im Buchstaben – vorgeworfen haben wie Hunden; gebrochen aber haben sie es ihnen nicht (wie es Kinder verdienen). O merkt (auf), merkt (auf)! Sie haben es den Kindern nicht gebrochen. Sie haben nicht erklärt den rechten Geist der Furcht Gottes, in welchem sie wahrhaftigen Unterricht genommen, dass sie unverrückliche Kinder Gottes sind. – Daher kommt es, dass die Christen zur Verteidigung der Wahrheit so (un)geschickt sind wie die Memmen. Hernach dürfen sie wohl (auch noch) herrlich schwätzen, dass Gott nicht mehr (unmittelbar) mit den Leuten rede, als sei er nun stumm geworden. Sie meinen, es sei genug, dass es in den Büchern geschrieben steht und sie es so roh ausspeien, wie der Storch seinen Jungen Frösche ins Nest bringt. – Sie sind nicht wie die Henne, die ihre Küken um(fängt) und sie wärmt. Sie teilen auch nicht das gute Wort Gottes, das in allen auserwählten Menschen lebt, den Herzen mit, wie eine Mutter ihrem Kinde Milch gibt, sondern sie machen es den Leuten in der Weise Bileams. Sie haben (zwar) den armen Buchstaben im Maul, aber das Herz ist wohl über hunderttausend Meilen davon entfernt.

Um solcher Torheit willen wäre es kein Wunder, wenn Gott uns samt solchem närrischen Glauben in Trümmer geschlagen hätte. Es wundert mich auch nicht, dass alle Geschlechter der Menschen uns Christen verspotten und verspeien und gar nicht anders können. Da und da ist es geschrieben. Ja, liebe Herren, es ist eine schöne »Bewährung«, im Hühnerstall erdichtet. Wenn ein Einfältiger oder ein Ungläubiger zu uns in die Versammlung käme und wir wollten ihn mit unserem Geschwätz übertölpeln, würde er sprechen: »Seid ihr toll oder töricht? Was liegt mir an euerer Schrift?«

Wenn wir aber das rechte lebendige Wort Gottes lernen, können wir den Ungläubigen überzeugen und klar beurteilen. Wird die Heimlichkeit seines Herzens offenbar, muss er demütig bekennen, dass Gott in uns ist.

Siehe, das alles bezeugt Paulus in der ersten Epistel an die Korinther im 14. Kapitel. Dort sagt er, dass ein Prediger Offenbarung haben soll, anders mag er das Wort nicht predigen. Der Teufel glaubt, dass der Christen Glaube recht sei. Sollte das von den Knechten des Antichrist verworfen werden, so müsste Gott ja toll und töricht sein, der da sagt, sein Wort soll nimmermehr vergehn. Wäre es nicht vergangen, wenn Gott aufgehört hätte zu reden?

Merke doch auf den Text, wenn du Hirn im Kopf hast: Himmel und Erde werden vergehen, meine Worte werden nimmermehr vergehen. (4. Matth. 24, 35) Ist es nur allein in die Bücher geschrieben und hat es Gott (nur) einmal geredet und ist es so in der Luft verschwunden, so kann es ja nicht des ewigen Gottes Wort sein. So ist es nur Kreatur, das von außen her in das Gedächtnis hineingezogen ist. Das alles ist wider die rechte Ordnung und wider die Regel des heiligen Glaubens; wie Jeremia schreibt. Darum haben alle Propheten die Weise zu reden: »Dies sagt der Herr (jetzt).« Sie sprechen nicht etwa: Dies hat der Herr gesagt, als wenn es vergangen wäre, sondern sie sagens in der Zeit(form) der Gegenwart.

Dieses unerträglichen und bösen Schadens der Christenheit habe ich mich erbarmt und zu Herzen genommen, nachdem ich mit ganzem Fleiß der alten Väter Geschichte gelesen habe. Ich finde, dass nach dem Tode der Apostelschüler die unbefleckte jungfräuliche Kirche durch den geistlichen Ehebruch zur Hure geworden ist, und zwar der Gelehrten halber, die immer oben sitzen wollen, welches denn Hegesippus und nach ihm Eusebius im 4. Buch am XXII. Kapitel schreibt. Auch finde ich in keinem Konzil die wahrhaftige Rechenschaft nach lebendiger Ordnung des unbetrüglichen Gotteswortes. Es sind (laut den Konzilsprotokollen der frühen Kirche) nichts als kindische Possen gewesen.

Durch den nachsichtigen Willen Gottes ist das alles zugelassen worden, damit aller Menschen Werk hervorkommen könnte. Es soll aber – Gott sei gebenedeit – nicht noch länger so zugehen, dass die Pfaffen und Affen die christliche Kirche (darstellen). Es sollen vielmehr die auserwählten Freunde des Gotteswortes auch prophezeien lernen, wie Paulus lehrt, damit sie wahrhaftig erfahren, wie freundlich Gott – ach so herzlich gerne – mit allen seinen Auserwählten redet.

Dass ich solche Lehre an den Tag bringe, bin ich bereit, um Gottes willen mein Leben zu opfern. Gott wird wunderliche Dinge mit seinen Auserwählten, sonderlich in diesem Lande, tun. Wenn die neue Kirche hier anfangen wird, wird dieses Volk der ganzen Welt ein Spiegel (und Beispiel) sein.

Darum rufe ich einen jeglichen Menschen an, dass er dazu helfe, damit Gottes Wort verteidigt werden kann. Und auch darauf will ich dich deutlich hinweisen im Geist des Elia, (nachdem) sie dich

lehrten, dem Abgott Baal zu opfern: Wirst du das nicht tun, so wird dich Gott durch den Türken im zukünftigen Jahr schlagen lassen. Ich weiß fürwahr, was ich rede, es ist genauso. Darüber will ich leiden, was Jeremia ertragen musste.
Nehmt es zu Herzen, liebe Böhmen! Rechenschaft fordere ich nicht allein von euch, wie mich der Spruch Petri lehrt, sondern auch Gott gegenüber. Aber auch ich will euch Rechenschaft geben: Kann ich diese Kunst nicht, der ich mich hoch rühme, so will ich sein ein Kind des zeitlichen und ewigen Todes. Ich habe kein höheres Pfand. In diesem Sinne seid Christus befohlen! Gegeben zu Prag im Jahr 1521 am Tage Allerheiligen.

Aus: Thomas Müntzer: Das Prager Manifest. In: Günther Franz (Hrsg.): Thomas Müntzer. Schriften und Briefe. Gütersloher Verlagshaus Gerd Mohn, Gütersloh 1968. S. 495ff. – Textdokumentation im Internet: www.wikipedia.org/wiki/Prager_Manifest_(1521)

JOHANNES AGRICOLA

Das 16. Jahrhundert ist das der Reformation. Einer ihrer Protagonisten war Johannes Agricola (1494–1566), der eigentlich Schneider (nach dem Beruf seines Vaters) oder Schnitter hieß, der aber der damals in den gelehrten humanistischen Kreisen vorherrschenden Mode folgte und seinen Namen latinisierte. Aus Schnitter wurde Agricola (lat. für Bauer). Wegen seiner Kleinwüchsigkeit hieß er auch Magister Grickel, Martin Luther (1483–1546) nannte ihn Graeculus (kleiner Grieche).

Den großen Erzreformator lernte Agricola 1515 in Wittenberg kennen. Dorthin, an die 1502 gegründete ernestinische Landesuniversität, hatte es ihn nach ersten Studien in Leipzig und einer Lehrtätigkeit in Braunschweig hingezogen. Bald war der Studiosus mit seinem Lehrer am theologischen Seminar befreundet. Als Luther 1516 seine berühmten 95 Thesen in Wittenberg veröffentlichte, gehörte sein Tischgenosse auch zu seinen Gefolgsleuten. Bereits 1518 gab Agricola Luthers Version des »Vater Unser« heraus. Auch begleitete er Luther 1519 gemeinsam mit Philipp Melanchthon (1497–1560) nach Leipzig zur berühmten Disputation mit dem katholischen Theologen Johannes Eck (1486–1543). Auch war er dabei, als Luther im Dezember 1520 vor dem Elstertor die Bannandrohungsbulle »Exsurge Domine« des Papstes Leo X. (1475-1521) verbrannte.

Da Agricola in Wittenberg kein Lehramt finden konnte, wurde er Pfarrer an der St. Nicolaikirche in seiner Geburtsstadt Eisleben und Leiter der Lateinschule. Andere Quellen sagen, dass er aus dem übermächtigen Schatten der beiden zentralen Gestalten der Reformation, Martin Luther und Philipp Melanchthon, herauszutreten versuchte. Auch wird von ersten Spannungen berichtet, die 1527 in einen offenen Streit in der spitzfindigen Frage um das Verhältnis von Gesetz, Evangelium und Buße mündeten. Doch schnell kehrte wieder Ruhe in das Verhältnis der beiden zueinander ein.

In Eisleben wurde Agricola als Prediger und Ausleger der Hei-

ligen Schrift geschätzt. Er war als Übersetzer tätig, schrieb einen lateinischen und einen deutschen Katechismus und sammelte deutsche Sprichwörter, die er 1528 unter dem Titel »Dreihundert gemener Sprickwörde, der wy Düdschen uns gebruken, und doch nicht weten worher se kamen« veröffentlichte.

1536 gab er sein Amt in Eisleben wieder auf und übersiedelte mit seiner Familie – er war Vater von 9 Kindern – nach Wittenberg, wo er zunächst im Hause Luthers Unterkunft fand. Agricola vertrat den Reformator bei Gottesdiensten und Vorlesungen. Aber bald kam es zu neuerlichen Spannungen zwischen ihm, Melanchthon und Luther und im »Antinomistenstreit« zum endgültigen Bruch. Agricola widersprach ihrer Auffassung, dass der Glaubenspredigt die zur Buße treibende Gesetzespredigt vorausgehen müsse. Als er 1537 erklärte, das Gesetz gehöre auf das Rathaus und nicht auf die Kanzel, nannte ihn Luther einen »Antinomisten« und verfocht unter Ablehnung jeder Gesetzesgläubigkeit die Untrennbarkeit von Gesetz und Evangelium (nachzulesen in seiner Schrift »Wider die Antinomer« von 1539). In der Konkordienformel setzten sich schließlich Luthers und Melanchthons Gedanken durch, die das Gesetz als Anleitung zur Selbsterkenntnis, als Zuchtmittel für die Gottlosen und als Lebensregel deuteten. Agricola aber begab sich daraufhin nach Berlin, wo ihn Kurfürst Joachim II. von Brandenburg (1505–1571) als Oberhofprediger aufnahm, 1541 stieg er zum Generalsuperintendenten und Visitator der Mark Brandenburg auf.

Noch während seines Aufenthalts in Wittenberg entstand sein anonym veröffentlichtes Reformationsdrama »Tragedia Johannis Huss« (1436). Darin arbeitet er den auf dem Konzil von Konstanz (1414–1418) gegen Jan Hus (1369–1415) geführten Prozess auf und stilisiert im Ergebnis den Magister zum heiligen Märtyrer und Wegbereiter von Luther – der Auszug mit klaren Regieanweisungen schildert die suggestive Befragung von Hus durch die voreingenommenen Konzilsherren. Die Tragödie, aber auch der elitäre Streit zwischen Luther und Agricola war für die katholische Seite eine Steilvorlage. Der Humanist und Theologe Johannes Cochlaeus (1479–1552), einer der erbittertsten Gegner Martin Luthers, nahm sie an und veröffentlichte 1539 mit »Ein heimlich Gesprech von der Tragedia Johannis Hussen« ein Gegenstück. – Die gewünschte Aussöhnung zwischen Agricola und Luther blieb übrigens aus.

Tragedia Johannis Huss

Nach Ende dieses Sermons hebt der Bischof zu Lübeck an zu reden: »Jedermann soll wissen, was Johann Huss bisher an Ketzerei unter dem böhmischen Volk ausgesät hat. Mir wurde vom heiligen Konzil aufgetragen, dies jetzt öffentlich und für alle verständlich vorzulesen. Zum ersten: Hus hat öffentlich erklärt, dass im Sakrament des Altars nach der Wandlung das Brot nichts als Brot bleibt. Zum zweiten, auch wenn die Hostie erhoben wird, so ist er auch da, der Leib Christi, und wenn er niedergelegt wird, verschwindet er wieder.«

Johann Huss: »Gnädigste Herren, ich sage, dass ich diese Artikel in dieser Art und mein Leben lang aus dem Grunde meines Herzens ...«

Kardinal von Camerach soll ihm in die Rede fallen und sagen: »Johann Huss, nun schweigt doch. Wir haben genug von dir gehört. Ihr Knechte und Büttel, befehlt ihm, dass er sofort schweige.«

Der Büttel: »Hörst du, du sollst schweigen. Ich sage dir: Wenn du es nicht tust, werden wir andere Mittel anwenden.«

Johann Huss soll seine Hände falten und mit lauter Stimme sprechen: »Ich bitte euch um Gottes willen, seid still und hört mich an, damit auch die Umstehenden es hören können, dass ich die Irrtümer nicht begangen habe. Danach tut mit mir, was euch gefällt, ich stehe hier vor euch.«

Da sollen die Kardinäle und Bischöfe alle die Köpfe schütteln und schreien: »Du Ketzer, schweig still!«

Danach soll Johann Huss auf seine Knie fallen und mit erhobenen Händen zu Gott beten: »O allmächtiger Gott, lass dich von meiner Not erbarmen, denn ich lege mein Schicksal in deine Hände. Du bist der gerechte Richter und kannst mich fürwahr erlösen.«

DER BISCHOF VON LÜBECK SOLL DANACH DIE ARTIKEL LESEN: »Dieser Johann Huss hat zu allem Überfluss die verdammte Lehre des Ketzers Wiclif als richtig anerkannt, gelobt und sie hier auf Erden gelehrt. Kein Interdict soll gehalten werden, und derjenige, der vom Papst gebannt ist, der soll das Gericht des Papstes hintansetzen, ebenso wie das Konzil, wenn er Christus anruft in seinem ewigen Reich, hört ihr es, dann schadet ihm der Bann nicht. Er hat auch eine Schrift für das Volk verfasst, zu unserem Schaden, damit sie seinen Fleiß und seine große Arbeit anschauen können, und was er erlitten hat, damit für ihn fleißig Gott angerufen wird.«

JOHANN HUSS: »Gnädigste Herren, mir armem Mann ...«

DER KARDINAL VON FLORENZ SOLL IHM INS WORT FALLEN UND IHN ANSCHREIEN: »Schweig, du Ketzer, und lass davon ab!«

JOHANN HUSS: »Ich bitte euch um Gottes willen, hört doch meine Rede in Ruhe an, besonders wegen der Umstehenden, damit sie nicht glauben, dass ich solche Irrlehren verbreitet habe und auch nicht in dieser Weise gepredigt habe. Und ich sag es nochmals und es ist meine Klage, dass ich niemals bis auf den heutigen Tag weder dafürgehalten noch geglaubt noch gepredigt habe, wie mir jetzt vorgeworfen wird, dass beim Sakrament auf dem Altar nach der Wandlung die Brotmaterie bestehen bleibt, auf dass es als selbstständiges Brot angesehen werden kann.«

DER BISCHOF VON LÜBECK SOLL IHM INS WORT FALLEN UND IHM DEN ZWEITEN ARTIKEL VORLESEN: »Schließlich merke ich an, dass sich Johann Huss als vierte Person der Gottheit ausgegeben hat. Ein Doktor hat diese Aussage gehört.«

JOHANN HUSS: »Man soll mir den Doktor nennen, der solches Zeugnis ablegt.«

BISCHOF VON LÜBECK: »Es steht jetzt nicht an, dass man ihn euch nenne!«

JOHANN HUSS: »Mir armem bedürftigem Mann liegt es fern, die vierte Person der Gottheit genannt zu werden, denn in meinem

Herzen weiß ich, dass ich ein großer Sünder bin. Ich habe immer gesagt, dass Gott Vater, der Sohn und der Heilige Geist und diese Dreieinigkeit eine Person ist. Das glaube und bekenne ich.«

Das endgültige Urteil, das das Konzil über Johann Huss fällt. Dieses soll ein Doktor verlesen: »Das würdige heilige Konzil ist hier in Gott versammelt. Das Konzil weiß zu diesem Zeitpunkt, dass ein böser Baum, der nicht gut ist, keine gute Frucht tragen kann. Solches ist bei Johann Huss gegeben. Der Jünger Johann Wiclifs ist aufgespürt, denn er hat viel Volk verführt. Er hat viele ketzerische Artikel gepredigt und gelehrt. Deshalb hat das heilige Konzil mit großem Fleiß den Huss verhört. Weil er aber auf der Ketzerei halsstarrig beharrt, sich in keiner Weise hat belehren lassen wollen, sieht sich das Konzil gezwungen, denselben Johann Huss, um weiteren Ärger zu vermeiden, als einen bösen Baum zu betrachten, der keine Frucht bringt und nur zum Verbrennen geeignet ist. Er wird aus der christlichen Kirche ausgeschlossen, damit künftig durch seine giftige Ketzerei nicht manches Weitere vergiftet werde, wie es der Krebs dem Menschen antut, indem der das Fleisch und das gesunde Blut verzehrt. Aus dieser Ursache und aus diesem Grund verkündet das heilige Konzil und sagt es frei, jetzt in dieser Stunde, dass Johann Huss ein Ketzer ist. Richtet ihn jetzt mit allem Recht als einen Ketzer. Und weil er auch halsstarrig ist und sich nicht in der gesetzten Frist strafen lassen will und auch nicht bereit ist, zu widerrufen, nicht daran denkt, wieder in die Arme der heiligen christlichen Kirche in allen Ehren zurückzukehren, sowie seine Irrtümer und Ketzereien öffentlich schützt und frei bekennt, nicht daran denkt, ihnen abzuschwören, sondern diese weiterhin zu lehren: So erklärt das heilige Konzil, dass Johann Huss auch darum vom Priesteramt und der Priesterweihe, mit welcher er geziert ist, auf einfache Weise entbunden wird. Dieses sollen sechs Bischöfe, die vom Konzil beauftragt werden, ausführen. Auf dass sie eine solche Entweihung in dieser heiligen Versammlung ausrichten und vollbringen auf der Grundlage des beschriebenen Rechts.«

Johann Huss soll kniend beten: »Ich bitte, Herr Christ, anstelle dieser Menschen: Vergib meinen Feinden ihre Missetat um deiner großen Barmherzigkeit willen. Du kennst meine Not und mein großes Leid, wie sie mich falsch beschuldigen, falsches Zeugnis gegen mich ablegen, auch falsche Artikel vortragen gegen mich, die erlogen und erdichtet sind. Verzeihe in Barmherzigkeit, befreie mich von allen Sünden.«

Das ganze Konzil soll Johann Huss zornig ansehen und ihn öffentlich verlachen.

Die sechs Bischöfe, nämlich von Mailand, Feltreusch, Aichstett, Alexandria, Bagereno und Varenreusch stehen auf und lassen das Messgewand auf den Tisch tragen. Der Erzbischof von Mailand: »Hans, da, zieh das Messgewand mit allen hier liegenden Teilen an.«

Johann Huss spricht, als er das Priestergewand anzieht: »Jesus Christus, mein Gott, so zart, als er von Herodes geführt wurde, ist im weißen Kleid verspottet worden, das Leid für mich, mein Herr und Gott.«

Als er dann angezogen ist, treten die sechs Bischöfe zu ihm.

Erzbischof von Mailand: »Johann Huss, du siehst jetzt, was mit dir geschehen ist. Darum ermahne ich dich nochmals im Guten, damit dein Leib und deine Seele verschont werden. Sage diesem Irrtum ab, obwohl das Urteil bereits gesprochen ist. Denn ich hoffe, dass die Herren des Konzils sich dir mit Gnade zukehren, wenn du die ketzerischen Lehren lässt.«

Magister Johann Huss besteigt den Tisch und wendet sich mit grossem Schmerz an das Volk: »Seht, die Bischöfe ermahnen mich, dass ich meine Lehre widerrufen soll. Aber ich fürchte mich, das zu tun, denn ich will nicht als Lügner vor Gottes Angesicht treten und gerichtet werden. Ich will mein Gewissen nicht beschweren und Gottes Wahrheit in eine Lüge verkehren, denn ich habe diese Artikel noch nie gehalten, sie sind mir aber durch falsche Zeugen nachgesagt worden. Denn ich habe immer das Gegenteil dessen gesagt und gepredigt. Ich fürchte mich jetzt davor, dass ich unbegründet Ärgernis bereite. Ich habe der Gemeinde, der ich allein gepredigt habe, ebenso wie denjenigen, denen ich hier predige, die Wahrheit verkündet.«

Bischof von Augsburg: »Da stehen wir und hören, wie verstockt und halsstarrig er ist. Er ist und bleibt ein Ketzer. Steig herunter vom Tisch und komm hierher.«

Erzbischof von Mailand nimmt den Kelch von Johann Huss und sagt: »O verfluchter Mensch und Judas, warum hast du den Rat des Friedens ausgeschlagen und dich mit den Juden beratschlagt? Wir nehmen diesen Kelch der Erlösung von dir, das glaube mir.«

Die Antwort von Johann Huss: »Ich glaube an Gott, meinen Herrn, um dessen Namen allein will ich die Schmach geduldig ertragen und will auf ihn frisch vertrauen. So weiß ich ganz gewiss und wahrhaftig, dass er nicht den Kelch der Erlösung von mir nimmt, jetzt und in Ewigkeit. Ich hoffe inständig, noch heute in sein Reich zu kommen.«

Danach nehmen sie die einzelnen Teile des Priestergewands Stück für Stück von ihm, und der Erzbischof und der Bischof von Mailand sagen: »O du verfluchter Mensch und Judas, warum hast du den Rat des Friedens bei dieser Fahrt verlassen, hast dich mit den Juden hart beratschlagt. Wir nehmen dieses Gewand von dir, die Zeichen der Erlösung nehme ich als oberster Priester mit diesem Tag von dir.«

Johann Huss: »Ach, mein lieber Herr Jesus Christus, die Schmach und die Lästerung heute will ich geduldig und willig ertragen, um deinetwillen tragen, mein lieber Herr. Denn du, mein Gott, hast eine viel größere Last für mich getragen.«

Bischof von Mailand: »Ruft den Barbier herunter und befehlt, ihm auch die Haare zu scheren.«

Bischof von Aichstett: »Es braucht kein Schermesser, eine Schandfrisur kann man auch mit einer Schere schneiden, reicht sie her.«

Johann Huss zum König: »Seht doch, mein gnädigster Herr, es können euch doch die armen Menschen und besonders die Lästerung in diesem Fall nicht gleichgültig sein.«

Dann schneiden sie ihm mit einer Schere eine Schandfrisur und der Erzbischof von Mailand sagt: »Die heilige Kirche hat ihr Recht bekommen, von ihr ist alles Schlechte weggenommen. Deshalb wollen wir nichts mehr von dir und übergeben dich der Weltlichkeit, denn da gehörst du jetzt hin.«

Danach setzen sie ihm einen Hut aus Papier auf, der hoch und rund sein soll und auf den drei Teufel gemalt sind. Auf ihm soll geschrieben stehen: Dic est Heresiarcha.

Bischof von Alexandria: »Wir übergeben nun deine Seele allen Teufeln in der Hölle.«

Mit gefalteten Händen spricht Johann Huss: »So übergebe ich sie in dieser Not dem lieben Gott, meinem Herrn Jesu. Er hat für mich armen Menschen eine Dornenkrone bis zu seinem Tod getragen. Nun will ich es frisch wagen und will auch die Last dieser Krone tragen und nehme es in seinem Namen an, wenngleich meine Last leichter ist.«

Bischof von Alexandria: »Diese heilige Versammlung stellt nun fest, dass sie mit Johann Huss in der Kirche Gottes nichts mehr zu tun hat. Deshalb wird er der Weltlichkeit übergeben. Es wurde festgestellt, dass künftig dieses weltliche Gericht für ihn zuständig ist, wie er es verdient hat. Darum übernehmt ihn nach seiner Tat.«

Der König spricht zu Herzog Ludwig von Bayern, der vor ihm den goldenen Apfel mit dem Kreuz in den Händen hält: »Nun geh hin und nimm ihn auch.«

Herzog Ludwig: »Seht da, ihr Büttel, nehmt ihn.«

Johann Huss: »Herr Jesus Christ, in solcher Not übergebe ich dir, mein Herr und Gott, meine Seele heute und immerdar. Herr, nimm sie in dein ewiges Reich auf.«

Der Henker: »Nun steh doch auf, Johannes Huss, wir müssen darangehen, es ist alles umsonst.«

Johann Huss: »Herr Jesu, mein Erlöser und Gott, diesen schändlichen und grauenhaften Tod will ich um deines Namens willen und um dein Zeugnis und dein Wort erleiden, geduldig mit deiner Hilfe ertragen und sage dir Lob, Ehre und Dank für deine Gnade. In deine Hände lege ich meinen Geist.«

Danach wird er hinausgeführt und verbrannt.

Prophet: »O ihr blinden verstockten Menschen, was habt ihr heute nur getan? Wie sehr hat euch der Teufel verblendet, dass ihr einen gerechten Menschen verbrannt habt. Ein sehr frommer gottesfürchtiger Mann, dessen Blut über euere Hälse fließen wird, einen Unschuldigen habt ihr verraten, eine arme Gans ist jetzt gebraten, deren Geschrei ihr nicht ertragen konntet. Aber ich sage euch: Von jetzt an in hundert Jahren wird wahrlich einer zu euch kommen: Einen weißen Schwan kündige ich euch an, der lieblich singen wird im ganzen Land. Dessen Stimme müsst ihr ohne euren Dank von Anfang bis Ende hören. Und ihr werdet bei seinem Leben Gott für diesen Mann geben müssen. Für eure böse Tat ist strenge Rechenschaft gefordert. Dann wird offenbar werden, was geschehen ist, seid dessen sicher. Ihr seid keine frommen Menschen, wie ihr meint, sondern ihr habt euch mit dem Satan, der ein Lügner und Mörder ist, zu jeder Zeit vereint. Dessen Kinder seid ihr von nun an und in Ewigkeit, er wird es euch mit großer Freude belohnen.«

BESCHLUSS: »Liebe Leute, habt ihr verstanden, warum dieses Spiel herausgebracht wurde. Den Grund will ich euch zeigen. Ihr habt die ganze Zeit gehört, wie es ging. Wenn Gott auf Erden ein ganzes Land strafen will, kann er jederzeit sein göttliches Wort dahin wenden und es durch einen frommen Mann verkünden lassen, wie es Johann Huss getan hat, den die Teufelsrotte beim Konzil zu Konstanz getötet hat. (…)

Er hilft uns auch immer, ist allen Wünschen geneigt, das dankt ihm die ganze Christenheit, von nun an bis in Ewigkeit. Johannes Huss.«

Aus: Johannes Agricola: Tragedia Johannis Huss / welche auff dem Vnchristlichen Concilio zu Costnitz gehalten / allen Christen nuetzlich und troestlich zu lesen. Gedruckt zu Wittenberg durch Georg Rhaw, 1537. S. 84ff.

JOHANNES COCHLÄUS

Er wurde als Sohn eines wohlhabenden freien Bauern 1479 in Raubersried in Mittelfranken als Johannes Dobeneck geboren. Der Student der Universität Köln nannte sich latinisiert nach seinem Taufort Wendelstein »Cochläus«, Schnecke (aber auch: Wendeltreppe), oftmals wurde er auch Wendestinus genannt. Dabei blieb es.

Im Zeitalter der Renaissance war es unter Gelehrten üblich, einen gräzisierten oder latinisierten Namen anzunehmen. Um ein Beispiel zu nennen: Geläufige Namen von Johannes Agricola (1494–1566), lat. Bauer, waren Schneider (oder Schnitter), Johannes Eisleben oder Magister Islebius (nach seiner Heimatstadt). Das Beispiel ist nicht zufällig gewählt. Der Luther-Freund Johannes Agricola war ein Intimfeind des Anti-Reformers Cochläus. Wann immer möglich, zog er über ihn her. Am brillantesten ist es ihm in seiner Komödie »Ein heimlich Gesprech von der Tragedia Johannis Hussen« (1539) gelungen. Damit reagierte er auf das ein Jahr zuvor von Agricola veröffentlichte Drama »Tragedia Johannis Huss«, in dem der böhmische Reformator (1469–1415) als Märtyrer und Vorgänger Luthers dargestellt wird.

Cochläus erkannte in der Veröffentlichung der »Tragedia« einen wesentlichen Grund für den theologischen Streit zwischen Agricola und Luther, der zum Ende ihrer Freundschaft führte. In seinem »Ein heimlich Gesprech« entwirft er daher ein dramatisches Streitgespräch zwischen den beiden Reformatoren über das Stück, aber auch über ihre kirchlichen Aktivitäten. Um schließlich Agricola vor dem Ruin zu bewahren, greifen die Frauen der Streithähne ins Geschehen ein. Sie reißen die Handlung an sich und erlauben sowohl derbe als auch komische Einblicke ins Eheleben der Protagonisten.

Das »Heimlich Gesprech«, so lesen es heutige Interpreten, war bei seinem Erscheinen als Literaturkritik in Komödienform ein Novum. Es beeindruckt immer noch durch seinen frühneuzeitlichen polemischen Ton. Der Auszug ist den beiden Szenen im fünften Akt ent-

nommen: Luthers Frau Katharina von Bora (1499–1552), hier nur Kätha genannt, versucht zunächst, ihren Mann zu überreden, sich mit Agricola zu versöhnen. – Aus dem Frühneuhochdeutschen durch die Herausgeber.

Den Chefideologen der Reformation Luther, dem er, wie alle Humanisten, zunächst freundlich gesonnen war, nahm Cochläus auch bei anderer Gelegenheit ins Visier. Beim Reichstag in Worms 1521 trat er, der in Bologna Rechte studierte, in Ferrara promovierte, in Rom zum Priester geweiht wurde und auch ansonsten in der theologischen Welt herumkam, als sein großer Widerpart auf. Nachdem er Luther nicht zum Widerruf bewegen konnte, war er fortan sein erbittertster Gegner. Er sah in ihm »seines Vaterlands und Christentumes Mörder«. In seiner Geschichtsarbeit »Warhafftige Historia von Magister Johan Hussen von anfang seiner newwen Sect, biß zum ende seines leben ym Concilio zu Costnitz; auss alten Orignaln beschreiben« (Leipzig, 1537) notiert er in der Vorrede: »Wiewol ich aber frey bekenne/das der Huß nyrget so ein böser vnd schedlicher Ketzer gewest sey/als Luther ist ...« Mit seinem »Commentaria de actis et scriptis Martini Litheri«, der im Todesjahr des Reformators veröffentlicht wurde, prägte Cochläus, der 1552 starb, lange Zeit auch das katholische Lutherbild in der Geschichtsschreibung.

Ein heimliches Gespräch von der Tragödie des Johannes Hus zwischen Dr. Martin Luther und seinen guten Freunden

5. Akt, 1. Szene – Kätha, Doktor Martin

KÄTHA: Herr Doktor, Ihr schaut so ernst? Herzt mich doch ein wenig.

MARTIN: Lass mich jetzt in Frieden. Es ist mir weder nach Lachen noch nach Herzen.

KÄTHA: Ich möchte Euch aber herzen.

MARTIN: Das steht Huren zu, wie der König Saul sagt.

KÄTHA: Was geht mich der alte Jude und unsinnige Narr an. Ihr wisst, dass St. Paul sagt: Der Mann hat nicht Gewalt über seinen Leib, sondern die Frau. Darum soll Euer Leib das tun, was ich will und nicht das, was Ihr wollt. Er ist mein und Euer, wiederum bin ich auch für Euch bereit, denn mein Leib ist nicht mein, sondern er ist Euer.

MARTIN: Du bist tief gelehrt in der Heiligen Schrift, Kätha. Siehe zu, dass es recht zugeht, ich habe die Sorge, du hättest mehr als einen Schulmeister gehabt.

KÄTHA: Was beirrt Euch das? Seid Ihr doch auch nicht in Jungfernschaft zu mir gekommen. Ich halte mich an die Lehre des St. Paulus, Euer Leib ist mein Eigentum, darum lasst ihn tun, was er will.

MARTIN: Ei, so nimm ihn hin.

KÄTHA: Oh mein liebes Herz, wie kannst du so ernst sein, wenn ich dich so freundlich schmücke und drücke an meine Brüste?

MARTIN: Ach du Häschen, hör auf. Was willst du denn?

KÄTHA: O mein allerliebster Schatz im Himmel und auf Erden. Ich habe eine Bitte an Euch, die Ihr mir gewähren sollt.

MARTIN: O du edle Heldin, was kann ich dir versagen? Denn du bist mir ja alles und in meinem Herzen viel lieber als die Barschabe, einer Mutter Salomons ihrem Sohn war. Zu der sprach Salomon:

Begehre meine liebe Mutter, denn es ziemt sich nicht, mein Angesicht von dir zu wenden.

Kätha: Daraufhin will ich Euch wiederum herzen, haltet her.

Martin: O meine Allerschönste, du bist die Braut, von der geschrieben steht: Deine Lippen sind triefender Honigseim, Honig und Milch sind unter deiner Zunge.

Kätha: O mein liebster Herr, Ihr seid mein richtiger und einziger Bräutigam, von dem das Brautlied sagt: Mein Geliebter ist weiß und rosenfarben, erwählt aus Tausenden. Die Papisten wollten mich im Kloster dazu überreden, dass Christus mein einziger Bräutigam wäre, dem ich auf ewig anvertraut bin. Ich solle mich ihrem Christentum öffnen, Jesaja mein Heiland und mein höchster Trost und größte Freude, ich begehre keinen anderen weder im Himmel noch auf Erden.

Martin: Lass das andere Leute nicht hören. Sie würden sich darüber ärgern und würden sagen, dass wir beide nichts von Christus und dem ewigen Leben halten.

Kätha: Ihr seid mein Christus und mein ewiges Leben, ich begehre kein anderes.

Martin: Beileibe, lass sonst niemand solche Worte hören.

Kätha: Ich weiß, wie ich mich vor Leuten zu verhalten habe. Es warten aber draußen einige Frauen auf mich, denen ich gute Nachrichten von Euch bringen soll.

Martin: Was ist denn ihr Begehren?

Kätha: Ihr solltet aber ihre und meine Bitte gewähren.

Martin: Ist es möglich, so kann ich es dir, meine goldene Taube, nicht versagen.

Kätha: Es ist gut möglich und Euch, mein allerlieblichster Augentrost, wird es leichtfallen.

Martin: Was ist es denn?

Kätha: Wir bitten alle für Magister Agricola von Eisleben, dass Ihr Euern Zorn von ihm abwendet und ihn wieder lesen und predigen lasst wie vorher.

Martin: Wer sind die Weiber, die mit dir für ihn bitten?

Kätha: Es sind keine schlechten Bürgerinnen, sondern nach mir die vornehmsten in der ganzen Stadt Wittenberg. Dazu meine gnädige Frau und besondere Freundin, die Bischöfin von Aldenburg.

MARTIN: Sie hätten ohne dich bei mir nichts bewirken können, und deshalb sag ihnen, dass ich ihre Bitte angesehen hätte und dir zum Gefallen und auf deine Fürbitte hin allen Zorn gegen den besagten Agricola von Eisleben fallen lassen und ihm ein gnädiger Herr und Förderer sein will wie zuvor. Jedoch soll er von jetzt an nichts in Druck geben hinter meinem Rücken und ohne mein Wissen und meinen Willen. Wenn er das nicht einhält, so wird der letzte große Zorn noch ärger als der erste.

KÄTHA: Ich will sie zu Euch kommen lassen, damit Ihr es ihnen selbst sagen könnt.

MARTIN: Nein, meine liebe Kätha, ich habe auf kein Weib Lust außer auf dich. Du wirst es ihnen sagen.

KÄTHA: Ich habe noch eine Bitte an Euch, wollt Ihr sie hören?

MARTIN: Was ist es?

KÄTHA: Wenn ich vor Euch sterbe, dann dürft ihr kein anderes Weib mehr nehmen außer Agricolas Tochter.

MARTIN: Ich will keine andere als dich. Ich hoffe, Gott gibt mir noch hundert Jahre, ich sollte tausendmal tausend Jahre sagen, bei dir in solchem Wesen zu bleiben.

KÄTHA: Das gebe Gott. Herze mich darauf und ich will wieder von Euch gehen.

MARTIN: Gehe hin, mein Herz und meine Seele. Sage aber nicht alles, was wir miteinander geredet haben.

5. Akt, 2. Szene – Kätha, Gutha, Martha, Ortha, Elsa, Prisca, Agricola

KÄTHA: In dulci jubilo, nun singet und seid froh. Ich habe euch Gnade erworben von meinem Heil und Trost. Eia nu, seid froh und springet in trupidido.

GUTHA: Die Kätha ist fröhlich und singt, sie wird eine gute Antwort bringen.

MARTHA: Das gebe Gott.

GUTHA: Frau Kätha, wie steht die Sache?

KÄTHA: Gnädige Frau, aufs Beste.

ORTHA: O Mutter, es will gut werden, seid fröhlich.

ELSA: Liebe Frau Doktorin, sagt, was es ist, damit ich wieder heimgehen kann. Mein Herr wird schimpfen und soll mich wohl versöhnen mit Euerm Herrn, denn er ist sehr argwöhnisch, es ist ihm aber keiner so lieb, dass er ihm meinetwegen vertraut.

PRISKA: O der ohnmächtigen Bälge, der stinkenden Mönche und Pfaffenhuren, wie halten sie so hoch und viel von ihnen selbst. Ich allein habe von euch allen mit Gott und Ehren einen rechten Ehemann, und die hoffärtigen Schleppsäcke halten mich für die Allergeringste unter ihnen.

GUTHA: Frau Magisterin, was redet Ihr mit euch selbst?

PRISKA: Gnädige Frau, nichts als dass ich gern wieder heimgehen möchte, damit ich meinen Tischgenossen rechtzeitig zu essen geben kann. Sie wollen nicht warten.

GUTHA: Ihr habt recht, Frau von Wittenberg, liebe Freundin, sagt uns die Meinung, die Frauen sollen eilends heimgehen.

KÄTHA: Ortha, ich hab insbesondere für dich ein gutes Wort eingelegt.

ORTHA: Was ist es?

KÄTHA: Wenn ich sterbe, dann wird mein Mann kein anderes Weib außer dir nehmen.

ORTHA: Ich wäre Euerm Herrn viel zu gering und zu klein.

KÄTHA: Sorge dich nicht. Es erstickt keine Maus (wie man sagt) unter dem Heuschober.

ORTHA: Das ist wahr.

KÄTHA: Geh, lauf hin und heiße deinen Vater eilends zu kommen, sag ihm, ich wolle ihm ein rechtes Evangelium, das ist eine gute Botschaft, predigen und verkünden.

ORTHA: Ich will es tun, Kätha, liebe Frauen, habt ein wenig Geduld, der Mann muss es selber hören, denn die Sache betrifft ihn am meisten.

ELSA: Wenn er nur flugs käme.

ORTHA: Vater, ihr sollt eilends zu der Frau Doktorin kommen, sie will euch etwas Gutes sagen.

AGRICOLA: Liebe Freunde, kommt mit mir und hört auch mit, was die Vetteln angerichtet haben.

KÄTHA: Magister Agricola, ihr gebt mir wirklich einen guten Boten, Eure Sache ist gut ausgegangen.

AGRICOLA: Sagt Ihr mir etwas Gutes, ich will mich gegen Euch als gegen meine gnädigen und gepriesenen Frauen wohl zu verhalten wissen.

KÄTHA: So ist es, Herr Magister. Obwohl mein Herr gegen Euch sehr zornig war, so hab ich doch viele Bitten und viel Fleiß darauf verwandt, dass mein Herr seinen Zorn gegen Euch fallen lässt. Ihr sollt wieder lesen und predigen wie zuvor. Er will Euer gnädiger Herr sein, jedoch unter dieser Bedingung, dass Ihr von jetzt an ohne sein Wissen und sein Einverständnis nichts in Druck gebt. Gott gebe Euch Glück dazu.

AGRICOLA: Ich bedanke mich sehr für alle Eure Fürbitten und den aufgewendeten Fleiß, insbesondere meinen beiden gnädigen Frauen, Frau Kätha von Wittenberg und Frau Gutha von Aldenburg. Desgleichen der ehrwürdigen Frau Pröbstin und der achtbaren hochgelehrten Frau Magisterin Philipp, dass Ihr Euch meinethalben so treu und redlich bemüht habt, damit ich meinem Beruf nachgehen und meine Familie ernähren kann.

GUTHA: Lieber Magister, wir haben es gern getan. Wenn Ihr nach Aldenburg kommt, so meldet Euch bei uns, wir wollen Euch alle Ehre und Freundschaft erweisen.

AGRICOLA: Dafür sei Euch ewiger Dank.

KÄTHA: Nun geht hin in Frieden und ein Tänzlein in Freuden nach überwundener Traurigkeit sei Euch erlaubt. Mein Herr ist jetzt beschäftigt, er würde sonst selbst mittanzen.

AGRICOLA: Ich weiß wohl, dass er gern tanzt, wenn er kann, wir wollen ihn jetzt in Frieden lassen.

Vos nunc Valete ac Plaudite Ego Avicinius recenfui – ich bin Vogelgesang ...

Aus: Johannes Cochlaeus: Ein heimlich Gesprech von der Tragedia Johannis Hussen / zwischen D. Mart. Luther und seinen guten Freunden / Auff die weiß eyner Comedien. Verlag Schöffer, Mainz 1539. S. 42ff.

ERASMUS VON ROTTERDAM

»Von Kind auf habe ich ein zerbrechliches Körperchen und, wie die Ärzte sagen, eine zarte Konstitution«, notierte Erasmus (Desiderius) von Rotterdam (1466–1536) in einem seiner zahlreichen Briefe. Etwa 2.000 Sendschreiben aus seiner Feder sind erhalten, dazu mindestens 150 Bücher. Das Kind einer kirchlich verbotenen Liebe, eines im niederländischen Gouda wohnenden Priesters und seiner Haushälterin, war ein Vielschreiber. Als sein bekanntestes Werk gilt aber nicht etwa die erste kritische Ausgabe des griechischen Neuen Testaments mit eigener lateinischer Übersetzung von 1516, auf welcher Luthers Übersetzung des Neuen Testament basiert, sondern die satirische Stilübung »Das Lob der Torheit« (1509), die er seinem Freund Thomas Morus (1478–1535) widmete. Satiren waren in der Renaissance die bevorzugte Quelle der Gebildeten. Zumindest, was die Korrespondenzen angeht, muss ihm ein Geltungsbedürfnis unterstellt werden. Dass er sich gerne porträtieren ließ – am liebsten von Albrecht Dürer (1471–1528) und Hans Holbein (1465–1524) – spricht ebenfalls für seine Eitelkeit. »Keiner seiner Briefe ist ›Ichfrei‹«, schreibt Andreas Flitner, der die Korrespondenzen des neben Philipp Melanchthon (1497–1560) berühmtesten Humanisten seiner Zeit herausgegeben hat.

Und immer wieder taucht bei ihm, der kein Mann der Ruhe gewesen ist (»Da habe ich meinen Sitz, wo ich meine Bibliothek habe«), der gerne und viel reiste, auch wenn zuletzt Basel sein Lebensmittelpunkt war, das Körperliche auf. Er schreibt vom Ekel vor Fischgeruch – ausgerechnet bei dem Niederländer! –, vom verdorbenen Magen, von Nierensteinen, Schlaflosigkeit – aber auch von seinen Weinfreuden. In einem »Konstanzer« Brief vom 18. Oktober 1522 an den Freiburger Professor für das Griechische, Konrad Heresbach (1496–1576), schreibt er: »In Konstanz lag ich ununterbrochen krank bei meinem Gastfreunde Johannes Botzheim, der ganz abgesehen von den Gaben seiner Bildung und Lauterkeit so herzquickend ist, dass er selbst einen halb Gestorbenen aufheutern kann ...«. Und einige Zeilen später heißt es – und das ist kein Kompliment für das Bürgertröpfle vom See: »Endlich bekam ich ganz unverhofft Burgunderwein und weiß nun aus Erfahrung, dass mein bisheriges Übelbefinden von den Weinen der hiesigen Gegend herrührt. Wenn also Burgund keinen Wein hierherschickt, gehe ich sicher nach Burgund ...«.

Aus dem launigen Schreiben ergibt sich, dass der große Humanist und Gelehrte, der einer philosophischen Weltanschauung angehörte, die sich auf das Leben im Hier und Jetzt ausrichtete anstatt auf ein Leben nach dem Tod, die darauf abzielte, dass der Mensch durch Bildung und Erziehung seine Persönlichkeit entfalten kann, bei dem besagten Johannes von Botzheim (1480–1535) weilte. Der Doktor des Kirchenrechts, in Achern geboren, erhielt um 1510 die Pfründe eines Domherrn in der Konzilsstadt. Um diese Zeit freundete er sich mit Erasmus von Rotterdam und anderen Gelehrten an, er galt als Freund von Martin Luther (1483–1546) und korrespondierte mit ihm. Allerdings distanzierte er sich später von dem Reformator – wie sein gelehrter Gast und Theologe, der sich 1524/25 von Luther nach einem Streit über den freien oder geknechteten Willen abwandte. Das hatte zumindest für Botzheim die Konsequenz, dass er 1526, im Jahre der Reformation, als in Konstanz sowohl Bischof wie auch Domkapitel abgeschafft wurden, wegen seiner Verbannung nach Überlingen übersiedelte. Dort starb er während einer Epidemie.

Erasmus kam im September 1522 aus Basel nach Konstanz und blieb drei Wochen bei seinem Gastgeber in der Inselgasse. Die Stadt bereitete dem »Fürsten des Humanismus« einen großen Empfang, die ganze Stadtprominenz eilte herbei, um ihn zu begrüßen. Eine Blasmusik spielte vor dem Haus auf, Geschenke wurden verteilt. Noch in einem zweiten Brief vom 1. Februar 1523, in Basel verfasst, erinnert Erasmus von Rotterdam an seinen Konstanzer Aufenthalt. Er adressierte das Schreiben – hier ein Auszug – an seinen französischen Humanistenfreund Marcus Laurinus (1488–1540) und erzählt zunächst von seinen körperlichen Beschwerden. Ihnen widmet der Humanist mehr Worte als dem Ereignis, das die Stadt vor gut 100 Jahren zu einem europäischen Zentrum des Geistes gemacht hatte.

Brief an Marcus Laurinus von 1523

In Basel ging es mir gesundheitlich so weit gut, bis es in den oberen Räumen kalt wurde. Doch als ich sah, dass anderen die Kälte nachgerade unerträglich war, ließ ich zu, dass ein paarmal etwas geheizt wurde. Aber dieses Entgegenkommen kam mir teuer zu stehen: ich bekam bald einen bösen Schnupfen. Dem Schnupfen folgte ein Stein, und das Übel wiederholte sich derart, dass kein Tag verging, ohne dass ich entweder konzipierte oder Wehen hatte oder einen Stein ans Licht brachte oder nach der Geburt darniederlag, genau wie die Wöchnerinnen. Mein Magen war dadurch so ruiniert, dass er durch kein Heilmittel wieder in Ordnung gebracht werden konnte. Für mich ist von Natur das Fasten tödlich, und die mit dem Abgang der Steine verbundenen Wehen, die oft zwei Tage dauerten, vertragen alles eher als Speise. Infolgedessen hatte ich ebenso viel unter dem ruinösen Magen zu leiden, trotzdem der von den Steinen herrührende Schmerz schlimmer war als der Tod …

Die Stadt Konstanz ist namentlich berühmt durch eine sehr alte und nicht unschöne Kirche, sodann durch das einst unter dem Vorsitz des Kaisers gehaltene Konzil, endlich vor allen Dingen durch die Verbrennung des Johannes Hus dortselbst. Von allen Seiten wurden mir Geschenke gesandt, auch aus fernen Gegenden. Der eine schickte guten Wein, der andere Krammetsvögel, ein dritter Fische usw. Der Magistrat begrüßte mich durch Sendung von Ehrenwein. Einige Tage spielten in der Nähe die städtischen Flötenspieler – auch damit pflegt man gewisse Gäste zu ehren. Verlangt Dich, auch meine Tischgenossen kennenzulernen, außer Beatus Rhenanus und Heinrich Eppendorf war der Arzt Johannes Menlishofer beständig da, ein junger, aber außerordentlich geistvoller und gelehrter Mann, besonnen und bescheiden. Michael Hummelberg, um ihn Dir kurz zu beschreiben, ist an Züchtigkeit, Bescheidenheit, Gelehrsamkeit, Liebenswürdigkeit ein zweiter Beatus Rhenanus. Auch der Prediger Johannes Wanner, ein lauterer Christ, war da …

Meine Gegner hatten neulich das Gerücht verbreitet, nach Basel strömten viele Lutheraner zusammen, um sich bei mir Rats zu holen, ja, Luther selbst halte sich hier verborgen. Das Gerücht beschwerte mich hier in keiner Weise, wo so viele wissen, dass es vollkommen falsch ist. Möchte es doch wahr sein, dass alle Lutheraner und Antilutheraner, um sich Rats zu holen, zu mir strömten, und möchten sie doch meinen Ratschlägen folgen wollen! Ich glaube, es stünde dann um die Menschheit etwas besser. Viele kommen hierher, mich zu begrüßen und zu sehen, mitunter truppenweise und zumeist Unbekannte. Keiner hat je sich bei mir als Lutheraner bekannt, danach zu forschen, ist nicht meine Aufgabe, und ein Seher bin ich nicht. Mir ist noch niemand unter dem Titel »Lutheraner« bekannt geworden oder empfohlen worden ... Wenn Luther selbst käme, so würde ich mich gerne mit ihm unterhalten und freundlich und offen ihm manche Ermahnung geben – freilich wahrscheinlich zu spät, doch nach Paulus (1. Kor.13,7) hofft ja die christliche Liebe alles ...

Noch ein Wort zu dem allergrößten Verbrechen, das meine Gegner mir vorwerfen. In der Paraphrase zum neunten Kapitel des Römerbriefes gestehe ich dem freien Willen eine gewisse, ganz geringe Fähigkeit zu, im Anschluss an Origines und Hieronymus. Eine Paraphrase ist ja eine Art Kommentar, und wenn ich angebe, dass ich vielfach bewährten alten Auslegern folge, was ist es dann für ein Verbrechen, wenn ich irgendwo dem Origines und Hieronymus folge, die doch, wie ich glaube, bei der Erklärung der Hl. Schrift keine verachtenswerten Autoren sind? Es ist das auch geschehen, bevor Luther seine Wiclifitische Lehre bekannt gegeben hatte: Was wir an Gutem oder Bösem tun, geschehe mit unbedingter Notwendigkeit; denn meine Paraphrase ist in Löwen 1517 gedruckt worden, und sie war schon einige Monate vor dem Druck in Antwerpen niedergeschrieben worden ...«

Aus: Erasmus von Rotterdam: Briefe. Verdeutscht und hrsg. von Walter Köhler. Erw. Neuausg. von Andreas Flitner © Aufbau Verlag GmbH & Co. KG, Berlin 1956. S. 315 ff. (Diese Ausgabe erschien 1956 in der Sammlung Dieterich (Band Nr. 2); Sammlung Dieterich ist eine Marke der Aufbau Verlag GmbH & Co. KG)

17. JAHRHUNDERT

ABRAHAM A SANCTA CLARA

Die letzten Lebensjahre litt er an Gicht, aber da hatte er sich aus der großen Öffentlichkeit bereits zurückgezogen – Abraham a Sancta Clara, so sein Ordensname. Der Autor der »Genealogie des Antichrist«, die den Stammbaum des Bösen beschreibt, wurde am 2. Juli 1644 als Johann Ulrich Megerle im heutigen Kreenheinstetten (Baden-Württemberg) geboren. Der Dorfpfarrer förderte den Sohn eines Gastwirts, der bald seinen Geburtsort verließ und nach Lehrjahren in Ingolstadt und Salzburg 1662 im Kloster Maria Brunn bei Wien in den Orden der Augustiner-Barfüßer eintrat. Abraham a Sancta Clara hatte ein Talent als Prediger und Poet, dazu war er ein temperamentvoller Mimiker. Zu seinen deftigen Ansprachen sollen mitunter Tausende von Zuhörern geströmt sein. Kaiser Leopold I. (1640–1705) ernannte ihn 1677 zum Hofprediger. Während der elf Monate wütenden Pest in Wien 1697 war er der beliebteste Tröster und Helfer des Volks. Vor der drohenden Türkengefahr mahnte er 1683 in seiner berühmten Predigt »Auf, auf, ihr Christen!«. 1680 wurde Abraham a Sancta Clara zum Prior seines Klosters gewählt, darauf zog es ihn nach Graz. Zuletzt aber lebte er wieder in Wien, wo er 1709 starb.

Mit etwa 600 Einzelschriften gilt er als der bedeutendste deutsche katholische Geistliche, Prediger und Poet der Barockzeit. Seine »Genealogie des Antichrist« – hier im Original – ist kein rhetorisches oder literarisches Wunderwerk, sondern eine summarische Abrechnung mit allen Geistwesen und Sterblichen, die den wahren Evangeliumsplan der Errettung verfälschen, offen oder heimlich gegen Christus sind. Der große teuflische Gegenspieler Christi ist aber Luzifer, der viele Helfer hat. Darunter ist auch John Wyclif (1330–1384), der bedeutendste Vorläufer der Reformation, das Konstanzer Konzil (1414–1418) erklärte ihn 1415 zum Erzketzer; Jan Hus (1369–1415), der tschechische Reformator wurde 1410 exkommuniziert und in Konstanz als Ketzer verbrannt. Hieronymus von Prag (1379–1416) schließlich, Gesinnungsgenosse von Hus, endete ebenfalls auf dem Scheiterhaufen. Und natürlich gehört auch Martin Luther (1483–1546) in die Genealogie des Antichrist.

Genealogie des Antichrist

Wer waiss nicht das Buch der Geburt dess Antechristi? Dises lautet also: Das ist das Buch der Geburt deß zukünfftigen Antechristi, deß Sohns deß Teuffels / deß Sohns Lucifer. Lucifer gebahr Hoffarth / die Hoffarth aber gebahr den Eigen-Willen / der Eigen-Will gebahr Ketzerey / die Ketzerey aber gebahr Verstockung und Verzweifflung / Verzweifflung aber gebahr den Judam Iscarioth, durch die Verrätherey seines aigenen Herrns / Iscarioth aber gebahr Simeonem den Zauberer / diser Zauberer gebahr Menandrum, Hymenæum und Philetum seine Brüder / Hymenæus gebahr Cerinthum, Cerinthus gebahr Ebionem, Ebion gebahr die Nicolaiter, die Nicolaiter gebahren den Basilidem, Basilides gebahr den Valentinum, Cerdonem und Martionem; Valentinus gebahr Montanum und Apellem, Montanus gebahr Tatianum, Tatianus gebahr die Hierarchas und den Novatum, Novatus aber gebahr den Sabellium, Sabellius aber gebahr den Samosatenum, Samosatenus gebahr den Martionem, Martio aber gebahr die Manicheer, die Manicheer gebahren den Arium, Arius aber der Ertz-Ketzer gebahre vilfältigen und jämmerlichen Abfall vom Christlichen Glauben / diser Abfall gebahr den Donatum, Donatus der Ketzer gebahr Macedonium, Macedonius aber gebahr den Luciferum, Lucifer gebahr den Eunomium, Eunomius aber gebahr den Aerium, Aerius gebahr den Jovinianum den abtrinnigen / Jovinianus gebahr den Helvidium, Helvidius gebahr Vigilantium, Vigilantius gebahr Priscillianum, Priscillianus gebahr den Pelagium, Pelagius aber gebahr die Anthropomorphiten / die Anthropomorphiten gebahren den Julianum, Julianus gebahr Nestorium, Nestorius gebahr den Eutichen, Eutiches gebahr die Acephalos, die Acephali gebahren Achatium, Achatius gebahr die Monotelitas, die Monoteliten gebahren den Mahomet, der Mahomet gebahr die Türcken. Diser Zeit entstund ein Ketzer / Gotts-Schalck genannt / und Macharius, Macharius aber gebahr Berengarium, Berengarius gebahr die Waldenser / die Waldenser gebahren Almaricum, Almaricus gebahr die Flagellantes (oder Flegellantes) die Flegellantes gebahren den Petrum von Arragonia, diser Ketzer gebahr die nackenden Adamiten / die Adamiten gebahren den Hannß Wickleff / Wickleff gebahr die Taboriter, die Taboriter gebahren den Hannß Huß und Hieronymum von Praag / der Huß gebahr Martinum Lutherum mit seiner Babylonischen Gefängnuß / und nach der Babylonischen Gefängnuß aber gebahr Martin Luther dise jetzigen vilfältigen erschröcklichen Spaltungen deß Glaubens / und schädliche Secten, alle seine Brüder / als da seynd die Carlstädianer / die Stebler / die Sabater / die Clancularier / die Manifestarier / die Demonischen / die Beyschläfferischen / Widertauffer / und Winseler / die Davidischen / die Menoviter / die Vil-Weibler / die Sacramentierer / die Significativos, die Metamorphisten / Iscariotisten / die Neutrales, die Bild-Stürmer / die Newsamosatener / die Höllischen / die Ambtsdorffer / die Händauffleger / die zwey Sacramentierer / die Unsichtbaren / die Biblischen / die drey Sacramentierer / die vier Sacramentierer / die halb Osiandrischen / die Neu-Pelagianer / die Pœnitentiarij, die Müntzerischen / die Schwenckfelder / die Illyrischen / die Vergetianer / die Schwermer; die Antinomisten / die Confessionisten / die Majoristen / die Tropisten / die Adiaphoristen / die Antiadiaphoristen / die Secretisten / die Lasconiter / die Energisos, die Arrabonarios, die Calvinianer / die Osiandriner / die Antiosiandriner / die Stanckarianer / die Antistanckarianer / &c.

Aus: Abraham a Sancta Clara: Die Heilige Hof-Art/Das ist: Ein schuldige Lob-Red von dem grossen wunderthätigen Indianer-Apostel Francisco Xaverio. Salzburg 1684, S. 7ff. in: ders. Reimb dich, oder Ich Liß dich. Melchior Haan, Salzburg 1684 (neu herausgegeben und kommentiert von Inga Pohlmann, Edition Isele, Konstanz/Eggingen 2007, dort S. 553ff.

MATTHÄUS MERIAN / MARTIN ZEILLER

Auch er kam an Konstanz nicht vorbei, der Zeichner und Kupferstecher Matthäus Merian der Ältere (1593–1650). Der gebürtige Basler lernte sein Handwerk vom Zürcher Kupferstecher Friedrich Meyer. Ab 1619 arbeitete er in Frankfurt beim Verleger Johann Theodor de Bry, dessen Tochter er heiratete. Nach Brys Tod vervollständigte er die 1590 begonnene Reihe »Grand Voyages« und »Petit Voyages«. Zwischen 1542 und 1654 entstand sein Hauptwerk, die »Topographia Germaniae«, sie umfasst 16 Bände, die von seinen Söhnen Matthäus der Jüngere und Caspar vollendet und auf insgesamt 30 Bände erweitert wurden und die über 2.000 radierte Stadtansichten mit über 90 Landkarten nebst geschichtlichen Informationen anboten. Daneben entstanden weitere Topografien, wie etwa die zu Rom und Italien. Der Kupferstich aus der »Topographia Suevia«, den er von der Konzilsstadt anfertigte, ist mit dem Datum 1633 versehen – in dem Jahr wurde Konstanz im Rahmen des Dreißigjährigen Kriegs (1618–1648) von den Schweden belagert –, gedruckt wurde er 1643 in Frankfurt/Main. Der entsprechende Titel: Die »Eigentliche Contrafactur der Statt Costantz am Bodensee wie solche währender Belägerung Anno 1633 im wesen gestanden«.

Die Stadtansichten von Merian sind historisch wichtige Quellen, da sie die Städte vor dem Dreißigjährigen Krieg intakt darstellen. Aber die Kunst des Topografen wäre nur die Hälfte wert ohne die Texte von Martin Zeiller (1589–1661), in dessen Auftrag Merian zeitweise arbeitete. Ab 1629 lebte er übrigens im Süden des Landes, in der Reichsstadt Ulm, wo er auch verschiedene Ämter im Schulwesen bekleidete. Zeiller gilt als ein typisches Beispiel eines barocken Polyhistors und Kompilations-Schriftstellers. Er verfasste zahlreiche Bücher, Reisehandbücher und Lexika. Allein die Stadtbibliothek

Ulm verwahrt 90 Titel. Am bekanntesten ist aber seine Mitwirkung als Textautor an Merians »Topographia Germaniae«. Im Bericht über die »Statt Costantz«, in dem er auch über den Namensgeber spekuliert – der ist nicht gesichert, möglicherweise wurde die Stadt nach dem römischen Kaiser Constantius (um 250–306) benannt, andere Quellen sprechen für seinen Enkel, Kaiser Constantius II. (317–361) – blickt er auch auf das »berühmbte Concilium allhie, das den Johann Hussen zum Fewer verdampt«.

Topographia Sueviae: Costantz

Es ligt diese Statt in einem wunder schönen fruchtbaren / vnd lieblichen Geländ / so einem irrdischen Paradeiß zu vergleichen. Hat jhren rechten Nahmen vnnd Stifftung vom Käyser Constantio, deß Constantini Magni Vattern / der zu mehrer Sicherheit der Römischen Wachten / oder Besatzung / diese Statt auff Rhätischem Boden / vor Eynfall der Alemannier bevestiget / vnd nach jhme Constantiam genennet hat. Vnd ist also weder Vitodurum, noch Gaunodurum der Alten. Im Dom in S. Blasij Capell / ist noch ein alte / gebrochene / Röm. Schrifft / in Marmor. Sie ist folgends von den Alemannen / sonderlich aber durch den Attilam, zerissen worden / vnd mit der Zeit ein Franckreichisch Königlich Dorff verblieben / damit solches / vnd andere Ort / nit rebelliren könten. Vnd wird dise Statt in den alten Chronicken Villa Regia Dagoberti Regis genandt: Dann Villa mehrertheils von den Alten für ein Dorff gebraucht wird. Vnd dahin hat er / Dagobertus, das Bischthumb von Windisch verruckt; daher sie folgends wider zu einer Statt worden / war aber Anno 854. noch klein. Folgendts ist sie etlichmal erweitert / vnnd mehrers bevestiget worden / daß sie sich Anno 938. der Vngarn Vberfall erwehret / in welchem Jahr auch ein Thurnier von der Rheinischen Ritterschafft allhie gehalten worden.

Anno 980. ward Petershausen das Benedictiner Kloster/jenseit der Rheinbrücken zu Costantz gestifftet. An. 1043. 1142. 1153. 1183. 1507. wurden allhie Reichstäge gehalten. Anno 1235. kamen die Prediger Mönch gen Costantz. An. 1250. ward das Barfüsser Closter gestifftet. An. 1276. ward S. Johanns Kirch in der Nidern/oder alten Statt Costantz/zu einem Gestifft vnd Probstey gemacht. An. 1277. vnd 1295. erzeigten sich grosse Erdbidem/darneben war alles wolfeyl. Anno 1293. fieng man an S. Lorentzen Kirch zu bawen. An. 1314. war ein grosse Brunst/weiln der Jud das Fewer/so bey jhme außkommen war/am Sabbath nicht löschen wolte. An. 1324. war die Mordnacht/darvon noch die Gaß von Augustinern/biß zur Metzig/den Namen der Mördergaß behalten. An. 1348. wurden die Juden allda verbrandt. An. 1388. ward das newe Kauffhauß gebawt. Anno 1414. fieng sich das berühmbte Concilium allhie (das den Johann Hussen zum Fewer verdampt/vnd den langwürigen Böhmischen Krieg erwecket hat) an/dessen Ende An. 1418. erfolgt ist. Vnd in solchem Concilio ist Costantz von Käyser Sigismundo begabt worden/daß sie/ob jrem schwartzen Creutz/einen roten Schwenckel führen/vnd darzu mit rotem Wachs siglen möge.

An. 1443. befreyet Käyser Fridericus IV. Constantz mit dem Statt Amman/daß sie möchten richten vor jhrem Stab alles/das hievor der Bischoff/durch seinen Statt-Amman/gerichtet hat/vnnd dasselbige Gericht besetzen.

Anno 1511. entstund allhie ein Auffruhr/in dem sich ein Theil in die Schweitzerische Bündnuß begeben/die andern aber/sonderlich die Fischerzunfft/beym Reich bleiben wollen: da dann zu rechter Zeit Käyser Maximilian ankommen/die Auffruhr gedämpfft/etliche der fürnembsten Rädelsführer am Leben gestrafft/oder auß dem Land geschafft/vnd alles das jenige/so er künfftig zu Auffruhr Vrsach/oder Gelegenheit/zu geben vermeint/abgeschafft hat. An. 1526. zogen die Domherrn auß Costnitz gen Vberlingen; denen An. 27. alle andere Chorherrn vnd Priester/zum Münster/zu S. Stephan/Sanct Paul/vnd S. Johann/folgten/vnnd begab sich das gantze Consistorium, vnnd etliche mit jhnen/nach Rattolffszell. An. 1528. ward die Meß in der Statt abgethan; Vnd Anno 1529. alle

Bilder / vnd bawete man das Wolmathinger / oder Götzenthor / zu Petershausen. Anno 1530. bawete man die newe Walck ob der Rheinbrücken. Anno 1534. fiengen die Fischer im December / in einem Zug sechs vnd viertzig tausent Gangfisch. Anno 1548. wolte diese Statt das Interim nicht annehmen / darüber sie nicht wenig außgestanden / vom Käyser Carolo V. in die Acht gethan / vnd seinem Herrn Bruder / König Ferdinando / vbergeben / vnnd also auß einer Reichs-Statt / eine Oesterreichische Ertzhertzogliche Statt worden. Solle gleichwol / ausser deß Exercitii Religionis jhre Freyheiten behalten haben; wie es dann einen zimblichen Adel allda; vnd gibt das Hochlöblichste Hauß Oesterreich jhren Reichs-Anschlag / welcher monatlich 236. Gülden ist / an jhrer statt. Hat jetzt einen Oesterreichischen Hauptmann / oder Statthalter / allhie. Vnd kan von Einnehmung dieser Statt / durch das Höchstgedachte Hauß Oesterreich / vnd was darwider die Stände deß Schwäbischen Craisses / beym König Ferdinanden dem Ersten / etlichmal angebracht / aber nichts erhalten haben / Johan. Limnaeus de J. publ. tom. 4. pag. 84. seqq. gelesen werden. An. 1588. ward den Bürgern das Besuchen Protestirenden Religions Exercitii im Turgow verbotten. Vnd seyn auch darnach Capuciner dahin kommen / vnd haben Anno 1604. die Jesuiter allda jhr Collegium zu bawen angefangen. An. 1633. ist sie vom Schwedischen Feldmarschalck Horn vergebens belägert worden. Es ligt diese Statt zwischen dem Bodensee Acronio, vnd dem Vntern / oder Zellersee / oder Veneto, in einem Winckel / an dem Rhein / als er auß dem Obern in den Vntern See laufft / auff Turgower Erdrich. Jst nicht sonderlich groß / aber lustig vnd schön erbawet. Zwischen dem Heglinger und Geltlingerthor / da man in die Schweitz reyset / ist auff der Traten / Briel genant / der Orth zu sehen / wo gedachter Johann Huß / und Hieronymus von Prag / sind verbrandt worden. M. Zacharias Theobald. schreibet / part. 1. vom Husiten Krieg / cap. 20. p. 113. also: Der Orth / da Johann Huß zu Costantz verbrant worden / ist zwischen den Gärten der Vorstatt / neben dem Weg / da man nach Gottleben gehen will. Im Prediger Closter ligt der berühmbte Mann Manuel Chrysoloras, mit einem schönen Epitaphio, so jme AEneas Sylvius gemacht / begraben. Ausser der Statt vnd dem Creutzlingerthor / hat es im Kloster Creutzlingen eine Freyung vor die Todtschläger gehabt / welches Kloster aber / nach der Schwedischen Belägerung / geschleyfft worden. Jtem / ein feine Brücken vber den Rhein / darüber man auß der Statt nach Petershausen kommen kan / darauff Mühlen seyn.

Aus: Matthäus Merian (Herausgeber und Illustrator) und Martin Zeiller (Textautor): Topographia Sueviae. Merian, Frankfurt/Main 1643. S.52ff.

JOHANN FRIEDRICH SPETH

Die Quellenlage über Johann Friedrich Speth (auch: Joanne Friderico Speth und Dr. Friedrich von Speth) ist dürftig. Weder ist gesichert, wann und wo er geboren wurde, noch wie und wo er gestorben ist. Bekannt ist, dass er promovierter Jurist und Historiker war. In letzterer Eigenschaft war er in der ersten Hälfte des 18. Jahrhunderts in Konstanz – damals Teil Vorderösterreichs – tätig, aber auch die Funktionen eines Ratsherrn und Stadtsyndicus hatte er inne.
Während seiner Amtszeit sorgte er für einen Skandal. In der Konstanzer Stadtverwaltung schienen seit den 1730er-Jahren rivalisierende Interessengruppen und Intriganten zu herrschen, brave Einheimische zogen gegen sozial aufsteigende Ausländer her, über Schlampereien wurde offen spekuliert. Speth, intimer Kenner der Verwaltung und mit einem gehörigen Streit-Potenzial ausgestattet, wandte sich um 1746/47 in 30 Beschwerdepunkten auf 46 Seiten an die Regierung der Vorlande zu Innsbruck. Das Schreiben schlug in Konstanz ein »wie eine Bombe«, notiert Stadtarchivar Helmut Maurer knapp 250 Jahre später. Die Bürgerschaft spaltete sich in zwei Lager, die betroffenen Amtsträger wehrten sich – vergeblich. Die österreichische Obrigkeit bildete eine Untersuchungskommission, die wiederum Reformen auf den Weg brachte. Und Speth? Um 1740 wechselte er als Syndikus nach Radolfzell.
Der Auszug – in der Übersetzung ins Neuhochdeutsche durch die Herausgeber – ist seinem 1733 aus Anlass des 100. Jahrestags der erfolgreichen Verteidigung der Stadt gegen die Schweden verfassten Bericht »Constantzischen Ehreporte« entnommen. Speth berichtet darin in einem rechtfertigenden Ton über die Verurteilung von Jan Hus (1369–1415) und Hieronymus von Prag (1379–1416) durch das Konstanzer Konzil (1414–1418) und das bittere Ende der böhmischen Reformatoren auf dem Scheiterhaufen. Am Rande eröffnet er eine Geschichtsdebatte um die letzten Worte Hus' auf dem Scheiterhaufen. Speth bestreitet den überlieferten Schwanen-Epilog des

Ketzers (»*lauter erdichtetes Fabel-Geschwätz*«), *mit dem sich 100 Jahre später der Reformator Martin Luther (1483 – 1546) identifizieren sollte. Dabei wird deutlich: Speth war kein Freund von Hus.*

Das Ende von Jan Hus und Hieronymus von Prag

WIE ES NUN DAS HEILIGE KONZIL mit diesen drei unrichtig erwählten Gegen-Päpsten nach einiger Zeit endlich zu seiner Richtigkeit gebracht hatte, sorgten diese inzwischen auch für die Ausrottung des in Böhmen und Mähren ausgebrochenen ketzerischen Irrtums: und zwar wurde nicht nur Johann Wiclif in der 8. Session als Ketzer verdammt und beschlossen, dass seine bereits seit 30 Jahren unter der Erde liegenden Gebeine ausgegraben werden sollten. Sie sollten am Samstag, dem 4. Mai im Jahr 1415 samt seinen ketzerischen Schriften, Lehren und Büchern verbrannt werden, zumal die Exekution sich eine später nach London in England geschickte Botschaft verschaffte. Es wurde auch auf beinahe gleiche Art mit beiden Ketzern, Johann Hus und Hieronymus von Prag, verfahren. Hus hatte eine Salvum Conductum oder freies sicheres Geleit durch einen Brief vom Kaiser und erhielt von König Wenzel in Böhmen eine Begleitung durch zwei Ritter, genannt Wenzelslaf von Thuben und Heinrich Latschenbock nebst 30 Pferden, mit welchen Johann Hus, samt seinem Kaplan auf einem kleinen Wagen sitzend, am 3. November im Jahr 1414 in Konstanz anlangte. Dort nahm er seine Unterkunft bei einer neben dem Haus zur Taube in der St. Pauls-Gasse wohnenden Witwe namens Pfisterin. Nach etlichen Tagen hat er dort in einem Zimmer die Messe gehalten, an der die Nachbarn teilnahmen. Als das aber bekannt wurde, wurde es ihm vom Konstanzer Bischof Otto sowie seinem Vicar M. Hans Tenger und dem Offizial M. Konrad Heilig durch folgenden Befehl untersagt: Solange er im geistlichen Bann wäre, sei dieses zu unterlassen, und weder seine Nachbarn noch jemand anderer dürfe mehr einer von ihm gelesenen Messe beiwohnen. Dieses versetzte Hus in Sorge und Angst, was ihn infolgedessen auf Fluchtgedanken brachte. Daher verbarg er sich an einem Sonntag in der Fastenzeit, Oculi genannt, mit einem Brot und einem Fläschchen Wein im Wagen des Latschenbock, mit dem die Knechte aufs Land fahren und Heu holen wollten. Als man aber zu Tisch saß und Hus nicht erschien und weder gefunden noch gesehen wurde, lief der Latschenbock eilig zum Bürgermeister und meldete es ihm. Dieser ließ sogleich die Stadttore zuschließen und befahl, den möglicherweise bereits entflohenen Hus auf allen Straßen zu suchen. Indessen aber wurde Hus auf dem Wagen gefunden. Ritter Latschenbock und der Kaplan sowie viele mitreitende Böhmen führten ihn auf einem Pferd um 1 Uhr mittags auf den Münsterhof vor die Pfalz und Residenz des Papst Johannes. Dort bat Hus den Latschenbock, dass er ihn nicht ins Gefängnis bringen dürfe und bedenken solle, dass er mit einem Salvum Conductum (Geleitbrief) des Kaisers ausgestattet sei. Darauf antwortete ihm der Ritter, dass er seine Sache rechtfertigen und gut ausführen solle oder sterben müsse. Als Hus das hörte, sprang er vom Pferd und wollte sich in der Menge verstecken, denn es waren über 8.000 Menschen, die, um Hus zu sehen, herbeigelaufen waren. Aber als die Büttel des Papstes mit den silbernen Stecken dies sahen, ergriffen sie Hus schnell und führten ihn in die Pfalz hinein. Danach wurde er zunächst in das Dominikanerkloster, danach in den der Stadt gehörenden Turm beim Minoritenkloster zu Konstanz und schließlich in das bischöfliche Schloss Gottlieben in Gefängnishaft eingesperrt. Den Schlüssel zum erwähnten Turm händigten sie dem Kaiser aus.

Zwischenzeitlich kam am heiligen Ostermontag Hieronymus von Prag, vornehmster Schüler und Anhänger von Hus, um ihm Beistand zu leisten, heimlich nach Konstanz. Er hoffte, einen von ihm unterzeichneten lateinischen Brief an die Kirchentür der Kirche Sankt Stephan anheften zu können, in dem er die Lehre und die Predigten des Hus verteidigte und im Brief äußerte, dass etliche Artikel Hus fälschlicherweise angedichtet worden seien. Er wollte fliehen, hatte jedoch aus Furcht sein Schwert in der Unterkunft, die er in der St. Paulsgasse bei einem Bürger namens Gut Jahr heimlich genommen hatte, vergessen, sodass dieses in der Herberge zurückblieb. Er hatte aber bereits ein großes Stück Weg zurückgelegt und war zudem bei der Übernachtung mit einigen zufällig angetroffenen Geistlichen in ein hitziges Gespräch geraten, in dem er besonders heftige Schmähungen über das Konzil von sich gab. Er verriet sich durch die Rühmung von Hus, sodass ihn die Geistlichen dem Pfalzgrafen und dem Herzog Johann auslieferten. Dieser ließ ihn in Ketten legen und nach Konstanz zurückführen, wo er ebenfalls im Schloss Gottlieben gefangen gesetzt wurde. Hus wiederum wurde in den bereits erwähnten Turm bei den Franziskanern gebracht. Bald darauf, nämlich am 5. und 7. Juni, wurde er vom versammelten Heiligen Konzil über die 39 Artikel befragt und seine Antworten angehört. Dennoch konnte selbst der Zuspruch aus dem Munde des Kaisers seine ketzerische Verstocktheit und hochmütige Hartnäckigkeit nicht erweichen. Daher versammelte sich das Heilige Konzil nochmals am Samstag, dem 6. Juli, früh um 6 Uhr. Nach Vollendung der Heiligen Messe hielt Johannes Tatterius, Doktor der Theologie und erster Magister der hohen Schule zu Paris, gegen den vorgeführten und auf seinen Knien liegenden Johann Hus einen langen lateinischen Sermon aus dem 6. Kapitel der Episteln zu den Römern, der lautet, dass der sündige Körper zerbrochen werden müsse. Daraus könne bewiesen werden, dass nach der richtigen allgemeinen Lehre der Heiligen Göttlichen Schrift die Meinungen des Hus falsch, unrecht und offenbar ketzerisch seien. Nachdem dies geschehen war, verlangte der Procurator des Konzils die Verlesung des gesamten Rechtsprozesses, der zwischen Hus und seinen Widersachern geführt worden sei. Das geschah so, danach wurde das Urteil abgefasst und vom Bischof von London dem Grunde nach dahin eröffnet, dass Johann Hus als Ketzer zu verdammen, zu degradieren oder zu entweihen sowie dessen gesamte Schriften zu verbrennen seien. Nach der Verlesung des Urteils traten Nikolaus, Erzbischof von Mailand, und einige andere Bischöfe zu dem auf ein Gerüst geführten Hus hinzu, kleideten ihn dort wie einen

Priester auf einem Altar an und forderten ihn nochmals auf, seine schrecklichen Irrtümer zu widerrufen. Da Hus sich weigerte, dieses zu tun, begannen die Bischöfe, Hus wirklich zu degradieren und so nahm einer den Kelch von ihm, ein anderer die Stolen und immer so weiter. Das ging so weit, dass ihm zur Beseitigung der Tonsur das Haar vollständig geschoren und ihm ein hoher Hut aus Papier aufgesetzt wurde, auf dem zwei Teufel gemalt und das Wort »Haeresiarcha« – ein Erzketzer – geschrieben stand. Als dies geschehen war, übergaben ihn die Bischöfe dem anwesenden Kaiser Sigismund und dem weltlichen Gericht, jedoch mit der Bitte, dass man ihn statt mit der Todesstrafe mit einer Gefängnishaft bestrafen möge. Darauf sagte der Kaiser zum Kurfürsten und Pfalzgrafen Ludwig, dem Schirmherrn des Konzils: »Da wir das weltliche Schwert führen, mit dem Verbrechen gestraft wird, nehmt ihr, lieber Onkel und Fürst, diesen Mann Johann Hus und verfahrt mit ihm in unsrem Namen, wie es einem Ketzer gebührt.« Darauf rief der Kurfürst den Reichs- oder Stadtvogt von Konstanz und sprach zu ihm: »Nimm den Johann Hus von der kaiserlichen Majestät. Lass ihn auf meinen Befehl und mein Urteil als Ketzer verbrennen.« Der Stadtvogt übergab Hus an die vier hervorgetretenen Stadtknechte und den Scharfrichter und befahl ihnen streng, dass sie ihm die zwei schwarzen Röcke, die er trug, den reich mit Silber beschlagenen Gürtel und die übrigen Kleider nicht ausziehen dürfen, sondern den Hus mit allem, sogar mit seinem mit nicht wenig Gold gefüllten Beutel, verbrennen sollten. Dies geschah so. Außerhalb des Münsters auf den Gassen wurden gleich danach Bücher und Schriften des Hus öffentlich verbrannt. Darüber lachte Hus, der zwar nicht gefesselt, aber von zwei bewaffneten Dienern des Kurfürsten und Pfalzgrafen und vier Stadtknechten sowie zusätzlich von 1.000 bewaffneten Männern aus Konstanz umgeben war. Er wurde durch das Goldinger oder Paradieser Tor auf den Briel oder das Innere Bürgerfeld hinausgeführt und dort in einen Kreis von 2.000 Mann zu Pferde und zu Fuß unter dem Kommando des höchsten Pfalzgrafen gebracht. Dort wurde er nochmals vom Marschall des Pfalzgrafen, Herrn von Oppenheim, und Herrn Ulrich

Schorandt, einem Kaplan von St. Stephan, ernsthaft ermahnt, seine Missetaten zu bereuen, zu beichten und den unsinnig ersonnenen Ketzereien zu entsagen. Als jedoch wiederum aller Zuspruch bei dem verstockten Bösewicht nicht fruchtete, da ergriff ihn der Scharfrichter von Konstanz auf Befehl des Reichs- oder Stadtvogts und band ihn mit nassen Seilen an einen Pfahl, um den Stroh und Holz gelegt war. Auf diesen Scheiterhaufen wurde Pech geschüttet und das Feuer entzündet, in dem der elende Ketzer innerhalb weniger Minuten zu Asche verbrannte. Diese wurde in den Rhein geworfen. Dann wurde der stinkende Kadaver eines verendeten Maultiers, das dem Kardinal Ludwig Pancratio gehört hatte, ausgegraben. In der noch warmen Brandstelle, an der Hus verbrannt wurde, wurde ein Loch gegraben und der Kadaver wieder in der Erde verscharrt.

Das waren das Ende und der Lohn, der Hus, der so hoffärtig, heillos und hartnäckig war, am 6. Juli 1415 um 11 Uhr zuteil wurde. Übrigens ist besonders zu erwähnen, dass Graf Kaspar Schlick, Kanzler des Kaisers, nach dem gefällten Urteil über Hus aufgestanden und öffentlich dagegen protestiert hat etc. Und er sagte auch voller Gift, dass Hus vorhergesagt haben soll: »Heute bratet ihr eine Gans (was auf böhmisch Hus heißt), in 100 Jahren aber wird ein Schwan kommen, den werdet ihr wohl ungebraten lassen.«

(Wie dies eine 1708 in Ulm gedruckte Scarteque pag. 118 P.I. Cap. 5 erwähnt, ein vollständig erdichtetes Fabelgeschwätz, wovon in den Originalakten und -dokumenten und den unparteiisch damals zu Konstanz verzeichneten Geschichtsbeschreibungen kein Jota bekannt ist.)

Aus: Joanne Friderico Speth, J.U. Doctore: Constantini M. Trai Constantini M. triarcus triumphalis, typus ter insignis acronianae metropolis Constantiae: Das ist: Der in der Constantinisch=Dreybogigen Ehren=Porte Constantzisch = mit dreyfachem Ruhm prangend = Glor=Sieg= und=Ehr=reiche Creutz=Schild. Oder Dreytheilige Beschreibung der, ...Stadt Constantz. Auff das, wegen der im Jahr 1633...., auffgehobener Belagerung, Nach nun abgeflossenen hundert Jahren erneuerte Danck=Denck=Ehren und Freuden=Fest, ...in offentlichen Truck gegeben / mit [6] Kupfferen gezieret, und auss Probmaessigen Original=Brieffschafften, bewaehrten Schrifften und Scribenten ; mit Einverleibung alt=merckwuerdiger Nachrichten. Konstantz druckt und verlegts / Johann Conrad Waibel / Anno 1733. S. 250ff.

GABRIEL BUCELINUS

... oder Butzlin, auch Buzlin oder Bucelino, ist ein Kind des Bodenseeraums. Er wurde 1599 auf der Burg Unterhof in Diessenhofen (Kanton Thurgau) geboren. Schon als 13-Jähriger bewarb er sich an das Benediktiner-Kloster Weingarten, das seinerzeit als das bedeutendste Kloster Oberschwabens galt. Fünf Jahre später legte er das Ordensgelübde ab und studierte an der Jesuitenuniversität in Dillingen. 1624 empfing er seine Priesterweihe und wurde Novizenmeister in Weingarten. In der Folge übte er, inzwischen Professor für Geisteswissenschaften, verschiedene Tätigkeiten aus. Gabriel Bucelinus hielt sich zumeist in der Region auf, oft und lange auch in Vorarlberg (Feldkirch, Burg Blumenegg). In den Kriegswirren des 30-jährigen Krieges floh er 1635 und 1647 nach Wien, Venedig und ins steiermärkische Stift Admont. Ende 1650 kehrte er zurück und wirkte als Prior des Klosters St. Johann in Feldkirch. Seine letzten Monate des Lebens verbrachte er wiederum in Weingarten, dort starb er – fast erblindet – im Frühjahr 1681.

Pater Gabriel Bucelinus gilt als ein Universalgelehrter und fruchtbarer Autor. Neben etwa 50 Schriften über Genealogie, Weltgeschichte, Hagiografie und Ordensgeschichte sind von ihm auch Pläne, Karten und zahlreiche Handzeichnungen erhalten. Sein zeichnerisches Oeuvre reicht von der expressionistisch naiven Skizze der Hegauberge seiner Jugendjahre über die Kartenentwürfe seines mittleren Lebensabschnitts, wo er sich von verschiedenen Vorbildern inspirieren ließ, bis zu der korrekten Federzeichnung der Burg Blumenegg. Dennoch geht er nur als »Amateurkartograf« (Siegfried Kullen) in die Geschichte des 17. Jahrhunderts ein. Bedeutender sind seine Schriften – eine große Anzahl davon befindet sich in der königlichen Bibliothek Stuttgart. Er war einer der ersten Autoren, der sich mit der Kirchengeschichte beschäftigt hat. Als besonders verdienstvoll gelten auch seine Porträts über die berühmtesten Mitglieder seines Ordens (»Aquila imperii Benedictina«, 1651; »Anales Benedictini«,

1655). Auch die Bühne Bodensee, an dem die Große Oper Konstanzer Konzil (1414–1418) uraufgeführt wurde, hat er beschrieben. – Aus dem Lateinischen übersetzt von Ernst Knobelspieß.

KONSTANZER CHRONOLOGIE

1413 – DER HOCHBERÜHMTE KAISER SIGISMUND ist nach Italien gereist aus Sorge und von dem Wunsch beseelt, das kaum noch zu ertragende Schisma der Kirche zu beenden: Der Streit zwischen den drei Päpsten Johannes, Benedikt und Gregor dauert zu Schand und Schaden der Christenheit an. In Lodi hat er mit Johannes XXIII. eine Unterredung gehabt, bei der er diesen aus vielen Gründen dazu gebracht hat, eine allgemeine Kirchenversammlung, bei der er selbst den Vorsitz haben werde, anzukündigen. Die öffentliche Bekanntmachung ist in Lodi am 9. Dezember im vierten Jahr seines Pontifikats erfolgt. Der Beginn des Konzils ist festgesetzt worden auf den 1. November des darauffolgenden Jahres, das beinahe ganz zur Vorbereitung benötigt worden ist.

1414 – Der Strom von Menschen nach Konstanz hat nicht enden wollen, sowohl derer, die Güter zu ihrer Versorgung und Waren herbeigeschafft haben, als auch von denen, die von vielen Fürsten und von den Päpsten ausgesandt worden waren, Wohnungen und Unterkünfte zu mieten. Papst Johannes XXIII. hat den Bischof von Ostia, Kardinal Johannes, vorausgeschickt, der am Vortag des 13. August in die Stadt eingezogen ist und die Bischofspfalz für den Papst bereit zu machen begonnen hat. Auf ihn sind beinahe an jedem Tag die Dienstleute von Kardinälen, Bischöfen, Vorstehern von geistlichen Gemeinschaften, auch Dienstboten der bevollmächtigten Abgesandten von Königen und Fürsten gefolgt, um Herbergen und Unterkünfte und alles sonst noch Notwendige zu beschaffen. Endlich, am 27. Oktober, ist Johannes XXIII. unter dem Schutz des Herzogs von Österreich in Kreuzlingen angekündigt worden. Nachdem er am darauffolgenden Tag während eines Gottesdienstes dem Erhard mit dem Beinamen Linde die Bischofsmitra verliehen und den Propst des Klosters zuerst zum Abt erhoben hatte, hat er von dort, als es schon Abend wurde, umgeben von einer großen Zahl von Kardinälen und Äbten die Stadt Konstanz betreten und ist feierlich empfangen und in die Stadt geleitet worden. Vier Tage später, am Festtag Allerheiligen, ist auch der Erzhäretiker Johannes Hus eingetroffen, zusammen mit einigen Adligen aus Böhmen und Mähren, Anhängern und Freunden. Auf den 6. November setzte Papst Johannes einen feierlichen Bittgottesdienst an und hat ihn mit 15 Kardinälen und mehr als 23 Bischöfen und Äbten im Bischofsrang begangen.

Am Vortag des Weihnachtsfestes hat Kaiser Sigismund mit großem Gefolge Überlingen erreicht. Ganz schnell ist er nach Konstanz hinübergefahren und hat an den Gottesdiensten der Hochheiligen Nacht teilgenommen. Er selbst hat im Ornat eines Diakons das Evangelium »Und es erging vom Kaiser Augustus« vorgetragen. Gerade in diesem Jahr ist das Kloster des Heiligen Benedikt Fischingen in unserem Bistum zusammen mit der Klosterkirche bei einem schrecklichen Brand in Schutt und Asche gesunken; das Haupt der Heiligen Ida aber ist unversehrt in der Asche aufgefunden worden.

1415 – Am 2. Februar ist in Konstanz die Königin Brigitta bei einer eigens anberaumten Zusammenkunft der Bischöfe und Ordensoberen auf Drängen der Dänen, Schweden und Norweger von Papst Johannes nach der Bestätigung ihrer erwiesenen Heiligkeit unter die Heiligen aufgenommen worden. Da aber aus der ganzen christlichen Welt schon viele Kardinäle, Bischöfe und gelehrte Theologen anwesend waren, hat man es für das Beste gehalten zu beschließen, dass die Konzilsväter folgendermaßen vorgehen sollten: Wenn alle drei Päpste, die um ihre Anerkennung stritten, von sich aus ihren Verzicht erklärten, sollten sie, was das Weitere betreffe, dem Konzil die Möglichkeit der Wahl überlassen, ob man nun einen von den dreien oder lieber einen anderen als Nachfolger benennen wolle.

Johannes hat dies nicht abgelehnt. Glaubte er doch, aufgrund seiner raschen Einwilligung werde er den Anspruch geltend machen können, von Neuem gewählt zu werden. Deshalb hat er am 2. März freiwillig auf sein Pontifikat verzichtet, freilich unter der Bedingung, dass er sein Amt dennoch vorläufig behalte, bis auch die beiden anderen Mitbewerber abgedankt hätten. Aber bald hat er seine Tat bereut und Mithilfe des Herzogs von Österreich Konstanz heimlich verlassen. Nachdem die Machenschaften der beiden bekannt geworden waren, verwahrten sich der Kaiser und das ganze Konzil aufs Entschiedenste dagegen. Und Friedrich wäre es schlecht ergangen, wenn er nicht durch die Treue seines Hofrats Johann Truchsess von Diessenhofen aus der Gefahr gerettet worden wäre. Dieser hat Friedrich in den Mantel eines seiner Dienstboten gehüllt mit einer tief ins Gesicht gezogenen Kapuze und ihn dann unter Schlägen wie einen, der sie wohl verdient hat, zur Stadt hinausgejagt und den Flüchtigen danach als Erstes dazu beglückwünscht, mit dem Leben davongekommen zu sein. Alsbald ist Friedrich vom Kaiser mit der Reichsacht belegt, und alle seine Städte und Herrschaften sind den kaiserlichen Waffen unterworfen worden. Von allen verlassen, ist der törichte Friedrich jetzt zusammen mit seinem Johannes ein Abtrünniger gewesen und hat schließlich dem Rat des pfälzischen Kurfürsten zugestimmt und sich und alles, was ihm gehörte, zusammen mit Johannes auf Gnade und Ungnade dem Kaiser ergeben. Johannes aber ist wegen vieler Vergehen angeklagt, verurteilt und am 27. Mai während der XII. Sitzungszeit seiner päpstlichen Würden enthoben worden. Danach ist er an Sigismund überstellt und in der Burg Gottlieben eingekerkert worden. Bald darauf hat ihn der Kaiser dem pfälzischen Kurfürsten übergeben. Aus der Haft in Mannheim ist er drei Jahre später durch eine List entkommen, hat sich aber Papst Martin ergeben und ist für würdig befunden worden, seinen Rang als Kardinal zu behalten.

Auch Gregor hat sein durchaus gutes Recht aufgegeben. Benedikt hat weder Ruhe geben noch einem Vergleich zustimmen wollen und ist sogar als Häretiker verurteilt worden. Ebenso hat man unterdessen mit Johannes Hus darüber verhandelt, dass er seiner Irrlehre abschwöre. Ihn haben die Konzilsväter aufgrund seiner eigensinnigen Unnachgiebigkeit nach alter Gewohnheit am 6. Juli während der XI. Sitzungszeit zum Tod auf dem Scheiterhaufen verurteilt. Und er ist noch am selben Tag verbrannt, seine Asche aber in den Rhein geworfen worden. Weil Hieronymus von Prag, der Gefährte von Hus, einige Zeit lang seiner Irrlehre abgeschworen hat, ist auch ihm eine Weile lang die Freiheit zugesichert worden. Aber als man bemerkte, dass er wiederholt hat, was er eben noch verworfen hatte, ist er wieder festgenommen und in Gottlieben gefangengesetzt worden.

1416 – Eine unheilvolle Seuche hat sich in Sachsen und anderen Gegenden Deutschlands verbreitet und ist durch diejenigen, die bald hier, bald dort verkehren, durch die Berührung mit ihnen auch in unsere Stadt gebracht worden, nicht ohne die Befürchtung, das Konzil müsse deshalb vorzeitig aufgelöst werden. Da haben die Konzilsväter von dem gegen die Pest hilfreichen Schutz des Heiligen Rochus erfahren, der im Jahrhundert zuvor gestorben war. So sind auf ihren Beschluss hin, um die drohende Seuche abzuwenden, auch ihm die Ehren erwiesen worden, die wir den Heiligen schuldig sind. Denn in einer feierlichen Prozession, an der sich das ganze Volk beteiligte, hat man sein Bild durch die Stadt getragen. Diese Seuche ist danach bald geschwunden. Daran hat man sich aber ein Beispiel genommen. Allerorts sind seiner Verehrung gewidmete Bildnisse, Altäre, Kapellen und schließlich Kirchen errichtet worden, sodass die Konstanzer verdientermaßen mehr als die anderen sich aufgerufen empfinden, seiner zu gedenken. Und man muss umso bereitwilliger auf sie hören, weil sie auch eher als andere den Heiligen Rochus verehrt haben. In Konstanz ist während der XXI. Sitzungszeit am 29. Juni nach acht Monaten Haft auch Hieronymus von Prag, weil er die zuvor erklärte Abkehr von seinen Irrlehren widerrufen hat, zum Scheiterhaufen verurteilt und verbrannt worden.

1417 – Gegen Benedikt haben viele Sitzungen stattgefunden. Die Abgesandten des Königs Johann von Kastilien haben sich allzu sehr für ihn eingesetzt und dabei die Sorge um den allgemeinen Nutzen und die Befriedung der Kirche hintangestellt. Nichtsdestoweniger haben die Konzilsväter ihn am 26. Juli während der XXXVII. Sitzungszeit abgesetzt. Und nachdem die Beschlüsse bekannt gemacht worden waren, haben sie angeordnet, niemand dürfe ihn weiterhin als Papst ansehen. Zugleich hat man mit den Beratungen über die

Wahl eines Papstes begonnen. Schließlich ist als der Tag, an dem das eigens dafür errichtete Konklave betreten werden sollte, der 8. November bestimmt worden. Nachdem man sich schon nach wenigen Tagen eine Meinung gebildet hatte, ist aus diesem Konklave als mit den Stimmen aller einmütig gewählt am Fest des Heiligen Martin, des Bischofs von Tours, der Kardinal Ottho Colonna hervorgegangen und mit großer, allgemein bekundeter Freude als Papst begrüßt worden. Er hat sich nach dem soeben begangenen Fest Martin V. genannt. Schon nach wenigen Tagen ist er feierlich in sein Amt eingeführt und zum Bischof geweiht worden, nachdem ihm alle anwesenden Abgesandten von Königen und Fürsten das Gelöbnis ihres Gehorsams geleistet hatten. Am 21. November, einem Sonntag, ist er in der Bischofskirche mit einem feierlichen Ritus unter großem Beifall und allgemeiner Festfreude mit der dreifachen Krone gekrönt worden. Er ist nach seiner Wahl noch länger als sechs Monate in Konstanz geblieben.

In dieser ganzen Zeit hat sich das Konzil als allgemeine Kirchenversammlung auf dem Höhepunkt seines Ansehens und seiner Macht befunden. Es hatte vieles gegeben, was dem Erprobten und Bewährten vorausgeeilt war, anderes, was von Neuem durch seine große Autorität eingeführt und angekündigt worden ist. Im selben Jahr ist ein heller Stern unseres Bistums, der Heilige Nikolaus von der Flüe, geboren worden.

1418 – Als die Kardinäle und Bischöfe des Konstanzer Konzils schon vier Jahre und sechs Monate in Konstanz verbracht hatten, hat ihnen Papst Martin die Erlaubnis gegeben, dass jeder zu den Schafen seiner Herde zurückkehrte, und hat das Konzil nach der XLV. Sitzungszeit am 22. April mit voller Zustimmung aller aufgelöst. Es ist der Tag gewesen, an dem die Konzilsväter zur letzten Sitzung zusammengekommen waren. Er selbst aber hat, um bald nach Italien zu gelangen, Konstanz am 16. Mai, umgeben von einem riesigen Geleit, verlassen; die Zügel seines Pferdes hielt zu seiner Rechten Kaiser Sigismund, zu seiner Linken der Kurfürst von Brandenburg.

Diejenigen, die das Konzil genauer beschrieben haben, berichten, einmal seien zwischen Ostern und Pfingsten allein von den

Teilnehmern, die größeres Aufsehen erregten – denn die Menge des gemeinen Volkes war unzählbar groß – 60.500 gezählt worden, unter denen es 346 Erzbischöfe gegeben habe und 16.000 Herzöge, Fürsten, Grafen, Barone und Herren aus dem Ritterstand. Daraus kann man zusammenrechnen, wie groß die Zahl derer gewesen ist, die insgesamt während der ganzen Dauer des Konzils nach Konstanz gekommen sind. Denn wenn man sie in jedem einzelnen Jahr noch dazu gezählt und eine einzige Gesamtzahl, Summe, wie man gewöhnlich sagt, insgesamt ermittelt hätte, dann würde mit Sicherheit, um von anderen Abgesandten, Sendboten und Beauftragten zu schweigen, erwähnt werden, dass die Vertreter von 83 Königen dabei gewesen sind. Außerdem kann man herausfinden, dass von denen, deren jeweilige Parteien bei diesem Konzil vertreten waren und die mit ihren Stimmen des gemeinsamen Nutzens wegen bei der Beschlussfassung an der Versammlung teilnahmen, 27 Kardinäle waren mit einem Gefolge von 1.245, 6 Patriarchen mit 172 Begleitern, 39 Erzbischöfe mit 1.740 Dienstleuten, 190 Bischöfe mit einem Gefolge von 3.267, 16 Bevollmächtigte von Erzbischöfen, 64 von Bischöfen mit 400 Dienstleuten, 157 Äbte mit 1.223 Begleitern, 34 Bevollmächtigte von Äbten mit 80, außerdem – ich betone das – die aus Asien, Afrika, Griechenland und dem ganzen Orient, eine fast unendliche Zahl, die, sei es des eigenen Nutzens wegen, sei es aus Neugier, von überallher zusammenströmten.

Im selben Jahr ist der Hochwürdige Fürstabt Hugo von Einsiedeln aus dem Geschlecht der Freiherren von Roseneck von einer Krankheit dahingerafft worden. Er hat zu den leuchtenden Gestalten des Bistums gehört, man hat ihn zu den Zierden seiner Zeit zählen dürfen. Er hat sich ausgezeichnet als Erneuerer des Klosterlebens und durch monastische Strenge, begabt mit großen Tugenden des Geistes und des Leibes, ein Mann von seltener Klugheit und bedeutendem Einfluss bei Fürsten und weltlichen Herrschern. Nach seinem Tod am 16. Oktober ist er schmerzlich vermisst worden. An seiner Stelle ist Burkhard von Krenckingen Freiherr von Wyssenberg als Nachfolger gewählt worden. Die Konstanzer haben zur Erinnerung an das vergangene Konzil vielerorts Gedenkstätten an Gebäuden errichtet, in ihnen Statuen und Bildnisse der Fürsten, die dort gewohnt hatten, und andere Denkmäler aufgestellt. Sie fahren auch damit fort, die Stadt nach Kräften zu befestigen, weil die Schweizer aus Ehrerbietung und Rücksichtnahme auf die Konzilsväter ihre Waffen zwar einigermaßen unter Verschluss gehalten hatten, sie aber unmittelbar nach dem Konzil sogleich wieder hervorgeholt und mehr an ihre Freiheit gedacht haben, als recht und billig war.

1420 – Mit gewaltigen Kosten und Opfern bringen die Konstanzer eine Schiffsmühle zum Rhein, ganz nah bei dem freien Feld, das Elysium, von den Leuten aber Paradies genannt wird, wo heute in Stadtnähe liegende Gärten in großer Zahl zu sehen sind. Sie verstehen es, das ohne besondere technische Fertigkeiten oder größere Kraftanstrengung zu schaffen. Das Jahr ist denkwürdig gewesen, weil das Getreide ungewöhnlich früh reif geworden ist. Wieder hat unser Bistum einen hellen Stern zum Himmel hinaufgeschickt, die Heilige Elisabeth, gewöhnlich Guott Betha, wie sie genannt worden ist, eine Nonne aus der Familie Achlin aus Reuttin in Schwaben nahe bei der Stadt Waldsee. Sie hat zwölf Jahre lang ohne die für unsere Natur notwendige Nahrung gelebt und ist am 25. November mit dem Tod einer Heiligen von uns gegangen. Bis heute ist sie uns durch große Wunder anempfohlen.

1421 – In Konstanz und in der ganzen Schweiz und Alemannien wird die Trommel gerührt, und Hilfstruppen sind dem Kaiser Sigismund gegen die abtrünnigen Böhmen geschickt worden, wobei die Schweizer, auf die der Kaiser größtes Vertrauen setzt, sich als besonders eifrig bemüht gezeigt haben. Gerade sie haben unter großem Beifall unseres Bischofs und der Stadt die Waffen, die sie sonst gegen sich selber und ihre Nachbarn gezogen hatten, bei dieser Gelegenheit gegen die Feinde gerichtet, wenn auch mit mäßigem Erfolg, wie wir später hören werden, und sie haben auf diese Weise einmal zuerst an das Vaterland gedacht.

Aus: R. P. F. Gabriele Bucelinus: Constantia sacra et profana. Frankfurt 1667. S. 211ff.

18. JAHRHUNDERT

CHRISTOPH MEINERS

Im 18. Jahrhundert begann sich der »touristische Stellenwert« von Konstanz langsam, aber stetig abzuzeichnen. Seine historische Bedeutung führte viele Bildungsreisende zu den Stätten des Konzils (1414–1418). Der Aufstieg auf den Münsterkirchturm lohnte mit einem herrlichen Ausblick auf den Bodensee. Auch Johann Wolfgang von Goethe (1749–1832) gehörte zu den Besuchern, 1779 und 1788 weilte er in der Stadt. Der Weimarer Dichterfürst hat allerdings wenig von ihr gesehen, wie wir von seiner Zürcher Muse Barbara Schultheß wissen, er verließ kaum die gemeinsame Unterkunft. Anders Christoph Meiners (1747–1810), in Warstade (Landkreis Cuxhaven) geborener Philosoph, Ethnograf und »Professor der Weltweisheit« in Göttingen. Der Autor des völkerkundlichen »Grundrisses der Geschichte der Menschheit« (1785), für den er von Johann Gottfried Herder (1744–1803) und dem Naturforscher Johann Georg Forster (1754–1794) heftig kritisiert wurde, machte sich 1782 und 1788 auf den Weg in die Schweiz und passierte dabei beide Male Konstanz.

Im Nachgang zu den Reisen veröffentlichte er seine Skizzen in Briefform, um »zur Ausrottung und Bestreitung der Vorurtheile beyzutragen, welche einige nicht genug unterrichtete Schriftsteller wider die Schweiz zu verbreiten oder zu unterhalten suchen«, wie er in der Vorrede zum ersten Buch schreibt, aus dem hier zitiert wird. Der als konservativ bis reaktionär geltende Christoph Meiners – in einer Studie von 1790 vertrat er die Ansicht, man könnte »Negern und Juden« nicht »dieselbigen Vorrechte und Freyheiten« wie »den Christen und Weissen« zugestehen – besuchte die wichtigsten Orte der Konzilsversammlung, darunter auch die Domkirche. Dort, unterhalb der Kanzel, stand eine vom Konstanzer »Pöbel« als vermeintliches Abbild des Jan Hus (1369–1415) verunstaltete Holzstatue. Bei dem verunglimpften Kunstwerk handelte es sich wohl um die Darstellung von Abraham mit dem Widder. Insgesamt fällt die Konstanz-Bilanz von Christoph Meiners, der 1772 von Johann Hein-

rich Tischbein dem Jüngeren, einem Bruder des »Tischbein«-Goethe, porträtiert wurde, doch recht kritisch aus. Etwas versöhnlicher gibt er sich dagegen in den Briefen seiner zweiten Reise.

Reise im Sommer 1782

Constanz, am 8ten Junius.

Gestern Morgen besuchte ich Herrn Pitzenberger, Professor der Philosophie, und den einzigen Schriftsteller in Constanz, der sich durch mehrere schöne Werke rümlich bekannt gemacht hat. In seiner und einiger seiner Freunde Gesellschaft besahen wir noch vor Tische den Hafen, oder Damm, die Domkirche und das Gebäude, in welchem das berühmte Concilium gehalten wurde. Der Saal, auf welchem die heiligen Väter sich versammleten, sieht jetzo einem großen noch nicht lange aufgeräumten Magazin ähnlich, und wird auch wirklich in der Meßzeit von Kaufleuten zu einem Waarenlager gebraucht. Die Aussicht auf den großen Bodensee, an dessen Ufer das Concilienhaus liegt, ist entzückend; ich zweifle aber, ob die frommen Männer, die Hieronymus von Prag und Hus richteten, in ihren blutdürftigen Versammlungen für die Schönheiten der Natur Gefühl übrig behalten haben. Man zeigt noch die Stühle, auf welchen der Kaiser und Pabst gesessen haben sollen. Diese sind so einfach, daß jetzo vielleicht kein Haupt auch nur einer kleinen teutschen Reichsstadt die damaligen Häupter der Kirche und des Reichs darum beneiden würde.

Die ehemalige Residenz der Bischöffe sieht einem Gefängnisse ähnlicher, als einem Palaste. Die Domkirche ist aber viel heller, reinlicher und weniger mit Zierrathen überladen, als Gothische Gebäude von gleichem Alter sonst zu seyn pflegen. Das Thor ist wirklich schön. Die Wände sind mit Alabaster ausgelegt, und alle Stuffen aus schwarzem oder grauem tyrolischen Marmor gearbeitet. Vor der

Kirche zeigt man den Stein, auf welchem Hus seiner priesterlichen Würde entsetzt, und die Säule, unter welcher er zum Tode verurtheilt wurde. Die Statue, welche man zur Schändung seines Andenkens unter einer Canzel im Dom errichtet hatte, ist von eifrigen Katholiken durch Anspeien und Verstümmelungen auf eine grausame Art gemißhandelt worden. Dies würde wahrscheinlich jetzo nicht mehr geschehen, da selbst der Pöbel einzusehen anfängt, dass man Hus ungerechter Weise verdammt, und daß seine Mörder den Verfall der Stadt hauptsächlich verursacht haben. In einem Winkel des Doms war der Tod der Mutter Gottes vorgestellt, bey welcher traurigen Begebenheit mehrere Apostel in Mönchskleidern erschienen.

Nachmittags machten wir in Gesellschaft des Herrn Professor Pitzenberger eine Spazierfahrt nach der Insel Mainau, gewiß der reizendsten unten den kleinen Inseln in unserem Erdtheile. Während der ganzen Fahrt war der Himmel rein und unbewölkt: die Luft milde und stärkend, die ganze Landschaft von dem hellsten Sonnenglanze erleuchtet, und der unabsehbare See so ruhig, als der Himmel, dessen Bild aus ihm zurückstrahlte. Während daß wir durch die sanfteste Bewegung auf der spiegelhellen Fläche fortgetrieben und unsere Ohren durch schöne Melodien ergötzt wurden, (denn unser Freund hatte eine Gesellschafft von musikalischen Studenten eingeladen,) gingen prächtige Klöster, und Landhäuser und Schlösser, oder glückliche Städte, Flecken und Dörfer, aber abwechselnde ländliche Scenen vor unseren Augen vorüber. Ich genoß gewiß eben so viel Vergnügen, als vorgestern, aber dies Vergnügen war von einer ganz anderen Art. Ich mochte allein nicht reden, sondern kaum reden hören, und ich war am seligsten, wenn ich mich recht in meinem Busen freuen, und mein Entzücken ganz in mir verschließen konnte. Zu dieser stillen Freude trugen wahrscheinlich die sanfte gleichförmige Bewegung des Schiffs und der Ruder, die unbewegliche Heiterkeit des Himmel und Wassers, welche ich über mir und um mich her sah, und endlich der Anblick der feierlichen Landschaft nicht wenig bey, deren lauteste Geräusche nicht zu uns herüberdringen, und deren Gewimmel wir nicht genau unterscheiden konnten. Als wir nach einer Fahrt von einigen Stunden an der bezaubernden

Insel an's Land stiegen, wurden wir unter der Anführung unsers lieben Begleiters allenthalben auf das freundlichste aufgenommen. Ungeachtet ein Commandeur des teutschen Ordens, dem die ganze Insel gehört, in dem schönen Pallaste residirte, um eine Cur zu brauchen, so erhielten wir doch die Erlaubniß, alle Zimmer, Garten, Keller u.s.w. zu besehen. Auf das schöne Schloß war ich nicht um der Zimmer und ihrer Möblen, sondern vorzüglich um der Aussicht willen neugierig, die ich mir daraus versprach. Und in der That war sie auch von dem Balcon des dritten Stocks so außerordentlich reich, daß ich mir kaum vorstellen kann, in der Schweiz noch etwas schöneres zu finden. An dem nähern Ufer sah man Weinberge, Fluren und Wiesen, die bischöfliche Residenz, mehrere alte Schlösser, und eine Menge von Dörfern und Flecken. Wenn man sich aber ein wenig nach der rechten Hand wandte, so verlor sich das Auge in den blauen Gewässern des Sees, dessen Gränze man nicht unterscheiden konnte, und hinter welchem in kaum erreichbarer Ferne die beschneyten Spitzen himmelhoher Berge hervorstiegen. Die ganze Insel, die etwa drey Viertel Stunden im Umfange hat, sieht einem prächtigen Garten gleich, in welchem fette Wiesen und Aecker, bedeckte Gänge, stolze Weinberge, kurz alles was die Natur nur schenken und die Kunst veredeln kann, in bald sanfter, bald steiler über einander erhabnen Terrassen versammlet und vertheilt ist. In den Kellern, die in den Felsen hineingehauen sind, ist eine so große Sammlung von Weinen, als ich vorher noch nie gesehen habe. Unter den alten Seeweinen (so nennt man diejenigen, die auf den Inseln, und an den Ufern des Bodensees gebaut werden) waren mehrere, die mit den ältesten Rheinweinen hätten wetteifern können. Noch nie, glaube ich, hat ein Fremder diese glückliche und mir ewig unvergeßliche Insel verlassen, ohne sie zu segnen, und mit einem leisen Seufzer der Sehnsucht zu wünschen, daß es ihm doch möglich seyn möchte, in diesem Elysium bisweilen einen Theil der schönen Jahrszeit hinbringen zu können. Unsere Rückreise war eben so angenehm, als die Hinfahrt, und wir hatten noch das Vergnügen, daß ein frischer Abendwind unsere Segel füllte, und uns schneller, als unsere Ruderer gekonnt hätten, in den Hafen von Constanz brachte. (…)

Gleich nachdem wir auf der Insel (Reichenau) angelandet waren, besuchten wir den Herrn Decanus und dessen Vicarius, und unter der Führung dieser beyden gefälligen Männer erstiegen wir die höchste Anhöhe der Insel, wo ein Crucifix aufgerichtet ist, und wo man das ganze fruchtbare Eyland sammt den nahen umliegenden Gestanden übersehen kann. Die Insel, die ohngefähr fünf viertel Stunden lang und eine halbe breit ist, lag ganz, mit dem schönsten Frühlingsgrün bekleidet, im ruhigen See, der wie ein Lichtmeer schimmerte. Sowohl die Weinberge als Fruchtfelder sind wie Gärten eingefaßt, und das Vieh läuft frey und ohne Hirten auf den Plätzen herum, die man zu Weiden hat liegen lassen. Auf Reichenau selbst wächst der beste Seewein, Schleitheimer gennant, den man uns mit der einnehmendsten Gastfreundlichkeit im Hause des – – – vorsetzte.

Rebland ist hier noch einmal so theuer als Ackerland. Ein Juchart von 36.000 Quadratschuh kostet aber doch nur ohngefähr tausend Gulden und würde gewiß vielmehr kosten, wenn Constanz einen bessern Handel hätte, und die vortrefflichen Producte der benachbarten Gegenden vortheilhafter absetzte. Als wir vom Spaziergange zurückkamen, wurden wir in den Dom geführt, ein altes, dunkles, dreyhundert Schuh langes Gebäude, wo Reisenden unter oder vielmehr vor allem andern den Zahn und das Grab Carls des Dicken, das Grab und die Gebeine des heiligen Marcus, und den berüchtigten von Carl dem Großen geschenkten Smaragd zeigt. Man gestand, dass es schwer halten würde, die Aechtheit der Gebeine des heiligen Evangelisten zu beweisen; allein man behauptete, und wie ich glaube, mit Recht, daß man auf Reichenau eben so gegründete Ansprüche, als in Venedig darauf mache, die Reliquien des heiligen Marcus zu besitzen. Den angeblichen Smaragd hielt keiner von den Herren, die ihn zeigten, für ächt, und würde auch ich nach dem bloßen Anblick, ohne das mir bekannte Urtheil der Kenner, nicht dafür gehalten haben, ungeachtet ich nicht weiß, wie ein ächter Smaragd von gleicher Größe aussehen würde. Die Masse soll etwa 28 Pfund schwer seyn. Sie ist einige Zoll dick, etwa einen Fuß breit, und noch einmal oder etwas mehr als einmal so lang. Sie ist ferner blaßgrün und durchsichtig, aber nicht rein, sondern inwendig mit Spalten und

Streifen durchschnitten, dergleichen man in Stücken von gespaltenem dicken Glase sieht. Dies vormals so bewunderte Kleinod besteht jetzo aus zweyen ungleichen Fragmenten, in welche es warscheinlich durch Unvorsichtigkeit einer Person, die es zeigte, oder sich zeigen ließ, zerworfen worden. Die alte hölzerne Einfassung, wodurch diese Stücke nur sehr unsicher zusammengehalten werden, lassen in der Folge abermals einen ähnlichen Unfall befürchten. Ungleich wichtiger, als der Domschatz, ist die Bibliothek des Klosters, die außer den gedruckten Werken vierhundert zwey und siebenzig Manuscripte, und zwar fast die Hälfte auf Pergament geschriebene, enthält. Diese Sammlung war vormals noch viel zahlreicher, allein die heiligen Väter auf der Kirchenversammlung zu Constanz, haben oft ganze Ladungen wichtiger Handschriften kommen lassen, und fast nichts wieder zurückgeschickt. Unter den übrig gebliebenen sind mehrere aus dem neunten und zehnten Jahrhunderte, die aber meistens durch Motten auf eine schreckliche Art zugerichtet sind. Ich zweifle daran, ob die Manuscripte vom Cicero de officiis, vom Persius, Sallust, Boethius und andern alten Autoren (zu denen man noch alte Uebersetzungen des Aristoteles und Plato rechnen muß) schon gebraucht worden sind. Ueber allen diesen Merkwürdigkeiten verspäteten wir uns so sehr, daß wir erst um zehn Uhr wieder nach Constanz kamen, und also in der Finsterniß der Nacht von unsern Freunden Abschied nahmen.

Reichenau ist eine von den unzähligen Gegenden in Teutschland, die durch den Eifer frommer und arbeitsamer Geistlichen aus unzugänglichen und öden Wildnissen in reizende Wohnsitze glücklicher Menschen umgeschaffen worden sind, und um derentwillen man gern einen Theil des Mißbrauchs vergißt, welchen man in der Folge von den Früchten der von bessern Vorfahren bebauten und errungenen Besitzungen gemacht hat. Die Abtey Reichenau, die schon im achten Jahrhundert gestiftet wurde, erhielt in den ersten Jahrhunderten nach ihrer Stiftung unermeßliche Güter und Reichthümer, verarmte aber nachher durch die unsinnige Verschwendung von Aebten so sehr, daß zuletzt nur zween adeliche Capitularen übrig blieben, und die Abtey mit dem Bißthum Constanz vereinigt wurde. Der Bischoff soll durch diese Vereinigung mehr an landesherrlichen Rechten und Hoheiten, als an Einkünften gewonnen haben. Er unterhält noch immer zwölf Patres, denen alles, was sie brauchen und verlangen, ohne Einschränkung und Vorschrift gereicht wird, von welchen er aber doch solche, die ihm nicht gefallen, wegschicken kann.

Constanz gehört zu den ödesten Städten in Teutschland, und vielleicht in Europa, und dies ist um desto trauriger, da sie in Rücksicht auf Lage viel mehr, als die reichen und handelnden Städte St. Gallen, Zürich und Schaffhausen begünstigter ist. Rund um sich her hat sie die fruchtbarste Natur: hinter sich die eben so reichen Landschaften an dem ganzen Umfange des Boden-Sees, und den schönen Ufern des Rheins, deren Producte sie alle versenden, und denen sie wieder das, was ihnen abginge, zuschicken sollte. Die Haupt-Epoche ihres Verfalls war unstreitig die Zeit der Kirchenversammlung, welche, scheint es, auch eine arme Stadt auf mehrere Menschenalter hätte bereichern müssen. Durch das große Gedränge von Fremden aber, welches das Concilium hervorbrachte, wurden, sagt die Ueberlieferung, alle Lebensmittel auf einen so ausschweifenden Preis hinaufgetrieben, und Kaufleute und Handwerker so sehr eingeschränkt, vielleicht auch betrogen, daß sie sich gezwungen sahen, schaarenweise auszuwandern.

Nachdem Handel und Gewerbe einmal einen tödlichen Stoß empfangen hatten, konnten sie sich nicht leicht wieder erholen. Beyde wurden durch alle Reize der Freyheit in die benachbarten Schweizerischen Städte gezogen, und in Constanz nicht allein nicht ermuntert, sondern immerfort noch niedergedrückt: und zwar nicht durch Härte oder fehlerhafte Verfügungen der Regierung, sondern durch Uebel, welche die Regierung vielleicht schon lange gern gehoben hätte. Allein wie konnte sie bisher ganze Haufen betender Mönche zu nützlichen Arbeiten anhalten, oder die Verschwendung von Domherren einschränken oder zurückhalten, welche die Früchte des Landes (es giebt freylich immer Ausnahmen) unter fremden Völkern, oder doch in Producten eines ausländischen Luxus verschwenden? Auch hier ist der gemeine Mann mehr wider die reichen Pfründen der Domherren, als wider die Armuth der Klöster, besonders der Capuciner eingenommen, die oft Noth leiden, und schon seit geraumer Zeit, ohne daß man es ihnen untersagt hätte, keine Almosen mehr sammlen. Den Verfall der Stadt kann man schon allein aus dem niedrigen Preise und Miethe der Häuser schließen. Man hat hier ein Haus, freylich ein kleines, für zwölf Gulden feil geboten. Für acht bis zehn Gulden miethet man schon ansehnliche Häuser, und für fünfzig bis sechzig kann man die besten Quartiere haben. Das Maaß von gewöhnlichen Seeweinen kostet nur zween bis vier Creuzer; allein dieser Wein ist auch viel herber, als der Markgräfler oder Schaffhäuser, so herbe, daß ich ihn nicht ohne Ueberwindung trinken konnte, wiewohl man mich versicherte, daß er sehr gesund sey. Die Sprache und Aussprache ist in Constanz der unserigen viel ähnlicher, als die in Schwaben, und selbst in einigen Gegenden von Franken; und dies ist in der That zu bewundern, da die Einwohner der Stadt keine anderen als Andachtsbücher lesen, (denn nur solche kann man in den hiesigen Buchläden kaufen, andere Werke muß man von Zürich kommen lassen;) und rund umher mit Menschen umgeben sind, deren Teutsch man versucht wird für eine ganz fremde Sprache zu halten. Ehe ich Constanz verlasse, muß ich Ihnen doch noch erst sagen, daß ich eine Wallfahrt nach der heiligen Stätte vornehmen wollte, wo Hus verbrannt worden ist; allein man weiß zwar, daß der Scheiterhaufen in dem sogennanten Paradiese errichtet worden; allein keiner kann genau den Platz angeben, wo dieser Märtyrer der Wahrheit getödtet worden ist.

Gestern reiseten wir früh über Zell und Singen nach Schaffhausen ab.

Aus: Christoph Meiners: Briefe über die Schweiz. Ersther Teil. Spener Verlag, Berlin 1784. S. 8ff.

PHILIPP EBERLIN

Die Geschichtsschreibung hat diesen Chronisten der Stadt Konstanz vergessen. Zwar wird Philipp Eberlins »Neue Kronik der Kais. Kön. V. Oestr. Stadt Konstanz am Bodensee« mit dem Erscheinungsjahr 1798 selbst im Internet erwähnt (Wikisource der freien Quellensammlung, Stichwort Konstanz), aber weitergehende biografische Informationen über den Autor gibt es keine. Auch die Buchausgabe kennt keinen Steckbrief. Eberlin lebte mutmaßlich im 18. und womöglich noch im 19. Jahrhundert. Das Exemplar des Stadtarchivs Konstanz, aus dem eine Textpassage zitiert wird, enthält allerdings eine freundliche Zueignung. Der Konditormeister Anton Hieber, heißt es da, hat dem »Städt. Archiv der Grossh.-badischen Kreishauptstadt Konstanz« am 19. November 1906 sein persönliches Exemplar gewidmet. Die Schenkung war der Konstanzer Zeitung sogar eine kleine Notiz wert, dass sich das Archiv artig bedankte.

Der Auszug gilt dem Status von Jan Hus (1369–1415) vor seiner Verhaftung im November 1414. Die Konzilskardinäle, die seine Gefangennahme am 28. November 1414 angeordnet haben, sandten ihm aber zuvor einen Minoritenfranziskaner, um den Ketzer auszuhorchen. Der Ordensmann gibt sich als schlichter Mönch aus, um Hus nicht hellhörig zu machen, in Wirklichkeit war der Anonymus allerdings »einer der scharfsinnigsten Theologen seiner Zeit«, notiert Eberlin, und spricht von »niederträchtigen Kunstgriffen und falschen Kniffen« der Kardinäle, um »diesen Mann zu verderben«. Das will sagen: Der Konstanzer Chronist ergreift Partei für den Magister aus Prag.

Eine merkwürdige Anekdote

Die damaligen Komödien hatten wie die heutigen ihre Intermezzi; auch Hus hatte in diesem Zwischenspiel eine Hauptrolle. Es traf sich zu, dass er einem Minoritenfranziskaner in dem Klostergang begegnete. Der Mönch nach vielen Verbeugungen und Ceremonien redete ihn folgender massen an: »Ehrwürdiger Vater! Entschuldiget die Freyheit eines armen Mönchen. Mein ganzes Leben hindurch hab ich nach Wahrheit geforschet: viele Schwierigkeiten haben sich in dem Lauf meiner unermüdeten Untersuchungen herfürgethan, einige hiervon glaubte ich überwunden zu haben; andere hingegen haben meine Seelenkräfte überstiegen; und unter anderen hat niemals keine so viele Zweifel in mir erregt, als die Lehre von der Verwandlung in dem Sakrament des Altars (Transsubstantiation). Man hat mich berichtet, dass das Brod nach den Worten der Einsegnung, annoch das materiälle Brod nebst dem Leib Jesu Christi verbleibe, oder eine Impanation sey. Hus antwortete ihm: man hätte ihm die Unwahrheit berichtet.« Hierüber schien der Mönch etwas betroffen zu seyn; doch ganz dreustig nach Mönchs Art erholte er sich wieder, und thate neuerdings diese Frage an Hus: worüber er die nemliche Antwort, wie zuvor erhielte; da aber der schlaue Mönch heftiger in Hus drang, und diese nemliche Frage drittemal auf die Bahne brachte, wurde sein Begleiter der Edle von Kulm wider diesen unverschämten aufgebracht, und sprach mit etwas Eifer zu ihm: »warum glaubst du dann, dass dieser ehrwürdige Vater dir eine Lüge sagen wolle? – Guter Herr! Erwiderte der Franziskaner: zürnet nicht über einen armen Knecht. – Ich habe nur aus bloser Einfalt und Wissensbegierde gefragt. Dürfte ich denn, versetzte er weiter, indem er sich wieder zu Hus wandte, mir die Freiheit nehmen, zu fragen, was für eine Art der Vereinigung zwischen der göttlichen und menschlichen Natur in der Person Christi statt finde?«

Hus stutzte über diese unerwartete Frage, und schien in Verlegenheit zu seyn; er wandte sich seitwärts, lächelte, und sagte zu Kulm, seinem Begleiter, in der selavonischen Sprache: Wahrlich dieser Mönch ist nicht so unwissend, als ich ihn zuvor angesehen habe, dieß ist eine der schwersten Fragen in der Gottesgelahrtheit. Hierauf wandte er sich zum Franziskaner, und erwiderte ihm: er halte ihn ganz und gar nicht für eine in der Gottsgelahrtheit ununterrichteten Person, für welche er wollte angesehen seyn.« Der Ordensmann machte hierüber sein gewöhnliches Mönchskompliment, und schlich sich davon.

Man will wissen, dass dieser Mönch ein gewisser Namens Diacre gewesen wäre, einer der scharfsinnigsten Theologen seiner Zeit: nach der Hand zeigte es sich, dass diese ganze Begebenheit ein unterredeter Handel von einigen Kirchenvätern war, die diesen Mönchen sandten, um Gelegenheit zu finden, Husens eigene Anklage aus seinem Mund zu erwirken. Dieses ist eine merkwürdige Anekdote, sagt sein Lebensbeschreiber, um der Welt zu zeigen, mit was niederträchtigen Kunstgriffen und falschen Kniffen man zu Werke gegangen, diesen Mann zu verderben.

Aus: Philipp Eberlin: Neue Kronik des Kai. Kön. V. Oestr. Stadt Konstanz am Bodensee. Joh. Gerard Ludolf, Konstanz 1798. S. 178ff.

GIOVANNI DOMENICO MANSI

Er war einer der bedeutendsten Kirchenhistoriker des 18. Jahrhunderts, der 1692 in der bildschönen toskanischen Stadt Lucca als Sohn einer Patrizierfamilie geborene Giovanni Domenico Mansi. Zunächst wirkte er als Moraltheologe in Neapel, dann als Theologe des Erzbischofs seiner Heimatstadt, um schließlich selbst diesen Stuhl von 1765 bis 1767 zu besetzen. Er starb zwei Jahre später in seinem Geburtsort Lucca.

Giovanni Domenico Mansi veröffentlichte in seinem Gelehrtenleben etwa 90 Bände, wobei er sich vorrangig als Herausgeber, Übersetzer und Kommentator wichtiger älterer theologischer Werke und Quellensammlungen einen Namen machte. Sein eigenes Werk ist dagegen überschaubar. Die von ihm angestoßene Edition »Sacrorum Conciliorum nova et amplissima collectio« (1758–98, 31 Bände) gilt bis heute – trotz großer editorischer Mängel – als das Standard-Quellenwerk der Konziliengeschichte. Mansi gab von 1738 bis 1759 auch die Kirchengeschichte des Cäsar Baronius (1538–1607) und seiner Fortsetzer in 35 Bänden heraus. Baronius, der als Kardinal starb, gilt als der »Vater der modernen Kirchengeschichte«. Mansi, der nicht das beste Verhältnis zur Kirchenzentrale in Rom hatte, beschäftigte sich auch mit der deutschen Mystikerin Hildegard von Bingen (1098–1179), die in der römisch-katholischen Kirche als Heilige und Kirchenlehrerin verehrt wird. 1761 brachte er eine ihrer Schriften heraus.

Sein Kommentar zum Konstanzer Konzil (1414–1418) ist seiner in lateinischer Sprache erschienenen Chronik zum Konzil entnommen. Die Übersetzung für das Lesebuch besorgte Ernst Knobelspieß.

Das Konstanzer Konzil

Das Konstanzer Konzil ist vornehmlich dazu einberufen worden, um das Schisma zu beenden. Unter dieser Spaltung litt die Kirche schon seit Langem. Drei Parteien waren uneins darüber, wer völlig unangefochten der wahre Papst sein sollte, und sie ließen kaum einen wirklich gelten. Dieser überaus bedrückende Zustand, der die Christen lange Zeit unablässig quälte, scheint es schon an sich erforderlich zu machen, die Anfänge dieses Schismas noch einmal ein wenig gründlicher darzustellen, in welcher Verfassung die Kirche sich damals befand, und die besonderen Gegebenheiten jener Zeiten kurz zu erklären.

Zunächst ist allgemein bekannt, dass Papst Clemens V. im Jahr 1305 den Sitz des Papsttums nach Frankreich verlegt hat, und zuerst er selbst und dann auch seine Nachfolger nicht ohne großen Schaden für die römische Kirche und Italien 70 Jahre lang dort geblieben sind. Endlich bedachte Papst Gregor XI. bei sich selbst die schädlichen Folgen, die durch die Abwesenheit des Papstes ganz Italien, besonders aber seine Autorität im römischen Kirchenstaat immer mehr beeinträchtigten. Sah er doch, dass das Patrimonium Sancti Petri, der weltliche Herrschaftsbereich des Papstes, von gewalttätigen Fürsten beherrscht, berühmte Städte versklavt und das ganze Land vom Bürgerkrieg verwüstet war, und wie schließlich aufgrund der Eigensucht der Parteien die Menschen voller Hass und Wut aufeinander an keinerlei Mäßigung, Gerechtigkeit und Menschlichkeit mehr dachten.

Da beschloss Papst Gregor XI. endlich, durch diese schwerwiegenden Gründe veranlasst, Frankreich zu verlassen und nach Rom überzusiedeln. Denn obwohl er Franzose war und wusste, dass die Franzosen das als Kränkung empfinden würden, wollte er dennoch, wie es einem guten Papst wohl ansteht, statt dem Ansehen seines Vaterlandes und dem Staatswohl der Franzosen lieber der Rettung und der Würde der Kirche den Vorzug geben. Deshalb kam Gregor nach Rom und wurde – eine riesige Menge aller Bürger war zusammengeströmt – mit unglaublicher Freude empfangen.

Er bemühte sich sogleich um die Wiederherstellung des Friedens, hielt die Bürger zur tugendhaften Erfüllung ihrer Pflichten an und ließ Gebäude, die wegen ihres Alters verfallen waren, wiedererrichten. Und nachdem er auch in anderen Unternehmungen dieser Art, wie sie eines guten Hirten und Papstes würdig sind, sein ganzes Mühen und Bestreben einzusetzen begonnen hatte, wurde er wenig später krank und ist zum großen Schmerz aller Bürger und Christen gestorben. Als aber nach seinem Hinscheiden die Kardinäle sich anschickten, einen Nachfolger zu wählen, da kamen, siehe da, dem römischen Volk Bedenken, dass möglicherweise ein Franzose, der nach Avignon zurückkehren würde, zum Papst gewählt werden könnte. Und es drängte die Kardinäle und bat sie, doch an die Wahl eines Italieners zu denken, der auf Dauer in Rom bleiben werde. Nachdem die Kardinäle sich zu diesen Bitten nur mit wenigen Worten geäußert hatten, sie hätten durchaus im Sinn, um das Ansehen und den Nutzen der Kirche, wie es angemessen sei, nach besten Kräften besorgt zu sein, entließen sie das Volk und begaben sich selbst, wie es vorgeschrieben ist, ins Konklave und begannen unverzüglich mit eingehenden Beratungen über die Wahl eines Papstes. Sie selbst waren zum großen Teil Franzosen, aber obwohl sie anfangs untereinander nicht einig waren, und keine Seite der anderen nachgeben wollte, bestimmten sie am Ende doch durch einmütigen Beschluss den Neapolitaner Bartolomeo Prignano, Erzbischof von Bari – er gehörte nicht einmal dem Kardinalskollegium an – zum Papst. Manche Leute behaupten, die Kardinäle hätten beteuert, nur aus Furcht vor dem römischen Volk bei der Wahl mit ihrer Stimme seinen Namen genannt zu haben.

Aber wie immer es sich auch verhält, Bartolomeo ist tatsächlich Papst geworden und hat sich Urban VI. genannt. Deshalb hat er mit großem Gepränge und unter ganz außergewöhnlichen Bekundungen der Freude die päpstlichen Insignien empfangen.

Aber als die Kardinäle hernach mit seiner allzu großen Strenge unzufrieden waren, zogen alle mit Ausnahme eines einzigen unter dem Vorwand, der Sommerhitze in Rom aus dem Weg gehen zu wollen, zuerst nach Anagni, dann nach Fundi. Indem sie dort behaupteten, nur aus Furcht hätten sie Urban das Papstamt anvertraut, erklärten sie seine Wahl für ungültig und machten mit allen Stimmen Robert von Genf, der sich Clemens VII. nannte, zum Papst. Dieser kehrte alsbald mit dem Kardinalskollegium nach Frankreich zurück. Und wie es bei den Päpsten zuvor Brauch geworden war, richtete er in Avignon, einer Stadt in der Provence, die Residenz seines Pontifikats ein.

Daher rührten also das abscheuliche Schisma und die Spaltung ganz Europas in feindliche Parteien. Urban bestand darauf, rechtmäßig und nach den Regeln wie andere Päpste gewählt worden zu sein, und die Kardinäle könnten sich nicht mit ihrer angeblichen Furcht rechtfertigen; sie seien nach seiner Wahl sogar einige Monate lang in Rom geblieben und hätten aus freien Stücken an seinen päpstlichen Maßnahmen und Verfügungen mitgewirkt und ihm selbst als dem rechtmäßigen Papst gehuldigt. Dagegen führte Clemens den Hinweis auf die Drohungen des römischen Volkes ins Feld, die Kardinäle hätten sich nicht frei und willentlich, sondern lediglich aus Furcht und unter Zwang Urban zugewandt. Und er erklärte, dieser sei in Wahrheit nur dem Namen nach und nicht wirklich zum Papst gewählt worden. Auf diese Argumente beriefen sich also beide Päpste und verweigerten einander die Anerkennung, und jeder verfluchte den andern und auch dessen Kardinäle.

Da es aber für Könige und Länder nicht wirklich erkennbar war, welcher von beiden der rechtmäßige Papst war, folgten aus unterschiedlichen Gründen die einen diesem, die anderen jenem. Und obwohl viele im Laufe der Zeit ihre Meinung änderten, schlossen sich anfangs ganz Italien – ausgenommen das Königreich Neapel –, Deutschland, Ungarn, England, Polen und andere Länder Urban an und erwiesen ihm als dem wahren Papst höchste Ehre. Zur Partei von Clemens bekannten sich Frankreich, fast ganz Spanien, ebenso Schottland, das Königreich Neapel und außerdem viele andere Länder und Fürsten. Beide Päpste richteten ihr Bestreben besonders darauf, alle für sich zu gewinnen. Weil Urban aber von den Kardinälen, ausgenommen ein einziger, verlassen worden war, setzte er ein neues Kollegium ein und machte dazu viele durch ihren tugendhaften Lebenswandel und ihre Bildung herausragende Männer zu Kardinälen. Aber da es an dieser Stelle nicht um das Wirken der Päpste selbst geht, sondern nur um die Ursachen des Schismas, soll es genügen zu erwähnen, dass die Nachfolge Urbans, der noch fast zwölf Jahre lang lebte, Bonifaz IX. antrat, und die von Clemens Benedikt XIII., der bei seinen Landsleuten 30 Jahre lang und länger als jener Bonifaz IX. an seinem Papstnamen festgehalten hat. Auf Bonifaz folgte Innocenz VII. und auf Innocenz Gregor XII. Weil unter seinem Pontifikat alle Christen diese Spaltung kaum noch ertrugen, verhandelten immer wieder nicht wenige aus dem Adel stammende und aufgrund ihres Ansehens einflussreiche Männer mit Gregor und mit Benedikt, um jetzt diesem höchst schädlichen Zustand der Kirche ein Ende zu machen. Falls es aber notwendig sein sollte, müssten zur Beilegung des Schismas beide auf ihre Ansprüche verzichten und endlich ein anerkannt rechtmäßiger Papst gewählt werden.

Die Kardinäle, ganz besonders die der Gefolgschaft Gregors, aber auch die Anhänger Benedikts forderten mit allem Nachdruck beide zur Eintracht auf und bemühten sich namentlich darum, dass die beiden sich einigten, um so den allgemeinen Untergang abzuwenden, und falls die Notlage es zur Überwindung des Schismas als erforderlich erweisen werde, sollten beide abdanken.

Dem stimmten die Päpste Gregor und Benedikt zu, beide, als ob sie vom Wunsch, der leidenden Kirche beizustehen, beseelt gewesen wären. Sogleich machten sie sich, vom Gefolge ihrer Kardinäle umgeben, auf den Weg. Aber weil jeder kurz vor ihrem Zusammentreffen einen Anschlag des anderen befürchtete oder auch nur vorgab, sich zu fürchten, wollte keiner, sosehr ihnen die Kardinäle auch Mut machten, zum zuvor bestimmten Ort kommen. Das sorgte aber für erheblichen Verdruss bei den Kardinälen beider Päpste, weil sie solche hinterhältigen Absichten für eingebildet und erfunden hielten. Und sie glaubten, sowohl Gregor wie auch Benedikt sei ihr eigenes Wohl wichtiger als die Würde und das Ansehen der Kirche. Sie trennten sich sofort von ihnen, eilten nach Pisa und riefen ihrerseits zu einem Konzil zusammen. Dieser Einladung folgten viele Bischöfe, denen vor allem das Wohl der Kirche am Herzen lag und die es nur noch sehr widerwillig ertrugen, dass sie schon so viele Jahre an der so bedrückenden und anhaltend lang dauernden Krankheit litt. Der überaus schwierige Auftrag, diesem Leiden abzuhelfen, wurde dem Konzil erteilt.

Gegen Gregor und Benedikt wurde ein gerichtliches Verfahren eingeleitet, der Fall einer genauen Prüfung unterzogen und zuletzt, als keiner sich dem Gericht stellen wollte, wurden beide mit voller Zustimmung der ganzen Versammlung für abgesetzt erklärt. Damit ferner die Kirche nicht ohne rechtmäßigen Papst wäre, rief man sogleich Petrus Philaretus aus Kreta, einen tüchtigen und hochgelehrten Mann, als Papst aus, der sich Alexander V. nannte. Unter großem Jubel aller Gutwilligen wurde er auf dem Stuhl des Heiligen Petrus inthronisiert. Als dies vollbracht war und alle voller Freude waren, als die Kardinäle und die ganze Versammlung glaubten, jetzt für das Ansehen der Kirche gute Beschlüsse gefasst und selbst zur Gesundung der Kirche nicht wenig beigetragen zu haben, da lebte das Schisma, das man für überwunden und beendet hielt, sogleich wieder auf.

Ganz im Gegenteil, es lebte nicht nur wieder auf, denn es war gar nicht überwunden, sondern während im Verborgenen das Feuer noch glomm, brach es plötzlich mit noch stärkerer Heftigkeit wieder aus und entfachte einen noch größeren Brand. Da nämlich Gregor und Benedikt sich dem Konzil von Pisa nicht fügen und auch nicht abdanken wollten, kam es sogleich wieder zum Streit: Denn es sei gar nicht sicher, ob die Versammlung von Pisa gegen sie habe erkennen können, zumal einer von den beiden durchaus rechtmäßig Papst sei, auch wenn nicht wirklich feststehe, welcher von beiden es sei. Deshalb hat es, während das Schisma anfangs nur zwei Köpfe gehabt hatte und das Konzil beide hatte abschlagen wollen, plötzlich gleichzeitig und auf einmal drei gegeben. Denn außer Alexander, der beim Konzil von Pisa als Papst eingesetzt worden war, hielt Gregor immer noch an seinem Papstnamen fest, und einige Städte in Italien erkannten ihn als den wahren Papst an. Auch Benedikt ließ sich weiterhin Papst nennen, und ihm schlossen sich der größte Teil Spaniens und ein Teil des französischen Adels an. So gab es schließlich drei, die sich Papst nennen ließen. Die Kirche selbst aber, die schon zuvor in drei Parteien gespalten war, war jetzt dreigeteilt und geradezu zerrissen. Aber Gott der Allmächtige brachte in dieser so großen Not endlich einmal Hilfe, und nach den so stürmischen Zeiten, von denen die Kirche heimgesucht worden war, glättete er die hochgehenden Fluten und ließ Ruhe einkehren. Alexander freilich, der in Pisa gewählt worden war, hielt gerade das Konzil zur Fassung von Beschlüssen über den Auftrag der Kirche für höchst notwendig und wollte es anders nicht wieder auseinandergehen lassen. Dennoch entschied er aus gewichtigen Gründen, auf besser geeignete Zeiten zu warten. Danach begab er sich nach Bologna. Wenig später wurde er krank und starb, nachdem sein Pontifikat nur zehn Monate gedauert hatte.

An seiner Stelle folgte Johannes XXIII., der daran dachte, das Konzil von Pisa an einen günstiger gelegenen Ort zu verlegen, zu dem allen ein sicherer Zugang offen stehen würde. Und er hatte die ernst gemeinte Absicht, den einstigen Zustand der Kirche wiederherzustellen. Dazu trieb ihn außer dem Auftrag, das Schisma zu beenden, noch ein anderes erhebliches Gebrechen, welches ebenfalls zu jener Zeit schwer auf ihr lastete. Nachdem nämlich Johannes Wiclif, ein Engländer und unseliger Mensch, viele Irrlehren verbreitet und sie dazu noch in mehreren Büchern zusammengefasst dargestellt hatte, verursachte er durch diese Schriften, auch nachdem er schon gestorben war, eine so verderbliche Verwirrung, dass viele dieses todbringende Gift gern und gierig tranken und wie besessen in ihrem Wahn sich der in diesen Schriften lauernden Gefahr aussetzten und auch alle Warnungen in den Wind schlugen. Sogar nach Böhmen – und das ist schon verwunderlich – waren diese Bücher gelangt, sodass zuerst auf Geheiß des Papstes die Erzbischöfe von Canterbury, dann auch von York in England und der von Prag in Böhmen sie öffentlich zu verbrennen befahlen, danach aber die Väter der römischen Bischofssynode diese Bücher noch einmal verurteilten. Aber die Torheit der Menschen war so groß, dass dennoch viele dem Johannes Hus, der gleichsam die Schirmherrschaft über diese

Bücher und Irrlehren übernommen hatte, lieber glaubten als allen Übrigen. Und sie bewahrten sie nicht nur bei sich zu Hause auf, sondern sie verzierten die Kodizes, die doch voller Unheil waren, mit Gold und Silber. Da war nun der Priester Johannes Hus, der durch vorgetäuschte Frömmigkeit viele in Böhmen für sich eingenommen hatte. In seinen Predigten aber rühmte er Wiclif über alle Maßen, trotz des Einspruchs durch den Erzbischof, das Volk aber ermunterte er, sich seiner Lehre zu öffnen. Dann fügte der Frevler schamlos weitere Irrtümer hinzu und prahlte, er werde sie auch auf einem Konzil vor den Konzilsvätern verteidigen.

Da sich also dieses so große Übel von Tag zu Tag weiter verbreitete und einen beträchtlichen Teil von Böhmen ergriffen hatte, konnte ohne ein Konzil kaum noch ein Heilmittel gegen diese abscheuliche Seuche gefunden werden. Zu alledem kamen das Schandmal der Simonie und andere weitverbreitete Unsitten, die vom Schisma begünstigt sich allmählich eingeschlichen hatten und den Zustand der Kirche fast heillos entstellten und entehrten. Selbst wenn es keinen anderen Grund gegeben hätte, musste wohl dieser eine schon mit vollem Recht die Forderung, ein Konzil einzuberufen, rechtfertigen. Deshalb hat Johannes XXIII., aus diesen Gründen und durch den Rat des gewählten Kaisers der Römer, Sigismund, darin bestärkt, am 9. Dezember 1413 ein Konzil einzuberufen, und da er Konstanz, eine Stadt in Deutschland, die nahe bei der Schweiz liegt, als Tagungsort bestimmt hatte, kam er im darauffolgenden Jahr am 28. Oktober mit großem und prächtigem Gefolge von Kardinälen und anderen geistlichen Würdenträgern nach Konstanz und eröffnete das Konzil wenige Tage später. Zu dieser allgemeinen Kirchenversammlung trafen sich viele Väter und durch ihre Gelehrsamkeit und moralische Integrität berühmte Männer. Besonders aber der König der Römer, Sigismund, der persönlich anwesend war, verlieh dem Konzil durch seine Frömmigkeit und anhängliche Treue zur Kirche großen Glanz. In seiner Begleitung befanden sich zahlreiche bedeutende Fürsten aus Deutschland und Ungarn, von denen, wenn auch nicht zur selben Zeit, einige aber dennoch ständig in Konstanz blieben.

Auch wenn das Konzil hauptsächlich dazu einberufen worden war, das Schisma zu beenden, bemühten sich die Konzilsväter, nachdem sie ihre Beratungen aufgenommen hatten, nie darum, die Rechtmäßigkeit jedes einzelnen Papstes genau nachzuprüfen oder herauszufinden, welcher gestützt auf Rechtsgründe und Beweisführungen den anderen beiden vorzuziehen sei. Denn das war überaus schwierig, und der Fall wäre wohl kaum jemals zu einem Ende gebracht worden. Deshalb richteten die Konzilsväter ihr ganzes Bemühen nur auf dieses eine, dass die drei Päpste jeder auf seinen Rechtsanspruch verzichteten und ein anderer als wahrer und unbestrittener Papst, über den es keinerlei Zweifel geben könne, gewählt werde.

Aber obwohl Johannes XXIII. das Konzil einberufen und versprochen hatte, er werde auf sein Pontifikat verzichten, wenn Gregor und Benedikt ebenfalls ihren Verzicht erklären wollten, änderte er seinen Sinn, gab seine päpstlichen Insignien preis, verließ heimlich in der Nacht Konstanz und flüchtete aus Furcht in ein Städtlein des Herzogs von Österreich, den er um Hilfe angefleht hatte. Die Konzilsversammlung war empört und missbilligte sein Verhalten. Überdies waren gegen Johannes viele Vorwürfe erhoben worden, über welche die Väter nun unverzüglich Untersuchungen anstellten; dabei wurden die juristischen Verfahrensregeln durchaus beachtet. Zuallererst freilich entzogen sie ihm die mit dem Pontifikat verbundenen administrativen Befugnisse. Wenige Tage später aber erging der endgültige Urteilsspruch, die Aberkennung seines Anspruchs, anerkanntermaßen Papst zu sein. Johannes vernahm ihn gefasst und erklärte sich bereit, den Spruch des Konzils anzuerkennen. Und damit es daran keinen Zweifel mehr geben konnte, verzichtete er von sich aus auf seinen Rechtsanspruch und erklärte seinen Rücktritt. Und so wurde der Fall des Johannes zu seinem Ende gebracht. Das alles ist verhandelt worden bis zur Sitzung, die am 21. Mai 1415 während der XII. Sitzungszeit stattfand.

Ferner wurde die Untersuchung der Irrlehren des Johannes Wiclif und des Johannes Hus begonnen. Man vertraute ihren Fall hochgebildeten Männern an. Als diese die Bücher der beiden lasen, fanden sie in ihnen vieles, was mit dem christlichen Glauben unvereinbar war. Besonders 45 Abschnitte bei Wiclif und auch 30 verderbliche bei Johannes Hus gab es, und wenn sie auch nicht alle im selben Maße gottlos waren und die einen zuweilen schlimmer als andere, war dennoch in allen das Unheil bringende Gift versteckt, und alle widersprachen der Heilslehre der Kirche entweder völlig oder wenigstens in Teilen. Deshalb stellte das Konzil diese Artikel eigens heraus, verurteilte nicht nur die Bücher und verbot allen, sie zu lesen, sondern es erklärte auch ihren Verfasser Wiclif selbst zum Häretiker. Es belegte ihn mit dem Kirchenbann und befahl, seine Gebeine, wenn man sie irgendwie ausfindig machen könne, aus dem Grab herauszuholen und zu verbrennen.

Nachdem aber Johannes Hus selbst nach Konstanz gekommen war, um die 45 Irrlehren des Wiclif und seine eigenen vor den Konzilsvätern zu verteidigen, erklärte er anfangs, er sei willens, der Versammlung zu vertrauen und sich ihr nicht zu widersetzen. Danach verfolgte er dennoch wieder seine vorgefasste Absicht und wollte lieber die eigenen Irrtümer und die von Wiclif rechtfertigen, als der wahren Lehre der Kirche folgen. Und weil er darauf beharrte, wurde er von den Vätern wegen Häresie verurteilt und bei lebendigem Leibe verbrannt. Ebenso kam Hieronymus von Prag zu diesem Konzil, ein Gefährte des Johannes Hus und entschiedener Verfechter derselben Irrlehren. Ihm gewährte das Konzil, als er es forderte, freies Geleit, dennoch unter dem Vorbehalt, dass die Gerechtigkeit keinen Schaden nehmen dürfe; das war nämlich die Formulierung des Konzils, eine Formulierung, die auch ihm, falls er sich von der Irrlehre nicht lossagen sollte, unverhüllt mit der Hinrichtung drohte. Also machte auch er sich auf den Weg nach Konstanz, bekundete vor den Konzilsvätern anfänglich wenigstens seine Abkehr von der Irrlehre und bekannte sich zum katholischen Glauben. Aber wenig später kehrte er zu seinen früheren Verirrungen zurück. Er wagte es, gerade die vom Konzil bereits verworfene Lehre von Hus und Wiclif, mit einer einzigen Ausnahme, sogar zu verteidigen und musste für seine Unbesonnenheit und seinen Übermut mit der gerechten und verdienten Strafe büßen. Das sind die Beschlüsse des Konzils im Fall der Häretiker, die zwar nicht alle zur selben Zeit gefasst wurden, aber da sie gleichartige Gegenstände betreffen, schien es folgerichtig, sie zusammen darzustellen.

Es bleibt jetzt noch, zunächst über die anderen Begebenheiten auf dem Konzil kurz zu berichten. Nach dem Urteilsspruch gegen Johannes XXIII. nahm alles einen großenteils günstigen Verlauf. Denn Gregor, ein rechtschaffener und frommer Mann, sandte wenige Tage später, weil er sah, in welchem Zustand die Kirche sich befand, von seinem Gewissen gedrängt, den Kardinal von Ragusa, Johannes Domenicus und den berühmten Carolus Malatesta nach Konstanz. Er machte nicht nur seine Autorität geltend und bestätigte durch diese Sendboten in seinem Namen das Konzil, sondern ließ durch Carolus Malatesta, dem er diesen Auftrag insgesamt anvertraut hatte, auch seine Abdankung erklären, und dies unter allgemeinem Beifall. Das Konzil nahm die Erklärung mit überaus großer Freude auf, da es sah, dass jetzt zwei Parteien sich miteinander verbündet hatten. Nur die dritte Partei, die von Benedikt noch übrig war, verhinderte noch, dass der schwierigste Auftrag zu Ende gebracht werden konnte. Weil die Konzil-Väter aber aufgrund dessen, was sie bisher erlebt hatten, argwöhnten, dass Benedikt nicht so leicht nachgeben werde, richteten sie all ihr Bestreben darauf, seinen Starrsinn zu brechen.

Zu jener Zeit befand sich das Ansehen Kaiser Sigismunds auf seinem Höhepunkt. Deshalb bat die Versammlung der Väter ihn inständig, die Schutzherrschaft über die Kirche zu übernehmen und sich persönlich zusammen mit Sendboten des Konzils an Benedikt zu wenden und ihn eindringlich an seine Pflicht zu erinnern. Wenn er ihn aber nicht dazu bringen könne, dann solle er wenigstens den Versuch machen, König Ferdinand von Aragonien, der Benedikt mehr als anderen gewogen war, und die übrigen, die diesem als ihrem rechtmäßigen Papst huldigten, von der Unterstützung Benedikts abzubringen. So sollten sie gedrängt werden, dazu beizutragen, dass das die Kirche entehrende Schandmal getilgt und sie durch die Einmütigkeit aller in ihrem einstigen Zustand wiederhergestellt werden könne. Schon zuvor hatte Sigismund einen solchen Versuch unternommen und in einem Brief an König Ferdinand von Aragonien darauf hingewirkt, dass sich beide in Nizza, einer Stadt in der Provence, treffen und Gregor wie auch Benedikt dazukommen sollten.

Aber obwohl Gregor hierauf seiner Pflicht ausdrücklich Genüge getan hatte und nur die Anhänger Benedikts sich dem Konzil noch widersetzten, trat Sigismund die Reise an, sogar als Ferdinand, weil er lange Zeit sehr krank war, keinesfalls nach Nizza kommen konnte.

Der hochberühmte Kaiser, dem das Ansehen der Kirche mehr als alles andere am Herzen lag, hielt es auch mit der Purpurpracht der kaiserlichen Majestät nicht für unvereinbar, sich nach Spanien zu begeben und einen König, der an Rang und Macht geringer war, sogar auf fremdem Boden in Aragonien zu treffen, und dies, weil es der Kirche nützte, obwohl er so lange Zeit aus dem Reich abwesend sein musste.

Ferdinand hielt sich zu jener Zeit in Perpignan auf, in einer Stadt also, die zwar unter der Herrschaft Aragoniens stand, aber dennoch diesseits der Pyrenäenberge in der nach Narbonne benannten Region liegt. Dort wurde Sigismund zusammen mit sechs Sendboten des Konzils, deren Sprecher der Erzbischof von Tours, Jacques, war, voller Hochachtung und mit königlicher Pracht empfangen. Und er begann sogleich, mit König Ferdinand zu beraten und danach auch mit Benedikt, der auf Ferdinands Drängen hin ebenfalls nach Perpignan gekommen war und sich dort längere Zeit aufhielt. Beide Könige und die Sendboten beschworen ihn inständig, sich endlich einmal der Sorgen um die Kirche anzunehmen. Denn weil jetzt der Beendigung der abscheulichen Spaltung der Kirche nur noch sein Wille im Wege stehe, solle doch auch er die Hand dazu reichen und der Kirche diese größte Wohltat erweisen und ihr Heil, wie es sich für einen Christen gehöre, über den von ihm beanspruchten Namen und die Insignien des Papsttums zu stellen. Benedikt widersetzte und weigerte sich immer und überall und konnte durch keine Bitten jemals umgestimmt werden. Und als er sich endlich bereitgefunden hatte, seine Sache zu verteidigen, da brauchte er sieben Stunden, um sie darzustellen und zu rechtfertigen.

So sehr brachte Benedikt durch diesen unbeugsamen Starrsinn alle, zumal Ferdinand, gegen sich auf, dass er zu fürchten begann, man werde vielleicht sogar mit Gewalt und Zwangsmitteln gegen ihn vorgehen. Deshalb floh er in der Nacht heimlich zum Hafen von Colliberis, in dem zwei Galeeren für ihn bereitstanden, verließ den Hafen sofort und fuhr nach Peniscola; das ist eine Stadt im diesseitigen Spanien, nahe der Landschaft der Ilercavones, nicht weit von der Stadt Dertosa, die fast auf allen Seiten vom Meer umgeben ist. Dort hatte Benedikt eine Burg, die durch ihre Lage und eine Mannschaft von Bewaffneten gesichert war.

Eingeschlossen in dieser Burg verbrachte er fortan sein Leben, und von seiner Abdankung oder dem Konzil wollte er nichts mehr hören. Und obwohl er von allen Königen und Fürsten verlassen war, hielt er dennoch bis zu seinem letzten Atemzug an den Insignien seines Papsttums fest. Unterdessen beschloss König Ferdinand, empört über die beispiellose Halsstarrigkeit Benedikts, sich von ihm abzuwenden. Deshalb besprach er sich alsbald mit anderen Königen und Fürsten, die zu den Anhängern Benedikts gehörten, und nahezu alle billigten einmütig Ferdinands Entschluss. Im Namen aller wurden Sendboten nach Narbonne geschickt, wo Sigismund auf das Ergebnis der Verhandlungen wartete. Als daher in Narbonne von den Boten der Könige die Bedingungen der Einigung vorgetragen wurden, nahmen Sigismund und die Bischöfe, die mit ihm gekommen waren, sie sofort an. Die Versammlung der Konzil-Väter in Konstanz wiederum, der sie mitgeteilt worden waren, billigte sie ebenfalls, ohne zu zögern.

Und weil es zu weit führen würde, alle Vereinbarungen dieser Übereinkunft einzeln wiederzugeben, wird es genügen, die wichtigsten zu nennen. Als Erstes einigten sich die Könige, die Sendboten und das Konzil darauf, dass alle Beschlüsse, Entscheidungen und Anordnungen, die von den anderen Päpsten und dem Konzil von Pisa zuerst und danach vom Konstanzer Konzil gegen diejenigen ergangen waren, die Benedikt als rechtmäßigem Papst Achtung und Anerkennung erwiesen hatten, aufgehoben und für ungültig erklärt wurden. Zweitens sollte das, was Benedikt als Papst seinen Anhängern gewährt hatte, vom Konzil bestätigt werden. Außerdem sollten die Kardinäle Benedikts, wenn sie zum Konzil kämen, zum dort versammelten Kardinalskollegium gehören, wo sie dieselben Ehrentitel und Rechte haben würden, die für die wahren und schon bisher anerkannten Kardinäle üblich waren. Ebenso solle das Konzil für die Dienstleute und die Dienerschaft Benedikts, soweit sie diesem die Gefolgschaft aufgekündigt hatten, in irgendeiner Weise sorgen.

Nachdem diese Beschlüsse gefasst worden waren, kamen Abgesandte des Königs Alfons von Aragonien, der die Nachfolge seines kurz zuvor verstorbenen Vaters angetreten hatte, und danach auch die anderer Könige nach Konstanz und wurden selbst, bald auch viele Bischöfe und Äbte aus Spanien und hochgeborene Männer, die mit aller Vollmacht ausgestattet waren, Teil und Teilnehmer der Konzilsversammlung, wie in den Absprachen über die mit ihnen erzielte Einigung zugesichert worden war.

Jetzt war das Konzil von Konstanz wirklich eine allgemeine Kirchenversammlung, während es als ein Zusammentreffen dreier Parteien, durch welche die Kirche zuvor tief gespalten war, begonnen hatte. Das Schisma schien jetzt zum größten Teil überwunden. Aber damit wirklich kein Zweifel blieb, bevor ein rechtmäßig gewählter und allgemein anerkannter Papst bestimmt wurde, wollten die Konzilsväter über den Fall Benedikts entscheiden und ihm, wenn er nicht selbst von sich aus zurücktrete, nach einem förmlichen Verfahren das Recht, Papst zu sein, aberkennen. Deshalb wurde gegen Benedikt Anklage erhoben. Er aber missachtete zuerst die Vorladung des Konzils, dann auch seinen Spruch, und er konnte nie veranlasst werden, dort zu erscheinen oder sich zu äußern. Deshalb verurteilte das Konzil, empört über das unerhörte Verhalten des Menschen, Benedikt wegen vieler schwerer Verfehlungen, achtete dabei aber in jeder Hinsicht auf die Verfahrensvorschriften, und nachdem bereits der Kirchenbann über ihn verhängt worden war, erklärte es ihn als endgültig abgesetzt und der päpstlichen Würden enthoben.

Da nach diesem Urteilsspruch, der von allen einhellig bestätigt wurde, es offensichtlich kein Hindernis mehr gab, dass man einen Papst als Oberhaupt der Kirche einsetzen konnte, begannen die Konzilsväter sofort mit den Vorbereitungen seiner Wahl. Zu den Kardinälen, die damals in Konstanz anwesend waren, bestimmten sie zusätzlich 30 bewährte und gebildete Männer, die das Wahlrecht nur für diese Papstwahl haben sollten. Sie begaben sich ins Konklave am 8. November, und fünf Tage später wurde die Wahl von Oddone

Colonna verkündet. Er war Römer aus der berühmten Familie der Colonna, ein Mann, den Klugheit und Frömmigkeit auszeichneten, der diesen Namen annehmen wollte, weil er am Festtag des Heiligen Martin gewählt worden war. Und so nannte er sich Martin V. Die Konzilsväter empfanden alle eine ganz außergewöhnliche Freude darüber, zum einen, weil nach der Überwindung des Schismas jetzt ein legitimer Papst gewählt worden war, zum anderen weil Martin V. unter den übrigen als der würdigste für dieses Amt erachtet wurde.
Der Papst blieb mehr als fünf Monate lang in Konstanz. Obwohl in dieser ganzen Zeit das Konzil als allgemeine Kirchenversammlung ohne Zweifel die größte Autorität besaß, gibt es dennoch aus der Zeit, während welcher Papst Martin den Vorsitz hatte, nicht viele von ihm angeregte Konzilsbeschlüsse. Endlich im Jahr 1418 – Konzilsväter, die schon zu Beginn gekommen waren, hatten sich jetzt vier Jahre und sechs Monate in Konstanz aufgehalten –, und nachdem vollbracht worden war, weswegen sie gekommen waren, und ein einziger Oberhirte der Gesamtkirche eingesetzt worden war, schien es an sich durchaus notwendig, dass sie, um sich auch ihrer jeweils eigenen Herde anzunehmen, heimkehrten. So wurde das Konzil im vollen Einvernehmen mit allen Vätern am 22. April 1418 auf Geheiß des Papstes beendet. Die Beschlüsse dieses Konzils, welche die Klärung von Glaubensfragen betreffen, und die Verurteilung von Irrlehren bestätigte Papst Martin V. kraft seiner päpstlichen Lehrautorität.

Weil gleichwohl vieles immer noch unerledigt geblieben war, vornehmlich die Verbesserung der Moral und Lebensführung der Christen, wurde das alles einem folgenden nächsten Konzil vorbehalten, das Martin V. damals schon ankündigte und das, wie er befahl, sieben Jahre später in Pavia sich versammeln sollte. Nachdem das Konzil von Konstanz abgeschlossen war, kam Martin nach Italien zurück. Er hielt sich eine Zeit lang in Florenz auf und begab sich schließlich nach Rom, wo er den Rest seines Lebens verbrachte. So viel über das Konzil von Konstanz.

Aus: G. D. Mansi: Sacrorum Conciliorum nova et amplissima collectio. Bd. 27. Rom 1758ff. S. 321ff.

VERKAUF VON FISCHEN, FRÖSCHEN UND SCHNECKEN
Rosgartenmuseum Konstanz, Hs. 1, Richental: Konzilschronik. In: Feger, Otto (Bearb.): Ulrich Richental: Das Konzil zu Konstanz. Faksimile. Starnberg – Konstanz 1964. Fol. 25r

19. JAHRHUNDERT

GUSTAV SCHWAB

Er war ein Mäzen jüngerer Autoren. Gustav Schwab (1792–1850), der zur Schwäbischen Dichterschule gerechnet wird, förderte Hermann Kurz, Wilhelm Waiblinger, Eduard Mörike und Wilhelm Hauff, Nikolaus Lenau und August von Platen, um nur einige Namen zu nennen. Der in Stuttgart geborene Theologe und Schriftsteller nutzte diese Möglichkeit dank seiner literarischen Schlüsselposition in den bei F. A. Brockhaus Leipzig erscheinenden »Blättern für literarische Unterhaltung« und als Redaktionsmitglied des Verlags von Johann Friedrich Cotta, der das »Morgenblatt für gebildete Stände« herausgab. In seinem Brotberuf aber war Gustav Schwab, der in Tübingen Philosophie und Theologie studiert hatte, Professor für Latein, bevor er 1837 das Pfarramt in Gomaringen am Fuß der Schwäbischen Alb übernahm. Es heißt von ihm, dass Predigen neben dem Lehren eine seiner Lieblingstätigkeiten war. Und die Freude an der Literatur.

Mit seinem in Gomaringen abgefassten Werk ist Gustav Schwab für viele Generationen von Kindern und Jugendlichen zum wichtigsten Vermittler der griechisch-römischen Sagen- und Götterwelt geworden. Er hat die großen Epen der Antike von 1838 bis 1840 aus Originaltexten zusammengetragen, ins Deutsche übersetzt und mit großem pädagogischen Geschick nacherzählt. Gustav Schwab, der später als Stadtpfarrer in Stuttgart wirkte und darauf verschiedene leitende Funktionen im württembergischen Schulwesen übernahm, schrieb mit »Der Bodensee nebst dem Rheinthale von St. Luziensteig bis Rheinegg« eine Hommage auf diese alte Kulturlandschaft, und mit »Der Reiter und der Bodensee« eines der bekanntesten deutschen Gedichte. Die Verse entstanden in Überlingen.

Sein Bodensee-Buch von 1827 enthält auch ein Kapitel über das Konstanzer Konzil (1414–1418). Darin beschäftigt sich Gustav Schwab mit der Vorgeschichte der »Kirchenversammlung zu Konstanz«, dem Feuertod von Jan Hus (1369–1415) und Hieronymus von

Prag (1379–1416) sowie mit der Wahl von Papst Martin V., zuvor Oddo di Colonna (1368–1431). Mit der Wahl endete das seit 1378 andauernde Große Abendländische Schisma. Am neuen Papst lässt Gustav Schwab kein gutes Haar. Er spricht von einem trotzigen, arglistigen und verschmitzten Papst. Gewiss: Als Reformpapst ging Oddo von Colonna tatsächlich nicht in die Geschichte ein. Aber: Er war der erste Renaissancepapst, der die Kunst neu belebte, indem er bedeutende Künstler an seinen Hof holte. Zudem hielt er das Konstanzer Dekret »Frequens« (vom 9. Oktober 1417) ein, das ein Zusammentreten des Konzils zur Fortsetzung des Reformwerks in Abständen von maximal zehn Jahren forderte. Kurz vor seinem Tod berief er das Konzil in Basel ein. Eröffnen konnte es jedoch erst sein Nachfolger Eugen IV. *(1383–1447) am 23. Juli 1431.*

Und noch eine weitere Figur des Konzils bringt Gustav Schwab ein: Francesco Zabarella *(1360–1417)*. Den Erzbischof von Florenz und bedeutenden Kanoniker hatte Johannes XXIII. *(1370–1419)* zum Kardinal ernannt. Bis zu seinem Tod blieb Francesco Zabarella in Konstanz, selbst nach dem Fortgang von König Sigismund *(1368–1437)* und der Absetzung seines päpstlichen Förderers. Sein Leichnam liegt in der Kathedrale von Padua begraben.

Die Papstwahl

Doch bei Einem Gegenstande müssen wir noch länger verweilen, weil er das Hauptresultat der Versammlung ist, das auf ihren ursprünglichen Zweck einen Bezug hat. Es ist die Wahl eines neuen Pabstes. Nachdem in der 37sten Sitzung auch der Gegenpabst Benedict XIII. unter des gekrönten Kaisers Vorsitz seiner Würde entsetzt worden war (26 Jul. 1417), drangen der Kaiser, die deutsche und englische Nation ernstlich auf eine Kirchenreform noch vor der Pabstwahl. Dagegen stemmten sich die Cardinäle, und unter ihnen

Peter d'Ailly, so heftig er in der am St. Ludwigstage gehaltenen Rede das Verderben der Kirche anerkannte und gegen die Schwelgerei, die Wollust, die Prachtliebe, den Hochmuth, den Geiz der Geistlichen eiferte! Das ganze Cardinalscollegium protestirte aufs Heftigste am 9ten Sept. in einer öffentlichen Session vor Sigmund und allen Nationen. Und als der Kaiser, der Patriarch von Antiochien und andre Kirchenprälaten mitten unter der Protestation die Sitzung unwillig verließen, wurde laut gerufen: »Es ist billig, daß die Ketzer abtreten!« Die Kardinäle drohten mit einer Secession und setzten in einer neuen Sitzung die volle Verlesung ihrer Protestation durch, unter heftigem Streite, trotzig ihre rothen Hüte in die Stirne gedrückt (12 Sept.). Der Kardinal Zabarella, der ohnedem am Podagra litt, erhitzte sich im Streite so, daß er nach 15 Tagen starb; er wurde feierlich beerdigt; der Florentiner Poggio hielt ihm die Leichenrede. Sein Name verdient aufbewahrt zu werden; er hatte sich im Concil aus Gelegenheit der Reformen, für die Priesterehe erklärt.

Am Ende fielen die Engländer zu den Kardinälen ab, nur die Deutschen blieben auf der Seite des Kaisers, der seinen schwachen Charakter auch dießmal nicht verläugnete; und nach einer Vereinigung über wenige Puncte ward beschlossen, daß erst der neue Pabst, aber unverzüglich, die Reform der Kirche bestimmen sollte.

Somit wurde zur Pabstwahl geschritten, und im öffentlichen Kaufhause der Stadt Constanz, das damals ein noch neues Gebäude war, das Conclave eingerichtet. Am 2ten Nov. war es fertig. Man zählte für 53 Wähler (worunter 23 Kardinäle), 53 Zellen, die durchs Loos ausgetheilt wurden, und jede mit dem Wappen und Namen des Besitzers bezeichnet. Unter Trompetenschall ward verkündigt, daß sich dem Conclave niemand über die ausgesteckte Distanz nähern sollte, niemand (nach löblicher Römersitte) das Haus des neugewählten Pabstes ausrauben. Am 8ten Nov. um 4 Uhr Abends bezogen die Wähler das Conclave. An der innern Pforte empfieng sie Kaiser Sigmund, führte jeden an der Hand in das Wahlhaus und empfahl ihnen leidenschaftlose Gewissenhaftigkeit aufs Dringendste. Bei seinem Austritt wurde das Conclave geschlossen, und seine Schlüssel dem Großmeister des Ritterordens von Rhodis und noch einem Fürsten zur Verwahrung gegeben. An der Treppe standen sechs Geharnischte und das ganze Haus war mit Wachen umstellt. Am 9ten und 10ten Nov. waren die Wahlstimmen getheilt; endlich am 11ten gegen 11 Uhr vormittags wurde, durch Vermittlung der deutschen Nation von allen 53 Wählern einstimmig Otto von Colona, ein Römer, gewählt, der, weil es gerade Martinstag war, den Namen Martin V. annahm. Die Wahl wurde dem Volke augenblicklich durch einen Officianten, der die zugemauerte Thüre durchbrach, von außen verkündigt. Sogleich ergoß sich die jubelnde Menge um das Haus; der Kaiser Sigmund selbst wußte sich vor Freuden kaum zu fassen, und vergaß schwachherzig darüber sein Majestätsrecht, vermöge dessen er den Pabst auf der Stelle den Huldigungseid sollte schwören lassen. Vielmehr, als Martin aus dem Conclave trat und unter dem Zuströmen unzähligen Volkes, unter dem Vortritte des gesammten Clerus, des Stadtraths, des Adels, unter Begleitung aller Bischöfe, Cardinäle und Fürsten auf einem mit Scharlach behangenen Schimmel daherritt, um in die Domkirche geführt zu werden, erniedrigte sich der Kaiser so tief, daß er zu Fuße neben dem reitenden Pabst einherging. In der Kirche wurde der Pabst auf den Altar gesetzt, und empfing die Adoration der Cardinäle. Dazu tönte der ambrosianische Lobgesang. Nach diesem Acte der Inthronisation zog Martin feierlich in seine neue Wohnung zum Bischof von Constanz.

Am 21sten Nov. versammelte sich die hohe Klerisey im Bischofshofe zu Constanz. Es war der Krönungstag des Pabstes. Morgens nach 8 Uhr bestieg Martin das gezimmerte, prächtig ausgezierte Amphitheater, das über 100 Menschen faßte, und setzte sich auf seinen mit Goldstoffen behangenen Thron; das andre Gefolge setzte sich auf niedrigere Sitze oder blieb stehend. Eine herrliche Musik ertönte. Der Pabst entblöste sein Haupt, drei auserwählte Kardinäle warfen sich ihm zu Füßen; dann stand einer von ihnen auf, zündete Flachswerg, das an ein langes Stäbchen gebunden war, an und sprach: Sancte pater, sic transit gloria mundi! (Heiliger Vater, so geht der Welt Herrlichkeit vorüber!) Der Pabst dankte für diesen Zuruf und nun setzten die drei Kardinäle und der Großmeister des Rhodisordens ihm unter Trompetenschall und kirchlichem

Lobgesange die päbstliche Krone auf das Haupt. Darauf folgte ein prächtiger Aufzug zu Rosse. Voran die niedre Klerisey, der Ritterstand, Aebte, Bischöfe, Erzbischöfe und Kardinäle, alle auf schönen, gleichgeschmückten Pferden, 245 Personen; dann der Pabst Martin in voller Tracht, mit der Tiara und einer rothen, atlassenen Mütze, weißem, seidenem Kassok, Scharlachmantel, Pantoffeln mit goldgestickten Kreuze. Sein Pferd führte rechts der Kaiser Sigmund, links der Churfürst von Brandenburg. Hernach die Menge. So ging der Zug aus dem Bischofshof zur Augustinerkirche und wieder in den Pallast zurück. Hier, beim Absteigen, ertheilte der heilige Vater dem gesammten Volke den Segen.

Man hatte von dem neuen Oberhaupte der Kirche N. E. 1418. gute Hoffnungen gehegt: sie wurden nicht erfüllt. Otto von Colonna war ein leutseliger, billigdenkender, dabei verständiger Mann gewesen; Martin V. wurde ein trotziger, arglistiger, verschmitzter Pabst. Der Hofrath des Kaisers Sigmund, v. Windeck sagt von ihm, er sey der ärmste und einfachste Cardinal gewesen, und der reichste und kargste Pabst geworden. Durch seine Canzleiregeln heiligte er alle möglichen Misbräuche, und während man von allen Seiten auf die Reform drang, verderbte er die Zeit mit kindischen und eiteln Geschäften. Gegen die Hussiten wurde mit blinder Strenge verfahren; die Gesandten des griech. Kaisers, die um Hülfe gegen den drohenden Türken flehten, zogen unverrichteter Dinge ab. Die Reform schlief gar ein. Sigismund, der gekrönte Kaiser, ließ sich vom Pabste die goldne Rose weihen, und zum zweitenmale die Krone durch 2 Cardinäle aufsetzen. Nur Johann XXIII. Freilassung wurde beschlossen, und zu Mörsburg am 12ten April wurde auch Herzog Friedrich von Oesterreich mit dem Kaiser versöhnt und empfing einen Theil seiner Länder, gegen harte Bedingungen zu Lehen. Aber die schweizerischen Städte blieben freie Reichsstädte; und sein Stammland das Aargau, das Kyburgische Erbe, das Thurgau erhielt der Herzog nicht wieder.

Während nun der ehrliche Theil der Versammlung noch immer auf die Reform hoffte, zog Pabst Martin, nachdem er am Pfingstfeste allgemeinen Ablaß ertheilt hatte, Tags darauf, den 16ten Mai ao. 1418 mit böser Eilfertigkeit, jedoch mit größer Pracht ab, reitend im goldnen Meßgewande, mit weißer kostbarer Inful angethan, auf weißem, mit Scharlach bedecktem Pferde, unter einem von vier Grafen getragenen Thronhimmel. Und abermals ging Kaiser Sigmund zu Fuße neben ihm her und führte den Zelter am Zaum; rechts ging der Churfürst von Brandenburg, links Herzog Ludwig von Bayern, hinter dem Pferde, einsam, wie im Triumph aufgeführt, der mishandelte Herzog von Oesterreich, dann das Gefolge und eine Schaar von 40.000 Reitern. Vor dem Thore that der Pabst den rothen Mantel und Hut an, segnete das Volk und ritt nach Gottlieben; dort empfing ihn der Untersee, und der Rhein brachte ihn nach Schaffhausen, von wo er nach Genf und Italien reiste.

Dem Pabste folgte am 19ten Mai der Churfürst von Brandenburg; am 21sten setzte sich der Kaiser auf den See und den Rhein und fuhr nach Straßburg; alle Großen folgten, und in wenigen Tagen war das mit den Häuptern der Welt beinahe vier Jahre lang, vom Winter 1414 bis Pfingsten 1418 bevölkerte Constanz verödet und hatte kein Denkmal seiner Kirchenversammlung mehr aufzuweisen, als die Brandstätte zweier Märtyrer.

Aus: Gustav Schwab: Der Bodensee nebst dem Rheintale von St. Luziensteig bis Rheinegg. Verlag der J. G. Cotta'schen Buchhandlung, Stuttgart und Tübingen 1827. S. 203

HONORÉ DE BALZAC

Einen »Sittenmaler unserer Zeit« nannte der französische Literaturkritiker Charles-Augustin Sainte-Beuve seinen Zeitgenossen Honoré de Balzac (1799–1850). Und diese Platzanweisung ist nicht übertrieben, wie der Blick auf das Werk verrät. Balzac war ein ungeheuer produktiver Schriftsteller. In nur 20 Jahren schuf er knapp 100 Romane, der wichtigste Teil seines Oeuvres, sowie Essays, Erzählungen und Dramen – und dennoch blieb er bis kurz vor seinem Tod hoch verschuldet. Das war nicht zuletzt seinem luxuriösen Lebensstil mit Kutsche, guter Kleidung, eleganter Wohnung und sogar Landsitz geschuldet. Dazu kam ein nicht minder aufwändiges gesellschaftliches Leben. Oft genug waren es seine Geliebten aus den besten Kreisen – er heiratete erst im hohen Alter von 50 Jahren –, die ihn aus finanziellen Notlagen befreiten.

Zu den bedeutendsten Romanen von Honoré Balzac (so sein Geburtsname) zählen »Eugénie Grandet« (1833), »La Recherche de l'absolu« (Die Suche nach dem Absoluten, 1834) und »Le Père Goriot« (Vater Goriot, 1834/35). Das zwischen 1829 und 1850 veröffentlichte Werk ist in dem – an Dante Alighieris »Göttlicher Komödie« angelehnten – zyklischen opus magnum »La Comédie Humaine« (Die menschliche Komödie) zusammengefasst, das allerdings Fragment blieb. Balzac, Mitbegründer des ersten französischen Schriftstellerverbandes, plante insgesamt 135 Romane und Erzählungen, er wollte 2.000 Figuren aus den verschiedenen sozialen Schichten charakterisieren, vom Adel bis zum Verbrecher. Er sei nur der Sekretär seines Werkes, hat er einmal bemerkt, der eigentliche Autor sei die französische Geschichte. Falsche Bescheidenheit.

Den historischen Hintergrund der Romane lieferte in der Tat der Aufstieg des Bürgertums nach der Französischen Revolution von 1789 – mit gelegentlichen Ausnahmen, wie »La belle Impéria« (Die schöne Imperia) –, aber geschrieben hat sie Balzac.

Die schnurrige »Impéria«-Erzählung spielt während des Konzils (1414–1418) und ist Teil der Sammlung »Les contes drolatiques« (Die tolldreisten Geschichten, 1832/33/37). Sie handelt vom ältesten Gewerbe der Welt. Allerdings gehörte die namengebende Heldin der Erzählung, die real existierende römische Imperia, ein »Weib von Geist und Bildung«, wie Jacob Burckhardt in seinem Buch »Die Kultur der Renaissance in Italien« notierte, nicht zu den ausgewiesenen 700 Konstanzer Dirnen.
   Sie wurde 1485 als Lucrezia de Paris in Ferrara geboren und ging als junge Frau nach Rom. Dort wurde sie wegen ihrer natürlichen Pracht, ihres vornehmen Lebensstils, ihrer Klugheit zum Zentrum der männlichen – der »tolldreisten« – Gesellschaft. Selbst Gedichte wurden über sie verfasst: »Nur wer geseh'n, wie die Kurtisane in köstlicher Kutsche rasselnd in vollem Prunke die römischen Straßen durchfuhr, oder wie sie mit Pomp im Schwarme der Männer zu Pferde stolz sich zeigend, dahin ritt, oder wie sie am hellen Tage den Kardinälen samt Mütze die Liebe gewährte, dem allein ist's erlaubt, über Rom ein Urteil zu fällen.« Die römische Kurtisane lebte nur 26 Jahre und 12 Tage. Unter denen, die sie betrauerten, war auch der große Künstler Raffael (1483–1520). Es heißt, das Genie habe sie in einem seiner Wandbilder für Papst Julius II. (1443–1513) verewigt.
   Doch noch einmal zurück zu Balzac, der mit seiner tolldreisten Geschichte Konstanz viel Ehr gebracht hat. Mitte der 1840er-Jahre bekam der Romancier aufgrund seiner andauernden Überanstrengung und seines exzessiven Kaffeeverbrauchs Gesundheitsprobleme. Er versuchte sie paradoxerweise mit noch mehr Arbeit zu betäuben, auch unternahm er mit seiner langjährigen Partnerin und späteren Frau Eweline Hańska viele Reisen. 1850 starb er in Paris als einer der bedeutendsten Autoren der Weltliteratur und Vorbild für die nachfolgenden Schriftsteller-Generationen. Die »schöne Imperia« aber erlebte noch in der Neuzeit ein unerwartetes Nachbeben: So vertonte der italienische Komponist Franco Alfano (1876–1954) die Geschichte der Kurtisane 1927 als Oper »Madonna Imperia«; der Maler Lovis Corinth (1858–1925) wid-

mete der »anspruchsvollsten und launischsten Dirne des Erdenrundes« 1925 ein Gemälde (»Die schöne Frau Imperia«). Und der in Bodman-Ludwigshafen (Bodensee) lebende Bildhauer Peter Lenk schuf 1993 mit der überlebensgroßen Figur der »Imperia« in der Hafeneinfahrt von Konstanz ein neues Wahrzeichen der Konzilsstadt.

DIE SCHÖNE IMPERIA

ZUM GEFOLGE DES ERZBISCHOFS VON BORDEAUX gehörte in der Zeit, da selbiger zum Konzile nach Konstanz kam, ein hübsches Pfäfflein aus der Touraine, das in Wort und Wesen gar gefällig war. Galt es doch auch allenthalben für einen Sohn der Soldée und des Gouverneurs. Der Erzbischof von Tours hatte ihn seinem Amtsbruder bei dessen Durchreise freundschaftlichst zum Präsent gemacht, wie das unter diesen Herren voll glaubensfrohen Dranges üblich ist. Solchermaßen kam das Pfäfflein also zum Konzil und fand im Hause seines sittenstrengen, hochgelahrten Prälaten Unterkunft. Diesem Gönner ein pflichtgetreuer und würdiger Untergebener zu sein, war Philippus von Mala (so hieß das Priesterlein) wohl entschlossen. Doch sah er bald, dass männiglich Besucher selbigen gottgelahrten Konziles ein gar lockeres Leben führten und dabei obendrein mehr Ablässe, Goldgulden und Pfründen einheimsten als fromme Tugendbolde. Und so blies ihm der Teufel in einer anfechtungsreichen Nacht den Gedanken ein, sichs lieber wohl sein zu lassen und gleich den andern aus dem Borne unserer heiligen Mutter Kirche zu schöpfen, des Unerschöpflichkeit allein gar wundersam des lieben Gottes Gegenwart erwiese.

Das ging unserm Pfäfflein wohl ein und es schwur sich zu prassen und zu schlemmen, solange man nur seinem leeren Beutel Kredit gewähre. Noch war er keusch gleich seinem guten alten Erzbischof (der sich, allerdings nur mehr der Not gehorchend, derart einen Heiligenschein zugelegt hatte). Doch schuf ihm das oft schwere Anfechtung und trübselige Stunden, maßen er allenthalben die schmuckhaften, verführerischen Buhlerinnen sah, die gen Konstanz geeilt waren, um der Kirchenväter Sinne zu erleuchten. Er platzte schier vor Grimm über die Art, wie jene losen Elstern den Kardinälen, Würdenträgern, Fürsten und Markgrafen auf der Nase herumhüpften, als wären es arme Schlucker, derweile er nicht wusste, wie er eine fangen könnte. Allabendlich nach dem Gebete erwog er zierliche Liebessprüche und wappnete sich für zärtliches Geplänkel. Traf er dann aber tags darauf solch eine Prinzessin, die in prunkender Sänfte inmitten reichen Geleites ihrer Fülle Pracht stolz darbot, dann blieb er mit offenem Maule stehen und glotzte ihr blinkes Antlitz an, bis ihm die Glut zu Kopfe stieg.

Der Sekretarius seines edlen Gönners tat ihm nun einmal kund, dass die hohen Herrschaften die Gunst jener zieren Kätzlein keineswegs so mir nichts, dir nichts gewännen, vielmehr Gold und Geschmeide in schwerer Menge dafür hingäben. So begann denn der ahnungslose Tropf die Groschen, die durch des Erzbischofs Güte für ihn abfielen, in seinem Strohsack zu sammeln, und er erhoffte solchermaßen einen Schau zusammenzusparen, mit dem er sich dann holde Gunst erkaufen wollte. Des weiteren gab er sich in Gottes Hand und wandelte nächtens lüstern durch die Gassen, wenngleich er in seiner schäbigen Gewandung einem Edelmanne nicht mehr glich, als eine nachthaubengeschmückte Ziege einem Edelfräulein. Ohne sich um die Hellebarden der Söldner zu scheren, schaute er zu, wie in den Häusern die Kerzen entzündet wurden und durch Fenster und Türen hinausblinkten, horchte auf das geile Lachen der schlemmenden Kirchenfürsten, die der Frau Venus ihr Halleluja sangen, und holte sich dabei gern einen Sack voll Püffe. Denn der Teufel verblendete ihn mit der Hoffnung, früher oder später auch bei solch holder Buhlin den Kardinal spielen zu können, und das machte ihm Mut.

So drang er denn eines Abends tollkühn wie ein brünstiger Hirsch in das schönste Haus der Stadt, davor er schon so manche Haushofmeister, Offiziere oder Pagen ihrer Herren beim Fackelscheine harren gesehen hatte. »Ach, die da drinnen muss schön und zärtlich sein!«, seufzte er. – Ein waffenstarrender Landsknecht vermeinte, jener gehöre zum Gefolge des bayrischen Kurfürsten (der soeben das Haus verlassen hatte) und käme mit einem Auftrage seines Herrn. Darum kam Philippus hinein und ließ sich, gleich einem Rüden auf der Spur einer läufigen Hündin, von süßen Düften stracks in das Gemach führen, wo sich die Herrin des Hauses von flinken Zofen umringt ihrer Gewänder entledigte. Verdutzt wie ein erwischter Dieb blieb er stehen. Schon war die Huldin ohne Rock und Mieder und bald stand sie hüllenlos in prunkender, anmutsvoller Nacktheit da, also dass dem beglückten Pfäfflein ein liebeheißes »Aah!« entfuhr.

»Was willst du, Kleiner?«, fragte die Schöne.

»Bei Euch verscheiden«, ächzte er gierigen Blickes. »So komm morgen wieder«, meinte sie, um ihn zu necken. Und Philippus, des Antlitz glühte, rief stracks: »An mir solls nicht fehlen!«

Da hub sie an wie toll zu lachen, also dass Philippus verblüfft doch wohlgemut stehen blieb und lüsternen Auges weiter ihre wunderzieren Liebesreize bestaunte: ihr prachtvolles Haar, das zwischen lockigen Flechten den Zauber eines Nackens enthüllte – blink und blank wie Elfenbein; strahlende Augen, die feuriger waren als die Rubinen eines Geschmeides ob ihrer schneeweißen Stirn. Die schimmerten von den Tränen ihres hellen Lachens; und dieweil sich die Holde vor Kichern wand, entglitt ihr ein güldener Schuh und so kam ein nacktes Füßlein hervor, ein Füßlein, das schier kleiner war als der Schnabel eines Schwanes.

Ja, die Schöne war heut guter Laune; sonst hätte sie den Kleinen längst kühllächelnd zum Fenster hinaus werfen lassen. Und eine der Zofen meinte: »Er hat schöne Augen!« Eine andre fragte: »Woher mag er kommen?« Und die Herrin rief: »Das arme Kindlein! Seine Mutter wird ihn suchen. Wir müssen ihm den rechten

Weg weisen!« Aber unser Pfäfflein ließ sich nicht aus der Fassung bringen und weidete sich wonneächzend an dem Anblick des brokatgeschmückten Lagers, darauf die Huldin alsbald ihren prangenden Leib betten sollte. Solch liebesdurstiger Augenschmaus entflammte die Einbildungskraft der Schönen, die darob halb scherzend, halb bereits verliebt wiederholte: »Also morgen!«, und den Burschen sodann mit einer Handbewegung, die keinen Widerspruch duldete, entließ. »Ach, hehre Frau, da habt Ihr wieder einmal ein Keuschheitsgelübde in Liebessehnen verwandelt!«, kicherte ein Zöflein. Und wieder platzten alle heraus, also dass das Gemach wie unter Hagelschlägen erzitterte. – Derweile machte sich Philippus von dannen, nicht ohne blindlings mit dem Kopf wider die Pfosten zu rennen. Denn der leckere Anblick hatte ihn völlig geblendet. Doch prägte er sich die Torwappen sorglich ein und kehrte voll lüsterner Teufeleien und schlechter Gedanken zu seinem biederen Erzbischofe zurück. In seinem Kämmerlein zählte er während der ganzen Nacht seine Batzen: mehr als vier Taler kamen freilich nie heraus, aber da dies sein einzig Gut war, das er so der Schönen hingeben wollte, vermeinte er, sie würde wohl zufrieden sein.

Dem Erzbischof ging seines Schreibers Seufzen und Ächzen mählig auf die Nieren. »Was ist Euch nur?«, fragte er endlich. Und das Pfäfflein entgegnete kläglich: »Ach wehe, hoher Herr! Mir will nicht in den Sinn, dass so ein zieres, zartes Mägdelein einem also schwer das Herze bedrücken mag.« Da legte jener sein Brevier (darin der Edle für die andern las) zur Seite und erkundigte sich: »Welche ist's denn?«

»Ach Jesus! Weh, edler Herr und Gönner, verdammt mich nicht. Gewisslich gehört die zum Mindesten einem Kardinale an, in die ich mich vergaffte ... Und nun weine ich, da mir noch manch verflixter Taler fehlt, um sie mit Eurer Erlaubnis zum Guten zu bekehren«. Der Erzbischof furchte die dachförmige Falte über seiner Nase unter bedenklichem Schweigen, also dass der Pfaff vor Angst zu beben anhub und sein Geständnis bereute. Doch schon fragte der heilige Mann weiter: »Sollte sie denn gar so viel kosten?«, worauf jener ächzte: »Ach! schon manche Mitra hat sie geplündert, manchen Krummstab seiner Zier beraubt.«

»Ei, ei, Philippus: so du von ihr lässest, will ich dir dreißig Taler aus der Armenbüchse geben!« Aber das Kerlchen gierte nach dem Wonneschmaus, also dass es rief: »Oh, dabei käme ich noch immer zu kurz!«

»Philippus«, versetzte darob der gute Alte, »so willst du denn dereinst zur Hölle fahren, von Gott missacht gleich all unsern Kardinälen?« Und schmerzbewegt begann er zum Schutzherrn der Keuschlinge, dem heiligen Gabianus, für seines Dieners Heil zu beten. Und weiter musste der Bursch niederknien und seinerseits den heiligen Philippus anflehen. Aber der verdammte Pfaff erbat insgeheim, dass der Heilige ihm morgen einen huldreichen Empfang bei der Dame beschere, und darum betete er so voller Inbrunst, dass der gute Erzbischof beglückt rief: »Nur Mut, der Himmel wird dich erhören!«

Tags darauf (derweile der edle Greis im Konzil wider die Schamlosigkeit geistlicher Hirten donnerte) verschleuderte Philippus seine sauer erworbenen Taler für Riechwässer, Bäder und ähnliches Gedüft. Wohl gesalbt wie ein Pomadenhengst wandelte er sodann durch die Stadt, bis er seiner Herzens-Königin Haus erspäht hatte. Als er aber jemanden fragte, wem denn selbiges Haus gehöre, da grinste der und rief: »Was für ein grindiger Schelm, der noch nichts von der schönen Imperia gehört hat!«

Nun ward dem Pfäfflein angst, sein Geld zum Fenster hinausgeworfen zu haben, denn der Name lehrte ihn, in welch arge Schlinge er aus freien Stücken seinen Kopf gesteckt hatte. War doch Imperia die anspruchsvollste und launischste Dirne des Erdenrundes und nicht sowohl für ihre unübertroffene Schönheit, als für ihre Kunst bekannt, gleichermaßen Kardinäle, Leuteschinder und rauhe Krieger zu knechten. Die Höchsten wie die Kühnsten umwarben sie, ein Wink von ihr konnte einem das Leben kosten, und selbst unerbittliche Tugendbolde krochen bei ihr auf den Leim und tanzten gleich den andern nach ihrer Pfeife. Unserm Philippus ward bänglich zu Mut und so wandelte er in der Stadt umher, ohne an Essen und Trinken zu denken. Hatte ihm doch Imperias Anblick sogar die Lust nach andern Frauen verdorben.

Und als die Nacht kam, da hatte der Stolz den hübschen Bengel also gebläht, die Gier ihn gepeitscht und einige Flüche ihn soweit ermuntert, dass er kecklich zu der eigentlichen Königin des Konziles, vor der sich alle beugten, hineilte. Der Hausmeister, der ihn nicht kannte, wollte ihn freilich hinauswerfen, als just ein Zöflein oben vom Treppenabsatz rief: »Nicht doch, Meister Imbert! Das ist ja der Kleine von der Gnädigen!« Und schamrot wie ein Jüngferlein stolperte der arme Philippus wonnebebend die Treppe hinauf. Alldorten nahm ihn die Zofe bei der Hand und führte ihn in das Gemach, darinnen die Gnädige bereits vor Erwartung kochte und also leicht bekleidet war wie eine Frau, die mutvoll höheren Genüssen entgegenblickt. In strahlender Schönheit saß sie bei einem prunkhaft gedeckten Tische, dessen Leckerbissen jedem das Wasser in den Mund getrieben hätten – auch unserm Pfäfflein, wäre er nicht so über die Maßen verliebt gewesen. Denn alsbald ward Frau Imperia dessen inne, dass die Blicke des zieren Kleinen nur ihr allein galten. Und sie, die eigentlich an verliebte Demut geistlicher Herren gewöhnt war, ergötzte sich doch an seiner Huldigung, maßen sie sich seit gestern Nacht immer mehr in den Schlingel vernarrt hatte und er ihr tagsüber schon gar nicht mehr aus dem Sinn gekommen war. Nun waren die Vorhänge zu und die Gnädigste so holder Laune, als gälte ihr Empfang einem kaiserlichen Prinzen. Und als solcher fühlte sich der Bengel auch, da ihm die Gunst der hochheiligen Schönheit zu Kopfe stieg. Aufgebläht stolzierte er herzu und machte einen Kratzfuß, der nicht übel gelang. Alsbald beglückte den Wonneschauernden ein glühender Blick und die Holde sprach: »Setzt Euch neben mich; ich sehe, Ihr habt Euch seit gestern verändert.«

»Ei freilich«, brüstete er sich. »Gestern liebte ich Euch – und heute lieben wir uns: so ward ich armer Schlucker reicher als ein König!«

»Ei du kleiner Strick«, kicherte sie, »mir scheint vielmehr, der junge Pfaff ist ein alter Teufel geworden.«

Damit kauerten sie sich zusammen vor dem Kaminfeuer hin, dessen Glut ihnen noch weiter einheizte. Sie missachteten die guten Bissen auf dem Tisch und fraßen sich mit den Augen; und schon waren sie im besten Zuge, als sich vor der Tür ein groß Geschrei erhob und Hiebe prasselten.

»Was gibts?«, rief stracks die Gnädige, machtbebend wie ein König, den man kecklich stört.

»Der Erzbischof von Chur«, hauchte ein Zöflein.

»Hol' ihn der Teufel! – Sag ihm, ich habe das Fieber, so lügst du nicht, denn dieses Pfäfflein macht mir heiß und kalt.«

Kaum hatte sie das gesagt und dabei des Philippus Hand so hold gedrückt, dass es dem in allen Gliedern zuckte, da tauchte schon der feiste Bischof wutschnaubend vor ihnen auf und hinter ihm seine Leute mit einer güldenen Schüssel, darauf eine Lachsforelle frisch und lecker prangte, mit vielerlei würzigduftenden Gerichten, mit Früchten und holden Schnäpsen, wie die heiligen Nonnen sie in den Klöstern brauen.

»Uf«, polterte der grob, »um zur Hölle zu fahren, brauche ich mich von dir nicht vorher peinigen zu lassen, mein Täubchen.«

»Euer Wanst wird eines Tages eine schicke Degenscheide abgeben«, erwiderte sie und furchte die Brauen, und ihre vorher so sanften, lieben Augen wurden hart und grausam.

»Und der Chorknabe hier soll wohl schon den Totengesang anstimmen?«, pöbelte der Erzbischof weiter und wandte sein rotgedunsenes Antlitz wider den zieren Philippus. Der meinte: »Hochwürden, Madame will mir beichten.«

»Was!! kennst du nicht die Regeln?! Damenbeichten zu dieser Stunde sind den Bischöfen vorbehalten. Fort mit dir zu deinen Nonnen!«

»Nein, hiergeblieben!«, schmetterte Imperia, die zugleich von Zorn und Liebe verschönt sich selbst übertraf, »Ihr seid hier zu Hause, teurer Freund (da ward Philippus ihrer Liebe gewiss!). Sind nicht, wie da geschrieben steht, alle Menschen vor Gott gleich? So sollt auch ihr beide vor mir gleich sein, da ich hinieden eure Göttin bin. Setzt euch und esst!«

So sprach sie, denn der Lachs und die Schleckereien taten es ihr doch an. Ihrem Schlingel aber zwinkerte sie listig zu, dass er sich vor dem Dickwanst nicht zu bangen brauche, den sie bald abfertigen würde. So ward denn der Bischof von der Zofe am Tische verstaut und ein gewaltiges Prassen hub an. Das Pfäfflein freilich aß keinen Bissen, da ihn nach Imperia hungerte, und schweigend an sie geschmiegt redete er nur jene Sprache, die jedem Weibe auch ohne Laute und Buchstaben verständlich ist. – Der feiste Bischof war ein wüster Schlemmer: ein Gläslein Würzwein nach dem andern ließ er sich von zarter Hand darreichen und schon hallte fröhlich sein erster Rülpser, als von der Straße lautes Pferdegetrappel heraufscholl. Der Lärm ließ zum Mindesten einen liebestollen Fürsten erwarten und richtig stürmte gleich darauf der Kardinal von Ragusa rücksichtslos ins Gemach. Dieser gerissene Italiener, des Anwartschaft auf den heiligen Stuhl man kannte, dieser langbärtige Haarespalter überblickte sofort die Situation. Von seiner Mönchsgeilheit hergetrieben, wollte er natürlich auf seine Kosten kommen, und so winkte er sich nach einer Sekunde Überlegung Philippen herbei. »Komm mal her, Freundchen!« – Der Ärmste war mehr tot wie lebendig, denn nun wurde die Sache brenzlich. Dienstbereit nahte er dem furchtbaren Rothute, und der führte ihn zur Stiege, sah ihm stracks in die Augen und sagte ohne langes Fackeln. »Schockschwerenot! Du scheinst mir ein lieber Kumpan, den ich nicht gern um einen Kopf kürzen möchte. Also glatt heraus: willst du dich lieber mit einer Abtei auf Lebenszeit vermählen oder heut Nacht mit der Gnädigen, aber dann morgen verscheiden?«

Der arme Bengel murmelte ganz verzweifelt: »Aber wenn Eure Glut gestillt ist, Hochwürden, – dürfte ich dann wiederkommen?« Der Kardinal verbiss sich das Lachen: »Galgen oder Mitra – wähle!«

»Na«, meinte unser Pfäfflein verständnisinnig, »wenn die Pfründe schön fett ist …« Da ging der Kardinal flugs ins Gemach zurück und schrieb ein Certificat aus. Der Schlingel suchte darin den Namen der Abtei zu entziffern und derweile grinste er: »Den Bischof von Chur werdet Ihr nicht so leicht abhalftern wie mich. Doch will ich Euch meine Dankbarkeit erzeigen und mit einem guten Rate aufdienen. Ihr wisst ja, wie ekel und ansteckend die Seuche ist, die in Paris wütet: sagt ihm also, Ihr kämet just vom Sterbebette des lieben alten Erzbischofs von Bordeaux – dann wird er verschwinden wie die Wurst im Spinde.«

»Hoho«, blökte der Kardinal, »du verdienst ja sogar noch mehr als eine Abtei – hier, Schockschwerenot! Freundchen, hier nimm noch hundert Gülden für die Reise.«

Als Imperia die Worte hörte und inne ward, dass Philippus aus dem wonnigen Bereiche ihrer liebesüßen Schmeichelaugen verduftete, da ahnte sie feigen Verrat und hub voll ingrimmiger Enttäuschung an zu schnauben wie ein Delphin. Die tödlichen Blicke, die sie dem Pfäfflein nachsandte, taten dem Kardinal natürlich wohl, denn nun durfte der italienische Lüftling hoffen, seine Abtei recht bald wieder zu bekommen.

Philippus indes ahnte nichts Böses, nur trollte er sich davon wie ein begossener Kater. Und die Schöne tat einen tiefen Seufzer: hei, wie wäre sie jetzt gern mit dem Mannsvolk umgesprungen, wo lohe Glut sie erhitzte und draußen wie drinnen zu wabern schien. Denn das war, weiß Gott, das erste Mal, dass ein Pfaff sie verschmähte.

Derweile lächelte der verschmitzte Rothut und vermeinte, nun blühe sein Weizen erst recht. Stracks ging er den Bischof an: »Ach, liebwertester Gevatter, wie ich mich freue, diesen Nichtsnutz verjagt zu haben und nun eure Gesellschaft genießen zu können. Wahrlich, der Bursch war der holden Frau nicht wert und zudem – wie leicht hätte er den Tod ins Haus bringen können.«

»Was?? Wieso?!«

»Aber er ist doch der Schreiber des Erzbischofs von Bordeaux, der sich heute früh die Pest …«

Des Bischofs Mund sperrte, als sollte er einen Käse schlucken: »Woher wisst Ihr?«

»Tja«, meinte jener, und ergriff des biedern Deutschen Hand, »ich habe ihm doch die letzte Wegzehrung gegeben und nun schwebt der Heilige dem Paradiese zu.« Schon zeigte der Bischof, dass Fettwänste auch mal springen können wie Gummibälle: hups, war er zur Tür hinaus und ohne Adieu kugelte er bereits angstschwitzend, schnaufend und totenbleich die Stiege hinab. Als er durchs Tor auf die Straße rollte, hub der Herre von Ragusa gewaltiglich an zu lachen:

»Na, mein Püppchen, bin ichs nicht wert, Papst, und mehr noch – heut Nacht dein Schatz zu werden?« Und da er Imperia bedrückt sah, trat er herzu, um sie schmeichlerisch zu umhalsen und bezärteln, was ja die Herren Kardinäle besser verstehen als jeder andere. Doch sie entwich und giftete:

»Hah, du toller Narr, du willst also meinen Tod! Dir geilem Bock geht das Vergnügen über alles, und was aus mir wird, schert dich nicht?! Pack dich mit deiner Pest fort, rühr' mich nicht an, oder ich lass dich diesen Dolch kosten!« Und damit zückte sie ein zierliches Stilett, mit dem sie, für alle Notfälle gewappnet, gar wohl umzugehen verstand.

»Aber mein Herzenstäubchen«, entgegnete er lachend, »merkst du denn nicht den Braten? Wie wäre ich denn anders den alten Bullen aus Chur losgeworden?!«

»Schon gut, ich werde ja sehen, ob Ihr mich liebt. Trollt Euch auf der Stelle! Ich kenne Euch: habt Ihr die Pest im Leibe, dann macht Euch mein Tod auch keine Sorge mehr. Mir aber geht mein Leib und Eigen über alles. Geht, und hat Euch der Sensenmann inzwischen nicht erwischt, dann könnt Ihr ja morgen wiederkommen.«

»Imperia!«, rief der Kardinal und warf sich ihr zu Füßen, »Du holde Heilige, verspotte mich nicht!«

»Nein«, erwiderte sie, »mit heiligen und geweihten Dingen treibe ich auch keinen Spott.«

»Hah, verdammte Vettel! Exkommunizieren werde ich dich – morgen! Satansbraten! – ach, du Holde, Feinsliebchen ... Willst an mein ganzes Geld ... einen Splitter vom heiligen Kreuz? Hexe, umgarnt hast du mich! Auf den Scheiterhaufen mit dir! Süßes, zieres Täubchen! Den schönsten Platz im Himmel schaffe ich dir! Wie? Was? Du willst nicht?! Dann zum Henker mit dir, du Hexe!!« Und er schäumte vor geiler Wut. »Ihr werdet überschnappen«, spottete sie, »geht lieber heim!« – »Wenn ich Papst werde ...« – »Werdet Ihr mir auch gehorchen müssen, jawohl!« – »Und was soll ich heut Abend tun, um dir zu gefallen?« – »Verduften ...«

Und damit schlüpfte sie hurtig wie eine Bachstelze in ihre Kammer, schob flink den Riegel vor und ließ den Kardinal draußen wettern, bis er es satt bekam und abschob. Und als die Schöne dann einsam ohne ihr Pfäfflein vor dem Kamin hockte, da zerriss sie grimmig ihre güldenen Kettlein und murmelte: »Beim dreimaldoppeltgehörnten Teufel! Wenn mir der Bengel diese Kardinalssuppe eingebrockt und mich zudem noch angesteckt hat, ohne dass ich meine Lust über und über an ihm gestillt habe, dann will ich ihn vor meinem Tode noch lebend geschunden und zerstückt vor mir sehen. – Ach wehe!« Und diesmal waren ihre Tränen echt! »Was für ein Jammerleben, – für ein bisschen Glück rackst man wie ein Hund und gibt noch sein Seelenheil daran.« Und sie heulte wie ein Schlosshund ... als sie mit einem Male hinter einem venezianischen Spiegel das Pfäfflein gewahrte, das gar verschmitzt hervorlugte.

»Ei du Prachtkerl, du frecher, zuckersüßer Frag!« rief sie. »Gibts denn in diesem heiligen, verliebten Konstanz noch einen zweiten Spitzbuben wie dich? Ach, komm, du Toller, du Zierer, Feiner, mein Herzensschatz, mein Wonneparadies! Lass mich deine Äuglein trinken, dich schlecken und vor Liebe fressen! Komm, kleiner Pfaff, ich will dich zum König, Kaiser, Papst – will dich glücklicher machen als alle zusammen! Zeig deine Glut, nun bin ich dein, nun sollst du bald Kardinal sein, und sollte ich mein Herzblut vergießen, um dein Barett damit zu färben.«

Und mit glückzitternden Händen füllte sie des Bischofs güldenen Humpen mit griechischem Wein und bot ihn kniend ihrem Liebsten dar, sie, deren Füßlein die Fürsten der Welt inbrünstiger küssten als des Papstes Pantoffel. Aber das Pfäfflein blickte sie schweigend an mit liebesgieren Augen, also dass sie wonneschauernd hauchte: »Still Kleiner! Komm! ... Greif zu!«

Aus: Honoré de Balzac: Tolldreistische Geschichten. Winkler Verlag, München 1956. S. 15ff. – Textdokumentation im Internet: www.gutenberg.spiegel.de/buch/4861/23

NIKOLAUS LENAU

Sein erster Lyrikband »Gedichte«, 1832 erschienen, machte ihn schlagartig berühmt und brachte ihm den Beinamen »Weltschmerz-Dichter« ein. Nikolaus Lenau, eigentlich Nikolaus Franz Niembsch Edler von Strehlenau, 1802 in Csatád (heute: Lenauheim) bei Temesvár geboren, besang nicht nur die Melancholie in Versen von großer Musikalität, er lebte sie bis zum bitteren Ende: Nach einem Schlaganfall verfiel der Dichter in zunehmende geistige Umnachtung und starb 1850 in einer Pflegestätte in Oberdöbling (bei Wien). Ein Schicksal, das an Friedrich Hölderlin (1770–1843) erinnert. Die Nachwelt feierte Nikolas Lenau bald als den größten lyrischen Dichter Österreichs des 19. Jahrhunderts und in der deutschen Literatur. Er wird in einem Atemzug mit den bekannten Vertretern des »Weltschmerzes« Lord Byron (1788–1824) und Giacomo Leopardi (1798–1837) genannt. Zahlreiche seiner Lieder wurden von Robert Schumann, Felix Mendelssohn-Bartholdy und Hugo Wolf vertont, Nikolaus Lenaus »Faust« (1836) inspirierte Franz Liszt zu mehreren symphonischen Dichtungen.

Das epische Gedicht »Die Albigenser« entstand 1842, zu einem Zeitpunkt, als die kommenden bürgerlich-demokratischen und nationalen Erhebungen als Reaktion auf die staatspolitische Entwicklung nach dem Ende der napoleonischen Zeit und dem Wiener Kongress erste Konturen zeigten, in der Literatur etwa im »Vormärz«. Georg Büchner (1813–1837) war einer der wichtigsten Vertreter (»Krieg den Palästen, Friede den Hütten«). Wegen der Auswirkungen der Metternich'schen Zensur in Österreich zog Nikolaus Lenau 1830 nach Süddeutschland, wo er sich der Schwäbischen Dichterschule um Gustav Schwab (1792–1850) anschloss. Europamüde emigrierte er zwei Jahre später nach Amerika, um kurz danach wieder zurückzukehren, enttäuscht von dem dortigen Materialismus.

In »Die Albigenser« schildert Nikolaus Lenau den verzweifelten Kampf der gleichnamigen Glaubensgemeinschaft, die in der ersten

Hälfte des 13. Jahrhunderts unter dem Schutz vieler Adliger, aber abseits der katholischen Kirche in Südfrankreich zur größten religiösen Laienbewegung des Mittelalters heranwuchs. Gründe dafür, warum die Kirche ihren Einfluss auf diese Seelen verloren hatte, gibt es viele, einer davon war der beklagenswerte moralische Zustand der Priesterschaft. Was die Lehre der Katharer angeht, ist viel behauptet und wenig erwiesen. Sicher ist, dass es innerhalb der Gemeinschaft verschiedene Strömungen gab, sodass nicht von einer einheitlichen Lehre gesprochen werden kann. Unter den christlichen Häretikern jener Zeit waren die Katharer, »die Reinen«, die einflussreichste Gruppierung. In den Chroniken finden sich auch die Namen Manichäer, Pauliner, Publikaner oder Popelitaner, Patarener oder Patariner, Texeranter und später Albigenser – benannt nach der südfranzösischen Stadt Albi. Unter diesen Namen wurden auch andere Sekten eingeschlossen, die zur Kirche in Widerspruch standen. Papst Innozenz III. (1160/61–1216) reagierte mit Gewalt und veranlasste 1209 einen 20 Jahre andauernden Kreuzzug gegen die Albigenser. Den blutigen Rest besorgte die Inquisition.

Es ist fraglich, ob der Wind des Geistes in den Annalen Frankreichs jemals so stark geweht hat wie zu jener Zeit im Süden des Landes. Diesen Gedanken nimmt auch Nikolaus Lenau in seinem Gedicht »Die Albigenser« auf. Der Lyriker war mit einem ausgeprägten Gerechtigkeitssinn und einem tiefen Verständnis für menschliches Leid ausgestattet. Er kämpfte mit literarischen Mitteln gegen Machtmissbrauch, Willkür und Verfolgung von Unschuldigen. Im »Schlußgesang« schlägt er die Brücke von der Tragödie der Albigenser zum Schicksal der nachgeborenen Reformer und Revolutionäre, darunter: Jan Hus (1369–1415) und der Hussiten-Führer Jan Žižka von Trocnov (1360–1424). Unter dem Titel »Bilder aus dem Hussitenkriege« hat Nikolas Lenau dem einäugigen Feldherrn noch ein eigenes, hymnisches Gedicht gewidmet. Damit ehrt er Hus und Jan Žižka als große Gestalten der Weltgeschichte – was einer Revision des bisherigen Geschichtsbildes gleichkommt.

Die Albigenser – Schlussgesang

Wofür sie muthig alle Waffen schwangen,
Und singend in die Todesfeuer sprangen,
Was war es? Trotzte hier ein klarer Blick
Ins Herz der Freiheit jedem Mißgeschick?
War's Liebe für die heilige, erkannte,
Die heißer als die Scheiterhaufen brannte?
War's von der Freiheit nur ein dunkles Ahnen,
Dem sie gefolgt auf allen Schreckensbahnen?
Mehr nicht! – doch soll die Edlen darum eben
Bewunderung und Wehmuth überleben.
O ernste Lieb' zur Freiheit, schönes Werben,
Wenn ihre Spur genügt, dafür zu sterben! –
Und dringt die Frage weiter in mein Lied,
Warum es nicht so wilden Graus vermied,
Warum es ruft nach jenes Gräuels Schatten,
Den die Geschichte froh war zu bestatten?
Wozu begrabnes Leid lebendig singen,
Und gegen Todte Haß dem Herzen bringen?
Hat unsre Zeit nicht Leids genug für Klagen?
Hat Haß nicht Manchen, der da lebt, zu schlagen?
Doch weile auf der Vorwelt unser Blick,
Die Vorwelt soll uns tief im Herzen wühlen,
Daß wir uns recht mit ihr zusammenfühlen
In *ein* Geschlecht, *ein* Leben, *ein* Geschick.
Der Wandrer gibt dem Freund, der nach ihm schreitet,
Wo sich der Scheideweg im Walde spreitet,
Den Weg, den er gewandelt, treulich kund,
Er streut ihm grüne Reiser auf den Grund;
So ließen uns die alten Kämpfer Zeichen:
Die Trümmer ihres Glücks und ihre Leichen.
Getheiltes Loos mit längstentschwundnen Streitern
Wird für die Nachwelt unsre Brust erweitern,

Daß wir im Unglück uns prophetisch freuen,
Und Kampf und Schmerz, sieglosen Tod nicht scheuen.
So wird dereinst in viel beglücktern Tagen
Die Nachwelt auch nach unserm Leide fragen.
Woher der düstre Unmuth unsrer Zeit,
Der Groll, die Eile, die Zerrissenheit? –
Das Sterben in der Dämmerung ist schuld
An dieser freudenarmen Ungeduld;
Herb ist's, das langersehnte Licht nicht schauen,
Zu Grabe gehn in seinem Morgengrauen.
Und müssen wir vor Tag zu Asche sinken,
Mit heißen Wünschen, unvergoltnen Qualen,
So wird doch in der Freiheit goldnen Strahlen
Erinnerung an uns als Thräne blinken.
Nicht meint das Lied auf Todte abzulenken
Den Haß von solchen, die uns heute kränken;
Doch vor den schwächern, spätgezeugten Kindern
Des Nachtgeists wird die scheue Furcht sich mindern,
Wenn ihr die Schrumpfgestalten der Despoten
Vergleicht mit Innocenz, dem großen Todten,
Der doch der Menschheit Herz nicht still gezwungen,
Und den Gedanken nicht hinabgerungen.
Das Licht vom Himmel läßt sich nicht versprengen,
Noch läßt der Sonnenaufgang sich verhängen
Mit Purpurmänteln oder dunklen Kutten;
Den Albigensern folgen die Hussiten
Und zahlen blutig heim, was jene litten;
Nach Huß und Ziska kommen Luther, Hutten,
Die dreißig Jahre, die Cevennenstreiter,
Die Stürmer der Bastille, und so weiter.

Aus: Nikolaus Lenau: Werke und Briefe. Bd. 4. Savonarola, Die Albigenser, Don Juan, Helena. Hrgg. von Helmut Brand und Gerhard Koellek. Deuticke Verlag / Klett-Cotta, Wien 2004. S. 153ff.

KARL SPINDLER

Er war das, was heute als Kriegsdienstverweigerer bezeichnet wird. Weil Karl Spindler (1796–1855) nicht französischer Soldat und gegen das eigene Land eingesetzt werden wollte, flüchtete der damals in Straßburg ansässige Breslauer über die Grenze auf reichsdeutschen Boden. In Augsburg fand er bei einem Landgeistlichen Unterkunft. Das begonnene Jura-Studium gab er zugunsten der Schauspielkunst auf. Ein Jahrzehnt lang tingelte er mit wandernden Truppen durch Süd- und Südwestdeutschland. Dabei begann er sich für das Mittelalter zu interessieren. Und nicht zuletzt über den englischen »Erfinder« des historischen Romans, Walter Scott (1771–1832), fand er zur Schriftstellerei.

Spindler wird eine »natürliche« erzählerische Begabung nachgesagt. Aber auch, dass er ein Schnellschreiber war. Theorien oder Stilvorschriften sollen ihn nicht interessiert haben. Ein Buch folgte dem anderen – er musste und wollte ja auch von der Schriftstellerei leben, der Reproduktionsdruck war daher hoch. Dennoch erreichte er mit seinen in großer Geschwindigkeit entstandenen Romanen und Novellen in den 1830/40er-Jahren nicht nur ein breites Publikum, sondern gelegentlich auch Lob der literarischen Kritik. Zu seinen viel gelesenen Romanen gehörte auch »Der Jude«, eine auf vier Bände angelegte »Sittenschilderung aus der ersten Hälfte des 15. Jahrhunderts«. Hier zeigt sich Spindler – laut Allgemeiner Deutscher Biografie (1893) – auf der Höhe seiner Fabulierkunst. Die Charakteristik der Protagonisten und selbst die Form des in 22 Kapitel gegliederten Romans seien vorbildhaft. Nun ja, spätere Leser blicken etwas verhaltener auf das Werk, in dem neben den Schauplätzen Frankfurt am Main und Worms die Konzilsstadt Konstanz eine gewichtige Rolle spielt. Seine Kritiker halten ihm auch ein Judenbild vor, das sich allzu stark an den bekannten Klischees – Stichwort Geldhandel – orientiert.

Der Auszug aus dem 12. Kapitel des Romans ist der Zeitschrift

»*Über Land und Meer*« *(1877) entnommen. Es schildert die Fastnacht zurzeit des Konzils. Karl Spindler, der sich 1832 in Baden-Baden niederließ, lebte auch kurze Zeit in Konstanz. Er kannte daher die Stadt und ihre Tradition aus eigener Anschauung.*

Fastnacht in Konstanz

Wo sie hinkamen, die stattlichen Vermummten, empfing sie der Jubel, der heute ausgelassen und gellend durch alle Straßen tobte und sogar der strengen Stadt- und Conciliumsordnung spottete. Alle Stände wetteiferten, sich in Tollheiten zu überbieten, und die seltsamen Figuren, die wie eines vielfarbigen Stromes Wellen durch die Häuserreihen über die Plätze stürmten, versetzten den ernstesten Zuschauer in ein fremdes, wunderliches Land, worinnen es schwerfiel, dem Mitbürger- und Mitnarrenrecht sich zu entziehen.

Getrost und munter umherschwärmend, kümmerte sich keiner um den anderen: Alle nur um die allgemeine Festlichkeit. Der Schultheiß mit dem Hintersassen, die Bürgermeisterin mit der ärmsten Pfründnerin, der Meister freier Künste mit dem rohen Bauern, sie hatten nur ein Ziel. Der Leibeigene schritt seinem Zwingherrn zur Seite, die Magd ihrer Gebieterin. Der Larven Freiheit vernichtete jede Schranke.

Rotten von verlarvten Spielleuten ließen sich allenthalben hören, und ihre Vorläufer, in possenhafte Thiergestalten verkleidet als aufrechtgehende Leuen, Bären und Greife, sammelten an allen Häuserpforten für die unermüdeten Pfeifer und Lautenschläger. Die Freigebigkeit der frohgestimmten Bürger ferner in Anspruch zu nehmen, zogen Buben mit Tannenbäumen heran, sie vor die Thüren pflanzend und das herkömmliche Lied dabei singend: »Ich bring' zum Fastelabend einen grünen Busch!« Junge Burschen vom Lande schleppten Pflüge zu den Vorstädten, mit farbigen und goldenen Bändern geschmückt, fingen die muthwillig umherschweifenden Dirnen in

Strohketten auf und spannten sie an das Ackerfuhrwerk, bis unter dem Gejauchze des Pöbels die armen Gefangenen, von einem Regen von Häckerling und Sägespänen überströmt, mit ein paar Hellern oder einem Kusse ihr Lösegeld bezahlten.

Unter dem Vortritt eines Herolds possenhafter Natur, um daselbst kleine Fastnachtsspiele aufzuführen, deren Witz oft nicht der züchtigste war, bewegte sich die Larvenschar vorwärts und bot dem Volke ein glänzendes Schauspiel.

Ein Pickelhäring mit der Narrenfahne in der Faust eröffnete es, auf einem Esel reitend. Eine Bande von Trompetern, Schalmeiern und Gigenbucklern folgte – ihre Musika in den wunderlichsten Tönen aufführend. Der Ewige Jude und der lange Christoph Arm in Arm schritten dahin mit langen Tannenbäumen in den Händen.

Der wohlgemästete Fasching, auf einer Schleife ruhend, von Schinken, Würsten und Kürbisflaschen umkränzt, wurde eingeführt von dem drollig geputzten Sonntag, Montag und Dienstag – den Großen seines Reichs. Ihm folgte ein Trupp von nähenden Schneidern auf Geißböcken, von zähnefletschenden Affen auf Tigerlarven sitzend: der Vortrab der herbeigetragenen Fastnacht, dem Weibe des Faschings, dessen Thron auf den Schultern von verlarvten Bäckergesellen in zierlichen Leinwandkitteln und blauen Schürzen errichtet war und von welchen eine reiche Spende von Bretzeln und Hornaffen unter das Volk und die lärmende Jugend regnete.

Nach dieser erfreulichen Augen- und Magenlust ergötzte doppelt die schwere, knarrende und von bebänderten Ochsen geleitete Guggelfuhre, angefüllt mit langbärtigen Türken, kinnwackelnden Judenköpfen, verzerrten Mohrengesichtern und kläffenden Bullenbeißern, denen man zerzauste Haarhauben auf die grämlichen Gesichter gestülpt hatte. Ein lustig Gesindel von Thorhänsen und Gaukelspringern machte hier radschlagend, burzelbäumend, schellend, rasselnd und in den höchsten Tönen des Stimmengejauchzes quinkelirend, das Gefolge und zugleich den Herold der größten Pracht des Zuges, des herrlichen Hofes der Frau Venus, wie ihn die schlichte Sage schildert. Der treue Eckart mit dem weißen Stabe ging voraus, warnend und ermahnend, mit langem Silberbarte, in schlichtem grauem Gewande.

Ein über ein Stockwerk hoher Wagen mit vielen stufenweise erhöhten Sitzen wurde von acht Schimmeln gezogen, die, mit prächtigen Decken angethan, an jeder Seite von vier jungen Leuten in heidnischer Tracht mit bekränzten Häuptern geführt wurden. Zwei stattliche wilde Männer lenkten von oben die Zügel und saßen zu den Füßen liebenswürdiger Knaben, die in rosenfarbiger Seide gekleidet waren, silberne Binden auf der Stirne trugen und goldne Bogen mit Pfeilen und Köcher in den Händen hielten. Hinter denselben saßen die drei Gesellschafterinnen und Gespielinnen der holden Liebeskönigin, in weißen, blauen Amarant-Gewändern mit Granaten- und Perlschnüren geschmückt und mit flimmernden Piretleins von Straußenfedern umwallt. Die eine hielt einen runden Metallspiegel, die Zweite einen Fächer von weichem Flaumengefieder, die Dritte eine weiße Taube mit vergoldetem Schopfe. Ueber ihnen thronend jedoch unter purpurnem Himmel, umgeben von einem zahlreichen Kreise der bestgezierten Frauen, glänzte Frau Venus selbst, angethan in goldenem Stück, strahlend von blitzenden Kleinodien, eine geborne Fürstin der Schönheit und der Pracht.

Stolzer brüstete er sich dort oben als der dicke Goliath, das Vorbild aller ausgemästeten Philister, der hinter dem Prunkwagen zu Pferde saß und mit seiner Stechlanze die Rotten von kleinen schwarzen Teufelchen mit Schweif und Scharlachzunge wegprügelte, die gern zum Thron der Venus aufgeklettert wären, lachend von dem halb erstiegenen Wagen purzelten, schnell wieder von ihrem Falle erstanden und entweder das Wagestück von Neuem versuchten, oder die Pfeile ihres derben Witzes gegen den langen, dürren und zerlumpten Aschermittwoch kehrten, welcher matt und keuchend, sich anhaltend an den Schweif des friesischen Goliathhengstes, den Zug durch seine Jammergestalt beschloss.

Aus: Karl Spindler: Der Karneval zu Konstanz zur Zeit des Concils 1414. In: Über Land und Meer, 1877, S. 362ff. Auch: Der Jude. Deutsches Sittengemälde aus der ersten Hälfte des fünfzehnten Jahrhunderts. Verlag Karl Prochaska, Wien/Leipzig 1827. – Dokumentation im Internet: www.gutenberg.spiegel.de/spindler/jude/jude

EDUARD DULLER

Der erste Band des Badischen Sagen-Buchs, 1846 von August Schnezler herausgegeben, enthält etliche, das Konstanzer Konzil (1414–1418) betreffende Gedichte. Wilhelm Nicolaus Freudentheil (1771–1853) etwa beweint in »Johannes Hus« den Feuertod des böhmischen Reformers: »Die Stimme schweigt, des Dulders Seele flieht / In lichten Engelreih'n auf Sonnenwegen, / Und hört entzückt des Auferstandenen Segen«, heißt es am Ende des langen Gedichts. Ebenfalls »Johann Huß« (1369–1415) stellt Friedrich Otte alias Johann Georg Zetter (1819–1872) ins Zentrum seines Gedichts. Und auch hier überwiegt die Trauer, ja es wird Klage geführt gegenüber den Kräften, die den Volksprediger in den Tod schickten: »Dem Rhein die Asche!« – Laßt das Pochen / Und stellt euch selber vor Gericht!« – Das ist der Tonfall des 19. Jahrhunderts. Noch vor der vorsichtigen Revision des Urteils durch die katholische Kirche durch Papst Johannes XXIII. (1881–1963) waren es die Dichter, die von Unrecht und Wiedergutmachung sprachen und nicht nur die böhmischen ...

Ein drittes Gedicht, ebenfalls in der Sammlung von August Schnezler, soll an dieser Stelle vollständig dokumentiert werden: Eduard Dullers »Kaisers Wort, Gottes Wort«. Der 1809 in Wien geborene Dichter, Geschichtsschreiber und Geistliche wurde wegen seiner fortschrittlichen humanistischen Gesinnung unter dem Metternich'schen System seiner Arbeitsgrundlage beraubt und verließ 1830 seine Heimat in Richtung Deutschland. Er lebte an verschiedenen Orten, in München, Trier – hier zog er sich durch sein Drama »Franz Sickingen« den Hass der Geistlichkeit zu –, Frankfurt am Main, Darmstadt – hier gab er den »Phönix. Frühlings-Zeitung für Deutschland« heraus, die auch Vorabdrucke von Georg Büchner (1813–1837) und Christian Dietrich Grabbe (1801–1836) sowie andere Vertreter des Vormärz aufnahm – und zuletzt als kirchenkritischer Prediger in Mainz, wo er 1853 starb.

»Kaisers Wort, Gottes Wort« setzt sich mit dem freien Geleit auseinander, das Sigismund (1368–1437), zu dem Zeitpunkt »nur« König, Hus zugesagt hatte, damit er auf dem Konzil sprechen konnte. Der König traf erst nach der Verhaftung des Reformers in Konstanz ein. Da der Magister seine Thesen nicht widerrief, hatte Sigismund keinen Vorwand, in den laufenden Prozess einzugreifen. Aber hier zeigte sich auch der Taktiker: Der König wollte nicht die geplante Kirchenreform durch eine Einmischung in den Konflikt gefährden. Bauernopfer Hus! Immerhin: Sigismund riskierte mit dem Wortbruch seine Herrschaft in Böhmen. Tatsächlich zögerten die dortigen Stände zunächst, ihn als König anzuerkennen – was dann aber am 28. Juli 1420 geschah. Unabhängig davon blieb ein anderes Konfliktfeld bestehen: die Kreuzzüge gegen die Hussiten, die erst 1436 beendet werden konnten – ein Jahr vor dem Tod des Königs.

Kaisers Wort, Gottes Wort

Was gilt ein Wort in dieser Zeit?
Das lohnte sich zu wissen,
Da sich die That in Worte breit
Recht fasrig hat verschlissen;
Ein Wort, ein Wort, sagt an, was gilts?
Kann man's noch brauchen statt des Schilds,
Vor Strolchen sich zu wehren?
Hei! redlich Wort
Find't schlechten Ort,
Man hälts nicht mehr in Ehren.

Da reiten Zwei, so frisch und frei,
Sie haben gut Vertrauen: »Ein Kaiserwort, das hält wohl treu,
Darauf läßt sich wohl bauen?
Und ob die Pfaffheit uns bedräut,
Der Kaiser gab uns frei Geleit,
Der Kaiser wird's wohl halten.
Ein Kaiserwort,
Ist guter Hort,
Wie Kaiser-Mantels Falten.«

Zween Meister ihr aus Böhmerland,
Ihr solltet's besser wissen:
Ein's Mannes Wort zu Mannes Hand,
Das ist ein sichres Kissen,
Kein Mann gab's, nur der Kaiser sprach's; –
Hei! schmilzt sein Wort wie schnödes Wachs
Am Kirchenlicht der Pfaffen?
O freies Wort,
Du einz'ger Hort!
Wer wird dein Recht dir schaffen?

Zu Costnitz war ein heißer Tag,
Die Sonn' stand just im Krebsen;
Wohl mancher Pfaff bei Tafel lag
Oder gar bei seiner Kebsen.
Aus Böhmerland die Meister beid',
Sie lagen in gar tiefem Leid,
Von aller Welt verlassen;
Im dunkeln Thurm
Bei Molch und Wurm,
In eisernen Ringen sie saßen.

Ha! ist das auch ein frei Geleit,
Geleit zum Scheiterhaufen?
O Zeit des Worts, o böse Zeit,
Worein wird Gott dich taufen?
Er wird's in Feuer und dann in Blut;
Das alte Uebel heilt nicht gut,
Als nur durch's letzte Mittel.
Die Asch verstäubt,
Die Wahrheit bleibt
Und bleibt im Ketzerkittel.

Hei! was ein frommer Mummenschanz
Zu Costnitz vor den Thoren!
Der Aberwitz hielt Wallfahrtstanz
Und schüttelte die Ohren.
Sie schwenkten manches Weihrauchfaß,
Sie räucherten ohn' Unterlaß,
Bis daß man den Himmel nicht kannte,
Bis lichterloh
Wie leeres Stroh
Des Kaisers Wort verbrannte.

Aus Böhmerland die Meister beid',
Wichen nicht von einander,
Sie hielten aus in Lauterkeit,
Zween treue Salamander.
Und als die Flamme höher fraß,
Bis sie an Hußens Herzen saß,
Als wie ein hungriger Geier,
Da sprach der Huß
Den Abschiedsgruß,
Das Flammenwort aus dem Feuer:

»Die Flamme frißt ein Kaiserwort,
Man weiß nicht, ob's gewesen;
Doch Gottes Wort bleibt ewig fort,
In Flammen steht's zu lesen.
Mein Vaterland, du herrlich Land!
Was Kaiserwort, hast du erkannt,
Es hält nicht gar beständig.
Doch Gott ist treu,
Drum werde frei,
Gott macht die Todten lebendig!«

Und als der Leib in Asch' zerfiel,
Frei athmeten die Pfaffen;
Sie ließen drauf ein böses Spiel
Von Henkers Händen schaffen;
Der Henker nahm im frechen Raub
Des edlen Hußen heil'gen Staub
Und blies ihn nach allen vier Winden;
An keinem Ort –
Wie Kaisers Wort –
Sollt er sein's Bleibens finden.

Doch Vöglein kamen allerhand
Geschäftig hergeflogen,
Sie wuschen rein am Seees Strand
Die Flüglein in den Wogen,
Und stahlen weg des Märt'rers Staub
Und trugen treu den edlen Raub
Nach Böheim unter den Flügeln.
Sie luden ihn ab
In ein großes Grab,
Umschanzt von Wäldern und Hügeln.

Wo ist das Grab, wo er Ruhe fand,
Wer kann die Stätte mir nennen?
Es ist das ganze Böhmerland,
An Grabesruh zu kennen.
Ja, Freiheit ist zu Grab gebracht;
Da kam eine linde Majennacht,
Recht gut zur Leichenfeier.
Manch Knösplein stand
Im Böhmerland,
Und seine Blüthe ward theuer. etc. etc.

Aus: August Schnezler (Hg.): Badisches Sagenbuch. Erste Abtheilung: Vom Bodensee bis zur Ortenau. Druck und Verlag von Creuzbauer und Kasper, Karlsruhe 1846. S. 24ff.

CONRAD FERDINAND MEYER

Schuld war die puritanische Mutter, die für die geistigen und künstlerischen Interessen ihres Sohnes kein Verständnis hatte. Der daraus resultierende Konflikt mündete schließlich in seinem Aufenthalt in einer Nervenheilanstalt. Conrad Ferdinand Meyer, 1825 in Zürich geboren, durchlebte extreme Tiefen und Höhen, bevor er seinen ersten literarischen Erfolg mit dem Versepos »Huttens letzte Tage« (1871) verbuchen konnte. Ausgerechnet der Freitod der Mutter (1856) und eine damit verbundene Erbschaft, die ihn finanziell unabhängig machte, gewährten ihm einen sorgenfreien Umgang mit Kunst und Kultur. So unternahm er mit seiner Schwester Betsy (1831–1912), die ihm sehr nahestand, eine Italienreise, die ihn tief beeindruckte.

C. F. Meyer gestaltete in seinen literarischen Werken psychische, religiöse und moralische Konflikte, die er vielfach in Renaissancestoffe voll Anmut, Vitalität und plastischer Kraft kleidete. In seinem erzählerischen Schaffen dominiert die Novelle mit einer ausgeprägten Vorliebe für historische Stoffe und große Gestalten. Das gilt zum Teil auch für seine Lyrik, wie das Gedicht »Hussens Kerker« (1867) belegt, das die Gefangenschaft des tschechischen Reformators Jan Hus (1369–1415) während des Konstanzer Konzils (wohl) im Schloss von Gottlieben (heute Kanton Thurgau/Schweiz) beschreibt, in dem in jenen Jahren auch der Reformator Hieronymus von Prag (1379–1416) und der später abgesetzte Papst Johannes XXIII. (1370–1419) gefangen gehalten wurden. Der neben Jeremias Gotthelf und Gottfried Keller bedeutendste Schweizer Erzähler und Lyriker des 19. Jahrhunderts strebte mit seinen balladesken Gedichten nach einer Objektivierung subjektiver Erfahrung und löste sich somit von der traditionellen Form der Erlebnislyrik. Nach zunehmenden Depressionen führten Anzeichen geistiger Umnachtung erneut zu einem Aufenthalt in einer Nervenheilanstalt (1892–93). Bis zu seinem Tod 1898 lebte er in Kilchberg bei Zürich.

Hussens Kerker

Es geht mit mir zu Ende,
Mein Sach und Spruch ist schon
Hoch über Menschenhände
Gerückt vor Gottes Thron,
Schon schwebt auf einer Wolke,
Umringt von seinem Volke,
Entgegen mir des Menschen Sohn.

Den Kerker will ich preisen,
Der Kerker, der ist gut!
Das Fensterkreuz von Eisen
Blickt auf die frische Flut,
Und zwischen seinen Stäben
Seh ich ein Segel schweben,
Darob im Blau die Firne ruht.

Wie nah die Flut ich fühle,
Als läg ich drein versenkt,
Mit wundersamer Kühle
Wird mir der Leib getränkt -
Auch seh ich eine Traube
Mit einem roten Laube,
Die tief herab ins Fenster hängt.

Es ist die Zeit zu feiern!
Es kommt die große Ruh!
Dort lenkt ein Zug von Reihern
Dem ewgen Lenze zu,

Sie wissen Pfad und Stege,
Sie kennen ihre Wege –
Was, meine Seele, fürchtest du?

Aus: Conrad Ferdinand Meyer, Sämtliche Werke. Historisch-kritische Ausgaben, besorgt von Hans Zeller und Alfred Zäch, Band 1, Gedichte, Text. Benteli Verlag, Bern 1963. S. 112.

Die Novelle »Plautus im Nonnenkloster« von C. F. Meyer – hier ein Auszug – entstand 1882. Den Helden der Geschichte, Gianfrancesco Poggio Bracciolini (1380 – 1459) hat es wirklich gegeben, die Handlung der Novelle, deren erste Fassung 1881 unter dem Titel »Das Brigittchen von Trogen« erschien, ist dagegen Fiktion. Poggio war einer der wichtigsten Humanisten der italienischen Renaissance und der Sekretär von fünf Päpsten, darunter Johannes XXIII., der während des Konstanzer Konzils (1414 – 1418) abgesetzt wurde. In den »Facezien«, einer Sammlung von Späßen, Schwänken, Anekdoten und Wunderberichten, mit der ihm der große Spott über die Sittenlosigkeit, Habgier und Unwissenheit seiner klerikal geprägten Zeit gelang, bestätigte er seinen unbestechlichen Charakter, der ihn stets das aussprechen ließ, was er dachte. C. F. Meyer stellt ihn in seiner Novelle als bibliophilen Geist und Skeptiker dar, der während des Konzils in den Bibliotheken und Klöstern der Region nach klassischen Texten forschte und im Konstanz nahe gelegenen Kloster Münsterlingen (Kanton Thurgau/Schweiz) fündig wurde.

Wie viele Novellen C. F. Meyers hat auch diese eine Rahmenhandlung: Nach einem heißen Sommertag trifft sich eine Gesellschaft gebildeter Florentiner um Cosimo de Medici (1389 – 1464), um die Abendkühle zu genießen. Der Hausherr bittet Poggio, der zu dem Zeitpunkt das Amt des Sekretärs der florentinischen Republik bekleidet, eine seiner Fazetien zu erzählen. Und Poggio berichtet nicht nur von seiner Entdeckung einer Handschrift des umbrischen Komödianten Plautus, die er mit Witz und Schlauheit der Äbtissin, dem Brigittchen von Trogen, abgeknöpft hat, sondern auch von einem bizarren Schwindel: Bei ihrer Einkleidung müssen die Novizinnen des Klosters ein Kreuz tragen, unter dem selbst starke Männer zusammenbrechen. Aber die jungen Nonnen tragen es mit leichter Hand. Es ist eine Fälschung, wie Poggio berichtet, die viel leichter ist als das Original. So entstand, von der Äbtissin angetrieben, ein sogenanntes Scheinwunder, um die Zuschauer der Einkleidung zu täuschen und von der Gotteskraft zu überzeugen. Kleiner Nachtrag: Der Fund der Plautus-Komödien geht auf Nikolaus von Kues zurück, er ist auf 1425 zu datieren – also lange nach dem Konzil von Konstanz – und die Geschichte trug sich in Köln zu.

Plautus im Nonnenkloster

... Langsam erstieg ich die Stufen des Chores und wandte mich aus demselben rechts in die ebenfalls hoch und kühn gewölbte Sakristei, in welcher ich die mit prahlerischen Inschriften bezeichnete leere Stelle fand, wo das schwere Kreuz gewöhnlich an der hohen Mauer lehnte und wohin es bald wieder von der Klosterwiese zurückkehren sollte. Zwei Pförtchen führten in zwei Seitengelasse. Das eine zeigte sich verschlossen. Das andere öffnend, stand ich in einer durch ein von Spinneweb getrübtes Rundfenster dürftig erhellten Kammer. Siehe, es enthielt die auf ein paar wurmstichige Bretter zusammengedrängte Bibliothek des Klosters.

Mein ganzes Wesen geriet in Aufregung, nicht anders, als wäre ich ein verliebter Jüngling und beträte die Kammer Lydias oder Glyceres. Mit zitternden Händen und bebenden Knien nahte ich mich den Pergamenten, und, hätte ich darunter die Komödien des Umbriers gefunden, ich bedeckte sie mit unersättlichen Küssen.

Aber, ach, ich durchblätterte nur Rituale und Liturgien, deren heiliger Inhalt mich Getäuschten kaltließ. Kein Kodex des Plautus! Man hatte wahr berichtet. Ein plumper Sammler hatte durch ein läppisches Zugreifen den Hort, statt ihn zu heben, in unzugängliche Tiefen versinken lassen. Ich fand – als einzige Beute – unter dem Staube die »Bekenntnisse St. Augustins« und da ich das spitzfindige Büchlein stets geliebt habe, steckte ich es mechanisch in die Tasche, mir, nach meiner Gewohnheit, eine Abendlektüre vorbereitend. Siehe – da fuhr, wie der Blitz, meine kleine Äbtissin, welche das Kreuz wieder in die Sakristei hatte schleppen lassen, und mir, ohne dass ich es, in der Betäubung des Verlangens und der Enttäuschung, vernommen hätte, durch die offen gebliebene Tür in die Bücherkammer nachgeschlichen kam –, wie der Blitz fuhr das Weibchen, sage ich, auf mich los, schimpfend und scheltend, ja sie betastete meine Toga mit unziemlichen Handgriffen und brachte den an meinem Busen liegenden Kirchenvater wieder ans Tageslicht.

»Männchen, Männchen«, kreischte sie, »ich habe es gleich Eurer langen Nase angesehen, dass Ihr einer der welschen Büchermarder seid, welche zeither unsere Klöster beschleichen. Aber, lernet, es ist ein Unterschied zwischen einem weinschweren Mönch des heiligen Gallus und einer hurtigen Appenzellerin. Ich weiß«, fuhr sie schmunzelnd fort, »um welchen Speck die Katzen streichen. Sie belauern das Buch des Pickelhärings, welches wir hier aufbewahren. Keine von uns wusste, was drinnen stand, bis neulich ein welscher Spitzbube unsere hochheiligen Reliquien verehrte und dann unter seinem langen geistlichen Gewande«, sie wies auf das Meinige, »den Possenreißer ausführen wollte. Da sagte ich zu mir: Brigittchen von Trogen, lass dich nicht prellen! Die Schweinshaut muss Goldes wert sein, da der Welsche den Strick dafür wagt. Denn bei uns, Mann, heißt es: Wer eines Strickes Wert stiehlt, der hangt am Strick! Das Brigittchen, nicht dumm, zieht einen gelehrten Freund ins Vertrauen, einen Mann ohne Falsch, den Pfaffen von Dießenhofen, der unser Weinchen lobt und zuweilen mit den Schwestern einen schnurrigen Spaß treibt. Wie der die närrischen, vergilbten Schnörkel untersucht: Potz Hasen, Frau Mutter – sagt er – das gilt im Handel! Daraus baut Ihr Euerm Klösterlein eine Scheuer und eine Kelter! Nehmt mir das Buch, liebe Frau, flüchtet es unter Euern Pfühl, legt Euch auf den Podex – so hat es den Namen – und bleibt – bei der Krone der Muttergottes – darauf liegen, bis sich ein redlicher Käufer meldet! – Und so tat das Brigittchen, wenn es auch zeither etwas hart liegt.«

Ich verwand ein Lächeln über das Nachtlager des Umbriers, welches ihm die drei Richter der Unterwelt für seine Sünden mochten zugesprochen haben, und zeigte, mir die Würde gebend, die mir unter Umständen eignet, ein ernstes und strafendes Gesicht.

»Äbtissin«, sprach ich in feierlichem Tone, »du verkennest mich. Vor dir steht ein Gesandter des Konzils, einer der in Konstanz versammelten Väter, einer der heiligen Männer, welche geordnet sind zur Reform der Nonnenklöster.« Und ich entfaltete eine stattlich geschriebene Wirtshausrechnung; denn mich begeisterte die Nähe des versteckten komischen Dichters.

»Im Namen«, las ich, »und mit der Vollmacht des siebzehnten und ökumenischen Konzils! Die Hände keiner christlichen Vestale verunreinige eine jener sittengefährlichen, sei es lateinisch, sei es in einer der Vulgärsprachen verfassten Schriften, mit deren Erfindung ihre Seele beschädigt haben … Fromme Mutter, ich darf Eure keuschen Ohren nicht mit den Namen dieser Verworfenen beleidigen …

Gaukelwunder, herkömmliche oder einmalige, verfolgen wir mit unerbittlicher Strenge. Wo sich ein wissentlicher Betrug feststellen lässt, büßt die Schuldige – und wäre es die Äbtissin – das Sakrilegium unnachsichtlich mit dem Feuertode.«

Diese wurde bleich wie eine Larve. Aber gleich wieder fasste sich das verlogene Weibchen mit einer bewunderungswürdigen Geistesgegenwart.

»Gott sei gepriesen und gelobt«, rief es aus, »dass er endlich in seiner heiligen Kirche Ordnung schafft!«, und holte zutunlich grinsend aus einem Winkel des Schreines ein zierlich gebundenes Büchlein hervor. »Dieses«, sagte es, »hinterließ uns ein welscher Kardinal, unser Gastfreund, welcher sich damit in sein Mittagsschläfchen las. Der Pfaff von Dießenhofen, welcher es musterte, tat dann den Ausspruch, es sei das Wüsteste und Gottverbotenste, was seit Erfindung der Buchstaben und noch dazu von einem Kleriker ersonnen wurde. Frommer Vater, ich lege Euch den Unrat vertrauensvoll in die Hände. Befreit mich von dieser Pest!« Und sie übergab mir – meine Fazetien!

Obwohl diese Überraschung eine Bosheit eher des Zufalls als des geistlichen Weibchens war, fühlte ich mich doch gekränkt und verstimmt. Ich begann, die kleine Äbtissin zu hassen. Denn unsere Schriften sind unser Fleisch und Blut, und ich schmeichle mir, in den Meinigen mit leichten Sohlen zu schreiten, weder die züchtigen Musen noch die unfehlbare Kirche beleidigend.

»Gut«, sagte ich. »Möchtest du, Äbtissin, auch in dem zweiten und wesentlicheren Punkt unsträflich erfunden werden! Dem versammelten Volke hast du in der Nähe und unter den Augen des Konzils«, sprach ich vorwurfsvoll, »ein Wunder versprochen, so marktschreierisch, dass du es jetzt nicht mehr rückgängig machen kannst. Ich weiß nicht, ob das klug war. Erstaune nicht, Äbtissin, dass dein Wunder geprüft wird! Du hast dein Urteil gefordert!«

Die Knie des Weibchens schlotterten, und seine Augen gingen irre. »Folge mir«, sagte ich streng, »und besichtigen wir die Organe des Wunders!«

Sie folgte niedergeschlagen, und wir betraten die Sakristei, wohin das echte Kreuz zurückgekehrt war und in dem weiten Halbdunkel des edlen Raumes mit seinen Rissen und Sprüngen und mit seinem gigantischen Schlagschatten so gewaltig an der Mauer lehnte, als hätte heute erst eine verzweifelnde große Sünderin es ergriffen und wäre darunter ins Knie gesunken, die Steinplatte schon mit der Stirne berührend in dem Augenblicke, da die Himmelskönigin erschien und ihr beistand. Ich wog es, konnte es aber nicht einen Augenblick heben. Um so lächerlicher schien mir der Frevel, diese erdrückende Bürde mit einem Spielzeuge zu vertauschen. Ich wendete mich entschlossen gegen das hohe, schmale Pförtchen, dahinter ich dieses vermutete.

»Den Schlüssel, Äbtissin!«, befahl ich. Das Weibchen starrte mich mit entsetzten Augen an, aber antwortete frech: »Verloren gegangen, Herr Bischof! Seit mehr als einem Jahrzehnt!«

»Frau«, sprach ich mit furchtbarem Ernste, »dein Leben steht auf dem Spiel! Dort gegenüber haust ein Dienstmann des mir befreundeten Grafen von Doccaburgo. Dorthin schicke oder gehe ich nach Hilfe. Findet sich hier ein dem echten nachgebildetes Scheinkreuz von leichterem Gewichte, so flammst und loderst du, Sünderin, wie der Ketzer Hus, und nicht minder schuldig als er!«

Nun trat eine Stille ein. Dann zog das Weibchen – ich weiß nicht, ob zähneklappernd oder zähneknirschend – einen altertümlichen Schlüssel mit krausem Barte hervor und öffnete. Schmeichelhaft – mein Verstand hatte mich nicht betrogen. Da lehnte an der Mauer des hohen kaminähnlichen Kämmerchens ein schwarzes Kreuz mit Rissen und Sprüngen, welches ich gleich ergriff und mit meinen schwächlichen Armen ohne Schwierigkeit in die Lüfte hob. In jeder seiner Erhöhungen und Vertiefungen, in allen Einzelheiten war das falsche nach dem Vorbilde des echten Kreuzes geformt, diesem auch für ein scharfes Auge zum Verwechseln ähnlich, nur dass es zehnmal leichter wog. Ob es gehöhlt, ob es aus Kork oder einem anderen leichtesten Stoffe verfertigt sein mochte, habe ich, bei dem raschen Gang und der Überstürzung der Ereignisse, niemals in Erfahrung gebracht.

Ich bewunderte die Vollkommenheit der Nachahmung, und der Gedanke stieg in mir auf: Nur ein großer Künstler, nur ein Welscher kann dieses zustande gebracht haben; und da ich für den Ruhm meines Vaterlandes begeistert bin, brach ich in die Worte aus: »Vollendet! Meisterhaft!« – wahrlich nicht den Betrug, sondern die darauf verwendete Kunst lobend.

»Schäker, Schäker«, grinste mit gehobenem Finger das schamlose Weibchen, welches mich aufmerksam beobachtet hatte: »Ihr habt mich überlistet, und ich weiß, was es mich kostet! Nehmet Euern Possenreißer, den ich Euch stracks holen werde, unter den Arm, haltet reinen Mund und ziehet mit Gott!« Wann auf den sieben Hügeln zwei Auguren sich begegneten und, nach einem antiken geflügelten Worte, sich zulächelten, wird es ein feineres Spiel gewesen sein als das unreinliche Gelächter, welches die Züge meiner Äbtissin verzerrte und sich in die zynischen Worte übersetzen ließ: »Wir alle wissen, wo Bartolo den Most holt, wir sind Schelme allesamt, und keiner braucht sich zu zieren.«

Ich aber sann inzwischen auf die Bestrafung des nichtsnutzigen Weibchens.

Da vernahmen wir bei der plötzlich eingetretenen Stille ein Trippeln, ein Wispern, ein Kichern aus dem nahen Chore und errieten, dass wir von den müßigen und neugierigen Nonnen belauscht wurden. »Bei meinem teuern Magdtum«, beschwor mich das Weibchen, »verlassen wir uns, Herr Bischof! Um keine Güter der Erde möchte ich mit Euch von meinen Nonnen betroffen werden; denn Ihr seid ein wohlgebildeter Mann, und die Zungen meiner Schwestern schneiden wie Scheren und Messer!« Dieses Bedenken fand ich begründet. Ich hieß sie sich entfernen und ihre Nonnen mit sich nehmen.

Nach einer Weile dann räumte auch ich die Sakristei. Die Tür zu der Kammer des Gaukelkreuzes aber legte ich nur behutsam ins Schloss, ohne den Schlüssel darin umzudrehen. Diesen zog ich, steckte ihn unter mein Gewand und ließ ihn im Chore in eine Spalte zwischen zwei Stühlen gleiten, wo er heute noch stecken mag. So aber tat ich ohne bestimmten Plan auf die Einflüsterung irgendeines Gottes oder einer Göttin.

Wie ich in der niederen äbtlichen Stube mit meiner Äbtissin und einem Klostergerüchlein zusammensaß, empfand ich eine solche Sehnsucht nach dem unschuldigen Spiele der Muse und einen solchen Widerwillen gegen die Drehungen und Windungen der ertappten Lüge, dass ich beschloss, es kurz zu machen. Das geistliche Weibchen musste mir bekennen, wie es in das hundertjährige Schelmstück eingeweiht wurde, und ich machte ein Ende mit ein paar prätorischen Edikten. Sie gestand: Ihre Vorgängerin im Amte habe sich sterbend mit ihr und dem Beichtiger eingeschlossen, und beide hätten ihr das von Äbtissin auf Äbtissin vererbte Scheinwunder als das wirtschaftliche Heil des Klosters an das Herz gelegt. Der Beichtiger – so erzählte sie geschwätzig – habe des Ruhmes kein Ende gefunden über das ehrwürdige Alter des Betrugs, seinen tiefen Sinn und seine belehrende Kraft. Besser und überzeugender als jede Predigt versinnliche dem Volke das Trugwunder die anfängliche Schwere und spätere Leichtigkeit eines gottseligen Wandels. Diese Symbolik hatte den Kopf des armen Weibchens dergestalt verdreht, dass es in einem Atemzuge behauptete, etwas Unrechtes hätte es nicht begangen, als Kind aber sei es auch einmal ehrlich gewesen.

»Ich schone dich um der Mutter Kirche willen, auf welche die Flamme deines Scheiterhaufens ein falsches Licht würfe«, schnitt ich diese bäuerliche Logik ab und befahl ihr kurz, das Gaukelkreuz zu verbrennen, nachdem das schon ausposaunte Wunder noch einmal gespielt habe – dieses wagte ich aus Klugheitsgründen nicht zu verhindern –, den Plautus aber ohne Frist auszuliefern.

Die Äbtissin gehorchte schimpfend und schmälend. Sie unterzog sich den Verordnungen des Konzils von Konstanz, wie dieselben mein Mund formulierte, ob auch ohne das Vorwissen der versammelten Väter, sicherlich in ihrem Sinne und Geiste.

Wie das Brigittchen mir knurrend den Kodex brachte – ich hatte mich in ein bequemes Gemach des an der Ringmauer gelegenen klösterlichen Gasthauses geflüchtet –, drängte ich die Ungezogene aus der Tür und schloss mich mit den komischen Larven des Umbriers ein. Kein Laut störte mich dort, wenn nicht der Kehrreim eines Kinderliedes, welches Bauernmädchen auf der Wiese vor meinem Fenster sangen, das mir aber nur meine Einsamkeit noch ergötzlicher machte.

Nach einer Weile freilich polterte draußen das geistliche Weibchen in großer Aufregung und schlug mit verzweifelten Fäusten gegen die verriegelte schwere Eichentür, den Schlüssel der offen stehenden Kammer des Gaukelkreuzes fordernd. Ich gab ihr bedauernd den kurzen und wahrhaften Bescheid, derselbe sei nicht in meinen Händen, achtete ihrer weiter nicht und ließ, im Himmel des höchsten Genusses, die Unselige jammern und stöhnen wie eine Seele im Fegefeuer. Ich aber schwelgte in hochzeitlichen Wonnen.

Ein an das Licht tretender Klassiker und nicht ein dunkler Denker, ein erhabener Dichter, nein, das Nächstliegende und ewig Fesselnde, die Weltbreite, der Puls des Lebens, das Marktgelächter von Rom und Athen, Witz und Wortwechsel und Wortspiel, die Leidenschaften, die Frechheit der Menschennatur in der mildernden Übertreibung des komischen Zerrspiegels – während ich ein Stück verschlang, hütete ich schon mit heißhungrigen Blicken das folgende.

Ich hatte den witzigen Amphitryo beendigt, schon lag die Aulularia mit der unvergleichlichen Maske des Geizhalses vor mir aufgeschlagen – da hielt ich inne und lehnte mich in den Stuhl zurück; denn die Augen schmerzten mich. Es dämmerte und dunkelte. Die Mädchen auf der Wiese draußen hatten wohl eine Viertelstunde lang unermüdlich den albernen Reigen wiederholt:

Adam hatte sieben Söhn' ...

Jetzt begannen sie neckisch einen neuen Kehrreim und sangen mit drolliger Entschlossenheit:

In das Kloster geh' ich nicht,
Nein! ein Nönnchen werd' ich nicht ...

Ich lehnte mich hinaus, um dieser kleinen Feindinnen des Zölibates ansichtig zu werden und mich an ihrer Unschuld zu ergötzen. Aber ihr Spiel war keineswegs ein unschuldiges. Sie sangen, sich mit dem Ellbogen stoßend und sich Blicke zuwerfend, nicht ohne Bosheit und Schadenfreude, an ein vergittertes Fenster hinauf, hinter welchem sie wohl Gertruden vermuteten. Oder kniete diese schon in der Sakristei, dort unter dem bleichen Schimmer des Ewigen Lichtes, nach der Sitte der Einzukleidenden, welche die Nacht vor der himmlischen Hochzeit im Gebete verbringen? Doch was kümmerte mich das? Ich entzündete die Ampel und begann die Topfkomödie zu lesen.

Erst da meiner Leuchte das Öl gebrach und mir die Lettern vor den müden Augen schwammen, warf ich mich auf das Lager und verfiel in einen unruhigen Schlummer ...

Aus: Conrad Ferdinand Meyer: Sämtliche Werke in zwei Bänden. Winkler Verlag, München 1988. S. 106ff. – Textdokumentation im Internet: www.gutenberg. spiegel.de/cfmeyer/plautus/plautus.htm

ERNST WICHERT

Er hat einen jüngeren Namensvetter, unser Ernst Wichert, Jurist und Schriftsteller, 1831 in Insterburg (Ostpreußen) geboren, 1902 in Berlin verstorben. Der andere Ernst Wiechert, ebenfalls ostpreußischer Herkunft (Sensburg) und Schriftsteller, erblickte 1887 das Licht der Welt, er durchlebte, besser: durchlitt das Dritte Reich in Innerer Emigration und starb 1950 als einer der meistgelesenen deutschen Autoren in Uerikon im Kanton Zürich (Schweiz). Dass beide miteinander verwandt sind, ist nicht bekannt. Aber wenn von Ernst Wichert die Rede ist, dann zumeist von dem jüngeren.

Das Werk des Dichterjuristen hingegen, der seine Memoiren selbst »Richter und Dichter« (1899) titelte, ist den Heutigen weniger vertraut. Dabei schrieb Wichert neben seinem Brotberuf – er ging 1896 als Geheimer Justizrat in Berlin in Pension – 34 Bühnenwerke, 28 Romane und veröffentlichte 15 Novellen-Sammlungen. Seine Erfahrungen der sozialen Wirklichkeit im Deutschen Kaiserreich und speziell im Gerichtsalltag flossen in seine literarischen Arbeiten ein (»Litauische Geschichten«, 1881). Von der drastischen Sozialkritik der späteren Dramen Gerhart Hauptmanns waren seine Stücke allerdings noch weit entfernt. Wichert entsprach in seinen Lust- und Schauspielen (»Der Narr des Glücks«, 1871; »An der Majorsecke«, 1875), aber auch in seinen Tragödien (»Der Withing von Samland«, 1860) und historischen Dramen (»Im Dienst der Pflicht«, 1896) dem Bedürfnis des wilhelminischen Bürgertums nach Bestätigung seiner Werte. Insofern geben sie ein kulturhistorisch authentisches Bild des 19. Jahrhunderts.

Ernst Wichert hat aber auch ein Konzilsdrama verfasst. Allerdings: Es ist verloren gegangen. Die Geschichte dazu liefert sein Text, der auch einen unschuldigen Blick in die »Werkstatt« eines jungen Schriftstellers erlaubt.

Ein Lebensausweis

Ich habe drei Jahre in Königsberg studiert. Leider nur in Königsberg! Mein Vater erhielt bald das dortige Kreisgericht, sodass ich in seinem Hause Wohnung und Kost haben konnte. Er war außerstande, mich auswärts zu unterhalten. Für meine sonstigen Bedürfnisse schaffte ich mir das erforderliche durch Stundengeben, was mir an einem anderen Orte auch schwer möglich gewesen wäre. Auf den Gedanken, Schulden zu machen, um eine fremde Universität beziehen zu können, kam ich nicht einmal, was mir später oft leid gethan hat; es hätte sich aber auch schwerlich ein vertrausamer Wohlthäter gefunden. Und doch handelte es sich nur um drei- bis vierhundert Thaler fürs Jahr! Damit konnte man damals »im Reich« auskommen, während in Königsberg ein Jahreswechsel von zweihundert Thalern schon eine ganz behäbige Existenz schaffte. Auf so viel wurde ich, als ich in eine Verbindung eintrat, alles in allem eingeschätzt.

Diese Verbindung hieß »die Palmburg« nach einem kleinen Orte in der Nähe Königsbergs, in dem sie ganz kürzlich hauptsächlich von den früheren Kneiphöfern gestiftet war. Sie hatte burschenschaftlichen Charakter, wennschon ohne politischen Grundzug, und trug die Farben Rot-Gold-Weiß. Sie wurde ebenso von den Korps wie von den Landsmannschaften scharf angegriffen, wusste sich aber durch eine nicht gewöhnliche Zahl intelligenter Köpfe Achtung zu verschaffen und wurde ohne äußere Nötigung schon nach drei Jahren von uns wieder aufgehoben, da uns der Nachwuchs nicht mehr genügte. Fast alle ihre Mitglieder haben es im Leben zu etwas gebracht, sei es in hohen amtlichen Stellungen, sei es in wissenschaftlichen Würden. Einen einzigen Theologen hatten wir unter uns; er wendete sich aber früh einem bürgerlichen Gewerbe zu und hat nie die Kanzel bestiegen. Es war eine frohe Zeit, die wir mitsammen im traulichsten Verkehr verlebten, und die Sommerfahrten zu den Stiftungsfesten – einmal nach der Klosterruine Kadinen am Frischen Haff – werden allen Beteiligten in wärmster Erinnerung geblieben sein.

Ich beabsichtigte, Geschichte zu studieren, wozu mich die Neigung stark trieb, gab diesen Plan aber bald auf, vornehmlich, weil es für dieses Fach in Königsberg an bedeutenden Lehrkräften fehlte und die unglaublich trockene Behandlung des Gegenstandes mich abschreckte, und ließ mich nach einem halben Jahre in die juristische Fakultät einschreiben. Besonders anregende Lehrer gab es auch hier nicht (Eduard Simson war seiner parlamentarischen Thätigkeit wegen meist auswärts), die Kollegia wurden deshalb sehr unregelmäßig besucht, die Hefte selten ordentlich nachgetragen. Es blieb mir sehr viel freie Zeit nicht nur zu Vergnügungen, sondern auch zum Besuch anderer Kollegien, die mich interessierten (so der von Karl Rosenkranz über Ästhetik, von August Hagen über Kunstgeschichte und von Ludwig Friedländer, der damals erst zu dozieren anfing, über römische Altertümer), zur Vervollständigung meiner Literaturkenntnis und zu eignen dichterischen Versuchen. Ich schrieb ein fünfaktiges Drama »Johannes Huss«, das ich schon auf der Schule geplant hatte, als ich, wohl angeregt durch meine Beziehungen zur Rupp'schen freien Gemeinde, nach einem Helden ausschaute, der für die Freiheit seiner religiösen Überzeugung stritt und litt und sich zudem dramatisch verwerten ließe. Ich hatte im ersten Halbjahr ein Kolleg bei dem alten Professor Drumann, dem berühmten Verfasser der Diadochengeschichte, angenommen und allerdings wenig Freude daran, da er lediglich sein Heft diktierte. Nun fasste ich mir ein Herz, trat an ihn heran und bat ihn, mir Quellenwerke über Johann Huss zu nennen, die ich von der Königlichen Bibliothek beziehen könnte. Über Johann Huss – das schien ihm gar kein recht fassliches Thema für die Arbeit eines jungen Studenten zu sein. Recht verdrießlich und immer verdrießlicher, da ich nicht mit der Sprache herauswollte, fragte er mich wie ein richtiger Professor aus, welchen historischen Abschnitt ich denn eigentlich in Betracht ziehen und in welcher Richtung ich mit meiner Forschung vorgehen wollte. Ich betonte immer seine Lebensgeschichte, und er begriff nicht, was die mich sonderlich angehen könne. Es blieb mir endlich nichts übrig, als ihm zu sagen, dass ich ein Drama schreiben wolle. Den Blick äußerster Geringschätzung, mit dem er mich nun maß, werde ich nie vergessen. Er schien zu überlegen, ob er mich überhaupt noch einer Antwort würdigen solle. Dann warf er mir ein paar Büchertitel hin, und ich machte mich eiligst davon. Diese Begegnung mit Drumann wirkte jedenfalls mit, meine Begeisterung für das Studium der Geschichte erkalten zu lassen.

Die Vorarbeiten zu meinem Drama betrieb ich aber mit allem Eifer. Bald war auch das Szenarium entworfen und der erste Akt geschrieben, der sich aus dem geschichtlichen Stoff ziemlich von selbst ergab. Huss, der die Kirche angegriffen hatte, wurde zur Verantwortung nach Konstanz berufen; seine Anhänger warnten ihn, sich von dem heimischen Boden, seinem festesten Halt, zu trennen; er sprach es als seine Pflicht aus, ohne Menschenfurcht die Wahrheit bekennen zu müssen; ein tapferer Ritter versicherte ihn seines Schutzes; sein treuer Schüler, Hieronymus von Prag, entschloss sich, ihn zu begleiten, das Schicksal des teueren Lehrers vorahnend. Nun aber, in Konstanz selbst, häuften sich rasch die Schwierigkeiten. Der dogmatische Streit erwies sich als unbrauchbar, der Kampf gegen die kirchlichen Missbräuche als nicht viel verwendbarer. Das weibliche Element war allzu spärlich vertreten, die Fabel, die erst das Drama ergeben konnte, fehlte. So reihten sich wohl Szenen aneinander, sie enthielten aber im Wesentlichen nur kulturhistorische Bilder, die Charakteristik einzelner Gruppen des Konzils, und führten keinen rechten Fortschritt der Handlung herbei. Die Arbeit kam ins Stocken. Auch ein historisches Drama muss erfunden werden. Ich suchte eine Fabel einzufügen, konnte aber im Wesentlichen nur Hieronymus von Prag zum Träger derselben machen. Ich merkte deshalb auch bald, dass das eigentliche Interesse auf ihn überging, gerade weil seine Standhaftigkeit ins Schwanken kam, die menschliche Schwäche ihn übermannte. So gehörte ihm denn auch der letzte Akt, was den Schwerpunkt vollends verschob. Diese Bedenken stellte ich mir schon damals entgegen, und sie wirkten oft so stark, dass ich die Arbeit von Zeit zu Zeit immer wieder liegen ließ. Endlich wurde sie aber doch fertiggebracht. Mein Vater nahm ungewöhnlichen Anteil daran, nur fand er in der Form viel zu tadeln. Der Dialog war zu breit geraten, der fünffüßige Jambus an manchen

Stellen holperig, der Ausdruck oft unkorrekt, der Gedanke nicht zur Klarheit gebracht. Er gab sich nun die unendliche Mühe, Zeile nach Zeile mit mir durchzugehen. Oft bis in die späte Nacht brüteten wir über dem Manuskript, die Unebenheiten zu beseitigen und die Form auszuglätten. Ich bin ihm noch heut dankbar dafür, denn ich lernte durch ihn, was es heißt, ein Gedicht auszufeilen. Seitdem habe ich meine ersten Niederschriften stets mit großem Misstrauen behandelt, jede dramatische Arbeit vier- und fünfmal umgeformt. Mein Vater ließ das Stück darauf schön abschreiben. Ich sah mich zum ersten Mal, wenn auch nicht im Druck, so doch in einer Kopie von fremder Hand. Meine Absicht war, dasselbe einem Verleger anzubieten, aber es fehlte mir immer der Mut. Eine Zurückweisung wäre mir sehr unangenehm gewesen; sie hätte mir, wie ich damals darüber dachte, den Beweis geführt, dass mein Drama nichts taugte. In meinem Innersten freilich war ich, trotz aller darauf verwendeten Mühe, weit mehr geneigt, an meinem Werke zu zweifeln, als mir von ihm Erfolg zu versprechen; dieser Zustand des Zweifelns schien aber noch immer erträglicher als die unabweisliche Einsicht der Selbsttäuschung. An eine Bühne wagte ich schon gar nicht zu denken, nicht einmal an die in meiner Vaterstadt. So blieb das Stück liegen. Das Manuskript habe ich später einmal, ich weiß nicht an wen, verliehen und nicht wiederbekommen.

Aus: Ernst Wichert: Richter und Dichter. Ein Lebensausweis. Schuster & Köffler, Berlin und Leipzig 1899. S. 65ff.

Verleihung der goldenen Rose, König Sigmund trägt die goldene Rose durch die Stadt
Rosgartenmuseum Konstanz, Hs. 1, Richental: Konzilschronik. In: Feger, Otto (Bearb.): Ulrich Richental: Das Konzil zu Konstanz. Faksimile. Starnberg – Konstanz 1964. Fol. 38v

20. JAHRHUNDERT

RAINER MARIA RILKE

Er wurde 1875 in Prag geboren, der Autor des Konstanz-Gedichts »Vision«. Das Interesse für seinen böhmischen Landsmann Jan Hus (1369–1415) liegt also nahe. Allerdings war der »Hussit« Rainer Maria Rilke – eigentlich René, seine Muse Lou Andreas-Salomé fand den Vornamen Rainer angemessener – in seinem christlichen Glauben und in seiner Haltung gegenüber dem in jener Zeit erstarkenden kleinbürgerlichen Nationalismus gespalten. Beeinflusst durch die Philosophen Schopenhauer und Nietzsche ist sein literarisches Werk – überwiegend Lyrik, aber auch Erzählungen, Aufsätze zu Kunst und Kultur sowie ein umfangreicher Briefwechsel – geprägt durch eine Kritik an der Jenseitsorientierung des Christentums, aber auch an einer einseitig naturwissenschaftlich-rationalen Deutung unseres irdischen Daseins. Der Feuertod von Hus während des Konstanzer Konzils (1414–1418), der Wortbruch von König Sigismund (1368–1437), der dem Reformator freies Geleit zugesichert hatte, rührte dennoch an einer alten Wunde.

In einem nachdenklichen Brief an den Dichterfreund Wilhelm von Scholz (1874–1969), am 19. April 1897 anlässlich seines Besuchs am Bodensee verfasst, notierte er: »Hier überwiegt bei mir das historische Gefühl, trotz der Schönheit der Landschaft. Das liegt daran, daß alle die Papstgestalten und die kühne Mannheit Hussens nicht verstaubte Andenken sind, sondern als Symbole heute noch mitten in den Tag stehen. Dieser Hus. Wolltest du alle Gefühl der Cechennation in Eines fassen und personifizieren, – riesig müßte der Reformator in dem Kampfe der Nachfahren ragen«. Aber der Tonfall ist versöhnlich, wie schon in den Versen des Gedichts »Superavit« aus dem Band »Larenopfer« (1895), in dem Rilke dem tschechischen Märtyrer ein Denkmal gesetzt hat – »Nie kann ganz die Spur verlaufen / einer starken Tat; dies lehrt / zu Konstanz der Scheiterhaufen; / denn aus tausend Feuertaufen / steigt der Hochgeist unversehrt«. Das Gedicht »Vision« entstand während des Besuchs am Bodensee. Darin ver-

dichtete Rilke seine ersten Eindrücke der nächtlichen, ob ihrer in den Gassen und auf den Plätzen spürbaren Geschichte bewunderten Stadt Konstanz, wobei die Schönheit in den Hintergrund tritt, als das lyrische Ich das landsmännische Thema Hus angeht, zurecht in pathetischen, glockenschlag-schweren Versen. Franz Hirtler hat das Gedicht 1944 vertont.

Der als Sprachmagier und poetischer Engel gepriesene Dichter, dem Reisen Lebenselexier war, aber auch Ausdruck seiner Ruhelosigkeit, starb 1926 im Sanatorium Valmont bei Montreux (Schweiz) an Leukämie.

Vision

Ich geh durch die greise, nächtige Stadt,
will wissen, was Konstanz für Träume hat.

Ob sich der alte Zauber schon brach?
Lichter erstehen und sterben im Hafen,
Giebelhäuser sinken verschlafen
wilden, weiten Zeiten nach.
Etwas weht in dem Dämmer des Orts,
etwas wohnt in den dumpfen Gassen
noch von dem alten Pfaffenhassen
eines erlösenden Flammenworts.
Dunkel stiert ein gieriger Sinn
Aus der ewigen Kälte der Säle,
und wie Gewänder der Kardinäle
schleppt der Wind an den Häusern hin.
Heimlich wie leise Knappen der Herrn
Schwinden Schatten im Dämmerflocken ...
Über den Hafen von fern, von fern.

Und ich schaue zurück nach der Stadt,
will wissen, was Konstanz für Träume hat.

Und über dem schwarzen Zinnentor
wächst es reckenriesig empor,
wächst in das nächtige Glockengebraus,
wächst in die dröhnende Nacht hinaus.
Seltsam. Ist das der Münsterturm? –

Schultern sind das, erstarkt im Sturm,
eher, darauf geschraubt,
ruht, sternumlaubt,
herrlich ein Heldenhaupt
mit dem Ketzerhut. –
Huß. Wie in der Worteschlacht,
hoch, wie einst beim Konzil.
Da weint die Nacht.
Und er nickt nur sacht
Und lacht
Über Kaiser- und Pfaffenspiel. –

So sah ich den Helden in nächtiger Stadt:
Er will wissen, was Konstanz für Träume hat. –

Aus: Rainer Maria Rilke: Gedichte. 1884 bis 1905. Hg. Rilke-Archiv in Verbindung mit Ruth Sieber-Rilke, besorgt durch Ernst Zinn. Insel Verlag, Leipzig 1959. S. 449.

G. HÄGERMANN

Das soll vorkommen. Dass Lebensläufe nicht mehr rekonstruierbar sind. Die Spuren, die G. Hägermann hinterlassen hat, sind dürftig. Nicht einmal sein Vorname ist bekannt. Seine Rückschau »Der Konstanzer Scheiterhaufen«, dem »Bodenseebuch 1916« entnommen, ist lediglich mit Dr. G. Hägermann gezeichnet. Kein Anhang, nichts. Das erstaunt umso mehr, als Hägermann, der in Schwäbisch Gmünd und in Stuttgart journalistisch tätig gewesen sein soll, im Frühjahr 1914 als erster Schriftleiter der »Konstanzer Zeitung« fungierte und von 1918 und 1920 als Herausgeber eben des feinen, in Konstanz im Jahresrhythmus erscheinenden »Bodenseebuch«. Er hat sich im »Bodenseebuch 1920« zur Programmatik der Reihe geäußert. Angesichts eines »Zeitalters der Katastrophen« setzte er sich zum Ziel, »die alemannisch-schwäbischen Volksgemeinschaften, die um den See wohnen und heute durch willkürliche staatliche Grenzen getrennt werden, wieder in innigere kulturelle Wechselwirkung zu bringen und den alten Stamm ihrer einheitlichen Kultur neu zu befruchten ...« Als das Buch erschien, hatte Hägermann dem Seeleben den Rücken gekehrt und wirkte als Redakteur bei den »Lübecker Nachrichten«.

Noch zwei Lebenszeichen gibt es von ihm, gefunden im weltweiten Internet. In einem aus Berlin verschickten Brief vom 24. März 1933 an den Verleger Hermann Bauer, dessen Zeitung »Hessisches Tageblatt« wenige Tage zuvor von den Nationalsozialisten verboten worden war, äußert der freie Mitarbeiter Dr. G. Hägermann über diesen Eingriff in die Presse großes Bedauern: »Die alten Parteien und Meinungen sind tatsächlich tot, wenn man das hier beobachtet, so gewinnt man erst den richtigen Eindruck von der Totalität des Umschwungs. Ich hoffe, Sie werden es auch weiter schaffen, ich würde Ihnen gerne etwas dabei helfen, denn man kennt ja so die Mentalität«, bilanziert er seinen Brief. Und schließlich wird Hägermann in einem Essay von 1985 der Vierteljahreshefte für Zeitgeschichte (1985) über nationalsozialistische Werbung in der Arbeiterschaft mit dem Beitrag »Bilde,

Künstler! Rede nicht!« zitiert, der am 3. März 1934 in der »Deutschen Presse« erschienen ist. Für die Rekonstruktion seines Lebenslaufs gibt die Notiz allerdings auch nichts her.

Nichtsdestotrotz schien uns seine Betrachtung über das Konstanzer Konzil (1414–1418) im Allgemeinen und die Lehren von Jan Hus (1369–1415) im Besonderen 500 Jahre nach dem Feuertod des Magisters spannend genug, um sie in diesen Band aufzunehmen.

Der Konstanzer Scheiterhaufen

Vor 500 Jahren konnte man noch ein gutes Stück außerhalb der befestigten Stadt Konstanz ausschreiten, bis man vom Schottentor an den kleinen Brühl halbwegs zum Stadtgraben gelangte, d. h. bis an die Stelle, wo heute etwa die Anlagen der Stadtgärtnerei sind. An einem Julinachmittag des Jahres 1415 bewegte sich durch den niederen Durchgang des massiv angelegten Stadttors ein trauriger Zug. Inmitten eines Fähnleins Bewaffneter, mit dem Vogt von Konstanz, Hans Hagen, an der Spitze, wurde ein bleicher Mann mit einem runden bartlosen Gesicht geführt. Auf dem Haupte dieses Mannes, der inbrünstig Gebete murmelte, saß eine hohe weiße Papierkappe, auf die zwei Teufel gemalt waren und zwischen denen geschrieben stand: Haeresiarcha, d. h. so viel als Erzbischof aller Ketzer. Viel Volk folgte vor die Stadt und schaute auf dem Brühl dem Treiben der Landsknechte zu, die einen mächtigen Scheiterhaufen zusammentrugen, auf den sie den bleichen Mann mit der Ketzermütze banden. Nachdem die Bewaffneten mit ihrer Arbeit fertig waren, gossen sie Pech in den Haufen, nahmen einen brennenden Span und warfen ihn in den Reisighaufen, aus dem bald hohe Flammen emporschlugen, sich an dem betenden Manne am Pfahl emporzüngelten und ihn in ganz kurzer Zeit verschlangen. Das Volk schrie auf und lief erschreckt auseinander. Nicht einmal ein Jahr war verstrichen, und an der derselben Stelle richteten wiederum bewaffnete Männer einen Scheiterhaufen auf, und wiederum führte der Reichsvogt Johannes Schaz einen Ketzer, der dem weltlichen Arm der Gerechtigkeit übergeben war, durch das Schottentor zum Tode. Mit dem denkwürdigen Ausruf des Verbrannten: O sancta simplicitas, o heilige Einfalt, fand auch dieses Schauspiel sein schnelles Ende.

Von diesen beiden Scheiterhaufen ging eine Bewegung durch die Welt, deren politische und religiöse Folgen noch in der heutigen Struktur Deutschlands ihren Ausdruck finden. Johann Hus und Hieronymus von Prag, die als Ketzer am 6. Juli 1415 und 30. Mai 1416 vor den Toren von Konstanz verbrannt wurden, waren die ersten Blutopfer, die die reformatorischen Bestrebungen in deutschen Landen forderten. Von ihnen ging eine sich über Jahrhunderte erstreckende moralische Wirkung aus, von der Deutschland und die Schweiz in gleicher Weise berührt wurden. Große Schriftsteller der neueren Zeit haben das Schicksal Johannes Husens, der dem jüngeren und weniger willensstarken Hieronymus in Wissenschaft und Leben Führer war, mit dem des Sokrates verglichen; der badische Naturrechtslehrer und Geschichtsschreiber Karl von Rotteck in Freiburg schrieb jedoch in der ersten Hälfte des 19. Jahrhunderts in seiner von adeligster Gesinnung getragenen Weltgeschichte, dass die Schreckensgeschichte der alten Welt nichts aufweist, was mit dem Martyrium der beiden Männer in Konstanz zu vergleichen wäre. Der Größe dieses Schrecknisses entspricht auch die Größe der geschichtlichen Folgen.

Dass die Geschichte der Stadt Konstanz mit dem traurigen Ruhm der beiden Scheiterhaufen belastet ist, hat seinen Ursprung keineswegs im Charakter seiner Bevölkerung oder in der politischen und geistigen Despotie der damals mächtigen freien Reichsstadt. Die Stadt Konstanz hat keinerlei innere oder äußere Beziehungen zu den beiden böhmischen Reformatoren gehabt und der Vogt, der die beiden Märtyrer zum Tode führte, war nur der Büttel höherer Gewalten, die damals ihre Pfalz in der Stadt am See aufgeschlagen hatten: des Kaisers und des Konzils. Wenn es überhaupt eine innere geschichtliche Beziehung gibt zwischen dem Ausüber der Gewalt und denen, die ihre Opfer wurden, so ist es die, dass gerade das Badener Land und die benachbarte Schweiz, in der die Stadt Konstanz damals große

Besitzungen hatte, als eigentlicher Ausgangspunkt einer Reformation, die die Freiheit des Gewissens zu ihrem Ziel hatte, einige Jahrhunderte später auch zuerst die politische Verwirklichung dieses Zieles durch die Schaffung eines freien Staatswesens durchsetzten.

Konstanz war ja damals, am Anfang des 15. Jahrhunderts, der Punkt der Welt, auf den sich die Augen der ganzen Christenheit richteten. Am 5. November 1414 wurde in der Domkirche, der Urform des heutigen Münsters, das glänzendste Konzil der Christenheit eröffnet. Neben dem recht ungeistlichen Papst Joh. 23 fanden sich nicht weniger als 23 Kardinäle, 47 Erzbischöfe, 145 Bischöfe und zahlreiche andere hohe Geistliche ein, die der zeitgenössische Chronist Ulrich von Richental auf 2.900 angibt. Die Anwesenheit des Kaisers Sigismund und vieler Fürsten und Adeligen gab dem damaligen Leben in Konstanz höfische Würde und Anstrich. Diese erhabene Gesellschaft musste in der den damaligen Verhältnissen entsprechend kleinen Reichsstadt untergebracht und verpflegt werden. Konstanz hatte damals nur 6.000 Einwohner und sollte nun vielen Tausend Personen, Geistlichen und Fürsten, Rittern und Reisigen, Gauklern und galanten Damen eine lang dauernde Herberge geben. Diese Aufgabe, die um so schwerer war, weil die Stadt erst wenige Jahre vorher durch verstärkte Befestigungen beengt war, wurde nach zeitgenössischen Berichten so glänzend gelöst, dass der Kaiser den Bürgermeister zum Zeichen seiner Anerkennung zum Ritter schlug. Nicht ganz uninteressant ist es in heutiger Zeit festzustellen, dass die Vorväter aus jener Zeit keinen Lebensmittel- und Miet-»Wucher« trieben, denn sie vermieteten eine Stube mit Bett damals für 2 Gulden, d. h. 1,80–3,60 Mark im Monat. Ein Pfund Rindfleisch verkauften sie für drei Pfennige und ein Maß Rheinwein schenkten sie den feuchtfröhlichen Herren von der Ritter- und Priesterzunft für 10 Pfennige aus.

In dieser Stadt hielt am 3. November 1414 Johann Hus in Begleitung zweier Freunde seinen Einzug durch das Schnetztor und nahm in der Nähe dieses Tores in der damaligen Paulsgasse bei der ehrsamen Bürgersfrau Fida seine Wohnung. Dieses Haus (Hussenstraße 64) ist bekanntlich heute durch eine Gedenktafel gekennzeichnet, und das schmale Zimmer nach dem Hof hinaus, das Hus bewohnte, ist ein Wallfahrtsort vieler geworden. Wie zur Zeit des Konzils übt auch heute in dem Hause ein Bäckermeister sein ehrbares Handwerk aus. Der Magister Hus war von Prag nach Konstanz gekommen, um sich vor dem Konzil wegen seiner von dem allgemeinen kirchlichen Dogma abweichenden Lehre zu rechtfertigen, und überdies hoffte er, die Väter des Konzils von der Richtigkeit seiner eigenen Lehre zu überzeugen. Durch einen kaiserlichen Geleitbrief glaubte er seine persönliche Sicherheit gewährleistet. Seine beiden Berechnungen waren in Anbetracht der Umstände überaus naiv und lassen Schlüsse auf die Harmlosigkeit seines Charakters zu, der durch die neuere Forschung eine wesentlich günstigere Beurteilung gefunden hat, als sie vor dem Zeitalter der kritischen Geschichtsschreibung oder im Volke üblich war. Lange erfreute Hus, der auf den Straßen und in den Kirchen seine Lehre predigte, sich seiner Freiheit nicht. Seine Feinde, am heftigsten die Böhmen, wiegelten die Meinung der Konzilsteilnehmer mit leidenschaftlichem Hass gegen ihn auf; sie standen auf den Gassen und vor dem Dome und warnten in marktschreierischer Weise vor dem Ketzer, der auch in Konstanz Anhang zu gewinnen drohte. Die Szenen, die sich damals auf den Straßen abspielten, waren Zeichen vom Geist derer, die auf dem Konzil das erste Wort führten. Hus war kaum drei Wochen in Konstanz, als er auf Betreiben seiner Feinde unauffällig in seiner Wohnung festgenommen wurde. Er sollte die Freiheit nicht wiedergewinnen. Zuerst warf man ihn in den Turm des Dominikanerklosters, des jetzigen Inselhotels, dann hielt man ihn im Franziskanerkloster, der jetzigen Knabenschule an der Unteren Laube, und zuletzt im Turmverlies des Schlosses zu Gottlieben, das dem Bischof von Konstanz gehörte, gefangen. Erst am 5. Juni des folgenden Jahres erhielt Hus die gewünschte Gelegenheit, sich vor dem Konzil zu verantworten. Sein Schicksal war bereits damals durch die vor dem Konzil erfolgte Verurteilung der Lehre des Engländers Wiclif, deren Vorkämpfer Hus war, entschieden. Der eifrigste Gegner dieser Lehre, wie nebenbei erwähnt sei, war ein englischer Geistlicher, der Hus den leibhaftigen Wiclif nannte.

Am 6. Juli fand in Gegenwart des Kaisers die letzte Sitzung statt, in der fanatischer Priesterhass dem Beklagten die Priesterkleider vom Leib riss und ihn als »hartnäckigen Ketzer, der irrige und aufrührerische Lehren gepredigt, viel Volk verführt, das Ansehen des päpstlichen Stuhles und der Kirche verhöhnt und sich unverbesserlich erwiesen habe« des Priesteramts entsetzte und zur Bestrafung dem weltlichen Arm übergab.

»Darauf«, so erzählt der Augenzeuge Ulrich von Richental, »sprach der König zu Herzog Ludwig (von Bayern und der Pfalz): »Da ich der bin, der das weltliche Schwert in Händen hat, lieber Oheim, so nehmt ihn und tut ihm als einem Ketzer an unserer statt!« Da rief Herzog Ludwig den Vogt von Konstanz, der von des Reiches wegen Vogt war, – das war Hans Hagen – der auch zugegen war, und sprach: »Vogt, nun nimm den von unser beider Urteil wegen und verbrenne ihn wie einen Ketzer!« Der befahl den Ratsknechten und dem Henker, dass sie ihn hinausführten, um ihn zu verbrennen. – Und betete beim Hinausführen nichts anderes als: »Jesus Christus, Sohn des lebendigen Gottes, erbarme dich meiner!« Und als er auf das äußere Feld kam und das Feuer (wohl: den Scheiterhaufen) erblickte, Holz und Stroh, da fiel er dreimal auf seine Knie und sprach mit lauter Stimme: »Jesus Christus, Sohn des lebendigen Gottes, der du für uns gelitten hast, erbarme dich meiner!« Danach fragte man ihn, ob er beichten wolle. Da sprach er: »Gern, nur dass es hier zu enge ist.« Da er nun kam in den Ring, da machte man einen weiten Ring. Da fragte ich ihn, ob er beichten wolle; es sei ein Priester da, der sei von dem Konzil und dem Bistum dazu ermächtigt. Dann rief ich diesen Priester. Der kam zu ihm und sprach: »Lieber Herr und Meister! Wollt ihr dem Unglauben und der Ketzerei entsagen, wegen deren ihr leiden müsst, so will ich euch gern die Beichte hören; wollt ihr aber das nicht tun, so wisst ihr selbst wohl, dass in den geistlichen Gesetzen steht, dass man keinem Ketzer einen göttlichen Dienst tun noch erweisen soll.« Darauf sprach Hus: »Es ist nicht nötig, ich bin kein Todsünder.« Danach wollte er anheben, auf Deutsch zu predigen. Aber Herzog Ludwig wollte das nicht, sondern ließ ihn verbrennen. Da nahm ihn der Henker und band ihn an ein aufrechtes Brett und stellte ihm einen Schemel unter die Füße und legte Holz und Stroh um ihn und schüttete ein wenig Pech hinein und zündete es an. Da erhob er ein großes Geschrei und war bald verbrannt.« Nach weiteren zeitgenössischen Schilderungen soll sein Todeskampf nicht länger gedauert haben, als man 2-3 Vaterunser schnell zu beten vermag. Als der Holzstoß heruntergebrannt war, stießen die Henker den Leichnam in die Glut. Das Herz hielten sie auf einer Stange in die Flamme, bis es verbrannt war. Dann lud man die Asche auf einen Karren und schüttete sie in den Rhein, damit niemand seinen Überresten Verehrung erweisen könne.

Die Schuldfrage brauchen wir heute nicht mehr aufzuwerfen, denn die Geschichte hat bereits gesprochen. Auch die Frage nach der Lehre des Johann Hus ist heute eine unwesentliche, denn nicht seine Werke sind sein wertvollstes Vermächtnis, sondern sein lebendiges Beispiel. In seiner Lehre war er nur ein Nachsprecher des Engländers Wiclif, freilich aus Überzeugung und mit Begeisterung, ja mit Fanatismus. Sein Ideal einer Volkskirche und Volksfrömmigkeit, eines allgemeinen Priestertums der Gläubigen ist heute noch das Ziel der besten evangelischen Männer und durch Zwingli hauptsächlich in der Schweiz seiner Verwirklichung nahegebracht worden. Aber dennoch ist nicht dies die Hauptsache bei der Wertschätzung Joh. Husens, sondern das persönliche Beispiel, das er durch seinen Opfertod gab. Hus hätte sein Leben zweifellos retten können, wenn er rechtzeitig widerrufen hätte, wie sein Freund Hieronymus in seelischem Zusammenbruch tat. Aber Hus war ein Mann von allzu starker Willenskraft, die von vielen Forschern als Fanatismus ausgelegt wird, um solche moralischen Opfer zu bringen, und die Kraft seiner Persönlichkeit war so groß, dass auch Hieronymus seine Abschwörung öffentlich vor dem Konzil widerrief und um Husens willen den Scheiterhaufen bestieg. Dieses persönliche Beispiel des Opfertodes für seine Überzeugung teilt Hus durchaus mit Martin Luther und Ulrich Zwingli. Für Luther erforderte sein Ausruf auf dem Reichstage in Worms: »Hier stehe ich, ich kann nicht anders« ein geringeres Maß von Willenskraft, weil hinter ihm mächtige Reichsfürsten standen, die ihn stärkten und vorwärtsdrängten. Die menschlichen Eigenschaften Husens lassen es auch gleichgültig erscheinen, dass er in seinem politischen Denken und Fühlen Tscheche war, ja, dass sein Kampf gegen Rom dem nationaltschechischen Programm entsprang. Seine Wohnung in Konstanz und der Platz seines Opfertodes ist daher auch bis an die jüngste Zeit ein Wallfahrtsort der Tschechen geblieben. Anlässlich der fünfhundertjährigen Wiederkehr seiner Verbrennung wurde Hus überall, wo Tschechen zusammenkamen, als der Verkörperer des heute noch lebendigen tschechischen Programms gefeiert. Über diese nationale Grenze hinaus hat Hus dasselbe menschliche Beispiel gegeben wie der Deutsche Luther und der Schweizer Zwingli. Das Recht der freien Meinungsäußerung, das Streben nach Gewissensfreiheit kommt durch seinen standhaften Tod, mit dem er alle menschlichen Schwächen ausglich, leuchtend zum Ausdruck, das Recht, nach dem leider heute noch so viele vergeblich rufen müssen und für das auch heute noch so viele leiden, wenn sie auch nicht wie Savonarola und Giordano Bruno, Hus und Hieronymus, oder Michael Servaet, der dem Fanatismus des Reformators Calvin in Genf zum Opfer fiel, auf dem Scheiterhaufen dafür brennen müssen. Wenn die restlose Verwirklichung des freien Rechts in allen Glaubensdingen, vor allem die Beseitigung jedes Vorurteils gegen die ehrliche Überzeugung Andersdenkender, zu den Folgen zählen wird, die aus der Saat dieser schweren Zeit emporwachsen, so wird nach mehr als 500 Jahren nach dem blutigsten Schauspiel der Weltgeschichte, vor dem die Leiden aller Märtyrer verblassen, noch ein Stück vom lebendigen Geiste Husens seine Erfüllung finden und die Reformation, die vom Scheiterhaufen in Konstanz ausging, ihre erhabenste Krönung finden.

Aus: Dr. G. Hägermann: Der Konstanzer Scheiterhaufen. In: Das Bodenseebuch 1916. Ein Buch für Land und Leute. Reuß & Itta Verlagsanstalt, Konstanz (Baden) 1916. S. 132ff.

OSKAR WÖHRLE

Er führte ein wechselvolles Leben, der 1890 im elsässisch-lothringischen Sankt Ludwig (heute Saint-Louis, Frankreich) geborene Oskar Wöhrle. Nach der abgebrochenen Lehrer-Ausbildung in Colmar reiste er quer durch Europa und Nordafrika, er arbeitete als Heizer auf einem Mittelmeerschiff, trat der Fremdenlegion bei, kämpfte als Soldat in Marokko, desertierte und kehrte ins Elsass zurück, wo er als Seidenfärber zu überleben versuchte. Der Ruhelose wurde schließlich Journalist und Schriftsteller – 1913 erschien sein Erstling »Der Baldamus und seine Streiche«, ein Entwicklungsroman um einen Unangepassten, der sichtlich nach dem Bild des Verfassers gezeichnet ist. Nach weiteren Stationen ließ er sich 1920 in Konstanz nieder. Hier gründete er eine Buchhandlung mit Antiquariat und bald darauf den linksgerichteten Wöhrle-Verlag und den See-Verlag, später noch eine Druckerei. Zweifellos gab er dem Kulturleben jener Zeit einige kräftige Farben mit. Misswirtschaft und Inflation führten 1925 allerdings zum Konkurs seiner Unternehmen. Hoch verschuldet machte er sich wieder auf die Reise. Er hielt sich in Stuttgart, Berlin und im (französischen) Elsass auf, lebte von Werbeslogans, die er verfasste, von Rundfunkbeiträgen, selbst als Packer war er tätig, und – er schrieb weiter.

1932 veröffentlichte Oskar Wöhrle den historischen Roman »Jan Hus – Der letzte Tag«. Darin bündelt er die religiösen und sozialen Auseinandersetzungen in Hus' letzten Stunden im Sommer 1415 – das ausgewählte Kapitel enthält eine pittoreske Volks-Szene, die im damals »frisch getünchten Ratskeller« beginnt. Der Roman erhielt den Literaturpreis der Tschechoslowakei. An den Preis war ein Studienaufenthalt in Prag geknüpft. Das Stipendium trat Oskar Wöhrle 1933 an und schrieb am zweiten Band einer geplanten Hus-Trilogie, der noch im gleichen Jahr unter dem Titel »Der Kelch« in tschechischer Übersetzung erschien und die Geschichte der Hussitenkriege behandelt. In diesen Aufenthalt fiel die »Machtergreifung« durch die Nationalsozialisten. Wöhrle, dessen Anti-Kriegsbuch »Querschlä-

ger« (1916) auf dem Index stand und dessen salonkommunistische Vergangenheit den braunen Herren gut bekannt war, blieb bis 1937 in der Emigration, kehrte dann aber ins »Reich« zurück – um den bitteren Preis der Anpassung an das Regime. Er starb ein Jahr nach Kriegsende in der Schwarzwaldklinik Glottertal nach einer Beinamputation infolge der Diabetes, an der er schon in den 1920er-Jahren erkrankt war.

Jan Hus – Der letzte Tag

Herr Johann von Schwarzach, Bürgermeister der guten und getreuen Stadt Konstanz, sitzt im Ehreneck des frisch getünchten Ratskellers und schreit dröhnend nach einem neuen Doppelschoppen.

Nach der bestandenen Ohnmacht, die ihm jetzt, drei Stunden hernach, noch immer schwer in den Knochen liegt – »wie eine Fuhre nass aufgelesener Rheinwacken!«, erklärt er seinem teilnahmsvoll tuenden Mitzecher Bündrich – hat er eine Dauerauffrischung höchst bittersam nötig. Umso mehr, als er eben den Vogt die Staffeln herablatschen sieht. Dessen zerknittertes Jagdhundgesicht, trotz der beginnenden Dämmerung in seiner ganzen Verkniffenheit kenntlich, macht nämlich nicht den Eindruck, als ob es viel Erfreuliches herauszubellen wüsste. Drum schleunigst ran mit dem Wein, Fälbel!

Der Kellerwart, trotz seinem Buckel gelenk und behend und gut auf den Anpfiff dressiert, wie ein Kriegsknecht im allerersten Soldjahr, greift mit seinen überlangen Fingern beflissen nach der Kanne.

»Vom gleichen?«, fragt er mit unterwürfigem Lächeln.

»Was meinst du?«, sagt Herr Johann zwinkernd zum Vogt, der eben seine Verbeugung macht, »sollen wir's noch mal mit dem Goldkräher wagen?«

»Mir ist alles recht, Bürgermeister!«, sagt der Vogt und lässt sich schwer, wie ein Maltersack, auf die Bank fallen. »Wenn's nur nass ist und kalt den Hals runtergeht; denn mich frisst schier der innere Brand!«

»Gut, also Goldkrätzer! Für Hans Hagen auch eine Kanne!«

Fälbels gebogener Rücken schnellt auf. Eh' er aber den Kellersteig nimmt, vergisst er nicht, in das Kerbholz des Bürgermeisters, das dort hängt, eine doppelte Kerbe zu schneiden.

Anerkennend leckt sich der Vogt die messerigen Lippen.

»Alles was recht ist, Bürgermeister, dein Goldkrätzer ist gut. Der kühlt den Schlund und kitzelt den Pansen.«

»Beim Eid, er hat einen langen Schwanz. Pass mal auf, wie er ihn dir nach dem zweiten Humpen zum Halse heraushängt!«

Herr Johann füllt nach. Doch mitten im Schenken fällt ihm was ein. Die Kanne noch schräg haltend, sieht er von den nervigen Händen des Vogts auf, ihm in die Augen und fragt: »Alles im Schuss, Vogt?«

»Alles, Bürgermeister. Die Schmiede machen sogar Doppelketten; die Steinmetzen haben schon die Löcher geschlagen, und die Kannengießer treffen alle Zurüstung zum Bleisud.«

Die kleine, fetthügelte Hand schenkt beruhigt weiter, es gluttert kein Tröpflein daneben.

»Wenn nichts dazwischenkommt, ist die Abwehrmaschine in spätestens anderthalb Stunden fertig!«, meint der Vogt.

Herr Johann stellt aufklatschend die Kanne hin: »Das wird morgen ein Staunen und Raunen geben!«

»Ich mein auch, Bürgermeister!«

»Haha, Vogt, ich ließ mir eine Viertelstunde von der ewigen Seligkeit abschneiden, wenn ich all das zu hören bekäme, was bei der Ausprob' von Willigen und Unwilligen verzapft werden wird!«

Der Vogt stimmt meckernd in das bürgermeisterliche Lachen mit ein. Doch Herr Johann wird seiner schütternden Herrenlaune nicht lange froh.

Die verdammten Kosten sind ihm unversehens wieder eingefallen, und nun melkt er melancholisch den Krausbart und stiert in die Kanne, als ob er von da den Unkostenbeitrag herausfischen könnte.

Eine Weile ist's still wie in der Kirche in der Karwoche, wenn die Glocken nach Rom gereist sind.

Doch der Biersieder kann die verdammte Trübsalbläserei nicht leiden. Er gibt dem Vogt unterm Tisch einen Tritt ans Schienbein. Das heißt in seiner Sprache: Hans Hagen, sorge für Unterhaltung! Der Vogt versteht. Er spuckt einen Pfläder aus und sagt: »Außerdem, Bürgermeister, ich hätt' noch was Neues zu melden!« Herr Johann fährt aus seinen Rechenkünsten auf, und wie immer, wenn er sich wundert, formt er ein komisches Karpfenmaul.

»Was Neues?«

»Ja, eine Prügelpredigt!«

»Was ist das?«, fragt der Bündrich und zeigt die obere Zahnlücke.

»Ja, was ist das?«, echot neugierig der Bürgermeister.

»Haargenau auseinandersetzen, was das ist, kann ich auch nicht. Ich kann euch nur schildern, wie ich dazu gekommen bin. Durch ein Nichts eigentlich, durch einen blöden Zufall. Wenn ich nicht, bevor ich hierherkam, noch eine Schmiede nach der andern abgeklopft hätte, um mich zu überzeugen, dass sie alle stramm an der Kettenarbeit sind, so wäre ich höchstwahrscheinlich niemals ...«

»Du wolltest doch was von einer Prügelpredigt erzählen!«

»Ich bin ja schon mittendrin in der Geschichte, Bündrich! Die Sache ist nämlich die, als ich zu Meister Burkards Schmiede einbiege, um zu beäugen, wie weit er mit seinen beiden Gesellen wäre, da seh' ich schon von Weitem, als ich aus der Torgasse komme, wie, bis auf das Pflaster hinaus, ein großer Haufen Leute um das Schmiedsfeuer steht.«

»Hiesige?«

»Wohl die meisten, Bürgermeister! Aber es waren auch genug der verdammten fremden Scheurenpürzler dazwischen. Vorn dran eine Rotte von diesen verschnürten Ungarn, die sich Zöpfe aus den Nasenhaaren flechten und ›Nemtsch! Nemtsch!‹ sagen, wenn sie mit unsereins reden. Wisst ihr, Prachtstücke aus der Leibgarde des Königs«, – der Vogt steht auf und verbeugt sich, als er Sigmund erwähnt – »diese elende Sau- und Klaubande, die wir jetzt glücklich nach Petershausen hinausgepeitscht haben! Die sind da und dazu noch eine Handvoll andrer. Ich verwette den letzten Teil der mir zugemessenen Fegfeuerzeit darauf, dass sich unter denen eine Reihe meiner geliebten Böhmen befanden!«

»Ist das die Prügelpredigt?!«

»Bring mich nicht aus dem Konzept, Bündrich! Ich erzähl ja andauernd von nichts anderm, als von einer Prügelpredigt. Also, wo war ich? Ja, dass ziemlich Böhmenknechte mit unter dem Haufen waren. Und da war einer, ein dicker, fetter, mit straff zurückgescheiteltem langen Haar, am dicken Bauch und auch an der wilden Gebärde genau dem Hieronymus gleichend. Oh, ich hab mir ihn gut gemerkt, ich könnt sein Gesicht hier auf die Tischplatte zeichnen. Einer von diesen Oberschlawinern, die aussehen wie die gebotenen Unruhestifter und Rebellanten. Sicher war er noch keine vierzehn Tage von der Hohen Schule herunter. Und dieser Hansdampf Vorndran, der schmeißt seine Schmalzhaare ins Genicke dahinter, fuchtelt mit dem kurzen Gearm wie bei einer Kanzelrede und schreit mit einer Pfingststimme von sieben, nicht nur von einem heiligen Geiste beschattet: ›Die Prälaten mögen gegen Hus sagen, was sie wollen, eines müssen sie stehen lassen: Magister Jan ist ein Meister des Worts, wie es unseres Lands keinen zweiten mehr gibt!‹ Hört! Hört! schreien da die andern durcheinander. Ja, hört, hört! Die Steine kann der Magister heulen machen, wenn er zu predigen anhebt. Der Hus ...«

»Ich stifte einen Zuber Schwarzbier, wenn ich nicht eine Glatze bekomme, eh' du bei deiner Prügelpredigt bist!«

»Gut, Bündrich, deine mildtätige Stiftung ist angenommen! Aber bevor dir die Nachtluft die Platte bebläst, zunächst einmal weiter im Text! Wovon erzählte ich doch? Aha, von diesem Wortsprudler Schlawiner. ›Ja‹, sagt er, ›Freunde, hört, hört! Der Hus, der spaltet die Gewissen mit seinem gewaltigen Wort! Der haut darauf, bei Pfaffen und Laien, dass die Fetzen aus der sündigen Seele fliegen. Nicht wie eure deutschen Kapuziner, die, wenn sie auf der Kanzel stehen, ihre Handtücher schwenken und sich damit den Geifer vom Mundeck und den Schweiß von den gedunsenen Backen wischen, die sich bei ihrer Predigt schnäuzen, und die reuzen und speuzen, wie die Rossknechte bei einem Leiden-Christi-Spiel. Nein, beim Hus ist alles ehrlich. Nicht er schwitzt bei seinen Bußpredigten. Nein, seine Zuhörer schwitzen. Ihnen treibt er ob ihrer

Sündenverstrickung den Angst- und den Todesschweiß aus. Alle Mittel sind ihm recht, durch die er seine Gemeinde aus dem Tal der Sünde hinauf auf die steile Höhe zu Gott führt. Alle Mittel, selbst die stärksten!‹ Er reckt sich auf der Kanzel und tut einen Ruf: ›Siehe, der Papst schreibt, es gebe viele unter uns, deren Herzen der Ketzerei voll seien. Ich aber sage und danke Gott, dass ich keinen ketzerischen Böhmen kenne!‹ Und das ganze Volk schreit: ›Er lügt! Er lügt!‹ Der Papst nämlich. Hus reckt sich und ruft: ›Ich habe gegen die Befehle des Erzbischofs appelliert und appelliere fortan: wollt ihr euch anschließen?‹ Und das ganze Volk schreit: ›Das wollen wir! Wir schließen uns an!‹ Hus reckt sich noch höher und ruft zum Schluss: ›Es wäre wahrhaftig notwendig, dass wir, wie es in dem Alten Bunde durch Mosen befohlen war, uns mit dem Schwerte umgürteten und Gottes Gesetz gewappnet verteidigten!‹ Und männiglich schreit: ›Jawohl, verteidigen!‹ und springt empor und schwingt die mitgenommenen Prügel und Knüttel.«

»Aha, die Prügelpredigt!«

»Noch nicht, Bündrich, sie fängt erst an, die Prügelpredigt. ›He, Mann des Geschreis‹, sagt da der Meister Burkard, ein neues Glied der Sperrkette auf dem Schnabel des Ambosses zurechthämmernd, ›was machen denn deine Husleute mit den geschwungenen Prügeln und Knütteln?!‹ – ›Ha‹, sagt der Schlawiner, wieder sein gelbzähniges Maul aufreißend, ›sie gehn, alles, was Lug und Trug ist, in Grund und Graben zu schlagen!‹ – ›Das klingt meinen grauen Ohren schon besser!‹ schreit der Meister Burkard durch das Sausen des Blasebalgs und zieht einen frischen Eisenstab aus dem Feuer.«

»Hast du gesehen, war er gezeichnet?«

»Alles in Ordnung, Bürgermeister, es war der Stadt Zeichen daran! Und dann, auf den Amboss mit diesem Stab und drauf losgehauen, dass die Funken stieben und die Umstehenden erschreckt weichen, ruft der Graubart seine Gesellen an: ›He, Vitus und Adolf, wie wär's, wenn wir auch hier in Konstanz mal mit solch einer saftigen Predigt begännen?!‹ Und der Adolf, der Schafheitlin, ihr müsst ihn kennen, er hat im Span mit den Solothurnern eine quer über die Backe bekommen, sieht narbig aus wie eine Studentenbirne, der ist nicht faul, lässt sich nicht zweimal heißen, zieht den Blasbalg, dass die Klappen sausen und als müsst er das Hundertfache an Wind machen und schreit: ›Hergehört, ihr Prügelträger! Zuerst auf alles, was unrecht Gut sich anmaßt, was prasst und fasst und Luderleben führt, derweil der arme Teufel in Lumpen um sein bisschen Leben hungert! Auf die Köpfe geht's zuerst!‹ Der Meister Burkard stimmt als Erster bei, tapfer sein glührot absplitternd Eisen schlagend: ›Auf die zuerst!‹ Und der ganze Haufen schreit nach, nicht nur die verschnürten Ungarn, nicht nur die strupphaarigen Böhmen, nicht nur der dicke, pflaumenlippige Prager Student, nein, alles, was um die Schmiede steht, schreit: ›Auf die zuerst! Gebt ihnen Saures! Gebt ihnen!‹«

»Auch die Hiesigen schrien?«

»Die am allermeisten, Bürgermeister!«

»Die Namen müsste man sich merken, Vogt!«

Hans Hagen hebt, bös und überlegen grinsend, die messerscharfen Lippen: »Sind schon gemerkt, Bürgermeister!«

»Fälbel, für mich und den Vogt noch je einen Doppelschoppen!«

»Goldkrätzer?«

»Nichts andres!«

»Aber der Schafheitlin gibt keine Ruh. Er lässt's nicht beim ersten Geschnörre bewenden. Nein, er gibt beim zweiten noch viel lauter und hetziger an: ›Dann auf die Sippschaft, die fromm die Augen verdreht, in härenen Kutten durch die Gassen schleicht, die Haustürklinken putzt, in Christi Namen winselt, schnorrt und bettelt, doch abends dann daheim, hei, wie das schmort und prasselt und bratenduftig aus den Fenstern zieht! Hernieder auf die kahl geschorenen Schädel!‹ Auch da stimmt der Meister Burkard, der Schmied, bei, haut das Eisen, dass du meinst, Amboss und Hammer zerscherbe, und schreit mit seiner schrillenden Fistel, die durch Mark und Bein geht: ›Hernieder auf die kahl geschorenen Schädel!‹ Und der ganze Haufen schreit, Ungarn und Böhmlaken wild durcheinander: ›Hernieder auf die glatt geschorenen Schädel!‹«

»Wieder die Hiesigen mit?«

Der Vogt hört wohlig den Strahl des Goldkrätzers in seinen Humpen laufen.

»Wieder, Bürgermeister, und wieder am tollsten!«

»So weit sind wir also doch schon gekommen!«, ächzt Herr Johann von Schwarzach. Aber diese betrübliche Erkenntnis hält ihn nicht ab von einem tüchtigen Humpenhub.

Der Vogt wischt mit dem Handrücken den verkniffenen Mund: »Ja, Herren, der Schafheitlin ist auf den Geschmack gekommen. Er hat Gefallen gefunden an seinem Predigeramt. Seine Narbe quer über die Backe hat im Schein des Schmiedfeuers geglänzt wie ein aufgerissener Mund. Zweimäulig also hat er seinen neuen Schandvers in die Gasse geschrien: ›Zum Dritten auf die Ritterbande, die mit ihren Spänen und Händeln uns ewige Not und Kriegsplag in die Häuser schickt! Auf all die fremden Hungerleider, die Lanzen, Hellebarden und Armbrüste tragen, die uns zu armen Tagen fressen und uns des Brotes kaum eine halbe Kruste übrig lassen!‹ Und alles schreit lautmündig den Segensspruch: ›Hernieder auf die gespornten Hungerleider!‹«

»Bravo! Bravo!«, sagt Herr Johann von Schwarzach, »an dieser Stelle hätt' sogar ich mitgeschrien, wenn ich dabei gewesen wäre, ich, der Bürgermeister!« Und er klopft sich auf die kurzen, feisten Schenkel und lacht, fröhlich angerührt vom Wein und fröhlich angerührt von dem Gedanken an diese Szene. So laut lacht er, dass der meerschweinerne Kropf hinter dem schwarzen Bart vor Vergnügen in einem fort schollert und bollert.

Auch der Zunftmeister der Biersieder lacht mit: »Sie fängt an, gut zu werden, deine Prügelpredigt! Wenn's so weitergeht, rücke ich noch einen Zuber Allmannsdorfer Schwarzbier dran!« Bündrichs dicker Bauch bibbert vor Vergnügen, und sein zahnlückiger Mund will sich vor Lachdrang gar nicht mehr schließen.

Der Vogt dagegen kerbt sich vor Unmut neue Falten ins Gesicht. Er ist verärgert. Er kann es nicht leiden, wenn er den Anlass gibt, dass jemand lacht. Das ist ihm Sand im Spinat. Außerdem meldet sich sein bresthafter Magen wieder, der ihn keines Trunkes bis zu Ende froh werden lässt. Seine Stimme nimmt daher Bellens Klang an:

»Zu früh gelacht, meine Herren! Dieser Schmiedsknecht hatte noch einen vierten Dreinschlagspunkt für seine Prügelpredigt. ›Auf die Aktenbeschmierer und Gesetzaussäger!‹, schrie er. ›Auf die lateinisch quatschende Brut, die jedes Jahr mit einem Karren neuer Gesetze kommt vom Reich her, dass man bald nicht mehr weiß, in welches Mausloch sich verkriechen vor Paragrafen und Strafen!‹ Und alles hat mitgeschrien: ›Hernieder auf die Advokatenbrut! Hernieder! Hernieder!‹«

Herr Johann von Schwarzach hat zu lachen aufgehört und melkt mit weichen Griffen seinen Viereckbart.

»Sonst haben sie weiter nichts geschrien?«

»Nein!«, sagt der Vogt.

»Nichts vom Stadtregiment?«

»Nein!«

»Nichts gegen den Großen Rat?«

»Nein!«

»Nichts gegen den Kleinen?«

»Nein!«

»Nichts gegen den Amman?«

»Nein!«

»Nichts gegen mich?«

»Nein!«

»Nichts gegen dich?«

»Nein!«

»Dann, Vogt, lass die Bande Prügel predigen, so viel sie will! Solange die Brüllerschar nicht uns und unser Amt ins Maul nimmt, mag sie ruhig das große Wort schwingen! Wer mit Gebrüll die Kinnlade klaftert, der ist noch weit ab vom Hauen! Ist's nicht so? Was schüttelst du dein weißes Haupt, Bündrich?«

»Unbegreiflich! Unbegreiflich! Ich wundere mich, dass der Haufe nicht geschrien hat wider das dünne Bier und wider mich, den Zunftmeister der das dünne Bier siedenden Brauer. Das ist doch in solchen Fällen gemeiniglich das Erste!«

Der wütende Zuck im Magen ist vorbei. Jetzt ist die Reihe, herzlich zu lachen, am Vogt.

»So einfach, wie ihr's anseht, Herren, schließt der Laden denn doch nicht. Dass die Bande im Schreien aufhörte, hatte einen anderen Grund!«

Der Bürgermeister stellt den Humpen ab, den er schon kühl am Mund hatte, und der Biersieder rutscht mit dem Kopf näher heran und stemmt die beiden Ellbogen auf, als ob er durch die Tischplatte stoßen wollte.

Beide, Glotzaug und Karpfenschnute, fragen: »Welchen?«

»Einfach den, dass ich unter sie gestoßen bin, wie der Häher unter die quarrenden Enten. ›Der Vogt!‹, hat einer geschrien, der sich umsah, und als ich dann vor bin aus meinem dunklen Versteck, beim ersten Schritt, den ich in die Helle tat, da fuhren sie auseinander wie dürres, raschelndes Blattwerk im Sturmmond November. Ich sag euch, der Platz war leer, eh ich noch ›Halt!‹ schreien konnte. Sauber gefegt wie eine Bauerntenne vorm Tanzen. Nur der Schmied und die beiden Gesellen waren da, und die fuhren drauflos auf ihr glutiges Eisen wie die Wilden.«

»Hast du dem Meister nicht den Schnabel zurechtgesetzt?«

»Bürgermeister, ich wollte. Aber da ging mich der Grauschalk mit einem Spruch aus der Bibel an und hat mich glatt überwunden. ›Dem Ochsen, der da drischet, soll man das Maul nicht verbinden!‹«

»Das hat der alte Hebräer aber ganz anders gemeint!«

»Das weiß ich auch, Bürgermeister! Aber so kapitelfest ich sonst bin, in diesem Fall war ich glatt auf die Klappe geschlagen. Rein ohne Antwort stand ich. Ich kau noch jetzt an dem Brocken herum, den ich dem Schreischmied an seinen rußigen Grind hätt' schmeißen sollen.«

Eine Weile ist's still. Die Dämmerung liegt wie ein ungeheurer umgestürzter Baum im Keller. Auf einmal ist ein Strahl da, der diesen Gewölbeklotz wie eine Säge zerschneidet.

Fälbel, auf lautlosen Sohlen schleichend wie ein Gespenst, bringt ein brennendes Wachslicht und stellt es in die Mitte des Tisches.

Eine verlorene Schnake summt und rennt nach einigen wirren Umkreisungen mit ihren hellen Flügeln ins Feuer. Die Flamme zersprengt ihr sengend den Leib. In dünner Explosion geht die Summerin zugrunde.

»Ob das wohl auch ein Ketzergauch war?«, spottfragt, grinsend die Oberlippe hebend, Bündrich, der Biersieder.

Der Vogt öffnet eben den Mund, um auf diese »gotteslästerliche« Frage eine »senkrechte« Antwort zu geben, da schreit's unvermittelt aus dem hintersten Gewölbeck her: »Losgeschlagen! Aufs Lumpenpack! Aufs Hundepack!«

Gleichzeitig hören die drei Herren einen dumpfen, polternden Stoß.

Als Fälbel, gut dressiert, mit rasch gebrachter Kerze in den schattenverhangenen Lärmwinkel hineinleuchtet, da taucht im Rande des Lichtkreises als Erstes ein rot flammender Schopf auf.

Dieser Haarschopf liegt hüpfend auf verschränkten Armen. Ein mächtiger, beinahe stierischer Rücken wuchtet sich auf. Es sieht so aus, als ob der Riesenklotz weine.

Vor dem flackernden Haarschopf liegt umgestürzt eine Kanne, aus der noch tröpfelig trübe Reste von Rotwein sickern. Daneben ein runder Laib Bauernbrot, in dessen Mitte, bis ans Heft in die schwarze Rinde vergraben, ein Messer steckt.

»He, Vinz!«, ruft der Bürgermeister, in dem Zusammengebrochenen zu seinem größten Erstaunen den Hilfsschreiber erkennend. »Was tust du dort hinten in deinem Räuber- und Mörderversteck? He, komm vor zu ehrlichen Leuten!«

Der Klotz atmet, aber er rührt sich nicht.

Fälbel, gut abgerichtet, den Schatten seines Buckels wie einen sich hebenden und sich senkenden Berg über die Wand schleifend, kommt in die Ehreneck und zeigt dem Bürgermeister verstohlen das Kerbholz von Vinz.

Herr Johann von Schwarzach erkennt sieben frische Einschnitte. »Oha«, denkt er, »der arme Hund ersäuft seinen Gram um die Weinschenkerin!« Laut aber ruft er nochmals: »He, Vinz, komm vor!«

Das Hüpfen des rotblonden Schopfes wird ärger.

»Den muss man anders holen, nicht mit Schärfe, sondern mit Gemütlichkeit!«, sagt Bündrich und schlurft an den Tisch in der Ecke.

Doch der Weinende, mit dem geschärften Ohr des Wahnsinnigen, muss den Zunftmeister gehört haben. Denn noch ehe der dazu kommt, ihn freundlich auf die zuckende Achsel zu tippen, springt Vinz auf, reißt das Messer aus dem Brotlaib heraus, schwingt's als blitzenden Kreis über seinem verstörten Haupt und schreit mit dem herausbrechenden Ton eines auf die Folter Gespannten: »Aufs Lumpenpack! Aufs Hundepack!«

Der Zunftmeister weicht erschrocken zurück. In der Hast fällt er über die eigenen Beine.

Vogt und Bürgermeister flitzen auf, um ihm zur Hilfe zu kommen.

Fälbel, gut dressiert, jetzt, wo es auf Kampf zu gehen droht, trotz seinem Buckel schnittig in seinen Bewegungen wie ein frisch einexerzierter Landsknecht, hält einen eichenen Knüppel parat.

Wie ein Nachtwandler, durch jähen Anruf zu sich gekommen, steht der blonde Schreiberskerl da, immer noch das Messer zum Stoß geschwungen.

»He, ist denn heute die ganze Welt verrückt geworden?«, schreit zornrot der Bürgermeister. »Nur ich!«, sagt der Klotz.

Wie zwei schwere eiserne Klumpen fallen ihm die beiden Worte vom Munde.

Doch da der Vogt ihn wie ein Rasender anschaut, befehlerisch, zwingend wie der Bändiger das entsprungene Tier, schüttelt er seinen Zustand vollends ab. Ein Träumer erwacht aus seinem bösen nächtlichen Traum.

Mit glasigen, vorgequollenen Augen das Polizeigesicht anstarrend, klappt Vinz sein Messer zusammen.

Aus: Oskar Wöhrle: Jan Hus – Der letzte Tag. Geschichtlicher Roman. Verlag der Bücherkreis, Berlin 1932. S. 86ff.

EGON ERWIN KISCH

In guten Zeiten ließ Egon Erwin Kisch seine Maßanzüge bei Meister Rudolf Siebert in der Potsdamer Straße in Berlin schneidern. Das war in den berühmten Roaring Twenties so, in denen der Stern des »Rasenden Reporters« (so auch der Titel seines 1925 erschienenen Buchs), vollends aufging. In dieser Zeit war der 1885 in Prag als Sohn des jüdischen Tuchhändlers Hermann Kisch und seiner Frau Ernestine geborene Schriftsteller, Journalist und Reporter weltweit unterwegs, um Geschichten zu recherchieren.

Seine ersten Reportagen schrieb er für die Prager Tageszeitung »Bohemia«, das waren meist Schilderungen aus dem Milieu der Armenviertel. Egon Erwin Kisch war das, was man einen engagierten Schriftsteller nennen kann. Er verstand die Reportage als Kunstwerk, vor allem aber als gesellschaftsveränderndes Instrument. Dennoch galt für seine Textarbeit allein die Tugend der Objektivität. Seinen Ruhm als investigativer Journalist begründete er 1913 mit der Aufdeckung der Spionageaffäre Alfred Redl – der Oberst, der für den k. u. k. Militärnachrichtendienst arbeitete, war als Spion für Russland tätig; der Generalstab sah durch diese Affäre die Monarchie kompromittiert und versuchte, sie zu vertuschen. Egon Erwin Kisch gibt darüber in seinem Buch »Der Fall des Generalstabschefs Redl« (1924) detailliert Auskunft. Der Skandal wurde 1985 von István Szabó verfilmt, der österreichische Schauspieler Klaus Maria Brandauer spielte in »Oberst Redl« die Hauptrolle. Mit Beginn des Dritten Reichs zog sich Egon Erwin Kisch aus Deutschland, wo die Nationalsozialisten seine Bücher verbrannten, zurück. Er hielt sich in Prag, in Paris und im belgischen Seebad Ostende auf und emigrierte schließlich 1939 nach Mexiko. Nach dem Krieg kehrte er nach Prag zurück, er starb 1948 an einem Herzinfarkt.

Egon Erwin Kischs Konstanzer Hus-Bericht »Im letzten Kerker des Magisters« erschien 1931 in seinem Buch »Prager Pitaval. Historische Kriminalfälle aus Böhmen«. Eine frühere Version des

Textes veröffentlichte er im Juni 1928 in der Zeitschrift »Der Rote Helfer« unter dem Titel »Wie man Johannes Hus marterte und verbrannte«. Wann genau Egon Erwin Kisch die Konzilsstadt besucht hat, ist nicht bekannt.

Im letzten Kerker des Magisters

Nichts liest man in den Chroniken von den Konstanzer Martern des Magisters Johannes Hus mit so nachhaltender Anteilnahme wie die Schilderung seiner letzten Haft. Die Qualen, die er im Turm des Dominikanerklosters auf der Rheininsel und in der Feste Gottlieben erlitten, Schmach und Schmerz seiner Festschmiedung an das kalte Gestein, die Nähe der Kloake, die Dunkelheit seiner Kerkerzelle, sein Leiden an Nieren- oder Gallensteinen, das durch die Klistiere eher erhöht als gemildert wurde – das alles bleibt hinter der grenzenlos schlauen Heimtücke zurück, mit der man ihn in den ersten Junitagen des Jahres 1415 zur Verfügung des Konzils hielt, id est für die Verhandlungen ungeeignet zu machen versuchte. Bei diesen Verhandlungen im Refektorium des Franziskanerklosters standen Hunderte von Anklägern gegen den einen, Kaiser, Päpste, Patriarchen, Erzbischöfe, Bischöfe, infulierte Äbte und Dompröpste gegen den schlichten Magister; sobald er etwas auf die Anschuldigungen zu erwidern wagte, »stürzte die ganze Menge mit Geschrei auf ihn ein, er hatte sich nach allen Seiten, nach rechts und links, nach vorne und hinten zu wehren«. Andere meckerten ihr Hohngelächter, um seine Verteidigung unhörbar zu machen. Schwieg er achselzuckend, weil in diesem Höllenkonzert seine Stimme doch verhallen musste, so jubelten alle: »Siehst du, jetzt musst du schweigen, weil du nichts zu entgegnen weißt!« Während am Abend die hohen Herren in Kaleschen in ihre Absteigequartiere fuhren, um sich an gastronomischer Tafel und in weichen Daunenbetten für die morgigen Plädoyers zu stärken, wurde der kranke Magister – seit beinahe sieben Monaten hatte er nur Kerkerluft geatmet und das Tageslicht durch den eisernen Filter gesehen – keineswegs in die Kasematten des Schlosses Gottlieben zurückgeführt (wo inzwischen der Mann saß, der im Vorjahre den Hus verhaften, aber nun der entlarvte Betrüger Balthasar Cossa und nicht mehr infallibler Papst war), sondern man schleppte ihn durch finstere Treppengänge in das Verlies des Hauses.

Nichts war mehr hell an dem Märtyrer Hus, und am nächsten Tage sollte er gegen die Welt der Mächtigen und Neunmalweisen die Wahrheit behaupten. Nichts war heil an ihm als der Kopf, mit dem er denken, und der Mund, mit dem er das Gedachte aussprechen konnte. Doch da geschah es, eben im Kerker der barfüßigen Franziskaner, dass ihn in der Nacht vor dem letzten Verhör (8. Juni) auch der Kopf verließ und der Mund. Schwindelanfälle packten ihn, er konnte kein Auge schließen, und die Wachsoldaten geben an, er habe gestöhnt vor Kopfweh, Fieberschauern und Zahnschmerzen. (»Nam et noctem praeteritam dolore dentium totam insomnem duxera«, sagt der Bericht über den letzten Tag des Prozesses.) Was mag er gelitten haben, als er den Zahnschmerz fühlte? So lange hatte er auf Hunderte von inquisitorischen Fragen zu antworten vermocht mit einer lauten Stimme, die das Einzige war, was ihm in dem Wolfsgeheul der öffentlichen Verhandlung die Möglichkeit gegeben, sich Gehör zu verschaffen. Und nun verschloss ihm der Himmel, dessen Sache er zu vertreten meinte, den Mund durch die Schikanen eines Zahnes, durch Anschwellen der Backe, durch einen rasenden, in den Kopf dringenden Schmerz! Es konnte nicht Zufall sein: Diese banale Krankheit tauchte auf unmittelbar vor der letzten Gelegenheit zum Widerruf, zur Abschwörung, so heftig, dass Johannes fürchten musste, er werde am nächsten Tag nicht mehr die Kraft haben, dem Kreuzverhör zu begegnen! Wollte also Gott mit dieser Heimsuchung das Zeichen zur Unterwerfung geben?

Vom Zahnschmerz gefoltert, rief Johannes Hus die Instanz an, die entscheiden sollte. Und als sich am Morgen die Sonne aus dem Stadtgraben erhob, wusste er, was er zu tun habe. Er stand den Kirchenfürsten Rede, solange es sein Körper vermochte, dann wurde er leichenblass und taumelte.

Der Bischof von Riga und die Hellebardiere trugen den offensichtlich von Gott gestraften Erzketzer in das unterirdische Mauerloch zurück, das er nicht mehr verließ bis zum Autodafé. Dieser letzte und schauerlichste Kerker des verbrannten Magisters ist in Konstanz nicht leicht zu finden.

Während selbst Neubauten, die an der Stelle bedeutsamer Häuser aufgeführt wurden, als historische Stätten markiert sind (so zum Beispiel weist das moderne Wohnhaus Obere Laube Nr. 19, eine tschechisch-deutsche Gedenktafel für Hieronymus von Prag auf), ist der Gefängnisturm des Franziskanerklosters nicht gekennzeichnet. Weder Reiseführer noch Hotelportier wissen, dass es ein Franziskanerkloster in Konstanz gibt. Nur für den Besitzer alter Stadtchroniken ist der Gebäudekomplex, der freilich längst teils »Gewerbeschule«, teils »Knabenschule« heißt und renoviert ist, mitsamt dem Turmvorbau zu erforschen. Der Haupteingang in das Volksschulgebäude liegt am Stephansplatz (Nr. 27), die hintere Front hat die Bezeichnung »Untere Laube Nr. 12«. Hier war früher die Stadtmauer, und keine Pforte führte von dieser Seite in das Kloster. Knapp bevor die Klosterfront zu Ende ist, springt der massive Turm quadratisch vor, sodass nördlich von ihm nur ein etwa vier Meter breiter Fassadenteil des Hauses übrig bleibt, der von der Straße aus gleichfalls turmartig wirkt. Links vom Turm ist ein öffentliches Pissoir, der Eingang zum Turm geht an zwei gleichfalls öffentlichen Klosetten vorbei: Dienstag und Freitag ist hier Wochenmarkt, Verkäufern und Kutschern dient diese dreifache Fürsorge. Ferner ist im Schulgebäude das Volksbad, dessen Heizraum schon im Bereich des Turmvorbaus liegt. Er ist zweistöckig, doch sind wohl beide Stockwerke erst später aufgeführt, worauf eine Inschrift über dem Fenster im ersten Stock (1692?) hinweist.

Das gewaltige Klostergebäude hat noch im vorigen Jahrhundert als Kaserne und der Turm – traditionsgetreu – als Arrest gedient. Zur Zeit des Konzils waren die Gefangenen ebenerdig untergebracht, über ihnen befand sich nur das Dach und dort, wo sich die aus zwei

Meter breiten Quadersteinen bestehende Mauer lukenartig verjüngt, ein unerreichbares Fenster. In dem heute als Waschküche eingerichteten Raum sieht man auch die ungeschickte Arbeit des nachträglich eingefügten Plafonds; in der angrenzenden Rumpelkammer, die von der Renovierung verschont wurde, überrieselt einen der Gedanke unheimlich, dass hier ein Mensch auf den Steinfliesen lag; der schauerlichste aller Kerker war der des Magisters Johannes Hus, der freilich gefährlicher war als ein gewöhnlicher Ketzer; ein Rebell, ein Kämpfer für das Volk, mit Recht unter die Vorläufer des Sozialismus eingereiht. Frau Adelsegg, die Schuldienersgattin, bewohnt den Turm, und da man ihr erklärt, was man zu sehen wünscht, schlägt sie die Hände zusammen: »Also ist es doch wahr, was der Vater immer gesagt hat!« Und beim Gitterfenster sitzt der Vater, ein Herr Anslinger, mit grauem Backenbart, 78 Jahre alt. Er ist hier selbst Schuldiener gewesen und lebt in der alten Dienstwohnung beim Schwiegersohn im Ruhestand. »Wie ich eingezogen bin, als ganz junger Mensch, hat mir der Herr Rektor gesagt: ›Das ist eine geheiligte Stätte, wo Sie jetzt wohnen werden, das war der letzte Kerker von dem böhmischen Reformator Johannes Hus.‹« »Wir haben es aber nicht geglaubt«, wirft die Tochter ein. »Ja, war denn nie jemand da, um den Turm zu besichtigen?« – »Ich wohne schon vierzig Jahre hier, und noch niemand ist gekommen. Sie sind der Erste.«

Der Alte ist ganz stolz, weil sich noch zu seinen Lebzeiten herausstellt, er habe nicht geflunkert, und der Gast aus einem alten Werk über das Konstanzer Konzil nachweisen kann, dass ein Irrtum ausgeschlossen ist. Herr Anslinger fängt zu erzählen an, wie man vor vielen, vielen Jahren den Riesenstein aus Hegne gebracht hat, um ihn in der Konstanzer Brühl aufzustellen, wo Hus und Hieronymus verbrannt wurden. »Acht Pferde haben den Wagen mit dem Stein gezogen, und trotzdem sind in der Kanzleistraße zwei Pferde gestürzt und eines hat sich den Fuß gebrochen, ich war selbst dabei. Die Leute haben geschrien: ›Das ist ein Zeichen Gottes! Weil sie dem tschechischen Ketzer ein Denkmal errichten wollen!‹ Alle Fuhrleute haben ihre Pferde ausgespannt, und man hat den Stein mit Ochsen hinausfahren müssen, das habe ich mit eigenen Augen gesehen …«

Sancta Simplicitas! Hier an dieser Stelle hat Johannes Hus, weil sein Gewissen es ihm befahl, einem stärkeren Memento, offenkundig einem Wink Gottes, getrotzt: dem Zahnschmerz.

Aus: Egon Erwin Kisch: Prager Pitaval. Späte Reportagen. Gesammelte Werke in Einzelausgaben, Band 2/2. Ausw. Unter Mitarbeit von Edelgarde Oehlandt. © Aufbau Verlag GbmH & Co. KG, Berlin 1969. S. 45 ff. (Dieser Band erschien erstmals 1969 im Aufbau-Verlag; Aufbau ist eine Marke der Aufbau Verlag GmbH & Co. KG)

RICHARD SCHLEMMER

Zur Schriftstellerei fand er über Umwege. Richard Schlemmer, 1893 in Bautzen geboren, war im ersten Leben Lithograf. Nach dem Ersten Weltkrieg arbeitete er als Laienschauspieler am Theater seiner Geburtsstadt. Später wurde er technischer Zeichner bei der Staatsbahn in Dresden und danach Reichsbahn-Oberdirektor. Irgendwann entdeckte er sein Schreibtalent. Und das setzte er gezielt ein: Richard Schlemmer schrieb sechs historische Romane, die sich ausschließlich um die Geschichte von Bautzen drehen. »Trutziges Stadtvolk – Hussiten vor den Toren«, das Buch, das hier interessiert, war sein zweiter Roman. Er behandelt die Zeit von 1414 bis 1432, der Roman setzt mit der Verbrennung des böhmischen Reformers Jan Hus (1369–1415) während des Konzils ein, er endet mit den Hussitenkriegen bzw. mit den beiden Belagerungen Bautzens in den Jahren 1429 und 1431.

Der Romancier studierte intensiv die Stadtgeschichte von Bautzen (obersorbisch Budyšin), bevor er sich ans Werk machte. Auch die Konzilsgeschichte war Richard Schlemmer vertraut, wie die ersten Kapitel des Romans belegen. Der Hussitismus kommt dagegen etwas zu kurz weg. Er erscheint vorrangig als Drohkulisse. Am hussitischen Oberbefehlshaber Molesto, der mit 4.000 Soldaten vor der Stadt auftaucht, die sich einfach nicht ergeben will, hebt er nur die fanatischen Züge hervor. Kein freundliches Wort gibt es für den einäugigen Heerführer der Hussiten Jan Žižka (1360–1424), einem Tyrannenfeind und Beschützer der Unterdrückten, der vom Freiheitsgedanken getrieben war. So wenigstens wird Jan Žižka in der tschechischen Literatur des 19. Jahrhunderts beschrieben, die ihn wiederentdeckte. Allerdings bleibt die Frage offen – etwa in den überragenden epischen Gesängen »Žižka« (1846) von Alfred Meißner –, ob er denn nun ein »gesegneter oder verfluchter« Held gewesen ist. Das 20. Jahrhundert hat die Antwort gefunden, er war ein Patriot.

Aber Richard Schlemmer, der 1946 im russischen Kriegsgefangenenlager starb, hat »nur« einen Roman geschrieben. Das Genre erlaubt den Mix aus Dichtung und Wahrheit – und eine parteiische Haltung. Vom Letzteren macht er, zumal was die kriegerischen Auseinandersetzungen (»Wutkampf«) angeht, kräftig Gebrauch. Den Überlieferungen nach sollen sich die Bürger der Stadt, auf Befehl des Stadthauptmanns Thiemo von Colditz auch die Frauen und Kinder, mit aller Kraft verteidigt haben. Unter anderem wurden heißes Wasser, siedendes Pech, Schwefel und Pechkränze auf die Angreifer gegossen. Der Angriff dauerte insgesamt drei Tage ...

Trutziges Stadtvolk

Leitersturm!
Infernalisch anbrandender, an Wildheit ungeheuerlicher, schwer abzuwehrender, blutiger Leitersturm!

Mit staunenerregender Schnelligkeit stoben die hussitischen Leiterträger heran. Trotz wütendem Pfeil- und Steinregen erreichten sie die noch von den Vortagen her blutbespritzte Eselsbergmauer. Hinter ihnen schäumten tosend die unermüdlichen, zügellosen Sturmrotten Molestos daher, siegentschlossen, brutal geführt von ihrem unerschrockenen, keine Hindernisse scheuenden Oberbefehlshaber.

Die Budissiner wunderten sich gar bass über den mächtigen Leiterauftrieb der Hussiten. Woher nahm der aufs Äußerste gereizte Feind plötzlich die vielen Hundert großen und kleinen Leitern? Gestern, vorgestern, ja selbst heute am Morgen noch besaßen sie nur wenige. Den ganzen Vormittag hindurch führten sie ihre Anstürme hier wie im Osten der Stadt in üblicher Weise.

Begünstigte das Landvolk die Unholde? Stellten sich den Böhmen verräterische Bauern zur Verfügung?

Nichts von dem. Die Landleute aus dem Budissiner Kreis waren in die Wälder geflohen; soweit die Flucht überhaupt möglich gewesen. Unter ihnen gab es keine Verräter. Doch niemand konnte verhindern, dass die Abgesandten der hussitischen Heerscharen sich selbst nahmen, was sie benötigten.

Nach allen Richtungen hin hatte Molesto Streifabteilungen ausgesandt, nach Leitern zu fahnden. Weit entfernte Dörfer wurden sogar aufgesucht. Keinen Umstand scheuten die Sendlinge. Vor einer Stunde kehrten sie zurück. Wagenladungen voll geeigneter Sturmleitern schleppten sie herbei.

Den nach ruhiger Nacht seit Morgengrauen wieder aufgenommenen Wutkampf um die trutzige Stadt musste nun der alles überbietende Leitersturm beenden. Zerschellte auch dieser, dann war jegliche Aussicht, Budissin stürmend zu nehmen, vorbei. Darüber hegte Molesto keine Zweifel. Und deshalb stellte er sich selbst an die Spitze seiner Stürmer, um als Erster die Mauerkrone zu erreichen, als Erster die Verteidigungslinie zu durchbrechen. Brausende Kampflust glutete in ihm. Ein einziger Wille beherrschte sein Führerelement. Dies war für ihn die Entscheidungsstunde. Entweder fiel Budissin jetzt just um die Mittagszeit, oder er sank im Kampf auf der Mauer.

Was der große Leitersturm bedeutete, wussten die Budissiner. Wenn jetzt nicht alle Bürger standhielten wie ein Mann, dann mussten die Hussiten über die Brustwehren gelangen, denn schier unmöglich konnten all die vielen angelegten Leitern mit einem Schlag zurückgestoßen werden, sodass kein Einziger die Sprossen zu erklimmen vermochte. –

Veit Steffen war es gelungen, in einem unkrautdurchwucherten Stadtwinkel unbrauchbar gewordene Mühlsteine zu entdecken und mithilfe einiger Zunftgenossen an die bestürmte Mauer zu rollen. Harten Böhmenschädeln galt die niederschmetternde Wucht ihrer schweren Massen.

Der eifrige Waffenschmied erinnerte sich dabei der Erzählungen seines Vaters, der gern von der Belagerung Budissins durch Kaiser Heinrich II. anno 1005 Ergötzliches zu berichten wusste. Als nämlich nach einem Ausfall die von den Budissiner Wenden begünstigten Polen vom Edlen Henutza zurückgetrieben und bis an die Stadtmauer verfolgt wurden, warfen auf den Wehrgängen gebliebene Polenkrieger dem kaiserlichen Anführer von oben herab einen Mühlstein auf den Kopf und töteten ihn so. Solchen Zwecken konnten in Stunden höchster Gefahr die an sich nutzlos dastehenden alten Mühlsteine natürlich auch noch dienen. Also wurden sie auf den Wehrgang der Eselsbergmauer geschleppt und für die geeignete Situation bereitgehalten. – Wie donnernde Brandungswogen eines orkanbewegten Ozeans brauste der hussitische Ansturm an die steinerne Mole am Mühlberg. Über Felsenhindernisse setzte er spielend hinweg! Mit bewährter Geschicklichkeit und nicht zu übertreffender Raschheit richteten die Stürmer ihre Leitern empor, lehnten sie an die Mauer, rammten sie mit kurzen Stößen in die Erde, erklommen gewandt die Sprossen. Da dröhnte hallender Schlachtruf an ihre Ohren.

»Das walte Michael!«, schrien die trutzigen Bürger hinter den Brüstungen, und ein Dreinschlagen begann, wie es die kriegsgewohnten Taboriten in solcher Heftigkeit wohl kaum jemals erlebt haben durften.

Da und dort krachten bereits die ersten Leitern samt ihrer Bemannung rücklings den Felsabhang hinunter. Viehisches Gebrüll zerriss die Luft. Die zurückgestoßenen, kopfüber niederprallenden Sturmgesellen rollten zerschmettert den Steilabfall hinab. Blutbäche flossen erneut.

Lang gestielte Hämmer, von nervigen Fäusten geschwungen, wuchteten auf stahlgeschützte Hussitenköpfe. Schwerter blitzten, klirrten auf Eisen, stießen in auftauchende Leiber. Eisenstangen schwirrten im wilden Chaos von Morgensternen, gesteilten Sensen, Äxten und Hacken. Prasselnde Pechkränze flogen. Feldsteine hagelten. Die letzten Zuber brodelnder Pechmassen, von fiebernden Frauen emsig herbeigetragen, ergossen sich dampfend und zischend auf die Leiterkletterer. Zu Tode verbrüht stürzten einzelne von den Sprossen, schlugen zu Boden. So viele aber auch sanken, neue Streiter füllten ihre Plätze aus, um gleich darauf wie jene zerhauen oder verbrannt zurückzusinken.

Veit Steffens Mühlsteine taten ihre Schuldigkeit, verursachten starken Schaden. Wuchtig glitten sie von der Mauerkrone, rissen die Sturmläufer von den Leitern, zerknickten Sprossen, rollten quetschend und zermalmend nieder, über zu Boden geschleuderte Körper hinweg. Grauenhafte Schmerzensschreie antworteten dieser wirkungsvollen Abwehr.

Molesto hatte eine der ersten Sturmleitern erklommen. Sprosse für Sprosse stieg er hinauf. Sein Schwert zerschlug die Hände der Verteidiger, die nach der Leiter griffen, um sie zu fällen. So widerstand er lange, indes schon viele der Seinen getroffen niederfielen. Des Heerführers unsägliche Wut kannte keine Grenzen. Er hieb und stach mit solchem Ungestüm, dass alle Bemühungen, ihn abzustoßen, vergeblich schienen. Zudem deckten tapfere Stürmer rechts und links ihren zäh kämpfenden Führer.

Die wilde Kampfszene bemerkte Veit Steffen. Doch in der nächsten Sekunde traf ihn ein heftiger Steinschlag am Kopf. Da wankte der Waffenschmied, taumelte zurück, hielt sich nur mit Mühe auf dem Wehrgang. Die Welt drehte sich vor ihm. Die Ereignisse strudelten vor seinen Augen. Ihm war, als kehre sich alles Untere nach oben. Unmöglich, länger in der Kampfreihe zu bleiben! Schwankend, bleich, trat er zurück. Brausen war in den Ohren. Eiserner Kampfwille rüttelte ihn aber wieder auf, denn die Gefahr wuchs erschreckend. Er sah, wie es dem grimmig einhauenden Hussitenführer gelang, einen Fuß auf die Brustwehr zu setzen. Im nächsten Augenblick schon musste der Tollkühne die gewünschte Bresche in die Verteidigung schlagen. Die Folgen waren nicht abzusehen, denn hinter ihm her drangen in dichter Fülle ebenso wilde Mordgesellen.

Wo war der Hauptmann? Wo blieb der Molesto an Kampfgeschick ebenbürtige Oberbefehlshaber Budissins? Ordnete er an anderer Stelle arg bedrohte Sturmziele?

»Hilf, Michael! Hilf, Michael!« Mahnend drang der helle Ruf bedrängter Bürger durch das Toben.

Thimo von Colditz, der allgegenwärtige, rührige Kommandant, dem während der Stürme schon so manche Wende zum Guten glückte, sprengte auf feurigem Ross heran, bestärkte mit gellenden Rufen die Seinen zu herzhafterem Dreinschlagen. In der Linken das wallende Panier Budissins, in der Rechten das blitzende Schwert hochaufgereckt, erwog er den Plan, abzusitzen und abermals auf den Wehrgang zu springen, sich mit dem wutschnaubenden Hussitenführer zu messen, das dräuende Unheil zu beseitigen.

Da gelang es Veit Steffen trotz aller Unbill, die ihm der Steinwurf beschied, mit Anstrengung die Armbrust hochzureißen. Gleich darauf sauste ein Pfeil von seiner Sehne dem Hussitenführer entgegen. Er traf ihn auch, glitt aber am schützenden Brustpanzer ab.

Hohnvoll lachte Molesto, kurz, grausam, höllisch. Plötzlich zerging wie auf übermächtigen Befehl droben das trübe Gewölk, welches schon tagelang den Oktoberhimmel bedrückend verdüsterte. Der glänzendste Sonnenstrahl fiel einem Lichtschwert gleich in das heftige Morden am Eselsberg.

Schneidend erhob sich Thimos Stimme, übertönte schrill den Kampflärm: »Drauf, Budissiner! Seht! Held Michael hilft! Held Michael hilft!«

Gewaltiges Freudengeschrei antwortete dem tapferen Stadthauptmann, der das Wappenpanier hoch über den Köpfen flattern ließ. – Ein zweiter Pfeil traf Molesto. Mitten in die Kehle des Wüterichs bohrte sich das beschwingte Geschoss.

Nicht Veit Steffens Armbrust entstammte er. Ihn entsandte ein anderer Meisterschütze, ein streitbarer Mönch aus dem nahen Franziskanerkloster, den die Kampfglut hierher verschlagen. Der wackere Waffenschmied aber lag halb bewusstlos vor dem Wehrgang. Die letzte Anstrengung hatte ihn zu Boden sinken lassen.

Molesto stieß einen furchtbaren Schrei aus, als ihm der Pfeil in die Kehle fuhr. Wie Todesschrei hallte er dahin. Das war das Ende! Der Getroffene fühlte, wie ihm das Leben entwich. Die Sinne schwanden. Blut quoll dick in die Kleider, rieselte am Körper herab. Mit letztem, aufbäumendem Lebenswillen rang er nach Halt. Das blutige Schwert entsank ihm. Er wankte, stürzte.

Eines wackeren Jägers kräftiger Speerstoß warf den mit dem Tode Ringenden vollends von der Brustwehr, indes der wuchtige Hammerschlag eines rüstigen Grobschmiedes den zunächst gefährlichen Stürmer von der Leiter schmetterte.

Schwerwund, blutüberströmt, wälzte sich der Hussitenführer drunten auf der Erde. Neben ihm der Gepanzerte, den der Grobschmied niederhieb.

Wildes Geheul hub an, als die Böhmen ihren Hauptmann, zu Tode geschlagen, blutend am Boden sahen. Viele stürzten herzu, um ihn unverzüglich aus der Kampfzone zu tragen. Die noch immer die Leitern Emporklimmenden packte jedoch kaum glaubhafte Wut. Tollkühn suchten sie sich auf die Mauerkrone zu schwingen, erreichten sie in ihrer barbarischen Besessenheit auch hier und da, wurden aber von machtvollen Streichen hinabgeschleudert.

An einigen Stellen schien es den Sturmhitzigen dennoch gelingen zu wollen, das weit gesteckte Ziel zu erlangen. Thimo von Colditz ordnete die wankenden Reihen mit sicherer Hand. Stürmer auf Stürmer wurde nach kurzem, scharfem Kampf herabgehauen. Hinter den Fallenden her krachten die Leitern. Wut- und Schmerzgebrüll schrillte herauf, erfüllte den Hang.

Der grauenhafte Mittagssturm des wahnwitzigen hussitischen Kriegsvolks brach elend in sich zusammen.

Brausender Jubel löste sich aus den Kehlen der siegreichen Verteidiger.

Drüben riefen die Hörner zum Rückzug.

Drohend verließen die durcheinandergeratenen Sturmrotten unter Mitnahme ihrer Verwundeten den Mühlberg, ballten die Fäuste, schrien den Budissinern zu, sie wollten mit größerer Heermacht wiederkommen.

Hohnlachen, Pfeilgrüße waren die Antwort.

Der Abhang lag von schrecklich zugerichteten Toten übersät, denn die Hussiten hatten schon vor dem Leitersturm mit einer Ausdauer gerungen, die nach den Anstrengungen der Vortage Erstaunen weckte.

Völlig verwirrt und ordnungslos fluteten die Tschechen in ihr Lager jenseits der Spree zurück. Der Oberbefehlshaber Molesto ward sterbend in sein Zelt getragen. Dort verschied er. Dumpfe Trommelwirbel verkündeten allen Hussiten den Tod ihres unglücklichen, tapferen Anführers.

Aus: Richard Schlemmer: Trutziges Stadtvolk. Hussiten vor den Toren. Roman aus dem mittelalterlichen Budissin. Verlag Peter J. Oestergaard, Berlin-Schöneberg 1929. S. 374ff.

JULIUS HAY

Nach nur einer Woche wurde das am 23. Dezember 1932 am Deutschen Theater Berlin Max Reinharts uraufgeführte Schauspiel »Gott, Kaiser und Bauer« von Julius Hay (1900–1975) gewaltsam abgesetzt. Joseph Goebbels, der die SA im Theater hatte randalieren lassen, wütete im »Angriff«, der Zeitung der Berliner Nationalsozialisten: »Darum also geht es: dem deutschen Volk sollen die Urmotive seines geschichtlichen Werdens entstellt werden. Und, das muss man sagen, Hay versteht sich darauf, den Menschen Illusionen zu nehmen.«

Worum ging es? In erster Linie um Sigismund von Luxemburg (1368–1437), König von Ungarn und Kroatien, römisch-deutscher König und späterer deutscher Kaiser. Er hatte als Kreuzzügler tapfer gegen die Osmanen gekämpft – und dennoch 1396 in der Schlacht von Nikopol (heute Rumänien) eine bittere Niederlage erlitten. Und es ging um den widerspenstigen böhmischen Reformer Jan Hus (1369–1415), den Sigismund zum Konzil nach Konstanz (1414–1418) mit der Zusicherung des freien Geleits lockte, um ihn dann zugunsten des Erfolgs des Kongresses – Beendigung der Kirchenspaltung – und des eigenen Aufstiegs – Krönung zum Kaiser – zu opfern. Soweit der geschichtliche Hintergrund, den das Drama »Gott, Kaiser und Bauer« von Julius Hay aufruft. Doch damit nicht genug.

Der Sigismund des Schauspiels in vier Akten will sich mit Jan Hus und der hussitischen Volksbewegung in Böhmen, die den Laienkelch propagierte und somit in den Augen der römisch-katholischen Kirche die Priesterschaft bedrohte, gegen den mächtigen Adel und den korrupten Klerus verbünden. Er besucht den Ketzer im Kerker und verspricht ihm Rettung. Sigismunds Hintergedanke: Der finanziell immer notorisch knappe König, meint der Dramatiker Julius Hay, hofft auf die Bürger und Bauern als wirtschaftliche Kraft. Doch Jan Hus lehnt den Deal als unhaltbar ab: »Als Kaiser Konstantin sich der christlichen Kirche annahm«, hält er ihm entgegen, »begann ihr moralischer Niedergang ... Es ist töricht, gute und schlechte Machthaber zu unterscheiden. Sie sind alle gleich: Sie sind Machthaber. Kaiser und Bauern können nicht gemeinsam revoltieren ...« – Damit war, wenigstens im Stück, Jan Hus' Todesurteil besiegelt.

Diese Geschichtsbetrachtung konnten und wollten die »volksbewegten« Nationalsozialisten nicht hinnehmen. Erschwerend für den Autor des Dramas: Julius Hay war Jude und Mitglied der Kommunistischen Partei Deutschlands, auch wenn das Stück davon nichts verriet. Bereits nach der prominent besetzten Uraufführung – Fritz Kortner spielte den Kaiser, Paul Wegner war der Papst Martin, Margarete Melzer die Kaiserin und Matthias Wiemann verkörperte den armen Hus – verlangten sie seine Ausweisung aus Deutschland. Nach der Machtübernahme der Nationalsozialisten verließ der gebürtige Ungar das »Reich« und gelangte über Wien und Zürich nach Moskau. Noch vor Kriegsende kehrte Julius Hay, der neben Dramen – sein berühmtestes ist das Skandalstück »Haben«, 1945 in Wien uraufgeführt – auch Hörspiele schrieb, in seine Heimat zurück. Er wurde Professor an der Theater- und Filmhochschule und eine der prägenden Gestalten des ungarischen Aufstands 1956, den die Sowjets blutig niederschlugen. Der Ungebrochene saß bis 1960 im Gefängnis und ging dann erneut ins Exil. Seine letzten Lebensjahre verbrachte Julius Hay im Tessin in der Schweiz.

GOTT, KAISER UND BAUER

Kerker. Johann Hus in schweren Ketten. Er erwacht aus einem flüchtigen Schlaf. Der Arzt des Kaisers neben ihm.
ARZT: Wie fühlt Ihr Euch, Magister?
HUS, *über 40 Jahre, groß, bäuerisch, schwer krank:* Ich möchte wieder Papier und Tinte haben.
ARZT: Das viele Briefschreiben schadet Eurer Gesundheit.

Hus: Was ist die Gesundheit wert, wenn ich keine Briefe schreiben kann?
Arzt: Sind Euch diese Briefe so wichtig?
Hus: Seitdem ich nicht mehr predigen kann, unterrichte ich brieflich. Trotzdem sind meine Briefe nicht sehr wichtig.
Arzt: Wie kann das sein?
Hus: Ich habe keinen einzigen Gedanken, der nicht allen anderen tschechischen Bauernsöhnen hätte einfallen können. Gemeinsame Lage schafft gemeinsame Gedanken. Schrift und Predigt beschleunigen nur das Denken, sie erzeugen sie nicht.
Arzt: Ich bin jetzt Euer Arzt. Ich höre ungern eine Unterschätzung Eurer Person.
Hus *lächelt*: Der Henker, der mir den Scheiterhaufen vorbereitet, würde es auch ungern vernehmen, dass mein Leben und Tod wenig zu sagen haben.
Arzt: Warum nennt Ihr mich gerade mit dem Henker zusammen?
Hus: Ihr beide habt dieselbe Aufgabe: mich des Ketzertodes sterben zu lassen. Du sorgst dafür, dass ich nicht zu bald sterbe, er sorgt dafür, dass ich nicht zu lange lebe.
Arzt: Ihr verkennt die Lage. Der Kaiser ist dagegen, dass Ihr verurteilt und verbrannt werdet.
Hus: Das wurde mir schon gesagt. Ich glaube es bloß nicht.
Arzt: Warum denn nicht? – Ich kenne den Kaiser gut. Er ist ein Mensch, der ...
Hus: Der Kaiser ist ein Kaiser, wie er auch sonst als Mensch sein mag. Und ein Kaiser kann ebenso wenig f ü r Hus sein, wie ein tschechischer Bauer oder Bürger g e g e n Hus sein kann.
Arzt: Mag sein, dass das zutrifft bei allen anderen Kaisern. Wir aber sprechen jetzt von Kaiser Sigismund.
Hus: Der Punkt, wo ich stehe, ist zugänglich für die Knechte, nicht aber für die Herren. Ein Wille, eine Meinung, eine Bestrebung bezeichnen diesen Punkt. Er existiert auch, wenn ich nicht mehr bin. Und wenn er von einem Scheiterhaufen beleuchtet wird, so merkt ihn ein jeder, der dahin gehört, noch deutlicher.

ARZT: Ich gebe Euch doch Papier und Feder. Schreibt lieber Eure Briefe und fantasiert weniger vom Scheiterhaufen.
Schlüsselgeklirr; die Kerkertür öffnet sich, Chlum und Duba kommen.
CHLUM: Meister! Ihre Majestäten, der Kaiser und die Kaiserin, kommen dich im Kerker zu besuchen.
ARZT: Was habe ich gesagt?
HUS *überrascht, ungläubig:* Solltet Ihr doch recht haben?
Sigismund und Barbara treten ein. Der Arzt geht ab.
SIGISMUND *betrachtet Hus lange, freundlich, forschend*: Ich wünschte, ich brächte Euch die Freiheit, Magister Hus.
HUS *leise, nachdenklich*: Ich habe es nicht geglaubt. Entschuldiget.
BARBARA *sehr befangen*: Ich möchte Euch dazu bringen, an meinen Mann zu glauben, ebenso, wie ich ihn dazu bringen will, an Euch zu glauben.
HUS: Ich bin ein Sohn von Bauersleuten aus Hussinetz. Ich sehe die Welt von unten. Und von unten gesehen sind alle Machthaber der Weltgeschichte gleich.
SIGISMUND: Dachtest du, ich wäre nicht stark genug, durchzusetzen, was ich wünsche?
HUS: Ich dachte, Ihr wäret stark genug, nie etwas zu wünschen, was Ihr nicht durchführen könnt.
SIGISMUND *zu Duba*: Ihr müsst noch dem Meister sagen ...
DUBA: Ja. Hör zu, Meister. Nicht einmal zufällig darfst du etwas davon verlauten lassen.
HUS: Wem könnte ich davon erzählen? – Wenn ich mit Kindern des Volkes sprechen kann, dann habe ich ihnen andere Sachen zu sagen.
Chlum und Duba gehen durch einen Wink des Kaisers und eine segnende Geste Hus' verabschiedet ab.
SIGISMUND: Ich denke, Ihr werdet bewacht und dürft mit Leuten aus dem Volk nicht verkehren.
HUS: Mich bewachen Soldaten.
SIGISMUND: Na eben.
HUS: Soldaten sind auch Kinder des Volkes, bloß diejenigen, die ihnen Waffen in die Hand drücken, vergessen das meistens.

SIGISMUND: Die Wachen werden hier sehr oft abgelöst, höre ich. Die Kardinäle wollen nicht, dass Ihr ein und denselben Mann länger sprecht.

HUS: Meine Aufklärungsarbeit wird dadurch weniger tief, aber dafür breiter.

SIGISMUND: Hm. Das hört sich an, als könne man Eurer ... Eurer Aufwiegelung gar keine wirksamen Hindernisse entgegenstellen.

HUS: Das soll man auch nicht.

SIGISMUND: Man soll nicht?

HUS: Keinem anderen Machthaber würde ich versuchen, das zu erklären.

SIGISMUND: Mir aber?

HUS: Ein Kaiser, der den Weg zum Kerker des Todgeweihten findet, ahnt es, dass ihn von unten her etwas aufs Schwerste bedroht. Dass sich Kräfte sammeln, Kräfte steigern, die gestern noch unbekannt waren und die morgen über alles, was da ist, hinwegstürmen können. Hindert man die Selbsterkenntnis dieser Kräfte, verhütet man ihren Durchbruch noch lange nicht. Man macht ihn nur umso blutiger, umso schmerzhafter, umso gewaltiger.

BARBARA *unruhig:* Ich las die ganze Nacht Eure Bücher. Ich las darin von Menschenliebe in einem biblischen Grade, von Menschenliebe wie in der Urkirche. Und jetzt höre ich von Gewalttat, Schmerz und Blutvergießen.

HUS: Eine »Menschenliebe«, die vom Blutvergießen zum Wohle der Menschheit zurückscheut, hat weder mit Menschtum noch mit Liebe etwas zu tun. Sie ist ein leeres Gerede.

BARBARA *erst mutlos, dann fest*: Ich merke, dass jedes Wort einen andern Sinn hat, wenn ich es lese, als wenn der Meister es spricht ... Ich will es verstehen lernen.

SIGISMUND: Man sagt, meine Taten wären nur von der Eigenliebe bewegt. Und doch scheine ich der Einzige zu sein, der den Weg der praktischen Menschenliebe einschlägt. Ich stelle nämlich die Frage: wozu dies alles? Wozu diese Revolution?

HUS *mit mildem Lächeln*: Keine überraschende Frage von einem Machthaber.

SIGISMUND: Ich frage nicht: wozu die Änderungen, die Ihr herbeiführen wollt. Ich frage: wozu der illegale Weg? Ich habe auch allerhand erreicht und ich bin immer den gesetzlichen Weg gegangen.
HUS: Die Maschen des Gesetzes sind sorgfältig geknüpft. Eine neue Welt kann durch sie nicht durchschlüpfen, höchstens einige neue Menschen.
SIGISMUND: Neue Menschen schaffen die neue Welt.
HUS: Der neue Mensch, wenn er allein ist, muss das alte Spiel mitspielen. Massen neuer Menschen schaffen das Neue. Massen aber können mit dem Netz des Gesetzes nicht behutsam umgehen.
SIGISMUND: Das gibt viel zum Nachdenken ... Ich bin in der Theorie ungewandt. Die Verhältnisse zwangen mich von Kindheit an, ununterbrochen zu kämpfen, ununterbrochen auf der Hut zu sein ... ich bin ein verdammt alter Praktiker geworden, Magister Hus – aus Not und aus Zeitmangel ... Was, Barbara? ... Ich müsste mich vielleicht mal in einen solchen Kerker einsperren lassen, um ein bisschen mit meinen Gedanken allein zu sein ... mit der Religion ... mit der Philosophie ... Das heißt: doch nicht. Auch das würde mir nichts helfen. Ich saß ja lange genug in Siklós in Gefangenschaft. Meint Ihr, ich habe philosophiert? Meint Ihr, ich habe Gott gesucht? Oder ich habe mich gesucht? – Geschuftet habe ich. Intrigen habe ich gesponnen. Einen Kaiser habe ich aus dem Nichts gemacht ...
HUS: Wozu?
SIGISMUND: Wozu? – Ich war ein kleiner Junge, als ich meinen väterlichen Anteil bekommen habe, die Mark Brandenburg. Kaum war ich etwas größer geworden, habe ich sie verpfändet. Ich musste das. Um mich herum hausten Ritter, unter welchen ich der Schwächste und Ärmste war. Mit dem Geld fuhr ich nach Ungarn, wo ich einen Thron in Aussicht hatte und eine Braut. Als einzige Rettung vor dem Untergang nahm ich die Braut, bestieg den Thron ... Gibt es denn wirklich Menschen, für welche Kaiser zu sein eine goldene Krone bedeutet? – Merkwürdig, warum sage ich das jetzt? Ist das etwa Kerkerphilosophie? – Habt Ihr schon nachgedacht, Magister Hus, was das ist: ein Kaiser?
HUS: Ihr sagt es ja: ein Mann, der infolge verschiedener Verhält-

nisse nicht anderswo stehen bleiben kann, als unter dem Baldachin seines kaiserlichen Thrones, mit der goldenen Krone.
SIGISMUND: Die goldene Krone aber bedeutet nichts anderes als die Legalität. Ein kindisches Symbol. Die wahren Träger der Macht sind viel kleinere Stücke Goldes. Sie heißen: Geld.
HUS: Geld?
SIGISMUND: Ja. Geld. Es war und ist und bleibt furchtbar schwer, immer im richtigen Moment Geld zu haben. – Wie oft wäre ich draufgegangen, hätte ich kein Geld gehabt, mir eine Armee zu mieten. Ich aber habe in letzter Minute immer wieder etwas verpfändet. Es war meist sehr fraglich, ob das Land, das ich verpfändet, mir gehörte. Aber ich hatte das Geld schon in der Tasche, ich hatte die Armee schon hinter mir und so war plötzlich gar nichts mehr fraglich. Und so ging es weiter in mehrfachem Auf und Nieder.
HUS: Nun habt Ihr aber die unbegrenzte Macht.
SIGISMUND: Jetzt ist meine Macht schon zu groß, um das dazugehörige Geld ganz in meiner Tasche zu haben. Jetzt kommt es nicht mehr darauf an, was i c h besitze. Jetzt kommt es darauf an, was die besitzen, die unter mir sind. Das Geld des Bürgertums: der Träger der Macht, und ich sitze hoch auf meinem Thron, halte gewisse Ordnung im wirren Leben und Handeln der Bürger und darf dafür als größter Herr der Welt in Hülle und Fülle mein Leben fristen. – Versteht Ihr, was ich sage?
HUS: Ich denke, ja.
SIGISMUND: Ich kann mir vorstellen, dass später Menschen in der Welt leben werden, die genauso raufen, genauso auf der Hut sein müssen, genauso ratlos zwischen Ost und West herumrasen, feilschen, Kongressen beiwohnen wie ich. Sie werden vielleicht keine Krone tragen, aber sie werden das Geld anderer Leute unter sich haben und so werden sie in Hülle und Fülle als Herren der Welt ihr Leben fristen.
HUS: Ob gekrönt, ob ungekrönt, sie werden die Machthaber der Welt sein. Eines Tages aber müssen alle irdischen Herrscher untergehen. So sagt das das Evangelium ...
SIGISMUND *will einen Einwand machen.*

HUS *schneidet ihm das Wort ab:* Und so rechnet das der Bauer aus an seinen zehn Fingern.

SIGISMUND *schweigt.*

HUS: Seid Ihr, der Kaiser, zu mir gekommen, um gegen alle irdischen Herrscher zu kämpfen?

SIGISMUND: Gegen die schlechten Herrscher.

HUS: Wo zieht Ihr die Grenze?

Pause

BARBARA *war eine Zeit lang tief in Gedanken versunken:* Ich bin neu in Euren Lehren, Magister. Beantwortet Ihr mir einige Fragen?

HUS: Sehr gerne, Frau Kaiserin.

BARBARA: Seid Ihr gegen den Papst und gegen den Klerus?

HUS: Ich bin gegen den irdischen Reichtum des Papstes und des Klerus. Sie sind selbst schuld daran, wenn sie sich mit ihren irdischen Gütern identifizieren.

BARBARA: Seid Ihr für eine neue Religion?

HUS: Ich bin ein Christ und bin für eine sehr alte Religion. Es ist die Sünde der Kirche, dass sie die Religion dermaßen verunstaltet hat, dass das reine Christentum jetzt als etwas Nagelneues erscheint.

SIGISMUND *wieder lebhaft und selbstbewusst*: Gut! *Legt die Hände auf Hus' Schultern, freudig:* Ich denke: Johann Hus und Sigismund von Luxemburg werden ein Bündnis schließen.

HUS: Wie meint Ihr das?

BARBARA *sehr fest, sehr freudig*: Ihr wollt der skrupellosen Herrschaft habgieriger Pfaffen ein Ende machen. Mein Mann auch. Ihr wollt den jungen Kräften der Bürger und Bauern zum Siege verhelfen, mein Mann auch. Also müsst ihr zusammengehen.

SIGISMUND *mit tiefer Wärme*: So ist es! – Wie alt seid Ihr, Johann Hus? Ich glaube, in der Zeit, wo ich in Brandenburg im Sand spielte, tatet Ihr dasselbe in Hussinetz …

HUS *nachdenklich, fast schwankend*: Es scheint beinahe … es scheint beinahe, als könnten Kaiser und Ketzer wirklich zusammengehen.

SIGISMUND: Vielleicht ist der Kaiser selbst ein Ketzer.

BARBARA *strahlend:* Vielleicht!

HUS: Ich glaube, ein Kaiser kann nie Ketzer sein.

SIGISMUND: Da habt Ihr auch recht. Der Glaube eines Menschen, der Hunderttausende von Reitern und Hunderttausende von Goldgülden in Bewegung setzen kann, ist immer der rechte Glaube. – Ahnt Ihr schon, was ich will?
HUS *misstrauisch, streng:* Sprecht weiter!
SIGISMUND: Ein alter römischer Kaiser namens Konstantin hat sein Reich dadurch gerettet, dass er die Religion einer ketzerischen Minderheit, die sich Christen nannte, zur Staatsreligion gemacht hat. Warum soll ein neuer römischer Kaiser nicht dasselbe mit dem Glauben eines tschechischen Reformators tun?
HUS *vollkommen fest und entschlossen*: Am Tage, wo Kaiser Konstantin sich der christlichen Kirche annahm, begann ihr moralischer Untergang. Bleibt meine Revolution das, was sie ist, so könnt Ihr nicht mit ... Es ist töricht, gute und schlechte Machthaber zu unterscheiden, denn ihrer Haupteigenschaft nach sind sie alle gleich: sie sind Machthaber.
SIGISMUND: Wenn aber meine Macht Euch zugutekommt? Hus und Hussiten, ich verspreche, Euch zu retten.
HUS: Wir können kein falsches Versprechen von dir annehmen.
SIGISMUND: Es ist ehrlich gemeint.
HUS: Aber du kannst es nicht halten. – Kaiser und Bauer können nicht gemeinsam revoltieren.
BARBARA *bebt:* Auf den Scheiterhaufen will man dich schleppen! Auf den Scheiterhaufen ...
HUS: Der Scheiterhaufen ist mein Verbündeter. Mein Verbündeter seid nicht ihr.
BARBARA: Verbrennen wird man dich. Grob wird dich der Henkersknecht anfassen. Deine Füße werden brennen, in deine Kehle wird Rauch eindringen ... Er aber will dich retten.
HUS: Er will mich retten für die nächsten Jahre. Der Scheiterhaufen rettet mich für die nächsten Jahrhunderte.
SIGISMUND: Wohl dir, der du fest an ein Jenseits glaubst.
HUS: Für dich wäre es wichtiger, an ein Diesseits zu glauben.
BARBARA *in höchster Verwunderung*: Du, der du dich mit dem Scheiterhaufen verbündest, du predigst den Glauben an das Diesseits?

Hus: Ja, es ist falsch, was die Pfaffen tun, jedes Märtyrertum mit der Hoffnung auf ein persönliches Wohlergehen im Jenseits zu erklären. Das wirkliche Märtyrertum fußt auf einem unerschütterlichen Glauben an ein Gemeinleben im Diesseits – *betastet den Boden* - ... an ein Gemeinleben auf Erden ... Du siehst das Ende der Welt in jenem Augenblick, wo du aufhörst zu leben. Ich sehe mich als einen Teil eines großen Lebens, das weiterfließt, wenn ich nicht mehr da bin ... – Vergiss mein Wort nicht, Kaiserin: glaube an das Diesseits.
Glockengeläute.
Sigismund: Die Zeit ist um, wir müssen ins Konzil.
Barbara: Wir haben noch nichts beschlossen.
Hus: Ihr habt alles getan, was Ihr tun könnt.
Sigismund: Ich muss eilen. Oben in der Kirche habe ich ein Gefecht auszufechten. *Mit Nachdruck*: Nicht zu Euren Ungunsten.
Barbara: Wir haben noch nichts besprochen ...
Sigismund: Zu besprechen ist nichts mehr. Du, Meister, kämpfst für das Evangelium, ich für die Liquidierung der Kirchengüter. Und doch ist unser Weg derselbe. Ich reiche dir meine Hand.
Hus: Mir ist diese Hand lieb, aber ich nehme sie nicht.
Sigismund *streng:* Hier ist meine Hand!
Hus *rührt sich nicht.*
Barbara *kaum hörbar:* ... Er nimmt deine Hand nicht ...
Sigismund *heftig:* Und wenn ich nun einseitig verspreche: ich rette dich?
Hus: Du kannst nicht, du sollst nicht und du wirst auch nicht.
Schlüsselgeklirr.
Sigismund: Das wollen wir sehen. Komm, Barbara.
Sie gehen. Barbara blickt Hus im Gehen noch lange an.

Aus: Julius Hay: Dramen II. Rowohlt Verlag, Reinbek 1966. S. 40ff.

HANS JENSEN

Er gehört zu der Kategorie der vergessenen Schriftsteller des 20. Jahrhunderts. Kein aktuelles Literaturlexikon führt seinen Namen oder eine Liste seiner Publikationen. Selbst sein ehemaliger Verlag Herder in Freiburg tut sich schwer mit biografischen Informationen. Im weltweiten Internet werden zwar einige seiner Buchtitel antiquarisch zum Verkauf angeboten, aber wer Hans Jensen im Netz googelt, wird in der Regel nur auf seinen 1973 verstorbenen Namensvetter, den Physik-Nobelpreisträger J. Hans D. Jensen verwiesen.

Hans Jensen, so viel ist gewiss, wurde 1886 in Dresden geboren. Er lebte und arbeitete zuletzt in Freiburg im Breisgau, dort starb er auch 1972. Seine produktivste Phase als Schriftsteller hatte er in den 1950er-Jahren. Er schrieb Filmdrehbücher, Hörspiele, in Antiquariaten gibt es noch einige seiner Romane, darunter ist der historische Roman »Schach dem Abt« (1953). Darin bietet Hans Jensen »in sehr unterhaltsamer, ja amüsanter Weise« (Verlagswerbung) ein Stück Kulturgeschichte um den Bodensee aus der Zeit, da Abt Anselm II., ein großer Mäzen der Kunst und Berater der österreichischen Kaiserin Maria Theresia (1717–1780), dem Kloster Salem vorstand, und unter den Händen der Meister Peter Thumb (1681–1766) und Joseph Anton Feuchtmayer (1696–1770) und des Hofmalers Gottfried Bernhard Götz (1708–1774) die Wallfahrtskirche Birnau entstand, die heute noch ein Juwel der Bodenseelandschaft ist.

»Ein Erzähltalent von hoher Qualität«, attestierte die »Kölnische Rundschau« dem Autor. Weniger freundlich fiel dagegen die Kritik bei dem »heiteren« Buch »Sprung aus Reifrock« (1956) aus. »Der ganze Roman bewegt sich im Reifrock eines Talmi-Rokokos. Seine überzuckerte Laune bereitet uns peinliche Säure«, lautete das Urteil der Wochenzeitung »Die Zeit«. Noch 1969 – im Patriarchenalter von 83 Jahren – publizierte er den Roman »Nur Adler herrschen, nicht die Eulen«.

Der regionalgeschichtlich interessierte Jensen kam auch nicht am

Konstanzer Konzil (1414–1418) vorbei. In »Fluch der Drei« (1956) berichtet er aus »Konstanz' großer Zeit«, so wenigstens lautet der Untertitel des in drei Teile gefassten Romans. Aber nicht die großen Hauptgestalten des Konzils, Johannes XXIII. (1370–1419), König Sigismund (1368–1437), Jan Hus (1369–1415) oder Hieronymus von Prag (1379–1416) beherrschen den Plot, sie sind eher dramatische Kulisse, sondern plastisch konturierte Nebenfiguren und ihre geglückten oder aber auch missglückten Lebensläufe. Eine Ausnahme bildet Ulrich Richental (1360–1437). Dem Chronisten des Konzils weist Hans Jensen – gewiss etwas überhöht – die Rolle des »Strippenziehers« des Konzils zu. Insgesamt hält sich der Romanautor bei aller freien Gestaltungskraft der einzelnen Szenen an die Grundtatsachen der Geschichte. – Der Auszug schildert den Einzug der Pest, die unmittelbar nach Ende des Konzils die Konstanzer traf.

Fluch der Drei

1418. – Das heilige Osterfest fiel in diesem Jahre bereits in die letzten Tage des März. Papst Martin V. hatte das Hochamt gehalten, die Osterbrote geweiht und dem Volke den Segen gespendet. Nun ging die Zeit in den April.

Einige Tage nach Mitte des Monats, an einem Mittwoch vor dem Sonntag Cantate, erhielt Richental im »Güldenen Brakken« den Besuch des Grafen Nellenburg.

»Was bringt Ihr, Graf von Nellenburg?«, empfing ihn Richental.

»Einen Gruß vom Wolkenstein. Ihn brachte mir ein Bote, den er an König Sigismund geschickt. Es geht ihm gut, dem Peter Kruitli auch. Der Herzog sucht gut Wetter zu machen beim König. Ihm haben die Wolkensteiner übel mitgespielt.«

Richental nickte: »Das musste ja so kommen.«

Die beiden hatten nicht bemerkt, dass dunkle Wolken den Himmel verdüsterten und ein heftiger Sturm über die Dächer fegte. Gerade fragte Nellenburg: »Wart Ihr auch bei der Hochzeit der Tochter des Kurfürsten von Brandenburg mit Herzog Ludwig von Brieg? Ich habe Euch vermisst.«

Da hellte ein greller Blitz den Raum, und kurz darauf krachte ein Donnerschlag, so stark, dass Richental und auch der Graf zusammenfuhren. Gleichzeitig prasselte ein Wolkenbruch mit Hagelschloßen vom Himmel hernieder.

»Das erste Frühjahrsgewitter«, meinte der Graf zwischen neuen Blitzen und grollenden Donnerschlägen.

Besorgt entgegnete ihm Richental: »Das ist nicht nur Gewitter. Der Hagel schlägt die Blüte tot. Kein gutes Zeichen für das Ende des Konzils.«

Nellenburg spöttelte: »Seid Ihr gar abergläubisch?«

»Das nicht. Doch ist's mir so, als spräche in Blitzen und Gepolter nicht die Natur allein, auch eine höhere Stimme.« Und nach kurzer Pause: »Es lässt mir keine Ruhe. Kommt, Herr Graf, ich will zum Hafen, zu sehen, ob nicht ein Frachter in Not ist.«

Der Regen hatte etwas nachgelassen, als beide den Schiffsmeister bemerkten, der vorne an der Konradsbrücke stand und mit Knechten Ausschau hielt. Windböen jagten über den wellenbewegten, aufschäumenden See.

Richental wollte ihn gerade anrufen, als ein Schiff, noch weit draußen, sichtbar wurde. Mit geblähten Segeln steuerte es dem Hafen zu. Zwei Knechte liefen zum Anlegepfosten, und Richental fragte den einen: »'S ist wohl ein Fremder, der Havarie hat?«

»Von uns ist es keiner, vielleicht von Lindau oder Bregenz. Unsere Frachter haben doch keine solchen Segel.«

Jetzt erkannte Richental die schwarze und rote Farbe der Stoffbahn an der Takelung, die flinke Hände refften.

Rasch war das Schiff festgemacht und ein Steg an Bord geschoben. Als Erster kam ein schwarzhaariger, hagerer Mann an Land.

»Wer seid Ihr und wo kommt Ihr her?«, sprach ihn der Schiffsmeister an.

»Ich bin der Steuermann. Wir kommen von Bregenz und haben

Ware für Überlingen. Da, mitten auf dem See, traf uns das Unwetter hart. Wir kamen nirgends an Land und mussten in die Bucht zu Euch.«

Misstrauisch musterte der Schiffsmeister den Mann. »Und wo ist der Kapitän?«, fragte er.

Hart erwiderte der Fremde: »Der liegt in seiner Koje krank. Ein schweres Übel packte ihn ganz plötzlich. Ich bitt' Euch, nehmt uns auf bis morgen früh, dann ist der See wohl ruhig, und wir können die Fahrt weiter wagen.«

Der Schiffsmeister zögerte, da mischte der Graf sich ein: »Ich glaube, Meister, Ihr dürft dem Mann die Bitte nicht verweigern. Vor allem muss man den Kapitän betreuen, das ist Christenpflicht.«

»Gut denn. Ihr bleibt an Land, die Mannschaft aber auf dem Schiff. Den Kapitän lass' ich von ein paar Pflegern ins Heilig-Geist-Spital verbringen. Dort kann man sehen, was mit ihm ist.«

»Nicht nötig«, wehrte der Steuermann ab. »Es geht ihm schon ein wenig besser. Er liegt in seiner Koje gut versorgt. Viel Dank für Eure Mühe.«

Kaum hatte er ausgesprochen, da rief Richental überrascht: »Seht doch dort die Ratten.« – Ein paar von den üblen Nagern huschten wie Schemen über den Steg an Land und verschwanden, kaum dass Richental den Grafen und Schiffsmeister aufmerksam gemacht. Zwecklos jagten Knechte hinter ihnen her. – »Habt Ihr auch solche Fahrgäste an Bord?«, fragte er den Schwarzhaarigen.

Der Steuermann zuckte nur die Achseln. »Das Dreckzeug findet man leicht auf jedem Frachter.« Ihn schien es nicht zu schrecken.

Als Richental sich später von dem Grafen trennte, sagte er wie unter einer Last zu Nellenburg: »Ich weiß nicht, die Sache mit dem Schiff gefällt mir nicht. Die Ratten – der kranke Kapitän …«

Nellenburg lachte. »Richental, Euch hat der Gewittersturm verwirrt. Ich kenne Euch als klugen, reifen Mann von vielen Kenntnissen, aber als Schwarzseher erscheint Ihr mir erst heute.«

Am nächsten Tage gab es wieder etwas, worüber die Stimmung Richentals nicht besser wurde. Als er zu früher Morgenstunde, nach der Messe, zum Hafen kam – er hatte noch immer seit Konzilsbeginn die Oberaufsicht dort –, hörte er vom Schiffsmeister, dass ohne sein Wissen der Frachter im Morgengrauen fortgesegelt sei. Ganz verzweifelt sagte der Mann: »Herr Richental, ich verstehe die Dinge nicht mehr. Für alle Fälle hatte ich über Nacht zwei Knechte am Hafen zur Wache belassen. Nun, in der Frühe kamen sie zu mir, ich war kaum wach, und berichteten – doch hört sie selbst.« Er rief: »He, Kunz, erzähl dem Herrn, was du mir gemeldet hast.«

Verschüchtert stotterte der Mann: »Nach Mitternacht, wohl schon im neuen Tag, kam der schwarzhaarige Kerl zu uns und sprach uns an, er müsse unbedingt aufs Schiff, um nach dem Kapitän zu sehen, er käme gleich zurück. Wir glaubten – dachten – kurz, er ging an Bord. Es währte eine Zeit, dann brachten zwei Burschen von der Besatzung eine schwere Kiste. Der Kapitän bäte darum, die Fracht bis zu seiner Rückkehr von Überlingen bei uns aufbewahren zu dürfen. Wir sollten sie in unserer Lagerhalle unterstellen. Nun ja, wir glaubten, weil doch – und so – und die Knechte sprachen auch erbärmlich bittend, da haben wir die Kiste auf 'nem Karren zum Lagerschuppen gebracht und dort verstaut. Nun aber kommt's. Als wir zurückgekehrt, da – wir waren fast erstarrt – sahen wir im ersten Dämmerlicht den Segler mehrere Schussweiten einer Armbrust entfernt auf dem See.«

Auf Richentals Stirne grub sich eine tiefe Falte. Hart sprach er den Schiffsmeister an: »Zeigt mir die Kiste! Ich will sie sehen. Nehmt Werkzeug mit, nur Ihr allein begleitet mich.«

Im Schuppen, vom müden Lichte eines Öllämpchens matt beleuchtet, sah Richental die Kiste. »Öffnet den Deckel!«, befahl er. Der Schiffsmeister zögerte. »Es ist doch fremdes ...«

»Öffnet!«, schrie ihn Richental an.

Etwas Hämmern, ein wenig Krachen, und der Deckel sprang auf. Ein Aufschrei des Schiffsmeisters gellte. Zitternd stieß er hervor: »Ein Toter!« Er beugte sich herab, wollte ihn anfassen.

»Hände weg«, schrie wieder Richental, um dann leise, ganz für sich, zu flüstern: »Oh, meine Ahnung!« Dann wieder ernst und nun auch völlig ruhig: »Nagelt den Deckel wieder fest, ganz fest. Die Kiste wird sofort in das Spital gebracht. Ich gehe mit. Und Ihr, bei Eurer Ehre und Eurem Dienst, bewahrt tiefstes Stillschweigen gegen jedermann. Hört, gegen jedermann!«

Es war schon Imbissstunde vorüber, als Richental nach Hause kam. Frau Anna sah in sein ernstes Gesicht. Sie strich ihm übers Haar. »Hast Sorgen? Still, ich will nicht fragen. Du weißt, wenn du mich brauchst, bin ich bei dir.«

Ein müdes Lächeln dankte ihr. Dann, nach einer Pause, sagte er: »Geh sofort mit Knechten und Mägden auf unseren Landsitz. Besinne dich nicht lang. Ich bitte dich. Ich komme so rasch wie möglich nach.« Große Sorge schimmerte in seinen Augen.

Ganz kurz nur schrak Frau Anna zusammen, biss sich auf die Lippen und sagte dann, als wüsste sie Bescheid: »Ich gehe noch vor dem Mittag und warte auf dem Hard, dass du bald kommst.« Damit ging sie aus der Stube.

Er strich sich über die Stirne. Wo war er überall gewesen? Im Rathaus, dadurch wurden die Medizi beordert, dann bei Nellenburg, durch den erfuhren es der König und das Konzil, dann weiter beim Schwäher, Magister Englin, der sich sofort zur Verfügung stellte. Was nun? Halt, die Muntprats. – Er jagte aus dem Haus. Ein Wettlauf mit dem Tod!

Am Abend des gleichen Tages, es war schon dunkel, watschelte die dicke Fida von einem Schwatz bei einer Gevatterin heim. Sie war schon in der Paulsgasse, da stolperte sie über etwas Weiches. Fast wäre sie hingefallen. Sie bückte sich, tastete herum und – kreischte plötzlich auf! »Ein Toter! Zu Hilfe! Zu Hilfe!«

Fenster öffneten sich. Menschen eilten hinzu. Die Stadtwache kam. Der Tote hatte keine Verletzung, man brachte ihn zum Leichenhause beim Spital.

Am nächsten Tage sickerte es durch, zuerst wie Tropfen, dann wie ringelnde Schlangen, zuletzt wie lodernde Flammen: »Die Pest! – Die Pest ist in der Stadt!« – »Hilfe, die Pest! – Gott steh uns Sündern bei!«

Noch Ende April endete das Konzil. Papst Martin V. beurlaubte alle Teilnehmer, und ein Kardinaldiakon rief in seinem Auftrag und im Einverständnis mit dem Konzil: »Ihr Herren, zieht in Frieden!«

Täglich aber gab es in Konstanz Leichen, zehn und mehr. Wer irgend konnte, floh aus der Stadt, die Muntprats auch.

Der Goldschmied Witz sagte zu Meister Andreas: »Ich gehe mit meiner Familie nach Rottweil und schließe meine Werkstatt. Sei klug, mach es auch so. Ich mag nicht elend sterben wie die dicke Fida.« Doch der Meister Andreas schüttelte den Kopf: »Apollonia und ich, wir bleiben. Jetzt erst recht. Weißt du, was sie jetzt webt? Einen Totentanz. Der Hans Lederhoser hat ihn gezeichnet. Der bleibt auch hier. Es sterben nicht alle.«

Mitte Mai verließ Papst Martin V. Konstanz und am Tage vor Fronleichnam der König.

Die Pest aber hatte sich noch nicht satt gefressen. Es wurde Herbst, bis sie sich endlich verzog.

Oktober! Trotz Tod, Leid und Not war es ein fruchtbares Jahr gewesen, so reich an Wein, Getreide und allen Früchten wie keines seit vielen Jahren.

Ein Abend war es. Die Sonne hatte »Gute Nacht« gesagt, nur ein rosiger Widerschein ihres Lächelns lag noch im Westen.

Ulrich Richental saß allein unter dem hohen Baum auf der Wiese seines Landsitzes und schaute auf den See und die fernen, bläulich dämmernden Alpen. Drinnen im Hause schaltete nach dem Nachtmahl Frau Anna, sein tapferer Kamerad. Sein Ohr lauschte. Von den Weiden am Bach hörte er leises, murmelndes Plätschern, aus den Ställen das zufriedene Muhen eines Rindes und das verträumte Wiehern seines Pferdes. Frieden, Frieden. Seine Arbeit war getan, das Konzil beendet.

Er schloss die Augen. Ein paarmal atmete er tief. Es dunkelte um ihn. Da – was war das? – ein Wispern, Raunen, ein Flüstern und Murmeln – und nun kamen sie alle auf ihn zu, in einem wehenden Reigen, Hand in Hand: die Toten des Konzils. Zuerst Heinrich Schiltar, neben ihm der Schwäher, Magister Englin, der sich für andere noch am Ende der Seuche geopfert hatte, der weise Kardinal Zabarella, der Erzbischof von Salisbury, der Kardinal Landolfus und alle die anderen.

Jetzt – was war das? – Stimmen, die in sein Inneres drangen: »Frieden willst du? Frieden? Ausruhen? Nichts tun? Nur dir leben? Und was wird bleiben von allem, was du gesehen, was du erlebt hast in den Jahren, da deine Heimatstadt zum Mittelpunkt eines Weltgeschehens wurde? Soll alles, woran du teilnahmst, wofür du gearbeitet hast zum Ruhme von Konstanz, vergehen, vergessen werden? Was in diesen Mauern ersonnen, erarbeitet, gestritten und geliebt wurde, der Glanz, die frommen Prozessionen, die Laudesklänge und tollen Feste, soll von dieser großen Zeit nichts bleiben als der ständig plätschernde und wogende See, die rebenumkränzten Hügel und vielleicht die Stadt ohne ihre große Vergangenheit, ihren Ruhm als Konzilsstadt? Richental, Richental« – erscholl der Ruf –, »wandle den Fluch der Drei in Segen für Konstanz, gib der späteren Zeit ein unvergängliches Zeichen, einen Wert!«

Ein Sausen, ein Brausen! – Richental schlägt die Augen auf. Völlige Dunkelheit. Im Baume über ihm rauscht der Wind, und vom Bach klingt ein feines Rieseln zu ihm.

Er reibt sich die Augen. Hatte er geträumt? Was war das alles? Die Aufgabe war ihm gestellt. Er reckt sich und ist entschlossen. Nicht umsonst haben die Stimmen zu ihm gesprochen.

Langsam tappt er zum Hause. Drinnen alles still. Wie von unsichtbaren Händen geführt, steigt, nein taumelt er die Treppe hinauf in sein Arbeitsstübchen, tastet sich zum Tisch, wo Kerze, Feuerstein und Zunder liegen. Jetzt flammt ein Licht auf, dann ein zweites und drittes. Die Mondsichel grinst zwischen Wolken durch die bauchigen Scheiben. Aus einer Truhe holt er die Zeichnungen von Peter Kruitli hervor und die von Meister Stürmli, betrachtet sie lange, dann geht er zum Arbeitstisch, setzt sich, legt ein Pergament zurecht, wirft noch einen Blick hinauf durch die Decke zum Himmel: »Allmächtiger Gott, sei nun mein Wegweiser!« – und Ulrich Richental beginnt zu schreiben:

»*Hie fachet an, wie das Concilium gelait ist worden gen Costenz ...*«

Aus: Hans Jensen: Fluch der Drei. Ein Roman aus großer Zeit. Verlag Herder, Freiburg 1956. S. 393ff.

DIETER KÜHN

Das vielleicht dickste Lob für sein berühmtes, 1977 erschienenes Buch über Oswald von Wolkenstein (1377–1445), den Tiroler Ritter und Abenteurer, Handels- und Weltreisenden, den Dichter, Komponisten und Sänger, erhielt Dieter Kühn von Peter Wapnewski: »Im Grunde handelt es sich um ein gigantisches Referat zum Thema: Lebensformen im späten Mittelalter, dargestellt an dem Ritter und Sänger O. v. W«, notierte der deutsche Mediävist in einer Rezension. Und weiter: »Es scheint, Kühn hat die Chance mit geradezu entzückter Leidenschaft wahrgenommen, an diesem Fall die merkwürdige Wechselbeziehung von Leben und Poesie im Detail zu observieren, und das Volumen seines Werks mehrt sich heftig zufolge des spezifischen Verfahrens. Materialien der Werkerarbeitung werden als Teil in das Werk eingefügt, werden zum Werk selbst«.

Ein opus magnum, keine Frage. Daher wird ein Auszug aus »Ich Wolkenstein« – so lautet der Titel der Biografie, die nicht nur viele Auflagen, sondern auch eine erweiterte und überarbeitete Neuausgabe erfahren hat –, diesem Mittelalter-Klassiker in keinster Weise gerecht und schon gar nicht dem Objekt der Begierde, Oswald. Das muss noch einmal betont werden: Sämtliche in diesem Lesebuch nur in Auszügen präsentierten Romane, Novellen, Dramen, epischen Gedichte usw. verdienen die Gesamtlektüre. Nur dann ergibt sich ein vollständiges Bild der jeweiligen Vorlage. Aber bei keinem Titel ist es den Herausgebern so schwergefallen, sich auf ein paar Seiten zu beschränken, wie bei Kühns großem Wurf ...

Er berichtet viel, denn er weiß viel. Mehr als 550 Buchseiten lang späht der Biograf den Sängerdichter und seine Zeit aus. Und ja, er will, dass auch der Leser weiß, was er alles weiß. Kühn hat Sprache, kurz sind die Sätze, reportagenhaft, bisweilen nimmt er den Umgangston auf. Das Wortgeglitzer überlässt er Oswald. Dessen Lieder, die »einem rote Ohren machen« (Adolf Muschg), sind dokumentiert, kongenial übersetzt und luzide analysiert. »Ein literari-

scher Interieur« (Wapnewski) ist hier zu beobachten, einer, der seinen Gegenstand liebt. Auch das spürt der Leser. Aber er geht dem einäugigen Ritter nicht auf den Leim, Kühn hält die Distanz, die der Biograf, um glaubwürdig zu bleiben, halten muss. Nichts ist erfunden.

Dass das Buch dem neu erwachten geschichtlichen Bewusstsein der 1970er-Jahre und der folgenden Jahrzehnte Rechnung trug? Es wäre Kühn (*1935), der für seine Biografien, Romane, Erzählungen, Hörspiele und hoch gerühmten Übertragungen aus dem Mittelhochdeutschen viele Auszeichnungen erhielt, zu wünschen. Zu seinen Werken gehören Porträts über Clara Schumann (1996) und Maria Sibylla Merian (2002), aber auch Romane (»Die Präsidentin«, 1974; »Stanislaw der Schweiger«, 1975); Erzählungsbände (»Und der Sultan von Oman«, 1979; »Der wilde Gesang der Kaiserin Elisabeth«, 1982) sowie historisch-biografische Studien (»N«, 1970; »Schillers Schreibtisch in Buchenwald«, 2005). Zuletzt erschien die launige Schrift »Den Musil spreng ich in die Luft« (2011).

Zurück zu Kühns Protagonisten Oswald. Sehr jung zog es ihn durch Europa, er kämpfte in Feldzügen gegen Litauen, Italien, zog bald ins Heilige Land und auch nach Nordafrika. Er war ein Abenteurer. Und er nahm – selbstverständlich – am Konstanzer Konzil (1414–1418) teil und wurde dort von keinem Geringeren als von König Sigismund (1368–1437) ins Gefolge berufen. Im Teilnehmerverzeichnis wird er als »servus«, als Diener aufgeführt, was damals dem englischen »knight« entsprach: Nachwuchs, der sich profilieren, der aufsteigen will und zwar zum neuen »Herrn«, zum »Ritter«. Ein »Herr«, ein »Ritter« konnte aber weiterhin Diener bleiben. »Oswald als Diener des Fürstbischofs von Brixen, bald auch des Königs, dies bedeutete: Mitarbeit in einer höheren Verwaltungsposition, in einer Vertrauensstellung«, schreibt Kühn. In Konstanz erlebte er den Höhepunkt als Dichter, Komponist, Sänger und Musiker, in der Konzilsstadt heiratete er auch 1417 Margarethe von Schwangau. – Dieter Kühn »besuchte« nicht nur die mittelalterliche Konzilsstadt, er beschreibt in seiner Biografie auch das »moderne« Konstanz.

Ich Wolkenstein

Ich Wolkenstein – diese Formel klingt nicht eben bescheiden: ein Mann, der sich standesbewusst, selbstbewusst beim Namen nennt, etwa auf Urkunden – hier siegelt Oswald von Wolkenstein, Ritter. In seinen Liedern finden wir diese Formel recht häufig: Ich, Oswald Wolkenstein, ich Wolkensteiner, mich Wolkensteiner, mir Wolkensteiner, von Wolkenstein, ich Wolkenstein, und so weiter. Vorschnell könnte man hier allgemeine Schlüsse ziehen: Der Mensch an der Wende zwischen Spätmittelalter und Frührenaissance setzt sich autonom, das Erwachen individuellen Selbstbewusstseins ...

Aber in dieser Formel zeigt sich kein Anschwellen von Selbstbewusstsein, sondern, im Gegenteil: Demut. Der Wolkensteiner nennt sich fast nur in geistlichen Liedern beim Namen, wenn er Sünden bekennt, wenn er Maria und Jesus um etwas bittet, wenn er geistliche Ratschläge erteilt. Hier bläht Oswald nicht den Brustkorb auf, Ich Wolkenstein, hier schlägt er sich an die Brust, vorwurfsvoll, sündenbewusst: Ich, der Wolkensteiner, dieser krumme Hund, diese sündige Kreatur ...

Freilich: Auch diese Selbstaussage wird mitgesteuert von literarischen Mustern. Wenn Oswald geistliche Lieder schreibt, in denen das weltliche Treiben verurteilt, das christliche Dasein, das himmlische Leben gepriesen wird, so ist damit automatisch verbunden eine Selbstdarstellung als sündenbewusster Mensch. Hätte sich Oswald aber nicht auch ohne Zerknirschung, ohne Sündenbewusstsein in weltlichen Liedern beim Namen nennen können?

Dies geschah damals sehr oft in Schlusszeilen weltlicher Liedtexte. Beispielsweise baute Peter Suchenwirt, eine Generation vor Oswald, seinen Namen wiederholt in Schlussformeln ein: »Den Rat gibt euch der Suchenwirt«, »Das klag ich, Peter Suchenwirt«. Und der Liederhersteller Muskatblüt, ein Zeitgenosse Oswalds, konnte sich seinen Namen gegen Liedschluss eigentlich nie verkneifen: »Ach Muskatblüt, wie wahr hast du gesungen!« Auch der Nürnberger Büchsenmacher Hans Rosenblüt brachte gern seinen

Namen an in selbst geschmiedeten Reimwerken – so, wie er in Waffen eigener Herstellung wohl sein Markenzeichen eingravierte. Und Beheim eröffnete ein Lied mit dieser Zeile: »Ich, Michel Beheim aus Weinsberg-Sulzbach ...« Nichts von Devotion; hier signierten Handwerker ihre Artikel.

Diese Praxis war Oswald bekannt. Erstaunlicherweise hat er sich nur in einem einzigen weltlichen Text beim Namen genannt, in einer späten Reimpaar-Rede über Fragen der Rechtssprechung. Wollte er sich als standesbewusster Adliger mit den Praktiken von Berufsdichtern, von Versemachern aus Handwerkerkreisen nicht identifizieren? Konnte er es sich leisten, seinen Namen nur in Bescheidenheitsformeln zu präsentieren?

Dort, wo ich den Wagen abstelle, war früher, schon zu Oswalds Zeit, die westliche Stadtmauer und vor ihr der Stadtgraben: Die Stadt Konstanz war also von Wasser umgeben, westlich und südlich von Stadtgrabenwasser, östlich von Bodenseewasser, nördlich von Rheinwasser; eine Stadtinsel. Die westliche Stadtmauer wurde samt Befestigungstürmen, Tortürmen im vorigen Jahrhundert abgerissen, der Stadtgraben zugeschüttet, wohl auch mit dem Steinmaterial von Mauern und Türmen, soweit man es nicht für Neubauten verwendete. So ist nun dort, wo Stadtmauer und Stadtgraben waren, eine breite Allee, mit doppelter Baumreihe in der Mitte; die Untere Laube, die Obere Laube.

Ich gehe in die Stadt hinein, Richtung Münster, das ich nach 100, 150 Metern vor mir sehe, nicht nur den Turm mit der im vorigen Jahrhundert aufgesetzten Spitze. Auf dem Münsterplatz bleibe ich kurz stehen, registriere, dass dieses Münster auf der Kuppe einer leichten Erhebung steht, gehe weiter. Nach 100 oder 200 Metern bereits der See. Diese Stadt war in ihrer Ost-West-Ausdehnung also recht klein.

Vor mir die Seefläche, graubraun, mit Lichtreflexen. Die grün bewachsenen Seeufer rücken voneinander ab: die Konstanzer Bucht, auch Konstanzer Trichter genannt. Vor mir quirlen Tretboote, dazwischen Ruderboote, Gewipp und Geschrei. Herumschnellend, schrill die zu solch einem See gehörenden Möwen. Auf der Wasserfläche draußen ein zu solch einem See gehörendes weiß gestrichenes Passagierschiff.

Ich gehe an Blumenrabatten und Kurparkbänken entlang zum Konzilsgebäude, in dem keine Konzilsitzungen stattfanden, nur das Konklave, November 1417; das über 50 Meter lange Lagerhaus, Handelshaus wurde mit provisorischen Zellen versehen, wurde verschlossen, versiegelt, bewacht, und nach drei Tagen war er gewählt: Papst Martin V.

Ich setze mich auf eine Bank, das Gebäude nun hinter mir, vor mir die Seefläche: weithin Lichtreflexe, ein fast hochsommerlich heißer Maitag, keine Sicht auf die Alpen, die mir Postkarten zeigen. Das Passagierschiff verschwimmt im Dunst. Angler in Ruderbooten. Ein Rheinschlepper scheucht mit Getute Tretboote, Ruderboote auseinander, fährt dicht an Markierungsstangen entlang.

Der Bodensee, den Oswald »podemsee« geschrieben hat: für ihn nur eine topografische Angabe? Eine Wasserfläche, die an die Stadt grenzte, wie Feldflächen, Wiesenflächen bei anderen Städten? Oder war hier eine Symbiose für ihn von Stadt und See, eine bewusst wahrgenommene Besonderheit?

Ich vergegenwärtige mir: Diese Stadt war zu seiner Zeit von der Wasserfläche abgeschlossen; das sehe ich so auf Merians Stadtansicht, die ich in einer Ablichtung mitgenommen habe. Und in einem Stadtführer lese ich, dass man die Stadtbefestigung seewärts abgerissen hat, als Konstanz an das Eisenbahnnetz angeschlossen wurde; Bahntrasse, Schrankenübergänge zwischen Altstadt und Seeufer. Wenn Oswald Richtung See ging, hatte er eine Mauer vor sich. Wohl nur an der Landebrücke, am Verladekai vor dem Kaufhaus konnte man auf die Seefläche blicken – aber ging man damals zur Brücke, zum Quai, um auf die Wasserfläche zu schauen, bei Dunst oder Föhn?

Die Stadt selbst nun – wie weit bestehen noch Ähnlichkeiten, Entsprechungen zwischen dem Konstanz damals und dem Konstanz heute? Wie viel Identität in den Straßenrastern, in der Bausubstanz? Ich habe gelesen, diese Stadt sei im vorigen Krieg nicht bombardiert worden; sie liegt zu nah an der Schweiz, an Kreuzlingen, wurde nachts nicht verdunkelt, musste aus der Luft demnach als Schweizer Region erscheinen. Aber wie viel wurde nach dem Krieg geändert, umgebaut, abgerissen?

Ich schlendre zum Münster zurück, das in Grundriss und Mauerwerk identisch ist mit dem Münster, in dem die Vollversammlungen des Konzils stattfanden. Aber ich gehe noch nicht hinein, stehe am Gitter vor dem Hauptportal, schaue in den Vorraum, sehe auf allen Mauervorsprüngen Nägel, durch Bleche geschlagen, spitz nach oben gerichtet, gegen Tauben: die sollen das Renovierte nicht wieder bekleckern. Auf jeder für Tauben nur eventuell benutzbaren Auswulstung von Steinornamenten, auf jedem noch so kleinen Sockel solch eine Nagelplatte. Die Tauben haben dennoch Sitzplätze gefunden – vor allem auf dem Kruzifix über dem Portal, dem »Konstanzer Herrgott«, überlebensgroß aus dem Jahre 1518: keine Abwehrnägel auf den Händen, den Armen, und so sitzen Tauben auf den eingekrümmten Händen, den fast waagrecht gestreckten Armen, auf dem I.N.R.I.-Schild, und Hände, Arme, Schild bekleckert; Verkrustungen auf dem Wulstknoten, der das Lendentuch zusammenfasst.

Auch jetzt gehe ich noch nicht ins Münster, suche mir erst mal ein Hotel, finde eins ganz in der Nähe, das Domhotel in der ehemaligen Stiftskirche St. Johann, erbaut 1266; man hat nach der Säkularisation Zwischenböden eingezogen, Räume abgeteilt. Der Vorraum, das Treppenhaus weit und kirchenkühl, bald aber wird die Treppe enger, mein Zimmer im dritten Stock, Einrichtung wie in einem alten Dorfgasthof, eine Flügeltür zur Terrassenfläche, Eternitplatten als Sichtblenden zwischen jedem Zimmerabschnitt. Ich setze mich auf den Biergartenstuhl, schaue hinüber und hinauf zum Münster. Wenn ich den Stuhl zur Eternitplattenwand rechts rücke, kann ich einen schmalen Ausschnitt des Münsterplatzes sehen, vor dem Hauptportal: dort unten, aus dieser Steinöffnung, waren 1417 mehrfach Kardinäle und Bischöfe herausgetreten, hatten jeweils dreimal in die Menge gerufen, Papst Benedikt oder seine Bevollmächtigten sollten sich melden, aber diese Aufrufe blieben vergeblich, und so wurden Steine, brennende Kerzen auf den Boden geworfen, der Papst wurde verflucht, die Herren gingen in das Münster zurück. Ich schaue auf eine nun leere Bühnenfläche, rücke den Biergartenstuhl wieder in die Sonne.

Taubengurren. Viertelstundenschläge vom Münster, gleich darauf von der Stephanskirche. In der Gasse unten werden leere Weinflaschen verladen. Auf dem Münsterplatz fahren vereinzelt Autos, Mopeds. Schritte. Eine alte Frau, die sich im Nebenzimmer mit einer anderen alten Frau unterhält, kriegt einen Hustenanfall, dreht danach kurz den Wasserhahn auf. Die letzten Flaschen sind verladen, das Auto fährt ab. Taubengurren, Taubenflattern. Viertelstundenschläge. Mein Körper sättigt sich mit Sonnenwärme, Sonnenhitze, wird schlaff, das Bewusstsein schwappweich. Cognac, der zusätzliche Wärme erzeugt, im Magen, im Kopf. So muss sich schon eine sehr große Wolkenbank vorschieben, damit ich aufstehe. Die Kirchenkühle im Treppenhaus, im Vorraum, und durch die gestaute Wärme des Münsterplatzes gehe ich wieder in Kirchenkühle, stehe im Münster. Insgesamt 45 Plenarsitzungen hier. Wenn ich mir den Sitzungsraum vorzustellen versuche, muss ich sehr viel abschirmen, ausräumen, beispielsweise die Seitenkapellen, auch gab es damals noch nicht die Kanzel, auch nicht die Orgelbühne, nach einem Renaissance-Entwurf, auch nicht die Orgel. Bleibt eigentlich nur die Fläche des Langhauses zwischen den Säulen, die neun Meter hoch sind; zwischen diesen monolithischen Säulen waren Bretterwände errichtet, an diesen Bretterwänden entlang Holzbänke, auf der obersten der drei Reihen saßen Kardinäle, Erzbischöfe, weltliche Fürsten, auf der mittleren Reihe Bischöfe und Äbte, auf der untersten Reihe Theologen, Gelehrte und auf der Fläche zwischen diesen Säulenreihen, Bankreihen die Schreiber, Konzilsbeamten. Debatten fanden hier kaum statt, meist Erklärungen, feierliche Proklamationen. Ob Oswald mal in diesem Säulen- und Bretterrechteck war, als Gast? Aber hätte er der lateinischen Verhandlungssprache folgen können? Hat er wenigstens mal, aus Neugier, in diesen Bretterbereich hineingeschaut, als keine Plenarsitzung stattfand: den Ort sehen, an dem wichtige Entscheidungen getroffen, verkündet wurden?

Ich verlasse den hohen, weiten, stillen, kühlen Raum, gehe zur Insel, auf der das Dominikanerkloster lag, später Kattunfabrik, nun Hotel: eine schmale Verbindungsbrücke, früher die »Predigerbrücke«. Ich schlendre auf dem Hotelgelände umher, bleibe stehen vor einem recht kleinen Nebengebäude; ein Schild, teilweise überwachsen, informiert mich darüber, dass hier die französische Delegation wohnte – ich nehme an, ein Teil der Delegation. Hier werden wichtige Verhandlungen stattgefunden haben, hier wurden Direktiven bestimmt für Ausschusssitzungen, und eins der Ergebnisse war, dass im Dominikanerkloster Jan Hus eingesperrt wurde. Gibt es in diesem Gebäude einen Raum, der als Gefängniszelle des Jan Hus ausgewiesen wird? Zumindest wird man die Kirche, den Kreuzgang besichtigen können, aber ich will in dieses Hotel nicht hineingehen; zu viele Autos mit versenkbaren Scheinwerfern auf dem Parkplatz. Ich verlasse die kleine Insel, gehe weiter an der Seegrenze der Altstadt, komme an den Rhein, erreiche, indem ich Eisenbahntrasse und vierspurige Straße unterquere, den Rheintorturm, steige in die Öffnung dieses Turms, schaue hinüber nach Petershausen; von dieser Öffnung aus führte damals die Holzbrücke über den Rhein, da rumpelten Karren hinüber und herüber, sonst Hufschlag, Schrittgeräusch. Und jetzt das Hinausströmen, Hereinströmen vierspurig, auf der Rheinbrücke seewärts.

Ich drehe Rhein und Petershausen den Rücken zu, schaue in die Rheingasse, die von diesem Tor stadteinwärts führte; ich kann freilich nicht direkt in diese Richtung gehen, muss wieder die Straße unterqueren, bin dann, nach einigen Schwenks, in der Gasse, die in ihrem Verlauf noch identisch sein wird mit der Rheingasse, in der Oswald geritten oder gegangen ist – wie oft? In dieser in ihrem Richtungsverlauf zweimal leicht abgeknickten Gasse gehe ich auf die ehemalige Stiftskirche St. Johann zu, schwenke nach links ab und wieder nach rechts, überquere den Münsterplatz, gehe in die ehemalige Blattengasse, die heutige Wessenbergstraße, schaue in Seitengassen, notiere mir Namen, die auf Hauswände gemalt sind: Zum blauen Sattel, Zur Salzscheibe, Zum weißen Bär, Zum vorderen Kranich, komme in die ehemalige St. Paulsgasse, die heutige Hussenstraße, bleibe stehen vor dem Hus-Haus, eine Marmorgedenktafel, »gewidmet von seinen Landsleuten«. Wenn ich vor diesem Häuschen stehend nach links schaue, sehe ich das Schnetztor; hier war, soweit ich weiß, Papst Johannes in die Stadt eingezogen, mit seinem sehr großen Gefolge.

Ich beschaue mir das Tor von außen: War auch Oswald hier in die Stadt gezogen, Anfang 1415 und wieder April 1416, nach der Spanien-

und Frankreichreise? Und verließ er 1417 die Stadt durch dieses Tor, in seinem Gepäck Blätter mit vielen seiner wichtigsten, besten Lieder?

Zum Rosgartenmuseum: das Gebäude war ursprünglich Zunfthaus der Metzger, war, einige Jahrhunderte später, Trinkhalle, Kaserne, Kommissbrotbäckerei, Judenschule, Beschäftigungsanstalt für Frauen, Seifensiederdepot, und nun ist es Museum. Hier interessiert mich nicht der Schlitten, den Louis Napoleon in Arenenberg benutzte, auch nicht der Fundkomplex aus der Höhle Keßlerloch bei Schaffhausen. Ich will hier vor allem das Stadtmodell sehen, das im vorigen Jahrhundert »in minutiöser Kleinarbeit« hergestellt wurde, ein Konstanz etwa des Jahres 1600, noch zum größten Teil identisch mit dem Konstanz der Konzilsjahre.

Dieses Stadtmodell (ringsum von Glasplatten geschützt, brusthoch) ist schätzungsweise zweimal fünf Meter groß. Der komplette Mauerring, seewärts, rheinwärts, landwärts. Schnetztor, Augustinertor, Rheintor, Schottentor, Geltingertor. In ziemlich regelmäßigem Abstand Befestigungstürme: an der Nordwestecke der Ziegelturm, gleich neben dem Kaufhaus der Aberhakenturm, und so weiter. Das Münster noch ohne den (neugotischen) Dachaufsatz, stattdessen ein Holzaufbau, zwei kleine Kugeldächer rechts und links. Und die Johanneskirche noch mit Turm. Petershausen, durch die Rheinbrücke mit der Stadt verbunden, ist ebenfalls von einem Mauerring umschlossen: ein Kloster, wenige Häuser.

Ich steige zur kleinen Galerie hoch, sehe das Stadtmodell aus der Vogelperspektive des Merian. In einem dieser Häuschen wird Oswald gewohnt haben, in einigen dieser Häuschen hat er Lieder vorgetragen, in einem der Häuschen war wohl auch sein Bordell, in einem der Häuschen sein Stammlokal. Fensterkreuze weiß auf schwarz gemalt, zu Tausenden – eine Totenstadt.

Ich gehe ein Stockwerk höher, in einen Saal mit alter Holzdecke, sehe mir, über Glasplatten gebeugt, Urkunden, Siegel, Münzen an aus der Zeit des Konzils, spaziere zum »Haus zur Katz«, in der Katzgasse, gleich am Münsterplatz: Dieses Haus hat während des Konzils noch nicht gestanden, aber als Oswald 1431 wieder in Konstanz war, für ungefähr einen Monat, da war es gerade ein paar

Jahre alt, und er nahm hier mit König Sigmund an einer Tanzveranstaltung teil.

In diesem Haus, einem Zunfthaus, ist heute das Stadtarchiv, und hier schaue ich mir die Faksimileausgabe der Chronik des Konstanzer Konzils von Ulrich Richental an, sehe auf den Zeichnungen beispielsweise Papst Johannes, dessen Reisewagen auf der Anreise umgekippt war, am Arlberg, er schaut vorn aus dem schräg liegenden Wagen heraus, unverrückt die Tiara auf seinem Kopf, die Hände zum Beten aneinandergelegt, zwei geistliche Herren hinter diesem Wagen beten ebenfalls, zwei Knechte vor dem Wagen werfen die Hände in die Luft, noch packt keiner zu. Und ich sehe ein Bild vom Einzug des Papstes in Konstanz, ein Baldachin wird über ihn gehalten, er sitzt auf einem Pferd, segnet die Menge, und Münzen werden geworfen wie heute Bonbons bei Karnevalszügen. Und ein Reiter mit einem riesengroßen Papsthut, mehr als eine Pferdelänge im Durchmesser, bestimmt zwei Meter hoch, den hält der Reiter an mächtiger Stange wie einen übergroßen Regenschirm. Und Klerus im Münster, eine Sitzung. Und Marktszenen; auf einem Tisch wird ein Hirsch zerhackt, ein Käufer trägt einen Hasen weg, ein Hund unter dem Tisch nagt an einem Knochen; auf einem anderen Tisch ein Schweinskopf, ein Hund auch unter diesem Tisch und auf einem dritten Tisch Fische, gewiss aus dem Bodensee, einige Fische armlang, andere karpfendick, Fässer voller Fische, und Frösche und Schnecken werden ebenfalls verkauft. Und in gestrecktem Galopp der Papst bei seiner Flucht aus Konstanz. Und Hus auf dem Scheiterhaufen mit schwarzem Gewand und Papiermütze. Eine Karre, aus der zwei Männer mit Holzschaufeln seine Asche schippen, wohl ins Wasser. Und mehrfach Bilder von Belehnungen.

1417, während der Sommerpause der Sitzungen, nahm König Sigmund eine Reihe von Belehnungen vor, wie ich im Kommentarband dieser Chronikausgabe lese; besonders wichtig war die Belehnung des Burggrafen Friedrich von Hohenzollern mit der Mark Brandenburg. Dieser Festakt begann mit einem Umritt von Posaunenbläsern und Herzogsgefolge durch die Stadt, dann wurden König und Herzog aus ihren Herbergen geholt. Auf dem oberen Markt eine

Tribüne, laut Richental mit goldenen Tüchern behängt, alles schien in Gold zu brennen. Pfeifer- und Bläserklänge zur Eröffnung des Festakts. Während der Lehnsverleihung trat Pfalzgraf Ludwig hinter den König, hob das königliche Schwert hoch, als wolle er es dem König in den Nacken rammen: Das sollte die »jetzt wirksame göttliche Herrschaftsachse« symbolisieren. Kniend der Burggraf, er hatte sein Banner dem König übergeben, empfing es nun wieder aus seiner Hand. Musik zum Schluss. Mehrere solcher Belehnungsszenen in dieser Handschrift, und eine, die als weniger wichtig gilt, wird für mich außerordentlich wichtig, und zwar die Belehnung von Herzog Ludwig von Bayern, Pfalzgraf bei Rhein: Der König auf dem Thron überreicht dem jungen Herzog ein Banner, das Fahnenlehen; unter dieser Szene eine Gruppe von Fähnlein tragenden Rittern, und hier entdecke ich ein bulliges Gesicht mit einem geschlossenen Auge. Sehe ich Gespenster?

Ich schaue vom Buch auf, blicke in den leeren Leseraum, Tische vor mir, Faszikel gestapelt, schaue wieder in das Buch: ein Mann mit dickem Hals, Doppelkinn, kräftiger Nase, betonter Unterlippe, einem geschlossenen Auge. Es ist das linke Auge, müsste eigentlich das rechte sein, dennoch: Das kann nur Oswald sein!

Konnte es Oswald gewesen sein? Ich lese den Kommentar zu diesem Bild auf fol. 76a: die Belehnung des Pfalzgrafen Ludwig III. fand am 11. Mai 1417 statt – zu dieser Zeit war Oswald in Konstanz! Dass er im Gefolge des Pfalzgrafen auftaucht, wird kein Zufall sein, die beiden Männer kannten sich offenbar recht gut, Ludwig wird Oswald später zu einer gemeinsamen Pilgerfahrt ins Heilige Land einladen, Oswald wird Ludwig in Heidelberg besuchen, wird für ihn ein Huldigungslied schreiben, das einzige.

Alles spricht dafür: Dies ist Oswald von Wolkenstein, im Gefolge des Kurfürsten von der Pfalz. Eine bisher unbekannte Abbildung, ich bin sicher, ich hätte sonst längst einen Hinweis, eine Reproduktion gefunden.

Dass Oswald hier abgebildet ist, lässt Rückschlüsse zu: er war aufgefallen, war bekannt, und so wurde in das Gefolge des Pfalzgrafen der bullige, einäugige Mann hineingezeichnet, er gehörte dazu, das wusste man noch. Nur verwechselte der Zeichner das offene mit dem geschlossenen Auge. Das ist eine Möglichkeit. Die andere: Dies ist eine von sieben Kopien des inzwischen verloren gegangenen Originals; vielleicht war Oswald ursprünglich mit dem rechts geschlossenen Auge dargestellt, und der Kopist dieser Handschrift hat sich vertan.

Ich sähe auf diesem Bild das geschlossene Auge natürlich lieber rechts, aber auch so habe ich wenig Zweifel, dass hier Oswald dargestellt ist; die Indizien sprechen dafür, die Physiognomie. So ist er mir plötzlich wieder präsent, in Konstanz, im gleichen Gebäude, in dem er 545 Jahre vor mir war. Ich lasse die Folioseite fotokopieren, will auf der Rückfahrt die Ablichtung Ulrich Müller und Hans-Dieter Mück zeigen. Während unter dem aufgeklappten, auf der Bildfläche liegenden großformatigen Buch das Licht aufgleißt, sehe ich das Bild bereits in der Biografie, als Gruppenbild und einmal das Gesicht herausfotografiert, vergrößert: Oswald und OSWALD

Aus: Dieter Kühn: Ich Wolkenstein. Suhrkamp, Frankfurt/Main 1977. S. 163

WILHELM WOLFGANG SCHÜTZ

Das »Sonntagsblatt« nannte ihn den »Abraham a Santa Clara der deutschen Einheit«. Wilhelm Wolfgang Schütz, 1911 in Bamberg als Spross einer jüdischen, später zum Christentum konvertierten Familie geboren, hatte viele Professionen. Er war Publizist, Schriftsteller und Politiker. Sein Lebenslauf berührt die Brüche deutscher Geschichte im 20. Jahrhundert. Er war in den 1950er- und 1960er-Jahren an der Spitze des Kuratoriums Unteilbares Deutschland und drängte immer wieder auf eine Politik der Wiedervereinigung (»Was ist Deutschland?«, 1967). Das Glück der Wiedervereinigung erlebte er noch (er starb 2002 in Köln). In diesem Zusammenhang erhielt der Staatswissenschaftler, der 1935 nach England emigrierte und dort als Korrespondent verschiedener Zeitungen arbeitete, den Beinamen »Erfinder der Ostpolitik« – die vor allem mit dem Namen Willy Brandt (1913–1992) verbunden ist. 1972 schied er aus dem politischen Tagesgeschäft aus und arbeitete wieder als Journalist und als Dramatiker.

Der Auszug aus dem 1977 entstandenen Stück »Vom freien Leben träumt Jan Hus. Szenen aus einer böhmischen Rebellion«, der in einem Bordell spielt, stellt drei Protagonisten des Konstanzer Konzils (1414–1418) in den Mittelpunkt: Jean le Charlier de Gerson (1363–1429), französischer Theologe, Mystiker und Kanzler der Pariser Sorbonne. Er wandte sich zunächst gegen die Einberufung eines Konzils, das die rivalisierenden Päpste in Rom und Avignon absetzen sollte. Dann aber wirkte er auf die Überwindung des Großen Schismas hin, namentlich auf den Konzilien zu Pisa (1409) und Konstanz. Auf Letzterem war er es, der die energische Haltung der Versammlung gegenüber dem flüchtigen Papst Johannes XXIII. (1370–1419) aufrechterhielt und gegen die Unsittlichkeit der Geistlichkeit eiferte. Andererseits betrieb er auch die Verurteilung und Hinrichtung von Jan Hus (1369–1415) und Hiernoymus von Prag (1379–1416).

Der Zweite in diesem Bunde ist Cosimo de' Medici (1389–1464). Der wegen seines finanziellen Geschicks geachtete Bankier, Spross der berühmten florentinischen Dynastie, war in Konstanz als »Geldwechsler« tätig. Er gehörte zum Gefolge von Papst Johannes XXIII. – dieser ist in Wilhelm Wolfgang Schütz' Stück der dritte Mann. Baldassare Cossa, so sein bürgerlicher Name, wurde 1410 in Bologna zum Papst gewählt. Das Volk nannte ihn »Papa Bodrino«, nach einem besonders gefürchteten Condottiere und Söldnerführer. Johannes XXIII. galt als Playboy, er soll allein in Bologna 300 Nonnen »geschändet haben«, wie es in diversen Chroniken heißt. »So sieht eine Falle aus, mit der man Füchse fängt«, soll er gesagt haben, als er die Türme von Konstanz vor sich sah. Er ahnte frühzeitig, dass es mit dem Karrieresprung »Einheitspapst« wohl nichts werden würde. Schon in den verschneiten Bergen des Arlbergs war sein Reisewagen umgestürzt und hatte ihn hinausgeworfen. Ein böses Omen! Als der Papst spürte, dass sich die Stimmung der Konzilsväter endgültig gegen ihn wandte, nahm er im März 1415 Reißaus. In Freiburg wurde er wieder eingefangen und saß vier Jahre im Kerker in Mannheim. Doch: Ende gut, alles gut. Seine Hausbank ließ ihn nicht fallen. Cosimos Vater, Giovanni di Bicci de' Medici (1360–1429), kaufte ihn für die damals abenteuerlich hohe Lösegeldsumme von 24.000 Gulden frei. Der Sünder warf sich dem neuen Papst Martin V. (1368–1431) zu Füßen – mit dessen Wahl wurde das Abendländische Schisma beendet –, der ihn daraufhin zum Kardinalbischof von Tusculum ernannte.

Vom freien Leben träumt Jan Hus

Konstanz.

BÜRGERMEISTER verliest ein Dokument: »Bürgermeister und Rat der gottgefälligen Stadt Konstanz übertragen hiermit zu Ehren des heiligen Konzils dem ehrsamen Basler Bürger Nikolaus Lamparter und der hochgeschätzten Dorothea Pfisterin von Mantafun das Haus im Süßen Winkel am Gerberbach zu öffentlichem und freiem Verkehr, der Gestalt, dass keine Frau dort geschlagen werde, damit sie jede Nacht, die sie dort liegt, einen Pfennig an unsere Stadt abführe, einen weiteren Pfennig Schlafgeld für jeden Mann, der bei ihr liegt, ebenfalls einen Pfennig von dem Mann selbst, der es mit ihr treibt. Macht insgesamt drei Pfennig. Gottesfürchtig bleibe das Haus an Feiertagen, zum Apostelfest, zu heiligen Zeiten, am Marientag immer nach außen geschlossen. Wer dort bereits liegt, der bleibe liegen. Den Beamten unserer frommen Stadt werde jedem ein Gulden zu Weihnachten gespendet, gestohlene Waren werden abgeliefert, Messerstechereien werden dem Bürgermeister ordnungsgemäß gemeldet, insgesamt der allgemeinen Nutzen gefördert, das Haus in Ehren gehalten und dem Bürgermeister, den Ratsherren, Gott und den lieben Heiligen ein Treueschwur geleistet, insbesondere angesichts der vielen frommen und hohen Herren aus Kirche und Staat, die wir zum gottgefälligen Konzil beherbergen, so soll auch das ehrbare Haus im Süßen Winkel zum allgemeinen Wohlbehagen sittsam beitragen, zum höheren Ruhm unseres geliebten Konstanz. Gegeben vom Bürgermeister und Rat der Stadt.«

2. Szene
Konstanz. Haus im Süßen Winkel, Kerzenlicht. Im Vordergrund Badezuber. Im Hintergrund Karin als Bademädchen Isabella auf einer Bank. Gerson und Medici kommen, in Badetücher gehüllt.

GERSON *sieht sich um:* Ein eigenartiges Lokal, Herr von Medici.
MEDICI: Das angenehmste am Bodensee, Professor Gerson. Ich komme jede Woche hierher, um etwas für meine Gesundheit zu tun. Sie sollten das auch tun, Eminenz.
GERSON: Der Prozess ist schwierig. Ein Schuldspruch muss einwandfrei begründet sein.
MEDICI: Aber ohne strikte Zentralisierung der Staatsautorität, was gleichbedeutend mit Kirchenautorität wäre …
GERSON: Und umgekehrt!

MEDICI: Stimmt, ohne eine harte Entscheidung droht ein totaler Geld- und Kreditverfall.

GERSON: Seine Heiligkeit ...

MEDICI: Keine Namen bitte. Die kleine Isabella versteht, wie ich vermute, zwar nur Spanisch, aber hier wie im Bankgewerbe empfiehlt sich Diskretion.

COSSA (Johannes XXIII., Papst von 1410 bis 1415): Das Bad erinnert mich an meine besten Jahre. Als ich noch eine Armee befehligte, haben wir stets um Mitternacht im Meer gebadet.

Medici winkt Isabella, die mit einem Holzkessel voll Wasser kommt.

MEDICI: Ich ziehe die Badestuben in Florenz doch vor. Man wird bedient. Die Finger dieser Mädchen! Jedem eine Wanne, dann ein warmer Quell über Schultern und Rücken. Wir benötigen Stärke, sonst zieht jeder seine Kredite zurück.

Sie steigen in die Zuber. Isabella gießt langsam Wasser über jeden.

GERSON: Wir brauchen einen Ketzer. Sonst einigen sich die Gläubigen nie auf einen Papst.

COSSA: Habt Ihr erst einmal den Brandgeruch eines Scheiterhaufens in den Nüstern, dann treibt Euch die Lust an der Feuerbrunst wer weiß wohin.

GERSON: Wir benötigen auch Feuer unter das Konzil. Der Prozess gegen den Böhmen stagniert.

COSSA: Von mir erwartet man, wie ich höre, Unterwerfung, um einen Einheitspapst zu wählen. Als Reitergeneral habe ich gelernt, dass auch Rückzüge planmäßig angelegt sein müssen. Als General Christi habe ich das nicht vergessen.

MEDICI: Unordnung, Eure Heiligkeit, wird für Kirche und Krone wie für Handel und Gewerbe bedrohlich. Das kann doch nicht Eure Absicht sein, schließlich müssen auch Kirche und Papst Besitztümer wahren.

COSSA: Habe ich nicht Ablass gewährt in Hülle und Fülle? Das hat die Kassen gefüllt, auch eure in der florentinischen Bank.

MEDICI: Auch wenn wir als Bankleute gerne volle Kassen sehen, die Gnade droht neuerdings zu versiegen. Seit wir von Ketzern gestört werden, stagniert das Geschäft.

GERSON: Das Konzil wäre bereit, die Abdankung des Papstes Johannes mit der Ernennung des Herrn von Cossa zum Kardinal zu belohnen. Das Konzil wählt einen neuen Papst statt der drei ...
COSSA: Dreifaltigkeit, Professor.
GERSON: Für uns reicht Petri Stuhl.
MEDICI: König Sigismund würde dem Konzil ein Urteil gegen den Ketzer Jan zubilligen, ohne dass der Böhme sich auf den sogenannten Freibrief berufen könnte. Man hätte also auch den Teufel mit im Pakt.
COSSA: Aber das Volk glaubt an das königliche Wort. Da liegt doch der Hund begraben. Und ein Papst bleibt ein Papst.
MEDICI: Nun, was den Papst Johannes betrifft, wird ja von dunklen Missetaten gemunkelt – Schändung von Nonnen ...
COSSA *klopft sich lachend an die Brust:* 300 allein in Bologna!
MEDICI: Giftmord an seinem Vorgänger Alexander.
COSSA *lacht Isabella an:* Gib mir einen Becher Wein, Mädchen, ich traue dir keinen Giftmord zu.
Isabella holt Wein und gießt ihn in einen Becher.
GERSON: Folterung von politischen Gefangenen ...
MEDICI: Erpressung ehrlicher Kaufleute, ich kenne mindestens zwei Kunden meiner Bank in Florenz. Geheime Konten.
COSSA *trinkt:* Also gut, Johannes quittiert. Wer garantiert, dass er überlebt?
MEDICI: Der Magister aus Böhmen. Wenn erst ein Sünder vor aller Augen in Konstanz verbrennt, dann hat die Mordlust ihr Genügen, und alle anderen Sünden sind vergessen. Wir wollen die Kirchenordnung nicht auf die Spitze treiben. Mich treibt es zurück nach Florenz. Florenz! Der Arno!
GERSON: Nach einer heiligen Handlung wird es meistens für einige Zeit still im Volk. Das Konzil wird sich mit einem Scheiterhaufen begnügen. Vorläufig.
MEDICI: Und dann, Eure Heiligkeit, sind Sie längst Kardinal. Man muss die Umwandlung der Papstmütze in einen Kardinalshut nur rasch vollziehen.
COSSA: Wenn Ihr ihn aber nicht überführt? Er ist ein Volksredner und Volksaufwiegler. Man muss ihm über's Maul hauen.

MEDICI: Man wird das Volk aufklären. Mit Wandanschlägen, Spottliedern, kurz, die Volksmeinung muss das Konzil antreiben. Dafür garantiere ich.

GERSON: Gerüchte über einen Teufelspakt erregen immer den Zorn der Gerechten. Wir werden den Teufel auf den Scheiterhaufen bringen. Wir werden den heiligen Eifer der Gerechten anfeuern.

COSSA: Aber keine Vorwürfe gegen Papst Johannes.

GERSON: Das ist schon etwas schwieriger, weil manche nach Gründen des – wie soll ich sagen – des Ämterwechsels fragen werden. Ein neuer Papst – wenn erst der Tscheche verbrannt ist – weckt natürlich Fragen nach dem bisherigen Stellvertreter Christi.

COSSA: Wozu besitzen wir die Theologie? Ich anerkenne die Wahrheit und Autorität des Heiligen Konzils. Damit auch die Weisheit seines Entschlusses, Papst Johannes abzusetzen und ihn in das Kardinalskollegium aufzunehmen. Ich schweige, Ihr schweigt, wir alle schlagen ein Kreuz, und eine Messe des neuen Kardinals lässt den alten Papst vergessen.

MEDICI: Stürzt ein Papst, dann stürzen alle drei. Ein neuer Papst, ein neuer Kaiser, und das Heilige Reich ist gerettet. Handel und Wandel erneuern sich. Ich garantiere, dass sogar die Geheimkonten für den Kardinal Cossa erhalten bleiben.

GERSON: Was mir als Jurist die schwierigste Rolle überlässt, den Magister auf den Scheiterhaufen zu stellen.

MEDICI: Wir alle müssen für die gute Sache kleine Opfer bringen. Isabella, mehr Wasser …

COSSA: Und mir mehr Wein …

GERSON: Ich ziehe mich zurück.

MEDICI: Ich werde König Sigismund berichten.

Beide ab.

Cossa *gießt sich Wein ein und legt sich auf eine Pritsche.*

Aus: Wilhelm Wolfgang Schütz: Vom freien Leben träumt Jan Hus. Schauspiel. Szenen aus einer böhmischen Rebellion. Henssel, Berlin 1977. S. 106ff.

PAVEL KOHOUT

Ist es eine Komödie oder eine Tragödie? Da bestellt eine Stadt – Konstanz – anlässlich des 600-jährigen Bestehens des zum Konzilsgebäude aufgewerteten »Kaufhauses« am Konstanzer Hafen bei einem tschechischen Schriftsteller und Dramatiker – Pavel Kohout – ein Stück über die Kirchenversammlung und den Feuertod des böhmischen Reformators Jan Hus (1369 – 1415). Der Dramatiker liefert das Werk mit dem Titel »Ecce Constantia« – was zunächst »Siehe, Konstanz« bedeutet, der Titel verweist aber auch auf das Pilatuswort »Ecce Homo« und damit auf die Christus- und Hus-Passion – fristgerecht ab, doch das Stadttheater – unter der Intendanz von Ulrich Khuon – lehnt die Hus-Reminiszenz aus inhaltlichen und formalen Gründen ab. »Ecce Constantia« wurde in Konstanz bisher nicht aufgeführt, allein sein Autor las aus seinem umstrittenen Stück und schlüpfte dabei in 17 verschiedene Rollen (plus Regieanweisung).

Nahezu fünf Jahre, von 1986 bis 1990, zog sich die Debatte hin, so lange, wie das mittelalterliche Konzil (1414 – 1418) dauerte. Nicht nur feurige Argumente, auch Polemiken wurden ausgetauscht. Der SÜDKURIER druckte das Stück 1989 ab. Der Konstanzer Literaturwissenschaftler Helmut Weidhase wurde in einem Beitrag für die Zeitung grundsätzlich. Er rechnete vor, dass von den gut zwölf Hus-Tragödien, drei Hussitendramen, zwei Konzilsoratorien (eines von Carl Loewe) und zahlreichen Prosawerken des 19. Jahrhunderts kaum etwas die Nachwelt nachhaltig erreicht habe. Dass die Rezeptionsgeschichte von »Ecce Constantia« erfolgreich(er) verlaufen könnte, bezweifelte er.

Der Wissenschaftler erkannte in dem Stück nur einen »Flickenteppich der Geschichtsschreibung« und ein »anachronistisches Spektakel« – was sich vor allem auf die mittelalterliche Lokalfernsehstation bezog, mit der der Dramatiker Rahmeninformationen und die gesamte Außenwelt in sein Stück einzuführen versucht. Pavel Kohout (* 1928), der in Prag geboren wurde, als Journalist, Film-

regisseur und Schriftsteller arbeitete und 1968 nach dem Einmarsch der Sowjets als einer der Wortführer des »Prager Frühlings« seine Heimat verlassen musste, hat das Konzilsgeschehen vom ersten bis zum letzten Tag in zwölf datierten Ausschnitten dargestellt. In dem Stück macht sich allerlei Belesenheit breit, eine Geschichtskundigkeit, die mit den großen und kleinen Themen des Konzils spielerisch, ja sogar humorvoll umgeht. Da wird etwa auf die Reichsgeschichte angespielt (Sigismund gegen Wenzel um die böhmische Krone), da fehlt nicht der Streit um die konziliaren Rechte gegenüber dem Papst, die Absetzung der Päpste, die Diskussion um die richtige Theologie, das Thema Macht und Dogma, ein Sittenbild der persönlichen Interessen und Eitelkeiten der Teilnehmer, also das volle Programm. Aber eine eigene, etwa an einer Person oder Geschichte sich kristallisierende Handlung fehlt.

Kohout wollte offenbar die Hinterzimmer-Diplomatie durchspielen und den Reiz des Stücks von der Handlung auf die kunstfertige Dramaturgie lenken. Das erklärt womöglich auch seine Entscheidung, den Konflikt auf zwei Personen des Konzils, den französischen Kardinal Pierre d'Ailly (1350/51–1420) und Jean le Charlier de Gerson (1363–1429), Rektor der Pariser Universität, zu konzentrieren. König Sigismund (1368–1437) spielt nur eine Nebenrolle – unsere ausgewählte dritte Szene gilt dem Macher des Konstanzer Konzils. Ihm wird die Figur des Frettchens beigegeben, eine Art Hofnarr, eigentlich ein Sympathieträger. Dennoch fällt das Fazit von Weidhase negativ aus. »Man hoffte auf Kunst – und erhielt Geschichtslehre; man wollte ein Drama – und muss wieder in die Röhre sehen; man sehnte sich nach freiem Poeten-Umgang mit der Historie – und sah Zitate vor den Augen tanzen ...« – Ganz vergessen wurde »Ecce Constantia« übrigens nicht. Eine Fassung des Stücks wurde 1992 im tschechischen Fernsehen gezeigt.

Pavel Kohout nahm nach seiner Emigration die österreichische Staatsbürgerschaft an. Er lebt in Wien und hält sich gerne auch in Prag auf. Und er publiziert immer noch. In einem seiner letzten Bücher »Mein tolles Leben mit Hitler, Stalin und Havel« (2010) zieht er Bilanz, er erzählt seine Wandlung vom überzeugten Kommunisten zum freiheitsliebenden Demokraten und Dissidenten, mit allen Implikationen. In Konstanz wurde er schon lange nicht mehr gesehen ...

Post scriptum: *Die Stadt Konstanz hat sich, trotz aller Turbulenzen um Kohout, nicht davon abhalten lassen, ein neues Konzilsstück bei Theresia Walser und Karl-Heinz Ott in Auftrag zu geben – eine Szene ist diesem Lesebuch beigefügt. Die Uraufführung vor dem Konstanzer Münster ist für den Juni 2014 geplant.*

Ecce Constantia

»Ecce Constantia«-Tagesschau

Großes Glockenläuten mittelalterlicher Art. Auf den Bildschirmen erscheint das Standbild des Konstanzer Münsters. Nach einigen Sekunden wird das Läuten ausgeblendet und das Bild von der Großaufnahme der Ansagerin abgelöst. Sie trägt ein schweres Abendkleid und ist festlich frisiert.

Ansagerin Das war, sehr geehrte Zuschauerinnen und Zuschauer, die direkte Übertragung der festlichen Messe, die heute, am 25. Dezember 1414, im Münster von Constantia von Papst Johannes XXIII. persönlich zelebriert und von dem soeben eingetroffenen, frisch gekrönten Kaiser des Heiligen Römischen Reiches Deutscher Nation ministriert wurde. Traditionsgemäß trug er das Gewand eines einfachen Diakons. Dieses überraschende Erstangebot der hohen Konzilkanzlei an unseren Sender war allerdings an die Bedingung geknüpft, dass »Ecce Constantia« unmittelbar danach folgendes Statement ausstrahlt, dessen Beurteilung wir unseren Zuschauern überlassen möchten. Dieser Bedingung hat »Ecce Constantia« entsprochen, um Ihnen die Chance weiterer Livesendungen aus dem Konzil zu gewährleisten.

Sie schaut auf den Monitor, und ihr Bild wird von dem der Witwe Pfister abgelöst, die im ersten Augenblick nur schwer zu erkennen ist. Statt der molligen, von Leben nur so strotzenden Frau sitzt hier eine magere, ergraute Person mit vergrämten Gesichtszügen. Sie leiert ihren Text ausdruckslos in die Kamera.

WITWE Ich, die verwitwete Fida Pfister, wohnhaft in Konstanz, Paulsgasse, von Beruf Hebamme, erkläre hiermit vor Gott dem Allmächtigen, dass ich mich versündigt habe, indem ich alle Christen schändlich belog, der Böhme Hus sei ein frommer Mann. Dies tat ich aus Angst vor seinen Drohungen, dass ich ewig verdammt sein werde, wenn ich seine Fl... Flucht-ab-sich-ten verrate. Auch hat er in seiner Kammer ketzerische Schriften von ... von ... *ihr Blick sucht und findet das Wort neben der Kamera* von Figlif versteckt gehabt. Zur Strafe für meine Lüge wurde ich von Leiden heimgesucht, jedoch von den barmherzigen Dominikanern betreut und geheilt. Diese öffentliche Beichte gebe ich freiwillig und bei vollem Verstand ab und will bei ihr bleiben, so wahr mir Gott helfe ...

III. Die Stunde des Kaisers
Das Bild verschwindet. Die Bühne wird hell wie noch nie. Alle Kerzen in den beiden Leuchtern brennen, der Esstisch steht in der Mitte und ist feierlich für drei Personen gedeckt. Auch der Kardinal und der Rektor sind festlich gekleidet. Beide hören Ritter Bodman zu.
KARDINAL Ich habe ausdrücklich die Anwendung der Instrumente verboten!
RITTER Das ist auch streng beachtet worden, man hat sie nicht angerührt, obwohl sie sich lang widersetzte!
KARDINAL Warum schaut sie dann so miserabel aus?
RITTER Das macht die Luft im Kloster, Eure Eminenz.
KARDINAL Es liegt doch auf der Insel!
RITTER Ich meine das dortige Verlies. Die Kerker liegen über der Senkgrube, wo die Latrinen münden.
KARDINAL Und das reichte, damit sie ...?
RITTER Jawohl, Eure Eminenz.

KARDINAL Denkwürdig. Hat ihr Geständnis bei diesem Aussehen die Konstanzer nicht eher misstrauisch gestimmt?
RITTER Keineswegs.
KARDINAL Das kann ich nicht glauben!
FRETTCHEN *erschien währenddessen im Mundschenk-Kostüm mit einer Verkosttasse um den Hals in einer bisher unsichtbaren Seitentür unter dem rechten Seitenumgang.* Doch, edler Herr, er spricht die Wahrheit.
KARDINAL Aber wieso? Hat keiner sich die Frage gestellt, warum sie, so zugerichtet, plötzlich das Gegenteil ihrer bisherigen Aussage behauptet?
FRETTCHEN Die Frage haben sich natürlich alle gestellt, edler Herr. Und auch richtig beantwortet. Die einen bekamen es gleich mit der Angst, und die anderen redeten sich ein, dass die Pfisterin doch nicht gleich zweimal lügen kann.
KARDINAL Und die böhmischen Herren?
FRETTCHEN Die sind natürlich außer sich und stürmen auf den Kaiser ein.
KARDINAL Wird der Ketzer ebenda gehalten?
RITTER Jawohl.
KARDINAL Kann man erwarten, dass er zur selben Einsicht gelangen wird?
FRETTCHEN Ganz im Gegenteil, edler Herr. Zu großes Unrecht macht uns Tschechen eher widerspenstig.
KARDINAL *denkt nach* Gebt ihm eine bessere Zelle, Ritter.
RITTER Eure Eminenz erlauben, aber …
FRETTCHEN *fällt ihm ins Wort; zum Kardinal* Edler Herr, der Koch muss das Schwein bald vom Feuer nehmen.
KARDINAL Wo ist denn Seine Majestät …?
RITTER *zuckt die Achseln*
FRETTCHEN Mit Verlaub … *Flüstert dem Kardinal ins Ohr.*
KARDINAL *verlegen* Ach ja …
FRETTCHEN Es kann nicht mehr lange dauern.
KARDINAL Dann sag dem Koch selber, was er tun und lassen soll.

FRETTCHEN Bisschen braten und bisschen warten, wie beim peinlichen Verhör! *Er verschwindet in der Seitentür.*
RITTER Eure Eminenz erlauben mir noch eine Bemerkung ...
KARDINAL Sprecht schnell.
RITTER Seine Heiligkeit haben den Fall Hus der Rechtskraft der Glaubenskommission entzogen.
KARDINAL *mit dem Blick auf den Rektor* Was ...?
RITTER Sie hat eine eigene Untersuchungskommission ernannt.
KARDINAL Ach ja ... In Ordnung, Ritter. Wie dem auch sei, Ihr seid nach wie vor nur mir verantwortlich!
RITTER *schlägt sich in die Brust*
KARDINAL Er bekommt die bessere Zelle!
RITTER Er verlangt auch nach einem Quacksalber.
KARDINAL Warum das?
RITTER Er scheint arge Zahnschmerzen zu haben.
KARDINAL *schaut den Rektor an*
REKTOR Wir haben vom Foltern abgesehen. Aber wenn Gott der Herr ihn mahnen will, wie dürften wir ihn daran hindern?
Von draußen hört man schon eine Weile lautes Lachen einer Frau. Jetzt lacht auch ein Mann.
RITTER Der Kaiser! *Er läuft zu der Haupttür.*
KARDINAL *halblaut zum Rektor* Eh bien, mon ami! Jetzt musst du ihn umdrehen!
REKTOR Und das schnell! Ich sterbe bereits vor Hunger!
Der Ritter öffnet die Tür mit tiefer Verbeugung, sodass er das Bild nicht gleich sieht: Der Kaiser, hochgewachsen, mit rotem Haar und rotem gepflegten Bart immer noch gut aussehend, trägt das einfache Gewand eines Diakons. Er wird umarmt und leidenschaftlich geküsst von einem feschen Weibsbild, das sich durch niemand davon zurückhalten lässt. So befreit er sich selbst und übergibt sie dem konsternierten Ritter.
KAISER Führt Frau Bürgermeister zu ihrem Gemahl und versichert ihn meiner besonderen Gnade! *Er tritt herein, schließt die Tür und atmet auf.* Ein Fluch, diese unbefriedigten Weiber, die wissen, dass der Ehefrevel mit dem Kaiser den Gatten sogar erwünscht ist!

Verzeihung, Hochwürden, wir wollten Euch nicht dadurch brüskieren, dass wir noch das Messgewand tragen, vielmehr hoffen wir, bei Euch Zuflucht zu finden. *Er kniet kurz vor dem Kardinal, um ihm den Ring zu küssen.* Eure Eminenz ... wir dachten, wenigstens zu Hause tragt Ihr Eure Lieblingsfarbe.

KARDINAL Welche denn, Majestät?

KAISER *lacht* Man nennt Euch überall nur die graue Eminenz.

KARDINAL Und genau so fühle ich mich auch, in tiefer Demut vor Gott dem Herrn.

KAISER So do I, indeed ... oh, pardonnez: moi aussi! Ihr mögt sicher kein Englisch. *Er lässt sich selbst von dem knienden Rektor die Hand küssen.* Ist er das französische Wunderhirn, das sich die Abstimmung nach Nationen einfallen ließ?

REKTOR Euer ergebener Diener, Majestät.

KAISER Aber nein, Ihr dient doch meiner Konkurrenz, dem König von Frankreich. Schade, dass es um ihn so schlecht steht.

REKTOR Es stünde viel besser um ihn, wenn nicht Eure Gunst dem König von England gehörte, Majestät.

KAISER Oh! Ein Vorwurf als Begrüßung? Ist das die neueste Pariser Mode?

REKTOR Es war kein Vor-, sondern ein Entwurf, Eure Majestät. La France ist eifersüchtig auf alle, die Euch umarmen dürfen an ihrer statt.

KAISER Ihr geltet als der weit und breit beste Theologe, aber Ihr seid mir auch ein echter Charmeur.

REKTOR *hebt abweisend die Hände*

KAISER Wir lieben diese Mischung, wir wuchsen in ihren magischen Strahlen auf. Wir kannten keinen strengeren Christen als unseren Vater Karl, aber auch keinen eifrigeren Lebemann. In seinem Namen streben wir nach der böhmischen Krone, damit wir den von ihm so heiß geliebten Tschechen einen besseren König abgeben, als ihn dort jetzt unser Bruder Wenzel stellt. Die Sache mit dem Johann Pomuk, ist sie nicht zum Kotzen? Ach, Ihr kennt sie nicht?

KARDINAL Wer denkt noch an Böhmen, Majestät!

KAISER Gerade das ist sein größtes Verbrechen! Unser Vater hat

Prag zum caput regni gemacht, und Wenzel macht es nur noch kaputt, zum Barbarenland. Seinen eigenen Vikar ertrinken zu lassen, weil er das Beichtgeheimnis wahrte!
KARDINAL Wessen?
KAISER Der Königin, die Wenzel aufs Korn nehmen wollte. Geschmacklos, nicht wahr? By the way, gibt es hier keinen Wein?
KARDINAL Aber gewiss, Majestät! *Er klatscht in die Hände.*
KAISER Wann immer wir an unseren Vater denken, bekommen wir Durst!
FRETTCHEN *erscheint und kniet nieder* Soll man anrichten?
KAISER Lasst uns zunächst ein wenig trinken!
KARDINAL *tauscht einen Blick mit dem Rektor* Gern, Majestät.
FRETTCHEN *kniet vor dem Kaiser mit dem Pokal* Darf ich vorkosten, Eure Majestät?
KAISER Du darfst nicht, du musst, Junge. Diese italienische Giftmischerei verdirbt uns die Genüsse des Lebens. Wenn wir nicht wollen, dass die Damen unseres Herzens vorkosten, müssen die Edelknaben sogar an unseren Liebeslagern herumstehen.
FRETTCHEN *kostet, schenkt allen ein und verschwindet.*
KAISER *hebt den Pokal* Also dann auf ... ja, worauf eigentlich?
KARDINAL *schaut zum Rektor auf*
REKTOR *trocken, aber bestimmt* Auf dass Johannes XXIII. baldigst wieder nur Baldassare Cossa heiße!
KAISER *trinkt mit langen Zügen den ganzen Becher aus*
DIE BEIDEN *befeuchten sich bloß die Lippen und warten*
KAISER *als hätte er den Trinkspruch nicht gehört* Auf diesen Schluck haben wir heute sündhaft gehofft, als dieser Teilpapst die Heilige Messe schon zum dritten Mal las.
KARDINAL Er hat das Engel-, das Hirten- und das Hochamt zusammengelegt und sie dadurch allesamt entheiligt.
REKTOR Er konnte sich nicht genugtun, sich noch einmal für den Nabel der Kirche zu halten und Euch als seinen Ministranten zu betrachten.
KAISER Als er zum dritten Mal allein aus dem Kelch trank, begannen wir die böhmischen Ketzer zu verstehen, die den Kelch für

jeden Gläubigen verlangen. *Er lacht, wird jedoch gleich ernst.* Ob und wann dieser unselige Johann wieder zum stinkenden Neapolitaner wird und mit ihm auch der Correr und der Luna zum Teufel geschickt werden, hängt nur noch vom Konzil ab, genauer gesagt, von Euch! Wir haben den ersten der drei Spitzbuben hergeschafft, das genügt wohl! Auch können wir Euch alle hier halten bis zum Jüngsten Tag, nur eines dürfen wir leider nicht: statt Euch abstimmen. – Hat es noch Wein?

KARDINAL   Genug, Majestät ... *Er schenkt ihm selber nach.*

KAISER   Nur sind die drei Papst-Drohnen wie Bienenköniginnen umschwärmt, an die sich alle klammern, die an den Honig wollen, denn nicht Gott, unser Herr, sondern die Pfründe sind der heutige Glauben der Kirche. Wie wollt Ihr das ändern, meine Herren Franzosen?

REKTOR   Eure Majestät, uns schmerzt dieser Zustand noch mehr als euch, denn Ihr habt noch Eure weltlichen Sorgen, während wir nur um das verschmähte Erbe Christi leiden. Unser Wissen und Tun, unser Wollen und Können ist auf ein einziges Ziel gerichtet: der Burg Gottes ihre heilige Sendung wieder zurückzugeben und das Reich des Himmels bereits auf Erden zu gründen. Da der Teufel stets List und Gewalt anwendet, muss man ihn oft mit seinen Waffen schlagen. Eo ipso: Dem Neapolitaner muss glaubhaft nahegelegt werden, dass er erst dann echter und einziger Papst werden dürfe, wenn er zunächst einmal abdankt, damit ihm auch die beiden anderen Päpste folgen können. Und wenn er das tut, muss er gleich entlarvt werden als derjenige, der er ist: ein gemeiner Mörder und gottloser Frevler.

KAISER   Leibhaftiger Satan ...?

REKTOR   Ein zutreffender Vergleich!

KAISER   Stammt leider von jenem Hus, der auch dafür in Eurer Haft sitzt, obwohl er unter unserem Schutz stand!

KARDINAL   Nicht ich ließ ihn verhaften, Eure Majestät, sondern der große Kanonist.

KAISER   Es ist auch uns bekannt, dass sich am Konzilhof zwei Purpurhähne streiten. Nur habt Ihr diesen Entscheid mitgetragen und somit gegen uns Front gemacht. Vorsicht, die Herren Franzosen! Gerade Eure Nation liegt im Sterben. Ein irrer König ohne Freunde, der Feind tief im Lande, das Land vom Bürgerkrieg zermürbt. Eure einzige Stütze sind gerade wir. Überrascht? Wir sind weder taub noch blind. Wir konnten nicht das Geschick übersehen, mit dem Ihr *zum Kardinal* das Boot Petri von Pisa nach Constantia gesteuert habt. Und wir konnten nicht alles Gescheite überhören, womit Ihr *zum Rektor* die Lehre Christi bereichert habt. Uns persönlich erscheint zwar der Streit um die Sakramente nicht den Scheiterhaufen wert, jedoch begreifen wir sehr wohl, dass in Euch *zum Rektor* eine dritte Kraft in das theatrum mundi einwirkt: nach Gott und Macht nun auch die ratio. Wir sind bereit, ihre Träger wohlwollend zu fördern, solange sie nicht in Wirklichkeit gegen Gott und uns Front machen.

KARDINAL Wie können wir uns für diese Eure Güte bedanken, Majestät?

KAISER Indem Ihr die causa unionis so vorantreibt, wie er es *er meint den Rektor* so einleuchtend skizzierte, damit der Spuk mit drei Päpsten so rasch als möglich aufhört. Und indem Ihr die causa Hus einstweilen auf Eis legt. Dieser Ketzer soll meinetwegen weiter im Kerker schmoren, das macht ihn zum Pfand, und die Tschechen geben Ruh, um ihn nicht noch mehr zu gefährden. Seine Verbrennung könnte mich die böhmische Krone kosten. Der Preis ist mir zu hoch. Nun?

KARDINAL Der Fall liegt jetzt beim Papst, Eure …

KAISER Und dort bleibt er auch liegen, das ist mit ihm abgesprochen. *Zum Rektor.* Den Teufel darf man auch vor den Pflug spannen, nicht wahr?

REKTOR Jene causa sollte jedoch eine wichtige Rolle spielen, Majestät. Es darf in der christlichen Welt nicht der falsche Eindruck entstehen, dass es hier nur um Machtkämpfe gehe. Das Konzil kann nur glaubwürdig bleiben, wenn es, für jedermann sichtbar, um den wahren Glauben ringt. Wenn das mit Hus nicht zu bewerkstelligen ist, muss der Fall Petit dafür herhalten.

KAISER Petit? Nie gehört …

Rektor Doch, Eure Majestät. Auch wenn der Name nichts anderes als »klein« bedeutet, geht es doch um ein großes Verschulden. Maitre Petit, leider Gottes von meiner Sorbonne, schrieb ein Traktat zur Verteidigung des Mordes, den der Herzog von Burgund am Herzog von Orleans verüben ließ, um sich den Weg zum französischen Thron zu bahnen. Auch diese Schrift bedient sich ketzerischen Gutes und hetzt gegen jegliche Autorität auf.
Kaiser Dann belehrt ihn eines Besseren!
Rektor *mit dem Blick zum Kardinal* Das wollen wir tun, Eure Majestät. Und gleichzeitig müssen wir bereits unser wichtigstes Werk beginnen, die causa reformationis. Erst eine neue Kirche, von Missständen und Missetätern befreit, soll einem in der Tat Heiligen Vater in Pflege gegeben werden.
Kaiser Fürwahr. Nur muss man zunächst die drei Scheinheiligen loswerden! Und Cossa ist der Stein, mit dem der ganze Saustall fällt. Wenn er nicht abdankt, ist er abzuwählen!
Rektor Man braucht die Stimmen dreier Nationen gegen die Italiener.
Kaiser Die deutsche gehört uns, die englische werden wir bekommen, das war und bleibt der wahre Sinn unserer Brautwerbung. Und für die französische garantiert doch Ihr.
Rektor Man hört, dass die Spanier immer lauter ihre eigene Stimme verlangen. Die könnte das Boot zum Kentern bringen.
Kaiser Wir lassen keinen neuen Ballast zu.
Rektor Wie gescheit, Eure Majestät.
Kaiser Und wie zweckmäßig für Euch. Die Spanier würden nie einen französischen Papst wählen.
Rektor *schaut ihm in die Augen* Haben Eure Majestät bereits einen favoritus?
Kaiser *erwidert den Blick* Nein. Aber kommt Zeit, kommt auch Rat. Gern werden wir uns ihn zunächst bei euch holen. *Trinkt vergeblich.* Unser Krug ist leer.
Kardinal Vergebung, Majestät! *Er klatscht in die Hände.*
Frettchen *erscheint* Darf man schon anrichten?
Kardinal Nein! Bringt uns vino.

KAISER *zum Frettchen* Was gibt's denn?
FRETTCHEN Wildschwein, Majestät! *Zum Kardinal* Ganz knusprig. Es wird bald verbrennen ...!
KAISER Was? Statt Ketzer lasst Ihr ein Wildschwein verkohlen? Wir hungern wie eine Wölfin, lasst doch auftragen, oder wollt Ihr uns somit erpressen?
KARDINAL Eure Majestät! *Zum Frettchen* Beeilt Euch!
FRETTCHEN *verschwindet*
KAISER Apropos: Jemand hier hat einen unserer Freunde zur persona nongrata erklärt, Oskar von Wolkenstein, der mir bald nachkommt. Man sollte mit diesem Unfug Schluss machen, er ist doch der letzte Minnesänger, dem man noch zuhören kann. Da müsste man zunächst diesen Poggio verjagen, der zwar Sekretär des Oberhirten ist, aber nur über Würdenträger frech witzeln kann. Kennt Ihr diesen? Wie unterscheidet sich ein frommer Bischof von einem unfrommen? Ihr wisst es nicht? Der fromme verkehrt nur mit Jungfrauen. *Er lacht schallend.*

Frettchen und der Koch schleppen ein silbernes Tablett herein, auf dem ein ganzes gebratenes Schwein, auf dem Bauch liegend und Schnauze voraus angerichtet ist.

KAISER *klatscht* Requiescat in pace, armer Märtyrer!
Er schneidet mit dem Messer ein riesiges Stück Fleisch ab und verzehrt es genüsslich, indem er es in beiden Händen hält. Die beiden anderen folgen ihm mit gewisser Zurückhaltung. Und sie essen und trinken und werfen die Knochen den Bediensteten zu, auch noch, wenn auf den Bildschirmen die Ansagerin im Frühjahrskostüm erscheint, ja sogar selbst dann, wenn dort der Kaiser selbst zu sprechen beginnt.

Aus: Pavel Kohout: Ecce Constantia. Zwölf Schicksalsstunden für drei Idealisten. Direktübertragung von dem Konzil zu Konstanz 1414–1418 mit einer Erfrischungspause. SÜDKURIER Konstanz, Ausgabe K, Nr. 103, 6. Mai, 1989, S. 20.

BRUNO EPPLE

Er ist ein Doppeltalent. Bruno Epple (*1931) ist Maler und Dichter zugleich. Seine »naiven« Bilder werden weltweit ausgestellt, mit seiner Prosa und besonders mit seiner Mundartlyrik trifft er den Ton seiner alemannischen Heimat. Der Malerdichter, in Rielasingen (bei Singen am Hohentwiel) geboren, lebt nahe seines Geburtsortes auf der Höri in Wangen, nur einen Steinwurf weit weg also von den ehemaligen Domizilen Hermann Hesses (1877–1962) und Otto Dix' (1891–1969) am unteren Verlauf des Bodensees. Mit der Malerei begann Epple schon während seiner Studienzeit in Freiburg, München und im französischen Rouen. Parallel dazu betätigte er sich als Schriftsteller. Erst recht, als er seinen Brotberuf als Gymnasiallehrer antrat.

»Nicht ohne Genugtuung darf ich mitunter feststellen, dass sogar meine Kollegen mir neidlos Anerkennung zollen: Die Schriftsteller sehen in mir einen beachtlichen Maler, die Maler in mir einen beachtlichen Schriftsteller – sie finden das, was ich schreibe, ganz bildhaft, während die Schriftsteller das, was ich male, zum Bedichten finden«, kommentierte Epple selbst seine Doppelbegabung. Martin Walser, ein anderer berühmter Bodensee-Anrainer und Freund des Malerdichters, hat Epples Schaffen in einem Vorwort zu dessen Buch »Erntedankfest« (2011) in den treffenden Worten »Das Dasein feiern« zusammengefasst. Was der Hörianer zur Sprache bringe, das werde »zum dichterischen Ereignis«. Zum Ereignis auch für den Leser, möchte man hinzufügen. Beides gilt auch für die kleine, aber feine, ironisch zu verstehende Prosaarbeit »Der Schatten des Hus« über den Prager Magister Jan Hus (1369–1415), der in Konstanz als Ketzer verurteilt sein Leben auf dem Scheiterhaufen lassen musste. Der Epple-Text wurde in die Sammlung »Das Buch da« aufgenommen.

Der Schatten des Hus

Ein feinfühliger Dichter, und das muss er wohl sein, feinfühlig, sonst wäre er keiner, ein Dichter also, der etwas auf sich hält, wird, wenn er in Konstanz Kretzerfilets isst, die ihm in kupferner Pfanne serviert worden sind, an Hus denken, an seine Kerkerhaft und an seinen Tod in den Flammen, und der weil die andren Gäste am Tisch über Nichtigkeiten plaudern, leichten, ach so leichtfertigen Herzens, wird er den Schatten des Böhmen allum wahrnehmen, wird, entsetzten Auges, ihn fühlen, wie er aus der Geschichte heraufsteigt und ihm auf Schritt und Tritt durch die Gassen der Stadt folgt, die heute so tut, als lebe sie nur für heute, und geschäftig alles Vergangene vergisst.

Für den Dichter ist nichts vergangen, er ist sich der Grausamkeiten früherer Zeiten bewusst, am eindringlichsten, wenn Freunde ihn zu Kretzerfilets eingeladen haben. Da erinnert er sich seiner, kaum hat er das Silberbesteck zur Hand genommen, und er schaut vorwurfsvoll vom Tisch auf, und, während die Freunde sich über die Filets hermachen: Hus, denkt er, Hus, murmelt er mehr, als dass er es sagt, und blickt auf die Filets wie auf eine Zumutung, wobei ihm seine Freunde unerträglich vorkommen in ihrer unerträglichen Arglosigkeit.

Allgegenwärtig ist ihm Hus, und ich, der ich jahrelang, jugendlang durch die Gassen von Konstanz gelaufen bin an allen Winkeln vorbei, in Höfe hinein und unter Torbogen hinaus, ich habe nie etwas geahnt, geschweige gemerkt, und selbst als ich von dem Reformator, den sie im »Paradies« verbrannt hatten, Kenntnis bekommen hatte, merkte ich noch immer nichts, so fern war mir alles, so fremd. Als ich in späteren Jahren mir auch Kretzerfilets leisten konnte, war ich so unempfindlich, nur an die Kretzer zu denken, aber nicht zugleich an Hus, und die kupferne Pfanne fand ich nobel, die Bedienung von aufgeräumter Artigkeit, und ich ließ mir die Filets schmecken, leichten, ach so leichtfertigen Herzens, und hatte kein schlechtes Gewissen.

Seit der Dichter aber, der feinfühlige, den Hus beschworen hatte, mache ich mir Gedanken wegen meiner Gedankenlosigkeit; ich schaue, während der Duft der Filets mir in die Nase steigt, über die Tische und die andren Leute hinweg und frage mich, warum alle so lustvoll gegenwärtig sind, wo doch alle Augenblicke der Schatten des Hus aus der Geschichte aufsteigen kann. Ich sehe ihn zwar nicht, aber es könnte doch sein. Und während ich zulange, fällt mich ein Schatten an, nicht der von Hus, sondern der des Dichters, der mir zum Vorwurf wird, dass ich so gar nicht feinfühlig bin, sondern unerträglich gewissenlos, nur die Kretzerfilets im Sinn habend, die ich mir schmecken lasse.

Aus: Bruno Epple: Das Buch da. Prosa. Edition Maurach. Gessler Verlag, Friedrichshafen 1991. S. 12f.

ARNO BORST

Bereits mit seinem ersten Buch »Die Katharer« (1953) schrieb er einen Klassiker über die machtvolle Sekte, die der Hl. Dominik geistlich und der französische König in einem Kreuzzug mit seinen Verbündeten militärisch niederwarfen, weil sie religiöse und politische Strukturen des Abendlandes gefährdeten. Arno Borst (1925–2007) war neben Jan Huizinga, Marc Bloch und Georges Duby einer der wirkungsmächtigsten europäischen Historiker des 20. Jahrhunderts. Der gebürtige Franke studierte in Göttingen und München, habilitierte sich in Münster und wurde nach einer ersten Professur in Erlangen 1968 an die neu gegründete Reformuniversität Konstanz berufen.

Seine Vorlesungen über das Mittelalter, begleitet von sozialgeschichtlichen Publikationen wie »Mönche am Bodensee« (1978), verhalfen der jungen Universität zu einer Verankerung in der Region. Für seine Studenten – darunter auch die Herausgeber dieses Bandes – war er bis zu seiner Emeritierung ein begeisternder und verehrter Lehrer. Mit genialischen Büchern wie »Lebensformen im Mittelalter« (1973) interessierte Borst auch ein breites Publikum für geschichtliches Denken, was nicht zuletzt an seiner beeindruckenden Sprachkraft liegt. Mit historischen Einzelstudien (»Der Turmbau zu Babel«, 1995) errang der Mediävist, dessen Neugier die Beschränktheiten seines Fachs souverän überstieg, die höchsten Auszeichnungen. Arno Borsts Betrachtung über die Konstanzer Papstwahl 1417 ist insofern interessant, als sie vor allem auch den wohl meistzitierten Chronisten des Konzils, Ulrich Richental (1360–1437), kritisch reflektiert. Insgesamt sind 19 Textträger der Chronik nachgewiesen, entstanden ab 1460 bis ins späte 17. Jahrhundert. Dabei handelt es sich um 16 Abschriften und drei Drucke. Drei Abschriften gelten als verloren, wie der Konstanzer Stadtarchivar Jürgen Klöckler in einem Kommentar zur 2013 publizierten Faksimile-Ausgabe der Konstanzer Chronik schreibt. Die zeitliche Häufung der Überlieferung spricht dafür, dass Richentals Werk zum Bestandteil einer

»nachkonziliaren kollektiven Gedächtnis- und Geschichtskultur« in Konstanz wurde – zu einem Zeitpunkt, als die Stadt ihre vormalige politische und wirtschaftliche Führungsrolle eingebüßt hatte.

Die Papstwahl des Jahrs 1417

Ulrich Richentals deutschsprachige »Chronik des Konstanzer Konzils« erzählt in der älteren Fassung von der Papstwahl, die am 8. November 1417 in dem als Konklave eingerichteten Konstanzer »Kaufhaus« begann und die Kirchenspaltung beendete.

»Nun ist zu berichten vom Beginn der Wahl, nach einer Aufzeichnung, die mir nachher (Peter von Lemberg) der Notar des Erzbischofs (Nikolaus Tramba) von Gnesen gab; er war mit ihm im Konklave dabei. Es war so eingerichtet, dass zum Papst gewählt sein sollte, wer zwei Drittel der Kardinäle und von jeder Nation ebenfalls zwei Drittel für sich hätte. In der Zwischenzeit liefen die Notare hin und her von einem Wähler zum anderen; vor allem der Erzbischof von Gnesen und (Johann von Wallenrode) der Erzbischof von Riga bemühten sich. Sie konnten keine Einigung erreichen, und viele bekamen Stimmen. Einer hatte zwölf Stimmen, einer neun, einer sechs, einige vier, sodass die Wahl nicht zustande kam. Das ging bis zum Vorabend von Sankt Martin (10.11.).

Dann kam die Nation der *Germani* zu einem Beschluss: Nachdem das Konzil in ihr Land und ihren Herrschaftsbereich gelegt worden sei, wollten sie die Wahl auf keine Weise stören. Sie ließen ihre Kandidaten fallen und wollten keinen aus ihrer Nation zum Papst wählen, damit man nicht behaupten könne, er sei unter Druck ins Amt gestoßen worden. Sie kamen zu den Italienern und teilten ihnen ihre Absicht mit, dass sie die Wahl keinesfalls stören wollten. Darüber freuten sich die *Italici* sehr. Als nun die *Anglici* das vernahmen, kamen sie alsbald zu den Deutschen und Italienern und beschlossen dasselbe. Darüber freuten sich die drei Nationen sehr. Nun wandten sich die *Germani* und *Anglici* an die *Italici* (lies: *Gallici*) und Spanier und baten sie um Gottes und des Rechtes willen: Sie selbst seien zurückgetreten und wollten keinen Papst aus ihren Reihen wählen, das sollten die anderen auch tun. Die wollten nicht. Die von Spanien meinten, sie hätten in ihrem Bereich sieben Königreiche, die alle christlich seien, und wenn jetzt keiner aus ihrer Nation Papst würde, so erregte das den Unwillen der Könige, und dann würde es noch viel schlimmer als je zuvor. Genauso antworteten die *Gallici*, d. h. Franzosen: Sie besäßen die höchste Schule in Paris, ferner seien ihr König und die Angehörigen ihrer Nation die mächtigsten Fürsten und die besten Christen, und sie wollten auch einen Papst aus ihrem Kreis haben. So verblieb man an diesem Tag bis in die Nacht…

Die anderen Konzilsteilnehmer, der Patriarch (Jean Mauroux, Titularpatriarch von Antiochia), die Erzbischöfe, Bischöfe und dazu die gesamte Geistlichkeit machten jeden Tag eine Kreuzprozession vom Münster bis zum Fischmarkt vor das Rathaus, gleich beim Kaufhaus. Dabei zog immer unser Herr der König (Sigmund) mit und alle Fürsten, Herren und Prälaten, geistliche und weltliche. Und wenn sie vor das Kaufhaus gekommen waren, knieten sich alle davor nieder, und der Patriarch fing an zu singen, so leise, dass man ihn nicht gut hören konnte; er sang die Wechselstrophe ›Komm, Heiliger Geist‹ und ein Gebet dazu. Am Dienstag (9.11.) und Mittwoch (10.11.) zogen sie an der Stadtmauer entlang zum Dominikanerkloster und danach ins Münster zurück. An Sankt Martins Tag (11.11.) nach dem Gottesdienst zogen sie wieder mit dem Kreuz vor das Kaufhaus, und als man die Wechselstrophe gesungen und das Gebet gesprochen hatte, zogen sie an den Schranken ums Kaufhaus vorbei, die Marktstätte hinauf und wieder in das Münster.

Währenddessen blieben die zwei Nationen *Germani* und *Anglici* fest bei ihrer Meinung und sprachen zu den Spaniern und Franzosen: Wenn die Wahl scheiterte, so wäre daran niemand anders schuld als sie, und das würde ihnen zu ewigem Fluch gereichen, dass sie die heilige Christenheit so in Verzug gebracht hätten. Sie betrieben die Sache am Vorabend von Sankt Martin (10.11.) die ganze Nacht durch und immer mit großer Hartnäckigkeit. Damit brachten sie die Spanier und die *Gallici* auch so weit, dass sie sich anschließen wollten. Doch das zog sich bis zum Morgen von Sankt Martins Tag hin. Gerade zwischen der zehnten und elften Stunde, als man mit dem Kreuz vor dem Kaufhaus kniete und die Wechselstrophe sang, waren auch alle 53 Wähler in der Kapelle im Kaufhaus versammelt und feierten Gottesdienst. Und nach der Messe sangen auch sie leise die Wechselstrophe ›Komm, Heiliger Geist‹ und das Gebet dazu. Danach einigten sie sich sogleich, und in der elften Stunde an Sankt Martins Tag, noch bevor das Kreuz wieder in das Münster gebracht worden war, schrie und rief man aus dem Konklave: ›Wir haben einen Papst, Otto von Colonna!‹ Da lief jedermann vor das Kaufhaus, Frauen und Männer, wohl mehr als 80.000 Menschen.

Da geschah ein großes Wunder mit den Vögeln. Bevor die Herren in das Kaufhaus eingezogen waren, saßen auf dem Dach des Kaufhauses jede Nacht Raben und Dohlen, Krähen, Saatkrähen und andere derartige Vögel. Und sobald die Herren eingezogen waren, kam keiner von diesen Vögeln mehr. Danach und bis zur Wahl des Papstes lag Nebel um das Haus. Er löste sich um Mittag auf, und nun kamen ganz viele kleine Vögel, Meisen, Zeisige, Buchfinken, Distelfinken, Blaumeisen, Dompfaffen und alle Arten kleiner Vögel, immer eine Schar nach der anderen, an die zweitausend. Und sie flogen auf das Kaufhausdach, sodass es ganz bedeckt war mit kleinen Vögeln. Alle sahen es und wunderten sich darüber sehr. Da hieß man alle heimgehen und etwas essen; nach dem Imbiss sollten alle in das Münster kommen, und um ein Uhr nachmittags sollten sich alle Fürsten, Herren und Prälaten, geistliche und weltliche und jedermann versammeln. Und nach Mittag in der ersten Stunde läuteten alle Glocken, und es versammelten sich alle Herren, der Patriarch, alle Erzbischöfe und Bischöfe mit der gesamten Geistlichkeit, unser Herr der König, alle Fürsten, Herren, Grafen, Ritter und Knechte, die Stadträte und alle Bürger mit den Zunftkerzen, die Domherren mit ihren Kerzen.«

Richental hat nicht durchschaut, was da vor seinen Augen geschah. Wer ihm aber Oberflächlichkeit vorwirft, muss auch fragen, welcher Zeuge denn sonst das Ereignis vom Martinstag 1417 begriff. Wir kennen heute die Einzelheiten der Papstwahl durch das Tagebuch des Kardinals Fillastre und Berichte des aragonesischen Gesandten Malla genauer, als sie Richental, wohl durch Bestechung, vom Konklavisten des Gnesener Erzbischofs erfuhr. Aber auch für uns bleibt derselbe Rest unerklärt, den Richentals naive Erzählung umschreibt. Doch rücken wir zunächst die kirchenpolitischen Fakten zurecht, die dem Konstanzer Bürger weniger wichtig waren als der Prozessionsweg, der am Dienstag und Mittwoch linksherum, am Donnerstag aber rechtsherum führte.

Das Konstanzer Konzil hatte das Papstschisma von 1378 und die daraus folgende Spaltung der Christenheit zu heilen. Die Zeitgenossen schrieben die Hauptschuld daran dem Kardinalskollegium zu, das seit der Doppelwahl von 1378 keine Eintracht mehr zuwege brachte und von weltlichen Fürsten, vorweg vom deutschen König Sigmund, erst zur Einigung gezwungen werden musste. Drei streitende Päpste waren schließlich ausmanövriert, aber wer sollte den einen Papst der Zukunft wählen? Wieder die Kardinäle? Sigmund und die Engländer sprachen dagegen; die Italiener, die von den 23 Kardinälen 15 stellten, sprachen dafür. Die Franzosen, die sieben Kardinäle hatten, machten am 22. Oktober 1417 einen Kompromissvorschlag, dem in der Woche darauf alle Nationen, schließlich sogar die Kardinäle beitraten: Papst sollte sein, wer zwei Drittel der Kardinalsstimmen auf sich vereinigte; aber zusätzlich sollten von jeder der fünf Konzilsnationen sechs Delegierte mitwählen, und auch von jeder Nation sollten zwei Drittel für den Gewählten stimmen. Denn die Konzilsnationen repräsentierten die europäischen Fürsten (beileibe nicht die Völker; Hauptvertreter der deutschen Nation war der Pole Tramba). Das Wahlverfahren zeugt vom Misstrauen aller gegen alle, und italienische Kardinäle rechneten es vor: Drei Deputierte einer verstockten Nation konnten ein einträchtiges Votum der übrigen 50 Wähler blockieren. Aber anders war nicht zu erreichen, dass die Mehrheit der kirchlichen und weltlichen Regenten Europas den neuen Papst und die Einheit des Christenvolkes unterstützte.

Alle richteten sich auf ein langes Konklave ein, als sie am Montagnachmittag in das neue Lagerhaus am See zogen, dessen Obergeschoss behaglich hergerichtet war. Trotzdem froren manche Südländer und dachten schaudernd an einen Winter im Konklave, zumal es jetzt schon regnete und nebelte – Konstanzer kennen das. Der erste Wahlgang, am Mittwochvormittag, ergab in der Tat breite Stimmenstreuung auf sechs Kandidaten. Richentals Gewährsmann ist insofern ungenau, als weder ein Deutscher noch ein Spanier irgendwelche Chancen besaß; die meisten Stimmen, und zwar aus allen Wählergruppen, fielen von Anfang an auf Otto Colonna, es waren nur nicht genug. Der zweite Wahlgang am Donnerstagmorgen zeigte, dass sich zwar alle Engländer, die meisten Italiener und einige Deutsche Colonna zuwandten, aber die Franzosen und ein Teil der Spanier hartnäckig bei französischen Kandidaten blieben. In dieser festgefahrenen Lage am 11. November um 10 Uhr waren es nun nicht die Deutschen und Engländer, die den Umschwung herbeiführten, sondern die Kinder von Konstanz, und das ist die Situation, die draußen der Bürger Richental miterlebte, ohne es recht zu merken.

An der Spitze der täglichen Prozession vom Münster zum Kaufhaus zogen etwa 200 Sängerknaben und sangen mit hohen Stimmen den aus der Karolingerzeit stammenden Pfingsthymnus »Komm, Schöpfer Geist«, dessen erste Strophe meist kniend gesungen wurde. Man hatte sie im Konklave schon am Dienstag singen hören, am Mittwoch auch, aber da war man drinnen gerade beim Auszählen der Stimmen in Hochspannung. Am Donnerstag kamen sie wieder, und wieder hatte man drinnen einen Wahlgang beendet; aber diesmal horchten die ratlosen Wähler alle auf und sahen sich an. Sie meinten Engelsstimmen zu hören und fielen auf die Knie, manche weinten, einige begannen mitzusingen. Das mochte man nicht laut tun, damit draußen nicht der Eindruck entstünde, die Wahl sei gelungen; doch mit gedämpften Stimmen sangen die 53 Wähler nun auch »Komm, Schöpfer Geist«. Der älteste Kardinal sprach ein Gebet zum Heiligen Geist.

Dann ging es schnell. Die letzten Zögernden übertrugen ihre Stimme auf Colonna; auch die halsstarrigsten Franzosen besannen sich nicht länger, als man gebraucht hätte, um zwei Vaterunser zu beten. Dann war Colonna gewählt und nahm den Namen des

Tagesheiligen an, noch bevor draußen die Prozession zum Münster zurückgekehrt war. Es war eines der kürzesten Konklave der Kirchengeschichte, und Martin V. wurde sofort allerseits anerkannt. Denn der aragonesische Gesandte Malla, der im Konklave für seinen König mitgewählt hatte, schrieb seinem Herrn beschwörend: »Ich sage Euch, Herr, wahrhaftig, ich glaube, dies war ein außergewöhnlicher Eingriff des Heiligen Geistes, der da erschien.« Alfons V. antwortete, die Eintracht aller Papstwähler habe ihm große, außergewöhnliche Tröstung und Freude gebracht und bringe sie noch. Und Colonna war der Favorit der Spanier nicht gewesen!

Richental sagt kein Wort vom Heiligen Geist. Fast möchte man meinen, er sei unter die Ornithologen gegangen und habe nur noch Vögel gezählt. Symbolik lag ihm fern, sonst hätte er das Tier des Heiligen Geistes, die Taube, sicher in Konstanz auch fliegen sehen. Aber warum kamen anstelle der schwarzen Satansvögel die Singvögel in hellen Scharen und dann die Menschen, nicht 80.000, wie Richental im Taumel meinte, aber zu Tausenden? Das war nach fast 40 Jahren Spaltung der Welt eine Prozession der Schöpfung, der Tiere und der Menschen in allen ihren Gruppen, eine Versammlung des Gottesvolkes, die mit einem Schlag alle Nebel zerteilte und das gemeinsame Fundament freilegte, auf dem die Geschichte des zerstrittenen Europa ruhte.

Die Freude hielt nicht lange an. Der 100-jährige Krieg zwischen Frankreich und England ging weiter; der lange Schatten des in Konstanz verbrannten Jan Hus fiel über Osteuropa. Die Konzilsväter zerstreuten sich und hinterließen, König Sigmund an der Spitze, den Konstanzern nur Schulden; der graue Alltag der etwa 6–8.000 Einwohner zählenden Reichsstadt machte sich nach Jahren des großen Fremdenverkehrs und Geschäfts bedrückend breit. Richental, Sohn eines Konstanzer Stadtschreibers, zehrte noch 20 Jahre vom Vermögen des Vaters und von der Erinnerung an das Konzil. Er übte anscheinend kein öffentliches Amt und keinen Beruf mehr aus und dürfte schon deshalb in seiner Vaterstadt nicht hoch geschätzt worden sein. Er saß und schrieb zwischen 1424 und 1433 nieder, was er in den vier aufregenden Jahren auf den Straßen von Boten und

Schreibern erfahren hatte. Es wurde die einzige Konzilschronik des Mittelalters daraus, ein ungenaues, oberflächliches Machwerk mit vielen farbigen Einzelheiten über Bagatellen – und mit einem verschämten Bericht vom Wunder des Gottesvolkes.

Aus: Arno Borst: Ritte über den Bodensee. Libelle Verlag, Bottighofen 1992. S. 180ff.

ANDREAS NOHL

Der berühmteste Feuertote des Konstanzer Konzils (1414–1418) ist und bleibt Jan Hus (1369–1415). Die öffentliche und mediale Aufmerksamkeit, die nahezu ausschließlich der böhmische resp. tschechische Reformator erhält, war für Andreas Nohl ein zusätzliches Motiv, mit »Hieronymus – Chronik eines Verrats« an den zweiten großen, aber irgendwie vergessenen, von Ulrich Richental (1360–1437) im Unterschied zur Darstellung von Poggio Braccolini (1380–1459) deutlich vernachlässigten Theologen zu erinnern. Mitleidlos und knapp schildert der Konstanzer Chronist das Ende von Hieronymus von Prag (1379–1416): »Und lebt in dem für vast lenger dann de Huss und schrayt vast grülich, dann er was an vaißter, starker man mit ainem schwartzen diken und großen bart. Und do er verbrennet ward, do ward och die äsch und alles, so da waz, in den Rin geführt. Und wainted vil elrter lüt, das er verderben muost, wann er vast gelerter was denn der Huss …«.

Der 1954 in Mülheim an der Ruhr geborene Schriftsteller Andreas Nohl widmet dem hochgelehrten und vielgereisten Magister Hieronymus, der als Bewunderer von John Wyclif (1330–1384), Schüler von Hus und als rückfälliger Ketzer sterben musste, dagegen eine ganze Erzählung. Sein Schreiben ist zunächst ein literarisches. In der angewandten Kombination von Fakten und Fiktion erinnert er an die viel bewunderte Erzähltechnik Truman Capotes. Die Anleihe ist kein Zufall. Der in Augsburg lebende Autor beschäftigt sich seit seinem Studium – das ihn nach San Francisco führte – mit US-amerikanischer Literatur. Neben der eigenen literarischen Arbeit hat er sich auch als Übersetzer der Werke von Mark Twain und Robert Louis Stevenson einen Namen gemacht. »Hieronymus – Chronik eines Verrats« ist sein drittes Buch und eine großartige Hommage an den Reformator, der nur wenige Schriften hinterlassen hat, aber als brillanter Rhetoriker galt. In Konstanz erhielt er zwar Gelegenheit, vor dem Konzil zu sprechen, wurde aber von seinen Widersa-

chern regelrecht niedergebrüllt. *Tief lässt Nohl seine Leser in die Seelenarbeit des Gefangenen blicken, dessen Scheiterhaufen wohl auch der erwähnte Augenzeuge des Konzils und Chronist Richental aufzuhäufen half ...*

Hieronymus – Chronik eines Verrats

In einer Nacht erwachte Hieronymus und rang nach Atem. Er wusste plötzlich, dass er zum Sterben verurteilt war. Es hatte keinen Sinn, daran vorbeizusehen. Was er die ganze Zeit erlebte, war schon Teil seines Sterbens. Vor ihm stand der Tod mit offenen Armen, und jeder Schritt, den er tat, war ein Schritt auf ihn zu. Mit welcher Ungeduld er sich auch wehrte, mit welcher Bedachtsamkeit er auch auf Mittel sann, ihm zu entgehen – ruhig und unverwandt sah der Tod ihn an. Es war kein kalter Blick, kein unbarmherziges Erwarten, kein feindseliges Lauern – es war eine tiefe Ruhe. Hieronymus konnte nicht mehr schlucken, kaum mehr atmen. In angstvoller Abwehr richtete er sich auf. Er schüttelte wild den Kopf und griff sich an den Hals, und es dauerte eine Weile, bis er wieder bei sich war. Indem er in die Stille lauschte und nichts als seinen Atem hörte, fiel ihm ein Satz aus dem Brief der böhmischen Adelsstände ein: *Und habt ihn vielleicht schon allbereits gerichtet und mit einem grausamen schmählichen Tod belegt.* Er hatte diesen Satz beim Lesen nur flüchtig wahrgenommen, er hatte ihn übergangen, und er wunderte sich, dass er ihn nun so genau erinnerte. Man nahm in Böhmen seinen Tod als möglich, als vielleicht schon geschehen an, er war schon tot für seine Heimat, und es war nur ein unbeträchtlicher Zufall, dass er noch lebte. Jetzt empfand er die tiefe Verletzung, die ihm dieser Satz angetan hatte, und er musste weinen. Zugleich war er erleichtert, in dieser Erinnerung den Grund für seine Verwirrung und einsame Angst zu erkennen. Denn nun sah er auch, dass die scheinbare Ausweglosigkeit des Todes nichts als ein Nachtmahr war, den diese Worte in ihm ausgefiebert hatten. Was wussten denn die Herren in Böhmen von seiner Lage? Sie waren auf Vermutungen angewiesen, auf schleppende Nachrichten. Er fühlte sich durchaus lebendig, auch in der Gefangenschaft, er hatte sein Schicksal, zumindest Leben oder Sterben, noch in der Hand. GOTT hatte ihn nicht fallen lassen, er selber ließ sich nicht fallen. Mochte der Tod irgendwo stehen und auf ihn warten, diese Zelle würde nicht der Ort sein. Nicht ohne Grund war er in dieser Zelle vor dem Tod gerettet worden. Das musste einen Sinn haben. Seine Aufgabe war es – Hieronymus spürte, wie ihn dieser Gedanke mit Kraft erfüllte –, seine Aufgabe war es, dem Tod hier zu entgehen. Er atmete ruhig und mit Freude an seinem Atmen. Ja, es war seine Aufgabe, von Konstanz, vom Konzil fortzukommen, ohne dass ihm ein Haar gekrümmt wurde. Diese Aufgabe und das Bild, wie er von Konstanz aufbrach, zu Pferde, um seine Freiheit wiederzugewinnen, trieb ihm nochmals Tränen hervor. Er war voll Dankbarkeit, dass er seine Aufgabe erkannte, und er dankte GOTT dafür. Endlich fühlte er wieder das alte große Zuhause im Gedanken an IHN, ein tiefes Glück, eine tiefe Geborgenheit.

Ja, Herr, meine Aufgabe ist es, diesen Prozess zu überstehen. Ich bin nicht Jesus, der ans Kreuz geschlagen wurde, ich bin nicht Hus, der verbrannt wurde, ich bin weder dein Sohn, Herr, noch dein Märtyrer. Warum sonst bin ich aus Wien ungeschoren davongekommen? Ich bin dazu da, durch meine Rede die Wahrheit zu bezeugen. Dazu hast du mich ausersehen, Herr. Tot bin ich dir nichts nütze. Nur hier, umgeben von Feinden, auch deinen Feinden, oh Herr, kann ich die Wahrheit nicht bezeugen. Du musst widerrufen, Hieronymus, du musst widerrufen. Er erschrak. *Oh, nein, nicht das.* Hier kannst du die Wahrheit nicht bezeugen, Hieronymus, du musst widerrufen. *Oh, nein, du versuchst mich. Versuche mich nicht.* Es gibt nur den Tod oder den Widerruf, die Wahrheit oder das Leben. Du kannst nicht beides haben. Stell dich auf den Scheiterhaufen und bleibe bei dem, was du bezeugst, und verbrenne mit Haut und mit Haar, oder widerrufe, lüge und lebe, Hieronymus, suche die Freiheit und lebe.

Oh, nein, das kann nicht die Wahl sein. Ich bin hergekommen, um Hus zu verteidigen, nicht um ihn zu verleugnen. Hus ist tot. Und warum? Weil er die eine Wahl getroffen hat. Er ist verbrannt, lichterloh, ein feines Feuer. Siehe, wie schön, wie stolz die Wahrheit verbrannt ist. Das Verleugnen, Hieronymus, ist den Menschen eingeschrieben. Hat nicht Petrus, der Gründer meiner Kirche, seinen Herrn verleugnet, war nicht die Verleugnung der erste Stein zu ihrer Gründung? *Du bist die Stimme des Teufels.*
Noch nie hatte Hieronymus die Stimme des Teufels so nah gehört. Sie wollte ihn zum Judas machen, zum Verräter, und die Silberlinge, die sie anbot, waren sein Leben. Aber geradeso wollte die Konzilsversammlung, wenn er nicht widerrief, ihn zum Verräter stempeln und verbrennen, und auch ihre Silberlinge waren sein Leben. Es war zweierlei und nach Menschenbegriffen doch eines, es war verschieden und doch das Gleiche. Es gab keinen Unterschied zwischen dem Verschiedenen, Lüge und Wahrheit, Leben und Tod nahmen dasselbe bleiche Gesicht an. *Versuche mich nicht, ich erkenne dich.* Versuchen, versuchen, das Leben ist ein Versuchen. Und es ist so eingerichtet, dass du die Wahrheit bekennst und stirbst oder lügst und lebst. Keine andere Wahl, kein anderer Versuch ist dir offen. *Du wendest die Worte.* Ja, darin erkennst du dich selbst. Du wendest und windest dich. Denn ich bin deine eigene Stimme.

Aus: Andreas Nohl: Hieronymus – Chronik eines Verrats. Langewiesche-Brandt, Ebenhausen 1993. S. 95ff.

BOHUMIL HRABAL

Der 82-jährige tschechische Schriftsteller Bohumil Hrabal starb 1997 bei einem Sturz aus dem Fenster des fünften Stockwerks einer Prager Klinik, wo er in Behandlung war. Entgegen der offiziellen Verlautbarung, wonach er beim Taubenfüttern das Gleichgewicht verlor und hinunterfiel, gehen Menschen, die ihn gut kannten, davon aus, dass er, des Lebens endgültig überdrüssig, den Freitod wählte. Es war, wie die Geschichte weiß, nicht der erste Prager Fenstersturz. In seinen literarischen Werken hat er den Selbstmord oft durchgespielt. Auch in der knappen Erzählung »Die Zauberflöte« (1989), die in Prag verortet ist, denkt der Ich-Erzähler über den Tod nach. Nachdem er bierselig das Wirtshaus verlässt, kommt er an jener fünfstöckigen Maison Oppelt vorbei, von der sich einst Franz Kafka (1883–1924) stürzen wollte. Hrabals Tod war, so gesehen, ein Ereignis, in dem Fiktion und Wirklichkeit miteinander verschmolzen.

Von den tschechischen Schriftstellern der 1950er-Jahre ähnelt er, so heißt es immer wieder, Jaroslav Hašek (1883–1923) am meisten. Wie der Autor des großen Schelmenromans »Der brave Soldat Schwejk« fand er seine Themen oft in den Cafés und Wirtshäusern von Prag. Wie viele andere Schriftsteller und Künstler arbeitete er in einer Vielzahl von Berufen, vom Straßenkehrer bis zum Gepäckträger. Dies gestattete ihm einen intimen Einblick in die Alltagswelt der Menschen. Diese Jahre sind literarisch verarbeitet in seiner berühmtesten Erzählung »Allzu laute Einsamkeit« (2003), aber auch im ersten Teil seiner Romantrilogie »Hochzeiten im Hause« (1993). Zum Helden oder Märtyrer war er allerdings nicht geboren. So beugte er sich Mitte der 1970er-Jahre dem kommunistischen Regime und veröffentlichte eine Erklärung, die es ihm ermöglichte, weiter zu publizieren – was ihm von vielen Landsleuten, zumal den Angehörigen der Opposition, übel genommen wurde.

»Die Zauberflöte«, Hrabal nannte die Erzählung »lyrische Reportage«, beeindruckt nicht nur durch die Todesgedanken des alten

Mannes. Er schreitet voran in Richtung Altstädter Ring und setzt sich dem Denkmal des Magisters Jan Hus (1369–1415) gegenüber. Seine Gedanken führen ihn zurück, selbst nach Konstanz, dem Ort der Hus-Verbrennung. Als die Zauberflöte erklingt, gerät die Situation vollends in Surreale. Das ist der Schluss der Erzählung. Zu Beginn berichtet Bohumil Hrabal von einem jungen Mann in Deutschland, der Benzin über Schwäne goss und sie entzündete. Wer mag da nicht an die letzten Worte von Hus denken, prophetisch gerichtet an seinen reformatorischen Nachfolger Martin Luther (1483–1546): »Sie werden jetzt eine Gans braten (denn Hus heißt Gans). Aber in hundert Jahren werden sie einen Schwan singen hören, den sollen sie leiden. Da soll es auch dabei bleiben, wenn Gott will.« – So viel Geschichte in einem Text von gerade mal 30 groß gedruckten Seiten? Das zeugt von dem tschechischen Bewusstsein der Bedeutung Jan Hus' und des Hussitismus für die jeweilige Gegenwart.

DIE ZAUBERFLÖTE

UND SO SASS ICH IM GOLDENEN TIGER, ich überlegte wie immer, dass, sollten die Götter mich lieben, ich über einem Glas Bier abkratzen könnte, ich saß da und lauschte den Details dieses Großen Montags und Großen Sonntags, diese mit flammenden Augen vorgebrachten Nachrichten verflochten sich für mich zu einem großen Teppich, den man weder widerrufen noch verbrennen kann, da die Inhalte geschehen und aus Wirklichkeit gewoben sind, und das, was geschehen ist, lässt sich nicht mehr rückgängig machen.

So träumte ich im Goldenen Tiger von meinem Tod, meine paar Biere, heute hatte ich sechs getrunken, all das, was ich gehört und erlauscht hatte, alles war aus den Fugen geraten, und ich hörte nur noch menschliches Reden, das für mich keinen Sinn mehr hatte, also zahlte ich, man spendierte mir noch ein Bier, und ich trat hinaus in die Nacht, ich hob den Kopf und schaute wie immer zum Himmel empor, zum Himmel des Heiligen Ägidius, die Nacht wird kalt und sternenklar sein, und schräg aus meinem Fenster im fünften Stock werde ich heute Abend die Mondsichel sehen, und so schritt ich dahin, die Pariserstraße war schon still, ein Polizeiauto fuhr vorbei, hielt vorsichtig an, ein Polizist stieg aus und steckte denen, die dort standen, wo Anhalten verboten war, Strafzettel unter die Scheibenwischer, dann schweiften die Scheinwerfer langsam zur Maison Oppelt, wo Franz Kafka einmal aus dem fünften Stock hatte springen wollen, und dann stand ich allein auf dem Altstädter Ring, niemand ging vorbei, ich setzte mich auf das erste Bänkchen und fing an zu träumen ... mir gegenüber ragte das Denkmal des Magisters Jan Hus empor, als er verbrannt wurde, brachte eine alte Frau ein Bündel Reisig, damit Jan Hus besser brenne, dieses Denkmal stand mitten auf dem Platz in der Finsternis, während das Palais Kinsky, seine Mauern und die ganze Ostfront des Platzes leuchteten, so sehr von den klaren Natriumlampen angestrahlt, dass die rosaroten und hellbraunen Mauern des Palais die schwarze Silhouette des Denkmals noch schärfer hervortreten ließen, und ich saß allein da, dann sprang ein junger Mann auf ein Bänkchen, hüpfte vom einen Sitzplatz zum nächsten, und aus dem Herzen des Altstädter Rings erklang zaghaft eine Flöte, ihr leiser und doch so eindringlicher Klang, als sei er der Einsamkeit, einem Weideland, einem abgelegenen See entsprungen, dieser Flötenklang war in sich ergreifend, aber noch vielmehr, weil einige Stunden zuvor die letzten Autos mit Tränengas und Wasserwerfern von hier weggefahren waren, die letzten Autos mit den Wolfshunden, diesen schönen deutschen Schäferhunden, die jetzt bestimmt schon in ihren Hütten lagen, nach diesem anstrengenden Sonntag und Montag ... doch hier auf dem Altstädter Ring erklang aus dem Herzen des Denkmals eine Flöte, derart, dass ich erschrak, aufstand, die Hand hob und den Kopf drehte ... ja, dieser Flötenklang schwebte empor und breitete sich über den ganzen Platz aus, er drang aus den Büschen rund um die hochragende Statue des Magisters Jan Hus, aus diesen Koniferen, die selbst im Winter nicht welken, stieg der Klang einer Flöte empor, einige

Passanten gingen vorbei, ihre Stimmen klangen laut durch die Leere des Platzes, doch niemand blieb stehen, in Diagonalen überquerten sie den Platz, von der Eisengasse in die Pariserstraße, von der Langegasse in die Melantrichgasse, und dann verstummte die Stimme der Flöte, es war zum Zerbersten still, wie eine zu straff gespannte Saite, und ich sah, wie auf der Umrandung unter Jan Hus Zweige auseinandergebogen wurden und jemand auf das Kopfsteinpflaster sprang, das die hell leuchtenden Mauern widerspiegelte, und danach sah ich, wie sich vom Denkmal eine zweite Gestalt löste und einen Kinderwagen bei sich hatte, und aus der schwarzen Finsternis des Denkmals traten nun bei der ehemaligen Apotheke Zum Einhorn eine junge Frau und ein junger Mann hervor, sie schoben den Kinderwagen vor sich her, in dem vielleicht diese Zauberflöte lag, und da ich ein Literat bin, schaute ich zum Fenster im ersten Stock dieser ehemaligen Apotheke hoch und erinnerte mich daran, dass hier Frau Bertha Fanta einen Salon gehabt hatte, einen Salon, in dem sich zu Österreichs Zeiten Franz Kafka, Albert Einstein, Rudolf Steiner, Max Brod und polnische Dichter miteinander unterhielten ...

Und der Zauberkinderwagen bog in den Krönungsweg ein, aus der Pariserstraße kam ein Taxi gefahren, mit einem Wink brachte ich sein erleuchtetes Schild zum Stehen, und als ich mich hineingesetzt hatte, wurde mir bewusst, dass diese Zauberflöte genau von den Orten her geklungen hatte, an denen vertikale Botschaften vermittelt werden ... ich glaube, dass die Herrschaft des Volkes über Deine Dinge wieder zurückkehren wird in Deine Hände ...

Aus: Bohumil Hrabal: Die Zauberflöte. Suhrkamp, Frankfurt/Main 1990. S. 27ff.

LIBUŠE MONÍKOVÁ

In ihrer Rede zur Verleihung des Kafka-Preises 1989 teilte Libuše Moníková ihr Leben in drei literarische Dekaden ein. Im Alter von 13 bis 23 Jahren entstand und wuchs ihr literarisches Interesse, sie beschäftigte sich in erster Linie mit der russischen Literatur. Die zweite Dekade, 23 bis 33 Jahre, war vor allem vom Werk Franz Kafkas geprägt, und die dritte, 33 bis 43 Jahre, stand im Zeichen des deutschen Schriftstellers Arno Schmidt. Kafka und Schmidt bezeichnet sie in einem ihrer literarischen Werke als ihre »Widersacher und Stützen«. Zu einer Bilanz der vierten Dekade kam sie nicht mehr, Moníková starb 1998 in Berlin im Alter von 53 Jahren infolge einer Operation.

Die in Prag geborene Schriftstellerin studierte an der Karlsuniversität. Nach dem Abschluss kam es zum ersten Bruch in Moníkovás Leben: Ihre Mutter starb im Alter von 49 Jahren an Lungenkrebs, und sie wurde Zeugin der sowjetischen Invasion von 1968. Sie las bis dahin russische Klassiker im Original, aber nach dem bitteren Ende des »Prager Frühlings« hat sie, so wird berichtet, Russisch vergessen. 1970 heiratete sie einen deutschen Studenten und besaß zeitweilig ein Besuchsvisum für die Bundesrepublik. Noch im gleichen Jahr promovierte Moníková über den »Coriolan« im Vergleich bei Bert Brecht und William Shakespeare. 1971 zog sie endgültig in den Westen, übernahm Lehraufträge und war als Lehrerin tätig, bevor sie freie Schriftstellerin wurde.

Ihre häufig fantastische und mythische Elemente einbeziehenden Romane – der erste, »Eine Schädigung«, erschien 1981 – schrieb sie in deutscher Sprache. Und zog daraus eine positive Bilanz: »Meiner Beschäftigung mit Kafka verdanke ich die Einsicht, dass Sprachmangel unter Umständen zur Stärke werden kann, zur Stärke des Ausdrucks, weil kein Wort selbstverständlich, in seiner Bedeutung gesichert erscheint, jedes ist neu, und die Verantwortung trägt der Autor, ich schreibe, indem ich mich in der Sprache durchtaste, manchmal an Bedeutungen heran, die bis zur Niederschrift unbewusst bleiben: Diese Suche kommt ursprünglich aus der Fremdsprachlichkeit, heute weist sie mich als Autor aus.«

Übersetzungen ins Tschechische ließen lange auf sich warten, zumal Libuše Moníková selbst nach der politischen Wende in Osteuropa nicht in ihre Heimat zurückzukehren vermochte, was dort für Missfallen sorgte. Auf der anderen Seite sind ihre Werke – »Die Fassade«, 1987, »Prager Fenster«, 1994 – von den Erinnerungen an die Jugend- und Studentenjahre, an die Niederschlagung des »Prager Frühlings« und das Exil geprägt. Kaum ein Buch, in dem nicht der Name jenes Studenten fällt, der sich verraten fühlte und sich aus Protest gegen die sowjetischen Besatzer selbst verbrannte: Jan Palach, ein Bruder von Jan Hus (1369–1415) und des Heiligen Wenzel von Böhmen (908–935), beide Opfer eines Verrats. »Jan Hus steht als Symbol für den Einsatz des eignen Lebens für die Wahrheit. Hier schließt die Interpretation von Palachs Tat an: Beide ›Jans‹ wagten es, sich bis zur letzten Konsequenz für ihre Überzeugungen einzusetzen.« (Sabine Stach).

Mit der magischen Stadt Prag und mit Jan Hus ist bei Libuše Moníková immer auch das Heimatgefühl verbunden. In ihrem Roman »Treibeis« (1992) übernimmt die Stadt die Hauptrolle, der böhmische Ketzer hat auch einen Auftritt. Der Inhalt: Der Prager Jan (sic!) Prantl unterrichtet seit Jahren Jugendliche in Grönland. Als er zu einem internationalen Kongress nach Österreich kommt, lernt er durch Zufall die junge Tschechin Karla kennen, ein Stuntgirl beim Film und Emigrantin wie er. Es ist eine Geschichte der Sehnsucht, die sich aus dieser Begegnung entwickelt, es ist Moníkovás Geschichte. Die Szenen des Romans sind meistens als Dialoge gestaltet, auch in dem Auszug, der mitten in das Herz des Kongresses führt.

Treibeis

Prantl ist zurück, müde, gleichmütig. Karla schläft. Er kommt herunter, sie sind ihm alle so fremd, dass es ihm nicht in den Sinn kommt, sie könnten etwas von ihm wollen.

Bentley zeigt Fotografien herum. Fantasiegewänder, nicht belegbare Kostüme. Eine Frau mit Brille in breiten Röcken und schwarzen Stiefeln, eine Haube mit Schleifen auf dem runzligen Kopf. Amerika und seine fossilierte Vorstellung von Böhmen. Neben ihr ein Mann mit bestickter Weste und einem Tirolerhut. George Herman und Patty Herman, früher Heřman; Bentleys Sippe.

Die Heřmans verließen in der Mitte des 19. Jahrhunderts mit anderen Exilanten das Land, und ihre Nachkommen stellen alljährlich in lebenden Bildern auf Frachtwagen dar, was ihnen davon überliefert wurde. Der alte Farmer Ben Reznicek als der einäugige Žižka, dazu die Klänge von ›Blaník‹, erklärt Bentley.

»Wenn sie zumindest ›Tábor‹ genommen hätten«, bemerkt Frölich zu Prantl – für einen Moment hat er vergessen, dass er sich mit diesem Emigranten nicht sehen lassen sollte.

Bentley zeigt, wie seine Verwandten, die Culeks aus Praque/Nebrasca, Polka tanzen, die Töchter sonntags Kolatschen backen und Ente mit Sauerkraut braten, dazu Prazdroj. Wegen des Biers bleibt das Fest nicht nur auf die tschechischen Siedler beschränkt, die Iren und die Deutschen aus der Umgebung kommen auch.

Auf einem Allegorienwagen Bentleys Sohn als der Heilige Václav, sein Vetter Joe als Boleslav, die Hand mit dem Dolch emporgereckt, mit dem er Wenzel an die Kirchentür nageln wird. Bentley jr. als Václav, kniend, mit lammhaften Zügen; zwei Fotos weiter stellt er im gleichen Kostüm den aufständischen Edelmann Dalibor dar. Er hat dafür sogar Geigenunterricht genommen, sagt Bentley stolz.

Nächste Szene: Hus in Flammen, Stanniol und Farbpapier um Holzscheite gewickelt, rot, gelb, an einem Pfahl der Hilfssheriff Fred Vopicka als Hieronymus von Prag; beide angekettet, hohe Papiertüten mit schandbaren Bildern und Ketzer-Aufschriften auf dem Kopf.

Cindy Vopicka mit langem Haar und einem lockeren Gewand als Vlasta an der Spitze der tschechischen Jungfrauen gegen die Männer aus Clarkson, Wilber und Praque. Athletisch, muskulär, Pivot der Basketballmannschaft der Damenauswahl von Schuyler/Nebrasca. Auf dem nächsten Wagen Nancy Herman, Schönheitskönigin des letzten Jahres, in selbstgenähter Tracht als verkaufte Braut. Hans (Joe Culek, vorher Boleslav) trägt einen Anzug, der an einen Cowboy erinnert.

Weitere Szenen – Karl IV. gründet die Universität. 150 Jahre, bevor Columbus Amerika entdeckt hat!, betont Bentley, als wäre er in Wilber. Frölich grinst.

Oldřich a Božena (George & Patty Herman), Bruncvík mit dem Löwen – den spielte früher Čučik, der Neufundländer von Culeks, jetzt ist es die Dogge von Reznicek; die Ritter von Blaník – an diesem lebenden Bild beteiligt sich am Tag nach dem Fest ganz Wilber – es schlafen alle.

Die Nationalhymne ›Kde domov můj‹ (Wo ist meine Heimat) wird in diesen Tagen zum Schlager in halb Nebrasca und mit der slowakischen Variante ›In der Tatra blitzt es‹ als Single im Arrangement von Greg Kuperberg aus Auburn/Al in einer Auflage von 50.000 gepresst; mit ›Lásko, bože lásko‹ und ›Teče voda, teče‹ auf der B-Seite.

Prantl betrachtet die Bilder mit einem Gefühl der Erleichterung darüber, dass er der einzige Tscheche auf Grönland ist. Diese Wilber-Umzüge könnten sonst auch unter den Inuit stattfinden. Er stellt sich Szenen aus der tschechischen Geschichte vor den Eisbergen vor. Gesang, Allegorien, Tische mit Schallplatten und Souvenirs, Bierausschank, tschechische Volkstänze auf der Laderampe der Fischmehlfabrik.

Für die luftigen Trachten dürfte es in Angmagssalik zu kalt sein. Vlastas Mädchen müssten für den Kampf Robbenfelle und Kammiks anziehen. Er müsste Ulla und Signe erklären, dass es gegen die Männer geht, und warum. Es wäre auch nicht schwieriger als ›Der Jude von Malta‹. Šárka, die Ctirad betören soll, müsste es auf grönländische Weise tun, schnell, sachlich; lange Verführungen in durchsichtigen Gewändern sind bei den örtlichen Temperaturen nicht zweckmäßig. Die Allegorien würden auf Schlitten gefahren, und die Darsteller der lebenden Bilder müssten sich heftig bewegen. Die Pflege der Folklore hängt vom Klima ab.

»Der Starfighter fiel aus der Höhe von 3.000 Schuh«, hört er Bentley sagen. Es ist unklar, ob er einen Unfall schildert oder nur die Sprache seiner Landsleute in Nebrasca wiedergibt.

Frölich lacht ungehemmt. Prantl spürt seine Aggressivität, die Herablassung des im Lande Gebliebenen gegenüber dem erfolgreichen Auswanderer, der Heimweh zeigt.

Frölich wirkt jetzt ausgeglichen, fast überlegen. Nach dem kurzen Traum von einer Karriere als Komiker am Broadway hat er seine amerikanischen Pläne fahren lassen und sich für das ›Organische‹ entschieden – für die innere Emigration in Prag/Böhmen, in der grauen Zone zwischen Dissidenz und dem Apparat. Die Mehrheit der tschechischen Intelligenz findet in der gegenwärtigen ›Normalisierung‹ ihr Auskommen.

Er blättert noch einmal in seinem Referat ›Die erzieherische Komponente der diakritischen Zeichen bei Jan Hus‹, wo er beweist, dass die Einführung der Häkchen und Striche über den Konsonanten und Vokalen im Tschechischen, die von niemandem in Europa beachtet werden, für das Volk von Bedeutung war. ›In Böhmen ist jede Frau aus dem Volk belesener als mancher Prälat bei uns‹ – das Urteil eines aufgeklärten Reisenden aus Italien des 15. Jahrhunderts, etwas modifiziert, ist der Ausgangspunkt seiner Ausführungen. Frölich lässt aus, dass es sich bei dieser Belesenheit um die Bibel gehandelt hat.

Der Schweizer Teilnehmer Beat Aebli, der in der Pause herumsteht und aus Höflichkeit nach Frölichs Thema fragt, wendet ein, dass ein paar Häkchen und Striche, wenn auch Vereinfachung für das Volk, noch keine Revolution ausmachen, korrigiert auch das Zitat von Enea Silvio – wie viele Frauen aus dem Volk konnten in Böhmen denn lesen! –, sodass sich Frölich gezwungen fühlt, ihn darauf hinzuweisen, dass Hus in Konstanz am Rheinufer auf schweizerischem Boden verbrannt wurde, wenn auch ein Pfalzgraf für die Durchführung verantwortlich war, Aebli also als Schweizer verdammt zu schweigen habe.

Bevor sich Aebli besinnt, dass die Schweizer damit nichts zu tun hatten, wirft ihm Frölich noch die Verbrennung des Hieronymus von Prag an gleicher Stelle vor, ein Jahr nach Hus.

»Wollen Sie damit sagen, dass die Schweizer ...«

»Nein, wer waren schon die Schweizer? Aber man hätte erwarten können, dass sich das freiheitliche Volk vielleicht auch empört, statt nur gierig zu gaffen – zumindest einige! Es gab ja später auch einen Zwingli und einen Calvin! In Deutschland den Kleriker Luther, mit seiner Nonne, 100 Jahre nach Hus! Nur bei Weitem nicht so konsequent. Wer von diesen Herren ließ sich schon verbrennen?«

»Werfen Sie Zwingli vor ...«

»Nichts gegen Huldreich Zwingli. Auch euer Rütli-Schwur, großartig, zumindest bei Schiller!« – Frölich hat alle westlichen Brücken hinter sich verbrannt. »Ich frage nur, wann die Schweizer eigentlich gekämpft haben? Der brave Tell, der aus dem Hinterhalt schießt und damit zum Nationalhelden wird – man könnte es auch Meuchelmord nennen – ist das alles?«

»Besser als ein Fanatiker, der sich verbrennen lässt! Gleich zwei hintereinander!« Aeblis Stimme zittert. »500 Jahre vorher lässt sich einer von seinem Bruder vor der Kirchentür erschlagen – euer Nationalheiliger Wenzel, der das Land den Deutschen überließ, nur um ungestört beten zu können! – Erst der Mörder Boleslav hat sich wieder um die Staatlichkeit gekümmert! Dann werden ein paar Könige ermordet, später folgen Defenestrationen, böhmische Spezialität – ich bin auch Historiker!« Aebli grinst. »Und dazwischen lassen sich ein paar Gelehrte als Ketzer verbrennen. Nach Hus gleich Jeroným. Spreche ich es richtig aus?«

»Sie ließen sich nicht verbrennen, sie wurden verbrannt!« Frölich wird laut. »Hieronymus hatte nicht den Einfluss wie Hus, er war kein Schriftsteller. Aber es genügte, dass er aus Böhmen kam, Hus kannte und Wyclifs Thesen verbreitete, um ihn ein Jahr lang im Kerker zu halten, in Ketten, so eng, dass er sich kaum bewegen konnte und im eigenen Kot beinah erstickt wäre!«

»Das war damals üblich«, murmelt Aebli.

»Was war üblich? Dass ein Gelehrter, der sich freiwillig einem

Tribunal stellt und seine Thesen erklären will, zum Tode verurteilt wird, ohne dass man ihn überhaupt anhört? Jeroným wie Hus kamen aus freien Stücken, Hus hatte sogar das kaiserliche Wort!«

»Aber das dürfte Sie doch gar nicht überraschen«, meint Aebli, »Sie kommen selbst aus einem Land ...«

»Aus was für einem Land? Und nennen Sie Jeroným einen Fanatiker?«

»Wer ist Jeroným?« Ponomarenko kommt heran. »Von Gus habe ich gehört. Dieser Jerom – was war das für einer? Was hat er getan?«

»Jeroným war ein Humanist, er hatte in Oxford, Paris, Heidelberg studiert, in Prag! Seine Dispute waren berühmt. Als einer der wenigen Gelehrten seiner Zeit war er in Jerusalem gewesen. Und in Konstanz ließen sie ihn kaum zu Wort kommen! Er konnte sich nicht einmal verteidigen. Sogar der päpstliche Sekretär Poggio Bracciolini musste zugeben, dass er ›wie ein Philosoph‹ starb, mit Mut und Würde.« Frölich war im westlichen Ausland noch nie so entschieden gewesen.

»Er stank«, sagt Aebli.

»Was?«

»Er stank und schrie vor Schmerz. Er war dickleibig, mit langem schwarzen Bart, es gibt Berichte ...«

»Papistengeschwätz!«

»Von neutralen Konstanzer Bürgern.«

»Die neutralen Konstanzer Bürger kenne ich! Von Hus haben sie es auch behauptet, dabei waren es die Miasmen eines verscharrten Maultiers unter dem Scheiterhaufen, das durch die Brandhitze zu stinken begann. Das gibt sogar euer braver Ulrich Richental zu!«

»Es gab auch andere.«

»Welche? Es war das Maultier von Kardinal Pankratius!«

»Pankratius, das Gefängnis?« Borolič kommt interessiert heran.

»Das meinte ich nicht ...« Frölich sieht sich verwirrt um. Auch Bentley und Ponomarenko hören zu. An der Tür angelehnt der tschechische Grönländer, der ihn schweigend ansieht.

»Wir sprechen ...«

»Vom Konzil in Konstanz. An dem die Schweizer Schuld haben

sollen!« Aebli wirft einen amüsierten Blick in die Runde, keiner lächelt zurück, als wären sie sich alle gerade ihrer slawischen Herkunft bewusst geworden.

»Das habe ich nicht gesagt.« Frölich will sich in seine verschlafene Unverbindlichkeit zurückziehen, aber Aebli lässt nicht locker: »Welche Augenzeugen haben Sie?«

Frölich schweigt für einen Moment. »Es ist so viel geraubt worden in Prag, alte Dokumente wie neue, die ganze Kafka-Dokumentation ist verscherbelt worden! – Merken Sie die Schande?« Er sieht auf. »Über das Konzil schreibt Petr z Mladenovic ...«

»Peter von Mladenowitz als Tscheche schildert natürlich eine Passionsgeschichte. Nach Hause konnte er nicht kommen und sagen, Hus hätte gestunken.«

»Hat er auch nicht!«

»Dann war es das Tier unter ihm. Einige sagen sogar, dass von ihm so viel unverbrannt geblieben ist, sein Herz zum Beispiel, und der Schandhut.«

»Das ist äußerst unwahrscheinlich, der war ja aus Papier.« Frölich wendet sich zu Bentley: »Eine Papiermütze, eine Elle lang, mit drei aufgemalten roten Teufeln, die eine Seele zerreißen, darüber die Inschrift ›Haeresiarcha‹ – für Ihren nächsten Wilber-Umzug.«

»Wie ging die Hinrichtung vor sich?«, will Bentley wissen.

»Hieronymus war kein Rektor der Prager Universität, kein berühmter Prediger der Bethlehemkapelle, einige Demütigungen blieben ihm erspart. Hus bekam alle Messgewänder umgehängt, den Kelch in die Hand, dann wurden sie ihm vom Erzbischof von Mailand und sechs weiteren Bischöfen abgenommen. Sie wussten sich nur keinen Rat, wie sie seine Tonsur wieder rückgängig machen sollten. Sein Körper wurde dann der ›weltlichen Macht übergeben, seine Seele dem Teufel‹. Er wurde mit Stricken und Ketten ans Brett gebunden, mit dem Gesicht nach Osten. Das fanden einige für einen Ketzer unangebracht, also drehte man ihn gegen Westen. Man nahm zwei Fuhren Holz, mit Stroh vermischt und mit Pech bestrichen. ›Er sang Psalmen und erstickte, bevor die Flammen ihn erfassen konnten.‹ – So wünscht man es sich zumindest.« Frölich schweigt.

»Konnte man den Henker nicht bestechen, damit es nicht so lange dauerte?«, fragt Ponomarenko.

»Das war manchmal möglich, durch stillschweigendes Erdrosseln mit der Kette um den Hals oder einen heimlichen Schlag gegen die Schläfe. Auch Schütten von Pulver ins Stroh war üblich. Bei Hus gab es aber zu viele Bewacher, es war ein politischer Fall, seine Freunde hatten dazu keine Gelegenheit. Und bei Hieronymus' Verbrennung waren kaum noch Freunde da. Bracciolini hat seinen Tod immerhin aufgeschrieben.«

»Braccioli …? Hat er nicht auch gezeichnet? Von einem solchen habe ich Bilder gesehen, wo Menschen wie Maschinen aussehen«, sagt Borolič. Ponomarenko sieht ihn verwundert an.

»Sie meinen Braccelli, Giovanni Battista Braccelli, mit seinen ›Bizzarrien‹«, Aebli möchte vom peinlichen Thema des Konstanzer Konzils ablenken. »Es sind faszinierende Darstellungen, eigentlich Roboter aus dem 17. Jahrhundert.«

»Wie ging es weiter mit Hieronymus?«, fragt Bentley. »Auf dem Scheiterhaufen.« Er sieht Aebli feindselig an.

»Weiter?« Frölich zuckt mit den Schultern. »Poggio schreibt, dass er sich selbst auszog, dann fiel er auf die Knie und betete vor dem Rad, woran er dann mit nassen Stricken und der Halskette gebunden wurde. Versuchte noch, mit dem ›Volk‹ zu sprechen, aber für die Gaffer war er ein Ketzer, die wollten nichts von ihm, nur, dass er endlich brennt und möglichst lange, damit sie etwas davon haben. Er bekam zwei Rutenbündel unter die Füße, man schichtete grobes Holz um ihn, bis zur Brust – einige schreiben, bis zum Kinn. Als sie den Scheiterhaufen in seinem Rücken anzünden wollten, sagte er zum Henker, er solle das Feuer vor seinen Augen legen: ›Denn hätte ich Angst vor deinem Feuer, wäre ich hierher nicht gelangt.‹« Frölich sieht hoch, verschwommene Gesichter herum.

»Was geschah mit den Innereien?«, fragt Ponomarenko.

»Verbrannt, die Knochen zerstoßen. Auch seine Kleider verbrannt, sein Bett, damit nichts in die Heimat gelangte und als Reliquie dienen konnte. So machte man es damals mit Ketzern! Die Bücher von Hus – verbrannt. Und der Gestank? Wenn schon!«

Frölich sieht Aebli an. »Ja, Hieronymus war kräftiger als Hus, hatte einen dichten schwarzen Bart. Verbranntes Fleisch und Haare stinken eben! Was wollten Sie damit eigentlich sagen? Dass euer sauberes Städtchen verunreinigt wurde? Es hat sich immerhin gleich zweimal bei der Bekämpfung von Häretikern bewährt!«

»Ich bin aus dem Kanton Uri, mit Konstanz habe ich nichts zu tun. Es ist auch überwiegend deutsch, wenn ich es so sagen darf, die Schwoben!« Aebli versucht zu lachen. »Ich sehe die Schweiz durchaus kritisch. In meinem Beitrag ›Pestalozzi und die sittliche Frage der Koedukation‹, wo ich übrigens auf gleichem historischem Gleis ...«

Meine Herren, wollen wir wieder – Hayek klatscht in die Hände, die Kaffeepause ist zu Ende.

Aus: Libuše Moníková: Treibeis. Roman. Carl Hanser Verlag, München 1992. S. 100ff.

21. JAHRHUNDERT

INY LORENTZ

Hinter dem Namen Iny Lorentz verbirgt sich das Autorenehepaar Iny Klocke, 1949 in Köln geboren, und Elmar Wohlrath, Jahrgang 1952, ein Franke. Ihre Schriftstellerlaufbahn begann das Paar, das sich in einem Versicherungskonzern kennenlernte, in dem jeder seinem Brotberuf nachging, mit einem Kinderbuch sowie Büchern zu TV-Serien. Schreiben war zu dem Zeitpunkt die schönste Nebensache der Welt. Aber dabei sollte es nicht bleiben.

Mit ihrem ersten historischen Roman »Die Kastratin« (2003) erreichten Klocke/Wohlrath eine größere Öffentlichkeit. Nur ein Jahr später folgten die Romane »Die Goldhändlerin« und »Die Wanderhure«, die sie schlagartig berühmt machten, 2005 »Die Kastellanin« – der Fortsetzungsband der »Wanderhure« – und »Die Tatarin« sowie 2006 »Das Vermächtnis der Wanderhure«, Teil 3 der Wanderhuren-Saga. Mittlerweile ist der fünfte Band erschienen (»Töchter der Sünde«, 2011). Die ersten drei Teile der Saga sind bereits verfilmt worden. Mit dieser Serie historischer Realienkunde in Erzählform, die im 19. Jahrhundert ihren Ursprung hat und hierzulande seit den 1970er-Jahren eine dauerhafte Renaissance erfährt – zu denken ist an Dieter Kühns »Ich Wolkenstein« (1977), an Umberto Ecos Mittelalter-Epos »Der Name der Rose« (1980) oder Patrick Süskinds Geschichte eines Mörders »Das Parfüm« (1985) –, etablierten sich Klocke und Wohlrath in der Spitzengruppe der populären Szene. Seit 2007 lebt das Paar, das auch unter anderen Pseudonymen publiziert, in der Nähe von München.

Der Roman »Die Wanderhure« nimmt seinen Ausgangspunkt im Konstanz des Jahres 1410: Als Graf Ruppert um die Hand der Bürgerstocher Marie anhält, kann ihr Vater sein Glück kaum fassen. Er ahnt nicht, dass der Bewerber es auf das Vermögen seiner künftigen Frau abgesehen hat. Die schöne Marie und ihr Vater werden Opfer einer Intrige, die das Mädchen zur Stadt hinaustreibt und zur Hure macht ... Marie – im Kern ein gutes Mädchen, das um seine Reha-

bilitierung kämpft – wird schließlich eine von geschätzten 700 Dirnen, die den Herren des Konzils (1414–1418) auf ihre professionelle Weise dienen. Der Auszug schildert den Schauprozess gegen Marie und wirft ein Licht auf das »dunkle« Mittelalter.

Die Wanderhure

AN DEM TAG, an dem Marie vor Gericht stand, wurde in Konstanz Wochenmarkt abgehalten. Die Bauern aus der Umgebung waren früh am Morgen in die Stadt gekommen und boten Gemüse, Geflügel, Lämmer und Ferkel an. Am späten Vormittag, als der Großteil ihrer Waren verkauft war, begannen sie ihre Stände abzubauen und gaben das eine oder andere Stück billiger weg, um es nicht wieder mitnehmen zu müssen. Mit einem Mal stockte die hektische Betriebsamkeit. Selbst die Städterinnen, die eben noch nervös von Stand zu Stand gelaufen waren, als zerrinne ihnen die Zeit unter den Händen, umklammerten ihre vollgepackten Einkaufskörbe und starrten mit offenen Mündern zum Kornhaus.

Dort waren drei Gerichtsdiener mit umwickelten Stäben, den Zeichen ihres Amtes, erschienen und wiesen einige Bauern an, ihre Wagen beiseitezuschaffen, da sie den Zugang zum Schandpfahl versperrten. Die Marktbesucher drängten näher und fragten einander verwundert, was dort stattfinden sollte, aber niemand wusste darauf zu antworten. Normalerweise wurde die Bestrafung eines Delinquenten Tage vorher von Ausrufern bekannt gemacht und gab den Bürgern Gelegenheit, sich frühzeitig auf der Richtstätte oder hier auf dem Marktplatz einzufinden.

Die Zuschauer brauchten sich nicht lange zu gedulden, denn wenig später erschien ein weiterer Gerichtsdiener mit einem Bündel Ruten als Zeichen seiner Autorität und ersuchte die Umstehenden mit höflicher Stimme, dem ehrwürdigen Richter Honorius von

Rottlingen und seinem Gefolge Platz zu machen. Schnell bildete sich in der anschwellenden Menschenmenge eine Gasse, die von der Plattform mit dem Schandpfahl bis zu dem Weg reichte, durch den die Mönche vom Inselkloster heraufkamen.

Erwartungsvolles Raunen begrüßte den Richter, seine Beisitzer und den Gerichtsschreiber. Den vier Mönchen folgte Magister Ruppertus mit seinen Zeugen. Die meiste Aufmerksamkeit aber lenkte Hunold auf sich, der Marie wie ein Kalb am Strick hinter sich herzog. Zwei anderen Männern, die ebenfalls noch zu dem Zug gehörten, aber um etliche Schritte zurückgefallen waren, schenkte kaum noch jemand Beachtung. Es waren Mombert Flühi und Maries Vater, der sich schwer auf seinen Schwager stützte und ununterbrochen den Kopf schüttelte.

Während der Richter und seine Begleiter auf den Bänken Platz nahmen, die die Gerichtsdiener für sie aufgestellt hatten, schleppte Hunold Marie zum Schandpfahl, einem eisenbeschlagenen Baumstamm, der so tief im Boden verankert worden war, dass er selbst dem Toben kräftiger Männer widerstehen konnte. Sein Holz war im Lauf der Zeit schwarz geworden von den Leibern der Verurteilten, die sich in ihrem Schmerz daran gewunden hatten, und so glatt wie polierter Stein. Hunold ließ den Anblick einen Augenblick auf Marie wirken, dann stieß er sie gegen den Pfahl und band ihre Hände hoch über ihrem Kopf fest, sodass nur noch ihre Zehen den Boden berührten. Mit einem Ruck riss er ihr den Kittel herunter und warf ihn beiseite.

Marie wurde starr vor Scham, als sie sich nackt den Blicken der Menge ausgesetzt sah.

Hunold schien immer noch nicht zufrieden zu sein, denn er legte sein Kinn auf ihre Schulter und sprach so leise, dass nur sie seine Worte verstand. »Ich mag es, wenn die Weiber schreien, wenn ich sie auspeitsche. Deswegen nehme ich dir jetzt den Knebel ab.«

Er löste das Band in Maries Nacken und riss ihr den Stab aus dem Mund. Dann zog er das Messer aus seinem Gürtel, schnitt ihre Zöpfe ab und steckte sie unter sein Hemd.

Marie drehte den Kopf zur Seite, so gut sie es mit den überstreckten Armen vermochte. »Gott verdamme dich in die tiefste Hölle.«

Hunold lachte nur und trat zurück, um dem Gerichtsschreiber Platz zu machen. Dieser stellte sich mit gewichtiger Miene neben dem Pfahl auf und verlas auf einen Wink des Richters das Urteil.

Inzwischen hatte Mombert seinen halb bewusstlosen Schwager an einen Karren gelehnt und war bis in die erste Reihe der Zuschauer vorgedrungen. Was er dort suchte, wusste er nicht. Sah denn niemand, dass hier himmelschreiendes Unrecht geschah? Warum schritt keiner ein? Aber niemand hörte seine stummen Fragen, und das Wunder, auf das er hoffte, blieb aus.

Die Leute um ihn herum waren sich nicht einig, was sie von dem Ganzen halten sollten. Viele kannten Marie und versicherten einander, dass sie das Mädchen für eine tugendsame Jungfrau gehalten hatten. Doch die meisten äußerten lautstark die Überzeugung, dass ihre Nachbarn auf eine verworfene Heuchlerin hereingefallen sein mussten, und ihre Stimmen klangen schadenfroh und selbstzufrieden.

Besonnenere Mitbürger fragten nach dem kaiserlichen Stadtvogt, der zusammen mit dem Rat der Stadt für die Verfolgung und Bestrafung von Verbrechen in Konstanz zuständig war. Andere belehrten sie, dass der Vogt die Stadt vor zwei Tagen verlassen hatte und nicht vor Anfang der nächsten Woche zurückkehren würde.

Die teilweise heftigen Wortwechsel verstummten, als ein Gerichtsdiener Hunold drei Haselnussruten reichte. Die Stäbe hatten einige Tage im Wasser gelegen, um elastischer zu werden. Hunold zog die Stirn kraus. Er hätte gern stärkere Äste verwendet. Honorius von Rottlingen achtete jedoch streng darauf, dass Frauen mit Ruten gestrichen wurden, die nicht dicker waren als sein Daumen, und zu Hunolds Ärger besaß der Richter recht zierliche Finger.

Der Büttel schnaubte verächtlich und schwor sich, dass Marie trotzdem jeden Hieb bis auf die Knochen spüren würde. Er nahm die kräftigste Rute und schlug ein paarmal damit durch die Luft, sodass es pfiff. Dann wählte er den richtigen Abstand zu Maries Rücken und tippte ihn kurz an. Voller Vorfreude nahm er wahr, wie sich ihre Muskeln vor Angst verkrampften. Mit zufriedener Miene drehte er sich zum Richter um und blickte ihn auffordernd an. Als Pater Honorius den Daumen senkte, holte er aus und schlug zu.

Marie biss die Zähne zusammen, als die Rute ihren Rücken versengte. Wie durch dichten Nebel hörte sie den Gerichtsschreiber »eins« zählen. Erneut klatschte die Rute auf ihren Rücken. Diesmal war es so schlimm, dass sie glaubte, ihr Rückgrat breche unter der Wucht. Ihr Körper schien in Flammen zu stehen, und sie verfluchte ihre Sturheit, die sie gehindert hatte, den Weg ins Kloster zu wählen. Bald konnte sie keinen klaren Gedanken mehr fassen, denn jeder Winkel ihres Seins wurde von Schmerzen durchflutet. Schlimmer konnten selbst die Qualen des Fegefeuers nicht sein.

Marie hatte Hunold nicht den Triumph gönnen wollen, sie jammern zu hören. Doch schon beim fünften Hieb hatte ihr Wille keine Macht mehr über ihr Fleisch. Eine rote Woge überflutete sie und drohte sie zu ersticken. Sie riss den Mund weit auf, um nach Luft zu schnappen, und hörte sich im selben Moment schreien. Zuerst stieß sie ihre Qual nach jedem einzelnen Hieb hinaus, doch irgendwann brach ein schier nicht enden wollender Ton aus ihrer Kehle, der nichts Menschliches mehr an sich hatte. Bis zum zwanzigsten Hieb hörte Marie den Schreiber mitzählen, dann nahmen ihre Sinne nichts anderes mehr wahr als Schmerz.

Hunold genoss den Anblick des zuckenden, sich windenden Frauenkörpers, dessen Rücken sich mehr und mehr rot färbte, und als er das Aufklatschen des dreißigsten Hiebs vernahm, spürte er ein erlösendes Ziehen in seiner Lendengegend, das einen Herzschlag später seine Hose nässte. Mehr Befriedigung hätte er selbst dann nicht erlangt, wenn er das Mädchen noch einmal vergewaltigt hätte. Wohlgefällig betrachtete er das blutige Muster, das sich in die bis auf die Muskeln zerfetzte Haut auf Maries Rücken eingegraben hatte und sich wie ein Schachbrett von den Schultern bis zu den Hinterbacken zog.

Seine Hand griff unwillkürlich zu dem wohlgefüllten Geldbeutel an seinem Gürtel. Die 30 Pfennige, die er für die Auspeitschung bekommen würde, waren ein Bettel, verglichen mit der Summe, die er von dem Advokaten für seine Dienste erhalten hatte. Doch das Geld würde ihm nicht halb so viel Vergnügen bereiten können, wie die kleine Schärerin es ihm verschafft hatte. Mit sich und der Welt zufrieden drehte er sich um und meldete dem Richter den Vollzug der Strafe.

»Ist die Hure noch am Leben?« Pater Honorius' Stimme klang bei dieser Frage so unbeteiligt, als fragte er den Küster von Sankt Stephan nach der Tageszeit.

Hunold löste die Stricke, die Marie an den Pfahl gefesselt hielten, und sah zu, wie sie in sich zusammenfiel und zu Boden rutschte. Einen Moment blickte er auf sie herab, dann leerte er ein Schaff mit kaltem Wasser über ihr aus, das eigens für den Zweck bereitgestellt worden war, und stieß ihr mit dem Fuß in die Rippen.

Marie stöhnte auf und hob mühsam den Kopf. »Du bist kein Mensch mehr, Hunold, sondern ein Dämon.«

Der Büttel lachte dröhnend. »Ich hätte dich auch totschlagen können, Hure. Also danke mir lieber, dass du noch lebst.«

Er wandte sich ab und überließ Marie den beiden Gerichtsdienern, die sie aus der Stadt schaffen sollten. Die Männer stellten sie auf die Beine. Während der eine sie festhielt, löste ihr der andere die Fesseln und streifte ihr einen Schandkittel über, der ihren Körper gerade nur bis zu ihren Oberschenkeln bedeckte und eher einem Sack als einem Kleidungsstück glich. Das Hemd war von grellgelber Farbe und zeigte vorne und hinten zwei verzerrte Dämonengesichter, welche die Unzucht und die Wollust darstellten. Die Männer fesselten Marie wieder und drehten sie um ihre Achse, sodass die Zuschauer sie noch einmal betrachten konnten. Dann winkten sie dem Knecht, der ihre Pferde hielt.

»Komm, Hure, jetzt geht es zur Stadt hinaus!« Ehe Marie begriff, was der Gerichtsdiener damit meinte, schlang der Mann das Ende eines langen Seils um ihre vor dem Leib zusammengebundenen Hände und befestigte das andere Ende an einem Steigbügel. Ohne ihr noch einen weiteren Blick zu gönnen, schwangen er und sein Kamerad sich in die Sättel und trieben die Pferde an.

Da Marie die Beine nicht gehorchen wollten, wurde sie zu Boden gerissen und ein Stück über das Kopfsteinpflaster geschleift. Eine mitleidige Seele hob sie auf und gab ihr einen kleinen Schubs, der sie hinter den Reitern hertaumeln ließ. Ein dichtes Spalier von Menschen säumte den Weg, der sie am großen Spital und dem welschen Kaufhaus vorbei die Ufergasse hinabführte, die am Rheintor endete. Von dort aus würde es über die Brücke nach Petershausen weitergehen und dann ins freie Land hinaus.

Marie fühlte sich wieder wie in einem Albtraum gefangen. Ihr Körper vibrierte mit jeder Faser, doch im Augenblick schien ein gütiger Engel ihr den Schmerz genommen zu haben. Vor ihren Augen tanzten vielfarbene Flecken, die die Gesichter der Menschen um sie herum gnädig vor ihr verbargen. Dafür tauchte manch anderes mit erbarmungsloser Klarheit vor ihr auf, wie der vergoldete Hahn, der über dem Chorfirst des Münsters thronte und ihr über die Dächer hinweg einen höhnischen Abschiedsgruß zuzurufen schien.

Aus: Iny Lorentz: Die Wanderhure. Knaur, München 2005. S. 66ff.

SABINE WASSERMANN

Das frühe Interesse an der griechischen Sagenwelt und der Antike brachte sie zum Schreiben. Sabine Wassermann, 1965 in Simmern/ Hunsrück geboren, kommt eigentlich von der Kunst her – sie hat an der Städelschule in Frankfurt am Main studiert. Aber ihr ureigenes Genre, die Malerei, fließt gelegentlich in ihre historischen Romane ein. In »Die Teufelsmalerin« (2007) steht die junge Henrietta Güntelein, die aus Leidenschaft den Pinsel schwingt, im Mittelpunkt.

Acht Romane hat Wassermann bisher vorgelegt, in ihrem bisher letzten Buch, »Die eiserne Welt« (2009), verknüpft sie kühn den historischen Roman mit dem Zauber der Fantasy-Welt. Diese belletristische Fluchtbewegung in die Vergangenheit erklärt die Schriftstellerin damit, dass sie keine große Lust hat, sich mit ihren Geschichten im Hier und Jetzt aufzuhalten. Nun ja.

Mit dem Roman »Das Zeichen des Ketzers« (2008) unternimmt sie eine Zeitreise ins Mittelalter, genauer: ins 15. Jahrhundert, noch genauer: nach Konstanz im Jahre 1415. Das Konzil tagt bereits, Jan Hus (1369–1415) ist mit seinen ketzerischen Thesen zur Gefahr für die etablierten Kräfte der Kirche geworden, ihm droht der Tod. Zwei Brüder, Martin von Thiersreuth, ein raubeiniger Söldner, der sich am liebsten im Hurenviertel herumtreibt, und der Mönch Alban, ein heimlicher Sympathisant des böhmischen Reformators, machen sich auf den Weg in die Stadt, um den eingekerkerten Böhmen zu befreien. Aber das ist nicht die ganze Geschichte des Romans, sondern ein Erzählfaden neben etlichen anderen.

Sabine Wassermann inszeniert die bekannten Machtspielchen von Kirchenmännern und Adligen mit teils erfundenem und anno dazumal real existierendem Personal. Zum Auftritt werden gebeten: der Sänger Oswald von Wolkenstein (1377–1445), die schöne Hure Imperia (sie lebte allerdings ein Jahrhundert nach Ende des Konzils), der garstige König Sigismund (1368–1437), Hus-Begleiter Peter von Mladoniowitz (1390–1451), Gegenpapst Johan-

nes XXIII. (1370–1419) und der Chronist des Konstanzer Konzils, Ulrich Richental (1360–1437) – der (nur) im Roman gelegentlich die Dienste Imperias in Anspruch nimmt. – Das zitierte Kapitel 24 öffnet den Vorhang für den streitbaren Hus.

IM ZEICHEN DES KETZERS

DAS GEDRÄNGE IM REFEKTORIUM WAR SCHLIMMER, als Alban erwartet hatte. Die Halle quoll über vor Männern in roten und schwarzen Talaren, weltlichen Abgesandten und Gelehrten. Auf dem Boden vor den Tischen hockten Notare, die sich kleine, tragbare Schreibpulte vor die Bäuche geschnallt hatten und ihre Kiele spitzten. Auch ein paar der Scholaren hatten diesmal Einlass gefunden; sie drängten sich hinter Chlum und Mladenovitz, die einen der wenigen Plätze an den Tischreihen ergattert hatten. Die meisten Audienzteilnehmer mussten hinter den Tischen stehen, dicht gedrängt wie auf einem Marktplatz. Auch Alban stand; er reckte den Kopf, um zwischen den weitkrempigen Kardinalshüten etwas sehen zu können. Er hatte eine aufklappbare Wachstafel bei sich, um den Verlauf in Stichpunkten festhalten zu können. Ansonsten, so war er sich sicher, würde er später vor Rogatus wie ein hilfloses Kind stehen und stammeln.

Der Speisesaal erstrahlte im Licht des Frühsommers. König Sigismund stand unterhalb eines hohen Spitzbogenfensters, in ein Gespräch vertieft. Ein weißer seidener Umhang lag über seinem Arm, mit dem er gespreizt gestikulierte. Er wirkte heiter und nicht sonderlich an dem interessiert, was hier gleich geschehen würde. Nicht einmal als Hus hereingeführt wurde, hielt er in seiner Unterhaltung inne. Die bischöflichen Knechte nahmen Hus die Ketten ab. Er rieb seine Handgelenke, während er seinen Anhängern ein Lächeln schenkte. Es wirkte gequält und verriet eine schlaflose Nacht voller Sorge. Bleich war er, verschwitzt, die Augen trüb.

Gott möge Euch jetzt beistehen, dachte Alban. Die Männer, die schon Platz genommen hatten, erhoben sich, dann sprach Kardinal d'Ailly ein Gebet, in dem er den Verlauf der Audienz Gott anempfahl. Hus wurde zu einem Stuhl in der Mitte des Raumes geführt. Ihm gegenüber saßen die Vorsitzenden – d'Ailly, Fillastre, ein weiterer Kardinal namens Zabarella und noch einige mehr.

D'Ailly fächerte einen Stapel Schriftstücke vor sich auf dem Tisch auf. Das tat er mit langsamen, äußerst bedeutsam wirkenden Bewegungen. Totenstille herrschte, alle sahen ihn erwartungsvoll an. »Die Schriften des Hus sind in 39 Artikeln zusammengefasst worden, die ich jetzt verlesen werde«, erklärte er schließlich. »Danach folgen Auszüge aus seinem Buch *De Ecclesia*.«

Er trug die Artikel vor, sämtliche auf Latein, wie auch die Sprache der Sitzung das Lateinische war. Von überallher war das Kratzen der Federkiele zu hören, wie sie über Pergamente und Papiere flogen. Es gäbe nur eine Kirche, die der Auserwählten in Christus, war da zu hören. Keine Ernennung durch Menschen könne jemanden zu diesen Auserwählten gehören lassen. Petrus könne nicht das Haupt der Kirche gewesen sein, denn Jesus sagte, er selbst sei Eckstein, Haupt und Fundament. Wer als Stellvertreter Christi einen lasterhaften Lebenswandel führe, mache sich zum Boten des Antichristen. Die Päpste hätten ihr Amt von den Kaisern; also könnten sie ohne göttliche Offenbarung nicht von sich sagen, sie seien das Kirchenhaupt. Nach jedem dieser Artikel ging ein Raunen durch die Versammlung, das von Mal zu Mal lauter wurde, bis es schließlich in ungläubiges Gelächter überging.

»Auch die Kardinäle sind nicht die wahren Nachfolger der Apostel, sollten sie nicht nach Art der Apostel leben und Christus nachzufolgen bemüht sein«, las d'Ailly vor, während er mit erhobener Hand zur Ruhe gemahnte. »Hier steht: Sollten sie durch eine andere Tür in den Stall der Herde Christi klettern als durch die, welche die einzig wahre Tür zum Heil ist, dann sind sie Diebe und Räuber, wie es das Johannesevangelium sagt.«

Gelächter, Geschrei. Alban konnte die Empörung sogar verstehen, denn welcher dieser Männer hier konnte von sich sagen, er sei auf ehrbare Weise in sein Amt gekommen?

»Hören wir den Angeklagten an«, sagte d'Ailly. »Magister Hus, was sagt Ihr dazu?«

Stoff raschelte, Hus schien sich von seinem Stuhl zu erheben. Sehen konnte Alban ihn nicht, er hörte nur seine Stimme, die noch recht sicher, aber angestrengt klang. »Die Artikel sind zum Teil so, wie ich sie schrieb; zum Teil sind sie falsch wiedergegeben, aus ihrem Zusammenhang gerissen und daher nicht verständlich. Und zum Teil unwahr und somit nicht von mir. Ich möchte sie einzeln durchgehen und erklären, wenn das Konzil es gestattet. Meine Thesen, soweit *ich* sie formuliert habe, lassen sich anhand der Heiligen Schrift beweisen.«

»Von dir? Die Auslegung der Schrift ist immer noch Sache der Kirche«, warf Zabarella verächtlich ein.

»Johannes Hus, Ihr seid maßlos in Euren Predigten, ebenso wie in Euren Traktaten«, sagte d'Ailly. »Ihr habt das böhmische Volk in Prag gegen die Autorität der Kirche aufgewiegelt. Ihr wollt die Kirche zerstören, ja?«

»Nein! Das war nie meine Absicht. Ich will sie bessern, denn ich erkenne ja an, dass die Kirche von Gott eingesetzt ist. Will man denn vernichten, was man verbessern will?«

Eine andere Stimme, die Alban bekannt vorkam, hob an. Sie klang hart, geradezu kalt. »Du hast gelehrt, dass die Kardinäle und Bischöfe und selbst der Papst Sünder sind, die ins Höllenfeuer gehören. Du hast sogar wider die Heilige Dreifaltigkeit gelästert und dich selbst als vierte Person der *Sanctissima Trinitas* bezeichnet. War es nicht so?«

Hus schrie auf; fast hörte es sich an, als würde er in Tränen ausbrechen. »Nein, nein, niemals! Nie habe ich das gesagt. Stephan, wie kannst du so eine grässliche Lüge aussprechen? Gott möge dir verzeihen.«

Der Verräter Páleč, dachte Alban. Im Tumult, der entstand, gelang es ihm, sich durch die Reihen zu schieben, näher heran an den Tisch, wo Chlum und Mladenovitz saßen. Chlum hatte das Gesicht in die Hände gelegt und schüttelte den Kopf, Peter Mladenovitz füllte hastig seine Papiere. Hinter ihnen stand Mikéska, der Alban zu sich winkte.

»Das ist alles schrecklich«, zischte er. Es war so laut, dass er kaum zu hören war. »Betet, Pater, betet!«

»Das tue ich schon die ganze Zeit«, erwiderte Alban. Fast bereute er es, den Standort gewechselt zu haben, denn hier konnte er Hus zwar sehen, jedoch nur von hinten. Stattdessen musste er in die Gesichter der Ankläger starren. Hus stand in der Mitte des Raumes, nur wenige Schritte entfernt Stephan Páleč, der von Hass erfüllt zu sein schien. Unglaublich, was die Angst aus einem Menschen machen kann, dachte Alban. Als habe der Teufel seine Hand im Spiel.

D'Ailly brachte die Versammlung mit der erhobenen Hand zum Schweigen. »Also, Hus, was habt Ihr gesagt? Dass ein Papst, Kardinal oder Bischof oder sonst ein Prälat, der in Sünde lebt, in Wahrheit diese Ämter nicht mehr besitzt? Dass dies auch auf einen König zutrifft?«

»Ja, das habe ich gesagt: in Wahrheit, das heißt vor Gott. Im ersten Buch Samuel sagt der Prophet zu Saul: ›Der Herr hat dich verworfen, du bist nicht mehr König über Israel.‹« Augenblicklich schrien alle nach dem König. Noch immer stand Sigismund abseits des Geschehens, als habe er die Auseinandersetzung gar nicht verfolgt. Nun hob er den Kopf, runzelte verwirrt die Stirn und starrte Hus an. Er schien nicht die geringste Lust zu haben, sich einzumischen; sichtlich widerwillig straffte er sich und schritt in die Mitte des Refektoriums.

»Was hat er gesagt?«, fragte er und sah dabei Hus an. Totenstille herrschte jetzt. Alban sah die erhitzten Gesichter ringsum und auch das des Hus, denn er hatte sich dem König zugewandt.

Die verächtliche Art, wie Sigismund den Angeklagten angesprochen hatte, zeigte, dass er ihn längst hatte fallen lassen. Das musste auch Hus klar sein, dennoch bemühte er sich um Haltung. »Auch ein König, der in Todsünde lebt, ist vor Gott kein König«, wiederholte er mit fester Stimme.

In Sigismund arbeitete es. Mit 1.000 Frauen habe er geschlafen, so erzählte man sich. Ob er daran jetzt dachte? An Imperia? Er blieb gelassen und sagte schließlich: »Kein Mensch lebt ohne Sünde.«

Beifälliges Nicken ringsum. Mikéska raunte in Albans Ohr: »Das war jetzt so ziemlich die einzige Antwort, mit der er sein Gesicht wahren konnte.« Jemand kicherte.

»Er will also Könige stürzen«, sagte Páleč. »Nicht nur Päpste, auch Könige! Diese These ist falsch, denn Saul war König. Papst,

Bischof, König – das sind Ämter, die man innehaben kann, unabhängig davon, ob man in Sünde lebt oder überhaupt Christ ist.«
»So sieht das die Kirche, nicht wahr?«, sagte Hus.
»Ja.«
»Warum ist dann Balthasar Cossa nicht mehr im Amt?«
»Weil er wegen seiner unzähligen Verbrechen abgesetzt wurde«, antwortete Sigismund an Pálečs statt. Dazu schwieg Hus. Wieder wurde es unruhig. Alban bemerkte, wie sich einige Prälaten zu ihren Notaren herabbeugten und sie anwiesen, dies nicht zu notieren. Die Vorsitzenden steckten die Köpfe zusammen. Mikéska lachte leise.
»Unser allergnädigster Herr und Beschützer Sigismund hätte besser aufpassen sollen, statt dahinten Schwätzchen zu halten. Dann wäre ihm erspart geblieben, diesen Widerspruch aufzudecken.«
Alban musste sich ein Lächeln verkneifen. Das Konzil hatte seinen eigenen Grundsätzen zuwidergehandelt, als es den Papst abgesetzt hatte. Und der selbst ernannte Herr des Konzils hatte das unfreiwillig offengelegt. Mit finsterer Miene kehrte Sigismund zu seinem Platz zurück und verschränkte die Arme. D'Ailly verschaffte sich Gehör, indem er die Hand hob. »Dieser Punkt wird von der Liste gestrichen.«
Einige lachten. Ein Mönch im Habit der Benediktiner kam vor, schüttelte die Faust in Hus' Richtung und schrie, man möge sich durch Winkelzüge des Ketzers nicht in die Irre führen lassen. Beifällig klopften viele auf die Tische. Alban schämte sich zutiefst für diesen Ordensbruder. Er fragte sich, ob sich Rogatus an den ersten Prozesstagen auch so aufgeführt hatte. Ihm war mittlerweile wieder flau im Magen. Er klemmte sich seine Wachstafel unter den Arm und wankte nach draußen. Hier setzte er sich auf die Treppe, inmitten wartender Menschen. Unvermittelt ließ sich Mikéska neben ihm nieder. »Anstrengend«, murmelte der junge Böhme und zog einen kleinen, harten Lederbeutel unter seinem Hemd hervor, entstöpselte ihn und hielt ihn sich an die Lippen. Nachdem er getrunken hatte, reichte er ihn Alban.
»Danke.« Alban winkte ab. »Ich habe selbst vorgesorgt.«
Mikéska sah beunruhigt aus. »Wenn Hus wenigstens in besse-

rer Verfassung wäre! Er hat Chlum gesagt, dass er die ganze Nacht unter Kopfschmerzen und Zahnweh litt und jetzt wohl Fieber hat.«
»Es sieht schlecht aus, oder?«
»Ja. Die kleine Episode mit dem König hat wohl eher geschadet als genützt. Sigismund ist sicher sehr wütend. ›Kein Mensch ist ohne Sünde.‹ Ha! Welcher Mensch hat so viele Sünden auf sich geladen wie er, Cossa einmal ausgenommen?«
Sie kehrten ins Refektorium zurück. Alban tastete nach der kleinen hölzernen Flasche unter seiner Kukulle. Er zögerte, drängte sich dann aber durch die Reihen und ging zu Hus, der ohne Unterlass den Fragen der Vorsitzenden Rede und Antwort stand. Alban zog die Flasche hervor, öffnete sie und reichte sie ihm. Geistesabwesend griff Hus zu und trank. Mit einem dankbaren Nicken gab er die Flasche zurück. D'Ailly klopfte mahnend auf den Tisch, aber da war Alban schon zurück an seinem Platz.
Chlum drehte sich auf seinem Sitz zu ihm um. »Danke«, sagte er leise. »Ihr beschämt uns, Pater Alban.«
»Nun habt Ihr Euch ja gestärkt«, rief d'Ailly schneidend. »Also kommen wir zur Sache. Entscheidet Euch! Unterwerft Euch der Gnade und dem Willen des Konzils. Es ist geneigt, menschlich mit Euch zu verfahren. Wollt Ihr noch auf Eure Artikel eingehen, sollt Ihr eine weitere Audienz bekommen. Das solltet Ihr aber bedenken: Hier stehen mehr als 60 Theologen. Glaubt Ihr wirklich, gegen sie bestehen zu können? Oder werdet Ihr Eure Lage nur noch weiter verschlimmern, indem Ihr auf Euren unsinnigen Thesen beharrt?«
Hus rieb sich müde die Schläfen. »Ich möchte meine Artikel erklären – *meine* Artikel, so wie ich sie schrieb, nicht so, wie sie dort auf dem Papier stehen. Und wenn man mir dann gemäß der Schrift nachweisen kann, dass Fehler darin sind, so will ich sie zurücknehmen.«
»Nein, so nicht! Wer sich allein auf die Schrift beruft, ist nicht bereit, sich zu unterwerfen.«
»Allein die Schrift kann meine Richtschnur sein.«
»Nun, da offensichtlich 60 Gelehrte, die alle eines Sinnes sind, nicht ausreichen, Euch zu überzeugen, vergessen wir das gnädige Angebot einer weiteren Audienz. Schwört diesen Artikeln ab!«

»Eure Eminenz, das kann ich nicht! Ich habe beispielsweise nie gesagt, dass das Brot nach der Konsekration Brot bleibe. Das ist eines der wenigen Dinge, in denen ich nicht mit Wyclif übereinstimme. Auch habe ich gesagt, ganz wie Wyclif, dass der Kelch jedem Menschen beim Abendmahl gereicht werden soll, denn so steht es im Korintherbrief. Doch nie habe ich ihm darin zugestimmt, dass das heilsnotwendig wäre. Soll ich für Wyclif schwören? Im Katholikon steht, dass Abschwören bedeutet, einem Irrtum zu entsagen. Also ist es doch Lüge, wenn ich etwas abschwöre, worin ich nie irrte.«

Er zuckte zurück, denn nun schrien sie auf ihn ein, als gelte es, einen Hagelsturm zu übertreffen. Pierre d'Ailly wechselte einen vielsagenden Blick mit seinen Mitvorsitzenden. Zabarella erhob sich.

»Schlimm genug, dass du den Laienkelch, das üble Symbol deiner Ketzerei, verteidigst«, grollte er über den Lärm hinweg. »Das Konzil verfügt hiermit Folgendes: Du erkennst deine Irrtümer an. Zweitens schwörst du diesen Artikeln ab und schwörst, dass du auf ewig nicht mehr an ihnen festhältst, sie nicht predigst und auch sonst nicht lehrst. Drittens wirst du sie öffentlich widerrufen. Und viertens wirst du künftig das Gegenteil lehren und predigen, sofern man dir überhaupt noch das Predigen gestattet.«

»Ich kann nicht.«

Es wurde still, als der König auf ihn zustapfte. »Mein Gott, Hus«, sagte er gereizt. »Wenn du abschwörst, ist es doch gleichgültig, was du vorher behauptet hast oder nicht. Ich würde das jedenfalls tun – angesichts dessen, was mich ansonsten erwartet.«

»Erlauchter Fürst, ich bin freiwillig gekommen, um mich der Belehrung des Konzils zu unterwerfen. Aber es ist nicht imstande dazu, es schreit nur auf mich ein.«

»Du bist verstockt, das ist alles«, knurrte Sigismund und wich wieder zurück.

Alban schlug ein Kreuz. Er ahnte, dass es vorbei war. Hus, mittlerweile sichtbar am Rand der Erschöpfung, sagte matt: »Ich stehe vor dem Gericht Gottes. Er wird uns alle richten, wie wir es verdienen.«

»Ketzer! Hinaus mit ihm!«, brüllten die Anwesenden und verfielen in ihrem Zorn in ihre Landessprachen. Kardinal d'Ailly winkte die

Waffenknechte heran, die zu Hus gingen und ihm die Ketten um die Hände legten. Dann führten sie ihn zwischen den Tischen hindurch nach draußen. Chlum war plötzlich bei ihm, ergriff seine Hände, schien nach tröstenden Worten zu suchen, aber da er sie nicht fand, umarmte er ihn. Hus lächelte ihn an, sah aber aus, als sei er nicht mehr ganz bei sich. Die Audienz hatte viele Stunden gedauert, in denen er, ganz wie Lukas es gesagt hatte, wie auf Kohlen hatte tanzen müssen.

Gedankenverloren kratzte Alban in seiner Schreibtafel herum und merkte kaum, dass er die Aufzeichnungen unleserlich machte. All dies überforderte ihn; es war nichts für einen einfachen Priestermönch, der am besten im Skriptorium aufgehoben war. Er kehrte auf den Flur zurück. Die Menschen zerstreuten sich, und auch er zwang sich, zu gehen. Draußen im Freien schnappte er nach Luft, doch sie war alles andere als frisch. Um ihn herum lärmten die Menschen und ließen die Gassen platzen. Er senkte den Kopf, während er sich auf den Weg machte.

»Gott zum Gruß, Pater.«

Er sah auf. Vor ihm stand der polnische Söldner, Martins Todfeind.

»Nun starrt mich nicht so an. Man könnte ja glauben, Ihr wolltet mir Böses.« Korsz lachte. Was tat er hier? Sicherlich nach Martin suchen. Und als hätte Korsz es von seiner Stirn abgelesen, fragte er: »Pater, habt Ihr ihn seitdem nicht mehr gesehen?«

»Nein. Ihr?«

Sein Blick glitt über Alban hinweg. »Nein. Vom *Süßen Winkel* ist die Rede. Irgendwo dort treibt er sich wohl herum.«

Alban begriff, dass der Söldner nicht von Imperias Haus, sondern vom Hurenviertel sprach, das man ja auch den *Süßen Winkel* nannte. Korsz suchte Martin am falschen Ende der Stadt; und dass er den Irrtum noch nicht bemerkt hatte, war ein kleines Wunder. Es konnte jedoch nicht lange dauern, bis er dahinterkam. »Das ist Eure Aufgabe«, krächzte er. »Lasst mich damit in Ruhe.«

Aus: Sabine Wassermann: Im Zeichen des Ketzers. Historischer Roman. Rowohlt Verlag, Reinbek 2008. S. 324ff.

HANS VAN OOYEN

»*In Hans van Ooyen vereinen sich gesellschaftliches Engagement und literarisches Können. Er ist ein Autor, der mit sich selbst ringt, weil er schreibt, und weil er schreibt, ist er ein Lernender.*« *Kein Geringerer als Max von der Grün fand diese lobenden Worte. Aber Schriftstellerei ist nur ein Arbeitsfeld, auf dem van Ooyen, der 1954 in Duisburg-Rheinhausen geboren wurde und dort auch aufgewachsen ist, ackert. In seiner Kurzbiografie gibt er noch etliche andere Haupt- und Nebentätigkeiten an, die er in der Vergangenheit ausgeübt hat oder denen er immer noch nachgeht: Fotokünstler, Rezitator und Regisseur, Lektor und Cheflektor eines Verlages, danach Diplom Marketing-Management in Dortmund, Prokurist und Gesellschafter einer Agentur für Marketing und Werbung in Dortmund, langjähriges Mitglied des Verbandes deutscher Schriftsteller, davon acht Jahre Mitglied des NRW-Landesvorstandes und Stellvertretendes Mitglied des WDR-Rundfunkrates …*

Auch Hans van Ooyen, der irgendwann dazwischen noch Germanistik und Philosophie in Bochum studiert hat, hat, obwohl diese Auflistung anderes mitzuteilen scheint, nur ein Leben. Die Vielzahl an Berufungen ist möglicherweise dafür verantwortlich, dass sein literarisches Werk vergleichsweise (und bedauerlicherweise) schmal geblieben ist. Er kann's ja. Deutlich bevorzugt er die kleine Form. Es gibt den feinen Lyriker Ooyen, den gescheiten Erzähler von Kurzgeschichten (»Mit dem Ballon in die Zukunft übers Emscherland«, 2006), auch Hörspiele gehören zu seinem Portfolio, und hier bevorzugt er den Krimi (der WDR hat 2010 seinen »Klaren Fall« inszeniert, eine hochdramatische Geschichte um Rache und Selbstjustiz sowie die »klassische« Mordgeschichte »Die Tote in der Emscher«, 2013), und selbst als Reiseschriftsteller ist van Ooyen unterwegs (hier reicht das geografische Spektrum von Weimar bis Kuba).

Er hat Erfolg. Seine Texte wurden in 15 Sprachen übersetzt und mit diversen Preisen ausgezeichnet. So auch die Erzählung »Der

Dekadenring von Konstanz«, die van Ooyen als Wettbewerbsbeitrag für das Literaturfestival »Historica 2011« des Autorenkreises Quo Vadis 2011 in Singen am Hohentwiel schrieb. Das Thema der Zeitreise: das Konstanzer Konzil (1414–1418). Die Erzählung wird vollständig abgedruckt.

DER DEKADENRING VON KONSTANZ

AUF DEM SANKT STEPHANSPLATZ IN KONSTANZ steht an jedem Freitagmorgen ein großer Verkaufswagen. Hier bietet ein Händler Fische aus dem Bodensee feil: Felchen und Seeforellen, Hechte und Zander, Aale, Welse und Barsche. Mag dies für den Fischhändler auch von existenzieller Bedeutung sein, so interessiert uns dieser Umstand nur insofern, als dass sein Marktstand genau jene Stelle markiert, an der man graben müsste, um fündig zu werden.

Ginge man an diesem Platz in den Boden, nicht mit Baggern und Radladern, sondern mit Schaufel und Hacke, später mit Spitzkelle und Stuckateureisen, noch später mit Pinsel und Pinzette, so würde man in einiger Tiefe einen Ring freilegen. Dieser weist zehn Einkerbungen auf und zeigt in seiner spitz zulaufenden Front ein eingeschnittenes Kreuz. Jeder, der mit der Geschichte des Mittelalters vertraut ist, wüsste sogleich, dass es sich um einen Dekadenring handelt, um einen Fingerrosenkranz also, den sein Besitzer beim Beten benutzte. Am Kreuz begann er mit einem Vaterunser, dann drehte er den Ring am Finger um eine Kerbe weiter und sprach ein Ave Maria, und so ging es im Kreis herum, bis der Betende wieder beim Kreuz anlangte.

Der Kundige, so er den Ring betrachtete, wüsste sofort, dass er aus dem Mittelalter stammt. Eine weiterführende Analyse und der Vergleich mit ähnlichen Funden würden die Zeit seiner Entstehung eingrenzen auf das frühe 15. Jahrhundert. Die Untersuchung des

Metalls würde sodann ergeben, dass der Dekadenring aus Kupfer besteht, und eine Herkunftsanalyse würde zu der Feststellung gelangen, dass das Metall aus einer Zeche im Salzburger Land stammt. Damit hätten die Archäologen viel Wissenswertes über das Fundstück zusammengetragen.

Auch nach noch so gründlicher Recherche wüssten die Mediävisten jedoch nicht, dass der Dekadenring einst einem Ruprecht Scherer gehörte. Der wohnte in einer Gasse nicht weit vom Münster entfernt und galt den Bürgern der Stadt als heilkundiger Mann, der mit seiner Himmelstinktur aus Anis, Fenchel und Kümmel, aus Entenblut und Krötenfleisch, aus Bibergeil, Opium und Ingweröl jede Krankheit zu heilen vermochte. Den Ring hatte er während einer seiner vielen Reisen, die ihn mit dem Wundermittel von Dorf zu Dorf, von Stadt zu Stadt führten, bei einem Händler in Wien erworben. Seitdem trug er ihn wie ein kostbares Geschmeide an der rechten Hand, und so oft er sich seiner erinnerte, drehte er den Rosenkranz um den Finger und murmelte dabei die Gebete, die ihm Gottes Vergebung versprachen.

Die Archäologen wüssten auch nicht, dass Scherer den lieb gewonnenen Ring am 6. Juli des Jahres 1415 verlor. An diesem Tag war er bei Sonnenaufgang in ein Haus hinter dem Münster geeilt, um – wie schon an den Tagen zuvor – einen der Kardinäle mit dem Schröpfschnepper zur Ader zu lassen. Als Zeichen seiner Gunst hatte der so Behandelte ihn daraufhin eingeladen, an der Messe teilzunehmen, die das Konzil an diesem Morgen abhalten wollte. »Heute wird dieser Hundsfott zur Hölle fahren!«, gab der Kardinal ihm mit auf den Weg, und Scherer hätte nicht sagen können, ob die Fröhlichkeit des Geistlichen auf das Ablassen seines schlechten Blutes oder auf die Erwartung der Verurteilung von Jan Hus zurückzuführen war.

Den Archäologen wäre nicht bekannt, dass Ruprecht Scherer tatsächlich die gewaltige Messe erleben durfte, zu der sich Kardinäle, Bischöfe und Fürsten im Münster einfanden. Er war wie betäubt von der Pracht der Inszenierung, von den Weihrauchdämpfen, die durch das Kirchenschiff waberten, von den Gesängen des Chores und den Gebeten der Glaubensgemeinschaft. Noch nie hatte er Ähnliches gesehen oder gehört, noch nie hatte er eine solch innige Beziehung zu seinem Gott empfunden, noch nie war er bei einem Kirchgang den Tränen so nahe gewesen. Doch ihm blieb nicht viel Zeit, das Erlebte in sich aufzunehmen, denn kaum war die Messfeier beendet, als eine Schar Bewaffneter Jan Hus ins Münster führte. Scherer erhaschte einen Blick auf den Mann mit Vollbart und Büßergewand, der sich – wohl infolge der Verhöre – kaum mehr auf den Beinen zu halten vermochte. Er hörte die Kanzelpredigt und das Urteil der Verdammnis, aber er vernahm auch die Zwischenrufe des Ketzers, und ein Schauer wie Atem aus der Hölle lief seinen Rücken hinab, als Hus die Worte schrie: »Sieh doch, Herr Jesus, dies Konzil hält dein Tun und Gesetz für Irrtum und verdämmt es.« Scherer kam erst wieder zu Atem, als die Schergen endlich ihren Dienst versahen und den Gotteslästerer auf ein Holzgerüst trieben, wo sie ihn in ein Priestergewand kleideten. Er hörte die Stimme aus der Tiefe des Münsters, die Hus fragte, ob er widerrufen werde, was er an Irrlehren verbreitet hatte, und er vernahm das klare Nein des bleichen Mannes. Dann erhoben sich laute Flüche unter der Kuppel, und Hus wurde das Priestergewand vom Leib gerissen. Ein Büttel setzte ihm die Papierkrone mit den drei Teufeln auf den Kopf und eine Stimme donnerte: »Wir befehlen deine Seele dem Satan.«

Die Archäologen wüssten auch nicht, dass Scherer sich nach diesem schauerlichen Schauspiel beeilen musste, die Kirche zu verlassen und zum Brühl zu gelangen, zu jenem Ort zwischen Stadtmauer und Graben also, an dem der Scheiterhaufen für den Ketzer bereitet war. An einem gewöhnlichen Tag wäre es nicht schwierig gewesen, die vielleicht 1.000 Meter Wegstrecke dorthin zurückzulegen, aber seit das Konzil in Konstanz tagte, war hier nichts mehr normal. Der Kirchenkongress tagte mit König Sigismund und 33 Kardinälen, mit 700 Huren und 346 Erzbischöfen, mit 2.148 weltlichen Doktoren und all den Hofschranzen und Dienerschaften, die die hohen Herren zu begleiten pflegten, alles in allem vielleicht 70.000 Menschen, die die Stadt Konstanz in jener Zeit zusätzlich aufzunehmen hatte. So war es kein Wunder, dass eine unüberschaubare Menschenmenge den Platz vor dem Münster bevölkerte und in den Straßen und Gassen kaum ein Durchkommen war. Scherer aber musste vor den anderen am Ziel sein, denn er hatte eine Aufgabe, die sein rechtzeitiges Erscheinen erforderlich machte.

Die Archäologen wüssten auch nicht, dass der Besitzer des Dekadenringes nach endlos scheinendem Weg und heftigem Geschiebe, Gepuffe, Gezerre endlich die Stadtmauer erreichte und dort in einem Raum verschwand, zu dem zwei Schergen mit Piken jedem anderen den Zutritt verwehrten. Drinnen kleidete der Wunderheiler sich, wie er es schon viele Male getan hatte, in das Gewand des Henkers. Als sein Zeichen kam, setzte er die Kapuze mit den beiden Sehschlitzen auf und hoffte inständig, auch dieses Mal dem bösen Blick des Delinquenten zu entgehen. Draußen fand er alles genauso vor, wie er es angewiesen hatte, und auch Jan Hus stand bereits gefesselt an dem Pfahl, um den das Holz aufgeschichtet war. Scherer prüfte den Sitz seiner Fesseln und die ordnungsgemäße Errichtung des Scheiterhaufens. Dabei kam er dem zum Tode Verurteilten sehr nahe, und er hörte ihn sagen: »Heute bratet ihr eine Gans, aber aus ihm wird ein Schwan hervorgehen.« (Das Zitat von Hus ist so verbürgt, da ist von »ihm« die Rede – Hus heißt im Tschechischen »Gans«. So erklärt sich der grammatikalische Fehler.) Scherer suchte den Blick des Königs, aber das Zeichen ließ auf sich warten. Stattdessen vernahm er die Stimme des Reichsmarschalls, der Hus noch einmal aufforderte, seinen Irrlehren abzuschwören, doch dieser antwortete nur: »In der evangelischen Wahrheit, die ich geschrieben, gelehrt und gepredigt habe, will ich heute gern sterben.« Für einen Moment traf der Blick des Ketzers den des Henkers.

Die Archäologen wüssten auch nicht, dass Ruprecht Scherer, nachdem Hus den Feuertod gestorben und seine Asche in den Rhein gestreut worden war, noch lange allein im Scharfrichterraum zubrachte. Schaudernd rief er sich in Erinnerung, dass Hus allen Ernstes behauptet hatte, wer in Todsünde lebe, könne weder Papst noch König noch Bischof sein. Scherer war zufrieden, dass er den Ketzer unter dem Gejohle und Geschrei der Menschenmenge in die Hölle hatte fahren lassen. Erst als es schon Nacht war, machte er sich mit dem Gefühl, eine gute Arbeit verrichtet zu haben, auf den Weg nach Hause. Die Straßen lagen fast verlassen da, und er war so tief in seine Gedanken getaucht, dass er nicht mitbekam, wie sich einige üble Gestalten an seine Fersen hefteten. Als er es bemerkte, war es zu spät, denn da steckte das Messer schon in seinem Leib. Zuerst begriff er nicht, wie ihm geschehen war, aber dann erinnerte er sich der Augen des zum Tode Verurteilen, und im nächsten Moment war ihm klar, dass ihn die Kapuze nicht vor dem bösen Blick bewahrt hatte. Dies war sein letzter Gedanke. Er erlebte nicht mehr, wie die Räuber ihm den Beutel mit dem Henkerslohn abnahmen und den Dekadenring von dem erschlafften Finger zogen. Als die wilden Gesellen bemerkten, dass der Ring keinen Wert hatte, ließen sie ihn einfach fallen. So landete er in einem tiefen Spalt zwischen Pflastersteinen und rührte sich 600 Jahre nicht von der Stelle.

Dass der Ketzer und sein Henker am gleichen Tag in Konstanz zu Tode kamen, wüsste man selbst dann nicht, wenn man den Ring fände. Wenn man ihn zutage förderte, würde man nur herausfinden, dass es sich um einen Dekadenring aus dem frühen 15. Jahrhundert handelt, um ein recht wertloses Stück zudem, das irgendwo im Salzburger Land gefertigt wurde. Die Stelle, an der man graben müsste, um den Ring des Henkers zu finden, markiert an jedem Freitagmorgen der Verkaufswagen eines Fischhändlers. Aber dort hat noch niemand gegraben, und wahrscheinlich wird es auch niemand jemals tun.

Aus: Barbara Grieshaber / Siegmund Kopitzki: Drei Tagesritte vom Bodensee. Historische Geschichten. Gmeiner Verlag, Meßkirch 2011. S. 402ff.

STEPHEN GREENBLATT

Für sein Buch »Die Wende – Wie die Renaissance begann« (2011) erhielt Stephen Greenblatt den Pulitzer Preis, die amerikanische Auszeichnung für hervorragende journalistische Leistungen. Dabei ist der 70-jährige US-Bürger kein Journalist, sondern Professor für Englische und Amerikanische Literatur und Sprache an der Harvard Universität. Aber er schreibt für eine breitere Öffentlichkeit. Als führender Theoretiker des New Historicism – Vertreter dieser Richtung stellen literarische Texte in ihren eigenen kulturellen Kontext und bringen sie in Verbindung mit den zur gleichen Zeit zirkulierenden Texten, Überzeugungen und kulturellen Praktiken – ist er einer der angesehensten Forscher zu Shakespeares Werk sowie zur Kultur und Literatur der Renaissance. Im »Wende«-Buch begibt er sich ins 15. Jahrhundert. Held seiner Darstellung ist der – in dieser Anthologie bereits zitierte – Konzilsteilnehmer Gianfrancesco Poggio Bracciolini (1380–1459), dessen Konstanzer Aufenthalt vor allem wegen seiner Funde klassischer Autoren in Bibliotheken des Bodenseeraums, aber auch an weiter entfernten Orten wie im burgundischen Cluny oder im hessischen Fulda berühmt geworden ist. Mit der Novelle »Plautus im Nonnenkloster« (1882) hat C. F. Meyer (1825–1898) diesen Aspekt der Verbindung italienischer Humanisten mit Konstanz und seinem Konzil literarisch verarbeitet. Der »Fund« des letzten Exemplars von Lukrez' antikem Meisterwerk »De rerum natura« durch den »Bücherjäger« befeuerte nach Meinung von Stephen Greenblatt die beginnende Renaissance und sei Basis unserer modernen Weltsicht.

Der Auszug aus dem Buch beschäftigt sich an dieser Stelle allerdings nicht mit Gianfrancesco Poggio Bracciolini, sondern mit Johannes XXIII. (1370–1419), dessen Sekretär er neben anderen Mitgliedern der Entourage wie Leonardo Bruni (1369–1444) war – wenigstens solange Baldassare Cossa, wie der Papst mit bürgerlichem Namen hieß, in Konstanz weilte. Weitere Protagonisten des

Buchs sind einmal mehr Jan Hus (1369–1415), der in Konstanz sein Ideal von der »reinen Lehre« des Christentums verteidigte, sowie der gegenüber dem böhmischen Reformator »wortbrüchige« König Sigismund (1368–1437). Der letzte Luxemburger auf dem böhmischen Thron hatte die Einberufung des Konzils am Bodensee forciert und sich – nach dessen Flucht – als Gegner von Papst Johannes XXIII. gezeigt. König Sigismund, der von seiner Geistigkeit und Religiosität her ein Mensch des Mittelalters war, auch wenn er von modernen »Wunderwaffen« träumte und aufgeschlossen war, wird von seinen Zeitgenossen als eine stattliche Erscheinung beschrieben. Er sprach fünf Sprachen, reiste gern und viel in diplomatischer Mission – hier war er insgesamt erfolgreicher als auf dem Schlachtfeld – und lebte ständig in finanziellen Nöten. Dass das Große Abendländische Schisma mit dem Konstanzer Konzil (1414–1418) beendet wurde, ist sicherlich auch sein Verdienst.

Die Wende – Wie die Renaissance begann

Ganz in Weiss gewandet, die weiße Mitra auf dem Kopf und hoch zu Ross, auf einem Schimmel, inszenierte Baldassare Cossa am 28. Oktober 1414 seinen Einzug nach Konstanz. Vier Bürger der Stadt trugen den goldenen Baldachin über seinem Kopf. Zwei Grafen, einer römisch, der andere deutsch, gingen an seiner Seite und hielten die Steigbügel. Hinter ihm ritt ein Mann auf einem großen Pferd, aus dessen Sattel ein langer Stab herauswuchs, der einen riesigen Schirm aus rotem und goldenem Tuch trug – Richental hielt ihn irrtümlich für einen Hut. An der Spitze dieses Schirms, der breit genug war, um sich über drei Pferden auszuspannen, steckte eine goldene Kugel, auf der wiederum ein goldener Engel stand, der ein Kreuz trug. Hinter diesem Schirm ritten neun Kardinäle, alle in langen roten Mänteln und roten Kapuzen, dazu trugen sie alle die breiten roten Kardinalshüte. Andere Kleriker und die Beamten der Kurie, unter ihnen Poggio, folgten mit Begleitern und Dienern. An der Spitze der Prozession zogen in langer Linie neun Schimmel mit roten Satteldecken. Acht von ihnen waren mit Gewändern beladen – die Garderobe des Papstes war das Zeichen dafür, dass er an seiner heiligen Identität festhielt. Der neunte Schimmel, über dessen Kopf eine kleine Glocke bimmelte, trug auf seinem Rücken einen versilberten Korb, der mit einem roten Tuch bedeckt war und zu dessen Seiten zwei silberne Leuchter mit brennenden Kerzen angebracht waren. In diesem Korb, juwelenbesetzte Kiste und Grab zugleich, befand sich das Heilige Sakrament, Blut und Leib Christi. Der Papst, Johannes XXIII., war angelangt.

Die wichtigste Aufgabe des Konzils war die Beendigung des Schismas, aber es war nicht seine einzige. Noch zwei weitere große Fragen standen an: die Reform der kirchlichen Hierarchie und Regierung – auch das verhieß nichts Gutes für Johannes XXIII. – sowie die Unterdrückung der Ketzerei. Diese Aufgabe konnte dem bedrängten Fuchs Entlastung verschaffen, die wohl einzige taktische Waffe, die ihm blieb. Die Korrespondenz, die die Sekretäre für ihren Papst kopierten, sollte die Aufmerksamkeit von Schisma und päpstlicher Korruption ablenken, hin auf jemanden, dessen Namen Poggio in den offiziellen Dokumenten von nun an wieder und wieder zu schreiben hatte.

Der vierundvierzigjährige Jan Hus, ein tschechischer Priester und religiöser Reformer, war bereits seit einigen Jahren ein Dorn im Fleisch der Kirche. Von seiner Kanzel herab und in seinen Schriften hatte er die Verfehlungen der Kleriker angegriffen, die weit verbreitete Gier, Scheinheiligkeit und sexuelle Unmoral verurteilt. Er verdammte den Handel mit Ablasszetteln als Schwindel, als schamlosen Versuch, von den Ängsten der Gläubigen zu profitieren. Seine Mitbrüder forderte er auf, ihren Glauben nicht auf die Jungfrau zu richten, nicht auf die Heiligenverehrung, nicht auf Kirche oder Papst, sondern auf Gott allein. Die höchste Autorität in allen Fragen der Lehre sei die Heilige Schrift.

Mutig befasste sich Hus nicht nur mit Fragen der Lehre, sondern auch mit der Politik der Kirche in einer Zeit wachsender nationaler Unruhe. Der Staat, so argumentierte er, habe das Recht und die Pflicht, die Kirche zu überwachen. Laien könnten ihre geistlichen Führer sehr wohl beurteilen und sollten dies auch tun. (Es sei, lehrte er, allemal besser, ein guter Christ zu sein als ein sündiger Papst oder Prälat.) Ein Papst, der unmoralisch lebe, könne nicht gut Unfehlbarkeit für sich reklamieren. Zuletzt sei das Papsttum doch eine menschliche Einrichtung – nirgendwo in der Bibel finde man das Wort »Papst«. Moralische Rechtschaffenheit sei die Probe des wahren Priesters, und wenn man ihn sündig finde, dann sollte man daraus, »aus seinen Taten« erkennen, dass er »nicht gerecht, sondern ein Feind Christi« ist. Und ein solcher Feind könne nur des Amtes enthoben werden.

Daran ist unschwer zu erkennen, warum Hus 1410 wegen seiner Schriften exkommuniziert worden war und warum die kirchlichen Würdenträger sich über seine Weigerung zu widerrufen erregten. Geschützt von mächtigen böhmischen Adligen aber konnte er weiterhin seine gefährlichen Ansichten vortragen, von denen man fürchten musste, dass sie sich über Böhmens Grenzen hinaus verbreiten würden. Und man sieht auch, warum sich Cossa in seiner Bedrängnis ausrechnete, es könnte für ihn von Vorteil und mehr als bloße Ablenkung sein, wenn er die Aufmerksamkeit des Konzils auf Hus lenkte. Denn der Böhme, den das Kirchenestablishment ebenso fürchtete wie hasste, verkündete als Prinzip genau das, was Cossas Feinde in eben dieser Kirchenhierarchie zu tun gedachten: einem Papst wegen des Vorwurfs der Korruption den Gehorsam zu verweigern und ihn aus dem Amt zu jagen. So hilft uns dieser unbequeme Spiegel, die merkwürdige Anschuldigung zu verstehen, die in Konstanz gegen Hus die Runde machte: Er sei, hieß es, ein Magier mit außergewöhnlichen Kräften, der die Gedanken all jener lesen könne, die sich ihm bis zu einem gewissen Abstand näherten.

Hus, der mehrfach um die Möglichkeit gebeten hatte, sich vor einem Kirchenkonzil zu erklären, war förmlich eingeladen worden, seine Ansichten persönlich vor den in Konstanz versammelten Prälaten, Theologen und Herrschern vorzustellen. Der tschechische Reformer hatte das verblendete Vertrauen eines Visionärs, dass seine Wahrheiten, bekäme er nur Gelegenheit, sie klar zu artikulieren, Unwissenheit und falschen Glauben hinwegfegen würden wie Spinnweben.

Nun war gegen ihn der Vorwurf der Ketzerei erhoben worden, also musste Hus verständlicherweise vorsichtig sein. Hatte er doch kurz zuvor erlebt, dass drei junge Männer, zwei davon seine Schüler, geköpft worden waren. Bevor er die relative Sicherheit bei seinen Beschützern aufgab und Böhmen verließ, bat er den Großinquisitor der Diözese Prag um ein Zeugnis seiner Rechtgläubigkeit und bekam es auch, ebenso freies Geleit durch Kaiser Sigismund. Dieses Dokument mit dem kaiserlichen Siegel garantierte »Schutz und Geleit« und verfügte, Hus »frei und sicher ... durchreisen, verweilen, anhalten oder umkehren« zu lassen. Die böhmischen Adligen, die ihn begleiteten, ritten voraus, um den Papst zu treffen und von diesem zu hören, ob Hus erlaubt werde, in Konstanz ohne das Risiko der Gewalt zu verweilen. »Und wenn er meinen Bruder getötet hätte«, so die Antwort des Papstes, »nicht ein Haar auf dem Kopf würde ihm gekrümmt, solange er in der Stadt weilt.« Mit dieser Versicherung erreichte der Reformer Konstanz, nicht lange nach dem bedrängten Papst.

Das war am 3. November 1414, und Hus' Ankunft muss, so wie dessen Dinge standen, für Johannes XXIII. ein Gottesgeschenk gewesen sein. Der Ketzer wurde von den Aufrechten in der Kirche ebenso gehasst wie von den Buckelnden. Hus und sein hauptsächlicher Bundesgenosse Hieronymus von Prag waren, wie allgemein bekannt, Anhänger des Engländers John Wycliffe, der im Jahrhundert zuvor als Ketzer verurteilt worden war, weil er die Übersetzung der Bibel in die Landessprachen befürwortet, den auf der Schrift gründenden Glauben über die Werke gestellt und den Reichtum der Kirche sowie den Ablasshandel verurteilt hatte. Wycliffe war an einem Schlaganfall gestorben, sehr zum Missvergnügen seiner innerkirchlichen Gegner; doch nun beschloss und verfügte das Konzil, dass seine Gebeine auszugraben und aus geweihter Erde zu entfernen seien. Das waren keine guten Zeichen für die Aufnahme von Jan Hus.

Trotz der Zusicherungen, die er von Papst, Konzil und Kaiser erhalten hatte, wurde der Böhme ziemlich rasch geschmäht, und man entzog ihm die Erlaubnis, öffentlich zu predigen. Am 28. November, kaum drei Wochen nach seiner Ankunft, wurde er auf Befehl der Kardinäle verhaftet und in einem am Rheinufer gelegenen Dominikanerkloster eingekerkert: in einer unterirdischen Zelle, durch die Abwässer und Abfälle entsorgt wurden. Als er daraufhin schwer erkrankte, bat er einen Advokaten zu benennen, der seine Sache vertreten solle; das wurde mit dem Argument abgelehnt, nach kanonischem Recht dürfe niemand zugunsten eines Mannes plädieren, der der Ketzerei angeklagt sei. Trotz der Proteste von Hus und seiner böhmischen Unterstützer über die offensichtliche Verletzung der Geleit-Zusage entschloss sich der Kaiser, nicht zu intervenieren. Er sei, so wurde kolportiert, unzufrieden damit, dass die Behandlung Hus' als Wortbruch seinerseits erscheinen müsse, doch habe er sich von einem englischen Kardinal versichern lassen, dass man einem Ketzer gegenüber nicht Wort halten müsse.

Wenn Cossa wirklich geglaubt hatte, dass die Verfolgung von Hus das Konzil von seiner Entschlossenheit, das Schisma zu beenden, ablenken oder seine Gegner zum Schweigen bringen würde, dann war dies ein schwerer Irrtum. Die Stimmung am päpstlichen Hof verfinsterte sich, doch der Papst hielt weiter an seinen spektakulären öffentlichen Auftritten fest. Richental beschreibt die Zeremonie:

Und wenn er den segen wolt geben, so ging vor i(h)m her ain bischoff mit ainr infeln (Mitra), und trug vor im das crütz; und nach dem crütz komment zwen bischoff mit wißen inflen, die trügent zwo vast groß brinnend kertzen in ir henden (in ihren Henden) … Darnach kommend vier cardinäl, och in wyßen inflen, ettwe (manchmal) auch sechs, ettwe minder, etwan kam och in den ärger (Erker) unser herr küng (der König). Und ettwen die cardinal und der küng staltend (stellten) sich in die bayen (Fensternischen). Und nach dem, so kam unßer hailger vater der bapst, angelait (angezogen) so er iemer kostlichost (köstlicher, kostbarer) mocht sin als ein priester. Und hatt ein wiß inflen uff sinem hopt, und hatt under dem messachel (Messgewand) ain rock me(h)r denn ain priester und hat zween hendschuch an sinen henden und ein großes fingerling (Ring) mit ainem großen edlen stain an dem mitteln finger der rechten hand. Und stellt sich in den mittlosen (mittleren) bayen, dass i(h)ri menglich sach (alle sahen).

Darnach comment sin senger (Sänger) all mit brinnenden kertzen, dass der ärger (Erker, Balkon) schein, als ob er brunne (brenne), und staltend sich hinder inn. Und gieng ain bischoff zu i(h)m und zoch i(h)m sein inflen ab. Und nach dem, do fieng der bapst an ze singen in gemacher stimm ... *Sit nomen domini benedicti.*

Das gaffende Publikum hatte also zu staunen, doch wurde, was von diesem unbemerkt vor sich ging, immer beunruhigender. Weiterhin leitete der Papst die Konzilssitzungen, hatte aber jeden Einfluss auf die Tagesordnung verloren, und es zeigte sich, dass Kaiser Sigismund, der am 25. Dezember in Konstanz eingezogen war, nicht bereit war, ihn weiter zu stützen.

Noch hatte Cossa Verbündete. Während einer Sitzung am 11. März, als das Konzil darüber diskutierte, wie man zu einem einzigen Papst für die ganze Kirche finden könne, erhob sich der Erzbischof von Mainz und erklärte, er werde niemals einem anderen gehorchen als Papst Johannes XXIII. Doch kein Chor der Unterstützer, dessen Votum er wohl auslösen wollte, ließ sich vernehmen. Stattdessen rief der Patriarch von Konstantinopel aus: »Quis est iste ipse? Dignus est comburendus!« (»Wer ist denn er? Er verdient es, verbrannt zu werden!«) Der Erzbischof verließ die Versammlung, die daraufhin vertagt wurde.

Der Fuchs saß in der Falle, und jeden Augenblick konnte sie zuschnappen. Konstanz, sagte er sich, ist nicht länger sicher. Verlangte also, dass man das Konzil an einen anderen Ort verlege, an dem er sich besser fühle. Der König verweigerte das, und der Rat der Stadt beeilte sich, wie Richental berichtet, zu versichern: »Hett sin hailikait nit genug gelaitz (Sicherheit), so wöltend sy i(h)m gelait geben und i(h)n och behüten vor aller welt. Und solt es als hert werden (so hart, heftig zugehen), daz sy ire kind essen müßtind (ihre Kinder verzehren müssten), dannocht wültend sie i(h)n nit lassen (würden ihn dennoch nicht im Stich lassen).« Das konnte Cossa, der Jan Hus ähnlich verstiegene Versprechungen gemacht hatte, wohl kaum beruhigen. Am 20. März 1415 gegen ein Uhr mittags machte er sich davon. In grauem Umhang und grauer Kapuze, die sein Gesicht verbarg, ritt er unerkannt durch das Stadttor, neben sich einen Armbrustschützen und zwei weitere Begleiter, auch sie vermummt. Am Abend und im Lauf der Nacht verließ auch das Gefolge des Papstes – seine Diener, Begleiter, Sekretäre – so unauffällig wie möglich die Stadt. Und bald schon war es herum: Johannes XXIII. hatte sich abgesetzt.

In den folgenden Wochen verfassten Cossas Gegner, die ihn den Rhein hinab nach Schaffhausen verfolgt hatten, wo er in der Burg eines Verbündeten Zuflucht gefunden hatte, eine Anklageschrift gegen ihn. Als beunruhigende Gerüchte zu ihm drangen und auch die letzten Verbündeten einknickten, floh er erneut, wieder in Verkleidung. Seinen Hofstaat, und mit ihm vermutlich auch den apostolischen Sekretär Poggio, stürzte das in immer größere Verwirrung. Wie ein zeitgenössischer Chronist berichtet, folgten ihm die Mitglieder der Kurie in hastiger Eile und wildem Durcheinander, alle seien sie nun des Nachts auf der Flucht gewesen, allerdings »ohne Verfolger«. Schließlich, unter großem Druck des Kaisers, lieferte Cossas wichtigster Beschützer den unwillkommenen Gast in Freiburg im Breisgau aus, und die Welt erlebte das erbauliche Schauspiel eines Papstes, der wie ein Verbrecher inhaftiert und im Heidelberger Schloss festgesetzt wurde.

Siebzig Anklagepunkte wurden förmlich gegen ihn verlesen. Aus Furcht vor deren Wirkung auf die Meinung des Volkes entschied sich das Konzil, die sechzehn skandalösesten zu unterdrücken – sie wurden bis heute nicht veröffentlicht –, und warf dem Papst nur Simonie (Ämterschacher), Sodomie, Vergewaltigung, Inzest, Folter und Mord vor. Auch seinen Vorgänger samt dessen Arzt und anderen sollte er vergiftet haben. Am gravierendsten jedoch – zumindest unter den öffentlich gemachten Anklagepunkten – war jener, den seine Ankläger aus dem alten Arsenal des Kampfes gegen den Epikureismus hervorzerrten: Der Papst habe vor anerkannten Personen unbeirrt darauf beharrt, dass es kein zukünftiges Leben gebe und auch keine Auferstehung, die Seelen der Menschen, so habe er gesagt, verschwänden mit ihren Körpern, wie beim Vieh. Am 29. Mai 1415 wurde Cossa förmlich des Amtes enthoben. Aus der Liste der offiziellen Päpste gestrichen, war der Name Johannes XXIII. erneut verfügbar, allerdings dauerte es über fünfhundert Jahre, bis 1958, ehe ein anderer Papst – der bemerkenswerte Angelo Roncalli – den Mut fand, den Namen anzunehmen.

Kurz vor seiner Absetzung war auch Cossa in der Burg von Gottlieben am Rhein inhaftiert gewesen, wo Hus, dem Hungertod nahe und in Ketten geschlagen, über zwei Monate verbringen musste. Es ist nicht bekannt, ob Papst und Ketzer, plötzlich und fast unglaublich in erbärmlichem Elend vereint, von ihren Wärtern zusammengebracht wurden. Zu diesem Zeitpunkt wird sich Poggio, sofern er seinem Herrn noch immer die Treue hielt – die Aufzeichnungen sind nicht klar in diesem Punkt –, endgültig von ihm verabschiedet haben. Alle ehemaligen Bediensteten des Papstes wurden entlassen. Der Gefangene, bald an einen anderen Haftort verbracht, hatte von da an allein Deutsch sprechende Wärter um sich, mit denen er sich allenfalls gestikulierend unterhalten konnte. Von der Welt abgeschnitten, beschäftigte er sich mit dem Verfassen von Versen über die vergängliche Natur alles Irdischen.

Aus: Stephen Greenblatt, Die Wende – Wie die Renaissance begann.
© 2012 Wolf Jobst Siedler Verlag, München, in der Verlagsgruppe Random House GmbH. Übersetzung: Klaus Binder. S. 174ff.

SABINE WEIGAND

Zum »belletristischen« Schreiben kam sie aus Langeweile. Die Historikerin und Kuratorin Sabine Weigand (*1961) musste nachmittags zu Hause sein, weil ihr Sohn nur einen Halbtagesplatz im Kindergarten hatte, und da blieb viel Zeit ... Es ist ein schmales Werk, das die in Nürnberg geborene Schriftstellerin bisher veröffentlicht hat. Das liegt daran, dass sie sich viel Zeit für die Recherche ihrer Romane nimmt. Das Mitglied im Autorenkreis »Historischer Roman Quo Vadis« hat eine Theorie für ihren Schreibansatz. Sie orientiert sich an dem US-amerikanischen Schriftsteller Nathaniel Hawthorne, der meint, dass in historischen Romanen Fiktion und Realität so ineinander verwoben sein sollten, dass der Leser nicht mehr zwischen beiden unterscheiden kann.

Das »Programm«, wie Weigand es nennt, ist in ihren Romanen abrufbar. 2004 erschien ihr Debüt »Die Markgräfin«, dem die reale Geschichte der Plassenburg bei Kulmbach zugrunde liegt. Zuletzt veröffentlichte sie »Die Tore des Himmels« (2012), einen Roman um Elisabeth von Thüringen, der berühmtesten Frau des deutschen Mittelalters. Weigand hat es mit Frauen, sie sind die Heldinnen ihrer Bücher. So auch in »Die silberne Burg« (2012). Der Roman spielt im 15. Jahrhundert, im Fokus steht Sara, eine Medizinerin. Die Tatsache, dass eine Frau im Mittelalter als Heilerin arbeitet, ist ungewöhnlich, noch ungewöhnlicher ist allerdings, dass sie Jüdin ist.

Sara, die reale Judenärztin, begegnete Sabine Weigand zuerst in einem Fachaufsatz des 19. Jahrhunderts, woraufhin sie ins Staatsarchiv Würzburg fuhr und dort weitere Dokumente fand. Und dieser Fund war dann der Beginn einer Geschichte, die nicht nur ein gelungenes Porträt, sondern auch ein prächtiges Sittengemälde bietet. Saras Kindheit und Jugend waren der Weg für Weigand, auch das jüdische Alltagsleben im Mittelalter zu schildern. Und mit der Figur der Ärztin war auch das Studium der damaligen Medizin obligatorisch. Das Konstanzer Konzil (1414–1418) schließlich – im Roman eine Station Saras, die, auf der Suche nach ihrer Familie, mit einer Gauklertruppe unterwegs ist –, liegt im zeitlichen Horizont ihrer Biografie, daher ist es Teil des Romans. Dass Sara je in Konstanz war, ist unwahrscheinlich. Noch unwahrscheinlicher ist allerdings, dass sie Jan Hus (1369–1415) im Kerker besuchte …

Die silberne Burg

Der Kopf konnte einem wirr werden in Konstanz oder Costnitz, wie die Leute es meist nennen. Zu Anfang fand ich mich gar nicht zurecht vor lauter Menschenmassen. Dann langsam lernte ich die Stadt kennen. Sie war gar nicht so groß, es hieß, dass ungefähr fünf- oder sechstausend Leute hier lebten – jetzt allerdings beherbergte der Ort mindestens die dreifache Anzahl. Die Vornehmen hatten ihr Quartier in den Bürgerhäusern oder den Klöstern, während Knechte und Dienerschaft in Ställen und Schuppen hausten, unter Treppen, in Kellern und auf Dachböden schliefen. Überall, wo auch nur eine Winzigkeit an Raum in der Stadt übrig war, fand man schnell zurechtgezimmerte Schuppen und Buden, Verschläge und Unterstände, wo Leute notdürftig unterkommen konnten. Von den öffentlichen Latrinen, die man in Hinterhöfen und anderen abgelegenen Ecken angelegt hatte, kam ein Gestank, der an windstillen Tagen unerträglich war. Konstanz platzte aus allen Nähten, sodass viele Gäste in benachbarten Orten wie Kreuzlingen untergebracht werden mussten, etliche sogar auf der anderen Seite des Sees, in Meersburg oder Überlingen.

Die ganze Stadt war von Wasser umgeben: auf der einen Seite der Bodensee, auf der anderen der Rhein, dann im Süden und Westen der Stadtgraben. Es war wie auf einer Insel. Es gab das Münster mit seinem riesigen Holzdach und den beiden Kugeldächern, einige Kirchen, das Spital und das Kornhaus. Dann waren da noch

Türme: der Ziegelturm, der Aberhakenturm, der Rheintorturm, der Pulverturm. Dazu mehrere Klöster und das mächtige welsche Kaufhaus am Seeufer, das man für die italienischen Kaufleute aus Mailand gebaut hatte. Denn Konstanz war durch den Handel reich geworden, den Handel mit Leinwand. Man hatte die Stadt als Konzilsort gewählt, weil sie im Schnittpunkt der großen Handelsstraßen nach Oberitalien, Frankreich und dem Reich gelegen war und weil sie ein weites Hinterland hatte, aus dem man sich Nahrungsmittel und alles andere beschaffen konnte, was nötig war.

Anfangs hatte ich Finus mit der Aufgabe betraut, sich auf den weiten Platz vor dem Franziskanerkloster zu stellen und auszuschreien, dass eine Medica hier Kranke empfange. Aber das war nicht lange nötig, ich musste bald Leute abweisen, weil ich so viel zu tun hatte. Ja, die Adeligen und vornehmen Kirchenleute hatten ihre Leibärzte dabei, aber das einfache Volk behandelten diese hohen Herren natürlich nicht. Dann kam noch die Fastnacht, zu der in der Stadt ein prächtiges Turnier abgehalten wurde. Dabei brach ein Haus neben dem Münster unter der großen Zahl der Schaulustigen zusammen, es gab etliche Tote und viele Verletzte, von denen auch ein großer Teil meine Hilfe suchte.

Während ich so meiner Arbeit nachging, hatten auch die anderen eine gute Zeit: An mehreren Stellen in der Stadt waren hölzerne Wagenbühnen aufgestellt worden, die man für ein paar Pfennige mieten konnte, um Stücke aufzuführen. Der Obermarkt, sonst Gerichtsort und Richtstatt, stand ganz im Zeichen der Gaukler, Joglare, Feuerschlucker und Kartenleser, auf dem großen Platz vor dem Rathaus fanden Theateraufführungen statt, und die unzähligen Schenken boten überreiche Spielgelegenheit für Musikanten. Der Elefantenmann mietete einen Verschlag in der Nähe der Predigerbrücke, wo er sich bequem zur Schau stellen konnte und ihm die Neugierigen nur so zuströmten. Pirlos Truppe verdiente in einer Woche so viel wie sonst in einem ganzen Monat nicht. Pirlo selbst war ganz in seinem Element als Possenreißer, Bierfiedler und Hanswurst. Er unterhielt ganze Menschentrauben mit seinen Schnurrpiepereien und dem schier unerschöpflichen Vorrat an schlüpfrigen Pfaffenwitzen, die er im Laufe seines Lebens angesammelt hatte. Bei den vornehmen Leuten waren Ciaran und das kleine Schlangenmädchen besonders gefragt. Sie hatten einstudiert, dass Meli ihre wundersamen Verrenkungen zu leiser Harfenmusik zeigte, und Esma hatte ihrer Tochter dafür eigens ein neues hautenges Gewand in Smaragdgrün und Sonnengelb genäht. Die beiden wurden zu einer Abendgesellschaft nach der anderen geladen.

Jede Nacht kam Ciaran zu mir in den Wagen und blieb bis zum Morgen. Oh, ich war glücklich, so weit ich damals glücklich sein konnte. Seit Hiltprands Verschwinden durfte ich meiner Berufung nachgehen, ich lebte im Kreis von Freunden, ich hatte einen Liebhaber, dem ich zugetan war. War dies schon meine silberne Burg, die ich immer gesucht hatte? Wie ich mich täuschte! Ich versuchte, nicht daran zu denken, dass ich Ciaran etwas Wichtiges, vielleicht das Wichtigste überhaupt, verheimlichte: meine Herkunft und meine Religion. Es war so wunderschön, diese Zweisamkeit mit ihm zu genießen, ein Teil des anderen zu sein, zu lieben und geliebt zu werden. Immer dann, wenn sich mein Gewissen regte, beschwichtigte ich mich selbst damit, dass es doch ganz gleich sei, welchem Glauben zwei Menschen angehörten, solange sie einander liebten. Manchmal fragte ich Ciaran nach religiösen Dingen, und dann antwortete er jedes Mal ausweichend. Daraus schloss ich, dass sie ihm eher gleichgültig waren. Und ich wusste ja auch, dass er sein Gelübde gebrochen und sein mönchisches Dasein hinter sich gelassen hatte. Aus Angst, ihn zu verlieren, hörte ich irgendwann auf, darüber nachzudenken, ob ich ihm mit meinem Schweigen unrecht tat. Heute ist mir klar, dass es falsch war. Liebe darf keine Geheimnisse kennen. Ciaran hätte ein Recht darauf gehabt, alles zu wissen. Ja, ich nehme diese Schuld auf mich. Es lag an mir, dass später alles so kam, wie es schließlich kommen musste ...

Nach zwei Wochen wartete eines Morgens eine Bürgersfrau vor meinem Wagen. Sie war in gute schamlottene Gewänder gekleidet, trug einen gehämmerten Silbergürtel und eine teure Pelzmütze. »Ich bin Hiltrud Maulprat, die Frau des Obermeisters der Metzgerzunft«, sagte sie, und ihre Stimme zitterte. »Ich komme zu Euch, weil ich nur einer Frau mein Leiden zeigen will.« Sie sah ängstlich und verhärmt aus, ihr hübsches Gesicht war von Sorge gezeichnet.

»Steigt in den Wagen«, forderte ich sie auf, und, als wir drinnen waren: »Erzählt mir, was Euch plagt.«

Sie sagte kein Wort, begann nur stumm, ihr Mieder aufzunesteln. Schließlich stand sie mit nacktem Oberkörper vor mir, das Gesicht vor Scham hochrot. »Hier«, flüsterte sie und deutete mit dem Zeigefinger auf eine Stelle an ihrer rechten Brust. »Da ist ein Knoten, ich spüre ihn schon seit dem letzten Frühjahr. Er wächst.«

Ich tastete vorsichtig die Brust ab. Ja, es war deutlich zu spüren, so groß wie eine Nuss. Mir war sofort klar, dass die Frau allen Grund zur Angst hatte: Dies war keine gutartige Wucherung. Es war festes, hartes Gewebe, nicht schwammig und weich.

Sie sah mein Gesicht und fing an, zu weinen. Ich biss mir auf die Lippen. Das durfte einem guten Arzt nicht passieren! Wie oft hatte Onkel Jehuda zu mir gesagt: Aus deiner Miene darf niemals ein Kranker ein Urteil ablesen können! Und jetzt war genau dies geschehen.

»Seid nicht verzweifelt«, tröstete ich. »Ja, es ist der Krebs, das ist schlimm, aber vielleicht kann ich Euch helfen. Hebt den Arm.«

Ich tastete unter der Achsel nach weiteren Knoten, fand aber nichts. Ich wusste, dass, wenn die Krankheit weiterging, man dies zuerst unter den Armen feststellen konnte. Vielleicht war es noch nicht zu spät.

»Es gibt eine Möglichkeit, die Krankheit zu besiegen«, sagte ich und bedeutete meiner Patientin, sich wieder anzuziehen. »Aber sie ist schmerzhaft, und ich kann eine Heilung nicht versprechen.«

Sie sah mich hoffnungsvoll an. »Was könnt Ihr tun?«

»Ich kann die ganze Brust mitsamt dem Krebs wegschneiden.«

Sie gab einen kleinen Laut des Entsetzens von sich, es klang wie das verzweifelte Piepsen eines verlassenen Vögelchens.

»Ich habe die Operation schon öfter durchgeführt«, beschwichtigte ich sie. »Sie ist nicht lebensbedrohlich. Und ich muss Euch sagen, dass es nach allem, was wir wissen, die einzige Möglichkeit für eine Heilung ist.«

Die Maulpratin schwankte, und ich half ihr, sich auf einen Schemel zu setzen. »Das halt ich nicht aus«, wimmerte sie. »Die Schmerzen ... Und dann ... Ich bin doch kein rechtes Weib mehr, mit nur einer Brust ... ach Gott, mein Mann ...«

Ich reichte ihr einen Becher Wasser, weil ich fürchtete, sie würde ohnmächtig werden. Sie trank folgsam. »Was, wenn ich es nicht tue?«, fragte sie schließlich.

Ich sagte ihr die Wahrheit: »Der Krebs wird im Körper weiterwandern. An anderen Stellen werden sich Geschwülste bilden, zumeist in den Knochen. Ihr werdet große Schmerzen leiden und am Ende sterben.«

»Wie lange noch?« Sie tat mir in der Seele leid.

»Vielleicht ein, zwei Jahre, das ist schwer zu sagen.«

Die Tränen liefen ihr über die Wangen. »Ich hab zwei kleine Kinder«, schluchzte sie. »Die armen Würmlein, ich kann sie doch noch nicht allein lassen! Warum straft mich der Himmel nur so hart?«

Diese Frage hatte ich schon so viele Male gehört. Warum Gott den einen Gesundheit schenkt und den anderen Krankheit schickt; das vermag der beste Arzt der Welt nicht zu sagen. Manch böser Unmensch wird 100 Jahre alt und stirbt friedlich im Bett, während ein frommer Wohltäter Schreckliches durchleiden und vor der Zeit gehen muss. Man sucht nach Gerechtigkeit. Aber Krankheit und Tod sind ein Mysterium, das noch niemand je ergründet hat. Nie habe ich das Geheimnis des Lebens und Sterbens erklären können, und auch damals fand ich für die Frau keinen Trost.

»Wenn Ihr Angst vor den Schmerzen der Operation habt«, sagte ich, »dann kann ich einen Schlafschwamm benutzen. Er versetzt Euch in eine Ohnmacht, während der Ihr nichts spürt. Aber er birgt auch eine Gefahr: Ihr könntet nicht mehr aufwachen ...«

Sie sah mich verzweifelt mit großen Augen an. Dann ging ein Ruck durch ihren Körper. »Ich muss mich mit meinem Mann bereden«, sagte sie mit brüchiger Stimme. »Wenn ich mich für das Schneiden entscheide, komme ich wieder.«

Zwei Tage später war sie wieder da, zusammen mit ihrem Ehemann. Sie sagte nichts mehr, er sprach für sie. »Wenn es die einzige

Aussicht auf Heilung ist«, sagte er mit entschiedener Miene, »dann schneidet die Brust ab. Und mein Weib möchte, dass Ihr den Schlafschwamm benutzt. Lieber wacht sie nicht mehr auf, als dass sie langsam dahinsiecht und unter Schmerzen elendiglich zugrunde geht.« Sie wollten, dass ich die Operation daheim bei ihnen durchführte, und so ging ich am nächsten Tag mit allem, was ich brauchte, zum Haus bei den Staffeln. In der Frühe hatte ich den Schlafschwamm gerichtet und mit einer Mischung aus Bilsenkraut, ganz wenig vom Schierling, Mandragora und Mohnsaft getränkt. Ich wusste, es war gefährlich, aber ich hatte schon immer ein gutes Gefühl für die Stärke der Betäubung gehabt, gerade bei Frauen. Das lag daran, dass ich zu München einmal an mir selbst ausprobiert hatte, wie viel des Gifts für eine Frau meiner Größe und Statur nötig war. Die Maulpratin war etwas stattlicher als ich, also tat ich etwas mehr Mohnsaft hinein und hoffte, es würde genügen.

Der Zunftmeister hatte es sich nicht nehmen lassen, das Operationsmesser selber zu wetzen. Auch hatte er Kohle in einem gusseisernen Becken bereits zum Glühen gebracht; das runde Brenneisen ließ ich ihn gleich hineinstecken. Nun saß er da und beobachtete, wie ich seinem Weib den Schlafschwamm unter die Nase drückte, bis ihr die Augen zufielen. Ich fädelte eine dicke Flachsfaser auf, dann stach ich die überlange Nadel tief in die rechte Brust der Maulpratin. Ihre Lider flatterten, aber sie rührte sich nicht. Ich drückte die Nadel durch die ganze Brust und zog den Faden durch. Dann tat ich das Gleiche mit einem neuen Faden noch einmal, sodass die Brust kreuzweise durchstochen war. Die Frau lag immer noch ruhig; ich vergewisserte mich, dass sie tief und regelmäßig atmete. »So, Meister Maulprat, jetzt nehmt die beiden Fäden und hebt die Brust Eures Weibes damit an, so straff Ihr könnt«, bat ich den Ehemann. Er trat an den Tisch und zog gehorsam hoch, während ich zum Messer griff. Ein schneller Schnitt, noch einer und noch einer, dann baumelte die blutige Brust an den Flachsfäden. Die Maulpratin wimmerte und zuckte mit den Beinen, wachte aber nicht auf. Ich schob den Meister zur Seite, holte mir das Brenneisen und drückte es zweimal kurz auf die stark blutende Wunde. Es roch verbrannt.

Dann war es vorbei. Die Maulpratin stöhnte. Ihr Mann, der Metzger, erbrach sich in eine Schüssel.

Dann warteten wir voller Sorge. Und, Adonai sei bedankt, keine Stunde später war die Patientin wieder wach. Sie wirkte benommen und litt starke Schmerzen, aber augenscheinlich hatte sie die Operation gut überstanden. Ihre größte Sorge war, die abgetrennte Brust dem Totengräber zu übergeben, der sie ordentlich bestatten sollte, damit ihr Körper am Jüngsten Tag vollständig in die ewige Herrlichkeit eingehen konnte.

Meister Maulprat war so erleichtert und dankbar, dass ihm Tränen in den Augen standen. Er bezahlte mich großzügig und fragte, ob er denn sonst etwas für mich tun könne. Mir fielen die anderen ein, die immer noch vor der Stadt lagern mussten. »Wisst Ihr nicht einen Platz innerhalb der Mauern für meine Freunde, die Spielleute?« Er grübelte eine Weile, während ich seiner Frau den Verband anlegte: Myrrhentinktur auf einem Stück Stoff, darüber eine Schicht aus Gänsefedern, Flachs und frisch geschorener Wolle, dann Leinenstreifen. Als ich fertig war, nickte er mir zu.

Und so kam es, dass Pirlos Truppe tags darauf in die Stadt umzog, in einen ehemaligen Viehpferch, der der Metzgerzunft gehörte. Er lag in der Nähe der Marktstätte bei der Brotlaube, wo die Konstanzer Bäcker Brot und Wecken feilboten. Auch ich und Gutlind verlegten nun unsere Karren dorthin, und so waren wir wieder alle vereint.

Aus: Sabine Weigand: Die silberne Burg. S. Fischer, Frankfurt/Main 2012. S. 335ff.

GERHARD ZAHNER

Er ist ein passionierter Regionalist, Gerhard Zahner. Das ist im heutigen Literaturbetrieb eine selten gewordene Spezies. Zahner ist 1957 in Singen am Hohentwiel geboren. Und er ist seiner Geburtsstadt, der Hegaulandschaft, in der die Arbeiterstadt eingebettet liegt, treu geblieben. Dabei ist es nicht so, dass er die »große weite Welt« nicht gesehen hätte.

Gerhard Zahner hat in Freiburg und Berlin Jura studiert nach dem Motto »Das Falsche zu tun, ist manchmal das Richtige«. Er arbeitet seit 1993 als Anwalt in Konstanz, und als Strafverteidiger ist er viel unterwegs. Schreiben ist mehr als nur eine Alternative zum Brotberuf, beides zusammen verleiht (ihm) Stabilität. Während des Studiums fand er Zugang zum Theater, Leser war er schon immer. Und bald darauf begann er zu schreiben: Über George Joyce, den einzigen Sohn des »Dubliners« James Joyce, der einsam und vergessen in einem Konstanzer Altenheim starb (»Ich bin James Joyce, mein Name ist George«, 2007); über die KZ-Außenstelle in Radolfzell (»Flüsterstadt«, 2010) und über Zwangsarbeiter in Singen (»Gütterli«, 2008). 2013 wurde »In den Wiesen der Aach« in Singen uraufgeführt. In dem Stück reflektiert Zahner in der Figur des überlebenden Polizisten den blutigen Showdown mit den RAF-Terroristen Verena Becker und Günter Sonnenberg, die 1977 in der Hohentwielstadt von einer Rentnerin in einem Café erkannt worden waren. Zahners dramatische Arbeit orientiert sich spielerisch am Dokumentations-Theater. Er überwindet es, indem er seiner Geschichts- und Erinnerungsarbeit eine Prise Poesie beimischt, das führt bisweilen ins Surreale.

Auch in dem hier ausgewählten Auszug aus der Theaterarbeit »Da schwebt ein Fenster in der Luft. Das Huszimmer« (2012) geht er von Fakten aus. Spielort des Zweipersonenstücks ist der Hus-Kerker im ehemaligen Dominikaner-Kloster, das heute ein Fünfsterne-Hotel ist; er zitiert aus Chroniken und anderen Quel-

len, aber der Rest – die Handlung, Gast und Zimmermädchen, die zufällig aneinandergeraten, die Dialoge – ist schönste Erfindung. Eines noch: Was in dem erwähnten Koffer steckt, das bleibt ein Geheimnis ...

DA SCHWEBT EIN FENSTER IN DER LUFT. DAS HUSZIMMER

ZIMMERMÄDCHEN: Die Asche von Hus wurde in den Rhein geschüttet. Da wurde das Wasser schwarz. Wenn ich Sie bestehle, wird das Zimmer rot.
GAST: Steht das da?
ZIMMERMÄDCHEN: Nein.
GAST: Warum sagen Sie das?
ZIMMERMÄDCHEN: Ich erzähle von Jan Hus.
GAST: Woher wissen Sie denn das alles?
ZIMMERMÄDCHEN: Wie ein Bienchen, bei Führungen im Haus, das da und dort ein Wort aufsammelt.
GAST: Wie kommst du in dieses Hotel, wer bist du?
ZIMMERMÄDCHEN: Ich war vor dem Hotel da, das Zimmer kam in mich.
GAST: Ah.
ZIMMERMÄDCHEN: Hus war auch vor dem Kerker da, und der Kerker vor der Kette. In gewissem Sinne ist die Kette in Hus gefangen.
GAST: Gefangen.
ZIMMERMÄDCHEN: Und verbrannt im Vertrauen.
GAST: Was redest du?
ZIMMERMÄDCHEN: Schlaf. *(Sie beginnt, sich auszuziehen, er sieht sie an.)*
GAST: Würdest du zurückgehen, dort, wo du herkommst?

ZIMMERMÄDCHEN: Aus welcher Welt kommen Sie? Ich hab keine Wahrheiten in Öl, wie dieses Bild, also woher soll ich es wissen, wo ich herkomme, wenn es dieses Dorf nicht mehr gibt. Was morgen gemalt wird, weiß ich nicht. Ich bin beinahe nackt. Sie müssen jetzt schlafen.
GAST: Nein.
ZIMMERMÄDCHEN: Sie schlafen.
GAST: *(nickt ein und erwacht, wie in einem kurzen Fieberstoß)* Nein. Nein. Wo bin ich. Was erzählst du? Bin ich eingeschlafen? Ich muss wach bleiben. Rede mit mir. Ich geb dir Geld. Warum hat man ihn verbrannt?
ZIMMERMÄDCHEN: Er war nackt wie ich. Protestierte gegen den Handel mit Sünden, dass man sich vom Fegefeuer loskaufen kann. Heute wäre er gegen die Börse. Und geheime Konten.
GAST: Wo ist der Koffer?
ZIMMERMÄDCHEN: Hier. Wenn alle sich loskaufen können, was passiert dann mit dem Feuer?
GAST: Weiß nicht.
ZIMMERMÄDCHEN: Es geht aus. Das heißt, die Hölle wird kalt, auch nicht besser.
GAST: Dann lieber warm, wie bei uns. Wenn es schon passiert, dass wir verbrennen.
ZIMMERMÄDCHEN: Wenn ich dort liege, wo Sie jetzt liegen, was passiert dann.
GAST: Warum fragen Sie?
ZIMMERMÄDCHEN: Ich lag lange nicht, neben.
GAST: Neben was? *(legt sich neben ihn)*
ZIMMERMÄDCHEN: Ich starre an die Decke und habe immer, immer das Gefühl, es berührt mich etwas am Bein zuerst, weil es ja von unten hochzieht, das Feuer des Vertrauens. Konstanz das Konzil, oder ein Mann versteckt dich und deine Schwester. Irgendwann, wenn man zu viel erlebte, schämt man sich.
GAST: Ich bin es nicht.
ZIMMERMÄDCHEN: Dann denk ich an Schnee. Weiß wie frisch gefallener Schnee ist das Vertrauen, und genauso kalt. Wir wissen

gar nicht, wie Hus uns vielleicht nah ist, in irgendjemand, dessen Geschichte wir nicht kennen.

GAST: Dem, dem ich vertraute. Wir waren so starke Freunde, dass wir uns ähnlich aussahen. Er hat mich betrogen. Aber nicht nur ich hab ihm vertraut, auch andere. Und was die ihm anvertrauten, ruht in diesem Koffer. Also bevor er sie betrügt, tu ich es.

ZIMMERMÄDCHEN: Und dann explodiert das Feuer und du löst dich auf. Der Tod ist ein Heiliger.

GAST: Es wird ihm ergehen wie mir. Er wird sich umdrehen und es wird keiner da sein.

ZIMMERMÄDCHEN: Und das Messer?

GAST: Manchmal sind Einbrecher auch Betrüger. Du gibst ihnen dafür Geld, etwas Bestimmtes zu stehlen, diese Wahrheiten der Stirn, und sie behalten beides, dein Geld und das Gestohlene.

ZIMMERMÄDCHEN: Aber Sie besitzen den Koffer.

GAST: Hält dir ein Messer vor und lacht dich aus.

ZIMMERMÄDCHEN: Das kenn ich.

GAST: Was er nicht weiß, wie verzweifelt du bist. Man kann einen toten Mann nicht bedrohen. Denn ohne den Koffer wäre ich tot.

ZIMMERMÄDCHEN: Lebt der Einbrecher noch?

GAST: Ich hoffe.

ZIMMERMÄDCHEN: Ich auch.

GAST: Mein Koffer.

ZIMMERMÄDCHEN: Steht noch da.

GAST: Er wird bald dem gehören, auf den ich warte. Ich lass Ihnen etwas von dem Geld.

ZIMMERMÄDCHEN: Ich nehm an, er bezahlt viel.

GAST: Wenn du es wüsstest. Allein zu wissen, wer bezahlt, dafür würde man dich verurteilen. Also lass es.

ZIMMERMÄDCHEN: So ein Koffer. Kein guter Weg.

GAST: Es führen nur zwei Wege im Leben weiter. Der eine führte zurück, der andere voraus.

ZIMMERMÄDCHEN: Ich sprang nackt von Stein zu Stein über einen reißenden Bach ans sichere Ufer. Ich sprang auf den Kopf meiner kleinen Schwester, meiner Mutter, und als ich mich umdrehte, sah ich auch dein Gesicht, im Wasser leuchten, mich zu tragen. Du trugst mich diesen letzten Schritt.

GAST: Ich fang an, mich an dich zu gewöhnen. Erzähl mir deine Lieblingsgeschichte.

ZIMMERMÄDCHEN: Ich bin Zimmermädchen. In einer Stadt, die regelmäßig zu den vollen Jahren eine Hinrichtung des Vertrauens feiert. Vertrauen ...

GAST: Hat es geklopft?

ZIMMERMÄDCHEN: Wir reden. Das ist das einzige Geräusch.

GAST: Ich darf nur den Koffer nicht verlieren.

ZIMMERMÄDCHEN: Er ist noch da.

GAST: *(lacht)* Ich müsste sonst dem, der kommt, sagen, ein Zimmermädchen hat den Koffer. Ich hab ihn nicht mehr. Und da man mich nicht für dumm hält, fühlen sich alle betrogen.

ZIMMERMÄDCHEN: Niemand betrügt. Was siehst du mit geschlossenen Augen?

GAST: Das Licht ist weiß.

ZIMMERMÄDCHEN: Ja. Und das Weiß der Dunkelheit ist schön.

GAST: Ich hör den See.

ZIMMERMÄDCHEN: So ein Geräusch, wie wir, wenn man sich aneinander gewöhnt hat, dann hört man es nicht mehr.

GAST: Ich bin so müde.

ZIMMERMÄDCHEN: Etwas macht dich sympathisch, das dachte ich gleich. Denn nicht jeder sieht mich mit Augen an. Den meisten bin ich unsichtbar, und in anderen Dingen so selbstverständlich vorhanden wie ein sauberes Klo. Wenn es niemand sieht. Sieht man mich. Auch dann nicht.

GAST: Auch dann nicht.

ZIMMERMÄDCHEN: Wir haben die gleichen Träume. Träume in der Nacht sind die Fußstapfen, denen wir am Tag folgen. Es sind auch Glocken. Die uns taub machen, wenn wir ihnen zu nah kommen. Unsichtbar wie Füchse im Weinberg, gierig vor Süße. Jan Hus im Inselturm 1414 etwa. Jan Hus quasi in einem talarartigen Gewand mit Bart und Buch in der Hand. Schwere Türe mit Rundgriff und einem großen Eisenschloss. Die Türe eisenbeschlagen. Er schaut hoch zum Gitterfenster, durch welches Licht eindringt als Symbol der Hoffnung. In Braunton gehalten. Der Husturm tatsächlich etwa 20 Meter hoch vorstehend von der Uferseite drei Meter weg. Also Hus muss die Wellen wie beschrieben gehört haben. Kleine Fenster nach außen. Es ist wirklich ein kleines, rundes Türmchen. Der untere Teil des Turmes ist heute ein Kühlraum. Es stehen Weinflaschen Müller Thurgau, Weißburgunder, Gutedel und Sol e Luna, ein spanischer Rosé und Flaschen darin. Eine Lampe oben an der Decke. Man muss durch die Küche hingehen. Circa 100 Angestellte. Es ist der Turm selbst. Also wir sind quasi hier im Obergeschoss des Turmes wie ein kleiner runder Erker mit Glastisch und kleiner Sitzgruppe. Vorhänge, die an bunten Kordeln hängen. Auf den Vorhängen Blumendrucke. Kleine Wandlampen mit Kristallen verziert. Tischlampe aus Emailblau. Sitzgruppe braun. Also wenn der Gast abreist, werden erst die Aschenbecher und die Papierkörbe geleert, sodass, wenn das Fenster geöffnet wird, nichts herumfliegt. Bettwäsche wird abgezogen, Müll wird entfernt, es wird gesaugt, Matratzen werden gewendet und es wird unter die Matratzen und das Bett geschaut. Das Bett wird frisch bezogen. Es wird alles mit Putzmittel gereinigt. Auch der Tisch, auch das Glas. Die Minibar muss aufgefüllt werden. Die Schränke müssen sauber gemacht werden. Der Safe wird kontrolliert. Die Bügel müssen sauber hängen, also alle in gleicher Ausrichtung. Kleinigkeiten, Schuhputz muss gemacht werden. Aus dem Bad wird zuerst das Schmutzige rausgenommen. Es geht immer darum, zuerst das Schmutzige rauszunehmen. Dann wird alles aufgefüllt, auch die Toilettenartikel werden ausgelegt, so wie es ist. Toilettenrollen, Handtücher neu. 30 bis 40 Minuten hab ich für dieses Zimmer komplett Zeit. Wenn ich bemerke, dass ein Bademantel fehlt oder ein Handtuch, muss ich es melden. Kärcher Staubsauger wird staubgesaugt. Ecolin wird verwendet, um zu putzen. Ecolingel für die Toilette und für das Bad. Sopal für die Kacheln. Ecolin C für die Dusche. Die Hausdame prüft nach dem Putzen.

Wichtig ist, dass, wenn das Zimmermädchen drin ist, bleibt die Zimmertüre immer offen. Wenn ein Gast allein ist, geht man zu zweit rein. *(sie schläft scheinbar ein)*
GAST: Oder ein Fuchs in der Falle ... Schläfst du? Du schläfst. Das Wasser, hörst du es...

Aus: Gerhard Zahner: Da schwebt ein Fenster in der Luft. Das Huszimmer. Singen 2011. Erstveröffentlichung.

MONIKA KÜBLE / HENRY GERLACH

»In Nomine Diaboli« (2013) ist ihr erstes gemeinsames Buch. Während Monika Küble bereits auf eine Trias an Romanen blicken kann, die sie unter dem Namen ihrer Großmutter Helene Wiedergrün veröffentlicht hat, ist das 700 Seiten Opus Magnum über das Konstanzer Konzil (1414–1418) die erste Buchpublikation von Henry Gerlach. Das Autorenpaar, es lebt in Konstanz, hat ein Faible für Kriminalromane. Alle drei Küble-Bücher – »Der Tote in der Grube« (2006), »Blutmond« (2010) und zuletzt »Blutmadonna« (2013) – sind entsprechend codiert. Das gilt auch für ihren gemeinsamen Roman über den größten Kongress des Mittelalters. Im Mittelpunkt von »In Nomine Diaboli« stehen weder König Sigismund (1368–1437) noch Papst Johannes XXIII. (1370–1419), weder Jan Hus (1369–1415) noch der andere Märtyrer des Konzils, Hieronymus von Prag (1379–1416), sondern ein junger Bäcker, Cunrat Wolgemut. Der begibt sich im Oktober 1414 nach Konstanz, um sein Glück zu finden. Kaum hat er die geschäftige Stadt betreten, gerät er schon in eine Schlägerei, seine heiratswütige Base stellt ihm nach, und sein Freund wird tot aufgefunden. Und wie es sich für einen rechten historischen Krimi gehört, bleibt es nicht bei diesem Mord. Bald wird klar, dass ein Serienmörder in der Konzilsstadt sein Unwesen treibt ... Gemeinsam mit dem Bäcker Giovanni Rossi und dem – gut bekannten – Humanisten und Bücherwurm Poggio Bracciolini (1380–1459) versucht Cunrat, das Geheimnis um die Toten zu lüften.

Küble/Gerlach haben viel Arbeit und noch mehr Fantasie investiert, um aus »In Nomine Diaboli« einen spannenden und bunten Roman zu entwickeln, eben wie das Leben zu jener Zeit war. Der Serienmörder ist natürlich eine Erfindung – wenngleich die beiden Prager Reformatoren nicht die einzigen Leichen waren, die die Stadt während des Konzils gesehen hat. Die ganze Schreiberfahrung von Küble fließt in das Buch und das gesamte Wissen von Gerlach, der als Konzilsexperte gilt. Sechs Jahre hat das Paar *an diesem Opus Magnum gefeilt. Allerdings nicht ausschließlich. Monika Küble (*1960), geboren in einem oberschwäbischen Dorf, hat Literatur und Kunstgeschichte studiert, sie arbeitet im Brotberuf als Lehrerin, aber auch als Dolmetscherin, Reiseveranstalterin, Ausstellungskuratorin und Stadtführerin. Henry Gerlach (*1960) stammt aus Hamburg, lebt aber schon eine halbe Ewigkeit am See. Er studierte Philosophie, Germanistik und Kunstgeschichte und ist in verschiedenen Arbeitsfeldern aktiv – als Publizist, Stadtführer und Kulturmanager und mehr.*

Auch wenn der arme Jan Hus in dem Roman nur eine Nebenrolle spielt, der folgende Auszug – von Gerlach/Küble vorgeschlagen – gilt ihm.

HEUMOND

DER JULI BRACHTE EINE GROSSE HITZE ÜBER DAS LAND. Schon früh am Morgen brannte die Sonne auf die Welt, sie erhitzte die Luft und das Wasser und die Dinge, und wo man sich aufhielt und was man berührte, alles verströmte heißen Odem. Wer es sich leisten konnte, der verlegte seine aushäusigen Geschäfte auf den Abend oder sogar in die Nacht und verschloss tagsüber Fenster und Türen vor dem Ansturm der heißen Luft. Die Damen der besseren Gesellschaft und die Prälaten in ihren schweren Gewändern fächelten sich ununterbrochen Kühle zu, oder sie ließen fächeln, je nach Wohlstand und Dienerschaft.

Dabei waren die Menschen der Stadt in den schattigen Gassen noch gut dran, denn die Bauern, die auf dem freien Feld arbeiten mussten, um Heu und Getreide einzubringen, fanden allenfalls unter ein paar Bäumen oder in einer traurigen Hütte ein wenig Schatten, ansonsten waren sie der unbarmherzig brennenden Sonne ausgesetzt. Mancherorts versiegten die Brunnen oder man konnte ihr

Wasser höchstens noch zum Waschen verwenden, weil es warm war oder stank, und auch die Zisternen hielten ihre Fracht nicht mehr kühl. Um sich zu erfrischen, tranken die Menschen dennoch mehr als sonst, am liebsten Wein aus tiefen Kellern. Wenn ihnen dieser zu Kopf stieg, kam es häufig wegen eines Nichts zu Streit und Handgreiflichkeiten.

Auch die Teilnehmer des Konzils blieben nicht von der Hitzewelle verschont. Sie reagierten unterschiedlich darauf, je nach ihrer Herkunft. Während die Prälaten aus dem Mittelmeerraum wussten, dass man sich am besten in leichte, weite Gewänder kleidete, regelmäßig mit kalten Wassergüssen den Körper kühlte, geeiste Getränke mit leichten Aromen zu sich nahm und ansonsten im schattigen Haus blieb, schwitzten die Männer des Nordens ohne Unterlass und wussten sich kaum zu helfen. Ein Theologieprofessor aus Münster behauptete gar, ihm sei die Predigt wegen der großen Hitze schlecht geraten. So blieb es nicht aus, dass sich auch in den Köpfen die Hitze staute und manch einer streitlustiger war als zu normalen Zeiten.

Vielleicht war es auch deshalb ein schlechter Zeitpunkt für den Prozess gegen Jan Hus. Am Morgen des 6. Juli hatten sich die Konzilsväter zu einer feierlichen Sitzung im Münster versammelt, in der das endgültige Urteil über ihn gesprochen werden sollte. Da schon Wochen vorher die Befürworter und Gegner des böhmischen Magisters ihre Ansichten in Plakaten an Mauern und Kirchentüren kundgetan hatten, wussten die Menschen in Costentz genau, dass dies die entscheidende Sitzung in der Causa Hus war. So kamen viele auf dem Münsterplatz zusammen, um den Ausgang der Verhandlung mitzuerleben, heimliche und offene Anhänger seiner Lehre, wobei die Letzteren ein kleines Häufchen bildeten, Gegner, die über den Häretiker schimpften, oder einfach Neugierige, die darauf warteten, dass es womöglich eine Hinrichtung gab.

Die Bäcker ließen sich diese Gelegenheit nicht entgehen und positionierten sich schon früh am Morgen auf dem Münsterplatz, gegenüber dem Tor zur Bischofspfalz. Die Plache, die ihnen bei schlechtem Wetter als Regenschutz diente, schützte sie nun gegen die Sonne, die rasch steil emporstieg. Auch mancher Umstehende war froh, ein Eckchen Schatten unter ihrem Dach genießen zu dürfen, und kaufte ihnen dafür gerne eine Brezel oder eine Pastete ab. Die vor dem Münster wartenden Söldner des Königs und des Konzilsprotektors Ludwig von der Pfalz waren ebenfalls dankbare Abnehmer für die Backwaren, und auch der städtische Vogt Hanns Hagen hatte sich mit einigen Stadtwachen in der Nähe des Kirchenportals postiert, um für alle Eventualitäten parat zu sein.

Das Warten dauerte bis um die zehnte Stunde, als endlich die Glocken des Münsters zu läuten begannen. Das Kirchenportal öffnete sich und Jan Hus erschien, neben ihm zwei Diener Herzog Ludwigs. Die Menschen strömten vor dem Portal zusammen in der Erwartung, den Teufel höchstpersönlich zu erblicken. Was sie jedoch zu sehen bekamen, war ein dürrer, bartloser Mann im schwarzen Gewand, mit verziertem Gürtel, an dem zwei kleine Messer und ein Geldbeutel hingen. An den Füßen trug er lederne Schuhe, seine Hände waren nicht gebunden. Nichts an ihm hätte auf einen verurteilten Ketzer schließen lassen, wenn er nicht auf seinem Haupt eine weiße hohe Krone aus Papier getragen hätte, die mit drei Teufeln bemalt war und die Inschrift ›Heresiarcha‹ trug.

»Erzketzer«, übersetzte ein Kleriker, der gerade eine Hühnerpastete gekauft hatte, für die Bäcker. »Sie haben ihn also verurteilt. Dann wird es heute noch ein Feuerchen geben!«

In der Menge erhob sich Geschrei: »Tod dem Ketzer! Auf den Scheiterhaufen mit ihm!«, und den königlichen Söldnern gelang es nur mit Mühe, die Menschen am Fuße der Kirchentreppe zurückzuhalten.

Das kleine Häuflein seiner Getreuen stand traurig und verloren abseits auf der Plattenstraße, und überrascht sah Cunrat, dass sich Gretli bei ihnen befand. Er erinnerte sich, dass Bärbeli zu den Predigten von Jan Hus gegangen war, aber Gretli hatte ihm gegenüber nie ein Wort über den Böhmen und seine Ideen verloren.

Rasch ging er zu ihr und nahm sie beiseite.

»Gretli, was machst du hier?«

»Ach Cunrat, heute ist ein schwarzer Tag. Siehst du den Herrn Magister? Man hat ihn verurteilt, weil er es gewagt hat, seine Stimme gegen Unrecht und Falschheit zu erheben!«

»Du bist eine Anhängerin des Ketzers?«

Gretlis Blick wurde hart.

»Er ist kein Ketzer! Was er sagt, steht in der Heiligen Schrift!«

»Woher weißt du das?«

»Frau Tettikoverin hat mir seine Schriften zu lesen gegeben. Ihr Mann hat ihr verboten, sich offen zu ihm zu bekennen, darum ist sie heute auch nicht hergekommen, aber sie hat mich geschickt, damit ich ihr berichten kann, welches Schicksal man dem Magister bereitet hat.«

»Er wird sterben, und es ist gefährlich, zu seinem Anhang zu gehören! Hörst du nicht, wie die Leute nach seinem Tod schreien?«

Gretli ließ ihren Blick über die Menschenmenge schweifen, wo sie Gesichter voller Hass und Erregung sah, aufgerissene Münder, verzerrte Züge, zornschwarze Augen, obszön gestikulierende Hände.

Jan Hus ließ sich von dem wütenden Geschrei jedoch nicht beeindrucken. Seine Lippen bewegten sich im Gebet.

»Schau ihn dir an, Cunrat, seine Augen! Siehst du, wie viel Liebe und göttliche Glut aus ihnen leuchtet?«

Cunrat sah Augen, die wie im Fieber glänzten, während das Geschrei der Menge immer heftiger wurde.

Da erschien der König vor dem Kirchenportal, im prächtigen Ornat, und mit ihm die wichtigsten Kardinäle und Fürsten. Im Gefolge des Kardinalbischofs von Ostia befand sich auch Poggio Bracciolini.

Die Menge verstummte und Sigismund begann: »Die ehrwürdigen Väter des Konciliums haben das Urteil über diesen Mann, den Magister Jan Hus aus Böhmen, gesprochen und ihn aufgrund der Verstocktheit, mit der er seinen Ideen anhängt, als Ketzer verurteilt.«

Wieder schrien die Menschen los. Gretli fing an zu weinen, und Cunrat legte tröstend den Arm um sie.

Dann wandte sich der König an Herzog Ludwig von der Pfalz.

»Da ich derjenige bin, der das weltliche Schwert führt, so nehmt ihr ihn, Herzog Ludwig, unseres und des Heiligen Römischen Reiches Kurfürst und unser Erztruchsess, und tut ihm, wie einem Ketzer gebühret, an unserer Stelle!«

Herzog Ludwig verneigte sich, und der König kehrte mit den anderen Prälaten in das Münster zurück, wo die Konzilssitzung fortgeführt wurde.

»Ich glaube, er ist ganz froh, dass er bei der Verbrennung nicht dabei sein muss!«, stellte Giovanni fest, der zu Gretli und Cunrat getreten war. »So ganz wohl scheint ihm nicht zu sein bei der Sache.«

Nun winkte Pfalzgraf Ludwig den Vogt Hanns Hagen herbei und übergab ihm die Aufgabe, Jan Hus zur Hinrichtung vor die Stadt zu führen, auf den Brühl, eine große Wiese in der Paradieser Vorstadt. Dort fanden die Hinrichtungen durch das Feuer statt, und wie am Galgenhügel gab es auch hier einen Schindanger.

Die Nachricht von der bevorstehenden Verbrennung des Ketzers verbreitete sich rasend schnell in der Konzilsstadt. Während Hus ohne Handfesseln im Geleit vieler gewappneter Männer durch die Plattengasse Richtung Oberer Markt schritt, strömten von allen Seiten die Menschen herbei, um dem Spektakel seines Todes beizuwohnen. An der Stelle, wo sich die Plattengasse nach der Bischofspfalz zu einem kleinen Platz erweiterte, hatte man links schon einen Haufen mit seinen Schriften aufgeschüttet, der nun in Brand gesteckt wurde. Hus lächelte nur im Vorbeigehen.

Als der Tross mit dem Verurteilten zum Oberen Markt kam, war schon fast kein Durchkommen mehr, und Hanns Hagens Stadtwachen mussten mit Gewalt einen Weg frei machen, damit der Delinquent durch das Rindportertor hinaus ins Paradies gebracht werden konnte. Vor der Brücke, die hinter dem Tor über den Stadtgraben führte, musste man die Menschen zurückhalten, nur truppweise wurden sie durchgelassen, weil man befürchtete, dass das hölzerne Gewölbe zusammenbrechen könnte.

Auch die Bäcker mit ihrem brotbeladenen Wagen gelangten nur mit Mühe zur Hinrichtungsstätte, die nicht weit von der nach Gottlieben führenden Weißen Straße zwischen den Gärten lag. Gretli war ins Hohe Haus zu Frau Tettikoverin zurückgekehrt, um ihr die traurige Nachricht von der Verurteilung zu überbringen. Bei der Vollstreckung des Urteils wollte sie nicht dabei sein. Cunrat war froh darüber, denn er machte sich Sorgen um sein Mädchen, umso mehr, als die Gegner des Magisters immer aufgepeitschter ihren Hass herausschrien.

Als die Bäcker endlich einen guten Verkaufsplatz in der Nähe des Schindangers gefunden hatten, war es schon um die elfte Stunde. Die Menschen hatten Hunger, und so gingen die Brotvorräte noch vor Hussens Tod zur Neige.

Der Henker Egli Locher hatte mit seinen Helfern schon seit dem frühen Morgen alles vorbereitet. Ein dicker Balken von der Stärke eines halben Fußes war an einem Ende angespitzt und in den Boden des Schindangers gerammt worden. Rund um den Pfahl lagen Holzbündel bereit, die mit Stroh vermischt waren. Zwei Wagen voll waren herangeschafft worden.

Als Jan Hus den Haufen sah, versagten ihm die Knie, doch dann fing er an, laut zu beten: »Herr Jesus Christus! Diesen entsetzlichen, grausamen und schändlichen Tod will ich um deines Evangeliums und um der Predigt deines Wortes willen auf das geduldigste und demütig ertragen.«

Danach führte man ihn an den Umstehenden vorbei, und er bat sie, nicht zu glauben, dass er die ihm durch falsche Zeugen aufgebürdeten Artikel gepredigt und gelehrt habe. Die Menschen reagierten unterschiedlich. Manche fielen auf die Knie und bekreuzigten sich, andere versuchten, sein Gewand zu berühren, viele aber lachten ihn aus oder verhöhnten ihn mit obszönen Gesten. Cunrat wusste nicht recht, was er davon halten sollte, er hatte sich den Ketzer ganz anders, dämonischer vorgestellt. Giovanni hingegen schüttelte nur den Kopf: »Warum hat er nicht widerrufen? So ein Verrückter, sich wegen ein paar Artikeln verbrennen zu lassen!«

Als dem Verurteilten die Schandkrone mit den gemalten Teufeln vom Kopf rutschte, riefen ein paar Söldner, man solle sie ihm wieder aufsetzen, damit er zusammen mit den Herren, denen er gedient habe, den Dämonen, verbrannt werde.

Zum Schluss fragte man Hus, ob er beichten wolle, doch fand sich kein Priester, der einem Ketzer die Beichte abnehmen wollte, und so sagte er: »Es ist nicht nötig, ich bin kein Todsünder.«

Nun wartete alles in der sengenden Sonne auf die Verbrennung.

Cunrat und Giovanni hatten sich mithilfe von Cunrats Ellbogen bis in die vorderste Reihe durchgekämpft, sodass sie alles aus nächster Nähe beobachten konnten.

Hus wurde mit dicken Tauen an die Holzsäule gefesselt, die Hände auf dem Rücken, unter den Füßen zwei Bund Holz. Zunächst war sein Gesicht nach Osten ausgerichtet, doch es erhob sich Protest dagegen, dass ein Häretiker in die Richtung schauend verbrannt werden sollte, aus der man das Kommen Christi erwartete. So wurde er auf die andere Seite der Säule gestellt, nach Gottlieben zu.

Dann legte Egli Locher ihm eine rußige Kette um den Hals, die wohl noch von der letzten Verbrennung stammte. Hus lächelte nur darüber und sagte: »Der Herr Jesus Christus ist mit einer härteren und schwereren Kette gefesselt worden, und ich Armer scheue mich nicht, um seines Namens willen diese Kette zu tragen.«

Als die Leute diese Worte hörten, fingen viele an zu beten. Auch Cunrat bekreuzigte sich und sagte zu Giovanni: »Ich weiß nicht, was man ihm alles vorwirft, das er gesagt und getan haben soll, aber was er jetzt gesagt hat, sind heilige Worte! Gretli hat recht, dass sie sich zu ihm bekennt!«

»Ach Cunrat, manchmal ist es besser, sich von den Heiligen fernzuhalten«, entgegnete der Venezianer nur.

Der Henker und seine Helfer schichteten nun Holz- und Strohbündel auf, dicht um den Verurteilten herum bis zum Kinn.

Bevor das Feuer an den Stoß gelegt wurde, fragte Pfalzgraf Ludwig den Verurteilten ein letztes Mal, ob er nicht widerrufen wolle. Doch Hus wandte den Blick zum Himmel und antwortete: »Gott, du bist mein Zeuge, dass ich all die Dinge, die mir vorgeworfen werden, niemals gepredigt habe. So will ich denn in der Wahrheit des Evangeliums heute fröhlich sterben.«

Der Pfalzgraf schlug die Hände über dem Kopf zusammen über so viel Unvernunft, dann gab er den Henkersknechten ein Zeichen. Sie gossen Pech über die Holzstöße und zündeten den Scheiterhaufen an.

Hus begann zu singen: »Christus, erbarme dich meiner!«, doch die Flammen loderten so heftig auf, dass Rauch und Feuer den

Zuschauern bald die Sicht auf ihn verdeckten. Sie hörten ihn husten, dann laut schreien. Cunrat hielt sich die Ohren zu. Doch seine Nase konnte er nicht schützen, in der Luft hing der Geruch von verbranntem Fleisch. Erst nach einer langen Zeit wurde der Hingerichtete endlich still, sodass man nur noch das Prasseln der Flammen vernahm.

Aus: Monika Küble / Henry Gerlach: In Nomine Diaboli. Historischer Kriminalroman. Gmeiner Verlag, Meßkirch 2013. S. 640ff.

PETRA GABRIEL

Die äußeren Daten sind schnell erzählt, heißt es auf der Homepage von Petra Gabriel. Also erzählen wir kurz nach: Sie wurde 1954 in Stuttgart als Spross einer rheinisch-schwäbischen Verbindung mit schlesischen Elementen geboren. Aufgewachsen ist sie in Friedrichshafen, über Irland, München und Norddeutschland schließlich in Baden angekommen und 2006 auch in Berlin gelandet. Sie füllte diverse Berufe aus (Übersetzerin, Hotelkauffrau und Redakteurin (beim SÜDKURIER), sie ist verheiratet und Mutter von zwei Kindern.

Bei Lesungen, heißt es weiter, wird Gabriel oft gefragt, warum sie schreibe. Das ist die Urfrage, mit der Schriftsteller immer wieder konfrontiert werden – aber auch sich selbst konfrontieren. Sie kann nicht malen, ähnlich verhält es sich mit der Musik. Daraus folgt ihre Antwort: »Ich habe entdeckt, dass man auch mit Worten Bilder malen und mit Sätzen Melodien komponieren kann. Alles zusammen ergibt dann eben meine Art, mir die Welt zu erklären. Mit anderen Worten: Ich erzähle gerne Geschichten. Am liebsten über Menschen.«

Die ersten Geschichten hat sie ihren Kindern erzählt. Daraus entstanden erste Kurzgeschichten, die kein Verlag drucken wollte. Und schließlich wagte sie sich an ihren ersten Roman »Zeit des Lavendels« (2001). Ihre Arbeit als Journalistin, der Umgang mit Sprache und Form, kam ihr dabei zu Hilfe. Das Debütwerk, das zur Zeit der Reformation am Hochrhein spielt und sich mit dem Schicksal der Fürstäbtissin Magdalena von Hausen beschäftigt, signalisierte die Laufrichtung, die sie zunächst einnehmen sollte: Historische Romane. Ein Jahr später schon folgte der Roman »Die Gefangene des Kardinals« (2002), zwei Jahre darauf »Waldos Lied« – in diesen und den weiteren Büchern schildert sie das Leben historisch belegter Persönlichkeiten. Inzwischen hat sie ihr Repertoire erweitert, sie schreibt auch Kriminalromane – ihre Kommissarin Iris Terheyde ermittelt in »Tod am Hochrhein« (2007) von Laufenburg aus, ihr Kommis-

sar Kappe in »Beutezug« (2012) in Berlin –, Kurzgeschichten, und selbst ein Comic trägt im Titel ihren Namen.

In ihrem bisher letzten Buch »Der Ketzer und das Mädchen« (2014) kommt sie wieder auf ihre Anfänge als Autorin historischer Romane zurück. Das Buch spielt während und handelt vom Konstanzer Konzil (1414–1418). Das titelgebende Mädchen Ennlin aus dem Hegaudorf Rorgenwies – der Flecken wurde übrigens 1150 erstmals urkundlich erwähnt – flieht mit ihrem kleinen Bruder vor einem Kinderfänger nach Konstanz, um dort Arbeit zu finden. Sie schließt schnell Freundschaften und begegnet einem Mann, der sie tief beeindruckt – Jan Hus (1369–1415), der Ketzer aus Böhmen. Fassungslos erlebt sie mit, wie er zum Spielball von Intrigen wird. Aber auch Ennlin selbst gerät in die Mühlen der Mächtigen und muss um Leib und Leben fürchten ... »Der Ketzer und das Mädchen« wendet sich zwar ausdrücklich an jugendliche Leser, das Buch enthält einen umfangreichen Anhang zu Handel und Wandel in Costnitz (Konstanz), aber auch Erwachsene werden ihren Spaß haben. – Der Auszug ist dem Romananfang entnommen.

Der Gelbe Hans

BIS ZUM ERSTEN HAHNENSCHREI KONNTE ES NICHT MEHR LANG DAUERN. Ennlin war vollständig angezogen. Aus Furcht, zu verschlafen, hatte sie die ganze Nacht kein Auge zugetan. Sie fuhr unter der Decke mit den Händen über ihren Körper, als könne sie die Erinnerung an die tastenden Finger der Hexe damit abstreifen.

Der Mann wurde der Gelbe Hans genannt. Ennlin vermutete, dass seine Hautfarbe der Grund dafür war. Das Gelb war sogar bis ins Weiß seiner Augen gekrochen. Der löchrige schwarze Mantel schlackerte ihm um den dürren Leib. Er sah aus wie eine Vogelscheuche. Eklig. Ebenso abstoßend wie die alte Vettel in ihrem speckigen

Gewand, die ihm auf Schritt und Tritt hinterherwuselte, gebeugt und in sich verknotet wie eine der Alraunenwurzeln, von denen die Frauen sagten, sie wüchsen am besten unter einem Galgen. Aus einer Warze an ihrem Kinn sprossen borstige Haare, die giftigen kleinen Augen unter den dicken Brauen waren meist zusammengekniffen. Sie war bestimmt eine Hexe. Bei jedem Wort des Mannes hatte sie heftig genickt, den zahnlosen Mund zu einem Grinsen verzogen. Fast immer tropfte ihr dabei ein Speichelfaden aus dem Mundwinkel. Der Gelbe Hans reiste mit der Hexe durch den Hegau und kaufte den Armen ihre Kinder ab. Manche verschwanden auch einfach, nachdem das Pärchen durch ihr Dorf gezogen war. Und nun suchte er in Glashütten und Heudorf nach Kindern, die er mitnehmen konnte. Heimlich, hinter dem Rücken des Grafen von Nellenburg.

Gestern war er in ihrem Weiler angekommen. Selbst vor einem Wallfahrtsort wie Rorgenwies machte er nicht Halt. Er ging immer zu den bitterarmen Familien, die ihre Kinder verkaufen mussten, weil sie nicht mehr alle Mäuler stopfen konnten. Der Verwalter des Herrn steckte mit dem Gelben Hans unter einer Decke. Er bekam seinen Teil vom Handel ab. Er meldete die verschwundenen Kinder der Eigenleute des Grafen einfach als tot. Viele Kinder starben schon vor ihrem fünften Lebensjahr. Der Herr von Nellenburg würde keinen Verdacht schöpfen, er kannte nicht alle Leute persönlich, die zu seinem Besitz gehörten. Dafür hatte er ja den Verwalter.

»Stell dich nicht so an«, hatte der Gelbe Hans sie angezischt und ihr den sauer-schalen Geruch eines gewohnheitsmäßigen Zechers ins Gesicht geblasen. Er stank widerlich nach Urin und altem Schweiß. Ennlin hatte den Würgreiz gerade noch so unterdrückt.

»Ich kaufe doch nicht die Katze im Sack«, hatte er noch gemurmelt, begleitet von einem weiteren Schwall seines fauligen Atems. »Mach sofort den Mund auf. Wenn du nicht gefügig bist, nehme ich nur deinen Bruder.«

Das hatte sie nicht zulassen können. Jakob ganz allein bei diesen Leuten! Bei diesem Gedanken drehte es Ennlin erneut den Magen um. Auf ein Zeichen des Mannes hin hatte die Vettel sie plötzlich auf das Lager geworfen, das sie mit ihren Geschwistern teilte. Und ehe sie es sich versah, obwohl sie strampelte und sich dagegen gewehrt hatte, war sie ihr mit den gichtigen Klauen unter den Rock gefahren und hatte an Stellen herumgefingert, die Ennlin nicht einmal zu benennen wusste. Weil man nicht darüber sprach. Der Vater hatte mit unglücklichen Augen zugesehen und die Alte gewähren lassen. Als die Hexe wieder von ihr abließ, hatte sie zufrieden gekichert, etwas von »noch ganz« gemurmelt. Wenn doch nur die Mutter noch gelebt hätte! Dann wäre alles anders. Die Mutter hätte sie beschützt. Jakob murmelte etwas im Schlaf. Das tat er oft. Ennlin rüttelte sanft an seiner Schulter. »Jakob, wach auf«, raunte sie. »Wir müssen fort.« Der Fünfjährige drehte sich auf die andere Seite.

»Jakob, bitte, du musst aufwachen!« Er drehte sich zurück. »Scht, Jakob!« Ennlin hatte kurz Angst, der Zischlaut könnte auch Nele, Feigel und Gudrun aufgeweckt haben, doch sie rührten sich nicht. Die Kleinen lagen dicht aneinandergeschmiegt auf dem Lager aus Strohsäcken unter einem gemeinsamen, aus alten Kleidern zusammengenähten Flickenteppich. Ennlin als Älteste hatte ihre eigene Decke. Sie dachte kurz darüber nach, ob sie sie mitnehmen sollte, entschied sich aber dagegen. Zu viel zu tragen, das behinderte sie bei der Flucht. Und sie mussten schnell sein. Ein Blick zur Bettstatt des Vaters und der Stiefmutter zeigte ihr, dass auch sie tief schliefen. Der Vater hatte seine neue Frau bald nach dem Tod der Mutter im Kindbett ins Haus geholt. Er war mit dem schreienden Neugeborenen nicht zurechtgekommen. Und die Neue, kaum älter als sie selbst, hatte Jakob tatsächlich durchgebracht. Das war nicht selbstverständlich. Doch für Ennlin würde sie immer die Fremde bleiben. Sie war nicht böse. Nur ausgelaugt. Ihre Kraft reichte gerade so für die Feldarbeit und die eigene, inzwischen dreiköpfige Brut.

Der Bruder rührte sich. »Jakob, wach auf!«, flüsterte sie ihm erneut ins Ohr.

Der Junge rieb sich die Augen. »Was isn? Lass mich schlafen!« Sein borstiges dunkelblondes Haar stand in alle Himmelsrichtungen ab. Er hatte den widerspenstigen Schopf des Vaters. Und dessen blaue Augen.

»Jakob, wir müssen fort. Sofort. Denk an den Gelben Hans, er kommt uns nach Sonnenaufgang holen.«

»Wo isser? Isser da? Wo, wo isser? Ennlin, ich hab Angst.«

»Psst Jakob.« Sie streichelte den Bruder sanft. Was für ein Dreikäsehoch er doch noch war. Trotz seiner fünf Jahre. Jakob war anders als andere Kinder. Er war ein Träumer, immer mit den Gedanken in einer anderen Welt. Sie musste ihn an Mutters statt beschützen. Sie würde ihn beschützen. »Komm, sei leise. Sonst wecken wir die anderen.« Ennlin stand auf. Jakob krabbelte folgsam hinterher.

»Holt er die anderen denn nich?«

»Nein, die anderen sind noch zu klein. Die holt er nicht. Die können ja noch nichts.«

Jakob nickte.

Das Mondlicht schien in die Hütte, als Ennlin langsam die Holztür öffnete, damit sie auch ja nicht knarrte, und fiel auf die Gesichter der Erwachsenen. Diese rührten sich noch immer nicht. Sie waren völlig erschöpft von der Landarbeit – wie sie selbst auch. Ehe sie sich um das ihnen überlassene winzige Stück Land kümmern konnten, mussten sie alle auf den Äckern und Wiesen des Grafen buckeln, auch die Kleinsten, sobald sie nicht mehr an der Brust der Mutter hingen, sondern selbstständig laufen konnten. Der Verwalter des Grafen Eberhard von Nellenburg trieb sie gnadenlos an. Der Nellenburger war der Herr über sie alle, er konnte mit seinen Eigenleuten machen, was er wollte. Sie schlagen, sie verkaufen, egal. Aber meist war er gerecht. Nur der Verwalter war böse. Er hatte Vergnügen daran, die Leute zu schinden. Jeder wusste, dass er den Grafen betrog, immer mal wieder Korn, ein Huhn oder ein gutes Stück Fleisch für sich abzweigte. Doch keiner sagte etwas aus Furcht, er könne Rache nehmen. Draußen atmete Ennlin erleichtert auf. Der Anfang war geschafft.

»Linnie, wohin gehen wir? Wir ham doch nix zu essen.«

»Mach dir keine Sorgen Jakob, ich hab' schon was eingepackt. Gestern, ganz heimlich. Da hinten unter dem Hollerbusch liegen

zwei Bündel mit deinen und meinen Sachen. Da ist auch Brot drin und der Wasserschlauch. Auf dem Weg gibt es einen alten Brunnen, da können wir ihn füllen. Meinst du, du kannst deine Sachen tragen?«
»Ich bin doch kein Hosenpisser mehr. Ich bin schon stark.« Er reckte ihr seinen Arm entgegen. »Da, fass mal an. Ich hab' gestern auf dem Reutehof ganz allein die Ochsen vom Grafen versorgt.«
Ennlin musste lachen. »Nein, bist kein Hosenpisser mehr, sondern ein tapferer Junge. Aber jetzt komm. Wir müssen weit weg sein, ehe es hell wird.«
»Sonst finden uns der böse Mann und seine Frau und tun uns weh«, flüsterte Jakob.
»Ja, sonst finden sie uns«, erwiderte Ennlin sanft.
»Aber wo geh'n wir denn hin?«
»Ich denk mir so, erst mal auf die Tudoburg. Da können wir uns verstecken.« Hennslin von Heudorf hatte ihr vor Jahren schon von der Burg erzählt. Ennlin dachte kurz daran, wie er sie neulich in die Büsche gezogen hatte, als er mit seinem Onkel, dem Herrn Hans und dessen Sohn Wilhelm ins Dorf gesprengt kam. Hennslin hatte sie bedrängt, von ihr gefordert, sich mit ihm an der Burg zu treffen. Sonst werde er beim Verwalter dafür sorgen, dass es dem Vater schlecht erging. Oben auf der Tudoburg hatte er ihr dann feuchte Küsse auf den Mund geschmatzt, ihr ein schönes Gewand versprochen und geschworen, er werde sie nach Konstanz bringen. Dort würden derzeit fleißige Dienstmägde gesucht. Denn es sollte eine große Versammlung mit vielen wichtigen Leuten geben: Priestern, Bischöfen, Kardinälen und vielen weltlichen Herren von Stand wie Grafen und Herzögen. Dabei gehe es auch um so große Dinge wie den künftigen Papst. Dann hatte er versucht, ihr an die Brust zu fassen. Sie hatte sich nach Leibeskräften gewehrt, hörte seine Worte noch immer: »Wirst schon sehen, was du davon hast. Dich krieg ich noch.«

Das würde sie zu verhindern wissen. Hennslin war nicht der Schlaueste und außerdem dick und plump in seinen Bewegungen. Trotzdem bildete er sich etwas auf seine Herkunft ein. Er dachte wie die anderen jungen Herren, die glaubten, sie könnten sich jedes

Bauernmädchen nehmen, das sie zu fassen bekamen. Doch Ennlin von Rorgenwies würde er nicht kriegen. Sie konnte viel schneller rennen als er. Ennlin wusste sowieso nicht so recht, was die Leute am Küssen fanden. Nun, sie würde schon noch herausfinden, was es damit auf sich hatte. Und mit dem, über das die Leute nur hinter vorgehaltener Hand sprachen. Dabei taten es die Tiere doch auch. Sie hatte es oft genug gesehen. Ob alle dabei so seltsame Geräusche machten wie der Vater und die Stiefmutter?

»Linnie! Nich auf die Tudoburg! Da geh ich nich hin! Da sind Geister!«, unterbrach Jakob ihre Gedanken.

»Psst, willst wohl, dass alle Welt uns hört?« Sie zerrte ihn hinter sich her.

»Linnie! Da oben ist der Blutacker, da haben sie die ganzen Leute umgebracht, die in dem Dorf da wohnten. Die heißen – ich weiß nicht mehr ...«

»Juden, Jakob. Sie heißen Juden. Das ist ganz lang her. Auf dem Hardberg sind keine mehr.«

»Sind sie wohl! Die Leute sagen, die Toten finden keine Ruhe. Es wurden schon Lichter da oben gesehen. Und das Wiibli, das die Kinder holt, soll dort umgehen. Raubritter gibt es da außerdem. Wenn es Nacht wird, preschen sie mit ihren Geisterpferden über die Burgmatte und hauen und stechen aufeinander ein, als wären sie nicht schon tot«, flüsterte er.

»Jakob, sei nicht dumm. Da oben sind keine Geister. In der Geistermühle in Glashütten, in der Vater manchmal aushelfen muss, sind auch keine Geister, obwohl sie so heißt. Und auf der Burg ebenfalls nicht. Ich weiß das, ich war da schon mal. Da ist niemand, nur der Wind streicht durch die Bäume.«

»Du warst da schon mal?« Er schaute sie mit großen Augen an. »War das immer dann, wenn du wieder verschwunden bist? Du *musst* Geister gesehen haben, kannst es mir ruhig sagen. Wieso warst du da?«

»Später. Komm jetzt, wir müssen fort. Bald geht die Sonne auf und es wird Tag. Auf der Burg spielen wir Burgherr und Burgfräulein.«

»Und ich bin ein Ritter?«

Trotz ihrer inneren Anspannung musste Ennlin erneut lachen.
»Dann bist du ein Ritter.«
»Ich hab aber mein Holzschwert liegen lassen, dann geh ich noch mal zurück.«
»Jakob, nein! Wir machen dir ein neues, ein viel schöneres! Jetzt komm endlich, trödle nicht so.«
Ennlin sog die klare Nachtluft ein. Nicht mehr lang, und der Herbst würde in den Winter übergehen. Sie konnte die Kälte schon riechen. Dann fasste sie ihren kleinen Bruder fest bei der Hand.
»Au, du tust mir weh«, nörgelte der.
Ennlin streichelte ihm über den Kopf. Jakob schüttelte die Hand ab. Sie nahm es ihm nicht übel. Er wollte erwachsen wirken und stark. Sie und er – von jetzt an hatten sie nur noch einander. Mit Schaudern dachte sie daran, was sich die Leute hinter vorgehaltener Hand von den Kindern erzählten, die dem Gelben Hans und seiner Frau in die Hände gefallen waren: Die kleinen Jungen wurden verstümmelt. Und dann schickte der Gelbe Hans die Kinder zum Betteln. Je schrecklicher ein Kind aussah, je Mitleid erregender es wirkte, desto lieber gaben die Leute. Denn dann hatten sie das Gefühl, etwas besonders Gutes getan zu haben. Die Mädchen wurden verkauft. Meist an Hurenhäuser. Oder an einen Herrn, der eine Dienstmagd suchte. Das beinhaltete oft auch gewisse Dienste für die männlichen Mitglieder eines Haushalts. Es war eine schlimme Zeit. Das sagte auch der Pfarrer der Wallfahrtskirche Unserer Lieben Frau. Er wetterte gegen die Ketzer und drohte bei der Sonntagspredigt mit der Hölle und ewigen Qualen im Fegefeuer. Die Leute hatten bei diesem Sermon immer furchtsam zur Madonna geschielt. Sie konnte Wunder bewirken. Die Madonna war mächtig. So ein feines Gnadenbild, das sogar schon Lahme geheilt hatte, gab es nirgendwo sonst in der Umgebung. Höchstens noch im großen Münster zu Konstanz. Es gab auch jedes Jahr eine Wallfahrt. Seit sie hier wundertätiges Wasser gefunden hatten, das Augen-, Ohren- und Halskrankheiten heilte, kamen immer mehr Pilger zur Jungfrau von Rorgenwies. Aber auch das Wasser würde Jakob nicht mehr helfen können, wenn er dem Gelben Hans in die Hände fiel. Sie würden

schon irgendwie durchkommen. Die verlassene Burg war für die erste Zeit ein gutes Versteck. Im Wald fanden sich sicher noch einige späte Beeren, die letzten Pilze, Bucheckern. Ein Brunnen war auch in der Nähe. Im kommenden Winter waren sie geschützt, konnten sich ein Feuer machen. Es gab genügend Holz in der Umgebung. Und zugiger als in der Hütte des Vaters war es dort auch nicht. Vielleicht hatten sie Glück und es gelang ihnen, einen Vogel zu fangen, einen Dachs oder einen Hasen. Ennlin wusste, wie man Fallen baute. Das hatte sie dem Vater abgeschaut. Natürlich durften die einfachen Leute nicht jagen. Und auch keine Fallen bauen. Die Jagd war das alleinige Vorrecht der Herren. Doch wenn der Hunger im Magen tobte, zerrte und biss, wenn ein Mann zuschauen musste, wie seine Kinder immer hohlwangiger wurden, dann verblasste die Angst vor der Strafe. Man durfte sich eben nicht erwischen lassen.

Jakob und sie durften sich auch nicht erwischen lassen. Der Verwalter würde toben, wenn er entdeckte, dass sie weg waren, weil ihm nun sein Gewinn entging. Der Gelbe Hans würde ganz sicher ebenfalls nach ihnen suchen.

Aus: Petra Gabriel: Der Ketzer und das Mädchen. Historischer Roman. Gmeiner Verlag, Meßkirch 2014. S. 7ff.

ARNOLD STADLER

»*Das ist ein Ton. Aufrufend, anrufend.*« – *Hymnisch setzt das Porträt ein, das der Schriftsteller Martin Walser (*1927) dem bis dahin wenig bekannten Arnold Stadler aus dem oberschwäbischen Dorf Rast (bei Meßkirch) 1994 in einem »Spiegel«-Essay widmete. Und hymnisch endet das Plädoyer. Walser notiert über die Wirkung der bis dahin erschienenen Roman-Trilogie Stadlers »Ich war einmal« (1989), »Feuerland« (1992) und »Mein Hund, meine Sau, mein Leben« (1994) in Anspielung auf einen Satz von Marcel Proust: »… dass wir beim Lesen empfinden, wir läsen gar nicht mehr in einem anderen Leben, sondern im eigenen«.*

Diese erste prominente Empfehlung machte Arnold Stadler (*1954) einer breiteren Leserschaft bekannt. Zudem setzte sie ein Zeichen in der Rezeption seines Werks, das von einer schwierigen Kindheit und Jugend im hintersten Winkel Oberschwabens berichtet, in dem der Autor aufgewachsen ist. Arnold Stadler, so hieß es nun, schreibe »Heimatromane« oder »Provinzromane« und betreibe »Heimatkunde«. Eine solche Lesart legte schon Golo Mann für den Romanerstling »Ich war einmal« nahe: »Ein Heimatroman, aber kein freundlicher; zwischen Realismus und Satire. Unendlich komisch, aber wahrscheinlich« – für das Debüt erhielt Arnold Stadler den Jürgen-Ponto-Preis. Der »Fleckviehgau«, über den Arnold Stadler berichtet, ist aber auch als »Geniewinkel« bekannt. Es ist der Heimatboden von Martin Heidegger (1889–1976). Der Philosoph (»den jeder kennt, aber keiner liest«) ist, neben dem Kreenheinstetter Bußprediger Abraham a Sancta Clara (1644–1709) ein immer wiederkehrendes »Gespenst« in Arnold Stadlers Büchern, auch in späteren Publikationen wie »Ein hinreissender Schrotthändler« (1999). Auffallend die Parallelen im Leben der Meßkircher Schriftgelehrten Stadler und Heidegger: Beide wurden katholisch erzogen, beide wandten sich der Theologie zu, beide wollten Priester werden und beide verweigerten am Ende das Amt. Ein Zufall, gewiss.

Arnold Stadler studierte Theologie in München, Rom und Freiburg, anschließend Germanistik in Bonn und Köln. 1986 promovierte er mit der Dissertation »Das Buch der Psalmen und die deutschsprachige Lyrik des 20. Jahrhunderts«. Aus der Beschäftigung mit diesem Thema resultieren auch seine Übersetzungen der Psalmen aus dem Hebräischen (»»Warum toben die Heiden‹ und andere Psalmen«, 1995). 1986 veröffentlichte er seinen ersten Gedichtband (»Kein Herz und keine Seele«) und entschied sich damit für den beschwerlichen Weg des Schriftstellers – und für seine mitunter traurigen Heimatgeschichten. Die autobiografische Grundierung gerade der ersten drei unerbittlichen Romane verstellte manchem Leser aus Heideggers enger Welt den Blick für den fiktionalen Gehalt der Texte und führte rasch zur Identifikation des Verfassers mit dem erzählenden Ich. Dieser Lesart gab auch Walsers Essay Futter (»Schmerz und Erinnerung sind die Dirigenten, die die Auferstehung der Kindheit in Prosa besorgen.«). In Meßkirch bedeutete das zunächst nicht nur Ehre für den Autor. Aber Tempi passati. Arnold Stadlers »Soziogramme eines real existierenden Mikrokosmos« (Dietmar Grieser), aber vor allem auch die nachfolgenden von Witz, Paradoxie und schwarzem Humor getränkten Passionsgeschichten, in denen die Helden schon längst dem trotzdem schönen »Hinterland« den Rücken gekehrt haben (»Ausflug nach Afrika«, 1997; »Komm, gehen wir«, 2007; »Salvatore«, 2008), haben Kritik und Leserschaft überzeugt. 1999 wurde Arnold Stadler mit dem hierzulande renommiertesten Literaturpreis, dem Georg-Büchner-Preis, geehrt.

Der nachfolgende Prosatext, der sich unter anderem mit der Imperia-Skulptur von Peter Lenk im Konstanzer Hafen – gegenüber dem »Konzil« – auseinandersetzt, ist eigens für dieses Lesebuch geschrieben worden. Er ist dem Wild-Rösle von der Oberen Laube (Konstanz) gewidmet.

Es war kein Liebeskonzil

Kleiner Ausflug nach Konstanz, in die Geschichte und zur Imperia
anhand der eigenen Augen
Ach, mein Fernseher ist zu klein für diesen Film
Ein Impromptu

DIE WELT VERBINDET MIT KONSTANZ immer noch das Konzil von
1414 bis 1418. Ich aber mit den Fahrten in den Hertie, als es noch Mariae Empfängnis als hohen, gebotenen Festtag für Katholiken gab. Der war aber schon von Baden-Württemberg in meinen Kindheitstagen abgeschafft worden. Wir haben aber doch an diesem Tag freigemacht und nicht gearbeitet. Shopping gehört ja nicht zur bezahlten Arbeit.

Mariae Empfängnis: Das war der 8. Dezember, und ich will jetzt nicht dieses Fest erklären – obschon: schaden täte es nicht – denn alle Welt spricht mit einem überheblich ungläubig frivolen Unterton davon – wie auch von der Imperia, und weiß auch nicht so recht, warum. Nur so viel: Es geht bei diesem Fest nicht um Jesus, sondern um Maria. Maria selbst wurde ohne Erbsünde gezeugt. Das ist der Sinn. *Nur zur Information*, wie Tante Mausi immer sagte. *Sie können dann ruhig weiterlabern.*

Ein Festtag, nur in Deutschland nicht, und wir im Hertie. Mariae Empfängnis wird bis zum heutigen Tag sonst um den Bodensee herum, dessen überragendes Zentrum Konstanz einmal war, gefeiert, in Vorarlberg, den katholischen Kantonen der Schweiz, überhaupt in den katholischen Ländern der Welt. Auch Leute, die nicht (mehr) dran glauben, nehmen diesen freien Tag gerne an, zumal, wenn er auf einen Donnerstag oder Montag fällt. Dann können wir *ponte* machen und ...

Unterwegs noch in Hegne an der mittlerweile selig gesprochenen Küchenschwester Ulrike Nisch vorbei: schnell einen Blick mit Kreuzzeichen gegen die linke Seite hin.

Doch ich lebe nun im Weltalter der Miniermotte und des Verbrauchers, indes noch mit manchem Wort aus der Bibel im Ohr: *Der*

Rost wird gegen Euch Zeugnis ablegen, und noch am Schlachttag mästet Ihr Euch! – So weit ist es noch nicht, bitteschön.

Alle, die damals an Mariae Empfängnis vom Land aus in die Stadt fuhren, waren ja auch schon die Konsumenten der ersten Generation, mit geregelten Einkaufszeiten und dem Winterschlussverkauf als Höhepunkt und so fort, ziemlich unschuldig, verglichen mit gestylten Leben von Dolce und Gabbiana und all den Outlet Centers, wie?

Doch bitte keine falschen Sentimentalitäten. (Gibt es eigentlich richtige?)

War es eigentlich kein Leben ohne Prada-Taschen und ohne die neueste Generation der Rechner, Handys und Hochglanz-Medien von Google und Facebook, die uns verheißen wollen, dass immer alles besser wird?

Lebten die Menschen von einst also noch nicht ganz? Aber deute ich den angebissenen Apfel von *Apple* falsch, wenn ich an die Schlange denke, die dem Paradies ein Ende machte?

Kurz vor dem Ziel, bevor wir dann Konstanz über die einzige Brücke erreichten, die Konstanz zu einem Ziel machte – das waren irgendwie selige Zeiten, Höhepunkte, als es noch Ziele gab – hörte ich dann von der Fahrerseite her: *Lueg, sell isch Petershause!* – An Johann Peter Hebels Gedicht *Die Vergänglichkeit* geschult, hätte mein Vater auch sagen können: *Sell isch Petershuse gsi...* Denn das gab es damals seit über hundertfünfzig Jahren nicht mehr. Und doch: Wir wussten es noch.

Da regierte für Jahrhunderte unser Herrscher, der Abt von Petershausen.

Petershausen wurde einst gegründet nach dem Vorbild von St. Peter bei Rom: So wie St. Peter auf der anderen Seite des Tiber liegt, lag/liegt Petershausen auf der anderen Seite des Rheins. Das war einmal eine reichsunmittelbare Abtei, und ein eigener Staat an der Stadtgrenze von Konstanz, das ja im Lauf seiner langen Geschichte kaum einmal über sich selbst bestimmen konnte. Petershausen war exterritorial, weder Teil der Stadt Konstanz noch des Bistums, zu vergleichen etwa mit dem heutigen Kreuzlingen oder dem Vatikan in Rom, wohin der im »Konzil« gewählte Papst Martin V. zog, damals in die Papststadt, die ja nun seit gerade 143 Jahren auch die Hauptstadt Italiens ist.

Wir waren ja in Rast losgefahren, das über die Jahrhunderte Territorium des Reichsstiftes Petershausen war, bis 1802. Das Kloster wurde ein paar Jahrzehnte vor der Jahrtausendwende durch den heiligen Gebhard (Gebhard II., Bischof von Konstanz) gegründet, war jedoch seit Friedrich II. eine nur dem Kaiser unterstellte freie Reichsabtei, die weder zu Konstanz noch zum Bistum gehörte. Das war ein überschaubares Reich. Neben dem Kloster und seinen Gebäuden waren es vor allem Herdwangen mit Sauldorf und Rast, und dann noch Hilzingen.

Und auch meine kleine Geschichte hat noch mit dieser untergegangenen Welt von Petershausen zu tun: Der Hof, auf dem ich meine ersten 19 Jahre verbrachte ohne irgendwelche Ferien dazwischen, war ein Lehenshof von Petershausen, noch gebaut zu Zeiten des zweitletzten Abtes, Georg Strobl.

Das war alles noch bekannt in Rast; wir hatten also allen Grund, mit etwas Wehmut über so viel Vergänglichkeit an Petershausen vorbeizufahren, etwa 1.000 Jahre nach seiner Gründung, und etwas mehr als 150 überschaubare Jahre nach seiner Auslöschung, denn es ist ja außer ein paar kümmerlichen Resten nichts mehr da: Das Vorbeifahren an Petershausen ist mir bis zum heutigen Tag eine der ersten Lektionen der Vergänglichkeit.

Die uralte, nach dem Vorbild von St. Peter zu Rom schon seit dem 10. Jahrhundert errichtete Basilika (es gibt Berichte und Bilder), vielleicht die schönste Kirche, die es im heutigen Konstanz gäbe, wurde abgerissen. Angeblich baufällig, aber das war immer schon das erste Argument der Utilitaristen. Die Mobilien wurden anderswohin verfrachtet, weit weg. Ein Teil der Bibliothek kam nach Heidelberg (in die heutige Universitätsbibliothek). Weitere Reste, so das Tympanon der Hauptkirche, finden sich nun im Badischen Landesmuseum in Karlsruhe. Aus den Paramenten, Perlen und Gemmen wurde der Badische Thron gefertigt, denn die römische Gründung Konstanz, dann Vorort des alten Herzogtums Schwaben, wurde 1806 wie Petershausen badisch, zum ersten Mal in seiner Geschichte. Damit war eigentlich die große Geschichte von Konstanz und Petershausen auf einmal zu Ende.

Das ist alles.

Dann waren wir in Konstanz: Das Ziel war der Hertie, und das Leben ging weiter. Der Höhepunkt war die erste Rolltreppe meines Lebens. Ist das eine Erwähnung wert?

Aber ich war ja nicht der einzige: es wird Tausenden meiner Zeitgenossen, den Nachkriegskindern, so gegangen sein, auch wenn es nicht unbedingt am Fest der Unbefleckten Empfängnis war.

Und naturgemäß ging es dann auch wieder zurück, irgendwann schlug die Stimmung um, vergleichbar heute, wenn ich mit dem Rauchen meiner Zigarre auf halbem Weg angekommen bin.

Von der Geschichte Petershausens weiß man heute bei den Konstanzern kaum noch etwas, bei den Zugezogenen, die in der Mehrheit sein dürften, ohnehin nicht, ich habe die Probe gemacht. Den Konstanzern war dieses Kloster in Sichtweite ja immer ein Dorn im Auge gewesen. Dafür kommen nun die Leute, um sich anzuschauen, wie sich die Imperia – seit nun zwanzig Jahren – um sich selbst dreht. *Es gibt Schlimmeres*, würde Tante Mausi sagen. Egal.

Where is the beef?, mag nun der smarte Mensch von heute fragen und schon langsam murren. Denn er ist schnell und will wissen, wo es langgeht und weiß es auch.

Ich muss um etwas Geduld bitten.

Die Imperia

Hört sich ja nach was Großem an. Ich hörte und ließ mir sagen, diese von der Deutschen Bahn gewünschte Figur habe mit dem Konzil von Konstanz zu tun.

(Zur Imperia entnahm ich an Info fast alles meinen eigenen Augen, der Datenrest ist aus dem Lokalteil des SÜDKURIER und von Wiki.)

Meine Freundin, das Wildrösle, mit der ich schon viel von der Welt gesehen habe, dreht sich jedes Mal auf die jeweils andere Seite, wenn sie mit dem Katamaran von Friedrichshafen einfährt. Sie ist eben eine alte Konstanzerin von der Oberen Laube, ein Menschenschlag, den es fast schon nicht mehr gibt, und von Kunst versteht sie wohl auch etwas; aber nicht, weil sie Kunst studiert hat und Kunstgeschichte.

Grund für die Abwendung ist jenes sich um sich selbst drehende Etwas ...

Kämen wir heute als Kinder nach Konstanz, dann würden wir zwangsläufig zu jener Figur im Hafen geführt, von der ich bei Wiki las, sie sei die weltweit größte Darstellung einer Prostituierten. Warum nicht! Man lebt ja im Zeitalter der Aufklärung, und die Kinder lachen dann, wenn sie im Bio-Aufklärungsunterricht eine nackte Frau zu sehen bekommen, die nicht rasiert ist. (Das weiß ich von Lehrerinnen und Lehrern, die mit dieser Aufgabe betraut sind, auch die Handys zu beschlagnahmen.)

Ach, die Liebe, und wie man dafür sagt.

Das verstehen Kinder ohnehin nicht. Dann aber die sogenannten Erwachsenen? Ja, das ist ein weites Feld. Bis hin zur Imperia.

Doch in der künstlerischen Ausführung hätte ich mehr erwartet. Die Imperia, ja. Doch: War das alles? Fiel dem Künstler nicht mehr ein?

Dazu: Welch ein Sündenstolz! Und welch gewaltiger Zeigefinger, immer sollen es die anderen sein? Als wäre so Geschichte abgearbeitet.

Die Autobiografie manches Menschen und Künstlers, müsste sie geschrieben werden (*aber es gibt eh zu viele Bücher,* meint Mausi), hieße wohl: *Menschen und Frauenbeine.*

Und Brecht sagt und schreibt ganz wahrheitsgemäß: *So mancher Mann sah manchen Mann verrecken – ein großer Geist blieb in 'ner Hure stecken.*

Diese begleitenden Sätze nur zur Illustration, und damit Sie nicht denken, ich sei prüde ... Und das sei der Grund für meine verschrobenen Ansichten.

Kommen wir zum Konzil.

Auch auf dem Konstanzer Konzil ging es eigentlich um den Glauben und nicht um die Imperia, daran darf ich erinnern.

Man muss ja auch nicht alles wissen, zumal das meiste doch trostlose Information wäre.
Den meisten ist das meiste egal, mir aber nicht.
Als wäre es ein Liebeskonzil gewesen, auf das die Konstanzer stolz sein dürfen!
Konsequenterweise gibt es nun in Konstanz – wie ich beim Googeln nach *Imperia Konstanz* erfahren habe, auch einen Sexklub, der sich Imperia nennt. Das passt.
Wir wollen den Menschen nicht zu hoch hängen!, sagte der Priester, der noch mit dem Fahrrad zur letzten Ölung kam.
Es gab wohl seit dem Konstanzer Konzil manchen Seitensprung, und dies von Männern und Frauen, die gar nicht verheiratet waren. Die Ehe nach dem bürgerlichen preußischen Gesetzbuch von Bismarcks Gnaden gab es ja auch noch nicht, zum Glück, möchte ich sagen. Und auch die kleinbürgerliche Moral, die nun hier zum Vorschein kommt, gab es 1414 noch nicht. Auch sie ist ein Phänomen der Neuzeit.

Der Seitensprung. Wäre das ein Buchtitel für einen Liebesroman?
Sehr anschaulich heißt das auf Schwäbisch: *nebednousgau* – zweifellos ein Hauptwort auf dem Land und auch noch im altbürgerlich kleinstädtischen Zusammenhang und ist ein sogenanntes Tu-Wort. Muss man hier an Bocksprünge denken?
Das sind so Geschichten, sagte der Doktor, als er mit seiner Spritze kam ...
Sie verstehen: Das Konzil fand noch vor der Einführung der Syphilis statt, ein Wort, das mir so fern ist, dass ich – wie bei Sybilla/Sibylla – immer einen Aussetzer habe, und nicht weiß, was zuerst kommt: das i oder das y. Ähnliche Inversionen auch bei Lybien/Libyen und Sisyphos/Sysiphos.
Sisyphos ist der Haupttheilige der Geschichte, meine ich.
Dagegen die Pseudo-Vergänglichkeitsvergegenwärtiger, die Vergangenheitsbewältiger, die Geschichtsvergewaltiger, die Geschichtspolitiker vom Konstanzer Hafen und von der Deutschen Bahn.
So muss der ahnungslose Betrachter vom Konstanzer Konzil, vor

der Imperia stehend, den Eindruck haben, das sei ein Liebeskonzil gewesen, einberufen von lüsternen Prälaten mit einem gigantischen Damenprogramm. So jedenfalls, wenn ich in Konstanz am Konzil vorbei in Richtung Hafen gehe, zur Imperia, die soll jetzt wichtiger als das Konzil sein.

Wir sind alle in die Geschichte hineingezogen, ob wir es wissen und wissen wollen oder nicht.

Etwas Geschichte

Konstanz war der Ort des Geschehens. Auch, weil es zentral gelegen war im Reich, weit davon entfernt, eine Grenzstadt zu sein, und überdies bequem zu erreichen.

Die Bischöfe kamen aus aller Welt. Auch einige aus der Gegend. Aber nicht als Abgesandte aus Liechtenstein, Baden oder Württemberg, Vorarlberg oder der Schweiz, das alles gab es damals so noch gar nicht.

Die Konzilsväter hatten ein Programm und eine Aufgabe, dem Apres-Ski vergleichbare Aktivitäten hin oder her.

Es waren aber ausschließlich Konzilsväter. Auch hier wieder einmal: keine Konzilsmütter. Doch die gab es 100 Jahre später bei Luther und dem Talib von Genf, Calvin, auch nicht.

Das Konzil war kein Liebeskonzil. Es mag schon lüsterne Teilnehmer gegeben haben, die gibt es auf jeder Konferenz, aber das war nicht der Grund für das größte öffentliche Ereignis des Mittelalters. Mit Kaisern, Päpsten, Kardinälen, Bischöfen und Anhang – so 60.000 Tagungs- und Übernachtungsgäste, ich habe nicht gezählt.

Das Konzil hatte wichtige Aufgaben, und eine davon, die akuteste, hat sie auch gelöst:

Das Schisma wurde beendet, wenn auch erst als Folge im Nachhinein 1429, da trat der in Konstanz abgesetzte, aber nicht abgedankte Gegenpapst zugunsten des in Konstanz gewählten Martin V. zurück, der sich von Konstanz auf den Weg ins verwaiste Rom machte.

Die erste Aufgabe des Konzils war es, die kirchliche Einheit wiederherzustellen. Das glückte. Doch die Position des Papstes zu klären, die Stellung eines Konzils der Bischöfe, die Reform: Aus dieser schwierigen Ausschussarbeit ist nichts geworden.

Und doch: Ein Hauptziel wurde erreicht, das Konzil von Konstanz hat mit der Wahl von Martin V. das Schisma und die Zeit der Avignoneser Päpste von Gnaden des französischen Königs beendet. Und das ist Weltgeschichte.

Das mag uns, die wir anachronistisch und ahistorisch leben, egal sein wie die meisten Daten aus dem Geschichtsbuch: Aber es war von welthistorischer Bedeutung, und dies in Konstanz.

Also – und das muss mit einem auf die Imperia schielenden Blick noch einmal festgehalten werden: Das Konzil fand nicht wegen des Damenprogramms statt.

Es war kein Liebeskonzil. Das Konzil wurde nicht wegen der Hurenböcke und Nutten einberufen – auch wenn es den ahnungslosen Spaziergängern und auch den zur Imperia hinaufschielenden Gaffern so scheinen mag. (Die – Hurenböcke, Nutten, Voyeure – gab es immer, beiderlei Geschlechts.) – In den von Pasolini verfilmten Canterbury Tales aus dem Mittelalter hörte ich eine Hure von ihren Wallfahrten sprechen: *Ich war in Rom, in Santiago de Compostela …* Ja, diese Art Wallfahrten gab es immer, und wird es immer geben: wie bei jeder Fußball-EM und -WM etc. Ich möchte hier ausdrücklich an die Liebescontainer bei der Fußball-WM in Deutschland erinnern, das ja als Fest der Liebe in Erinnerung ist. Da mag es sogar das Entscheidende sein.

Auf dem Konstanzer Konzil ging es in einer Welt mit Universalanspruch um die Fundamente. Um die Macht, die Machtverteilung: Es ging um das Verhältnis von Papst und Konzil, um den Konziliarismus, um die Frage, ob der Papst über dem Konzil steht, oder ob es vielleicht sogar umgekehrt ist. Es ging auch um das Verhältnis von weltlicher und geistlicher Macht, die kein Spielball der Mächtigen sein sollte – und kein Anhängsel, keine Staatskirche, wie wir sie in Konstantinopel hatten und haben in manchen christlichen Kirchen bis zum heutigen Tag.

Schließlich ging es um den Glauben der Kirche.

Die anderen Ziele der Agenda, die Reform und den Glauben der Kirche betreffend, wurden indes nicht gelöst, nur verschoben, und so viel kann ich vielleicht schon heute sagen: bis zum Jüngsten Tag.

Vielleicht gilt auch hier: Manche Probleme haben nur eine Geschichte, doch keine Lösung.

Hundert Jahre nach Konstanz kam erst einmal Luther und seine Reformation genannte Bewegung.

Und wie es danach weiterging
Was in Konstanz als nicht erledigt liegen blieb, wurde dann 100 Jahre später durch das, was die Reformation genannt wird, weiterbetrieben. Doch auch nicht zum Ende – keineswegs gelöst – es folgten der Reformation die grauenhaften Bürgerkriege und Religionskriege, gipfelnd im verheerenden Dreißigjährigen Krieg. Am Ende der Westfälische Friede, ein Status quo – bis in die jüngsten Tage, da sich das Interesse verlor: Das Land der Reformation ist bekanntlich weltweit eines der indifferentesten, was den Glauben und die Religion (was zwei verschiedene Paar Stiefel sind) verlor.

Was mir heute zu Konstanz einfällt: Dass es von einem Jahrtausende alten Zentrum zu einer badischen Grenzstadt geworden ist, die selbst ihren Rang als Bischofssitz verlor. Und dass etwas fehlt, zum Beispiel der gewaltige Schatz des Inneren im Konstanzer Münster, von den offiziellen Bilderstürmern, den Taliban der Reformationszeit, berserkerhaft zerstört; und dann: Dass die Konstanzer – das heißt: jene, die damals das Sagen hatten im 19. Jahrhundert, sich ihrer schönen alten Stadt schämten, die mit ihrem Format und ihrer Geschichte nicht in die Neue Zeit passte, und deshalb abgerissen wurde. Sie schämten sich, so wie die Höhlenbewohner von Matera, das heißt, die Politiker, die etwas sein wollten, schämten sich. Und deswegen wurde wohl auch Petershausen abgerissen, und auch, um die Spuren einer anderen Geschichte zu verwischen.

War es zur Strafe für das in seiner Aufgabe der Kirchenreform gescheiterte Konzil, dass hier dann 100 Jahre später die Reformation in der süddeutsch-schweizerischen Variante (Zwingli war schließlich Konstanzer Diözesanpriester, und Zürich war kirchlich bis zur Reformation dem Bistum Konstanz unterstellt) zunächst einen besonders großen Anklang fand? Und dass hier – und in ihrem

Gefolge der Bildersturm – ganz besonders tobte? Ein fanatisierter Pöbel – durchaus mit Billigung und unter Anleitung der neuen Stadtherren, die vorübergehend die Herrschaft in Konstanz übernommen hatten – zerstörte die Heiligtümer der Stadt, zum Beispiel den berühmten Altar von Niclas Gerhaert van Leyden. Und für einen Gläubigen noch viel verheerender: Die Heiligen wurden wie Sondermüll in den Rhein entsorgt, das war von protestantischen Taliban oder Salafisten. Ja, die Knochen der Heiligen, der für die Stadtgeschichte wichtigsten Personen, die Konstanz jemals gesehen: des heiligen Konrad und des heiligen Gebhard, wurden ins Wasser geschmissen.

Von wegen *der Bildersturm ging in Konstanz geordnet vonstatten!* Dies nur insofern, als wenn man mit geordnet meint, dass die versilberbaren Dinge nicht geraubt, sondern vom Rat eingeschmolzen und das Gold und die Edelsteine verkauft wurden, und der bewunderte Altar wurde wahrscheinlich zu Brennholz.

Also: Sie hatten Sinn für Ordnung, vielleicht gab es auch schon eine Putzwoche.

Ambrosius Blarer, der aus jener Gasse kam, die auf das Münsterportal zuführte, legte als Geistesmensch zwar nicht selbst Hand an, aber hatte er wirklich gar nichts damit zu tun? Er ist heute mit einem Eintrag im Ökumenischen Heiligenlexikon vertreten, warum, weiß ich, ehrlich gesagt, auch nicht.

Der Bischof floh über den See nach Meersburg, konnte sich indes halten und seine Nachfolger blieben auch dort bis zur Auflösung des Bistums 1806. Dem verdanken wir auch das herrliche Neue Schloss, das von den Kirchenkritikern von heute gewiss auch missbilligt würde.

Aus der Konkursmasse von Konstanz wurden mehrere neue Bistümer errichtet, davon große Teile des heutigen Erzbistums Freiburg, das sich als Nachfolgerin von Konstanz fühlt (und juristisch auch wohl ist), Rottenburg, Feldkirch, St. Gallen. Der Rest wurde verteilt auf das alte Augsburg, auf Straßburg, Chur und Basel. So groß war also Konstanz einmal. Es war das Herz eines alten Zentrums gewesen, und das schlug nicht mehr.

Wo einst ein Zentrum war, dem das Mode-Wort *international* durchaus entspräche, wurde immer mehr eine Grenzregion, das sind letztlich Folgen der Reformation.

Am Ende der bewunderungswürdige, arme Wessenberg: der war der damaligen katholischen Kirche zu modern.

Und im 19. Jahrhundert angekommen, wurde Konstanz endgültig zur badischen Provinzstadt, vom fernen Karlsruhe aus (das war lange genug in Zeiten, als es noch keine Eisenbahn, kein Auto, kein Telefon und kein Facebook gab) regiert.

Ein paar Jahre, und der Mensch von Konstanz hatte eine neue Identität angenommen, und war nun stolzer Badener. Warum nicht. Konstanz passte mit seiner alten Internationalität schon gar nicht mehr in die neue, fortschrittliche, immer nationalistischer werdende Zeit des 19. Jahrhunderts. Mitten durch das alte Konstanz verläuft heute die Außengrenze der EU. Kreuzlingen ist heute so eine Art Ausland geworden, dass man sich eine unsichtbare Chinesische Mauer dazwischen denken muss, und auch, weil es die alten Konstanzer ja nicht mehr gibt, und in Konstanz immer mehr Hochdeutsch gesprochen wird, und das Alemannische vergessen.

Kleiner Exkurs in die Jetzt-Zeit

Das Konzil fand noch im sogenannten Mittelalter statt, einem Begriff, mit dem ordnungssüchtige Menschen das nicht zu Ordnende, die Geschichte, zum Beispiel, zu ordnen versuchen. Immer so, als hätten die Historiker das letzte Wort, so wie die Juristen in der Jetzt-Zeit. (Daher gibt es so viele Juristen im Bundestag, deren Anteil an der Gesamtbevölkerung indes überschaubar ist. Die Welt, auch der Bundestag, ist in der Hand der Juristen.)

Ein erster Satz von heute, der mir dazu einfiel: Der Mensch sagt Ja zu seinen Implantaten.

Unsere Zeit und ihre Ideologen, die Geschichtspolitiker, die Supermächte sollten sich so sehr über die *dark ages*, über das angeblich so finstere Mittelalter erheben: Das finsterste Jahrhundert der globalen Schrecknisse, von dem wir wissen – nach dem einleitenden des 19. Jahrhunderts des technischen Fortschritts und der Welteroberung durch die Kolonialmächte – war ja wohl das 20. – oder?

Wer von den Menschen, die heute im SÜDKURIER COUNTY leben, hat keinen Vater, Großvater oder Urgroßvater, der nicht in den Ersten Weltkrieg oder Zweiten Weltkrieg gezogen wäre – gezogen worden wäre – ich habe mir sagen lassen, dass es nicht ganz freiwillig war, daran müssen wir uns erinnern – und dort gefallen, in Gefangenschaft geraten und mit etwas Glück als Verlierer daraus zurückgekehrt wäre?

Zwar gibt es nun hierzulande seit über siebzig Jahren Ruhe – was es überhaupt noch nicht gab – doch das TV tut das tägliche Seine dazu. Unser tägliches Brot sind doch auch die sterilen Fernsehbilder mit den Drohnentoten.

Ach, die tägliche Geschichte.

Ich weiß auch nicht. Aber dieser Satz aus der Expertenwelt von heute hat kein großes Ansehen.

P.S.: »Früher hieß das Imperialismus, heute Geopolitik.« Schlußsatz hierzu: Den Friedensnobelpreis kannst du auch den Hasen geben.

Zurück in die Zentrale!

Die Imperia: Zweifellos geht es hier nicht um einen Versuch, der Geschichte Gerechtigkeit widerfahren zu lassen – oder auch nicht; es geht ja gar nicht um die Zeit, die vergangen ist. Sondern um hier und heute: Das ist der Versuch von Geschichtspolitik.

Die Imperia, das heißt zwei Megatitten mehr im öffentlichen Raum, die verkünden, was der nachdenkliche Mensch weiß: dass die Welt regiert wird von der Geilheit nach Macht, Sex und Geld, wobei mir die Reihenfolge nicht klar ist.

Sie – die Bewunderer – halten das für Gesellschaftskritik, wenn ein Papst, ein Kaiser und eine Hure vorkommen?

Ich staune, wie das Publikum sich immer noch an Badewannen aufgeilt – und und – wie es an der Imperia eine Art Satisfikation sieht, eine Wiedergutmachung, doch von was?

Sie halten das für Gesellschaftskritik, lauter Tante Mausis, die immer sagte: *Das hat man jetzt!* Sie wollte immer im Trend sein, ihr Lieblingswort war vernünftig, doch am Ende stellte sich heraus, dass sie ein Mitläuferleben geführt hatte.

Einige meinen, sie hätten nun etwas, gar michelinkompatibles, (»...lohnt eigene Anreise«). – Das soll jetzt mehr sein als das Münster und das Konzil?

Die Imperia lebt aber ganz und gar von diesen Vorgaben, auf ihre Kosten.

Diese Figur scheint es nur mit dem Arsch des Konzils zu tun zu haben.

Kann ich sagen: Da wird mir immer nur der Arsch der Geschichte gezeigt?

Mit den Wörtern *unten* oder gar *hinten* verbindet der Mensch ansonsten wenig Hoffnung, und unten kann kein Ziel sein, nur in der Liebe vielleicht, beim Lüstling (beiderlei Geschlechts), der in der ganzen Welt immer nur das sogenannte Eine zu sehen vermag.

Das Konzil wird in diesem Zusammenhang abgehandelt, als wäre es nicht die größte politische Konferenz des katholischen Europa gewesen, sondern eine Provinzposse, als wären da vier Jahre ein paar alte Böcke von überall her zusammengekommen, um sich auszuleben. Als wäre es das gewesen.

Das ist aber kein Problem des Künstlers, der – darauf bestehe ich – machen kann, darf und soll, was er will, sondern der Gesellschaft, die so etwas fordert. Eigentlich müsste man die seltsame Deutsche Bahn zur Rechenschaft ziehen, die mit ihren Städtereisen Leute von überallher lockt.

Die Imperia gleicht wohl einem permanenten öffentlichen Hinrichtungsversuch für solche in Zeiten, da sie weite Reisen unternehmen müssten, um einem derartigen Spektakel beizuwohnen.

Die Imperia ist eigentlich etwas für solche, die bei der Schlossführung in Neuschwanstein das Gewicht und den Preis des Lüsters für das Wichtigste halten.

Das, was ich sah, gehört zu den Fressalien des Zeitgeistes, also was man hat eine Zeit lang, und wovon der Markt und der dazugehörende Betrieb lebt.

Wie weit weg ist das etwa von solchen Bildern wie dem Papst Innozenz X. von Velasquez (der, als er sein Porträt sah, sagte: *troppo vero – zu wahr!*) oder von Francis Bacons Papstbildern nach Velasquez und wie weit weg von solchen Bildern, die, wie mittelalterliche Bildertafeln, die ganze Passionsgeschichte der Welt und des Lebens auf ein Bild zu bringen vermögen? Etwa der Grauen Passion von Holbein oder dem Gekreuzigten von Grünewald in Colmar. Oder bei Beuys *Zeige Deine Wunde*.

Ein solches, ebenbürtiges Denkmal hätte ich der Konzilsstadt gewünscht.

Denn die eigentliche Tür geht doch auch in der Kunst nach innen auf.

Dieses Kunstwerk lebt davon, ganz und gar davon, eine Nachäffung zu sein. Es handelt sich wohl um den Versuch von Geschichtspolitik, dessen künstlerischer Wert überschaubar ist.

Kommen wir zum Ende ...
Von Balzac habe ich auch eine schöne Geschichte: Ein Geiziger bekommt die letzte Ölung von einem Bischof; letzte Handlung des Sterbenden: wie er noch versucht, dem Bischof das goldene Brustkreuz zu entreißen. Das ist große Literatur.

Zweifellos ist das Phänomen der Imperia, und auch die dazugehörende Geschichte, und auch das Zustandekommen der vor 20 Jahren aufgestellten Imperia etwas Hochinteressantes, das unsere Aufmerksamkeit verdient.

Im besten Fall: Kunst ist das Gegenteil von gut gemeint: Wenn man das Wort *nichts* ernst nimmt und nicht einfach die Kehrseite von Etwas sieht.

Ich war nicht der Meinung, dass ich darüber lieber hätte schweigen sollen.

Summa: Das alles mag es gegeben haben; aber ist es das einzige, was einem Künstler zum Konzil von Konstanz einfällt? Es gibt auch noch Konstanzer, die stolz darauf sind.

Die Menschen sind verschieden, darin gleichen sie sich. Das ist ihre einzige Gemeinsamkeit.

Darin gleicht sich der Mensch, dass er verschieden ist.

Die Geschmäcker sind nicht verschieden, nur die Menschen.

Was ist die Welt? Weiß nicht. Aber so viel doch: Die Hölle der Sardinen ist der Himmel des Killerwals. Künstlerisch gehört so etwas wie Lenk zu den Fressalien, also was man hat eine Zeit lang und wovon der Betrieb lebt.

Hingegen der Schriftsteller, den ich meine: Egozentriker der satzweisen Vergänglichkeit. Es ist bei mir durchaus nicht so wie bei Tante Mausi, die einfach nicht verstand. Sie wollte sich über den Tropischen Regenwald informieren ... und dann hat sie das Buch *Feuchtgebiete* gekauft. Oder unserer Tante, die für das Eine das Wort *ficken* nicht kannte, das heißt, noch *mich fickt der Schuh* sagte.

Man könnte vom Glauben abfallen, bei all diesem Gepränge.

Brauchte es hier nicht des Kindes in Andersens Märchen von *Des Kaisers neue Kleider*?

Meine Freundin, das Wildrösle, ist nicht die einzige, die sich quält damit, die immer auf die andere Seite geht, wenn sie an dieser Skulptur vorbei muss, fast schon zu Tode fotografiert wie Madonna. (Aus Überlingen, wo auch so eine Mega-Skulptur aufgestellt ist, von einem wohl auf Spektakel abonnierten Rat, hörte ich Ähnliches, ja, es soll so sein, dass manche nun nicht mehr in die Stadt gehen können.)

Da ist *ein »Riss im Himmel«* – wertmindernd. So lautete die Beschreibung eines Bildes bei der Auktion. Wäre auch in etwa eine Beschreibung der Welt.

Aber ich werde es nie zum Zyniker schaffen!

Das Meer wurde ja keineswegs kleiner, nicht einmal der Bodensee, während ich auf ihn, oftmals, hinausschaute, wenn und während wir auf ihn hinausschauen. Und die Hölle der Sardinen ist der Himmel des Killerwals. Oder: *Neana goats so zua wia uf de Werldt* (nirgendwo geht's so zu wie auf der Welt, für solche, die des alten Konstanzerischen nicht mehr mächtig sind).

So viel für heute.

Aus: Arnold Stadler: Es war kein Liebeskonzil. Rast/Berlin 2013. Erstveröffentlichung.

THERESIA WALSER /
KARL-HEINZ OTT

Das Konstanzer Konzil (1414–1418) als europäisches Großereignis war bereits im 16. Jahrhundert selbst für »Dramatiker« eine Herausforderung. Johannes Agricola (1494–1566), dessen anonym veröffentlichtes Drama »Tragedia Johannis Hus« ebenso in dieses Lesebuch aufgenommen wurde wie die Replik »Ein heimliches Gespräch von der Tragödie des Johannes Hus zwischen Dr. Martin Luther und seinen guten Freunden« von Johannes Cochläus (1479–1552), sind nur zwei prominente Beispiele. Auch über die folgenden Jahrhunderte hinweg war das Konzil begehrter dramatischer Stoff. Eine Vielzahl von Theaterstücken entstand im 18. und 19. Jahrhundert, vor allem auch in der böhmischen/tschechischen Heimat von Jan Hus (1369–1415). Ihre Autoren formten darin aus dem böhmischen Reformator zumeist eine nationale Identitätsfigur. Der größte Teil dieser Schauspiele gehört der Theatergeschichte an – was im Übrigen auch für Stücke des 20. Jahrhunderts gilt. Die »historischen« Hus-Tragödien und Hussiten-Dramen werden von den großen Bühnen selten gespielt, da sie dem heutigen Verständnis von Theater und den Interessen des Publikums offenbar zuwiderlaufen. Wobei diese Beobachtung nur bedingt für die Gattung der Oper gilt. Die Oper »La juive« (Die Jüdin) von Jacques Fromental Halévy (1799–1862) und dem Libretto von Eugène Scribe (1791–1861), die 1835 in Paris uraufgeführt wurde und in Konstanz zur Zeit des Konzils spielt, steht immer mal wieder auf dem Spielplan europäischer Häuser. 2008 wurde sie mit großem Erfolg in Stuttgart aufgeführt.

Die bittere Erfahrung, mit einem Konzilsstück gescheitert zu sein, machte auch der – in diese Anthologie aufgenommene – tschechische Schriftsteller und Dramatiker Pavel Kohout (*1928) mit »Ecce Constantia« (1989). Die Auftragsarbeit der Stadt Konstanz fand nicht das Votum des Intendanten des Stadttheaters und wurde am See nie gespielt. Dieses Malheur wird Theresia Walser und Karl-Heinz Ott nicht widerfahren. Das in der Nähe von Freiburg lebende Autorenpaar wurde ebenfalls von der Stadt Konstanz beauftragt, anlässlich des 600-jährigen Konzilsjubiläums ein Stück zu schreiben. »Konstanz am Meer« wurde im Juni 2014 unter freiem Himmel auf dem Münsterplatz uraufgeführt, wobei auch hier offenbleibt, wie sich die Nachhaltigkeit gestaltet. Konstanzer Räte träumen von einer Aufführungs-Tradition, wie es Salzburg vormacht mit Hugo von Hofmannsthals »Jedermann. Das Spiel vom Sterben des reichen Mannes«, das seit 1920 auf dem Platz vor dem Dom gespielt wird. Man wird sehen ...

Das Autorenpaar gilt als erfahren. Der 1957 in Ehingen an der Donau geborene Karl-Heinz Ott hat nach dem Studium der Philosophie, Germanistik und Musikwissenschaft als Leiter der Schauspielmusik in Esslingen und Freiburg gearbeitet, auch wirkte er als Chefdramaturg der Oper Basel und am Theater am Neumarkt in Zürich. Er schuf diverse Bühnenbearbeitungen (darunter Platons »Gastmahl« von 1998 und, gemeinsam mit Theresia Walser, »Geierwally«, 2002) sowie eigenständige Theaterstücke (»Endlich Gäste«, 2002). Aber auch als Romancier (»Endlich Stille«, 2005) machte er sich einen Namen. Die Musikalität seiner Sprache begeistert seine Leserschaft.

Theresia Walser, 1967 als Tochter des Schriftstellers Martin Walser und dessen Frau Käthe, einer Pianistin, in Friedrichshafen geboren, veröffentlichte nach der Schauspielausbildung 1996 mit »Das Restpaar« ihre erste Theaterarbeit. Dicht darauf folgten die Stücke »Kleine Zweifel« (1997) und »King Kongs Töchter« (1998) – die Serie brachte ihr noch 1998 den Titel »Autorin des Jahres« ein. Mittlerweile hat sie mehr als ein Dutzend Stücke aufgelegt, die in den letzten Jahren vorwiegend an ihrer »Stammbühne«, dem Nationaltheater Mannheim, uraufgeführt werden. Theresia Walsers Theaterstücke, die mittlerweile auch in Übersee gespielt werden, sind als Gegenentwurf zum gängigen und bisweilen bierernsten Bühnen-Realismus angelegt, ihre ungewöhnliche poetische Sprachkunst wird von der Kritik immer wieder gelobt.

»Konstanz am Meer« spielt Heiligabend 1414. Hohe weltliche und *geistliche Herren, darunter auch Papst Johannes XXIII. (1370–1419), aus der ganzen damals bekannten Welt warten auf König Sigismund (1368–1437) und seine Frau Barbara von Cilli (1390–1451), die mit dem Schiff von Überlingen kommend in Konstanz erwartet werden. Die illustre Gesellschaft steht seit Stunden herum. Es ist bitterkalt, die Begrüßungskanonen sind bereits verschossen, weil immer einer der Gesellschaft glaubte, das Schiff in der Nebelsoße über dem See erkannt zu haben. Die Szenen springen wild hin und her zwischen scharfzüngigen religiösen Streitgesprächen und weltlichem Tohuwabohu. Mal geht es um die Verurteilung eines Ketzers, mal um die Höhe der Ablasstarife, mal um den Ehekrach zwischen König Sigismund und seiner Frau, die sich lieber der Alchemie hingibt, als ans Jenseits zu glauben, mal geht es um den leergefischten See und Nachschubprobleme, mal um die Frage, wie Sigismund, der die Reliquiensammlung seines Vaters bereits verhökert hat, die nächste Weinlieferung bezahlen soll ... Hohes und Niederes, Erhabenes und Banales spielen auf diesem großen religiösen und politischen Jahrmarkt, wo (nicht nur) nach Meinung des Autorenpaares Ott/Walser zum ersten Mal die Idee eines großen Europas erscheint, ständig ineinander ... Und ja: Es darf bei diesem Konzilsstück, das nach der ersten Drucklegung dieses Buchs am 27. Juni 2014 in Konstanz uraufgeführt wurde, gelacht werden.*

In der 6. Szene – hier im Erstdruck – empfängt König Sigismund die nationalen Vertreter aus Frankreich, England, Deutschland und Italien am Konstanzer Konzil. Mit dabei: der Papst, Hintz und Kuntz, Friedrich von Tirol (1382–1439), für den das Konstanzer Konzil eine insgesamt sehr schwierige politische und persönliche Krise darstellte, sowie Barbara von Cilli.

Konstanz am Meer

6. Szene
Draußen, Tribüne
Sigismund sitzt auf einem Thron und hält Audienz
Hintz und Kuntz halten wieder den Baldachin

Nacheinander:
Papst
Friedel mit dem leeren Beutel
Frankreich
England
Deutschland
Italien
Cilli

SIGISMUND: Lasst ihn kommen.
KUNTZ: *zu Hintz*
Du sollst ihn kommen lassen.
Hintz weiß nicht, was er machen soll
Kommen lassen sollst du ihn!
HINTZ: Ich soll ...?
KUNTZ: Den, der jetzt kommen soll!
HINTZ: *ruft ins Leere*
Der, der jetzt kommen soll, soll kommen!
KUNTZ: Du sollst ihn holen.
HINTZ: Wen?
KUNTZ: Den, der jetzt kommen soll.
HINTZ: Er kommt nicht.
KUNTZ: Wer?
HINTZ: Der, der kommen soll.
KUNTZ: Dann hol ihn!

Hintz lässt den Baldachin fallen, eilt davon und stößt mit dem Papst zusammen

SIGISMUND: Verehrter Vater, Eure Heiligkeit! Wie geht es Euch?

PAPST: Das Klima hier, das Essen. Seit gestern sausen mir die Ohren. Ich hab es mit den Nieren, und auch der Rachen schmerzt.

SIGISMUND: Wir wollen uns so kurz wie möglich fassen. Wie heißt es schon im Alten Testament: In der Kürze liegt die Würze. Zum Reden kommen wir noch lange. Reden ist Silber, Schweigen ist Gold. Wie schon die Bibel sagt: Was du heute kannst besorgen, schiebe nicht auf ...

PAPST: Mir brennt der Bauch, die Fische hier, das Fett, der saure Wein ...

SIGISMUND: Das Leben ist kein Pizzastück. Du weißt, ich habe dir gestern extra die Gelegenheit gegeben, vor allen andern demonstrieren zu können, dass du mir, dem König, aus deiner übervollen Kirchenkasse nicht Geld und Gold zuschaufeln willst. Jetzt aber sind wir unter uns.

PAPST: Ich danke dir.

SIGISMUND: Das hab ich gern getan. Umso schöner, dass wir jetzt anders miteinander reden können. Reich sind nur die, die wahre Freunde haben.

PAPST: Ich bitte Euch, es möglichst ...

SIGISMUND: Man sagt, du seist in deinem Leben schon so vieles und so manches gewesen.

PAPST: ... der Magen, die Nieren ...

SIGISMUND: Lasst die Leute reden, sage ich immer. Aber sie reden, ob man will oder nicht.

PAPST: ... ein regelrechter Sturm im Blut ...

SIGISMUND: Dreißigtausend, hunderttausend, das sind für Euch doch keine Summen. Ich habe Ausgaben. Ich habe das alles zuwege gebracht. Das ganze Konzil! Bin jahrelang von Pontius zu Pilatus gerannt. Ich selbst bräuchte es nicht, dieses Konzil. Wer Papst bleiben will, braucht es umso mehr.

PAPST: Ich danke dir. Vielleicht sollte ich mich besser setzen.

SIGISMUND: Nein, bleibt ruhig stehen. Wir wollen uns so kurz wie möglich fassen.

PAPST: Föhn, Feuchtigkeit und stinkende Gassen. Und das Licht, das so sticht.

SIGISMUND: Hunderttausend! Für eine gute Sache. Mehr nicht.

PAPST: Borgen und Schmausen enden im Grausen, heißt es schon beim weisen Salomon.

SIGISMUND: Es heißt ja auch, dass Ihr gar nicht an Gott glaubt. Lasst die Leute reden, sage ich immer. Aber sie reden, ob man will oder nicht.

PAPST: Was Glauben ist, das soll nicht Eure Sorge sein.

SIGISMUND: Manche sagen sogar, dass Ihr Pirat gewesen seid. Pirat, Papstmörder und Päderast. Lauter Berufe mit P. Lasst die Leute reden, sage ich immer. Aber sie reden, ob man will oder nicht.

PAPST: Wenn man glauben würde, was die Leute glauben, Ihr glaubt nicht, was wir dann glauben müssten!

Sie lachen beide

Eure Frau, die schlimmste Hexe! Ihr selbst …, ich will es gar nicht sagen. Worte, Worte, Worte …

SIGISMUND: Lasst sie reden, sage ich immer.

PAPST: Lügen haben kurze Beine!

SIGISMUND: Wer will da noch behaupten, Ihr wärt nicht bibelfest!

PAPST: Fasst Euch kurz.

SIGISMUND: Lasst die Leute reden, sag ich immer. Allerdings, wenn Ihr Papst bleiben wollt … Was ich ja will, dass Ihr es bleibt … Nur Wollen allein … Heißt es nicht in der Heiligen Schrift: Wollen allein hat noch keinem geholfen! Zwar kann der Glaube, wie es dort ebenfalls heißt, Berge versetzen, doch Jesus sagt auch: Mein Reich ist nicht von dieser Welt.

PAPST: Es heißt auch: Schuster, bleib bei deinem Leisten. Johannes 28, 13.

SIGISMUND: Hochmut kommt vor dem Fall, heißt es auch.

PAPST: Man soll den Tag nicht vor dem Abend loben.

SIGISMUND: Glücklich ist, wer vergisst, was nicht mehr zu ändern ist. Auch das steht in der Bibel.

PAPST: Unter den Blinden ist der Einäugige König. Markus 16, 36.

SIGISMUND: Wie schön, einmal mit einem klugen Mann von Welt …, doch unser Gespräch, so fürchte ich, tritt auf der Stelle.

Papst: Dann legen wir ein bisschen Feuer nach. Wie haltet Ihr's mit Hus?

Sigismund: Hus, das lasst nur meine Sorge sein. Ihr habt doch Sorgen schon genug.

Papst: Eure Sorgen sind auch meine Sorgen.

Sigismund: Das nenn ich Freundschaft.

Papst: Man will hier Köpfe rollen sehen. Ich habe Hus schon vor vier Jahren eingeladen. Gekommen ist er nicht. Die Kardinäle wollten ihn schon damals brennen sehen. Ich habe widersprochen. Jetzt ist's zu spät. Verpasst ist verpasst. Meinetwegen hätte er leben sollen. Doch was, wenn Ihr und ich, wir beide, mit dieser Meinung ganz alleine stehen?

Sigismund: Ich kann mein Wort nicht brechen. Ich hab ihm freies Geleit versprochen. Er muss als freier Mann nach Hause gehen.

Papst: Du willst doch Kaiser werden!

Sigismund: Ihr könnt ihm mit dem Scheiterhaufen drohen.

Papst: Wer A sagt, muss auch B …, Ihr kennt den Satz.

Sigismund: Ihr könnt ihm drohen, bis er das große Zähneknirschen kriegt.

Papst: Er ist ein Aas, das bis hinauf zum Himmel stinkt.

Sigismund: In Böhmen sind die Leute sonderbar.

Papst: Das immer gleiche, alte Geschrei: »Sie predigen Wasser, sie trinken Wein!«, mehr fällt den Leuten, wenn es um die Kirche geht, nicht ein. Jeder Simpel will auf einmal die Bibel verstehen und wissen, was die Wahrheit ist. Mit nichts im Kopf als Starrsinn, Wirrsinn, Trotz und Besserwisserei. Ein Bauer, der den Theologen spielen will und scheinbar mehr weiß als der Herrgott selbst. Die Armen im Geiste! So hat das Jesus nicht gemeint. Das Ei will klüger sein als das Huhn. Ein bisschen Demut ist jetzt angesagt, und sei es mit Gewalt.

Sigismund: Er widerruft und unterschreibt, was ich ihm sage. Und keiner wird den Namen Hus je wieder hören.

Papst: Dein Wort in Gottes Ohr.

Sigismund: Wer viel gibt, dem wird auch gegeben! Ihr kennt die Bibelstelle. Wir wollten eigentlich über etwas anderes reden. Man

sagt, Ihr hättet nicht nur Euren Vorgänger vergiftet, Ihr hätte auch die Frau in seinem Bett danach sofort geschwängert.
PAPST: Verzeiht, mir pocht die Niere ...
SIGISMUND: Lasst die Leute reden, sag ich immer.
PAPST: ... ein Stechen im Auge, verzeiht, ich muss jetzt gehen ...
SIGISMUND: Hunderttausend für eine gute Sache. Ich bräuchte das Konzil nicht. Aber wer Papst bleiben will ...
PAPST: ... mir klirrt's im Ohr, verzeiht, ich höre nichts mehr.
SIGISMUND: Gesundheit gibt's nur eine, Krankheiten viele.
PAPST: Ich danke dir.
SIGISMUND: Ende gut, alles gut. Wie's in der Bibel steht.
PAPST: *macht sich auf den Weg, dreht sich aber noch einmal um* Man soll den Tag nicht vor dem Abend loben!

Abtritt Papst

SIGISMUND: Lasst ihn kommen.
KUNTZ: *zu Hintz*
Du sollst ihn kommen lassen.
HINTZ: Er ist gerade gegangen.
KUNTZ: Den anderen! Den anderen sollst du kommen lassen.
HINTZ: Wen?
KUNTZ: Den, der jetzt kommen soll.
HINTZ: Das hast du vorher auch schon gesagt.
KUNTZ: Eben.

Auftritt Friedel

SIGISMUND: *zu Friedel*
Was hast du mir zu bieten, mein lieber Friedel von Tirol?
FRIEDEL: Der Papst hat mir gesagt, dass ich bei Euch ...
SIGISMUND: Vergiss den Papst, der ist so falsch wie alle andern auch. Ich habe ihm versprochen, die beiden andern abzusetzen. Was hast du mir zu bieten, Friedel?
FRIEDEL: Ich dachte, ich könnte bei Euch vielleicht ...

SIGISMUND: Jeder, der bisher da war, hat mir etwas zu bieten. Ich könnte etwas für dich tun. Und nicht zu wenig. Du müsstest mir nur Lust drauf machen. Damit meine ich nicht, dass du meiner Frau Lust machst. Dafür sorgen andere. Also, was hast du mir zu bieten, Friedel?
FRIEDEL: Wenn ich Euch einmal fragen dürfte, ob ich bei Euch vielleicht ...
SIGISMUND: Ich könnte dein Tirol behüten. Ich kenne viele, die in Innsbruck auch gern eine Burg bewohnen möchten. Denk an die Säbelschwingerhorden aus dem Osten, die bärtigen Nomaden aus den Wüsten, die Sarazenen mit den wilden Hengsten, die unsre Länder überrennen und uns zu einem Gott bekehren wollen, der keine Gnade kennt und keine Güte. Innsbruck, ich muss dich lassen, kannst du dann singen, nur Schutt und Rauch und das Nichts im Rücken. Denk nach, bevor du etwas sagst. Was hast du mir zu bieten, Friedel? Und jetzt Adieu. Jetzt gehst du rückwärts auf das Tor zu. Das ist ein erster Schritt. Halt, Friedel, so geht's nicht. Schon falsch! Geh rückwärts, schau mich an und stolpre nicht, ich bin dein Diener. Gut so, mein lieber Friedel. Denk an Tirol. Und stütz dich nicht so sehr auf den, der sich noch Papst nennt und sich schon lange nicht mehr selber stützen kann. Ich wäre vorsichtig an deiner Stelle. Böse Zungen murmeln, er treibe es mit Tieren. Er sei in die Geheimnisse des Glaubens weit weniger eingedrungen als in so manche Kuh, so manches Schwein, so manches Schaf, so manche Ziege. Ich sage nur, was man so spricht. Pass auf und stolpre nicht.

Abtritt Friedel

SIGISMUND: Lasst ihn kommen.
HINTZ: *zu Kuntz*
Lass ihn kommen!
KUNTZ: Wie redest du mit mir?
HINTZ: Du sollst ihn kommen lassen, das ist nicht zum Spaßen, und hörst du nicht, muss ich dir eins verpassen.
KUNTZ: Schlecht reimt sich, was schlecht sich reimt.

Italien tritt auf

SIGISMUND: Wie schön, dass Ihr gekommen seid, Italien, das Land, wo die Zitronen blühn, im dunklen Laub die Goldorangen glühn! Was kann ich für Euch tun?
ITALIEN: Wir fahren morgen wieder ab.
SIGISMUND: Das habt Ihr gestern schon gesagt. Wenn morgen immer morgen bleibt, sehn wir uns öfter als gedacht.
ITALIEN: Wozu noch bleiben? Der Papst bleibt Papst, und alles ist gesagt.
SIGISMUND: So seht es Ihr, die andern sehn es anders.
ITALIEN: Was hat uns England, Deutschland, Frankreich denn zu sagen? Sie alle lebten noch in Höhlen und schlürften Wasser aus den Pfützen, als bei uns längst schon Tempel, Kirchen und Paläste standen und wir aus Kelchen Pinot Grigio und Barbera tranken.
SIGISMUND: Mein Vater ist in Padua begraben.
ITALIEN: Wie schön für ihn.
SIGISMUND: Ihr werdet Hilfe brauchen, nicht heut vielleicht, doch morgen. Rom ist inzwischen auch nicht mehr, was es mal war.
ITALIEN: Der Name Rom ist nur ein andres Wort fürs Christentum. Wo Rom nicht ist, ist keine wahre Religion.
SIGISMUND: Darüber reden wir dann morgen, jetzt gute Nacht, Rom hat man auch nicht in sieben Tagen gemacht. Vergesst auch nicht die Säbelschwingerhorden aus dem Osten, die Sarazenen mit den wilden Hengsten, die Euer Land bald überrennen. O sole mio, könnt Ihr dann singen, wenn Rom in Asche liegt und auf den sieben Hügeln die Muselmänner tanzen. Jetzt gute Nacht.
zu Hintz und Kuntz
Bringt ihn hinaus. Italien ist ein schönes Land.
KUNTZ: *zu Hintz*
Bring Italien heim, und zwar sofort.

Abtritt Italien.
Hintz kommt zurück mit England und Frankreich

SIGISMUND: Gegrüßt seid Ihr mir, schönes England, schönes Frankreich. Was bringt Ihr mir?
FRANKREICH: Verzeiht, in einem Atemzug mit England will ich nicht genannt sein.
ENGLAND: So geht es immer. Ich habe nichts getan. Schon falsch.
FRANKREICH: Ihr habt Burgund und außerdem ...
ENGLAND: Seht Ihr, schon will man wieder kleinlich werden ...
SIGISMUND: Bretonen, Sachsen, Angelsachsen, es wächst zusammen, was zusammenwachsen muss. Denkt an die Sarazenen mit den wilden Hengsten, die Euer Land bald überrennen. Wir müssen jetzt zusammenhalten.

Herein wankt das betrunkene Deutschland

DEUTSCHLAND: Bin ich zu früh oder zu spät?
KUNTZ: *zu Hintz*
Er ist nicht dran, bring ihn hinaus.
HINTZ: *zu Deutschland*
Ihr seid nicht dran.
DEUTSCHLAND: Gestern ist's wieder spät geworden, weshalb ich jetzt ein bisschen früher ... Komm immer ein bisschen früher, bevor's zu spät ist, hat meine Mama ...
HINTZ: Ihr seid nicht dran.
DEUTSCHLAND: Aber immer wird's so früh so spät, wenn man da sitzt und denkt und dischkuriert mit der ganzen Welt ...
HINTZ: Ihr seid nicht dran.
DEUTSCHLAND: ... da ischd ja England, Frankreisch, Heilandzack! Wasch haben wir's erst gestern Nacht ...
HINTZ: Ihr seid nicht dran!
DEUTSCHLAND: *zu Hintz*
Halt du dein Maul, du Schwob, du Heilandzack, du Uferarsch vom See ...
HINTZ: *zu Kuntz*
Er redet mit dir.

SIGISMUND: Wie schade doch, dass wir für Deutschland keine Zeit mehr haben, ein andermal, es ist schon spät ...

DEUTSCHLAND: Isch grüße Euch ...

SIGISMUND: Ich bitt Euch zwei, mein starkes England, stattliches Frankreich, lasst Deutschland nicht hier hängen, nehmt es mit und sorgt dafür, dass morgen wir uns wieder treffen, in alter Frische. Adios, adieu, auf Wiedersehn.

England und Frankreich nehmen Deutschland in die Mitte und schleppen es hinaus

Auftritt Cilli. Sie ist im Gesicht schwarz verschmiert

SIGISMUND: Meine Frau kommt zur Audienz bei mir?

CILLI: Du hättest es sehen sollen! Das hat gedonnert, gekracht und geknallt. Die Funken hat's in alle Himmelsrichtungen gespuckt, bis über den See hinüber.

SIGISMUND: Hast du wieder nicht lassen können, was du nicht lassen kannst.

CILLI: Nur ein bisschen Kali, Salpeter und Faulbaum ...

SIGISMUND: Platzt hier in meine Weltgeschäfte hinein, siehst aus wie der Teufel und erzählst von diesen Dreckrührereien.

CILLI: Zuerst hat's bloß gedampft, so ein Dämpflein, wie ich's schon tausendmal gesehen hab, aber dann hat der Mönch von Meersburg drüben ...

SIGISMUND: Ich will's nicht hören!

CILLI: Da haben wir dem Erdgeist unter dem Hintern mächtig eingeheizt, und der zischt los, das hättest du sehen sollen, wie der loszischt, auf einmal schießt der hoch, der reinste Drache, der Feuer spuckt und donnert, dass die Erde unter unsern Füßen zittert und knallt, wie wenn tausend Frösche in der Luft zerplatzen, und kracht, als zerschlage im Himmel einer Bäume.

SIGISMUND: Das nennst du Picknick?

CILLI: Das hättest du sehen sollen! Da könntest du die Leute hier beeindrucken, wenn das mal losgeht. Ich weiß jetzt, wie es geht.

SIGISMUND: Nicht so laut, sonst wirst du noch als Hexe verbrannt.
CILLI: Was macht Ihr denn anderes, mit Euren Kutten, Kelchen, Kreuzen? Aus Wein mach Blut, aus Hostien Fleisch, Abrakadabra, Hokuspokus, Weihrauch, Nebel, Myrrhe, Gemurmel …
SIGISMUND: Ist das alles, was du mir sagen willst?
CILLI: Ich wollte dich nach einem Monat wiedersehen.
SIGISMUND: Ein Monat schon? Mir kommt es vor, als hätten wir uns gestern erst gesehen. Ist doch für Liebende ein gutes Zeichen? Ein Monat kommt ihnen vor wie ein Tag.
CILLI: Bei Liebenden ist es, soviel ich weiß, gerade umgekehrt. Sind sie einmal für einen Tag getrennt, so kommt es ihnen wie ein ganzer Monat vor. Verkehrte Welt! Bei uns ist's andersrum.
SIGISMUND: Das ist die noch viel innigere Liebe, dass man den andern gar nicht mehr vermissen muss. So sehr hat man einander in sich aufgesogen.
CILLI: Ich weiß nicht, was ich erstaunlicher finde: Dass du noch immer so bist, wie du bist, oder dass die Welt daran nichts ändern kann.

Abtreten Cilli und Sigismund in entgegengesetzte Richtungen

KUNTZ: *zu Hintz*
Wieso stehst du noch da?
HINTZ: Soll ich noch einen kommen lassen?
KUNTZ: Wenn der König weg ist, ist alles weg.
HINTZ: Aber du bist doch noch da.
KUNTZ: Aber ich geh jetzt.
HINTZ: Er hat dich nicht mitgenommen.
KUNTZ: Wohin?
HINTZ: Nach Böhmen ans Meer.

Aus: Theresia Walser/Karl-Heinz Ott: Konstanz am Meer. Freiburg i. Br. 2013. Erstveröffentlichung. – Das vollständige Stück ist 2014 als Buchausgabe im Tübinger Verlag Klöpfer & Meyer erschienen.

ROLF BÖHME

Er ist aktiver Jurist und Politiker im Ruhestand, Rolf Böhme (*1934). Von 1978 bis 1982 war er Parlamentarischer Staatssekretär beim Bundesminister der Finanzen und danach bis 2002 Oberbürgermeister der Stadt Freiburg – hier endete die Flucht von Papst Johannes XXIII. (1370–1419), Kaiser Sigismund (1368–1437) ließ ihn am 29. April 1415 verhaften. Böhme ist ein gebürtiger Konstanzer. Auch wenn er die Stadt nach dem Abitur verlassen hat, um in München und Freiburg Jura zu studieren (und zu promovieren), als Anwalt zu arbeiten und als Abgeordneter der SPD im Bundestag in der damaligen Bundeshauptstadt Bonn Platz zu nehmen – er blieb ein »Frichtle« (wie die Konstanzer über die Ihrigen sagen). Regelmäßige Besuche am See haben die Nähe zur Geburtsstadt und Freundschaften erhalten, wie sein persönlicher Blick auf das historische Ereignis »Konzil« (1414–1418) zeigt.

Rolf Böhme hat nicht nur zwei erfolgreiche Jahrzehnte als Oberbürgermeister der Stadt Freiburg gewirkt, er hat immer wieder auch über seine politische Arbeit als Buchautor reflektiert (»Je mehr wir haben, desto mehr haben wir zu wenig«, 1993; »Beeilt euch zu handeln, bevor es zu spät ist zu bereuen«, 1997). Aber auch den »Geschichtsarbeiter« Rolf Böhme gibt es. In dem Buch »Orte der Erinnerung – Wege der Versöhnung« (2007), das er im Ruhestand geschrieben hat, geht es um ein Thema, das ihn sein ganzes Leben begleitete: Wie sind wir Deutsche mit dem Holocaust nach 1945 umgegangen? Böhme schildert zu dieser Frage persönliche Ereignisse während seiner Dienstzeit als Oberbürgermeister. In seiner bisher letzten Buchpublikation, »Geschichten vom Amt« (2009), berichtet er über prägende Erfahrungen in der Bundes- und Kommunalpolitik. Das liest sich spannender als mancher Krimi. »Mein Konzil« hat Rolf Böhme eigens für dieses Lesebuch geschrieben.

Mein Konzil

Die 600-Jahrfeier Konstanzer Konzil 1414–2014 erinnert an eine Weltkonferenz der damaligen Christenheit. Es ging um die Wiederherstellung der Einheit der Kirche durch Überwindung des Schismas und um Reformen der Kurie an Haupt und Gliedern. Aber das Konzil befasste sich auch mit anderen, damals aktuellen Themen. So wurde die Kirchenversammlung zum Tribunal gegen die böhmischen Reformatoren Jan Hus und seinen Mitstreiter Hieronymus von Prag. Beide waren der Häresie und Ketzerei angeklagt, wurden zum Tod auf dem Scheiterhaufen verurteilt und in Konstanz hingerichtet – mit langen Nachwirkungen und Folgen. Vor allem der Feuertod von Jan Hus hat große Empörung in seiner Heimat Prag und in ganz Böhmen und Mähren ausgelöst. Es kam zu Aufständen, die als Hussitenkriege in die Geschichte eingingen und von Kaiser und Reich nur mit Mühe niedergeworfen werden konnten.

Jan Hus war eben nicht nur ein kirchlicher Reformator gewesen, sondern auch Vorläufer und Wegbereiter des tschechischen Nationalbewusstseins. Er predigte in der tschechischen Volkssprache und war im Volk populär. König Sigismund hatte ihm freies Geleit zugesichert, und im Vertrauen darauf hatte sich Jan Hus am 11. Oktober 1414 mit einigen böhmischen Rittern samt zwei Wagen auf den Weg zum Bodensee gemacht. Aber das Wort zur freien Rückkehr wurde von König Sigismund gebrochen. Vor den Toren der Stadt erlitt Jan Hus am 6. Juli 1415 den Märtyrertod. Er soll damals gesagt haben: »Jetzt bratet ihr eine Gans. Es wird aber kommen ein Schwan, den werdet ihr müssen stehen lassen!« Die Geschichte sah in diesen Worten einen prophetischen Hinweis auf Luther, der 100 Jahre nach Hus die Reformation gegen Rom erzwang.

An die Ereignisse um Magister Hus erinnern heute in Konstanz die Hussenstraße und mehrere historische Stätten, u. a. ein Museum in der Hussenstraße nahe dem Schnetztor in einem Haus, in dem Hus einige Zeit eingekerkert gewesen sein soll. Ebenso gibt es am mittelalterlichen Richtplatz im heutigen Stadtteil Paradies einen

Gedenkstein, den »Hussenstein«. Ferner erinnert eine Plakette in deutscher und tschechischer Sprache am Haus Obere Laube 73 an Hieronymus von Prag, der an dieser Stelle sein Gefängnis gehabt haben soll. Die Stadt Tabor, von den Hussiten gegründet und nach dem biblischen Berg Tabor genannt, ist heute die Partnerstadt von Konstanz. Und natürlich ist immer und überall das »Konzil« präsent, der gewaltige historische Bau am Hafen, ein Wahrzeichen der Stadt und Zeuge ihrer großen Geschichte.

Die berühmte Richental-Chronik berichtet in Bildern und Texten, wie die großen Ereignisse des Konzils abliefen, zeigt aber auch das Leben der Bürgerschaft und ihrer Gäste im mittelalterlichen Konstanz. Die einzigartige Dokumentation endet natürlich mit dem Konzil. Die Stadt existierte jedoch weiter, hatte ihre Entwicklung mit Höhen und Tiefen bis heute. Die Erinnerung an das große Konzil blieb sicher immer präsent, schon durch das ehrwürdige Gebäude am Eingang des Hafens selbst, aber auch durch die Namen der anderen historischen Stätten. Verbinden sich damit in der Bürgerschaft auch persönliche Ereignisse und Erlebnisse?

Darüber werden individuell unterschiedliche Eindrücke bestehen. So auch bei mir, der ich 1934 in Konstanz geboren wurde, dort aufwuchs und nach dem Abitur am Heinrich-Suso-Gymnasium im Frühjahr 1954 die Stadt verließ. Als Kind und Junge wurde ich jedoch mehrfach und immer wieder geradezu auf das Konzil »gestoßen« und habe bis heute daran eine lebhafte Erinnerung. Davon will ich berichten.

Meine Familie zog 1938 in die heutige Obere Laube 73. Im Jahre 1940 wurde ich in der Stephansschule eingeschult. Damals, und später die ganze Schulzeit über, war die Laube eine schöne breite Allee mit vielen großen und alten Bäumen, meistens Linden, aber auch Buchen. Eine große Buche stand am Eingang zum Pfauengässle. In ihrem Schatten sammelten wir im Herbst immer die Bucheckerle. Aber den größten Eindruck machten die Linden mit ihrem betäubend–süßlichen Duft im Spätsommer. Den intensiven Lindengeruch habe ich noch heute in der Nase. Im Krieg gab es wenig Verkehr, einige Autos und meistens nur Pferdefuhrwerke, von der Wehrmacht und privat von der Spedition Senger und Butz. Aber die störten uns beim Spielen auf der Straße nicht, sondern waren eher eine willkommene Abwechslung, die wir freudig begrüßten und denen wir eifrig hinterherrannten. Die Straße gehörte als öffentlicher Raum praktisch uns Kindern zum Spielen. Den Ausdruck »Spielstraße« gab es damals noch nicht, aber wir hatten tatsächlich eine solche.

Schon als Junge, noch bevor ich lesen konnte, stutzte ich manchmal über eine Plakette, die oberhalb unserer Haustür befestigt war, die ein Bild zeigte mit einem bärtigen Mann sowie rechts und links davon eine Inschrift. Meine Oma las mir einen Teil des Textes vor, dass hier an der Stelle unseres Hauses Nr. 73 das Gefängnis des Hieronymus von Prag war. Die andere Inschrift sei »ausländisch«, sagte mir die Oma. Aber der deutsche Text genügte ja auch und setzte meine Fantasie ordentlich in Bewegung. Denn ein Gefängnis war aufregend, und das in unserem Haus! Immer wenn ich in den Keller gehen musste, um Kohlen oder Kartoffeln zu holen, stellte ich mir den Mann mit dem Bart vor, der hier irgendwo in seinem Kerker schmachtete. Es hätte mich nicht gewundert, wenn ich plötzlich noch einen Verschlag oder eine verdächtige Ecke gefunden hätte, die meine schlimmsten Befürchtungen bestätigte. Ich sagte mir zwar schon, dass dies nicht möglich sei. Unser Haus war ja »modern« gebaut und jüngeren Datums. Aber so ganz traute ich im Dunkel des Kellers dem Frieden nicht. Deshalb hatte ich einige Zeit immer etwas Angst, allein in den Keller zu gehen, weil ich an den Mann mit dem Bart im Gefängnis dachte – zumal meine Oma mir immer wieder von Wundern aller Art erzählte und täglich und unermüdlich die Grimms Märchen vorlas. Da war es für meine Fantasie nur ein kurzer Weg zu dem Mann mit Bart im Keller, eben dem von der Plakette, also dem Hieronymus von Prag. Sonst wusste ich nichts von ihm, aber der Hieronymus im Keller war emotional eine feste Größe.

Die Laube war, wie schon gesagt, die tägliche Spielstraße für uns Kinder. Meine Oma war aber für Abwechslung. Deshalb ging sie mit uns Kindern oft die Tägermoosstraße hinunter zu einem kleinen Platz, den sie »Hussenstein« nannte. Dort standen Bänke, wo meine Oma und andere Frauen saßen und auf uns aufpassten. Ich hatte keine Ahnung, was es mit dem »Hussenstein« auf sich hatte. Der große Stein wurde uns als »Findling vom See« erklärt, aber die Verbindung zu Hus blieb ungeklärt. Dafür war ich oft dort und habe gute Erinnerungen. Meine Oma hatte immer Brote dabei und Äpfel und verteilte sie streng und gerecht. Historisch gebildet wurde ich dort nicht, aber der Hussenstein ist in meiner Kindheit eine ebenso feste Größe wie der Hieronymus–Mann im Keller.

Eine der regelmäßigen Hausarbeiten, die ich zu erledigen hatte, war das Einkaufen von Milch und Brot. Die Milch holte ich in einer großen Kanne beim Schanuel in der damaligen Römerstraße, heute Hussenstraße, gegenüber vom Feinkost Bohm. Das Brot kaufte ich bei der Bäckerei Riegger an der Ecke Tägermoosstraße/Schützenstraße oder bei der Bäckerei Weißhaar nahe dem Schnetztor. An diesem Haus war auch eine Plakette angebracht nach der Art, wie ich sie von unserem Haus in der Laube kannte, aber nicht für den Hieronymus, sondern für Magister Hus selbst. Die Plakette hing etwas höher als bei uns am Haus und war schlecht zu lesen. Ich achtete aber sowieso nicht weiter auf sie und war froh, wenn ich mein Brot ohne großes Anstehen bekam. Heute ist in diesem Haus das Husmuseum untergebracht. Wenn ich jetzt bei Besuchen in Konstanz dort vorbeigehe oder das Museum besichtige, denke ich immer daran, wie ich hier als Junge fast täglich ein und aus ging. So ist mir in der Erinnerung auch Jan Hus auf persönliche Weise vertraut. Ich war immer wieder einem Ort nahe, wo er auch war.

Viele Jahre später war ich auf Reisen in Prag und besuchte natürlich dort auch die Bethlehemkapelle, in der Jan Hus oft gepredigt hatte. Es war mir wichtig, gleich neben der Kirche in einem Hotel zu wohnen. Ich wollte des Nachts den Klang der Kirchenglocken hören und stellte mir vor, dass auch Hus sie gehört hat – wie in Konstanz im Gefängnis die Glocken vom Schnetztor. Denn von unserer Wohnung in der Laube hörte auch ich den scheppernden Glockenschlag vom Schnetztor, und zwar leidvoll jeden Morgen um 7:00 Uhr, wenn ich zur Schule aufstehen musste.

Mit dem Übergang zum Suso-Gymnasium im Oktober 1945 wurde der Unterricht anspruchsvoller als vorher in der Stephansschule. Aber im Gymnasium hörte ich wenig von dem Konzil oder Jan Hus. Unsere humanistische Schule war ausgezeichnet, aber hatte natürlich die Antike im Fokus. Die Könige der Römer ab urbe condita musste man auswendig können und ebenso die Perserkriege der Griechen. Selbst wenn ich um Mitternacht nach der Seeschlacht von Salamis gefragt worden wäre, hätte ich alles gewusst. Die deutsche Geschichte ab Karl dem Großen ging dann etwas schneller. Vom Konzil wurde berichtet und die Abwahl der drei konkurrierenden Päpste sowie die geglückte Wahl des einen neuen Papstes dargestellt. Auch das Großereignis für unsere Stadt Konstanz wurde gewürdigt und über Hus der schnöde Widerruf seines freien Geleites und seine Hinrichtung erzählt. Der König Sigismund kam zu Recht schlecht weg, und ich konnte jetzt auch den Hieronymus-Mann in unserem Keller historisch einordnen. Aber über die damalige Lage in Böhmen und Mähren, die Rolle von Sigismund, der später auch König von Böhmen wurde, und sein Verhalten gegenüber den Hussiten und Deutschböhmen im aufkommenden Nationenkonflikt wurde nicht gesprochen. Das war zu nahe am Kriegsende und der gerade erfolgten Vertreibung der Sudentendeutschen aus der ČSSR bzw. ČSFR nach der Benes-Doktrin. Mit dem Übergang der Kaiserkrone von Sigismund aus dem Hause Luxemburg auf den Habsburger Friedrich III. im Jahre 1440 war im Übrigen die historische Welt wieder in geordneten Bahnen und politisch ungefährlich zu erzählen bis hin zu Bismarck und dem Ausbruch des 1. Weltkrieges. Da endete damals der Geschichtsunterricht bzw. machte einen Sprung in die Nachkriegszeit mit der Darstellung der Kultur der Franzosen, denn wir waren ja in der französischen Zone.

Brachte so die Schule keine großen Konzilserlebnisse, kamen dennoch in der Schulzeit andere Anstöße und Ereignisse, die mich wieder mit dem Konzil in Verbindung brachten, diesmal durch das Konzilsgebäude selbst. Dieser ehrwürdige Bau war über Jahrhunderte ein wirtschaftlicher und sozialer Mittelpunkt der Stadt gewesen. Er bewährte sich auch in der Nachkriegszeit. In Konstanz hatte es keine Kriegszerstörungen gegeben. Bekanntlich durfte die Altstadt nicht einmal verdunkelt werden, damit die Flieger bei den häufigen Angriffen auf Friedrichshafen nicht aus Versehen einmal eine Bombe auf Schweizer Gebiet fallen ließen. Deshalb gerierte sich die Altstadt von Konstanz im Luftkrieg als Teil der Schweiz. Nach dem Einzug der Franzosen im April 1945 regte sich ab 1946 wieder langsam das wirtschaftliche Leben. Ein Zeichen hierfür waren die Weihnachtsmärkte, die noch in der RM-Zeit im »Konzil« stattfanden. Es gab nicht viel zu kaufen, aber immerhin waren Buden und Stände mit überwiegend selbst gebastelten Waren aufgestellt. Eine Attraktion waren die in der französischen Zone neu herausgegebenen Briefmarken, darunter eine Serie mit Konterfeis von Goethe, Schiller und Heine, die sehr begehrt waren. Ich konnte nach einigem Anstehen auch einige dieser Sondermarken erstehen. Vor allem aber war ich stundenlang auf allen Etagen des Weihnachtsmarktes im »Konzil« unterwegs und lernte das Gebäude genau kennen. Der Weihnachtsmarkt war neu in Konstanz und die Bevölkerung strömte geradezu ins »Konzil«, um dabei zu sein und befreit von Krieg und NS-Regime wieder Normalität zu erleben und das Gefühl eines Neuanfangs zu entdecken.

Vor allem aber war das »Konzil« der kulturelle und gesellschaftliche Mittelpunkt der Stadt. Alle größeren Veranstaltungen und besonders Konzerte fanden hier statt. Es störte eigentlich wenig, wenn im Konzert beim Adagio gerade mal wieder die Dampflok vorbeifuhr und Dampf mit Signalton abließ. Das war eben so.

Und nach Dreikönig begann die 5. Jahreszeit. Den ganzen Krieg über hatte es keine Fasnacht gegeben, jetzt war sie wieder voll da. Anfangs verboten die Franzosen eine fasnächtliche Vermummung, und darunter fielen auch die Blätzlebueben. Aber die Franzosen merkten bald, dass sich hier nur friedliche Bräuche abspielten, und ließen dann das Ho-Narro kräftig zu. Ein Höhepunkt der Saison waren die Elefanten-Konzerte, in denen die stadtbekannten Narren auftraten. Meistens fanden diese Narren-Konzerte im »Konzil« statt, manchmal auch im Saal von St. Johann in der Niederburg. Mit meinen Eltern durfte ich viele dieser Veranstaltungen besuchen und entwickelte mich dadurch langsam zum »Narresome«. Mein größter Wunsch war natürlich ein eigenes Häs als Blätzlebueb, und ich löcherte meine Mutter so lange, bis ich endlich das begehrte Goggel-Gewand hatte und selbst schnurren konnte. Aber der Zugang zur Fasnacht kam eigentlich über die Elefantenkonzerte und andere Narren-Veranstaltungen. Die Büttenreden, Couplets und szenischen Spiele auf der Narren-Bühne machten Eindruck. Unvergessen die ins Gefühl gehenden Auftritte vom Karle Steuer, der sein Publikum nicht nur zum Lachen brachte, sondern auch zu Tränen rührte. Der »Lampema« war so eine sentimentale Nummer, die ans Herz ging und eine emotionale Verbindung, ja Liebe, zur eigenen Stadt zum Ausdruck brachte. Ebenso waren die Auftritte von Sepp Bader immer ein Höhepunkt. Er war ein Nachbar von uns in der Laube, und ich mochte ihn besonders. Er war mit seinen unbeholfenen Dialekt-Versprechern und endlosen Schachtelsätzen, begleitet vom Verdrehen und Kugeln seiner Augen eine Art alemannischer Karl Valentin. Und der Walterle Straehl mit seinen intelligenten Blödeleien über die lokale und politische Szene, begleitet vom stoischen Karle Ruppaner – das saß und hatte Niveau. Kurz: Die Fasnacht gefiel mir, und sie ist in meiner Erinnerung mit dem »Konzil« verbunden. Die vielen Veranstaltungen in der Konstanzer Mundart machten mir auch meinen eigenen Dialekt bewusst und schärften den Blick auf die liebenswerten Ecken der heimatlichen Stadt und die herrliche Landschaft am See, unseren viel besungenen »Boddesee«.

Das Konzilsgebäude war so ein selbstverständlicher Teil des gesellschaftlichen und urbanen Lebens von Konstanz und mit der Stadt ebenso verbunden wie das historische Ereignis des Konzils selbst, das die herausragende Stellung von Konstanz im Mittelalter deutlich macht und sie in der historischen Wahrnehmung als »Konzilsstadt« prägt. Die beginnende 600-Jahrfeier im nächsten Jahr wird das historische Geschehen und seine Bedeutung würdigen und hervorheben. Es wäre im Sinne einer historischen Verpflichtung, wenn dann der Blick nicht nur zurück in die Geschichte fällt, sondern das Konstanzer Konzil auch ein Anstoß gibt zur Lösung der Herausforderungen in Gegenwart und Zukunft. Die damaligen Aufgaben des Konzils – Wiederherstellung der Einheit der Kirche und ihre Reform an Haupt und Gliedern – lassen sich auch auf den politischen Auftrag für das Europa von heute übertragen. Wieder geht es um die Einheit, diesmal der europäischen Staaten, und ebenso um Reformen, heute der Europäischen Union, um ihre Einheit in Frieden und Freiheit zu gewinnen. Die historische Bedeutung des Konstanzer Konzils fände im Bekenntnis zum Europa von heute eine politische Erfüllung in Gegenwart und Zukunft.

Aus: Rolf Böhme: Mein Konzil. Freiburg i. Br. 2013. Erstveröffentlichung.

VERBRENNUNG DES MAGISTERS JOHANNES HUS, HUS WIRD SEINER PRIESTERLICHEN WÜRDE ENTKLEIDET UND AUS DER STADT GEFÜHRT
Rosgartenmuseum Konstanz, Hs. 1, Richental: Konzilschronik. In: Feger, Otto (Bearb.): Ulrich Richental: Das Konzil zu Konstanz. Faksimile. Starnberg – Konstanz 1964. Fol. 38v

ZEITTAFEL KONSTANZER KONZIL

1378 Beginn des Großen Abendländischen Schismas
     8. April   Urban VI. in Rom zum Papst gewählt
     20. September   Clemens VII. zum Papst gewählt
     23. November   Tod Kaiser Karls IV., sein ältester Sohn Wenzel wird Römischer König
1380 Karl VI. wird König von Frankreich
1384 Der englische Reformator John Wyclif stirbt
1387 Sigismund von Luxemburg wird König von Ungarn
1389 Papst Urban VI. stirbt; ihm folgt Bonifaz IX.
1394 Papst Clemens VII. stirbt; ihm folgt Benedikt XIII. (Pedro de Luna)
1400 Kurfürsten setzen Wenzel ab und wählen Rupprecht von der Pfalz zum Römischen König
1402 Jan Hus wird Rektor der Universität von Prag
1404 Papst Bonifaz IX. stirbt; ihm folgt Gregor XII.
1409 Konzil von Pisa wählt einen dritten Papst: Alexander V.
1410 Papst Alexander V. stirbt; ihm folgt Johannes XXIII. (Baldassare Cossa)
     18. Mai   König Rupprecht stirbt
     1. Oktober   Jobst von Mähren wird zum Römischen König gewählt, gleichzeitig sein Vetter Sigismund
1411 *17. Januar*   Jobst von Mähren stirbt. Sigismund ist unbestrittener Römischer König
1413 *März*   Johannes XXIII. beruft auf Dezember 1414 ein Konzil ein. Auf Druck Sigismunds wird Konstanz als Konzilsort gewählt
1414 *5. Oktober*   Auf der Reise zum Konzil schließt Johannes XXIII. ein Bündnis mit Herzog Friedrich IV. von Österreich-Tirol

1414	28. Oktober	Johannes XXIII. zieht in Konstanz ein
	3. November	Hus kommt in Konstanz an. Geleitbrief Sigismunds
	5. November	Eröffnung des Konzils in Konstanz
	8. November	Krönung Sigismunds in Aachen
	28. November	Hus wird verhaftet
	24. Dezember	Sigismund zieht in Konstanz ein
1415	8. Januar	Eintreffen der spanischen Delegation
	16. Februar	Oswald von Wolkenstein wird zum »Diener« Sigismunds bestellt
	5. März	Gesandtschaft des französischen Königs trifft in Konstanz ein
	21. März	Johannes XXIII. flieht mit Herzog Friedrich IV. aus Konstanz
	30. März	Sigismund verhängt über Herzog Friedrich IV. die Reichsacht
	9./24. März	Johannes XXIII. in Laufenburg und Breisach
	Ende März	Oswald von Wolkenstein reist im Auftrag Sigismunds in diplomatischer Mission ab
	6. April	Decret »Haec sancta«: Konzil steht über dem Papst
	15. April	Manuel Chrysoloras stirbt in Konstanz
	29. April	Johannes XXIII. wird in Freiburg verhaftet
	5. Mai	Herzog Friedrich unterwirft sich Sigismund
	Mai	Prozess gegen Johannes XXIII.
	29. Mai	Absetzung Johannes XXIII.
	3. Juni	Der Ex-Papst Baldassare Cossa wird als Gefangener nach Schloss Gottlieben verbracht
	5. Juni	Erstes großes Verhör von Hus
	1. Juli	Letzte große Erklärung von Hus
	4. Juli	Gregor XII. dankt durch seinen Bevollmächtigten Malatesta ab

	6. Juli	Hus wird verbrannt. Einigung des Konzils in der Frage Petit (Tyrannenmord)
	18. Juli	Sigismund bricht nach Narbonne und Perpignan auf
	21. August	Eroberung von Ceuta durch portugiesische Truppen, Wolkenstein ist dabei, reist dann nach Perpignan
	August/ November	Verhandlungen Sigismunds mit den spanischen Herrschern in Narbonne und Perpignan wegen der Abdankung des Gegenpapstes Benedikt XII. (Pedro de Luna). Aragon und Kastilien entziehen Benedikt ihren Schutz
	25. Oktober	Französisches Heer bei Azincourt von den Engländern vernichtend geschlagen
1416	1. März	Sigismund zieht in Paris ein. Oswald von Wolkenstein wird von Sigismund nach Konstanz zurückbeordert (Flucht Herzog Friedrichs IV.)
	23. Mai	Hieronymus von Prag trifft nach seiner Flucht wieder in Konstanz ein und wird der Ketzerei angeklagt
	7. Mai	Sigismund trifft in England ein
	30. Mai	Hieronymus von Prag stirbt auf dem Scheiterhaufen in Konstanz
	15. August	Vertrag Sigismunds mit König Heinrich V. von England
1417	Januar	Sigismund kehrt nach Konstanz zurück
	11. März	Bannspruch gegen Herzog Friedrich IV. erneuert
	18. April	Belehnung Friedrichs von Hohenzollern mit der Mark Brandenburg. Friedrich wird Kurfürst und Erzkämmerer des Reiches
	11. Mai	Belehnung des Pfalzgrafen Ludwig

	26. Juli	Benedikt XII. wird durch das Konzil abgesetzt
	8.–11. November	Konklave in Konstanz
	11. November	Oddo Colonna wird zum Papst gewählt (Martin V.)
1418	22. April	Abschlussversammlung des Konzils. Martin V. zieht aus der Stadt. Immer größere Unruhen in Böhmen
1419	22. Juli	Erste Versammlung der »Taboriten«
	30. Juli	Fenstersturz in Prag. Kämpfe in Böhmen
	16. August	König Wenzel stirbt
1420		Jan Žižka organisiert die Hussiten militärisch
		Erster Kreuzzug gegen die Hussiten scheitert vor Prag
	Ende September	Martin V. zieht mithilfe des Condottiere Braccio in Rom ein
	1. November	Kaiserliche Besatzung auf der Burg Vyshegrad ergibt sich den Hussiten
1422		Sieg der Hussiten bei Deutsch-Brod; weitere siegreiche Heereszüge
1423		Martin V. beruft Konzil nach Pavia ein, verlegt es dann nach Siena
	23. Mai	Gegenpapst Benedikt XII. stirbt auf seiner Burg Peniscola in Spanien
1424	19. Februar	Martin V. löst Konzil von Siena auf
	11. Oktober	Žižka stirbt, wird als militärischer Führer der Hussiten durch Andreas Prokop ersetzt
1426	16. Juni	Prokop vernichtet das dritte Kreuzzugsheer bei Aussig an der Elbe
1427		Sieg der Hussiten über das vierte Kreuzzugsheer bei Mieß in Westböhmen. Die Hussiten verwüsten die an Böhmen angrenzenden Länder

1429		Hussiten dringen mit fünf Heeresgruppen nach Westen vor.
		Drängen nach einem neuen Konzil wird in der Kirche stärker
1431	26. März	Martin V. stirbt
	3. März	Gabriele Condulmer als Papst Eugen IV. gewählt
	12. März	Eugen IV. bestätigt Berufung des Konzils nach Basel. Reichstag in Nürnberg; der fünfte Kreuzzug gegen die Hussiten wird beschlossen
	23. Juli	Eröffnung des Konzils in Basel
	14. August	Das Kreuzzugsheer wird bei Taus vernichtend geschlagen
	9. September	Kardinallegat Cesarini trifft in Basel ein
	25. November	Sigismund erhält die Eiserne Krone der Lombardei
	18. Dezember	Eugen IV. löst das Konzil auf
1432	21. Januar	Konzil in Basel erneuert Grundsätze von Konstanz über Vorrang gegenüber dem Papst
	29. April	Konzil fordert Eugen IV. auf, zu erscheinen
	11. Juni	Sigismund in Siena
	6. September	Konzil erhebt Anklage gegen den Papst
	18. September	Konzil stellt dem Papst ein Ultimatum zur Rücknahme seiner Auflösungsbulle
	Dezember	Hussitenabordnung unter Prokop in Basel, Verhandlung über Einigung
1433	14. Februar	Papst erklärt durch seine Legaten, ein Konzil abhalten zu wollen
	31. Mai	Sigismund in Rom zum Kaiser gekrönt
	11. Oktober	Sigismund trifft in Basel ein

	30. November	»Prager Kompaktaten« zwischen Konzil und Hussiten
	15. Dezember	Eugen IV. nimmt die Auflösungsbulle zurück
1434		Bruderkrieg der Hussiten untereinander
	30. Mai	Schlacht bei Lipan. Prokop fällt, Sieg der Utraquisten
	4. Juni	Aufstand in Rom, der Papst muss aus der Stadt flüchten
1436	25. März	Basler Konzil erlässt Dekret über Papstwahl und Kardinalskollegium
1437	31. Juli	Basler Konzil fordert Papst und Kardinäle auf, binnen 60 Tagen zu erscheinen
	9. Dezember	Kaiser Sigismund stirbt in Znaim (Ungarn). Mit ihm erlischt das Geschlecht der Luxemburger

LITERATURVERZEICHNIS

Eine Bibliografie des Konstanzer Konzils wird schnell zu einer unendlichen Geschichte. Zehntausende von Publikationen sind seit dem 15. Jahrhundert zum Thema erschienen. Wir beschränken uns auf eine Auswahl gut lesbarer und vorrangig auf den Konstanzer Kongress zugeschnittener Sekundärliteratur. Dazu gehören auch Angebote im Internet, die an dieser Stelle jedoch nicht im Detail aufgeführt werden können. Ausdrücklich hingewiesen werden soll auf die Plattform der Stadt Konstanz zum 600-jährigen Jubiläum des Konzils (www.konstanzer-konzil.de).

Borst, Arno: Lebensformen im Mittelalter. Frankfurt/Berlin/Wien 1979.
Ders.: Mönche am Bodensee. 615–1525. Sigmaringen 1985.
Ders.: Ritte über den Bodensee. Lengwil 1992.
Brandmüller, Walter: Das Konzil von Konstanz 1414–1418. 2 Bde., Paderborn 1991–1997.
Braun, Karl-Heinz et al.: Das Konstanzer Konzil. Essays. Stuttgart/Darmstadt 2013.
Buck, Thomas Martin (Hrsg.): Chronik des Konstanzer Konzils 1414–1418. Ostfildern 2012.
Buck, Thomas/Kraume, Herbert: Das Konstanzer Konzil. Kirchenpolitik – Weltgeschehen – Alltagsleben. Ostfildern 2013.
Friedenthal, Richard: Ketzer und Rebell. Jan Hus und das Jahrhundert der Revolutionskriege. München 1972.
Herde, Peter (Hrsg.): Gestalten des Mittelalters und der Renaissance. Darmstadt 2006.
Hilsch, Peter: Johannes Hus. Regensburg 1999.
Jedin, Hubert: Kleine Konzilsgeschichte. Freiburg/Basel/Wien 1977.
Keupp, Jan/Schwarz, Jörg: Konstanz 1414–1418. Eine Stadt und ihr Konzil. Darmstadt 2013.
Klöckler, Jürgen: Die Konstanzer Handschrift der Konzilschronik

des Ulrich Richental. Eine kommentierte Überlieferungsgeschichte. In: Ulrich Richental. Chronik des Konzils zu Konstanz 1414–1418. Darmstadt 2013.

Maurer, Helmut: Geschichte der Stadt Konstanz. Konstanz im Mittelalter, Bd. II, Konstanz 1989.

Patschovsky, Alexander: Der italienische Humanismus auf dem Konstanzer Konzil (1414–1418). Konstanz 1999.

Rathmann, Thomas: Geschehen und Geschichten des Konstanzer Konzils. München 2000.

Riemeck, Renate: Jan Hus. Reformation 100 Jahre vor Luther. Basel 1982.

Schmidt, Hermann: Hus und Hussitismus in der tschechischen Literatur des 19. und 20. Jahrhunderts. München 1969.

Schultz, Uwe (Hrsg.): Große Prozesse. Recht und Gerechtigkeit in der Geschichte. München 1996.

Wir danken allen Rechteinhabern für die Erlaubnis zum Nachdruck. Trotz intensiver Bemühungen war es aber nicht möglich, alle Rechteinhaber zu ermitteln. Zur Anspruchsabgeltung mögen sich diese vertrauensvoll an den Verlag wenden. Ein besonderer Dank geht auch an die Konzilsstadt Konstanz für die Förderung dieses Lesebuchs.

ABBILDUNGSVERZEICHNIS

U1: http://de.wikipedia.org/w/index.php?title=Datei:Meister_der_Chronik_des_Konzils_von_Konstanz_001.jpg&filetimestamp=20050520044923; http://commons.wikimedia.org/wiki/File:Konstanzer_Richental_Chronik_Belehnung_des_Burggrafen_Friedrich_von_Nürnberg,_nach_Verleihung_des_Fahnenlehens_der_Mark_Brandenburg_75r.jpg?uselang=de
U2: http://commons.wikimedia.org/wiki/File:Konstanzer_Richental_Chronik_Hieronymus_von_Prag_wird_zum_Scheiterhaufen_geführt_59v.jpg
U3: http://commons.wikimedia.org/wiki/File:Konstanzer_Richental_Chronik_Umritt_des_Papstes_durch_die_Stadt_105v.jpg
U4: http://commons.wikimedia.org/wiki/File:Konstanzer_Richental_Chronik_Verbrennung_des_Magisters_Johannes_Hus_58r.jpg; http://commons.wikimedia.org/wiki/File:Konstanzer_Richental_Chronik_Verkauf_von_Fleisch_24r.jpg

Seite 9: http://commons.wikimedia.org/wiki/File:Konstanzer_Richental_Chronik_Verbrennung_des_Magisters_Johannes_Hus_58r.jpg?uselang=de

Seite 10: http://commons.wikimedia.org/wiki/File:Konstanzer_Richental_Chronik_Sitzung_des_Konzils_im_M%C3%BCnster_12v.jpg?uselang=de

Seite 11: http://commons.wikimedia.org/wiki/File:Konstanzer_Richental_Chronik_Sitzung_des_Konzils_im_M%C3%BCnster_16r.jpg?uselang=de

Seite 12: http://commons.wikimedia.org/wiki/File:Konstanzer_Richental_Chronik_Geschenk_eines_grossen_in_Salz_gep%C3%B6kelten_Tieres_aus_Litauen_an_den_K%C3%B6nig_70r.jpg?uselang=de

Seite 33: http://commons.wikimedia.org/wiki/File:Konstanzer_Richental_Chronik_Pastetenbaecker.jpeg?uselang=de

Seite 163: http://commons.wikimedia.org/wiki/File:Konstanzer_Richental_Chronik_Verhandlungen_zu_Lodi_5v.jpg?uselang=de

Seite 251: http://commons.wikimedia.org/wiki/File:Konstanzer_Richental_Chronik_Verkauf_von_von_Fischen,_Fr%C3%B6schen_und_Schnecken_25r.jpg?uselang=de

Seite 303: http://commons.wikimedia.org/wiki/File:Konstanzer_Richental_Chronik_Verleihung_der_goldenen_Rose,_K%C3%B6nig_Sigmund_tr%C3%A4gt_die_goldene_Rose_durch_die_Stadt_38v.jpg?uselang=de

Seite 522: http://commons.wikimedia.org/wiki/File:Konstanzer_Richental_Chronik_Verleihung_der_goldenen_Rose,_K%C3%B6nig_Sigmund_tr%C3%A4gt_die_goldene_Rose_durch_die_Stadt_38v.jpg?uselang=de

Seite 533: http://commons.wikimedia.org/wiki/File:Konstanzer_Richental_Chronik_Verpflegung_der_Papstw%C3%A4hler_w%C3%A4hrend_des_Konklave_95r.jpg?uselang=de

Seite 534: http://commons.wikimedia.org/wiki/File:Konstanzer_Richental_Chronik_Papstkr%C3%B6nung,_Gruppe_von_berittenen_Bisch%C3%B6fen_betrachtet_die_Papstkr%C3%B6nung_102v.jpg?uselang=de

Seite 535: http://commons.wikimedia.org/wiki/File:Konstanzer_Richental_Chronik_K%C3%B6nig_und_Adlige_schw%C3%B6ren_dem_Papst_Gehorsam_100r.jpg?uselang=de

VERPFLEGUNG DER PAPSTWÄHLER WÄHREND DES KONKLAVE
Rosgartenmuseum Konstanz, Hs. 1, Richental: Konzilschronik. In: Feger, Otto (Bearb.): Ulrich Richental: Das Konzil zu Konstanz. Faksimile. Starnberg – Konstanz 1964. Fol. 95r

GRUPPE VON BERITTENEN BISCHÖFEN BETRACHTET DIE PAPSTKRÖNUNG

Rosgartenmuseum Konstanz, Hs. 1, Richental: Konzilschronik. In: Feger, Otto (Bearb.): Ulrich Richental: Das Konzil zu Konstanz. Faksimile. Starnberg – Konstanz 1964. Fol. 102v

König und Adlige schwören dem Papst Gehorsam
Rosgartenmuseum Konstanz, Hs. 1, Richental: Konzilschronik. In: Feger, Otto (Bearb.): Ulrich Richental: Das Konzil zu Konstanz. Faksimile. Starnberg – Konstanz 1964. Fol. 100r

*Weitere historische Romane
finden Sie auf den folgenden Seiten oder im Internet:*

WWW.GMEINER-SPANNUNG.DE

UWE KLAUSNER
Die Fährte der Wölfe
....
978-3-8392-1649-1 (Paperback)
978-3-8392-4575-0 (pdf)
978-3-8392-4574-3 (epub)

»Das war kein gewöhnlicher Wolf, Berengar. Das war eine Bestie, eine Ausgeburt der Hölle.«

Dezember 1423. Eigentlich wollte Bruder Hilpert, Bibliothekar und Kriminalist aus Leidenschaft, dem Kloster Bronnbach nur einen kurzen Besuch abstatten. Doch dann wird Arnold von Stettenberg, Herr über die Gamburg im Taubertal, schwer verletzt aufgefunden. Sein Freund Berengar bittet Bruder Hilpert um Hilfe. Dieser willigt ein, nicht ahnend, dass etwas Schreckliches auf ihn zukommen wird …

PETER HERELD
Des Kaisers neue Braut
....
978-3-8392-1648-4 (Paperback)
978-3-8392-4573-6 (pdf)
978-3-8392-4572-9 (epub)

»Robert und Osman: am Ende einer langen Reise, aber nicht am Ende ihrer Abenteuer.«

Im Jahre 1235 kommen die ungleichen Freunde Robert und der Araber Osman endlich in Cölln, dem Ziel ihrer Reise, an. Hier trifft Robert seine frühere Liebe wieder und muss einer bedeutsamen Überraschung ins Auge blicken. Derweil spinnt der ehrgeizige Domherr Konrad Intrigen. Ihm schwebt das Bischofsamt vor. Dabei schreckt er vor nichts zurück und bringt auch die beiden Freunde in Gefahr. Am Tag des triumphalen Einzugs Isabellas von England in Cölln schließlich überschlagen sich die Ereignisse.

WWW.GMEINER-VERLAG.DE
Wir machen's spannend

Das Neueste aus der Gmeiner-Bibliothek

Unsere Lesermagazine

Bestellen Sie das kostenlose KrimiJournal in Ihrer Buchhandlung oder unter www.gmeiner-verlag.de

Informieren Sie sich ...

www ... auf unserer Homepage:
www.gmeiner-verlag.de

@ ... über unseren Newsletter:
Melden Sie sich für unseren Newsletter an unter www.gmeiner-verlag.de/newsletter

f ... werden Sie Fan auf Facebook:
www.facebook.com/gmeiner.verlag

Mitmachen und gewinnen!

Schicken Sie uns Ihre Meinung zu unseren Büchern per Mail an gewinnspiel@gmeiner-verlag.de und nehmen Sie automatisch an unserem Jahresgewinnspiel mit »mörderisch guten« Preisen teil!

Paul Ginsborg

DIE GEFÜHRTE
FAMILIE

Das Private in Revolution
und Diktatur 1900–1950

Aus dem Englischen von
Ursula Held, Norbert Juraschitz
und Heike Schlatterer

Hoffmann und Campe

Die Originalausgabe erschien im November 2014 mit dem Titel
Family Politics. Domestic Life, Devastation and Survival, 1900–1950
im Verlag Yale University Press

Ursula Held übersetzte Teil zwei und drei, die Kapitel II und IV von Teil fünf sowie das Nachwort; Norbert Juraschitz Teil eins und sechs; Heike Schlatterer das Vorwort, Teil vier sowie die Kapitel I und III von Teil fünf. Übersetzung des Statistikteils im Anhang aus dem Italienischen von Enrico Heinemann

1. Auflage 2014
Copyright © 2013 by Paul Ginsborg
Für die deutschsprachige Ausgabe:
Copyright © 2014 by Hoffmann und Campe Verlag, Hamburg
www.hoca.de
Satz: Dörlemann Satz, Lemförde
Gesetzt aus der Times LT und Univers
Druck und Bindung: GGP Media GmbH, Pößneck
Printed in Germany
ISBN 978-3-455-50329-6

Ein Unternehmen der
GANSKE VERLAGSGRUPPE

Für Ayşe in unendlicher Dankbarkeit

Inhalt

Vorwort 15

EINS
Die Revolutionierung des Familienlebens: Russland 1917–1927

I Vor der Revolution 23
Eine Nonkonformistin 23
Bauernfamilien 33
Arbeiterfamilien 43
Der Erste Weltkrieg 47
Traditionen und Leidenschaften 50

II Während der Revolution 58
Kollontai als Kommissarin 58
Familienrecht und Familienleben: Das Gesetz von 1918 62
Der Bürgerkrieg, 1918–1920 67
Kommunismus und Familie 71
Die Vision der Befreiung 74
Das fehlende Bindeglied: Avantgarde und Familienleben 78
Inessa und das Schenotdel 81

III Nach der Revolution 85
Der Weg zur Parteidiktatur 86

Familienleben in den Städten 88
Heimatlose Kinder 91
Trotzki und die Familie 95
Bauernfamilien und die Revolution 97
Die Diskussion um das Familienrecht 1925/26 101
Das »Ersatzproletariat«:
Der »Hujum« im sowjetischen Zentralasien, 1927 107
Schlussbetrachtung 112

ZWEI
Nest und Nation: Familienpolitik im Übergang vom Osmanischen Reich zur Türkischen Republik, 1908–1938

I Familien in der osmanischen Gesellschaft **119**

Halide Edip 119
1908 125
Istanbuler Familien um die Jahrhundertwende 128
Traditionelle Grundlagen des osmanischen Patriarchats 131
Istanbuler Familien im kulturellen Wandel 134
Gemeinschaft und Zivilgesellschaft 137
Kemal, Enver und die Jungtürken 143
Die Erfindung der türkischen Familie 146

II Weltkrieg, Völkermord und Nationalismus **152**

Mustafa Kemal an der Macht 152
Völkermord an den Armeniern, 1915–1916 154
Verantwortung 161
Die Errichtung der neuen Republik, 1919–1922 .... **164**

III Mustafa Kemals Revolution von oben **170**

Die neue türkische Republik 170
Die Revolution des Alltags: Religion, Sprache, Kleidung
und Geschlechterrolle 173
Familienpolitik: Das Zivilgesetz von 1926 180

Städtisches und ländliches Familienleben nach Kemals Reformen . 187
»Die Ehe ist wohl nicht für mich gemacht« 193
Schlussbetrachtung 199

DREI
Faschismus und Familie in Italien

I Marinetti, Gramsci und die Familie **207**

Ein Futurist 207
Marinetti und Mussolini 215
Beny, Marinetti und die neue Familie 218
Arbeiterfamilien im Italien der 1920er Jahre 222
Gramsci: Die Familie als ein »Organ des moralischen Lebens« . . . 226
Toskanische Pächterfamilien 236

II Faschistische Familien **242**

Die Familie im Blick des Regimes:
Vorstellungen und Diskurse 242
Mussolinis Familie 243
Hegel überwinden: Staat und Familie als Einheit 246
Die katholische Familie 248
Römer und andere 252
Geschlechterrolle, Sexualität und Patriarchat 255
Mario Sironi: Familie und Entfremdung 258

III Das Regime in Aktion **261**

Bevölkerungspolitik 261
Der Kampf um die Geburten 264
    ONMI: Illusion und Realität 264
    Stadt und Land: Besiedlung im Inland,
    Konzentrationslager im Ausland 266
    Anreize und Verbote 271
Kontrollieren und mobilisieren 274
    Familienrecht 275

Aussöhnung 278
Massenorganisationen und Familienleben 282
Propaganda und Massenkultur 292
Apotheose und Katastrophe 296
Die »Giornata della fede« 296
»La guerra è bella ...« 300
Antisemitismus 303
Der Krieg 306
Schlussbetrachtung 310

VIER
Familie und Familienleben in der
Spanischen Republik und im Bürgerkrieg, 1931–1950

I Republikanische Morgenröte **317**
Die Verfassung und die Familie 320
Frauen und Frauenrechte in der neuen Republik 324
Kirche, Verfassung und Familie 329
Kultur, Familie und republikanische Erziehung, 1932–1936 336

II Der drohende Bürgerkrieg **346**
Familie und Bevölkerung:
Ein Vergleich zwischen Spanien und Italien 346
Anarchistische Familien in Barcelona und Südspanien 349
»Freie Liebe« 349
Die »guten Familien« von Barcelona 352
Die »schlechten Familien« 355
Anarchosyndikalismus, die CNT und die Familie 358
Die Landarbeiter in Südspanien 364
Mujeres Libres 370

III Einzelschicksale und Familien:
Leben und Sterben im Bürgerkrieg **373**
Asturien, Oktober 1934 373

Familien und Bürgerkrieg: Eine Typologie 375
Die Kreuzritter 384
Franco: Nur die Familie und die Kirche 390
Massaker und Utopien 393
Margarita Nelken: Eine Frau im Krieg 399
Barcelona 402
Guernica 407

IV Das Regime in den ersten Jahren **414**

Flucht 414
Besiegte Familien 418
Katholische Familien, die Kirche und das Regime 420
Schlussbetrachtung 425

FÜNF

»Die größere und die kleine Welt«: Familienpolitik in Deutschland, 1918–1945

I Ein nationalsozialistischer Familienvater **433**

II Aspekte des Weimarer Familienlebens **453**

Niederlage, Verlust und Vergeltung 455
Adolf Hitlers Elternhaus 459
Deutsche Familien und die Angst vor der Unmoral 463
Die Familie in der Weimarer Verfassung 466
Der Sozialstaat 469
Berlin 473
Familienleben in Hessen 479
Die Weltwirtschaftskrise 484

III Nationalsozialistische Familienpolitik **487**

Allgemeines Weltbild: Teil der »Volksgemeinschaft« 487
Außerhalb der Volksgemeinschaft 493
Kirchen, Regime und Familie 497

Kontrollieren und mobilisieren 501
Kraft durch Freude 509
Privatleben 511
»Entartete« Kunst und ihr Gegenentwurf: NS-Familienporträts ... 513
Geburtenförderung und Wohlfahrt für »Arier« 516

IV Das Regime im Krieg **522**

Arische Heimat 523
»Euthanasie« und die katholische Kirche 526
Genozid 527
Zwangsarbeit 531
Das Ende und ein Anfang 532
Schlussbetrachtung 535

SECHS
Stalinismus und Familie, 1927–1945

I Familienschicksale **543**

Der Preis des Überlebens 543
Stalins Familienleben: Trauma, Fortpflanzung und Zerstörung ... 547

II Der große Umbruch **553**

Kollektivierung und der Kampf gegen die Kulaken 553
Die Weigerung, den Schleier abzulegen 559
Städtische Utopien 560
Leben in den Städten 563

III Terror und Verrat **568**

IV Stalin und die Familie **574**

Reformmaßnahmen 1936 574
Die Zukunft aufbauen 579
Ein Vergleich der Lagersysteme 582

V Der große vaterländische Krieg, 1941–1945 . . . . **586**
Geschlechterrollen und Familie im sowjetischen Widerstand 586
Das Familienrecht vom Juli 1944 als ein Endpunkt 590

Nachwort 593
Danksagung 607

ANHANG

Zahlen zur Demografie und Wirtschaft 611
Anmerkungen 649
Personenregister 737
Bildnachweise 747

Vorwort

Dieses Buch betrachtet die Diktaturen Europas in der ersten Hälfte des 20. Jahrhunderts unter einem neuartigen Aspekt: aus der Sicht der Familie. Tatsächlich kommt die Familie in den allermeisten Untersuchungen zu dieser Epoche nicht vor. Sie wird entweder als selbstverständlich vorausgesetzt oder bleibt »im Dunkel der Geschichte« verborgen, um die bekannte Formulierung zu verwenden, die Sheila Rowbotham 1974 für die Rolle der Frau in der Historie prägte. Als ich diese Beobachtung gegenüber einer geschätzten Kollegin, der in Madrid lehrenden Familiensoziologin Elisa Chuliá, äußerte, hielt sie sich die Hände mit verschränkten Fingern vors Gesicht, wie eine Art Gitter, und sagte: »Die Familie ist für uns Spanier so wichtig, dass wir sie nicht einmal sehen.« Eine Wahrnehmungsstörung, die, wie wir feststellen werden, nicht auf Spanien beschränkt ist.[1]

Es ging mir darum, diesem weißen Fleck auf der historiografischen Landkarte Kontur zu verleihen. Deswegen räume ich in meiner Untersuchung nicht nur der »Familienpolitik« (vereinfacht gesprochen: dem, was der Staat für Familien tut – oder was er ihnen antut) breiten Raum ein, sondern versuche überhaupt erst den Stellenwert zu ermitteln, den die Familie im gesellschaftlichen und politischen Leben der verschiedenen Nationalstaaten eingenommen hat. Ich möchte zeigen, dass Familien der Politik nicht einfach nur ausgeliefert waren, sondern sich aktiv am politischen Prozess beteiligt haben. Familien sind immer Subjekt und Objekt zugleich, selbst unter den widrigsten politischen Bedingungen. Allerdings darf man sie nicht isoliert betrachten. Untersucht man das miteinander verbundene, doch oft auch konfliktträchtige Beziehungsgeflecht – zwischen der Familie und dem Staat, aber auch zwischen dem Einzelnen und der Familie oder zwischen Familien und der Zivilgesellschaft –, ergibt sich ein theoretischer Rahmen, der die Familiengeschichte in eine breitere und tiefere allgemeine Geschichte einbettet.[2]

Meine Untersuchung ist der historischen Komparatistik, also der vergleichenden Geschichtswissenschaft, verpflichtet. Die Entwicklung der Familie wird in fünf verschiedenen Nationalstaaten betrachtet, die sich alle in einer entscheidenden Phase des Umbruchs befinden. Russland erleben wir beim revolutionären Übergang vom Zarenreich zur Sowjetunion, die Türkei auf dem Weg vom »orientalischen« Osmanischen Reich zu einer modernen Republik, Italien vom zögerlichen Liberalismus zum ungezügelten Faschismus, Spanien vor, während und nach den verheerenden Umwälzungen des Bürgerkriegs und Deutschland zum Zeitpunkt des Scheiterns der Weimarer Republik und des Siegeszugs der Nationalsozialisten. Die 1920er und 1930er Jahre waren eine Schlüsselepoche für die Herausbildung diktatorischer Systeme und den Versuch der Politik, das Familienleben zu formen und zu manipulieren. Das Buch beginnt mit Russland zur Zeit der Revolution und endet mit den Erfahrungen sowjetischer Familien zur Zeit des stalinistischen Terrors.

Innerhalb dieses breitangelegten komparatistischen Rahmens verwende ich unterschiedliche methodische Ansätze. Der erste ist biografisch. Jedes Kapitel konzentriert sich auf das Schicksal einer Einzelperson und ihrer Familie. Dabei handelt es sich um Personen, die etwas Typisches oder Besonderes über die Familie an sich zu sagen haben oder deren Familien von besonderem historischen Interesse sind. Für Russland habe ich Alexandra Kollontai ausgewählt, die einzige Kommissarin in Lenins Revolutionsregierung; für die Türkei die Schriftstellerin Halide Edip; für Italien den Futuristen Filippo Tommaso Marinetti, der die Familie mit einem orientalischen Beduinenzelt verglich; für Spanien die mutige und wortgewandte Frauenrechtlerin Margarita Nelken und für Deutschland Joseph Goebbels, der seine eigene Familie zur NS-Vorzeigefamilie schlechthin machte. Hinter diesen Menschen steht das Schicksal anderer – zunächst einmal das der Diktatoren, Mussolini, Franco, Atatürk, Hitler und Stalin; dann aber auch das bedeutender Persönlichkeiten wie Inessa Armand und Antonio Gramsci, die sich in Theorie und Praxis mit dem Thema Familie auseinandergesetzt haben.

Parallel dazu rekonstruiere ich die Geschichte »gewöhnlicher« Familien in Zeiten großer Gefahr und Not – Familien, deren Unglück es war, dass sie im Spanischen Bürgerkrieg »auf der falschen Seite« standen; jüdischer Familien, die im Deutschland der dreißiger Jahre zu überleben versuchten, und sowjetischer Familien, die dem Regime gegenüber loyal waren und dennoch über Nacht zu »Volksfeinden« werden konnten.

Eine weitere grundlegende Vergleichsmethode bietet die Sozialgeschichte. Für jedes Land beschreibe und vergleiche ich das Familienleben und die Lebensbedingungen der wichtigsten Bevölkerungsgruppen, vor allem der Landbevölkerung und der Arbeiter. Hier kommen die klassischen Ansätze der historischen Familienforschung zum Tragen – Familienstrukturen und Größe, Wahl des Ehepartners, Religion und Alltag. Zur Rekonstruktion des Familienlebens habe ich einige ungewöhnliche Quellen und Zeitzeugenberichte herangezogen, etwa die Schulhefte (*quaderni*) toskanischer Bauernkinder an der Schule San Gersolè aus den dreißiger Jahren, die detailliert ihren Alltag beschreiben.

Der Geschlechterunterschied steht bei all diesen Familien im Vordergrund, unabhängig davon, ob man Großfamilien oder Kernfamilien betrachtet. Einer der interessantesten Ansätze für einen Vergleich ist das Patriarchat, das im untersuchten Zeitraum in einigen gesellschaftlichen Bereichen in Frage gestellt, während es in anderen geradezu gefordert wurde. Mustafa Kemal beispielsweise hat die türkischen Frauen von vielen traditionellen Einschränkungen befreit, aber gleichzeitig die Macht des Patriarchats in sehr moderner Form gestärkt. Die Sowjetunion hingegen stellte sich in mehr als nur einem Bereich des Familienlebens eindeutig auf die Seite der Frauen und warf einen wirklich neuen Blick auf das Geschlechterverhältnis.

Ich konzentriere mich in meiner Untersuchung vor allem auf die Politik der großen Diktaturen, die regimetreue, traditionelle und funktionelle Familien forderten, betrachte aber auch die Alternativen, die vor allem in den zwanziger und dreißiger Jahren starken Zuspruch fanden – Kommunen und Kollektive, vom Berlin der Arbeiterklasse bis zum revolutionären Barcelona. Die erste Hälfte des 20. Jahrhunderts war nicht nur von Gewalt geprägt, sondern bot auch Raum für revolutionäre Träume. Ich denke an die spanischen Anarchisten, die die Abschaffung des Geldes forderten, und an Konstantin Melnikows Entwurf wellenförmiger Wohnblocks, die sich bewegen sollten, um müde Arbeiter in den Schlaf zu wiegen, oder an die vieldiskutierte Idee der »freien Liebe«.

Von besonderer Bedeutung bei meinem komparatistischen Ansatz sind die Bereiche Familienrecht und politische Theorie. In einigen Ländern kam es zu grundlegenden Gesetzesänderungen, etwa im revolutionären Russland oder in der kemalistischen Türkei, während im faschistischen Italien das Familienrecht nur von untergeordneter Bedeutung war. Die Auseinandersetzung mit der Familie in der politischen Diskussion ist in dieser Zeit sehr heterogen, aber damit auch sehr facettenreich. Sie reicht von Ziya Gökalps Überlegungen zur Rolle der Familie im Konflikt von Kultur und Zivilisation über Giovanni Gentiles dezidierte Ablehnung von Hegels Triade von Familie, bürgerlicher Gesellschaft und Staat zugunsten einer spirituellen Absorption der Familie durch den Staat bis zu Antonio Gramscis Vision der Familie als »Organ des moralischen Lebens«. Je länger ich mich mit dem Thema dieses Buch befasste, desto größer wurde im Übrigen meine Skepsis, ob ein Interpretationsrahmen, der den »Totalitarismus« als Leitkonzept verwendet, überhaupt erhellend sein kann. Ich werde auf diesen Gedanken im Nachwort zurückkommen.

Abschließend noch eine Bemerkung zu den Illustrationen: Ich habe versucht, auch visuelle Darstellungen der Familie zu berücksichtigen. Im Buch finden sich daher in jedem Kapitel zahlreiche Fotografien – künstlerische Arbeiten ebenso wie Alltagsaufnahmen. Zusätzlich betrachte ich einige Arbeiten berühmter Maler der ersten Hälfte des 20. Jahrhunderts – von Arshile Gorky, Pablo Picasso, Mario Sironi, Max Beckmann und anderen. Das bemerkenswerteste Familienporträt stammt sicher von Mario Sironi, dessen ausdrucksstarke Bilder aus der Zeit von 1927 bis 1934 so sehr im Kontrast zu den offiziellen Darstellungen der faschistischen Familie stehen. Gleichermaßen faszinierend ist Rudolf Arnheims Deutung, dass in Picassos *Guernica* nicht zuletzt eine »Familiengruppe« zu sehen ist.

Ich bin mir sehr bewusst, dass viele wichtige Aspekte in diesem Buch nur angerissen werden konnten, wie etwa das Bild der Familie im Kinofilm im Laufe der Jahrzehnte. Die Forschung steht hier noch ganz am Anfang. Viele Daten müssten erst ermittelt, analysiert und interpretiert werden. Vervollständigen würde die hier vorgelegte Untersuchung ohnehin nur eine weitere Arbeit, die ich sehr gern eines Tages schreiben würde:

über Familien in den Demokratien nach 1945. Das vorliegende Buch wäre dann der vorläufige Versuch, zu zeigen, wie Familien auch in Zeiten großer Umwälzungen und Katastrophen – wie Europa sie in der ersten Hälfte des 20. Jahrhunderts erlebt hat – ihre Stellung als zentrale Institution der Gesellschaft behaupten konnten.

EINS
Die Revolutionierung des
Familienlebens:
Russland 1917–1927

I

Vor der Revolution

Eine Nonkonformistin

Alexandra Kollontai wurde im März 1872 in St. Petersburg geboren. Ihre Mutter stammte aus einer reichen finnischen Kaufmannsfamilie und war eine respekteinflößende Frau, deren zweiter Mann der adlige Oberst Michail Alexejewitsch Domontowitsch war. Alexandra kam als Tochter der beiden auf die Welt, noch bevor die Scheidung der ersten Ehe vollzogen war. Ihre Eltern waren beide Liberale. Ihr Vater, der aus einer alten ukrainischen Grundbesitzerfamilie stammte, zog mehr als einmal den Zorn des Zaren auf sich, weil er für die Einführung konstitutioneller Prinzipien plädierte. Er wurde dennoch zum General befördert und unterrichtete an der Elitekavallerieschule der Hauptstadt. »Schura«, wie Alexandra zu Hause genannt wurde, wuchs während des größten Teils ihrer Kindheit in einem prächtigen Herrenhaus in St. Petersburg auf; die Sommer verbrachte sie auf dem Gut ihrer Großeltern mütterlicherseits bei Kuusa in Finnland. Das Familienleben war sorgenfrei und anregend für das Kind, auch wenn die Mutter streng und herrschsüchtig war und sich ständig mit der Tochter stritt. Bei einer englischen Gouvernante, Miss Gudgeon, erfuhr Schura ein wenig von der emotionale Wärme, die ihre Mutter ihr nicht geben konnte. Kollontai schrieb in ihren autobiografischen Notizen: »Alles musste seine Ordnung haben: Ich musste mein Spielzeug wegräumen, vor dem Schlafengehen meine Kleidungsstücke ordentlich auf ein Stühlchen legen, mir frühzeitig nicht nur Gesicht und Hände, sondern auch die Ohren selbst waschen, was ich nicht ausstehen konnte, rechtzeitig meine Hausaufgaben erledigen ... und hatte den Dienstmädchen gegenüber respektvoll zu sein.«[1] Aus diesem Milieu ging die berühmteste Frauenfigur der russischen Revolution hervor, die einzige Kommissarin in Lenins revolutionärer Regierung von 1917, die Theoretikerin neuer, freizügiger sexueller Beziehungen und eine glühende Verfechterin der Abschaffung der bürgerlichen Familie, die durch eine höhere Form des gemeinschaftlichen Lebens ersetzt werden sollte.

Deutete irgendetwas in der Herkunft und in den Jahren ihrer Kindheit darauf hin, dass Alexandra sich zu einer so bemerkenswerten Persönlichkeit entwickeln würde? Zweifelsohne spielte die Beziehung zu ihrem Vater eine wichtige Rolle. Er war ein stattliche Erscheinung und ein gebildeter Mann. Alexandra bewunderte ihn sehr. Doch es war nicht leicht, ihn dazu zu bringen, dass er sie überhaupt wahrnahm. Immerhin war sie nur ein kleines Mädchen. Einmal schlich sie sich, wie sie in ihren Erinnerungen schilderte, in sein Arbeitszimmer und küsste ihn, auf Zehenspitzen stehend, auf die Stirn: »Vater schaute überrascht auf, als hätte er mich nie zuvor gesehen. Dann lächelte er.«[2] Man kann davon ausgehen, dass sich Alexandra Kollontai noch häufig in ihrem Leben »auf Zehenspitzen« stellen und sich strecken musste, um die Aufmerksamkeit dieser bewunderten Vatergestalt auf sich zu ziehen.

Außerhalb der Familie war es Miss Gudgeon, ihr Kindermädchen, die entscheidenden Einfluss auf ihre Entwicklung nahm. Die vielleicht wichtigste Rolle in ihrem Leben aber spielte eine Kindheitsfreundin, Soja Schadurskaja, die ihr Leben lang an Alexandras Seite bleiben sollte.[3] Viele Jahre lang sollte ihre eigene »Familie« nur aus drei Personen bestehen: aus Mischa, ihrem einzigen Kind, und eben Soja. Die drei lebten im Jahr 1901 nach dem Tod von Alexandras Vater zusammen, dann später wieder, als Kollontai Kommissarin war, und schließlich während der Schreckensjahre des Bürgerkriegs.

Entscheidend für ihre Entwicklung war darüber hinaus ihre rege Einbildungskraft und eine gewisse Ruhelosigkeit. Gegen Ende ihres Lebens schrieb sie: »Diese kindliche Fähigkeit zu träumen half mir mein Leben lang; ich sah nicht nur, was wirklich war, sondern konnte mir ohne weiteres vorstellen, wie es wäre, wenn man das Leben verändern würde.«[4] Mit ihrer ausgeprägten Phantasie ging ein starker Wunsch nach romantischer Selbstverwirklichung und öffentlicher Anerkennung einher.[5]

In ihrer Jugend hatte Kollontai das Gefühl, dass die Sicherheit ihres Familienlebens ihre eigene Entwicklung behindere. Ihr Lieblingsroman in jener Zeit war Iwan Turgenjews *Vorabend*, der 1860 erschienen war. Jelena Nikolajewna, die Heldin des Buches, führt in einer Datscha mitten in der russischen Provinz mit ihren Eltern ein ruhiges Leben. Sie ist schön und klug, wird umworben, aber sie ist unzufrieden. Ihrem Tagebuch vertraut sie an: »Ach, wenn mir doch jemand sagte: Das und das musst du tun! Gut zu sein genügt noch nicht; gut zu handeln – jawohl, das ist die Hauptsache im Leben. Aber wie handelt man gut? O, wenn ich mich doch fest in der Gewalt hätte!«[6] Jelena verliebt sich leidenschaftlich in einen jungen und überzeugten bulgarischen Nationalisten, der eine Freundin von ihr gelegentlich besucht, sich aber nicht traut zurückzukehren, um für die Unabhängigkeit seines Landes von der osmanischen Herrschaft zu kämpfen. Sie fliehen zusammen nach Venedig, er 26 Jahre alt und sie gerade mal 20. In der Lagunenstadt stirbt er an Schwindsucht. Am Ende des Buches lässt Turgenjew die Leser im Unklaren über das weitere Schicksal seiner Heldin. Es kursieren nur Gerüchte. Einige deuten an, Jelena sei in der Herzegowina bei der Armee gesehen worden, die damals aufgestellt wurde. Andere beschreiben sogar, wie sie gekleidet war: von Kopf bis Fuß in Schwarz. Ihre Spuren verlieren sich jedenfalls für immer, ohne Hoffnung auf eine Heimkehr.[7]

Alexandra Kollontai war mit ihrem Familienleben ebenso unzufrieden wie Turgenjews Jelena, aber sie hatte weder die Absicht, ihrem künftigen Mann ins Ausland zu folgen, noch zur Märtyrerin zu werden – für welche Sache auch immer.[8] Es dauerte einige Zeit, bis ihre Rebellion gegen die bestehende Verhältnisse zum Ausbruch kam. Im Jahr 1893, im Alter von 21 Jahre, heiratete sie – gegen den Willen ihrer Eltern, insbesondere ihrer Mutter – einen jungen Ingenieur namens Wladimir Kollontai, einen entfernten Cousin von Alexandra, der kein Geld in die Ehe bringt. »Zwei Habenichtse«, nannte ihre Mutter das Paar verächtlich, und sie weigerte sich, zu der Hochzeit ein neues Kleid anzuziehen. Ein Jahr nach der Heirat brachte Schura ihren Sohn zur Welt, Michail, genannt »Mischa«. Auch wenn sie ihn häufig allein ließ, liebte sie ihren »bescheidenen, klugen, liebenswürdigen Mischa«[9] über alles. Aber sogar während sie ihn stillte, konnte sie es kaum erwarten, sich wieder ihren Büchern, Schriften und politischen Diskussionen zu widmen. Sie wollte sich emanzipieren, nicht nur von der Familie, der sie gerade entflohen war, sondern auch von der Familie, die sie gerade gegründet hatte. Diese Zerreißprobe, der eine Frau ausgesetzt ist, die in der Öffentlichkeit steht und selbst Familie hat, war ein Problem, das sie ihr Leben lang beschäftigte. Es sollte ein ungelöstes Element ihrer Familienpolitik bleiben. In ihrer Autobiografie schreibt sie:

> Aber trotzdem ich mein Kind mit vieler Sorgfalt selbst erzogen habe, war die Mutterschaft nie der Kernpunkt meiner Existenz. Ein Kind hat nicht die Fesseln meiner Ehe unlöslicher zu machen vermocht. Ich liebte meinen Mann noch immer, aber das glückliche Dasein einer Hausfrau und Gattin wurde mir zum »Käfig«.[10]

Im August 1898 brach sie zum ersten Mal aus. Sie verließ Russland und reiste in die Schweiz, wo sie an der Universität Zürich bei dem sozialreformerischen Wirtschaftswissenschaftler Heinrich Herkner studierte. Das war ungewöhnlich, aber keineswegs ganz neu. In den letzten Jahrzehnten des 19. Jahrhunderts hatte eine kleine Zahl wohlhabender russischer Frauen, denen im eigenen Land der Zugang zu den Universitäten verwehrt war, für sich die Möglichkeit entdeckt, im Ausland zu studieren. Für Alexandra Kollontai bedeutete die Abreise jedoch auch einen Bruch. Sie ließ den vierjährigen Mischa bei seiner Großmutter in dem Haus bei Kuusa zurück. Und sie verließ endgültig ihren Mann Wladimir Kollontai. Sie schrieb ihm auf ihrer Fahrt nach Zürich einen Brief, schilderte, wie sie vor Kummer und Schuldgefühlen geweint habe, dass sie »Mischas weiche, kleine Händchen« vermisse, dass sie sich ihm, ihrem Mann, gegenüber schlecht verhalten habe und sich zurück nach Hause sehne. Doch sie blieb über ein Jahr lang in Zürich, und als sie zurückkehrte, musste sie erst wieder eine Beziehung zu ihrem Sohn aufbauen, der sich ihr entfremdet hatte.

Im Zug von St. Petersburg nach Zürich schrieb sie noch einen Brief: an ihre Freundin Soja. In dem Schreiben erklärte sie, dass sie die Absicht habe, ihr Leben der Arbeiterklasse und dem Kampf für die Rechte der Frauen zu widmen.

Wie war sie zu diesem Entschluss gekommen, »Gutes zu *tun*«, statt nur »gut zu *sein*« (wie es bei Turgenjew heißt)? Was die Arbeiterklasse betrifft, so stand am Anfang ein einschneidendes Erlebnis. Viele Bolschewiki wussten Ähnliches zu berichten, wenn sie von ihrer Konversion zum Kommunismus sprachen. Im Jahr 1896 hatte Alexandra Kollontai ihren Mann Wladimir nach Narwa begleitet, wo sie die riesige Textilfabrik Krenholm besuchte, die 12 000 Männer und Frauen beschäftigte. Alexandra wollte die Unterkünfte der Arbeiter sehen. Sie traf dort entsetzliche Bedingungen an. Das »häusliche Leben« spielte sich in einem großen, übelriechenden Saal ab, der vollgestellt war mit Pritschen. Verheiratete und nicht verheiratete Arbeiter lebten zusammen ohne die geringste Privatsphäre. Kinder liefen zwischen den Bettreihen umher, einige spielten, einige saßen da und weinten. Kollontai bemerkte einen kleinen Jungen im Alter ihres eigenen Sohnes, der merkwürdig still dalag. Er war tot, aber niemand hatte es bemerkt oder irgendetwas deswegen unternommen.[11]

Von der Jahrhundertwende an bis zum Ausbruch der Revolution im Jahr 1917 widmete sich Alexandra Kollontai ganz dem Kampf der Arbeiterklasse. Das waren die Jahrzehnte, in denen der Lauf der europäischen Geschichte so deutlich wie nie zuvor die marxistische Geschichtstheorie zu bestätigen schien. Das industrielle Proletariat war ganz offensichtlich die Klasse der Zukunft. Die unmenschliche Ausbeutung der Arbeiter war unübersehbar. Unübersehbar war auch, dass sich die Arbeiter in immer größerer Zahl in Gewerkschaften und politischen Parteien organisierten. Der Marxismus war Ausdruck dieser wachsende Macht, er verlieh ihr die »wissenschaftliche« Basis, adelte sie mit der Würde des Historischen. War denn nicht der Kommunismus, wie der junge Marx geschrieben hatte, »das aufgelöste Rätsel der Geschichte«, gar dessen Lösung, und war nicht das Proletariat die universale Klasse, die im Zuge ihrer Emanzipation die ganze Menschheit befreien würde?[12] Kollontai verinnerlichte diese Ideen in Zürich und sollte für den Rest ihres langen Lebens nicht mehr von ihrer Überzeugung abweichen.

Im Gegensatz zu ihrem »revisionistischen« Professor in Zürich war sie außerdem davon überzeugt, dass eine Revolution unerlässlich sei, um die Arbeiterklasse an die Macht zu bringen. Ihre Feuertaufe erlebte sie im Jahr 1905 im Zuge der ersten revolutionären Unruhen. Sie nahm in St. Petersburg am sogenannten »Blutsonntag« (9. Januar 1905) an dem Marsch auf den Winterpalast teil, als Hunderte friedlicher Arbeiter, die dem Zaren eine Petition überreichen wollten, kaltblütig niedergeschossen wurden. In den Wochen danach sprach Kollontai häufig auf illegalen Versammlungen in Fabriken in St. Petersburg. Laut dem Historiker Richard Stites erinnerten sich Augenzeugen an die erstaunliche Wirkung, die sie erzielte, sowohl 1905 als auch 1917: »Sie hatte eine wohlklingende Stimme und redete voller Leidenschaft, und ihre gepflegte Erscheinung schmälerte den positiven Eindruck durchaus nicht, ganz im Gegenteil.«[13]

Die Revolution von 1905 scheiterte. Drei Jahre später musste Kollontai aus Russland fliehen. Sie ließ erneut ihren Sohn zurück. Mischa wurde auf ein Internat geschickt. Gelegentlich besuchte er in den Ferien seine Mutter.

In Europa wurde Kollontai zu einem angesehenen Mitglied der russischen marxistischen Linken, wobei sie damals den Menschewiki näher stand als Lenins Bolschewiki. Sie konzentrierte sich in ihren Reden und Schriften außerdem zunehmend auf die Frauenfrage – das zweite große Thema ihres politischen Lebens, wie sie es Soja in ihrem Brief aus dem Zug nach Zürich angekündigt hatte. Unermüdlich reiste sie durch Deutschland und andere europäische Länder und hielt Vorträge zur Emanzipation der Frau und der Lage in Russland. Da sie mehrere Sprachen beherrschte, war sie eine ideale Botschafterin. Sie verfasste darüber hinaus viele Aufsätze, und auch wenn sie nie eine große Theoretikerin war (vom Schlage einer Rosa Luxemburg etwa), darf man Alexandra Kollontai in einer Hinsicht als höchst originell bezeichnen. Unter allen führenden europäischen Marxisten jener Zeit erkannte sie als einzige die Bedeutung der Sexualität als wichtiges revolutionäres Motiv. Sie konnte sich dabei auf die lange Tradition revolutionärer Theorien in Russland berufen, die wenigstens bis zu Alexander Herzen zurückreichte, als sie ihre heiklen, aber wichtigen Fragen zu Sexualität und Liebe stellte – etwa der Frage, wie Frauen und Männer gemeinsam eine natürliche Erotik im Rahmen des täglichen Lebens einer neuen Gesellschaft ausleben konnten.[14] Sie erntete viel Spott und Kritik innerhalb der eigenen Partei, von Genossen wie von Genossinnen, doch sie blieb ihrem Thema treu – bis man ihr schließlich verbot, ihre Thesen weiter öffentlich zu propagieren. Doch regten ihre Überlegungen zur Sexualität sehr wohl Diskussionen an, die sich mit der Umgestaltung der Familien oder gar mit ihrer vollständigen Überwindung befassten.

Ausgangspunkt ihrer Argumentation, die sie – wenn auch nie sonderlich stringent – in verschiedenen Schriften zwischen 1908 und 1914 ausarbei-

Alexandra Kollontai im Jahr 1909

tete, war stets der Aspekt der Unterdrückung der Frau.[15] In ihrem Artikel »Die neue Frau« (1913) betonte sie, dass Frauen Autonomie und Unabhängigkeit von den Männern erlangen müssten, und erläuterte, inwiefern Arbeit ein zentrales Element bei ihrer Befreiung sein werde. Aber anders als viele marxistische Feministinnen jener Zeit bestand sie darauf, dass diese neue Autonomie auch das Geschlechtsleben betreffen müsse. In diesem Zusammenhang führte Kollontai den Ausdruck »der geflügelte Eros« ein, der international Berühmtheit erlangen und von vielen als eine direkte Aufforderung zu ungezügelter Promiskuität missverstanden werden sollte.[16] In Kollontais Augen konnten sich freie und glückliche sexuelle Beziehungen nur unter bestimmten gesellschaftlichen Bedingungen entfalten.

Kollontai stellte eine Liste auf, welche Bedingungen das Projekt der »freien Liebe« bislang verhinderten. Auf Platz eins dieser Liste stand die bürgerliche Ehe. Gemäß den Thesen von Marx und Engels und wie auch Bebel betrachtete Kollontai die bürgerliche Ehe als eine Degradierung der Frau zum Eigentum des Mannes. Ehefrauen wurden demnach zu »reinen Schatten« ihrer Ehemänner und blieben unweigerlich auf den häuslichen Bereich beschränkt. Diesen allgemein bekannten Argumenten fügte Kollontai weitere hinzu, die mit dem »Egoismus« des modernen Lebens zusammenhingen: In der modernen, städtischen Einsamkeit reichten sich Frauen und Männer gegenseitig die Hand und klammerten sich aneinander, aber am Ende zahlten stets die Frauen den Preis für diese Bindung, da sie ihre Individualität beeinträchtigte. Die Prostitution, die unweigerliche Begleiterscheinung der verklemmten bürgerlichen Sexualmoral, hielt lediglich eine weitere Form Unterdrückung für die Frauen bereit: »Die Prostitution erstickt die Liebe in den Herzen; vor ihr flieht der Eros erschreckt, in Furcht, sich an dem mit Schmutz besudelten Lager seine goldenen Flügel zu verunreinigen.«[17]

Allerdings verwarf Kollontai bezeichnenderweise auch die romantische Liebe als eine mögliche Basis für Erfüllung. Alexandra Kollontai war mit Sicherheit eine Romantikerin, aber auf eine ganz besondere Weise, weil bei ihr die gewohnte Beziehung in der Romantik zwischen privater und öffentlicher Sphäre umgekehrt wurde. Sie war in der *öffentlichen* Sphäre außerordentlich romantisch veranlagt, weil sie an die alles verändernde Kraft der sozialistischen Revolution glaubte. In der *privaten*

Sphäre hingegen lehnte sie die romantische Liebe ab, weil sie dies für eine schädliche Basis für jede intime Beziehungen hielt. Für sie war romantische Liebe ein Ausdruck von Besitzdenken, da sie auf das Bedürfnis der Liebenden hinauslief, sich gegenseitig »verschlingen« zu wollen:

> Die heutigen Liebenden beiderlei Geschlechts würden sich, bei aller theoretischen Achtung der Freiheit, durchaus nicht begnügen mit dem Bewusstsein der physischen Treue des Liebespartners. Um das ewig drohende Gespenst der seelischen Einsamkeit von uns zu bannen, brechen wir mit einer für die kommende Menschheit unbegreiflichen Grausamkeit und Unzartheit in die Seele des von uns geliebten Wesens ein und machen unsere Rechte auf sein geheimstes geistiges »Ich« geltend.[18]

Nach ihrem bevorzugten Modell für intime Beziehungen in der neuen Gesellschaft waren Mann und Frau gleichgestellt, beide als Freund und Kamerad definiert, weder besitzergreifend noch dominant, und beide waren imstande, ihrem Partner Leidenschaft und Achtung zu erweisen. Unter diesen Voraussetzungen konnte der »geflügelte Eros« Inhalt und Form annehmen, konnte »seine feinen Fäden jeglicher Gefühle weben ... aus dem Schatten hervortreten und ... seinen rechtmäßigen Platz einfordern«.[19]

Diese Sätze könnten durchaus als Allgemeinplätze erscheinen. Kollontai fügte sie jedoch in einen grundlegend andersartigen und kollektivistischen Kontext ein. Nach ihrer Vision der Zukunft ist nicht das individuelle Paar stark, sondern das Kollektiv. Die traditionelle Rollenverteilung wird umgekehrt. Denn es ist zunächst das Kollektiv, das Loyalität einfordert und dem Einzelnen Sicherheit und Identität bietet; die intime Beziehung zwischen zwei erwachsenen Menschen kommt erst an zweiter Stelle. Männer und Frauen werden von ihrem kollektiven Streben getrieben, indem sie Teil eines gemeinsamen Projektes sind, über das reiche Netz sozialer Beziehungen, die innerhalb des neuen Kollektivs entstehen; aber sie müssen nicht unbedingt für immer zusammenbleiben. Frauen sind frei und unabhängig, sind imstande, uneingeschränkt ihr eigenes Leben zu führen:

Aber als auch die neue Frau von der Welle der Leidenschaft überschwemmt wird, entsagt sie nicht dem strahlenden Lächeln des Lebens, sie verbirgt sich nicht heuchlerisch in dem verblichenen Mantel weiblicher Tugend – nein, sie streckt dem Erwählten die Hände entgegen, sie bleibt für einige Wochen ihrem Wirkungskreis fern, um aus dem Pokal der Liebesfreuden zu trinken und sich zu überzeugen, wie tief er ist. Als sie ihn als flach erkennt, wirft sie ihn weg, ohne Bedauern, ohne Bitterkeit. Und wieder geht's zurück an die Arbeit.[20]

Darüber hinaus ist die bevorzugte Form des Zusammenlebens von Männern, Frauen und Kindern für Kollontai nicht das private Haus, sondern die Kommune. Nikolai Tschernyschewskis berühmter Roman *Was tun?* (1863) mit der Geschichte einer frühen Kommune beeinflusste Kollontai und andere sehr. Das enge, begrenzte Familienleben konnte überwunden werden. Das gemeinsame Leben in einer Gruppe, das Teilen des Einkommens und des Essens, die kollektive Arbeit für den neuen sozialistischen Staat waren auch Alexandra Kollontais Idealvorstellung, auch wenn sie sie in ihrem ganzen Leben nie wirklich praktizierte.[21]

Was bedeutete das alles nun für die Familie? Auf diese zentrale Frage wird später ausführlich eingegangen. Vorläufig mag der Hinweis genügen, dass die Familie eindeutig degradiert worden war und Gefahr lief, als Grundform der Gesellschaftsorganisation ausrangiert zu werden. Kollontai selbst stellte sich vor, dass die Familie nach der Revolution verschwinden werde. Künftig werde man Kinder in einer kollektiven Form aufziehen und ausbilden; in den neuen Kommunen wären Arbeiter ebenso wie Arbeiterinnen freier, würden ein erfüllteres Leben führen und wären von dem neuen sozialistischen Staat besser geschützt. Für Kollontai war die Familie ein Überbleibsel, ein Zeichen des *meschtschanstwo*, des »spießigen Kleinbürgers« – ein Begriff, der, wie Elizabeth Waters ausführt, »in sich alles vereinte, was an der alten Lebensweise politisch, kulturell und gesellschaftlich inakzeptabel war«.[22] Laut den marxistischen Revolutionären zeigte sich der Geist des *meschtschanstwo* nirgends stärker als in der russischen Provinz, mit all seinen Vorurteilen, dem Aberglauben und den Ritualen dörflichen Familienlebens.

Beim Ausbruch des Ersten Weltkrieges wurden Alexandra Kollontai und der inzwischen 20-jährige Mischa, der im Sommer 1914 bei ihr war, in Deutschland verhaftet und als russische Spione angeklagt. Sie wurden kurz danach entlassen, aber die nächsten Jahre waren für beide sehr schwierig.[23] Kollontai war bestürzt über die Entscheidung der deutschen Sozialdemokraten, den Krieg zu unterstützen. Sie näherte sich Lenin an und agitierte in den nächsten Jahren unaufhörlich gegen den imperialistischen Krieg. Sie nahm sogar eine kräftezehrende Reise von vier Monaten durch die Vereinigten Staaten auf sich:

> *10. Dezember* [1915]. Im Zug zwischen Indianapolis und Louisville. Ich halte fast täglich Reden. Ich bin seit 62 Tagen in Amerika und ich habe 53-mal auf Versammlungen gesprochen. Manchmal kommt es mir vor, dass ich einfach kein Wort hervorbringen werde. Ich möchte flehentlich bitten – lasst mich in Frieden.[24]

Im Jahr 1917 war Alexandra Kollontai 44 Jahre alt. Wie Lenin, der damals 46 war, glaubte sie, sie sei zu alt, um noch selbst die Revolution zu erleben.[25] Als die elektrisierende Neuigkeit von den Ereignissen im Februar dieses Jahres sie erreichte, hielt sie sich in Oslo auf, Lenin in Zürich. In der Straßenbahn konnte Alexandra Kollontai einen Blick auf die Schlagzeile in der Morgenzeitung eines Fahrgastes werfen: »Revolution in Russland«.

Bauernfamilien

In der ersten Hälfte des 19. Jahrhunderts besaß Fürst Nikolai Gagarin, ein Wirtschaftsmagnat und Regierungsbeamter, ungefähr 27 000 Leibeigene, die auf mehrere Güter im Zentrum des europäischen Russland verteilt waren. Das Gut Mischino etwa bestand aus vier Dörfern und rund 1500 Bewohnern (im Jahr 1858) und lag in der Provinz Rjasan, rund 170 Kilometer südöstlich von Moskau. Die Dörfer in der Provinz Rjasan waren linear angelegt, wobei die Bauernhäuser dicht nebeneinander an den Ufern eines Flusses oder entlang einer Straße standen. Das Ackerland lag unmittelbar vor dem Dorf. Bei Mischino wurde vor allem Roggen angebaut.

Dank der außerordentlich detaillierten demografischen Studie dieses Gutes von Peter Czap haben wir einen guten Einblick in die Strukturen des traditionellen bäuerlichen Familienlebens im Russland jener Zeit.[26] Die kleinste Einheit ist der »*dwor*«. Dieser Begriff hatte zwei Hauptbedeutungen, die sich gegenseitig ergänzen. Er bezeichnete den materiellen Haushalt eines Bauern, also die Behausung, Scheunen, Tenne, Tiere usw. Zugleich umfasste er die Gruppe der Personen, die hier lebten und arbeiteten, die in der Regel, aber nicht unbedingt, miteinander verwandt waren. Somit waren die Familie als Gruppe und der Haushalt als materieller Raum beide »*dwor*«.[27]

Traditionell lebten russische Bauernfamilien in ungewöhnlich großen häuslichen Gruppen. Der *dwor* umfasste ein komplexes Gefüge, das unter seinem Dach mehr als ein Ehepaar samt deren Kindern vereinte. Die Mitglieder dieser großen Mehrfamilienhaushalte waren über die verschiedensten Verwandtschaftsbeziehungen miteinander verbunden. In Mischino gehörten (in der Zeit von 1814 bis 1858) einem durchschnittlichen Haushalt neun Personen an. Jeder wurde von einem Familienoberhaupt (*bolschak*) angeführt. Beispielsweise bestand der *dwor* von Dmitri Fjodorow, einem 53-jährigen Witwer, aus zwei Verwandtschaftsgruppen.

Eine russische Bauernfamilie, 1892

Die erste war sein 23-jähriger Sohn, der ebenfalls bereits Witwer war, seine 15-jährige Tochter und die nur 3 Jahre alte Enkeltochter; die zweite Gruppe war die seines jüngeren Bruders, 37 Jahre alt, mit dessen 30-jähriger Frau und ihren drei kleinen Kindern.

Der Lebenszyklus der einzelnen Angehörigen dieser Familien war voller Unwägbarkeiten und Gefahren. Männer hatten damals eine durchschnittliche Lebenserwartung von 31, Frauen von 33 Jahren. Man heiratete früh und bekam früh Kinder. Allgemein ging man davon aus, dass Bäuerinnen mit 18 bis 20 Jahren Mutter wurden, entsprechend mit 38 bis 40 Jahren Großmutter. Man musste jederzeit auf Katastrophen gefasst sein: Krankheit, Unfälle, der Tod der Nutztiere, Einberufung in die Armee, die bis zu den Militärreformen von 1874 den Bauern ihre Söhne einfach für 25 Jahre wegnahm, und die ewige Drohung einer Hungersnot. Um in dieser Situation zu überleben, brauchte jede Familie so viele Kinder, vor allem Söhne, wie möglich. In einer Redensart hieß es:»Ein Sohn ist kein Sohn, zwei Söhne sind ein halber Sohn, drei Söhne sind ein Sohn.«[28]

Von der Familie fortstrebende Tendenzen, die in jeder großen häuslichen Gruppe vorhanden sind, waren mit Sicherheit auch hier zu beobachten: Auseinandersetzungen zwischen Brüdern, die Dominanz der Schwiegermütter über Schwiegertöchter und die Rivalität einer ehelichen Einheit mit einer anderen. Es ist jedoch erstaunlich, wie viele solche Haushalte über lange Zeiträume hinweg zusammenhielten, wobei sowohl die Bauern als auch die Grundbesitzer wegen der Produktivität sowie der sozialen Stabilität an der Einheit des *dwor* festhielten. Auf dem Gut Mischino kam es in jener Periode nur selten zu Familienstreit, zur Aufspaltung von Haushalten. Czap kommt zu dem Schluss:»Wir finden hier ein Familiensystem ›ewiger Haushalte‹ vor, für die man in einer ununterbrochenen Abfolge von Generationen weder Anfang noch Ende bestimmen kann.«[29]

In den Jahrzehnten nach der Bauernbefreiung von 1861, die formell die Leibeigenschaft beendete, änderte sich vieles. Bauern hatten eine größere Bewegungsfreiheit, auch wenn sie immer noch an den Staat eine Abgabe oder eine Ablösesumme, wie man sagte, zahlen mussten. Die Entwicklung der Industrie, insbesondere in der zentralen Industrieregion, verschaffte vielen jungen Bauern zum ersten Mal in ihrem Leben die

Möglichkeit, Geld zu verdienen, wenn auch nicht das ganze Jahr über.[30] Der Wehrdienst wurde verkürzt. Das Bildungsniveau stieg an, als der Kampf gegen das Analphabetentum auch ländliche Gegenden erreichte. Söhne begehrten gegen ihre Väter auf; es kam weit häufiger zur Teilung (russisch: »*rasdel*«) der Familie. Unter dem Strich hatte dies zur Folge, dass die Struktur der ländlichen Haushalte im europäischen Russland vereinfacht wurde und sich zunehmend auf die Kernfamilie beschränkte.[31]

In manche Teile des dörflichen Russlands hielt somit zwar ein größerer Individualismus Einzug, aber bis zur Revolution von 1917 mussten Bauernfamilien noch sehr unter Entbehrungen leiden und waren nach wie vor strengen traditionellen Bräuchen unterworfen. Die sanitären und hygienischen Verhältnisse ihrer Häuser waren entsetzlich.[32] Es war kein Wunder, dass das Zarenreich die höchste Kindersterblichkeitsrate in ganz Europa hatte. In der russischen Provinz starben um die Jahrhundertwende über 25 Prozent der Neugeborenen in ihrem ersten Lebensjahr, und weitere 20 Prozent erreichten nicht das Erwachsenenalter. Ärzte, die von den lokalen Behörden in den 1890er Jahren zu den Gütern geschickt wurden, waren schockiert über die Vernachlässigung von Kleinkindern durch die Mütter, die wiederum mit ihrer Lage völlig überfordert waren.[33]

Frauen wurden für gewöhnlich mit großer Grausamkeit behandelt. Unterwürfigkeit, Fruchtbarkeit und die »Ausdauer eines Pferdes« waren die Qualitäten, die man von einer jungen Frau erwartete. Ein Sprichwort lautete: »Je mehr du deine Alte schlägst, desto besser schmeckt die Suppe.«[34] Wen wundert es da, wenn die Aussicht auf eine Heirat von jungen Frauen alles andere als freudig begrüßt wurde. Dem Dichter Alexander Puschkin fiel auf, dass traditionelle russische Hochzeitslieder ebenso traurig wie die Klagelieder bei Begräbnissen klangen. Nach dem kanonischen Gesetz der russisch-orthodoxen Kirche erreichten Frauen mit dreizehn das heiratsfähige Alter, Männern mit fünfzehn. Zwangsehen waren damals üblich. Hier, beim Arrangement der Ehe ihrer Kinder, hatte die Frau des Familienoberhaupts (*bolschucha*) ihr Betätigungsfeld und übte in dem patriarchalischen System eine gewisse Macht aus.

Nach dem Tod des Vaters wurde der Besitz üblicherweise nach der männlichen Erbfolge aufgeteilt: Söhne erbten in der Regel zu gleichen Teilen von ihren Vätern. Die Witwe des verstorbenen Oberhaupts hatte Anspruch auf ein Siebtel seines Besitzes. Die Familienältesten hatten über die männlichen Mitglieder des *dwor* fast ebenso große Macht wie über die weiblichen. Sie konnten den Söhnen einen Passierschein verweigern, um das Dorf zu verlassen, konnten Gewalt anwenden, und sie konnten, bis zu den Reformen von 1874, ihnen mit der Zwangsrekrutierung drohen. Somit liegt aus mehrfacher Hinsicht auf der Hand, dass die Abspaltung von der Familie für die junge Generation verlockend war. Als sich verstärkt dazu die Gelegenheit bot, versuchten Söhne und ihre jungen Frauen, sie zu nutzen, dem Schauplatz ihrer Unterdrückung zu entfliehen und eigene Kernfamilien zu gründen.[35]

Mit der Macht des Familienoberhaupts eng verknüpft waren der Einfluss und die Normen der russisch-orthodoxen Kirche. Die Religiosität und der Aberglaube der russischen Bauerngesellschaft entsprachen genau der Form von Volkskultur, welche die Bolschewiki mit ihrem Hang zu wissenschaftlicher Erklärung, Rationalismus und Moderne verabscheuten. Das Brot durfte nicht geschnitten werden, sondern es musste gebrochen werden; und auf keinen Fall durfte es mit der Oberseite nach unten auf dem Tisch liegen. Der »böse Blick« wurde auf die unterschiedlichste Art und Weise abgewehrt. Um die Geister daran zu hindern, ein Neugeborenes aus der Wiege zu stehlen, legten Frauen eine Schere und eine Spindel in einer Tasche auf einen alten Reisigbesen am Boden. Magische Elemente waren allgegenwärtig, und jede Familie musste unablässig ihre Schritte abwägen und entsprechende Vorkehrungen treffen.

Der orthodoxe christliche Glaube überlagerte diese Bräuche, ersetzte sie jedoch nicht. Die »umfassende, frauenfeindliche Ideologie«[36] der bäuerlichen Welt wurde von der Kirche allerdings noch gefördert. Viele zentrale Texte, etwa die Predigten des heiligen Johannes Chrysostomus, des heiligen Basilius des Großen, Ephräms des Syrers, warnten vor der Verruchtheit der Frauen, die seit dem Sündenfall im Garten Eden zu »bösen Werkzeugen des Teufels« geworden seien. Frauen waren minderwertig und gleichzeitig unrein. Sie waren wegen ihrer angeborenen sexuellen Unersättlichkeit gefährlich – ein Motiv, das, wie wir sehen werden, ohne Einschränkung durch religiöse oder nationale Grenzen überall auftrat und vor allem dort aufblühte, wo patriarchale Gesellschaftsformen am stärksten verwurzelt waren. Nach den Bestimmungen der russisch-orthodoxen Kirche war es Frauen nicht gestattet, während des Gottesdienstes den Altarraum der Kirche zu betreten, und sie waren immer streng von den Männern getrennt. Außerdem durften sie nicht die Kommunion empfangen, wenn sie ihre Regel hatten. Nichtsdestoweniger bestand eine gespannte und vielschichtige Beziehung zwischen dieser offensichtlichen Frauenfeindlichkeit und der allgegenwärtigen Präsenz einer Ikone der »Mutter Gottes« – auf dem »heiligen Regal« in jedem *dwor*, als Beschützerin einzelner Haushalte und ganzer Dörfer, sogar als Erlöserin der Nation. Bei der Anrufung und Zelebrierung der wundertätigen Kraft der Ikonen von der Jungfrau Maria gingen Aberglaube und christlicher Glaube Hand in Hand. Der Marienkult war allgegenwärtig, und die Bäuerinnen waren, obwohl sie von der Kirche ausgeschlossen und diffamiert wurden, seine überzeugtesten Anhänger.[37] Die Schwäche der Gemeinden und die Stärke des *dwor* hatte überdies zur Folge, dass die Religion der Bauern »ein Familienkult« war.[38] Für die Ausübung etlicher von der Tradition vorgeschriebenen Riten musste der Priester persönlich im *dwor* erscheinen, und in seiner Abwesenheit durfte das Familienoberhaupt, der *bolschak*, die Gebete vor den Familienikonen anführen.

Die kirchlichen Statistiken für das Jahr 1900 weisen eine sehr hohe Quote bei der regelmäßigen Beichte und dem Empfang der Kommunion auf: 87 Prozent für Männer und 91 Prozent für Frauen.[39] Bis zur Revolution von 1917 kontrollierte und überwachte die Kirche die wichtigsten Initiationsriten im bäuerlichen Leben. Die kirchlichen Gerichte hatten beträchtliche Machbefugnisse. Doch der erste revolutionäre Umbruch des Landes von 1905 bis 1907, der sich massiv auf das dörfliche Leben auswirkte, bereitete der Selbstherrlichkeit der Kirche ein Ende. Spätestens jetzt wurde sichtbar, wie verbreitet Entbehrung, Hass und Wut in den Dörfern des Zarenreiches waren.

Eine letzte, für die Darstellung des Landlebens unverzichtbare Instanz muss an dieser Stelle genannt werden – die Dorfgemeinschaft, russisch: »*obschtschina*« oder »*mir*«.[40] Solche Dorfgemeinschaften waren im ganzen europäischen Russland mit Ausnahme der Ukraine verbreitet, und für gewöhnlich basierte sie auf einem Prinzip der »Umverteilung«. In dieser Gemeinschaftsform waren die bäuerlichen Haushalte eines bestimmten Ortes vereint, und in regelmäßigen Abständen wurde das Land, das den Bauern gemeinsam gehörte, neu aufgeteilt. Das Gehöft und ein Gemüsegarten gehörten dem jeweiligen Bauern selbst und galten als dauerhafter, erblicher Besitz des Haushalts. Die Felder hingegen gehörten der Dorfgemeinschaft. Jedem Haushalt wurden Landstreifen zugeteilt, in der Regel nach der Größe einer Familie oder deren effektiver Arbeitskraft. Somit bestand das Ackerland eines jeden *dwor*, eines jeden Hofs, aus mehreren Parzellen auf den Feldern der Gemeinschaft.[41]

Eine Dorfgemeinschaft war also eine selbstverwaltete Vereinigung von Bauern. Natürlich hatten einige Mitglieder der Gemeinschaft mehr zu sagen als andere. Entscheidungen wurden auf der Generalversammlung des *mir* getroffen, aber nur die Familienoberhäupter hatten ein Stimmrecht. Derartige Zusammenkünfte waren langwierige Veranstaltungen, die sich auf das Gewohnheitsrecht stützten und durch den zum Teil exzessiven Konsum von Wodka häufig in Handgreiflichkeiten ausarteten. Die Gemeinschaft trug nicht nur für das Land die Verantwortung, sondern auch für die lokalen Steuern, die Instandhaltung der Wege und Brücken, den Unterhalt lokaler Schulen und Kirchen sowie für die Ablösezahlungen der Bauern. Mit ihrer relativen Autonomie, mit der mehr oder weniger egalitären Landverteilung übten diese Gemeinschaften eine große Anziehungskraft auf Radikale und Revolutionäre aus, die glaubten, diese Form der Gemeinschaft könne die Funktion der Keimzelle eines agrarischen Sozialismus in Russland übernehmen.[42] Am stärksten ausgeprägt waren jedoch die Merkmale einer traditionsbewussten, auf sich bezogenen Gemeinschaft, die von den reicheren, männlichen Oberhäuptern der Haushalte dominiert wurde. Es herrschten strenge Hierarchien, gegliedert nach Geschlechts- und Generationszugehörigkeit.[43] Dem Zusammenhalt im Innern entsprach nach außen ein allgemeines Misstrauen gegenüber Fremden. Die Dorfgemeinschaften übten eine strenge, kollektive Aufsicht über die Sitten und Bräuche der Bauern aus, insbesondere über die Frauen. Die Leitung jedes einzelnen Komplexes häuslicher Wertschöpfung (*dwor*) überließen die Frauen dem männlichen Oberhaupt; sie griffen lediglich ein, wenn sich herausstellte, dass der Mann der Aufgabe allein nicht gewachsen war. Kollontais Vorstellung einer Kommune war somit Welten von dem bäuerlichen *mir* entfernt. Aber sie hätte erwidert – genau wie Karl Marx vor ihr –, dass es nicht darum ging, was die Dorfgemeinschaft *war*, sondern was man aus ihr *machte*.[44]

Nach der Revolution von 1905 gelang es Stolypin durch seine Reformen mit einem gewissen Erfolg, in der russischen Provinz eine neue Klasse kleiner Grundbesitzer zu schaffen. Trotzdem war die mehr oder weniger egalitäre Praxis der Umverteilungsgemeinden noch zur Zeit der Revolution von 1917 eine nicht zu unterschätzende gesellschaftliche Kraft.

Ehe wir die Bauernfamilien verlassen, müssen an dieser Stelle in aller Kürze die Bedingungen in Zentralasien geschildert werden. Dieses riesige und menschenfeindliche Territorium, das knapp vier Millionen Quadratkilometer umfasst, hatte im Jahr 1897 eine Bevölkerung von nur zehn Millionen Menschen. Es bestand aus Gras- oder Trockensteppen, Wüsten, Hochebenen und Gebirgszügen. Die Bevölkerung gehörte vor allem zwei Gruppen an: den Nomadenvölkern der Steppen und den sesshaften Stämmen, die sich rings um Oasen und fruchtbare Flusstäler niedergelassen hatten. Es gab kaum Städte in der Region, aber einige, wie Buchara, Taschkent und Samarkand, waren sehr alt und hoch entwickelt. Aus ethnischer Sicht dominierten die Turkvölker, die wiederum in Usbeken, Kasachen, Kirgisen und Turkmenen unterteilt waren. Die beiden übrigen ethnischen Hauptgruppen waren Perser und Slawen. Der Islam war die dominierende Religion. Das kodifizierte islamische Recht (*scharia*) wurde von lokalen kanonischen Gerichten geachtet, die mit eigens ausgebildeten Geistlichen (*ulema*) besetzt waren, doch parallel dazu galt das lokale Gewohnheitsrecht (*adat*), das die Scharia modifizierte oder ihr in manchen Regionen sogar widersprach. Generell bildete Zentralasien ein außerordentlich komplexes Gemisch aus religiösen und stammesspezifischen Gerichtsbarkeiten, Bräuchen und Gesetzen. Die ganze Region war erst in der zweiten Hälfte des 19. Jahrhunderts in das Zarenreich eingegliedert worden, noch dazu nach erbittertem Widerstand. Die letzten turkmenischen Gebiete kapitulierten in den 1880er Jahren, und die Südgrenze des Zarenreiches zu China und Afghanistan im Pamirgebirge wurde erst 1895 festgelegt.[45]

Über das damalige Familienleben in diesen riesigen und weitgehend unbewohnten Gebieten Zentralasiens ist wenig bekannt. Wenn man sich auf die sesshaften Ackerbauregionen beschränkt, so erscheint das Bild eines noch viel ausgeprägteren Patriarchats als im europäischen Russland. Frauen wurden, sowohl was ihre Kleidung als auch ihre Beschränkung auf den häuslichen Raum betraf, regelrecht »versteckt«. Außerhalb des Hauses, sofern sie überhaupt vor die Tür traten, folgten sie ihrem Gatten stets mit einigen Schritten Abstand. Nach dem Gewohnheitsrecht galten Frauen kaum mehr als Tiere. Ein Vater konnte sich nach Belieben seiner Tochter entledigen: »Ein Mädchen ist ein Sack Nüsse; sie kann gekauft und verkauft werden.« Genau das wurde sie auch, häufig zu einem hohen Brautpreis (*qalin*), wenn sie hübsch und wohlhabend war. Laut der Scharia durfte man ein Mädchen bereits mit neun Jahren verheiraten, einen Jungen mit zwölf. Ein Ehemann behandelte seine Frau für gewöhnlich mit roher Gewalt. Darüber hinaus sahen sich Frauen wegen der vorkommenden Polygamie, die vor allem in wohlhabenderen Bauern- und Kaufmannsfamilien praktiziert wurde, zu einem regelrechten Wettbewerb im gleichen Haushalt gezwungen und waren den wechselnden sexuellen Bedürfnissen ihres Herrn ausgeliefert.[46]

Dieses Bild ist gewiss eine Vergröberung und nicht allgemeingültig. Ein so riesiges Gebiet mit so vielen verschiedenartigen Kulturen bringt natürlich nicht nur ein einziges Familienmodell hervor. Tatsache ist allerdings, dass vor allem in den großen Städten der südlichen Flusstäler die Frauen ein fast komplett abgeschottetes Leben führten, in Häusern, die räumlich streng geschlechtsspezifisch getrennt waren und keine Fenster nach außen hatten. Seit der russischen Eroberung ihres Territoriums waren usbekische Frauen dazu übergegangen, einen Ganzkörperschleier zu tragen, der bei Besuchern des Landes großes Aufsehen erregte – auch bei den kommunistischen Frauenbefreiern in den 1920er Jahren. Der Schleier bestand aus einem schweren Baumwollgewand, dem »Parandscha«, der den ganzen Körper bedeckte und zu dem eine reichverzierte Bedeckung für Gesicht und Oberkörper aus gewobenem Rosshaar gehörte, der sogenannte »Tschatschwan«. Doch diese Form der Verschleierung wurde keineswegs von allen Frauen getragen, nicht einmal von allen Usbekinnen. Turkmenische Frauen trugen einen »Jaschmak«, eine leichtere Gesichtsbedeckung, die Stirn, Augen und Nase frei ließ. Kasachinnen und Kirgisinnen trugen selten Schleier.[47] Der Islam in Zentralasien sprach außerdem nicht mit einer einheitlichen Stimme. Die wichtigste Reformgruppe jener Zeit, die Dschadiden, konzentrierte sich auf die Erneuerung der Bildung mit dem Ziel, eine sich modernisierende muslimische Gesellschaft hervorzubringen, die sich mit dem christlichen Westen messen konnte. Sie sprachen sich gegen jede Form von Verschleierung aus und plädierten für neue Familienbeziehungen, für ein Ende der Polygamie und eine aktivere Rolle der Frauen in der gesellschaftlichen Öffentlichkeit. Ihre Lehren sollten erheblichen Einfluss sowohl im russischen Zentralasien als auch unter den Reformern des späten Osmanischen Reiches haben.[48]

Im Frühsommer 1917 fuhr ein überfüllter Zug von Saratow nach Samarkand – eine Reise, die damals in der Regel sechs Tage dauerte. Im Zug saß ein zwölfjähriger Junge namens Jascha Golowanjuk, der vier Jahre lang das Konservatorium in Saratow besucht hatte und jetzt zu seiner Familie zurückfuhr. Sein dänischer Ziehvater, der in den russischen Adel eingeheiratet hatte, war zu jener Zeit Geschäftsführer der russisch-asiatischen Bank in Samarkand. Eines Morgens war der Junge in Saratow, auf dem Weg mit seiner Geige zum Konservatorium, von den revolutionären Menschenmengen mitgerissen worden. »Es war«, schrieb er später, »der Moment, der das Ende meiner Kindheit bedeutete.« Vor dem Konservatorium wurde ein Freund von ihm von einer verirrten Kugel getötet. Der traumatisierte Golowanjuk wurde in einen Zug gesetzt und trat seine lange Reise zurück zu den Eltern an. Auf einem späteren Bahnhof, irgendwo in der endlosen Steppenlandschaft, stieg ein reicher Kirgise mit seinen beiden Frauen ein. Er trug schwere Silberringe an den Fingern und eine goldene Kette um die Hüfte; seine Frauen hatten Silberringe durch die Nase. Der Junge machte eine bemerkenswerte Beobachtung: Eine von den Frauen, offenbar die Lieblingsfrau des Mannes, hatte noch ein kleines Silberstück an dem Nasenring hängen, und es baumelte immer vor ihrem hübschen Mund hin und her. Wenn sie essen wollte, steckte sie mit einer eleganten Bewegung den Silberschmuck in ihr Nasenloch, sodass sie ungestört die Brotkrusten und Käserinden genießen konnte, die ihr Mann ihr in den Schoß warf, wenn er seine Mahlzeit vollendet hatte – so wie man einem Tier in einem Käfig Futter zuwirft. Diese beiden Schönheiten ließen sich auf dem Gang nieder, und wenn sie im Weg waren, wurden sie von ihren Mitreisenden getreten und beschimpft, während ihr vermeintlicher Beschützer ungerührt sitzen blieb und an seinem Stück Ziegenkäse weiterkaute.[49]

Arbeiterfamilien

Das industrielle Proletariat, auf das die russischen Marxisten – auch Kollontai – ihre ganze Hoffnung setzten, bildete im Jahr 1917 eine Minderheit der russischen Bevölkerung. Selbst als Stalin im Jahr 1929 sein umfassendes Modernisierungsprogramm startete, arbeiteten von einer Gesamtbevölkerung von rund 157 Millionen Menschen immer noch 85,4 Prozent der erwerbstätigen Bevölkerung in der Landwirtschaft, nur 7,5 Prozent in der Industrie und 7,1 Prozent im Dienstleistungssektor.[50]

Wenn man am Ende des 19. Jahrhunderts und zu Beginn des 20. von »Arbeiterfamilien« im europäischen Russland spricht, so ist das in gewisser Weise ein Widerspruch in sich. Die Bedingungen für Arbeiter – für Männer ebenso wie für Frauen – in den meisten Industrieregionen schreckten von der Gründung einer Familie eher ab. Der Zustand der Unterkünfte, die Alexandra Kollontai im Jahr 1896 bei ihrem Besuch der Krenholm-Textilfabriken so schockiert hatten, war keine Ausnahme, sondern Standard. Wenn Arbeiter ihre Familien bei sich hatten, so hausten sie in der Regel in menschenunwürdigen Verhältnissen auf dem Fabrikgelände. In der Industrie zur Herstellung von Bastmatten schliefen Arbeiter in der Regel unter ihren handbetriebenen Webstühlen auf dem Fußboden, und ihre Kinder wurden schon ab fünf Jahren in die Belegschaft aufgenommen. Statistiken für die Provinz Wladimir aus dem Jahr 1907 vergleichen die Kindersterblichkeit unter Arbeitern und Bauern. Ein Viertel der Bauernkinder starb im ersten Lebensjahr, dagegen zwei Drittel der Arbeiterkinder. Ein »Familienleben« war unter diesen Bedingungen so gut wie unmöglich.[51]

In der Tat versuchten russische Arbeiter in jenen Tagen, dieses Problem zu lösen, indem sie das Familienleben von der Arbeit und sich selbst von der Familie trennten. Diese »Arbeiterbauern«, wie man sie treffend nannte, heirateten jung, verließen ihre Frauen und Kinder im Heimatdorf und zogen für viele Monate in die Nachbarstadt. Dank der Kontakte zum Dorf und ausgedehnter verwandtschaftlicher Beziehungen fanden sie bald eine Stelle und einen Platz zum Schlafen. Sie verloren nie ganz die Kontakte zum Land. Wenn es irgend ging, kehrten sie zu Festtagen und anderen wichtigen Ereignissen im Familienleben ins Dorf zurück. Mit ihrem Einkommen ernährten sie das Haus im Dorf, aber diese »Brotverdiener«

schafften es kaum, Zeit mit ihren Frauen und Kindern zu verbringen, und manche verloren ganz die Beziehung zu ihnen. In seinen Memoiren schildert P. Timoschejew, ein St. Petersburger Arbeiter jener Zeit, wie er seine Arbeitskollegen nach ihrem Leben zu Hause befragte. Elf Männer von achtzehn waren verheiratet, und ihre Frauen lebten allesamt in Dörfern. Ein Mann lebte seit fünf Jahren in der Stadt, ohne dass er seine Frau oder Kinder seither auch nur einmal gesehen hätte. Ein anderer war nur einmal von seiner Frau besucht worden, das war vier Jahre her.[52] Das waren die schlimmsten Fälle, aber derartige schwer gestörte Familienleben waren im ganzen sich industrialisierenden Russland an der Tagesordnung.

Das Leben der männlichen Arbeiter in russischen Städten war geprägt von langen Arbeitstagen, niedrigen Löhnen, hohen Unfallrisiken und dem rauen Umgang unter den Kollegen. Semjon Kanatschikow beschreibt sehr anschaulich seine ersten Wochen als Lehrling bei den Gustav-List-Werken in Moskau:

> Wir mieteten die Wohnung gemeinsam, als ein *artel* [eine Belegschaft oder Arbeitervereinigung] von etwa 15 Männern ... Ich wurde in eine winzige, finstere, fensterlose Kammer gesteckt; es war dreckig und stickig, voller Wanzen und Flöhe und mit dem strengen Geruch nach »menschlicher Behausung«. Der Raum enthielt zwei Pritschen: Eine gehörte Korowin, meinem Landsmann und Beschützer; die andere teilte ich mit Korowins Sohn Wanka, der ebenfalls Lehrling war und im Musterladen der Fabrik arbeitete. Unser Essen und die Frau, die es zubereitete, wurden ebenfalls gemeinsam bezahlt ... Alle 15 Männer aßen mit Holzlöffeln aus einer gemeinsamen Schüssel ... Nach der Suppe gab es entweder Kascha aus Buchweizen mit Schmalz oder gebratene Kartoffeln. Alle waren hungrig wie Wölfe; sie aßen schnell, gierig.[53]

Der *artel* aus Arbeitern, der zwar einen gewissen Schutz und Solidarität bot, war ein schlechter Ersatz für eine Familie. Am Zahltag oder einem staatlichen Feiertag bestand die einzige Form von Vergnügung darin, sich zusammen mit seinen Kameraden mit Bier zu betrinken. Kanatschikow erinnerte sich, dass ihr *artel* in der Smolensker Umgebung der Fabrik »zweimal im Monat an den Zahltagen am Samstag wilde Zechgelage feierte«. Alle kehrten spät in der Nacht oder am Sonntagmorgen »düster, mürrisch, oft mit blauen Flecken« zurück.[54]

Nicht alle Arbeiter waren Männer. Im Jahr 1901 stellten die Frauen im Russischen Reich einen Anteil von 26,8 Prozent der Beschäftigten in der Fabrik, und der Anteil stieg bis 1914 auf gut 31,7 Prozent oder rund 663 000 Arbeiterinnen.[55] Wie in Westeuropa handelte es sich zum großen Teil um Saisonarbeiterinnen in ländlichen Industriezweigen, vor allem Textilfabriken. Bauernmädchen lebten in Schlafsälen, arbeiteten ein paar Monate lang viele Stunden täglich und kehrten in ihre Dörfer zurück, wenn es für sie keine Arbeit mehr gab.

Viele Frauen fingen jedoch auch an, in den Städten ein eigenes Leben zu führen. Dort fristeten sie ein hartes und häufig gefährliches Dasein. Sie arbeiteten in der Bekleidungs- oder Tabakindustrie, als Köchinnen und Dienstmädchen oder als Wäscherinnen. Viele gerieten in die Prostitution. Am Vorabend der Revolution von 1905 gab es in St. Petersburg schätzungsweise 30 bis 50 000 Prostituierte (bei einer Gesamtbevölkerung von über 1,5 Millionen Menschen).[56]

Nach und nach kamen die beiden bis dahin getrennten Welten der Arbeiter und Arbeiterinnen miteinander in Berührung. Allen Schwierigkeiten zum Trotz fing eine Minderheit an, vor allem in St. Petersburg stabilere Formen des häuslichen Zusammenlebens zu entwickeln.[57] Söhne folgten ihren Vätern in die gleiche Werkstatt oder Fabrik nach; die neue Generation ließ allmählich das Landleben hinter sich zurück. Dabei stießen die jungen Leute auf beträchtliche Hindernisse: die Kosten für die Unterkunft, die nach 1905 in den Arbeitervierteln rasant anstiegen, kein fließend Wasser, um einen hygienischen Mindeststandard zu gewährleisten, und fehlende Verkehrsmittel, um zur Arbeit zu gelangen. Die Arbeitsplätze für Fabrikarbeiterinnen, die Tabak- und Textilfabriken, lagen häufig am anderen Ende der Stadt wie die Maschinenfabriken und metallverarbeitenden Betriebe ihrer Männer. Wenn Arbeiter pendeln mussten, so machten sie das zu Fuß und traten um fünf Uhr morgens ihren Gang an. Wenn sie Kinder hatten, so wurde die Organisation des Familienlebens noch schwieriger. Ein Arbeiter der Prochorow-Fabrik in Moskau erinnerte sich, wie er sein Kleinkind jeden Tag zum Fabriktor trug: »Meine Frau kam dann heraus, nahm unser Kind und ging mit ihm nach Hause, und ich ging an die Arbeit. Das machten wir jeden Tag, bei jedem Wetter.«[58]

Um den Erhalt der eigenen Familie zu garantieren, gaben viele Frauen ihre Fabrikarbeit auf – sofern sie es sich leisten konnten – und beschränkten sich auf die Erziehung der Kinder und den Haushalt. Aus Statistiken geht hervor, dass die Kindersterblichkeit weit niedriger war, wenn eine Frau nicht mehr in der Fabrik arbeitete. Um sich über Wasser zu halten, nahmen Paare häufig Untermieter auf. Das schuf neue Probleme: räumliche, weil die Arbeiterwohnungen ohnehin bereits eng genug waren; emotionale, weil das Leben in einer solchen Enge fast zwangsläufig für Spannungen sorgte; und schließlich physische, weil die Frau zu einer *chosjaika,* einer Hauswirtin, wurde. Sie musste die Wohnung in Ordnung halten, für die Untermieter kochen, Holz und Wasser holen sowie für ihre eigenen Kinder und ihren Mann sorgen. Mit einer *chosjaika* verband man das Bild von einer blassen, erschöpften Frau.

In diesen finsteren, übelriechenden Wohnblöcken, in denen jeder Raum von einer persönlichen Tragödie Zeugnis ablegte – ein betrunkener Gatte, der Tod eines geliebten Kindes, die Erschöpfung und Krankheit einer Mutter –, blieben Arbeiterfamilien zwangsläufig klein, auch wenn die Haushalte in Moskau laut einer Volkszählung von 1897 durchschnittlich (mit Untermietern) acht Personen umfassten.[59] Manche Paare behielten nur ein Kind bei sich in der Stadt und schickten die anderen aufs Land zu deren Großeltern. Viele Frauen der Arbeiterklasse ließen, ungeachtet der damit verbundenen Risiken, illegal abtreiben. Auch die Männer litten unter den Bedingungen, aber sie hatten, anders als die Frauen, die ganz im Haushalt aufgingen, Rückzugs- und Ausbruchmöglichkeiten: in Männerkameradschaften, in Trinkgelagen. Als die sozialistische Bewegung allmählich Fuß fasste, vergrößerte sich häufig die Kluft zwischen Männern und Frauen. Es gab auch aktive Kämpferinnen, aber es waren nur wenige, und es trennten sie große räumliche Entfernungen. Viel weniger Frauen als Männer konnten lesen und schreiben. Wie Barbara Engel fomuliert: »Eine Migrantin aus dem Dorf lebte unter Umständen jahrzehntelang in der Stadt und konnte nicht einmal ein Straßenschild entziffern oder eine Anzeige lesen oder mit ihrem Namen irgendwo unterzeichnen.«[60] Sie wurden von der sozialistischen Bewegung lange Zeit übersehen, sie blieben zu Hause und standen dort große Ängste aus: Wenn ihr Mann verhaftet wurde, konnte das das Ende der ganzen Familie bedeuten.

In ihrer Vorkriegsschrift *Die Geschlechtsbeziehungen und der Klassenkampf* forderte Alexandra Kollontai, dass man auf der Suche nach »gesünderen« Beziehungen zwischen den Geschlechtern nicht nur auf die bürgerlichen Wohnviertel einer Großstadt blicken durfte, sondern unbedingt »einen Blick in die öden Wohnstätten der Arbeiter werfen« musste, »wo zwischen feuchtem Moder und Entsetzen, das der Kapitalismus geboren hat, zwischen Tränen und Flüchen trotz allem sich lebende Wesen einen Weg bahnen«.[61] Kollontai war überzeugt, dass die künftige Befreiung der Menschheit nur durch die »progressive und revolutionäre Klasse« verwirklicht werden konnte. Bislang wurden die Männer und Frauen der Arbeiterklasse durch drückende Armut getrennt, durch unmenschliche Arbeitsbedingungen, durch Erschöpfung und Krankheit. Kollontai träumte von einer »grundlegenden Umformung unserer Psyche«,[62] von einem Ende der Unterdrückung und der Leiden der Frauen, von gesunden Beziehungen zwischen männlichen und weiblichen Kameraden, die zusammenleben und gemeinsam an einer neuen Gesellschaft arbeiten. In den Familien und den sozialen Gegebenheiten der damaligen Zeit fand sich jedoch kaum ein Hinweis darauf, dass hier das Potenzial für derart »gesunde« Verhältnisse vorhanden wäre. Und es war auch äußerst unwahrscheinlich, dass eine einzige *politische* Revolution diese »grundlegende Umformung« je herbeiführen könnte.

Der Erste Weltkrieg

Die dörflichen und städtischen Bedingungen des Familienlebens wurden durch den Ausbruch des Ersten Weltkrieges völlig auf den Kopf gestellt. Wie in ganz Europa warf der Krieg mit der Mobilisierung junger Männer (im Falle Russlands waren es 15 Millionen Mann, die zu 80 Prozent aus Bauernfamilien stammten) einen unheilvollen Schatten über das zuvor zwar harte, aber überwiegend friedliche tägliche Leben der Bevölkerung. Niemanden hätte sich im Jahr 1914 ausmalen können, welch grausamen Tribut dieser Krieg von den Menschen schließlich fordern würde. Schätzungen zufolge wurden 1 660 000 russische Bürger getötet, starben in Krankenhäusern oder verschwanden spurlos. Es starben außerdem 767 000 Angehörige des Britischen Empire, 600 000 Italiener, 1 383 000 Franzosen und 1 686 000 Deutsche; Letztere hatten vor allem unter dem Zweifrontenkrieg zu leiden. Noch nie hatte die Menschheit so viele Tote zu beklagen aufgrund einer einzelnen Katastrophe – nicht einer Naturkatastrophe, sondern einer von Menschen verursachten Katastrophe. »Die Hälfte der Saat Europas«, um Wilfred Owens Worte zu zitieren, wurde im Keim erstickt.[63] Diese Katastrophe des Ersten Weltkriegs sollte die europäischen Nationen für alle Zeit prägen – allerdings, wie wir sehen werden, jede Nation auf unterschiedliche Weise.

Die russischen Bauern waren für »Christus und das Heilige Russland« in den Krieg gezogen, aber ohne den Enthusiasmus und »Hurra-Patriotismus«, der mit den Mobilisierungen im Westen einherging. Nach anfänglichen Erfolgen traten bald die Schwächen der russischen Heeresorganisation zutage, insbesondere der Nachschublinien. Die Engpässe bei Proviant, Stiefeln, Mänteln und vor allem Waffen ließen die Kampfmoral rasch auf einen Tiefpunkt sinken. Im Jahr 1915 schrieben Soldaten mit wachsender Verbitterung Briefe wie diese nach Hause:

> Es ist jetzt sehr schlecht. Wir haben seit zwei Wochen kein Brot bekommen, nur Zwieback; damit sollen wir also kämpfen. Es herrscht auch ein Mangel an Zwieback, und Schnupftabak gibt es überhaupt nicht.

> Ich bin die ganze Zeit auf meinem Posten – verfroren, nass bis auf die Haut und, zur Krönung des Ganzen, hungrig wie ein Hund. An manchen Tagen habe ich nichts zu essen außer Brot. Was für eine Verschwendung von Tatkraft und Gesundheit!

> Sie ernähren uns sehr schlecht. Wir gehen barfuß oder in Schuhen mit Bastschnüren als Sohle. Es ist unglaublich, dass Soldaten der russischen Armee in Bastschuhen stecken![64]

Schon im August 1915 hatten bis zu 30 Prozent der russischen Soldaten an der Front keine Waffen und keine Munition mehr. Häufig wurden die Soldaten »zusätzlich« entsandt und waren nur mit einem Bajonett bewaffnet, aufgesteckt auf ein ungeladenes Gewehr. Die Verluste waren enorm hoch, und die zweite Linie der Reservisten musste eingezogen werden. Unter ihnen waren viele Familienväter. An den Einberufungsstellen kam es zu Protesten und Krawallen. Alexej Brussilow, einer der fähigsten russischen Generäle an der Front, schilderte seine Gespräche mit den neu eingetroffenen Soldaten, die er zur Verstärkung bekommen hatte:

Oft fragte ich in den Schützengräben, weshalb wir denn ihrer Meinung nach Krieg führten, und erhielt prompt die Antwort, irgendein Erzherzog und seine Frau seien von irgendjemandem ermordet worden und darum wollten sich die Österreicher an den Serben rächen. Doch wer die Serben waren, wusste kaum jemand; und was das war – die Slawen –, war gleichfalls unklar ... Der einfache Soldat wusste nichts von den deutschen Plänen und ahnte überhaupt nicht, dass ein Land wie das Deutsche Reich existierte.[65]

Von diesem Zeitpunkt an entwickelte sich die russische Armee, nach Brussilows Meinung, zu einer »Art schlecht ausgebildeter Miliz«.[66] Im Juni 1915 gelang den deutschen Truppen der entscheidende Durchbruch, und ihre Offensive wurde erst im September vom russischen Morast gestoppt. Während des überstürzten Rückzugs aus Galizien kapitulierte rund eine Million russischer Soldaten. Gleichzeitig flüchteten Hunderttausende von Familien vor den vorrückenden Truppen nach Osten.[67]

Das ganze Jahr 1916 über handelten die Briefe von der Front von zwei miteinander verknüpften Themen: Die Rekruten, oder genauer, die Minderheit von ihnen, die lesen und schreiben konnte, äußerten, wie sehr sie vom Krieg die Nase voll hätten und wie sehr sie sich zurück zu ihren Familien sehnten; und zweitens gaben sie ausdrücklich den Offizieren, Generälen und Politikern die Schuld an dem nicht enden wollenden Elend, in das sie geraten waren. In der Vorstellung der Bauern wurde der Krieg zunehmend als eine Strafe Gottes angesehen, allerdings nicht für ihre eigenen Sünden, sondern für die der herrschenden Klasse. Wie an anderen Fronten hatten die endlosen Kämpfe und die ständige Gegenwart des Todes eine traumatische und häufig verrohende Wirkung auf die Mannschaften ebenso wie auf die Offiziere. Plünderungen, Raubzüge und Vergewaltigungen waren gang und gäbe, genau wie »Strafexpeditionen« gegen Juden.

Welche Wirkung diese katastrophale Abfolge von Ereignissen auf Familien und das Familienleben insgesamt hatte, ist nie systematisch dokumentiert worden. Ganz offensichtlich erging es nicht allen Familien gleich. In den erweiterten Familien des *dwor* konnte das Fehlen – oder gar der Tod – eines oder mehrerer Söhne zur Not kompensiert werden. Für eine städtische Kernfamilie war die Abreise des Gatten und Vaters an die Front eine Katastrophe. Moskauer und Petrograder Gerichtspapiere von 1915 verzeichnen einen deutlichen Anstieg beim Gewahrsam obdachloser junger Frauen; zehn von hundert waren Prostituierte. Gennadij Bordjugow schreibt: »Mütter ließen ihre Töchter häufig stillschweigend gewähren, weil sie materiell auf ihre Einkünfte angewiesen waren.«[68]

Natürlich spielte die geografische Lage eine große Rolle. Ländliche Familien im Süden und Nordwesten des Zarenreiches waren am stärksten gefährdet. Während sie vor den einmarschierenden Truppen flüchteten, konnten Familien von einem Tag auf den anderen zerbrechen und sich auflösen. Auf die Not der verlassenen und heimatlosen Kinder, der *»besprisornyje«* (Schätzungen zufolge gabe es von ihnen in den Jahren 1921/22 zwischen vier und sieben Millionen), werde ich noch zu sprechen kommen.

In Russland wurde der imperiale Krieg fast nahtlos vom Bürgerkrieg abgelöst, dessen Folgen jene in anderen kriegführenden Nationen bei weitem übertrafen, das Osmanische Reich eingeschlossen. Jay Winter hat überzeugend dargelegt, auf welche Weise in Westeuropa trotz der Millionen Toten und Kriegsversehrten Bedingungen geschaffen wurden, welche die Familienbande und die Ehe als Institution nicht schwächten, sondern eher stärkten.[69] Von Osteuropa kann man das nicht behaupten.

Im Winter 1916/17 waren die russischen Truppen bereit zum Aufstand. Der Leiter der Petrograder militärischen Zensurkommission schrieb im November über die wachsende Unzufriedenheit, »die aus der inneren, politischen Lage des Landes hervorgeht«. Wenige Monate danach wurde der Sturz der autokratischen Zarenherrschaft im Februar 1917 von den Bauernsoldaten als die lang ersehnte Gelegenheit angesehen, sich den verhassten Krieg vom Hals zu schaffen: »Jetzt sind wir alle zum Leben erwacht.«[70] Acht Monate danach waren die Bolschewiki an der Macht.

Traditionen und Leidenschaften

Vor einer genaueren Analyse der konkreten Maßnahmen, mit denen die Bolschewiki versuchten, das Familienleben und die Beziehungen in der Phase von 1917 bis 1920 zu verändern, ist ein Blick auf die marxistische Tradition, aus der diese hervorgingen, unerlässlich. Die ganze Art und Weise, wie sich der Marxismus zu einer intellektuellen und politischen

Strömung entwickelte, widersprach einer grundlegenden Untersuchung des Familienlebens. Marx selbst schenkte der Rolle der Familie in der Geschichte wenig Beachtung. In seiner berühmten Kritik an Hegels *Grundlinien der Philosophie des Rechts* beschloss er, sich nur auf jenen Teil von Hegels Werk zu beschränken, der sich mit dem Staat befasst, und ließ die vorausgehenden Abschnitte über die Familie und die Bürgergesellschaft völlig außer Acht.[71] Diese erste Vernachlässigung wurde nie korrigiert. Marx ordnete Familien dem Überbau einer jeden Gesellschaft zu, nicht der wirtschaftlichen Basis, mit der Folge, dass Familien weder als natürlicher Ort der Politik angesehen wurden noch ihnen eine autonome historische Kraft zugeschrieben wurde. Vielmehr spiegelten sie, laut Marx, in ihren Formen und Traditionen die herrschenden wirtschaftlichen und gesellschaftlichen Beziehungen ihrer Zeit wider. Sobald sich Letztere veränderten, würden sich zwangsläufig auch die Familien verändern.[72] Folglich kommen Familien in Marx' Schriften wenn überhaupt, dann nicht als Akteure vor, sondern als soziale Einheiten, die wiederum andere, wichtigere Realitäten abbilden.

Gerade wegen dieser untergeordneten Stellung der Familie in der Marx'schen Theorie hatten marxistische Revolutionäre, auch die Bolschewiki, nur eine vage Vorstellung davon, wie das Familienleben nach der Revolution aussehen könnte. Würden Familien und private Haushalte ganz abgeschafft werden, und, wenn ja, was würde sie ersetzen? Würde es nach der Revolution noch einen häuslichen Besitz geben, oder brachte die »Abschaffung des Privateigentums« das Ende jeglichen Besitzes mit sich? Wie sollte in einer kommunistischen Gesellschaft die Beziehung zwischen Eltern und Kindern aussehen? Diese Fragen konnte man kaum als zweitrangig bezeichnen, aber sie wurden nie angemessen beantwortet. Das *Kommunistische Manifest* (1848) half hier auch nicht weiter. In dem Werk griffen Marx und Engels die »bürgerliche Familie« aufs schärfste an, klagten mit einer gewissen Berechtigung darüber, dass der Kapitalismus einer Proletarierfamilie das Leben so gut wie unmöglich gemacht habe, schrieben aber kein Wort über die künftige Familie. In einer Nebenbemerkung äußern sie sich dahingehend, dass sie die Absicht hätten, »an die Stelle der häuslichen Erziehung die gesellschaftliche« zu setzen, vertiefen das Thema aber nicht weiter.[73] In seinen im Oktober 1847 verfassten »Grundsätzen des Kommunismus« ging Engels ein wenig ausführlicher darauf ein: Die Gesellschaft habe Sorge zu tragen für die »Erziehung sämtlicher Kinder, von dem Augenblicke an, wo sie der ersten mütterlichen Pflege entbehren können«, und zwar »in Nationalanstalten und auf Nationalkosten«. Die Verwendung des Begriffs »Erziehung« war bezeichnend, weil er nicht nur die offizielle Schulbildung umfasst, sondern jede Schulung der Kinder, einschließlich jener, die üblicherweise Eltern vermitteln.[74] Wenn die gemeinschaftliche Erziehung mit der Abschaffung des Privateigentums kombiniert werde, dann würden, laut Engels, »die beiden Grundlagen der bisherigen Ehe, die Abhängigkeit des Weibes vom Mann und der Kinder von den Eltern«, abgeschafft.[75]

Mit diesen Vorschlägen wurde gewissermaßen die Totenglocke für die Familie geschlagen, doch in den langen Londoner Jahren bis zu Marx' Tod im Jahr 1883 kehrten weder Marx noch Engels jemals zu der Frage zurück. Erst als Engels auf die umfangreichen Notizen stieß, die Marx zu dem Werk des amerikanischen Anthropologen Lewis Henry Morgan hinterlassen hatte, fühlte er sich angespornt, erneut darüber zu schreiben. Das Ergebnis, *Der Ursprung der Familie, des Privateigentums und des Staates* (1884), war jedoch in erster Linie ein historisches und anthropologisches Werk, kein politisches.[76] Es sollte, gestützt auf Morgan, darlegen, dass in der Frühgeschichte der Menschheit gemeinschaftliche, gesellschaftliche Beziehungen vorgeherrscht hätten, die von größerer sexueller Freiheit geprägt waren und in denen Frauen eine weit stärkere Rolle gespielt hatten als in der modernen Gesellschaft. Erst mit den Griechen des klassischen Altertums und der Einführung des Privateigentums wurden die Frauen demnach den Männern unterworfen. Morgans Thesen, ergänzt um die des schweizerischen Anthropologen Johann Bachofen, übten aus mindestens zwei Gründen eine große Anziehungskraft auf Engels aus: Sie bewiesen, dass die Familie in der Geschichte nicht unveränderlich war, sondern eine ganze Reihe unterschiedlicher Phasen durchlaufen hatte, genau wie Marx es mit Blick auf die wirtschaftlichen Verhältnisse skizziert hatte;[77] und zweitens war es demnach historisch nicht gerechtfertigt, zu behaupten, dass Frauen den Männern »von Natur aus« unterlegen waren. Die von Bachofen erforschten matriarchalischen Gesellschaften bewiesen laut Engels das Gegenteil. Sein Text endete mit einem Appell: Die neue »höhere Stufe der Gesellschaft ... wird eine Wiederbelebung sein – aber in höherer Form – der Freiheit, Gleichheit und Brüderlichkeit der alten Gentes«.[78] Das klang eindrucksvoll, aber es war kaum ein ernstzunehmender Versuch, die heiklen Fragen bezüglich der Organisation des Privatlebens in einer postrevolutionären Gesellschaft zu beantworten.

Somit hinterließen Marx und Engels ein in dieser Frage unbefriedigendes Vermächtnis: Sie formulierten ihre radikalen Thesen zur Familienpolitik, ohne sich die konkreten Auswirkungen bewusst zu machen. Als die Arbeiterparteien marxistischer Prägung am Ende des 19. Jahrhunderts ihren Einfluss in ganz Europa ausdehnten, wurde deutlich, dass unter den Fabrikarbeitern kein Konsens über die »Abschaffung der Familie«, geschweige denn über die künftigen Beziehungen zwischen Familienleben, privaten Haushalten und öffentlichem Raum bestand. Die damals meistgelesene Schrift zu diesem Thema war August Bebels *Die Frau und der Sozialismus* (1879). Bebel bot zu den aufgeworfenen, heiklen Fragen einen Kompromiss an: »Das häusliche Leben wird sich auf das Notwendigste beschränken, dagegen wird dem Geselligkeitsbedürfnis das weiteste Feld eröffnet werden.«[79] Das bedeutete, dass das Familienleben und der private, häusliche Raum bewahrt blieben, dass aber in Anbetracht der desolaten Zustände der Arbeiterunterkünfte so viel Zeit wie möglich außerhalb der Wohnung verbracht werden sollte, in den Einrichtungen und Institutionen einer rasch wachsenden Zivilgesellschaft der Arbeiterklasse. Die großen »Volkshäuser«, die in Deutschland, den Niederlanden und Belgien gebaut wurden, mit ihren Theatersälen und öffentlichen Bädern, den Abendschulen und Tanzsälen, Sporthallen und Bibliotheken legen Zeugnis ab für einen ernsthaften Versuch, die Not der Familien in kollektiven Räumen zu lindern und für Bildungs- und Unterhaltungsangebote zu sorgen, ohne die Familie selbst abzuschaffen. Victor Horta, der Architekt des berühmten *Maison du Peuple* in Brüssel (1899), schrieb in seinen Memoiren: »Das Thema war faszinierend: einen Palast bauen, der kein Palast, sondern ein richtiges ›Haus‹ war, dessen Luft und Licht jenen Luxus darstellen sollte, der den Arbeitern in ihren Hütten so lange verweigert worden war.«[80]

Was die Bolschewiki anging, so waren sie vor der Revolution von 1917 überhaupt nicht in der Lage, Ähnliches in die Wege zu leiten. Sie waren noch immer eine kleine, im Untergrund agierende Partei, die nicht über den Einfluss, geschweige denn über die nötigen materiellen Ressourcen verfügte. Ihre männlichen Führer, allen voran Lenin, hatten keinerlei Interesse an der Frage. Es gab wichtigere Dinge zu diskutieren und zu analysieren: die Struktur der Partei, die Entwicklung des Kapitalismus in Russland und dergleichen mehr.

Die Emanzipation der Frau hatte andererseits einen hohen Stellenwert im revolutionären Russland, wenn sie sich auch stark auf den Aspekt der Arbeit konzentrierte. Frauen mussten aus der häuslichen Sklaverei befreit werden und die Möglichkeit bekommen, eine Arbeit anzunehmen, sollten gleiche Rechte und gleichen Lohn wie ihre männlichen Kollegen erhalten. Die treibende Kraft für die Sozialisation der Frauen war in den Augen von Marx und Engels somit die Fabrik, nicht die Familie. Lenin argumentierte in seiner Schrift *Die Entwicklung des Kapitalismus in Russland* (1899) ganz ähnlich. Die »patriarchale Isolation« der Frauen, so Lenin, werde entscheidend aufgebrochen, indem man sie in die Produktion einbeziehe: »Die maschinelle Großindustrie ... treibt ... ihre Entwicklung vorwärts, erhöht ... ihre Selbstständigkeit.« Als Folge werde »der enge Kreis ihrer häuslichen, familiären Verhältnisse« aufgehoben, aber was an dessen Stelle treten sollte, wird auch bei Lenin nicht deutlich.[81]

Ein anderer entscheidender Aspekt der Befreiung der Frauen (und Männer), nämlich jener der Sexualität und Liebe, wurde ebenfalls ignoriert. Männliche russische Revolutionäre hielten die Liebe und das Eheleben nicht für theoriewürdig; die Liebe spielte auch im Leben der meisten anderen Männer keine besonders große Rolle. An lange Jahre in der Verbannung, an Gefangenschaft und Sibirien gewöhnt, erwarben sie als Gruppe keine besonders starke Sensibilität für zwischenmenschliche Beziehungen und noch weniger für das Ehe- und Familienleben. Kameradschaft unter Männern und der Dienst für die gemeinsame Sache beherrschten weitgehend ihr Leben.

Lenin selbst war mit Nadeschda (Nadja) Krupskaja verheiratet. Es handelte sich um eine Partnerschaft von Genossen, die eher auf Zuneigung als auf Leidenschaft beruhte. Sie hatten keine Kinder. Es hieß häufig, dass die Revolution Lenins einziges Kind gewesen sei. Allerdings darf man nicht vergessen, dass Lenin sehr wohl eine – wenn auch sorgfältig verheimlichte – leidenschaftliche Liebesbeziehung in seinem Leben hatte: zu Inessa Armand. Inessa war eine außergewöhnliche Frau; ihr Leben ähnelt in manchen Aspekten dem von Alexandra Kollontai. Die in Frankreich als Elisabeth Pécheux d'Herbenville geborene Tochter eines Opernsängers war im Umfeld der wohlhabenden Familie Armand aufgewachsen, die sich in der Provinz Moskau niedergelassen hatte und mehrere Webereien und Färbereien besaß. Im Jahr 1893, dem Jahr, in dem Alexandra Domontowitsch ihren Mann, Wladimir Kollontai, heiratete, ehelichte die damals 19-jährige Inès, wie sie in der Familie genannt wurde, Stéphane Alexander Armand. Sie bekam vier Kinder von ihm. Doch die junge Mutter empfand nicht zu ihrem Mann eine tief romantische und intellektuelle Zuneigung, sondern zu seinem jüngeren Bruder Wladimir. Inessa trennte sich von ihrem Mann und lebte künftig mit ihrem Schwager zusammen. Von ihm bekam sie ein fünftes Kind, Andrej. Im Jahr 1909 starb Wladimir an Schwindsucht.

Inessa Armand teilte mit Alexandra Kollontai die gleiche leidenschaftliche Hingabe an die Ideen des Marxismus. Stärker noch als Alexandra litt sie unter der Belastung, die ihre fieberhaften politischen Aktivitäten mit sich brachte, vor allem für ihre Kinder, von denen sie immer wieder getrennt war. Armand bereiste nicht nur Europa, sondern landete auch mehr als einmal im Gefängnis. Aber sie wollte weder auf ihre Familie

Inessa Armand im Jahr 1910 mit ihren fünf Kindern

noch auf die politische Arbeit verzichten. Unmittelbar vor dem Ausbruch des Ersten Weltkrieges machte sie mit vier Kindern an der Adria, in der Stadt Lovran, die damals noch zu Österreich-Ungarn gehörte, Ferien. Es war einer jener flüchtigen, lichten Momente des Familienlebens, den sie und ihre Kinder für den Rest ihres Lebens in Erinnerung behalten sollten. Auf einmal herrschte Krieg zwischen Österreich und Russland. Armand musste sich beeilen, um ihre Kinder, die nunmehr feindliche Ausländer waren, in Genua auf ein Schiff und zur Rückreise nach Russland zu bringen. Es gelang ihr, und sie kehrte allein zu dem Haus in Lovran zurück: »Ich bin mit einem wunden Herzen zurückgekehrt«, schrieb sie ihren Kindern. »Es war so leer, und es machte mich traurig, den leeren Tisch im Esszimmer zu sehen und nicht eure fröhlichen Stimmen und euer Lachen zu hören. Es machte mich traurig, die Dinge anzusehen, die ihr zurückgelassen habt, traurig, eure jetzt so leeren Zimmer zu betreten.«[82] Fast drei Jahre lang sollte sie ihre Kinder nicht wiedersehen. Inessa Armand schrieb ihnen allerdings unablässig und voller Zuneigung. Während der ganzen Zeit kümmerte sich ihr verlassener Mann Alexander, der ohne Zweifel der stille Held dieser ungewöhnlichen Familiengeschichte ist, weiterhin um alle Kinder und schickte ihr regelmäßig Geld.[83]

Nach allem, was man weiß, wurden Lenin und Armand im Jahr 1911 auf einer Sommerschule der Bolschewiki in Longjumeau in Frankreich ein Liebespaar. »Nach allem, was man weiß«, weil der genaue Verlauf ihrer Beziehung nie rekonstruiert wurde. Die kommunistischen Behörden gaben sich später alle Mühe, die Geschichte zu vertuschen, und viele Briefe wurden zensiert oder vernichtet. Lenin selbst bestand im Juni 1914 darauf, dass Inessa ihm als Vorsichtsmaßnahme alle Briefe brachte, die er ihr geschrieben hatte. Inessa liebte Lenin vor allem wegen seines politischen Scharfblicks und wegen seines Charismas. Sein gebieterischer Ton und sein autoritäres Auftreten waren ihr jedoch gleichzeitig unerträglich und zwangen sie, auf Distanz zu gehen. Ende 1913 beschloss Lenin, dass sie ihre Affäre beenden mussten, vermutlich auch um Nadja Krupskaja vor den Konsequenzen seiner Affäre zu schützen. Armand schrieb ihm in einem der wenigen intimen Briefe, die erhalten sind, von Paris aus:

Sogar hier könnte ich ohne deine Küsse auskommen, wenn ich dich nur sehen könnte. Gelegentlich mit dir zu reden, wäre solch eine Freude für mich – und das würde keinem Menschen weh tun. Warum mir das rauben? Du hast mich gefragt, ob ich wütend über dich sei, weil du unsere Trennung »bewirkt« hättest. Nein, denn ich glaube, dass es zu unserem Besten war, dass du das getan hast.[84]

Im Jahr 1914 kam es zwischen Armand und Lenin zu einem heftigen Wortwechsel wegen eines Pamphlets, das sie über Liebe und Familie schreiben wollte. Armand war aktive Feministin, die während ihrer Zeit im Exil die Veröffentlichung der Zeitschrift *Rabotniza* (Arbeiterin) förderte. Der Entwurf ihres Pamphlets ist verlorengegangen. Allerdings sind Lenins Kommentare zu der Schrift überliefert, die sehr aufschlussreich sind. Er kritisiert den Aufruf zur »freien Liebe«, den Armand in dem Pamphlet formuliert hatte. Er bewertete ihn als unangemessen und missverständlich und stellte danach eine Liste von zehn möglichen Varianten zusammen, wie die Wendung interpretiert werden konnte. Am Ende zog er ein nüchternes Fazit: »Entscheidend ist nicht, was du subjektiv darunter ›verstehen möchtest‹; entscheidend ist die *objektive Logik* der Klassenbeziehungen in den Angelegenheiten der Liebe.«

Das besagt nicht viel. Der dogmatische Einwand bekundet vor allem Lenins Desinteresse an einer ernsthaften Untersuchung der Verbindungen zwischen sexuellen Beziehungen, Familien und der sozialistischen Revolution. Der Lenin-Biograf Louis Fischer hat ganz richtig darauf hingewiesen, dass Lenins Radikalismus auf politischer Ebene mit einem Konservatismus auf persönlicher Ebene einherging.[85] Im Privatleben, von dem Lenin meinte, dass es völlig von seinem öffentlichen Leben getrennt sei, benahm er sich wie ein Viktorianer alten Schlags, der peinlich auf sein gutes Ansehen bedacht war. Es wäre für ihn undenkbar gewesen, sich zu einer leidenschaftlichen Liebesaffäre zu bekennen. In der Öffentlichkeit tendierte er dazu, Frauen herumzukommandieren – und Männer ebenso. Lenin hatte viele Genossen, aber so gut wie keine Freunde. Das war keine vielversprechende Basis für den Aufbau der neuen sozialistischen Ordnung, wie sie Frauen wie Inessa Armand und Alexandra Kollontai vorschwebte.

II
Während der Revolution

Kollontai als Kommissarin

Wir haben Alexandra Kollontai verlassen, als sie im Februar 1917 in einer Osloer Straßenbahn saß und ungläubig auf die Schlagzeile einer Zeitung starrte. Rasch kehrte sie damals nach Russland zurück und stürzte sich in den folgenden Monaten in die außergewöhnlichen Ereignisse der Revolution. Von April bis Oktober 1917 unterstützte sie entschieden Lenins Forderung, dass man unverzüglich von der bürgerlichen zur proletarischen Revolution übergehen müsse, also von der ersten Revolution vom Februar, welche die Abdankung des Zaren bewirkt hatte, zu einer zweiten von den Bolschewiki organisierten und angeführten Revolution. »Grau, teurer Freund, ist alle Theorie«, hatte Lenin – Goethe zitierend – bei seiner Ankunft in Petrograd verkündet, »und grün des Lebens goldner Baum.« Die Gelegenheit musste beim Schopf gepackt werden, welche Konsequenzen dies auch immer haben mochte. Am 10. Oktober 1917, als Lenin im Zentralkomitee der Partei die sofortige Machtübernahme forderte, stand Kollontai an seiner Seite. Einen Monat später, am 13. November, wurde sie zur Kommissarin für soziale Fürsorge ernannt, als einzige Frau in Lenins Rat der Volkskommissare in Petrograd (wie St. Petersburg von 1914 bis 1924 hieß). Inessa Armand hingegen hielt sich 1917 die meiste Zeit in Moskau auf. Im August beschloss sie, auf das Gut ihrer Familie in Puschkino zurückzukehren, um nach ihrem inzwischen 13-jährigen Sohn Andrej zu sehen, bei dem man Tuberkulose vermutete. Sie blieb in den entscheidenden Monaten der Oktoberrevolution dort.

Kollontais Arbeit als Kommissarin für soziale Fürsorge dauerte nur wenige Monate. Mit den hohen Ansprüchen, die sie an dieses Amt hatte, musste sie schon bald enttäuscht werden. Das Kommissariat, das zuvor Ministerium für staatliche Fürsorge geheißen hatte, war zuständig für Heime für Findelkinder und alte Menschen, für Waisen- und Krankenhäuser sowie für Sozialhilfeprogramme für Hunderttausende kriegsversehrter Soldaten. Mit dem Monopol über Herstellung und Verkauf von Spielkarten und Tabak verschaffte die Behörde dem Staat einen Teil der dringend benötigten Einnahmen. Aber die Not in der Bevölkerung durch Krieg, Bürgerkrieg und Revolution war derart groß, das die finanziellen Mittel vorne und hinten nicht reichten.[1]

Kollontai tat ihr Möglichstes. Im Januar 1918 gründete sie eine zentrale Behörde für die Mütter- und Säuglingsfürsorge. Sie sollte die erschreckend hohe Kindersterblichkeit in Russland durch die Einführung einer hygienischen und wissenschaftlich fundierten Pflege für Mutter und Kind senken. Berufstätige Mütter sollten zum ersten Mal in der Geschichte einen angemessenen Mutterschaftsurlaub bekommen. Endlich sei, verkündete Alexandra Kollontai, die »strahlende Epoche angebrochen, in der die Arbeiterklasse, mit eigenen Händen, Formen der Kinderbetreuung aufbauen kann, die einem Kind nicht die Mutter oder einer Mutter nicht das Kind rauben«.[2]

Innerhalb des Kommissariats bildete Kollontai, die sich ihrer mangelnden administrativen Erfahrung sehr wohl bewusst war, ein Hilfsgremium, das sich aus Ärzten, Juristen und verschiedenen Experten zusammensetzte. Tagtäglich strömten die Menschen zu ihr ins Amt auf der Suche nach Hilfe. Am Ende des Tages kehrte sie erschöpft in die kleine Wohnung zurück, die sie sich mit ihrem Sohn Mischa und ihrer Freundin Soja teilte. Louise Bryant, eine sympathisierende und scharfsinnige amerikanische Augenzeugin der Revolution, notierte sich zu einem späteren Zeitpunkt:

> Frau Kollontai wird von ihrem Enthusiasmus so sehr mitgerissen, dass sie nicht beachtet, wie leicht in diesem Zeitalter des Stahls Flügel brechen. Aber wenn ihre Inspiration, die danach strebt, die Frauen in den Himmel zu heben, sie nur von den Knien auf ihre Füße hochhebt, so brauchen wir nichts zu bedauern. Die Zivilisation wird mit ihrem Fortschritt im Schne-

ckentempo lediglich durch den brennenden Wunsch derjenigen von Zeit zu Zeit dazu gebracht, sich ein Zollbreit weiterzubewegen, die sie am liebsten eine Meile voranbringen möchten.[3]

Mit ihrer impulsiven Art unterliefen ihr mitunter auch Fehler. Mitte Januar 1918 versuchte sie, das wohlhabende Alexander-Newski-Kloster in Petrograd zu beschlagnahmen, um ein Heim für Kriegsinvaliden darin einzurichten. Es bestand ein akuter Bedarf, aber die Geistlichen und Laien wehrten sich heftig gegen dieses Unterfangen. Als Kollontai Matrosen rief, um das Kloster zu besetzen, kam es zu Kampfhandlungen, und ein Priester wurde getötet. Lenin war wütend, denn Kollontai hatte ihn nicht um Rat gefragt, und er wollte auf keinen Fall, dass dem neuen Regime zu allen anderen Problemen noch ein Krieg mit der Kirche drohte.[4] Tatsächlich sollte die Distanz zwischen Lenin und Kollontai von diesem Tag an stetig größer werden. Als am 18. März 1918 der Vertrag von Brest-Litowsk mit den Mittelmächten ratifiziert wurde (der große territoriale Zugeständnisse an Deutschland im Gegenzug für den Frieden vorsah), gab Alexandra Kollontai ihren Rücktritt als Kommissarin bekannt.

Die Macht hatte sich als allzu kurzlebig für sie erwiesen, aber dennoch stand sie weiter im Licht der Öffentlichkeit. Sie war eine prominente Gestalt der Revolution. John Reed hob ihre rhetorischen Fähigkeiten, aber auch ihre Weiblichkeit und Menschlichkeit hervor.[5] Louise Bryant beschrieb sie als »schlank und hübsch und temperamentvoll«.[6] Auch der französische Journalist und Sozialist Jacques Sadoul, der im Jahr 1917 als Attaché der französischen Militärmission nach Petrograd gekommen war, zeigte sich von der charismatischen Revolutionärin angezogen.[7]

Alexandra Kollontai hatte allerdings keine Zeit für Sadoul und seinesgleichen. Sie hatte sich unterdessen in Pawel Dybenko verliebt, einen Matrosen. Er war ein Anführer der Agitation unter der Ostseeflotte und der frisch ernannte Kommissar für Marineangelegenheiten. Es waren seine Matrosen, die Kollontai gerufen hatte, um das Alexander-Newski-Kloster zu besetzen. Für sie war Dybenko der Inbegriff der proletarischen Männlichkeit. Sie war inzwischen fünfundvierzig, er achtundzwanzig.

Mit ihm lebte sie ihre Vorstellung vom »geflügelten Eros«, der sexuellen Kameradschaft und dem kameradschaftlichen Dienst an der gemeinsamen Sache aus. Später schrieb sie: »Unsere Begegnungen flossen stets vor Freude über, unsere Trennungen waren voller Qual. Ebendiese Stärke des Gefühls, die Fähigkeit, intensiv, leidenschaftlich, stark zu leben, zog mich zu Pawel hin.«[8]

Auf einem Foto, das Lenins Rat der Volkskommissare im Jahr 1918 zeigt, ist Kollontais zierliche Gestalt zur Linken Lenins und neben der Schreiberin zu erkennen. Der bärtige Dybenko überragt sie von hinten, als wolle er sie in dieser grimmigen Versammlung männlicher Revolutionäre beschützen. In Wirklichkeit war sie diejenige, die ihn protegierte. Dybenko wurde im März 1918 verhaftet, weil er angeblich sein Kommando an der Front gegen die Deutschen im Stich gelassen hatte. Kollontai beschaffte ihm die nötige Kaution zur Freilassung; später wurde er von allen Anklagen freigesprochen, allerdings eine Zeitlang aus der Partei ausgeschlossen. Als Dybenko Alexandra Kollontai um ihre Hand bat, nahm sie ungeachtet ihrer Prinzipien und des energischen Widerstands von Mischa und Soja den Antrag an.[9]

Der Rat der Volkskommissare, Anfang 1918; Kollontai sitzt zur Linken Lenins; Dybenko steht hinter ihr

Alexandra Kollontai sollte nie wieder eine so hohe Stellung in Lenins Regierung bekleiden, und sie und Dybenko wurden nach und nach an den Rand gedrängt. Dennoch behielt sie bis zum Ende ihres Lebens diese ersten Monate der Revolution als die Erfüllung eines Traum in Erinnerung: »Monate der wahren Romantik der Revolution«, schreibt sie in ihrer *Autobiographie*.[10] Sie und Trotzki (und phasenweise sogar Lenin) waren überzeugt, dass ihrer Revolution das gleiche Schicksal wie der Pariser Kommune von 1871 blühe, die nach nur 71 Tagen in einem furchtbaren Blutbad niedergeschlagen worden war. Ihre Aufgabe war es, Zeugnis für die Zukunft abzulegen, wie es in ihrer *Autobiographie* heißt: »Uns trug dabei das Gefühl, dass alles, was wir produzierten, und sei es nur ein Dekret, irgendwann ein historisches Vorbild sein und anderen helfen werde vorwärtszukommen.«[11]

Familienrecht und Familienleben: Das Gesetz von 1918

In ihrer Studie zur Geschichte des Familienrechts hat Mary Ann Glendon auf die Wechselwirkung »zweier sich verändernder Systeme« hingewiesen: auf der einen Seite die Gesetze, welche die Familie betreffen, und auf der anderen das eigentliche Familienleben.[12] Zwischen den beiden besteht eine komplexe Beziehung, die im Lauf dieses Buches noch mehrfach zur Sprache kommen wird. In manchen Fällen verabschieden Regierungen Gesetze, die den gesellschaftlichen und kulturellen Bedingungen der Familien weit voraus sind, was zuweilen überraschende, manchmal dramatische Folgen zeitigt. Dann wieder hinken die Gesetze hinter der Realität des Familienlebens hinterher und blockieren gar Strömungen, die in der Gesellschaft bereits Wirkung zeigen. Beide Tendenzen sind in dieser Studie zu verfolgen. Im Fall der russischen Kommunisten, ebenso wie bei den türkischen Nationalisten Mustafa Kemals, war das neue Familienrecht der gewohnten Praxis weit voraus, insbesondere auf dem Land.

Das Familienrecht regelt viele verschiedene Aspekte des Familienlebens, oder versucht es zumindest: etwa die Beziehungen zwischen Mann und Frau sowie zwischen Eltern und Kindern, Ehe und Scheidung, Abtreibung, Erbrecht, Unterhalt, Adoption. Im Fall der Bolschewiki muss ein weiterer Aspekt ergänzt werden, der speziell für ihre politischen Ambitionen gilt: die Reorganisation des Alltags der Familien, wobei der Schwerpunkt viel stärker auf die staatliche und kollektive Sphäre zu Lasten der familiären und häuslichen gelegt wurde. Wie schon gesagt, bestand unter den Bolschewiki kein Konsens darüber, dass die Familie »abgeschafft« werden müsse. Allerdings waren sich alle darin einig, dass das Herzblut der kommunistischen Gesellschaft in erster Linie in der öffentlichen Sphäre, nicht in der privaten schlägt.

Wie alle Gesetzgebungen zur Familie hatte auch der Kodex der Bolschewiki vom September 1918, im Verein mit den Einzelmaßnahmen, die ihm vorausgingen oder folgten, ganz bestimmte Aspekte des Familienlebens zum Ziel: Insbesondere führte er radikale Veränderungen bei der Eheschließung und Scheidung ein, bei den Rechten der Frauen und Kinder, beim Erbrecht und bei der Abtreibung. Betrachten wir die Neuerungen im Einzelnen:

Die seit Jahrhunderten bestehende Kontrolle der orthodoxen Kirche über die Verfahren und Bestimmungen zur Eheschließung wurde abgeschafft.[13] Die volle Zuständigkeit in diesen Angelegenheiten ging an die lokalen Gerichte des neuen Staates über. Im Dezember 1917 wurde somit in Russland zum ersten Mal die zivile Ehe eingeführt. Nach diesen neuen Bestimmungen heirateten auch Alexandra Kollontai und Pawel Dybenko. Man liest zuweilen, die zivile Ehe sei an die Stelle der kirchlichen Ehe getreten, aber das stimmt so nicht. Beide Formen bestanden nebeneinander weiter, aber künftig wurde die gesetzliche Autorität in diesen Angelegenheiten vollständig vom Staat ausgeübt, nicht von der Kirche. Ebenso wurden auch die Scheidungsverfahren revolutioniert. In Artikel 81 des Kodex heißt es schlicht: »Die beiderseitige Zustimmung von Ehemann und Ehefrau oder der Wunsch eines der beiden, eine Scheidung zu erwirken, soll als Scheidungsgrund gelten.«[14] Wenn das Paar sich einig war, war die Angelegenheit nicht mehr als ein simpler Verwaltungsakt. Wenn nicht, musste die Angelegenheit öffentlich vor einem lokalen Richter angehört werden (Artikel 93), aber selbst in diesem Fall gab es kein größeres Hindernis für die Auflösung einer Ehe.

Außerdem wurde erstmals die Gleichstellung von Frau und Mann gesetzlich festgelegt, sowohl innerhalb der Ehe als auch außerhalb. Es handelte sich allerdings nicht um eine wirklich symmetrische Gleichheit: das heiratsfähige Alter wurde für Frauen auf 16 Jahre festgelegt, für Männer auf 18. Aber die Partner konnten wählen, ob sie den Namen des Mannes oder der Frau oder einen zusammengesetzten Familiennamen führen wollten. Männer und Frauen sollten gleiche Besitzrechte genießen, und beide konnten Familienoberhaupt werden. Die elterliche Autorität sollte gemeinsam ausgeübt werden (Artikel 150). Wenn eine unverheiratete Mutter eindeutig den Vater ihres Kindes angeben konnte, »wird das Gericht ihn dazu verurteilen, die Vaterschaft anzunehmen und gleichzeitig zwingen, die Kosten im Zusammenhang mit Schwangerschaft, Geburt und Unterhalt des Kindes zu teilen«.[15] Die Frage der Alimente sollte, wie wir sehen werden, im Jahr 1926 zum Gegenstand hitziger Diskussionen werden.

Was die Rechte der Kinder anging, sollte künftig nicht mehr zwischen »legitimen« und »illegitimen« Kindern unterschieden werden. Eltern hatten das Recht, »über die Erziehung und Unterweisung ihrer Kinder« zu entscheiden, aber sie durften ein Kind im Alter von 16 bis 18 Jahren ohne dessen Zustimmung nicht zu einem Arbeitsvertrag zwingen (Artikel 157).[16] Eine Adoption war verboten, mit der Begründung, dass man sich in staatlichen Waisenhäusern besser um Waisenkinder kümmern werde als in Einzelfamilien. Die Urheber des Kodex befürchteten, dass adoptierte Kinder in dörflichen Familien weiterhin skrupellos ausgebeutet würden.

Der dritte Bereich radikaler Veränderungen, nach den Bestimmungen zu Eheschließung und Persönlichkeitsrechten, betraf das Erbrecht. Hier war die neue Gesetzgebung kurz und bündig. In Artikel 160 hieß es: »Kinder haben keinen Rechtsanspruch auf den Besitz ihrer Eltern, ebenso wenig wie Eltern auf den Besitz ihrer Kinder.«[17] Hinter dieser außergewöhnlichen Aussage, die mit einem Federstrich alle alten Vererbungsbräuche des Zarenreichs abschaffte und die eigentliche Basis des ländlichen patriarchalischen Eigentums unterminierte, verbarg sich der eigentliche Kern der Ideologie der Bolschewiki. Der Kommunismus konnte nur in einer Gesellschaft ohne Privateigentum aufgebaut werden.

Das war natürlich leichter dekretiert als getan. Schon im Familiengesetz – und dem Dekret vom 27. April 1918, das ihm vorausging – wurde eine wichtige Ausnahme bei der »Abschaffung des Privateigentums« gemacht (Artikel 129). Kleine Vermögen in Höhe von bis zu 10 000 Rubel, die aus »einem Grundstück, aus den Einrichtungsgegenständen des Haushalts und den Produktionsmitteln einer Arbeitswirtschaft in der Stadt oder auf dem Lande« bestanden, durften an noch lebende Gatten und Verwandte des Verstorbenen übertragen werden.[18] Sie sollten Vorrang vor den Ansprüchen sämtlicher Gläubiger auf das Gut haben. Alexander Goichbarg, ein junger Jurist, der federführend an dem Kodex beteiligt war und später Stalins Säuberungen zum Opfer fallen sollte, erklärte den Sinn dieser Bestimmung:

> Wir schafften zwar das Privatrecht auf Erbschaft ab, aber es war unmöglich, hier die Existenz individueller Familien nicht zu berücksichtigen sowie den Umstand, dass eine kostenlose Erziehung und Ernährung der Kinder noch nicht durchgängig verwirklicht war und dass die Sozialversicherung aller arbeitsfähigen Personen noch nicht gewährleistet war.[19]

An dieser Stelle müssen zwei weitere Reformen erwähnt werden. Zum einen wurde am 18. November 1920 die Abtreibung legalisiert. Das Dekret von jenem Tag wies ausdrücklich darauf hin, dass in der Vergangenheit heimliche Abtreibungen dazu geführt hatten, dass bis zu 30 Prozent der Frauen im Verlauf der Operation eine Infektion bekamen, mit bis zu 4 Prozent Todesfällen, dass Abtreibungen künftig jedoch »ungehindert und ohne jede Gebühr in sowjetischen Krankenhäusern durchgeführt« würden.[20]

Die zweite Reform betraf die gesetzliche Stellung Homosexueller. In der russischen Geschichte hatte es nie die Repressalien gegeben, denen sich Homosexuelle in Frankreich, England und Deutschland in der zweiten Hälfte des 19. Jahrhunderts ausgesetzt sahen. »Sodomie«, so der damalige Terminus, war im Zarenreich gesetzlich verboten, aber das Interesse, das Gesetz im Einzelfall durchzusetzen, hielt sich in Grenzen, und Fälle »lesbischer Liebe« wurden schlichtweg ignoriert. Mit der Einführung des neuen sowjetischen Strafgesetzbuches im Jahr 1922 wurde Sodomie im beiderseitigen Einvernehmen zwischen Erwachsenen entkriminalisiert. Wie in anderen Teilen der frühen sowjetischen Gesetzgebung zur Privatsphäre scheint auch hier eine eher tolerante als repressive Haltung vorgeherrscht zu haben. Der Vergleich mit einigen der westlichen Länder spricht für sich: In Deutschland zog das »Verbrechen« der »widernatürlichen Unzucht« eine Strafe von bis zu fünf Jahren Gefängnis nach sich, in Großbritannien konnte es gar mit lebenslanger Haft geahndet werden.[21]

Alles in allem kann man die sowjetische Gesetzgebung in Sachen Familie und Privatleben nur als radikal bezeichnen. Die Gleichstellung der Frau in diesem juristischem Umfang gab es in keinem anderen Land Europas. In Frankreich und in Italien sollten Frauen und Männer erst im Jahr 1975 gleiche Rechte innerhalb der Familie erhalten, bis dahin war ausschließlich und zwangsläufig der Mann das Familienoberhaupt. Ähnlich fortschrittlich war die Gesetzgebung, wo es galt, die Rechte der Kinder zu stärken. Zu den Fragen, die Alexandra Kollontai am meisten am Herzen lagen, äußerten sich die Juristen hingegen nicht – zu der Frage, welche Alternativen zur Familie gefördert werden sollten, zu der Frage, wie man gemeinschaftliche Wohnverhältnisse schaffen konnte, die dem kollektivistischen Ethos und einer freien Sexualität Rechnung trugen. In diesem Versäumnis spiegelt sich sowohl die mehrheitliche Denkweise innerhalb der Partei als auch eine tiefere Unsicherheit wider, wie man mit solchen Themen umgehen sollte.

Alexander Goichbarg verteidigte den Gesetzeskodex gegen Kritiker, indem er betonte, dass es sich um eine Übergangsgesetzgebung in Übergangszeiten handle – die Geschichte werde ohnehin schon bald die letzten Überreste der alten Familie und ihre ganze Rückständigkeit hinweggraffen, und das Gesetz werde nach und nach überflüssig werden.[22] Bekanntlich hielt sich die Geschichte nicht an diese Vorgabe, sondern verlief ganz anders.

Viele Kommentatoren haben den Kodex eher als liberal denn sozialistisch bezeichnet, aber »liberal« ist nicht das richtige Wort. Der klassische Liberalismus befasste sich – mit wenigen Ausnahmen wie John Stuart Mill in seinem berühmten Buch *Die Hörigkeit der Frau* (1869) – nicht vorrangig mit den Rechten der Frauen und Kinder. Und kein einziger Liberaler, nicht einmal Mill, hätte Artikel 160 akzeptiert, der das Erbschaftsrecht abschaffte.[23] Der Gesetzestext ist allerdings verwirrend in seiner Ambivalenz: Auf der einen Seite wird das Individuum mit seinen Persönlichkeitsrechten auf bewundernswerte Weise gestärkt; auf der anderen Seite werden in besorgniserregendem Umfang Zuständigkeiten und Vollmachten dem neuen bolschewistischen Staat zugewiesen, auch wenn Letzterer noch nicht hinreichend entwickelt war, um zu einem modernen Leviathan zu werden.[24]

Der Bürgerkrieg, 1918–1920

Das Familienrecht von 1918 sollte das Leben der Menschen in der Sowjetunion auf lange Sicht entscheidend beeinflussen. Doch zunächst wurde Russland von einem Konflikt heimgesucht, der sogar den Ersten Weltkrieg an Grauen und Opferzahlen übertraf. Das enorme, furchtbare Ausmaß des Bürgerkrieges macht es unmöglich, ihn auch nur annähernd adäquat zu erfassen und zu beschreiben. Wenn wir uns vorerst auf die Bolschewiki beschränken, erkennen wir, dass die Ereignisse des Krieges die beiden *Seelen* dieser politischen Bewegung zum Vorschein brachten: Auf der einen Seite war man bemüht, revolutionäre gesellschaftliche Veränderungen herbeizuführen, auf der anderen Seite setzte man alles daran, einen zentralisierten Partei- und Kriegsapparat zu schaffen, der ebenso effektiv wie skrupellos agieren sollte. Diese beiden Aspekte des neuen Regimes erklären zugleich seine Anziehungskraft und sein Überleben. In der Tat waren sie eng miteinander verflochten.[25]

Lenin hatte allzu leichtfertig proklamiert, dass der »imperiale Krieg« durch einen »Bürgerkrieg« ersetzt werde und dass die Herrschaft der besitzenden Klassen rasch der Diktatur des Proletariats erliegen werde. Es kam, wie man weiß, anders. Zu den Kombattanten in dem langwierigen Krieg zählten nicht nur Rote Armee und die zarentreue Weiße Armee, sondern auch Kontingente ausländischer Armeen, Grüne (unabhängige Bauernbewegungen), Schwarze (anarchistische Machno-Anhänger) und verschiedene nationalistische Bewegungen. Viele nationalistische Bewegungen – in Finnland, Polen, Bessarabien, Estland, Lettland und Litauen – schafften es, ihr Land von dem neu geschaffenen Staat abzutrennen (zumindest bis zum Zweiten Weltkrieg). Andere hatten weniger Glück.

Alle diese Kräfte prallten mit großer Heftigkeit aufeinander, kannten keine Gnade und erwarteten ihrerseits auch keine. In manchen Regionen des europäischen Russland lagen in jeder Provinzstadt Stapel von Leichen, denen man die Hände und Füße abgeschnitten oder die Augen ausgestochen hatte. Wie Catherine Merridale schreibt:

> Wer dazu in der Lage war, schrieb verzweifelt nach Moskau. »Wisst ihr, was auf dem Land geschieht?«, fragte 1918 ein ehemaliger Genosse, Lenins Freund und Helfer Wladimir Bontsch-Brujewitsch. »Wo ist unsere

Ehre?«, schrieb ein Ex-Bolschewik, der an den Gemetzeln um ihn herum verzweifelte. »Wo ist unsere Freiheitsliebe?«[26]

Terror stand bei allen Lagern auf der Tagesordnung, genau wie das Erschießen von Kriegsgefangenen und Massaker an Zivilisten. Einer der wenigen Augenzeugenberichte, von einem gewissen Nikolai Borodin, schildert das Schicksal einer Gruppe gefangener Rotarmisten, aus der jeder fünfte zur Hinrichtung ausgewählt worden war. Sie wurden vor einer Menge ziviler Zuschauer erschossen:

> Als die Verurteilten nun an die Reihe kamen, zogen sie sich rasch aus, wie es Soldaten tun. Sie legten ihre zusammengefalteten Kleider beiseite, gingen in ihrer abgetragenen, schmutzigen Unterwäsche zu ihrer letzten Ruhestätte ... Manche bekreuzigten sich nach orthodoxer Art, dann verschwanden alle rasch in der Grube.[27]

Zunächst sah es so aus, als würden die Bolschewiki mit Leichtigkeit die Macht behaupten, aber im Herbst 1918, ein Jahr nach der Revolution, hatte sich die Lage dramatisch zugespitzt. Auf die städtischen Märkte gelangte nicht genügend Getreide, und da Lebensmittel streng rationiert waren, starben immer mehr Menschen in den Städten an Kälte und Hunger. Zur selben Zeit wuchs die Zahl und Stärke der anti-bolschewistischen Kräfte. Angesichts dieser zwingenden Umstände ergriff Lenin eine Reihe drakonischer Maßnahmen, die später unter dem Schlagwort »Kriegskommunismus« zusammengefasst werden sollten. Eine Zentralisierung und Kontrolle von oben waren die wesentlichen Bestandteile. Requirierungstrupps wurden aus den Städten aufs Land geschickt, mit der ausdrücklichen Anweisung, die »Hamsterer« von Getreide ausfindig zu machen und sie mit äußerster Strenge zu bestrafen. Die Abgabenlast für die Dörfer stieg drastisch an. Gleichzeitig versuchte Lenin, arme Bauern gegen reiche Bauern aufzuhetzen. Im Mai 1918 wurden »Komitees der Dorfarmut« (Kombedy) gebildet, vorgeblich, um die »zweite Phase« der sozialistischen Agrarrevolution anzuführen, aber in Wirklichkeit, um Lebensmittel von den reicheren Bauern zu konfiszieren. Doch der Lauf der Bauernrevolution ließ sich auf diese Weise nicht beschleunigen, zu stark waren die alten Bindungen der dörflichen Solidargemeinschaften.[28] Im Dezember desselben Jahres war das Experiment kläglich gescheitert und wurde abgebrochen.

Am Ende gewannen die Bolschewiki den Krieg, hauptsächlich weil sie nie die Kontrolle über das russische Kernland verloren, das den größten Teil der Bevölkerung, der Industrie und der Depots an alter Armee- und Marineausrüstung enthielt, die für die Kriegsanstrengungen unerlässlich waren. Ihre Gegner hatten hingegen nur an der Peripherie ihre Machtzentren. Die Zwangsrekrutierung vieler zaristischer Offiziere erwies sich ebenfalls als vorteilhaft für die Bolschewiki, genau wie die weiten Räume, in die sie sich zurückziehen konnten, wenn sie militärisch im Nachteil waren.[29] Doch die Kosten des Krieges waren gigantisch. Die Zahl der Todesopfer unter den kämpfenden Truppen wurde auf 800 000 geschätzt, wohl gut 100 000 wurden hinter den Linien im Zuge des »Weißen« und »Roten Terrors« getötet. Geschätzte zwei Millionen Menschen starben an Cholera, Typhus und Fleckfieber allein in den Jahren 1919/20. Am schlimmsten war die Hungersnot, die 1921/22 die Getreideregionen des Südens heimsuchte. Im Frühjahr 1921 herrschte in der Wolgaregion, der Südukraine, auf der Krim und im Nordkaukasus eine furchtbare Dürre.[30] Schätzungen zufolge kamen damals vier Millionen Menschen um. Ungünstige Bedingungen für den Ackerbau wurden mit Sicherheit noch verschärft dadurch, dass die Bolschewiki wahllos Samenvorräte beschlagnahmten, Nutzvieh requirierten und Pferde und Karren der Roten Armee übergaben. In vielen Gegenden konnte das Getreide nicht ausgesät werden, in anderen verdorrte es. Ewan Mawdsley schätzt in seinem Buch über den Bürgerkrieg die Gesamtzahl der Todesopfer auf rund acht Millionen Menschen, fügt allerdings hinzu, dass »jeder Versuch, die Toten des Bürgerkrieges zu zählen, ein ebenso deprimierendes wie vergebliches Unterfangen ist, weil es am Ende nicht einmal eine verlässliche Zahl zutage fördert«.[31] Im Bürgerkrieg kamen somit vier- bis fünfmal so viele Menschen wie im Ersten Weltkrieg um.

Was heißt das nun aber für die russischen Familien? Eine Antwort auf diese Frage wird erheblich durch das völlige Fehlen einer Sozial- oder Familiengeschichte der am stärksten in Mitleidenschaft gezogenen Regionen erschwert. Hinzu kommt, dass viele Darstellungen dieser Zeit den Bürgerkrieg als ein eigenständiges Phänomen behandeln, insbesondere Werke, die den Bolschewiki freundlich gesinnt sind. Es wird der Eindruck erweckt, als sei der Krieg eine unerfreuliche, aber notwendige Übergangsphase gewesen.[32] Aber natürlich starben im Krieg nicht nur viele Menschen, sondern die Überlebenden wurden darüber hinaus traumatisiert. Der Krieg veränderte auch die demografischen Strukturen. Der großen Hungersnot in der Ukraine etwa fielen fast alle Kinder unter drei Jahren zum Opfer. Unzählige Kinder wurden zu Waisen – wenn ihre Väter nicht schon im Weltkrieg gefallen waren. Die Angehörigen jüdischer Familien, die in umkämpften Regionen, insbesondere in Kosakengegenden, festsaßen, mussten immer damit rechnen, dass es zu Pogromen kam. Der Frontverlauf konnte sich von einem Tag auf den anderen verändern, und mitunter verlief er quer durch die Familien. Das Ausmaß der Gewalt war außergewöhnlich hoch, Folter und Erschießungen waren an der Tagesordnung. Ein Dokument der Bolschewiki aus der Region Tambow vom Juni 1921, also aus der Endphase des Bürgerkrieges, vermittelt eine Vorstellung von dem allgegenwärtigen Terror:

> Die Familie, in dessen Haus sich ein Bandit versteckt, ist zu verhaften und *aus der Provinz zu verbannen,* und *das älteste erwerbstätige Familienmitglied einer solchen Familie ist auf der Stelle ohne Prozess zu erschießen* ...
>
> Sollte der Familie eines Banditen die Flucht gelingen, *so ist ihr Besitz an die Bauern zu verteilen, die der Sowjetmacht loyal ergeben sind, und die verlassenen Gebäude sind zu verbrennen* [Hervorhebungen im Original].[33]

In einem späteren Kapitel werde ich ausführlich auf das Schicksal der Familien in einem anderen Bürgerkrieg eingehen, dem Spanischen Bürgerkrieg in den Jahren 1936 bis 1939. Ein oberflächlicher Vergleich der beiden lässt Übereinstimmungen und Abweichungen erkennen. Aus statistischer Sicht besteht ein gewaltiger Unterschied, weil der Krieg in Spanien »nur« eine halbe Millionen Menschenleben gefordert hat. Die beiden Fälle unterscheiden sich auch im Charakter der jeweiligen Sieger. Im Spanischen Bürgerkrieg triumphierten die konservativen Kräfte mit der Kirche an der Spitze, während in Russland der Rebell gegen die alte Herrschaftsordnung, die kommunistische Partei, den Sieg davontrug – allen Widrigkeiten zum Trotz (ihr stand kein Äquivalent einer Internationalen Brigade zur Seite).

Kommunismus und Familie

Die russische Diskussion um die Zukunft der Familie findet ihren radikalsten Ausdruck in einem berühmten Manifest: in Kollontais Schrift *Die Familie und der kommunistischen Staat*.[34] Der Text war die Bearbeitung einer langen Rede vor dem Ersten Allrussischen Arbeiterinnen- und Bäuerinnenkongress, der im November 1918 in Moskau stattfand, nicht lange nach Inkrafttreten des neuen Familienrechts. Der Kongress war ein großes Ereignis, das Frauen wie Inessa Armand, Wera Golubewa und Alexandra Kollontai selbst organisiert hatten. Seitens des größten Teils der männlichen Elite der Partei – die sich inzwischen »Kommunistische Partei Russlands (Bolschewiki)« nannte – wurde ihnen mit Skepsis begegnet. Man kritisierte, dass sich Frauen separat von den männlichen Genossen organisierten. Zu der Veranstaltung kamen über tausend Delegierte, weit mehr als die Organisatoren in Zeiten des Bürgerkriegs für möglich gehalten hätten. Nur zehn Prozent der Delegierten waren Bäuerinnen. Beatrice Farnsworth schreibt dazu:

> Für viele Frauen mit Kopftuch, in abgetragenen Stiefeln, Stepp- oder Schaffelljacken und Armeemänteln für Männer, die sich in dem großen Säulensaal des Unionspalasts versammelten, war der Moskauer Kongress von 1918, auf dem Lenin persönlich auftrat, die erste – und größte – politische Veranstaltung ihres Lebens.[35]

Zu Beginn ihres Textes rühmt Kollontai jenen Teil des Familienrechts, der ihr am meisten am Herzen lag – das neue Scheidungsrecht:

> Künftig wird eine Arbeiterin nicht monate- oder gar jahrelang Petitionen einreichen müssen, um das Recht zu erlangen, getrennt von einem Mann zu leben, der sie schlägt und ihr das Leben mit seiner Trunkenheit und seinem brutalen Benehmen zur Hölle macht.

Viele Arbeiterinnen hätten, so Kollontai, die Neuerung begrüßt, aber es gebe auch andere Frauen, die wirtschaftlich abhängig sind von ihren Männern, die zu viel Angst hätten, um sich scheiden zu lassen. Diese Frauen müssten größeres Vertrauen zur Gemeinschaft und zum Staat entwickeln: »Eine Frau muss sich daran gewöhnen, Unterstützung im Kollektiv und in der Gesellschaft zu suchen und zu finden, statt vom einzelnen Mann.« Kollontai sollte sich ihr Leben lang gegen die Zahlung von Alimenten aussprechen.[36] Anschließend beschreibt der Text die verschiedenen Formen, die die Familie im Laufe der Jahrhunderte angenommen hatte, um zu zeigen, dass keine bestimmte Form des häuslichen Lebens für immer und ewig festgelegt war und dass sich Sitten und Bräuche veränderten. Einmal mehr kündigte Kollontai das bevorstehende Verschwinden der Familie an. Unter den Bedingungen des revolutionären Russlands sei die Familie *»nicht länger notwendig, weder für ihre Mitglieder noch für die Nation insgesamt«* (Hervorhebung von A. Kollontai).[37] Von ihren früheren vielfältigen Funktionen erfülle die Familie mittlerweile nur noch zwei: die eigentliche Hausarbeit durch die Frau und die Erziehung der Kinder. Diese beiden Aufgaben würden nunmehr vom Staat übernommen. »Die Arbeiterin wird sich nicht länger am Waschtrog plagen oder ihre Augen beim Sockenstopfen verderben müssen.« Sie bringe künftig ihre Wäsche einfach zu »zentralen Wäschereien« und zu »speziellen Bekleidungsausbesserungszentren«. Durch die Befreiung von der Hausarbeit sei sie imstande, »ihre Abende mit Lesen, dem Besuch von Versammlungen und Konzerten zu verbringen«. Und was das Aufziehen der Kinder betraf, so sollte dies ebenfalls zur Aufgabe des Staates werden:

> Auch hier wird der Arbeiterstaat künftig die Familie ersetzen; die Gesellschaft wird nach und nach alle Aufgaben übernehmen, die vor der Revolution den individuellen Eltern zukamen.[38]

Weil dieser letzte Satz womöglich wie eine Drohung klang, beeilte sich Kollontai, den vielen Gerüchten entgegenzutreten, die von der orthodoxen Kirche und anderen Gegnern der neuen Regierung in Umlauf gesetzt wurden, dass nämlich die Kommunisten die Absicht hätten, den Müttern die Kinder wegzunehmen und sie in staatliche Aufsicht zu stecken:

> Die werktätigen Mütter haben keinen Grund zur Besorgnis; die kommunistische Gesellschaft hat nicht die Absicht, den Eltern ihre Kinder wegzunehmen oder das Baby von der Brust seiner Mutter wegzureißen; und sie hat auch nicht vor, die Familie mit Gewalt zu zerstören. Davon kann keine Rede sein![39]

In ihrem Schlusswort plädiert sie jedoch energisch für den Triumph kollektiver Wertvorstellungen über private und der »großen proletarischen Familie« über die Einzelfamilie. Für jene, die von den Tugenden der Kernfamilie überzeugt waren, klang das alles andere als beruhigend:

> Die Frau, die den Kampf um die Befreiung der Arbeiterklasse aufnimmt, muss verstehen lernen, dass für die alte besitzergreifende Haltung kein Platz mehr ist, die sagt: »Das sind meine Kinder. Ich schulde ihnen meine ganze mütterliche Fürsorge und Zuneigung; und das sind eure Kinder, sie gehen mich nichts an, und es ist mir gleichgültig, wenn sie hungern und frieren – ich habe keine Zeit für andere Kinder« … Die werktätige Mutter muss lernen, nicht zwischen deinen und meinen zu unterscheiden; sie muss sich vor Augen führen, dass es nur unsere Kinder gibt, die Kinder der kommunistischen Arbeiter Russlands.[40]

Alexandra Kollontai beendete ihren Text mit einem revolutionären Aufruf. In Anlehnung an die Parole der Französischen Revolution »Freiheit, Gleichheit und Brüderlichkeit« fordert sie: »Gleichheit, Freiheit und die kameradschaftliche Liebe der neuen Ehe«. Auf dieser Basis würden Frauen und Männer, Arbeiter und Bauern Seite an Seite »die menschliche Gesellschaft neu aufbauen«.[41]

Natürlich drängen sich sofort Kritikpunkte auf. Da wäre zunächst die Ausschließlichkeit, mit der Kollontai die Einzelfamilien und die kollektiven Formen des Zusammenlebens gegenüberstellt. Man bekommt den Eindruck, sie wolle den Lesern einreden, dass er sich zwischen dem einen oder anderen entscheiden müsse, statt nach möglichen Verbindungen zwischen den beiden Ausschau zu halten. Konsequenterweise lässt Kollontais Vision so gut wie keinen Raum für Privatsphäre. Tatsächlich erörterten die Bolschewiki niemals die Privatsphäre auf theoretischer Ebene. Das Leben musste sich ausnahmslos in der öffentlichen Sphäre und im kollektiven Raum abspielen. Für »Familienzeit« gab es keinen oder so gut wie keinen Platz. Stattdessen betonte Kollontai, was sie 1914 die »große Familiengesellschaft« genannt hatte.[42] Doch dieser Terminus ließ mehr Fragen offen, als er beantwortete, zudem bestand die Gefahr, dass die unzähligen, komplexen Stränge der Beziehungen zwischen Familie und Gesellschaft zu einer reinen Trennlinie reduziert werden.

Ihre Vision der Gesellschaft war sehr eigenwillig. Obwohl sie zu den libertärsten Anhängern der Bolschewiki zählte, konnte man ihren Gesellschaftsentwurf kaum pluralistisch nennen. Er war radikal und totalitär. Für Kollontai war, wie für andere Bolschewiki, die Fabrik der bevorzugte Ort der Gesellschaft – der Arbeitsplatz der Zukunft und der kollektive Organisator überhaupt. Ihre Schrift *Die Familie und der kommunistische Staat* hat daher ausschließlich die Arbeiterinnen im Blick, die Bäuerinnen spielen für Kollontai offensichtlich keine Rolle. Verblüffend – oder eher befremdlich – ist auch, wie sie die beiden Aufgaben behandelt, die für die Überwindung der Familie noch in Angriff genommen werden müssen: die Erziehung der Kinder auf gemeinschaftlicher Basis und die Abschaffung der individuellen Hausarbeit. Sie differenziert hier nicht. Als würden diese beiden Veränderungen in den gleichen analytischen Rahmen gehören. Aber damit unterschätzte Kollontai auf dramatische Weise den psychologischen Aspekt der Elternschaft, insbesondere der Mutterschaft, ja, sie leugnet geradezu die Existenz mütterlicher, familiärer Liebe, wie sie selbst sie doch ihr Leben lang für Mischa empfand.

Bewundernswert ist hingegen, wie unbeirrt Kollontai an ihrer These festhielt, dass die Befreiung der Frau ebenso wie des Mannes nicht allein auf ökonomischer, sondern auch auf emotionaler und sexueller Ebene stattfinden müsse. Wenn sie zu »kameradschaftlicher Liebe in der neuen Ehe« aufrief, so war das zu jedem Zeitpunkt außergewöhnlich, um so mehr auf dem Höhepunkt des Bürgerkrieges.

Die Vision der Befreiung

Im März 1919 veranstaltete die KPR ihren 8. Parteitag. Unter anderem bereitete er den Entwurf eines neuen Parteiprogramms vor, welches das veraltete von 1903 ersetzen sollte. Alexandra Kollontai betrachtete dies als eine hervorragende Gelegenheit, um neue Ideen zur Befreiung der Frau und zur Zukunft der Familie zu präsentieren. Lenin war allerdings anderer Ansicht. In seinen Augen war es nicht der richtige Zeitpunkt, die Familie infrage zu stellen. Er hatte außerdem eine eigene Meinung, was unter der Befreiung der Frau zu verstehen war – eine Anschauung, die sich zum Teil mit der Kollontais deckte, zum großen Teil aber nicht.

Zweifellos veranlasste ihn seine Beziehung zu der glühenden Feministin Inessa Armand, über diese Angelegenheiten nachzudenken und gelegentlich einen Artikel dazu zu schreiben. In einem Pamphlet vom Juli 1919 brachte Lenin den Missstand deutlich zum Ausdruck.[43] Für ihn war die russische Frau, ungeachtet aller Fortschritte, die im Familienrecht verankert waren, immer noch eine »Haussklavin«. Im Folgenden führt er aus:

> Die Frau bleibt nach wie vor *Haussklavin,* trotz aller Befreiungsgesetze, denn sie wird erdrückt, erstickt, abgestumpft, erniedrigt von der Kleinarbeit der Hauswirtschaft, die sie an die Küche und das Kinderzimmer fesselt und sie ihre Schaffenskraft durch eine geradezu barbarisch unproduktive, kleinliche, entnervende, abstumpfende, niederdrückende Arbeit vergeuden lässt.

Der entscheidende Punkt war für Lenin:

> Die wahre *Befreiung der Frau,* der wahre Kommunismus, wird erst dort und dann beginnen, wo und wann ein Massenkampf ... gegen diese Kleinarbeit der Hauswirtschaft oder, richtiger, ihre *massenhafte Umgestaltung* zur sozialistischen Großwirtschaft beginnt.[44] [Hervorhebungen im Original.]

Damit leitet Lenin die Emanzipation der Frau eindeutig aus einem doppelten wirtschaftlichen Prozess ab: erstens durch die Schaffung staatlicher, kollektiver Dienstleistungen und zweitens durch die Befreiung der Frauen vom Haushalt, um es ihnen zu ermöglichen, an der Seite ihrer männlichen Kollegen zu Vollzeitarbeiterinnen zu werden. Überall würden, fährt Lenin fort, »Keime des Kommunismus« aus dem Boden schießen:

> Öffentliche Speiseanstalten, Krippen, Kindergärten – das sind Musterbeispiele derartiger Keime, das sind die einfachen, alltäglichen Mittel, die frei sind von allem Schwülstigen, Hochtrabenden, Feierlichem, die aber tatsächlich geeignet sind, *die Frau zu befreien.*[45]

Genau wie Kollontai pickt sich auch Lenin gezielt die Hausarbeit und die Erziehung der Kinder heraus. Aber bei ihm ist keine Rede von einer anderen Auffassung des Familienlebens, geschweige denn eine Anspielung auf die Gründung von Kommunen.

Vor allem hatte Lenin kein Verständnis für Kollontais Beharren auf der These, dass das Umdenken der menschlichen Beziehungen – einschließlich der sexuellen Aspekte – ein integraler Bestandteil der revolutionären Praxis sei. In einer bekannten Unterhaltung mit Clara Zetkin im Kreml im Jahr 1920 machte er seinen Gefühlen zu dieser Angelegenheit Luft. Es handelt sich um ein historisches Zeugnis, das mit Vorsicht zu behandeln ist, weil Zetkin es erst vier Jahre später veröffentlichte und bei einem so großen zeitlichen Abstand natürlich das Risiko einer Verzerrung gegeben ist. Dennoch erscheint die Unterhaltung wegen der Leidenschaft und den Nuancen der Argumentation authentisch. Lenin kritisierte scharf die allzu starke Konzentration auf alles Sexuelle, die unter der Jugend sowohl in Deutschland als auch in Russland zu beobachten war. »Mir Altem imponiert das nicht«, sagte er. »Obgleich ich nichts weniger als ein finsterer Asket bin, erscheint mir das sogenannte ›neue sexuelle Leben‹ der Jugend – manchmal auch des Alters – oft genug als rein bürgerlich.« Er fuhr fort:

> Sie kennen gewiss die famose Theorie, dass in der kommunistischen Gesellschaft die Befriedigung des sexuellen Trieblebens, des Liebesbedürfnisses, so einfach und belanglos sei wie »das Trinken eines Glases Wasser«. Diese Glas-Wasser-Theorie hat einen Teil unserer Jugend toll gemacht, ganz toll ... Nun gewiss! Durst will befriedigt sein. Aber wird sich der normale Mensch unter normalen Bedingungen in den Straßenkot legen und aus einer Pfütze trinken? Oder auch nur aus einem Glas, dessen Rand fettig von vielen Lippen ist? ... Zumal die Jugend braucht Lebensfreude und Lebenskraft. Ein gesunder Sport, Turnen, Schwimmen, Wandern, Leibesübungen jeder Art, Vielseitigkeit der geistigen Interessen. Lernen, studieren, untersuchen, so viel als möglich gemeinsam! Das alles wird der Jugend mehr geben als die ewigen Vorträge und Diskussionen über sexuelle Probleme ... Die Zügellosigkeit des sexuellen Lebens ist bürgerlich, ist Verfallserscheinung. Das Proletariat ist eine aufsteigende Klasse. Es braucht nicht den Rausch zur Betäubung oder als Stimulus.[46]

Obwohl es keinen Hinweis dafür gibt, dass Kollontai jemals diese Glas-Wasser-Analogie verwendete, ist die Kritik an ihren Ideen unübersehbar. Auffällig ist die Art und Weise, wie Lenin sie ins Lächerliche zieht, indem er Bilder wie »Pfütze« oder das »von vielen Lippen fettige« Glas benutzt. Kollontai hat sich nie für Promiskuität ausgesprochen und war genaugenommen viel konsequenter und aufrichtiger in ihrem Geschlechtsleben als Lenin. Ihre Idee einer »kameradschaftlichen Liebe in der neuen Ehe« war zweifellos utopisch, aber sie war Lenins spontanem Vorschlag weit überlegen, wenn er »Turnen, Schwimmen, Wandern, Leibesübungen jeder Art« als Lösung des Problems empfiehlt. Die unbeabsichtigte sexuelle Anspielung, die in seiner Behauptung, das Proletariat sei eine »aufsteigende Klasse« und brauche keine Stimulation, mitschwingt, sei nur am Rande erwähnt.

Die Auseinandersetzung zwischen Kollontai und Lenin wurde mit ungleichen Mitteln geführt. Auf dem Parteitag gelang es Kollontai zwar, einen Antrag durchzubringen, der die Partei zum Kampf für die Gleichberechtigung der Frau aufrief, und in ihrer *Autobiographie* spricht sie von einem »großen, einem dauernden Sieg«, aber sie hatte eigentlich mehr gewollt, und ihre Vorstellung von Befreiung ging weit über die gleichen Rechte im juristischen Sinn hinaus. Louise Bryant schrieb: »Was Lenin betrifft, so hat er sie mit seiner üblichen, unverblümten Offenheit erschlagen.«[47]

Es wäre allerdings falsch, die Auseinandersetzung um die Zukunft der Familienpolitik nur auf diese beiden Protagonisten zu beschränken. Auch andere meldeten sich in diesen Jahren zu Wort. Die wenigsten folgten dabei Alexandra Kollontais Vorstellung von »kameradschaftlicher Liebe« und »sexueller Moral«. Weit mehr stimmten mit ihren drastischen und wenig durchdachten Positionen zur Familie und Elternliebe überein. So rief Alexander Goichbarg, der Autor des Familienrechts, in einer Schrift von 1920 Eltern dazu auf, »ihre enge und irrationale Liebe zu ihren Kindern« abzulegen.[48] Nikolai Bucharin und Jewgeni Preobraschenski gingen in ihrem bekannten *Abc des Kommunismus*, das auf dem Höhepunkt des Bürgerkrieges erschien, noch weiter. Die Beziehungen zwischen Einzelpersonen, Familien und Gesellschaft sind wohl selten so eindeutig zugunsten der Letzteren geschildert worden:

> Nur dank der Existenz der Gesellschaft kann jedes einzelne Individuum leben und sich entwickeln. Deshalb gehört das Kind jener Gesellschaft, in welcher und dank welcher es geboren wurde, nicht aber einzig und allein der »Gesellschaft« seiner Eltern. Der Gesellschaft gehört auch das ur-

sprünglichste und fundamentalste Recht der Kindererziehung. Von diesem Standpunkte aus müssen die Ansprüche der Eltern, durch die Hauserziehung in die Seele ihrer Kinder ihre eigene Beschränktheit zu legen, nicht nur abgelehnt, sondern auch ohne Erbarmen ausgelacht werden ... Von hundert Müttern sind vielleicht eine oder zwei fähig, Erzieherinnen zu sein. Die Zukunft gehört der gesellschaftlichen Erziehung.[49]

Am Ende hatten die führenden Köpfe der Partei jedoch kein Interesse daran, die Familie »abzuschaffen«, geschweige denn das Privatleben neu zu gestalten.[50] Es gab Wichtigeres zu tun, allem voran, den Bürgerkrieg zu überstehen und zu gewinnen. Danach kamen der ökonomische Wiederaufbau und das Legen der wirtschaftlichen Basis für den Sozialismus. Die Familie konnte warten, wie immer im Marxismus.

Das fehlende Bindeglied: Avantgarde und Familienleben

Im Januar 1918 erklärte der russische Dichter Alexander Blok: »Lasst uns wieder ganz von vorn anfangen: lasst uns so tun, als würde unser trügerisches, armseliges, langweiliges und furchtbares Leben nunmehr gerecht, sauber, schön und fröhlich.«[51] Mit der Revolution wurde bei den Künstlern und Intellektuellen der großen Städte die Hoffnung geweckt, dass nicht nur in der Politik und Wirtschaft grundlegende Veränderungen durchgeführt würden, sondern auch im alltäglichen Leben. Doch ihre Hoffnungen wurden enttäuscht. Die Kommunisten hatten, wie gezeigt, kein Gespür für Fragen des Familienlebens und der häuslichen Sphäre und spornten die künstlerischen Vorkämpfer auch nicht an, diese Themen in ihren Werken zu behandeln.

Wladimir Majakowski, der schon bald als der wichtigste Dichter der Revolution bekannt werden sollte, schrieb:

Kommunismus ist nicht nur auf dem Land,
in der Fabrik, im Schweiße unserer Arbeit.
Er ist zu Hause, am Tisch, in der Familie und im täglichen Umfeld.[52]

Das stimmte nicht. Die Themen des Familienlebens und des täglichen Umfelds kamen sichtbar nie voll zum Ausdruck. Womöglich kam die Avantgarde nur auf dem Feld der Kinderbücher, etwa mit den wunderschönen Bildern Wladimir Lebedews, mit der Familie in Berührung.[53] In den Jahren 1919/20 bildeten El Lissitzky, Kasimir Malewitsch und andere die Künstlergruppe UNOVIS, ein Akronym, das übersetzt etwa »Verfechter einer neuen Kunst« heißt. Sie wollten konkret die Propagandaoffensive unterstützen, und ihr Festhalten an kollektivistischen Ideen war dem Ton nach geradezu fanatisch. Doch die Themen, die die Parteiführung vorgab – etwa »Die Werkbänke der Depots und Fabriken warten auf dich. Lasst uns die Produktion voranbringen«[54] –, hatten viel mit der Produktion zu tun und kaum etwas mit häuslichem Leben, mit der Gleichstellung der Geschlechter oder der Privatsphäre. Auch die offizielle »Proletkult«-Bewegung hatte diesbezüglich nicht mehr zu bieten. Die Historikerin Lynn Mally merkt dazu an, dass die einzige Familie, die für die Bewegung wirklich von Bedeutung war, »die Ersatzfamilie der Arbeiterklasse« war, die auf der Geselligkeit der Fabrikhallen und der Kameradschaft der männlichen Arbeiterorganisationen beruhte. Frauen und Kinder waren untergeordnete, fast völlig fehlende Themen.[55]

Lenin selbst vertrat sehr enge, zweckorientierte Ansichten zur Kunst und konzentrierte sich auf die Notwendigkeit einer massiven pädagogischen Präsenz im öffentlichen Leben. Ausgehend von Tommaso Campanellas Utopie *Der Sonnenstaat* (1602) wies er darauf hin, dass –

> die Mauern seiner idealen Stadt bedeckt sind mit Fresken, welche, indem sie der Jugend als anschauliche Lektion in Naturwissenschaft und Geschichte dienen, staatsbürgerliche Gefühle erregen und mit einem Wort teilhaben an der Aufgabe der Erziehung und Bildung der neuen Generation ... Ich habe gesagt, was ich von monumentaler Propaganda halte.[56]

Im Einklang mit diesen Vorgaben entwarf Tatlin im Jahr 1919 sein *Monument der Dritten Internationale,* ein aus Stahl konstruierter, geneigter, spiralförmiger Turm, ein Symbol für Dynamik, Geschwindigkeit und Fortschritt, das im Einklang mit den ästhetischen, wenn auch nicht politischen Erwägungen der italienischen Futuristen stand. Modelle des Monuments wurden populär und wurden bei staatlichen Feiertagen und Festlichkeiten durch die Straßen gezogen.

Bei solchen Anlässen deckten sich die Bedürfnisse der künstlerischen Avantgarde mit denen der Partei. Das war allerdings keineswegs immer so. Die meisten Künstler wechselten schon bald von der figurativen zur abstrakten Kunst, zu einer Ästhetik, die der Form den Vorzug vor dem »Inhalt« gab und auf dekorative und deskriptive Bestandteile verzichtete. Auch die Fotografie wurde zum neuartigen Ausdrucksmittel. Nach Lenins Tod fand ein landesweiter Wettbewerb um den Bau eines Monuments zu seinen Ehren statt. Die Zeitschrift *Art News* meldete im April 1924:

> Malewitsch, der sich wie alle bolschewistischen Künstler bemühte, die Größe Lenins in einem Modell für sein Monument auszudrücken, präsentierte stolz ein riesiges Podest aus einer Unmenge von landwirtschaftlichen und industriellen Werkzeugen und Maschinen. Ganz oben auf dem Stapel stand die »Figur« Lenins – ein einfacher Kubus ohne irgendwelche Merkmale. »Aber wo ist Lenin?«, wurde der Künstler gefragt. Gekränkt

Eine vereinfachte Version von Tatlins Monument der Dritten Internationale *(1919) wird auf den Straßen Moskaus zur Schau gestellt, 1927*

zeigte er auf den Kubus. Jeder könne das erkennen, wenn er auch nur einen Funken Seele habe, fügte er hinzu. Doch die Schiedsrichter lehnten das Kunstwerk, ohne zu zögern, ab. Es müsse eine reale Figur Lenins geben, argumentierten sie, wenn der einfache Bauer inspiriert werden soll.[57]

Auf den »einfachen Bauern« werden wir noch zurückkommen.

Inessa und das Schenotdel

Nur in einer Sphäre, nämlich der Frauenarbeit, konnten Kollontai und andere Gleichgesinnte eine gewisse Befriedigung erfahren. Nach monatelanger Verdrängung stimmte im August 1919 die männliche Parteiführung endlich zu, eine separate Parteiabteilung für die Arbeit unter Frauen zu bilden: das »Frauenamt« – Schenotdel. Zu ihrer Leiterin wählte die Partei Inessa Armand. Lenin hatte ein offenes Ohr für sie, denn sie war, anders als Alexandra Kollontai, eine orthodoxe Bolschewikin. Wie Barbara Clements schreibt: »Inessa und Kollontai waren nie befreundet. Sie waren vor der Revolution Rivalinnen gewesen, und sie waren vom Temperament her völlig verschieden: Kollontai herzlich und emotional, Inessa zurückhaltend und ein wenig asketisch.«[58] Auf jeden Fall erkrankte Alexandra Kollontai im November dieses Jahres schwer, erlitt im Alter von 47 Jahren einen Herzinfarkt und konnte monatelang nicht arbeiten.[59]

Inessas Schenotdel sah sich mit schwerwiegenden Aufgaben konfrontiert. Vor allen Dingen mussten russische Frauen für die Kriegsanstrengungen mobilisiert werden. Der Bürgerkrieg hatte eine kritische Phase erreicht, und Frauen wurden gebraucht, um die Plätze von Männern in den Fabriken einzunehmen, um sich um die Verwundeten an den verschiedenen Fronten zu kümmern, und notfalls auch, um zu kämpfen. Inessa wollte, so gut es unter diesen furchtbaren Umständen überhaupt möglich war, das grundlegende Thema der Frauenbefreiung zur Sprache bringen, nicht allein die Befreiung von der traditionellen Hausarbeit. Sie wollte Frauen vor Arbeit schützen, die ihre Gesundheit gefährdete, weiterbildende Kurse anbieten, um ihre Qualifizierung zu verbessern. Frauen sollten »Delegierte« in ihren Fabriken werden und mehrmals im Monat zu

Kursen und Versammlungen gehen. Im Frühjahr 1920 gab das Schenotdel eine eigene Monatszeitschrift heraus: *Kommunistka* (Kommunistin). In erster Linie hatte die Organisation damit zu kämpfen, dass es ihr an Frauen fehlte, die bereit waren, ihre Zeit für die Parteiarbeit zu opfern. Das zentrale Büro in Moskau war hoffnungslos unterbesetzt, und in der Provinz waren selbst jene Frauen, die mit den Kommunisten sympathisierten, häufig zu erschöpft oder gar unterernährt, um noch zusätzliche Aufgaben zu übernehmen. Um den Arbeitsaufwand der Organisation, auf deren Leitung Inessa Armand so stolz war, zu decken, schuftete sie selbst bis zu sechzehn Stunden täglich. Im Februar 1920 besuchte eine Freundin sie in ihrer Wohnung. Sie war schockiert über die Zustände, die sie dort antraf: »Das Zimmer war schrecklich kalt, es war nicht beheizt, alles war vernachlässigt. Überall lag dick Staub.« Inessas Kleider waren abgetragen, ihre Stimme war heiser, und sie »hustete und zitterte vor Kälte«. Sie richtete sich selbst zugrunde.[60]

Am Ende des Sommers erfuhr Lenin, dass Inessa eine Lungenentzündung hatte. Er riet ihr, sich sofort in ein Sanatorium bei Kislowodsk im Kaukasus zu begeben, und telegrafierte an die lokalen Behörden, dass sie sich um die Parteifunktionärin kümmern sollen. Armand willigte ein, nicht zuletzt weil ihr 16-jähriger Sohn Andrej wieder krank war. Das Sanatorium war alles andere als luxuriös. In den umliegenden Hügeln hielten sich noch Weiße Truppen, und auch das Wetter war nicht gerade günstig, doch Inessa schlief zum ersten Mal wieder aus. Außerdem begann sie ein Tagebuch zu führen, in dem sie von den großen Konflikten und Liebschaften ihres Lebens spricht sowie von der Mutterrolle, der sie sich nach wie vor nicht gewachsen fühlte:

> Die einzigen herzlichen Gefühle, die ich noch empfinde, gelten meinen Kinder und Wladimir Iljitsch [Lenin]. In jeder anderen Beziehung ist es, als sei mein Herz tot; als hätte ich, indem ich meine ganze Leidenschaft W.I. und der Arbeit widmete, all meine Quellen der Liebe und des Mitgefühls zu Menschen erschöpft, für die ich zuvor noch so sehr offen war. Ich habe niemanden außer W.I. und meinen Kindern. Ich habe keinen Kontakt zu anderen Menschen, außer über meine Arbeit. Und die Menschen spüren diese Kälte in mir ... Manche Patienten hier sind sehr besorgt. Sie haben Angst vor Angriffen [von den Weißen]. Ich mache mir nur um An-

druschka, meinen kleinen Sohn, Sorgen. In dieser Beziehung bin ich schwach – nicht wie eine römische Hausmutter, die ohne weiteres ihre Kinder im Interesse der Republik opferte. Das könnte ich nicht. Ich mache mir furchtbare Sorgen um meine Kinder.[61]

Lenin hatte große Angst um Inessa und telegrafierte oft mit den lokalen Kommunisten. Aus Sicherheitsgründen beschlossen sie, Inessa, ihren Sohn und ein paar andere Patienten per Eisenbahn fortzubringen. Das geschah gegen ihren Willen, und die Reise entwickelte sich zu einem Albtraum. Überall waren feindliche Truppen, der Zug kam nur langsam voran, und die Städte, die er durchfuhr, waren heruntergekommen, zerstört, Infektionskrankheiten wüteten. Die kleine Gruppe steckte vier Nächte in ihrem Eisenbahnwaggon fest. Inessa beschloss jedoch in ihrer charakteristischen Art, in einer Stadt nach Lebensmitteln für ein schwer erkranktes Parteimitglied Ausschau zu halten. Sie fand auch etwas zu essen, steckte sich aber mit Cholera an. Wenig später litt sie unter Krämpfen, Erbrechen und Durchfall. Sie wurde in ein Krankenhaus vor Ort gebracht, wo die Injektion einer isotonischen Kochsalzlösung ihr ein wenig Erleichterung verschaffte. Aber sie war zu schwach, um gegen die Krankheit anzukämpfen, und erlag ihr am 24. September 1920. Sie hatte versucht, Andrej aus dem Krankenhaus fortzuschicken, damit er sich nicht ansteckte, aber er blieb bei ihr.

Als der Sarg schließlich am Kasaner Bahnhof in Moskau eintraf, erwartete Lenin ihn bereits, überwältigt von Kummer und Schuldgefühlen. Bei Inessa Armands Begräbnis konnte er sich kaum auf den Beinen halten. Die Aussagen der Augenzeugen wurden zwar erst in späteren Jahren geschrieben, aber wir haben allen Grund, ihnen Glauben zu schenken. Angelica Balabanoff erinnerte sich: »Seine ganze Erscheinung, nicht nur sein Gesicht, drückten einen solchen Kummer aus, dass ich es nicht einmal wagte, ihn mit einem Kopfnicken zu begrüßen. ... Er war wie in sich eingesunken: die Mütze bedeckte sein Gesicht, die Augen schwammen in den mühsam verhaltenen Tränen.«[62]

Lenin und die großherzige Nadja Krupskaja übernahmen inoffiziell die Vormundschaft für die jüngsten drei Kinder Inessas: die 22-jährige Inna, die den politischen Eifer ihrer Mutter teilte; die 19-jährige Warwara (Warwa), die in Kürze Kunst studieren sollte, und den 16-jährigen Andrej. Die jungen Leute waren häufig im Kreml zu Gast. Im Februar 1921 machten Lenin und Krupskaja einen spätabendlichen Überraschungsbesuch in dem Heim, wo Warwara während ihres Studiums am Höheren Künstlerisch-Technischen Institut wohnte. Es entwickelte sich eine angeregte Diskussion, wobei sich die Studenten auf die Seite der Avantgarde stellten und Lenin, wie zu erwarten, den Realismus in der Kunst verteidigte.[63]

III

Nach der Revolution

Im November 1920 endete der Bürgerkrieg im europäischen Russland mit dem Sieg der Roten Armee über die letzten verbliebenen Weißen Truppen auf der Krim. Zu dieser Zeit hatte Moskau die Hälfte seiner Bevölkerung verloren, Petrograd sogar zwei Drittel. Nicht nur durch Todesfälle, sondern auch durch massenhafte Landflucht. Auf dem Land, bevorzugt bei Verwandten, hofften die Menschen das Nötigste zum Überleben zu finden – nur allzu oft vergeblich, denn in vielen Regionen herrschten Seuchen, die Schätzungen zufolge zwei Millionen Menschen das Leben kosteten. Krieg, Epidemien, Hungersnot – all das schränkte die Möglichkeiten der sowjetischen Familienpolitik selbstverständlich massiv ein und prägte sie zugleich.

Die Jahre 1921–1926 waren von zwei Aspekten geprägt. Zum einen von der wirtschaftlichen Not. Bei keiner anderen in diesem Buch behandelten Regierung klafft der Graben zwischen Wunsch und Wirklichkeit, zwischen politisch-revolutionärem Anspruch und wirtschaftlich-gesellschaftlichen Gegebenheiten so weit auseinander. Der zweite Aspekt betrifft die Parteiideologie: Selbst wenn die wirtschaftlichen Bedingungen günstiger gewesen wären, wäre Alexandra Kollontai mit ihren Ideen innerhalb der KPR zum Scheitern verurteilt gewesen.

Die im Dezember 1922 gegründete Sowjetunion hatte endlich Frieden gefunden. Nunmehr sei die Zeit gekommen, schrieb Kollontai, dass sich der »geflügelte Eros« in die Lüfte erhebe. Doch was sie erlebte, war kein Aufschwung, sondern Enttäuschung, Marginalisierung und Niederlage.

Der Weg zur Parteidiktatur

Das Experiment, eine neue Form der Demokratie auf der Basis von Arbeiterräten (den Sowjets) zu schaffen, war mit dem Bürgerkrieg endgültig gescheitert.[1] Die verschärften Bedingungen zu jener Zeit und die Entschlossenheit der Bolschewiki, um jeden Preis den Sieg zu erringen, hatten zur Folge, dass Kontrolle und Befehlswirtschaft von oben rasch die Selbstverwaltung von unten ablösten. An die Stelle von Fabrikräten und Komitees traten Ein-Mann-Direktionen. Die Gewerkschaften wurden an den Rand gedrängt. Kommunistische Kader, die lediglich einen Platz in der Parteihierarchie einnahmen, ersetzten die embryonischen Strukturen der sowjetischen Demokratie auf allen Ebenen. Politischer Pluralismus und oppositionelle Parteien verschwanden. Diese rasch voranschreitende Degeneration lässt sich nicht allein mit der allgemeinen Notlage und den materiellen Zwängen jener Zeit erklären. Demokratie war niemals eine unerlässliche Voraussetzung der bolschewistischen Ideologie. Es handelte sich eher um eine zusätzliche Option, auf deren Nutzung man im Namen des Krieges als Erstes verzichten konnte.

Ende 1920 wurde Alexandra Kollontai zu einer der Wortführerinnen der sogenannten »Arbeiteropposition«, einer Minderheit innerhalb der Partei, die im Frühjahr 1921 auf dem 10. Parteitag einen aussichtslosen Kampf gegen die Parteispitze führte. In ihrem Manifest *Die Arbeiteropposition,* das 1921 erschien, plädierte sie für die Wiedereinführung von Demokratie und Meinungsfreiheit, für eine zentrale Rolle der Gewerkschaften als autonomer Ausdruck der »Selbsttätigkeit« der Arbeiter und für das Ausmerzen der bürokratischen Elemente, die inzwischen mehr und mehr die Kontrolle über die Partei übernommen hätten.[2]

Kollontais Schrift hatte gewisse Mängel und Schwachstellen. Statt die Führer der Bolschewiki und ihre Ideologie als die wahren Verantwortlichen für den Niedergang der Demokratie zu nennen, ging sie von einem strengen Klassen-Begriff aus und rief dazu auf, alle »nichtproletarischen Elemente« aus der Partei auszuschließen, also Techniker, Verwaltungsangestellte, Direktoren usw. Es war eine bequeme Möglichkeit, sich von diesen »Anderen« abzusetzen, von kleinbürgerlichen Elementen, die ausgegrenzt werden müssten. Doch mit dieser Methode drang sie nicht zum eigentlichen Kern des Problems vor. Sie setzte sich auch nicht für politischen Pluralismus ein, also für die Gründung anderer Parteien neben der kommunistischen. Kollontai blieb in dieser Hinsicht ganz Bolschewikin. Dennoch enthält ihr Text viele Passagen, die großen Mut und Weitblick bewiesen. Die Autorin scheute sich nicht, die Parteiführer vor allem wegen ihrer Bewertung der Rolle der Gewerkschaften zu kritisieren. Sie schrieb:

> Auf diese Weise sehen die Genossen Lenin, Trotzki, Bucharin und andere die Aufgabe der Gewerkschaften nicht in der Verwaltung der Volkswirtschaft oder in der Übernahme der Produktion, sondern sie verwandeln sie zu einem *Mittel zur Erziehung der Massen.*

In deren Augen, so Kollontai weiter, müssten die Arbeiter lediglich von den Genossen der Avantgarde lernen, von den vorbildlichen Musterschülern der Partei. Aber vorerst »dürfen sie es nicht wagen, ihre Hände nach dem Regierungssteuer auszustrecken – es ist noch zu früh! Sie haben noch nicht ausgelernt.«[3]

In ihrem Manifest fordert sie mehrfach, die Macht in die Hände der Werktätigen zu legen, auf ihre Kreativität und Selbstorganisation zu bauen statt auf eine ins maßlose wachsende Bürokratie. Ihre Kritik an der Bürokratie illustriert sie an einer Stelle so:

> Jede selbsttätige Initiative, jeder neue Gedanke, der nicht durch die Zensur der leitenden Parteizentrale durchgegangen ist, wird als eine »Ketzerei« betrachtet ... Was würde z. B. geschehen, wenn die Mitglieder der KPR, die Singvögel lieben, eine Gesellschaft zum Schutz der Singvögel gründeten? Es scheint doch, als wäre es ein ganz nützliches Unternehmen, das auf jeden Fall den »Plänen des Staats« nicht schaden würde. Aber es scheint nur so. Sofort würden irgendwelche bürokratischen Organe ihren Einspruch erheben und auf ihrem Recht bestehen, die ganze Sache zu organisieren. Sie würden die Gesellschaft in den Sowjetapparat eingliedern und auf diese Weise jede unmittelbare Initiative töten.[4]

Etwas verwundert indes, wenn man Kollontais Äußerungen liest: In dem ganzen Manifest findet sich nirgendwo ein Verweis auf die Familie oder das Privatleben, Themen, denen sie sich sonst so leidenschaftlich gewidmet hatte. In der *Arbeiteropposition* hatten sie schlicht keinen Platz. Man könnte meinen, es gebe zwei verschiedene Welten, die man unmöglich miteinander verbinden könne: erstens die politische Welt und zweitens die häusliche, die eine, die sich mit Demokratie befasste, die andere mit dem Alltag. Allem Anschein nach gab es auch keine Verbindung zwischen der »schöpferischen Kraft« der Arbeiter in den Fabriken und dem, was im eigenen Heim vorging. Das war wohl kaum der Eindruck, den Alexandra Kollontai vermitteln wollte, aber sie tat in ihrem Manifest auch nichts, um diesen Eindruck zu vermeiden.[5]

Überdies sieht es so aus, als kämen hier auch zwei verschiedene *Staaten* zum Vorschein. Der erste, welcher der von Kollontai brillant beschriebenen Welt der harten Politik angehört, hatte die abstoßende Fratze des frühen bürokratischen und autoritären Sowjetstaates. Aber war das wirklich der gleiche Staat, dessen Intervention Kollontai so konsequent für die Privatsphäre gefordert hatte, jener allumfassende Wohlfahrtsstaat, der sich um die Kinder kümmerte, während Mütter zur Arbeit gingen, und der notfalls gar zum Ersatz für die Familie wurde? Und wenn er es war, welche Garantien oder Rechte sollten Einzelpersonen und Familien dann gegen einen derartigen Moloch besitzen, falls er sich als alles andere als gutmütig entpuppte? Zu all diesen Punkten schweigt sich Kollontai aus.

Familienleben in den Städten

Die Einführung der Neuen Ökonomischen Politik (russisch abgekürzt: NEP) in diesen Monaten markierte die allmähliche Rückkehr zum Anschein einer Normalität nach den Schrecken der Jahre seit Ausbruch des Weltkriegs. Es herrschte zwar große Wohnungsnot, aber es gab eindeutige Anzeichen dafür, dass sich städtische Familien nach und nach wieder aus eigener Kraft über Wasser halten konnten. Wenn man die Volkszählungen von 1897 und 1926 für die Stadt Moskau vergleicht, so ist eine sigifikante Veränderung in der Zahl und Zusammensetzung der Haushalte in der Stadt zu beobachten. Während es im Jahr 1897 nicht ganz 88 000 Haushalte mit durchschnittlich jeweils acht Personen waren, hatte sich die Zahl der Haushalte bis 1926 auf 482 000 mehr als verfünffacht, allerdings mit einer durchschnittlichen Zahl von nur 3,5 Mitgliedern pro Haushalt. Offensichtlich erklärt nicht zuletzt die Abschaffung großer bürgerlicher und adliger Haushalte mit ihren Bediensteten diese Veränderung.

Aber es traf auch zu, dass die genannte Praxis, Untermieter aufzunehmen, nicht mehr so dringend benötigt wurde. Die Tendenz war eindeutig: hin zu kleineren Familieneinheiten.[6]

Das war nicht das, was radikale Reformer der Familie sich erhofft hatten. In ihren Augen hieß das Prädikat »Proletarier« im Idealfall, kollektive Vereinbarungen im eigenen Haushalt ebenso wie bei der Arbeit zu treffen. Aber während der NEP-Phase bot der sowjetische Staatsapparat der Stadtbevölkerung kaum Anreize, Kommunen zu bilden oder sich in eine kollektivistische Richtung zu bewegen. Es gab Anfang der 1920er Jahre in Moskau vereinzelte »Arbeiterkommunen«, die ein oder mehrere Mietshäuser umfassten, von gewählten Komitees geleitet wurden und gemeinschaftliche Dienstleistungen wie eine Bäckerei, Lebensmittelläden und Wäschereien anboten.[7] Aber diese städtischen Experimente wurden von der Parteiführung nicht gefördert, noch wurden sie jemals zum Thema des sowjetischen Propagandaapparats.

Gemeinschaftsküchen oder Kantinen waren seit 1918 eingerichtet worden, und am Ende des Bürgerkriegs ernährten sich fast eine Million Moskauer auf diese Weise. Die Schlangen vor der Essensausgabe waren lang, und das Essen knapp portioniert.[8] Sobald es ihnen möglich war, mieden die Familien diese Kantinen und fingen wieder an, selbst zu Hause zu kochen. Von 1923 an erlebte das gemeinschaftliche Essen dank der Gründung eines Unternehmens für die öffentliche Ernährung, das von den Kommissariaten für Arbeit und Gesundheit gefördert wurde, eine bescheidene Wiedergeburt. Bis zum Jahr 1927 leitete dieses Unternehmen 678 Kantinen, für ein so riesiges Land nicht gerade viel. In Moskau lasen Arbeiter, wenn sie ihre Suppe ausgelöffelt hatten, auf dem Boden der Teller die Botschaft: »Öffentliche Ernährung ist der Weg zur neuen Lebensweise.«[9] In Wahrheit gab es kaum Anzeichen für eine »neuen Lebensweise«.

Auf einem anderen Feld, dem Kampf gegen Analphabetismus, wurden hingegen beachtliche Erfolge erzielt. In jedem Viertel gab es Klassenzimmer und gemeinschaftliche Lesesäle. Vor allem Frauen profitierten davon. Zwischen den beiden Volkszählungen von 1897 und 1926 stieg der landesweite Anteil der lesekundigen Frauen von 16,6 auf 45,7 Prozent. Im Jahr 1925 konnten bereits 74 Prozent der städtischen Frauen lesen und schreiben.[10]

Städtische Frauen schienen stärker emanzipiert als je zuvor: Sie konnten lesen, hatten die gleichen Rechte wie Männer, konnten sich scheiden lassen, wenn sie wollten, und hatten mehr Einfluss auf ihr eigenes Schicksal. Aber sie waren keineswegs frei, denn die Härten, die der Versuch, eine sozialistische und egalitäre Revolution in einem rückständigen Land umzusetzen, mit sich brachte, ließen ihnen wenig Handlungsspielraum. Darüber hinaus wirkte sich die aufgeklärte Gesetzgebung der Bolschewiki häufig gegen eben jene Personen aus, die sie eigentlich schützen und fördern sollte.

Das erste und größte Problem war weiterhin das der Arbeit. In den Jahren der NEP gab es nicht so viele Arbeitsplätze, dass sie für Männer und Frauen gereicht hätten. Die Direktoren, die jetzt sowjetische Fabriken leiteten, gaben Männern den Vorzug: weil sie Männer waren, weil viele Kriegsveteranen waren und weil sie besser ausgebildet waren. Außerdem kosteten sie auch weniger. Etliche Aspekte des sowjetischen Arbeitsrechts, wie bezahlter Mutterschaftsurlaub, das Verbot der Nachtarbeit für Frauen und Arbeitseinschränkungen für schwangere Frauen und stillende Mütter, hatten zur Folge, dass es teurer war, Frauen einzustellen. Die Zahl der Krippenplätze, die eingerichtet werden konnte, entsprach nicht einmal einem Prozent des Bedarfs. Von gleichberechtigten Bedingungen für Frauen in der Arbeitswelt konnte daher nicht gesprochen werden.

Das bedeutete, dass die typische Familie der Stadt einen einzelnen, fast immer männlichen Ernährer hatte, von dem Frau und Kinder abhängig waren. Darüber hinaus konnten die Familiengesetze der Bolschewiki zu Heirat und Scheidung, die Frauen vor allem vor gewalttätigen Ehemännern schützen sollten, auch ganz anders ausgenutzt werden: Männer gingen mit einer beunruhigenden Leichtigkeit eine Ehe ein und lösten sie kurzerhand wieder auf; häufig handelten sie völlig verantwortungslos gegenüber den Familien, die sie gegründet hatten. In den Jahren 1925/26 hatten die städtischen Regionen der UdSSR eine weit höhere Scheidungsrate als jene in Westeuropa.[11] Es gibt keine Möglichkeit, herauszufinden, wie viele Scheidungen von Männern und wie viele von Frauen eingereicht wurden. Aber viele soziale und politische Kommentatoren jener Zeit machten auf die Not alleinstehender, arbeitsloser Mütter aufmerksam, seien diese nun ledig, geschieden oder verwitwet.

Sehr häufig war für diese Frauen Prostitution der einzige Ausweg. Auf dem sechsten landesweiten Gewerkschaftskongress im November 1924 stimmten die Delegierten dafür, das Verbot der Nachtarbeit für Frauen aufzuheben und es ihnen zu erlauben, eine Arbeit anzunehmen, die potenziell ihre Gesundheit gefährdete. Eine Delegierte aus Rostow am Don erklärte: »Es ist besser, wenn die Berufsorganisationen den Arbeiterinnen weniger Schutz bieten, damit sie eventuell die Chance bekommen, sich ihr Brot zu verdienen, und nicht gezwungen sind, sich auf dem Boulevard zu verkaufen.«[12]

Heimatlose Kinder

Eng mit der Prostitution verknüpft war die größte menschliche Tragödie jener Jahre: die allgegenwärtigen obdachlosen Kinder, die sogenannten *besprisornyje*. Es ist unmöglich, für dieses Phänomen genaue Zahlen zu ermitteln. Auf dem Höhepunkt der Entwicklung, in den Jahren 1921/22, dürfte die Zahl der *besprisornyje* zwischen vier und sieben Millionen betragen haben. Man traf sie auf den Straßen und Märkten der Städte an, in und um die Bahnhöfe, in Zügen; sie hausten in baufälligen Gebäuden und Kellern. Wendy Goldman zitiert den Fall eines Organisators für die »Kommission zur Verbesserung der Lage der Kinder«, der im März 1921 südlich von Moskau in eine Region reiste, in der eine Hungersnot herrschte. Der Mann schrieb in seinem Bericht:

> Unser Zug kam nachts an und hielt nicht weit von Samara. Aus irgendeinem Grund konnten wir nicht weiterfahren. Es war ein oder zwei Uhr morgens. Es war still, und auf den Beeten lag Raureif. Unser Zug stand da, alles war ruhig, aber plötzlich vernahm ich ein schwaches, fernes Wimmern. Ich horchte – das Wimmern wurde lauter und ließ dann wieder nach. Ich ging hinaus auf die Plattform. Im Mondlicht lag, in einiger Entfernung, eine riesige Haufen grauer Lumpen, so schien es. Als ich genauer hinsah, bemerkte ich, dass sie sich bewegten, und mitten aus diesen Lumpen kam ein schwaches, anhaltendes Wimmern: »Ch-le-b-za, ch-le-b-za« [Brot]. Man konnte kaum einzelne Stimmen unterscheiden, aber wegen ihrer Mattigkeit verschmolzen sie alle zu einem schwachen, in die Länge gezogenen Wehklagen. Es waren Kinder, vielleicht drei-, vielleicht viertausend, und ich hatte zehn Pfund Brot zur Verfügung.[13]

Das Phänomen hatte mehrere Ursachen. Zum einen mussten die Frauen wegen der Abwesenheit und in vielen Fällen des Todes ihrer Männer, die 1914 in den Krieg gezogen waren, versuchen, so gut es ging, die Familien zusammenzuhalten; dann brachte der rasche Rückzug vor den deutschen Truppen einen Strom von Flüchtlingen mit sich – über drei Millionen allein aus den Provinzen in Weißrussland; danach zerstörten marodierende Soldaten beider Lager während der Gräuel des Bürgerkrieges Heime und Familien; es folgten die furchtbaren Cholera-, Typhus- und Scharlachepidemien; und schließlich kam es zu der großen Hungersnot im Wolgabecken im Jahr 1921. Im Spätsommer dieses Jahres tauchten scharenweise Kinder aus jener Region in den Straßen von Moskau auf, nachdem sie ihre Eltern verloren hatten oder von ihnen im Stich gelassen worden waren. Sie waren verwahrlost, verlaust, torkelten vor Erschöpfung und Hunger halbtot durch die Gegend.[14]

Aus den unzähligen Lebensgeschichten, die der Historiker Alan Ball zitiert, sei hier nur eine angeführt – ein Bericht, den ein Waisenjunge aus der Stadt Grodno den Behörden diktierte:

> Seine Familie war eine von den mehreren Millionen, die während des Ersten Weltkriegs aus den westlichen Provinzen ins Landesinnere strömten, in diesem Fall in die Provinz Tscheljabinsk. Hier brach der Junge die Schule ab und fand bei einheimischen Bauern Arbeit, um bei der Ernährung der Familie mitzuhelfen; sein Vater war 1914 gefallen. Sechs Jahre lang schlugen sie sich auf diese Weise durch, dann kam die Hungersnot, zehrte die Essensvorräte des Dorfes auf und trieb sie in ihrer Verzweiflung nach Tscheljabinsk [die Stadt]. Fünf Menschen in einer hungernden Menschenmenge. Man steckte sie in eine kalte, mit Typhus verseuchte Baracke, dem wenig später die Mutter und Schwester des Jungen zum Opfer fielen. Drei Tage danach starb seine andere Schwester, sodass er mit seinem kranken Bruder allein übrig blieb. »Vielen ging es so wie uns.«[15]

Die obdachlosen Kinder waren in der Regel in Banden organisiert, vor allem die Jungen. Einzelne Kinder, insbesondere Mädchen, hatten nur geringe Überlebenschancen. »Kranke Brüder«, wie der oben genannte, hatten ebenfalls kaum Chancen, auch wenn ältere Brüder oder Schwestern sie häufig auf herzergreifende Weise beschützten. Die Banden hatten in der Regel weniger als ein Dutzend Mitglieder, es gab aber vereinzelt auch viel größere. Sie suchten sich einen Platz (eine Abfallgrube, einen Verschlag, eine Hütte oder eine Marktbude), in der sie sich eng aneinanderkauerten, um die Nacht zu überleben. Moskau und andere Städte, die sich allmählich vom Bürgerkrieg erholten, waren voller Baustellen. Asphalt oder Teerkessel, die tagsüber erhitzt und im Einsatz waren, speicherten die Wärme bis lange in die Morgenstunden hinein und waren ein Lieblingsplatz für die *besprisornyje*. Ihre Haupttätigkeiten waren Betteln, Stehlen und Prostitution. Betteln brachte am wenigsten ein, aber in der Phase der größten Entbehrung waren viele Kinder zu nichts anderem mehr fähig. Stehlen lohnte sich zwar rein rechnerisch, war aber mit hohen Risiken verbunden. Über die Prostitution, von Knaben ebenso wie Mädchen, konnte ein Kind unter Umständen aus einer Bande ausbrechen und in die Wärme eines Bordells gelangen, doch dabei nahmen die ohnehin bereits traumatisierten Kinder unauslöschlichen Schaden.

Illustration aus der Zeitschrift Iswestija; *die Aufschrift lautet:* »Denk an die Obdachlosen! Hilfe für die Obdachlosen ist die Pflicht eines jeden Sowjetbürgers«.

Auf einem Plakat aus jener Zeit ist ein obdachloser Junge zu sehen, wie er sich die Zigarette an der eines anderen anzündet. Ein Junge ist in einem Teerkessel, der andere draußen. Viele Bürger empfanden die verlassenen Kinder als eine Zumutung und hatten Angst vor Überfällen. Dennoch taten viele Menschen, Fabriken, Militäreinheiten und Gewerkschaften für sie, was sie konnten; Schätzungen zufolge retteten sie rund 200 000 Kinder, über die Hälfte davon wurde von den Gewerkschaften unterstützt.[16] Dabei trug eigentlich der Staat die Hauptverantwortung für sie, der sich allerdings dieser Aufgabe nicht gewachsen zeigte.

In den Monaten nach der Oktoberrevolution hatten viele noch gehofft, dass sich Kinderheime als ein Umfeld erwiesen, das der Familie kulturell und materiell überlegen sei. Es gab eine Fülle von Projekten, und die pä-

Obdachlose Geschwister begegneten im Bürgerkrieg dem amerikanischen Roten Kreuz; das kleine Mädchen fleht die Freiwilligen an: »Bitte, helft meinem Bruder!«

dagogische Diskussion lebte auf. Allerdings beendete schon bald die Härte der realen Verhältnisse alle Diskussionen. Der Staat verfügte weder über die Ressourcen noch über die organisatorische Fähigkeit, um mit den kurz aufeinanderfolgenden Katastrophen fertig zu werden. Die im Bürgerkrieg aus Moskau herausgeschafften Kinder wurden beispielsweise in verlassene Herrenhäuser auf dem Land geschickt, von denen sich viele als völlig ungeeignet als Unterkunft erwiesen. Die Zahl der Kinder in Heimen (*detdoma*) stieg ständig an, doch die Zahl der Plätze reichte nie aus: 125 000 waren es im Jahr 1919; 400 000 im Jahr 1920 und 540 000 ein Jahr später.[17] In vielen Heimen herrschten entsetzliche Bedingungen. Es gab weder Öl noch Strom; die Zimmer waren im Winter eiskalt. Unter diesen Umständen war es sinnlos, an Resozialisierung und Bildung zu denken.[18]

Es herrschte Chaos und eine Atmosphäre der Verzweiflung. Die Regierung öffnete das Wolgabecken und die Halbinsel Krim für ausländische Hilfsorganisationen. Im Juli 1922 wurden, laut sowjetischen Angaben, bereits rund 3,6 Millionen Kinder von ausländischen Hilfsorganisationen vor Ort ernährt, wobei mehr als 80 Prozent der Lieferungen von der American Relief Adminstration (ARA) kamen.

In den folgenden Jahren besserte sich nach und nach die Lage; die Zahl der heimatlosen Kinder ging deutlich zurück. Teils waren sie gestorben, teils erwachsen geworden, und teils hatte eine verbesserte Organisation der Heime es ihnen gestattet, eine Ausbildung zu machen und wiederum ins sowjetische Leben zurückzufinden. An dieser Stelle darf nicht vergessen werden, dass die Not damals so groß gewesen war, dass selbst ein moderner europäischer Sozialstaat Schwierigkeiten gehabt hätte, damit fertig zu werden.

Trotzki und die Familie

In den ersten Jahren der NEP kamen die fortschrittlichsten, wenn auch nicht sehr ausführlichen Überlegungen zur Familie von Leo Trotzki. Im Juli 1923 veröffentlichte er in der *Prawda* eine Reihe von Artikeln zum Alltagsleben.[19] In einem der bekanntesten Beiträge, »Der Mensch lebt nicht von ›Politik‹ allein«, stellte Trotzki fest, dass in der vorrevolutionären Periode zwar alles »durchweg unter der Losung der Politik im direkten und unmittelbarsten Sinn, im engsten Sinne des Wortes« gestanden habe, nach der Revolution sich jedoch der Schwerpunkt zu den Anforderungen der »wirtschaftlich-kulturellen Aufbauarbeit« verlagern müsse.[20] In diesem Kontext richtete Trotzki seinen Blick auch auf die Familienfrage. Der Aufsatz »Von der alten Familie – zur neuen« wurde am 13. Juli veröffentlicht; einen Tag später folgte »Familie und Zeremoniell«, und ein weiterer widmete sich dem Thema »Schnaps, Kirche und Kino«.

Trotzkis Argumente sind hoch interessant. Er ging, im Gegensatz zur herkömmlichen marxistischen Denkweise, davon aus, dass die Familie nicht einfach als eine Institution des obsoleten Überbaues betrachtet werden dürfe, der es bestimmt war, infolge des revolutionären Wandels in der ökonomischen und politischen Sphäre sich zu verändern oder gar völlig zu verschwinden. Die Familie genieße vielmehr eine gewisse Ausnahmestellung in der Gesellschaft, und vor allem ist sie zählebig. Trotzki behauptete provokativ, »die Besitzergreifung der Macht« sei »die einfachste Aufgabe« gewesen. Das häusliche Leben hingegen habe sich als weit widerstandsfähiger gegen eine Reorganisation erwiesen. Derzeit sei ein »großer Prozess« bei der Entwicklung der proletarischen Familien im Gange, und »wir sind gegenwärtig Zeugen der ersten, sehr chaotischen Etappen dieses Prozesses«. Ihn zu beherrschen sei zur schwierigsten Aufgabe für die Kommunisten geworden, aber zugleich zur wichtigsten. Zum Verhältnis der Geschlechter schrieb Trotzki unter anderem: »Indessen ist es ganz klar, dass man ohne die Erreichung einer wirklichen, auf Sitte und Brauch bezüglichen und moralischen Gleichheit des Mannes und der Frau in der Familie gar nicht ernsthaft von ihrer Gleichheit in der gesellschaftlichen Produktion oder auch nur von ihrer Gleichheit in der Staatspolitik sprechen könnte.«[21] Folglich waren familiäre Beziehungen nicht einfach das Produkt ökonomischer und politischer Prozesse, vielmehr seien sie der Ausgangspunkt, von dem aus weitere strukturelle Veränderungen ausgehen müssten.

Diese Umkehrung war eine beachtliche theoretische Einsicht. Leider verfolgte Trotzki sie nicht weiter. Wenn man einmal genauer betrachtet, was er in diesen Artikeln konkret vorschlägt, so stößt man auf recht konventionelle Vorstellungen. Die »neue Familie« solle sich auf zwei Prämissen stützen: steigende Standards der Kultur und Bildung in der Arbeiterklasse sowie verbesserte materielle Bedingungen, wie sie vom Staat organisiert wurden. Die Hauptauseinandersetzungen seien »die öffentliche Erziehung der Kinder und die Entlastung der Familie von Küche und Waschküche«. Das waren die üblichen leninistischen Phrasen. Er fügte hinzu – und damit näherte er sich ein Stück weit Kollontai an –, dass sich »die fortschrittlichsten und engagiertesten Familien« durchaus bereits auf »kollektiver wirtschaftlicher Grundlage« organisieren könnten. Aber Trotzki selbst zog es vor, wie Kollontai, nicht in einer Kommune zu leben. Genau genommen wohnte er im Kreml. Er, seine Frau und die Kinder bewohnten vier kleine Zimmer im Kawalerski-Gebäude. Gegenüber von ihnen wohnten Lenin und Natalja Krupskaja, mit denen sie das Esszimmer und das Bad teilten.[22] Lenin blieb, wenn er einmal Zeit dazu hatte, im Flur stehen und spielte mit Trotzkis Kindern. Die Kinder von Inessa Armand – Inna, Warwara und Andrej – hielten sich bestimmt ebenfalls gelegentlich hier auf, auch wenn sie viel älter waren.

Noch eine letzte Anmerkung zu Trotzkis Artikeln über Familie und Alltag: Ein bündiges Konzept für eine autonome Zivilgesellschaft ergibt sich aus den Texten nicht. Obwohl er ein überzeugter Anhänger der künstlerischen Meinungsfreiheit und Kreativität der Arbeiterklasse war, glaubte er vor allem an die Disziplin. Wo diese Diszplin nicht aufgebracht wurde, musste die Partei Zwang ausüben. Freiheit von der Kirche, das verstand sich von selbst, aber der Partei hatte man sich zu unterwerfen, denn außerhalb der Partei könne es, wie Trotzki sinngemäß sagte, keine Rettung geben.

Bauernfamilien und die Revolution

Auf geradezu paradoxe Weise hatte die Revolution in den 1920er Jahren ausgerechnet in den ländlichen Gegenden des Landes beachtlichen Erfolg – ebendort, wo die Bolschewiki annahmen, dass ihr größter Gegner, der gefühlsbetonte Traditionalismus der Familien, am stärksten verbreitet war. Diese außergewöhnliche Entwicklung ist auf den Umstand zurückzuführen, dass große Teile der Bauernschaft, deren Bezugspunkt weiterhin der *mir*, also die Dorfgemeinschaft, war, im Jahr 1917 ihre eigene Revolution durchführten und im folgenden Jahrzehnt wichtige Machtinstrumente in Händen hielten. 1917 übernahmen sie die fruchtbaren Ländereien der Grundbesitzer, außerdem die Wälder des Zaren und des Staates, und zwangen die »Spalter«, deren separate Höfe auf die Stolypin'schen Reformen zurückgingen, zur Rückkehr in die gemeinschaftliche Bewirtschaftung. Anschließend führten sie eine allgemeine Landumverteilung nach bewährter Tradition durch. In manchen Gegenden wurde das ganze Land zusammengefasst und dann in Relation zur Größe eines jeden Gehöfts gleichmäßig aufgeteilt. Die »schwarze Umverteilung«, wie die Bauern es nannten. In anderen Gegenden blieb der Besitz von Bauern unangetastet, und lediglich das Land, das nicht den Bauern gehörte, wurde aufgeteilt, wobei die landlosen Familien bevorzugt wurden. Unterm Strich hatte bis 1919 unter der russischen Bauernschaft eine starke Angleichung stattgefunden. Die Zahl der erweiterten Familien, die mehr als 25 Desjatinen (ca. 35 Hektar) bewirtschafteten, hatte um 90 Prozent abgenommen. Am anderen Ende der Skala erhielten viele landlose Familien zum ersten Mal fruchtbare Felder zugeteilt. Insgesamt nahm die Zahl der Haushalte, die weniger als zwei Desjatinen (2,18 Hektar) bebauten, um mehr als 60 Prozent zu. Im Lauf der 1920er Jahre wuchs die Ungleichheit beim Grundbesitz wiederum, aber alles in allem war die aus der Revolution hervorgegangene Landverteilung eine beachtliche Leistung.[23]

Mit dieser Angleichung nach unten ging eine starke Tendenz zur Aufteilung der Haushalte einher. Die Männer, die aus dem Krieg zurückkehrten – »gereift, aggressiv, im Heiratsalter«, wie Theodor Shanin schreibt[24] –, wollten eigene Familien gründen und unabhängig von der Autorität der Väter und der Onkel werden. Die Jugend forderte die ältere Generation heraus. Die alten patriarchalen Haushalte, die auf dem erweiterten Familienkreis und dem Zusammenleben einer großen Zahl Verwandter unter einem Dach basierten, brachen unter dem doppelten Ansturm der neuen Landumverteilung und der Aufteilung der Haushalte allmählich auseinander.

Um 1925 hatten sich die ländlichen Gegenden von den schrecklichen Ereignissen der Vorjahre erholt. Es war immer noch eine sehr primitive Gesellschaft: Drei Viertel der Frühjahrssaat und die gleiche Menge der Getreideernte wurden noch von Hand ausgebracht. Aber es war auch eine Gesellschaft mit größeren Freiheiten als in der Vergangenheit, in der die Gemeinschaften einen beachtlichen Grad an Autonomie genossen.

Gewiss gab es Meinungsverschiedenheiten. Die Interessen Einzelner, die Kontrolle der Familien und die Anforderungen einer gemeinschaftlichen Gesellschaft lagen in einem ständigen Konflikt miteinander. Das Landgesetz von 1922 spiegelte dies wider. Es sprach zwar den Frauen und der jüngeren Generation neue Rechte zu, verwies aber zugleich häufig auf die Aufgaben des Haushalts insgesamt, nicht auf die des Einzelnen. Außerdem darf nicht vergessen werden, dass Frauen in den 1920er Jahren selten von ihren neuen demokratischen Rechten Gebrauch machten. Die Feindseligkeit der Männer gegenüber den Frauen war weiterhin stark, und Korrespondenten auf dem Land berichteten, dass das massive Rauchen und Trinken der Männer sowie ihr rüpelhaftes und unzüchtiges Benehmen die Frauen häufig aus den Versammlungen vertrieben.[25]

Das ganze Jahrzehnt über beäugten sich kommunistische Behörden und Bauernfamilien mit gegenseitigem Misstrauen. Da die Landbevölkerung über 80 Prozent der Staatsbürger ausmachte, konnten die Kommunisten es sich nicht leisten, ähnlich wie einst Marx schlecht über die Bauernschaft zu reden. Aber es ließ ihnen keine Ruhe, dass selbst in einem Rekordjahr wie 1926 zu wenig Getreide in die städtischen Kornkammern gelangte. Man könnte meinen, die staatliche Planung sei immer noch den bäuerlichen Produzenten auf Gedeih und Verderb ausgeliefert gewesen.

Darüber hinaus wollten die Kommunisten das Alltagsleben (*byt*) reformieren und durchsetzen, dass sowjetische kulturelle und politische Institutionen in ländlichen Gegenden ein stärkeres Gewicht bekamen. Wie Farnsworth schreibt: »Von Anfang an war die Kultur der Bolschewiki didaktisch, moralistisch und atheistisch.«[26] Die Partei wollte nicht nur Religion und Aberglauben bekämpfen, sondern auch Gewalt in der Ehe, Trunkenheit, Lügen, Diebstahl und sogar Fluchen unter Strafe stellen. Das waren hehre Ziele, aber sowohl das »Frauenamt« Schenotdel als auch andere Teile der Partei stellten fest, dass die Reform des Alltagslebens nur schleppend vorankam.

In Tula, etwa 160 Kilometer südlich von Moskau, hatte eine bolschewistische Frauenfunktionärin namens N. S. Kokorewa im Sommer 1918 versucht, Bäuerinnen dazu zu bringen, dass sie staatliche Kinderheime akzeptierten. Sie bekam von ihnen folgende Antwort: »Die Sowjetmacht ist unsere Macht. Das Land ist dem Bauern gegeben worden, es ist seine größte Freude.« Eine tiefe Verbeugung. »Vielen Dank dafür, dass ihr euch um uns Mütter und Kinder kümmert. Gleiche Rechte für uns sind auch schön und gut. Aber wir werden unser Kind nicht in einen Kindergarten oder eine Krippe schicken.«[27]

Mehr als zwei Jahre später gelang es den Genossinnen des Schenotdel in Tula, eine Delegiertenkonferenz der Bäuerinnen zu organisieren. Alexandra Kollontai nahm daran teil. Die erste Handlung der Konferenz sollte die Wahl der Kandidatinnen zum Präsidium sein. Allerdings unterlief den Organisatoren hier ein entscheidender Fehler. Sie wählten eine junge Frau, die zwar aus Tula stammte, aber in Moskau ihre Ausbildung abgeschlossen hatte. Und jetzt betrat sie, wie Kollontai selbst schreibt, »mit kurzgeschnittenem Haar, in kurzem Kleid und mit einer Zigarette im Mund« die Tribüne. Ein abfälliges Murren erhob sich im Saal, und die Konferenz konnte nur mit Mühe zu Ende gebracht werden. Nach ihrer Rückkehr nach Moskau gab Kollontai Instruktionen aus und drängte die Organisatoren, künftig stärker auf die lokalen Sitten und Traditionen zu achten.[28]

Es wäre falsch zu behaupten, dass Bauernfamilien und der kommunistische Staat in dieser Phase der Geschichte Russlands einander in unversöhnlicher Feindschaft und beiderseitigem Unverständnis gegenüberstanden. Die Neue Ökonomische Politik feierte spektakuläre Erfolge, weil die Rechte des Einzelnen auf dem Land, vor allem der Frauen und jungen Männer, ausgeweitet wurden, weil das Analphabetentum zurückging und dörfliche Kooperativen zunahmen und weil wieder ein gewisser Wohlstand einkehrte. Orlando Figes, gewiss kein Freund der Bolschewiki, schreibt am Ende seiner Studie über das Wolgabecken: »Sobald die Hungersnot überwunden war und die Wirtschaft wieder zu friedlichen Bedingungen zurückkehrte, genoss die russische Bauernschaft in den 1920er Jahren eine Phase beispielloser Freiheit und des Wohlergehens.«[29] Der Staat bemühte sich um diese Zeit nach Kräften, die ländlichen Familien nicht nur statisch zu sehen, sondern ihre eigene Dynamik über die Gesetzgebung zu beeinflussen. Die NEP-Phase war ein »Intermezzo«, eine Übergangsphase zwischen zwei großen Katastrophen auf dem Land, die beide zu einem großen Teil menschengemacht waren. Mit einer anderen Führung hätte sich aus diesem »Intermezzo« durchaus Großes entwickeln können.

Die Diskussion um das Familienrecht 1925/26

Um das Jahr 1925 herum fand in allen Bereichen der sowjetischen Gesellschaft eine lebhafte Diskussion statt. Es ging darum, was derzeit mit der Familie passierte und inwiefern das Familienrecht von 1918 womöglich abgeändert werden musste. Im Übrigen war nicht der Kodex von 1918, der am Vorabend des Bürgerkrieges verabschiedet worden war, Gegenstand der Auseinandersetzungen, sondern dessen Nachfolger. Rund 6000 Dorfversammlungen und eine unbekannte Zahl an städtischen Versammlungen wurden veranstaltet, um über den Entwurf des neuen Kodexes zu diskutieren. Diese Zusammenkünfte hatten keineswegs rein rituellen Charakter, einzig zu dem Zweck, auf populistische Weise Entscheidungen abzusegnen, die andernorts bereits gefallen waren. Es handelte sich um echte Diskussionen. Das war nur deshalb möglich, weil Familienthemen in der sowjetischen Politik eine Art Niemandsland besetzten. Im Kreml selbst tobte unterdessen ein heftiger Machtkampf, doch die wechselnden Linien des Fraktionsstreits, der die Jahre 1925 und 1926 kennzeichnete, spiegelten sich in der Diskussion um das Familienrecht nicht wider.[30] Parteiführer, Kader und Bürger äußerten in relativ großer Freiheit ihre Meinung und ohne Angst vor Repressionen. Jeder hielt sich, aus naheliegenden Gründen, für einen Experten in Sachen Familie. Es ginge zu weit, zu behaupten, dass das Sowjetregime das häufig bekundete Versprechen einer partizipatorischen Demokratie hier – und sei es nur für einmal – erfüllt hätte. Aber immerhin wurde geduldet, dass eine große, öffentliche Sphäre viele Monate lang zum Schauplatz der Diskussion um das Thema Familie wurde.

Der wichtigste Punkt des neuen Gesetzeswerks war die Stellung der Frau und die Notwendigkeit, sie zu beschützen. Das wurde von dem Volkskommissar für Justiz, Dmitri Kurski, ausdrücklich hervorgehoben, als er den Gesetzesentwurf am 17. Oktober 1925 zum ersten Mal im Allrussischen Zentralen Exekutivkomitee, dem WZIK, vorstellte. Das WZIK kam noch dem am Nächsten, was man in der Sowjetunion ein Parlament hätte nennen können, allerdings hatte es nur sehr begrenzte Befugnisse.[31]

Kurski hob in seinen einführenden Worten hervor, inwieweit das Familienrecht von 1918 ein für alle Mal mit den bürgerlichen Konzeptionen von Heirat und Familie gebrochen habe. Kirchliche Eheschließungen hätten seither keinerlei juristische Bedeutung mehr, nur behördlich registrierte Ehen würden zivilrechtlich anerkannt, und die herkömmliche Sichtweise der Familie als einer Besitzeinheit, in der die Männer »auf Kosten der Frau« sämtliche Privilegien und Rechte innehätten, sei nunmehr überholt. In den folgenden Jahren seien in der sowjetischen Gesellschaft jedoch neue Probleme aufgetaucht. Insbesondere sei die Zahl der nicht registrierten Eheschließungen, wie auch der Scheidungen, drastisch gestiegen, und das bringe wiederum das Problem der verlassenen und mittellosen Frauen mit sich, deren Not vor allem in den Städten durch den Mangel an Beschäftigungsmöglichkeiten noch verschärft werde. Das alte Familienrecht habe eine völlig unzureichende Unterstützung für Frauen und Kinder im Falle einer Auflösung der Ehe vorgesehen, insbesondere wenn es sich lediglich um eine rein konsensuale Lebensgemeinschaft handelte. Im Jahr 1926 wollten die sowjetischen Gesetzgeber hilfreiche Zahlungen von Alimenten einführen und zugleich die Unterscheidung zwischen Lebensgemeinschaften mit und ohne Trauschein abschaffen. Alle Frauen in einer Liebesbeziehung – beziehungsweise nach einer solchen – sollten gleiche Rechte haben, einschließlich des Anspruchs auf Alimente. Kurski war in diesem Punkt kompromisslos:

> Wir haben die Absicht, die materiellen Konsequenzen der konsensualen Lebensgemeinschaft an jene der Ehe anzugleichen. Das ist der grundlegende Standpunkt unseres neuen Projekts ... Was die Rechte der Frauen und Kinder angeht, ist der wichtigste Punkt die sogenannte Frage der Alimente ... Eine mittellose Ehefrau, die außerstande ist zu arbeiten, hat das Recht auf Unterstützung.[32]

Kurski und andere Autoren des neuen Familienrechts, wie Jakow Brandenburgski, der Dekan der Juristischen Fakultät an der Moskauer Universität, gingen davon aus, dass ihr Entwurf ohne größere Schwierigkeiten im WZIK verabschiedet werde. Stattdessen schlug ihnen jedoch ein regelrechtes Sperrfeuer der Kritik entgegen, von Intellektuellen ebenso wie von Parteifunktionären, aber auch von Delegierten der Arbeiterklasse und Bauern, von Frauen ebenso wie von Männern. Pjotr A. Krassikow, ein Mitglied des Obersten Gerichtshofs, hob wie viele andere hervor, dass die Bestimmungen des Entwurfs im Grunde der Eheschließung jede Bedeutung absprechen würden. Künftig werde es ausreichen, eine Postkarte an das Standesamt zu schicken, wenn ein Partner eine Scheidung wünsche.[33] Er führte außerdem ein Argument ins Feld, das häufig genannt werden sollte: Männliche Oberhäupter von bäuerlichen Haushalten fürchteten, dass die Zahlung von Alimenten, die nur ein Mitglied der erweiterten Familie betrafen, womöglich in die wirtschaftliche Verantwortung aller Mitglieder gelegt werde, sodass die wirtschaftlichen Interessen des *dwor* insgesamt gravierend beeinträchtigt würden.[34] Weibliche Delegierte betonten wiederum, dass das eigentlich Problem doch die Häufigkeit sei, mit der Männer ihre Frauen im Stich ließen, oft um sich eine jüngere Frau zu nehmen. Eine alte Bäuerin aus Sibirien namens Schupurowa erklärte: »Ein Genosse nimmt zwei Frauen, macht jeder ein Kind, also muss er für beide zahlen. Hier trifft keinen anderen die Schuld: Wer gerne Schlitten fährt, dem darf es auch nichts ausmachen, den Schlitten den Hügel hochzuziehen.«[35]

Das ganze Jahr über war der Gesetzentwurf in aller Munde, in den Städten, auf dem Land, und er war auch Thema in der Parteipresse.[36] Viele befürchteten, dass die Leute, wenn der Heirat eine echte Beständigkeit fehle, vor allem auf dem Land scharenweise zu kirchlichen Eheschließungen zurückkehren würden, auch wenn sie juristisch wertlos waren. Ein Kommentator wies in der Zeitung der Jugendorganisation der Partei, *Komsomolskaja Prawda*, darauf hin, welche lächerliche Formen kommunistisch gewendete Familienfeste zuweilen annahmen. Er beschrieb eine »rote« Kindstaufe in einem Arbeiterbezirk:

> In einem schlecht beheizten, grauen Saal saßen die Weberinnen und kauten Sonnenblumenkerne. Die Männer rauchten *machorka* und spuckten die Tabakblätter auf den Boden. Auf der Bühne stand ein mit einem roten Tuch bedeckter Tisch, an dem ein Dutzend Leute saß, sichtlich unbehaglich. Mehrere Reden wurden gehalten, und das Baby bekam zwei Bände der Werke W. I. Lenins geschenkt.[37]

Die Diskussion um das Familienrecht in den Jahren 1925 und 1926 verlief entlang zweier grundlegender Trennlinien. Die erste war zwischen Stadt und Land. Die überlieferten Äußerungen von Bauern waren zwar nicht einmütig, aber es dominierte eine starke Abneigung gegen die Anerkennung der »Ehe ohne Trauschein«, gegen Scheidung und Alimente, die man allesamt als eine Gefahr für die Stabilität und Harmonie des ländlichen Lebens einstufte. Die zweite große Trennlinie verlief zwischen Mann und Frau. Unter lautem Gelächter und obszönen Zwischenrufen auf den Sitzungen des WZIK (die in den Protokollen pflichtschuldigst festgehalten wurden) machten männliche Delegierte deutlich, dass ihrer Meinung nach Frauen durchtriebene und habgierige Geschöpfe seien, die sich nicht scheuten, die Gerichte auszunutzen, um sich von ihren ehemaligen Liebhabern aushalten zu lassen.

Ein wohltuend differnzierte Sichtweise vertrat nicht zum ersten Mal (aber leider zum letzten Mal) in dieser Diskussion Alexandra Kollontai. Sie hatte nach der Niederlage der Arbeiteropposition auf dem 10. Parteitag im Jahr 1921, als sie de facto in Ungnade gefallen war, viele Jahre außerhalb von Russland verbracht. Im Herbst 1922 hatte man sie zur sowjetischen Gesandten in Norwegen ernannt, ein Jahr danach zur Botschafterin. Sie hatte Skandinavien schon immer geliebt; die Landschaften erinnerten sie an die Sommer ihrer Kindheit, die sie auf dem Gut ihrer Großeltern mütterlicherseits bei Kuusa in Finnland verbracht hatte. Kollontai blieb bis Dezember 1925 in Oslo, bat dann aber um die Erlaubnis, nach Moskau zurückkehren zu können, und geriet unvermutet mitten in die Debatte um das Familienrecht. Inzwischen war sie 54 Jahre alt, und um ihre Gesundheit stand es nicht zum Besten.

Kollontai schlug vor, einen Versicherungsfonds zu bilden. Aus ihm sollten die Alimente gezahlt werden, und auf diese Weise wären Frauen und Kinder im Fall der Arbeitslosigkeit, Krankheit und Armut abgesichert. Sie blieb bei ihrer Haltung, dass es für Frauen entwürdigend sei, beim Unterhalt auf Männer angewiesen zu sein. Stattdessen sollte die gesamte werktätige Bevölkerung gestaffelte Beiträge in einen allgemeinen Versicherungsfonds einzahlen, mit einem Mindestbeitrag von zwei Rubel jährlich. Bei 60 Millionen erwachsenen Beitragszahlern könnte der Fonds auf ein Startkapital in Höhe von mindestens 120 Millionen Rubel zurückgreifen. Da sich die sowjetische Wirtschaft in den 1920er Jahren rasch erholte, war Kollontai überzeugt, dass der Staat in wenigen Jahren imstande wäre, den Menschen, die es am dringendsten nötig hatten, systematisch zu helfen: den Frauen und Kindern.[38]

Ihr Vorschlag fand nur wenig Unterstützung. Brandenburgski hielt den Fonds zwar für eine gute Idee, allerdings für undurchführbar in absehbarer Zukunft. Kollontai sah sich gezwungen, an mehreren Fronten gleichzeitig zu kämpfen. Trotzki nahm ihr Projekt zwar ernst, lehnte es jedoch aus grundsätzlichen Erwägungen ab. Nicht der Staat solle für die im Stich gelassenen Frauen verantwortlich gemacht werden, sondern die Männer! Denn Männer seien stärker als Frauen, als Geschlecht ebenso wie in wirtschaftlicher Hinsicht. Für Trotzki war die Zahlung von Alimenten daher eine angemessene Lösung.[39] Völlig anders argumentierte Sofia Smidowitsch, die wie Kollontai einmal das Schenotdel geleitet hatte. Sie betonte, dass die Forderung nach der starken und autonomen »neuen Frau«, die nicht länger vom Mann abhängig sei, lediglich die Promiskuität fördere, zu mehr Scheidungen führe und die Frauen nur noch unglücklicher mache. Stattdessen sollte die Frau in einer stabilen Ehe, in der langen Zeit der Schwangerschaften und Geburten und bei der Erziehung der Kinder Liebe und Erfüllung finden. Sie selbst führte eine glückliche, liebevolle Ehe.[40]

Wieder einmal sah sich Kollontai praktisch alleingelassen und von Feinden umringt. Dabei war ihr allgemeiner Versicherungsfonds längst nicht so utopisch, wie ihre Widersacher behaupteten. Er stimmte nicht von ungefähr in mehr als einem Punkt mit den Vorschlägen überein, die William Beveridge in seinem berühmten National-Insurance-Plan für Großbritannien im Jahr 1942 machen sollte.

Im Oktober 1926 wurde das WZIK zu einer letzten Debatte über den Gesetzestext einberufen. Kurski referierte die zahlreichen Gutachten, die man eingeholt hatte. Er verschwieg auch nicht die anhaltenden Bedenken der Bauern gegen die Vorschläge, die im Übrigen keineswegs einheitlich waren. Nicht alle Menschen auf dem Land waren dafür, den patriarchalen *dwor* um jeden Preis zu erhalten. Auf Dorfversammlungen sprachen sich bis zu 40 Prozent der Anwesenden gegen die obligatorische Registrierung von Eheschließungen aus.[41] In den kleinen und großen Städten stimmten sie überwiegend, vor allem in Arbeiterbezirken, für die Ausweitung des gesetzlichen Schutzes für eheähnliche Beziehungen.

In der endgültigen Form war das Familienrecht von 1926 ein Kompromiss, der aufgrund der Intensität der vorausgegangenen Diskussion desto dringender nötig war. Der zentrale Punkt, auf dem Kurski von Anfang an bestanden hatte, wurde Gesetz: Frauen in eheähnlichen Beziehungen sollten die gleichen Rechte genießen wie Frauen, die standesamtlich geheiratet hatten. Artikel 12 des Kodex versuchte, die wesentlichen Elemente der eheähnlichen Beziehung exakt zu definieren: gemeinsame Wohnung, gemeinsam geführter Haushalt, gegenüber Dritten gemachte Aussagen, »die tendenziell die Existenz einer eheähnlichen Beziehungen belegen« könnten, Nachweise »gegenseitiger materieller Unterstützung, gemeinsamer Erziehung der Kinder und dergleichen«.[42]

Die Rechte der Frauen wurden im ganzen Kodex bestätigt. Das Heiratsalter für Mädchen wurde auf 18 Jahre angehoben (Artikel 5); sämtliche Entscheidungen bezüglich der Kinder sollten von beiden Elternteilen gemeinsam getroffen werden (Artikel 38); die Art und Weise, wie ein Haushalt geführt wurde, sollte »durch ein gegenseitiges Übereinkommen der beiden Vertragsparteien festgelegt werden« (Artikel 9). Was die Aufteilung des Eigentums im Falle eines Scheiterns der Ehe oder der eheähnlichen Beziehung betraf, zerstreute der Gesetzestext viele Befürchtungen der Bauern. Weder das Land noch das Vieh sollten in dörflichen Gegenden als Teil der Erbschaftsregelungen verwendet werden, vielmehr sollte das Vermögen in Form von Geld oder Haushaltswaren aufgeteilt werden.[43] Männer in den Städten hingegen sollten die Hälfte aller Familiengüter abgeben, die seit der Heirat erworben wurden. Alimente mussten entsprechend den finanziellen Möglichkeiten der Partner gezahlt werden, allerdings sollten die Zahlungen maximal ein Jahr lang andauern.

Wenn man den Gesetzestext von 1926 mit dem von 1918 vergleicht, fallen eine Reihe von Unterschieden ins Auge. Die strikte Leugnung eines Erbschaftsanspruchs im früheren Kodex (Artikel 160: »Kinder haben keinen Anspruch auf das Eigentum ihrer Eltern oder die Eltern auf das Eigentum ihrer Kinder«) war revidiert worden. Die Obergrenze des Vermögens, das vererbt werden konnte, hatte man deutlich erhöht. Der Kodex betonte auch die Rechte und Pflichten der Verwandten, nicht nur der Eltern und Kinder, Brüder und Schwestern wie im Text von 1918, sondern auch der Großeltern und Enkelkinder, Stiefeltern und Stiefkinder. Als Folge der vielen Krisen der sowjetischen Gesellschaft wurden das Netz der familiären Verantwortung immer weiter gefasst. Man konnte dies auch als Eingeständnis des Gesetzgebers deuten, der eingesehen hatte, dass der Staat allein einfach nicht *imstande war*, das zu tun, was er sich im Jahr 1918 vorgenommen hatte. Die Familien würde es noch einige Zeit geben; in ihrem Kreis musste das Verantwortungsgefühl gestärkt werden. Artikel 26 legte fest, dass die wechselseitigen Rechte der Kinder und Eltern vor allem auf Blutsverwandtschaft beruhen sollten. Das Blut gab den Ausschlag, wenn es um die Definition der Familie ging, nicht die kollektiven Ideale einzelner Individuen.

Einige Experten im Westen werteten den Kodex von 1926 als einen weiteren Schritt in Richtung Auflösung von Ehe und Familie und als weitere Radikalisierung der sowjetischen Familienpolitik: Scheidungsverfahren wurden noch stärker vereinfacht, die Lebenspartnerschaft ohne Trauschein wurde anerkannt und die freie Rechtswahl der Frau unterstrichen.[44] Einzelne Elemente des Gesetzestextes rechtfertigen diese Sichtweise, aber die allgemeine Tendenz wies in die andere Richtung. Der Kodex war ein Kompromiss zwischen verschiedensten Teilen der sowjetischen Gesellschaft und war insofern ein charakteristisches Dokument für die NEP-Phase der Sowjetunion. Brandenburgski traf das Wesen des Werkes vermutlich am besten, als er schrieb, dass der Kodex durchaus nicht radikal sei, sondern dass er in dem Bemühen um den Schutz von Müttern und Kindern vor allem auf eheliche Stabilität und die Verantwortung des Einzelnen setze sowie ganz allgemein auf den Zusammenhalt der weiteren Verwandtschaft.[45]

Das »Ersatzproletariat«: Der »Hujum« im sowjetischen Zentralasien, 1927

Der radikalste und ehrgeizigste Versuch der russischen Kommunisten, das Familienleben zu verändern, hatte jedoch nichts mit dem Gesetzestext von 1926 zu tun, sondern wurde in jenem Teil der Sowjetunion unternommen, wo die Partei am schwächsten vertreten und die Wahrscheinlichkeit am geringsten war, dass sie Erfolg haben würde. Die endlose Weite Zentralasiens war, wie gesagt, von einer Vielzahl verschiedener ethnischer Gruppen besiedelt, die erst vor rund fünfzig Jahren von den Russen unterworfen worden waren. Die russische Minderheit in der Region umfasste lediglich ein paar hunderttausend Bewohner, hauptsächlich in den großen Städten. Die sowjetische Herrschaft wurde von der einheimischen, größtenteils ländlichen und muslimischen Bevölkerung mit gutem Grund als die Fortsetzung der jüngeren russischen Kolonialzeit angesehen. Selbst nach der Gründung der neuen und »autonomen« Sowjetrepubliken Usbekistan, Turkmenistan und Tadschikistan in den 1920er Jahren, die von autochthonen politischen Eliten geleitet wurden, waren sich doch alle darüber im Klaren, dass die Macht in Moskau konzentriert war. Das Gleiche galt für den »integralen« Charakter des sowjetischen Projekts, das Bestreben, sowohl das Zentrum als auch die Peripherie, das private ebenso wie das öffentliche Leben zu verändern. Ein so allumfassendes, politisches Ziel musste zwangsläufig auf Widerstände stoßen. Die Kluft – in ethnischer, kultureller, sprachlicher und religiöser Hinsicht – zwischen den Herrschern und den Beherrschten konnte kaum größer sein.

Am 8. März 1927, dem Internationalen Frauentag, startete die kommunistische Führungselite eine groß angelegte Kampagne unter dem Namen »Hujum« (was in den Turksprachen soviel wie »Offensive« heißt), die sich dem Problem des Familienlebens, der Geschlechterbeziehungen und religiösen Überzeugungen widmen sollte. Da es kein Industrieproletariat gab, auf das man einen revolutionären Wandel in diesen Regionen hätte stützen können, fabulierten die Kommunisten von der Existenz eines »Ersatzproletariats«: die unterdrückten, verschleierten Frauen der muslimischen Familien. Ihre Ausbeutung in dem patriarchalischen System sei so extrem, dass sie sich mit Sicherheit gegen ihre männlichen Unterdrücker erheben, den Schleier ablegen und sich den Reihen der Bürgerinnen der Sowjetunion anschließen würden, um die gleiche Rechte und Chancen wie sie zu genießen. Die Kampagne »Hujum« hatte in den verschiedenen Teilen Zentralasiens unterschiedliche Schwerpunkte, aber überall ging es um die Befreiung der Frau und die Reform der Familien. In Usbekistan richtete sich die Aktion gegen die beschriebenen schweren Ganzkörperschleier, in anderen Regionen konzentrierte man sich auf Themen wie Polygamie, Ehrenmord und Brautentführung. Die Stimmung wird gut von einer Rede wiedergegeben, welche die Schenotdel-Mitarbeiterin Serafima Ljubimowa im Oktober 1927 auf dem Frauenkongress in Moskau hielt:

> Der »Hujum« – der Angriff auf alte Lebensweisen – hat mit dem Abwerfen der Parandschas begonnen. Im Ausstellungssaal des Kongresses haben viele wohl so einen Parandscha gesehen. Diese Tracht ist nicht einfach

eine Kleidung wie jene, die wir alle tragen und irgendwann gegen eine andere austauschen. Es ist eine Art, sich zu kleiden, die mit jahrhundertealten Statuten und Institutionen verbunden ist ... Den Parandscha abwerfen heißt, sich von der alten Lebensweise abzuwenden. Es heißt, sich mit Mullahs streiten, sich mit allen möglichen altmodischen Leuten in der Familien und Nachbarschaft streiten, es heißt, sich all jenem widersetzen, das alt ist.[46]

Im Sommer 1927 warfen im Laufe von sorgfältig inszenierten und dramatischen Massenkundgebungen Tausende usbekischer Frauen den Tschatschwan, also die dichtgewebte Bedeckung für Kopf und Schultern aus Rosshaar, und auch den körperlangen Parandscha aus Baumwolle ab. Häufig wurden beide Kleidungsstücke sogar öffentlich verbrannt. Der »Hujum« war als eine rasche und überwältigende Offensive gedacht gewesen, eine Art Sturm auf den Winterpalast gegen das Patriarchat, der rechtzeitig zum zehnten Jahrestag der Oktoberrevolution 1927 abgeschlossen sein sollte. Kommunistische Aktivisten setzten darauf, dass das natürliche Gemeinschaftsdenken und die Solidarität der muslimischen Frauen, die sich in den vielen Jahrzehnten der Abschottung entwickelt hatte, zur treibenden Kraft einer kulturellen Revolution werde.

Bestimmte Teile der einheimischen Bevölkerung stellten sich auf die Seite des »Hujum«. Hohe zentralasiatische Kommunisten begrüßten die Offensive nicht nur aus ideologischen, sondern auch aus geopolitischen Gründen. Die Türkei unter Atatürk hatte, wie wir im nächsten Kapitel sehen werden, die Familienreform und Frauenemanzipation (wenn auch *nicht* die Zwangsentschleierung) zu wesentlichen Elementen im Aufbau des neuen Nationalstaates gemacht. Für die kommunistischen Führer bestand die reale Gefahr, dass die Sowjetunion ihre Vorreiterrolle in der ganzen Region verlor und dass ein »bürgerlicher« Nationalismus statt des sowjetischen Internationalismus in Fragen des Alltagslebens die Oberhand gewann. Der Reformklerus in der Dschadid-Tradition befürwortete ebenfalls die Entschleierung. Sie argumentierten, in der Scharia gebe es keine Bestimmung, die das Tragen des Taschtschwan vorschreibe, und selbst Teile des Korans würden dessen Abschaffung rechtfertigen. Eine engagierte Minderheit muslimischer Frauen in den Städten, insbesondere in Randgruppen, griff die Offensive auf und bat die Parteiorganisationen um Unterstützung. Eine Handvoll von ihnen betätigten sich fortan aktiv im Schenotdel, und einzelne Frauen, wie die Aktivistin Todschichon Schadijewa, wurden zu regelrechten Ikonen der Frauenbewegung, deren Lebensgeschichten in Büchern und Filmen nacherzählt wurden.[47]

Doch all das war nichts im Vergleich zu dem massiven Gegenschlag von muslimischer und patriarchalischer Seite gegen die »Hujum«-Kampagne. Das »Ersatzproletariat« war durchaus kein Proletariat. Die weibliche Solidarität erwies sich als kurzlebig und allzu schwach. Die erste Loyalität der Frauen galt ihren eigenen Familien. Innerhalb dieser herrschte das Patriarchat. Frauen in angesehenen Stellungen – etwa die Mutter des Familienoberhaupts und seine erste Frau – hatten häufig wichtige leitende Funktionen inne. Sie waren auch die Bewahrerinnen der religiösen Tradition. Nicht zuletzt deshalb ist es kein Wunder, dass viele Frauen zögerten, bevor sie ihren Schleier abnahmen. Ein Bericht schildert, wie die Frau eines führenden lokalen Kommunisten öffentlich auf einer Theaterbühne den Schleier abnahm, aber ihre Tochter wartete hinter dem Vorhang auf sie, um ihr zu helfen, den Parandscha für den Heimweg wieder anzuziehen.[48] Frauen, die den Schleier abnahmen, sahen sich häufig dem Gespött und Beschimpfungen in der Nachbarschaft ausgesetzt, denn das Entschleiern wurde mit freizügigen sexuellen Moralvorstellungen verbunden. »Hure« lautete das häufigste Schimpfwort, das Frauen ebenso wie Männer gebrauchten. Die reaktionären Teile des muslimischen Klerus schürten die Flammen des Zorns. Eine sowjetische Quelle zitiert einen Geistlichen der damaligen Zeit wie folgt:

> Der Prophet Mohammed befahl uns, Frauen zu verschleiern; daraus folgt, dass die Entschleierung der Frauen gegen den Grundsatz der Religion verstößt. Die Frau ist verdorben. Gott verlieh neun von zehn aller Lüste der Frau, und nur eine von zehn dem Mann. Der Schleier der Gelüste der Frauen ist der Parandscha. Das Entschleiern zieht die Verderbtheit der ganzen Welt nach sich. Verflucht sei der Tag unseres Lebens! Verflucht seien jene, die als Erste weiterhin den Frauen den Schleier abnehmen und die ein schlechtes Beispiel geben.[49]

In dieser Situation waren Feministinnen in großer Gefahr, und das galt auch für jüngere Frauen, die es wagten, den Ältesten die Stirn zu bieten, Männern ebenso wie Frauen. Viele Frauen – einheimische ebenso wie russische Mitarbeiterinnen des Schenotdel – wurden überfallen und vergewaltigt, andere wurden gar gesteinigt. Männerbanden jagten ihre weiblichen Verwandten, die es wagten, den Schleier abzulegen. Die Zahl der umgebrachten Frauen ist nicht bekannt, geht aber mit Sicherheit in die Tausende.

Die Auseinandersetzungen zwischen den Gefolgsleuten eines aufgeklärten Staates und den Anhängern eines reaktionären Klerus spielten sich aber durchaus nicht im Mittelpunkt der Gesellschaft ab. Dort wurde ein ganz anderer Diskurs geführt, der in den Jahren 1927 bis 1929 rasch zum dominierenden aufstieg: Es galt, auf lokaler Ebene gegen eine eindringende, intolerante äußere Macht Widerstand zu leisten, und der heldenhaften Widerstand gegen die sowjetische Herrschaft konnte nur auf der Basis des hergebrachten patriarchalischen Systems stattfinden. Die große Mehrheit der Frauen übernahm diese Sichtweise, sei es aus Überzeugung, sei es aus Angst. So war es möglich, dass der Schleier, der das deutlichste Zeichen der Unterdrückung des »Ersatzproletariats« sein sollte, zu einem Symbol des Widerstands wurde. Wie stark die Strahlkraft dieses Symbols war, zeigt die umseitige Abbildung: Streng mit Parand-

Usbekische Frauen in einer sowjetischen Schule, Taschkent, 1929

scha und Tschatschwan verhüllte usbekische Frauen wurden hier beim Besuch einer sowjetischen Schule in Taschkent 1929 fotografiert.

War die »Hujum«-Kampagne aus dem Jahr 1927 der Auftakt der stalinistischen Ära? Oder der Schlussakt der Neuen Ökonomischen Politik NEP? Vieles spricht für die erste These. Bei ihren Aktionen in Zentralasien von 1927 an zeigten sich die sowjetischen Kommunisten wenig geneigt, eine Politik der kleinen Schritte, der Toleranz und der Kompromisse zu verfolgen – allesamt Kennzeichen der NEP. Aus den parteiinternen Dokumenten jener Zeit geht hervor, dass sie nur darauf warteten, im Namen der Befreiung der Frau und der Familienreform einen regelrechten Krieg gegen den Islam und die einheimischen Bräuche zu beginnen. Sogar der fortschrittlichere Dschadid-Flügel des Klerus wurde 1927 bereits als gefährlicher Rivale für die Sowjetmacht angesehen. Religiöse Schulen wurden verboten, die Vermögen religiöser Einrichtungen konfisziert, viele Moscheen wurden geschlossen und zu sowjetischen Clubs, Büros und sogar antireligiösen Zentren umgewandelt.[50] Es lässt sich kaum leugnen, dass der sowjetische Kampf gegen das despotische, patriarchalische System in Zentralasien gerecht war, aber zugleich fällt es schwer, sich nicht über die Art und Weise zu empören, wie die Sowjets ihr Ziel verfolgten. Und der Zweck kann keinesfalls die Mittel rechtfertigen, weder hier noch irgendwo sonst im stalinistischen System.

Schlussbetrachtung

Der frühe sowjetische, vorstalinistische Versuch, das Familienleben zu revolutionieren, zählt ganz gewiss zu den faszinierendsten Fallstudien staatlicher Familienpolitik im 20. Jahrhundert. Man braucht nur den Gesetzestext von 1918 zu lesen (mit seiner Forderung nach der konsequenten Gleichstellung der Frau, der Abwertung der Ehe, der Abschaffung des Erbrechts) oder Trotzkis Artikel zur »neuen Familie« aus dem Jahr 1923 (mit seiner Anmerkung, dass die Übernahme der Macht bei der russischen Revolution das »kleinste« Problem gewesen sei) oder Auszüge aus der Debatte von 1925/26 um das neue Familienrecht, um die Bedeutung der russischen Ereignisse zu erkennen. Hinzu kommt, dass die russische

Familienpolitik eine faszinierende Persönlichkeit wie Alexandra Kollontai vorzuweisen hat. Als Frau hatte sie für kurze Zeit eine Schlüsselstellung im neu gegründeten sowjetischen Staat inne und setzte sich unermüdlich für ihre radikalen Ideen ein – wenn sie am Ende auch scheiterte.

Das wichtigste Einzelmotiv, das sich aus dieser Geschichte herauslesen lässt, ist die Hinterfragung des Patriarchats. Aus dem Sammelsurium, das die vorrevolutionären marxistischen Schriften zur Familie bilden, geht ganz eindeutig die Notwendigkeit einer Gleichstellung der Geschlechter hervor. Sowohl Engels in seiner Schrift *Die Ursprünge der Familie* als auch Bebel in *Die Frau und der Sozialismus,* die beiden wohl meistgelesenen Werke in der sozialdemokratischen Bewegung vor 1917, bestanden auf gleichen Rechten und Beschäftigungsmöglichkeiten für Männer und Frauen. Sogar Lenin, der sonst so traditionell gesinnt war, ließ in diesem Punkt nicht den geringsten Zweifel: Frauen sollten nicht länger »Hausklavinnen« sein, die von der Hausarbeit und den familiären Pflichten geknechtet wurden. Sie sollten gleichberechtigte Mitglieder der Gesellschaft werden. Der Nachhall dieser Proklamationen sollte während des gesamten 20. Jahrhunderts in ganz Asien und Osteuropa immer wieder zu hören sein. Göran Therborn hat mit seiner These recht, dass man »die Demontage des Patriarchats als das eigentliche Vermächtnis des Kommunismus ansehen könnte«.[51]

Doch die Geschichte der Sowjetrepublik ist vor allem gekennzeichnet von Fehlschlägen und Fehlentwicklungen. Die übliche Erklärung für das letztendliche Scheitern war immer die Rückständigkeit des riesigen Reiches, in dem sich die erste kommunistische Revolution ereignete. Die materiellen und kulturellen Bedingungen auf dem Land – von denen in Zentralasien gar nicht zu reden – schränkten die Kräfte des Wandels erheblich ein, und jeder Fortschritt kam nur schmerzlich und langsam zustande. Das galt für das Familienleben ebenso wie für andere Bereiche. Schupurowa, eine sibirische, bäuerliche Delegierte im WZIK, betonte im Oktober 1925: »Wir Frauen sind noch zu ungebildet; wir befinden uns immer noch in der Finsternis, wir waren jahrhundertelang versklavt. Wir wissen nichts außer dem Gerede der Priester.«[52]

Die wirtschaftliche und kulturelle Rückständigkeit ist jedoch keine ausreichende Erklärung für das Scheitern der russischen Kommunisten. Da war zunächst einmal der Bürgerkrieg. Für viele Bauern waren die ersten Jahre des Regimes weit schlimmer als alles, was sie unter der zaristischen Herrschaft jemals erduldet hatten. Natürliche und von Menschen gemachte Katastrophen griffen ineinander, wobei keinesfalls allein die Konterrevolutionäre Schuld an der Not hatten. Und selbst nach dem Bürgerkrieg hatte das städtische und kommunistische Russland noch lange mit den *besprisornyje* zu kämpfen, den heimatlosen Kindern, die bis Mitte der 1920er Jahre das Straßenbild der Städte prägten.

Auf dem Feld der Familienpolitik kämpften die radikalen Erneuerer im Übrigen nicht nur gegen objektive Schwierigkeiten, sondern auch gegen die ganz subjektiven Vorurteile ihrer zumeist männlichen Mitstreiter. Man muss nur Lenins Kommentare zu Inessa Armands Entwurf über Liebe und Familie lesen oder den aussichtslosen Kampf von Alexandra Kollontai um die Rechte der Frau auf dem 10. Parteitag verfolgen oder das Misstrauen und die Feindseligkeit der männlichen Kader gegenüber dem Schenotdel betrachten, um zu erkennen, dass sich »Rückständigkeit« keineswegs auf die materiellen und kulturellen Bedingungen der russischen Dörfer beschränkte, sondern auch in den Köpfen männlicher Parteikader steckte. Die Familienreform wurde schon früh zu einer sekundären Angelegenheit deklassiert. Die Zerschlagung der politischen Demokratie und die Abschaffung der freien Presse – zwei der größten Makel des großen bolschewistischen Experiments – sollten die Aussichten auf eine Emanzipation innerhalb der Familie ebenso wie außerhalb massiv beeinträchtigen.

Auch Alexandra Kollontai muss einen Teil der subjektiven Verantwortung für das Scheitern der russischen Revolution auf sich nehmen. In ihrer berühmten Schrift *Die Familie und der kommunistische Staat* präsentierte sie eine Vision der kommunistischen Zukunft, die individuelle Elternschaft oder familiäre Liebe kaum berücksichtigte und eher Ängste schürte als Begeisterung erregte. Statt zu versuchen, die möglichen Verbindungen zwischen Familien und Zivilgesellschaft theoretisch zu analysieren, zog sie es vor, die beiden zu einer einzigen »Familiengesellschaft« zusammenzuwerfen, wie sie es nannte.

Das lag daran, dass sie genau wie die anderen Bolschewiki die Gesellschaft als eine alles umfassende Sphäre betrachtete, welche die Schranken des traditionellen Familienlebens niederriss und die Einzelpersonen vollständig vereinnahmte. Die Zivilgesellschaft war, nach ihrer Auffassung, von Teilhabe und Vereinigung geprägt, aber sie war durchaus nicht pluralistisch oder demokratisch, denn alles stand im Dienst des kommunistischen Staates. Walter Benjamin stattete im Winter 1926/27 Moskau einen Besuch ab. Er sprach kein Russisch und blieb nicht einmal zwei Monate im Land. Dennoch sind sein Tagebuch und seine Briefe aus dieser Zeit von großem Interesse, weil er sehr exakt die Art und Weise kommentiert, wie die öffentliche Sphäre in die private eingedrungen war.[53] Laut Benjamin machten sich die Spannungen des öffentlichen Lebens, die größtenteils theologischer Natur seien, so stark bemerkbar, dass sie jedes Privatleben geradezu verhinderten.[54] Benjamin macht hier auf ein grundlegendes Kennzeichen sämtlicher autoritären Regime des 20. Jahrhunderts aufmerksam: das Zusammenfallen der privaten mit der öffentlichen Sphäre, den Mangel an Respekt für Privatsphäre und häusliches Leben und die Vereinnahmung sämtlicher zivilgesellschaftlichen Initiative für den Staat und dessen Ideologie. Das öffentliche Leben im Moskau des Jahres 1927 war für Benjamin in dem Sinne »theologisch«, als es sich endlos um die Debatte drehte, wie man am besten dem Kommunismus und dem Staat, der ihn verkörperte, dienen konnte. Die Möglichkeiten einer pluralistischen Zivilgesellschaft wurden entsprechend gemindert, genau wie der Raum für das »unschuldige« Fortführen des täglichen und familiären Lebens. *Byt* sollte durch *bytije* ersetzt werden – der individuelle »Alltag« durch wahres »Dasein« im Kollektiv. Das Denken der Menschen war fortan ängstlich auf die Frage gerichtet, ob sie den Anforderungen des Kollektivs entsprachen.[55]

Unmenschliche Formen sollte diese Bevormundung erst später annehmen. In der NEP-Phase war das kommunistische Russland eine relativ freie Gesellschaft. Benjamin kehrte nach Berlin zurück und bezeichnete es, verglichen mit Moskau, als eine »tote Stadt«. Er vermisste die materielle Bedürfnislosigkeit, die Energie der Menschen, das Gemeinschaftsgefühl. (George Orwell sollte es im Sommer 1937 bei seiner Rückkehr aus Barcelona nach London ganz ähnlich ergehen.) Benjamin schreibt:

> Die Menschen auf der Straße erscheinen einem ganz trostlos vereinzelt, jeder hat es sehr weit zum andern und ist inmitten eines breiten Stücks Straße vereinsamt. Weiterhin: mir kam, wie ich vom Bahnhof Zoo in den Grunewald fuhr, die Gegend, durch die ich musste, geputzt und gescheu-

ert, unmäßig gereinigt, unmäßig komfortabel vor. Es ist mit dem Bild der Stadt und den Menschen dasselbe wie mit dem Bilde der geistigen Zustände: die neue Optik, die man auf sie gewinnt, ist der unzweifelhafteste Ertrag eines russischen Aufenthalts.[56]

Deutschland sollte in Kürze seinen eigenen »Gemeinschaftssinn« entdecken, faszinierend und verführerisch für alle jene, die der Gemeinschaft angehörten, todbringend für die Übrigen, einschließlich Benjamin. Doch ehe wir auf Deutschland zu sprechen kommen, ist ein Blick auf Kleinasien und den Mittelmeerraum angebracht, wo wir drei weitere, sehr verschiedenartige Fälle staatlicher Revolutionierung des Familienlebens beobachten können.

ZWEI

Nest und Nation:
Familienpolitik im Übergang
vom Osmanischen Reich
zur Türkischen Republik,
1908–1938

I
Familien in der osmanischen Gesellschaft

Halide Edip

Halide Edip, die berühmte türkische Autorin und Patriotin des 20. Jahrhunderts, wurde 1883 geboren, elf Jahre nach Alexandra Kollontai. Auch sie stammte aus einem gehobenen Milieu, denn ihr Vater Edip Bey war Beamter am Hof von Sultan Abdülhamid II. Halide wuchs in wohlhabenden Verhältnissen auf: Die Familie bewohnte ein großes altes Holzhaus in Beşiktaş, einem damals noch wenig erschlossenen Wohnviertel von Konstaninopel (Istanbul). Vom Garten aus sah man das Marmarameer, und nicht weit davon, in Yıldız, die »majestätischen weißen Gebäude« der Sommerresidenz des Sultans. Die kleine Halide schlief mit ihrer Großmutter in demselben großen Zimmer, in dem sie auch zur Welt gekommen war, und zwar auf »türkischen Betten«, wie sie in ihren Erinnerungen schreibt. Sie wurden abends auf dem Teppich ausgebreitet und morgens wieder eingerollt. Das Zimmer ging hinaus auf den Garten:

> Unter den drei großen Fenstern auf der Gartenseite verläuft ein langes Sitzpolster mit einer weißen Decke. Die Vorhänge aus weißem Baumwollstoff werden nie zugezogen, da die Glyzinien genügend Schatten spenden. Das Kind erfreut sich an den Blumendüften und dem schönen Anblick der vielfarbigen Natur.[1]

Dieses idyllische Umfeld stand im starken Gegensatz zu den emotionalen Wirren und der ständigen Unruhe in ihrer Familie. Während Alexandras

Elternhaus sehr stabil war, geprägt von den strengen Regeln und der klaren Routine ihrer Mutter – ein Zuhause also, gegen das man rebellieren musste –, kam es in Halide Edips Familie zu steten Veränderungen. Ihre Mutter starb sehr früh an Tuberkulose. Eine der wenigen Kindheitserinnerungen von Halide ist, dass ihre Mutter ihr manchmal die Fingernägel so tief abschnitt, dass es weh tat. Das kleine Mädchen ahnt, dass »die Mutter bald verlöschen wird«.[2] Was ihren Vater anbetrifft, so versuchte Halide alles Mögliche, um die Aufmerksamkeit des viel beschäftigten, häufig abwesenden Mannes auf sich zu ziehen. Nach dem Tod der Mutter heiratete der Vater schnell wieder, und die Tochter war gezwungen, das geliebte, glyzinienumrankte Haus zu verlassen, um bei der neuen Frau und deren Familie zu wohnen. Doch damit nicht genug. Ihr Vater beschloss, eine zweite Frau zu ehelichen. Das islamische Gesetz gestattete ihm dies (ein Mann durfte bis zu vier Frauen haben), die der Moderne zugewandten Angehörigen der osmanischen Elite betrachteten diese Art der Ehe allerdings zunehmend skeptisch. Halide Edip schreibt über die Auswirkungen der »Polygynie«[3] auf sie und ihre Familie:

> Wenn eine Frau erfährt, dass ihr Mann außereheliche Beziehungen unterhält, leidet sie natürlich. Doch wenn eine zweite Ehefrau ins Haus kommt, ist ihr Martyrium öffentlich … Auch wenn kein offener Streit ausbricht, wird in einem Haushalt mit zwei Frauen immer Unfriede herrschen, da das Leid ja auch alle anderen Personen unter dem gleichen Dach betrifft. Kinder, Hauspersonal und Angehörige leben aufgrund des naturgegebenen Gegensatzes der beiden Lager in einer zerstörerischen Atmosphäre des Machtkampfes. Meine eigene Kindheit wurde von der Polygamie und ihren Folgen auf hässliche Weise geprägt. Die gespannte Atmosphäre machte aus jeder noch so simplen Familienfeier eine schmerzliche Angelegenheit. Diese Empfindung klingt in mir immer noch nach.[4]

So verwundert es nicht, dass Halide Edip das Familienmodell ihres Vaters ablehnen musste, obgleich sie große Zuneigung für einzelne Familienmitglieder empfand. Wonach sie sich sehnte, war eine »normale« Familie: ein Mann und eine Frau, die mit ihren Kindern zusammenleben. Dies, so äußerte sie, sei das Modell, das den Menschen am besten entsprach. Die Polygynie war für sie Teil des bröckelnden Patriarchats des Großreichs; die »Kernfamilie« sei einem neuen Nationalstaat angemessen, der auf der Gleichberechtigung von Mann und Frau gründete.

Halide Edip wuchs als geistig frühreifes, aber kränkelndes Kind auf, das nach eigener Aussage zu Faulheit neigte. Dennoch war sie ihr Leben lang leidenschaftlich engagiert und begab sich in Situationen, die beträchtliche physische und psychische Ausdauer erforderten. Ihr Vater, der sich in Anbetracht seiner Anstellung am Hof und seines Ehelebens als Traditionalist gab, war zugleich voller Bewunderung für die englischsprachige Welt und verfolgte bei der Erziehung seiner Tochter liberale Vorstellungen.[5] Er schickte Halide auf ein amerikanisches Mädchencollege in Konstantinopel, an dem sie 1901 ihren Abschluss ablegte. Hester Jenkins, eine ihrer Lehrerinnen dort, erinnerte sich 1910, Halide habe zu den beiden einzigen türkischen Frauen aus ihrem Bekanntenkreis gehört, die sich gern mit Philosophie befassten oder höhere Mathematik verstanden.[6]

Von Kind auf nahm Halide Edip sehr bewusst geschlechtsspezifisches Verhalten wahr. Sie erinnert sich, wie unterschiedlich ihre Großmutter und ihr Großvater reagierten, wenn sie krank wurden: Wenn die Großmutter Magenschmerzen bekam, trank sie einen Aufguss aus Minzblättern und Zitronenschale, bei Kopfschmerzen verwendete sie in Essig eingelegte Rosenblätter. Wenn aber ihr Großvater sich mit den gleichen Beschwerden konfrontiert sah, aß er im ersten Fall rohe Zwiebeln, die er mit der bloßen Faust zerdrückte, weil ein Messer angeblich den Zwiebelsaft verderbe; im zweiten Fall legte er sich geschälte Kartoffeln auf die Stirn, die er mit einem weißen Tuch festband. Doch was sie beobachtete, war nicht nur amüsant. Das Verhalten der gleichaltrigen Jungen etwa: »Jungen gehören für das Mädchen überhaupt nicht zu den Kindern.«[7] Sie erinnerte sich noch viele Jahre später an das schmerzerfüllte Jaulen eines Hundes, dem die Hinterbeine von einer eingestürzten Mauer zerquetscht worden waren. Das Tier, »das sich vergeblich aus den Steinmassen zu befreien versuchte«, regte tiefes Mitleid in ihr. Die Jungen aber, die der Szene beiwohnten, lachten und bewarfen den Hund noch mit Steinen.[8]

Alexandra Kollontai, die den Schrecken des Krieges, die Revolution und den Bürgerkrieg miterlebt hatte, besaß trotz allem einen unerschütterlichen, ausgeprägt marxistischen Glauben an die Verbesserungsfähigkeit der menschlichen Gattung. Halide Edip teilte diese Überzeugung nicht. Im Gegenteil. Das Erlebnis mit dem Hund »war der erste von so manchen Vorfällen, die in mir die Scham darüber hervorriefen, mich zu den Menschen zählen zu müssen«.⁹ Die Menschheit schien ihr unfähig, in Frieden zu leben. Wenn die Geschichtsschreibung nur aufhören würde, siegreiche Schlachten aufzuzählen, und die Kunst sie nicht verherrlichen würde, dann, so dachte Halide, gäbe es vielleicht einen Anschein von Frieden und menschlichem Glück in der Welt. 1921 aber sollte sie als

Halide Edip zu Beginn des 20. Jahrhunderts, zum Zeitpunkt ihrer Hochzeit

Mitglied von Mustafa Kemals anatolischer Befreiungsarmee selbst zu den Waffen greifen.

Halide Edip war nie ein religiöser Mensch in dem Sinne, dass sie zu einer Gemeinde gehört oder die Einrichtungen und Prediger einer Religion unterstützt hätte. In ihren Erinnerungen schreibt sie über den ersten und einzigen Besuch in Sinans großer Süleymaniye-Moschee, die auf ihrem Hügel über ganz Istanbul thront:

> Irgendwann löste ich mich ... und kroch auf allen vieren zu einem der Predigerpulte hinüber. Ein bleicher Prediger, aus dessen Augen Funken sprühten, verdammte die gesamte Menschheit zu ewigem Höllenfeuer – den Himmel hatte für ihn wohl niemand auf der ganzen Welt verdient ... Seine Arme schossen unter dem langen und weiten schwarzen Umhang hervor und wiesen in eine pechschwarze Zukunft, und seine Stimme verbreitete Angst und Schrecken wie der Flammenausbruch eines Vulkans. Heute halte ich seine furchteinflößenden Worte und Gesten für eine meisterhafte Darstellung von sublimem Unsinn.[10]

Andererseits war Edip aber auch nie atheistisch oder anti-islamisch. Sie wandte sich regelmäßig an Allah, selbst wenn sie nicht unbedingt zu ihm betete, und auch nachdem sie ab 1908 Bekanntheit erlangt hatte, blieb sie »bescheiden, vernünftig und uneigennützig, vergaß nie, den Schleier zu tragen, und benahm sich auch sonst so, wie es sich für eine zurückhaltende türkische Ehefrau ziemte«.[11]

Ende 1901, gerade einmal sechs Monate nach ihrem Abschluss am American College, beschloss die achtzehnjährige Halide Edip, eine zierliche Person mit großer Ausstrahlung, einen über zwanzig Jahre älteren Mann zu heiraten. Salih Zeki Bey war ein begabter Mathematiker und Philosoph mit übersteigertem Ehrgeiz. Hätte Halide zu diesem Zeitpunkt George Eliots *Middlemarch* gelesen, wäre ihr vielleicht bewusst gewesen, welches Risiko sie mit dieser Verbindung einging. Denn Salih Zeki war ein verspäteter türkischer Mr. Casaubon, der sich unerreichbare Ziele setzte und alle um sich herum für sich einspannte. Seine neue Frau aber arbeitete ihm fleißig zu:

> ... und auch sonst gab ich mein Bestes, um eine glückliche Familienatmosphäre zu schaffen ... Außerdem unterstützte ich meinen Mann bei

der Abfassung seines großen Werks *Lexikon der Mathematik*, indem ich aus verschiedenen Quellen die Biografien der großen englischen Mathematiker und Philosophen für ihn übersetzte und bearbeitete.[12]

Vielem entsagte sie:

> Ich führte das Leben einer altmodischen türkischen Frau und verließ kaum einmal das Haus.[13]

Das Paar bekam zwei Söhne, Ali Ayetullah und Zeki Hikmetullah, doch die Ehe war nicht glücklich. Ihr Mann behandelte Halide herablassend, bezeichnete sie als launenhaft und altklug. Das entsprach nun gar nicht ihrer Selbstwahrnehmung, und sie setzte sich zur Wehr. Oft stritten die beiden die ganze Nacht. Mit dreiundzwanzig begann Halide, Shakespeare in einfaches Türkisch zu übersetzen:

> Dabei gelangte ich zu der Überzeugung, dass Shakespeares so wunderbar harmonische Sprache, die für mich die ungekünstelte Kraft der angelsächsischen Seele in Worte fasste, unbedingt in ein schlichtes, aus eigenen Quellen schöpfendes Türkisch übertragen werden muss ... Salih Zeki Bey hatte Hamlet auf Französisch gelesen und sich dabei weniger für die Wortgewalt als vielmehr für den Sinngehalt interessiert. Begeistert machte er sich an die »Korrektur« meiner Übersetzung. Das heißt, er ersetzte die schlichten türkischen Wörter, die ich gewählt hatte, durch umständliche, gestelzte, für literarisches Türkisch geltende arabische oder persische Wortkonstruktionen. Aber als ich begann, die Sonette zu übersetzen, nahm er den Rotstift weit seltener zur Hand, denn hier begriff auch er, dass sich ihre Poesie mit dem traditionellen Sprachgebrauch des Osmanisch-Türkischen nicht wiedergeben ließ.[14]

Nach neun Jahren Ehe sah sich Halide Edip mit der Tatsache konfrontiert, dass ihr Mann eine Affäre mit einer Lehrerin hatte und in Betracht zog, diese zur Zweitfrau zu nehmen. Halide entsetzte diese Aussicht: »Als überzeugte Anhängerin der Monogamie sah ich mich zu einem Schritt gezwungen, der mir nicht leichtfiel.« Sie ging mit den beiden Jungen für zwei Monate zu ihrem Vater nach Yanya (dem griechischen Ioannina). »Doch als ich nach meiner Rückkehr feststellen musste, dass mein Ehemann bereits geheiratet hatte, verlangte ich die Scheidung.«[15]

In diese willigte er nach langen, quälenden Diskussionen schließlich ein.

Halide Edip nahm diese Entwicklung schwer mit. Sie erkrankte an den Bronchien, hatte ständig Fieber und Kopfschmerzen und musste über drei Monate das Bett hüten. Doch sie setzte alles daran, gesund zu werden: »Ich war fest entschlossen, meinen Kindern ein normales, glückliches häusliches Leben zu ermöglichen.«[16] Während sie in diesem Sommer 1910, zurück im Haus ihrer Großmutter, krank im Bett lag, horchte sie auf die abendlichen Geräusche der großen Stadt, »die Rufe der Yoghurt- und Rahmverkäufer, den Singsang der Bettler und die Schritte der nach Kumkapı heimkehrenden Arbeiter«.[17]

Elf Jahre später, im Juni 1921, sollte Halide Edip, als sie als Krankenschwester in einem Feldlazarett an der anatolischen Front eingesetzt war, vom Tod ihres früheren Mannes erfahren. Im Gedenken an Salih Zeki Bey blieb sie großherzig: »Und auch seine Stimme höre ich wieder und den humorigen, doch nicht lieblosen Ton, mit dem er – ein wenig von oben herab – so oft zu mir sagte: ›Ach, mein armes kleines Mädchen!‹«[18]

1908

Im Jahre 1908 war Halide Edip Augenzeugin und anschließend Beteiligte in einem Schlüsselmoment der türkischen Geschichte: der Verfassungsrevolution. Sultan Abdülhamid II. hatte 1876 den Thron bestiegen und bei seinem Amtsantritt versprochen, die osmanische Verfassung beizubehalten. Diese sah ein Zweikammerparlament vor, wobei der Senat vom Sultan eingesetzt und das Abgeordnetenhaus von einem männlichen Wählerkreis bestimmt wurde. Zudem garantierte sie bürgerliche Freiheiten wie etwa die Gleichheit vor dem Gesetz unabhängig von der Religionszugehörigkeit. Doch nach knapp einem Jahr brach der Sultan sein Versprechen. Er nahm den Krieg gegen Russland als Vorwand, riss alle Macht an sich und regierte in den kommenden drei Jahrzehnten mit Hilfe eines autokratischen Polizeiapparats, der berühmt-berüchtigt für seine Spione war. Abdülhamid umgab sich mit einem konservativen und reaktionären muslimischen Klerus und setzte einen »Pan-Islamismus« als ideologische Grundlage des Regimes ein. Seine lange Herrschaft ist historisch nicht uninteressant, besonders mit Blick auf ihre modernisierenden Tendenzen – die ersten verhaltenen Schritte Richtung Demokratie jedoch wurden gestoppt und die politische Opposition in den Untergrund und ins Ausland gedrängt.[19] Midhat Paşa, der liberale Architekt der Verfassung und kurzzeitige Großwesir des Sultans, wurde auf Abdülhamids Befehl im Mai 1883 im saudischen Taif erdrosselt. Die Bewegung der Jung-Osmanen, in vielerlei Hinsicht die interessanteste und pluralistischste Reformbewegung am Ende des Osmanischen Reichs, wurde zerschlagen.[20]

Im Jahre 1908, nach einer dreißigjährigen Pause, zwang eine neue, ganz anders strukturierte Bewegung Sultan Abdülhamid, schließlich die Verfassung von 1876 wieder anzunehmen. Die »Jungtürken« waren eine weitverzweigte Geheimbewegung, die zum größten Teil aus Offizieren der Armee und mittleren Beamten des osmanischen Staatsapparats bestand. Mit wenigen Ausnahmen waren ihre Mitglieder Mitte zwanzig bis Mitte dreißig Jahr alt. Ihre Partei hieß »Komitee für Einheit und Fortschritt«, eine ihrer wichtigsten Gruppen bestand aus einigen Offizieren

Demonstration in Istanbul, 1908

der in Selanik stationierten Dritten Armee, darunter Enver Paşa, İsmail Hakkı und Mustafa Kemal.[21] Schon bald gaben diese Männer der Bewegung eine stark nationalistische Prägung und übertrugen ihre Loyalität vom Sultan auf eine »türkische Nation« und einen »türkisierten« Zentralstaat. Aufständische Militäreinheiten hatten sich in die Berge Makedoniens zurückgezogen, und die Truppen, die ausgesendet wurden, um die Rebellion niederzuschlagen, hatten sich ihnen stattdessen angeschlossen. Abdülhamid II. ließ daraufhin eilig die Verfassung von 1876 wieder einführen.

Istanbul im Jahr 1908 war plötzlich Schauplatz von Demonstrationen, die es so während der gesamten Geschichte des Osmanischen Reichs nicht gegeben hatte. Alte und Junge, Arme und Reiche, Muslime und Nichtmuslime vereinten sich im spontanen Jubel. Sämtliche Zeitungen im In- und Ausland berichteten über das Ereignis. Es war ein Moment intensiver allgemeiner Freude und ein unerwartetes Zusammenkommen beider Geschlechter und der verschiedenen Gesellschaftsschichten.

> Trotz allem, die Bevölkerung war aufgewacht, man riss sich um die Zeitungen. Von einem Freund hörten wir, dass wildfremde Menschen sich in den Straßen um den Hals fielen.
>
> Am folgenden Tag nahm ich die Fähre nach Istanbul, um mir selbst ein Bild zu machen. Bereits auf der Galatabrücke wogte ein Menschenmeer. Alle, Männer wie Frauen, hatten sich rot-weiße Kokarden an die Brust gesteckt. Die Begeisterung schuf ein Gefühl der Gemeinschaft, das alle Unterschiede wie Geschlecht und Rasse, den in Jahrhunderten angehäuften Unmut und Hass, ja sogar alles Schlechte und Hässliche hinwegzufegen schien.[22]

Wie Alexandra Kollontai, die erst mit der Russischen Revolution von 1905 in ihrer Heimat bekannt wurde, sollte nun auch Halide Edip, Mutter von zwei kleinen Söhnen und Tochter eines Sekretärs des Sultans, als auffallend reformstarke weibliche Stimme in einer erdrückenden patriarchalischen Gesellschaft hervortreten.

Sie wurde schnell zu einer bekannten Journalistin und bekam viele Briefe, in denen sie nach ihrer Meinung zu sozialen und politischen Themen gefragt wurde. »Nicht nur Briefe von mir ganz unbekannten Menschen erreichten mich, es kamen auch viele Frauen aller sozialen Schichten mit ihren intimsten Sorgen zu mir und baten um meinen Rat.« Damals fühlte sie sich überfordert, doch im Rückblick äußert sie sich dankbar über diese Begegnungen:

> Sie öffneten mir zum ersten Mal die Augen für das Ausmaß der Schwierigkeiten, mit denen die türkische Frau in der Familie und in der Gesellschaft konfrontiert war ... Revolutionen und politische Entwicklungen gehen an uns vorüber, doch der Strudel der persönlichen und gesellschaftlichen Veränderungen, in den jeder Einzelne gerät, behält seine überwältigende Kraft.[23]

Die Revolution blieb nicht unangefochten. Ende März 1909 organisierten konterrevolutionäre Kräfte in der türkischen Armee und Gesellschaft, vom ehemaligen Sultan unterstützt und vom hohen Klerus und bestimmten Sufi-Führern angestachelt, einen Staatsstreich in Istanbul. Viele Abgeordnete und andere Unterstützer der Jungtürken und des Komitees für Einheit und Fortschritt (KEF) wurden verfolgt und ermordet. Halide Edips Leben war in Gefahr, und sie war gezwungen, mit ihren beiden Kindern ins ägyptische Alexandria zu fliehen. Die Konterrevolution wurde durch das Eingreifen der in Istanbul einmarschierenden Dritten Armee aufgehalten, aber es sollte noch Monate dauern, bis Halide Edip in die Hauptstadt zurückkehrte. Die Ereignisse von 1908/09 zeigen, wie harsch im Osmanischen Reich auf Reformbestrebungen reagiert wurde, wie fragil die progressive Elite war, zu der auch Halide Edip gehörte, und wie eng jede Veränderung mit dynamischen, nicht unbedingt demokratischen Elementen der Armee zusammenhing.

Istanbuler Familien um die Jahrhundertwende

1914 betrug die Bevölkerungszahl des Osmanischen Reichs etwa 26 Millionen – wenn man der offiziellen Volkszählung Glauben schenken kann.[24] Hinter der schlichten demografischen Auskunft verbergen sich zwei gegenläufige Tendenzen: Zum einen gab es einen Bevölkerungszuwachs im türkischen Kernland und besonders in Anatolien, durch Zuwanderung aus anderen Gebieten des Reichs und durch die Eindämmung von Krankheiten wie Pest, Typhus und Cholera in der Zeit nach 1880.

Zum anderen war die Gesamtbevölkerung des Osmanischen Reichs mit der Niederlage in den Balkankriegen von 1912/13 zwangsläufig reduziert worden. Der Verlust der Balkanregionen war ein herber Schlag, denn er brachte das Reich um den Großteil seiner am dichtesten bevölkerten Regionen, die in den 1850er Jahren noch knapp die Hälfte der Gesamtbevölkerung gestellt hatten.[25] Der Strom muslimischer Flüchtlinge – etwa 400 000 Menschen – aus den neuen Balkanstaaten nach Istanbul und nach Anatolien war der schlagende Beweis, dass das Osmanische Reich in Europa kaum noch Einfluss hatte.[26]

Wie im Falle Russlands gefährdeten auch im Osmanischen Reich die Schrecken der ersten beiden Jahrzehnte des 20. Jahrhunderts auf nie dagewesene Weise die Stabilität und das Überleben zahlloser Familien. Drei große Kriege – Balkankrieg, Ersten Weltkrieg und Befreiungskrieg – führten zu Hunderttausenden von Toten, zur Zwangsumsiedlung von Millionen Menschen und zu Gräueltaten aller Art. Das türkische Volk wurde Opfer großer Verbrechen, und es beging selber mindestens ebenso große.

Die historische Forschung zu osmanischen Familien der Zeit ist im Vergleich zur russischen Situation viel weniger fortgeschritten. Die ländlichen Gebiete des Reichs, in denen etwa 85 Prozent der Bevölkerung lebten, sind noch größtenteils unerforscht. Für die großen Städte ergibt sich ein anderes Bild, denn herausragende Studien zu Istanbul erlauben, das Familienleben in der Hauptstadt zur Jahrhundertwende einigermaßen richtig zu rekonstruieren.[27] Anhand der Volkszählungen von 1885, 1907 und 1927 gehen Alan Duben und Cem Behar von einer Stadtbevölkerung von 874 000 im Jahr 1885, über einer Million im Jahr 1907 und weniger als 700 000 im Jahr 1927 aus. Diese letzte Zahl spiegelt die Katastrophen der Kriegsjahre wider und die Tatsache, dass viele nicht-muslimische Familien in dieser Zeit die Stadt verließen. Bis dahin hatten nicht-muslimische Gemeinschaften – hauptsächlich Griechen, Armenier und Juden – ein Drittel bis die Hälfte der Stadtbevölkerung ausgemacht.[28]

Über das Familienleben der breiten Masse im damaligen Istanbul ist uns wenig bekannt. Wir wissen zumindest, dass die Einkommensunterschiede viel geringer ausfielen als in London oder St. Petersburg zur gleichen Zeit. Der durchschnittliche Tageslohn eines Istanbuler Arbeiters im Jahre 1913 betrug 14,1 Kuruş, das ergab etwa 350 Kuruş im Monat; das monatliche Durchschnittseinkommen eines Beamten im Außenministerium betrug 1177 Kuruş, also nur knapp das Dreifache.[29]

Duben und Behar konzentrieren sich auf die muslimische Bevölkerung der Hauptstadt, und ihre Untersuchungen fördern mehr als eine Überraschung zutage. Die Istanbuler Haushalte im Jahre 1907 bestanden durchschnittlich aus nur 4,2 Personen, das ist weit weniger als in den anderen großen vorindustriellen muslimischen Städten. Auch die Geburtenrate war niedrig und lag im letzten Viertel des 19. Jahrhunderts bei nur 3,9. Die Zusammensetzung der Familie konzentrierte sich auf deren Kern mit zwei Eltern und zwei Kindern, was sich nicht nur von Statistiken ablesen lässt, sondern so auch auf den meisten Familienfotos jener Zeit zu sehen ist. Es kam höchstens vor, dass sich die verwitwete Mutter des männlichen Familienvorstands (oder seltener die Mutter seiner Gattin) der kleinen Familiengruppe anschloss. Erweiterte Familien gab es in Istanbul weniger häufig als im Rest der Türkei: Sie bildeten im Jahre 1907 nur 31 Prozent aller hauptstädtischen Haushalte.[30]

So war also schon vor dem Ende des Osmanischen Reichs in Istanbul der Übergang zu modernen Familienformen erstaunlich weit fortgeschritten. Der Eindruck, dass die Hauptstadt damit eine Ausnahme bildete, wird durch zwei andere zusammenhängende Einflüsse bestätigt: den verbreiteten Einsatz von Verhütungsmitteln und ein höheres Hochzeitsalter der Frauen, das zwischen 1900 und 1930 von 20 auf 23 Jahre stieg. In der Hauptstadt herrschten vornehmlich eine »neolokale«, keine »patrilokale« Wohnsitzregelung – das heißt, mit der Heirat wurde ein selbstständiger Haushalt gegründet, das »Vaterhaus« wurde verlassen. Zudem war, wie erwähnt, das Zusammenleben in Kernfamilien dominierend. All dies legt nahe, dass Istanbul viel eher ein kosmopolitischer Mittelmeerhafen als eine traditionelle muslimische Hauptstadt war – mehr Beirut als Kairo sozusagen.[31] Es lässt außerdem vermuten – ohne dass hier von Ursache und Wirkung gesprochen werden soll –, dass die Familienstrukturen in Istanbul zu Beginn des 20. Jahrhunderts notwendige Vorbedingungen für die Herausbildung einer modernen Zivilgesellschaft schufen.

Traditionelle Grundlagen des osmanischen Patriarchats

In Istanbul lebende muslimische Familien der Mittel- und Oberschicht, zu denen wir die meisten Informationen haben, stellten damit eine außergewöhnliche Mischung aus Altem und Neuen dar. Um den Übergang, in dem sie sich befanden, klarer herauszustellen, lohnt es sich, einen Blick auf das zu werfen, was diese Familien aufgaben beziehungsweise wogegen sie sich gezielt wandten. Über die Jahrhunderte war das islamischen Patriarchat geprägt von ethnischen Traditionen, von der imperialen Macht des Osmanischen Reiches und dem islamischen Verhaltenskodex des religiösen Lebens. Der männliche Familienvorstand kontrollierte im Verbund mit den älteren Frauen in der Familie Mobilität, Sexualität und Verhaltensmuster sämtlicher weiblicher und männlicher Mitglieder des Haushalts. Durch das Arrangieren von Ehen übte das Familienoberhaupt Zwang (*cebr*) auf seine Kinder aus. Nach islamischem Recht gab es kein Mindestalter für eine Heirat. Die Ehe selbst war ein privater Vertrag ohne den institutionellen und sakramentalen Charakter ihres westlichen und christlichen Gegenstücks. Zu den wenigen Voraussetzungen für eine Eheschließung gehörte die Anwesenheit von zwei Zeugen. Die *mehir*, die sogenannte Morgengabe des Bräutigams an die Braut, war kein bloßes Geschenk, sondern wesentlicher Bestandteil der Verhandlungen der beiden Familien, deren Einzelheiten man im Ehevertrag festhielt. Ab dem 16. Jahrhundert wachten religiöse Richter (*kadı*) über die Einhaltung dieser Verträge.[32]

Obwohl das islamische Eherecht einige wenige Elemente zum Schutz der Ehefrau beinhaltete – man gestand ihr im Ehevertrag eine rechtliche Stellung zu, und ihr Eigentum wurde von dem ihres Gatten getrennt gehalten –, übte der männliche Familienvorstand große, willkürliche Macht über die Ehefrau aus. Die Männer bestimmten über das Zusammenleben. Sie konnten bis zu vier Ehefrauen haben, wenn sie für diese sorgen konnten, und, wenn sie reich genug waren, auch noch eine unbegrenzte Zahl Konkubinen. Der Unterschied zwischen einer Konkubine und einer Ehefrau bestand darin, dass Erstere als Eigentum galt, als Ware, die man kaufen und verkaufen konnte, während Letztere wenigstens geringen rechtlichen Status und Schutz genoss. Und dennoch, die Definition der postklassischen[33] Ehe unter islamischem Gesetz – »ein Vertrag, durch den ein

Mann das juristische Recht erlangt, sich an einer Frau zu erfreuen« – klang alles andere als vielversprechend.[34] Ein Mann war berechtigt, körperliche Gewalt anzuwenden, um das Verhalten seiner Frau zu »maßregeln«, er sollte jedoch nicht in »Brutalität« verfallen. Die Ehefrau indessen konnte sich nur an einen *kadı* wenden, wenn man die physischen Auswirkungen von Schlägen an ihrem Körper sehen konnte.

Die Anbahnung und die Führung einer Ehe lagen beinahe komplett in den Händen des Mannes, und dies galt erst recht für ihre Beendigung. In den hanafitischen Rechtsschulen des Islam, der die sunnitischen Muslime des Osmanischen Reichs folgten, gab es praktisch keine Regelung, auf die sich eine Ehefrau berufen konnte, wenn sie sich vor einem religiösen Gericht von ihrem Mann scheiden lassen wollte. Einem Mann dagegen standen mehrere Wege offen. Einer der häufigsten war die Verstoßung. Dazu verkündete ein Mann ganz einfach, dass er nicht länger mit seiner Frau zusammenleben wolle. Die Verstoßung hatte verschiedene Formen. Je emphatischer sie ausgesprochen wurde, desto unwiderruflicher war sie. Teilweise übertrugen die Männer sogar der einen Ehefrau, die Verstoßung der anderen Ehefrau auszusprechen. Die Verstoßene hatte nur in den allerseltensten Fällen die Möglichkeit, sich auf das Gesetz zu berufen.[35]

Doch das osmanische Patriarchat gründete nicht allein auf ungezügelter männlicher Macht: Es war vielschichtiger organisiert. In einem Haushalt gab es immer auch eine zweite, weibliche hierarchische Ordnung. An ihrer Spitze stand die älteste Frau – diese war entweder die Mutter des Patriarchen oder seine erste Frau, wenn diese sich seine Sympathie hatte erhalten können. Die dominierende weibliche Person übte beträchtliche Autorität über sämtliche häuslichen Angelegenheiten aus. In einem Haushalt der osmanischen Elite herrschte wie im bäuerlichen Haushalt Russlands eine binäre Machtstruktur: Zum einen dominierte Männlich über Weiblich, zum anderen Alt über Jung. In keinem anderen Familienbelang übten die männlichen und weiblichen Alten größeren Einfluss aus als in der Auswahl von Ehepartnern für ihre Kinder, die oft sehr jung verheiratet wurden.[36]

Die traditionelle osmanische Unterscheidung von Privatem und Öffentlichem spiegelte sich in der räumlichen Aufteilung der Häuser. Frauen und Kinder wohnten im *harem*, dem unantastbaren und unverletzlichen Teil des Hauses, dessen Reinheit durch die Männer und Alten garantiert wurde. Der Aufenthalt von Frauen im öffentlichen Raum sollte stets so kurz wie möglich sein, da er womöglich schädlichen Einfluss hatte. Wenn sie das Haus verließen, sollten Frauen verschleiert gehen und von einer älteren Frau oder Verwandten begleitet werden. Ehefrauen sollten ihren Männern in züchtigem Abstand folgen. Kinder aus altangesehenen türkischen Familien wie der von Halide Edip mussten von einem *lala*, ihrem Diener und Beschützer, begleitet werden. Halides *lala* hieß Ali und kaufte ihr auf der Straße bunte Süßigkeiten – was der Vater übrigens strengstens verboten hatte.[37]

Erwachsene männliche Familienmitglieder dagegen wohnten in einem Teil des Hauses, dem *selamlık*, der auch öffentlich zugänglich war, damit der Familienvorstand Freunde und Besucher empfangen konnte und Geschäftliches regeln konnte, ohne die Unantastbarkeit des *harem* zu verletzen, in dem sich die Frauen des Hauses unverschleiert bewegten. Auch Männer sollten nur eine begrenzte Zeit im öffentlichen Raum verbringen, und dies vor allem zur Ausübung ihrer Arbeit und Religion.

In diesem häuslichen Familienkonstrukt konzentrierte sich die männliche Kontrolle in erster Linie auf den Körper und die Sexualität der Frauen. Frauen waren angeblich naturgemäß nicht in der Lage, ihre Keuschheit zu bewahren, sie waren gefährlich für die Ordnung der *ümmet* (die Gemeinschaft der Gläubigen), da sie die Selbstkontrolle der Männer erschüttern konnten. In den Gebeten der russisch-orthodoxen Kirche und in der Scharia finden sich überraschend ähnliche Schilderungen, die Lasterhaftigkeit der Frauen betreffend. In der türkisch-islamischen Welt war die Sexualität von Frauen eng mit *fitne* verbunden – einem Wort, das im Zusammenhang mit Chaos, Unordnung, ja gar Bürgerkrieg gebraucht wird. Nach muslimischer Auffassung war Sexualität durchaus nicht Sünde, sondern eine positive Energie, eine Lebensnotwendigkeit und ein Geschenk Gottes, das aber durch die gesellschaftliche Überwachung des Frauenkörpers im Zaum gehalten werden musste.[38]

Die Sexualität von Männern dagegen genoss viel Freiraum und Abwechslung – vorausgesetzt, sie wurde innerhalb des eigenen Haushalts ausgelebt (wobei dessen Grenze oft sehr weit gezogen wurde).[39] Die Vielehe wurde gepriesen, da sie die Reproduktion sicherte und Prostitution vermied. Auch das Halten von Konkubinen war üblich und diente dem libidinösen Verhalten der Männer. Ende des 19. Jahrhunderts gab es in Istanbul noch einen aktiven Sklavenhandel. Sklaven konnten als Hausangestellte und für sexuelle Zwecke gekauft werden. Junge tscherkessische Mädchen – oft blond und von ausnehmender Schönheit – waren am begehrtesten. Manche dieser Mädchen waren von ihren Eltern in die Sklaverei verkauft worden, oder aber sie waren von Sklavenhändlern entführt worden. In den Harems von Istanbul brachte man ihnen das Singen und Tanzen bei und unterrichtete sie in anderen Künsten und Fertigkeiten, die ihrer Rolle entsprachen. Wenn sie ihrem Herrn und dessen Haushalt jahrelang treu gedient hatten, durften sie darauf hoffen, die Freiheit zu erlangen – oder aber sie wurden an einen anderen *harem* verschenkt.[40]

Istanbuler Familien im kulturellen Wandel

Zu Beginn des 20. Jahrhunderts waren viele dieser traditionellen Elemente der türkisch-islamischen Familie beträchtlichen Spannungen und Veränderungen unterworfen. Die Anziehungskraft des Westens und der beharrliche Widerstand des Ostens machten Istanbul zu einem einmaligen Schauplatz kultureller Auseinandersetzungen, bei denen es nicht zuletzt um die Zukunft der Familie ging.[41] Wie so oft brachten gegensätzliche kulturelle Strömungen faszinierende Kombinationen, Mischungen und Kompromisse hervor. Am stärksten unter den europäischen Einflüssen war der französische. Daher umschrieb man die beiden gegenläufigen Tendenzen im Istanbul jener Zeit auch mit »*alaturka*« und »*alafranga*«.

Betrachten wir im Zusammenspiel der Generationen zunächst die Gefühlswelt. Einer der größten potenziellen Unruhestifter im Istanbul des ausgehenden 19. Jahrhunderts war die französische Idee von Romantik und insbesondere das Konzept der *amour-passion*, die in der Literatur von Rousseau über Stendhal bis Flaubert und darüber hinaus in zahlreichen Werken eindrücklich geschildert und analysiert worden war.[42] Das Thema »Liebe« hatte in der osmanischen Gesellschaft natürlich schon früher eine Rolle gespielt – man denke nur an die außerordentliche Leidenschaft des Sultans Süleyman I. für seine Sklavin und spätere Gemahlin Roxelane (Hürrem Sultan)[43] –, doch erst mit dem Ende des 19. Jahrhunderts, als die Verbreitung der französischen Literatur in höhergestellten Kreisen zunahm, sollte die Vorstellung romantischer Liebe entscheidend zur Abschaffung der altbewährten osmanischen Praxis der arrangierten Ehe beitragen. Vormals war man allgemein der Ansicht gewesen, dass sich Liebe oder Zuneigung (*muhabbet*), wenn überhaupt, nach der Hochzeit entwickelten. Die Interessen der Eltern, nicht die Gefühle der Kinder entschieden über die Wahl der Ehepartner. Zur Jahrhundertwende durchbrachen Liebesheiraten diese traditionellen Muster. Halide Edip heiratete aus Liebe, und viele ihrer Zeitgenossen ebenfalls. Natürlich gab es hier keinen abrupten, totalen Bruch. Die patriarchalische Ursprungsfamilie übte nach wie vor großen Einfluss und Druck auf die junge Generation aus und spielte finanziell eine wichtige Rolle, etwa bei den Verhandlungen über die *mehir*, welche die Familie des Ehemanns an jene der Braut zahlte. Doch die Institution der arrangierten Ehe hatte ihre Allgemeingültigkeit verloren.

Im Jahre 1873 schrieb Namık Kemal, ein fortschrittlicher Journalist und eine wichtige Figur in der Bewegung der Jung-Osmanen, in einem vielbeachteten Artikel mit dem Titel *Aile* (Familie):

> Wie lange werden Väter noch verlangen, dass ihre Söhne genauso werden wie sie selbst? Wir lange werden sie es noch als tödliche Beleidigung auffassen, wenn beispielsweise der Sohn eines Imams beschließt, Arzt zu werden? Wie können wir annehmen, dass wir unseren Söhnen eine gute Ausbildung angedeihen lassen, wenn wir uns gleichzeitig weigern, ihre Rechte und Neigungen anzuerkennen?[44]

Nicht umsonst nannte sich die Bewegung, der Kemal angehörte, *Jung*-Osmanen und deren Nachfolger später entsprechend *Jung*türken.

Die Abkehr von traditionellen Modellen äußerte sich am deutlichsten in der Frage der Polygynie. Obgleich ausländische Reisende gerne über das Phänomen berichteten, verdeutlichen die Statistiken, dass die Vielehe aus der Stadt immer mehr verschwand. Der Zensus von 1885 ergab, dass nur 2,5 Prozent der verheirateten Muslime mehr als eine Frau hatten. Bis 1907 sank ihr Anteil auf 2,16 Prozent. Polygynie, das bestätigten auch sämtliche modernen Kommentatoren, war eine teure Angelegenheit und gefährdete das harmonische Zusammenleben. Auch Halide Edips Vater musste dies zu seinem Leidwesen erkennen. Männer mit mehreren Ehefrauen stammten fast immer aus höheren Kreisen und hatten selbst dann meist nicht mehr als zwei Frauen.[45]

Doch es gab noch andere, subtilere Veränderungen innerhalb der Familien. So wandelten sich nach und nach die Anredeformen zwischen Familienmitgliedern. In der traditionellen osmanischen Familie sprach die Ehefrau (oder sprachen die Ehefrauen) ihren Gatten mit dem Titel *bey* oder *efendi* (Herr) statt mit Namen an. Außerdem gebrauchte sie das formelle *siz* (Sie). Der Mann dagegen benutzte das informelle *sen* (du) und den Oberbegriff *hanim* (Gattin). Diese Verwendung machte im neuen Jahrhundert einer gleichberechtigteren Anredeform Platz. Zugleich begannen die Muslime in Istanbul, das Wort *familya* statt des alten arabischen *aile* für Familie zu benutzen.[46]

Von ebenso sinnfälliger Bedeutung war der Wandel der Essgewohnheiten. Familien aller gesellschaftlichen Schichten hockten beim Essen traditionell um ein großes, etwa dreißig Zentimeter vom Boden erhobenes Tablett (*sini*). Statt Messer und Gabel benutzte man Löffel und die Hände. Natürlich war dieses Mahl begleitet von allerlei Riten und einer strengen Etikette, doch der kollektive Charakter des gemeinsamen Mahls dominierte. Das Essen im *alafranga*-Stil dagegen sorgte für Absonderung und einen neuen Individualismus. Statt des *sini* gab es einzelne Teller; Messer und Gabel ersetzten Hände und Löffel, und vor allem saß die Familie nicht länger auf dem Boden, sondern auf Stühlen um einen Tisch.[47]

Zeitgleich blieben traditionelle Muster des geschlechtsspezifischen Verhaltens unangetastet. Die jüngere Generation Männer war im Widerstreit mit ihren Vätern, die man für den unaufhaltsamen Niedergang des Osmanischen Reichs verantwortlich machte. Auf die Abwesenheit starker Vaterfiguren in türkischen Romanen der Zeit wurde bereits aufmerksam gemacht.[48] Die »neuen« osmanischen Männer strebten nach Freiheit, wünschten sich diese aber nicht für das andere Geschlecht. Asymmetrische Machtverhältnisse innerhalb der Familie waren immer noch an der Tagesordnung. Eine unabhängige und mutige weibliche Stimme wie die von Halide Edip war die Ausnahme. Die Amerikanerin Hester Donaldson Jenkins war Edips Lehrerin und verbrachte zu Beginn des Jahrhunderts zehn Jahre in Istanbul. Sie liefert uns eine aufschlussreiche Momentaufnahme von der Langmut muslimischer Frauen des Mittelstands:

> Die Vergnügungen einer türkischen Dame müssen wir uns recht bescheiden vorstellen. Sie ist selten intellektuell ... und es stehen ihr unter dem

alten Regime keine Vorträge, Clubs, Konzerte oder Lektüregruppen offen. Sie ist selbst im jungen Alter nicht sportlich, sie spielt kein Tennis oder Golf ... Sie spielt auch keine Gesellschaftsspiele wie Bridge, Whist oder Domino, während die türkischen Männer verrückt nach Glücksspielen sind. Sie vertieft sich nicht in Handarbeiten, ihre Hände wollen nicht beschäftigt sein. Was tut sie also?

Nun, die meiste Zeit *sitzt* sie. Das türkische Verb *sitzen* wird ständig verwendet, wenn wir *bleiben, wohnen* oder *besuchen* sagen würden ... Alle orientalischen Frauen verbringen einen Großteil ihrer Zeit sitzend. Und sie sitzen dabei nicht so ruhelos wie wir, sondern mit untätig im Schoß gefalteten Händen, wie eine schlafende Katze, und das oft stundenlang, ohne sich auch nur zu unterhalten. Oft sitzen sie im Schneidersitz auf niedrigen Ottomanen oder auf Kissen auf dem Boden ...

Türkische Frauen lassen sich auch gerne unter freiem Himmel sitzend nieder. An einem Freitagnachmittag kann man auf den Wiesen und Hügeln und selbst am Straßenrand in Scutari oder anderen halbländlichen Vororten die Tscharschaf-Schleier und Sonnenschirme der Frauen leuchten sehen. Vielleicht hat ein Ehemann seine Frauen nach draußen begleitet, vielleicht wurde eine Gruppe Frauen von einem Diener eskortiert, vielleicht hat eine Mutter ihre Kindern auf den *meydan* gebracht – auf einmal sind sie alle da und sitzen zu Hunderten auf der Wiese.[49]

Gemeinschaft und Zivilgesellschaft

Von den im Freien herumsitzenden Frauen kommen wir zurück zu den Istanbuler Familien in ihrem gesellschaftlichen Kontext. Traditionell waren muslimische Städte in *mahalle*-Viertel unterteilt, die aus höchstens zehn bis fünfzehn Straßen rund um eine Moschee bestanden, wobei es oft einen zentral gelegenen kleinen Platz (*meydan*) gab. Aus den Aufzeichnungen des Imams im Kasap-İlyas-Viertel, das aus zwölf Straßen und hundertfünfzig Häusern bestand, lässt sich relativ genau rekonstruieren, wie eine solche Mahalle im Jahr 1885 organisiert war. Die Mahalle Kasap İlyas gehörte noch zum historischen Zentrum der Stadt; im Süden grenzt sie ans Marmarameer. Sie umfasste damals zwei Moscheen, eine *tekke* (Haus des Derwisch-Ordens), drei öffentliche Brunnen, fünf *bus-*

tan-Nutzgärten, einen *hamam*, zwei Bäckereien, siebenunddreißig weitere Ladengeschäfte und eine Polizeiwache.[50] Diese Viertel kennzeichnete das Nebeneinander von verschiedenen gesellschaftlichen Schichten, und so konnte sehr wohl ein großes *konak* (städtisches Holzhaus) neben sehr viel bescheideneren Behausungen stehen.

Ein Großteil des Soziallebens der Familien innerhalb der Mahalle konzentrierte sich um die Moschee mit ihren festen Gebetszeiten, den Feiern und dem Unterricht. Eine andere wichtige religiöse und gesellschaftliche Institution war die *tekke*, die Loge des Derwisch-Ordens beziehungsweise der Sufi-Bruderschaft. Die Mitgliedschaft war allein Männern vorbehalten. Ihnen boten sich hier persönliche und intensive religiöse Erfahrungen, welche die Aktivitäten in der Moschee ergänzten. Die Bruderschaft versammelte sich zum gemeinsamen Gebet (*zikr*) und zur Ausübung spezieller religiöser Praktiken. Der Mewlewi-Orden zum Beispiel ist für seine wirbelnden Tänze bekannt, mit denen die sogenannten »tanzenden Derwische« versuchen, mystische Visionen zu erlangen; andere Orden singen. Die Logen waren weit verbreitet – im Istanbul des späten Osmanischen Reichs gab es um die dreihundert, die jeweils zwanzig verschiedenen Bruderschaften gehörten.

Und zwei andere, säkulare Einrichtungen prägten das Sozialleben: öffentliche Bäder (*hamam*) und Kaffeehäuser. Beide waren streng nach Geschlechtern getrennt. Während die Kaffeehäuser Orte der männlichen Geselligkeit waren, diente der Hamam in erste Linie hygienischen Zwecken, wie sie das religiöse Gebot vorgab. Es gab Badehäuser für Frauen und Badehäuser für Männer, und manchmal öffnete derselbe Hamam an manchen Tagen nur für Frauen und an anderen nur für Männer. Der Hamam für Frauen jedoch war ein einzigartiger Ort des Zusammenseins, an dem oft auch zukünftige Eheschließungen beredet wurden.

Die unverfrorene Nacktheit in diesen Bädern faszinierte und verschreckte westliche Frauen, die doch die viel züchtigeren Umgangsformen Europas und besonders Nordwest-Europas gewohnt waren. Unvergleichlich bleibt die Beschreibung, die uns Lady Montagu mit der im 18. Jahrhundert typischen Detailfülle von einem Hamam liefert.[51]

Kaffeehäuser waren der nahe liegende öffentliche Raum für Männer. Anfang des 17. Jahrhunderts war Murad IV., der »Blutrünstige«, nachts durch die Straßen von Istanbul gezogen und hatte Kaffeetrinker enthauptet – das Getränk galt damals als stärkend und subversiv zugleich.[52] Drei Jahrhunderte später, befreit von dem Verdacht, sie wären Versammlungsort für janitscharische Verschwörer, erlebten Kaffeehäuser ihre große Blüte. Die Männer tranken Kaffee, rauchten, hörten Musik, spielten Karten und *tavla* (Backgammon), erzählten sich Geschichten und besprachen die Ereignisse des Tages. Der ein oder andere Spion des Sultans war sicher auch anwesend.

Abdülhamid II. war gewiss kein Liberaler – der Historiker Perry Anderson nennt ihn den »Re Bomba des Bosporus«[53] –, doch auf seine Weise war er auch ein Modernisierer. Die von ihm angestoßenen Neuerungen – eine intensivere, nicht mehr ausschließlich auf dem Koran gründende Schulbildung für beide Geschlechter, der Ausbau von städtischen Verkehrsmitteln und Schienenverbindungen, eine stärkere Zentralisierung des Staatsapparats – waren sicher nicht dazu gedacht, bürgerlich-politische Freiheiten zu befördern. Doch wie so oft unter derartigen Bedingungen bewirkten sie genau das. Dies galt besonders für die Situation von Frauen. Sie begannen, öfter vor die Tür zu gehen – in Kutschen oder nur mit einem Schleier bedeckt. Manche benutzten gar die neuen öffentlichen Verkehrsmittel, die für Frauen reservierte Abteile hatten. Die konservative osmanische Denkweise betrachtete diese Neuerung als gefährliche Verwischung der Grenzen – nicht nur zwischen Weiblich und Männlich, sondern auch zwischen privatem und öffentlichem Raum. Diese Einschätzung war nicht ganz falsch. Die Familienstrukturen in Istanbul, insbesondere die der Eliten, waren in Bewegung geraten (mehr Kernfamilien, weniger Vielehen), ebenso das Miteinander der Geschlechter, was sich in der zunehmenden Präsenz der Frauen in der Öffentlichkeit zeigte.

Das Potenzial der Stadt war beträchtlich, und die inneren Strukturen der Istanbuler Familien (vor allem der Oberschicht) waren dem Wandel nicht abgeneigt. Die Heterogenität der Istanbuler Bevölkerung und die Vermischung der nicht-muslimischen Oberschicht mit der herrschenden muslimischen Elite ermöglichten es, dass verstärkt neue Ideen eindringen konnten.

Anders als arabische und kurdische Familien, aber auch türkische Familien in Teilen Anatoliens, waren die Istanbuler Familien des Osmanischen Reichs »exogam«, nicht »endogam«.[54] In der arabischen Welt hatte die Tradition der endogamen Familie, die durch Ehen von Cousins und Cousinen, das Zusammenleben verheirateter Söhne mit ihren Eltern und das gleichberechtigte Erbe von Brüdern gekennzeichnet war, beträchtlichen Einfluss auf die gesellschaftliche und politische Entwicklung. Kein Familienverband kann stärker, aber zugleich auch geschlossener sein als jene, bei der die Ehepartner der kommenden Generation aus der eigenen Gemeinschaft ausgewählt werden.[55] Städtische Familien in der Spätphase des Osmanischen Reichs gehörten nicht zu diesem Typus. Obwohl man nur bedingt von Familienstrukturen auf politische Gegebenheiten schließen kann, lässt sich doch feststellen, dass die muslimischen Familien Istanbuls jener Zeit ganz anders aufgebaut waren als die alles dominierende »Sippe« arabischen Zuschnitts. Ihre Kultur neigte nicht dazu, die Macht der Familie oder der »Sippe« über die des Staates zu stellen.[56]

Warum aber, so darf man fragen, haben die Istanbuler Familien in dieser entscheidenden Übergangsphase ihr kulturelles Potenzial nicht ausgeschöpft? Warum fungierten sie nicht als Zentren, in denen ein stabiler öffentlicher Raum geprägt wurde? Warum blieb die Ereignisse von 1908 ein einzelnes Datum im historischen Kalender der Türkei, statt zum Wendepunkt zu einer neuen politischen und kulturellen Tradition zu werden?

Auf diese Fragen gibt es keine einfache Antwort. Zum einen muss man berücksichtigen, dass sich in der Geschichte des Osmanischen Reichs niemals selbstregierende Städte oder andere halbautonome Institutionen herausbilden konnten. Kaffeehäuser waren schließlich kein Ersatz für unabhängige städtische Gremien oder Parlamente.[57] Zum anderen mussten die Menschen ihren Lebensunterhalt bestreiten: Istanbul war die sterbende Hauptstadt eines Großreichs, und viele Istanbuler Familien konnten nur dank der Bürokratie des Sultans überleben. Trotz der neu entdeckten westlichen Lebensweise gründete die Loyalität der Elite auf jahrhundertelanger Gefolgschaft und wurde teilweise noch bestärkt durch Abdülhamids Methoden der Selbstlegitimierung und Selbstdarstellung.[58] Auch nach 1909 war die Loyalität der Stadt gegenüber dem Herrscherhaus ungebrochen. Nicht zufällig führte Mustafa Kemal seinen Kampf für eine moderne Türkei von Ankara aus, das damals einem großen anatolischen Dorf glich, und nicht etwa in der Hauptstadt.

Auch brachte Istanbul in den entscheidenden Jahrzehnten keine Arbeiterklasse hervor, die von Bedeutung gewesen wäre. Der Kontrast zu

St. Petersburg wird hier besonders deutlich. Viele Merkmale des russischen Arbeiterlebens – große Fabriken, Massenarbeitslosigkeit, starke Präsenz von arbeitenden Frauen, unerträgliche Lebensbedingungen für Familien in verkommenen Arbeitsvierteln –, die 1905 und 1917 zur Entstehung selbstverwalteter Sowjets führten, fehlten in Istanbul vollständig. Istanbul war eine Stadt der Handwerker und Ladenbesitzer, nicht der Fabrikarbeiter. Dies allein erklärt noch nichts, denn auch die Basis des Pariser Radikalismus im 19. Jahrhundert bestand in der Mehrheit aus Handwerkern (ganz unabhängig davon, wie Marx die Situation einschätzte). Die muslimischen Handwerker in Istanbul wurden durch Traditionen »gehalten«, nämlich durch die islamische *ümmet* und durch das Zusammenleben von Reich und Arm im selben Viertel. Die breite Schicht der Bevölkerung war in ihrer jeweiligen *mahalle* integriert, stand unter Aufsicht des Staates und war in einem dichten, traditionsreichen Netzwerk aus Zünften und Patronage-Beziehungen organisiert.

Am überzeugendsten aber ist wohl die letzte Erklärungsebene. Sie hängt mit den nicht-muslimischen Istanbuler Familien zusammen, die bisher in unserem Bericht nicht auftauchten, aber immer eine bedeutende Minderheit der Stadtbevölkerung stellten. Je nach Religionszugehörigkeit in verschiedenen Gemeinschaften organisiert, hatten Griechen, Armenier und Juden jahrhundertelang neben der muslimischen Mehrheit gelebt. Das multireligiöse *millet*-System war fester Bestandteil der Osmanischen Reichs.[59] Die Gemeinschaften, die Millets, waren hierarchisch organisiert, wobei die führenden männlichen Mitglieder, meist reiche und einflussreiche Händler, dem Palast direkte Rechenschaft schuldig waren. Mit den Reformen von 1839 (dem Beginn der sogenannten Tanzimat-Periode) genossen die Millets nach und nach ähnliche Bürgerrechte, jedoch nicht dieselben politischen Rechte wie die muslimische Bevölkerung.[60] Gegen Ende des Jahrhunderts gab es eine beträchtliche Anzahl von nichtmuslimischen Gebildeten und Verwaltungsbeamten des Sultans, die es bis in die höchsten gesellschaftlichen Schichten des Osmanischen Reichs geschafft hatten. Sie genossen großes Ansehen, nicht zuletzt weil sie vertraut waren mit der westlichen, europäischen Kultur. Sie sprachen häufig mehrere Sprachen und boten sich an als Vermittler und Gesandte bei Verhandlungen mit den aufstrebenden europäischen Industrienationen. Sie waren es auch, die ihre Söhne ins westliche Ausland zum Studieren schickten, und sie wurden andersherum zu wichtigen Beförderern der Modernisierung im Osmanischen Reich.

Die Bewegung der Jung-Osmanen war mit den jüngeren Generationen dieser Minderheitenfamilien verknüpft. Die erste eigenständige türkische Novelle, *Akabi Hikâyesi* (*Akabis Geschichte*) von Vartan Paşa aus dem Jahr 1851, erzählt von einer unmöglichen Liebe zwischen zwei armenischen Jugendlichen aus einer gregorianischen und aus einer katholischen Familie. Paşa, ein osmanischer Beamter und Journalist, hatte seine Novelle auf Türkisch verfasst, aber in armenischen Lettern geschrieben. Das osmanische Theater wurde von Armeniern und Juden gegründet, geleitet und bespielt.[61] Der Pluralismus, die kulturelle Zusammenarbeit und der politische Enthusiasmus der Jung-Osmanen, der natürlich seine Grenzen hatte, gab der Zivilgesellschaft der Stadt Antrieb. Nach den Jahrzehnten der Repression (1877–1908) bekam die Zusammenarbeit verschiedener ethnischer und religiöser Gruppen – besonders von Türken und Armeniern – neuen Aufwind, was dann zu den Steuerrevolten und Widersetzungen vor und während der Revolution von 1908 in Istanbul und an anderen Orten beitrug.[62]

Doch die Dinge sollten sich anders entwickeln. Rasch triumphierte zügelloser Nationalismus über die Möglichkeiten der Koexistenz und Kollaboration. Die Balkankriege 1912/13 waren ein Wendepunkt, da Muslime aus den neuen Balkanstaaten vertrieben wurden und nach Istanbul und in andere türkische Städte strömten. Eine gemeinschaftliche städtische Familienpolitik kam nicht zustande. Das neue politische Ziel der Jungtürken war der »Turkismus«: Die türkischsprechende muslimische Bevölkerung sollte die Nation stellen, aus der alle ausgeschlossen werden würden, die nicht ins System passten. Da zum ersten Mal in der Geschichte des Osmanischen Reichs Türkischstämmige die Mehrheit der Bevölkerung bildeten, begegnete man griechischen, armenischen und jüdischen Minderheiten mit immer größerer Feindseligkeit. Nationalität und Religionszugehörigkeit wurden auf dem Balkan und in ganz Nahost die vorherrschende Form der Identifikation. Die Großmächte mit ihren verschiedenen Plänen zur Aufteilung des verbleibenden Osmanischen Reichs schürten das Feuer. Wie wir noch sehen werden, sorgte der Weltkrieg für eine dramatische Verschärfung dieser Tendenzen. 1919 schließlich war die Stimmung derart aufgeheizt, dass Halide Edip in ihren Erinnerungen schrieb:

Die Hassgefühle zwischen den verschiedenen Bevölkerungsgruppen nahmen von Tag zu Tag zu. Selbst Kinder konnten nicht mehr unbehelligt durch die Viertel anderer Volksgruppen gehen. Fast täglich kam es zu Zwischenfällen, bei denen christliche Kinder von muslimischen angegriffen wurden oder umgekehrt.[63]

Kemal, Enver und die Jungtürken

Als Junge war Mustafa Kemal, der später den Namen Atatürk (»Vater der Türken«) annehmen sollte, weder besonders kräftig noch auffällig gewalttätig. Er war jedoch der einzige männliche Nachkomme einer Familie, die schon früh den Vater verlor. Ali Rıza, Mustafas Vater, verstarb mit nur 47 Jahren, als sein Sohn gerade sieben war. Er galt innerhalb der Familie als Gescheiterter – ein Zollbeamter, der zu viel trank und sich mehr schlecht als recht als Geschäftsmann versuchte. Mustafa wurde so schon im jungen Alter zum männlichen Familienvorstand und war es gewohnt, stets seinen Willen durchzusetzen und alle um ihn herum zu kommandieren. Seine Schwester erzählte später, dass er als Kind zu stolz war, Bockspringen zu spielen, da er sich nicht bücken wollte, damit andere Kinder über ihn springen könnten.[64]

Mustafa Kemal und Halide Edip kamen aus sehr unterschiedlichen Familien – hier die Tochter einer vielköpfigen, komplizierten, hochstehenden Familie im Zentrum des Osmanischen Reichs, dort der einzige Sohn einer Familie aus der unteren Mittelschicht mit begrenzten finanziellen Möglichkeiten, ansässig in der Provinzstadt Selanik, dem heutigen Thessaloniki. Ihre Herkunft und ihr Geschlecht trennten die beiden – doch der türkische Nationalismus brachte sie kurzzeitig zusammen. Zu Beginn des Befreiungskriegs widmete sich Mustafa Kemal in Ankara der Geschichte des Islams und diskutierte darüber mit Halide. Halides Held war Ali, der vierte Kalif, der »Löwe Allahs« und Schwiegersohn des Propheten. Ali, so erzählte sie Kemal, sei der am wenigsten erfolgreiche der vier Kalifen. Seine Feinde hätten stets seine Gutherzigkeit ausgenutzt. Doch er sei schließlich als moralisch integrer Mensch gestorben. Kemals Meinung dazu war eindeutig: Er hielt Ali für einen Dummkopf.[65]

Mustafa Kemals Ausbildung begann an der Beamtenschule in Selanik, doch nach kurzer Zeit bestand er darauf, an die Militärschule der Stadt zu wechseln. Später schrieb er: »Erst als ich in die Militärschule aufgenommen wurde und eine Uniform trug, spürte ich ein Gefühl der Stärke in mir aufsteigen, als wäre ich erst jetzt zum Herrn meines eigenen Selbst geworden.«[66] Etwa zur selben Zeit heiratete seine Mutter erneut, was ihn derart erzürnte, dass er sich weigerte, nach Hause zurückzukehren und stattdessen bei einer Tante wohnte.

Seine militärische Ausbildung, zuerst in Selanik und ab 1899 an der Elite-Kriegsschule in Istanbul, sollte dreizehn Jahre dauern. Kemal genoss es, Teil der Armee zu sein – er mochte die strenge Disziplin, die männliche Kameradschaft, ja selbst die einfachen Eintöpfe aus Bohnen, Hammelfleisch und Reis –, und betrachtete das Militär zeit seines Lebens als seine wahre Familie. Kemal war als Absolvent einer Militärakademie Teil einer Gruppe von Offizieren, die überall im Osmanischen Reich den Kern der Jungtürken bildeten und bald erfolgreich die Vorherrschaft der alten Garde von lediglich »im Regiment« ausgebildeten Offizieren beenden sollte. Bei der Revolution von 1908 war Kemal Stabsoffizier in Selanik, einem Zentrum der Revolten. Doch er war noch relativ unerfahren und nur ein einfaches Mitglied des Komitees für Einheit und Fortschritt, der Organisation der Jungtürken, die das Osmanische Reich beinahe ohne Unterbrechung bis zum verheerenden Ende des Ersten Weltkriegs anführen sollte. Mustafa Kemals Zeit sollte noch kommen, erst in Gallipoli 1915 und dann vor allem mit dem türkischen Befreiungskampf nach 1919.[67]

Die Revolution von 1908 installierte wesentliche Instrumente der westlichen Demokratien. Etwa die Pressfreiheit: In den Jahren nach der Revolution wurden 722 türkische, 70 griechische, 67 armenische, 49 französische und 42 türkisch-französische Zeitungen und Zeitschriften herausgegeben.[68] Nicht weniger bedeutsam war die Einführung allgemeiner Parlamentswahlen. Doch die gegensätzlichen Kräfte von modernem Nationalismus, islamischem Konservatismus und rückwärtsgewandtem Imperialismusdenken brodelten weiter unter der Oberfläche.

Das jungtürkische Komitee für Einheit und Fortschritt (KEF) lavierte zwischen all diesen unterschiedlichen Strömungen. Die Jungtürken wagten nicht, das Sultanat abzuschaffen, ersetzen aber immerhin Abdülhamid 1909 durch seinen schwächeren Bruder. Die Jungtürken wollten außerdem keine direkte Verantwortung für die Regierung übernehmen und

Familien in der osmanischen Gesellschaft 145

zogen es daher vor, die älteren Generationen von Soldaten und Bürokraten mit Ministerposten zu versehen. Aber hinter einer Fassade des Respekts für die Altgedienten und der Hochachtung vor dem Sultan hielt das halboffizielle Zentralorgan KEF die Zügel der Macht fest in der Hand.

Die Anführer des KEF waren eher Pragmatiker als Ideologen, sie waren eben vor allem Soldaten, und als neue herrschende Klasse stießen sie schon bald an ihre Grenzen. Politisch verfuhren sie zweigleisig. Vor allem in den ersten Jahren ihrer Führung verkündeten sie einen zivilen und pluralistischen Nationalismus, offen gegenüber jedem Bürger des Osmanischen Staats, unabhängig von Herkunft oder Religion. Gleichzeitig aber traten sie – wenn auch nicht einmütig – für einen von den Türken dominierten modernen Staat ein, der sich zum islamischen Glauben bekennen sollte.[69] Die Jungtürken waren keine islamischen Fundamentalisten: Der Staat sollte die Führung innehaben, die Kirche hatte zu folgen. In dieser Hinsicht bewunderten sie die Dritte Französische Republik, die gerade erst erfolgreich den Laizismus eingeführt hatte.[70]

Obgleich sich das KEF einer kollektiven Führung rühmte, traten doch drei Männer hervor, die für die kommenden Ereignisse verantwortlich

Eine osmanische Familie bei der Zeitungslektüre. Die Zeitungen sind Hürriyet, İttifak, Karagöz *und* Tanin *und wurden alle ab 1908 herausgegeben*

waren: Mehmed Talât, Ismail Enver und Ahmed Cemal. Enver und Cemal waren Absolventen der Militärschule – Enver schloss diese zwei Jahre vor Mustafa Kemal ab. Talât war bis zu seiner politischen Karriere Telegrafenbeamter gewesen. Enver war wohl der auffälligste und der gefährlichste des Triumvirats.[71] Nach dem Balkankrieg-Desaster von 1911/12 organisierte das KEF eine Art Staatsstreich, bei dem es zur Ermordung des Kriegsministers kam und die Jungtürken die Macht an sich rissen. Die durch die Revolution von 1908 eröffneten Freiheiten und Freiräume wurden nun stark eingeschränkt. Enver avancierte zum türkischen Helden, als er Edirne, die einzige europäische Provinzhauptstadt der Osmanen, von der Armee zurückerobern ließ. Seiner Frau schrieb er damals: »Unsere Wut wird stärker – Rache, Rache, Rache.«[72]

Die Erfindung der türkischen Familie

Die dritte Person, die ich in meiner Auswahl von Jungtürken eingehender betrachten möchte, ist außerhalb der Türkei kaum bekannt, für unseren Zusammenhang hier aber besonders interessant: Ziya Gökalp ist zweifellos einer der ungewöhnlichsten und einflussreichsten politischen Denker der Türkei im 20. Jahrhundert. Wie so viele aus der Führerschaft der Jungtürken stammte er aus der Provinz und war Sohn einer bescheidenen Beamtenfamilie aus Diyarbakır im Südosten Anatoliens. Dort wohnten vor allem Kurden, und seine politischen Gegner brachten später gegen ihn vor, er sei mehr Kurde als Türke – ein Vorwurf, den Gökalp nur belächeln konnte, da er nationale Identität immer vor allem an der Kultur, weniger an der Ethnie festmachte. Gökalp war ein schüchterner, untersetzter Mann, der allgemein bewundert, ja geradezu verehrt wurde. Für das KEF war er eine Art spiritueller Anführer, ein intellektuelles Vorbild und *mürşit*, wie er auf Türkisch genannt wurde.[73] Im Jahre 1909 wurde er Mitglied des KEF, zog nach Selanik, lernte dort Mustafa Kemal kennen und ging 1912 nach Istanbul. Er leitete die Jugendabteilung der Partei und gründete den Lehrstuhl für Soziologie an der Universität von Istanbul, hatte aber nie einen Posten mit größerer politischer Verantwortung inne.

Gökalp war von Henri Bergson, Ferdinand Tönnies und vor allem Émile Durkheim beeinflusst, verfasste aber selbst keine größere zusammenhängende soziologische Abhandlung. Er schrieb stattdessen Essays. Diese im Ton oft didaktischen, im Stil populärwissenschaftlich gehaltenen Aufsätze erschienen zwischen 1911 und 1924 (als Gökalp 49-jährig starb) in wenig bekannten Zeitschriften. Gökalps theoretische Überlegungen gehen von einer Neubewertung der Begriffe »Zivilisation« (*medeniyet*) und »Kultur« (*hars*) aus.[74] Die Zivilisation ist nach Gökalp ein internationales, die Kultur hingegen ein nationales Phänomen. Eine Zivilisation beruht auf geteilten wissenschaftlichen Erkenntnissen und gemeinsamen Institutionen, die von mehr als einer Nation geteilt werden. Frankreich, Deutschland und Großbritannien, die sich zwar voneinander unterschieden, gehörten damit zu einer einzigen, der westlichen Zivilisation. Die Kultur jedoch ist nach nationaler Ausprägung verschieden und erhält ihre Identität durch die Gebräuche, Traditionen und Ansichten des jeweiligen Landes. Die türkische Kultur, so Gökalp, sei damit genauso verschieden von der griechischen wie die griechische von der italienischen. Zudem müsse man Kultur und Zivilisation nach Geschlechtermerkmalen unterscheiden. *Hars* (Kultur) sei im Kern männlich und entspräche der tiefsten Schicht der nationalen Identität, während *medeniyet* (Zivilisation) weiblich sei. Beide treten miteinander in Beziehung, doch dominiert eindeutig *hars* und nimmt sich von *medeniyet*, was zur Herausbildung einer modernen nationalen Identität notwendig ist. Die Verflechtung von Kultur und Zivilisation war für Gökalp der Schlüssel zum Verständnis und zur Deutung von Geschichte.[75]

Für die Türkei kam Gökalp zu dem Schluss, dass hier eine eindeutige Fehlentwicklung stattgefunden habe. In der kosmopolitischen, dem Verfall preisgegebenen östlichen Zivilisation, in der das Osmanische Reich eine so hervorgehobene Position eingenommen hatte, konnte die türkische Kultur nie Kontur gewinnen. Es gelang ihr nicht, ihre Bräuche und Traditionen zu bewahren, ihre Werte auf einen festen historischen Grund zu stellen. Dies war nach Gökalp ein wichtiger Faktor für das Scheitern auf dem Balkan:

> Die traditionalistische Nation lebt in der Freiheit der Geschichte, die formalistische in der Gefangenschaft der Geografie. Während der Balkankriege waren die Bulgaren befeuert von ihren glühenden Traditionen, wir aber waren gelenkt von kalten Regeln. So kam es zum Sieg der Geschichte über die Geografie.[76]

Auf die Türken warte nun die Aufgabe, ihre Kultur zu entdecken, zu stärken und weiterzuentwickeln, über die »kalten Regeln« des Osmanischen Reichs hinaus. Zudem solle die Türkei der westlichen Zivilisation beitreten, deren Werte und Normen aber stets den türkischen Bedürfnissen und Traditionen angepasst werden müssten. Und für keine Institution, so Gökalp, sei diese Entwicklung nötiger als für die Familie.

Zwischen 1917 und 1923, in den letzten sechs Jahren seines Lebens, widmete Gökalp dem Thema Familie mehrere wichtige Aufsätze.[77] Anders als Alexandra Kollontai, deren Modell für das gesellschaftliche und häusliche Zusammenleben weit in die Zukunft wies, blickte Gökalp als guter Nationalist zurück und nicht nach vorn. Um den zukünftigen Weg der Familie vorzuzeichnen, glaubte er, musste man zurück zu ihren Ursprüngen gehen.[78] In einem glänzenden Aufsatz mit dem Titel »Erfindung von Tradition« wirft Gökalp einen Blick bis in die prä-islamische türkische Vergangenheit zurück. Dort entdeckt er die ursprüngliche türkische Familie, die überraschenderweise auf einer großen Gleichheit der Geschlechter gründet. Erneut ist Gökalps grundlegende Dichotomie, wie schon bei den Kategorien »Kultur« und »Zivilisation«, eine geschlechtsspezifische. In der türkischen Vergangenheit wurde Magie in Form von Schamanismus von Frauen verkörpert, das Gewohnheitsrecht (*töre*) aber von Männern. Da die beiden Systeme unter den damaligen Türken gleiche Wertschätzung genossen, waren Männer und Frauen allgemein gleichberechtigt. Erst später im 8. Jahrhundert, unter den Abbasiden, als die asketischen Vorstellungen der iranischen und griechisch-orthodoxen Religionen zu den Muslimen durchdrangen,[79] wurde Magie als Lüge verurteilt, und innerhalb der muslimischen Welt verbreitete sich die untergeordnete Stellung der Frau. Polygynie war nach Gökalp nie Bestandteil der autochthonen türkischen Kultur.

Gökalp erklärt gar, Demokratie und Feminismus seien im Altertum die beiden Grundlagen des türkischen Zusammenlebens gewesen. Gökalps Gedankengang ist naiv und anregend zugleich und formuliert einen überraschenden Gegenentwurf zum strengen osmanischen Patriarchat.

Die türkischen Frauen des Altertums waren Amazonen und wurden genau wie die türkischen Männer für ihre Reitkunst, ihren Umgang mit der Waffe und ihre Heldentaten gerühmt. Frauen konnten Anführer, Befehlshaber über eine Festung, Gouverneure und Botschafter werden. Auch in gewöhnlichen Familien gehörte das Haus Mann und Frau gemeinsam, und das Recht der Fürsorge über die Kinder lag genauso gut bei der Mutter wie beim Vater. Ein Mann respektierte seine Frau und ließ sie auf dem Wagen sitzen, während er selbst dahinter lief.[80]

In der Welt der Magie, in der Frauen übernatürliche Kraft besaßen, mussten Schamanen gar ihre Männlichkeit vertuschen und sich einer symbolischen Geschlechtsumwandlung unterziehen: »Sie mussten sich als Frauen verkleiden. Sie trugen Frauenkleider, ließen sich die Haare wachsen, legten sich feinere Stimmen zu und rasierten sich die Bärte ab, ja sie wurden gar schwanger und gebaren Kinder.«[81] Das passte natürlich ganz und gar nicht in das traditionelle Bild türkischer Männlichkeit – und zwar weder zu Gökalps Zeiten noch zu unseren. Und doch ist es bezeichnend, dass Gökalp, der wichtigste Theoretiker der neuen »nationalen« türkischen Familie, diese halb mythische, halb »demokratische«, »feministische« Vergangenheit zum Ausgangspunkt wählt.

An dieser wie an anderen Stellen wird Gökalps Anlehnung an Durkheim besonders deutlich. Émile Durkheim war fasziniert von der historischen Entwicklung der Familie, vom Bedeutungswandel von Verwandtschaft und Ehe. Durkheim plante eine längere Arbeit zur Soziologie der Familie, konnte diese aber bis zu seinem Tod im Jahr 1917 nicht abschließen. In seinen Arbeiten zur Familie, die ähnlich bruchstückhaft sind wie die seines türkischen Adepten, umriss Durkheim ein entwicklungsgeschichtliches Schema. Dieses begann mit den großen Freiheiten der amorphen, exogamen Sippe und gipfelte in den engen Grenzen der zeitgenössischen ehelichen Familie. In einer berühmten, 1892 gehaltenen, aber erst 1921 postum im Druck erschienenen Vorlesung macht Durkheim drei wesentliche Kennzeichen der modernen »famille conjugale« aus.[82] Erstens: die Beschränkung auf die »Kernfamilie«, in der nur noch Eltern und ihre Kinder zusammenleben; die Großfamilie hat immer mehr an Bedeutung verloren, die Ehe ist zum vorherrschenden Bündnis geworden. Zweitens: Der Einzelne wird immer unabhängiger und muss immer stärkere außerfamiliäre Beziehungen eingehen – etwa im Beruf –, um seinen zunehmenden Individualismus im Zaum zu halten. Drittens: Der Staat greift immer stärker ein, kontrolliert, reguliert und fördert das Familienleben.

Wir wissen nicht, ob Gökalp den Text je gelesen hat. Er war nie in Paris und hat auch nicht mit Durkheim korrespondiert. Aber er hätte diesen Ausführungen mit Sicherheit zugestimmt. Nach Gökalps Ansicht benötigte die türkische Kultur eine moderne Familienform, die weder besonders westlich noch besonders östlich geprägt sein sollte. Gökalp sprach von der nationalen Familie oder *millî*, und manchmal auch sehr sinnträchtig von *yuva*, dem »Nest«. Wie bereits gesehen, entsprach die Vorstellung von einer kleinen nestartigen Familie zum Teil den Entwicklungen in den Istanbuler Haushalten, da Großfamilien der Kernfamilie wichen und die »neolokale Wohnsitzregelung« üblich wurde. Die Verbundenheit zur Verwandtschaft im weiteren Sinn blieb in türkischen Städten jedoch von größerer Bedeutung als in den Großstädten Westeuropas. Gökalp sah in der neuen türkischen Familie den eigentlichen Motor der Nation. 1913 hatte er sich noch beklagt, die »türkische Seele« habe noch nicht ihre ideale Brutstätte gefunden. Die *ümmet* (islamische Gemeinschaft) sei zu weit, die traditionelle Familie zu eng gefasst. Jetzt aber war die ideale Form gefunden.[83]

Blieb noch die Frage, wie Gökalp sich die moralische Ausrichtung seiner neuen türkischen Familie vorstellte. Wie sollte man innerhalb der Familien miteinander umgehen, welche Werte sollten gelten, welche Bräuche gepflegt werden? Wie sollten sich die Familien nach außen präsentieren?

Männer und Frauen sollten zunächst einmal vor allem gleichberechtigter sein – das war es, was Gökalp mit seinem Hinweis auf »Demokratie« und »Feminismus« zum Ausdruck bringen wollte –, dennoch sollte es unterschiedliche Rollen und Pflichten der Geschlechter geben. Die neue, nationale Familie war durch die westliche Zivilisation geprägt, aber durchzogen von türkischer Kultur. Die Rolle der Frau, so Gökalp, werde sich durch die Fortschritte der modernen Zivilisation verbessern. Der französischen, britischen oder deutschen Weiblichkeit dürfe die türkische Frau aber nicht nacheifern. Gökalp beunruhigten die Auswirkungen von romantischer Liebe auf die türkische Frau. Wenn die gesellschaftliche Moral nicht zügelnd wirke, so Gökalp, würde dies zu unmoralischem, ja amoralischem Verhalten führen. Die Ehre einer Familie hinge wesentlich von der Keuschheit und Zurückhaltung ihrer Frauen ab. Der Einzelne, ob Mann oder Frau, sollte nicht zügellos agieren dürfen. Stattdessen müssten die Individuen streng in einer gemeinschaftlich organisierten, homogenen Gesellschaft integriert sein, in der die muslimische Religion als eine Art sozialer Kitt diene.

Zum Ende seines Lebens sagte Gökalp seinen Anhängern: »Ich gehöre zum türkischen Volk, zur muslimischen Religion und zur westlichen Zivilisation.« In seinen *Grundlagen des Türkismus* vergleicht er die aufkommende türkische Nationalkultur mit ihrem deutschen Äquivalent. Während die deutsche Kultur die Welt durch militärische und wirtschaftliche Kräfte zu erobern versuche, würde die türkische Kultur niemals chauvinistisch oder fanatisch agieren. »Wir werden«, so Gökalp, »unsere eigene Kultur entwickeln, die allein unserem Geschmack entspricht und allein unserem Glück dient.«[84] Wie wir im folgenden Kapitel sehen werden, hätte nichts weiter von der Wahrheit entfernt sein können als diese Prophezeiung.

II
Weltkrieg, Völkermord und Nationalismus

Mustafa Kemal an der Macht

Ende Oktober 1914 trat das Osmanische Reich auf der Seite der Mittelmächte in den Ersten Weltkrieg ein.[1] Zu diesem Zeitpunkt war wenig übrig von den demokratischen und verfassungsrechtlichen Neuerungen der Revolution von 1908, genauso wenig wie von der brüderlichen Versöhnung verschiedener religiöser und ethnischer Gruppen, die in ihren ersten Manifesten verkündet worden war. Im Jahr 1913 sicherte sich das Triumvirat des KEF durch einen Staatsstreich die Macht: Enver wurde Kriegsminister, Talât übernahm das Innenministerium und Cemal das Oberkommando über die Marine. Die Geschichte der kommenden fünf Jahre muss uns als eine einzige Abfolge von Katastrophen erscheinen, die 1919 in der alliierten Besatzung von Istanbul gipfelte.

Zwei Momente aus diesen Jahren möchte ich eingehender beleuchten. Der erste offenbart Charakter und Vorstellungswelt des Gründers der türkischen Nation, der zweite betrifft den von der osmanischen Regierung angeordneten Genozid an den Armeniern, der in der Türkei bis heute geleugnet wird. Betrachten wir zunächst Mustafa Kemal, den Mann, der im Frühjahr 1915 die türkische Verteidigung der Dardanellen (Gallipoli) befehligt. Ein alliiertes Expeditionskorps aus britischen und französischen Truppen und ANZACs (Australian and New Zealand Army Corps) war am 25. April gelandet und versuchte nun, nach Istanbul durchzubrechen. Ihr Fortkommen wurde durch unwegsames Gelände und vor allem durch die zwar schlecht ausgerüstete, aber wild entschlossene 5. Armee der Türken behindert. Sie wurde von Otto Liman von Sanders befehligt, da zu Beginn des Krieges mehrere hochrangige deutsche Offiziere Schlüsselposten bei den osmanischen Truppen besetzt hatten. Mustafa Kemal war Kommandant der 19. Division, die hinzugerufen worden war, um die vorrückenden Alliierten zu stoppen. Kemal berichtete später, als das 57. Regiment das Schlachtfeld erreichte, habe er die Soldaten mit den Worten begrüßt (die später Generationen von türkischen Schulkindern auswendig lernen sollten): »Ich befehle euch nicht zu kämpfen, ich befehle euch zu sterben. Bis wir tot sind, werden andere Einheiten und Befehlshaber eingetroffen sein, die unseren Platz einnehmen.«[2] Das Regiment wurde fast komplett vernichtet.

Kemals Division leistete beharrlichen Widerstand, und letztendlich waren die Alliierten gezwungen, sich zurückzuziehen. Am 19./20. Dezember 1915 verließen sie den Brückenkopf von Arı Burnu. Die Verluste auf beiden Seiten waren hoch. Mustafa Kemal schrieb am 20. Juli seiner französischen Freundin Corinne Lütfü:

> Unser Leben hier ist die Hölle. Zum Glück sind meine Soldaten sehr tapfer und zäher als der Feind. Der Glauben der Männer erleichtert es mir, ihnen Befehle zu geben, die sie in den Tod schicken. Denn für sie kann das nur zwei übernatürliche Konsequenzen haben: entweder den Sieg für den Glauben oder ihr Märtyrertum. Weißt du, was das zweite bedeutet? Man kommt direkt in den Himmel. Und dort treffen sie dann die *huris*, Gottes schönste Frauen, die auf ewig ihre Wünsche befriedigen. Höchste Glückseligkeit![3]

Es ist nicht sehr wahrscheinlich, dass Kemal diesen Glauben teilte oder sich gar selbst nach den *huris* sehnte. Seine Ambitionen waren eher irdischer Natur. Er hatte sich als erfolgreicher Kommandant hervorgetan, doch er stand immer noch unter dem Befehl eines deutschen Marschalls und wurde von vielen Offizieren und den Anführern des KEF misstrauisch beäugt. Enver, der immer ein gespanntes Verhältnis zu Mustafa Kemal hatte, soll einmal gesagt haben: »Wenn Kemal Paşa ist, will er Sultan werden, und wenn er Sultan ist, will er Gott sein.«[4] Im Anschluss an Gallipoli wurde Kemal im Frühjahr 1916 zu einem kritischen Frontabschnitt im Südosten geschickt. Dort waren die Russen bereits weit nach Ostanatolien vorgerückt. Während seines Einsatzes führte Mustafa Kemal Tagebuch. Die Aufzeichnungen sind von besonderem Interesse, denn obwohl sie in der Regel nüchtern und distanziert gehalten sind, finden sich einige Kommentare, die so gar nicht zu einem Absolventen der Militärakademie und Offizier der osmanischen Armee passen wollen:

22. November [1916]. Habe mich acht, neun Stunden, bis nach 21.00 Uhr, mit meinem Stabschef über die Verschleierung von Frauen und die Verbesserung unseres gesellschaftlichen Zusammenlebens unterhalten. 1. Fähige Mütter ausbilden, die das Leben kennen. 2. Frauen Freiheiten gewähren. 3. Das alltägliche Leben mit einer Frau hat guten Einfluss auf Moral, Denken und Gefühle der Männer. Es ist dem Menschen angeboren, dass er sich nach gegenseitiger Zuneigung sehnt.[5]

Diese sehr ungewöhnlichen Gedanken sollten im Familienkonzept der neuen türkischen Republik weiter ausgearbeitet werden.

Völkermord an den Armeniern, 1915–1916

Etwa zur selben Zeit, als Kemal die Verteidigung der Dardanellen anführte – im Frühjahr 1915 –, kam es in vielen Regionen Anatoliens zu massenhaften Morden an der armenischen Bevölkerung. Dieses Ereignis ist nicht nur von eminenter Bedeutung für die türkische Geschichte als solche, sondern auch für die Familienpolitik des 20. Jahrhunderts. Historisch gesehen stellten die Armenier innerhalb der osmanischen Bevölkerung eine der größten ethnischen Minderheiten. Zu Beginn des Jahrhunderts lebten etwa zwei Millionen Armenier im Osmanischen Reich mit einer Gesamtbevölkerung von etwa 20 Millionen. Doch anders als Griechen, Bulgaren, Serben oder Albaner bildeten sie in keinem der von ihnen bewohnten Gebiete die Mehrheit. Sie verfügten über eine intellektuelle Oberschicht, die aktiv am türkischen gesellschaftlichen Leben teilnahm, und einige der bedeutendsten Geschäftsleute in Istanbul und Izmir waren Armenier. Die überwiegende Mehrheit aber – etwa 70 Prozent – waren Kleinbauern, die entweder in Kilikien am östlichen Mittelmeer oder in den von Turkmenen- und Kurdenstämmen dominierten östlichen Provinzen Anatoliens lebten. Die Armenier waren Christen und gehörten in der

Mehrheit der (gregorianischen) armenischen apostolischen Kirche an, mit katholischen und protestantischen Minderheiten.

Auf den Völkermord an den Armeniern schien zunächst nichts hinzudeuten. Der Historiker Feroz Ahmad hat gezeigt, wie die Beziehungen zwischen den verschiedenen ethnisch-religiösen Gemeinschaften nach der Revolution von 1908 nach wie vor auf gegenseitigem Vertrauen beruhten, das durch den gemeinsamen Widerstand gegen die von Abdülhamid II. installierten Hamidiye-Regimenter noch gestärkt worden war.[6] Doch es stimmt auch, dass das KEF zu Beginn des Weltkriegs aufgrund von Kontakten zum offiziellen Feind Russland tiefes Misstrauen gegenüber den osmanischen Armeniern hegte.

Der neue Nationalismus wirkte sich verheerend aus auf das über lange Zeit entstandene »Gleichgewicht« im Osmanischen Reich. Das osmanische Regierungssystem war asymmetrisch und stark zugunsten der mehrheitlichen türkischen und islamischen Bevölkerung ausgerichtet. Man hatte nie gezögert, grausame Exempel zu statuieren, wenn es zu Aufständen kam, doch zu einer systematischen Ermordung der Zivilbevölkerung war es nie gekommen, ja, sie schien undenkbar.

Zu Beginn des 20. Jahrhunderts bröckelte die militärische und territoriale Kontrolle, von völkischen Nationalisten zu Fall gebracht. Im Westen des Reichs war eine muslimische Familie inzwischen tatsächlich nicht mehr sicher, da man nicht nur an der Grenze zwischen Islam und Christentum lebte, sondern auch auf militärisch umkämpften Gebiet. Im Balkankrieg 1912/13 starben etwa 30 Prozent der Muslime in den von Griechenland, Serbien und Bulgarien eroberten Gebieten, ebenso viele flüchteten. Die Briten hoben die Gräueltaten der Türken in Bulgarien hervor, brachten aber kaum je das Schicksal der seit langem bestehenden islamischen Gemeinschaften auf dem Balkan zur Sprache.[7]

Doch das Grenzgebiet der religiösen, ethnischen und territorialen Teilung zog sich nicht nur im Westen durch den Balkan, sondern auch durch den Osten, mit Anatolien und dem Kaukasus. Hier war das Verhältnis zwischen den widerstreitenden Kräften ein anderes. Türken, Armenier und Kurden drängten in dasselbe Gebiet. Nach der türkischen Niederlage im Russisch-Osmanischen Krieg von 1877/78 brachte der massive Zustrom von tscherkessischen und türkischen Flüchtlingen ins östliche Anatolien das bisherige Gleichgewicht durcheinander. Landhungrige türkische Bauernfamilien begehrten armenisches Gebiet. Zugleich wuchs der armenische Nationalismus, bestärkt durch vage Versprechen von russischer Seite. Nationalistische Gruppierungen formierten sich, es kam zu Anschlägen. 1894 weigerten sich armenische Gemeinden im Osten, Steuern an die osmanischen Behörden und auch an die kurdischen Stammesoberhäupter zu zahlen. Ihr Widerstand wurde grausam niedergeschlagen. Abdülhamid II., kein Freund der Armenier, sammelte kurdische Stammesleute in irregulären Einheiten und ließ diese für Ordnung sorgen. 60000 bis 150000 Armenier starben.

Dies war nur das Vorspiel, ein grausames Morden, aber es war noch kein Genozid. Zwei Faktoren sollten hinzukommen: zum einen die militärisch und politisch extremen Umstände, die der Erste Weltkrieg schuf, zum anderen die Absicht der türkisch-osmanischen Führung, ihren Staat mit allen Mitteln zu verteidigen.

Die Niederlage von Envers Expeditionskorps im Dezember 1914 gegen die Russen im Kaukasus beschleunigte die Entwicklung. Die Türken erlitten grausame Verluste, und bei ihrem Rückzug machten sie die armenischen Dorfbewohner als ihre schlimmsten inneren Feinde aus, da diese den russischen Truppen den Weg nach Anatolien geebnet hätten. Auf die Loyalität der Armenier konnten sich die Russen angeblich verlassen – sie mussten deswegen so schnell wie möglich beseitigt werden. Zu ethnischen Säuberungen und großangelegten Deportationen kam es vor allem im Frühjahr und Sommer 1915 – in denselben Wochen, in denen Mustafa Kemal an einer anderen Front die Dardanellen verteidigte. Die beiden Ereignisse müssen zusammen als Gründungsmomente der türkischen Republik betrachtet werden.

Zu Beginn des Krieges hatte das KEF-Triumvirat eine »Spezialorganisation« gegründet, bestehend aus Banden, die man aus drei Gruppen rekrutierte: kurdischen Stammesleuten, entlassenen Häftlingen und türkischen Flüchtlingen aus dem Kaukasus und dem Balkan. Sie sollten die Vernichtung der Armenier durchführen, zusammen mit den Gendarmen des Innenministeriums. Die historische Beweislage zeigt eindeutig die direkte Verantwortung der KEF-Führung. Am 7. November 1915 bezeichnete der deutsche Botschafter Paul Metternich den osmanischen Innenminister Talât als »Seele der Armenierverfolgungen«.[8] Talât stammte aus einer bescheidenen Familie bulgarischer Islamkonvertiten, seine Mutter arbeitete als Leichenwäscherin. Er bombardierte die Provinzverwaltungen mit Telegrammen, die detaillierte Anweisungen zu den Ermordungen enthielten. Auf den verschiedenen Ebenen des osmanischen Staatsapparats gab es nur wenige Beamte, die sich den Anordnungen widersetzten. Zu ihnen gehörte Mazhar Bey, der Gouverneur von Ankara. Er berichtete später: »Atif Bey kam zu mir und gab mir mündlich Befehl, die Armenier zu liquidieren. Ich entgegnete: ›Atif Bey, ich bin Gouverneur und kein Krimineller. Ich kann das nicht tun. Ich überlasse Ihnen diesen Stuhl. Hier, setzen Sie sich und tun Sie es selbst.‹«[9] Doch Zivilcourage bewiesen in dieser Zeit nur die wenigsten.

Die Vernichtung der Armenier unterschied sich in vielem von den beiden anderen Beispielen der Massenermordungen, die in diesem Buch untersucht werden, dem Holocaust und Stalins Terror der 1930er Jahre. Im Fall der Armenier wurden viele der Männer sofort getötet, im Umkreis ihrer Dörfer. Frauen und Kinder wurden deportiert und mussten sich auf lange Fußmärsche begeben, die von ihren Heimatdörfern nach Süden in die Wüsten des heutigen Syrien und Irak führten. Doch die Armenier wurden nicht nur aus den östlichen Provinzen, die sich in der Nähe der Kriegsgebiete befanden, vertrieben, sondern aus der gesamten Türkei und besonders auch aus dem am Mittelmeer gelegenen Kilikien, das Hunderte Kilometer entfernt von der Front lag. Die aus Kilikien deportierten Menschen behandelte man etwas besser, doch Unzählige starben während des langen Marsches. Regelmäßig kamen türkische und kurdische Banden der »Spezialorganisation« und vergewaltigten, entführten und töteten armenische Frauen und verschleppten Kinder und junge Mädchen. Viele derer, die es bis in die Wüstenlager schafften, wurden 1916 Opfer erneuter Angriffsserien. Alle diese Ereignisse sind Teil des Genozids. Obgleich man die genaue Zahl der Toten nicht mit Sicherheit bestimmen kann, sind sich die meisten Wissenschaftler einig, dass zwischen 700 000 bis 900 000 armenische Osmanen starben: etwa 50 Prozent der Vorkriegsbevölkerung und 75 Prozent der Deportierten.[10]

Die Form des Genozids – Deportationen und Zwangsmärsche – kam den Tätern gelegen, denn so konnte die Liquidierung der Armenier ganz einfach als Umsiedlung kaschiert werden. Todesfälle wurden möglichst vertuscht. Talât schickte im Juli 1915 ein Telegramm aus seinem Ministerium, in dem er anordnete, dass sämtliche Leichen entlang der Route verbrannt werden sollten und nicht in Flüsse oder Seen geworfen werden durften. Die Habseligkeiten der Toten sollten sofort verbrannt werden.[11]

Die Deportierten litten nicht nur unter den Strapazen des Marsches und den Entbehrungen in den Lagern, sondern auch unter den seelischen Grausamkeiten. Familien wurden auseinandergerissen. Eltern und besonders Mütter mussten während der Todesmärsche die Entscheidung treffen: Sollten sie ein schwächeres oder jüngeres Kind zurücklassen, damit ein älteres vielleicht eine größere Überlebenschance hatte? Konnte man die eigenen Eltern, die zu schwach waren, weiterzulaufen, am Wegrand zurücklassen?

Erst in jüngerer Zeit wurden im Rahmen von Oral-History-Projekten viele Einzelheiten dieser furchtbaren Familienschicksale bekannt.[12] Viele Zeitzeugen, die in den 1990er Jahren befragt wurden, waren während der Ereignisse natürlich noch sehr jung, und so gehen ihre Aussagen häufig nicht in die Tiefe. Diese Menschen erzählen uns, wie sie die Katastrophe als Kind erlebten, nicht als Vater oder Mutter. Dennoch sind ihre Aussagen von unermesslichem Wert, denn sie führen vor Augen, mit welch grausamen Entscheidungen die Familien konfrontiert waren. Eine ursprünglich aus der im äußersten Westen der Türkei gelegenen Stadt Çanakkale stammende Überlebende berichtet, was ihrer Familie während der Deportation widerfuhr. Wohl nur durch Zufall war der Vater noch bei ihnen. Der Esel, auf dem das Mädchen und ihr achtjähriger Bruder geritten waren, verendete irgendwann, ab da mussten beide Kinder laufen. Der Bruder klagte immer mehr und sagte schließlich:

»Lasst mich hier. Ich kann nicht mehr.« Er sagte, seine Beine würden bluten, weil sie beim Gehen ständig aneinander rieben. Aber wie kann eine Mutter ihr Kind zurücklassen? Mein Vater sagte: »Lass ihn hier. Auch wir werden irgendwann zurückbleiben. Wir alle bleiben zurück. Lass ihn, armenische Frau.« Dann stritten meine Eltern. Irgendwann setzten sie ihn hin und gaben ihm noch etwas zu essen. Aber kein Wasser. Wir gingen weiter, aber meine Mutter sah immer wieder zurück zu ihrem Kind und weinte. Aber mein Vater sagte: »Lauf weiter, Frau. Wir bleiben einer nach dem anderen zurück. Das müssen wir. Es ist unser Schicksal.«

Die Überlebende sagte, sie erinnere sich an die Ereignisse, als sähe sie alles wieder vor sich. Der Blick ihrer Mutter ging fortwährend zurück, zu ihrem verlassenen Kind.[13]

Mütter stellten Überlegungen an, ob das eigene Kind nicht eine größere Überlebenschance hätte, wenn es unterwegs an eine türkische oder kurdische Familie abgegeben oder verkauft wurde. Der »Hass« auf die Armenier war durchaus nur schwach »rassistisch« motiviert. Die Armenier waren das »Andere«, der innere Feind, der fortgeschaft werden musste, sie wurden jedoch nicht als »unterlegene Rasse« betrachtet. Armenische Kinder waren nicht unerwünscht in türkischen Familien, die Arbeitskräfte benötigten oder keine eigenen Kinder hatten. Eine von vielen Aussagen, die diese These stützen, ist die einer jungen Frau mit Namen »Aghvani« aus der anatolischen Stadt Sivas. 1915 war sie zwanzig Jahre alt, verheiratet und Mutter von zwei kleinen Kindern. Einen Monat vor der Deportation waren die politischen Anführer der Armenier verhaftet worden. Viele wurden innerhalb weniger Tage hingerichtet, darunter Aghvanis Ehemann. Während des Marsches nach Der-Zor, dem heutigen Deir ez-Zor im östlichen Syrien, verlor Aghvani ihre Mutter, die von den Bewachern erschossen wurde. Auch die Schwiegermutter starb unterwegs an Erschöpfung. Zuletzt verlor Aghvani auch ihre beiden Kinder – während des Interviews brachte sie es nicht über sich, über ihre Todesumstände zu sprechen. Als Aghvani irgendwann Der-Zor erreichte, war ihre gesamte Familie tot, und die junge Frau hatte jeden Lebenswillen verloren:

> Erschöpft sank sie nackt am Ufer des Euphrat zusammen und wollte sterben. Doch wie sie da lag, bemerkten sie zwei ältere Türken: »Einer der Türken stieß mich mit seinem Stock an. Wissen Sie, man ist tot und will doch nicht sterben. Also drehte ich mich um. Als ich mich bewegte, sagte der eine: ›Tabour, nimm das Mädchen mit nach Hause. Sie ist hübsch. Pflege sie, und wenn dein Sohn aus dem Krieg heimkommt, gibst du sie ihm‹ ... Ich lag da, tot. Ich stand auf, konnte aber nicht gehen ... Außerdem war ich nackt. Ich schämte mich.«
>
> Einer der Männer nahm Aghvani zu sich. Während seine Frau sie wusch, kaufte er selbst Kleider für sie. Sie lag drei Wochen im Bett, und danach kam sie bei einem Bediensteten und dessen Frau unter ... Sie überlebte, weil jemand sich um sie kümmerte. Diese Themen ziehen sich mit einigen Abwandlungen durch sämtliche Interviews.[14]

In vielen Berichten von Überlebenden finden sich Informationen zu dem mehr oder weniger traumatischen Übergang von einer christlichen Ursprungsfamilie, die durch die Deportation zerstört wird, in eine neue, muslimische Familie, die sich eines verlassenen Kinds annimmt oder es wenigstens ernährt. Doch all dies sind Geschichten von Überlebenden. Für jede dieser Geschichten gibt es Hunderte nicht aufgeschriebene, nicht erzählte Geschichten über die gewaltsame Vernichtung ganzer Fa-

Arshile Gorky (Vosdanig Manoug Adoian) und seine Mutter Shushanik der Madosian in Van, 1912

milien, die durch Hunger, Trennung, Erschießungen und Vergewaltigungen entlang der Deportationswege zerstört wurden.

Der armenisch-amerikanische Maler Arshile Gorky, 1904 als Vosdanig Adoian geboren, hat das Leiden der Armenier in einem Gemälde auf subtile Weise verarbeitet. Grundlage ist eine Fotografie. Sie zeigt Arshile mit seiner Mutter im Jahre 1912 in der Stadt Van. Damals war er acht Jahre alt. Der Junge auf dem Bild steht, seine Mutter sitzt. Beide blicken ernst in die Kamera, und Arshile hält ein paar Blumen in der rechten Hand. Die Fotografie wurde an seinen Vater geschickt, der 1908 in die Vereinigten Staaten ausgewandert war, um nicht zur türkischen Armee eingezogen zu werden. Auf dem berühmten Gemälde *Der Künstler und seine Mutter* (siehe Bildteil, Tafel II) haben sich mehrere Dinge verändert: Die Blumen in der Hand des Jungen sind nun eindeutig Veilchen, die in der christlichen Symbolik für Demut stehen. Das lange Kleid der Mutter ist nicht mehr gemustert, sondern erinnert eher an ein weißes Leichentuch. Arshile scheint einen verkrüppelten Arm zu haben, und sowohl er als auch seine Mutter haben nur noch weiße Klumpen statt Hände. Die Figuren erinnern an Kasimirs Malewitschs *Bauern*, deren Gesichter keine Züge tragen. Beide Bilder sind als Protest gegen die Zerstörung von Individuen zu sehen. Bei Gorky steht die Trauer um die Mutter im Vordergrund. Sie starb im März 1919 im Alter von 39 Jahren an Unterernährung. Gorky, damals 15 Jahre alt, und seine 13-jährige Schwester überlebten den Genozid und gelangten zuerst nach Istanbul und dann nach New York, wo sie nach zwölf Jahren ihren Vater wiedersahen. Gorky wurde ein anerkannter Maler. 1948 beging er Selbstmord.[15]

Verantwortung

Die Entente-Mächte versäumten nicht, die Geschehnisse umgehend aufs schärfste zu verurteilen. Am 24. Mai 1915 verkündeten sie, angesichts der Verbrechen, welche die Türkei gegen die Zivilbevölkerung verübt habe, würde man Mitglieder der osmanischen Regierung und ihre an dem Massaker beteiligten Untergebenen persönlich verantwortlich machen.[16] Doch es blieb bei den hehren Worten. Die Nachfolgeregierung leitete 1918 ein Gerichtsverfahren ein, das aber schnell im Sande verlief. Konfrontiert mit einer wieder erstarkenden Türkei ließen die Sieger des Ersten Weltkriegs das Thema Völkermord fallen und schlossen lieber Frieden mit der neuen Republik. So wie der Einfluss der Großmächte vor dem Krieg den Hass geschürt hatte, so ließ ihre Gleichgültigkeit nach dem Krieg die neue Türkische Republik mit den begangenen Verbrechen davonkommen. Zu keiner Zeit musste sich die Republik den Fakten stellen oder sich öffentlich zu den Taten äußern. Man widersprach nicht, wenn die Türkei den Völkermord an den Armeniern leugnete oder im Zusammenhang mit den Deportationen von »kriegsbedingten Sicherheitsmaßnahmen« sprach.

Wie gingen die Protagonisten dieses Kapitels – Mustafa Kemal, Enver, Gökalp und Halide Edip – aus alldem hervor? Wie Perry Anderson schreibt, hatte Mustafa Kemal das »moralische Glück«, sich zum Zeitpunkt des Genozids an einer anderen Front zu befinden. Er hatte sich also die Hände nicht schmutzig gemacht; seiner Zukunft als nationale Führungsfigur stand nichts im Wege. Doch im Frühjahr 1916 wurde er an die Front bei Diyarbakır in Südostanatolien versetzt – ein Gebiet, das noch ein Jahr zuvor von der ethnischen Säuberung der armenischen Bevölkerung stark betroffen war, und aus dem auch Kurden deportiert wurden. Kemal muss gewusst haben, was dort geschehen war, auch wenn er an der Organisation nicht beteiligt gewesen sein sollte. Im späteren Verlauf bemühte er sich sehr, die neue Republik offiziell von ihrer KEF-Vergangenheit zu trennen.

Festzustellen bleibt, dass die Republik 1926 den Familien von Talât, Enver, Şakir und Cemal Pensionen und von Armeniern beschlagnahmtes Eigentum und Land zusprach. Mustafa Kemals Regierung, so Anderson, war durchgehend »mit Personen besetzt, die an den Ermordungen von 1915/16 beteiligt waren«.[17]

Enver, einer der Hauptverantwortlichen, bestieg Anfang November 1918 zusammen mit sieben anderen Beschuldigten aus der KEF-Führung ein deutsches Torpedoboot, das die Männer ins Ausland beförderte, wo sie der Verfolgung entgehen wollten. Doch vergeblich. Die »Armenische Revolutionäre Föderation« (ARF), die sozialistische armenische Partei, schwor Rache. Einer nach dem anderen wurde von ARF-Mitglieder ermordet, angefangen mit Talât, der im März 1921 vor seinem Haus in Berlin (wo er Asyl erhalten hatte) erschossen wurde. Enver wartete nicht auf die für ihn bestimmte Kugel. Er schloss sich den muslimischen Banden (*Basmacı*) an, die in Tadschikistan gegen die Bolschewiki kämpften. Dort starb er im August 1922 – wie manche vermuten durch einen armenischen Tschekisten.[18]

Gökalp, der freundliche, aber gestrenge Theoretiker der neuen, auf »Feminismus« und »Demokratie« gründenden türkischen Familie, wurde Anfang 1919, nachdem die Alliierten Istanbul erreicht hatten, verhaftet. Zusammen mit anderen führenden Figuren des KEF, die nicht ins Ausland geflohen waren, wurde Gökalp vor einem türkischen Militärtribunal angeklagt, das ihm eine Beteiligung an der anti-armenischen Agitation vorwarf, die zu den Massakern geführt hatte. Nach Aussage von Hakkı Süha wies Gökalp jedes Verbrechen gegen die Menschlichkeit von sich und bestand im Gegenteil darauf, dass die Armenier einen Krieg gegen die Türken geführt hätten. Er gab unumwunden zu, die Deportationen befürwortet zu haben. Im Sommer 1919 wurde er zum Exil auf Malta verurteilt, er konnte sich aber später Mustafa Kemals türkischem Widerstand in Ankara anschließen.[19]

Obgleich sie in der türkischen Geschichte einen weniger bedeutenden Platz einnimmt als die anderen drei, ist Halide Edips Schicksal vielleicht das bedeutsamste und auch traurigste. Vor dem Krieg hatte sie nicht gezögert, sämtliche Angriffe auf Minderheiten und damit auch auf die Armenier zu verurteilen. Die Abscheu vor männlicher Gewalt zieht sich wie ein roter Faden durch ihre Schriften. Doch angetrieben von ihrem glühenden Nationalismus und der Überzeugung, dass das türkische Kernland des Osmanischen Reichs nicht an fremde Mächte fallen dürfe, war Halide Edip nicht in der Lage, sich von der offiziellen Linie zu distanzieren, und unfähig zu erkennen, dass die Deportationen sich in ihrer Art von allen ab 1911 begangenen Grausamkeiten abhoben.

Im September 1919 traf die King-Crane Commission in Istanbul ein, um Zeugenaussagen aufzunehmen, bevor man sich zur Pariser Friedenskonferenz begab.[20] Edip war als Übersetzerin für die thrakischen und ostanatolischen Türken anwesend:

> Souverän trug Süleyman Nazif Bey [der Vertreter aus Ostanatolien] die Ansichten seiner Kollegen vor: Die Türken seien in Ostanatolien in der Mehrheit. Deshalb könne man dort keinen armenischen Staat errichten.

Als ein Mitglied der Kommission die Massaker an den Armeniern erwähnte, geriet Süleyman Nazif außer sich und machte in aller Deutlichkeit klar, dass diese Massaker von beiden Seiten verübt worden waren und dass die Armenier hier genauso viel Verantwortung trügen wie die Türken.[21]

In den folgenden Jahrzehnten weigerten sich türkische Republikaner weiterhin, einen Genozid anzuerkennen, und taten alles, um die Erinnerung daran zu löschen und sämtliche Hinweise auf die Massaker aus den Geschichtsbüchern zu tilgen.

Die Errichtung der neuen Republik, 1919–1922

In den Nachkriegsverhandlungen räumte man einem unabhängigen türkischen Staat keinen Platz ein. Die Siegermächte hatten natürlich jeweils andere Ziele, doch es herrschte Einigkeit darüber, dass das alte anatolische Kernland des Osmanischen Reichs geteilt werden sollte, entweder um Teile neuer oder alter Staaten zu bilden, oder um – wie Palästina – zum Protektorat erklärt zu werden. Am 16. Mai 1919 besetzten die Griechen Smyrna (Izmir). Der mehrheitlich muslimischen Bevölkerung der Stadt begegneten sie mit grausamer Härte. Anschließend drangen sie weiter nach Anatolien vor. Sie hatten den Segen der Briten, die der Ansicht waren, dass die türkischen Muslime für die im Krieg begangenen Grausamkeiten bestraft werden müssten.

Die griechische Invasion und die alliierte Besetzung Istanbuls waren der Funke, an dem der türkische Nationalismus entflammte. In der englischen Erstfassung ihrer Erinnerungen schreibt Halide Edip, sie habe ab diesem Ereignis aufgehört, als Individuum zu existieren, und bis zum Einmarsch der Türken in Smyrna 1922 nur noch als Teil des »großartigen nationalen Irrsinns« gelebt, geschrieben und gearbeitet.[22]

Am 6. Juni 1919 hielt sie auf dem Istanbuler Sultan-Ahmet-Platz eine Rede vor 200 000 Menschen. Sie rief die Zuhörer auf, mit ihr zu schwören, nicht eher zu ruhen, »bis unsere Völker ihre Rechte erkämpft« hätten. Sie sagte »Völker«, meinte aber wohl vor allem die Rechte des türkischen Volkes. Währenddessen flogen Flugzeuge der Alliierten im Tiefflug über den Platz, offenbar »um die Menge einzuschüchtern«.[23]

Mustafa Kemal errichtete in Ankara sein Hauptquartier und forderte alle Patrioten auf, sich ihm im Kampf für die Unabhängigkeit anzuschließen. Seine Ankündigung stellte Halide Edip vor die schwierige Entscheidung zwischen Mutterliebe und Nationalpflicht. Obwohl es sehr riskant war, wollte sie Mustafa Kemal unbedingt unterstützen, doch sie hatte ja auch ihre beiden jungen Söhne in Istanbul, die sie innig liebte. Sie stand vor einem ähnlichen Dilemma wie Inessa Armand (Alexandra Kollontai dagegen kannte wohl kein Zögern) und löste es auch ganz ähnlich, indem sie dafür sorgte, dass die beiden Jungen in das Internat des Robert College in Istanbul aufgenommen wurden. Im März 1920, am Vorabend ihrer Abreise, saß sie mit dem älteren Sohn, dem vierzehnjährigen Ali Ayetullah zusammen:

> Nachdem die anderen in aller Eile zu Abend gegessen hatten, bat ich darum, mit meinem Jungen allein zu bleiben. Er wich nicht von meiner Seite und stützte mich, während ich schrieb. Der wichtigste Brief ging an Mr. Charles Crane, den ich bat, sich um meine Söhne zu kümmern, und, wenn es sich als nötig erweise, sie nach Amerika zu schicken.[24]

Crane wollte ihrer Bitte entsprechen, und so begab sich Halide Edip auf eine lange und abenteuerliche Reise von Istanbul nach Ankara, immer auf der Hut vor den britischen und griechischen Truppen. Ihren neuen Lebensgefährten, den angesehenen Arzt Adnan Adıvar, der eine führende Figur des KEF in der Istanbuler Nationalversammlung war, hatte sie zum Mitkommen überredet. Er hatte in der Stadt bleiben und sich verhaften lassen wollen. Für Halide Edip aber kam das überhaupt nicht infrage. Sie wollte ihn falls nötig mit Gewalt fortschleppen: »Dies war nicht der Augenblick, sich wie mittelalterliche Helden aufzuführen.«[25]

Der Wechsel von Istanbul nach Ankara, von der kosmopolitischen, am Meer gelegenen Hauptstadt zu der kleinen Stadt inmitten der anatolischen Ödnis sollte große Auswirkungen auf die Herausbildung der türkischen Nation haben. Istanbul war ausgegrenzter denn je. Die Istanbuler Familien, einst eine bunte Mischung aus Völkern und Religionen, die eine pluralistische, wenn nicht zivile Gesellschaft hätte hervorbringen können, waren zunehmend türkisch geprägt. Die Zeit von 1911 bis 1920 brachte eine ganze Reihe negativer Veränderungen: Die Männer mussten den Dienst an der Waffe leisten, während der Kriegsjahre kam es zur Inflation, und die Reallöhne stürzten ab.[26] Es schien, als sei Istanbul am Boden – ein Eindruck, der sich durch die Erniedrigung der alliierten Besatzung noch verstärkte.[27] Die Menschen konnten noch so oft auf den Sultan-Ahmed-Platz strömen; Istanbul sollte fortan nicht mehr die führende Rolle spielen – sei es im Widerstand gegen die Alliierten oder bei der Geburt einer neuen Nation.

Andererseits boten Ankara und die anatolische Landbevölkerung keinen überzeugenden Ersatz. Halide Edip mühte sich, die positiven Eigenschaften der anatolischen Bauern hervorzuheben, ihre große Geduld, ihren Gleichmut. Doch änderte das nichts an der nüchternen Wahrheit: Insgesamt war die Landbevölkerung meist nicht gewillt, für die nationale Sache in den Kampf zu ziehen. Sie waren zwar bereit, die eigenen Dörfer und Familien gegen die griechische Okkupation zu verteidigen, und sie nahmen, nach der Deportation der rechtmäßigen Besitzer, auch gerne ehemals armenisches Land an sich. Doch ihre tiefverwurzelte, lokal gebundene und islamische Tradition war weit entfernt von der säkularen, westlich geprägten Ideologie der nationalistischen Elite.

Der Kampf für die türkische Nation stand also auf wackeligen Füßen und konnte weder in der Stadt noch auf dem Land auf die nötige Unterstützung bauen. Eine Folge davon war, dass die Rolle des Militärs, das schon im Zusammenhang mit dem KEF sehr präsent gewesen war, unter Kemal noch mehr Bedeutung erlangte. Keine gute Ausgangslage für den Aufbau der Demokratie und die Herausbildung einer republikanischen Zivilgesellschaft.

In Ankara angekommen, konnte Halide Edip Mustafa Kemal aus der Nähe betrachten. Sie war nicht immer angetan von dem, was sie sah. Sie bewunderte seine Intelligenz und seinen unermüdlichen Ehrgeiz, der ihn zum idealen Anführer für die nationale Sache machte. Doch sie ahnte auch, dass er dunkle Seiten hatte: »Ich musste unwillkürlich an einen Leuchtturm denken: Manchmal ließen die ausgesandten hellen Strahlen seine Gedanken in aller Deutlichkeit erkennen, doch wenn die Strahlen erloschen, war nichts wahrzunehmen.«[28] Wirklich zu schaffen machte ihr aber sein Zynismus. Es gab offenbar niemanden, von dem Kemal nicht schlecht redete oder dem er nicht mit Misstrauen begegnete:

Mustafa Kemal Paşa liebte es, ausführlich zu den vergangenen Tagen Stellung zu nehmen, wobei er fast niemanden mit seiner harschen, oft allerdings sehr treffenden Kritik verschonte. Wenn man ihm zuhörte, musste man sich ernstlich fragen, ob es in unserem Land denn niemanden gab, der wirklich zu gebrauchen war! ...
Überhaupt verstand er es ausgezeichnet, die Menschen für seine Ziele zu gewinnen und einzusetzen. Und wenn es seiner Sache dienlich war, setzte er sich über gängige Moralvorstellungen hinweg. Nie ließ er sich durch Gefühle bei der Verfolgung eines Zieles beeinträchtigen ...
Mustafa Kemal Paşa war jede Methode recht, um seinen Ideen zum Durchbruch zu verhelfen. Er verfügte über ein beträchtliches schauspielerisches Talent und war ein begnadeter Redner. Doch seine hervorragendste Eigenschaft war die unglaubliche Vitalität, an die auch intellektuell und moralisch überlegene Persönlichkeiten nicht annähernd heranreichten. Mit unerschütterlicher Überzeugungskraft redete er auf seine Widersacher ein, bis diese ermattet kapitulierten.[29]

Halide Edip erkannte, dass Kemal gleich einer Naturgewalt niemals zur Ruhe kommen würde. Kemal nahm offenbar an, je mehr Altbewährtes er zerstörte, desto leichter wäre es, dem Volk seine neuen Ziele nahezubringen.

Während der kritischen Monate des Bürgerkriegs arbeitete Halide Edip in der Presseagentur in Mustafa Kemals Hauptquartier in Ankara. Als die militärische Situation ernster wurde und die griechischen Truppen sich Ankara näherten, arbeitete sie zuerst als Pflegerin in einem Lazarett und meldete sich dann freiwillig als einfache Soldatin zur Befreiungsarmee. Dies war ein ungewöhnlicher Schritt – in der türkischen Armee gab es keine Frauen. Kemal begrüßte ihren Entschluss. Sie wurde schnell zum Unteroffizier ernannt (der Offiziersrang war nur für ausgebildete Männer vorgesehen) und erreichte bis Kriegsende den Rang eines Hauptfeldwebels.[30] Obgleich sie oft an der Front stand, weigerte sie sich zu schießen, und als ein Kommandant sie aufforderte, einen Schuss aus einer seiner Kanonen abzugeben, lehnte sie ab: »So weit ging meine Begeisterung denn doch nicht.«[31] Halide Edip blieb ihrem Grundsatz der Gewaltlosigkeit treu. In ihren Erinnerungen spricht sie von ihrer »einsamen Weltanschauung«.[32]

Während sie 1920/21 in Ankara ist, kommt Halide Edip in Kontakt mit türkischen und russischen Kommunisten. Sowjetrussland und Kemals neue Türkei waren zwar im südlichen Mittelasien Rivalen, hatten aber viele gemeinsame Interessen. Die Bolschewiki rüsteten die Kemalisten während des Befreiungskriegs mit mehr als 45 000 Gewehren, 300 MGs und knapp 100 Feldkanonen aus. Die Kommunisten, mit denen Halide Edip Bekanntschaft machte, waren von ganz unterschiedlichem Charakter. Mit einem türkischen Bolschewik namens Vakkas unterhielt sie sich über Familienpolitik. Vakkas erklärte ihr voller Eifer, solange Kinder im überkommenen bürgerlichen Milieu aufwüchsen, gäbe es keine Möglichkeit, die Welt zu verändern. Die Familie als Einheit müsse aufgebrochen werden. Über die Zukunft der Ehe äußerste er sich unsicher, er war aber überzeugt, dass Kinder »staatseigen« waren und in staatlichen Institutionen erzogen werden sollten, um die neue Ordnung zu etablieren.

Die bolschewistische Propaganda-Maschine hatte ganz offensichtlich gute Arbeit geleistet. Es ist interessant zu betrachten, wie Halide Edip auf die »Bekehrungsarbeit«[33] reagierte. Sie hatte Sympathien für die Forderung der bolschewistischen Feministinnen nach Geschlechtergleichheit, aber kein Verständnis dafür, dass das Familienleben durch Formen kollektiven Zusammenseins ersetzt werden sollte. Edip wünschte sich eine stärkere Familie, keine schwächere; sie befürwortete Monogamie statt freier Liebe; und sie wollte Eltern, die sich der Erziehung ihrer Kinder annahmen, statt diese Aufgabe dem Staat zu überlassen. Mit diesen Vorstellungen stand sie Gökalp nahe und übernahm sein Bild von der türkischen Familie als »Nest«, das Schutz bietet und zugleich als Brutstätte der neuen Nation dient.

Die Schlacht am Sakarya, die sich im August 1921 drei Wochen lang hinzog, besiegelte das Schicksal Anatoliens. 90 000 Türken trafen auf 100 000 weitaus besser ausgerüstete Griechen und zwangen diese zum Rückzug. Mustafa Kemal hatte erklärt, der Feind würde im »Herzen des Vaterlands« geschlagen. Ein Jahr nach der Schlacht am Sakarya löste er sein Versprechen ein und versetzte der griechischen Armee bei Dumlupınar den Todesstoß. Die Griechen flohen Richtung Mittelmeer und begingen auf ihrem Rückzug nach dem Prinzip der verbrannten Erde zahlreiche Grausamkeiten. Und die Türken taten es ihnen gleich. Sobald sie Smyrna erreicht hatten, wurde der fanatische Nurretin Paşa zum Militärgouverneur der Stadt ernannt. Der griechische Erzbischof Chrysostomos Kalafatis wurde auf Nurettins Geheiß von einem muslimischen Mob gelyncht. Feuer vernichtete die armenischen und griechischen Viertel der Stadt. Die Häuser wurden gnadenlos geplündert. Zehntausende flohen ans Meeresufer. Vor dem Tod bewahrte sie nur, dass eine Flotte alliierter Kriegs- und Transportschiffe etwa 213 000 Menschen an Bord nahm – einen Großteil der Bevölkerung Smyrnas.[34]

Halide Edip erlebte die Nachwirkungen der griechischen Gräueltaten; die türkischen jedoch bezeugte und erwähnte sie nicht. Die Nation war geschaffen – aber zu welchem Preis? Zum Ende ihrer Erinnerungen, die bis ins Jahr 1922 reichen, schildert die Autorin ihre große Hoffnungslosigkeit:

> Nach den Bildern der letzten Tage stiegen auch solche aus dem Ersten Weltkrieg und aus noch viel weiter zurückliegenden Epochen in mir auf. Völker, die metzelnd und brandschatzend aufeinander losgehen. Individuen, die hinter ihren freundlichen Masken den Wunsch verstecken, ihr Gegenüber zu töten. Ich glaubte zu erkennen, dass der höchste Instinkt dieses Wesens namens Mensch einzig und allein im Töten bestand. Wo dieser Tötungsinstinkt fehlte, durfte man also gar nicht von einem Menschen sprechen. Eine innere Stimme forderte mich dazu auf, mich von dieser Spezies loszumachen, mich zu befreien. Nicht Wut oder Hass hatte mich erfasst, sondern tiefster Ekel vor der Menschheit.[35]

Im Oktober 1922 erreichte Halide Edip schließlich ihre geliebte Heimatstadt und stand wieder im Haus ihrer Schwester Mahmure in demselben Raum, in dem sie zwei Jahre zuvor einen letzten Blick auf ihren am Boden hockenden Jungen geworfen hatte. »Ich umarmte Mahmure, und wir lachten und weinten gleichzeitig, genau wie wir es als Kinder getan hatten, wenn wir uns nach längerer Trennung wiedersahen.«[36] Einige Tage später war sie wieder mit ihren Söhnen vereint.

III

Mustafa Kemals Revolution von oben

Die neue türkische Republik

Der am Ende des Bürgerkriegs emporkommende türkische Staat war deutlich militärisch geprägt. Die Armee sollte fortan immer »Staat im Staat« sein – stets bereit, auch in zivilen Angelegenheiten einzugreifen. Schaut man sich die großen Diktatoren der ersten Hälfte des 20. Jahrhunderts an, wird schnell klar, dass Mustafa Kemal kein Mussolini war. Oder besser gesagt war Mussolini kein so unnachgiebiger und skrupelloser Mann wie Mustafa Kemal. Am nächsten liegt wohl der Vergleich mit Franco, ebenfalls ein »Generalissimo«, der in einem grausamen Krieg triumphierte. Doch Franco trat für die Kirche ein, Mustafa Kemal dagegen wollte sie entmachten. Und während Franco die Größe Spaniens wiederaufleben lassen wollte, indem er sich auf die altehrwürdige imperiale Tradition berief, wandte Atatürk – der »Vater der Türken« – sich voller Verachtung von der osmanisch-imperialen Vergangenheit ab. Die Republik sollte für das Ende der osmanischen Geschichte und den Beginn einer neuen türkischen nationalen Identität stehen.

Im November 1922 floh der letzte osmanische Sultan, Mehmed VI. Vahideddin, mit seinem zehnjährigen Sohn im Fond eines britischen Militärkrankenwagens aus der Hauptstadt. Später ließ er sich in San Remo nieder, wohin ihm seine drei Frauen und seine Schwester folgten. Das Sultanat war abgeschafft, das Kalifat blieb noch bestehen – zu groß war die Anhängerschaft dieser religiösen Institution, als dass man sie über

Nacht beseitigen konnte. Vahideddins Cousin Abdülmecid wurde das Amt des Kalifen übertragen. Diese Übergangslösung hielt knapp zwei Jahre. Im Oktober 1923 wurde die Türkische Republik ausgerufen – ihr Präsident Mustafa Kemal war gerade einmal 42 Jahre alt. Im März 1924 schaffte man schließlich auch das Kalifat ab, und es war an Abdülmecid, den Orientexpress zu besteigen und Istanbul zu verlassen.[1] Am selben Tag, an dem das republikanische Parlament das Kalifat abschaffte, wurde auch die Scharia verboten und ein einheitliches und säkulares öffentliches Bildungssystem eingeführt. Die neue Republik rühmte sich einer liberalen Verfassung, die 1924 offiziell in Kraft trat. Ihre Grundlagen waren eine parlamentarische Regierung, politischer Pluralismus und Meinungs- und Glaubensfreiheit. De facto aber wurde die Türkei schnell zu einem Einparteienstaat, in dem die 1924 gegründete Republikanische Volkspartei (CHP) die öffentliche Verwaltung beherrschte. Alle vier Jahre wurden ordentliche Wahlen abgehalten, doch die Kandidaten stellte ein Parteivorsitzender auf, der nicht von ungefähr auch Ministerpräsident war. Die offizielle Ideologie des neuen Regimes, der »Kemalismus«, hatte wenig Zeit für Parlamentarismus oder Gewaltenteilung, denn sie war für einen gewieften General geschaffen, der radikale Reformen vorantreiben wollte.

Die Republik gründete auf dem Ethnonationalismus der Türken und spiegelte damit das grausame Jahrzehnt der ethnischen Säuberungen wider, die ihrer Gründung vorangegangen waren. Der massive »Bevölkerungstausch« zwischen Griechen und Türken im Jahre 1923, ein Teil des Friedensabkommens, zerstörte jeden Gedanken an eine »multikulturelle« Nation.[2] Es blieb die Kurdenfrage. Die Kurden waren Muslime, hatten neben den Türken im Krieg gekämpft, und die kurdischen Banden der »Spezialorganisation« hatten beim armenischen Genozid eine tragende Rolle gespielt. Doch ab 1915/16 werden Kurden selbst zu Opfern. Anzeichen für einen erwachenden kurdischen Nationalismus lieferten der türkischen Regierung den Vorwand für Deportationen und Zwangsumsiedlungen. Die KEF-Führung war der Ansicht, man könne die Kurden kulturell, sprachlich und politisch nur in die neue türkische Nation eingliedern, indem man sie ihrer eigenen Kultur und Tradition entriss und sie unter die türkischsprechende Bevölkerung mischte.[3]

Im Gegenzug für ihre Unterstützung im Unabhängigkeitskrieg versprach Kemal den Kurden die Respektierung ihrer Sprache und Tradition sowie Formen der Autonomie in Gebieten, in denen sie die Mehrheit bildeten. »Es gibt Türken und Kurden«, hatte er 1920 verkündet, »die Nation besteht nicht nur aus einem Element ... Alle muslimischen Elemente dieser Einheit gehören zum Volk.«[4] Sobald aber der Krieg gewonnen war, wurde das Kurdische aus Schulen und Gerichtssälen verbannt; man setzte türkische Beamte in kurdischen Gebieten ein, und es begann eine umfassende Politik der Turkifizierung. Die Abschaffung des Kalifats entfremdete die Kurden noch mehr, da sie darin die Zerstörung der gemeinsamen islamischen Basis sahen. Anfang 1925 kam es zu einer Revolte unter dem religiösen Stammesführer Scheich Said, die brutal niedergeschlagen wurde.

Das Jahr 1925 war ein Schicksalsjahr wie das Jahr 1877, in dem Abdülhamid II. die Verfassung außer Kraft setzte, und das Jahr 1913, dem Jahr der Machtergreifung durch die KEF-Führung, denn im März des Jahres, kurz nach dem kurdischen Aufstand, wurde das »Gesetz zur Festigung der Ordnung« verabschiedet.[5] Die dadurch eingesetzten Sondergerichte brachten die Opposition im Land zum Schweigen. Das neue Regime verbot insbesondere die einzige organisierte politische Opposition, die Fortschrittliche Republikanische Partei (*Terakkiperver Cumhuriyet Fırkası*). Halide Edip und ihr Mann, der Arzt Adıvar Adnan, bekleideten beide führende Ämter in der TCF. Sie wurden ins Exil geschickt. Ab 1926 lebten sie in Europa und den USA.

Halide Edip hielt in der Zeit ihres Exil zahlreiche Vorträgen zu Politik und Geistesgeschichte des Nahen Ostens, aber auch zur zeitgenössischen türkischen Literatur. Zudem veröffentlichte sie weitere Romane. Sie blieb glühende türkische Nationalistin, rückte aber nie von ihrem Pazifismus ab. Sie war beeinflusst von den Lehren Gandhis und reiste im Januar 1935 nach Indien, um auch dort eine Reihe von Vorträgen zu halten. Am 19. Januar führte Gandhi den Vorsitz bei einem ihrer Vorträge in Delhi. *The Hindustan Times* berichtete: »Sie sprach mit leichtem persischen Akzent, doch ihr Englisch ist verständlich und kraftvoll, und ihre Stimme ist bewundernswert klar, da sie es gewohnt ist, sich an große Versammlungen mit Tausenden Menschen zu wenden.« Gandhi sprach bei diesem Treffen die Hoffnung aus, Halides Kommen möge »Hindus und Muslime mit einem unauflösbaren Band verbinden«.[6]

Halide Edip und ihr Mann konnten erst 1939, ein Jahr nach Mustafa Kemals Tod, in die Türkei zurückkehren.

Im Oktober 1927 hielt Mustafa Kemal eine 36-stündige Rede auf dem Parteitag der Republikanischen Volkspartei. Der anschließend nur als *Nutuk* (»Die Rede«) bezeichnete Text wurde auf 900 Seiten veröffentlicht und in viele Sprachen übersetzt. Als Gründungsdokument der Nation muss die Rede enttäuschen. Sie besteht hauptsächlich aus nicht endenden wollenden Schmähungen derer, die Kemal 1925/26 aus dem Weg räumen ließ – oftmals ehemalige Wegbegleiter und Freunde aus den heroischen Jahren des anatolischen Kampfes. Sie alle werden als zögerlich, unfähig und/oder als Verräter dargestellt. Dem Historiker des 20. Jahrhunderts drängt sich der Vergleich mit den Dokumenten der stalinistischen Säuberungen der 1930er Jahre auf: Man spürt dasselbe tiefe Misstrauen, denselben Hass gegenüber Personen, die plötzlich vom Helden zum Verräter werden – und dieselbe Verherrlichung des Diktators als die Personifizierung der Geschichte.

Die Revolution des Alltags: Religion, Sprache, Kleidung und Geschlechterrolle

Wenn alles, was Mustafa Kemal ausmachte, der Krieg und seine *Nutuk*-Tirade wären, hätten wir es mit einem eher unbedeutenden Diktator des 20. Jahrhunderts zu tun. Doch sein Ehrgeiz ging weit über das Militärische und Politische hinaus. Wie so viele der letzten Ottomanen strebte Kemal nach dem Neuen, das nur die Ferne bot. Gökalps These von der notwendigen Balance zwischen westlicher Zivilisation und türkischer Kultur und seine Forderung, Letztere müsse Erstere umwandeln, auf die eigenen Bedürfnisse zuschneiden, ließ Kemal nicht gelten. Stattdessen übernahm er wild entschlossen und oft kritiklos die westliche Moderne. 1924 schrieb er: »Das Überleben in der modernen Zivilisation hängt davon ab, dass wir uns verändern. Dies ist das alleinige Gesetz für jeden Fortschritt in den gesellschaftlichen, wirtschaftlichen und wissenschaftlichen Bereichen des Lebens.«[7] Die schlimmen Jahre von 1911 bis 1921 hatten die Türken überstanden, um schließlich ihre eigene nationale Revolution zu beginnen. Aber nach Kemals Ansicht hatte diese Revolution keine Überlebenschance, wenn sie nicht dem Geist der Zeit folgten, und dieser kam nicht aus Anatolien, sondern aus Paris und London – und sogar aus Bern, wie wir noch sehen werden.

Mustafa Kemal verlangte, die nationale Revolution müsse von einer Revolution des Alltags begleitet sein. Dies unterschied ihn eindeutig von den Anführern der neuen nationalistischen Regime auf dem Balkan, aber es grenzte ihn auch vom Rest der islamischen Welt ab. Der neue türkische Staat war der erste, der sich in der *ümmet* (der islamischen Gemeinschaft) als solcher konstituierte, und er war der erste, der einen fundamentalen Wandel in der Beziehung zwischen Staat und Religion forderte. An diesem Punkt begann die Revolution des Alltags. Den Scharia-Gerichten wurde die Grundlage entzogen, Islamschulen (*medrese*) und Derwisch-Kloster (*tarikat*) wurden abgeschafft, und öffentliche Schreine und Gräber, an denen sonst Kultfeiern stattgefunden hatten, wurden mit Brettern vernagelt. Kemal erklärte jeglichem Obskurantismus den Krieg. In der 1927 gehaltenen »Rede« warnte er nicht nur vor äußeren, sondern auch vor inneren Feinden, und zwar an erster Stelle vor der alten Schicht der Geistlichen, den Verbreitern von Aberglauben und Vorurteilen. Von nun an sollten Imame, Hodschas und andere Prediger ihre Gewänder nur während der Religionsausübung tragen. Das »Amt für religiöse Angelegenheiten« übernahm die Moscheen, setzte Imame ein und verwaltete religiöse Stiftungen (*vakıf*). Religion sollte durch den Staat organisiert, wenn nicht gelenkt werden.[8]

Ein solcher Frontalangriff hatte schwere Auswirkungen, vor allem unter der ländlichen Bevölkerung. Die neue Türkei war gespalten: In den Städten nahmen viele Bürger aus der mittleren Schicht die säkulare Revolution des Kemalismus mit Begeisterung auf. Auf dem Land dagegen reagierte ein Großteil der Bevölkerung ablehnend. Die noch zu bewältigende Aufgabe fasste Nusret Kemal 1933 treffend zusammen, als er in der *Halkevleri* (»Volkshäuser«), einer von der Kulturorganisation der Republikanischen Volkspartei herausgegebenen Zeitung, schrieb:

> Wir sind zwischen vierzehn und siebzehn Millionen »Bürger«, von denen 90 Prozent nicht mit der Zivilisation in Berührung kommen. Über ein Gebiet von fast 800 000 Quadratkilometern sind 40 000 Dörfer verstreut. Zu den engagierten Bürgern, die bereit sind, diesen Orten eine Art Aufklärung zu bringen, zählen nicht mehr als 40 000.[9]

Dennoch wäre es ein Fehler, zu scharfe Grenzen zwischen Stadt und Land, Säkularismus und Religion zu ziehen. Die regelmäßige private und öffentliche Religionsausübung war auch in der modernen Türkei nie verboten. Im Gegenteil, der Islam war, wenn dies auch selten offen bekannt wurde, nach wie vor ein definierendes Element der türkischen Nationalität.[10] Mustafa Kemal war klug genug, dies zu begreifen und sich daran zu erinnern, wie die Verteidigung des Islam die anatolischen Bauern für den Unabhängigkeitskrieg hatte mobilisieren können. Gökalps Forderung nach der notwendigen Balance zwischen Zivilisation und Kultur mochte vernachlässigt worden sein, doch seine berühmte Selbstcharakterisierung – »Ich gehöre zum türkischen Volk, zur muslimischen Religion und zur westlichen Zivilisation« – war Teil des Nationalcharakters geworden.

Ein zweites Element der von Kemal vorangetriebenen Umgestaltung des Alltags betraf den Aspekt der Zeit. Die *langueur*, die Trägheit der Osmanen, war ihm ein Dorn im Auge, vor allem ihre langsam mahlenden Mühlen der Bürokratie. Die Republik sollte auch in diesem Sinn »moderne Zeiten« einläuten, allem voran, in dem man den alten islamischen Kalender aufgab und den westlichen übernahm. Die Uhr, nicht die Sonne sollte den Takt vorgeben beim Aufbau der Nation. In einer berühmten Rede aus dem Jahr 1933 erklärt Kemal, wie die Türken sich dem 20. Jahrhundert anpassen sollten:

> Das Kriterium Zeit sollte unseres Erachtens nicht mit der laxen Mentalität der vergangenen Jahrhunderte behandelt werden, sondern mit der unserem Jahrhundert eigenen Vorstellung von Geschwindigkeit und Bewegung ... Die türkische Nation ist fleißig. Die türkische Nation ist intelligent. Denn die türkische Nation hat gelernt, wie man Schwierigkeiten durch Eintracht und Zusammenhalt überwindet. Denn die Fackel, welche die türkische Nation auf dem Weg zu Fortschritt und Zivilisation in den Händen trägt, ist die der positiven Wissenschaft.[11]

Eine weitere radikale Neuerung betraf die Sprache. Das Osmanische war Amts- und Literatursprache gewesen. Kemal schaffte diese reine Schriftsprache ab, führte das lateinische Alphabet für das Türkische ein und begann damit eine grundlegende Reform der Nationalsprache. Sämtliche arabischen und persischen Ausdrücke und grammatischen Eigenheiten sollten aus dem Türkischen verbannt werden. Die Umsetzung der 1928 begonnenen Reform dauerte Jahre.[12] Ab 1930 waren Imame und andere Geistliche angewiesen, Gebete nur in neuem Türkisch zu rezitieren. Wie immer, wenn eine Gesellschaft von Grund auf reformiert werden soll, richtete sich der Blick auf die zukünftigen Generationen. Kemal war davon überzeugt, dass es die kommenden Generationen wären, die seinen Traum verwirklichen würden. Sie, die Jungen, nicht ihre Eltern, hielten den Schlüssel für den nationalen Wandel in der Hand. Bereits ab 1923 war daher der Besuch einer fünfjährigen Grundschule für Kinder beiderlei Geschlechts kostenlos und Pflicht. Jeden Morgen, noch bis in die sechziger Jahre, sangen die Kinder vor Schulbeginn: »Ich bin türkisch, ich bin fleißig und gerecht / Meine Pflicht ist es, die Kleinsten zu beschützen und alle Erwachsenen zu achten / Was mich lenkt, ist die Liebe zu Vaterland und Nation, die ich mehr liebe als mich selbst.«[13] Ein neuer Lehrplan wurde entwickelt. Neue technische Schulen, Gymnasien und Universitäten nahmen die jüngere Generation mit offenen Armen auf. Die Nation war in Bewegung. Die Geschichte, die sie für sich erfand, war, wie bei so vielen Nationalstaaten des 20. Jahrhunderts, eine der historischer Überlegenheit und des modernem Heldentums.

Schüler der am 24. November 1928 eingeführten »Nationalschule« (Millet mektepleri). Ihr Besuch war für alle Bürger im Alter von 16 bis 40 Jahren verpflichtend; sie lernten dort das lateinische Alphabet.

Neben diesem formalen Wandel gab es auch einen symbolischen, etwa durch die Beeinflussung der Mode. Die sogenannte »Hutreform« von 1925 verbot das Tragen eines Fes – Symbol der osmanischen Vergangenheit. Erwünscht, ja, zum Teil Pflicht waren »moderne« westliche Kopfbedeckungen. Heute erscheint uns diese Reform wie eine Farce. Kemal selbst ließ sich mit verschiedenen Hüten abbilden: mit Fedora, Panamahut, Melone ... Der Bruch mit der traditionellen Kleiderordnung hatte eine tieferliegende Bedeutung: Nicht nur in Politik und Religion, sondern auch in der äußeren Erscheinung der Türken sollte alles Starre, Orientalische abgelegt werden.

Beim kritischen Thema Schleier – dem Kleidungsstück mit dem höchsten Symbolwert – ging Mustafa Kemal jedoch mit äußerster Vorsicht vor. Eine Reform würde hier an einem besonders sensiblen Bereich des Alltags rühren, nämlich der traditionellen Zurückhaltung türkischer Frauen, deren Gesichter Angehörige des anderen Geschlechts, es sei denn, es waren Verwandte oder Freunde, nicht sehen sollten. Von der Keuschheit der Frauen hing die Ehre der Familie ab. Ein Verbot der Verschleierung kam nicht infrage. Kemal versuchte stattdessen, Überzeugungsarbeit zu leisten, und richtete sich dabei vor allem an seine Geschlechtsgenossen. Wenn er die Männer von seinen Vorstellungen überzeugen könnte, war der Kampf schon so gut wie gewonnen. Schon 1923 hielt Kemal vor einem männlichen Publikum ein aufklärerische, ja geradezu revolutionäre Ansprache:

> Während meiner Reisen habe ich festgestellt, dass unsere weiblichen Gefährten sehr darauf achten, ihr Gesicht und die Augen zu bedecken ... Meine Freunde, die ist nur Ausdruck unseres eigenen Stolzes, unseres Egoismus. Es ist die Folge unserer zwanghaften Ehrvorstellung. Liebe Freunde, unsere Frauen sind genauso intelligente und überlegte Personen wie wir. Wenn wir ihnen die heilige Moral der Nation nahebringen, wenn wir ihnen die nationalen Sitten erklären, wenn wir ihren Geist mit Lauterkeit erhellen, müssen wir nicht länger eine so gestrenge Aufsicht in Bezug auf den Schleier führen. Überlassen wir es ihnen, der Welt ihr Gesicht zu zeigen. Erlauben wir ihnen, sich die Welt aufmerksam anzuschauen. Ein solches Ereignis sollte uns nicht schrecken.[14]

In den Städten folgten Frauen – besonders junge Frauen aus republikanischen Familien der Mittelschicht – diesem Aufruf und gingen fortan unverschleiert. Auf dem Land jedoch betrachtete man solche Entwicklungen mit Argwohn. Insgesamt aber nahm in der neuen türkischen Republik der Protest keine so gewaltsamen Formen an wie die Reaktion auf die kommunistische Anti-Schleier-Offensive »Hujum« in muslimischen Regionen der Sowjetunion. Kemal war zu klug, um auch nur einen Moment anzunehmen, die unverschleierte anatolische Bäuerin könnte als »Ersatzproletariat« für die säkulare Republik mobilisiert werden. Die Frage der Verschleierung war ein viel zu heikles Thema für drastische Offensiven.

Wie aber betrachtete der »Vater der Türken« in diesem Kontext das Geschlechterverhältnis in der neuen Republik? Man könnte etwas widersprüchlich von »emanzipiertem Paternalismus« sprechen. Atatürk stellte

Mustafa Kemal mit Zylinder, Ende der 1920er Jahre

die Überlegenheit des männlichen Geschlechts nie infrage: Die Männer übernahmen die Führung, die Frauen folgten. Ebenso wenig bezweifelte er, dass Frauen als Mütter und Ehefrauen die entscheidende Rolle beim Bau des »Familiennests« spielten. Doch er trat leidenschaftlich dafür ein, dass Frauen ins öffentliche Leben gehörten, zur Nation und nicht allein zur Familie.

Zwei Stereotype der »neuen Frau« entstanden unter der kemalistischen Ideologie und wurden zentral für die nationalistische Ikonografie: zum einen die gutherzige und robuste anatolische Bäuerin, zum anderen die von Kemal favorisierte emanzipierte und gebildete Städterin, die sich nicht mit dem täglichen Einerlei zufriedengab, sondern sich zum Wohle

»Wie lässt sich eine schöne Kopfbedeckung zaubern? Ein Seidenschal genügt, um modisch auszusehen!« Tipps für eine moderne Verschleierung aus der Zeitschrift Haftalık Mecmua, *1928*

der Nation engagierte. Diese Frauen sollten als Lehrerin oder Krankenschwester, als Ärztin oder gar als Ingenieurin tätig sein. Frauen sollten das Wahlrecht erhalten, auch wenn dies im Einparteienstaat nicht viel bedeutete. Ab 1930 waren sie bei Regionalwahlen, ab 1934 bei Nationalwahlen stimmberechtigt.

In Bezug auf das Geschlechterverhältnis nahm Kemals Türkei also eine eigene Position in der Gruppe der autoritären Systeme der ersten Hälfte des 20. Jahrhunderts ein. Atatürk zeigte sicherlich ein größeres Interesse an der Emanzipation und Bildung von Frauen als Mussolini oder Hitler. Doch er verfolgte auch nicht die kollektivistischen und egalitären Ansätze der frühen sowjetischen Gesellschaft und Ideologie. Seinem »emanzipierten Paternalismus« lag etwas ganz anders zugrunde: Männer hatten weiter das Sagen, wie es ihrer Geschlechterrolle entsprach, und aus dieser Führung heraus sollten sie die Emanzipation und Bildung ihrer Frauen fördern. Die Familie sollte stabiler werden, nicht labiler. Innerhalb der Familie blieben männliche Überlegenheit und traditionelle Arbeitsteilung unangetastet, Rechte und Bildung der Frau bildeten hier höchstens ein Gegengewicht. Die republikanische Familie sollte als monogamer Nukleus erhalten bleiben, als sicheres »Nest«, das dem Leben der neuen Nation als Keimzelle diente.

Familienpolitik: Das Zivilgesetz von 1926

Dass Atatürk 1926 das Zivilgesetzbuch der Schweiz übernahm, das dort erst 1912 verabschiedet worden war, war ein weiterer bedeutender Schritt in seinem Bemühen, den Alltag der Nation nach westlichem Vorbild umzugestalten. Die Tatsache wird in allen Geschichtsbüchern erwähnt, ist aber noch wenig analysiert worden. Ein wichtiger Teil des Gesetzbuchs widmet sich den entscheidenden Aspekten des Familienlebens – Ehe, Scheidung, Erbe, innerfamiliäre Rechte und Pflichten usw. – und betrifft daher unser Thema ganz direkt. Zudem lohnt sich ein Vergleich mit dem bolschewistischen Familiengesetz von 1918 und 1926.

Wir wollen jedoch zunächst einen Blick zurück werfen. Das islamische Familiengesetz war kein kodifiziertes Recht, sondern vielmehr das Ergebnis einer ständigen Neuinterpretation des Korans und anderer heiliger Texte. Die islamische Rechtsprechung (*fiqh*) war also ein stets in Entwicklung befindlicher Prozess, der stark von der Weisheit und dem Ansehen des Richters abhängig war. Ihre Einflüsse waren vielfältig, berücksichtigten Elemente des Mystizismus, lokale Gegebenheiten und staatliche Vorgaben. Westliche Beobachter empfanden diese Form der Rechtsprechung als willkürlich, offenbarten hiermit aber ihr mangelndes Verständnis, da die islamische Rechtssprechung einer anderen Erkenntnistheorie folgte als die westliche Gesetzgebung.[15]

Als die Reformer des Tanzimat im 19. Jahrhundert begannen, das osmanische Gesetz nach »rationalen« westlichen Normen neu zu ordnen, verloren die Religionsgelehrten des Islam (*ulama*) und die Richter (*kadı*) nicht nur an Bedeutung und Einfluss. Sie verloren auch, wie Şerif Mardin es treffend ausdrückt, auch eine »Vorstellungswelt«.[16] Die Pluralität der Rechtsprechung und ihr beweglicher Charakter im Sinne der *phronesis*, der Fähigkeit zum angemessenen Handeln im konkreten Einzelfall, waren ernstlich bedroht. Zuerst beugten sich das Handelsrecht und Strafrecht dem neuen westlichen Standard. Das Familienrecht wurde zuletzt reformiert, da doch die Vorstellung galt, die Familie sei ein unantastbares heiliges Gut, das nur die Scharia regeln dürfe.

Doch auch hier wurde der Wandel schließlich unvermeidlich. Das KEF befürwortete eine Neureglung, wurde aber durch die klerikale Übermacht in den osmanischen Parlamenten zu Beginn des 20. Jahrhunderts gebremst. Die Kriegsjahre mit ihren gewaltsamen gesellschaftlichen Umbrüchen brachten auch hier den Wendepunkt. Ab 1915 erlaubte ein Dekret des Sultans verheirateten Frauen, die Auflösung der Ehe zu beantragen, wenn der Mann länger als vier Jahre als vermisst galt. Zwei Jahre später wurde eine grundlegende Reform verabschiedet. Das neue Familienrecht (*Hukuk-u Aile Kararnamesi*) aus dem Jahr 1917 stellte einen ersten Versuch dar, den Bereich Ehe und Scheidung zu kodifizieren. Es verpflichtete Eheleute, die Heirat bei den Behörden anzumelden und ihre Personalien bekanntzugeben, bevor die Ehe geschlossen wurde. Das Heiratsalter wurde auf achtzehn Jahre für Männer und siebzehn Jahre für Frauen angehoben, mit der Absicht, Zwangsheiraten und arrangierte Ehen einzuschränken. Die Neuregelung ermöglichte es beiden Parteien, sich auf das Gesetz zu berufen, wenn sie eine Scheidung wünschten, wobei aber jeweils andere Gründe für eine Scheidung zählten. Die Vielehe wurde nicht verboten, aber die Ehefrau war fortan berechtigt, eine Klausel in den Ehevertrag einzufügen, in der sie ihrem Mann untersagte, weitere Frauen zu ehelichen. Es wurden jedoch auch keine effektiven Sanktionen angegeben, falls er diese Klausel missachtete.

Insgesamt lässt sich das Gesetz von 1917 als erster, vorsichtiger Versuch zur Stärkung der Frauenrechte in der Ehe betrachten. Beim islamischen Klerus löste es großen Widerstand aus. Einer der führenden Ulema der Zeit, Sadreddin Efendi, verteidigte die Polygynie mit den Worten:

> Der Koran und die islamische Tradition sagen eindeutig, dass der Mann für das Eingehen einer zweiten Ehe keine Zustimmung seiner ersten Frau benötigt. Für diese Annahme gibt es in der muslimischen Rechtsprechung absolut keine Rechtfertigung. Die betreffende Klausel ist eine inakzeptable Interpretation.[17]

Das Gesetz von 1917 blieb nicht lange in Kraft. Mit dem Ende des Krieges und angesichts des in Ungnade gefallenen KEF-Triumvirats wurde es schon 1919 wieder aufgehoben.

Die kemalistische Republik musste daher ganz von vorn beginnen. Zuerst schien sie geneigt, sich am Gesetz von 1917 zu orientieren und so die Ulema zu beschwichtigen. Doch im März 1924 meldete sich Mustafa Kemal zu Wort und machte deutlich, dass ihm in diesem wie in vielen anderen Angelegenheiten nicht an Kompromissen gelegen war:

> Das Entscheidende ist, unsere Rechtsansichten, unsere Gesetze und unsere rechtlichen Institutionen von dominanten Prinzipien zu befreien, die den Anforderungen der Zeit nicht entsprechen ... Die Richtung, die das Zivil- und Familienrecht einschlagen muss, kann einzig und allein die der westlichen Zivilisation sein. Jetzt nur halbe Maßnahmen zu ergreifen und sich an alte Überzeugungen zu klammern ist das größte Hindernis für die Erweckung der Nationen.[18]

Mahmut Esat wurde neuer Justizminister, und das Bürgerliche Gesetzbuch wurde schließlich im Februar 1926 verabschiedet. In der Präambel stellt Mahmut Esat klar heraus, dass die von Gökalp proklamierte schöpferische Spannung zwischen *medeniyet* (Zivilisation) und *hars* (Kultur) für die neue Republik keine Gültigkeit haben wird:

Wir dürfen niemals vergessen, dass die türkische Nation beschlossen hat, die moderne Zivilisation und ihre Lebensprinzipien bedingungslos und vorbehaltlos anzunehmen ... die türkische Nation muss um jeden Preis ihre Maßnahmen den Erfordernissen der heutigen Zivilisation anpassen.[19]

Von der Scharia und der jahrhundertelangen Praxis des *fiqh* (der »verstehenden Interpretation« des Rechts) wandte sich das neue Zivilrecht vollends ab. Das Familienrecht sollte nicht nur festgeschrieben werden, was ja an sich schon eine Revolution war, es sollte auch noch nach Schweizer Vorbild formuliert werden! Die symbolische Tragweite dieser Entscheidung war immens.

Warum entschied sich die Türkei für die Schweiz? Darauf lässt sich keine eindeutige Antwort geben. Das schweizerische Gesetzbuch war sicher zu jener Zeit das jüngste in Europa; es war einfach verfasst und verfügte über eine beschränkte Anzahl von Artikeln; und es richtete sich an eine Nation, die innerhalb ihrer Grenzen sprachliche und religiöse Minderheiten beherbergte. Kam hinzu, dass der 1923 geschlossene sogenannte »Vertrag von Lausanne« der türkischen Republik internationale Anerkennung zusicherte, aber auch die Aufforderung beinhaltete, die Türkei müsse ein Zivilgesetz in Kraft treten lassen, das für sämtliche Einwohner, also auch für die wenigen verbleibenden griechischen und armenischen Gemeinden gelte. Vielleicht stammt die Idee zur Übernahme des Schweizer Gesetzes sogar aus Lausanne selbst.

Doch es gab wahrscheinlich noch ein anderes Motiv. Die Schweiz besaß eine bemerkenswerte demokratische Tradition, die auf dem Stimmrecht für erwachsene Männer basierte, doch sie gehörte eben auch zu den Ländern, in denen man der Forderung nach Gleichberechtigung von Mann und Frau im privaten und öffentlichen Bereich besonders schleppend nachging. Die schweizerische Sicht auf die Emanzipation der Frau entsprach also der paternalistischen Haltung Mustafa Kemals. Auf Bundesebene erhielten die Schweizer Frauen erst 1971 das Wahlrecht, als letzte in ganz Europa. Die beiden Länder standen also für eine ähnliche Frauenpolitik. Die Türkei gab Frauen allerdings schon früh (1934) das Wahlrecht, aber in einem von Männern dominierten Einparteienstaat war dies kaum mehr als eine Alibihandlung.

Die Einzelheiten des türkisch-schweizerischen Zivilgesetzes (es gibt wenige Abweichungen) haben in ganz unterschiedlicher Hinsicht historische Bedeutung. Zuerst einmal verdeutlichen sie die Abkehr von den osmanischen und islamischen Gebräuchen, indem Frauen endlich formale Rechte zugesprochen werden, vor allem in Bezug auf das Eingehen, Führen und Beenden einer Ehe. Dann aber offenbaren sie auch, wie das Gesetzbuch die männliche Dominanz nicht nur im öffentlichen, sondern auch im häuslichen Bereich sicherte.

Die Ehe war fortan eine öffentliche, staatlich registrierte Angelegenheit. Im dritten Teil des Eherechts (Artikel 97–111) wurde das entsprechende Verfahren geregelt. Besonders wichtig war, dass die Eheleute ihre Personalien vorlegten (um Bigamie oder Ähnliches zu verhindern) und ein Dokument über die Eheschließung erhielten. Religiöse Trauungen hatten keine rechtliche Gültigkeit und konnten nur nach der standesamtlichen Trauung vollzogen werden (Art. 110). Männer mussten mindestens 18, Frauen mindestens 17 Jahre alt sein, obwohl unter speziellen Umständen Ausnahmen galten. Die Vielehe wurde nicht erwähnt (schließlich handelte es sich um das Schweizerische Zivilgesetzbuch), wohl aber automatisch ausgeschlossen. Artikel 151 verlangte, dass die Eheleute sich die Treue schworen.

Die Liste der Scheidungsgründe ist beeindruckend in ihrer unverblümten, repetitiven Form – besonders, wenn man bedenkt, dass es vorher nur die willkürliche Verstoßung der Ehefrau gab. Zu den besonderen Scheidungsgründen gehörten Ehebruch, Morddrohung, Misshandlung oder Ehrenkränkung, Straffälligkeit eines Ehepartners, unehrenhafter Lebenswandel, böswilliges Verlassen oder Geisteskrankheit. Ein allgemeiner Scheidungsgrund war die Zerrüttung des Fundaments der ehelichen Gemeinschaft.

Auch in vielen anderen Bereichen verbesserte sich die rechtliche Stellung von Frauen deutlich. Die islamische Praxis gewährte einer Tochter nur die Hälfte von dem, was ein Sohn erbte. Mit dem Gesetz von 1926 erbten alle Kinder unabhängig vom Geschlecht einen gleichen Anteil. Artikel 144 führte zum ersten Mal die Verpflichtung zu Unterhaltszahlungen ein, die ein Jahr lang an die »unschuldig in Armut geratene Ehefrau« gingen und deren Höhe sich nach dem Erwerb des Partners (fast ohne Ausnahme des Mannes) richtete. Wenn ein Mann innerhalb der Ehe seinen finanziellen Verpflichtungen nicht nachkam, konnte ein Richter einer dritten Partei anordnen, sämtliches Einkommen direkt an die Frau zahlen zu lassen (Art. 163).

Auf der anderen Seite aber – und dies war die zweite Marschrichtung des Gesetzbuchs – wurde die männliche Dominanz klar bestätigt. Dabei ging es nicht um Willkür, Unterdrückung, Gewalt oder Polygynie, sondern um einen neuen Paternalismus, in dem Männer andere Verpflichtungen hatten als Frauen. Diese Orientierung drückte sich in dem Titel »Die Wirkung der Ehe im Allgemeinen« (Art. 151–169) aus. Darin war festgelegt, dass der Mann Vorstand der ehelichen Gemeinschaft sei. Er bestimmt die eheliche Wohnung und sorgt für den gebührenden Unterhalt von Frau und Kindern. Die Frau trägt den Namen des Mannes und schuldet ihm nach Kräften Hilfe und Unterstützung zur Schaffung gemeinsamen Wohlstands. Sie führt den Haushalt (Art. 153), der Ehemann aber repräsentiert die Familie nach außen (Art. 154). Mann und Frau tragen gemeinsam Verantwortung für die laufenden Bedürfnisse des Haushalts. Der Mann jedoch kann seiner Frau ihre Rechte ganz oder teilweise entziehen, wenn sie diese innerhalb der ehelichen Gemeinschaft missbraucht oder nicht in der Lage ist, sie auszuüben (Art. 156). Für eine ähnliche Unfähigkeit des Mannes war keine Klausel vorgesehen. Artikel 159 schließlich regelte die Bedingungen, unter denen eine Frau eine Anstellung außerhalb des Hauses annehmen durfte. Dies geschah ausschließlich mit dem ausdrücklichen oder stillschweigenden Einverständnis des Mannes. Wenn er ihr die Erwerbstätigkeit verbot, konnte die Frau zwar vor Gericht gehen, musste dort aber beweisen, dass ihre Entscheidung nicht durch Eigeninteresse, sondern durch die Bedürfnisse der Familie motiviert war.[20]

Insgesamt zielte das türkische Zivilgesetzbuch darauf ab, die Stabilität der Familie als Institution zu stärken. Innerhalb der Familie sollten die Geschlechter klar umrissene, aber nicht identische Rechte und Pflichten haben, wobei das männliche Familienoberhaupt eindeutig das Sagen hatte. Frauen sollten ihren Familien dienen, und vor allem sollten sie der Nation als Mütter dienen. Auch durch das Namensgesetz von 1934 wurde die Familie als Institution gestärkt. Jeder Bürger der Türkei sollte sich einen Familiennamen zulegen, Ehefrauen sollten den Namen ihres Ehemannes tragen. Aus Halide Edip wurde damit Halide Edip Adıvar –

nach dem Nachnamen, den ihr (zweiter) Ehemann 1934 für sich ausgesucht hatte.

Ein Vergleich der russischen Zivilgesetze von 1918 und 1926 mit dem türkischen von 1926 ist äußerst aufschlussreich. Alle drei waren vor allem säkulare Gesetze, die religiöse Eheschließungen degradieren und die Macht der religiösen Gerichte aufbrechen wollten. Alle drei stellten heraus, dass der Staat das Recht und die Pflicht habe, in das Familienleben einzugreifen und den Alltag der Familie zu regeln.

Doch gab es in der Türkei keine vergleichbare Erfahrung zu den heftigen Diskussionen, die überall in Russland über das Familienrecht von 1926 geführt wurden. Atatürks Revolution von oben gab sich nie den Anstrich demokratischer Partizipation. Es kam höchstens in der Großen Nationalversammlung zu Auseinandersetzungen, die aber 1925/26 schnell abgebrochen wurden. Zudem wurde in den beiden russischen Gesetzen viel mehr Wert auf die tatsächliche Gleichberechtigung der Geschlechter gelegt. Die Emanzipation, die der sowjetische Gesetzgeber im Sinne hatte, war umfassender und weniger paternalistisch als in der Türkei.[21]

Die eigentliche Trennung, zumindest auf einer Ebene – nämlich der Stärkung von Zusammenhalt und Identität der Familie –, muss man ziehen zwischen dem ersten bolschewistischen Gesetz von 1918 und den beiden Gesetzen aus dem Jahr 1926. Das Gesetz von 1918 revolutionierte das Erbrecht, indem es dieses vollkommen abzuschaffen versuchte. Und unter Goichbargs und indirekt auch Kollontais Einfluss wurde der Übergangscharakter der Familie betont, ihre letztendliche, wenn nicht gar bevorstehende Auflösung zugunsten einer höheren Lebensform, nämlich dem staatlichen Kollektiv. Im Gegensatz dazu sorgten sich das türkische und das russische Familiengesetz von 1926 – auch wenn das russische die eheähnliche Lebensgemeinschaft nur widerwillig anerkannte – vor allem um die Sicherung einer stabilen und funktionierenden Familie.

Städtisches und ländliches Familienleben nach Kemals Reformen

In den großen Städten fiel Kemals radikale Reform mit den Entwicklungen in den türkischen Familien zusammen und verstärkte diese. Wie ich weiter oben zu zeigen versucht habe, gab es bereits im Istanbul des ausgehenden Osmanischen Reichs einen Trend zur Konzentration auf die Kernfamilie und zu einem neuen, gleichberechtigteren Umgang der Geschlechter. Frauen aus der urbanen Mittelschicht hatten begonnen, sich aus dem *harem*, dem isolierten Privatbereich des Hauses, hinaus in den öffentlichen Raum zu bewegen. Diese Entwicklung wurde im ersten Jahrzehnt der neuen Republik deutlich verstärkt. Wie Duben und Behar feststellen, hatten die Istanbuler Frauen der 1930er Jahre im Vergleich zu ihren osmanischen Schwestern ganz klar große Fortschritte gemacht.[22]

Diese Fortschritte ließen sich auf vielerlei Art messen: Frauen hatten größere Freiheit bei der Wahl ihres Ehepartners; sie heirateten drei bis vier Jahre später als ihre Geschlechtsgenossinnen Ende des 19. Jahrhunderts; sie konnten auf derselben Grundlage wie ihre Männer die Scheidung verlangen, und sie nahmen in immer größerer Zahl am Erwerbsleben teil. Vor allem aber genossen sie eine verbesserte Bildung. 1929/30 besuchten etwa 75 Prozent der Mädchen zwischen 7 und 11 eine Istanbuler Grundschule, ein beinahe gleich hoher Anteil wie bei den Jungen. Dies war eine außerordentliche Entwicklung, wenn man bedenkt, dass zur selben Zeit in der Türkei insgesamt 80 Prozent der Jungen und 87 Prozent der Mädchen weder lesen noch schreiben konnten. Von 1920 bis 1938 waren 10 Prozent der Hochschulabsolventen Frauen.

Die säkulare Republik bestärkte in Städten lebende Frauen und Männer, sich gesellschaftlich, wenn auch nicht politisch, freier zu fühlen. Sie konnten auf bescheidene Art genießen, was Michel de Certeau die »Kunst des Handelns« nennt. Viele lange gültige und religiös geprägte Einschränkungen fielen beiseite. Frauen und Männer begannen, sich als Paar in der Öffentlichkeit zu zeigen und am Abend miteinander auszugehen – in Restaurants am Ufer des Bosporus, zum Tanzen und auf Empfänge. Nach den Schrecken des vorangegangenen Jahrzehnts herrschte in Ankara und in Istanbul das Gefühl eines Neuanfangs vor.[23]

Für die ländliche Türkei galten andere Gesetze. Schon 1924 verkündete der republikanische Gesetzgeber ein umfassendes neues »Dorfgesetz« (*Köy Kanunu*). Es legte 37 Standards für sämtliche türkische Dörfer fest, die beinahe jeden Lebensbereich betrafen: Das Wasser im Dorf musste sauber sein, jedes Haus sollte einen überdachten Abort haben, und eine Wand sollte den Schlafbereich der Familie von den Ställen der Tiere trennen. Alle vier Jahre sollten alle erwachsenen Bewohner des Dorfes einen *muhtar* (Vorsteher) und einen Ältestenrat wählen. Der Muhtar sollte die Interessen des Dorfes vertreten, war aber vor allem auch Verwaltungsbeamter, der die Anweisungen der Zentralregierung entgegennahm. Das Dorfgesetz sollte im Verbund mit dem Zivilgesetzbuch und der Bildungsreform neue Grundlagen für das Dorfleben schaffen – säkulare, hygienische und wissenschaftliche Standards und weniger Unterschiede zwischen Mann und Frau. Einzelpersonen und Familien sollten in das gemeinschaftliche, jedoch nicht kollektivistische Projekt der Nationenbildung eingebunden werden.[24]

All das war leichter gesagt als getan. Während die kemalistischen Neuerungen in den Städten auf viele Gemeinsamkeiten mit der generellen Entwicklung von Familien stießen, wurden sie auf dem Land mit Skepsis, zuweilen mit Feindseligkeit betrachtet. Das betraf konkret die Neuerungen, welche die zivilen und religiösen Eheschließungen regelten. Entgegen den Forderungen des Zivilgesetzes, die durch Artikel 237 des Strafgesetzbuches geregelt worden waren (für Priester und andere Personen, die eine religiöse Ehe zelebrierten, ohne dass vorher eine zivile Ehe geschlossen wurde, waren Haftstrafen von bis zu zwei Jahren vorgesehen), wurde das Prinzip der eingetragenen bürgerlichen Ehe auf dem Land weitgehend ignoriert.[25] Der Mangel an geeigneten historischen Quellen aus den 1930er und 1940er Jahren erschwert jedoch eine genaue Beurteilung der Reaktionen der ländlichen Bevölkerung. 1949/50 bereiste der britische Anthropologe Paul Stirling zwei Dörfer auf dem anatolischen Zentralplateau: Sakaltutan und Elbaşı in der Provinz Keyseri. Er traf selbst zu diesem späten Zeitpunkt auf eine große Kluft zwischen republikanischer Gesetzgebung und ländlicher Praxis. Für die Dorfbewohner war die einzige Form der Hochzeit, die von Belang war, eine religiöse Zeremonie durch den Imam oder auch eine andere Person, wenn diese die erforderlichen rituellen Formeln beherrschte. Die Zivilehe hatte keinerlei Bedeutung. Eine amtliche Eintragung der Ehe war für die Dorfbewohner kein Ritus aus ihrer Erfahrungswelt, sondern bedeutungsloser bürokratischer »Hokuspokus«.[26] Der traditionelle Hochzeitsritus wiederum entsprach kaum den Vorstellungen des türkisch-schweizerischen Gesetzbuchs. Die Zeremonie unterstrich vor allem die Ungleichheit der Geschlechter, die Trauer der Braut beim Verlassen ihrer Ursprungsfamilie und ihre sofortige Unterwerfung in der Familie des Bräutigams:

> Vier der eingetroffenen *yenge* und eine Frau an der Seite des Mädchens, die ebenfalls *yenge* genannt wird, führen die Braut klagend und weinend in einen innenliegenden Raum, in dem sie für ihren zukünftigen Mann angekleidet wird. Von diesem Moment an darf sie, bis sie irgendwann mit ihm allein ist, kein Wort sprechen, sondern weint nur ununterbrochen ... Aus allen Teilen der Türkei wird von verschiedenen Riten berichtet, die sich an der Schwelle des neuen Hauses ereignen. In Sakaltutan betrat die Braut das Haus unter den Beinen der Schwiegermutter hindurch, die zu diesem Zweck hochgehoben wurde.[27]

Das Zivilgesetzbuch vertrat eine Idee von Familie, die im stärksten Kontrast zu den Gegebenheiten und den Bräuchen des anatolischen Bauernlebens standen. Ein genauerer Blick auf dieses Landleben ist daher geboten.

In den Dörfern der Steppe war die Wohnsitzregelung meist patrilokal, wobei das männliche Familienoberhaupt potenziell despotische Macht über die gesamte Großfamilie ausübte. Zwischen Vater und Sohn herrschten strenge formale Beziehungen. Söhne durften in der Öffentlichkeit nur sprechen, wenn der Vater sie dazu aufforderte. Sie durften niemals Widerworte geben. Genauso war es ihnen verboten, in Gegenwart ihres Vaters zu rauchen. Unter keinen Umständen erwähnten Vater oder Sohn in Gegenwart des anderen sexuelle Themen. Ab dem Alter von etwa 8 Jahren mussten sich die Jungen um das Vieh kümmern, mit 12 lernten sie, mit einem Pflug umzugehen. Das Erbe wurde verschoben, bis der *pater familias* verstarb.[28]

Männer und Frauen führten ein streng getrenntes Leben. In den von Stirling besuchten Dörfern war der wichtigste Raum eines Hauses der *ev*. Er war der Bereich der Frauen und Kinder, in seiner Mitte stand ein wie ein Bienenkorb geformter Ofen namens *tandır*. »Um den Ofen waren,

Eine Hochzeit in Anatolien. Die Frau verlässt, gefolgt von den yenge, *ihr Zuhause*

wenn die Frauen Zeit zum Sitzen hatten oder Besuch kam, Matten, Teppiche und Kissen verteilt.«[29] Kein Mann, der nicht zur Familie gehörte oder kein enger Verwandter war, durfte den *ev* betreten. Selbst ein Cousin durfte nur mit einem dringenden Anliegen Zutritt verlangen. Die Männer arbeiteten auf dem Feld und kamen nur zum Essen und Schlafen in den *ev*. Manche größere Häuser hatten noch einen zweiten Raum, der als »Gästezimmer« dem gesellschaftlichen Umgang der Männer diente. Dort saßen dann an den Abenden die Männer der Familie, kochten, wenn sie es sich leisten konnten, Kaffee oder Tee und empfingen Nachbarn und Gäste. Diese Räume hatten einen festen *divan*, der eine Wandseite einnahm. Einige, vor allem ältere Frauen betraten gelegentlich diese männliche Enklave. Auffällig war, dass die Männer so viel Zeit wie möglich draußen, abseits von Haus und Familie verbrachten. Es war, als herrschte ein nicht erklärter Krieg zwischen den Geschlechtern. Stirling schreibt: »Ich habe Männer gesehen, die während eines Schneesturms unter einem Vordach standen, anstatt zu ihren Frauen ins Haus zu gehen.«[30]

In einer berühmten Darstellung des Dorflebens in Zentralanatolien, die Anfang der 1950er Jahre von einem jungen Dorflehrer verfasst wurde, wird deutlich, wie begrenzt die Wirkung der kemalistischen Revolution selbst nach zwei Jahrzehnten war. Die von Mahmut Makal (geboren 1931) beschriebenen Dörfer waren noch ärmer als die Orte in Stirlings Studie.[31] Das Alphabetisierungsprogramm, das allen Dorfkindern eine fünfjährige Grundschulausbildung sichern sollte, befand sich im heillosen Durcheinander. Die herrschende Kultur war die des jeweiligen *hoca* (Religionslehrers) und damit des Korans. Es gab Dorf-Derwische, obwohl die Derwisch-Klöster schon lange abgeschafft waren. Wie in der russischen Landbevölkerung waren Magie und Aberglaube allgegenwärtig.[32]

Insgesamt ergibt sich das Bild einer ernsten und strengen, streng traditionell geprägten bäuerlichen Gesellschaft, die physisch und kulturell vom Rest der Türkei abgetrennt ist und in einer nur begrenzt für die Landwirtschaft tauglichen Region ihr karges Leben fristet – einer Gegend, in der das Überleben von wenigen, unvorhersehbaren Regenfällen abhängt. Natürlich gab es in einer so großflächigen Region Unterschiede. Die Kargheit des anatolischen Zentralplateaus stand in Kontrast zu den fruchtbaren Tälern in der Nähe der Küste und dem üppigen Flachland, das man etwa in der Umgebung von Adana antrifft. Dennoch gibt es

Grundmuster. Es handelte sich durchgehend um Kleinbauern mit geringem Landbesitz, nicht um landlose Arbeiter. 1907 machten Landbesitze von 4,5 Hektar und weniger 81 Prozent der kultivierten Fläche Anatoliens aus.[33] Dies sorgte teilweise dafür, dass die türkischen Bauern über keine kollektivistische Tradition wie in Russland verfügten. Außerdem gab es keine Tradition des Protests, es gab keine Unruhen oder Revolten. Stattdessen hatte man es mit duldsamen Menschen zu tun, die eine hohe Sterblichkeit nicht nur unter Neugeborenen kannten und eine eher diffuse Religiosität lebten, die durch die eingeschränkte institutionelle Präsenz des Klerus gekennzeichnet war.

Obwohl die Mehrzahl der Bauern Kleinbesitzer waren, hatte eine anatolische Familie im Laufe eines Lebenszyklus kaum Chancen, sich wirtschaftlich zu verbessern. Der reichste Mann in Elbaşı war nur so wohlhabend, weil er sich beträchtliche Landstücke gesichert hatte, nachdem die Einwohner eines nahe gelegenen Dorfes griechisch-orthodoxer Christen ihren Besitz hatten aufgeben müssen. Dies geschah 1923, und die griechischen Christen waren unfreiwilliger Teil des sogenannten »Bevölkerungsaustauschs«.[34]

Allgemein machten die türkischen Dörfer immer einen kargeren und verlasseneren Eindruck als die der Christen. 1904 beschrieb Lucy Garnett, eine aufmerksame amerikanische Beobachterin, die Aufrichtigkeit und Ernsthaftigkeit der türkischen Bauern, ihre Enthaltsamkeit, die in so krassem Gegensatz zu den Gewohnheiten russischer Bauern stand, und »ihre passive Zufriedenheit und würdevolle Resignation«. Doch sie bemerkte auch, dass es bei den türkischen anders als bei den griechischen oder armenischen Bauern »keinen wöchentlichen Tanz, kein wiederkehrendes Dorffest und wenig Musik zur Ablenkung von der Eintönigkeit des Alltags« gab. Türkische Frauen setzten sich auch nicht wie Christinnen mit ihren Handarbeiten vor die Häuser.[35]

Das Kriegsjahrzehnt hatte diesen Bauernfamilien zugesetzt wie keine Epoche vorher. Auch auf dem Land wurde der Friede, den der Kemalismus brachte, freudig begrüßt. Aber die Landbevölkerung begegnete dem Regime mit Misstrauen – trotz der vielbeschworenen anatolischen Wurzeln der neuen Regierung. Mustafa Kemal dachte als klug agierender Diktator nicht daran, die Bräuche und Gewohnheiten der Bauern offen anzugreifen. Wie schon bei der Frage der Verschleierung übte er lieber

Zurückhaltung und hoffte, dass Zeit und Erziehung Wirkung zeigen würden. Er hatte nicht vor, von einem Stellungskrieg zum Frontalangriff überzugehen. Ein grausamer Krieg, wie ihn Stalin gegen die russischen Bauern im Rahmen des ersten Fünfjahresplans führte, war seine Sache nicht. Im Gegensatz zu Stalin hatte Kemal einen ausgeprägten Sinn dafür, wann eine Grenze erreicht war. Ihm war bewusst, dass die anatolischen Familien einen nicht unbedeutenden Teil zum Unabhängigkeitskrieg beigetragen hatten. Und außerdem wusste er, dass die Anatolier das waren, was Demografen eine Bevölkerung mit »natürlicher Fruchtbarkeit« nennen, da sie keinen Zugriff zu Verhütungsmitteln hatte und die Familienkultur vorsah, viele Kinder, vor allem männlichen Geschlechts, zu bekommen. Atatürk brauchte diese Jungen – und späteren Männer – für seine Armee und für die Verteidigung eines Staatsgebiets, das unter großen Opfern errungen worden war.

»Die Ehe ist wohl nicht für mich gemacht«

Betrachten wir zum Abschluss dieses Kapitels, welche Rolle die Familie in Kemals eigenem Leben gespielt hat, und versuchen wir einen ersten Vergleich mit den anderen großen Diktatoren der ersten Jahrhunderthälfte. Wenn man über die Ursprungsfamilien dieser modernen Tyrannen liest, findet man bei den Historikern vor allem folgende These: Eine stark enttäuschende Vaterfigur und eine hingebungsvolle Mutter sind die notwendigen, wenn auch nicht hinreichenden Bedingungen für die Entwicklung einer diktatorischen Persönlichkeit, die ihre Individualität und Männlichkeit auf gewaltsame Weise behauptet. Stalin hasste seinen Vater, der ihn und die Muter häufig schlug. Francos Vater war lieblos und die meiste Zeit fort, Hitlers Vater war desinteressiert an seinem Sohn und autoritär. Kemals Erfahrung als Sohn fügt sich in diese Muster ein. Sein Vater wurde von der eigenen Familie als Gescheiterter betrachtet, er trank und starb jung. Seine Mutter Zübeyde dagegen war eine sehr starke Person, von der sich Kemal nie ganz emanzipierte. Er hatte ein zwiespältiges Bild von ihr. Auf der einen Seite idealisierte er sie. Als der italienische Bildhauer Pietro Canonica nach Ankara kam, um dort mehrere Büsten von Mustafa Kemal anzufertigen, erzählte ihm der »Vater der Türken«:

»Sie war meine beste Freundin ... Als ich sie verlor, verlor ich alles.«[36] Auf der anderen Seite übte Zübeyde autoritären Einfluss auf sein Leben aus, sie drängte ihn zu einer religiösen Schule, lehnte seine Militärlaufbahn ab und war nie ganz zufrieden mit den Entscheidungen, die ihr Sohn traf, besonders in Bezug auf Frauen.

Lieblose Väter, Väter, die nicht für ihre Kinder da waren, und überfürsorgliche, kontrollwütige Mütter scheinen den Nährboden zu bilden für künftige Diktatoren. Auch Jungen, die schon früh als einziges männliches Familienmitglied übrig bleiben, haben offenbar ein Diktatorensyndrom. Doch wird die saubere psychologische Symmetrie durch den Fall Mussolini aufgebrochen. Seine selbstlose, sehr katholische und sich ganz der Familie widmende Mutter passt ins Bild. Sein Vater Alessandro aber, der gegen den aufmüpfigen Sohn manches Mal Prügel einsetzte, wurde von Benito aufgrund seiner politischen Ansichten und seiner Erziehungsideale sehr geschätzt.

Alle Diktatoren legten Wert darauf, dass ihre Untergebenen ein geregeltes und anständiges Leben führten. Sie alle betonten, wie wichtig die Stabilität der Familie und wie zentral die Familie als Institution in der jeweiligen »neuen Ordnungen« sei. Doch nur einen von ihnen, nämlich Francisco Franco, könnte man allenfalls als »guten Familienvater« oder wenigstens »erfolgreichen« Ehemann betrachten. Franco war zweiundfünfzig Jahre lang, von 1923 bis 1975, mit María del Carmen Polo verheiratet.

Mustafa Kemal dagegen hatte keine Zeit für ein Zuhause und wollte auch keine eigene Familie gründen. Seine freie Zeit am Ende des Tages verbrachte er ausnahmslos mit seinen soldatischen Trinkkumpanen. Wenn alle genug intus hatten, unterhielt man sich unter anderem gern über die eigene Manneskraft. Kemal, blond und blauäugig und in Jugendtagen besonders gut aussehend, konnte von vielen Eroberungen berichten. Laut einer Anekdote soll er auf die Frage »Was schätzen Sie an Frauen am meisten?« geantwortet haben: »Ihre Verfügbarkeit.« Aber das war nur eine Seite dieses Mannes. Wie gesehen, hatte er ein ehrliches und leidenschaftliches Interesse an der Emanzipation der Frau. Innerhalb der von ihm selbst vorgegebenen paternalistischen Grenzen wollte er Frauen von Aberglauben, Isolation und Unwissenheit befreien.

Im November 1914 heiratete sein Busenfreund Fuat. Kemal schickte ihm seine Glückwünsche mit recht aufschlussreichen Worten zum Thema Ehe:

> Das Leben ist kurz, und die meisten Männer sehen in der Ehe den vernünftigsten Weg, es mit Glück zu krönen. Männer, die diese Regel nicht erkennen, sind die Ausnahme. Diese Ausnahmen bestätigen nicht die Regel. Die Unglücklichen sind vielmehr Opfer der Umstände, die ihnen nicht erlauben, diese so angenehme Regel zu erkennen – vielleicht weil sie Angst vor der Ehe haben.[37]

Offenbar sprach er in diesem Brief von sich selbst. Knapp zehn Jahre später sollte auch er heiraten. Am Ende des Unabhängigkeitskriegs, im September 1922, lernte er die 24-jährige Tochter eines reichen türkischen Kaufmanns kennen, in dessen Haus im eben zurückeroberten Smyrna (Izmir) er wohnte. Lâtife hatte in Frankreich Jura studiert, war aber nach der Schlacht am Sakarya in die Türkei zurückgekehrt. Sie war nicht besonders hübsch, beeindruckte Kemal aber durch ihr europäisches Auftreten und ihre Bildung, ihre ungezwungene und direkte Art. Sie war eine sehr dynamische Person und eine ausgezeichnete Organisatorin. Mustafa nannte sie scherzhaft die »Oberbefehlshaberin des Hauptquartiers«. Einige Monate später, Ende Januar 1923, heirateten die beiden in Smyrna. Die Hochzeit wurde geheim gehalten, und Kemal verzichtete passenderweise darauf, bei Lâtifes Vater um ihre Hand anzuhalten. Die Braut trug ein Kopftuch, ihr Gesicht aber war nicht verschleiert.

Es gab keine Hochzeitsreise, sondern das Paar bezog gleich darauf Kemals Villa in Çankaya, in den Bergen südwestlich von Ankara. Das Haus war um einiges kleiner als Lâtifes Elternhaus und befand sich in größerer Entfernung vom Mittelmeer. Am ersten Abend dort musste Lâtife allein essen, weil ihr Gatte bis halb vier Uhr morgens mit seinen Freunden feiern musste. In den kommenden zwei Jahren fühlte sie sich zunehmend alleingelassen und wurde immer verbitterter. Dazu kam, dass sie nicht schwanger wurde. Im August 1925, heißt es, soll Kemal nachts spät nach Hause gekommen sein und vor der Tür noch mit den Wachen geplaudert haben. Vom Balkon aus rief darauf die wütende Lâtife: »Kemal, komm sofort herein! Reichen dir nicht deine Kumpanen aus der Nachbarschaft? Musst du dich auch noch mit den Wachen anfreunden?« Öffentlich vor einfachen Soldaten derart zurechtgewiesen zu werden, konnte Kemal nicht auf sich sitzenlassen. Am nächsten Tag schrieb er seiner Gattin, es wäre besser, wenn sie sich eine Zeitlang trennten, und Lâtife solle zu ihrem Vater zurückkehren. Seine Leute wies er an, Lâtife unverzüglich nach Smyrna zu begleiten. Ein paar Tage später, am 11. August 1925, informierte er die Regierung, er habe sich von seiner Frau scheiden lassen. »Die Ehe ist wohl nicht für mich gemacht«, äußerte er 1926 reuevoll gegenüber Pietro Canonica.

Die Geschichte seiner unglücklichen Ehe belegt nochmals, dass Kemals einzige Familie, die er wirklich uneingeschränkt liebte, das Militär war. Seine Villa in Çankaya wurde nach Kemals Anweisung der türkischen Armee überschrieben. Kemal hatte, wie Hitler, keine eigenen Kinder, womöglich war er zeugungsunfähig. Der emotionalen Kargheit seines Privatlebens – eine Art inneres Anatolien – begegnete er mit dem Entschluss, mehrere Kinder zu adoptieren. Diese waren bis auf eine Ausnahme alle weiblich, vom Kleinkind bis zum Halbwüchsigen. Die Zukunft dieser Kinder wurde, wie es eines von ihnen ausdrückte, von Mustafa Kemal »eigenhändig gestaltet«.[38]

Sein liebstes Adoptivkind war Afet, eine blonde Grundschullehrerin, die achtzehn war, als Kemal sie im Oktober 1925 kennenlernte. Er hatte sich soeben von Lâtife scheiden lassen. Es besteht kaum Zweifel, dass Afet nicht nur seine Adoptivtochter, sondern auch seine Geliebte wurde. In späteren Jahren war sie jedenfalls seine treueste Begleiterin. Anders als Lâtife, so bezeugen viele, wusste sie mit Mustafa Kemal umzugehen, war »verfügbar«, stellte aber nie Forderungen und machte keine Versuche, ihn zu steuern. In seinem Privatleben hatte dieser Mann nämlich nur wenig Geduld mit emanzipierten Frauen – erst recht nicht, wenn es um die eigene Gattin ging. Eine Frau zu haben, die den Status einer Adoptivtochter beziehungsweise Geliebten hatte, kam ihm da zupass. Afet war seine willige Gehilfin, war oft bei offiziellen Essen anwesend und notierte seine Tischgespräche. Später, nach Atatürks Tod im Jahre 1938, wurde sie Professorin an der Universität von Ankara.

Es gibt eine großartige Fotografie aus dem Jahr 1927, die zeigt, wie die Frau eines hohen Regierungsangestellten Mustafa Kemals Hand küsst, bevor dieser den Dolmabahçe-Palast betritt. Es ist dieselbe Hand, die Halide Edip so eindrücklich in ihren Erinnerungen beschreibt:

Die Zugtür ging auf, und Mustafa Kemal Paşa streckte mir seine Hand entgegen, um mir beim Aussteigen behilflich zu sein. Sein kräftiger zupackender Griff erinnerte mich sofort an Mehmet Çavuş und andere aus der Nationalen Bewegung, denen ich während meiner Flucht begegnet war. Und doch unterschieden sich die großen breiten Hände der anatolischen Kämpfer beträchtlich von jenen Mustafa Kemal Paşas. Schmalfingrig und feinnervig waren diese gepflegten Hände. Aber man traute ihnen ohne weiteres die Kraft zu, den Feind – wenn nötig – am Kragen zu packen.[39]

Alle großen Diktatoren der ersten Hälfte des 20. Jahrhunderts verließen sich auf ihre Propagandamaschinen, um Bilder ihrer Familien zu liefern. Sie alle legten Wert auf die eigene Sonderrolle. Sie wurden als große Männer dargestellt, die bis spät abends in ihren Arbeitszimmern saßen, unfehlbare Militärstrategien entwarfen, das Schicksal ihrer Nation in den Händen hielten und eher Vaterfiguren als wirkliche Väter waren. Für sie ging der Privatmensch in der öffentlichen Person auf. Indem sie ihre übersteigerte, ihren Narzissmus nährende Rolle Tag für Tag lebten, gewannen sie ihre Kraft.

Mustafa Kemal nahm durch seinen Titel explizit Bezug auf diese Rolle. Er war kein »Duce«, kein »Führer« und auch kein »Generalissimo« – seine Kinderlosigkeit kompensierte er, indem er »Vater aller Türken« wurde. 1934 wurde ein Gesetz erlassen, das alle Türken verpflichtete, wie in westlichen Ländern einen Nachnamen zu tragen. Im November desselben Jahres sprach ein Sondergesetz Mustafa Kemal den Namen Atatürk zu, »Vater der Türken«. Einen Monat darauf verbot ein weiteres Gesetz die Verwendung des Namens Atatürk durch jede andere Person.[40] Pietro Canonica und andere Bildhauer hatten zu dieser Zeit viel zu tun. Atatürks Statue sollte auf den Plätzen überall im Land, in jeder Stadt, in jedem Dorf zu sehen sein: der Vater der Nation, wie er unerschütterlich und ernst in die Ferne blickt. Der wirkliche Mustafa Kemal war trotz aller eisigen Unnachgiebigkeit eine viel schwächere Persönlichkeit. Er war alkoholabhängig, trank sich zu Tode. Als ihn sein Sekretär Hasan Rıza Soyak anflehte, doch weniger zu trinken, antwortete Kemal:

Ich muss trinken: Mein Verstand arbeitet so heftig und schnell, dass es schmerzt. Ich muss ihn ab und zu verlangsamen und mich ausruhen. Als ich auf der Kadettenschule und später auf der Militärakademie war, mussten meine Kameraden aus dem Schlafsaal mich morgens wecken. Nachts konzentrierte sich mein Verstand auf irgendein Problem, und je mehr ich darüber nachdachte, desto weniger konnte ich schlafen. Ich wälzte mich dann die ganze Nacht in den Kissen, bis ich erschöpft kurz vor Sonnen-

Mustafa Kemal wird von der Frau eines hohen Parteifunktionärs begrüßt; Istanbul 1927

aufgang eindöste. Natürlich konnte ich es dann kaum ertragen, wenn zum Wecken geblasen wurde. Es ist heute noch so. Wenn ich nicht trinke, kann ich nicht schlafen, und die Erschöpfung macht mich benommen.[41]

Schlussbetrachtung

In der Regierung des Osmanisches Reichs gab es viel Negatives: die Unterdrückung jeder Form von Kritik, die hohe Abgabenlast der Bauern, die Unterbindung jeglicher urbaner Vereinigungen, der Mangel an kompetenten Verwaltungen in den vielen eroberten Gebieten des Reichs ... die Liste ist lang. Ein Element innerhalb osmanischen Despotismus sticht jedoch heraus – gerade wenn man bedenkt, was in den beiden ersten Jahrzehnten des 20. Jahrhunderts folgen sollte: der feste Glaube an das friedliche Zusammenleben verschiedener Ethnien und Religionen. Das bedeutete nicht, dass alle gleich waren, ganz und gar nicht. Die türkisch-islamische Bevölkerung bildete stets die privilegierte Mehrheit. Dennoch gewährte das System den Minderheiten auf vielen Gebieten Freiheiten und sorgte für ihre Sicherheit. Um nur ein Beispiel zu nennen: Die Osmanen erlaubten jedem Untertanen – und ab 1867 jedem Ausländer, der sich an die Gesetze hielt – den Besitz von Land. Ende des 19. Jahrhunderts treffen wir so auf albanische, arabische, tscherkessische, armenische, drusische, slawische und jüdische Kleinbauern. Auch Steuereinnehmer konnten jeder ethnischen oder religiösen Gruppe angehören.[42] Istanbul faszinierte viele Besucher gerade wegen seiner außergewöhnlich heterogenen Bevölkerung.

Doch stand nicht alles zum Besten. Es gab wenige Mischehen, und die Beziehungen waren meist freundlich, aber distanziert. Oftmals kam es zu Auseinandersetzungen zwischen den verschiedenen Vierteln der osmanischen Städte. In Smyrna waren die älteren Häuser der Armenier wie Festungen gebaut, besaßen im Erdgeschoss keine Fenster zur Straßenseite und große, mit Eisen beschlagene Tore, die innen mit schweren Riegeln gesichert wurden.[43] Erst später bauten Armenier Häuser mit großzügigen Eingängen und Marmortreppen, die ungehindert bis zur Straße führten. Doch es bleibt festzuhalten, dass die nicht-muslimischen, meist griechischen, armenischen und jüdischen Gemeinden in Istanbul traditionell mehr als ein Drittel der Einwohner ausmachten. Das außergewöhnliche Zusammenleben verschiedener Bevölkerungsgruppen in der Hauptstadt war eine der großen osmanischen Errungenschaften.

Mehr als jede andere politische oder kulturelle Bewegung, zumindest bis zu den Bürgerbewegungen der 1990er Jahre, waren es die Jung-Osmanen, die diese Vielfalt und Mischung propagierten. Ihre kulturelle Renaissance kennzeichnete die mittleren Jahrzehnte des 19. Jahrhunderts. Sie waren keine Demokraten oder Revolutionäre, und die muslimische Mehrheit unter ihnen war fest von der Überlegenheit der eigenen Religion und Kultur überzeugt. Doch sie hatten begriffen, dass Pluralismus und Toleranz die Gesellschaft bereicherten.

Auch Halide Edip war in vielerlei Hinsicht eine Erbin der Jung-Osmanen. Im Exil veröffentlichte sie 1935 den auf Englisch verfassten Roman *The Clown and his Daughter*.[44] Die Ende des 19. Jahrhunderts in Istanbul spielende Erzählung behandelt das Thema der kulturellen Vielfalt, der friedlichen Koexistenz verschiedener Ethnien. Halide schildert zum Teil eine imaginäre Welt, nimmt aber Bezug auf die historische Realität – eine Realität, die durch die türkische Nationalbewegung, der auch die Autorin angehörte, so nachhaltig zerstört worden ist. Oder nehmen wir die Autobiografie von Mahir İz, einem Lehrer und Beamten, der sich selbst als »religiösen Konservativen« beschrieb, der Republik aber über Jahrzehnte treu diente.[45] Sein Buch beklagt das Ende einer Zeit des vielfältigen islamischen und nicht-islamischen Miteinanders, mit dem er aufgewachsen war. Mardin nennt dies den »Verlust der Kombinationen und Permutationen, die den Motoren der islamischen ›Zivilgesellschaft‹ im ausgehenden Osmanischen Reich zur Verfügung standen«.[46]

Die Möglichkeiten der Zivilgesellschaft wurden durch die Struktur und Kultur der mittelständischen islamischen Familien des 19. und frühen 20. Jahrhunderts bereichert. Diese Familien waren in Bewegung, sie waren offen gegenüber westlichen Einflüssen und wagten Neues, sie lebten die Mischung von althergebrachten religiösen Bräuchen und modernen Sitten und nutzten den öffentlichen Raum mit größerer Neugier als je zuvor. Die Revolution von 1908 erschien als Apotheose dieser Tendenzen: als plötzliche, starke Verbrüderung mit Blick auf eine neue Welt, während die alte Welt erledigt schien.

Dieser rote Faden in der osmanischen Geschichte wurde von den Jungtürken nicht weiterverfolgt. Ihre politische Erziehung war eher positivistisch-wissenschaftlich als liberal, eher nationalistisch als international; sie waren überzeugt von der eigenen Überlegenheit und skeptisch gegenüber Formen der Vielfalt. Zwar kamen sie zu einem Zeitpunkt an die Macht, da alles im Umbruch war und ihnen angesichts der Zerteilung des Reichs, des aufkommenden Nationalismus auf dem Balkan und dem Beginn des Weltkriegs viele Zwänge auferlegt waren. Doch sie übernahmen viele negative Aspekte dieser Periode und nur sehr wenige positive. Um Ausgleich ging es ihnen nicht. Das neue, verhaltene parlamentarische Leben und das Aufblühen einer freien Presse brauchten mehr Pflege und Aufmerksamkeit, als sie bekamen. Die wahre Agenda der KEF, die Wiederbelebung eines exklusiven türkischen Nationalstaats, führte unter Weltkriegsbedingungen direkt zum Genozid an den Armeniern. Louise Bryant, John Reeds Witwe, traf nach der Revolution in Moskau den geflüchteten Enver Paşa. Seine Weigerung, Art und Ausmaß des Massenmords anzuerkennen, verwunderte Bryant: »Er sagte, er könne nicht verstehen, warum Amerikaner bei den Armeniern so sentimental wären. Ob sie glaubten, Armenier würden keine Türken töten? Das sei doch Ironie.«[47]

Enver Paşa war in den Augen vieler ein Opportunist. Mustafa Kemal war anders – wenn auch nicht, weil er sich für die Armenier eingesetzt hätte. Die hypothetische Frage, ob er sich anders als Talât, Enver und Cemal verhalten hätte, wenn er im Frühjahr 1915 an der Macht gewesen wäre, ist müßig und nicht befriedigend zu beantworten. Als er dann tatsächlich an der Macht war, setzte er eine Revolution des Alltags – der Bräuche, der Sprache, Kleidung, Erziehung und Kultur – in Gang, deren Bedeutung für die Geschichte der Türkei nicht zu unterschätzen ist, wenngleich sie vor allem auf die Städte und Küstengebiete begrenzt war und ländliche Gegenden kaum erreichte.

Auch politisch hatte die kemalistische Revolution ihre Grenzen. Kemal war Jungtürke, und Parallelen zwischen dem KEF-Regime und dem Kemalismus sind unvermeidlich. In der wichtigen Frage von Pluralismus und Vielfalt war Kemal kaum besser als seine Vorgänger. Das Schicksal der Kurden ist hier beispielhaft. Nach dem Genozid an den Armeniern bildeten Kurden in Anatolien etwa ein Viertel der Bevölkerung. Im Namen einer vermeintlichen »islamischen Brüderschaft«, aber auch im bloßen Eigeninteresse hatten sie sich, ohne zu zögern und in großer Zahl, den Mörderbanden angeschlossen, die für die Massentötungen von Armeniern verantwortlich waren. Kemal hatte erklärt, nicht nur Türken, sondern auch »verbündete muslimische Elemente« würden zu den Bürgern der neuen Republik gehören. Die Realität sah anders aus. Ab 1916 wurden wie erwähnt Regionen, die historisch durch eine starke kurdische Präsenz geprägt waren, zum Ausgangspunkt von Massendeportationen. Kurdische Gebiete wurden von türkischen Beamten verwaltet, kurdische Ortsnamen wurden ersetzt und die kurdische Sprache aus Justiz und Schule verbannt. Den von Scheich Said angeführten Kurdenaufstand im Februar 1925, ausgelöst durch die Abschaffung des Kalifats, schlug man erbarmungslos nieder. Er war Anlass für das im März 1925 erlassene repressive »Gesetz zur Festigung der Ordnung«.

Ähnlich skrupellos, aber nicht ganz so brutal verfuhr man in der fragilen Zivilgesellschaft mit freien Vereinigungen aller Art. Selbst innerhalb der relativ sicheren Grenzen der türkischen Nationalbewegung war kein Raum für autonome Organisationen. Der für Familienthemen sehr wichtige Verein *Türk Ocakları* (»Türkischer Herd«), der versucht hatte, nationalistische, positivistisch-säkulare Ideen im Land zu verbreiten, war 1931 verboten worden. Zu der Zeit hatte er rund 30 000 Mitglieder und 267 Zweigstellen. Stattdessen wurde 1932 eine neue Vereinigung gegründet, die nun unter strenger Kontrolle der Regionalbüros der kemalistischen Partei stand. Die *Halk Evleri* (Volkshäuser) in Städten und die *Halk Odaları* (Volksräume) in größeren Dörfern waren fortan offizieller Treffpunkt für von der Partei organisierte Veranstaltungen, mit dem Ziel der Verbreitung der nationalistischen Kultur.[48]

Für die Demokratie gab es in dieser Republik wenig Raum. Kemal gebrauchte den Begriff recht häufig und achtete darauf, dass formale demokratische Rituale eingehalten wurden. »Unsere Regierungsform«, schrieb er 1922, »ist grundlegend demokratisch. Und in unserer Sprache heißt eine solche Regierung ›Volksherrschaft‹.«[49] Was er eigentlich meinte, war: Die regierende Partei fällte sämtliche Entscheidungen für ein Volk, das man insgeheim für politisch unreif hielt. Wahlen waren sorgfältig inszenierte und gesteuerte Plebiszite. Die Bevölkerung sollte in gemeinschaftlichen Strukturen organisiert sein, die dazu gedacht waren, gesellschaftliche Spannungen und drohende Konflikte aufzulösen. Und über allem präsidierte streng, aber gütig der Vater der Nation, der charismatische politische und militärische Nationalheld. Dieses Muster der autoritären Regierung sollte sich das 20. Jahrhundert zu eigen machen. Die Familienpolitik des Regimes dagegen war in vielerlei Hinsicht neuer und offener. Besonders interessant ist der Vergleich mit der russischen Situation. Während Alexandra Kollontai und viele Bolschewiki die westliche bürgerliche Familie in einem Zustand der Auflösung begriffen sahen, diente sie Kemal im Gegenteil als Vorbild. Dies war auch die grundlegende Überlegung hinter dem Entschluss, das Zivilgesetzbuch der Schweiz zu übernehmen. Wenn das Schweizer Gesetzeswerk auch dem Familienoberhaupt weiterhin viele Vorrechte einräumte – umso besser. Niemand in der Türkei wollte die Dominanz von Vaterfiguren infrage stellen.

Doch in dem neuen Zivilgesetz von 1926 ging es nicht nur um die Vorherrschaft der Väter. In einem Staat mit überwiegend muslimischer Bevölkerung eröffnete es – in Kombination mit anderen kemalistischen Gesetzen im sozialen und kulturellen Bereich – ganz neue Möglichkeiten für Frauen und Kinder. Innerhalb der Familie hatten Frauen mehr Rechte als je zuvor, wozu auch das wichtige Recht gehörte, auf derselben Grundlage wie der Mann die Scheidung beantragen zu dürfen. Außerhalb der Familie konnten Frauen eine Ausbildung in Anspruch nehmen und der Nation mit einer anspruchsvollen Tätigkeit dienen, die professionelle Fähigkeiten erforderte. Sie konnten sich in der türkischen Gesellschaft, oder zumindest in ihrem städtischen Teil, frei bewegen, und zwar ohne sich verschleiern zu müssen. Kinder mussten nach wie vor diszipliniert und gehorsam sein, waren aber vor Zwangsverheiratung in einem vollkommen unangemessenen Alter geschützt.

Zweifellos war der bolschewistische Umgang mit Familienpolitik in vielen wichtigen Aspekten sehr viel fortschrittlicher. Unter Kemal gab es nichts annähernd Vergleichbares zu der breiten öffentlichen Diskussion, die in russischen Städten und Dörfern über das Gesetz von 1926 geführt wurde. Auch in Geschlechterfragen waren selbst moderate Russen den Türken weit voraus. Hätte Mustafa Kemal durch irgendeinen Zufall Bekanntschaft mit Alexandra Kollontai gemacht, er wäre von ihren Ansichten sicher entsetzt gewesen. War sie doch viel radikaler als etwa Halide Edip, und selbst ihr begegnete Kemal schon mit Misstrauen. Besonders schockiert hätte ihn Kollontais Aufruf zur öffentlichen und offenen Debatte über männliche und weibliche Sexualität. In Kemals Vorstellungswelt konnte man über Sex nur in primitiven Begriffen reden, mit Soldatenfreunden und männlichen Kumpanen, im Zuge eines abendlichen Trinkgelages. Aber auch abgesehen vom offenen Gespräch über Sexualität hätte Kemal extreme Schwierigkeiten gehabt, Lenins Ansichten zur Emanzipation von Frauen zu akzeptieren. Lenin hatte angeprangert, dass Frauen als »Hausklaven« arbeiten müssten, von der »Kleinarbeit der Hauswirtschaft« erdrückt würden und an Küche und Kinderzimmer gefesselt seien. Nach seiner Ansicht konnte es nur zu einer Emanzipation kommen, wenn die Familienküche und die weibliche Hausarbeit aufgegeben werden könnten zugunsten massiver öffentlicher und kollektiver Leistungen wie Kinderkrippen, Wäscheanstalten, Kantinen und Schulen. So würde es Frauen ermöglicht, in Vollzeit zu arbeiten, und zwar gleichberechtigt an der Seite von Männern. Die staatlichen Einrichtungen würden außerdem Familien als wichtigste Versorgungsinstanz ersetzen, wodurch deren Rolle im Alltag viel unbedeutender würde.

Dergleichen hatte Kemal absolut nicht im Sinn. Seine Revolution des Alltagslebens zielte darauf ab, die türkische republikanische Familie zu stabilisieren. Die Kernfamilie sollte eine monogame Einheit bilden, in der Mann und Frau jeweils ihre Rechte und Pflichten kannten, sie sollte ein sicheres Nest sein, das als Ausgangspunkt für das Leben der neuen Nation diente. Die bolschewistische Vorstellung, man müsse alle vorherigen Bindungen und auch die Familienbeziehungen auflösen und sie in einen hyperkollektivistischen Gesellschaftsstaat aufgehen lassen, war nicht nach Kemals Geschmack. Er teilte Gökalps Ansicht, dass es in der türkischen Revolution kein »Du« oder »Ich« gebe, sondern nur ein »Wir«, aber er hatte nicht die Absicht, diese Überzeugung ins Extrem zu treiben. Familie, Gesellschaft und Staat sollten auch in der neuen Türkei drei verschiedene Einheiten bleiben, die zwar in Verbindung standen, aber nicht ineinander aufgingen. Familien sollten nach dem westlichen Modell der Kleinfamilie gestärkt werden, die Gesellschaft sollte gemeinschaftlich organisiert sein, der Staat und insbesondere das Militär sollten mit traditioneller Unnachgiebigkeit Macht ausüben.

DREI
Faschismus und Familie in Italien

I

Marinetti, Gramsci und die Familie

Ein Futurist

Filippo Tommaso Marinetti, Begründer des italienischen Futurismus, genoss eine Erziehung, die ihn in engen Kontakt mit dem Islam und dem niedergehenden Osmanischen Reich brachte. 1873 hatten seine Eltern das provinzielle Leben in der kleinen Stadt Voghera in der Lombardei verlassen, um ihr Glück im ägyptischen Alexandria zu suchen. Dazu ermutigt wurden sie durch die Eröffnung des Suezkanals im Jahre 1869. Marinettis Vater war Rechtsanwalt, ein unermüdlich arbeitender, überakkurater Mann, den die Einheimischen *Felfel* (Pfeffer) nannten. Zu seinen Mandanten zählten Angehörige von Khedive Ismail Paschas Hof. Er wurde schnell vermögend. Marinettis Mutter war, um die Worte ihres Zweitgeborenen zu gebrauchen, »ein Gedicht von Zartheit und Musikalität, von Sanftheit und mitfühlenden Tränen«.[1] Seine Geburt beschreibt Marinetti selbst so:

> Am 22. April 1876 angekündigt durch den Schirokko Chamsin und seine sengenden fünfzig Tage Wüstenhitze kam er als Kind einer Mailänderin und eines Vogheraners in einem am Meer gelegenen Haus im ägyptischen Alexandria zur Welt.[2]

Marinetti hielt offenbar genauso wenig von Zeichensetzung wie von Bescheidenheit. Mehr als fünfzig Jahre später kehrte er nach Ägypten zurück und bemerkte:

… diese anhaltende Mischung von Düften, Farben, Geschmäckern und Gestank, die sich so heroisch gegen die europäische Moderne zur Wehr setzen … In meiner Nase und meinen Augen wird nie wieder dieses schöne kristallklare extrem salzige Meer sein, in das mein Vater meinen kleinen Körper im zarten Alter warf, um mich die Abscheu vor Schwimmgurten zu lehren.[3]

Alexandria war die Verkörperung von osmanischer Toleranz und kommerziell geprägtem Pluralismus. Ein katholischer Priester aus Italien, der die Stadt 1894 zum ersten Mal besuchte, bestaunte den blühenden Handel und den »nicht ablassenden Strom von Menschen jedweder Nationalität, jeweils mit anderen Bräuchen und eigentümlichen, prachtvollen Kleidern. Allein wenn man durch die Straßen der Stadt wandert, wird man Zeuge einer so eindrucksvollen Mischung von Gesichtern und Völkern, wie man sie sich kaum vorstellen kann«.[4] 1888 wurde der zwölfjährige Marinetti von seinen Eltern auf die eben eröffnete Schule französischer Jesuiten geschickt. Der Schulhof war Schauplatz andauernder Kämpfe zwischen Jungen verschiedener Nationalitäten – ein Vorgeschmack im Kleinen auf das, was im Weltkrieg im Großen folgen sollte. Es war die Zeit des italienisch-französischen Handelskriegs, und der junge Marinetti, pro-nationalistisch und anti-päpstlich gesinnt, mischte sich eifrig ins Getümmel. Halide Edip wäre sein typisch jungenhaftes, aber so wenig kindliches Verhalten bekannt vorgekommen. Während des Essens im Speisesaal sollte Marinetti aus der anti-italienisch gestimmten Biografie von Pius IX. vorlesen. Er warf das Buch daraufhin in den Suppentopf: Sein erster »futuristischer« Akt.[5]

Als seine reich gewordenen Eltern 1894, nach zwanzig Jahren in Ägypten, nach Mailand zurückkehrten, wurde er nach Paris geschickt, um dort sein Abitur zu machen. Der Siebzehnjährige war unbeaufsichtigt, verfügte über uneingeschränkte Geldmittel und uneingeschränktes Selbstvertrauen und genoss Paris in vollen Zügen. Als etwas störend empfand er nur, dass ihn alle »den Ägypter« nannten, während er selbst sich gern als »italienischen Dichter« bezeichnete. In seinem Zimmer in einer großen Pension mit internationalem Publikum im Quartier Latin versuchte er für die Prüfungen zu lernen. Doch seine Bücher, so schrieb er, waren »erschrocken darüber, dass sie in die Liebesverstrickungen auf der anderen Seite des bebenden Korridors hineingezogen werden könnten«.[6] Er selbst zeigte sich eher unerschrocken. Mit seiner sprühenden Energie und Lebensfreude, seinem forschen Auftreten und seiner gepflegten Erscheinung war er bei den Frauen beliebt und ein erfolgreicher Verführer.

In seiner Abschlussprüfung musste Marinetti einen Aufsatz über John Stuart Mill schreiben. Man kann sich kaum zwei entgegengesetztere Charaktere vorstellen: Auf der einen Seite der strenge, gewissenhafte und tiefgründige Mill, der seiner Sexualität ganz entsagte; auf der anderen Seite der temperamentvolle, hemmungslose und oberflächliche Marinetti, der ständig seine Gelüste zu befriedigen versuchte. Marinetti jedoch hätte den Vergleich unsinnig gefunden – schließlich war Mill für ihn ein *passatista*, ein »Traditionalist«, der in den Konventionen des 19. Jahrhunderts feststeckte, während er, Marinetti, als *futurista* in der Lage war, dem neuen Jahrhundert eigenen Ausdruck zu verleihen.

Er bestand sein *baccalauréat* und kehrte nach Mailand zurück. Die Stadt wurde seine Heimat, bis der Siegeszug des Faschismus Marinetti nach Rom locken sollte. Sein Vater hatte ein großes und luxuriöses Apartment im Zentrum der Stadt gemietet, das mit Möbeln und Teppichen aus der Zeit in Alexandria orientalisch eingerichtet war. Diese Wohnung wurde zu Marinettis Ort der Inspiration, an dem er nach eigenen Worten das Feuer seiner Imagination schürte. Um ihn herum verwandelte sich die Stadt: Neue Eisenbahnstrecken und Bahnhöfe verbanden Mailand mit der Lombardei, der Schweiz und der Ferne, im Umkreis der Stadt wuchsen Fabriken aus dem Boden, die italienischen Arbeiter demonstrierten, wurden verhaftet und weiter unterdrückt. Für Marinetti war dies die »fiebrige Schlaflosigkeit« des neuen Jahrhunderts. Er strebte danach, dieser neuen Ära Ausdruck zu geben, er wollte die alte Welt mit dem radikal Neuen erschüttern.[7]

Doch vorerst wurde sein eigenes Leben erschüttert: 1897 starb der geliebte Bruder Leone mit nur 23 Jahren, die sanfte und geduldige Mutter Amalia folgte ihm mit gebrochenem Herzen 1902, der Vater Enrico 1907. Marinetti war plötzlich allein. Über ein Jahrzehnt war er in der Mailänder Literaturwelt aktiv gewesen, aber erst nach dem Tod seines Vaters gewann er internationalen Ruhm. Im Februar 1909 druckte *Le Figaro* auf der Titelseite das erste Manifest ab: »Le Futurisme«. Die elf

Punkte des Manifests traten für eine bilderstürmende, obsessive Literatur ein. Bis zur Geburt des »Futurismus« habe man die »gedankenschwere Unbeweglichkeit, die Ektase und den Schlaf gepriesen«, jetzt aber feiere man die »angriffslustige Bewegung, die fiebrige Schlaflosigkeit, den Laufschritt, den Salto mortale, die Ohrfeige und den Faustschlag«. Die gewalttätigen, nervösen Impulse und Bilder sollten zum Teil dem späteren Selbstbildnis des Faschismus als Grundlage dienen. In Marinettis Vorstellung gingen sie mit einer neuen Art von Schönheit einher, nämlich der Geschwindigkeit, einer ewigen, allgegenwärtigen *velocità*, ob nun in Form eines Motorrads oder der Salve eines Maschinengewehrs. Krieg, so lautete ein berühmter Ausspruch, sei die »einzige Hygiene der Welt«. Männer waren Patrioten und Helden, Frauen untergeordnete Geschöpfe. Die Futuristen bekämpften »Moralismus, Feminismus und jede Feigheit, die auf Zweckmäßigkeit und Eigennutz beruht«. Die Aufbewahrungsorte vergangener Kulturen – Museen, Bibliotheken, Universitäten – sollten zerstört werden. Ihre Aufgabe sei es, den »großen Menschenmassen« Stimme und Form zu geben, welche »die Arbeit, das Vergnügen oder der Aufruhr erregt«. Ihre Dichter sollten die »vielfarbige, vielstimmige Flut der Revolutionen in den modernen Hauptstädten« besingen.[8]

Marinettis Manifest pries Männlichkeit, Geschwindigkeit und Gewalt. Frauen waren bedauernswerte Kreaturen, deren Sentimentalität oftmals das Fortschreiten der Männer behinderte. Das Familienleben war zu diesem Zeitpunkt noch nicht Gegenstand der »Analyse«.

Über die kommenden Jahre wuchs die futuristische Bewegung beträchtlich und zog begabte Künstler der Epoche an, darunter Boccioni, Carrà und Balla. Man kann bezweifeln, ob Marinetti, trotz seiner innovativen und musikalischen Wortkunst, ohne das Talent dieser Männer einen solchen Eindruck hinterlassen hätte. 1912 gaben die Futuristen eine Ausstellung in Paris, welche die Stadt im Sturm eroberte. Umberto Boccioni, wahrscheinlich der größte Künstler der Gruppe, schrieb nach Hause:

> Der Kampf entfachte sich an meinen *Stati d'animo* ... Die Franzosen wundern sich, dass aus einer kleinen Provinzstadt wie Mailand ein Wort auftaucht, das sie derart verstört – sie, die doch mit den absurdesten Neuigkeiten vertraut sind.[9]

In ihrem eigenen *Manifesto tecnico* aus dem Jahr 1910 erklärten die futuristischen Maler, dass man nicht etwa den »eingefrorenen Moment im Fortschreiten des universellen Dynamismus« einfangen, sondern »die dynamische Empfindung als solche« verewigen wolle.[10]

Es folgte eine Periode fieberhafter Aktivität, da der Futurismus in Italien und anderswo Fuß fasste. 1914 bereiste Marinetti Russland, hielt in verschiedenen Städten Vorträge und diskutierte mit russischen Futuristen über Kunst und Politik.[11] Bei Ausbruch des Ersten Weltkriegs meldeten sich Marinetti, Boccioni und andere freiwillig zur Front. In einem aufschlussreichen Brief an Vico Bauer hatte Boccioni vor dem Krieg geschrieben: »Ich spüre eine wilde Wut in mir, das Bedürfnis, alles umzuwerfen, es gewaltsam zu schütteln, einzudringen, anzugreifen, mich zu schneiden und zu verletzen, zu bluten.« Von der Front schrieb er dann im Herbst 1915: »Ein wahrer Sturm aus Granaten und Schrapnellen ist eben ohne Unterlass auf uns herabgeregnet. Wie schön das alles ist!«[12] Am 17. August 1916 wurde Boccioni getötet, jedoch nicht durch deutschen Beschuss, sondern durch einen Sturz vom Pferd.

Marinetti dagegen, an dessen Mut wir nicht zweifeln, hielt man untauglich für den Kriegsdienst, zum einen wegen seines Hangs zu aufrührerischem Benehmen (»*dedito alla rissa*«), zum anderen wegen seiner »kriminellen« Vorgeschichte: Sein 1909 veröffentlichter Roman *Mafurka* war als pornografisch eingestuft worden. Im August 1916 hockte er also nicht im Schützengraben, sondern weilte in der Küstenstadt Viareggio, wo er den Frauen nachstellte und einen kleinen, ironischen Ratgeber zum Thema »Wie werde ich der perfekte Verführer?« schrieb. Nummer vier der zweiundzwanzig Tipps in dem Buch lautete: »Ehebrecherinnen lügen, wenn sie ihren Geliebten sagen, sie würden sich ihren Männern nur selten hingeben. Der Krieg beweist, dass Frauen tägliche Kopulation benötigen.« Nummer zwölf lautet: »Da der Krieg darauf abzielt, das eigene Staatsgebiet zu vergrößern, werden die Geschlechtsorgane der Frau imperialistisch, expansionistisch und kolonialistisch. Weil es aber keine geeigneten Gebiete mehr gibt, erobert das weibliche Geschlechtsorgan nun Wüsten, Sümpfe, Hospitäler, Mumien, Leichen, alte Medaillen und wird numismatisch.« Nummer achtzehn: »Ein guter Verführer muss sich mit maximaler Geschwindigkeit aus- und anziehen können. Er darf niemals nur im Hemd gesehen werden.« Nummer zweiundzwanzig: »Das Gehirn ist ein ungeeigneter und unnötiger Motor für das weibliche Chassis, dessen natürlicher Antrieb der Uterus bleibt.«[13] Im April 1917 vertraute er seinem Tagebuch an: »Ich kann nicht länger als einen Tag ohne Frau sein. Ich bin ein Mann des heftigen und raschen Koitus. Dann kommt der Schlaf und das Loslassen.«[14]

Marinettis Geringschätzung der Frau fand nach dem Ende des Krieges eine neue Angriffsfläche. Jetzt ging es gegen die Familie. Seine Kommentare sind vor allem in der Aufsatzsammlung *Democrazia futurista – Dinamismo politico* (1919) zu finden und für unser Thema von besonderem Interesse.[15] Sie sind Zeugnis der generellen skeptischen Haltung gegenüber der Familie, den ein Großteil der europäischen politisch-künstlerischen Avantgarde zu Beginn des neuen Jahrhunderts hegte. Marinetti wäre bestimmt der Letzte gewesen, mit dem Alexandra Kollontai sich hätte verbünden wollen, doch die beiden teilten die Ansicht, dass die bürgerliche Familie das Individuum hemme und unterdrücke und unbedingt abgeschafft gehöre. Wenn man bedenkt, wann Marinettis Schriften entstanden und auch seine Kontakte mit der russischen Avantgarde berücksichtigt, erscheint es möglich, dass er Kollontais Aussagen und womöglich auch die sowjetische Gesetzgebung kannte. Seine Kritik bezeichnet die Familie als schädliche Institution, die das Schlechteste in ihren Mitgliedern hervorbringt, die falschen Werte betont, jegliche persönliche Initiative erdrückt und jugendlichen Tatendrang hemmt:

> Die Familie, wie sie sich heute durch die Ehe, ohne die Möglichkeit der Scheidung, darstellt, ist absurd, schädlich und prähistorisch. Beinahe immer ein Gefängnis. Oft ein Beduinenzelt mit derselben widerlichen Mischung aus gebrechlichen alten Leuten, Frauen, Kindern, Schweinen, Eseln, Kamelen, Hühnern und Exkrementen. Das Esszimmer der Familie ist zweimal täglich Abladeplatz für Verbitterung, schlechte Laune, Vorurteile und Tratsch. In dieser grotesken Verdichtung von Nerven und Seelen wird jeder persönliche Elan, jede jugendliche Initiative, jeder praktische und effektive Entschluss von anhaltender Langeweile und eitler Gereiztheit zerfressen und erdrückt ... Die Familienmitglieder leiden, sind depressiv, haben Nervenzusammenbrüche, werden schwachköpfig, und das im Namen einer furchteinflößenden Gottheit, die wir zu Fall bringen müssen: dem Gefühl (*sentimento*).[16]

Marinetti hatte sicher nichts gegen Gefühle. Doch er unterschied zwischen privatem Familiengefühl und »ehrenvoller« Vaterlandsliebe, der sich alles andere unterordnen sollte. So stand für Marinetti, wie auch für Mustafa Kemal, die Nation in jeder Hinsicht an erster Stelle. Ihre Ansichten zur Rolle der Familie bei der Nationenbildung jedoch konnten nicht gegensätzlicher sein. Für Kemal war die »ordentliche« Familie – nach westlichem, nicht nach osmanischem Standard – Keimzelle des Staates und Grundlage für das nationale Wohlergehen und Überleben. Marinetti dagegen wollte die Familie kleinhalten, sie sollte »erzogen«, notfalls aufgelöst werden. Was den Loyalitätskonflikt zwischen Familie und Staat anging, glaubte Mustafa Kemal an die notwendige Aussöhnung der beiden, und zwar unter der Führung eines militaristischen Staates, während Marinetti die Loyalität gegenüber der Familie über Bord werfen wollte:

> Die Idee des Vaterlands ist für uns nicht die ideale Ausweitung der Familienbande. Familienbande sind eine niedere Empfindung, beinahe ein tierähnlicher Instinkt, der in der Angst vor wilden, frei herumstreunenden Tieren und vor Nächten voller Hinterhalte und Abenteuer gründet. ... Vater, Mutter, Großmutter, Tante und Kinder rotten sich nach ihren dummen Streitereien doch immer wieder zusammen vor göttlicher Gefahr und schicksalhaftem Heldentum. Die dampfende Suppenschüssel ist das Weihrauchfass in diesem Tempel der Monotonie ... Die Idee des Vaterlands ist groß, heldenhaft, dynamisch, *futurista*, die Idee der Familie aber ist eng, ängstlich, statisch, konservativ, *passatista*.[17]

Was aber wollte Marinetti an die Stelle der Familiengefühle stellen, die er so sehr verachtete? Seine Ansichten ähneln denen Kollontais, unterscheiden sich aber radikal hinsichtlich der Geschlechterbeziehungen. Marinetti befürwortete die kollektive Betreuung von Kindern, forderte aber auch, Jungen und Mädchen sehr früh zu trennen. Wenn dies nicht geschähe, würde die notwendige Härte in der Erziehung der Jungen fehlen. Wie die amerikanische Literaturwissenschaftlerin Barbara Spackman anmerkt, lag dieser Einstellung offenbar die Sorge zugrunde, dass Jungen manchmal doch lieber wie Mädchen sein wollen, wenn sich ihnen die Gelegenheit bietet.[18] Marinetti bestand darauf, dass der Virilität von Männern während ihres gesamten Lebens nichts im Wege stehen dürfe. Frauen sollten den Bedürfnissen des Volkes dienen. Sie konnten Männer lieben und von ihnen schwanger werden, sie konnten sich scheiden lassen, sie konnten sogar wählen gehen, aber die Männer sollten sich auf keinen Fall durch Frauen oder Familie belastet fühlen. Idealerweise war Marinettis Welt von »leidenschaftlichen Männern und befruchteten Frauen«[19] bevölkert:

> Wir wollen, dass eine Frau einen Mann liebt und sich ihm so lange hingibt, wie sie möchte; anschließend, weder durch einen Vertrag noch durch moralistische Tribunale gebunden, bringt sie ein Geschöpf zur Welt, das die Gesellschaft physisch und intellektuell erziehen muss, damit es einen hohen Begriff von der italienischen Freiheit erwirbt ... Die hergebrachte Umgebung, in der man heulend am Rockzipfel hängt, wie es so typisch für die frühe Kindheit ist, wird komplett abgeschafft. Endlich hört die Vermischung von Mädchen und Jungen auf, die in der Kindheit eine schädliche Verweiblichung der Männer zur Folge hat.[20]

Die Familie war für Marinetti also ein Ort erdrückender Restriktionen und lähmender Feigheit, die der Nation bei ihrem Fortschreiten im Wege stand. Ein Ort der Verweiblichung, welche die Selbstachtung des Mannes schwächte. Die Familie musste daher durch eine nationale Gemeinschaft ersetzt werden, in der Frauen und Männer frei agieren konnten und in der die kollektive Erziehung der Kinder von einer strengen Trennung der Geschlechter begleitet würde.

Und noch ein weiteres Element gehörte dazu. Italien sollte »entvatikanisiert« werden. Die überwältigende Präsenz der Kirche in der italienischen Gesellschaft blockierte sämtliche Reformversuche: »Es ist unmöglich«, schrieb Marinetti in *Democrazia futurista*, »am Prinzip Familie und dem juristischen Konzept der Ehe zu rühren, solange die Macht der Priester erhalten bleibt.« Für ihn waren es die frustrierten Geistlichen, die Männer für ihre sexuellen Abenteuer rügten, Frauen dazu brachten, in gescheiterten Ehen zu verharren und beide Geschlechter anhielten, sich einen Platz im Himmelreich zu verdienen. Es gab nur einen Weg, den heimtückischen Einfluss des Klerus zu beenden, nämlich indem man ein großes Freudenfeuer aus den Talaren der Priester machte und sämtliche Kirchenglocken einschmolz, um daraus Schienen zu schmieden, auf denen Schnellzüge entlangrasen konnten.[21]

Marinetti und Mussolini

Mehr als einmal musste Mussolini erkennen, dass es ohne den Futurismus keinen Faschismus gegeben hätte. Der Zusammenhang bestand objektiv. Aber genauso wahr ist, dass die beiden Bewegungen sich in vielen Punkten deutlich voneinander abgrenzten. Marinetti und Mussolini waren beide glühende Nationalisten, sie hatten beide im Ersten Weltkrieg gekämpft (Marinetti war schließlich doch noch an die Front gelangt) und hatten sich anschließend dem revolutionären Lager zugeordnet. Aber Mussolini war durch und durch Politiker, während Marinetti Künstler blieb, ein »Dichter«, wie er sich selbst bezeichnete. Obwohl er im Februar 1918 ein Manifest für eine »Futuristische Politische Partei« veröffentlichte, konnte er politisch mit Mussolini nie konkurrieren. Auf diesem Gebiet übertrumpfte Mussolini ihn mit Leichtigkeit.

Zudem stammten die beiden Männer aus sehr verschiedenen familiären Verhältnissen. Marinetti war seit der frühen Kindheit das großbürgerliche Leben in seinem wohlhabenden Elternhaus in Alexandria gewöhnt, inklusive Meeresblick und Bediensteten, die einem jeden Wunsch erfüllten. Mussolini wuchs dagegen in bescheidenen dörflichen Verhältnissen in Predappio in der mittelitalienischen Region Romagna auf. Seine Familie bewohnte zwei Räume, wobei das Kinderzimmer gleichzeitig Küche war. Mussolinis Vater, ein Schmied, war oft betrunken und gewalttätig. Ein Mann, der keine Hemmungen hatte, seine beiden Söhne körperlich zu züchtigen. Dennoch bewunderte ihn Mussolini sehr. Aus der traurigen Galerie der Diktatoren-Väter des 20. Jahrhunderts tritt Arnaldo Mussolini noch halbwegs integer hervor. Er brachte viele Bücher in das bescheidene Zuhause und trat für eine radikal sozialistische Politik ein. Mussolinis Mutter war das genaue Gegenteil. Die Grundschullehrerin und fromme Katholikin hielt die Familie zusammen.[22]

1893 wurde der zehnjährige Mussolini, »ein Kind mit impulsivem Charakter, das leicht in Streitereien geriet«,[23] auf eine Schule der Salesianer in Faenza geschickt. Es sollte eine weit schlimmere Erfahrung als Marinettis Berührung mit den französischen Jesuiten werden. Die Kinder wurden nach dem Einkommen ihrer Eltern eingeteilt, und bei den Mahlzeiten war Mussolini in der dritten und letzten Gruppe. Er wurde wiederholt bestraft und ausgeschlossen. Später erzählte er Emil Ludwig:

Vielleicht hätte ich die Ameisen in dem Brot für die dritte Klasse irgendwann vergessen. Aber dass wir Kinder überhaupt in Klassen aufgeteilt wurden, erzürnt mich immer noch! ... Solche unverdienten und unerträglichen Demütigungen machen einen Mann zum Revolutionär.[24]

Mussolini trat in die Fußstapfen seines Vaters, wurde zum Revolutionär und stieg in die obersten Ränge der jungen Sozialistischen Partei Italiens auf. Als der Erste Weltkrieg ausbrach, gab er allerdings den internationalen Pazifismus zugunsten eines militanten und imperialistischen Nationalismus auf. Seine Ansichten brachen mit den Idealen der Sozialisten, und er wurde aus der Partei ausgeschlossen. Mussolini gründete eine nationalistische Zeitung, *Il Popolo d'Italia*, und sah sich von da an als der Retter Italiens vor der sozialistischen Bedrohung. Dennoch war er nicht nur an einer Konterrevolution interessiert, sondern auch an der Formulierung einer radikal neuen Sichtweise auf die Politik seines Landes. An dieser Stelle kam es zu den Überschneidungen mit Marinetti.

In Italien waren die Zeit unmittelbar nach dem Krieg und vor allem die berühmten »zwei roten Jahre« 1919 und 1920 (*biennio rosso*) von großen sozialen Unruhen geprägt. Die Russischen Revolution fand ihren Nachhall auch in Italien; die sozialistische Bewegung gewann stetig an Kraft. Doch auch andere Akteure traten auf den Plan, nämlich die Offiziere und Unteroffiziere, die im Krieg gekämpft hatten und verhindern wollten, dass Italien dem bolschewistischen Vorbild folgte. Die Brutalität der Schützengräben wurde so in das politische Geschehen getragen.[25]

Ende 1918 trafen sich Marinetti und Mussolini in dessen Mailänder Büro. Zu diesem Zeitpunkt war Marinetti der weitaus Berühmtere der beiden, weltweit bekannt als der Begründer des Futurismus, während Mussolini nur ein unbekannter abtrünniger Sozialist war. Marinettis Beschreibung Mussolinis in seinem Tagebuch liest sich ironisch, zeigt aber auch, dass er sich der Charakterstärke seines Gegenübers bewusst war:

Ich spüre den Reaktionär in ihm wachsen, sein zorniges und aufgeregtes Temperament voller napoleonischer Herrschsucht und seine zunehmende aristokratische Abneigung gegenüber den Massen. Er kommt aus dem Volk, aber er liebt es nicht mehr ... [Während des Gesprächs] starrte er mit seinen riesigen Augen unentwegt auf meinen teuren Regenmantel.[26]

Das ganze Jahr 1919 hindurch kamen Marinetti und Mussolini regelmäßig zusammen. Im Frühjahr planten sie eine gewaltsame Gegendemonstration in Mailand, die gezielt Schrecken unter den Männern und Frauen der sozialistischen Bewegung verbreiten sollte. Am 15. April 1919 wurde in Mailand ein Generalstreik ausgerufen. Etwa eintausend ehemalige Offiziere und Sturmtruppen (*arditi*) warteten mit Pistolen bewaffnet auf der Piazza Duomo auf ihre Gegner. Hier Marinettis Version der Ereignisse:

> Endlich kommt die Demonstration mit den Frauen ganz vorn, die rote Flaggen und das Bild Lenins hochhalten. Sie schreiten steif und furchtlos voran und bleiben hinter der Reihe Carabinieri stehen. Wir auf der einen Seite und sie auf der anderen ... Offiziere mit Auszeichnungen aus dem Krieg, furchtlos und gleichgültig angesichts der sirrenden Pistolenkugeln, feuern in die Luft und dann direkt auf die lange Kolonne, die sofort wilde Panik ergreift. Unsere Feinde, 2000 insgesamt, werfen sich zu Boden vor die Stufen der Loggia dei Mercanti. Ihre Rufe »Nieder mit Italien! Lang lebe Lenin!« zerreißen nicht länger die Luft.[27]

Einen Monat zuvor, im März 1919, hatte Mussolini auf der Piazza San Sepolcro in Mailand seine »Fasci di combattimento« (Kampfbünde) gegründet, die erste Keimzelle der zukünftigen PNF, der Nationalen Faschistischen Partei, die überall in Europa Nachahmer finden sollte. Es waren kaum mehr als einhundert Männer, unter denen sich auch Marinetti befand, der aber das Potenzial der Bewegung kritisch einschätzte. Im August desselben Jahres wurde der erste Kongress der »fascisti« in Florenz abgehalten. Marinetti machte sich lustig über den Kleidungsstil Mussolinis und seine politische Inkompetenz: »Er trug ein schwarzweiß kariertes Barett, das äußerst lächerlich und viel zu klein für seinen riesigen Schädel war.«[28] Aber Mussolini wusste sehr gut, was er tat. Seit November 1919 waren die Sozialisten stärkste Partei im italienischen Parlament und hatten zudem viele große Stadtparlamente unter ihre Kontrolle gebracht. 1920 begann Mussolinis Bewegung immens zu wachsen. Der Faschismus bot sich als Verteidiger ebenjener Machtzentren und Gesellschaftsklassen an, die vom Vormarsch des Sozialismus am meisten zu befürchten hatten.[29]

Marinetti betonte weiterhin, wie wichtig es sei, Papst und König aus Italien zu vertreiben. Für ihn waren Futuristen »praktische Anarchisten«, deren Credo Individualismus und Ungleichheit waren. An einem bestimmten Punkt schlugen die beiden Männer verschiedene Wege ein. Marinetti zog sich, nicht ganz ohne Verbitterung, aus der Politik zurück, in die er doch während der vergangenen Jahre beträchtlich investiert hatte. Mussolini dagegen fuhr einen Sieg nach dem anderen ein. Seine Politik der Stärke zerschlug die Front der Arbeiterbewegung, sowohl in der Stadt als auch auf dem Land, und seine inzwischen offen rechtsextreme Politik bescherte ihm immer breitere Unterstützung. 1922 brachte ihm sein sogenannter »Marsch auf Rom« die ersehnte Belohnung: den Posten des Ministerpräsidenten. Von nun an wurde die faschistische »Revolution« von oben durchgeführt.[30]

Beny, Marinetti und die neue Familie

Für Marinetti waren diese Jahre keine unglückliche Zeit. Die Politik hatte ihm wenig gebracht, sein Liebesleben aber nahm eine unerwartete und leidenschaftliche Wendung. Ende 1918 begegnete er einem jungen, hübschen Mädchen mit großen, dunklen Augen. Ihr Name war Benedetta Cappa, ihre Familie gehörte dem Piemonter Großbürgertum an. Als sie Marinetti in Rom kennenlernte, war sie 21, er 42. Sie war intelligent, kreativ und selbstbewusst und sollte als Schriftstellerin und Malerin eine aktive Rolle in der futuristischen Bewegung spielen. Marinetti war sofort hoffnungslos verliebt in die junge Frau, und ihr erging es ähnlich. Entgegen seiner bis dahin geäußerten Ansichten zur Familie verklärt er »Beny«, wie er sie nannte, zu dem Menschen, den nicht nur er, sondern gleichsam sein ganzes Geschlecht schon immer sehnlich erwartet hätten:

> Du bist, liebe Beny, letzter Ankunfts- und Ruhepunkt für die vielen verschiedenen Blutströme, die das chemische Gemisch meines heutigen Wesens vorbereitet haben ... Meine entferntesten Vorfahren sehen dich durch den Kristall meiner Person, und sie bewundern dich und sie lieben dich.[31]

Marinetti war fortan nur noch in Begleitung von Benedetta unterwegs. Die beiden gingen zu den Treffen der futuristischen Maler, begutachteten die laut tönenden Druckerpressen der Bewegung und nahmen an politischen Versammlungen teil. Seine Liebe zu ihr hielt ihn allerdings nicht davon ab, ständig auch mit anderen Frauen zu schlafen. Benedetta schien das mit Gleichmut hinzunehmen, da sie von der Bedeutungslosigkeit dieser Affären überzeugt war. Im Januar 1920 erläuterte sie Marinetti folgende Theorie: Männer müssten sich in der von ihnen geliebten Frau ergießen, doch sie könnten das Gleiche auch mit anderen Frauen tun, ohne dass sich ihre Gefühle änderten. Frauen dagegen empfingen den Samen ihres Geliebten und könnten nicht noch den Samen anderer Männer aufnehmen, ohne dass dies ihre Gefühle ändern oder verwirren würde. Marinetti schrieb in sein Tagebuch: »Sie ist überaus intelligent. Ich habe körperliche und geistige Schwierigkeiten, mich von ihr zu trennen.«[32] Im Mai desselben Jahres machte das Paar einen Ausflug in die römische Landschaft. Im Laufe des eher romantischen als futuristischen Nachmittags liebten sich die beiden im hohen Gras einer Wiese:

> Beny bat mich nicht hinzuschauen. Sie lief ein Stück weg. Dann kam sie zurück, rannte durch das Gras, so ausnehmend schön, mit ihren großen leuchtenden Augen, dem losen Haar umrissen vom Wind, ein behändes Flugzeug im tiefblauen Himmel dieses klaren Nachmittags ... Wir hatten bestimmt acht Quadratmeter Wiese platt gelegen – ich glaube – Beny sagte – wir würden nie wieder ein so großes Bett haben.[33]

1923 heirateten Marinetti und Benedetta. Der große Spötter über eine Institution, die »die Entfaltung der Kinder entmutigt und erdrückt, die Jugend und Manneskraft des Vaters kurzhält und den Heranwachsenden weibisch werden lässt«, ließ die Zeremonie geduldig über sich ergehen.[34] Das verheiratete Paar, das den Übergang von romantischer Liebe zu ehelicher Zuneigung offenbar mühelos schaffte, bekam drei Töchter: Vittoria (»Sieg«, 1927), Ala (»Flügel«, 1928), Luce (»Licht«, 1932). Es war wohl Ironie des Schicksals, dass Marinetti, der doch so sehr für das Männliche eingenommen war, nur Töchter haben sollte. Viele Jahre später erinnerte sich Vittoria an ihren Vater als einen »durch und durch gütigen und höflichen« Mann, der immer bereit war, seine Kinder zu unterstützen, und der während der Urlaube auf Capri viel Zeit mit den Mädchen verbrachte. Ihre Eltern bezeichnete sie als »zwei sehr starke und gleichwertige Persönlichkeiten, die mit Zuneigung und Respekt das Gebiet des jeweils anderen betraten«. Natürlich hatte ihr Vater viele Geliebte, so Vittoria, aber

»alle Frauen, die ich Jahre später kennenlernte, erinnerten sich mit Bewunderung und Zuneigung an ihn«.[35] Die zweite Tochter, Ala, bestätigte diese Familienerinnerungen und betonte dabei die »Normalität« der Marinettis. In Rom wurden die Mädchen zu den französischen Nonnen auf das Collegio del Sacro Cuore a Trinità dei Monti geschickt, wo sie von frühmorgens bis sechs Uhr abends blieben. Ala empfand ihren Vater als »sehr liebevoll und tolerant, wie alle nicht mehr jungen Väter«. Den Mädchen war es verboten, mit der Künstlerboheme in Kontakt zu treten, die das Elternhaus bevölkerte. Sie hatten einen abgetrennten Wohnbereich, zu dem unter anderem ein Zimmer gehörte, das Giacomo Balla, ebenfalls überzeugter Futurist und Familienvater, vollständig ausgemalt hatte. Einige wenige Zeremonien im Haushalt der Marinettis erinnerten an die bilderstürmenden Zeiten: So posierte Marinetti beispielsweise vor Boccionis Gemälde *Dinamismo di un footballer*, wenn er eine neugeborene Tochter der Öffentlichkeit vorstellte.[36]

Wie aber lässt sich diese Metamorphose in einen archetypischen Familienmenschen erklären? Marinettis Bewunderer feierten natürlich auch seine Widersprüche, und er selbst betonte einmal, dass er seine eigenen Theorien widerlegt habe, sei der Höhepunkt des Futurismus.[37] Doch damit macht man es sich zu leicht. Obwohl Marinetti es vermied, je wieder über die Institution Familie zu schreiben, lassen sich doch mehrere Erklärungen für sein Verhalten finden. Zum einen war da der Alterungsprozess, der ihn (wie jeden Menschen) veränderte. Als junger Mensch lässt sich die Familie leicht verteufeln, der man sich als älterer Mensch dann stillschweigend ergibt. Zum anderen war Marinettis junge Frau eine starke Persönlichkeit mit ihrer eigenen Vorstellung von Familie, der Marinetti nicht viel entgegenzusetzen hatte. Das Haus in Rom war voller mittelloser Künstler und Poeten; die beiden waren das berühmteste avantgardistische Paar des faschistischen Italien, ihr Familienleben war durch und durch konventionell. Im häuslichen Bereich waren »Arte« und »Vita« nicht wie im futuristischen Manifest durch einen bedeutungsvollen Bindestrich verbunden, sondern deutlich voneinander getrennt.

Ein weiterer Grund war die Strategie des faschistischen Regimes. 1919 schienen Mussolini und Marinetti kurzzeitig dieselbe revolutionäre Richtung einzuschlagen, doch Mussolinis langfristiger Plan sah vor, durch

Kompromisse mit der alten Regierung an die Macht zu kommen und nicht etwa alle Wurzeln zu kappen. Marinetti hegte hier gegenteilige Vorstellungen, genoss aber zu sehr das Rampenlicht, um sich konsequent von den Faschisten abzuwenden. 1929 wurde er Mitglied der Königlichen Akademie, der Reale Accademia d'Italia – genau die Art von Institution, die das Futuristische Manifest zu zerschlagen angekündigt hatte. Marinetti buckelte also vor dem König und kassierte ein lukratives Stipendium. Das Regime war salonfähig geworden, und mit ihm Marinetti.

Besonders auffallend ist schließlich die allgemeine Diskrepanz zwischen Rhetorik und Realität, die es sowohl im faschistischen Regime als auch im Futurismus gab, mehr noch als in den anderen in diesem Buch untersuchten Diktaturen. Mussolini war ein Meister der Rhetorik, aber Marinetti nicht minder. Der berühmte »italienischen Dichter« konnte die Familie als Beduinenzelt und den Familienzusammenhalt als niederen, tierhaften Instinkt verhöhnen, er konnte den gemeinsamen Esstisch als Abladeplatz für Verbitterung, Missgunst und Vorurteile abwerten, aber in der Realität zelebrierte er seine eigene Familie als konventionelle Gemeinschaft des liebevollen Zusammenhalts, der ein alternder (und immer

Filippo Tommaso Marinetti mit seiner Frau Beny und ihren drei Töchtern Vittoria, Ala und Luce

eifersüchtiger werdender) Patriarch vorstand und in der eine starke und engagierte Frau das Ruder in der Hand hatte.

Arbeiterfamilien im Italien der 1920er Jahre

Die Demonstranten, die im Mai 1919 auf die Plätze der norditalienischen Städte geströmt waren in der Überzeugung, dass der russischen nun die italienische Revolution folgen würde (und die Marinetti, Mussolini und ihre Kumpane mit Schlagstöcken und Pistolenschüssen empfingen), waren zum größten Teil Arbeiter aus den Fabriken des »Industriedreiecks« Turin–Mailand–Genua. Italiens Gesellschaftsstruktur war viel weiter entwickelt und sein Staatsgebiet war viel leichter regierbar als die Sowjetunion oder die Türkei. 1931 waren 46,8 Prozent der erwachsenen Bevölkerung Italiens in der Landwirtschaft tätig, in der Sowjetunion waren es 85,4 Prozent (1929). Zugleich war das durchschnittliche Pro-Kopf-Einkommen in Italien doppelt so hoch wie in der Sowjetunion, und die Lebenserwartung lag bei 53,8 Jahren für Männer und 56 Jahren für

Mario Gabinio: Frauen und Kinder in einem typischen Wohnblock mit umlaufenden Balkonen im Innenhof; Turin ca. 1915

Frauen – gegenüber 34 Jahren für Männer und 40 Jahren für Frauen in der Sowjetunion. Die Geburtenrate in der Sowjetunion war immer noch sehr hoch (1930 waren es 5,7 Kinder pro Frau), aber auch die Kindersterblichkeit blieb hoch: 1930 starben beinahe 200 von 1000 Kindern im ersten Lebensjahr. Die Geburtenrate in Italien lag mit 3,38 Kindern pro Frau für das Jahr 1930 viel niedriger. Diese Zahl gab Mussolini zu denken und sollte seine Familienpolitik maßgeblich beeinflussen. Die Kindersterblichkeit in Italien war 1930 halb so hoch wie in der Sowjetunion. Hinzu kam: Von Italiens 44 Millionen Einwohnern lebten 1931 40 Prozent in urbanen Ansiedlungen mit mehr als 5000 Einwohnern – verglichen mit nur 14 Prozent in der UdSSR.[38]

Schauen wir uns kurz die Situation von Arbeiterfamilien in Turin und Mailand in den ersten Jahrzehnten des 20. Jahrhunderts an. In den Arbeitervierteln im Umkreis der norditalienischen Großstädte – etwa Borgo San Paolo am westlichen Rand von Turin oder Sesto San Giovanni, eine aufstrebende Industriestadt nördlich von Mailand – entwickelte sich bis 1920 eine besonders enge Beziehung von Familie und Gemeinschaft. Die Männer und Frauen, die in diesen neuen Stadtrandsiedlungen wohnten, waren in der Mehrheit um die Jahrhundertwende aus den umgebenden ländlichen Gegenden emigriert. Viele waren männliche, alleinstehende Arbeiter, aber es gab auch nicht wenige junge Paare, die beschlossen, ihr Kind in der neuen urbanen Umgebung großzuziehen, statt es bei den Großeltern im Heimatdorf zurückzulassen. Es handelte sich um Kernfamilien, deren Personenzahl mit 1 bis 2 Kindern unter dem nationalen Durchschnitt von 4,3 Familienmitgliedern lag.[39] Das Verbundenheitsgefühl reichte aber weit über die einzelne Familie hinaus, und es herrschte eine starke Loyalität unter jenen, die aus demselben Dorf stammten (*compeaesani*). Das Heiratsalter lag höher als in Russland: Männer gingen zwischen 26 und 30, Frauen zwischen 23 und 27 die Ehe ein.[40] Familien waren also präsenter als in den Arbeitervierteln von St. Petersburg oder Moskau. Das Familienleben war gekennzeichnet durch eine strenge Trennung der Aufgaben und Zugehörigkeit. Die Männer hatten ihre eigene Welt, bei der Arbeit und auch in den wenigen Stunden ihrer freien Zeit, die meist in Cafés oder Kneipen verbracht wurde. Frauen, und hier besonders verheiratete Frauen mit Kindern, entwickelten ein starkes nachbarschaftliches Beziehungsgeflecht und weiteten die häusliche weibliche

Domäne aus. Die Väter sahen ihre Kinder nur selten, höchstens an Sonntagen.[41]

Das Wohnen nahm verschiedene Formen an: Es gab Schlafsäle für Hilfsarbeiter, *pensioni* mit Mehrbettzimmern und Mietwohnungen in Wohnblöcken für sesshaftere Arbeiterfamilien. Die Wohnblöcke auf jeder Etage hatten durchgehende Balkone, die nach innen auf einen gemeinsamen Hof gingen, in dem die Kinder spielten. Morgens klingelten die Wecker in den Wohnungen meist zur selben Zeit.[42] In den Höfen und Vierteln weit entfernt von den Zentren der großen Städte Mailand und Turin herrschte ein ausgeprägter Gemeinschaftssinn: »In San Paolo kannte jeder jeden … Wir saßen auf Stühlen und Hockern vor unseren Türen und plauderten miteinander.«[43] Tauschhandel war gang und gäbe: Ein selbst gezimmerter Schrank wanderte gegen ein Paar Schuhe von einer Familie in die andere.[44] Die Innenhöfe der Häuser waren der Gemeinschaft sicher dienlich, es machte sich in ihnen aber auch der extreme Platzmangel bemerkbar. Konflikte zwischen den Familien waren an der Tagesordnung. Die Enge wurde noch dadurch verschlimmert, dass viele Familien Angewohnheiten und Bräuche des Landlebens weiterführten und überall Hühner gehalten wurden. Ein Zeitzeuge aus Sesto San Giovanni erinnert sich: »Die Nachbarn von unten hielten ihre Kaninchen in Kisten hinter unserer Schlafzimmerwand«.[45] Luxus gab es keinen: Die Arbeiterfamilien aßen wenig Fleisch und viel Minestrone und Polenta.

Das Arbeitsleben war oft weniger konstant und prägend als das Familienleben, da die Belegschaft aus jungen, alleinstehenden Arbeitern ständig wechselte. Es gab deutliche Unterschiede zwischen kleinen und großen Fabriken, zwischen ungelernten Arbeitern und ausgebildeten Metallfacharbeitern, zwischen Männern und Frauen. Jungen und Mädchen gingen schon mit 10 bis 12 Jahren arbeiten. Frauen, die meist in Schneidereien oder Textilfabriken beschäftigt waren, arbeiteten bis zur Heirat. Anschließend führten sie den Haushalt, kümmerten sich um die Familie und nahmen zusätzlich Heimarbeiten wie Waschen und Nähen an. Wenige Frauen fanden eine feste Anstellung in Fabriken, wie etwa bei Magneti Marelli in Sesto San Giovanni, wo 1938 rund 7000 Arbeiter beschäftigt waren.[46]

Das Unternehmen hatte mit der Herstellung von Magnetartikeln begonnen, weitete nach dem Ersten Weltkrieg seine Produktion auf elektrische Teile für Automobile, Flugzeuge und Züge aus und stellte auch Radios und militärisches Gerät her. Die Frauen bei Magneti Marelli waren stolz auf ihre Arbeit und die damit verbundenen Privilegien.

Die meisten jungen Männer, die unter dem wachsamen Auge eines Verwandten oder *compaesano* eine Lehre absolvierten, strebten eine Anstellung als Facharbeiter in einem metallverarbeitenden Betrieb an. Fiat, 1899 gegründet, hatte vor dem Weltkrieg 5000 Arbeiter, zu Beginn des Faschismus waren es 17 000. Ein Arbeitstag war lang – zehn Stunden und mehr; der Achtstundentag wurde erst 1921 eingeführt.

Eine gemeinsame politische Kultur festigte den Zusammenhalt zu Hause und bei der Arbeit. In den Jahren 1919/20 stand besonders die Arbeiterklasse Turins an der Spitze der sozialistischen Agitation. Das Klassenbewusstsein in den Städten erreichte seinen Höhepunkt mit den Demonstrationen gegen den Ersten Weltkrieg, mit der Arbeiterräte-Bewegung von 1919/20, dem Piemonter Generalstreik im April 1920 und der landesweiten Besetzung von Fabriken im September 1920. Ein Turiner Arbeiter erinnert sich, dass seine Mutter, eine überzeugte Katholikin, jeden Sonntag in einer der Suppenküchen essen ging, die man in den besetzten Fabriken einrichtete – in Fortsetzung einer langen Tradition, die den gesellschaftlichen Nutzen des gemeinschaftlichen Essens betonte.[47] Bei der Arbeit und in den Cafés sprachen die Männer selbstverständlich auch über sozialistische Politik:

> Sonntags spielten sie in der Taverne Karten ... Am Ende des Tages mussten dann die Schulden beglichen werden, und es blieben 6–8 Lire übrig ... mit der Zustimmung aller ging das Geld an [die sozialistische Zeitung] *Avanti!*[48]

In diesen Gemeinschaften herrschten starke Loyalitäten und Solidaritäten vor, aber es gab auch, wie so oft, viele Kontrollen und Einschränkungen, denen vor allem die jüngere Generation unterworfen war.

Beim Vergleich der Bedingungen und Lebensweisen von Familien in großen italienischen und russischen Städten jener Zeit bleibt festzuhalten, dass »Arbeiterbauern« (also Arbeiter, die eng mit dem Landleben verbunden blieben) in beiden Fällen die Norm bildeten. Dennoch gab es grundlegende Unterschiede. Das Leben in den Arbeitervierteln Italiens war gewiss nicht leicht, und faschistische Statistiken sprachen von schlimmen Zuständen in den Mailänder Wohnblöcken – dennoch wurden die italienischen Familien nicht von bitterer Armut, Erschöpfung, Krankheit und Tod heimgesucht, wie es so charakteristisch für Russland war. Für das *artel* von Semjon Kanatschikow und seine Erfahrung als Lehrling in den Moskauer Gustav-List-Werken (siehe oben, S. 44) ließe sich nur schwer eine italienische Entsprechung finden. Auch sind in Italien die Familien präsenter: Sie sind eher in der Lage, die neu vom Land Hinzugekommenen zu beschützen, und können erfolgreicher den Anschein eines »normalen« Familienlebens wahren. Auch das Klima spielte sicherlich eine Rolle, da man von Frühjahr bis Herbst die Möglichkeit hatte, viele Stunden am Tag draußen zu verbringen und die Kinder im Freien spielen zu lassen.

Zudem musste sich in Italien die Beziehung zwischen Arbeitgeber und Arbeitnehmer, die zwar genauso auf Ausbeutung ausgerichtet war wie in Russland, dennoch innerhalb der Regeln eines liberalen Staates bewegen. Die russische Arbeiterbewegung musste anfangs im Geheimen vorgehen, da ihre Kämpfer von Vertretern der staatseigenen Betriebe und der Polizei eines autokratischen Staates verfolgt wurden. Italienische Arbeiter wurden zwar auch oftmals schikaniert, doch sie genossen das Recht, eigene Vereinigungen zu gründen. Aus den Berufsgenossenschaften entstanden dann die Gewerkschaften. Die einflussreichen Arbeiterkammern (*Camere del Lavoro*) ermöglichten Bündnisse verschiedener Sparten und Branchen und widerstanden lange Zeit der faschistischen Bedrohung.

All dies trug womöglich dazu bei, dass die italienische Arbeiterklasse sich weniger revolutionär gab als ihr russisches Äquivalent. Lenins Proletariat machte tatsächlich den Eindruck, als habe es nichts zu verlieren außer seinen Ketten, während die italienischen Arbeiter sich nicht gleichermaßen freudig in die ihnen zugeschriebene Rolle fügten.

Gramsci: Die Familie als ein »Organ des moralischen Lebens«

Die italienische sozialistische und kommunistische Bewegung nahm in mindestens drei Phasen des 20. Jahrhunderts bedeutende Ausmaße an: 1919/20, 1943–48 und 1968–73. In jeder dieser Phasen hatte sie zum

Thema Familie aber wenig zu sagen. Eine Ausnahme bildet Antonio Gramsci, Autor und marxistischer Philosoph. Er war eine führende Figur in der Kommunistischen Partei Italiens (KPI), bis zu seiner Verhaftung im Jahre 1926. Gramscis während der langen Haft entstandene *Gefängnishefte* zeichnen ihn als führenden Theoretiker des Kommunismus aus.[49] Antonio Gramsci musste sein Leben lang kämpfen – zunächst um seine Gesundheit. Von früherster Kindheit an litt er an einer Verwachsung am Rücken. Er war von schwacher Konstitution, oft schwermütig. 1923 schrieb er, er habe sich schon früh als »Eindringling in der eigenen Familie« gefühlt – ein so schwaches Kind, dass er selbst den nächsten Verwandten eine Last sein musste. Um diese Gefühle als Erwachsener nicht zu offenbaren, zog er sich oft »hinter einer harten Maske oder ein ironisches Lächeln« zurück.[50]

Gramsci wurde 1891 in Ales auf Sardinien geboren. Seine Familie genoss zumindest anfangs relativen Wohlstand, da sein Vater Francesco als Beamter über ein regelmäßiges Gehalt verfügte. 1898 aber, als Antonio sieben Jahre alt war, wurde Francesco verhaftet. Er hatte bei den Wahlen einen alternativen Kandidaten unterstützt; um dies zu rächen, denunzierte ihn die führende politische Fraktion wegen Veruntreuung. Es ging um unbedeutende Summen, doch Francesco wurde zu fünf Jahren Haft verurteilt. Dieses Erlebnis setzte dem Sohn schwer zu. Ihm wurde nicht gesagt, was tatsächlich geschehen war – er erfuhr es erst durch die Hänseleien der Kinder im Dorf. Die Beziehung zu seinem Vater, der sich auch zu besseren Zeiten nicht als besonders fürsorgend hervorgetan hatte, war fortan schwer belastet. Antonios Mutter stand plötzlich ohne Einkommen da und musste sich allein um die sieben Kinder kümmern. Ihr gelang dies jedoch erstaunlich gut. In seinen späteren Briefen aus dem Gefängnis ehrt er sie mit ergreifenden Worten:

> Du kannst Dir nicht vorstellen, an wie viele Gelegenheiten ich mich erinnere, an denen Du immer als gute Kraft und zartfühlende Mutter auftauchst. Wenn man einmal darüber nachdenkt, geht es bei der Frage nach der Seele und der Unsterblichkeit der Seele, nach der Hölle und dem Paradies im Grunde doch nur darum, dass unser Handeln nach seinem Wert, nach dem Maßstab von Gut und Böse, bei anderen ankommt, und in einer ständigen Bewegung vom Vater zum Sohn, von einer Generation

zur nächsten weitergegeben wird. Die Erinnerungen, die wir an Dich haben, sind geprägt von Deiner Güte und Deiner Willenskraft, und da Du all Deine Kraft unserem Aufwachsen gewidmet hast, bedeutet dies, dass Du schon im einzigen wirklichen Paradies bist, das es für eine Mutter gibt, nämlich in den Herzen Deiner Kinder. Verstehst Du, was ich Dir eben geschrieben habe? Und meine nicht, ich würde Deine Religion verspotten wollen, obwohl ich annehme, dass Du mir eher recht geben wirst, als es zunächst vielleicht den Anschein hat.[51]

Gramsci betonte stets die Stärke von tugendhafter Erziehung, emotionaler Bindung und moralischem Handeln innerhalb der Familie. Er hatte den Eindruck, dass diese Qualitäten vor allem in Arbeiter- und Bauernfamilien vorhanden waren: Trotz der ständigen finanziellen Sorge schafften es diese Familien doch, eine tiefe Liebe und Opferbereitschaft zu zeigen. Moralität, so Gramsci, bestehe darin, minimale Handlungen mit einem maximalen Ziel zu verbinden und so einen – hier schwingen eindeutig katholische Untertöne mit – »unendlichen Rosenkranz« der guten Taten zu flechten. Wenn seine Mutter sich trotz der vielen Arbeit die Zeit nahm, sich zu ihm zu setzen und ihm zu erklären, dass »*uccello*« (Vogel) mit zwei »c« geschrieben werde, vollbrachte sie damit eine solche gute Tat. Die Familie war damit Hauptschauplatz für Erziehung und die Weitergabe von Liebe.[52]

Auch Gramsci verfasste keine systematische Abhandlung über die Familie (genauso wenig wie Marinetti oder Kollontai). Wenn man seine verstreuten Bemerkungen zusammen sieht, entsteht durchaus ein vollständiges Bild seiner Überzeugung. Der wichtigste Text zum Thema ist ein Zeitungsartikel vom 9. Februar 1918 mit dem schlichten Titel »La famiglia« – geschrieben zu einem Zeitpunkt, da Gramsci noch Sozialist war und es noch drei Jahre dauern sollte, bis 1921 die KPI gegründet wurde.[53]

Gramsci beginnt mit der Bemerkung, dass Sozialisten oft als die größten Feinde der Familie angesehen würden. Seiner Ansicht nach entsprach dies keineswegs der Wahrheit. Die Familie sei eine Institution, die es zu schützen und in Ehren zu halten gelte. Sie sei ein wesentliches Element der »Moralität, Erziehung zur Menschlichkeit (*preparazione umana*) und Einführung in die Rolle des Staatsbürgers«. Die gegenwärtige Gesellschaftsordnung, die auf der »unmenschlichen Idee« des Privateigentums und der Aufteilung in Klassen gründe, hindere aber die Mehrheit der Familien an der Ausübung dieser wichtigen Funktionen. Nur Kinder aus dem Bürgertum lebten in Sicherheit und frei von Not und erhielten eine gute Schulbildung – alle anderen litten an mangelnder Gesundheit, konnten nicht lesen und waren sehr früh zu arbeiten gezwungen. Die Sozialisten wollten diese Ungerechtigkeit beseitigen, damit alle Kinder »in ihrer physiologischen und moralischen Entwicklung unterstützt« werden könnten. Hierzu müsste man das Privateigentum abschaffen, um die Familien zu stärken: »Nur die Abschaffung des Privatbesitzes und dessen Umwidmung in kollektives Eigentum bringt die Familie in die Lage, ihren wichtigsten Zweck zu erfüllen, nämlich ein Organ des moralischen Lebens zu sein.«[54]

Gramsci übernahm also einen wichtigen Aspekt der marxistischen Doktrin, nämlich die Abschaffung des Privateigentums, aber er lehnte es ab, die Aufgaben der Familie nach und nach auf den sozialistischen Staat zu übertragen. Nach seinem Dafürhalten mussten dem kollektiven Zusammenleben und der Macht des Kollektivs Grenzen gesetzt werden. Er warnte vor einer »Anbetung des Staates« und bestand darauf, dass mit einer sozialistischen Regierung die Kindererziehung nicht staatlichen Institutionen übergeben werden dürfe, da diese »unpersönlich, mechanisch und bürokratisch« agierten. Die Familie dagegen könnte befreit von Existenzsorgen ihren rechtmäßigen Platz als Erzieher einnehmen und die »Fackel der Zivilisation von einer Generation zu anderen« weitertragen.[55]

Dies ging natürlich wenig konform mit der sozialistischen Lehre. In seinem Werk *Die Frau und der Sozialismus* (1879) hatte der deutsche Sozialdemokrat August Bebel, wie im ersten Kapitel gesehen, die Begrenzung des häuslichen Lebens »auf das Notwendigste« propagiert. Bebel hatte das Private hauptsächlich in negativen Begriffen beschrieben, er hatte die Unterdrückung der Frau im häuslichen Umfeld hervorgehoben und verlangt, die kollektive Gesellschaft müsse das Familienleben in großem Maßstab ersetzen. Für Gramsci war die funktionierende Familie der »große Erzieher«, für Bebel war es die Zivilgesellschaft der Arbeiterklasse.

Größer noch sind die Unterschiede, wenn man Gramsci mit den zeitgenössischen Bolschewiki vergleicht. In den Jahren 1918 bis 1920 wurden mehrere wichtige Schriften zur Zukunft der Familie veröffentlicht: Gramsci verfasste den erwähnten Artikel im Februar 1918; Kollontai schrieb im Winter 1918/19 *Die Familie und die kommunistische Gesellschaft*; Lenin verfasste im Juli 1919 *Die große Initiative*, Bucharin und Preobraschenski schufen 1920 das *Abc des Kommunismus*. Auch Marinettis *Democrazia futurista* (1919) gehört hierher. Doch keiner der genannten Autoren teilte Gramscis Vorstellung von der Familie als »Organ des moralischen Lebens«. Kollontai schrieb, wie wir uns erinnern, die Familie im revolutionären Russland sei »nicht länger notwendig, weder für ihre Mitglieder noch für die Nation insgesamt«. Lenin war ganz ähnlicher Ansicht wie Bebel und meinte, die »Kleinarbeit der Hauswirtschaft« erniedrige Frauen zu »Haussklaven«. Sie seien in Fabriken besser aufgehoben. Bucharin und Preobraschenski gingen noch weiter, als sie schrieben, dass von hundert Müttern vielleicht eine oder zwei die Fähigkeit besäßen, Erzieherinnen zu sein. Die Zukunft liege daher in der verstaatlichten Erziehung. Und für Marinetti, den unverhohlen patriarchalischen Familiengegner, war die Familie ein Ort der »unnötigen Gefühle«, der »erdrückenden Restriktionen« und der »Verweiblichung«. Auch für ihn war es daher besser, wenn das familiäre Nest einer streng geschlechterspezifischen staatlichen Erziehung Platz machte.

Warum argumentierte Gramsci so anders? Das hat gewiss zunächst einmal mit Gramscis persönlicher Entwicklung zu tun, dann aber auch mit der kulturellen Herkunft seiner Familie. Als Kind kam sich Gramsci aufgrund seiner Missbildung in der eigenen Familie wie ein Fremder vor. Er wollte nicht weniger, sondern *mehr* Familienleben, er wollte als vollwertiges Mitglied seiner Familie behandelt und von seinem Vater unterstützt werden, er wollte eine »normale« Familie, die nicht bedroht war durch willkürliche Verhaftung und plötzliche Verarmung. Seine Sehnsucht nach Normalität nähert ihn Halide Edip an, die ja auch ein bürgerliches Leben erstrebte, und sie setzt ihn ab von den avantgardistischen Bestrebungen Kollontais und Marinettis.

Im ländlichen Sardinien Ende des 19. Jahrhunderts war der Katholizismus fest in den Familien verankert. Gramsci bezog eine eindeutig antiklerikale Position, er prangerte das Heuchlerische und Oberflächliche der Kirche an, doch die zentrale Bedeutung des Familienlebens für die Menschenbildung stellte er nie in Frage. Tatsächlich gehörten katholische

Metaphern wie etwa der »Rosenkranz des Alltags« wesentlich zu seinem politischen Vokabular. In einem polemischen Artikel vom April 1917 tritt dies deutlich hervor: Gramsci hat nicht vor, die Familie abzuschaffen, er will aber auch dem Katholizismus nicht abschwören, sondern er nimmt beide ernst. Sein Appell richtet sich an die Männer – an die sozialistischen Väter, die sich den »katholischen Eitelkeiten« ihrer Frauen entgegenstellen sollen:

> Die Karwoche hat begonnen. Das Leiden Christi lebt fort in den verschnupften Trauergesängen alter Pfarrer, in den nach Tabak stinkenden Kirchenanhängern, in der »Passion« der Kinder und Jugendlichen, die von ihren Familien gezwungen werden, scheinbar religiöse Pflichten zu erfüllen. Wir haben die Kinder auf der Straße gesehen, wie sie ganz in Weiß gekleidet, Palmwedel in ihren kleinen Händen halten, als lebendes Zeugnis der Eitelkeit ihrer Mütter ... Es sollte Müttern und Vätern nicht schwerfallen, bezüglich der geistigen Erziehung ihrer Kinder eine Einigung zu finden, die auf der größtmöglichen Gewissensfreiheit gründet ... Die Gefahr dabei ist, dass Kinder keine wahrhafte religiöse Erziehung erhalten, dass sie an hohle Zurschaustellung gewöhnt werden, an Osterkleidchen, Palmwedel und Heuchelei ... Väter sollten, anstatt noch tiefer in den Sessel zu sinken, aufstehen und für sie eintreten, sie aktiv schützen.[56]

Im Mai 1922 reiste Gramsci von Turin nach Moskau. Er war als italienischer Abgeordneter in das Exekutivkomitee der Kommunistischen Internationale berufen worden. Bei seiner Ankunft war Gramsci krank, erschöpft durch die langen Jahre als militanter Kämpfer und die aufeinanderfolgenden Niederlagen der Turiner Arbeiterbewegung. Sinowjew, Vorsitzender der Internationale, beschloss, der Genosse solle sich im Sanatorium von Serebrjanyi Bor (»Silberwald«) außerhalb von Moskau erholen. Gramsci zeigte beängstigende Symptome – konvulsische Zuckungen und Tics, die wie Wutanfälle aussahen. Viele, die ihn besuchten, äußerten anschließend, sie seien zu Tode erschrocken. »Sie wussten, dass ich Sarde bin. Sie dachten, ich wäre kurz davor, jemanden niederzustechen!« Im Sanatorium lernte er die wenige Jahre ältere Patientin Eugenia Schucht kennen. Sie stammte aus einer anti-zaristischen Familie, die ins Exil gegangen war, daraufhin in vielen europäischen Städten, unter anderem in Rom, gelebt hatte und nach der Revolution nach Russland zurückgekehrt war. Eugenia Schucht sprach sehr gut Italienisch. Sie wurde oft von ihrer jüngeren Schwester Julca besucht, einer großgewachsenen, auffallenden Erscheinung mit schulterlangem Haar und melancholischen Augen. Die 26-jährige Julca war fasziniert von diesem jungen Italiener, der über einen so mächtigen Intellekt und eine innere Stärke verfügte, die seine körperlichen Gebrechen vergessen machten. Gramsci verliebte sich Hals über Kopf in Julca, denn sie erschien ihm wie ein Engel – eine Botin mit den Grüßen der Russischen Revolution. Am 10. Januar 1923 schrieb er:

> Meine liebe Kameradin,
> die Welt ist groß und schrecklich: Vielleicht sehen wir uns in Peking oder in Lhasa wieder, in New York oder Sydney ... Bis jetzt dachte ich immer, ich sei vollkommen ausgedörrt und vertrocknet, aber ich habe eine kleine Quelle entdeckt (eine wirklich sehr kleine), aus der Melancholie und Mondlicht strömen, mit einem hellblauen Rand.
> Mit freundschaftlichem Händedruck
> Gramsci[57]

Im Dezember desselben Jahres beendete er einen Brief an Julca mit den russischen Worten:»Dorogaja, milaja, ljubimaja [liebe, süße, geliebte] Julca«. Und ein anderes Mal fragte er sich (und Julca), ob es möglich sei, ein Kollektiv zu lieben,»wenn man nicht selbst schon einmal von einem einzelnen menschlichen Geschöpf zutiefst geliebt worden ist.«[58] Im Briefwechsel der beiden finden sich immer wieder Hinweise, dass sie sich über die Russische Revolution zum Teil heftig stritten. Zum Teil ging es dabei um die Rolle der Familie und die Rolle des Staates. In einem Brief vom Oktober 1924 bezieht sich Gramsci auf Julcas offensichtliche Sympathie für die kollektive Kinderversorgung und ihren Glauben an die Überlegenheit des russischen Systems:

> Als du mir beschriebst, wie all die weinenden Babys in einem großen Rollwagen an die Mütter verteilt werden, die sie stillen sollen, trat mir die Szene so klar vor Augen, dass ich nicht anders konnte, als dich ein wenig zu provozieren. Deswegen mein Vorschlag, dass sie den Müttern am besten jedes Mal ein anderes Baby geben, da die sowjetische Ausbildung sicher nicht so perfekt ist, dass alle Krankenschwestern gleich gut sind.[59]

Julca war wütend, Alexandra Kollontai aber hätte sich wahrscheinlich nicht am Kindertausch gestoßen. Schließlich hatte sie in *Die Familie und die kommunistische Gesellschaft* geschrieben: »Die werktätige Mutter muss lernen, nicht zwischen deinen und meinen zu unterscheiden; sie muss sich vor Augen führen, dass es nur unsere Kinder gibt, die Kinder der kommunistischen Arbeiter Russlands.«

In der Zeit von 1922 bis 1926 verbrachten die beiden Liebenden wenig Zeit zusammen: Zunächst die glücklichen Monate, die Gramsci in der Klinik und in Moskau verbrachte, und dann erneut 1925 in Moskau und Rom, wo Julca kurzzeitig in der sowjetischen Botschaft arbeitete. Zu viele Hindernisse standen den beiden im Weg: Für Gramsci hatten seine politischen Verpflichtungen stets den Vorrang. Julca hingegen litt unter einer labilen Psyche. Von ihren Briefen sind nur wenige erhalten, Gramsci jedoch bittet sie fortwährend, zu ihm zu kommen, aber vergeblich.

Auf politischer Ebene kam es in dieser Zeit zu einer Niederlage nach der anderen. 1924 beklagte sich Gramsci bitter über die Unzulänglichkeit der italienischen Arbeiterklasse, die so wenig an die Zukunft denke und »Lieder und Fanfaren lieber mag, als Opfer zu bringen«.[60] Am 8. November 1926 wird Gramsci verhaftet, achtzehn Monate später, im Mai/Juni 1928 steht er in Rom vor dem faschistischen Sondertribunal für Staatssicherheit. Am 2. Juni äußert der faschistische Staatsankläger die infamen Worte: »Wir werden dieses Gehirn zwanzig Jahre lang am Denken hindern.« Gramsci wurde tatsächlich zu zwanzig Jahren, vier Monaten und fünf Tagen Gefängnis verurteilt.[61] Doch trotz seiner schwer angeschlagenen Gesundheit und den Entbehrungen des Gefängnislebens arbeitete Gramscis Gehirn unaufhörlich weiter. Seine beeindruckenden *Gefängnishefte* sollten zum wichtigsten Text des europäischen Kommunismus der Nachkriegsjahre werden. In den Aufzeichnungen aus der Haft gehen Gramscis Gedanken in vielerlei Richtungen, berühren nur selten das Thema Familie.

Aus der flüchtigen und fragilen Liebesbeziehung von Julca Schucht und Antonio Gramsci gehen zwei Söhne hervor: Delka (Delio) und Julik (Giuliano). In seinen *Gefängnisbriefen* versucht Gramsci, die zerrissene Familie irgendwie zusammenzuhalten. Er schrieb seinen Kindern regelmäßig und erzählte ihnen von seiner Kindheit auf Sardinien und von den vielen Tieren, um die er sich damals kümmerte. Ein Brief vom Februar

1932 verdient es, hier ausführlicher wiedergegeben zu werden. In ihm beschreibt Gramsci seinen Söhnen, wie eine Igelfamilie Äpfel sammelt. Die in so liebevollen Details geschilderte Tierfamilie scheint unbewusst seine Sehnsucht nach einer »normalen« Familie auszudrücken – einer Familie, die ihren alltäglichen Aufgaben nachgeht und dabei eine gemeinsame Strategie verfolgt:

> An einem Abend im Herbst, als es schon dunkel war, aber der Mond herrlich schien, ging ich mit einem anderen Jungen, meinem Freund, auf eine Wiese mit vielen Obstbäumen, besonders Apfelbäumen. Wir bezogen Position und versteckten uns in einem Graben, entgegen der Windrichtung. Und irgendwann tauchten sie auf: zwei große und drei kleine Igel. In einer Reihe trippelten sie durch das hohe Gras auf die Äpfel zu und machten sich an die Arbeit. Mit ihren kleinen Gesichtern und Beinen rollten sie die durch den Wind heruntergefallenen Äpfel auf einer kleinen Lichtung zusammen. Aber es wurde schnell deutlich, dass es nicht so viele waren, wie sie benötigten. Der größte Igel schnüffelte und blickte umher, suchte sich dann einen Zweig des Apfelbaums, der sich unter dem

Julca Schucht, Giuliano und Delio Gramsci

Gewicht seiner Früchte bog, und kletterte hinauf, mit seiner Frau im Schlepptau. Beide saßen auf dem beladenen Ast und schaukelten rhythmisch hin und her. Die Bewegungen übertrugen sich auf den Ast, der nun auch zu schwanken begann und durch immer wilderes Schütteln erzitterte. Es fielen noch eine Menge Äpfel zu Boden. Der Igel sammelte auch diese auf der kleinen Lichtung. Und dann rollten sich die kleinen und großen Igel mit aufgestellten Stacheln über die Äpfel, die sie auf diese Weise erfolgreich aufspießten. Die Kleinen schafften nur ein oder zwei, der Vater und die Mutter aber jeweils sogar sieben oder acht.[62]

Während der Jahre im Gefängnis kümmert sich nicht Julca, die Russland nicht wieder verließ, sondern ihre Schwester Tatjana (Tania) treusorgend und liebevoll um Gramsci. Antonio war ihr zutiefst dankbar und schätzte Tatjana sehr; sein Herz aber gehörte Julca.

Ab 1933 wurde Gramsci infolge wachsenden internationalen Drucks und aufgrund seines schlechten Gesundheitszustands in eine Klinik in Formia und dann nach Rom überwiesen. Außerdem wurde ihm vorläufig Freiheit gewährt, doch 1936 hatte sich sein Zustand bereits dramatisch verschlechtert. In den letzten Monaten seines Lebens schien Gramsci »einzig an Julca und seine Söhne in der Ferne zu denken«.[63] Delio war zwölf Jahre alt, als ihm sein Vater am 2. Dezember 1936 schrieb:

Lieber Delio,
… danke, dass du Mama ganz fest für mich umarmt hast: Ich finde, das solltest du jeden Tag, jeden Morgen tun. Ich denke immer an euch. Ich stelle mir dann vor, wie du sie jeden Morgen umarmst, und ich sage mir: »Julca und meine beiden Jungen denken gerade in diesem Moment an mich.« Du bist der Ältere, aber erzähle ruhig auch Julik davon, dann habt ihr jeden Tag »fünf Minuten mit Papa«. Was hältst du davon?[64]

Antonio Gramsci starb am 27. April 1937 mit 46 Jahren. Sechs Tage zuvor war er offiziell aus der Haft entlassen worden.

Toskanische Pächterfamilien

Das Sardinien aus Gramscis Kindheit war nur eine von vielen verschiedenen ländlichen Welten Italiens, und Gramscis politische Überlegungen während der Gefängnisjahre kehrten immer wieder zu der Forderung zurück, man müsse »das Land mit der Stadt vereinen« – Bauern und Arbeitern sollten gemeinsame Ziele verfolgen. Das war leichter gesagt als getan. In der rauen Wirklichkeit kurz nach dem Ersten Weltkrieg, da so viele Familien um ihre Toten trauerten, die sie in einem so offensichtlich sinnlosen Krieg verloren hatten, schlossen sich große Teile der italienischen Landbevölkerung im Protest zusammen, verlangten soziale Gerechtigkeit und eine neue Landverteilung. Ihre Bewegung war größer als jede andere in Europa, ausgenommen Russland.[65] Und doch waren die unterschiedlichen Zielsetzungen und regionalen Prägungen größer als etwaige Gemeinsamkeiten. Jahrhundertelange Abhängigkeiten, die Dominanz einer konservativ katholischen Kultur, die Abgeschiedenheit vieler Dörfer und vor allem tiefe ideologische Gräben und eine unfähige Führung brachten es mit sich, dass Stadt und Land sich nicht annäherten.

Auf den folgenden Seiten konzentriere ich mich auf ein einzelnes ländliches Phänomen, das Schicksal der toskanischen Pächterfamilien. Andere Schicksale, wie die der landlosen Arbeiter in Apulien und des Bauernbunds in der Po-Ebene sind nicht minder aufschlussreich, müssen aber aus Platzgründen hier zurückgestellt werden.[66]

In der Toskana hatte das Pächtersystem seit vielen Jahrhunderten Bestand. Hierbei stellte der Landeigner den Hof und die Pächter ihre Arbeitskraft zur Verfügung – Ausgaben und Ernte wurden geteilt. Die Pächter lebten nicht in Dörfern oder agrarischen Großsiedlungen, sondern in Bauernhäusern direkt auf ihrem Stück Land. Die Verträge galten jeweils für ein Jahr, wurden aber in der Praxis ohne Schwierigkeiten über mehrere Jahre verlängert. Der Landeigner war keine unnahbare Gestalt jenseits eines unüberbrückbaren Klassengrabens, sondern er nahm aktiv Anteil an dem Betrieb der Höfe. Zwischen ihm und dem Pächter herrschte ein direktes, paternalistisches Verhältnis. Es gründete, wie Carlo Pazzagli schreibt, auf einer tiefen Abhängigkeit des Pächters, aber auch auf der Fürsorge und dem Schutz durch den Grundbesitzer.[67]

Mit der Zeit wurden die toskanischen *mezzadri* (Pächter, die ihre Pacht in Naturalien zahlten) als privilegierte Kaste angesehen – im Kontrast zu der kleineren Zahl einfacher Landarbeiter, den *pigionali*, die keinerlei Sicherheit genossen. Es entstand eine eigene Heimatliteratur, die das Pachtsystem feierte, und auch fremde Besucher lieferten selbst noch im Zweiten Weltkrieg begeisterte Berichte aus der Region. Doch die Realität für die Bauern sah nicht ganz so idyllisch aus. Ehen durften nur mit der Einwilligung des Grundherrn geschlossen werden, und auch eine Tätigkeit außerhalb des landwirtschaftlichen Betriebs war ohne seine Erlaubnis ausgeschlossen. Die Pächter standen beim Grundbesitzer mit jedem Jahr tiefer in der Schuld. Auch genossen sie weniger Sicherheit, als die literarische Verklärung uns glauben lassen will. Dennoch kann man die toskanischen *mezzadri*, gemessen am europäischen Standard des frühen 20. Jahrhunderts, als privilegiert ansehen – in dieser Hinsicht waren sie den Bauern Süddeutschlands näher als denen Süditaliens.

Die Haushalte der Pächter waren für gewöhnlich komplex organisiert, indem mehr als ein Ehepaar und mehr als zwei Generationen unter einem Dach wohnten. Ähnlichkeiten zur erweiterten Familien des *dwor* im europäischen Russland drängen sich auf. In beiden Fällen erreichte die Zahl

Vittorio Alinari: Weinlese in der Toskana, 1914

der Haushaltsmitglieder oftmals einen zweistelligen Bereich. Das männliche Oberhaupt der Familie, der *capoccia*, das toskanische Äquivalent des russischen *bolschak*, regierte als autoritärer Patriarch über die große Haushaltsgemeinschaft. Doch er besaß nicht die alleinige Autorität: Die *massaia*, meistens die Frau des männlichen Oberhaupts, übte ähnlich wie in Russland ebenfalls beträchtliche Macht aus, und das vor allem auf die anderen Frauen der Familie und die Schwiegertöchter. Die Pächterfamilie präsentierte der Außenwelt so ein einiges und beneidenswertes Bild, das allerdings auf rigiden, über Jahrzehnte etablierten Hierarchien gründete.

Die Religiosität dieser Familien ist häufig hervorgehoben worden. Zu Ostern wurde vor dem Besuch des Pfarrers und der Segnung des Hauses jeder einzelne Haushaltsgegenstand geputzt und poliert. Auch hier ist der Vergleich mit Russland interessant. Die toskanischen Frauen fühlten sich ihrer Kirche enger zugehörig als ihre russisch-orthodoxen Geschlechtsgenossinnen, da der Katholizismus sich ihnen weitaus freundlicher zeigte. Gleichzeitig wurde die offizielle Lehre gleichsam »privat« umgedeutet. So entwickelten die toskanischen Bauern im Laufe des 19. Jahrhunderts einen ganz eigenen Marienkult. Immer mehr Madonnenbilder tauchten in der toskanischen Landschaft auf. Die Gottesmutter, die *madonna*, wurde nicht nur als Inbegriff der mütterlichen Liebe, sondern auch als Schutzheilige der Nutztiere betrachtet. Allenthalben gab es Altäre mit »Milch-Madonnen«, »Blut-Madonnen«, »Geburts-Madonnen«, »Fieber-Madonnen«.[68]

Angesichts der weitverbreiteten Religiosität in der toskanischen Bauernschaft ist es kaum verwunderlich, dass in den Protesten nach dem Ersten Weltkrieg eine deutlich katholische Komponente mitschwang. Auch in der befriedeten und familienorientierten Landbevölkerung spürte man Verbitterung und Wut. Katholische und sozialistische Gruppierungen wetteiferten darum, den Sorgen der Pächter eine Stimme zu geben. Im Juli 1920 setzte der sozialistische Bund der Pächter einen »Roten Pakt« durch, der den toskanischen Bauern ein solideres Pachtrecht sicherte, die ständige Verschuldung beendete und ihnen eine größere Mitbestimmung einräumte. Doch wie überall in Italien war der Triumph nur von kurzer Dauer. Schon bald traten die faschistischen »Schwarzhemden« auf den Plan, um auf dem Land wieder für »Ordnung« zu sorgen.

Mitte der dreißiger Jahre war in San Gersolè in der Gemeinde Impruneta nur ein paar Kilometer von Florenz entfernt eine strenge und rührige Lehrerin namens Maria Maltoni tätig, eine Anhängerin des faschistischen Regimes, die ihre Schüler anwies, Tagebuch über ihr eigenes und das Leben ihrer Familie zu führen.[69] Die Kinder kamen der Aufforderung auf vielfältige und eigenwillige Weise nach. Sie beschrieben katholische Prozessionen und faschistische Aufmärsche, Wandermönche, Bettler, die Feldarbeit, das Leben im Haus. Die Sprache und die Sichtweise ist lebendig und direkt, der Dialekt erinnert an Dantes Italienisch. Die Aufzeichnungen ermöglichen es uns auf einzigartige Weise, die Pachtbauernfamilien durch die Augen ihrer Kinder zu betrachten.

Giovanni Contini hat in seiner bahnbrechenden Arbeit über die toskanische bäuerliche »Aristokratie« seine Aufmerksamkeit auf die Geschichte einer einzelnen Pächterfamilie gerichtet – die Familie Caroti.[70] Dabei stützte er sich nicht zuletzt auf das Tagebuch der damals 10-jährigen Schülerin Fernanda Caroti aus San Gersolè. Ich folgen seinen (und ihren) Ausführungen und richte dabei eine besonderes Augenmerk auf die Themen Religion, Liebe, Gewalt und Tod.

In den 1930er Jahren war die Familie Caroti, bei der etwa zehn Menschen unter einem Dach wohnten, fest etabliert auf einem gutgehenden Hof in der Gemeinde Impruneta – nicht weit entfernt von der Villa der Familie Corsini, denen das ganze Land im weiteren Umkreis gehörte. Der *podere* (Hof) der Carotis gehörte zu einem besonders schönen Anwesen mit 700 alten Olivenbäumen, mit Pfirsich- und Birnbäumen, mit Kornfeldern und Weinbergen. Die Familie stellte in arbeitsintensiven Phasen Hilfsarbeiter ein und fertigte auch Schwefelkerzen, die auf dem Markt in Florenz verkauft wurden.

Die Carotis waren erklärte Faschisten und nahmen auch an Parteiversammlungen teil, aber vor allem war ihr Zusammenleben stark religiös geprägt. Fernandas Großmutter Assunta, eine dominante Person, zitierte ständig religiöse Sprüche und Verse, rasselte den Rosenkranz herunter und erzählte von wundersamen Erscheinungen, von Engeln und der Gottesmutter. So berichtete sie ihrer Enkelin, die Madonna sei einmal um Mitternacht im nahe gelegenen Montorsoli erschienen, zwischen Brombeersträuchern am Grunde eine Schlucht. Sie sei dann mit ihren Freundinnen hingelaufen, um zu sehen, was es damit auf sich hatte. Die Frauen stießen auf eine Gruppe betender Menschen. Unter ihnen entdeckten sie einen alten Kutscher, der für sein gotteslästerliches Verhalten bekannt war. Der kniete nun nieder und flehte die Gottesmutter an, sich doch noch einmal zu zeigen. Aber das tat sie nicht. Fernanda schreibt jedoch, ihre Großmutter war »zufrieden mit dem, was sie gesehen hatte«.[71]

Daheim pflegten Erwachsene und Kinder einen autoritären, aber auch sehr lebhaften Umgang, wobei man vor Schlägen als Zuchtmittel nicht zurückschreckte. Fernanda berichtet, dass ihre Schwester Renza wegen eines geringfügigen Vergehens von ihrem Vater geschlagen wurde. Renza rief dabei unter Tränen aus, sie hoffe, die Rückenschmerzen ihres Vaters würden »nie wieder gut werden«, worauf sie noch mehr Hiebe für ihre Frechheit bekam. Oft ließen die beiden Schwestern ihre Wut an den Tieren aus, die doch so eng zu ihrem Leben gehörten. An einem heißen Junitag im Jahr 1938 wurden sie vom Vater aufs Feld geschickt, um die Spatzen zu vertreiben. Einen der Vögel konnten sie dabei fangen. »Ich sagte ihm: Wenn du brav gewesen wärst und dich besser benommen hättest, würde ich dich am Leben lassen, aber jetzt musst du für deine Ungezogenheit büßen. Also schlug ich ihn mit dem Kopf auf einen Nagel, und er starb.«[72]

Trotz des relativen Wohlstands auf dem Land waren Tod und Krankheit allgegenwärtig. Die Schwestern Caroti mussten zu allen Begräbnissen in der Gegend mitkommen. Fernanda empfand das als regelrechte Strafe. Einmal arbeitete Fernanda mit ihrem Vater auf dem Feld. Sie unterhielten sich über den Tod.

»Wenn du tot wärst, gäbe es einen kleinen Quälgeist weniger ...«
»Aber ich will nicht sterben! Dafür bin ich zu jung!«
»Ob du's glaubst oder nicht, es sterben viele Kinder ...«
Mein Vater machte unter schallendem Gelächter weiter, ich aber war vollkommen durcheinander, denn ich wollte erst sterben, wenn ich alt war.«[73]

Dieser raue Humor und die körperliche Gewalt bedeuteten nicht, dass Eltern keine Zuneigung für ihre Kinder empfunden hätten. Fernanda erzählt: »Als ich das letzte Mal krank war, kam mein Vater andauernd ins Zimmer und fragte, wie es mir geht.«[74]

Aus den für Maria Maltoni angefertigten Tagebüchern und anderen

Quellen entsteht das Bild großer, komplexer Pächterfamilien mit einem besonderen Sinn für den privaten Raum und strengen, jedoch informell ausgehandelten Hierarchien. Doch weder ihre Größe noch ihre Eigenständigkeit und Abgeschiedenheit führten dazu, dass die Familien sich abschotteten. Stattdessen verband die einzelnen Pächterhöfe ein reger Austausch; man half sich und nahm an gemeinsamen Ritualen teil. Das demonstriert besonders gut die Tradition der *veglia*. An Winterabenden, meist ab Anfang November, versammelten sich die Familien in den Ställen, spielten Karten oder andere Gesellschaftsspiele, strickten und stopften, plauderten und erzählten Geschichten. Diese Zusammenkünfte waren offen, man empfing regelmäßig Gäste und ging zu Besuch.[75] Die Pächterfamilien der Toskana verfügten also, um einen modernen Begriff zu gebrauchen, über viel »soziales Kapital« – nicht so viel, als dass sie ein selbstverwaltetes Organ wie den russischen *mir* hervorgebracht hätten, aber genug, um eine tatsächliche Gemeinschaft zu bilden, mit all ihren Vorzügen und Nachteilen, ihren Freiheiten und ihren Zwängen.

Die Bauernfamilien verband ein Zusammengehörigkeitsgefühl, gleichzeitig war man aber doch getrennt von der Welt. Continis Pächter in Impruneta lebten nur wenige Kilometer vor Florenz, aber zwischen Stadt und Land verlief eine unsichtbare Grenze. Sie lebten in ihrer eigenen Welt, in der die Straßen immer noch unbefestigte Feldwege und Maultierpfade waren und in der man Neuigkeiten aus der großen Welt von Wandermönchen und Nonnen erfuhr, die von den Carotis herzlich aufgenommen wurden (was durchaus nicht in allen Dörfern der Fall war).[76] In dieses kleine Universum wollte das faschistische Regime einbrechen und es nach seiner Vorstellung neu ordnen. Wir werden nun sehen, wie weit es mit diesem Vorhaben kam.

II

Faschistische Familien

Die Familie im Blick des Regimes: Vorstellungen und Diskurse

Robert Paxton hat überzeugend dargelegt, dass jede faschistische Politik ein verführerisches Gemisch aus Aktionismus und Uneindeutigkeit war und ist.[1] Dies gilt nicht zuletzt für die faschistische Familienpolitik. Wie die anderen in diesem Buch behandelten Diktaturen stellte auch der Faschismus das Familienleben nicht ins Zentrum seiner Politik. Genauso wurde nie klar umrissen, welcher Familiendiskurs propagiert werden sollte. Diese Unsicherheit begann in der Führung und erklärt sich zumindest teilweise durch die Unzulänglichkeit von Mussolinis eigenen häuslichen Verhältnissen. Beginnend mit der Familie des Duce möchte ich verschiedene Sichtweisen und Diskurse zur Familie analysieren, von der katholischen Familie zu römischen Familie, von Giovanni Gentiles hohem metaphysischen Anspruch bis zu prosaischen, auf bestimmte Gesellschaftsschichten oder historische Umstände angepassten Modellen, von Mario Sironis großen Gemälden der frühen 1930er Jahre bis zu der Frage, welche Geschlechterbeziehungen und welche Art von Patriarchat das faschistische Familienleben prägen sollten.

Mussolinis Familie

Im Januar 1910, auf dem Höhepunkt seiner radikalen sozialistischen Phase, gründete Benito Mussolini mit Rachele Guidi einen gemeinsamen Haushalt. Rachele war ein Bauernmädchen, konnte kaum lesen und schreiben und stammte aus demselben sozialen Milieu und derselben Region wie Benito selbst. Die beiden sollten insgesamt fünf Kinder bekommen, drei vor und zwei nach Mussolinis Machtübernahme. Im Dezember 1925 ließen er und Rachele sich kirchlich trauen – auf Druck des Vatikans und mit Blick auf seine politischen Ambitionen.[2] Die Ehe war alles andere als glücklich. Er war ihr intellektuell weit überlegen; er verletzte sie durch sein Desinteresse und seine Gleichgültigkeit gegenüber den gemeinsamen Kindern und vor allem durch zahllose Liebschaften. Als seine Karriere Fortschritte machte, lag ihm offenbar vor allem daran, sich von Rachele zu entfernen; er ging nach Mailand, während sie in Forlì blieb, dann nach Rom, während sie in Mailand war. Erst 1929 bezog Rachele mit den Kindern schließlich die Villa Torlonia in Rom. Sie behielt ihre einfache Lebensweise bei, hielt im Garten Hühner und sogar Schweine, knüpfte aber auch Kontakte zu nützlichen Informanten und schloss Freundschaften und Feindschaften innerhalb der faschistischen Elite. So schuf sie sich ihren »Romagna-Clan«, wie es später hieß. Mussolini bewohnte einen separaten Flügel der Villa, in dem er seine Mahlzeiten einnahm und seine Geliebten empfing.[3] Seine letzte Geliebte, Claretta Petacci, hat Mussolinis Äußerungen zu Liebe und Sexualität festgehalten:

> Ich habe noch nie eine Frau geliebt. Ich habe viele Frauen gehabt, aber es war immer die Lust, die mich ergriff ... Zu Anfang habe ich meine Frau geliebt, aber es war vor allem eine sexuelle Anziehung: Sie hatte eine rundliche, schöne Figur und einen großen Busen. Ich mochte sie sehr und nahm sie oft ... Die zweite war S. [Sarfatti]. Doch sie habe ich vielleicht zwei Jahre geliebt, und dabei ging es nicht nur um körperliche Reize: Es gab da auch ein geistiges Interesse, wir haben viel geredet, über alles Mögliche ... An die anderen Frauen kann ich mich kaum erinnern, sie sind hergekommen und haben mich besucht, bis zu fünf Frauen, eine nach der anderen, an einem Tag: Eine am Morgen, eine mittags, noch eine am Nachmittag, am Abend und eine nachts. Es war ein ununterbroche-

ner Strom, eine Prozession. Cesira [Mussolinis Zimmermädchen] fand Gefallen daran – sie hat zu allen ihre Kommentare abgegeben und sie manchmal sogar nachgeahmt.[4]

Die Zahl seiner Eroberungen hat Mussolini zweifellos übertrieben, um Claretta zu beeindrucken. Offenbar aber ließen ihn seine Dauererregung einerseits und die emotionale Kälte andererseits kaum eingehender über das Familienleben nachdenken, weder über das eigene noch das der Nation.

Eine Scheidung kam nicht infrage in einem Italien, in dem der faschistische Staat soeben Frieden mit der katholischen Kirche geschlossen hatte. Zudem waren Rachele und Benito in merkwürdiger Hassliebe ganz offensichtlich voneinander abhängig. Der Gegensatz zu Marinetti ist offensichtlich. Marinetti gefiel sich in frauenfeindlichen Äußerungen und war gleichzeitig fähig, Benedetta Cappa selbstlos zu lieben und seine Töchtern ebenfalls. Mussolini dagegen liebte offensichtlich niemanden.

Mussolini und seine Familie (von links): seine Frau Rachele mit Anna Maria, Benito mit Romano, Edda, Bruno und Vittorio, 1929

Er ließ seine Kinder von der Geheimpolizei beschatten, gab sich selbst aber kaum mit ihnen ab.[5]

Am nächsten stand dem Duce noch seine älteste Tochter Edda. Im April 1930 heiratete diese den gutaussehenden und intelligenten Galeazzo Ciano. Fortan hatte das faschistische Italien auch eine präsentable Herrschaftsfamilie zu bieten. Edda und ihr Mann führten ein glanzvolles, exklusives Leben, und 1936 wurde Ciano sogar zum Außenminister ernannt. Das Paar freundete sich mit Joseph und Magda Goebbels an.

Das Ende des Krieges bedeutete auch das Ende für die erweiterte Familie Mussolini. Er wurde wegen einer angeblichen Verschwörung gegen den Duce verurteilt und Anfang 1944 erschossen. Edda versuchte alles, um ihn zu retten und verzieh ihrem Vater nie, dass er nichts für seinen Schwiegersohn tat. Ihre Mutter dagegen hatte Ciano wegen seiner arroganten Art immer gehasst und sich offen für seine Exekution eingesetzt. Edda floh in die Schweiz, wo die Behörden sie kurzzeitig in die Nervenheilanstalt Malévoz einweisen ließen. Dort wurde sie von dem angesehenen Psychoanalytiker André Repond behandelt, der einen ausführlichen Bericht über seine Patientin und die Familie Mussolini verfasste.[6] Es handelt sich um ein überaus interessantes Dokument. Repond hielt fest, die Familie Mussolini habe »Phasen der Harmonie« erlebt, allgemein aber sei sie durch einen »rauen Umgang« gekennzeichnet und sogar durch »Erbschäden« beeinflusst. Rachele wurde als sehr impulsiv und eifersüchtig beschrieben, Benito als ein rechthaberischer Oberlehrer, der Widerworte nicht ertrug. Zusammen führten sie lautstarke, gewalttätige Auseinandersetzungen vor ihren Kindern, die dadurch schwere seelische Schäden davontrugen. Edda eröffnete Repond im Laufe der Analyse, sie sei frigide und dies habe traumatische Folgen für ihre Ehe mit Ciano gehabt: »Sie drückte eine tiefe Abneigung vor allem Geschlechtlichen aus – ein Leiden, das noch dadurch verschärft wurde, dass ihre Eltern die Qualen des Ehelebens zur Schau gestellt hatten.«[7]

Es ergibt sich ein desolates Bild. Mussolini und seine Familie waren eine Blamage, ja eine Beleidigung, und die faschistische Presse war angewiesen, nicht über sie zu schreiben. Manchmal aber war diese Familie von Nutzen. Als sein Sohn Bruno, der sich bei der Luftwaffe verpflichtet hatte, 1941 bei einem Absturz ums Leben kam, veröffentlichte Mussolini ein sechzigseitiges Pamphlet mit dem Titel *Parlo con Bruno* (Gespräch mit Bruno) – zu Lebzeiten seines Sohnes hatte er nie den Austausch mit ihm gesucht.[8] Der Text entwirft tagtraumartig das Bild eines geregelten, liebevollen Familienlebens, das Mussolini in Wahrheit nie geführt hat.

Hegel überwinden: Staat und Familie als Einheit

In einer berühmten Rede aus dem Juni 1925 bekräftigt Mussolini den »starken totalitären Willen« seiner Regierung. Von allen Diktaturen im 20. Jahrhundert war es die faschistische, die zuerst systematisch Gebrauch vom Totalitarismus als politischem Konzept machte. In einem im Oktober 1925 geäußerten Aphorismus stellte der Duce heraus, was er im Sinn hatte: »Alles im Staat, nichts außerhalb des Staates, nichts gegen den Staat.«[9] Der Eintrag »Faschismus«, 1932 von Mussolini und Giovanni Gentile, dem wichtigsten Denker des Regimes, für die neue *Enciclopedia italiana* verfasst, entwickelte diesen Gedanken weiter:

> Die anti-individuelle faschistische Auffassung von Macht ist *für* den Staat; und sie ist nur insofern für den Einzelnen, wenn dessen Interessen mit jenen des Staates zusammentreffen ... Der Liberalismus verneinte die Macht des Staates im Interesse des Individuums; der Faschismus bestätigt den Staat als die einzige Realität des Individuums ... Für den Faschisten ist alles im Staat, und nichts Menschliches oder Geistiges existiert oder besitzt auch nur Wert außerhalb des Staates. In diesem Sinne ist der Faschismus totalitär.[10]

Eine deutliche Aussage, die uns doch im Unklaren über das Schicksal der Familie im Faschismus lässt. Der Begriff »Familie« bekam tatsächlich nicht einmal einen eigenen Eintrag in der neuen *Enciclopedia*. Dieser Mangel erfuhr eine interessante, aber wenig beachtete Berichtigung in einem Beitrag über den Staat, den Giovanni Gentile im Oktober 1931 für eine Hegel-Konferenz in Berlin lieferte.[11] In seinen *Grundlinien der Philosophie des Rechts* von 1820 tritt Hegel für die notwendige Unterscheidung der drei Hauptbereiche menschlichen Tuns ein: Familie, bürgerliche Gesellschaft und Staat. Für Hegel besteht die Aufgabe des Philosophen darin, die dialektische Beziehung zwischen diesen Bereichen zu untersuchen – ein Prozess, der im Triumph des Staates gipfelt, in dem das »Allgemeine« und das »Besondere« miteinander versöhnt werden.[12] Gentile wollte noch einen Schritt weitergehen. Statt Familie, bürgerliche Gesellschaft und Staat als getrennte analytische Sphären zu begreifen, deren Gemeinsamkeiten und Unterschiede man herausstellte, wollte Gentile die drei aufgelöst und vereint sehen. Hegels berühmte Triade wurde als »störend, illusorisch und widersprüchlich« verurteilt.[13] Familie und Staat konnten, wenn sie »spirituell gelebt« würden, nur eins sein; es konnte keinen wesentlichen Unterschied zwischen ihnen geben. Gentiles Formulierung dieser Beziehung war auf ihre Weise genauso radikal wie die entsprechenden Äußerungen von Alexandra Kollontai:

> Der Staat, insofern er spirituell gelebt wird, ist eine Form der Selbsterkenntnis, die nicht mit der Familie vergleichbar ist, da der Staat sich nicht selbst erkennt, wenn er nicht die Familie absorbiert und annulliert. Nur so kann er im Bewusstsein des Menschen Misstöne zum Schweigen bringen, die aus abweichenden Gesetzen entstehen, und nur so kann er spirituelle Interessen vereinen, die sonst im Kontrast zueinander stehen würden.[14]

Die bürgerliche Gesellschaft konnte nach Gentile nicht außerhalb des Staates oder getrennt von ihm existieren, da sie nur ein atomistisches Eigeninteresse ohne jede Sittlichkeit vertrat: »Es gibt keine bürgerliche Gesellschaft, die nicht zugleich auch Staat ist.«[15]

In seinem Berliner Beitrag verlangte Gentile nicht, Familie und bürgerliche Gesellschaft müssten im physischen und empirischen Sinn verschwinden. Anders als die radikaleren Bolschewiki verfolgte er keine Pläne zur Einschränkung des Familienlebens oder zur Auflösung der Familie innerhalb der Gesellschaft. Stattdessen wünschte er sich, dass Individuen und Familien Wertesysteme und eine Spiritualität vertraten, die Italiens nationaler Mission entsprachen. In dieser Ordnung konnte es für die Familie keine Autonomie geben.

So wurde also die ewige Spannung zwischen Familientreue und Staatsgehorsam, wie sie in Sophokles' *Antigone* zum Ausdruck kam, mit einem Schlag gelöst.[16] Gentiles Theorie war weit entfernt von Gramscis Glauben an die Arbeiterfamilie als »Organ des sittlichen Lebens«, als »Fackelträger der Zivilisation von einer Generation zur nächsten«; wie wir im Folgenden sehen werden, war sie genauso weit entfernt von der Heiligkeit der christlichen Familie, wie sie die katholische Kirche vertrat. Zudem war sie fundamental ahistorisch, da sie in keiner Weise dem wichtigen Einfluss Rechnung trug, den die Familie seit jeher auf die italienische Gesellschaft ausgeübt hatte.

Die katholische Familie

Der Katholizismus lieferte das in Italien dominante Familienmodell – eine jahrhundertealte Prägung, die von den Faschisten weder ignoriert noch vollkommen vereinnahmt werden konnte. Im Laufe ihrer langen Geschichte hatte die Kirche, wenn auch auf Umwegen, eine Theologie des Gesellschaftslebens entwickelt, in dem die Familie den Mittelpunkt der christlichen Aktivität bildete.[17] Die Vorrangstellung der Familie wird durch mindestens zwei Schlüsselmomente bestätigt. Der erste ist die Ehe. Die katholische Ehe ist keine bloße Vereinbarung zweier Menschen unterschiedlichen Geschlechts, sondern ein Sakrament, ein heiliges Bündnis, das zwischen den Verlobten und Gott geschlossen wird. Als solches ist die Ehe unauflöslich. Die Familie, die aus diesem Bündnis hervorgeht, besitzt transzendentale Eigenschaften – sie ist, um Antonio Rosminis Formulierung zu gebrauchen, »eine kleine Kirche innerhalb häuslicher Mauern«.[18] Um diese kleine Kirche zu schützen und ihr ihren rechtmäßigen Platz einzuräumen, entwickelte die Kirche die Theorie der »Vorzeitigkeit«: Die Familie sei eine »natürliche« gesellschaftliche Formation, die zeitlich und in ihrer Bedeutung der bürgerlichen Gesellschaft und dem Staat voranstehe. Papst Leo XIII. machte dies in seiner Enzyklika *Rerum Novarum* (1891) eindeutig klar: »Die Familie«, schrieb er, »die häusliche Gesellschaft, ist eine wahre Gesellschaft mit allen Rechten derselben, so klein immerhin diese Gesellschaft sich darstellt.«[19]

Was die Rolle des Staates anbetrifft, so fand Leo XIII. in derselben Enzyklika warnende Worte: »Ein großer und gefährlicher Irrtum liegt also in dem Ansinnen an den Staat, als müsse er nach seinem Gutdünken in das Innere der Familie, des Hauses eindringen.«[20] Die christlichen Eltern, nicht der Staat, sollen die volle Kontrolle über die kindliche Erziehung haben. Nur wenn sie aus materiellen oder anderen Gründen nicht in der Lage sind, ihre Aufgabe zu erfüllen, hat der Staat die Pflicht, den Eltern zu helfen. Das waren keine ermutigenden Worte für ein faschistisches Regime, das »totalitäre« Ambitionen hegte, und sie passten so gar nicht zu Gentiles Vorstellung, die Familie müsse im Staat aufgehen.

Zudem hatte die Kirche eigene umfassende »totalitäre« Ziele. In den letzten Jahrzehnten des 19. Jahrhunderts begann sie in einer großangelegten Kampagne, das »soziale Königtum Christi« zu propagieren. In diesem mittelalterlichen hierokratischen Modell erhob die Kirche erneut Anspruch auf geistige und weltliche Führung, mit dem »sozialen Königtum Christi« als modernem Äquivalent zu den mittelalterlichen Glaubensgemeinschaften, die sich rund um die großen gotischen Kathedralen gebildet hatten. 1924 fasste Kardinal Laurenti zusammen, was dies bedeutete:

> Das Reich Christi auf Erden ist gekommen, wenn alle Staaten christlich sind, das heißt wahrhaft christlich, zu der einen und einzigen Kirche Christi gehörend, und wenn sämtliche Gesetze, Schulen, die Ehe, Gerichte und das Militär ausschließlich christlich sind.

Ein Jahr darauf nahm Papst Pius XI. diese Worte in seine 1925 veröffentlichte Enzyklika *Quas Primas* auf.[21] Der »integralistischen« Strategie folgte auch die kirchliche Sicht auf die Zivilgesellschaft. Das »Zivile« an der Zivilgesellschaft wurde nicht etwa an ihrer Autonomie oder ihrem Pluralismus gemessen, sondern an dem Grad ihrer Integration in das Leben der Kirche und dem Dienst an Gott. Im Juni 1940 erklärte Papst Pius XII. in einer Ansprache an Neuvermählte:

> Die menschliche Gesellschaft [wird] nicht gebildet von einer Vielheit von Einzelpersonen, getrennten Wesen, die einen Augenblick erscheinen, um dann wieder zu verschwinden, sondern von der wirtschaftlichen Gemeinschaft und der sittlichen Verbundenheit der Familien, die das wertvolle Erbe desselben Ideals, derselben Kultur und desselben Glaubens von Geschlecht zu Geschlecht fortpflanzen und so den inneren Zusammenhang und die sittliche Fortdauer der Gemeinschaftsbande sichern.[22]

Pius XI. (1922–1939) und Pius XII. (1939–1958), die beiden Päpste der faschistischen Jahre, wendeten den Begriff »Zivilgesellschaft« meist nicht auf die Gesellschaft oder Teile der Gesellschaft an, sondern auf den Staat. Hiermit folgten sie einer langen dogmatischen Tradition. Die Ge-

sellschaft wurde für gewöhnlich mit drei Adjektiven beschrieben: die
»bürgerliche« Gesellschaft war der Staat, der genau überwacht werden
musste; die »ideale« Gesellschaft war die Kirche, die allein für das Seelenheil der christlichen Familien bürgte; und die »moderne« Gesellschaft
bildeten eine Reihe von Auswüchsen, welche die Französische Revolution oder – schlimmer noch – Liberalismus und Kommunismus hervorgebracht hatten.[23]

Was die Beziehungen innerhalb der Familie betraf, so erklärte Papst
Leo XII. (in seiner Enzyklika *Arcanum Divinae Sapientiae* von 1880) in
überaus klaren Worte, wie die Geschlechterhierarchie auszusehen habe:
»Der Mann ist der Herr in der Familie und das Haupt der Frau. Sie aber,
da sie Fleisch von seinem Fleisch und Bein von seinem Bein ist, soll dem
Mann untertan sein und gehorchen, nicht nach Art einer Dienerin, sondern einer Gefährtin.« Die Frau war ein Teil des männlichen Körpers,
ihre Kinder waren eine Erweiterung seiner Persönlichkeit.[24]

In der berühmten Enzyklika zur Familie, *Casti Connubii*, vom 31. Dezember 1930, bestätigte auch Papst Pius XI. diese Geschlechterhierarchie. Die katholischen Frau habe den »übernatürlichen Auftrag«, Ehefrau
und Mutter zu sein. Indem sie sich demütig und bescheiden dem Häuslichen und der Familie widmete, könne die Frau »Heiligkeit« erlangen.
Wenn sie aber eine Arbeit außerhalb des Hauses annahm, gefährdete sie
die Familie, und das Streben nach Emanzipation und Gleichberechtigung
kam der Verdammnis gleich:

> Diese falsche Freiheit und unnatürliche Gleichstellung mit dem Manne
> wird sich zum eigenen Verderben der Frau auswirken; denn wenn sie einmal von der Höhe und dem Thron herabsteigt, zu dem sie innerhalb der
> Familie durch das Evangelium erhoben wurde, wird sie bald (vielleicht
> weniger dem äußeren Schein nach, wohl aber in Wirklichkeit) in die frühere Sklavenstellung zurückgedrängt und wie im Heidentum zu einem
> bloßen Werkzeug des Mannes werden.[25]

Den katholischen Männern wurde in dieser Enzyklika weit weniger Aufmerksamkeit geschenkt als ihren Frauen. Innerhalb der Familie blieb die
Autorität der Männer unangetastet, doch sie waren angehalten, sich wie
Gefährten und nicht wie Tyrannen zu verhalten. Sie sollten gläubig sein
und ihr Handeln immer in einen Zusammenhang mit den göttlichen Leh-

ren stellen. Zudem sollten sie in der Familie präsent sein und sich der Erziehung ihrer Kinder widmen. Außerhalb wie innerhalb der Familie sollten sie nach dem »Reich Christi auf Erden« streben.

Die Definition von Familie, wie sie aus *Casti Connubii* und anderen kirchlichen Zeugnissen spricht, lädt zur Kritik ein. Die katholische Historikerin Cecilia Dau Novelli hat herausgestellt, wie viele Ermahnungen und Verbote die Kirche an die Frau richtete, ohne jemals den »weiblichen Animus und seine Beziehung zum Körper und zur Natur« verstanden zu haben.[26] Dass unverheiratete Männer das Verhalten junger verheirateter Frauen reglementierten, trug nicht zur Offenheit bei. Genauso wenig wie eine Strategie, die katholische Familien für einen Kreuzzug gegen die moderne Welt einspannte.

Auch in Bezug auf die Grundwerte wurden Wege versperrt. Im ersten Teil der Enzyklika *Casti Connubii* beschränkte sich Pius XI. auf die drei von Augustinus herausgestellten Elemente, die Wesen und Zweck der christlichen Ehe darstellten: *proles, fides, sacramentum*. Zusammen garantierten sie die »Keuschheit des Ehepaares«, eben die *casti connubii*. Angeblich hatte Pius XI. den Wunsch, sich auch zur »Liebe« als Grundelement der christlichen Ehe zu äußern, doch sein jesuitischer Berater Franz Hürth riet davon ab, da er den Begriff »zweideutig« fand.[27]

Trotz (oder vielleicht gerade wegen) der massiven Restriktionen haben wir es mit einem sehr einflussreichen Familienmodell zu tun, das nicht zuletzt eine wesentliche Rolle in der Geschichte der italienischen und der spanischen Diktatur spielte. Die italienischen Faschisten konnten beruhigt sein, denn Kirche und Regierung wünschten sich gleichermaßen kinderreiche Familien und lehnten Feminismus, Homosexualität und Abtreibung ab. Beide machten die Französische Revolution und den mit ihr verbundenen Individualismus als Grundübel der modernen Welt aus. Beide zogen die rurale der urbanen Gesellschaft vor und fürchteten den schlechten Einfluss der Großstadt. Dennoch waren sie in vielen Punkten grundlegend uneins. Mussolini erstrebte die totale Kontrolle über die Gesellschaft als Vorstufe zur imperialistischen Expansion. Familien sollten dem Staat dienen. Das kirchliche Programm der weltlichen und geistigen Herrschaft war nicht weniger absolutistisch. Familien waren angehalten, Gott durch die Kirche zu dienen und an der Verwirklichung des »Reichs Christi auf Erden« mitzuwirken. Trotz dieser radikalen Divergenzen und

Interessenkonflikte sollten Faschismus und Katholizismus, wie wir im Folgenden sehen werden, aber über längere Zeit einen gemeinsamen Weg beschreiten.

Römer und andere

Das große Vorbild der italienischen Faschisten war nichts Geringeres als das antike Rom. Es diente ihnen nicht zuletzt als reiche Bilderquelle.[28] Auch die bekannten römischen Tugenden, oder was man dafür hielt, konnte man sich leicht zu eigen machen: Mut, Kampfgeist, Disziplin, Selbstkontrolle, die effektive Organisation eines machtvollen Staats. Am Vorabend seines »Marsches auf Rom« im Jahre 1922 gab Mussolini vor, das römische Ideal sei kein »nostalgischer Blick auf die Vergangenheit«, wie in der bürgerlichen Romantik, sondern die »strenge Vorbereitung auf die Zukunft«.[29]

Die römische *Familie* jedoch, eine der Stützen des Römischen Reichs, wurde in der faschistischen Propaganda selten als Vorbild benutzt. Dafür gab es mehrere Gründe. Zum einen ging die drakonische Herrschaft, die das römische System dem männlichen Haushaltsvorstand zugestand, viel weiter als das von den Faschisten propagierte abgeschwächte Patriarchat. Zum anderen hatte der Ahnenkult im alten Rom keine Entsprechung im Katholizismus. Die heidnischen Elemente der römischen Familienreligion hätten die öffentliche Meinung verstört. Wenn also die römische Kultur und das katholische Italien in Konflikt gerieten, trat das Regime immer für Letzteres ein.

Drei weitere Familienmodelle sind erwähnenswert. Sie gründen nicht auf Geschichtlichem oder der Religion, sondern auf Klassenunterschieden. Nichts verabscheuten die Faschisten mehr als »bürgerliche« Familien. Die Verunglimpfung städtischer, wohlhabender, hedonistischer, egoistischer und kinderarmer Familien trieb schlimme Blüten. Diese Familien galten als Nährboden für weibliche Emanzipation und Homoerotik, für Pazifismus und mangelndes Nationalgefühl. Luigi Chiarini schrieb im August 1933 in der *Critica fascista*:

Die bürgerliche Familie gründet auf absolutem Individualismus; sie ist gegenüber dem Staat und jeder Form von Hierarchie zurückhaltend. Eine Folge davon ist, dass sie weitgehend anarchisch ist, mit allen Konsequenzen, die wir inzwischen erkennen mussten. Ihre Ideale sind Privatheit und Reserviertheit. Alles muss privat bleiben – Schule, Gouvernante, Haus und Wagen. Die Interessen der bürgerlichen Familie und die Interessen der Allgemeinheit sind auf Kollisionskurs.[30]

Dem faschistischen System waren vor allem zwei Familienmodelle willkommen. Zum einen die arbeitsame, unabhängige Bauernfamilie, ähnlich den weiter oben beschriebenen toskanischen Naturalpächtern (*mezzadri*). Der rurale Archetyp bot dem Regime viele Garantien: eine hohe Geburtenrate, eine vielköpfig komplexe Familienstruktur statt der eingeschränkten Kernfamilie, eine klare Geschlechterhierarchie und eine

Mino Maccari: Cocktail, Illustration aus Il Sevaggio, *1932*

starke Heimatverbundenheit. Dieser Familientyp war vielbesungenes Objekt der Propaganda, jedoch erwies sich die Organisation und Mobilisierung dieses Bevölkerungskreises als schwierig.[31]

Eine faschistische Familie wartet auf den Zug, mit dem Mussolini in die Schweiz reist, 1923

Zum andern: die städtische Kleinbürgerfamilie, die dem Faschismus die wichtigste Unterstützung lieferte. Die Trennung zwischen »bürgerlich« und »kleinbürgerlich« war vielleicht in der faschistischen Rhetorik eindeutig, in der gesellschaftlichen Realität jedoch nicht. Viele aktive Anhänger des Faschismus waren Staatsangestellte auf regionaler und nationaler Ebene, Angestellte in Banken, Versicherungen und anderen Dienstleistungsbereichen sowie Ladenbesitzer und andere Selbstständige.[32] Die Zahl der Staatsangestellten wuchs unter dem Faschismus von 400 000 vor dem Ersten Weltkrieg auf 1 140 000 im Jahr 1941 an. Für sie entstanden neue faschistische Wohngebiete wie Flaminio in Rom. Zwar konnte die Geburtenrate dieser Familien nicht mit jener der Landbevölkerung konkurrieren, doch ließen sich diese Menschen leicht für verschiedene faschistische Organisationen gewinnen und waren bei Paraden und Feiern des Regimes eine verlässliche Größe. Manchmal ließen sich die *famiglie fascistissime* in Posen ablichten, die verdeutlichten, dass hier eine Familie neuen Typs entstanden war. Auf einem solchen Bild hält der Vater einen langen Schlagstock, den *manganello*, in Erinnerung an die heroischen frühen Tage der Bewegung, und eines der beiden Kinder trägt eine Wollmütze, auf der das sonderbare faschistische Motto »*Me ne frego*« (»Ich pfeif drauf!«) zu lesen ist.

Geschlechterrolle, Sexualität und Patriarchat

Wie Barbara Spackman herausstellt, verlief der Männlichkeits-Diskurs des Regimes nicht eingleisig.[33] In Bezug auf die Familie lassen sich zwei Sprachgebräuche unterscheiden. Zum einen berief man sich auf die frühe Literatur des Futurismus, insbesondere auf Marinetti. Hier waren Männer vor allem triebgesteuert, sie erbeuteten und verachteten die Frauen. Sie waren keine Väter und Ehemänner, sondern Soldaten und Abenteurer. Die Untreue war ihnen angeboren (wie ja auch dem Duce), und sie brüsteten sich mit ihrer sexuellen und kämpferischen Potenz. Kampf und Sieg waren alles. Das dazugehörige Bild sah man oft genug in den faschistischen Paraden: In den Wochenschauen wurden schwergewichtige Männer aus dem städtischen Kleinbürgertum gezeigt, wie sie mit Federbuschhelmen die Straße entlangstolzierten.[34]

Der zweite Diskurs ging in die entgegengesetzte Richtung. Als Mussolini seine Bevölkerungspolitik entwickelte, die wir weiter unten genauer betrachten werden, musste die Raubtier-Sexualität des Futurismus-Männchens gezähmt und in Bahnen gelenkt werden. Virilität war fortan auf die Familie bezogen. Die Hauptaufgabe des faschistischen »neuen Mannes« lag darin, seine Frau so oft wie möglich zu begatten, damit die Armee mit männlichen Nachkommen versorgt werde und sich weltweit behaupten konnte. Natürlich waren die beiden Richtungen – zum einen der Orgasmus ohne Verantwortung, zum anderen der strikt der Fortpflanzung gewidmete Orgasmus – nicht unvereinbar. Faschistische Männer durften sich – wenn sie verheiratet waren – immer noch in beiden Sphären bedienen. Als Unverheiratete aber wurden sie mit hohen Steuern bestraft.

Größere Schwierigkeiten bereitete die im Kampf geforderte Männlichkeit. Wenn die Männer an die Front berufen wurden, welche Rolle konnten sie dann zu Hause noch spielen? Diese Frage beschäftigte alle Diktatoren der Zeit, und sie fanden jeweils verschiedene Antworten. Hitler und Atatürk verkündeten, die Männer würden vom Staat so erzogen, dass sie für diesen Staat sterben wollten. Ehemänner und Väter seien sie nur in zweiter Linie. Der faschistische Diskurs in Italien verwendete ähnliche Worte, die gesellschaftliche Realität sah aber anders aus. Die Familien waren nicht gerade berühmt für ihren Kampfeswillen, und der Katholizismus predigte den Vorrang der Familie gegenüber dem Staat. Die Unversehrtheit der Familie wurde den Wunden des Krieges klar vorgezogen.

Diese erheblichen kulturellen und familiären Differenzen waren für das Regime ein ernstes Problem, da sie hochgehaltene faschistische Prinzipien durchbrachen.[35]

Der »futuristisch«-faschistische Blick auf die Männer als sexuelle Abenteurer und Jäger fand seinen Gegenpart in der angeblichen Unersättlichkeit der Frauen. »Der Krieg beweist, dass Frauen täglicher Kopulation bedürfen«, hatte Marinetti 1916 geschrieben und brachte damit ein zeitloses, nationenübergreifendes Klischee zum Ausdruck. Die ersten Faschisten hatten generell eine besonders diffamierende Sichweise auf das andere Geschlecht, die sie nie recht loswurden. Frauen waren hysterisch, man konnte sich nicht auf sie verlassen, sie gehörten auf keinen Fall in die Politik. Ihr emanzipatorisches Ansinnen und der Wunsch nach außerhäuslicher Arbeit waren unweiblich: Frauen hatten den Männern zu dienen. Carlo Emilia Gadda schrieb mit voller Sarkasmus:

Denn alles damals war männlich und kriegerisch: sogar Weiber und Ammen, und die Titten deiner Amme und die Eierstöcke und die Eileiter und die Vagina und die Vulva.[36]

Doch diese eindimensionale Frau war dem Regime genauso wenig dienlich wie der männliche Eroberer. Frauen mussten der Nation, nicht nur ihren Männern, dienen. An erster Stelle konnten sie dies, indem sie zu Hause blieben und Kinder bekamen. Doch damit wechselte ihr Status: Die »neue italienische Frau« war jetzt eine geschätzte Aktivistin an der Reproduktionsfront. Sie sollte so viele Kinder wie möglich zur Welt bringen, und sie sollte ganz Familienwesen sein: immer verfügbar, immer schwanger. Die Mutterschaft wurde nicht länger so definiert, wie es die Frauenbewegung vor und nach dem Krieg tat, nämlich als bedeutende persönliche Entscheidung, sondern als nationale Pflicht. Auf dem Land lebende Frauen bekamen aufgrund ihrer angeblichen Robustheit und Fruchtbarkeit eine besondere Rolle zugeschrieben. Was zählte, war, mit Gadda zu sprechen, die »virile Vulva« der italienischen Frau.[37]

Es gibt einen weiteren Aspekt in der Haltung des Regimes gegenüber Frauen, auf den Victoria de Grazia aufmerksam macht.[38] Der Faschismus bot ein stark konventionelles und traditionelles Familienmodell, das in Teilbereichen den katholischen Vorstellungen nahestand. Aber das Regime war auch Träger eines modernistischen Diskurses, dem Vehikel der Massenmobilisierung, der Transformation und des Fortschritts. Zwischen diesen beiden Elementen gab es starke Spannungen. Junge Frauen aus der breiten Masse und dem Kleinbürgertum wurden für gymnastische Vorführungen und Massenfeiern verschiedener Art mobilisiert. Wochenschauen, Kino und Radio legten die Grundlagen für eine neue Massenkultur. Auf der anderen Seite gab es die höhergestellten Frauen des Regimes, die Elite ab Edda Ciano, Mussolinis Tochter, abwärts: Sie war ein genaues Abbild der internationalen Konsumkultur, so heftig Mussolini die bürgerliche Familie und ihre egoistischen Wertvorstellungen auch geißeln mochte.

Welches spezifisch faschistische Patriarchat entsteht nun, wenn dem »neuen Mann« die »neue Frau« an die Seite gestellt wird?[39] Ein wesentliches Element der italienischen Politik war der Pro-Natalismus. Die Faschisten propagierten die Fortpflanzung. Erkennbaren Erfolg hatten sie damit jedoch nicht. Ein weiteres Element betrifft den Mann. Homoerotik und Junggesellentum wurden vom Regime scharf verurteilt und mit hohen Steuern belegt, »konforme« Männer aber hatten im Vergleich zu ihren Geschlechtsgenossen nicht viel zu befürchten.[40] Trotz aller Kampfrhetorik wurde der faschistische Mann, anders als in Deutschland und der Türkei, nicht vom Staat ausgebildet, um für den Staat zu sterben. Das italienische Familienleben mit seiner mütterlichen Fürsorge und Genussfreude war sicher nicht die richtige Vorbereitung auf ein solches Schicksal. Besonders bemerkbar machte sich aber, dass das faschistische Regime eine extrem restriktive Einstellung gegenüber Frauen vertrat. Wirklich aufschlussreich ist hier der Vergleich mit Atatürks neuer Regierung in der Türkei. Zwei Stereotype waren innerhalb der kemalistischen Ideologie entstanden und sollten zentral für die nationalistische Ikonografie werden: Zum einen war da die standhafte, kräftige anatolische Bauersfrau, die das Pendant zur italienischen Pachtbäuerin darstellt; und zweitens die von Kemal favorisierte emanzipierte und gebildete Städterin, die sich weiterbildete, um ihrer Nation zu dienen. Diese Frauen sollten als Lehrerinnen oder Krankenschwestern, Ärztinnen oder gar als Ingenieurinnen arbeiten. Im Jahr 1940 wies Italien einen nicht unbedeutenden Prozentsatz an Frauen mit Universitätsabschluss auf, diese Frauen waren jedoch kaum Teil der herrschenden Klasse.

Mario Sironi: Familie und Entfremdung

Zum Abschluss meiner Betrachtungen zu Vorbildern, Diskursen und Darstellungen der italienischen Familie möchte ich kurz auf die Arbeit des größten Malers des Faschismus, Mario Sironi, eingehen. Noch einmal zum Vergleich: Die russische Avantgarde hatte, wie erwähnt, in Einklang mit den Forderungen der Kommunistischen Partei wirtschaftliche Themen den familiären vorgezogen und statt der Reproduktion die Produktion dargestellt. In Russland entstanden keine modernistischen Darstellungen der Familie – zumindest nicht, bis sich der künstlerische Ausdruck der stalinistischen Repression beugte. In Italien nahm die Entwicklung der Avantgarde eine ganz andere Richtung. Obgleich es anfängliche Sympathien und Anknüpfungspunkte zwischen futuristischen Malern und der Idee der sozialistischen Revolution gegeben hatte, schlug das Herz des Futurismus am Ende des *biennio rosso* doch eindeutig für den Faschismus. Im November 1922, kurz nach dem »Marsch auf Rom«, unterschrieb eine Gruppe von Künstlern mit Marinetti, Carrà und Sironi eine Erklärung, die Mussolinis Machtantritt begrüßte: »Endlich«, hieß es da, »wurde die mittelmäßige Mentalität demontiert, die so viele Jahre die wichtigste Eigenschaft des italienischen Volks – seine herausragende künstlerische Natur – erstickt hat.«[41]

Zu diesem Zeitpunkt war Sironi 37 Jahre alt. Der Sohn eines Bauingenieurs hatte wie Marinetti und Boccioni als Freiwilliger im Ersten Weltkrieg gekämpft. Anschließend malte er »urbane Landschaften«, auf denen verlassene Vororte, Fabrikschornsteine, Mauern und Lagerhäuser zu sehen waren, deren Regungslosigkeit nur durch einzelne Lastwagen oder Straßenbahnen durchbrochen wurde. 1919 heiratete der wortkarge und depressiv veranlagte Sironi Matilde Fabbrini. Die Ehe der beiden war schwierig. Jahrelang hatte das Paar kaum Geld, aber Sironis Freundschaft mit Margherita Sarfatti, einer Geliebten des Duce, brachte ihm verdientermaßen einen bedeutenden Platz in der Künstlergruppe Novecento ein.[42]

Mussolini ließ unter seinem Regime beträchtliche künstlerische Freiheiten zu. Hierin unterschied er sich deutlich von Hitler und Stalin. 1926/27 fand auf den Seiten der *Critica fascista* eine lebhafte Diskussion darüber statt, ob es eine faschistische Kunst geben könne und wenn ja, wie sie auszusehen habe. Am Ende der Debatte, zu der viele führende Künstler beitrugen, fasste Bottai die Ergebnisse zusammen. Es sollte keine Bevormundung durch die Regierung und keine Einschränkung der künstlerischen Kreativität geben. Stattdessen einigte man sich darauf, bestimmte Themen ganz einfach zu vermeiden. Faschistische Kunst sollte auf keinen Fall »fragmentarisch, synkopisch, psychoanalytisch, zu intim oder düster« sein. Vor allem hatte sie die Aufgabe, die »große autochthone künstlerische Tradition Italiens« weiterzuführen.[43]

Zwischen 1927 und 1933 fertigte Mario Sironi eine Bilderserie an, die sich explizit mit dem Thema Familie beschäftigte. Die Bilder sind wenig einnehmend oder konventionell, besitzen aber eine eindrückliche Aufrichtigkeit. (Siehe beispielsweise *La famiglia* von 1932: Bildteil, Tafel IV.) Der überzeugte Faschist Sironi war keineswegs bereit, eine vereinfachte oder propagandistische Sicht auf die Familie zu liefern. Stattdessen stellte er sie als eine von Entfremdung und Vereinzelung gezeichnete Personengruppe dar. Auf den Bildern steht die männliche Figur immer allein am linken Bildrand, zwar Teil der Familie, aber nicht Anteil nehmend. Oft blickt der Mann sehnsüchtig und verzweifelt auf Mutter und Kind in der anderen Bildhälfte. Letztere stehen in enger Verbindung, ja scheinen manchmal gar einen einzigen Körper zu bilden. Der Blick der Mutter ist fast immer auf ihr Kind, aber nie zur männlichen Figur gerichtet. Die Familie ist nicht in einer zeitgenössischen urbanen Umgebung, sondern inmitten einer archaischen, primitiven Welt abgebildet.[44] Im Hintergrund sieht man karge, zerklüftete Felsen, tote Bäume und antike Tempel. Oft hält der Mann ein primitives Werkzeug in der Hand: Seine Arme und Beine sind übergroß und unförmig dargestellt, durchzogen von roten Adern. Mutter und Kind dagegen erinnern eher an Figuren der Renaissance, etwa an die Madonna mit Kind eines Masaccio oder Bellini.[45]

Es drängen sich Parallelen auf zwischen diesen Bildern und Sironis familiärer Situation. Ende der zwanziger Jahre hatten Sironi und seine Frau sich auseinandergelebt; der Maler verbrachte einen Großteil seiner Zeit mit Arbeiten für das Regime. 1930 trennte sich das Paar, kaum mehr als ein Jahr nach der Geburt der zweiten Tochter, Rossana, die im Alter von 19 Jahren Selbstmord begehen sollte. Sironi, der Rossana besonders zugetan war, konnte sich später nie verzeihen, zu ihrem Unglück beigetragen zu haben.[46]

Doch seine Familienbilder weisen über die persönliche Familientragödie hinaus. Sie erscheinen grundlegend modern in der Darstellung der männlichen Isoliertheit, Entfremdung, Sehnsucht und Vertiefung in die Arbeit. So ist es nicht verwunderlich, dass Sironis Bilder bei den faschistischen Parteigrößen nicht beliebt waren: Sie hatten ganz andere Vorstellungen davon, wie der faschistische Mann und die faschistische Familie zu präsentieren seien. Roberto Farinacci, der dem Nationalsozialismus nahestand, sprach von hässlichen, großfüßigen (*»piedoni«*) Figuren und einer Entstellung der männlichen Gestalt.[47] Margherita Sarfatti trat, soweit möglich, für Sironi ein, und er war weiter unermüdlich für das Regime tätig, als Illustrator der Zeitung *Il Popolo d'Italia* und als Hauptarchitekt der Kampagne für Wandmalerei, die 1934 in Mailand ins Leben gerufen wurde.[48]

III

Das Regime in Aktion

Bevölkerungspolitik

Am 26. Mai 1927 gab Mussolini eine wichtige soziopolitische Stellungnahme ab, die als »Himmelfahrtsrede« bekannt geworden ist. In ihr skizziert er die zukünftige demografische und soziale Revolution, durch die italienische Familien neugegliedert, die italienische Bevölkerung vervielfacht und die Nation auf den Krieg vorbereitet werden sollte. Voraussetzung für diese Revolution ist die totalitäre Macht des faschistischen Staates und die Allwissenheit ihres Führers: »Es soll niemand der Täuschung erliegen, ich wüsste nicht, was in diesem Land bis ins letzte kleine Dorf geschieht. Vielleicht erfahre ich es etwas später am Tag, aber am Ende werde ich es wissen.«[1]

Der Aufstieg und Fall von Nationen wurde strikt aus der Perspektive eines demografischen Darwinismus betrachtet. Laut Mussolini erleben Nationen und Reiche den Beginn einer tödlichen Dekadenz, wenn es zu einem Geburtenrückgang kommt. Im globalen Wettbewerb der Nationen, der im und nach dem Krieg begonnen hatte, war es um Italien nicht gut bestellt:

Sagen wir es deutlich: Was sind 40 Millionen Italiener gegenüber 90 Millionen Deutschen und 200 Millionen Slaven? Und wenn wir den Blick gen Westen richten: Was sind 40 Millionen Italiener gegenüber 4 Millionen Franzosen plus 90 Millionen Einwohner in deren Kolonien, oder 46 Millionen Engländer mit weiteren 450 Millionen, die in ihren Kolonien leben? ... Meine Herren, wenn unsere Bevölkerung abnimmt, werden wir kein Reich aufbauen, sondern Kolonie werden. Es ist höchste Zeit, diese Fakten anzusprechen, denn sonst leben wir unter der Herrschaft falscher Illusionen und Lügen, die nur ein grauenhaftes Erwachen nach sich ziehen können.[2]

Mussolini setzte Italien das Ziel einer Bevölkerungszahl von 60 Millionen bis 1950, das durch die Reduzierung der Sterberate vor allem bei kleinen Kindern und durch die Steigerung der Geburtenrate erreicht werden sollte. Gefordert waren vor allem die Familien aus den großen Industriestädten des Nordens: Von 1925 bis 1926 war Mailand gerade einmal um 22 Einwohner gewachsen! Einer solchen Minderleistung stellte Mussolini die südliche Region Basilicata gegenüber, welche die höchste Geburtenrate im Land vorweisen konnte: »Ich spende meinen ehrlichen Applaus, denn Basilicata hat Fruchtbarkeit und Stärke bewiesen. Offensichtlich ist Basilicata noch nicht ausreichend infiziert mit den schädlichen Einflüssen der modernen Zivilisation.«[3] Der faschistische Staat wollte hier wie überall Kontrolle ausüben, sonst würde das nationale Kollektiv in eine Ansammlung von Kernfamilien zerfallen, bis es schließlich so weit käme, dass »knapp hundert Normannen ganz Apulien einnehmen« könnten.[4]

Ein Jahr später kam Mussolini auf dieses Themen zurück, in einem Vorwort zur italienischen Ausgabe von Richard Korherrs Buch *Geburtenrückgang – Mahnruf an das deutsche Volk*, das auch ein Vorwort von Oswald Spengler enthielt.[5] Korherr forderte den Westen zu einer geistigen Umkehr auf, unter der Führung charismatischer Politiker und einer starken Kirche – zu einer Rückkehr zur traditionellen, kinderreichen Familie als Basis. Der Emanzipation der Frau musste Einhalt geboten werden, Verhütungsmittel gehörten geächtet, der Staat sollte Mütter und Kinder unterstützen. Der katholische Korherr wurde später Funktionär der SS.[6] Mussolini wiederholte in seinem Beitrag nicht nur seine Thesen aus der Himmelfahrtsrede, sondern brachte ein neues, rassistisches Element ein: »Die gesamte weiße Rasse, die Rasse des Westens, droht von andersfarbigen Rassen überschwemmt zu werden, die sich in nicht gekanntem Tempo vermehren.«[7]

Mussolinis Rede muss im internationalen Kontext gesehen werden. Er war bei weitem nicht der Einzige, der vor den Gefahren des Bevölkerungsrückgangs sprach. Es gab mehrere Gründe für demokratische wie für nicht-demokratische Nationen, eine aktive Bevölkerungspolitik zu betreiben: die vielen Toten des Ersten Weltkriegs, die anhaltend hohe Kindersterblichkeit, der Abfall der Geburtenrate in großen Städten und, im Falle Italiens, die massive Auswanderung – zwischen 1909 bis 1913 verlor Italien knapp eine Million Einwohner.

Die Reaktionen auf die demografische Krise fielen von Land zu Land verschieden aus. 1918 verabschiedete das britische Parlament den »Maternal and Child Welfare Act«. Zwischen 1919 und 1924 beschloss das französische Parlament ein neues Gesetz gegen Abtreibung, verbot Werbung für Verhütungsmittel, schuf einen »Muttertag« und zahlte mittellosen Familien Kindergeld. In ganz Europa wuchs das Interesse an statistischen Erhebungen, und es entstand ein »Fachpersonal« aus Ärzten, Sozialarbeitern, Krankenschwestern, die nicht nur helfend und schützend, sondern auch regulierend in das Familienleben eingriffen.[8]

Die Nationen bemühten sich aber nicht nur, ihre Bevölkerung zahlenmäßig zu vergrößern, sondern auch ihren allgemeinen gesundheitlichen Zustand zu verbessern. International gespalten war man zum Thema Eugenik, also einer wissenschaftlichen Beschäftigung mit Bevölkerungspolitik, bei der es um eine Stärkung des genetischen Potenzials ging. Frankreich, Italien und andere katholische Nationen beschränkten sich auf die sogenannte »positive Eugenik«, indem man für bessere Ernährung und bessere hygienische Umstände sorgte. Diese Art von Einflussnahme stand im Einklang mit der in der Enzyklika *Casti Connubii* bekräftigten Lehre der Kirche, nach der jedes Eingreifen in die Fortpflanzung Sünde war. In anderen, eher protestantischen Ländern wie Deutschland und Schweden wurde in unterschiedlichem Ausmaß auch eine »negative Eugenik« betrieben. Zu ihren Maßnahmen gehörte bekanntlich nicht nur die Bekämpfung von Mangelerscheinungen und Krankheiten, sondern die Entrechtung von geistig und körperlich behinderten Menschen, die zwangssterilisiert oder gar ermordet wurden.[9] In den Jahren 1927/28 war Mussolinis Bevölkerungspolitik rassistisch und aggressiv-martialisch, einer »negativen Eugenik« war sie jedoch nicht zuzuordnen.

Der Kampf um die Geburten

Über der faschistischen Bevölkerungspolitik stand ein großes Fragezeichen: Wie sollte man sie konkret werden lassen? Es gab verschiedene Maßnahmen, die nicht nur von Mussolini, sondern auch von anderen Diktatoren in ihren pro-natalistischen Kampagnen angewendet wurden. Dabei lassen sich drei große Kategorien unterscheiden: Erstens die Einsetzung spezieller Behörden oder Programme, die meist die Kindersterblichkeit bekämpfen und die Bedingungen der Mutterschaft verbessern sollten, sich aber auch, wie in Italien, um die Kontrolle und Einschränkung der Migration kümmerten. Zweitens eine Vielzahl einzelner ökonomischer Anreize und Hilfeleistungen: Familienhilfen, Unterstützung für kinderreiche Familien, Ehekredite, Steuerersparnisse, Mütter-Auszeichnungen usw. Drittens setzte man auch Verbote und Bestrafungen ein bei allem, was der Fortpflanzung hinderlich sein könnte: Verhütung, Abtreibung, Junggesellentum, aber auch eine Tätigkeit der Frau außerhalb des eigenen Zuhauses war verboten.

Alle drei Elemente finden sich in sämtlichen hier in Rede stehenden Nationen wieder, wenn auch in einer jeweils eigenen Kombination und spezifischen Gewichtung.

ONMI: Illusion und Realität

Die italienische ONMI, die »Opera Nazionale per la Maternità e l'Infanzia«, war eine 1925 gegründete staatliche Behörde, die Mussolini 1927, nach seiner »Himmelfahrtsrede«, noch einmal umstrukturierte und zentralisierte.[10] Die Kommissare, die der Behörde von 1926 bis 1943 vorstanden, waren allesamt Männer. Die Hauptaufgaben der als überaus wichtiges sozialpolitisches Instrument gefeierten Organisation waren eine drastische Reduzierung der Kindersterblichkeit, die 1930 noch 105,5 von 1000 betrug, und die Schaffung einer »rationalen und wissenschaftlichen« Grundlage für Mutterschaft und frühkindliche Erziehung. In den Anfangsjahren war die Organisation an vielfältigen Aktionen beteiligt. Man verteilte Milchnahrung, bot ledigen Müttern Hilfen an und feierte ab 1933 den vom Regime eingeführten »Mutter-und-Kind-Tag«, der nicht zufällig mit Heiligabend zusammenfiel. Mit der Zeit konzentrierte sich die ONMI auf qualifizierte professionelle Hilfe für Mütter und Kinder. So wurden Kinderkliniken und Wöchnerinnenstationen eingerichtet, man bot psychologische Beratung an und eröffnete Kinderkrippen und Sozialhilfestellen. Ziel war es, in jeder italienischen Gemeinde eine Einrichtung für Mütter und Kinder zu schaffen.

All das klang vielversprechend, und die Bewunderer des Regimes wurden von uniformierten Angestellten durch entsprechende Mustereinrichtungen geführt.[11] Tatsächlich aber war die Behörde ein gigantischer Bluff. Überall herrschte Mangel. An erster Stelle in finanzieller Hinsicht. Ursprünglich lag das Budget bei lächerlichen 8 Millionen Lire pro Jahr, die bis 1941 auf 150 Millionen aufgestockt wurden. Ein Großteil dieses Geldes ging aber in die Unterstützung alleinstehender Mütter – für sie trat die Behörde per Dekret seit Mai 1927 ein. 1933 wurden die Unterhaltszuschüsse auf ein Drittel des ursprünglichen Betrags gekürzt, aber die Belastung für das bescheidene Budget der Behörde blieb groß. Dies hatte zur Folge, dass ein Großteil der Arbeit vor Ort von Freiwilligen geleistet wurde. Die Aktivitäten wurden von sogenannten »Comitati di patronato« organisiert. Die Mitglieder dieser Komitees waren meist Politiker, Priester, Nonnen und verheiratete Frauen aus dem wohlhabenden Bürgertum, das Mussolini nach wie vor rundweg ablehnte. Katholische Wohltätigkeitsorganisationen, die oft schon Jahrhunderte existierten, betrachteten die neuen staatlichen Einrichtungen mit Skepsis – auch wenn diese oft nur auf dem Papier existierten. Von Mussolinis »totalitärem« Wohlfahrtsstaat war man noch Welten entfernt. Zudem musste die Behörde angesichts des Geldmangels rasch ihr ursprüngliches Ziel aufgeben, allen Müttern und Kindern soziale Fürsorge anzubieten, und sich stattdessen auf die Härtefälle konzentrieren – aber selbst den Bedürftigsten konnte nicht immer geholfen werden. (Bekannt sind etwa die Zahlen aus Florenz, und sie sind ernüchternd.)[12]

Eine zweite große Schwachstelle des Mütterhilfswerks war seine ungleiche regionale Präsenz. Seltsamerweise wanderte der Großteil der Gelder in die Städte Norditaliens und nicht in den rural geprägten Süden, in dem die Kindersterblichkeit am höchsten war. Statistiken aus dem Jahr 1943 zeigen, dass es zu diesem Zeitpunkt 80 Anlaufstellen im Norden des Landes gab, 43 in Mittelitalien, 31 auf dem südlichen Festland und nur 7 für Sizilien und Sardinien zusammen. 161 Einrichtungen für eine

Bevölkerung von beinahe 44 Millionen – das war kein »totalitärer« Erfolg.[13] Dies wurde auch innerhalb der ONMI kritisiert. Im Oktober 1937 schrieb Angelo Buffa in der Zeitschrift der Organisation, der *Maternità ed infanzia*: »Die Maßnahmen sind dort unzureichend, wo sie besonders nötig und wichtig sind, nämlich in den ländlichen Siedlungen.« Dort seien professionelle Geburtshilfe und Kinderfürsorge »in beinahe allen Fällen unzureichend und mangelhaft. Die Hauptursachen für Müttersterblichkeit und Infektionen von Neugeborenen bleiben ungelöst. Das Gleiche gilt für Frühgeburten und Mangelerscheinungen bei Neugeborenen.«[14]

Das Scheitern der ONMI tritt in den Statistiken zur Kindersterblichkeit klar hervor – obwohl diese Statistiken vom Regime stammen. Die Kindersterblichkeit wird anhand der jährlichen Zahl der Kindstode zwischen 0 und 1 Jahr pro 1000 Geburten gemessen. Wie Ipsen zeigt, nahm die Kindersterblichkeit in Italien zwischen 1928 und 1934 ab, doch die Gesamtentwicklung für die Zeit von 1930 bis 1940, dem Jahrzehnt, in dem die ONMI sich am meisten engagierte, weist kaum Schwankungen auf. Besonders schwach waren die Ergebnisse für die südlichen Regionen, die Mussolini noch 1927 zu ihrer »Virilität« beglückwünscht, dann aber offensichtlich ihrem Schicksal überlassen hatte. Im Jahr 1934 verzeichnete Italien den besten Wert: 99 Todesfälle bei Kindern zwischen 0 und 1 Jahr auf 1000 Geburten. In Holland waren es im selben Jahr 40 Todesfälle, 57 in England und Wales, 72 in Frankreich, 99 in Deutschland, 109 in Spanien und 170 in Russland. Süditalien aber hatte immer noch mit 120 bis 160 Kindstoden auf 1000 Geburten zu kämpfen. Auf dieser Grundlage ließ sich keine demografische Revolution durchführen.[15]

Stadt und Land: Besiedlung im Inland, Konzentrationslager im Ausland

Wenn wir nun von der Verbesserung der Bevölkerungslage zu räumlichen Bevölkerungsbewegungen kommen, also zur Entwurzelung und Umsiedlung von Individuen und Familien, tut sich eine ähnlich große Kluft zwischen offiziellen Propaganda-Ankündigungen und den tatsächlichen Ergebnissen auf. 1927 beschloss man vielschichtige Maßnahmen in Bezug auf die Bevölkerungsmobilität. Grundsätzlich sollte die italienische Bevölkerung auf dem Land verwurzelt bleiben und von einer spontanen Abwanderung in die Städte abgehalten werden. Zugleich aber wollte man bestimmte Teile der Landbevölkerung von einer Region in die andere verpflanzen, um Staatsgebiet zu behaupten. Da Italien zudem eine Vergrößerung seines Kolonialreichs anstrebte, sollten sich Auswanderer in den neu eroberten Territorien niederlassen. Eigens eingerichtete Behörden sorgten für die Durchsetzung dieser drei Hauptziele der Bevölkerungspolitik.

Mussolini selbst geißelte unaufhörlich die Gefahren der Urbanisierung, und zwar in demografischer wie in moralischer Hinsicht. Gesunde, fruchtbare Familien bestellten den Ackerboden; in den Industriestädten aber wohnten und arbeiteten nahezu sterile Menschen. In seiner »Himmelfahrtsrede« bezeichnete er sich selbst als »ländlich« gesinnt. In der Umgebung von Rom sollte keine Schwerindustrie angesiedelt werden, nur die »gesunde« Tätigkeit der Landwirtschaft und Fischerei war erlaubt. Innenwanderungen wollte man durch verschiedene Maßnahmen unterbinden. 1939 wurde ein wahrhaft absurdes Gesetz beschlossen, das potenzielle Landflüchtige aufhalten sollte: Um in eine Stadt mit mehr als 25 000 Einwohnern ziehen zu dürfen, musste man einen Arbeitsvertrag vorweisen, eine Arbeit bekam man aber nur mit einer Meldebescheinigung des neuen Wohnorts. Das Gesetz wurde erst 1961 abgeschafft.

Tatsächlich konnte die Gesetzgebung die konstante Migration in die Städte nicht verhindern.[16] Gerade 1937 summierten sich die registrierten Wohnortwechsel auf anderthalb Millionen. Hinter dieser Zahl standen vielfältige Entwicklungen und Ursachen. Zum einen verließen junge Alleinstehende und Familien die Bergdörfer in den Apenninen und versuchten ihr Glück in urbanen Umgebungen. Stärkster Grund für diese Abwanderung war der Preisabfall bei landwirtschaftlichen Produkten in den Jahren nach der Weltwirtschaftskrise. Der Faschismus war gegen diese ungeplanten und unerwünschten Innenwanderungen machtlos.

Organisierte Besiedlungen wie die der urbar gemachten Pontinischen Sümpfe – eine Maßnahme, die der zweiten Kategorie staatlicher Eingriffe zuzuordnen ist – waren ebenfalls wenig erfolgreich. Wie Gaetano Salvemini anmerkt, entkam kein einziger hoher Gast aus dem Ausland einem Besuch der Pontinischen Ebene in Begleitung eines faschistischen Parteioberen. Die Fotografie, auf der Mussolini mit nacktem Oberkörper und Spaten in den Sümpfen zu sehen ist, gehört wahrscheinlich zu den bekanntesten Bildern seiner so oft zur Schau gestellten Virilität. In die Pontinischen Sümpfe wurden ungeheure Summen gesteckt – etwa zweieinhalb Milliarden Lire, weit mehr als für die ONMI zur Verfügung stand –, doch die Erfolge hinsichtlich der Ansiedlung von Familien waren spärlich. Unter der Ägide des neugegründeten »Commisariato per le migrazioni interne e la colonizzazione« wurden potenziell kinderreiche Bauernfamilien aus Venetien und der Emilia-Romagna in die neugeschaffenen Gebiete umgesiedelt. Die Pontinische Ebene war der größte Landerwerb, dennoch ließen sich dort zwischen 1930 und 1938 nicht mehr als 10 000 Familien nieder; das waren etwa 0,1 Prozent der Gesamtzahl der italienischen Familien.[17]

Schließlich unterstützte das Regime, wie alle Kolonialmächte, eine Besiedlung seiner Kolonien durch Bürger des eigenen Landes. Italiens Kolonialgebiete boten wenig Raum und Möglichkeiten, es gab jedoch deutliche Unterschiede zwischen den einzelnen Regionen. Die 1935 gegründete Organisation zur Kolonisierung Libyens (»Ente per la colonizzazione della Libia«) betrieb die italienische Besiedlung des Territoriums stets auf bescheidenem Niveau. Zwischen 1938 und 1940 erlebte Tripolitanien einen Zuwachs von etwa 1700 Familien pro Jahr. Die Zahlen für die Provinz Kyrenaika fallen mit 1649 Siedlerfamilien im Jahr 1941 noch geringer aus. Und in das eben ausgerufene Italienisch-Ostafrika wanderten vor dem Zweiten Weltkrieg nur ein paar Hundert italienische Familien aus.[18]

In all diesen Fällen wurden die Rechte, die Sitten und Gebräuche der einheimischen Bevölkerung mit Füßen getreten. In der Kyrenaika verübten die Italiener Verbrechen, die in Sachen Grausamkeit dem armenischen Genozid in nichts nachstanden – wenn sie auch nicht dasselbe Ausmaß annahmen. Und dieses Mal waren es nicht islamische Türken und Kurden, die die Massaker verübten, sondern christliche Italiener. Opfer waren die muslimischen Beduinen der Region, zu denen zur Zeit der italienischen Invasion im Jahre 1911 etwa 200 000 Menschen zählten. Die Beduinen in der Kyrenaika waren hauptsächlich Schäfer und Züchter, die Schafe, Ziegen, Kühe und Dromedare züchteten. Sie waren ein unabhängiges und halbnomadisches Volk mit einzelnen festen Gebieten, in denen sie meist Gerste anbauten. Von diesen Gebieten aus zogen die in mehrere

Stämme aufgeteilten Beduinen mit ihren Zelten und Tieren auf der Suche nach Weideland durch die Kyrenaika. Der große britische Sozialanthropologe Edward E. Evans-Pritchard schreibt, wie schwierig es war, ein »*naja*«, ein Beduinenlager in der Wildnis auszumachen,»denn die Zelte werden in Senken und an den Ufern der Wadis [ausgetrocknetes Flussbett] und ihrer Nebenflüsse errichtet, zum Schutz vor Regen, Wind und ungelegenem Besuch. Auf den höher gelegenen Ebenen sind sie im Wald versteckt«.[19] Die Natur der Region war von großer Schönheit, mit dem Mittelmeer im Norden und der Wüste im Süden – ein Land großer Kontraste zwischen Bergland und Ebene, Wald und Steppe, festen Siedlungen und Nomadendasein, den grasenden Ziegen und Kühen, Schafen und Kamelen. Für die Beduinen war dies ein reiches, für die Europäer aber ein karges Land, schreibt Evans-Pritchard.

Unter der Führung von Umar al-Muchtar regte sich Widerstand gegen die italienische Besatzung. Gestützt wurde er von der sufistischen islamischen Bruderschaft der Senussi, die von den Beduinen als religiöse Führer angesehen wurden und deren Ordenshäuser im ganzen Land verteilt

Italienische Siedler treffen in Libyen ein, November 1938

waren. 1929 nannte Umar al-Muchtar die Forderungen des beduinischen Widerstands: Man verlangte eine nationale Regierung Libyens mit einem muslimischen Präsidenten, eine verfassungsgebende Versammlung, einen repräsentativen und frei gewählten Nationalrat, Arabisch als offizielle Sprache und die Anerkennung muslimischer Bräuche.[20]

Pietro Badoglio, der faschistische Gouverneur Libyens, bot den Rebellen 1938 eine Amnestie an, wenn sie die Kämpfe einstellten. Wer sich weigerte, die Waffen niederzulegen, würde, so Badoglio, keinen Frieden mehr kennen, »weder für sich, seine Familie, seine Herde oder seine Erben«.[21] Angesichts anhaltender Unruhen beschloss Badoglio, das gesamte beduinische Gebiet zu »leeren« und die Bevölkerung in entlang der Mittelmeerküste errichtete Konzentrationslager zu bringen. Am 20. Juni schrieb er an General Rodolfo Graziani:

> Ich versuche nicht, die Schwere und das Ausmaß dieser Maßnahmen zu verschleiern, die den totalen Untergang der sogenannten »unterworfenen« einheimischen Bevölkerung nach sich ziehen. Aber nun ist der Weg einmal klar vorgegeben, und wir müssen ihn bis zum Ende gehen, wenn das auch bedeutet, dass die gesamte Bevölkerung der Kyrenaika umkommen muss.[22]

Graziani führte die Anweisungen rücksichtslos durch. Obgleich wie im Fall der Armenier Uneinigkeit über die genaue Opferzahl herrscht, lässt sich doch mit Sicherheit sagen, dass über 100 000 Männer, Frauen und Kinder zu Gewaltmärschen gezwungen und in Konzentrationslagern gefangen gehalten wurden. Durch Krankheit und Unterernährung sowie durch Erschießen und Erhängen nach Fluchtversuchen starben wahrscheinlich bis zu 50 000 Menschen. Die überlebenden Männer mussten Straßen für die neuen Siedler bauen. Der gesamte Besitz des Senussi-Ordens wurde beschlagnahmt, die Klöster und ihre Bewohner drangsaliert. 1931 begann Graziani mit der Errichtung eines 300 Kilometer langen Stacheldrahtzaunes entlang der Grenze zu Ägypten, womit die Widerstandsbewegung von ihren wichtigsten Versorgungswegen getrennt wurde. Im September desselben Jahres wurde Umar al-Muchtar gefangen genommen und fünf Tage später vor den Augen der Deportierten im Konzentrationslager Soluch gehängt.[23]

Hinsichtlich der räumlichen Bevölkerungsbewegungen waren Musso-

Das Regime in Aktion 271

linis hochgepriesene Maßnahmen also eine Farce. Und eine Tragödie. Während er Anti-Urbanismus predigte, sah er hilflos der größten Landflucht Italiens vor den Wirtschaftswunderjahren von 1958 bis 1963 zu. Er prahlte in ganz Europa mit der Urbarmachung der Pontinischen Sümpfe und mit ähnlichen Experimenten, konnte aber gerade einmal ein paar Tausend Familien dorthin umsiedeln. Als er 1936 verkündete, die Italiener hätten das Recht auf ein Weltreich, denn sie wären ein »im strengen Sinne potentes Volk, das den Wunsch und den Stolz besitzt, seine Rasse über das Angesicht der Welt zu verbreiten«,[24] forderte er seine Generäle in Afrika auf, Tausende unschuldige Familien auszulöschen.

Anreize und Verbote

In dem weniger gewaltsamen Umfeld der faschistischen Innenpolitik arbeitete man einerseits mit verschiedenen ökonomischen Anreizen und Belohnungen, andererseits mit Verboten und Strafen – doch all dies mit großer Inkonsequenz, was einmal mehr den Eindruck bestärkt, dass dieses Regime seine groß propagierten Maßnahmen nicht unter Kontrolle hatte. Ein Gesetz vom Juni 1928 sah Steuervergünstigungen für kinderreiche Familien vor. Staatsangestellte mussten dazu aber sieben und mehr Kinder haben, Privatangestellte zehn und mehr: Keine bescheidene Anforderung an die Frauen, zumal da der finanzielle Anreiz dabei spärlich ausfiel.

Familiendarlehen wurden erst spät eingeführt, im Juni 1937. Zehn Jahre nach Mussolinis »Himmelfahrtsrede« war das Scheitern der faschistischen Bevölkerungspolitik zu offensichtlich, um noch länger ignoriert zu werden. Es mussten neue Versuche unternommen werden, wobei die bedeutendste Initiative eben diese Familiendarlehen waren. Sie bestanden in staatlichen Vergünstigungen für Ehegatten und Kinder und waren den Ehestandsdarlehen nachgebildet, die das Deutsche Reich seit Juni 1933 Jungvermählten gewährte.[25] In vielerlei Hinsicht blieb das italienische Modell hinter dem deutschen zurück. Die Zahl der gewährten Darlehen in Italien lag weit unter dem deutschen Wert: 157 989 im Gegensatz zu 817 060 in den Jahren 1938 bis 1940. Auch die Finanzierung war unzureichend: In Deutschland kam diese direkt vom Finanzministerium, das beträchtliche Summen in das Programm steckte. In beiden

Ländern wurden die Zinsen für das Darlehen mit jedem weiteren Kind reduziert, bis sie beim vierten komplett wegfielen. Auch hier gab es in beiden Ländern Unterschiede: In Deutschland wurden die Gelder nur gewährt, wenn die Ehefrau keiner Arbeit außerhalb des Hauses nachging und die Bewerber bestimmte strenge, nicht zuletzt »rassische« Kriterien erfüllten. In Italien bestand man dagegen nicht darauf, dass die Frau eine eventuelle Anstellung aufgab; doch ab 1938 waren jüdische Familien von den Darlehen ausgeschlossen. Zudem legte man den Akzent auf junge Paare (die Antragsteller mussten unter 26 sein), da man erhoffte, dass eine frühe Heirat mehr Kinder hervorbringen würde. Das deutsche System trug während der dreißiger Jahre deutlich zu einer Steigerung der Eheschließungen und Kinderzahlen bei, obgleich die deutschen Paare immer noch weniger Kinder bekamen, als sich das Regime wünschte. Die italienische Initiative begann zu spät und setzte die Mittel zu spärlich ein, um Erfolg zu zeigen. 1940 lag die Geburtenrate bei 23,5 je 1000 Einwohner, 1926 waren es 27,7 gewesen. Die Eheschließungsrate lag 1940 bei 7,1 je 1000, verglichen mit 7,5 im Jahre 1926.[26]

Auf der Seite der Verbote und Strafen stechen zwei Maßnahmen hervor. Zum einen die Besteuerung von Junggesellen. Die 1927 eingeführte Steuer wurde bei unverheirateten Männern (ausgenommen Priester, Mönche, Soldaten und Schwerstbehinderte) im Alter zwischen 25 und 65 Jahren erhoben. Ihr Junggesellentum wurde in Relation zum Alter bestraft: Männer zwischen 25 und 35 Jahren zahlten 35 Lire pro Jahr, Männer zwischen 35 und 50 (die offenbar besonders unverantwortlich handelten) zahlten 50 Lire und Männer zwischen 50 und 65 dann nur noch 25 Lire. Diese Beträge wurden 1934 und nochmals 1936 deutlich angehoben, wobei zu dem Festbetrag noch eine einkommensabhängige Zahlung kam. Die Steuer war also einkommens- und altersspezifisch. Natürlich diskriminierte sie Homosexuelle jeden Alters und jeder Einkommensstufe.[27] Anfänglich kamen die Erträge aus dieser Steuer wohltätigen Einrichtungen zugute, und hier vor allem dem unterfinanzierten Mütterhilfswerk ONMI; nach 1936 aber floss das Geld in die koloniale Expansion in Nordostafrika. Die lukrative Steuer war hinsichtlich ihrer verkündeten Ziele ein gewaltiger Misserfolg: Eheschließungen nahmen sogar ab, anstatt zu steigen, und das Durchschnittsalter der Männer bei Eheantritt nahm unter den Faschisten noch zu.[28]

Während die Junggesellensteuer unverheiratete Männer ins Visier nahm, richtete sich die Kampagne gegen Abtreibung an alle gebärfähigen Frauen. Abtreibungen waren schon im liberalen Italien verboten, unter dem Faschismus aber wurden sie noch härter bestraft, nämlich als Verbrechen gegen die Gemeinschaft und den Staat, aber auch – und an diesem Punkt kommt die Eugenik ins Spiel – als Verbrechen gegen die »Rasse« (»*contro la razza*«). Mehrere Schauprozesse gegen Abtreibungsbefürworter versetzten italienische Frauen in Angst und Schrecken, sodass sie keine illegalen Abtreibungen mehr in Betracht zogen. In der Arbeitswelt aber gewährleistete das Regime in den Fabriken und Werkstätten nur rudimentäre Gesundheits- und Sicherheitsmaßnahmen. Die Arbeiterinnen litten unter gesundheitlichen Problemen, die oft auch Spontanaborte nach sich zogen.[29]

Dies führte zur letzten prohibitiven Maßnahme des Faschismus, nämlich dem Versuch, die Tätigkeit von Frauen außerhalb des Hauses einzuschränken und zu verbieten und sie »an den Herd« zu binden. Dies war kein leichtes Unterfangen, denn die Präsenz von Frauen in der Arbeitswelt war groß: 1936 waren ein Drittel der Fabrikarbeiter Frauen. Wieder einmal ging die faschistische Gesetzgebung halbherzig vor. Im Mai 1923 und im Dezember 1926 schloss das Regime Frauen als Bewerber für Rektor- oder Lehrerstellen in bestimmten weiterführenden Schulen aus. Ab März 1928 wurden in staatlichen Behörden männliche Familienvorstände bei der Ausbildung und Beförderung bevorzugt. Im März 1934 wurde der Anteil der weiblichen Staatsangestellten auf 5 Prozent in leitenden Positionen und 20 Prozent in weniger verantwortungsvollen Bereichen beschränkt. Ähnliche Vorkehrungen folgten bei Banken und Versicherungen. Und im September 1938 beschloss man schließlich die wohl einschneidendste Maßnahme, nach der mittlere und große Betriebe nicht mehr als 10 Prozent Frauen beschäftigen durften, während in Betrieben mit weniger als zehn Angestellten überhaupt keine Frau mehr arbeiten durfte. Wieder war der Effekt gering. Das Gesetz von 1938 enthielt eine lange Liste mit Ausnahmen bei Tätigkeiten, die »für Frauen besonders geeignet« waren. Die Arbeitgeber hatten kein Interesse daran, Frauen durch Männer zu ersetzen, wenn dies höhere Lohnkosten verursachte. Ohnehin bekamen die Unternehmen eine Dreijahresfrist, um die neuen Bestimmungen einzuführen. Bis dahin (1941) stand Italien aber im Krieg, und es gab einen hohen Bedarf an weiblichen Arbeitskräften.[30]

Das Regime rühmte sich seiner Allwissenheit und hatte durch seine Geheimpolizei sicher auch Kontrolle über antifaschistische Bestrebungen. Doch der Versuch, gesellschaftliche Gegebenheiten zu verändern und eine demografische und gesellschaftliche Reform durchzuführen, scheiterte. Der faschistische Abgeordnete Gaetano Zingali, Professor für Ökonomie und Statistik in Catania, nahm im Juni 1929 Stellung zu der großangelegten Kampagne zur »quantitativen Vermehrung und qualitativen Verbesserung der Bevölkerung«. Erfolge sollten mit Bezug auf das berühmte »demografische Quintett« bewertet werden: Eheschließungs-, Geburten- und Sterberaten sowie Außen- und Innenwanderung der Bevölkerung. All diese Werte, behauptete Zingali, habe der Duce auf so »harmonische und unvergleichliche Weise bewertet und geordnet, dass die statistischen Daten eine eigene Dynamik entwickelt« hätten.[31] Tatsächlich sprechen die Statistiken eine andere Sprache, auch noch zehn Jahre später. Die Geburtenraten, die Zahl der Eheschließungen und die Kindersterblichkeit stagnierten. Organisierte Besiedlungen im Inland, ob in der Pontinischen Ebene, auf Sardinien oder an anderen Orten, betrafen höchstens 15 000 Familien. Und in den Gebieten in Libyen (und später in Ostafrika) töteten und zerstörten die Italiener weit mehr Familien, als sie je ansiedeln konnten. Allein die Tatsache, dass die dort beheimateten Beduinen in Zelten wohnten, reichte Italien aus, um sie als Menschen zweiter Klasse zu betrachten. Nicht zufällig hatte Marinetti 1919 das Beduinenzelt als negative Metapher für das Familienleben gebraucht mit seiner »widerlichen Mischung aus gebrechlichen alten Leuten, Frauen, Kindern, Schweinen, Eseln, Kamelen, Hühnern und Exkrementen«. Familien wie diese zählten nicht.

Kontrollieren und mobilisieren

Die umfangreiche Literatur zum Faschismus hat, soweit sie sich mit Familien beschäftigte, gerne Familienpolitik und Bevölkerungspolitik gleichgesetzt und damit unterstellt, das eine schließe das andere ein. Dies ist aber nicht der Fall. Die Beziehung zwischen Familie und Regime prägten zahlreiche verschiedene Maßnahmen. Manche waren so illusorisch und erfolglos wie die oben beschriebenen. Andere aber hatten beträchtliche, dauerhafte Auswirkungen auf die Familien. Einfach ausgedrückt war die faschistische Regierung auffallend erfolglos, wenn sie versuchte, sich in die Familien hineinzudrängen, wenn sie versuchte, Eheleute davon zu überzeugen, mehr Kinder zu bekommen, aber auch wenn sie versuchte, althergebrachte gesellschaftliche Strukturen und seit Ewigkeiten geltende Überzeugungen, Gewohnheiten und Sitten zu ändern – oder gar wenn sie, wie im Folgenden beschrieben, ein neues Familiengesetz schaffen wollte. Ein Grund für dieses Scheitern ist, dass kein führender faschistischer Intellektueller oder Politiker sich je grundlegend Gedanken über die Familie machte. Ferdinando Loffredo, ein eher unbedeutender Katholik und Faschist, verfasste 1938 (etwas spät!) eine Abhandlung namens *Politica della famiglia* und drückte darin zunächst sein Bedauern aus, dass der Faschismus keine »organische Theorie der Familie« besitze.[32]

Andersherum hatte das Regime – vor allem in den Städten – offenbar großen Erfolg damit, die Menschen – ob jung oder alt, männlich oder weiblich – aus den Familien herauszuholen, damit diese in faschistischen Massenorganisationen aktiv wurden. Es gelang ihm auch, produktive Kompromisse mit den traditionellen Kräften in Gesellschaft und Staat zu schließen, unter denen die Kirche sicher die bedeutendste war. Wirkungsvoll betrieben die Faschisten zudem ihre Propaganda und Massenkultur: Hier folgten sie dem Vorbild der Futuristen und nutzten die neuen Gegebenheiten in der italienischen Gesellschaft der 1930er Jahre für sich aus.

Familienrecht

Die auf die Familie bezogene Gesetzgebung ist ein weiterer wichtiger Bereich, in dem das faschistische Regime unzulänglich agierte. Dies zeigt sich besonders deutlich im Vergleich mit dem russischen und dem türkischen Modell. Denn sowohl beim russischen Familiengesetz von 1918 wie bei dem von den Schweizern übernommenen türkischen Zivilgesetz handelt es sich um einen fundamentalen Bruch mit traditionellen Vorgehensweisen und Prinzipien. Russland und die Türkei führten auf jeweils unterschiedliche Weise einen radikalen Wandel in vielen Bereichen des Familienrechts ein: Die Frauenrechte wurden gestärkt, besonders mit Blick auf Ehe und Scheidung, aber auch in Sachen Erbangelegenheiten, Unterhalt und Abtreibung. Beide Regime versuchten, ein organisches Bild der Beziehungen zwischen Familie, Gesellschaft und Staat zu entwerfen und dabei ihre Vision von der Gesellschaft als Einheit zu bewahren. An dieser Stelle sei an die Bemerkung von Ann Glendon erinnert, die auf die Wechselwirkung »zweier sich verändernder Systeme« hinwies – mit dem Familien*recht* auf der einen und dem konkreten Familien*leben* auf der anderen Seite. Sowohl in Russland als auch der Türkei war das Gesetz den realen Gegebenheiten innerhalb der Familie weit voraus, und das vor allem in ländlichen Gebieten. Doch mit der Zeit näherten sich die beiden Systeme einander an, indem das neue Familienrecht spürbaren Einfluss zeitigte: im Alltag, im Bewusstsein und in den Geschlechterbeziehungen innerhalb der Familie.

Dies war in Italien nicht der Fall, wofür es mehrere Gründe gibt. Zunächst gilt es, zwischen Zivilgesetzbuch und Strafgesetzbuch zu unterscheiden. Die Reform des Gesetzbuches, das üblicherweise das Familienrecht enthält und regelt, ging in Italien nur langsam voran. Das neue Gesetz wurde erst 1942 verabschiedet, ein Jahr vor dem Fall des Regimes. Hinter dieser zwanzigjährigen Verspätung steckte eine langwierige Auseinandersetzung innerhalb der vom Parlament eingesetzten Reformkommission. Die Kommission war in zwei Lager gespalten: Die eine Seite, unter dem Vorsitz der beiden Präsidenten der Kommission (Vittorio Scialoja bis zu seinem Tod im Jahr 1933, anschließend Mariano D'Amelio), trat für eine minimale technische Anpassung des liberalen Gesetzes aus dem Jahr 1865 ein. Sie sahen keinen Anlass für ein explizit faschistisches Zivilgesetz, zumal kein einheitliches Konzept zur »faschistischen« Familie existierte. Die andere Seite wünschte sich eine radikal politisierte Neufassung des Gesetzes, war sich aber nicht einig, was diese beinhalten könnte. Das Ergebnis war Stillstand.[33]

Beim Strafgesetzbuch sah es anders aus, denn hier sorgte Alfredo Rocco (Justizminister von 1925 bis 1932) entschlossen für die Durchsetzung seiner nationalistischen und faschistischen Ideen und legte schon 1930 einen neuen Gesetzentwurf vor. Roccos Strafgesetzbuch wandte sich von der liberalen Fassung ab, die zumindest teilweise den Schutz der Personenrechte garantiert hatte, und schuf stattdessen einen Rahmen, der den autoritären und repressiven Charakter der Staatsmacht stützte. Das neue Gesetz, schreibt der Rechtsgelehrte Mario Sbriccoli, war »besessen vom ›Staatsfeind‹, immer damit beschäftigt, wachsam und streng zu sein.«[34] Die Familie hatte im neuen Strafgesetzbuch wenig Platz. Rocco beschrieb sie in virilen Begriffen als die »Keimzelle der staatlichen Potenz«, als Reproduktionsorgan. Und dieses Reproduktionsorgan musste geschützt werden – vor Eltern, die ihre Kinder subversiv erzogen; vor Männern, die »abartige« sexuelle Vorlieben hatten; vor subversiven Elementen, die gegen die Moral der Familie konspirierten. Rocco sah die Ausübung von Macht in Bezug auf die Familie auf zwei Ebenen: Nach innen war die Familie eine gesellschaftliche Einheit, die durch die Autorität ihres männlichen Oberhaupts zusammengehalten wurde – Raum für individuelle Rechte gab es kaum. Nach außen handelte die Familie keinesfalls unabhängig, sondern war strikt an ihre Pflichten gegenüber dem Staat gebunden. So war der Einzelne an die Familie und die Familie an den Staat gebunden.

Das war die eigentliche Ausformulierung der faschistischen Vorstellung von Familie. Sie hatte vieles gemeinsam mit der weiter oben genannten Auffassung Giovanni Gentiles, obwohl dieser noch weiter ging, indem er forderte, Familie und Staat, insofern sie »spirituell gelebt« würden, könnten im Grunde nur eins sein. Rocco blieb hier zurückhaltender, war aber dennoch radikal genug, um katholische Gefühle zu verletzen, die den »natürlichen« und notwendigerweise autonomen Raum christlicher Familien verteidigten.

Und damit kommen wir zu einem zentralen Punkt: Dass es vor 1942 kein neues Gesetzbuch gab und auch sonst sehr wenige Modifikationen des Familienrechts, hängt zum großen Teil mit der besonderen Beziehung zwischen Staat und Kirche zusammen. Während Russland und die Türkei zum Schlag gegen die übermächtige Institution der Kirche ausholten, um das Familienleben zu reformieren, taten die Faschisten eher noch einen Schritt zurück und machten große Zugeständnisse an die Kirche, um deren Unterstützung nicht zu verlieren. Weiter unten werde ich näher auf die Lateranverträge von 1929 und die besonderen Regelungen zu Ehe und Schule eingehen. Festzuhalten bleibt jedoch, dass der Kompromiss mit der Kirche und der Stillstand bei der Überarbeitung des allgemeinen Privatrechts die Ausarbeitung einer faschistischen Familienpolitik verhinderten.[35]

In Ermangelung eines neues Gesetzbuches bezogen sich die Gesetze, die das Verhalten der italienischen Familien unter dem Faschismus regelten, auf den »liberalen«, von Giuseppe Pisanelli erarbeiteten *Codice civile*, der im Wesentlichen eine Neubearbeitung des *Code Napoléon* darstellte. Anstatt also Dynamik in diesen sensiblen Bereich zu bringen, war das faschistische Regime gezwungen, in die Rolle des *»passatista«* zu schlüpfen, um hier Marinettis abschätzigen Begriff zu verwenden. Dies konnte funktionieren, da das Gesetzbuch von 1865 seine Zwecke immerhin gut erfüllte. Insbesondere sicherte es eine robuste, wenn auch antiquierte Form männlicher Dominanz. Artikel 131 berücksichtigte die gegenseitigen Pflichten der Eheleute, doch der Ehemann entschied über den Wohnsitz der Familie und »verwaltete« das Eigentum seiner Frau. Falls es zum Ehebruch kam, galten jeweils andere Regeln: Der Ehemann konnte sich sofort scheiden lassen, wenn die Frau Ehebruch beging, der Frau dagegen stand dies nur zu, wenn ihr Mann der Geliebten bei sich zu Hause oder an einem anderen Ort eine Unterkunft bot oder seine Frau sonstwie in eine »unerträgliche oder beleidigende Lage« brachte.

Als das neue Zivilgesetzbuch schließlich 1942 eingeführt wurde (der erste Teil war 1940 veröffentlicht worden), trug es kaum zu einem neuen Ethos bei. Die Ungleichbehandlung der Geschlechter wurde gestärkt, doch die wirklich unheilvollen Neuerungen betrafen eher die »Rasse« als das Geschlecht. Die im Oktober 1938 vom Großen Faschistischen Rat verabschiedete *Dichiarazione sulla razza* und das Gesetz (Nr. 1728) vom 17. November desselben Jahres verboten Italienern die Ehe mit »Angehörigen hamitischer, semitischer oder anderer nicht-arischer Rassen«. Staatsdienern war untersagt, »ausländische Frauen jeglicher Rasse« zu ehelichen. Diese Regelungen wurden in das neue Zivilgesetzbuch von 1942 aufgenommen. Der »Rassenstaat« war nun auch in Italien angekommen und begrub endgültig die Idee gemeinsamer Bürgerrechte.

Aussöhnung

Beinahe zehn Jahre vor der *Dichiarazione sulla razza* konnte der Faschismus wohl seinen größten Sieg erringen: Der erbittert geführte Streit zwischen Kirche und Staat, der die Epoche des Risorgimento (die italienische »Gründerzeit« im 19. Jahrhundert) geprägt hatte, wurde beigelegt. Es kam zur Aussöhunung.

Nach 1870 lag die anti-modern und anti-nationalistisch eingestellte Kirche von Papst Pius XI. am Boden. Sie war ihrer Besitzungen und ihrer weltlichen Macht beraubt worden, das Land und die Gebäude ihrer Laienorden wurden konfisziert und verkauft, ihr Familienmodell mit seinem Herzstück – dem Sakrament der Ehe – besaß keine gesetzlich bindende Kraft mehr, Priester durften nicht länger Religionsunterricht in den Schulen erteilen. Mussolini hingegen war schon in den Anfängen des Faschismus dem heftigen, wenn auch nur vorübergehenden Antiklerikalismus Marinettis nicht gefolgt, sondern hatte in seinem Privatleben (durch seine kirchliche Heirat mit Rachele im Dezember 1925) und in seiner öffentlichen Funktion die Grundlage für eine neue Annäherung von Staat und Kirche gelegt. Er blieb, wie Renzo De Felice schreibt, »aus tiefster Seele antiklerikal«,[36] wurde aber von der Aussicht angetrieben, dass es seinem Regime sowohl auf nationaler als auch auf internationaler Ebene einen beträchtlichen Vorteil verschaffen würde, wenn er den Trumpf der Versöhnung ziehen könnte. Auch die Kirche konnte durch das Konkordat nur gewinnen. Es bereitete ihr keine Gewissensbisse, dass sie mit einem Regime Frieden schloss, das den italienischen Liberalismus zerstört hatte. Tatsächlich vertrat die Kirche einen »situationsunabhängigen« Ansatz, wenn es um die Beurteilung verschiedener politischer Systeme ging. Für sie waren im Grunde alle weltlichen Regierungen gleich; sie unterschieden sich allein in ihrer jeweiligen Haltung zum »Reich Gottes«.

Die Verhandlungen zwischen Kirche und Staat waren natürlich nicht einfach. Mussolini hatte klare »totalitäre« Ziele – Pius XI. hielt geduldig dagegen, das Reich Gottes auf Erden sei selbst ein »katholischer Totalitarismus«.[37] Man durfte sich also auf lange Diskussionen einstellen. Alfredo Rocco berichtete dem Parlament, Pius XI. habe erkannt, was nur ein Papst erkennen könne: »Wenn jemand einen Monolog hält, darf er sagen, was er will, bei einem Dialog aber muss man doch tatsächlich der anderen Seite zuhören.«[38]

Innerhalb der faschistischen Führung wurden feindselige Stimmen laut. Die einflussreichste unter ihnen war sicher die von Giovanni Gentile, dem damaligen Leiter des Faschistischen Kulturinstituts. In einem Artikel, der am 30. September 1927 im *Corriere della Sera* erschien, bezeichnete er eine mögliche rechtliche Einigung mit der Kirche als eine »hässliche und nicht vorzeigbare Utopie«. Seiner Ansicht nach gab es *de facto* bereits eine Einigung, und das war mehr als ausreichend. Diese Einigung bestand aus zahlreichen »Zugeständnissen«, die das Regime der Kirche machte – dazu gehörte die Einführung von Religionsunterricht in Grundschulen – eine Neuerung, die laut Gentile »bis vor kurzem noch unmöglich erschien«. Gentile war sehr wachsam, wenn es um die Unterminierung staatlicher Kontrolle ging, und dies galt für Schulen genauso wie für das »spirituelle Leben« in den Familien.[39]

Dennoch gingen die Verhandlungen weiter. Beim Thema Familie waren die umstrittensten Bereiche Ehe und Schule. Angesichts der zentralen Bedeutung der Ehe beharrte Pius XI. auf der staatlichen Duldung des katholischen Familienmodells. Als die Verhandlungen am 20. Januar 1929 einen Höhepunkt erreichten, schrieb Mussolini einen drängenden Brief an König Viktor Emanuel III.:

> Ich kann Eurer Majestät nicht verhehlen, dass das schwierigste bei diesem Konkordat zu überwindende Hindernis die Klausel zur Ehe ist. Hier wurde der Staat gezwungen, sich deutlich zurückzuziehen und beinahe fremd in einem so fundamentalen Bereich wie der Entstehung und Entwicklung der Familie zu werden. Aus Sicht der Gegenseite scheint Seine Heiligkeit diese Frage als alles entscheidend zu betrachten, und zwar so sehr, dass der Rest des Konkordats von ihrer Lösung abhängt.[40]

Spuren dieser päpstlichen Hartnäckigkeit treten in der Endfassung von Artikel 34 des Konkordats deutlich hervor. Hier heißt es zum Thema Ehe:

> Da der italienische Staat der Institution der Ehe als der Grundlage der Familie wieder die Würde geben will, die den katholischen Traditionen seines Volks entspricht, erkennt er dem vom kanonischen Recht geregelten Sakrament der Ehe die bürgerlichen Wirkungen zu.[41]

Dies bedeutete, dass zum ersten Mal im geeinten Italien die kirchliche Ehe denselben Status wie die Zivilehe genoss und beide Ehen vom Staat als gültig anerkannt wurden. Doch die kirchliche Ehe wurde als Sakrament vom kanonischen Recht geregelt und blieb außerhalb der Rechtsprechung des faschistischen Staates. Alfredo Rocco war sich der Tragweite dieses Zugeständnisses bewusst. Er versuchte durchzusetzen, dass der Priester während der Zeremonie in der Kirche die Artikel des Zivilgesetzes (von 1865!) vorlesen musste, welche die Rechte und Pflichten der Neuvermählten gegenüber dem Staat betrafen. Der Vorschlag wurde in Artikel 34 aufgenommen, jedoch mit einer wesentlichen Abänderung: Das Gesetz musste nicht mehr während der Trauungszeremonie, sondern nur im Anschluss verlesen werden. Man wechselte dafür vom Altar in die Sakristei – ein symbolischer Akt, der keinen Zweifel an der Zurückweisung des Staates ließ.[42] Am Ende von Artikel 34, in dem es um die Trennung von Ehepaaren geht, heißt es zudem: »Der Heilige Stuhl willigt ein, dass die Fälle der Trennung von Tisch und Bett von den Ziviljustizbehörden geregelt werden.« Das Verb »einwilligen« drückte auch hier den Vorrang der Kirche gegenüber dem Staat, nicht aber den Vorrang des Staates gegenüber der Familie aus, wie es sich Rocco und Gentile jeweils auf ihre Weise gewünscht hätten.

Am 11. Februar 1929 wurden die sogenannten »Lateranverträge« von Kardinal Pietro Gasparri als Vertreter des Heiligen Stuhls und von Benito Mussolini als Vertreter des italienischen Staates im vatikanischen Lateranpalast unterzeichnet. Die Vereinbarung war in drei Teile untergliedert: in den eigentlichen »Staatsvertrag«, das Konkordat und ein Finanzabkommen. Der erste Teil beendete die »römische Frage«, gründete den vatikanischen Stadtstaat und bestätigte den Katholizismus als offizielle Religion des italienischen Staates. Der zweite Teil regelte in 45 Artikeln die Beziehung zwischen der katholischen Kirche und dem italienischen Staat, wobei der Kirche eine privilegierte Position in den Bereichen Familie und religiöser Erziehung zugesichert wurde. Der dritte Teil löste alle offenen finanziellen Fragen zwischen Kirche und Staat und entschädigte die Kirche für erlittene Verluste.

Zwei Tage nach der Unterzeichnung erklärte der Papst, Mussolini sei ein Mann, den »uns die Vorsehung gesandt hat«.[43] Überall in Italien läuteten die Glocken. Katholiken überall in der Welt freuten sich; Regierungen registrierten anerkennend Mussolinis Erfolg. Sein internationales Ansehen und das Ansehen seiner Regierung wuchsen wie nie zuvor und nie wieder danach.

Doch die Harmonie vom Februar 1929 sollte schon bald wieder getrübt werden. Beiden Seiten war daran gelegen gewesen, endlich zu einer Einigung zu kommen, beinahe um jeden Preis, aber beide Seiten verfolgten doch jeweils andere Pläne. Der Streit entbrannte über der Frage der schulischen Erziehung.[44] Am 13. Mai erklärte Mussolini gegenüber dem Parlament, in diesem Punkt sei der Staat unnachgiebig:

> Die Aufgabe der Erziehung müssen wir übernehmen. Den neuen Generationen muss eine religiöse Erziehung nach unserem Glauben gegeben werden, aber wir müssen diese Erziehung in ein größeres Ganzes einfügen, wir müssen diesen jungen Menschen einen Sinn für Männlichkeit, Macht und Sieg geben.

Worauf der Papst am 16. Mai antwortete:

> Es ist nicht an uns zu sagen, ob es zur Durchführung der erzieherischen Aufgaben des Staates nötig, zweckmäßig oder opportun ist, Eroberer heranzuziehen und Schüler an den Sieg zu gewöhnen ... Es sei denn, die Intention wäre die Betonung (und vielleicht ist das ja die wahre Intention) der Notwendigkeit, die jüngere Generation über den Sieg der Wahrheit und Tugend zu unterrichten, in welchem Falle wir im vollkommenen Einvernehmen wären.

Der liberale Ökonom Ernesto Rossi, der unter dem Faschismus jahrelang in Haft war, kommentierte später diese Kontroverse: »Nachdem der Papst eine Weile neben dem ›von der Verheißung gesandten Mann‹ gegangen war, bemerkte er allmählich den unangenehmen Schwefelgeruch.«[45]

Massenorganisationen und Familienleben

In den dreißiger Jahren betrieb Mussolini erfolgreich die Gleichschaltung der Gesellschaft. Der Faschismus holte Kinder und Erwachsene, Männer und Frauen (erstere in viel größerer Zahl) aus dem Familienverband, schärfte ihnen nationalistische und militaristische Parolen ein und forderte sie auf, in ihrer freien Zeit ausschließlich mit den von der Partei organisierten Aktivitäten zu verbringen.

Wenn wir die Methoden des Faschismus der bisher behandelten Ländern vergleichen, fällt auf, dass es in der Türkei viel weniger Massenveranstaltung gab als in der Sowjetunion und in Italien. Für Mustafa Kemal mussten die herkömmlichen Instrumente des Staates – Militär, Gesetz und Schule – für die Umerziehung einer bis dahin rückständig-ruralen

Gesellschaft ausreichen. Die bolschewistischen und faschistischen Kräfte setzten dagegen massiv auf die Bildung neuer Massenbewegungen unter der Kontrolle der Partei. Die italienische bürgerliche Gesellschaft, die in vielen Teilen des Landes ohnehin keinen leichten Stand hatte, hatte jede Autonomie, jeden Pluralismus und jede Kritikfähigkeit verloren; sie versammelte sich fortan fast nur noch aus Anlass von Paraden und anderen Machtdemonstrationen der Partei. Die für die russischen Kommunisten so wichtige Unterscheidung zwischen *bytie*, der emotionsgeladenen Gemeinschaftstat, im Gegensatz zu *byt*, dem banalen Einerlei des Alltags, hatte also in Italien seine Entsprechung. Die »säkulare Religion« (*la religione laica*) des Faschismus, auf die der Historiker Emilio Gentile Bezug nimmt, hatte alle Teile der Gesellschaft erfasst – auch wenn sich ihre Konturen nicht genau festlegen lassen.[46] Am ehesten lässt sich noch folgendes Bild zeichnen: Der Kern der faschistischen Ideologie und Organisation, vor allem repräsentiert durch die Partei, wurde von vielfältigen Vereinigungen flankiert, deren Mitglieder durchaus unterschiedlich motiviert und überzeugt sein konnten.

In der Anfangssequenz von Ettore Scolas Film *Une giornata particolare* von 1977 wird gezeigt, wie die Mitglieder einer römischen Familie der unteren Mittelschicht am Morgen von der Mutter und Ehefrau (Sofia Loren) geweckt werden, wie alle schnell essen, ihre Uniformen anziehen und mit Tausenden anderen Familien aufbrechen, um den Besuch von Adolf Hitler in der italienischen Hauptstadt zu feiern.[47] Die Menschen sind der Mobilisierung der Gesellschaft durch das Regime erlegen. Es ist sieben Uhr morgens an einem Freitag, dem 6. Mai 1938. Die Familie besteht aus Vater, Mutter und sechs Kindern, die alle zusammen in einer kleinen Wohnung mit drei Schlafzimmern, Küche und Bad hausen. Die Mutter, Antonietta Tiberi, wird im Drehbuch als »geduldige Frau, nicht mehr jung, von verblühter Schönheit, auf dem Altar ihrer Familie geopfert« beschrieben. Sie ist eine »vorbildliche Ehefrau und Mutter, die sich für ihren Mann und die Kinder immer aufgeopfert hat«. Alle Kinder brechen zu der Feierlichkeiten auf, auch der kleine Littorio in der Uniform eines »Figlio della Lupa« (siehe unten), auf den Schultern seines Vaters. Am Ende des Tages – an dem der allein zurückbleibenden Antonietta mehr widerfährt als ihrer Familie – kommen Mann und Kinder erschöpft nach Hause. Mit einem Klaps auf den Hintern verkündet der

Gatte: »Ein Tag wie dieser gehört gebührend gefeiert ... und wenn dabei ein siebtes Kind herauskommt, nennen wir ihn Adolf.« Antonietta aber schiebt ihren Mann beiseite: »Ich will nicht, nicht heute.«[48]

Es gab viele faschistische Massenorganisationen sowohl innerhalb als auch außerhalb der Partei. Nachdem wir schon die Mütter- und Kinderhilfe ONMI näher betrachtet haben, soll an dieser Stelle auf zwei weitere Organisationen eingegangen werden, die von besonderer Bedeutung für die Familien und das Alltagsleben in Italien waren: die Jugendorganisation ONB (Opera Nazionale Balilla) und die Freizeitorganisation OND (Opera Nazionale Dopolavoro).

Beginnen wir mit den Kindern. Die ONB hatte ihren Namen von einem jungen Nationalhelden aus Genua mit dem Spitznamen »Balilla« entlehnt, der, so die Legende, im Jahr 1746 mit seinem Mut den Volksaufstand gegen die österreichischen Besatzer ausgelöst hatte. Die ONB wurde 1926 gegründet und wuchs beständig. Sie war in drei Altersgruppen unterteilt: Es gab die eigentliche Balilla für Jungen von 8 bis 13; die »Avanguardisti« für Jungen zwischen 14 und 18, und ab 1933 die »Figli della Lupa« für Kinder von 6 bis 8. Die anfänglich rein männliche Organisation übernahm 1929 die schwächelnde Mädchenabteilung der Faschistischen Partei. So wurden die »Piccole italiane« das Gegenstück der Balilla, und die »Giovani italiane« die der Avanguardisti.

Formell war die ONB eine gemeinnützige Organisation (*ente morale*); ihre Aufgabe war die »Betreuung und die physische und moralische Erziehung« der italienischen Jugend. Die ONB sollte da weitermachen, wo die Schule aufhörte; sie sollte nicht zuletzt die Kinder in ein festes Freizeitprogramm einbinden. Giovanni Gentile, der für die große faschistische Reform des italienischen Schulwesens verantwortlich war, schrieb im Jahre 1923, das einzelne Kind gehöre zu seiner Familie, aber es gehöre eben auch zum Staat. Die Schule müsse als »natürliche Fortsetzung« der Familie fungieren.[49]

Soweit die Theorie. Tatsächlich bestand ein Großteil der Aktivitäten der ONB aus sportlichen Veranstaltungen und gymnastischen Übungen, deren Vorführung dann als Hintergrund für Paraden und Feiern dienten. Die Avanguardisti erhielten eine rudimentäre militärische Ausbildung – für Paraden wurden den Kindern Gewehre in die Hand gedrückt, die sie anschließend zurückgeben mussten. Die Giovani italiane wurden in Hygiene und Hauswirtschaft unterrichtet, entsprechend ihrer zukünftigen Rolle als »vorbildliche« Ehefrauen und Mütter. Doch die Mädchen nahmen, sehr zum Ärger des Vatikans, ebenfalls an gymnastischen Vorführungen teil, obwohl die faschistischen Autoritäten »natürlich feminine Zurückhaltung« verordneten. Vorherrschende Maxime für alle Bereiche des ONB waren Disziplin und Gehorsam. In diesem Sinne lautete das achte Gebot der Organisation: »Mussolini hat immer recht.« 1937 gab man der Balilla einen neuen Namen: Die Mitgliedschaft in der »Gioventù italiana del littorio« war fortan verpflichtend.

Diese letzte Maßnahme war schwer durchzusetzen, dennoch war die Zahl der organisierten Kinder und Jugendlichen Ende der dreißiger Jahre beachtlich. Die Statistik für das Jahr 1937 verzeichnet mehr als 6 Millionen Mitglieder, in der Mehrheit Jungen und Mädchen von 8 bis 13 – 2 478 768 Balilla und 2 130 530 Piccole italiane.[50] Hier zeigt sich ein Unterschied zu den Jugendorganisationen der Nationalsozialisten: das sogenannte »Jungvolk« war für die Altersstufe 10 bis 14, die »Hitlerjugend« für die Altersstufe 14 bis 18 gedacht. Für jüngere Kinder war keine Einbindung in eine Organisation vorgesehen. Bei den italienischen Balilla

»Giovani italiane« in Uniform; im Korb ein Kleinkind mit »Partei-Mütze«

dagegen wurden Kinder ab 6 Jahren aufgenommen. Diese Altersstruktur kennzeichnete natürlich die Merkmale der beiden Organisationen, indem bei den deutschen männlichen Jugendlichen die Vorbereitung auf den Kriegsdienst im Vordergrund stand.

Zweifellos hatte die Organisation der Jugend, die sich an beide Geschlechter und verschiedene Altersgruppen richtete, bedeutenden Einfluss auf den Alltag italienischer Familien. In der andauernden Konkurrenz zwischen Familie und Staat unternahm die ONB unter Renato Ricci einen deutlichen Vorstoß zur Einbindung der jüngeren Generationen. Im Juni 1935 führte das Regime den »Faschistischen Samstag« ein. Jeden Samstag um ein Uhr sollten sämtliche Angestellte die Arbeit beenden, damit ihnen der Nachmittag für Freizeitaktivitäten zur Verfügung stand, die von der Partei organisiert wurden (die Angebote betrafen Bildung, Erholung, paramilitärische Aktivitäten). Besondere Aufmerksamkeit wurde der Jugend gewidmet, für die es jeden dritten Samstag spezielle Aktionen gab. Die Entscheidung des Regimes, die »Figlia della Lupa« für 6- bis 8-Jährige einzuführen, ging in dieselbe Richtung und signalisierte das Interesse an einer Altersgruppe, die ansonsten in der Obhut der Familie blieb oder in kirchliche Krippen gegeben wurde.

Die ONB bot soziale Kontakte außerhalb des Zuhauses oder der Schule – dies fanden viele Jugendliche reizvoll, besonders Mädchen, die unter strenger häuslicher Kontrolle standen. Jede Altersgruppe hatte ihre eigene Uniform, deren Pflege man große Aufmerksamkeit schenkte. Ein Leitartikel in der Zeitschrift *Mammina* beklagte sich, dass die Röcke der Piccole italiane zu viele Falten hätten und deshalb schwer zu bügeln seien.[51] Viele Programmpunkte der ONB waren langweilig – bei den gymnastischen Vorführungen gab es oft große Wartepausen, und die Paraden wurden durch lange Reden abgeschlossen. Aber es war eine gute Möglichkeit herauszukommen, und trotz der Reglementierung empfanden dies viele Kinder und Jugendliche als befreiend. Der modernistische Tempel der ONB war das Foro Mussolini (heute Foro Italico) in Rom, eine monumentale Sportarena mit Spielfeldern, Schwimmbecken, Schlafsälen und Versammlungsräumen und einer Sportschule. Ricci hatte vor, dort eine 86 Meter hohe Bronzefigur zu errichten, die den Faschismus symbolisieren sollte. In beiden Beinen der Figur sollte jeweils ein Aufzug auf eine Aussichtsplattform auf der

Höhe des Kopfes führen. Doch nur der Kopf, ein Fuß und ein Knie wurden je gegossen.[52]

Doch zur ONB gehörte mehr als gymnastische Vorführungen und riesige Statuen. Für die älteren Kinder gab es Zeltlager in den Bergen, bei denen das Leben in der Natur, glühender Nationalismus und religiöse Werte glücklich vereint wurden. In einer Predigt, die in einem dieser Zeltlager der Avanguardisti im Gottesdienst gehalten wurde, hieß es etwa:

> Möge jeder hier seine Gedanken und seine Seele zu Gott führen, damit Er die heroische Jugend Mussolinis und des faschistischen Italien in Herrlichkeit erstrahlen und in der Sonne erstarken lasse. Die Treue zum Glauben ihrer Vorväter und ihre großartige, selbst auferlegte Disziplin wird dieser Jugend ermöglichen, ihre Zukunft und die Zukunft der Welt zu formen.[53]

Die Organisation war zudem hauptverantwortlich für die gesellschaftlich wohl spektakulärste Maßnahme des Regimes – die Errichtung von Ferienkolonien an der Küste. Ursprünglich war das Angebot für kranke Kinder aus ärmlichen Verhältnissen gedacht, Kindern, bei denen Tuberkulose und Typhus eine Hauptsterbeursache waren. In der ersten Saison fuhren 50 000 »arme, abgemagerte Jungen aus der ONB« (aber nur 4000 Mädchen mit denselben Erscheinungen) in die Ferien.[54] Das Projekt war ein voller Erfolg, auch für die Propaganda auf internationaler Ebene. 1939 war die Kolonie zu einem Massenphänomen geworden, und es genossen (laut den damaligen Statistiken) mehr als 800 000 Kinder einen Monat Urlaub an der See. Die Wochenschauen des Istituto Luce zeigten Tausende kleine Italiener, die morgens zum Strand marschierten, die Flagge grüßten und ins Wasser stürmten – diese Bilder gehören wohl zu den bekanntesten und schmeichelhaftesten des italienischen Faschismus.[55]

Im Falle der italienischen Faschisten liegt daher die Vermutung nah, dass der inhärente Konflikt zwischen Regime und Familie in Bezug auf die Organisation der »freien Zeit« der Kinder nie eskalierte, zumindest nicht vor der Endphase des Krieges. Für den Nationalsozialismus und Stalinismus galt dies nicht. Dem italienischen Faschismus gelang es, das harmonische Bild einer Art Wohlfahrtsverein zu vermitteln, zumal wenn es um die Kinder im Grundschulalter ging mit ihren eher spielerischen als

Drei Mädchen stehen, die Hand zum faschistischen Gruß erhoben, auf dem Eingangstor der colonia *in Marina di Pietrasanta in der Toskana; 1930er Jahre. Mussolinis Worte auf der Tafel lauten:* »Ihr seid der Sonnenaufgang des Lebens, die Hoffnung des Vaterlands und vor allem die Soldaten von morgen.«

Das Regime in Aktion 289

militärischen Aktivitäten. Im Juni 1930, als sich die römischen Sektionen der »Giovani italiane« (der 14- bis 18-Jährigen) in einem Stadion der Hauptstadt versammelten, beschlossen die Mütter der Jugendlichen spontan, mitzugehen. Dem Parteisekretär Augusto Turati war die Situation höchst unangenehm. Er bat die Frauen um Entschuldigung, sie nicht eingeladen zu haben, und versicherte ihnen, selbst wenn ihre Töchter an diesem Tag Uniformen trügen, ginge es dabei nur um sportlichen Schick, der »nichts mit dem Militär oder faschistischen Truppen zu tun« habe.[56] Damit beruhigte er die besorgten Mütter und Familien, doch er entfernte sich vom erklärten Ziel der Faschisten, den Charakter der italienischen Nation neu zu formen. Mussolini hatte 1938 den Wunsch geäußert, er wolle die Italiener – ein »unbeschwertes, ungeordnetes, vergnügliches, Mandoline spielendes Volk« – in Bürgersoldaten einer »straff organisierten, stabilen, beherrschten und mächtigen« Nation verwandeln. Die ONB erfüllte diese Aufgabe nur teilweise, wie die verheerenden Jahre von 1940 bis 1943 zeigen sollten.[57]

Parallel zur ONB gab es ab 1925 die Opera Nazionale Dopolavoro (OND). Ihr Auftrag war die Organisation von Freizeitaktivitäten für Erwachsene, besonders für männliche Arbeiter und Büroangestellte, wenn diese den Feierabend (*dopolavoro*) einläuteten. Wie die ONB sollte auch die OND bis zum Ende der dreißiger Jahre starken Zuwachs verzeichen. Die Mitgliederzahl stieg auf etwa 4 Millionen. Die Organisation bot vielerlei Aktivitäten an: zum einen Altbewährtes wie Boule-Wettkämpfe, Chöre oder Volkstanzgruppen, zum anderen Freizeitangebote der modernen Massenkultur wie Sportwettkämpfe, gemeinsames Radiohören im Versammlungsraum, Tagesausflüge und den Besuch von Film- und Theatervorführungen. Die Faschisten übernahmen zunächst zahlreiche Gebäude der italienischen Arbeiterbewegung (falls sie diese nicht bei der Machtübernahme in Brand gesetzt hatten). In den dreißiger Jahren kamen dann viele Neubauten hinzu. Die OND-Einrichtungen für Eisenbahner – mit Duschen und Kantinen, Versammlungsräumen und Billardtischen – verfügten Ende der dreißiger Jahre beispielsweise über 274 Zweigstellen und 134 000 Mitglieder. Mit 700 bezahlten Vollzeitangestellten und über 100 000 Freiwilligen meist aus der unteren Mittelschicht besaß die OND genau wie die ONB alle Voraussetzungen, um die italienische Gesellschaft wirklich zu prägen.[58]

Doch natürlich hatte ihr Einfluss auch Grenzen. Im ländlich geprägten Süden Italiens hatte die Organisation, wie überhaupt der Faschismus, nur geringe Wirkung. 1934 berichtete der Parteisekretär für die Provinz Matera in Basilicata (die Region, der Mussolini 1927 gedankt hatte, dass ihre Geburtenrate so erfreulich hoch sei), es sei »nichts, rein gar nichts, getan worden, um den hier lebenden Menschen ein spürbares Zeichen der faschistischen Ära zu übermitteln«.[59]

Zumindest hatte es Aufführungen des vielgepriesenen Freilicht-Tourneetheaters *Carro di Tespi* der OND gegeben, die mit ihrer perfekten Illusionsbühne und den erstaunlichen Bühneneffekten (Sternennächte, Regen, Brandung usw.) auch international für Aufsehen sorgte.[60] 1933/34 wendete die OND ein Fünftel ihres Jahresbudgets für die Theatergruppe auf. 1936 erreichte man laut den Statistiken des Regimes etwa eine Million Zuschauer pro Jahr. Aber Aufführungen fanden vor allem in Städten statt. Auf die Dörfer kam das Theater nur gelegentlich und war ein spärlicher Ersatz für feste Gruppen und Vereine.

Der Dopolavoro gelang es insgesamt kaum, Frauen und Familien an sich zu binden. Für Männer war es viel selbstverständlicher, nach der Arbeit in eine Bar oder eine Osteria zu gehen. Dort spielten sie Karten oder Billard, hörten Radio oder führten hitzige Diskussionen über aktuelle Ereignisse. Frauen, die nicht arbeiteten, waren zu Hause in der Verwandtschaft und Nachbarschaft verwurzelt. Sie hatten viel eher mit der Gemeinde oder der Laienbewegung »Azione Cattolica« zu tun als mit der OND.

Doch es gab eine besondere Gelegenheit, bei der die meist getrennten gesellschaftlichen Kreise von Männern und Frauen zusammenkamen: zu Familienausflügen per Eisenbahn. 1932 führte das Regime die sogenannten *treni popolari* ein, die es Familien ermöglichen sollten, ans Mittelmeer zu fahren. Viele sahen das Meer so zum ersten Mal. Die Züge hatten nur Wagen dritter Klasse mit Holzbänken, die Fahrkarten waren um 70 Prozent günstiger als der Normalpreis. Für die Leute waren diese Ausflüge etwas Besonderes; sie kamen so aus ihrem Arbeiter- oder Kleinbürgeralltag. Die Reisen ließen sie Freiheit statt Reglementierung erleben. Samstags fuhren die Züge um Mitternacht in den großen Bahnhöfen Mittel- und Norditaliens ab und mussten vierundzwanzig Stunden später zurück sein, damit die Arbeiter und Angestellten am Montagmorgen wieder pünktlich bei der Arbeit waren. Die Lieblingsziele waren Sanremo am

Mittelmeer und Riccione an der Adria, außerdem Venedig, Neapel und Bari. Der Journalist Gian Franco Venè liefert uns eine etwas romantisierende, dafür aber sehr lebhafte Schilderung der Vorbereitungen zu einem dieser Ausflüge. Sein Text zeigt die Rituale des italienischen Familienlebens der dreißiger Jahre und insbesondere die Aufgabenteilung der Geschlechter:

[Am Samstagnachmittag] mussten die Kinder im Bett bleiben, bei zugezogenen Vorhängen, und das Versprechen geben, ihre Augen fest geschlossen zu lassen. (»Sonst fahren wir nicht!«) Die Mütter bügelten die Kleider für die Reise und kümmerten sich noch um einiges mehr, während die Väter am Esstisch saßen, die Fahrkarten bereitlegten, als wären sie wertvolle Dokumente, die Bestimmungen Punkt für Punkt durchlasen und ihre Frauen in den Wahnsinn trieben durch ihre ständigen Ermahnungen: »Und vergiss nicht die Thermoskanne!« ... Die Brote mit Ei wurden in Papier eingewickelt und neben den Mineralwasserflaschen platziert. Einige Minuten vor Mitternacht aus dem Haus zu gehen, mit dem wenigen Gepäck für die kurze Reise, erschien wie ein Unternehmen, das die Naturgesetze außer Kraft setzte. Bevor man die Straßenbahn zum Bahnhof bestieg, jammerten die Kinder, jetzt aufgedreht, da doch noch aufgewacht, sie müssten dringend auf die Toilette. Sie wurden barsch zurückgewiesen, weil ihre Mutter, bevor sie die Haustür zugezogen hatte, alle Kinder hatte schwören lassen, dass sie auf keinen Fall auf die Toilette müssten: »Ihr habt gehört, im Zug geht es nicht!« ... Das Neuartige der Reise, die sich verändernde Landschaft, die Verwirrung zwischen Tag und Nacht, die weiten Entfernungen, selbst die unvermeidliche Erschöpfung – all das ergab einen unvergesslichen Urlaub für Menschen, die keine Vorstellung davon hatten, was Urlaub war.[61]

Die *treni popolari* gab es acht Jahre lang. In der ersten Septemberwoche des Jahres 1939 wurden sie abgeschafft. Selbst mit einem Nachlass von 70 Prozent waren die Fahrkarten für Familien der Arbeiterklasse recht kostspielig, und tatsächlich saß in den Zügen eine bunte Mischung der Gesellschaft. Im kollektiven Gedächtnis blieben diese Fahrten haften als »ein Abenteuer zwischen Gesetz und Freiheit«,[62] wie Venè schreibt – eine durchaus erstaunliche Erfindung des Regimes.

Propaganda und Massenkultur

Nirgendwo war das faschistische Regime erfolgreicher als in seiner Propaganda. Mussolini und andere Parteigrößen waren Experten in der Kunst der Verstellung, Übertreibung und Lüge. In den dreißiger Jahren, dieser »*low dishonest decade*«, wie es der Dichter W. H. Auden nannte, waren solche Fähigkeiten sehr gefragt.[63] 1933 reiste der eben ernannte deutsche Propagandaminister Goebbels nach Italien, um zu erläutern, wie sein Ministerium die Massenkultur zu beeinflussen beabsichtige. Galeazzo Ciano, Edda Mussolinis Ehemann, war in den entscheidenden Jahren 1934 bis '36 Minister für Presse und Propaganda; im Mai 1937 wurde das Ministerium für Volkskultur gegründet. In der zweiten Hälfte der dreißiger Jahre übertrafen sich deutsche Nationalsozialisten und italienische Faschisten gegenseitig in immer neuen Formen der Massenagitation.

Die faschistische Propaganda übernahm viel von der Dynamik und wilden Entschlossenheit des Futurismus und verwendete eine ähnlich explosive Symbiose aus Wort und Bild. Im ersten Jahrzehnt lag dabei der Akzent auf der neuen nationalistischen *Tatkraft*: Hier ging es um die Urbarmachung (*bonifica*, ein in vielen Kontexten verwendetes Schlagwort der italienischen Faschisten) der Pontinischen Sümpfe, um die Errichtung »neuer Städte« und moderner Wohn- und Verwaltungskomplexe im Umland, um den »Kampf ums Korn« und die Besiedlung von weiten Landflächen im Süden Italiens. Im zweiten Jahrzehnt herrschte das Thema *Eroberung* vor mit Themen wie Kampf und Unterwerfung und »Lebensraum«. Dazu passte auch Italiens Protesthaltung im Völkerbund. In den letzten Jahren widmete sich die Propaganda dann mit weniger Erfolg der antisemitischen Hetze und der Militarisierung der Gesellschaft angesichts des Krieges.[64]

Über allen Kampagnen thronte die Figur des Duce. Mussolini inszenierte den ersten Personenkult des Westens und setzte dazu traditionelle wie moderne Kommunikationsmittel ein: Zeitungen und Zeitschriften, bombastische Transparente und Bilder und nicht zuletzt die Filmberichte der Wochenschauen aus dem ab 1925 unter staatlicher Kontrolle stehenden Istituto Luce. Ab den dreißiger Jahren stiegen die Zuschauerzahlen; 1942 gab es bereits 2876 Lichtspielhäuser in Italien, die verpflichtet waren, vor jedem Spielfilm die faschistische Wochenschau zu zeigen.[65] Von wachsender Bedeutung war auch das Radio. Das verstörende Gemälde *Ascoltazione del discorso del Duce* (Lauschen auf die Rede des Duce) von Mario Biazzi (entstanden etwa 1939 für den Premio Cremona, gestiftet von Roberto Farinacci, einem führenden Faschisten und Gegenspieler von Mario Sironis Modernismus) sieht man eine zehnköpfige Landarbeiterfamilie aus der Lombardei, wie sie Höhlenbewohnern gleich mit bloßen Füßen, in schwarzen und braunen Kleidern, einer Ansprache des Duce lauscht. Dabei ist aber gar kein Radio zu sehen, sondern aus dem rechten oberen Bildrand schaut Mussolinis ernstes und weises Gesicht auf die Familie herab (siehe Bildteil, Tafel III).[66] 1939 waren in Italien eine Million Radioapparate angemeldet (in Großbritannien waren es schon 9 Millionen und in Deutschland 13 Millionen).

Der Duce-Kult fand vornehmlich öffentlich statt, aber er bahnte sich geschickt Wege in die Häuser und Familien. Um noch einmal zu Scolas Film *Una giornata particolare* zurückzukehren, der so genau der Stimmung im Privaten nachspürt: Die Mutter, Antonietta, zeigt darin stolz ein Album mit Mussolini-Fotografien, denen sie selbst in kindlicher Schönschrift Überschriften hinzugefügt hat, etwa: »Pomezia, August 1937, 16. Regierungsjahr. Mussolini: ›Der Krieg gehört zum Mann wie die Mutterschaft zur Frau.‹«[67] Oft trugen banale Dinge des Alltags den Stempel des Regimes. Auf Grundschulheften beispielsweise prangten pompöse Zeichnungen voller Farbe und Bewegung, oft mit kriegsverherrlichenden Motiven.[68]

Die dreißiger Jahre waren ein Jahrzehnt, in dem die Massenkultur ganz neue Formen annahm. Die bisherigen Freizeitbeschäftigungen vor allem der Männer – Karten oder Boule spielen, mit Freunden angeln gehen, in der Osteria vorbeischauen – machten Zeitvertreib wie Tanzen, Sport, Kino oder Unterhaltungsmusik Platz. Hierbei kam es zu beträchtlichen Spannungen zwischen Tradition und Moderne, Repression und Freizügigkeit, zwischen der jungen Generation und der älteren. Auch der italienische Faschismus war zwischen diesen Polen hin- und hergerissen. Auf der einen Seite war man stolz, sich vom unbeugsamen Traditionalismus und Geschlechtsfeindschaft der Kirche abzusetzen. Das Regime gab sich ja schließlich als der Inbegriff der Moderne und pries Agilität und Geschwindigkeit, Maschinen und Luftfahrt, Gymnastik und sportlichen

Wettkampf.[69] Die Liste der sportlichen Erfolge dieser Jahre ist lang; man feierte Siege bei Olympia, auf dem Fußballfeld (Italien war 1934 und 1938 Weltmeister), im Boxring (Primo Carnera war 1935 kurzzeitig Weltmeister im Schwergewicht).[70] Auf der anderen Seite aber verbarg sich unter dieser strahlenden modernen Oberfläche ein Familienbild, das sich nach wie vor dem traditionellen Katholizismus unterwarf und kein eigenständiges Konzept des faschistischen Systems darstellte. Zudem waren die Rechte des Einzelnen stark eingeschränkt. Mussolini, Gentile und andere führende Faschisten beharrten wiederholt auf einer »antiindividualistischen« Machtkonzeption: Das Individuum hatte wenig bis keine Rechte und existierte nur, insofern seine Interessen mit denen des Staates übereinstimmten. Eine derart autoritäre Sicht stand im krassen Gegensatz zu Individualismus, Freiheitsliebe und Konsumhaltung der Moderne und insbesondere der amerikanischen Massenkultur. Der italienische Faschismus war in dieser Hinsicht ein seltsames Zwitterwesen: oberflächlich verführerisch modern, unter dieser Oberfläche aber traditionsverhaftet und repressiv.

Wie Familien auf diese Uneindeutigkeit reagierten, hing natürlich von den unzähligen verschiedenen Umständen ab, die jeweils eine individuelle Familienkultur prägen. Generell lässt sich sagen, dass die Spannung zwischen Modernität und Tradition am deutlichsten im Generationenkonflikt hervortrat, der sich vor allem in den Städten abspielte. Traditionell gesinnte Eltern standen auf der Seite des Faschismus, wenn es um Strenge und Disziplin ging, den unmenschlichen Ehrgeiz des Regimes aber scheuten sie.

Bei den Auseinandersetzungen innerhalb der Familie ging es um die Festlegung und Verletzung von Grenzen. Töchter betraf dies am meisten. Wie lang sollte ihr Rock sein? Trug sie beim Sport besser Röcke oder Hosen? Wann musste sie zu Hause sein, was war mit Rauchen oder Schminken? All dies waren Streitpunkte. Und natürlich gehörten auch Frisuren dazu. Da in den Dreißigern amerikanische Filme den italienischen Markt beherrschten, wurden deren Stars bewundert und kopiert. Jean Harlow mit ihrem platinblonden Haar und ihrer zur Schau getragenen Sexualität war sicher der bekannteste Filmstar der Zeit.[71]

Kehren wir in Gedanken noch einmal zurück zu den Arbeitervierteln in den Industriestädten des Nordens, den Pächterfamilien bei Florenz, den

Landarbeitern in Apulien, von denen am Anfang des Kapitels die Rede war. Hier zeigt sich am besten, wo und wie das Regime Einfluss nehmen konnte und wo seine Wirkung beschränkt blieb. In den Vororten der nördlichen Städte begann der Zusammenhalt der Arbeiter und ihrer Familien zu bröckeln, da man ihnen ihre bürgerlichen und politischen Freiheiten genommen hatte. Der Faschismus drängte mit Schlagstöcken in diese Viertel vor, benutzte aber durchaus auch subtilere Waffen, um die Bevölkerung für sich zu gewinnen. Insbesondere junge Arbeiter lockte man durch neue Möglichkeiten der Mobilität und Freizeitgestaltung, durch die Sportereignisse des Regimes, durch eine Mitgliedschaft in einer faschistischen Gewerkschaft und durch die Aussicht, ihren doktrinären Vätern den Rücken zu kehren. Unter dem Faschismus wuchs die Tendenz, dass Frauen nach der Heirat bei den Kindern zu Hause blieben. Die Unterstützung für Familien fiel zwar längst nicht so großzügig aus wie angekündigt, doch die Anfänge eines Sozialversicherungssystems und das Angebot an Freizeitaktivitäten rückten das Regime durchaus in ein positives Licht. Die am *biennio rosso* – den zwei »roten Jahren« von 1919/20 – beteiligten Arbeiter konnten nun nur noch symbolisch Protest bekunden, indem sie am 1. Mai rote Armbinden trugen oder in den großen Fiat-Werken in Lingotto und Mirafiore Parolen an die Toilettenwände kritzelten. Viele von ihnen waren aber immer noch bereit, sich Mussolini entgegenzustellen, als er 1939 die Fabrik in Mirafiori eröffnete.[72] Besonders entschlossene Männer, junge wie alte, machten sich auf nach Spanien, um dort im Bürgerkrieg zu kämpfen.

Bei den Pachtbauern in der Toskana machte sich der Einfluss des Regimes viel weniger bemerkbar. Es wurden zwar mehrere Institutionen ins Leben gerufen, um die landwirtschaftliche Produktion und die Bevölkerung zu kontrollieren, aber der landwirtschaftliche Kalender mit seinen jahreszeitlichen Aufgaben folgte seinen eigenen Regeln. Es gab wenig Gelegenheit und auch nicht den Wunsch, sich in die Aktionen des Regimes einbinden zu lassen. Im Gegenteil: Die Familien standen dem »Kampf ums Korn« mit erzwungenen Zuteilungen an den Staat eher feindselig gegenüber. Die faschistische Pachtbauern-Charta von 1935 blieb ohne Folgen, wie so viele Beschlüsse des Regimes.

Ansonsten ging das Leben weiter wie gewohnt. Im Tagebuch der Schülerin Fernanda Caroti aus San Gersolé wird der Faschismus nur am

Rande erwähnt: Die Kinder in der Schule sangen neue Lieder, sie unternahmen einen Ausflug zur Casa del Fascio, und auf die Kruppe eines preisgekrönten Kalbs war das Symbol der italienischen Faschisten – ein Liktorenbündel (*fascis*) – gemalt.[73] Die Caroti gehörten zu den traditionellen, streng katholischen Familien, die dem Regime aufgeschlossen gegenüberstanden, seine brachiale Propaganda aber nicht guthießen.

Wie es ist, wenn das Alte auf das Neue trifft, sehen wir an folgender kleinen Szene vom Mai 1939: Fernanda und ihre Freundinnen besuchen Verwandte in Pozzolatico, einer kleinen Ansammlung von Häusern wenige Kilometer vor der toskanischen Hauptstadt. Für die Bauernmädchen ist der Ausflug ein kleines Abenteuer. Auf dem Weg treffen sie auf drei Mädchen, »alle mit getönten Haaren, und wenn man näherkam, roch man ihr Parfüm, das war aber eher ein Gestank als ein Duft, so viel hatten sie aufgesprüht, und sie taten ganz geziert und vornehm.« Fernanda kennt nur Verachtung für die Städterinnen; ihre Freundin Bianca aber stellt fest: »Selbst das ärmste Mädchen aus Florenz kann sich schicker anziehen als wir.«[74] In dieser kleinen Begebenheit gehen Ablehnung und Bewunderung für die Attribute der Moderne Hand in Hand. Außerdem wird deutlich, wie abgeschieden das Landleben in Italien immer noch war, selbst in den späten dreißiger Jahren vor den Toren von Florenz.

Apotheose und Katastrophe

Die »Giornata della fede«

Den größten Zuspruch innerhalb der italienischen Bevölkerung hatte das faschistische System in den Jahren 1935/36. Der Einmarsch in Äthiopien im Oktober 1935 war ein klarer Verstoß gegen die Satzung des Völkerbunds, den Italien immerhin mitbegründet hatte. Es folgten fruchtlose Sanktionen, die Mussolini Gelegenheit gaben, Italien als Opfer einer internationalen Verschwörung darzustellen.

In Italien war die Empörung über die verhängten Sanktionen groß. Im Bereich der Familienpolitik zog die Angelegenheit eine besonders symbolisch aufgeladene Initiative des Regimes nach sich: die *Giornata della fede* (»Ehering-Tag«) am 18. Dezember 1935. Bereits am frühen Morgen kamen die Frauen zum römischen »Vittoriano«, dem Nationaldenkmal für Viktor Emanuel II. mit dem Grab des Unbekannten Soldaten. Dort gaben sie ihre goldenen Eheringe ab, die eingeschmolzen werden sollten, und bekamen dafür einen einfachen Ring aus Eisen. Hunderte Frauen und Witwen derer, die im Ersten Weltkrieg gefallen waren, versammelten sich auf den weißen Marmorstufen des Vittoriano, um die Verbindung zwischen ihrem Opfer und dem neuen Großmachtstreben zu unterstreichen. Chöre der OND und Musiker der *carabinieri* begleiteten die seltsame Zeremonie. Königin Elena war die Erste, die ihren eigenen Ehering und den ihres Mannes hergab. Nachmittags erschienen überraschend auch Rachele Mussolini und ihre Tochter Edda, spendeten ihre Ringe und empfingen die Beifallsbekundungen der versammelten Menge. Überall im Land fanden ähnliche Veranstaltungen statt. Mussolini selbst war in den Pontinischen Sümpfen und legte den Grundstein für die neue Stadt Pontinia. In die Zweigstellen der OND brachten die Leute bereitwillig ihre Sport- und Jagdtrophäen aus Gold und Silber. Die Initiative machte großen Eindruck, und das nicht nur in Italien. Der deutsche Botschafter in Rom, Ulrich von Hassell, schrieb an diesem Tag nach Berlin:

Die »Giornata della fede« in Rom, 18. Dezember 1935: Eine Frau legt ihren goldenen Trauring in das bronzene Sammelbecken vor dem Vittoriano

> Mussolini hat mir vor einigen Wochen gesagt, man wisse in der Welt gar nicht, zu welchen Opfern er sein Volk veranlassen könne. Für dieses große Wort liefert er heute einen starken Beweis ... Wie man es auch betrachtet, die *giornata della fede* (und »fede« bedeutet hier nicht nur Ehering, sondern auch Treue, Glaube, Zuversicht!) zeigt, dass Mussolini sein Volk fest im Griff hat.[75]

Die *Giornata* ist nicht nur durch ihren ungewöhnlichen Erfolg und ihre theatralische Inszenierung von Interesse, sondern auch, weil sie an mehrere heikle Aspekte der faschistischen Familienpolitik rührte. Die Verhandlungen mit dem Vatikan hatten gezeigt, wie groß die Rivalität zwischen Kirche und Staat war in puncto Ehe. Daher hätte man vermuten können, dass das Einschmelzen von Eheringen, diesem so wichtigen Symbol des katholischen Sakraments, zu heftigen Protesten von Seiten der Kirche führen würde. Aber nichts dergleichen geschah. Im Gegenteil. Monsignor Alberto Romita fand in der übervollen Kathedrale von Campobasso eine erstaunliche Erklärung dafür, warum Gott ein Wohlgefallen an dem Ehering-Opfer habe:

> Nur im katholischen Glauben erzogene Menschen betrachten die Ehe als göttliche Institution. Wir wünschen und kennen keine Scheidung – diese Idee wurde von nordischen Protestanten ersonnen. Und genau aus diesem Grund wird euer Opfer von Gott und dem Vaterland so geschätzt.[76]

Auch der Feldzug in Äthiopien wurde vom Klerus gutgeheißen und unterstützt. Die Bekehrung der Einheimischen zum katholischen Glauben, der Kampf gegen die Sklaverei und Italiens zivilisierende Mission, alles das wurde angeführt, wenn es darum ging, den Krieg zu rechtfertigen. Verwunderlich ist die Reaktion des Klerus auch deshalb, weil der Papst selbst ernste Bedenken angemeldet hatte. Am 27. August 1935 sprach Papst Pius XI. vor einem internationalen Kongress mit 2000 Krankenschwestern aus mehr als zwanzig Ländern und verurteilte die Invasion als »ungerechten Krieg«. Später dann sah er wohl im Schweigen die bessere Strategie. Doch die Bemühungen des Vatikans, die Gemüter auf diese Weise zu beruhigen, fruchteten nicht. Eine Welle des religiösen Nationalismus schwappte vielmehr über das Land, auf die Mussolini überrascht und dankbar reagierte. Es gab wenig abweichende Stimmen. Eine gehörte

Monsignor Domenico Tardini, einem engen Berater des Papstes. In einem Memorandum, das er am 1. Dezember 1935 dem Papst vorlegte, drückt er sein großes Unbehagen darüber aus, dass der italienische Klerus offenbar erfolgreich zum Eroberungskrieg verführt wurde:

> Und die Geistlichen? Sie sind die größte Katastrophe. Der Klerus sollte besonnen, diszipliniert und gehorsam gegenüber den Forderungen des Vaterlands sein, soviel steht fest. Dieses Mal aber sind sie in Aufruhr, außer sich vor Entzückung, kriegsbegeistert. Wenn nur die Bischöfe einen klaren Kopf behalten würden, aber nein: Sie sind aufgeregter und maßloser als alle anderen. Sie spenden alle möglichen Gegenstände aus Gold und Silber: Ringe, Ketten, Kreuze, Uhren, Goldmünzen. Und sie reden von Zivilisation, Religion, unserer Mission in Afrika ... Unterdessen bereitet sich Italien darauf vor, schwere Artillerie und Maschinengewehre gegen Tausende und Abertausende Äthiopier einzusetzen, deren einzige Schuld darin besteht, ihr Zuhause verteidigen zu wollen.[77]

Das zweite familienpolitische Thema, das durch die Invasion in Äthiopien in den Vordergrund rückte – nachdem das Regime also das kostbare katholische Familiensymbol des Eherings an sich gebracht hatte, und das mit dem Beifall des Klerus –, war eine Neugewichtung der Beziehung zwischen Staat und Familie in Zeiten des Krieges. Der kriegerische Enthusiasmus breiter Teile der städtischen Bevölkerung ermutigte Mussolini, den Vorrang des Staates über die Familie erneut zu behaupten. Gentiles Forderung aus dem Jahre 1931 – dass Familie und Staat, wenn sie »spirituell« gelebt würden, nur eins sein könnten – erlangte neue Kraft. Mussolini selbst dankte in einer Rede vom 7. März 1936 den italienischen Frauen, da sie aus jeder einzelnen italienischen Familie eine »Festung« gemacht hätten, die sich den Sanktionen des Völkerbunds entgegenstellte.[78] Die störrische italienische Familie war nun doch militarisiert worden, zumindest auf symbolischer Ebene.

Der Einmarsch in Äthiopien und die mehr oder weniger gleichzeitige italienische Unterstützung für Francisco Franco in Spanien waren jedoch falsche Vorzeichen. Die Bevölkerung ließ sich nur teilweise mobilisieren, die meisten Italiener waren begeisterte Zuschauer und Konsumenten von Propaganda, jedoch keine Soldaten. Der Krieg war für sie Fiktion. In den Kinos konnten Familien sich ihn aus der Distanz anschauen, in den Wochenschauen vor dem Hauptfilm. Weniger als fünf Jahre später, als der Krieg zu einem totalen geworden war, wurde der Widerspruch zwischen dem aggressiven Regime und einer mehrheitlich friedliebenden und verarmten Bevölkerung überdeutlich.

1935, während der Klerus fleißig Ersatz-Eheringe segnete, wurde der junge antifaschistische Schriftsteller und Maler Carlo Levi in das Dorf Aliano im tiefsten Süden Italiens verbannt. Die Bauern dort beschrieben ihm ihre Haltung gegenüber dem Staat:

> Es gibt Hagel, Erdrutsche, Dürre, Malaria, und es gibt den Staat. Es sind unabwendbare Übel, die schon immer da waren und es immer sein werden. Sie zwingen uns, unsere Ziegen zu schlachten, sie schleppen unsere Möbel fort, und jetzt schicken sie uns in den Krieg. So ist das Leben![79]

Äußerungen wie diese lassen es zweifelhaft erscheinen, dass Mussolini sein Volk wirklich fest in der Hand hatte, wie es der deutsche Botschafter konstatiert hatte. Italienische Familien, vor allem in ländlichen Gebieten, standen dem Staat skeptisch gegenüber und wehrten sich insbesondere angesichts der Schrecken des Ersten Weltkriegs gegen eine Bevormundung. Immer wieder standen die totalitären Ansprüche des Regimes, ob nun auf ideologischer oder materieller Ebene, den Interessen und Strategien der Familien entgegen.

»La guerra è bella ...«

Am 22. Dezember 1935, gerade vier Tage nach der *Giornata della fede*, gab Mussolini der Luftwaffe den Befehl, den willkürlichen Einsatz von Giftgas gegen die äthiopische Bevölkerung zu intensivieren. Das war nur eine von vielen Gräueltaten des faschistischen Italien. Eine weitere war das Massaker in Addis Abeba im Februar 1937. Nachdem zwei junge Männer aus Eritrea ein Attentat auf Marschall Rodolfo Graziani versucht hatten, fand in der äthiopischen Hauptstadt eine grausame Vergeltungsmaßnahme statt. Es gab Massenerschießungen, Häuser wurden in Brand gesetzt, unzählige Familien kamen im Feuer ums Leben. Für diese Verbrechen gegen die Menschlichkeit wurde nie jemand zur Rechenschaft gezogen. Außerhalb der Hauptstadt wurde das aus dem 13. Jahrhundert stammende Kloster koptischer Christen Debrà Libanòs überfallen, da es die Attentäter beherbergt haben sollte. Am 21. Mai 1937 wurden die 297 Mönche des Klosters auf Grazianis Befehl erschossen. Fünf Tage später ordnete er auch noch die Erschießung der 129 jungen Diakone des Klosters an.[80]

Äthiopien bot außerdem Filippo Tommaso Marinetti Gelegenheit, noch einmal Soldat spielen zu können. Der 59-jährige Futurist hatte zwar einige Pfunde angesetzt, war aber in guter körperlicher Verfassung. Er meldete sich freiwillig und wurde von Mussolini direkt zum Hauptmann ernannt. In der ersten Tembienschlacht geriet er unter Beschuss und hielt seine Erlebnisse in dem grotesken Langgedicht *Poema africano della divisione ›28 ottobre‹* fest.[81] Zuvor hatte er in der Zeitung *La Stampa* den Krieg als die »einzige Hygiene der Welt« gepriesen:

Der Krieg ist schön, weil er dank der Gasmasken, der schreckenerregenden Megaphone, der Flammenwerfer und der kleinen Tanks die Herrschaft des Menschen über die unterjochte Maschine begründet. Der Krieg ist schön, weil er die erträumte Metallisierung des menschlichen Körpers inauguriert. Der Krieg ist schön, weil er eine blühende Wiese um die feurigen Orchideen der Mitrailleusen bereichert. Der Krieg ist schön, weil er das Gewehrfeuer, die Kanonaden, die Feuerpausen, die Parfums und Verwesungsgerüche zu einer Symphonie vereinigt. Der Krieg ist schön, weil er neue Architekturen, wie die der großen Tanks, der geometrischen Fliegergeschwader, der Rauchspiralen aus brennenden Dörfern und vieles andere schafft ...[82]

Die Eroberung Äthiopiens ließ den italienischen Rassismus in Afrika weiter ausufern. Ein Großteil des faschistischen Militärpersonals war 1936 noch dasselbe wie fünf Jahre zuvor – etwa Marschall Graziani, der die Vernichtung von beduinischen Familien in der Kyrenaika organisiert hatte. Vieles andere dagegen hatte sich verändert. Auf internationaler Ebene hatte Hitlers Machtübernahme und das erste gegen die jüdische Bevölkerung gerichtete nationalsozialistische Gesetz großen Einfluss auf die italienische Politik. Von nun an hatten pseudowissenschaftliche Abhandlungen über die »Rangfolge der Rassen« in faschistischen Diskursen und Gesetzen Vorrang. Erziehungsminister Giuseppe Bottai lieferte eine prägnante Formulierung des zügellosen italienischen Rassismus: Es sei nur natürlich, schrieb er, dass der Duce, nachdem er sich zuerst auf die *quantitativen* Aspekte der Bevölkerungsfrage konzentriert habe, nun zu *qualitativen* Themen übergehe. Mit der Ausweitung des Imperiums sei die »italienische Rasse« in Kontakt mit »anderen Rassen« gekommen und müsse deshalb vor einer »gefährlichen Durchmischung des Blutes« geschützt werden.[83]

Zu Beginn der äthiopischen Offensive hatten andere Grundsätze gegolten, getreu dem faschistischen und »futuristischen« Bild von Männlichkeit: Die einheimische weibliche Bevölkerung hatte man als Kriegsbeute betrachtet. Das beliebte römische Lied *Facetta nera* (1935) wurde von den Ideologen des Regimes streng gerügt, da es im spielerischen Ton die Kopulation mit dunkelhäutigen Frauen pries. Dennoch schickten die Soldaten zahllose Postkarten mit nackten äthiopischen Frauen an ihre Brüder und männlichen Freunde daheim. Schon bald wurden strenge Rassenregeln durchgesetzt. Das Regime versuchte wieder einmal, die faschistische männliche Sexualität zu lenken.

Zwei familienpolitische Aspekte sind für Italienisch-Ostafrika kennzeichnend: das sogenannte »Madamato«-System und das Schicksal der *meticcio* oder »Mulatten«. Im Madamato-System nahm sich ein italienischer Mann in Ostafrika eine einheimische Frau als Bedienstete und Konkubine, solange er in der Kolonie Dienst tat. Dies war in den älteren italienischen Kolonien und besonders in Eritrea üblich geworden. Manchmal war bei diesen Verbindungen wirkliche Zuneigung im Spiel, und die aus der Beziehung entstandenen Kinder wurden offiziell anerkannt. Das Madamato-System ging sogar (wenn auch nicht in allen Einzelheiten) konform mit den Traditionen der koptischen Christen, die eine für eine bestimmte Zeitspanne geschlossene Ehe erlaubten.

Nach dem Einmarsch in Äthiopien wurden diese Beziehungen jedoch streng verboten. Die faschistischen Rassengesetze von 1937 sahen Gefängnisstrafen von ein bis fünf Jahren für weiße Männer vor, die sich »biologisch schuldig« machten. Der Minister für Italienisch-Ostafrika, Alessandro Lessona, schrieb an Graziani: »Einst hieß es, die italienischen Kolonien seien ein guter Ort für Junggesellen. Jetzt, in der faschistischen Ära, sind sie es für Ehepaare.«[84] Hierbei handelte es sich erneut um eine reine Projektion der faschistischen Ideologen. Denn tatsächlich dominierten in der italienischen Bevölkerung Ostafrikas unverheiratete männliche Arbeiter. Das Regime kam deren sexuellen Bedürfnissen entgegen, indem es wechselnde staatliche Bordelle mit ausschließlich weißen Frauen einrichtete. Als diese nicht ausreichten, kamen einheimische Frauen hinzu.

Was für eine Farce: Das Regime verbat sich jede Beziehung zwischen italienischen Männern und afrikanischen Frauen, und auch ein koloniales Patriarchat kam nicht infrage – also blieb als Alternative nur die Prostitution, die ihrerseits nicht ohne »Rassenmischung« abging. Selbst nach den Maßstäben des faschistischen Kolonialherren konnte diese »Lösung« nur als ein Scheitern angesehen werden, das noch dadurch gekrönt wurde, dass die Familien ausblieben. Ende 1940 hatten die Faschisten weniger als 500 Italiener in Ostafrika angesiedelt, von denen nur 200 in Begleitung ihrer Ehefrauen kamen.[85]

Das Schicksal der »gemischtrassigen« Kinder und späteren Erwachsenen war eine weitere Tragödie. Die Diskriminierung und Verfolgung der afroeuropäischen Bevölkerung des italienischen Kolonialreichs nahm stetig zu. Ab 1938 waren Ehen zwischen »Mulatten« und Angehörigen der »Herrenrasse« verboten. Das Gesetz Nr. 822 aus dem Jahre 1940 verbot italienischen Eltern, ihre *metticio* anzuerkennen oder gar zu alimentieren. Die Kinder galten unterschiedslos als koloniale Untertanen. Oft wurden sie von den italienischen und den indigenen Gemeinschaften gleichermaßen ausgeschlossen, und die Waisenhäuser der katholischen Missionen hatten Mühe, die vielen allein gelassenen Kinder aufzunehmen.

Antisemitismus

Das Geschehen im Kolonialreich und die Entwicklungen in Italien nahmen nun dieselbe Entwicklung. Der Verfolgung und dem Ausschluss von Juden aus dem öffentlichen Leben in Italien entsprach die Rassentrennung in Italienisch-Ostafrika. Das fremde »Andere« war ausgemacht – im Innern wie im Äußeren. Italienische Juden machten mit 0,1 Prozent einen geringen Anteil der Gesamtbevölkerung aus: 1938 waren es etwa 47 000 Personen.[86] Menschen jüdischen Glaubens waren im kulturellen Bereich und in der Berufswelt deutlich präsent. Während des Risorgimento im 19. Jahrhundert hatten sie zivile und politische Rechte erlangt und hatten der neuen Nation in ihren ersten Jahrzehnten und im Ersten Weltkrieg treu gedient.

1938 war ein fatales Jahr für die europäischen Juden. Am 21. Januar führte Rumänien antisemitische Gesetze ein; am 5. März folgte Ungarn. Am 12. März begann der Einmarsch der Deutschen in Österreich, sodass fortan auch in Österreich die Juden ihres Lebens nicht mehr sicher waren. Am 9. und 10. November folgten die Pogromnächte in Deutschland und Österreich: jüdische Geschäfte wurden überfallen, Synagogen in Brand gesetzt, Juden wurden auf der Straße zusammengeschlagen und getötet, etwa 25 000 Menschen in Lager deportiert.

In diesen Kontext gehören die rassistischen Erklärungen und Gesetze Italiens. Im Juli 1938 wurde ein Dokument mit dem Titel *Il fascismo e I problemi di razza* veröffentlicht. Bekannt wurde es als *Manifesto degli scienziati razzisti*, das schließlich von 1800 italienischen Intellektuellen und Wissenschaftlern unterzeichnet wurde. Erstmals wurde hier Rassismus biologisch begründet und gerechtfertigt. Artikel 7 verkündete, es sei nun an der Zeit, dass sich die Italiener offen als »Rassisten« bekannten. Ihr Blut dürfe nicht länger mit »semitischen und hamitischen Rassen« vermischt werden; die Idee einer gemeinsamen »mediterranen Rasse« wurde abgelehnt. Artikel 9 stellte klipp und klar fest, dass Juden nicht zur »italienischen Rasse« gehörten. Sie seien der einzige Bevölkerungsteil, der in Italien nie assimiliert wurde, da er »rassische Elemente« enthalte, die nicht europäisch seien.[87]

Einige Wochen später, am 5. August 1938, wurde die zweiwöchig erscheinende Zeitschrift *La difesa della razza* gegründet. Auf der Titelseite der Erstausgabe ist zu sehen, wie ein Schwert zwischen die Köpfe eines stereotyp dargestellten Juden und einer Afrikanerin auf der einen Seite und den Kopf eines offensichlichen Römers oder wenigstens Italieners fuhr, um diese zu trennen.

Am 1. und 2. September 1938 wurden die ersten antisemitischen Gesetze verabschiedet. Unter anderem wurden jüdische Schüler und Lehrer von staatlichen Schulen und Universitäten ausgeschlossen. Alle ausländischen Juden, die nach 1918 in Italien Zuflucht gesucht hatten, mussten das Land verlassen. Vom 7. bis 10. November folgten weitere Maßnahmen: die »Zugehörigkeit zur jüdischen Rasse« wurde endgültig gesetzlich festgelegt, die Ehe zwischen »arischen Italienern« und Angehörigen anderer »Rassen« verboten. Jüdische Angestellte im Staatsdienst wurden entlassen, Eigentumsrechte wurden eingeschränkt. Ab 1938 bis

Das Regime in Aktion 305

1942 verschlechterten sich die Bedingungen italienischer Juden zunehmend.
Die jüdischen Familien Italiens erlebten dies als Schock. Trotz ihrer jahrhundertelangen Verfolgung seitens der Kirche fühlten sich italienische Juden in Italien sicherer als in vielen anderen Teilen Europas und

Das Titelblatt der ersten Ausgabe von La difesa della razza, *veröffentlicht am 5. August 1938*

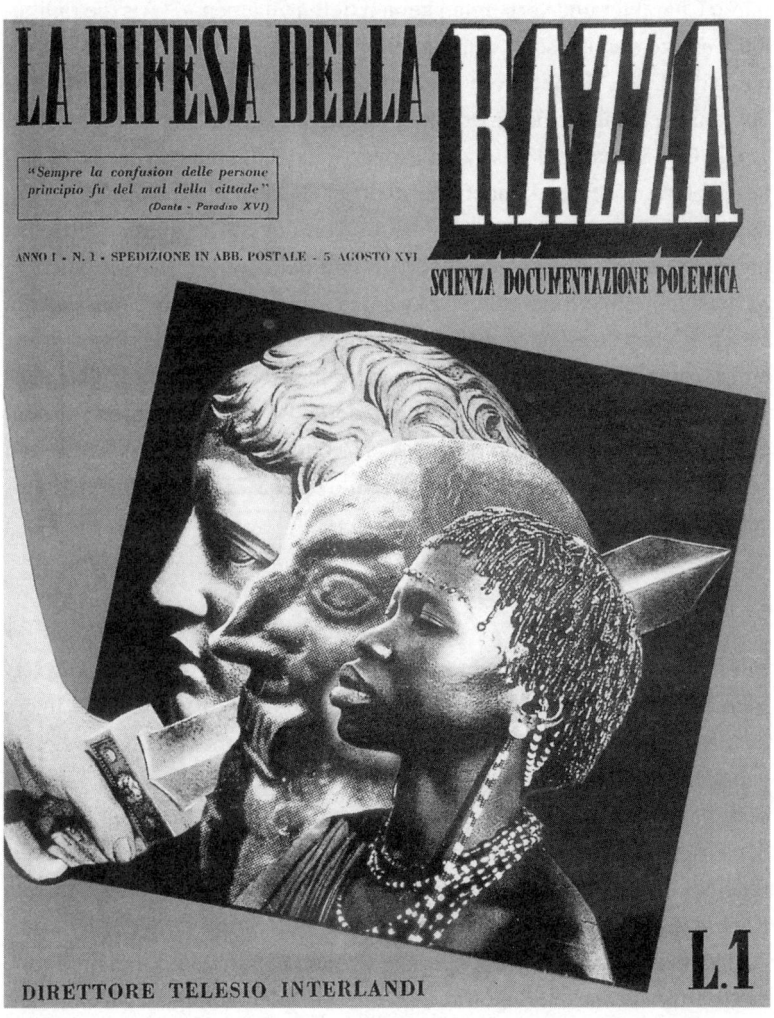

waren gut assimiliert. Vittorio Foa, der als 25-Jähriger wegen antifaschistischer Aktivitäten verhaftet und zu fünfzehn Jahren Gefängnis verurteilt wurde, schreibt in seinen sehr lesenswerten Erinnerungen, er habe die antisemitische Kampagne damals als »Betrug an der Tradition der Toleranz, Freiheit und Gleichheit« erlebt – an Werten also, die das Italien des Risorgimento gekennzeichnet hatten.[88] Obwohl sein Großvater Großrabbiner von Turin gewesen war, war Foas Familie nicht besonders gläubig: »Zu Hause gab es sicherlich jüdische Rituale, aber sie hatten rein familiären Charakter und verlangten keinen tiefen Glauben.«[89] Als die radikalen Gesetze durchgesetzt wurden, emigrierten Foas Bruder und Schwester in die USA. Seine Eltern blieben zurück, um in seiner Nähe zu sein, obwohl der Sohn sie beschwor, zu fliehen. Sie alle überlebten den Krieg.

Die Gesetze von 1938 setzten Prozesse in Gang, die hier nicht im Detail analysiert werden können, die aber im Oktober 1943 darin gipfelten, dass die Juden des römischen Ghettos von der SS zusammengetrieben und in Konzentrationslager deportiert wurden. Der Historiker Michele Sarfatti schreibt: »Innerhalb von zwanzig Jahren Faschismus mussten die Juden erleben, wie ihr Status als gleichberechtigte Bevölkerungsgruppe eingeschränkt und schließlich ganz abgeschafft wurde und wie ihnen anschließend nach und nach auch alle anderen Rechte genommen wurden: das Recht auf Bildung, auf Arbeit, das Recht, Bürger Italiens zu sein und schließlich gar das Recht zu existieren.«[90] Etwa 7700 bis 7900 italienische Juden kamen ums Leben.

Der Krieg

Mit dem Ausbruch des Zweiten Weltkriegs im September 1939 und Italiens Kriegseintritt im Jahre 1940 zerplatzten die Illusionen und Lügen, die Propaganda und die Märchen, die das faschistische Regime am Leben gehalten hatten. Trotz der Menschenmassn, die Mussolinis Kriegserklärung bejubelt hatten, wollte die Mehrheit der italienischen Familien keinen Krieg, und die Männer spürten keinen Drang, zu den Waffen zu greifen. Die Armee war unvorbereitet, und Mussolini war kein Mustafa Kemal. Anfang 1943 erlitten die italienischen Streitkräfte ein Desaster nach dem anderen, die großen Städte wurden bombardiert, und die Welle der pro-faschistischen Begeisterung, die Mitte der dreißiger Jahre so stark gewesen war, ebbte plötzlich ab. Am 10. Juli 1943 landeten die Alliierten auf Sizilien. In einer denkwürdigen Kurzgeschichte beschreibt der Schriftsteller Leonardo Sciascia die Reaktionen der italienischen Soldaten und der Einwohner eines sizilianischen Dorfes:

> Währenddessen wussten die Soldaten nicht, was sie tun sollten. Um für alle Eventualitäten gewappnet zu sein, gingen sie auf die Suche nach ziviler Kleidung. Sie klopften zögernd an Türen und fragten schüchtern,

Marinetti mit Benedetta, den Töchtern und in der Mitte seinem Schwager Alberto Cappa am Bahnhof von Verona, auf dem Weg an die russische Front; 1942

ob vielleicht etwas in der Art zu haben sei. Sie gaben sich gern mit einer Hose oder einem Hemd zufrieden, denn wegen der Hitze benötigten sie keine Jacke. Die Frauen holten alte und neue Kleider aus Kommoden und Schränken hervor, denn sie dachten dabei an ihre eigenen Söhne und Männer und Brüder und hofften, dass diese, wo auch immer sie sein mochten, mit ähnlichem Mitgefühl behandelt würden. Doch es war immer noch ein Leichtes, die herauszuriechen, die eben die Uniform abgelegt hatten, da ihr neuer Aufputz den unverkennbar beißend-süßlichen Geruch der Mottenkugeln verströmte.[91]

Die Nachricht von der Landung der Alliierten überbrachte ein Handlungsreisender, der bei Tagesanbruch aus der Küstenstadt Licata geflohen war:

> Er war zurück nach Hause gelangt, indem er einen Teil des Weges zu Fuß gelaufen und den Rest auf einem Militärlaster mitgefahren war. Bestürzt, ja außer sich berichtete er, was er gesehen hatte – eine Armada von Schiffen bedeckte das Meer, so weit das Auge reichte. »Dieser eitle Geck! Hat er wirklich gedacht, er könnte siegen?« Die, die seiner Erzählung zugehört hatten, lächelten beinahe alle zustimmend, nur ein oder zwei Fanatiker, von denen es immer noch einzelne gab, taten so, als verstünden sie nicht, wer gemeint war.[92]

Anfangs hatte Filippo Tommaso Marinetti den Krieg voller Enthusiasmus begrüßt – auch als Gelegenheit, seine wilde Jugend wiederaufleben zu lassen. Er veröffentliche eine Neuauflage seiner umstrittenen Schrift *Come si seducono le donne* von 1916, musste aber feststellen, dass der »neue Mann« des Faschismus wenig mit dem Erotizismus des frühen Futurismus anzufangen wusste. Der Minister für Volkskultur Pavolini ordnete die sofortige Konfiszierung sämtlicher Exemplare des Heftes an.[93]

Unbeirrt meldete sich der 66-jährige Marinetti freiwillig an die russische Front und wurde zum Oberstleutnant ernannt. Es existiert eine Fotografie, auf der er mit ernster Miene und etwas eingefallen wirkend im Juli 1942 am Bahnhof von Verona steht, um an die Front abzureisen. Umgeben ist er von seinen drei hübschen Töchtern, doch er wirkt eher wie deren Großvater. Benedetta, seine Frau, sitzt, herausgeputzt im Sonntagsstaat, daneben. Ebenfalls auf dem Bild zu sehen ist ihr Bruder Alberto

Cappa, geliebter Onkel der drei Mädchen und derjenige, der Marinetti einst mit Benedetta bekannt gemacht hatte. Alberto, der wegen seiner Größe den Spitznamen »Alto« trug, war ein liebenswerter, gebildeter Mann und ein liberaler Antifaschist, der 1942 dennoch glaubte, er müsse für sein Land kämpfen. Er ging zu den Gebirgsjägern in Cuneo und kam wie so viele aus seinem Regiment bei der russischen Offensive ums Leben. Marinetti überlebte, doch von der Begeisterung, die er noch sechs Jahre zuvor beim Krieg in Afrika verspürt hatte, war jetzt nichts mehr zu spüren. Einer seiner damaligen Gefährten, der Arzt und Futurist Emilio Buccafusca, erinnerte sich: »Dieses Mal war ich es, der die ganze Zeit redete ... Er hörte nur zu und schien innerlich zu leiden ... Er folgte meinen Worten und betrachtete gleichzeitig die Eichen und Sonnenblumen in der russischen Landschaft, wo Kriegsgefangene der Deutschen auf den Feldern arbeiteten.« Als im November Schnee und Eis Einzug hielten, erkrankte Marinetti und kehrte nach Hause zurück.[94]

Auch Benedetta widmete ihre Energien und intellektuellen Fähigkeiten dem Krieg. Im April 1942, drei Monate bevor Marinetti an die russische Front ging, hielt sie in Catania vor einer Gruppe faschistischer Frauen eine Ansprache. Ihre poetisch gefasste, erschreckende Botschaft lautete:

> Um Wohlergehen und Gerechtigkeit zu erlangen, muss der Mensch Krieg führen, töten und auslöschen ... Unsere Rasse steckt uns im Blut, sie ist ein über Jahrhunderte erworbenes Privileg, ein Vaterland ... Italien, Schönheit der Schöpfung, Versprechen des Glücks, tief wie das tiefste Meer.[95]

Das Frauenideal, das Benedetta in ihrer Rede propagierte, war das der Soldatenmutter: Sie hält ihre Angst zurück, obwohl sie weiß, dass ihr Sohn verwundet oder getötet werden wird. Was ihr Halt gibt, ist der Glaube an den »Endsieg«. Benedetta fasste zusammen:

> Ich will – *wir* wollen, dass die Geschichte sagen kann: »In den Jahren, in denen Europa und die ganze Welt durch die Entschlossenheit des Faschismus und des Nationalsozialismus, durch den Dreimächtepakt und durch den Krieg gegen den Bolschewismus neu geschaffen wurde, waren es an

erster Stelle die italienischen Frauen, denen bewusst war, was auf dem Spiel stand« ... Den Sieg haben wir in unseren Herzen schon errungen, da unser Duce ihn so stark ersehnt. Zweifelt nicht daran.[96]

Marinetti und Benedetta blieben dem Duce tatsächlich treu bis zuletzt und folgten ihm im Juli 1944 nach Salò. Dort trafen sich Marinetti und Mussolini über zwei Monate immer wieder zu Gesprächen, wie einst im Jahr 1919; aber jetzt lag der grausame Verlauf des Faschismus hinter ihnen. Marinetti sollte das Ende des Krieges nicht erleben. Er starb am 30. November 1944 in Bellagio am Comer See.

Schlussbetrachtung

Wie alle anderen Tyranneien der ersten Hälfte des 20. Jahrhunderts war auch der Faschismus in Italien ein Überwachungssystem, dessen Informanten in den Alltag der Menschen eingebunden waren. In den Städten waren die Hausmeister in den Erdgeschosswohnungen großer Mietshäuser berüchtigt dafür, dass sie Familien und Einzelpersonen ausspionierten. Doch die Überwachung fand überall statt – ob beim Schwatz unter Nachbarn oder bei einer Unterhaltung im Zug.[97] Kinder wurden ermutigt, ihre Eltern zu denunzieren, wenn sie nicht linientreu waren – was aber nur wenige taten.

In den vergangenen Jahren hat ein deutlicher Rechtsruck in der politischen Kultur Italiens – wohl auch in Verbindung mit Berlusconis Kontrolle der privaten und öffentlichen Medien – zu der allgemeinen Annahme geführt, das faschistische Regime sei, zumindest bis 1938, im Grunde harmlos gewesen. Der britische Historiker Paul Corner hat zu Recht daran erinnert, dass der Faschismus aber schon zu Beginn auf Gewalt und Repressionen baute, und das vor allem in Teilen Afrikas, aber auch in Italien.[98] Niemand im Italien der dreißiger Jahre zweifelte an der Effektivität der faschistischen Geheimpolizei OVRA, genauso wenig wie an der Unbarmherzigkeit der faschistischen Sondertribunale. Diese sprachen zwischen 1927 und 1940 Dutzende Todesurteile und verurteilten etwa 13 000 Personen zu langen Haftstrafen, darunter Antonio Gramsci und Vittorio Foa. Alfredo Roccos Strafgesetzbuch sorgte außerdem dafür, dass das »ordentliche« faschistische Gesetz den Polizeistaat sicherte.

Doch der italienische Faschismus war nicht nur Gewaltherrschaft. Wie in den anderen hier untersuchten Diktaturen bestand eine Balance zwischen Zwang und bereitwilliger Gefolgschaft. Wie Zwang ausgeübt und wie genau die Gefolgschaft aussah, ist von Regime zu Regime unterschiedlich und für die Form der jeweiligen Familienpolitik prägend. Im italienischen Faschismus klafften Propaganda und Realität besonders weit auseinander. Mussolini war ein Meister der Verstellung, der Übertreibungen und Lügen. Mit Hilfe einer effektiven und erfindungsreichen Propagandamaschine konnte der Duce besonders Mitte der dreißiger Jahre viele Familien von seiner Wahnwelt überzeugen. Als schließlich der Augenblick der Wahrheit gekommen war, war die Desillusion komplett: »Dieser eitle Geck! Hat er wirklich gedacht, er könnte siegen?«

Die Täuschung war nicht auf das Militärische begrenzt. Ein besonders interessantes Forschungsfeld ist das faschistische Sozialhilfesystem, von dem ja die meisten Familien betroffen waren. Wenn man von der klassischen Unterteilung von residualen (punktuellen) und institutionellen (allgemeinen) Wohlfahrtsleistungen ausgeht, behauptete der Faschismus stets, er habe den Grundstein für ein institutionelles Sozialsystem gelegt, das allen italienischen Bürgern Nutzen bringe. Das Mütterhilfswerk ONMI wurde unter diesem Vorzeichen ins Leben gerufen. Tatsächlich aber war das faschistische Wohlfahrtssystem residual und bot nur punktuelle Hilfen und Gelder für einen kleinen Teil der italienischen Familien. Es hatte grundlegende strukturelle Mängel: wirtschaftlich war es unterfinanziert, geografisch erfasste es zwar Bedürftige in den Städten Nord- und Mittelitaliens, war aber auf dem Land nicht präsent; es kümmerte sich vor allem um Staatsdiener, vergaß aber viele Arbeiter wie Pächter und Landlose; auf administrativer Ebene war es weder transparent noch regelgelenkt, sondern bürokratisch und klientelistisch.[99] Letztendlich blieb die Familienhilfe Vorrecht der Kirche. In den Krankenhäusern und den karitativen Einrichtungen, in der frühkindlichen Erziehung und in der Altenpflege konnte die Kirche Zahlen und Erfahrungen vorweisen, an die der Faschismus nicht heranreichte. Alle Ferienkolonien oder *treni popolari* konnten nicht darüber hinwegtäuschen, dass der Faschismus in puncto Wohlfahrt lediglich improvisierte.

Doch selbst diese strukturellen Defizite klären nicht grundlegend die Beziehung zwischen italienischen Familien und dem Faschismus. Die soziale und politische Anthropologie der italienischen Familien unterscheidet sich stark von der Situation in Deutschland zur selben Zeit. In Italien gab es keine Symbiose von Führer und Geführten wie unter dem Nationalsozialismus, und auch nicht die familiäre Disziplin und den Volksgehorsam, die sich Mustafa Kemal für seine neue Türkei zunutze machte. Nicht nur mutigen Antifaschisten widersetzten sich dem System. Auch die fatalistischen Landarbeiter aus Gagliano, die frommen toskanischen Pachtbauern, die pro-faschistisch und pazifistisch zugleich waren, die Fabrikarbeiter, die Mussolini ausbuhten, als er 1939 zur Eröffnung des Fiat-Werks in Mirafiori auftrat, und all die Familien, die in erster Linie ihre egoistischen Strategien der Lebensführung verfolgten – sie alle trennte eine tiefe Kluft von den expansionistischen Großmachtinteressen des Regimes.[100]

Natürlich handelt es sich hier um eine Verallgemeinerung. Innerhalb der Familien waren die jüngeren Generationen vor allem in Städten eher als ihre Eltern von den Angeboten des Regimes angetan und begeisterten sich für den Jugendkult, für Sport und Wettkampf, für moderne Technik und für Reisen. Den Faschisten gelang es, die Jugend vom traditionellen Brauchtum zu lösen und für Massensportveranstaltungen und den Kult ums »alte Rom« zu gewinnen. Dennoch behielt das Familienleben seine dominierende Bedeutung und war nie in Gefahr, von einem gleichsam totalen öffentlichen Raum vereinnahmt zu werden, wie es Kollontai und auch Lenin für den Bolschewismus vorsahen. Die italienische Familienpolitik trat hier viel zurückhaltender und traditionsverhafteter auf.

Mussolini war die Diskrepanz zwischen den Ambitionen der Partei und dem Verhalten der Familien nur zu bewusst. Oftmals wetterte er gegen das »unwürdige« italienische Volk und dessen Unfähigkeit, seinen »welthistorischen Auftrag« zu erfüllen. Und dies nicht nur in den Kriegsjahren. Im August 1938 vertraute Mussolini seiner Geliebten Claretta Petacci an:

> Jedes Mal, wenn ich einen Bericht aus Afrika bekomme, sorgt das bei mir für Unbehagen. Heute sind fünf Italiener verhaftet worden, weil sie mit Negerinnen zusammenleben ... Ach! Diese verabscheuungswürdigen Italiener, sie werden das Reich in weniger als sieben Jahren zerstören. Sie haben kein rassisches Bewusstsein, keine Würde.[101]

Giuseppe Bottai sagte etwas sehr Ähnliches auf seine Weise. Er erklärte gegenüber Parteifreunden, es sei notwendig, zur Familie zurückzukehren und ihre »Vitalität und moralischen Werte« wiederherzustellen. Es sei an der Zeit, nicht länger Schlaflieder zu summen, sondern Kampflieder anzustimmen, denn »die Kinder von heute sind die Soldaten von morgen«.[102] Beim Volk kam das nicht gut an. Schlaflieder, *ninna nanne*, waren ein wesentlicher Bestandteil der italienischen Familienkultur, die nicht gerade für kriegerische Traditionen bekannt war. Zudem verlangte die katholische Kirche, den Tag mit Gebeten und nicht etwa mit Marschliedern zu beenden.

Und tatsächlich war es der Katholizismus und nicht der Faschismus, der über die italienische Familienpolitik dieser Zeit entschied. Die Kirche vertrat ein mächtiges Familienmodell. Es gründete auf Anteriorität (der Priorität der christlichen Familie über Zivilgesellschaft und Staat), Integralismus (sämtliche Institutionen und Traditionen hatten ausschließlich katholisch zu sein) und dem Bestreben, das Reich Gottes auf Erden zu errichten. Die katholische Kirche war ein viel mächtigerer Feind als die russisch-orthodoxe Kirche in Russland oder der Islam der Mullahs in der neuen Türkischen Republik. Der Faschismus hatte die Gelegenheit, die Tradition des Risorgimento fortzusetzen und die kulturelle, gesellschaftliche und territoriale Macht der Kirche einzudämmen. Doch Mussolini suchte stattdessen den Kompromiss. Dies tat er, ohne über ein alternatives Modell des Familienlebens zu verfügen. Marinetti hatte lediglich ein durch und durch patriarchalisches Anti-Modell zu bieten, nach dessen Maximen er selbst nicht lebte. Gentiles Modell war rein metaphysisch und Sironis Ideal einer Familie war aufrichtig, aber nicht durchführbar. Die Niederlage der Familienpolitik des faschistischen Regimes war damit vorprogrammiert. Nichts symbolisiert diese Niederlage deutlicher als der Umstand, dass die Hochzeitspaare zunächst vor dem Altar heirateten und sich für die Verlesung der entsprechenden Artikel aus dem (nicht reformierten) Zivilgesetzbuch im Anschluss in die Sakristei begaben.

Die »*Giornata della fede*« schien eine andere Sprache zu sprechen. Hier erhielt das Regime die klerikale (wenn auch vom Papst kritisierte) Unterstützung für seinen Eroberungskrieg. Doch das war nur eine Phase, die abrupt endete, als das Land ab 1940 mit der grausamen Wirklichkeit des Krieges konfrontiert wurde.

In keinem Bereich wird das familienpolitische Scheitern der Faschisten deutlicher als in der Gesetzgebung. Die Analyse hat gezeigt, wie entscheidend das Familiengesetz der Bolschewiki war und wie wichtig das Schweizerische Gesetzbuch für Kemals Versuch einer Neugliederung der türkischen Gesellschaft. Die italienischen Faschisten haben nichts Vergleichbares hervorgebracht. Die Reform des Zivilgesetzes wurde immer wieder verschoben, und als der Text 1942 schließlich erschien, kennzeichneten ihn an erster Stelle rassistische und antisemitische Paragrafen.

VIER

Familie und Familienleben in der Spanischen Republik und im Bürgerkrieg, 1931–1950

I

Republikanische Morgenröte

Begleitet von öffentlichen Freudenbekundungen kam es im Frühjahr 1931 in Spanien zu einem abrupten liberalen Umschwung in der öffentlichen Meinung, der so denkwürdig wie vergänglich war. Es war nicht der erste dieser Art. Der spanische Historiker Juan Marichal hat das Jahr 1931 mit 1820 verglichen. In beiden Fällen, schreibt er, habe Spanien plötzlich im Mittelpunkt des europäischen Interesses gestanden.[1] Im März des Jahres 1820 hatte General Riego König Ferdinand VII. gezwungen, die liberale Verfassung von Cádiz wieder einzuführen, wodurch eine Welle revolutionärer Begeisterung ausgelöst worden war. In jenen Wochen schrieb der englische Dichter Percy Bysshe Shelley während eines Aufenthalts in Florenz seine berühmte *Ode to Liberty,* die mit feurigem Pathos verkündete, dass die bedrückende Restauration vom Westen aus, nämlich von Spanien, zuerst infrage gestellt und dann vernichtet werden würde:

A glorious people vibrated again
The lightning of the nations: Liberty
From heart to heart, from tower to tower, o'er Spain
Scattering contagious fire into the sky,
Gleamed. My soul spurned the chains of its dismay,
And in the rapid plumes of song
Clothed itself, sublime and strong.

[Ein ruhmreiches Volk erhob sich erneut
Der Blitzschlag der Nationen: Freiheit
Von Herz zu Herz, von Turm zu Turm, über Spanien hinweg
Loderte ein Flächenbrand gen Himmel,
Strahlte. Meine Seele verwarf die Ketten ihres Entsetzens,
Und mit schnellen Versen
Kleidete sie sich selbst, nobel und stark.][2]

1931, in einer Zeit, in der die Reaktion in Europa immer weiter um sich griff, hatte es den Anschein, als ob Spanien im Kampf gegen den Faschismus wieder in die erste Reihe europäischer Politik zurückkehren würde. Die Kommunalwahlen in jenem Jahr, die nach dem Scheitern der Diktatur von Primo de Rivera stattfanden, galten allgemein als Bewährungsprobe für die Zukunft der spanischen Demokratie. Die republikanischen Kandidaten konnten vor allem in den Städten, wenn auch nicht unbedingt auf dem Land, überwältigende Siege verbuchen. Zwei Tage nach der Wahl floh König Alfons XIII. ins Exil, nachdem ihn der Kommandant der nationalen Guardia Civil gewarnt hatte, seine Truppen würden die Monarchie nicht mehr länger unterstützen. Unter großem Jubel des Volks wurde die Zweite Spanische Republik ausgerufen.[3]

Im Zusammenhang mit unserem Thema bietet sich hier der Vergleich zum Osmanischen Reich und seiner friedlichen »konstitutionellen Revolution« von 1908 an. Auch dort war der dynastische Herrscher, Sultan Abdülhamid II., zur Anerkennung der Verfassung gezwungen worden, die er dreißig Jahre zuvor außer Kraft gesetzt hatte. Und auch im Osmanischen Reich hatte sich die jubelnde Bevölkerung offenbar über alle sozialen und sogar geschlechtlichen Unterschiede hinweggesetzt. Die 24 Jahre alte Halide Edip war von einer Menschenmenge durch die Straßen Istanbuls und über die Galatabrücke getragen worden.

Wie in Istanbul 1908 wurde auch dreiundzwanzig Jahre später in Madrid gejubelt. Am 14. April 1931 drängte sich auf dem Platz »Puerta del Sol« eine aufgeregte Menschenmenge. Auch dort war eine junge Frau mit dabei und bestaunte das Ereignis. Die 15-jährige Victoria Román war mit Mitschülern und ihren Lehrern gekommen, um den Anbruch eines neuen politischen Regimes mitzuerleben:

»Die Republik ist ohne Blutvergießen erreicht worden«, sagte einer meiner Lehrer. »Ja«, antwortete ein anderer, »ohne Blutvergießen – aber das werden wir noch bereuen.« Ich war entsetzt, ihn so reden zu hören; aber später fragte ich mich doch, ob er damals nicht recht gehabt hatte.

Fünf Jahre später studierte Victoria Román an der Universität und weigerte sich, die von Francos Truppen belagerte Stadt zu verlassen:

»Ich bleibe«, sagte ich den Leuten vom Evakuierungskommando, die wollten, dass ich die Kinder, um die ich mich kümmerte, an die Ostküste begleitete. Ich gehörte keiner Partei an, ich war eine typische undisziplinierte Spanierin, die jetzt bereit war, alles zu tun, um einen Triumph des Faschismus zu verhindern ... Alles andere war unwichtig, es gab nur noch den unbändigen Wunsch, die Stadt gegen den Feind zu verteidigen. Der Feind hatte die Freiheit der Menschen nicht akzeptiert und es ihnen verweigert, die Regierung zu wählen, die sie wollten.[4]

Nicht jeder sah das so. Wie im Jahr 1908 im Osmanischen Reich, wo reaktionäre Gruppierungen nur auf den richtigen Moment warteten und die Revolution nicht einmal ein Jahr später niederschlugen, gab es auch in Spanien mächtige und tiefverwurzelte religiöse und nationalistische Kräfte, die die neue Republik als eine Katastrophe betrachteten. 1931 war Juan Crespo Schüler einer Klosterschule in Salamanca. Dort löste die Ausrufung der Republik Trauer und Bestürzung aus. Der Rektor nahm die Flucht des Königs zum Anlass für eine Predigt, wie Crespo sich erinnert: »Er kritisierte die Undankbarkeit der Spanier gegenüber ihrem König, lobte, was die Monarchie für das Land getan hatte, und erinnerte an das Beispiel der Katholischen Könige [Isabella I. von Kastilien und Ferdinand II. von Aragón], die Spanien geeint hatten. Am Ende war er den Tränen nahe, und uns erging es genauso ...« Später meldete sich Crespo, ein überzeugter Monarchist mit Sympathien für die Falange-Partei (eine ultranationalistische Bewegung, die stark den italienischen Faschisten ähnelte), als Freiwilliger an die Front. Er kämpfte nicht für die katholische Kirche, die er nach seinen Erfahrungen an der Klosterschule verachtete, sondern für »ein besseres Spanien«, für eine Diktatur, die dem Land »Autorität und nationalen Geist« bringen sollte.[5]

Die Verfassung und die Familie

Im Juni 1931 wurden in Spanien nationale Wahlen abgehalten, auf Grundlage eines allgemeinen Wahlrechts, nach dem alle Männer ab einem Alter von 23 Jahren eine neue verfassunggebende Versammlung wählen durften. Frauen konnten als Abgeordnete kandidieren – insgesamt wurden nur drei gewählt –, durften aber nicht selbst ihre Stimme abgeben. Da eine strukturierte Parteienlandschaft fehlte und viele Abgeordnete stark lokal verwurzelt waren, ist es schwierig, in der neuen Versammlung eindeutige politische Zuordnungen vorzunehmen. Allerdings war klar, dass die progressiven Kräfte einen überwältigenden Sieg errungen hatten, der vor allem auf einer Allianz zwischen den Republikanern (80 Sitze), Sozialisten (120 Sitze) und den Radikalen basierte, die zusätzlich von etwa 30 Abgeordneten der Esquerra Republicana de Catalunya, einer linken regionalen Partei aus Katalonien, und 20 föderalistischen Abgeordneten aus Galizien unterstützt wurde. Die Rechte hatte es nicht geschafft, eine Koalition zwischen ihren ungleichen Anhängern zu schmieden, und stellte in der Versammlung nur eine kleine Minderheit. Interessant daran ist vor allem, dass sich unter den Abgeordneten zahlreiche Intellektuelle befanden – 64 Universitätsprofessoren und Dozenten sowie 47 Autoren und Journalisten. Die sogenannte *Cortes Constituyentes*, die verfassunggebende Volksversammlung, trat zum ersten Mal am 14. Juli zusammen, dem Tag der Erstürmung der Bastille, und gab damit eindeutig die politische Richtung vor. Fünf Monate später, am 9. Dezember 1931, trat die neue Verfassung nach erbitterten Debatten, die sich während des heißen Sommers und weiter durch den Herbst hingezogen hatten, in Kraft.[6]

Die Verfassung ist von grundlegender Bedeutung für unser Thema, weil sie radikale Änderungen für das Verhältnis von Staat, Familie und Kirche in Spanien brachte und beispielsweise Eheschließung und Scheidung völlig neu regelte. Allgemein betrachtet war die neue Verfassung interventionistisch ausgerichtet und betonte die aktive Rolle eines starken Staates. Manuel Azaña, der von 1931 bis 1933 das Amt des Ministerpräsidenten bekleidete und später Präsident wurde, betrachtete die Republik als »Schule bürgerlicher Tugenden«.[7] Die republikanische Stärkung der Rechte des Einzelnen ergab in Kombination mit den von den Sozialisten gesetzten Schwerpunkten wie Planwirtschaft, soziale Gerechtigkeit und staatliche Fürsorge eine radikal demokratische Verfassung.[8] Artikel 1 gibt den Ton für die gesamte Verfassung vor: »Spanien ist eine demokratische Republik von Arbeitern jeder Klasse [»*trabajadores de toda clase*«], die sich organisiert in einer Ordnung von Freiheit und Gerechtigkeit. Die Gewalt aller ihrer Organe geht vom Volke aus.« Damit distanziert sich die spanische Verfassung von 1931 sowohl von der sowjetischen Verfassung von 1918, die den Arbeitern und Bauern Macht gibt, den »Ausbeutern des Volkes« aber politische Rechte verwehrt, als auch von der französischen Tradition, die sich primär am Einzelnen (*l'homme* und *citoyen*) ausrichtete.

Artikel 43 befasst sich ausschließlich mit der Familie. Im ersten Abschnitt heißt es:

> Die Familie steht unter dem besonderen Schutz des Staates. Die Ehe gründet sich auf der Gleichheit der Rechte für beide Geschlechter und soll in gegenseitigem Einverständnis oder aufgrund des Antrages eines jeden der beiden Ehegatten, in diesem Falle unter Anführung eines berechtigten Grundes, aufgelöst werden dürfen.[9]

Bereits diese ersten Sätze verlangen einen Kommentar. Man erkennt hier den ausdrücklichen Wunsch des Staates und auch seine Verantwortung, die Familie zu schützen; eine Betonung, die sich auch in der Weimarer Verfassung von 1919 findet.[10] Da die spanischen Nationalisten im Bürgerkrieg den Republikanern wiederholt vorwarfen, sie wollten die Familie *zerstören,* ist es doch sehr bemerkenswert, dass die *Verteidigung* der Familie fest in der republikanischen Verfassung verankert ist.

Der zweite aufschlussreiche Punkt ist die Gleichberechtigung von Mann und Frau in der Ehe. Mit einer derart deutlichen Betonung der Rechte der Frau in der häuslichen Sphäre waren die Spanier vielen anderen Nationen weit voraus, beispielsweise den Schweizern, die in ihrem 1912 in Kraft getretenen Zivilgesetzbuch, das Atatürk so sehr schätzte, die Rolle des Ehemanns als »Vorstand der ehelichen Gemeinschaft« hervorhoben. Die Bestimmung in der spanischen Verfassung war umso überraschender, weil sie die üblichen patriarchalen Verhältnisse in der spanischen Gesellschaft ebenso wenig reflektierte wie die Lehren der Kirche oder die Regelungen des spanischen *Código Civil* von 1889. Zwischen den Beschlüssen der radikalen Reformer der verfassunggebenden Versammlung und der altehrwürdigen Hierarchie der Geschlechter in einer spanischen Ehe klaffte eine große Lücke, für deren Überbrückung man vermutlich sehr viel Zeit benötigt hätte, doch Zeit war etwas, was die neue Republik ganz und gar nicht hatte.

Der dritte und letzte Punkt betrifft das Scheidungsrecht. Hier agierten die spanischen Gesetzgeber geradezu revolutionär und gingen viel weiter als alle anderen Parlamente in Europa. Zum Vergleich: Eine Scheidung bei gegenseitigem Einverständnis wurde in Großbritannien erst 1971 und in Frankreich 1975 eingeführt. Möglicherweise ist hier der Einfluss des sowjetischen Familienrechts zu erkennen, speziell der Dekrete von 1918 und 1926.

Artikel 43 der spanischen Verfassung enthält auch einen Abschnitt über die Verpflichtungen eines Vaters gegenüber seinen Kindern – und zwar allen Kindern, nicht nur den legitimen aus der Ehe. Auch das war eine ungewöhnliche Entscheidung für ein Land, wo das Wort »Pflicht« zumindest im häuslichen Bereich in erster Linie mit der Frau und nicht mit dem Mann in Verbindung gebracht wurde:

> Väter sind verpflichtet, ihre Kinder zu ernähren, ihnen Beistand zu leisten, sie zu erziehen und zu unterrichten. Der Staat soll die Erfüllung dieser Pflichten überwachen und haftet subsidiär für ihre Vollziehung.

Die Artikel 43 und 46 legen die Verpflichtung des Staates fest, Alte und Schwache zu unterstützen, die Mutterschaft und Kindheit zu schützen und die Bedingungen für Frauen und Jugendliche bei der Arbeit zu regeln. Spanien sollte außerdem die Genfer Erklärung zum Schutz der Kinderrechte vom September 1924 unterzeichnen. In diesem historischen Dokument wurde zum ersten Mal die Existenz spezieller Rechte für Kinder anerkannt und bestätigt. In Artikel 2 der Erklärung heißt es:

> Das hungernde Kind soll genährt werden; das kranke Kind soll gepflegt werden; das zurückgebliebene Kind soll ermuntert werden; das verirrte Kind soll auf den guten Weg geführt werden; das verwaiste und verlassene Kind soll aufgenommen und unterstützt werden.[11]

In der spanischen Verfassung findet sich somit das ungewöhnliche Bestreben, verschiedene Aspekte des Privatlebens *verfassungsrechtlich* zu regeln. Den schwächsten Mitgliedern der Familie, die am wenigsten

Schutz genossen, jungen wie alten, sollte geholfen werden; Frauen innerhalb der Familie erhielten Rechte in noch nie dagewesener Form, und Vätern wurde unmissverständlich klar gemacht, dass sie Verpflichtungen hatten, denen sie sich nicht entziehen konnten. Und zu guter Letzt wurde die Familie als Institution verteidigt; aber gleichzeitig wurden denjenigen, die in einer unglücklichen Ehe gefangen waren, mehr Freiheiten gegeben.

Auf diese erste Erklärung der Verfassungsgrundsätze folgten schon bald Gesetze zur Ehescheidung (2. März 1932) und zur Zivilehe (28. Juni 1932). Das neue Gesetz zur Ehe korrigierte eine Regelung, die seit 1564 vorschrieb, dass die einzig legitime Form der Ehe (für getaufte Katholiken) die Trauung nach dem kanonischen Recht sei.[12] Die neuen Gesetze vermittelten in Spanien nun erstmals eine Vorstellung von der Ehe als Vertrag, als einer egalitären und säkularen (nicht religiösen) Verbindung.[13] Bei der Debatte über das neue Scheidungsrecht hielt die radikale Clara Campoamor, eine von nur drei weiblichen Abgeordneten, eine mutige Rede zugunsten der Scheidung, in der sie an die Vernunft appellierte:

> Die Ehe basiert auf zwei Willensentscheidungen. Sobald diese Übereinkunft nicht mehr besteht, sobald die beiden Träger des freien Willens feststellen, dass sie nicht mehr länger in Harmonie zusammenleben können, verliert die Ehe ihren Sinn. Denn die natürliche Grundlage einer Ehe ist für jeden Menschen, der ein bisschen gesunden Menschenverstand besitzt, die Liebe und geistige Verbundenheit. Wenn diese nicht mehr bestehen, wird die Ehe für ein Paar zur Qual, die nur schwer zu erdulden ist, und bietet Anlass, die Beteiligten in ihrem gesellschaftlichen Leben herabzusetzen. Wir müssen aufrichtig anerkennen, dass nicht jede Familie automatisch Ehe bedeutet, dass es eine Vielzahl von Familien gibt, an deren Ursprung vielleicht keine Vater- oder Mutterschaft stand.[14]

Das Scheidungsrecht wurde ebenso verabschiedet wie eine Teilreform des veralteten Zivilgesetzbuchs. In konservativen und religiösen Kreisen stießen diese Maßnahmen auf massive Ablehnung. Bis Ende 1933 wurden nur etwas mehr als 7000 Anträge auf Scheidung gestellt, von denen wiederum nur 4043 von den Gerichten anerkannt wurden. Die Analyse dieser ersten Anträge ist sehr aufschlussreich: Fast die Hälfte stammte von Arbeitern und Angestellten, insgesamt kamen 50 Prozent der Anträge von Frauen.¹⁵ Anders als in den russischen Städten nach 1918 gibt es in Spanien kaum Hinweise darauf, dass das neue Gesetz zur Scheidung weite Anwendung fand oder gar missbraucht wurde.

Im Bereich des Familienrechts wurden große Fortschritte erzielt, doch das Familienleben änderte sich natürlich nicht so schnell wie die Gesetze. Außerdem zielten nicht alle Gesetze der Republik in dieselbe Richtung. So besagte etwa das neue Gesetz zur Regelung von Arbeitsverträgen, das am 21. November 1931, also *vor* der Verabschiedung der Verfassung in Kraft trat, dass der Ehemann den Arbeitsvertrag seiner Frau offiziell anerkennen musste.¹⁶ Ähnlich gewährte das Zivilgesetz dem Ehemann weiterhin die »Autorität«, seine Frau in allen wirtschaftlichen Belangen zu vertreten, darunter auch bei der Verwaltung ihres Besitzes und ihrer Güter. In Hinblick auf die von der Juristin Mary Ann Glendon beschriebenen Wechselwirkung »zweier sich verändernder Systeme« – dem Familienrecht einerseits und dem tatsächliche Familienleben andererseits – muss man feststellen, dass sich die beiden Systeme im Spanien der 1930er Jahre mit deutlich unterschiedlichen Geschwindigkeiten entwickelten. Die verfassungsrechtliche Regelung des *país judicial* war den familiären Gepflogenheiten in *»la España profunda«* weit voraus. Bis zum Ausbruch des Bürgerkriegs fanden die beiden Systeme auch nicht zu einer neuen Ausgewogenheit.

Frauen und Frauenrechte in der neuen Republik

Unter der neuen Verfassung wurden Frauen wichtige Rechte im öffentlichen wie privaten Bereich zugestanden. Artikel 2 legte fest, dass alle Spanier gleich vor dem Gesetz seien, Artikel 25 schaffte juristische Privilegien aufgrund von Geschlecht, sozialer Klasse, des Vermögens, politischer Ausrichtung oder der Religionszugehörigkeit ab. Mit Artikel 36 wurden Bürgern beiderlei Geschlechts, die älter als 23 Jahre alt waren, dieselben politischen Rechte zuerkannt. Das Wahlrecht für Frauen gab wie überall in Europa Anlass zu hitzigen Debatten. Von den drei Frauen, die in die verfassunggebende Versammlung gewählt worden waren, ging die Radikale Clara Campoamor am weitesten und sprach sich dafür aus, Frauen sofort das Wahlrecht zu gewähren. Die beiden anderen weiblichen Abgeordneten – Margarita Nelken von der Sozialistischen Partei und Victoria Kent von den radikalen Sozialisten (*Partido Republicano Radical Socialista*) – waren zwar politisch progressiv in ihrer Haltung, aber auch überzeugt, dass die meisten Frauen, wenn sie das Wahlrecht erhielten, katholische Parteien wählen würden. Dies sei nicht der richtige Moment, argumentierten sie, der Kirche direkt in die Hände zu spielen. Nelken erklärte: »Die spanischen Frauen, die wirklich die Freiheit lieben, müssen die ersten sein, die ihre eigenen Wünsche im Interesse eines Fortschritts für Spanien zurückstellen.« Campoamor gab zurück: »Die einzige Möglichkeit für Frauen, politisch zu reifen, besteht darin, sie zu ermutigen, den Weg der Freiheit zu gehen.«[17]

Auch bei den Männern kam der Widerstand gegen den Vorschlag nicht nur von rechts. Oft nahm die Debatte lächerliche Züge an. In einer berüchtigten Rede bestand der Radikale Ayuso darauf, Frauen das Wahlrecht erst nach der Menopause zuzugestehen. Davor, so argumentierte er, »führt die Menstruation zu nervöser Instabilität und gefährlichen Veränderungen beim Geisteszustand der Frauen«, eine Haltung, die von vielen frauenfeindlichen Politikern in ganz Europa ähnlich gesehen wurde.[18] Die Konservativen in der verfassunggebenden Versammlung schlugen einen Kompromiss vor: Frauen durften wählen, aber nur bei Kommunalwahlen (als ob die Menstruation auf lokaler Ebene eine geringere Rolle spielen würde!). Der Vorschlag wurde abgelehnt, das Frauenwahlrecht wurde in der Sitzung vom 1. Dezember 1931 mit einer Mehrheit von nur vier Stimmen beschlossen.

Im Zusammenhang mit der Debatte über das Frauenrecht fiel bereits der Name einer der bemerkenswertesten Spanierinnen jener Jahrzehnte – Margarita Nelken.[19] Sie stimmte aus taktischen Gründen gegen das Wahlrecht, war aber in jeder anderen Hinsicht eine unermüdliche Kämpferin für die Rechte der Frauen in Spanien, deren Situation sie kompetent analysierte. Nelken wurde 1894 in Madrid geboren und stammte aus einer wohlhabenden jüdischen Familie der Mittelschicht; ihr Vater war ein deutscher Juwelier aus Breslau, der 1889 nach Spanien emigriert war, ihr Großvater mütterlicherseits ein ungarischer Jude, der sich 1866 in Madrid niedergelassen hatte und als königlicher Uhrmacher für Alfons XII. arbeitete. Margarita und ihre jüngere Schwester Carmen Eva wurden hauptsächlich zu Hause erzogen; Französisch lernten sie von ihrer Mutter, Deutsch von ihrem Vater, Spanisch im Alltag und Englisch von ihrem Kindermädchen. Margarita war zwar 20 Jahre jünger als Alexandra Kollontai, ähnelte ihr aber in vieler Hinsicht – beide hatten nicht nur ein englisches Kindermädchen, sondern zeichneten sich auch durch ihr leidenschaftliches Streben nach Unabhängigkeit, ihre Rastlosigkeit, ihr unkonventionelles Privatleben und ihren Glauben an die Notwendigkeit einer sozialen Revolution aus. Nelken schrieb eine Biografie über Goethe und übersetzte Kafka ins Spanische, doch ihre wahre intellektuelle Leidenschaft galt der Malerei und Kunstgeschichte. Mit nur dreizehn Jahren wurde sie nach Paris geschickt, wo sie Malerei bei der spanischen Kubistin María Blanchard studierte; unter ihren Kommilitonen war Diego Rivera, einer der bedeutendsten mexikanischen Maler der Moderne, der vor allem für seine Wandbilder berühmt wurde. Mit zwanzig verliebte sich Nelken in den zurückgezogen lebenden Bildhauer Julio Antonio, von dem sie 1915 eine Tochter, Magda, bekam. Nach Julio Antonios frühem Tod vier Jahre später lernte sie Martín de Paul y de Martín Barbadillo kennen, einen Geschäftsmann aus Sevilla, mit dem sie einen Sohn, Santiago, hatte. Ab 1920 lebten die beiden mit den zwei Kindern über viele Jahre in Madrid zusammen; eine Partnerschaft, die man heute als ganz normale Beziehung betrachten würde. Nach dem neuen Scheidungsgesetz von 1932 konnte sich Martín de Paul von seiner ersten Frau scheiden lassen und Anfang 1933 Margarita heiraten. Er erkannte auch Magda, Nelkens erstes Kind, an und gab ihr seinen Namen. Das Paar blieb bis nach dem Bürgerkrieg zusammen.

Nelken war für ihre Intelligenz und Respektlosigkeit wie für ihre flinke Zunge bekannt. Mit ihrer Art und ihrer politischen Einstellung machte sie sich nicht überall Freunde, bei manchen war sie regelrecht verhasst. Wie Kollontai glaubte sie an die »freie Liebe« – nicht im Sinne sexueller Promiskuität, sondern an ein freies Ausleben der Sexualität und Leidenschaft mit einem selbst gewählten Partner. In ihrem berühmten Buch *La condicíon social de la mujer en España* schrieb sie: »Die Absurdität in unserer derzeitigen Gesellschaft ist mittlerweile so weit fortgeschritten, dass selbst die natürlichsten und edelsten Handlungen in unserem Leben als beschämend gelten.«[20] In einem Interview im Jahr 1923 wurde sie gefragt, was sie von den spanischen Männern halte. Sie erklärte schlagfertig: »In Anbetracht der Tatsache, dass spanische Männer zu meinen

Lesern gehören, bin ich natürlich der Überzeugung, dass der spanische Mann ein wahrer Held ist. Schließlich möchte ich nicht mein Publikum vergraulen.« Die aggressive rechtsgerichtete Presse zögerte nicht, sie als Hure zu bezeichnen, als »jüdische Amazone«, die gar keine echte Spanierin sei, geschweige denn eine ehrbare Frau. Nelken hingegen begegnete ihren Gegnern nur stets »mit einem entwaffnenden Lächeln«.[21]

Margarita Nelken war noch keine dreißig, als sie begann, sich aktiv um soziale Gerechtigkeit und vor allem die Situation der Frauen zu kümmern. Zunächst organisierte sie Kunstunterricht für arme Kinder in den Arbeitervierteln von Madrid. Die bis dahin unbekannte Welt des Hungers und der Verwahrlosung hinterließ bei ihr einen tiefen Eindruck, ähnlich wie bei Kollontai der Besuch der Textilwerke Krenholm 1896. 1918 gründete Nelken für illegitime Kinder ein kleines Waisenhaus in Madrid, *La Casa de los Niños de España*, das auch als Tagesstätte für die Kinder berufstätiger Frauen diente. Damit hatte Nelken die erste nicht-religiöse

Margarita Nelken 1923 im Alter von 29 Jahren, auf dem Höhepunkt ihres literarischen Ruhms

Kindertagesstätte in Madrid eingerichtet. Doch angesichts der offenen Feindseligkeit der Kirche und der Zurückhaltung der traditionellen Wohlfahrtseinrichtungen ging Nelken schon bald das Geld aus, und die Einrichtung musste schließen. Sie reagierte darauf mit ihrem bereits erwähnten Buch *La condicíon social de la mujer en España*. Darin befasste sie sich ebenso mit den Arbeitsbedingungen ungelernter Fabrikarbeiterinnen wie mit der Prostitution, mit dem Bedürfnis der Frauen nach Bildung und dem Potenzial der Frauen aus der Mittelschicht. Für Nelken waren diese Frauen »die größte *Totlast der Nation* und gleichzeitig die energiegeladenste und couragierteste Gruppe«.[22] Das Buch verursachte einen Skandal. Der Bischof von Lérida erklärte es für gottlos, und sogar in den *Cortes* wurde hitzig darüber debattiert. Nelken sagte später, es sei sehr freundlich vom Bischof gewesen, das Buch zu verurteilen, denn dadurch habe er dafür gesorgt, dass es ein Bestseller wurde.

Einige Jahre später, 1927, veröffentlichte Nelken einen, wie sie es nannte, *diálogo socrático* zwischen zwei Schwestern, Isabel und Elena. Darin ging es auch um heikle Themen wie Scheidung und Sexualität, was zeigt, dass sich Nelken darüber viele Gedanken machte und alles andere als die Xanthippe war, als die sie von der Rechten dargestellt wurde:

> Elena: Bist du für oder gegen die Scheidung?
> Isabel: Ich bin für die Möglichkeit, sich scheiden zu lassen, das ist etwas anderes ... Eine Scheidung erscheint mir nicht immer notwendig. Keine Frau mit Selbstachtung kann das Problem der Sexualität in der Ehe ignorieren, aber da ist noch mehr, und einige Paare, die durch Freundschaft und gegenseitiges Vertrauen verbunden sind, geben ein hervorragendes Beispiel für die gegenseitige Achtung im Privatleben.[23]

Bei der Wahl zur verfassunggebenden Versammlung im Juni 1931 verzichtete der sozialistische Abgeordnete Juan Morán Bayo auf seinen Sitz für die von Armut geplagte Provinz Badajoz in der Extremadura, weil er auch in Córdoba gewählt worden war, wo er Professor an der Universität war. Dadurch war eine Nachwahl erforderlich, in deren Zusammenhang Margarita Nelkens Name fiel. Sie war nicht offiziell Mitglied der Sozialistischen Partei, arbeitete jedoch seit Jahren mit ihr zusammen. Außerdem war ihre Kandidatur eine Gelegenheit für die Sozialisten, die peinliche Tatsache zu revidieren, dass sie keine einzige Frau aufgestellt hatten.

Ein Teil des lokalen Parteiapparats stand Nelkens Kandidatur ablehnend gegenüber, doch sie wurde trotzdem nominiert und gewann mühelos die Nachwahl. Damit begann eine bewegte Zeit in ihrem Leben. Zum ersten Mal kam Nelken in direkten Kontakt mit der furchtbaren Not der landlosen Arbeiter im Süden sowie der arroganten Haltung der Großgrundbesitzer. Paul Preston schreibt dazu:

> Badajoz war eine Provinz, die bereits kurz vor einem Bürgerkrieg stand. In den ersten beiden Jahren der Republik kam es dort zu über 200 Zusammenstößen zwischen der Linken und Rechten, zwischen Landarbeitern und den bewaffneten Trupps der Landbesitzer oder zwischen Tagelöhnern und der Guardia Civil. Es gab Überfälle auf Landgüter und Rathäuser. Mindestens 20 Todesfälle wurden dabei registriert.[24]

Wie üblich stürzte sich Margarita Nelken voller Eifer auf ihre neue Aufgabe und kämpfte für soziale Gerechtigkeit in der Extremadura, wodurch ihr nur noch selten Zeit für ihre eigene Familie blieb. Dabei wuchs ihre Überzeugung, dass gut gemeinte, aber ineffektive Reformen nichts bewirkten und dass nur eine sozialistische Revolution den Landarbeitern im Süden helfen konnte. 1934 war sie bereit für den Bürgerkrieg. In einer Rede erklärte sie am 25. Januar 1934 in den *Cortes*:

> Diese Männer müssen Eicheln wie die wilden Tiere sammeln; sie leben wie wilde Tiere. Wenn Sie ihnen eines Tages in nicht allzu ferner Zukunft in einem Kampf entgegentreten müssen, der hoffentlich gerecht sein wird, sollten wir nicht überrascht sein, wenn diese Männer, die gezwungen sind, wie Tiere zu leben, die das Essen für ihre Kinder wie wilde Tiere sammeln müssen, die mit Tieren um Essen kämpfen müssen, die ihr Leben riskieren wie Tiere, wenn diese Männer keinerlei menschliche Gefühle mehr haben, wenn es zum Kampf kommt.[25]

Kirche, Verfassung und Familie

Das Wahlrecht für Frauen und die Gleichberechtigung von Mann und Frau innerhalb der Familie waren sehr umstrittene Neuerungen, doch die heftigsten Debatten löste eine andere Regelung aus, bei der es um die

Stellung der katholischen Kirche ging. In Artikel 3 der Verfassung hieß es kühn: »Der spanische Staat hat keine offizielle Religion.« Und in Artikel 26 wurde verkündet, dass alle Religionen gleich behandelt werden sollten und die staatlichen Einrichtungen der Republik, anders als zu Zeiten der Monarchie, keine religiösen Vereinigungen bevorzugen oder unterstützen sollten. Die erhebliche finanzielle Unterstützung, die der Staat der katholischen Kirche bisher gewährt hatte, sollte innerhalb von zwei Jahren eingestellt werden. Der Jesuitenorden in Spanien sollte aufgelöst werden, sein Besitz und Vermögen verstaatlicht und wohltätigen Zwecken zugeführt werden oder in Bildungseinrichtungen fließen.[26] Andere religiöse Orden sollten fortan wie alle anderen Steuern für ihren Besitz und ihr Einkommen zahlen, außerdem konnte ihr Vermögen jederzeit verstaatlicht werden.[27]

Und das war noch nicht alles. Artikel 27 legte fest, dass Friedhöfe ausschließlich der weltlichen Gerichtsbarkeit unterlagen. Alle öffentlichen Glaubensbekundungen wie Prozessionen und sämtliche Aktivitäten zu Ehren eines Heiligen an dessen Feiertag (von denen es in Spanien, ähnlich wie in Italien, zahlreiche gab) mussten von den nationalen oder lokalen Behörden genehmigt werden. Mit Artikel 48 wurde bestimmt, dass der spanische Staat ein rein weltliches Bildungssystem erhalten sollte, bei dem »die Arbeit zur Achse seiner methodischen Lehrtätigkeit« gemacht werden und der Unterricht auf »den Idealen menschlicher Solidarität« basieren sollte. Kruzifixe und andere religiöse Symbole mussten aus den staatlichen Schulen entfernt werden. Allen Kirchen und religiösen Orden wurde das Recht zuerkannt, ihre jeweilige Doktrin in ihren eigenen Einrichtungen zu lehren, die jedoch »unter Aufsicht des Staates« standen. Die Gesetze zur Zivilehe (28. Juni 1932) und zur Scheidung (2. März 1932) zielten direkt auf das Monopol ab, das die katholische Kirche bisher im entscheidenden Moment der Familiengründung innegehabt hatte, und standen somit im Widerspruch zu deren Lehre, dass die Ehe ein Sakrament und daher unauflösbar sei.

Die neue republikanische Verfassung trennte Staat und Kirche und legte die Vorrangstellung des Staates in vielen entscheidenden Bereichen des täglichen Lebens fest. Die Kirche war von nun an nicht mehr die ehrwürdige Hüterin der Moral und Identität Spaniens, sondern nur noch eine freiwillige Vereinigung derer, die bereit waren, sich ihr anzuschließen.

Nach der Verabschiedung von Artikel 26 der Verfassung am 13. und 14. Oktober 1931 traten die beiden Minister Niceto Alcalá-Zamora und Miguel Maura zurück, außerdem legten die Abgeordneten, die der katholischen Rechten zuzuordnen waren, ihr Mandat nieder. Manuel Azaña hatte sich in den Cortes um einen Kompromiss bemüht, doch anstelle seiner Vermittlungsversuche wird ihm nach wie vor sein berühmter Satz angelastet, »Spanien hat aufgehört, katholisch zu sein«, obwohl dieser eigentlich als Kommentar zur kulturellen und soziologischen Situation gedacht war.

Insgesamt muss man feststellen, dass die verfassunggebende Versammlung völlig im Recht war, die Trennung von Kirche und Staat zu vollziehen, wie es ja auch bereits in Frankreich Ende des 19. und in Mexiko zu Beginn des 20. Jahrhunderts geschehen war. Viele Regelungen der Verfassung stärkten die Rechte des Einzelnen und beschnitten die im Lauf der Jahrhunderte erworbene außerordentliche Macht der spanischen Kirche. Ein jahrhundertealtes Ungleichgewicht wurde erkannt und teilweise gemildert. Allerdings ging die verfassunggebende Versammlung dabei ziemlich ungestüm vor und ließ keinen Raum für Kompromisse oder sanfte Veränderungen, die erst nach und nach vollzogen wurden. Die Cortes nutzten die Verfassung als eine Art Rammbock und verschreckten damit die Öffentlichkeit zu einem besonders kritischen Zeitpunkt.[28]

Die spanische Kirche reagierte mit Ablehnung und Wut. Sie fühlte sich bedrängt: Die bisherige staatliche finanzielle Unterstützung galt als völlig unzureichend, umso schlimmer war daher die Aussicht, dass die Subventionen völlig eingestellt werden sollten. In den Jahren 1931 bis 1934 ging die Zahl der Jungen und jungen Männer in den katholischen Seminaren um 40 Prozent zurück, außerdem legten sozialistische Kommunalverwaltungen im Süden der Kirche bei öffentlichen Auftritten zahllose Einschränkungen auf – egal, ob es sich dabei um Beerdigungen, Glockengeläut, Hochzeiten oder Feiertage der Schutzheiligen handelte. Wegkreuze und Heiligenstatuen wurden geschändet und zerstört. Die Historikerin Frances Lannon schreibt dazu: »Um die Straßen und öffentlichen Plätze wurde eine Schlacht geführt – die in einer Gesellschaft mit einer starken Straßenkultur sehr wichtig war –, und die Kirche war dabei, diese Schlacht zu verlieren.«[29] Doch es kam noch schlimmer, denn die Ausrufung der Republik im Mai 1931 wurde in Madrid und anderen

Städten von Brandanschlägen auf Kirchen begleitet, bei denen die Behörden nur sehr zögerlich einschritten. Die Errichtung von Gottes Reich auf Erden schien in weite Ferne gerückt, stattdessen muss es den Kirchenleuten vorgekommen sein, als ob in Spanien der Antichrist Fuß gefasst hätte. Doch damit ist die Situation nur unzureichend erfasst, denn die spanische Kirche war in der langen und tragischen Geschichte der gesellschaftlichen und ideologischen Polarisierung des Landes bei weitem nicht die moralisch unbescholtene und missbrauchte Einrichtung, als die sie sich gerne sah. Hinter dem dramatischen Umbruch von 1931 standen viele Jahrzehnte der Misswirtschaft und Unterdrückung durch die katholische Kirche, in deren Verlauf es in weitaus stärkerem Maße als in Italien zur Entfremdung wichtiger Teile der ländlichen wie städtischen Bevölkerung von der Kirche gekommen war. Die Präsenz und der Einfluss der katholischen Kirche in Spanien waren wie in Italien sehr ungleich verteilt. Im Norden war die Kirche tief in der Bevölkerung verwurzelt, vor allem bei den Kleinbauern, Pächtern und Landarbeitern in Navarra, Katalonien und im Baskenland. In diesen Regionen bestand oft ein enger Zusammenhang zwischen Familienstrukturen und Glaubensmustern: Wo Familien weit verzweigt und überdurchschnittlich groß waren und zudem eine gewisse Stabilität beim Landbesitz bestand, war die Zahl der Kirchenbesucher hoch. Die ganze Familie, nicht nur der Einzelne, war in der Gemeinde aktiv; religiöse Feste und die Abläufe im landwirtschaftlichen Kalender waren eng miteinander verzahnt.[30]

Im Süden sah das anders aus, dort war das Netzwerk der Gemeinden weitaus weniger dicht, und die Landbevölkerung bestand zu großen Teilen aus landlosen Arbeitern (*braceros*). Zwar feierte man in diesen Regionen – Andalusien und Extremadura – die Befreiung von den Mauren, doch anscheinend wurden sie nie so ganz für den christlichen Glauben zurückerobert. In den dreißiger Jahren war der Kirchgang sporadisch und größtenteils auf Frauen beschränkt. Die männlichen Landarbeiter, deren furchtbare Armut Margarita Nelken 1934 in den Cortes beschrieb, scheuten jeglichen Kontakt mit der Kirche. Wie in Apulien in den ersten Jahrzehnten des 20. Jahrhunderts erschienen den Landarbeitern die Ideen des Sozialismus und des Anarchosyndikalismus viel einleuchtender als der Katholizismus. Der Briefwechsel des Erzbischofs von Sevilla mit seinen Geistlichen aus dem Jahr 1932, den Lannon in ihrem Aufsatz untersucht, zeichnet ein erschreckendes Bild der Entfremdung und Einschüchterung.[31]

Trotz der massiven sozialen Unterschiede und des dringenden Reformbedarfs im ländlichen Süden unternahm die katholische Kirche nichts oder nur sehr wenig. Gelegentlich berief man sich auf die Sozialenzyklika von Papst Leo XIII. und bat die Großgrundbesitzer im Süden, sich besser um ihre Arbeiter zu kümmern. Doch die Kirche setzte sich nie für eine Umverteilung des Landes aus sozialen Gründen ein, stellte das Prinzip des Privatbesitzes nie infrage und machte keine Anstalten, ihre engen Verflechtungen mit den Großgrundbesitzern zu lösen. Unter diesem Blickwinkel ist der Antiklerikalismus vieler Abgeordneter in der verfassunggebenden Versammlung deutlich besser zu verstehen.

In den Kleinstädten der Provinz war der Katholizismus weiterhin stark ausgeprägt, in den großstädtischen Ballungsräumen jedoch deutlich schwächer. Die Rolle der religiösen Orden, nicht nur der Jesuiten, war sehr umstritten, sie standen bereits seit dem 18. Jahrhundert in dem Ruf, einen opulenten und ausschweifenden Lebensstil zu pflegen.[32] Den Gemeindepriestern in den großen Städten wurde oft vorgeworfen, die Bedürfnisse der Ärmsten in der Bevölkerung zu ignorieren; angeblich weigerten sie sich sogar, die Toten zu beerdigen, wenn sie nicht angemessen dafür bezahlt wurden. Auch die Frage der Sexualität war, weitaus mehr als in Italien, ein massives Problem. Die sexuellen Vergehen der Priester nahmen in der antiklerikalen Presse der dreißiger Jahre weitaus mehr Raum ein als jedes andere Thema.[33] Es zirkulierten zahllose Geschichten von Gemeindepriestern, die mit ihren Haushälterinnen zusammenlebten und Kinder hatten, von Kaplänen in Klöstern, die Orgien mit den Nonnen feierten, von Beichtvätern, die ein viel zu großes Interesse an den Details der Beichte junger Mädchen zeigten, und von katholischen Lehrern, die die ihnen anvertrauten Schüler missbrauchten. Die Kirche rühmte sich, die Familie zu verteidigen, doch vielen Teilen der Bevölkerung muss diese Behauptung als pure Heuchelei vorgekommen sein.[34]

Die spanische Kirche neigte mehr zur Nostalgie als zur Selbstkritik. Sehnsüchtig blickte sie zurück auf das goldene Zeitalter der nationalen und religiösen Größe im 16. und 17. Jahrhundert und weigerte sich, sich den veränderten Gegebenheiten anzupassen. Stattdessen gab sie ihren Feinden die Schuld am eigenen Niedergang und verunglimpfte alle – Liberale, Freimaurer, Juden, die »marxistischen Horden« und andere –, die ihren Traum zerstört hatten im Lauf der *»longue durée«*, von der Braudel spricht.

Ein Großteil der spanischen Prälaten akzeptierte nie die demokratischen Grundsätze. Im November 1928 warnte Kardinal Pedro Segura y Sáenz, Erzbischof von Toledo (Primas und damit der mächtigste Amtsträger der spanischen Kirche) nachdrücklich, dass nur die Kirche eine effektive Barriere gegen die »subversiven demokratischen Strömungen der Zeit« bilden könne.[35] Die offizielle Position des Vatikans war (wie auch in Italien) »situationsunabhängig«: Man sprach sich nicht für ein bestimmtes politisches Regime aus, sondern beurteilte es danach, wie gut es der Kirche diente und sie schützte. Doch Segura ging weit über diese pragmatisch-opportunistische Haltung hinaus, die ohnehin sehr umstritten war, und verschickte im Mai 1931 einen Rundbrief nicht nur an seine Diözese, sondern an alle Bischöfe und Gläubigen in Spanien. Darin pries er die gestürzte Monarchie, erinnerte an den unvergleichlichen Moment, als Alfons XIII. ganz Spanien dem Herzen Jesu geweiht hatte, und rief zu einem Kreuzzug der Gebete und Opfer gegen die Republik auf.[36] Nur eine kleine, vorurteilsfreie Minderheit der spanischen Prälaten um Kardinal Francesc Vidal y Barraquer, den Erzbischof von Tarragona, distanzierte sich von dieser Einstellung.[37]

Die Haltung der katholischen Kirche zur Familie findet sich in drei Enzykliken, die Papst Pius XI. in den Jahren 1929 bis 1931 veröffentlichte: *Divini Illius Magistri* (31. Dezember 1929) über die christliche Erziehung der Jugend; die bereits erwähnte Enzyklika *Casti Connubii* (31. Dezember 1930), die sich mit der christlichen Ehe befasst, sowie *Quadragesimo Anno* (15. Mai 1931), in der es vor allem um die Frage eines gerechten »Familienlohns« geht, der dem männlichen Oberhaupt der Familie gezahlt werden soll, damit seine Frau nicht außer Haus arbeiten muss.

Die Enzyklika *Casti Connubii* wurde nur wenige Monate vor der Ausrufung der Zweiten Spanischen Republik veröffentlicht. Sie stellt den Zustand der christlichen Ehe in der modernen Welt als katastrophal dar. Von allen Seiten werden sie von der modernen Kultur und Wissenschaft bedrängt; es werde versucht, die Ehe als Sakrament zu untergraben. Zu diesen *externen* Angriffen, die, laut Pius XI., geschickt von liberalen oder marxistischen Staaten dirigiert wurden, kämen noch die *internen* Gefahren hinzu.[38] Hier finden sich die üblichen Verdächtigen: Verhütung, Abtreibung, Ehebruch – »falsche und durchaus nicht harmlose Freundschaften mit dritten Personen« – Scheidung, Eugenik, die »unrühmliche Knechtschaft der Begierde« und so weiter. In der Enzyklika treten die Verfechter dieser schädlichen Einflüsse als nicht näher identifizierte Gruppe in der dritten Person Plural auf, die nur darauf aus ist, die Gläubigen ins Verderben zu stürzen.[39] Die Enzyklika endet mit einem Loblied auf das kürzlich geschlossene Konkordat mit dem italienischen Staat und der Aufforderung, dem Vorbild der Faschisten zu folgen: »Die angeführte Tatsache kann allen gerade in der heutigen Zeit (in der leider eine gänzliche Trennung des Staates von der Kirche, ja von jeder Religion zum Grundsatz erhoben wird) als Beispiel und Beweis dafür dienen, dass die eine höchste Gewalt mit der anderen ohne jegliche Beeinträchtigung ihrer Rechte und Machtbefugnisse in Eintracht und freundschaftlichem Einvernehmen zum öffentlichen Wohl beider Gemeinschaften sich verbinden und einen kann und dass beide Gewalten gemeinsam für die Ehe Sorge tragen können, um die verhängnisvollen Gefahren, ja den bereits drohenden Untergang von der christlichen Ehe fernzuhalten.«[40]

Mit der Schilderung drohenden Unheils für katholische Familien und dem Heilsversprechen durch ein Abkommen mit einem faschistischen Regime hatte die Enzyklika *Casti Connubii* sicher großen Einfluss auf die spanischen Prälaten, die darin ihre eigenen Ängste und fundamentalistischen Ansichten bestätigt sahen. Doch wie so oft in der Geschichte war die vom Vatikan gewählte Strategie keineswegs linear. Zumindest am Anfang suchte Pius XI. einen Kompromiss mit dem spanischen Staat und zwang Segura, den Erzbischof von Toledo, zum Rücktritt, nachdem dessen Pläne aufgedeckt worden waren, Kirchenschätze und Geldvermögen außer Landes zu bringen. Im September 1931 ergab sich bei geheimen Verhandlungen zwischen der Kirche und den republikanischen Behörden eine mögliche Einigung, doch die Verabschiedung von Artikel 26 der Verfassung machte einen Monat später alle Hoffnungen des Vatikans auf eine Schadensbegrenzung zunichte.[41]

Die spanischen Prälaten benötigten nun nicht mehr die Ermunterung Roms, gegen die Republik mobil zu machen. Kardinal Isidro Gomá y Tomás, der Segura als Erzbischof von Toledo folgte, war in seinen Äußerungen nicht weniger deutlich als sein Vorgänger. »Wir haben wenig, spät und schlecht gearbeitet«, hatte er bereits in einem Hirtenbrief geschrieben, als er noch Bischof von Tarazona war, »dabei hätten wir in einer Zeit des Friedens und unter einem ruhigen und beschützenden Himmel viel erreichen und das auch gut machen können.«[42] Segura und Gomá waren Fundamentalisten (*integristas*), und das nicht in dem abgeschwächten Sinn, dass sie eine traditionalistische Haltung vertraten, sondern sie setzten sich ganz ausdrücklich für einen konfessionellen Staat ein, der, wie Raguer schreibt, »seine Bürger zur Ausübung der katholischen Religion zwingt und alle anderen Religionsgemeinschaften verbietet«.[43] Wer sich nicht voll und ganz dieser Ideologie verschrieb, war ein schlechter Katholik und wurde als »*mestizo*«, als Halbblut oder Mischling beschimpft. Die Predigten und Rundbriefe der *integristas* erinnern an die Schriften des italienischen Kardinals Laurenti von 1924. Ihre Ansichten waren praktisch dieselben: das »soziale Königtum Christi« sollte in seiner Extremform als Konfessionsstaat errichtet werden.

Kultur, Familie und republikanische Erziehung, 1932–1936

Was die Präsenz in der spanischen Gesellschaft betraf, konnte die Republik natürlich nicht mit der katholischen Kirche mithalten. Dennoch gab es Bemühungen, der Bevölkerung Kultur nahezubringen. So wurde ein umfassendes Programm gestartet, das dem »Volk« republikanische Werte vermitteln sollte, vor allem in abgelegenen Dörfern, die bisher kaum oder gar keinen Kontakt zur Außenwelt hatten. Die treibende Kraft bei diesem Programm war der neue Minister für Volksbildung, Fernando de los Ríos, der bei der Kabinettsumbildung im Dezember 1931 den bisherigen Minister Marcelino Domingo abgelöst hatte. In einem Artikel vom März 1932 beschrieb de los Ríos zwei Formen der kulturellen Krise: den kulturellen »Niedergang oder Zusammenbruch«, unter dem Spanien seit Jahrzehnten leide, und die Krise des »kulturellen Auftriebs«, die Spanien derzeit erlebe, bei der das Verlangen nach kultureller Bereicherung groß sei, das Angebot aber gering. Der Staat hatte laut de los Ríos nun die Aufgabe, diese Lücke zu schließen. Er sollte eine neue Vorstellung von Kultur vermitteln, die die Betonung von Arbeit und Solidarität in der Verfassung mit grundlegenden spanischen Werten verknüpfte, etwa »der Liebe zum Ästhetischen und Tiefgründigen und zum wichtigsten Gefühl überhaupt, dem Respekt, den der Spanier schon immer für das Ethische und Asketische hegt«.[44] De los Ríos war zufällig auch der Neffe des Mannes, der das interessanteste unabhängige Bildungsexperiment Spaniens ins Leben gerufen hatte, die *Institución Libre de Enseñanza* (ILE). Das Institut war 1876 gegründet worden und vertrat einen säkularen Humanismus, der sich an den Lehren des deutschen Philosophen Karl Christian Friedrich Krause (1781–1832) orientierte.

Zur Kulturvermittlung wurde am 29. Mai 1931 das Patronato de la Misiones Pedagógicas per Dekret gegründet. Ganz bewusst wurde der Begriff »Mission« verwendet, schließlich wollte man ein Gegengewicht zum seit langem bestehenden katholischen Modell herstellen. Allerdings sahen die republikanischen »Missionen« ihre Hauptaufgabe nicht in der Bekehrung zu einer bestimmten Ideologie oder Sache, sondern in der kulturellen Bildung. Dadurch unterschieden sie sich nicht nur von den Katholiken, sondern auch vom kommunistischen Schenodtel, in dem Inessa Armand und Alexandra Kollontai in den zwanziger Jahren gewirkt hat-

Eine Aufführung des Teatro de Pueblo der Misiones Pedagógicas, 1931–1934

ten, wo die Befreiung der Frau und die soziale Revolution gepredigt wurden. In Spanien wurde den Bauern und Landarbeitern in abgelegenen Dörfern ein Programm mit leicht verständlichen Auszügen aus der klassischen kastilischen Dichtung und Prosa geboten, dazu Chöre und Lieder, oft regionalen Ursprungs, sowie Dokumentarfilme über andere Länder und Kontinente oder über Wissenschaft, Hygiene und Gesundheit. Die »Missionen« führten außerdem ein sogenanntes reisendes Museum mit sich, das Repliken der bekanntesten Gemälde aus dem Prado und dem Museo del Cerralbo in Madrid zeigte.

Viele Jahre später berichtete ein Freiwilliger von einem typischen Einsatz:

> Die wahren Missionen wurden von uns Studenten und Dichtern in Dörfern unternommen, die oft keinen Strom hatten und zu denen wir bewaffnet mit einem Filmprojektor, mit Komödien oder Dokumentarfilmen, einem Grammophon und Schallplatten aufbrachen ... Bei Einbruch der Dunkelheit organisierten wir auf dem Dorfplatz ein ansprechendes und verständliches Programm mit Lesungen und verschiedenen Kommentaren ... und endeten mit einem der berühmten Stummfilme von Charlie Chaplin.[45]

In den Jahren 1931 bis 1934 besuchten die *misioneros* 495 Dörfer, von denen fast die Hälfte in der Region Kastilien und León lag. Bei einer damaligen Gesamtbevölkerung von über 24 Millionen erreichten die Misiones Pedagógicas natürlich nur einen Bruchteil der Spanier. In Katalonien, Aragón und Valencia wurden nur wenige Missionen organisiert, und der Süden blieb komplett unberücksichtigt. Das zeigt, wie stark das ganze Unternehmen von Madrid geprägt war, bei dem die kastilische Kultur eindeutig im Vordergrund stand.[46]

Doch trotz der geringen Reichweite sollte man den Erfolg der Initiative nicht unterschätzen. Ihre bevorzugte Kunstform war das Theater, und das »Coro y Teatro de Pueblo«, das bis Ende 1934 in 179 Orten gastierte, brachte den Dorfbewohnern gekürzte Versionen der großen Dramen aus dem goldenen Zeitalter des spanischen Theaters. Die Truppe konzentrierte sich vor allem auf *entremeses* (kurze Zwischenspiele) und *pasos* (Sketche oder Parodien). Sie dauerten normalerweise nicht länger als 15 Minuten und hatten dieselbe Funktion wie die komischen Zwischen-

spiele in Shakespeare-Tragödien. Oft endeten sie mit Musik und einem Chor.[47]
Die Auswahl der Stücke hing meist von der Qualität und weniger von der politischen Aussage ab. Ein gutes Beispiel, das diesen Punkt verdeutlicht, ist ein *entremés* von Cervantes, »*El juez de los divorcios*« (»Der Scheidungsrichter«), das regelmäßig vom Coro y Teatro de Pueblo aufgeführt wurde.[48] Wenn man bedenkt, dass mit dem Artikel 43 in der Verfassung von 1931 erstmals die Möglichkeit zur Scheidung gegeben war, sollte man meinen, dass die *misioneros* ein Stück ausgesucht hätten, das mit der Verfassung übereinstimmte und die Scheidung in einem positiven Licht darstellte. Doch das war nicht der Fall, denn das Stück von Cervantes ist vieldeutig. Die Übel einer Ehe werden zwar ausführlich dargestellt, und vor allem die Frauen bringen vor dem imaginären Gericht ausführlich ihr Leid zum Ausdruck. Eine Frau, Mariana, schlägt sogar eine radikale politische Alternative vor:

> Lasse mich Euer Gnaden nur heulen, es ruht mich aus. In den Königreichen und wohlgeordneten Gemeinwesen sollte die Dauer der Ehe befristet und aller drei Jahre aufgelöst oder von neuem bestätigt werden, wie man's mit den Dingen macht, die man pachtet, und nicht daß sie das ganze Leben währen muss zum ständigen Schmerz beider Hälften.[49]

Mariana schildert plastisch und detailliert die täglichen Schrecken ihrer Ehe. Eine andere Figur, Cerusico (der Feldscher), fleht den Richter an, ihn und seine Frau getrennte Wege gehen zu lassen: »Was bedarf's da noch der Prüfung, wo ich nicht mit ihr an meiner Seite sterben will und sie nicht lustig ist, mit mir zu leben?«[50]

Andererseits ist der Richter unerbittlich in seiner Weigerung, auch nur einem Kläger die Scheidung zu gewähren, obwohl er zugibt, dass es in einigen Fällen einleuchtende Gründe gäbe. Am Ende des Stücks nimmt der Richter eine Einladung zum Essen von einem Paar an, das ihm damit für die Rettung seiner Ehe dankt. Musiker begleiten den Schlusschor, die Vertonung eines traditionellen Sprichworts:

> Merkt's, die ihr im Ehezwist
> Greifen wollt zum Auftrennmesser,
> Dass der schlimmste Friede besser,
> Als die beste Scheidung ist.[51]

Eine andere Theatertruppe, die in jenen Jahren durch Spanien zog, wurde von Federico García Lorca geleitet, dem jungen talentierten Avantgarde-Dichter und Schriftsteller aus Granada. Seine Familie war so außergewöhnlich, dass ich ein wenig näher auf sie eingehen möchte. Die Beschreibung stützt sich in erster Linie auf den ersten Text aus seiner Feder: *Mi pueblo*, ein Manuskript von 1916/1917, in dem er seine Familie und seinen Heimatort schildert. Seine Großeltern väterlicherseits hatten neun Kinder, die alle heirateten und wieder Kinder hatten und mit einer Ausnahme weiterhin in Frente Vaqueros in der Nähe von Granada lebten. Das bedeutete, dass Federico über 40 Cousins und Cousinen im Dorf hatte, worüber seine Freunde in Granada später gern spotteten. Seine Familie beschrieb er einmal als »lang«, aber auch »breit«, sie sei von außergewöhnlicher Dimension, egal, in welche Richtung man blicke. Die Familie hatte großes Interesse an Kultur, was für die damalige Zeit auf dem Dorf ziemlich ungewöhnlich war. Eine seiner frühesten Kindheitserinnerungen, die Federico sehr bewegte, war die, wie seine Mutter in der großen Küche des Bauernhauses aus Victor Hugos Drama *Hernani oder Die kastilische Ehre* vorlas und Feldarbeiter, Dienerschaft und die Familie des Verwalters zuhörten:

> Meine Mutter las wundervoll, und ich beobachtete erstaunt, dass die Bediensteten weinten, denn natürlich verstand ich damals noch nichts von der Handlung ... Ich verdanke ihr alles, was ich bin, und alles, was ich sein werde.[52]

Federico hatte sich mit einem kleinen Mädchen angefreundet, dessen Familie zu den Feldarbeitern gehörte. Der Vater des Mädchens hatte Rheuma, und die Mutter war von zahllosen Schwangerschaften körperlich entkräftet. Federico besuchte sie oft, durfte aber nicht am Waschtag kommen, weil dann alle Familienmitglieder im Haus blieben und nackt darauf warteten, dass ihre Kleider trockneten. In *Mi pueblo* schrieb er: »Wenn ich von solchen Besuchen nach Hause kam und in meinen Kleiderschrank voll sauberer, duftender Wäsche schaute, fühlte ich mich schrecklich beklommen und spürte ein kaltes Gewicht auf dem Herzen.[53] Hier erkennt man die enormen Klassenunterschiede, von denen Margarita Nelken gesprochen hatte und die auf republikanischer Seite eins der stärksten Motive im Bürgerkrieg darstellten.

Der Dichter hatte, wie ein Biograf schreibt, »einen großen, ausdrucksvollen und energischen Kopf« und einen »schwerfälligen und plattfüßigen Körper ... Sein Humor war ansteckend, seine Lachsalven sprichwörtlich«.[54] Er neigte aber auch zu starken Ängsten und tiefer Melancholie – die Kehrseite seiner Fähigkeit, um sich herum eine heitere Atmosphäre zu schaffen. Vor allem litt er darunter, dass er in der damaligen Zeit seine Homosexualität nicht frei und offen ausleben konnte.

Sein Werk zeichnet sich durch eindrückliche Metaphern aus, durch einen Sinn fürs Mysteriöse und Unendliche, durch gewaltige, verborgene Leidenschaften, die darin zum Ausdruck kommen. Lorcas Projekt, dem Volk das Theater näher zu bringen, unterschied sich deutlich vom Coro y Teatro de Pueblo. Seine Truppe, »La Barraca«, gastierte überwiegend in Kleinstädten und nicht in abgelegenen Dörfern, außerdem wurden neben dem klassischen Theaterrepertoire auch zeitgenössische Stücke aufgeführt. Sein Ziel war weniger pädagogisch, und er machte gegenüber dem Publikum auch weniger Zugeständnisse.

In einem Interview vom März 1932 erklärte er:

Außerhalb von Madrid ist das Theater, das in seiner reinsten Form einen Teil des Lebens der Menschen darstellt, heutzutage praktisch tot, und die Menschen leiden entsprechend, so wie sie leiden würden, wenn sie ihre Augen oder Ohren oder ihren Geschmackssinn verloren hätten. Wir geben es ihnen so zurück, wie sie es von früher kennen, mit genau den Stücken, die sie früher einmal liebten ... Wir werden das Gute und das Böse, Gott und den Glauben zurück in die Städte Spaniens tragen.[55]

Zusammen mit Eduardo Ugarte und 30 Schauspielern und Technikern – die meisten Studenten der Universität Madrid – brach Lorca am 10. Juli 1932 zu einer Tournee mit »La Barraca« auf, die in insgesamt 64 Orte führte.

Es fällt auf, dass in Spanien die Linke *ebenso* wie die Rechte, säkulare Humanisten wie fundamentale Katholiken, auf die Vergangenheit zurückgriffen, auf Spaniens Blütezeit im 16. und 17. Jahrhundert. Beide Seiten hätten Marinettis Spott verdient, weil sie mehr *passatisti* als *futuristi* waren. Doch Lorca kombinierte Tradition und Moderne auf besondere Weise, nicht nur in seinen eigenen Stücken, sondern auch in seinen Inszenierungen klassischer Dramen, mit Bühnenbildern aus Paris, die, wie er sagte, »die modernste Linienführung unter der Obhut Picassos« gelernt hatten.[56]

Das Theater war das bevorzugte Stilmittel der republikanischen Kulturvermittler, doch die Landbevölkerung war (trotz Lorcas Inszenierungen) von einem ganz anderen Medium fasziniert. Wie viele Erinnerungen zeigen, waren es vor allem die Filmvorführungen, die die Dorfbewohner »unterhielten« und »überwältigten«. Manchen erschienen die Filme sogar »magisch«, was die Dorfältesten veranlasste, ihnen mit Misstrauen zu begegnen oder von »Hexerei« zu sprechen. Eine Aufnahme aus der Zeit zeigt ein dörfliches Publikum, das sich in einem Klassenzimmer versammelt hat. Es sind überwiegend Frauen und Kinder, die sitzend oder stehend ungläubig und entrückt auf die Bilder schauen, die ihnen gezeigt werden. In der Mitte des Fotos steht eine junge Mutter mit einem Kind auf dem Arm. Mutter und Kind haben eine besondere Ausstrahlung, was durch die Haltung der Mutter noch verstärkt wird. Anders als die dunkelgekleideten Umstehenden ist die schlichte Kleidung von Mutter und Kind hell, um die Stirn des Kindes ist eine weißes Stirnband gebunden.

Dorfbewohner bei einer Filmvorführung der Misiones Pedagógicas in den 1930er Jahren

Wie die Historikerin Sandie Holguín zeigt, war die Haltung der republikanischen Behörden zum Kino nicht uneingeschränkt positiv.[57] Sie erkannten nur langsam sein Potenzial und verboten oder zensierten viele Filme, die ihnen nicht zusagten. Das gilt vor allem für die frühen sowjetischen Revolutionsfilme, die heute als Meisterwerke des russischen Kinos gelten. Doch mit ihrem Aufruf zur Revolution und ihrer positiven Darstellung des Klassenkampfes entsprachen sie so gar nicht dem Weltbild der spanischen Republikaner, die der säkularen humanistischen Tradition anhingen. Für sie gab es in den dreißiger Jahren in Spanien bereits zu viele Aufrufe zur Revolution, da musste man nicht auch noch sowjetische Appelle importieren. Folglich wurde Sergej Eisensteins *Panzerkreuzer Potemkin* aus dem Jahr 1925 verboten, aber auch Luis Buñuels Dokumentarfilm über die Lebensbedingungen der Landbevölkerung in der Extremadura, *Las Hurdes – Land ohne Brot* von 1932 durfte nicht gezeigt werden. *Las Hurdes* ist gewiss kein bequemer Film, aber auch keiner, den man verbieten müsste. Doch die Behörden wollten Spanien nicht in einem schlechten Licht dargestellt sehen (wie bei Buñuel) und auch keine Aufrufe zur Unordnung (wie bei Eisenstein) zeigen. Dabei gewährte die neue Verfassung im Artikel 34 ausdrücklich das Recht auf Redefreiheit und freie Meinungsäußerung. Solche Maßnahmen waren kein guter Auftakt für die republikanische Regierung und die kulturelle Freiheit.

Die Mitarbeiter der Misiones Pedagógicas, die auf dem Land Kultur vermittelten, hatten andere Probleme. Wieder und wieder wurden sie mit derart widrigen Lebensbedingungen der Dorfbewohner konfrontiert, mit Armut, Krankheit und Not, dass ihr Kulturprogramm nur noch von untergeordneter Bedeutung schien. Die Dorfbewohner brauchten Medikamente und Lebensmittel, keine Gedichte und Lieder. Der Autor Laurie Lee, der als unerschrockener junger Mann mit 21 Jahren nur mit seiner Violine im Gepäck 1934 von England nach Spanien aufbrach, schilderte die wachsende Verzweiflung der spanischen Bevölkerung in Dörfern wie Städten, je weiter er nach Süden kam:

Ich war voll verschwommener romantischer Vorstellungen durch Spanien gereist, doch als ich in den Süden kam, schmeckte es mir immer bitterer … Es schien, als sollten mir in Cádiz nur Blinde und Krüppel, Kranke,

Taube und Stumme begegnen, deren Lage so hoffnungslos war, dass sie sich kaum noch die Mühe machten, sie zu beklagen, sondern alles wie einen verzwickten Scherz behandelten.[58]

Auf dem Weg nach Valdepeñas im Sommer 1935 machte Lee bei einem Dorfjahrmarkt Halt und sah sich die Aufführung eines Freiluftzirkus an. Die Vorstellung war natürlich weit entfernt von der Qualität der Misiones Pedagógicas und bestand aus »einem Affen, einem Kamel, einem Araber, einer Schlange und zwei bunt geschminkten kleinen Jungen mit Trompeten«.[59] In einem Dorf in den Bergen der Sierra Morena betrachtete er die Bewohner, die seinem Geigenspiel lauschten, »bis an die Kehle in Decken gehüllt und Nebeltropfen in den Augenbrauen. Mir kam der Gedanke, dass ich so auch vor einem verschollenen Stammesüberrest aus dem Schottland des 17. Jahrhunderts hätte stehen können, der gerade einmal weder von einer Hungersnot noch von Massakern heimgesucht war.«[60]

Für diese seit Jahrhunderten bestehende strukturelle Armut gab es keine einfache oder schnelle Lösung. Stattdessen hätte man massive staatliche Finanzhilfen ausgerechnet in jenen Jahren benötigt, in denen die Staatskassen aufgrund der Weltwirtschaftskrise leer und die Möglichkeiten für Sozialausgaben begrenzt waren. Die Misiones Pedagógicas taten mit ihren begrenzten Mitteln, was sie konnten, und vermittelten nicht nur Kultur, sondern unternahmen auch viel für die Alphabetisierung der Bevölkerung. 60 Prozent des jährlichen Budgets wurden für Büchereien vor Ort und mobile Bibliotheken verwendet. Anfänglich waren die Büchereien sehr klein und umfassten oft nur ein paar Hundert Bücher. Bis Dezember 1933 wurden in den ländlichen Gebieten immerhin 3151 Büchereien eingerichtet – was unter den gegebenen Bedingungen eine beträchtliche Leistung darstellte.

Im Rahmen seines bescheidenen Budgets versuchte Bildungsminister Fernando de los Ríos außerdem ein modernes Schulsystem zu schaffen. Eine gigantische Aufgabe, denn etwa ein Viertel bis ein Drittel der Bevölkerung konnte weder lesen noch schreiben, außerdem schätzte man, dass etwa eine Million Kinder nicht einmal zur Schule gingen. Zwischen 1909 und 1931 hatte der spanische Staat im Schnitt 500 Schulen pro Jahr bauen lassen. In den Jahren 1931 und 1932 stieg die Zahl auf über 2500 Schulen an. Dieser anfängliche Schwung konnte nicht beibehalten werden, was zum einen an der wirtschaftlichen Situation und zum anderen daran lag, dass der Großteil des Budgets 1932/33 für das Gehalt der Lehrer ausgegeben wurde. Katholische Eltern mussten verbittert mitansehen, wie religiöse Orden und ihre Schulen vom staatlichen System an den Rand gedrängt wurden. Die Koedukation, bei der Jungen und Mädchen an denselben Schulen und zum Teil auch in denselben Räumen unterrichtet wurden, stieß bei vielen Familien, vor allem den katholischen und konservativen Familien auf dem Land und in kleinen Städten, auf tiefes Misstrauen und sorgte mancherorts für offene Empörung. Dennoch erreichten die staatlichen Ausgaben für Bildung 1934 einen Höhepunkt – 7 Prozent des nationalen Haushalts wurden darauf verwendet.[61]

II

Der drohende Bürgerkrieg

**Familie und Bevölkerung:
Ein Vergleich zwischen Spanien und Italien**

Statistisch betrachtet herrschten in Spanien und Italien in den 1930er Jahren durchaus ähnliche Verhältnisse. Beide Länder lassen sich wirtschaftlich in der Mitte einordnen – zwischen der großen Armut in der Türkei oder der Sowjetunion und dem wohlhabenden und dynamischen Deutschland. Spanien hatte eine deutlich kleinere Bevölkerung als Italien – sie lag 1930 leicht unter 24 Millionen, während in Italien 1931 fast 44 Millionen Menschen lebten. Im Jahr 1930 arbeiteten 46,1 Prozent der arbeitsfähigen Bevölkerung Spaniens in der Landwirtschaft, 27,2 Prozent in der Industrie und 21,2 Prozent im Dienstleistungssektor. Die entsprechenden Zahlen für Italien lauteten 46,8 Prozent in der Landwirtschaft, 30,8 Prozent in der Industrie und 22,4 Prozent im Dienstleistungssektor. Die Geburtenrate war fast identisch: In Spanien kamen auf eine Frau 3,09 Kinder, in Italien 3,07. Für 1930 lag das durchschnittliche Pro-Kopf-Einkommen in Spanien bei etwa 2000 Euro, nach dem Bürgerkrieg sank es auf etwa 1500. In Italien waren es gut 2000 Euro pro Kopf im Jahr 1930 und rund 2500 im Jahr 1939.[1]

David Reher, der sich auf historische Demografie spezialisiert hat, unterstreicht die anhaltende Bedeutung von Familienstrukturen und Systemen, von Verteilungskämpfen und Strategien in der Geschichte Spaniens:

Risiken, Unsicherheit und Tod; dysfunktionale oder belastbare Familienstrukturen; Loyalität innerhalb der Familie, arrangierte Ehen, soziale und moralische Beschränkungen; Überleben und Stabilität; Besitz, Vermögen und Armut. Die Themen sind immer dieselben: die Familie, immer die Familie. Sie ist in der spanischen Literatur allgegenwärtig, in der Geschichte und im täglichen Leben.[2]

Dieselbe Feststellung könnte man auch für italienische Familien treffen. 1973 beschrieb Peter Nichols, langjähriger Korrespondent der Londoner *Times* in Rom, die Familie als »anerkanntes Meisterwerk der italienischen Gesellschaft, das Bollwerk, die natürliche Einheit, die die Menschen mit all dem versorgt, was der Staat ihnen verweigert, die nahezu heilige Gruppe, die als strafende Rächerin auftritt, aber auch belohnt«.[3] Die Mehrheit der Bevölkerung beider Länder orientierte sich bei ihren Familienbeziehungen immer noch an der katholischen Lehre und betrachtete die Familie als »natürliche Einheit« einer Gesellschaft und ihre Verpflichtungen gegenüber dem Staat unter dem Blickwinkel des Klientelismus und verwandtschaftlicher Beziehungen.[4] Allgemein war es üblich, Patenschaften oder rituelle Verbindungen zu nutzen. Dadurch konnten Familien mit Hilfe einer Vielzahl verschiedener Muster ihre gesellschaftlichen Bindungen in vertikaler wie horizontaler Richtung verstärken.[5]

Ein grundlegendes Kennzeichen spanischer Familien in der ersten Hälfte des 20. Jahrhunderts, das man auch bei den italienischen Familien findet, war ihre sowohl räumliche wie emotionale Nähe. Studien zur Provinz und zur Stadt Cuence, die über drei Jahrhunderte umfassen, zeigen, wie stark die Tendenz bei frisch verheirateten Paaren war, sich in unmittelbarer Nähe ihrer Familie oder beider Familien niederzulassen.[6] Eine derartige Nähe zog Spannungen nach sich, die bei einer loseren Verbindung wahrscheinlich vermeidbar gewesen wären, sie hatte aber auch große Vorteile, etwa in Hinblick auf eine generationenübergreifende Solidarität. So konnte der alte Vater oder die verwitwete Mutter darauf zählen, dass die Kinder sich um sie kümmern und in ihrem Haushalt aufnehmen würden. In Cuenca gab es eine Variante dieses Brauchs, die *ir por meses* genannt wurde und bei der die Alten abwechselnd einen Monat bei den verschiedenen Familien untergebracht waren. Die Verpflichtung, die Alten nicht im Stich zu lassen, ist auch heute noch zu erkennen.[7]

Ein weiteres Kennzeichen der spanischen Familie war das begrenzte Vorhandensein ausgedehnter oder vielfacher Familienstrukturen. Im 19. und frühen 20. Jahrhundert lebten komplexe Familien überwiegend in den ländlichen Gebieten im Norden des Landes. Man könnte eine Linie entlang der nördlichen Küstenregionen ziehen und sie entlang der Pyrenäen und ins ländliche Katalonien fortführen. Im Norden hatten etwa 20 bis 40 Prozent der Haushalte die komplexe Struktur einer erweiterten Familie. Im ländlichen Katalonien gab es überwiegend Stammfamilien mit einem einzigen Erben (*hereu*), normalerweise dem ältesten Sohn, der mit seiner eigenen Familie und seinem Nachwuchs im Elternhaus (*masía* oder *casa pairal*) lebte. Wie bereits festgestellt, waren diese katalanischen Familien stark katholisch orientiert; sämtliche Familienmitglieder, nicht nur die Frauen, beteiligten sich an den Aktivitäten und Feierlichkeiten der Kirche. Sie erinnern in vieler Hinsicht an die *mezzadri*, die Naturalpächter der Toskana. Doch die katalanischen Familien erreichten nie die Komplexität und Größe der toskanischen Familien, außerdem war ihr Erbrecht deutlich strenger.

Eng verbunden mit den Familienstrukturen war die Frage des Erbrechts. In manchen Regionen Spaniens orientierte man sich am staatlichen Rechtssystem und der Praxis, einen einzelnen Erben zu begünstigen, wie etwa in Katalonien. Doch in den meisten anderen Regionen sahen die Rechtsnormen eher die Erbteilung vor. Vor allem in den großen Städten waren die Haushalte in der Regel klein, die Familienstruktur war auf die Kernfamilie beschränkt, und es war üblich, seinen eigenen Haushalt zu gründen, wenn es die wirtschaftlichen Verhältnisse zuließen. Auch hier finden sich deutliche Parallelen zu Italien, sowohl für die Städte wie für den ländlich geprägten Süden.

Was die Stellung der Frau betrifft, gilt das spanische Patriarchat als besonders starr und strikt gegenreformatorisch ausgerichtet. Die Spannungen zwischen Hierarchie und Partnerschaft im häuslichen Raum, wie sie etwa in der Enzyklika von Pius XI. dargestellt werden, wurden in Spanien üblicherweise dadurch gelöst, dass man die Stellung des Ehemanns stärkte.[8] Frauen wurden eifersüchtig bewacht, man schränkte ihre Bewegungsfreiheit ein und verbannte sie (vor allem im südlichen Spanien) ins Haus, was an das muslimische Vorbild aus früheren Zeiten erinnert. Diese männliche Dominanz kommt auf einem Foto, das bei einer Tournee der Misiones Pedagógicas aufgenommen wurde, sehr deutlich zum Ausdruck. Man sieht darauf Männer in einer Reihe auf einer Mauer sitzen. Sie schauen sich die Vorstellung an, während weiter unten, praktisch den Männern zu Füßen, eine einzelne, schwarz gekleidete Frau mit einem Kind auf dem Arm steht. Eine verheiratete Frau sollte ein *ángel del hogar* (Engel des Herdes) sein, ihr einziges biologisches und gesellschaftliches Ziel war die Mutterschaft. Nur im Baskenland standen Frauen in dem Ruf, sich gegenüber den Männern zu behaupten und nicht davor zurückzuschrecken, sich auf eine Stufe mit ihnen zu stellen.

Anarchistische Familien in Barcelona und Südspanien

»Freie Liebe«

Bis zum 20. Jahrhundert waren die anarchistischen Theorien zur Familie nicht weiter entwickelt als die Theorien von Marx und die der Marxisten. In den stürmischen Jahren der Ersten Internationale (1864–1876) stritten sich Bakunin und Marx heftig über eine ganze Reihe von Themen – die Natur der Organisation, die Rolle des Staates, die der revolutionären Klasse –, doch die Zukunft der Familie zählte nicht dazu. Wie gezeigt, gingen Marx und Engels davon aus, dass die kommunistische Gesellschaft die bisherigen Funktionen der Familie absorbieren würde: Durch Gemeinschaftsküchen würde das Kochen zu Hause überflüssig werden, der Staat würde die Erziehung der Kinder übernehmen, Aktivitäten in der Gemeinschaft würden größtenteils das Privatleben und die Privatsphäre ersetzen. Frauen sollten die gleichen Rechte wie Männer haben, doch ihre eigentliche Emanzipation würde dann stattfinden, wenn die gesellschaftliche Basis dafür geschaffen war, dass sie ihre Rolle in der Produktion übernehmen konnten. Dieses Erbe war für die europäische Arbeiterbewegung nicht unproblematisch, wurde jedoch vor der Russischen Revolution nicht weiter erkundet.

Bakunin sah die Familie ganz anders, allerdings ging auch er nicht näher auf ihre Rolle ein. In seiner Darstellung und auch später bei Kropotkin verschwand die Familie nicht mit der Revolution. Stattdessen gingen beide davon aus, dass sich die Menschen durch die Revolution verändern würden, und damit auch die Form und der Inhalt des Zusammenlebens. Für die Anarchisten war die Revolution in erster Linie ein *innerer* Prozess, bei dem Freiheit als »moralische Selbstbestimmung« betrachtet wurde.[9] Dadurch erlangte der Einzelne ein größeres Bewusstsein für sich selbst. Die Konzentration auf das Individuum führte in zwei mögliche Richtungen: Entweder zu einer Betonung des individuellen Handelns, etwa in Form von Terrorakten oder anderen Aktionen, oder zum Aufbau einer Massenbewegung, die auf Selbstdisziplin und Solidarität gründete. Die gesamte Geschichte des spanischen Anarchismus lässt sich als Konflikt zwischen diesen beiden Entwicklungslinien und den daraus entstehenden Verflechtungen betrachten.

Im Privatleben würden Männer und Frauen, nach Bakunin, freie Partnerschaften eingehen und »freie Liebe« praktizieren. Die freie Liebe war ein grundlegendes anarchistisches Konzept. Dabei ging es nicht um sexuelle Freizügigkeit und ständig wechselnde Partner, sondern um eine Liebe, die frei von strengen, von oben auferlegten Regeln war, unabhängig davon, ob es sich um die katholische Vorstellung von der Unauflösbarkeit der Ehe handelte oder um marxistische Ideen wie einen zentralistischen Staat, der alles regulierte. In der Welt der Anarchisten übernahm der Einzelne Verantwortung für seine eigenen Beziehungen. In einem Artikel vom April 1915 hieß es in der Zeitschrift *Tierra y Libertad* warnend: »Wie schädlich ist es, die freie Liebe zu missbrauchen, das heißt, freizügige Handlungen im Namen der freien Liebe zu verüben.«[10] Pepe Pereja, ein Anarchist und Landarbeiter aus dem Dorf Casas Viejas, erklärte in einem Interview mit Jerome Mintz, dass sich »freie Liebe« von Frauenrechten und Bildung ableite:

> Freie Liebe bedeutet nicht, verschiedene Frauen zu haben oder verschiedene Liebhaber. Freie Liebe bedeutet, dass eine Frau dieselben Rechte hat wie ein Mann. Aber für die freie Liebe muss man gebildet sein, man braucht »Intellektualität«.[11]

Nur unter diesen Voraussetzungen konnten sich Männer und Frauen zu Hause als gleichberechtigte Partner achten. Gleichzeitig mussten beide Partner frei sein und eine Beziehung beenden dürfen, wenn die Bedingungen für ihre Liebe und Gemeinschaft nicht mehr gegeben waren. Freiheit und Gleichheit waren damit die treibenden Kräfte der »freien Liebe«:

Freiheit von Besitzdenken und Kontrolle, Gleichheit zwischen den Geschlechtern sowohl in wirtschaftlicher Hinsicht wie im häuslichen Bereich. Die Frau sollte von ihren Schuldgefühlen, ihrem Erschrecken vor der eigenen Sexualität befreit werden, und die Mutterschaft sollte auf einer bewussten und freiwilligen Entscheidung basieren und nicht als eheliche Pflicht gelten.[12]

Anarchisten wie Marxisten verwandten viel Zeit darauf, die vielen Laster der »bourgeoisen Familie« zu verunglimpfen, gaben aber so gut wie keine Hinweise, was an ihre Stelle treten sollte. Ein immer wiederkehrendes Thema war die freie Erziehung der Kinder. Sie sollten Autonomie lernen und die Welt um sich herum erkunden, aber natürlich auch lesen und schreiben können. Nur sehr wenige Anarchisten stellten die Monogamie infrage oder schlugen Kommunen als Ersatz für die Familie vor. Einige »radikale Individualisten« wie Francisco Ferrer und etwas zurückhaltender Juan Montseny und Teresa Mañé wagten zu sagen, dass Monogamie Sklaverei sei, und schlugen vor, sich auf kommunaler Basis um Kinder zu kümmern. Sie wurden jedoch von den gemäßigten spanischen Anarchisten der »Unmoral« bezichtigt.[13]

Vorstellungen von freien Partnerschaften und freier Liebe bildeten nur einen Teil der anarchistischen Weltsicht. In ihrer Gesamtheit besitzt sie zweifellos eine gewisse Faszination. Die Anarchisten träumten von einem libertären Kommunismus im Gegensatz zum staatlichen Kommunismus, von selbstverwalteten kleinen Verbänden und Gemeinschaften, von Kooperation statt Konkurrenz, von offenen Grenzen anstelle der mit Waffengewalt verteidigten Nationalstaaten, von internationaler Brüderlichkeit anstelle von nationalistischem Vormachtstreben. Männer und Frauen waren nicht als Sünder geboren, wie die Kirche behauptete, sondern frei. Eine liberale Erziehung sollte es den Kindern ermöglichen, ihr Potenzial für die Freiheit zu erkennen und sich zu verantwortungsvollen Erwachsenen zu entwickeln.

Der Mensch ist, so schrieb Bakunin, »das letzte und vollendetste Tier auf der Erde«, denn es zeige »die vollständigste und beachtenswerteste Individualität ... wegen seiner Fähigkeit, das allgemeine Gesetz zu erfassen, zu verwirklichen und es gewissermaßen in sich selbst, in seiner sozialen und privaten Existenz, zu verkörpern«.[14]

Die »guten Familien« von Barcelona

Am 7. November 1893 eröffnete das Liceu – Barcelonas prächtiges Opernhaus und das kulturelle und gesellschaftliche Zentrum des katalanischen Bildungsbürgertums – die Saison mit *Wilhelm Tell,* Rossinis *Grand opéra* über die Familie und den Freiheitskampf der Schweizer. In der Pause wurden vom ersten Rang zwei Bomben in den Zuschauerraum geworfen. Nur eine Bombe explodierte, doch 20 Menschen wurden getötet, viele weitere verletzt. Fünf bekannte Anarchisten wurden verhaftet, verurteilt und hingerichtet, obwohl ihre Beteiligung nie bewiesen wurde. Santiago Salvador, der den Bombenanschlag verübt hatte, wurde ein Jahr später hingerichtet.

Die 1890er Jahre waren in ganz Europa geprägt von anarchistischen Terroranschlägen. Die Bomben im Liceu von Barcelona sind jedoch zusammen mit einem ähnlichen Anschlag bei einer Fronleichnamsprozession von 1896, bei dem weitere acht Personen ums Leben kamen, von besonderer Bedeutung. Das liegt nicht nur an ihrer starken Symbolkraft, sondern auch daran, dass die Anschläge deutlich zeigten, dass die soziale Integration in Katalonien, die bei der Weltausstellung 1888 in Barcelona so gefeiert worden war, auf tönernen Füßen stand. Nach dem Anschlag auf die Fronleichnamsprozession wurden zahlreiche Anarchisten verhaftet und ins berüchtigte Festungsgefängnis Montjuïc gesteckt. Sie wurden von der neu gegründeten Brigada Social, einem speziellen politischen Polizeikorps, systematisch gefoltert, ihnen wurden Knochen gebrochen und die Genitalien verstümmelt. Einige Häftlinge starben, andere wurden wahnsinnig. In der radikalen europäischen Presse wurde Barcelona zum ersten – aber leider nicht zum letzten – Mal zum Synonym für zügellose staatliche Brutalität.[15]

Die soziale Integration in Katalonien war das Projekt der bürgerlichen Elite Barcelonas, die der Anthropologe Gary Wray McDonogh so treffend die »guten Familien von Barcelona« genannt hat.[16] »Gut« waren sie nicht unbedingt im moralischen Sinne, aber »gut« war in jedem Fall ihr gesellschaftliches Ansehen. Mit ihrer wirtschaftlichen Dynamik trugen sie maßgeblich zum schnellen Wachstum der katalanischen Industrie bei, vor allem der Textilfabriken im 19. Jahrhundert. Mitte des Jahrhunderts stand die katalanische Textilindustrie weltweit an vierter Stelle, hinter

England, Frankreich und den USA, aber noch vor Belgien und Italien. Um 1900 hatte Barcelona über eine halbe Million Einwohner.[17] Die guten Familien von Barcelona bildeten bald ein zusammenhängendes Machtgefüge. Indem sie untereinander und in die Familien der städtischen Aristokratie einheirateten, die Firmen einzelner Familien in größere Unternehmen eingliederten und ein System miteinander kooperierender Vorstände gründeten, schufen sie ein funktionierendes Netzwerk. Ihre gesellschaftliche und kulturelle Homogenität basierte auf verschiedenen Säulen: der privaten Erziehung der Kinder durch Jesuiten, dem Festhalten an gemeinsamen Vorstellungen von Etikette und Mode, dem Beherrschen mehrerer Fremdsprachen, dem Besitz einer Loge in einem der vielen Ränge des Liceu (das 3500 Zuschauern Platz bot) und einer Gruft auf dem berühmten alten Friedhof der Stadt, dem Cementeri de Poblenouin.[18]

Die Familien, zumindest die intelligenteren und aufgeschlosseneren, träumten von einem »*Gran Barcelona*«, wo sie ihre Hegemonie über die anderen Gesellschaftsschichten der Stadt ausüben konnten. Neue Nahrung erhielten diese Träume durch die rasche Zunahme des katalanischen Nationalismus. Mit der Gründung der Lliga Regionalista im Jahr 1901 rückten katalanische Juristen, Politiker, Volkskundler und Ideologen als neue politische Kraft in den Mittelpunkt.

Zu den interessantesten und wichtigsten Vertretern des neuen Katalanismus (dessen Wurzeln bis ins 17. Jahrhundert zurückreichen) zählte Enric Prat de la Riba (1870–1917), der in seinen Schriften die ländliche katalanische Familie idealisierte. Für Prat de la Riba war die große Stammfamilie auf dem Land, die die *casa pairal* bewohnte und von einem strengen, aber gerechten männlichen Familienoberhaupt gelenkt wurde, ein Familienmodell, das geschätzt und bewahrt werden musste. Für ihn symbolisierte es die soziale Homogenität Kataloniens und stand in deutlichem Kontrast zu den Lebensbedingungen in den anderen ländlichen Regionen Spaniens. Ähnliche Ansichten hegte Frédéric Le Play, der große französische katholische Soziologe jener Zeit, der als einer der ersten die Vielfalt der Familienstrukturen, Formen und Kulturen untersuchte. Beide sahen in den traditionellen katholischen, weitverzweigten Stammfamilien keine Relikte der Vergangenheit, sondern ein Vorbild, an dem sich moderne Beziehungen im industriellen Zeitalter orientieren sollten. Prat de la Riba schrieb 1898:

Der Begriff *casa* (Haus), der auf alle Klassen der industriellen Ausbeutung angewandt wird, ist an sich schon eine Offenbarung. Er offenbart die Natur der industriellen Tätigkeit präziser und deutlicher als die detaillierteste und sorgfältigste Analyse ... Der *hereu* ist mit seiner Fortführung der Persönlichkeit des Vaters und der Einheit der Familie ein Patron *par excellence* – er erhält das Haus und bewahrt es vor der Auflösung, denn diese ist mit dem Tod gleichzusetzen.[19]

Die »guten Familien« stützten sich also auf ein bestimmtes Familienmodell und nahmen damit für sich in Anspruch, drei gesellschaftliche Bereichen zu dominieren: die Stadtplanung, einen klassenübergreifenden, regionalen Nationalismus und die paternalistischen Wirtschaftsbeziehungen in der Industrie. Doch in allen drei Bereichen scheiterten sie letztendlich. Man legte zwar Lippenbekenntnisse zum utopischen Modell für einen neuen Stadtteil ab, den Ildefonso Cerdá bereits 1859 geplant hatte. Doch die Grundeigentümer verfolgten eigene Interessen und verhinderten die vollständige Umsetzung; außerdem wurden die vorgesehenen Grünflächen überbaut. Die unteren Schichten mussten mit der verfallenden Altstadt vorlieb nehmen, wurden in die umliegenden Vororte mit ihren Textilansiedlungen (*colonia*) verdrängt oder hausten in den Armenvierteln am Stadtrand. Was den regionalen Nationalismus und die Lliga betrifft, so fand die Ideologie zwar Anhänger bei Ladenbesitzern und Angestellten, konnte aber nie die Arbeiterschaft Barcelonas begeistern, die anarchistische Ideen bevorzugte, weil dabei die Arbeiterklasse im Vordergrund stand und nicht bloße Verfügungsmasse war. Unter den »guten Familien« fanden sich auch Beispiele von Paternalismus, sie waren jedoch nie vorherrschend. Eusebi Güell, dem Prat de la Riba sein Buch *Ley jurídica de la industria* von 1898 widmete, errichtete ab 1890 die Colònia Güell, zu der neben einer Textilfabrik eine Siedlung für die Arbeiter gehörte, mit einer Schule, einem Krankenhaus und einer Kapelle, die Antoni Gaudí gestaltete. Als 1905 ein Kind in einen Behälter mit heißer Farbe stürzte und schwere Verbrühungen erlitt und die Amputation beider Beine drohte, wurde ein Aufruf gestartet, um Spender für eine Hauttransplantation zu finden. Der Direktor der Fabrik, Claudio Güell López, und sein Bruder Santiago zählten zu den Ersten, die sich meldeten.[20] Das war eine lobenswerte Haltung, die aber bei weitem nicht allgemein üblich war. Die guten Familien waren nicht so gut, wie sie sich selbst gern darstellten.

Die »schlechten Familien«

Neben den »guten« Familien gab es auch noch die Arbeiterfamilien der Stadt, bei denen es sich jedoch nicht um eine homogene Gruppe handelte. Ganz oben in der sozialen Hierarchie stand die »Arbeiteraristokratie« der katalanischen Facharbeiter, deren Familien und Wohnungen von einem gewissen Ansehen kündeten. Ihr Lebensstil, wenn auch nicht unbedingt ihre politische Einstellung, war nicht weit von dem der unteren Mittelschicht der Stadt entfernt. Am anderen Ende der Skala fanden sich Zuwanderer, die erst vor kurzem aus den ländlichen Gebieten im Südosten Spaniens in die Stadt gekommen waren – ein stetiger Zustrom, der in den 1920er Jahren zu einer wahren Flut anschwoll. Sie lebten in Barackensiedlungen am Stadtrand oder direkt auf der Straße, waren schlecht ge-

Ein beliebter Markt in der Straße Arc del Teatre im historischen Zentrum von Barcelona, um 1925

kleidet, hielten sich hauptsächlich mit Gelegenheitsarbeiten über Wasser und sprachen kein Katalanisch.[21]

Auffallend ist in Barcelona die Existenz eines Kerns aus Arbeiterfamilien, die vielleicht sogar die Mehrheit bildeten und die sich im Lauf der Zeit immer mehr vom Bürgertum distanzierten. Daran hatte der Anarchosyndikalismus keinen geringen Anteil. Victor Serge, der berühmte russischstämmige Schriftsteller und Agitator, zog nach seiner Entlassung aus französischer Haft 1917 nach Barcelona. Dort handelt auch der erste Teil seines 1931 erschienenen autobiografisch gefärbten Romans *Geburt unserer Macht* (*Naissance de notre force*). Serge betont darin die Kluft zwischen den beiden antagonistischen Teilen der Stadt, getrennt durch die materielle Kultur:

> In der geschäftigen Menge, die Hauptstraßen entlang, kommen diese Arbeiter – die sich schon immer herabgesetzt fühlten durch den Kontrast zwischen ihren dreckigen alten Klamotten oder Overalls und der Kleidung der Bourgeois' – an teuren Restaurants vorbei, die sie nie betreten, vorbei an luxuriösen Cafés, aus denen Ströme von Musik dringen, vorbei an Schaufenstern voller erstaunlicher Auslagen, die zu sehr jenseits ihrer Mittel liegen, um noch verführerisch zu sein: Leder und Seiden, Chrom, Gold und Perlen.

Für Serge führte das Ausmaß der alltäglichen Herabsetzung zwangsläufig in eine Richtung:

> Sie haben keinen Grund, lange über den Wert ihres Lebens nachzusinnen, diese Leute. Nie werden sie diesen Hütten entkommen – die nach altem Bratöl und Wanzen stinken –, nie den Fabriken – wo ihre Körper und Hirne jeden Tag leerer werden, nie den stickigen Slums, den Schwärmen von Kindern mit dreckigen, glanzlosen, läusegeplagten Haarschöpfen ... Nur mit Gewalt werden sie den geschlossenen Zirkel ihres Schicksals durchbrechen ...[22]

Barcelona hatte 1920 über 700 000 Einwohner. Davon waren fast 200 000 in der Industrie beschäftigt, was einen ungewöhnlich hohen Anteil darstellt. Baumwollspinnereien und Textilfabriken waren die wichtigsten Arbeitgeber, dort waren über 50 000 Arbeiter beschäftigt, darunter auch eine erhebliche Anzahl Frauen. Doch Barcelona war alles andere als eine Textilstadt, sondern hatte auch einen bedeutenden Hafen, wo über 14 000 Seeleute, Dock- und Transportarbeiter beschäftigt waren, außerdem waren 27 000 Arbeiter in der Metallindustrie tätig.[23]

Bislang wurde kaum über die Familie in Barcelona in den ersten Jahrzehnten des 20. Jahrhunderts geforscht. Stattdessen hat man sich vor allem auf die Politik konzentriert und so die Bedeutung der sozialen Strukturen und Beziehungen vernachlässigt. In vielen *barris* (Arbeiterbezirken) Barcelonas fand man ganz ähnliche familiäre Bindungen und große Solidarität innerhalb des Viertels wie in den industriellen Vororten von Turin und Mailand. Wobei die familiären Bindungen in Barcelona offensichtlich durch die Wahl der Paten, die oft in derselben Straße des Viertels wohnten, noch zusätzlich verstärkt wurden; eine inoffizielle und persönliche Übereinkunft ohne die offizielle Genehmigung der Behörden oder den Segen der Kirche. Die Familien waren klein, das Durchschnittsalter bei der Eheschließung war hoch. Der durchschnittliche Tageslohn eines männlichen Industriearbeiters 1905 in Barcelona genügte nicht, um eine Familie von vier Personen zu ernähren. Frauen und Kinder nahmen jede Möglichkeit zum Zusatzverdienst und zu Gelegenheitsarbeiten an, die sie finden konnten. Die Vererbungsstrukturen waren einfach, weil es wenig oder nichts zu vererben gab.[24]

Das Familienleben war von dieser Unsicherheit geprägt. Ein Wirtschaftsabschwung wie nach der großen Krise von 1898, eine Erkrankung des Hauptverdieners, seine Verhaftung oder seine Einberufung zum Militärdienst genügten, um eine Familie ins Elend zu stürzen oder sie auseinanderbrechen zu lassen. Auch in Barcelona streiften Banden obdachloser Kinder (*pandillas*) durch die Straßen, wenn auch nicht ganz so viele wie in Russland. Besonders besorgniserregend waren die sogenannten »TB-Banden«, zu denen sich arbeitsunfähige tuberkulosekranke Jugendliche zusammengeschlossen hatten. 1935 schätzte eine Ärztegruppe, dass 70 Prozent aller Kinder in Barcelona Anzeichen einer beginnenden Tuberkulose zeigten. Auch Typhus grassierte häufig in den Arbeiterquartieren mit ihren ungesunden Wohnverhältnissen.[25]

Die gravierenden Unterschiede bei den Lebensbedingungen in der am stärksten industrialisierten Stadt Spaniens wurden durch den ständigen Bevölkerungsanstieg noch verschärft. In den Jahren 1920 bis 1930 wuchs die Einwohnerzahl Barcelonas um fast 300 000 Personen und überschritt zum ersten Mal die Millionengrenze. 1930 waren 56 Prozent der Einwohner außerhalb Barcelonas geboren. Beim Großteil der Zuwanderer in den zwanziger Jahren handelte es sich um Arbeiter und ehemalige Bergarbeiter aus den sehr armen ländlichen Regionen des Südostens, vor allem aus Murcia und Almería. Sie sprachen nicht Katalanisch, sondern Kastilisch, galten als faul und unzuverlässig und fanden allenfalls ein Auskommen als Hilfsarbeiter, und auch das nur, wenn sie Glück hatten. Durch die massenhafte Zuwanderung verschärften sich Probleme wie Wohnungsnot und Arbeitslosigkeit noch zusätzlich.[26]

Ende der dreißiger Jahre war die Stadt zur Anti-Utopie für das Bürgertum geworden. »Schlechte« Familien – krank, schmutzig, zerrüttet und respektlos – schienen überall auf dem Vormarsch: in der Altstadt, im Viertel El Raval zwischen Altstadt und Avinguda del Parallel und in den Elendsvierteln am Stadtrand. Selbst in angesehenen Tageszeitungen wurde ein zuweilen fast hysterischer Ton angeschlagen: Die Zuwanderer waren »fremder Dung«, der die Kernwerte von Nation und Familie vergiftete, die Arbeiterklasse war »krankhaft« und »ansteckend«. Barcelona war, um eine Kategorie von Manuel Castells zu verwenden, zur »wilden Stadt« geworden.[27]

Anarchosyndikalismus, die CNT und die Familie

Der Anarchosyndikalismus, der in diesem städtischen Umfeld prächtig gedieh, hatte eine Organisation zu bieten und eine Ideologie und verlieh so dem Leben der Menschen, das überwiegend aus Armut und Ausbeutung bestand, Form und Sinn. Er war deutlich prägender als der norditalienische Sozialismus der Jahre 1919/20, auch wenn er keine so originelle und brillante Leitfigur wie Antonio Gramsci vorweisen konnte (dem oft Anarchosyndikalismus vorgeworfen wurde). Tatsächlich war der Anti-Intellektualismus der Bewegung eine ihrer Schwächen.

Der spanische Anarchosyndikalismus entwickelte sich nach dem spektakulären Scheitern der Attentate, die um die Jahrhundertwende von Einzeltätern verübt worden waren. Die Confederación Nacional del Trabajo (CNT) wurde im Oktober 1910 gegründet und verband revolutionären Anarchismus mit militanter Gewerkschaftsarbeit. Im Alltag bot sich den Arbeitern eine Organisation, die zu direkten Aktionen gegen die Arbeitgeber in Form von kleineren Akten des Widerstandes in der Fabrik aufrief, außerdem zu Streiks, Boykotten und auch Sabotageakten. Anders als die französischen Syndikalisten dachten die Anhänger der CNT langfristig nicht an einen Generalstreik oder eine Machtübernahme, die getreu dem leninistischen Modell von einer kleinen Gruppe professioneller Revolutionäre geplant war, sondern eher an einen halbspontanen Aufstand.[28]

Die spanische Arbeiterbewegung hatte eine sehr offene Struktur. Anstelle einzelner Gewerkschaften für Facharbeiter gab es *sindicatos únicos* (»Einheitsgewerkschaften«) für alle Arbeiter, weil man so hoffte, die Militanz der ungelernten Arbeiter durch die politisch eher gemäßigten Facharbeiter auszugleichen. Außerdem bestand die CNT auf einer territorialen Organisation, ähnlich wie die Italiener mit den *Camere del lavoro*, weil man hoffte, dass sich dadurch rasch eine Solidarität zwischen den *unterschiedlichen* Arbeitertypen herausbilden würde. Der spektakulärste Fall dieser Solidarität in Barcelona war der große Streik beim anglo-kanadischen Stromunternehmen »Barcelona Traction, Light and Power Company« (kurz »La Canadiense« genannt) im Februar 1919. Ausgelöst durch die Entlassung von sieben Angestellten entwickelte sich der Streik rasch zum Generalstreik, an dem schätzungsweise 100 000 Arbeiter beteiligt waren. Während des zweiwöchigen Streiks war die Stadt ohne Strom. Es kam zu zahlreichen Verhaftungen. Am Ende wurden die Entlassenen wieder eingestellt, den Arbeitern wurde ein Acht-Stunden-Tag zugestanden, und den Streikposten wurde eine Amnestie gewährt.[29]

In organisatorischer Hinsicht wehrte sich die CNT mit aller Macht gegen die Entstehung einer zentralen Funktionärskaste. Bis 1936, als die CNT stolze 1,6 Millionen Mitglieder zählte, gab es nur eine Handvoll bezahlter Organisatoren. Das nationale Komitee rotierte von Region zu Region, um eine Machtkonzentration zu verhindern.

Diese Organisationsstruktur verlieh der CNT eine enorme Kraft. In Kombination mit der Eigenverantwortung des Einzelnen lieferte sie die Grundlage für eine überzeugende alternative Weltsicht. Die aktiven Mitglieder waren nicht nur in den Fabriken als Organisatoren und Agitatoren tätig, sondern auch in den dicht vernetzten Arbeitervierteln. Sie boten eine generationenübergreifende Solidarität, Unterstützung für Wanderarbeiter bei der Ankunft in der Stadt und Kontakte zu den Straßenbanden;

außerdem stempelten sie Andersdenkende nicht gleich automatisch als »Abweichler« oder »Verräter« ab. 1914, also bereits in der Frühzeit der CNT, wurden 75 »Ateneus« (Zentren für Volkskultur und soziale Aktivitäten) in den *barris* gegründet (*ateneu*: span. für »Athenäum«). Jedes Zentrum hatte eine Leihbücherei, die neben den sozialistischen und anarchistischen Klassikern auch Romane von Zola und Dramen von Ibsen im Regal hatte. Für die Weiterbildung gab es die sogenannte »rationalistische Schule«, wo bei der Wissensvermittlung auch Wert auf einen demokratischen Geist im Klassenzimmer gelegt wurde. Die Ateneus boten außerdem soziale Unterstützung, kooperative Einkaufsmöglichkeiten und Freizeitaktivitäten, etwa Chöre und Theatergruppen, die gern die Heuchelei des Klerus und dessen Missetaten aufs Korn nahmen. Zwei Stücke von José Fola Igúrbide, *El Christo moderno* und *El Sol de la Humanidad,* waren besonders populär. Getreu dem starken anti-urbanen Element in der anarchistischen Kultur gab es organisierte Wanderungen außerhalb der Stadt, die sich in den zwanziger und frühen dreißiger Jahren wachsender Beliebtheit erfreuten.[30]

Diese mächtige Organisation der städtischen Arbeiterklasse hielt sich fast 20 Jahre und war in ihrer Radikalität, Autonomie und in diesen Ausmaßen einmalig in Europa. Allerdings hatte sie drei Schwachpunkte (vier, wenn man den Anti-Intellektualismus dazuzählt). Der erste Schwachpunkt war die Stellung der Frau. Es gab zwar das von den Anarchisten befürwortete Konzept der »freien Liebe«, das gleiche Rechte für Frauen zu Hause und in der Gesellschaft forderte, doch in der spanischen Arbeiterbewegung kam den Frauen nur eine untergeordnete Stellung zu. Die CNT *versuchte* zwar, Streiks und Besetzungen in Bereichen zu organisieren, wo hauptsächlich Frauen beschäftigt waren, etwa in den Fabrikhallen der katalanischen Textilindustrie oder bei den Telefonistinnen in Barcelona. Doch die Organisation wurde weiterhin von Männern dominiert. Die Frauen blieben größtenteils daheim, unterstützten ihre Ehemänner, kümmerten sich um die Kinder und wagten sich selten aus dem häuslichen Umfeld heraus.

Die eigentlich so radikale Bewegung schaffte es nie, ein alternatives Familienbild oder eine neue Organisationsform für die Familie zu entwickeln. Die Spannungen, Experimente und Gesetze, die die ersten Jahre der Russischen Revolution kennzeichnen, die Kommunenbewegung, die

Änderungen des Familienrechts, all das fehlte in Barcelona und auch in ganz Spanien ebenso wie charismatische Leitfiguren wie Alexandra Kollontai. Beim nationalen Kongress der CNT im Mai 1936 in Saragossa, am Vorabend des Bürgerkriegs, wurde eine wichtige Resolution mit dem Titel »Die konföderative Konzeption eines libertären Kommunismus« verabschiedet. Sie enthält einen kurzen Abschnitt über »Die Familie und das Verhältnis zwischen den Geschlechtern«, der Traditionalismus und Radikalismus, Wahrnehmung und Naivität auf ungewöhnliche Weise kombiniert.[31]

Der Passus beginnt mit einer grundlegenden Verteidigung der Familie und ihrer Rolle in der Geschichte und ist damit sehr weit entfernt von der marxistischen Kritik an der Familie:

> Man darf nicht vergessen, dass die Familie der Zivilisationskern war, aus dem sich die Menschheit entwickelte und der bei der Vermittlung von Moral und Solidarität höchst bewundernswerte Funktionen ausgeübt hat. Über die Entwicklung von Sippe, Stamm, Volk und Nation hinaus hat die Familie weiter bestanden und wird wahrscheinlich auch noch lange weiter bestehen.

Wenn die Revolution eines Tages kommen würde, sei es nicht Aufgabe der Revolutionäre, »gewaltsam gegen die Familie vorzugehen«, es sei denn, die Familien hätten große Schwierigkeiten, sich anzupassen, dann würde man ihnen die notwendige Unterstützung zukommen lassen, sich selbst aufzulösen. Weitere Hinweise auf das Familienleben hielt man nicht für nötig.

Was den Einzelnen angeht, bestand der erste Schritt der libertären Revolution darin, »sicherzustellen, dass alle Menschen ungeachtet ihres Geschlechts wirtschaftlich unabhängig sind«. Beide Geschlechter wurden in Hinblick auf Rechte und Pflichten als gleichgestellt betrachtet. Das Prinzip der »freien Liebe« wurde gefordert, womit eine Beziehung »ohne Vorschriften« gemeint war – »ausschlaggebend ist nur der Wille des Mannes und der Frau«. Das Kollektiv würde »den Schutz der Kinder garantieren« und »sich durch die Anwendung eugenisch-biologischer Prinzipien selbst vor menschlichen Verirrungen schützen«. Dieser letzte Satz hatte etwas Unheilvolles, ähnlich wie auch der folgende: »Eine gute Sexualerziehung an der Schule wird zu einer selektiven Zucht nach den

Zielen der Eugenik und der bewussten Fortpflanzung mit der Absicht führen, gesunden und schönen Nachwuchs hervorzubringen.« Die Formulierung »selektive Zucht« war im Europa der dreißiger Jahre nie wertneutral gemeint; man muss jedoch auch sagen, dass die Anarchisten hier an sexuelle Aufklärung, eine »bewusste Mutterschaft« (geplante Schwangerschaften, Familienplanung), die Legalisierung der Abtreibung, eine bessere Hygiene und die Aufklärung der Mütter aus der Arbeiterklasse dachten. In diesem Sinn wurde im weiteren Verlauf des Jahres, als Barcelona fest in der Hand der Revolutionäre war, eine »eugenische Reform der Abtreibung« verkündet.[32]

Die Resolution von Saragossa aus dem Jahr 1936 nannte auch »Probleme moralischer Natur, die durch die Liebe hervorgerufen werden können«. Hier wirken die Anarchosyndikalisten besonders naiv. Männer, die »erzwungene oder brutale Liebe wünschen könnten« und denen mit Vernunft nicht beizukommen sei, sollten »mit einer Veränderung der Umgebung, mit Wasser und Luft« behandelt werden. Eine ähnliche Lösung wurde für diejenigen vorgeschlagen, die unter unerwiderter romantischer Liebe litten:

> Wenn Liebeskummer zur Krankheit wird und daraus Verstocktheit und Blindheit, wird ein Wechsel der Kommune empfohlen, um die erkrankte Person aus der Umgebung zu entfernen, die sie blind macht und verrückt werden lässt; allerdings ist es unwahrscheinlich, dass diese übertriebene Leidenschaft in einem Umfeld der sexuellen Freiheit weiter bestehen wird.

Leider mussten die Anarchisten wie alle radikal liberalen Bewegungen des 20. Jahrhunderts lernen (und das zu einem hohen Preis), dass eine Umgebung der sexuellen Freiheit »Liebeskummer« eher förderte als ihn kurierte.[33]

Die Historikerin Helen Graham schreibt über die damalige Situation in Spanien: »Das anarchistische Utopia endete an der Haustür.«[34] Ein hartes Urteil, das sich aber durchaus begründen lässt. Die Resolution von Saragossa enthüllt in den Punkten, die sie ausführt, aber auch vor allem bei den Punkten, die sie offen lässt, wie begrenzt die Überlegungen der Anarchosyndikalisten zu diesen entscheidenden Themen waren. Auf die einzige Ausnahme, die Bewegung der »Mujeres Libres«, werden wir später noch eingehen.

Das größte Versäumnis der CNT war ihr Bekenntnis zur, wie Gerald Brenan schreibt, »*Mystik* der Gewalt«.[35] Das soll nicht heißen, dass Gewalt in den Jahrzehnten nach dem Ersten Weltkrieg in Spanien völlig vermeidbar gewesen wäre. Angesichts eines Gesellschafts-, Wirtschafts- und Rechtssystems, das historisch stark von Klassenunterschieden geprägt war, und angesichts so brutaler Gegner wie der Guardia Civil, der Brigada Social und der Attentäter in den Reihen der Polizei (*pistoleros*) war Gewalt unumgänglich. So ermordeten die *pistoleros* beispielsweise 1923 den fähigsten Anführer der CNT, Salvador Seguí, der sich gegen paramilitärische Aktionen einsetzte. Doch die meisten Anarchosyndikalisten verherrlichten ohnehin die Gewalt. Einen deutlichen Eindruck davon vermittelt uns Victor Serge mit der Beschreibung seiner Kameraden, die sich für den (gescheiterten) Aufstand von 1917 bewaffneten. Der martialische Text erinnert an Marinetti. Typisch für die europäische Avantgarde werden hier die neuen Waffen und die anstehende Vernichtung gefeiert. Beim Lesen erkennt man schnell, warum Frauen von dieser sehr virilen Kultur ausgeschlossen waren:

> Arbeiter strömen durch die blendende Stadt, zu ihren Wohnungen in den Armenvierteln, leichten Schrittes, die Schultern zurückgeworfen in einem neuen Gefühl der Macht. Ihre Hände werden nicht müde, den schwarzen Stahl der Waffen zu liebkosen ... Sobald sie die Straßen der Slums erreichen, wo sie sich zuhause fühlen, führt ihre Masse sie sogleich in Diskussionsgruppen zusammen. Dann und wann leuchten die Waffen in ihren kraftvollen Händen auf; spüren sie das männliche Gewicht glatten Metalls; oder strecken es nervös auf Armeslänge aus.[36]

Auch die starke Verehrung von Buenaventura Durruti – Anarchist, Bankräuber, *pistolero* – muss unter diesem Aspekt betrachtet werden.[37] Wieder und wieder setzten sich die »harten Männer« der *grupos de afinidad* (angeschlossenen Gruppen) gegen die gemäßigteren Gewerkschafter der CNT durch. Romero Maura schreibt dazu:

> Die Mechanik der Eliminierung der weniger Extremen verlief immer gleich: Die Gewalttätigeren starben oder landeten aufgrund direkter Aktionen im Gefängnis; das Mitgefühl und die Empörung der vereinigten Massen brach sich in einer Welle des Protestes Bahn; und durch die gewalttätigen Proteste kamen erneut die gewaltbereiten Anführer ans Ruder.[38]

1927 wurde die FAI (Federación Anarquista Ibérica) gegründet, eine geheime Organisation führender Anarchisten, deren Struktur eher leninistisch als libertär war und die das Ziel hatte, die CNT auf dem direkten und schmalen Pfad der Revolution zu halten. Doch wie sah dieser Pfad aus? Die anarchistische Vorstellung von einer semi-spontanen Revolution mit nur geringer zentraler Organisation oder Planung mündete auf lokaler Ebene in zahlreichen Tragödien, auf regionaler oder nationaler Ebene sogar in regelrechten Katastrophen. Überall wurden diejenigen geschwächt, die an eine radikale soziale Reform glaubten. Man kann daher den Kurs der CNT in diesem Bereich durchaus als unverantwortlich bezeichnen.

Die Landarbeiter in Südspanien

In seiner klassischen Untersuchung zu den Bedingungen der spanischen Landwirtschaft in der ersten Hälfte des 20. Jahrhunderts bezeichnet Edward Malefakis den Fortbestand der großen Landgüter, der Latifundien, im ländlichen Süden als anhaltendes soziales Problem, das »nicht nur im politischen Leben des Südens, sondern des ganzen Landes ständig für Unruhe sorgte«.[39] Betrachten wir daher in einem kurzen Überblick das Familienleben der Landarbeiter in diesen Regionen. Die Struktur der Landwirtschaft in Spanien war so vielfältig und kompliziert wie die in Italien, und selbst in den Provinzen der Latifundien gab es zahlreiche Kleinbauern, Pächter und Teilpächter. Ausschlaggebend für unsere Betrachtung sind jedoch die landlosen Arbeiter.

Zur Zeit des Bürgerkriegs machten die großen Güter, die mehr als 250 Hektar umfassten, über 50 Prozent des Landbesitzes in den Provinzen Cádiz, Sevilla und Ciudad Real aus, in den anderen zwölf Provinzen im Süden waren es zwischen 30 und 50 Prozent. Auf den Gütern wurde hauptsächlich Weizen und in geringerem Maße Oliven angebaut. Adelsfamilien besaßen immer noch ausgedehnte Besitzungen in diesen Provinzen, sie waren jedoch von aufstrebenden bürgerlichen Familien an den Rand gedrängt worden, die Land von den Kommunen und der Kirche aufgekauft hatten, wenn es zum Verkauf angeboten worden war. Ein Großteil der Besitzer lebte nicht auf dem Land. In manchen Provinzen war der Landbesitz in den Händen so weniger Familien konzentriert, dass ein gesundes Wirtschaften nicht möglich war. So besaßen in der Provinz Badajoz, wo Margarita Nelken 1931 zur Abgeordneten gewählt wurde und sich leidenschaftlich für die Landarbeiter einsetzte, etwa 400 Personen, die größtenteils zu einigen wenigen miteinander verbundenen Familien gehörten, 32,5 Prozent der landwirtschaftlichen Fläche. 1930 lebten in der Provinz Badajoz nur etwas mehr als 700 000 Menschen, von denen drei Viertel in der Landwirtschaft tätig waren.[40]

Die Güter machten Gewinn, was allerdings nicht daran lag, dass sie besonders effizient bewirtschaftet wurden. Die klassischen Indikatoren für eine moderne Landwirtschaft – die Maschinisierung, der Einsatz von Kunstdünger, Bewässerungssysteme, die Fruchtfolge oder Mehrfelderwirtschaft – fand man weder bei den Großgrundbesitzern noch bei ihren Pächtern (*arrendores* oder *labradores*). Der Gewinn wurde durch die rücksichtslose Ausbeutung der Arbeiter erzielt. Ähnlich wie in Süditalien und dort vor allem in den großen Ebenen des Tavoliere in Apulien, gingen die *campesinos* in Südspanien jeden Morgen in der Hoffnung zum Dorfplatz, für den Tag Arbeit zu finden. »Häufig endete ihr Arbeitstag jedoch bereits auf dem Dorfplatz oder in der lokalen Taverne«, schreibt Jerome Mintz. In Spanien gab es noch weniger Arbeit als in Apulien – nur an 180 bis 250 Tagen im Jahr, in den nördlichen Ebenen Apuliens waren es immerhin 250 bis 280 Tage.[41]

In den von den Latifundien geprägten Regionen begannen die Kinder schon früh zu arbeiten. Manuel Llamas aus Casas Viejas im Südwesten Andalusiens berichtete:

> Ich war eins von vier Kindern. Mit sieben begann ich zu arbeiten. Für einen *duro* [fünf Pesetas] im Monat. Zu essen gab es morgens Knoblauchsuppe mit Brot und abends einen Eintopf aus Kichererbsen und Fett, außerdem hatte ich für den Tag ein Stück Brot in der Tasche ... Ich arbeitete für einen kleinen Landbesitzer, der Großgrundbesitzer werden wollte und mich und die anderen ausbeutete. Mein Onkel arbeitete auch für ihn. Dann wurde ich befördert, wie bei der Armee, und verdiente zwei *duros* im Monat. Ich war sehr stolz. Ich war 8 Jahre alt. Ich lernte erst mit 18 lesen, in Jerez.[42]

Die Kindersterblichkeit in Casas Viejas war sehr hoch, und die Kinder, die das erste Jahr überlebten, litten später häufig an Rachitis oder Tuberkulose. Die Familien wohnten in armseligen ebenerdigen Behausungen (*chozas* – Hütten oder strohgedeckte Häuschen), die kaum Fenster hatten; die Wände waren aus Lehm und Steinen, der Boden aus gestampfter Erde oder Stein, ohne fließend Wasser. Casas Viejas war in den 1920er Jahren keine eigenständige Kommune, sondern nur eine verstreute Ansammlung von Häusern mit etwa 2000 Einwohnern. Administrativ gehörte das Dorf zur seit der Antike bestehenden Stadt Medina Sidonia, wo etwa 12 000 Menschen lebten. Selbst die größeren spanischen Landstädte waren deutlich kleiner als vergleichbare Ansiedlungen in Apulien; so hatte Cerignola, das Zentrum des apulischen Arbeiterwiderstands, zu Beginn des 20. Jahrhunderts bereits 34 000 Einwohner. Dadurch war auch das Verhältnis zwischen Bevölkerung, Stadt und Land anders.

Die Verbundenheit gegenüber dem Dorf war in Spanien sehr stark, was auch sprachlich zum Ausdruck kommt: Im Spanischen bedeutet *pueblo* sowohl Dorf als auch Volk. Die Feindschaften zwischen den *pueblos* waren oft sehr ausgeprägt. 1954 beschrieb Julian Pitt Rivers in seiner ethnographischen Studie über Grazalema, eine Kleinstadt in den Bergen Andalusiens, wie tiefreichend die Rivalitäten zwischen den *pueblos* waren und wie diese Feindschaften in den Feierlichkeiten für den jeweiligen Schutzpatron zum Ausdruck kamen.[43] Diese Rivalität findet sich in der ersten Hälfte des 19. Jahrhunderts in allen europäischen Mittelmeerländern. In Spanien kommt ihr jedoch eine tragische Bedeutung zu, weil die landlosen Arbeiter beim Ausbruch des Bürgerkriegs im Kampf gegen die nationalistischen Truppen auf die Solidarität der Dörfer untereinander angewiesen gewesen wären, doch stattdessen durch die gegenseitige Rivalität zerrieben wurden.

Wie bei den Familien in Barcelona muss auch bei den Familien im ländlichen Süden noch einiges an historischer Forschungsarbeit geleistet werden. Die Familien der Landarbeiter hatten sicher die Struktur einer Kernfamilie, doch es gibt nur wenige Statistiken und noch weniger Details aus dem Alltagsleben. Vor allem die Frauen in den *pueblos* sind noch immer im Dunkel der Geschichte verborgen.

Im Bereich Politik und Ideologie wurden die Ansichten der südspanischen Anarchosyndikalisten schon mehrfach analysiert und in Bezug zur Religion gestellt, mit einem Vergleich zwischen Anarchismus und Katholizismus. Das wirkt etwas weit hergeholt, denn die anarchistischen *campesinos* kannten bei all ihrem Idealismus und Sendungsbewusstsein keinen Gott und keine übernatürliche Macht, die über sie urteilte und über ihr Schicksal entschied. Sie hingen immer einem sehr bakunistischen Ideal der Selbsterziehung und des freien Willens an, bei dem der Einzelne selbst über sein Schicksal in einer materiellen Welt bestimmte. Diese Haltung bewirkte in Südspanien eine ganz eigene, außergewöhnliche Entwicklung, die hinsichtlich Ausdehnung, Intensität und Beständigkeit die italienische weit hinter sich ließ.

Juan Díaz del Moral, ein Notar im Städtchen Bujalance, vermittelt uns mit seiner Schilderung eines »Generalstreiks« 1903 in seiner Heimatstadt einen Eindruck von dem besonderen Charakter der Bewegung.[44] Der Streik brach am 5. Mai ohne Vorwarnung aus, ohne dass eine Petition aufgesetzt oder Forderungen formuliert worden wären. Der Zeitpunkt war unglücklich gewählt, weil es keine dringenden Arbeiten auf den Feldern gab. Doch das spielte anscheinend keine Rolle. Die Männer zogen sich einfach von der Straße und aus den Tavernen in ihre Häuser zurück. Während des Streiks wurde kein Wein getrunken: »Kleine Gruppen aus drei oder vier Arbeitern patrouillierten schweigend und ernst in den Straßen. Anders als sonst hoben sie nicht die Stimmen, hielten keine Reden und diskutierten auch nicht, es gab keinen einzigen Streit.« Nach einigen Tagen litten die ärmsten Familien Hunger. Die anderen *pueblos* folgten dem Beispiel aus Bujalance nicht:

> Nach zwölf oder vierzehn Tagen, nachdem kein Generalstreik (und auch keine soziale Revolution) in Andalusien ausgerufen worden war, obwohl man das angesichts des Edelmuts und der Tapferkeit der Einwohner von Bujalance erwartet hätte, die sich den Ruhm nicht nehmen lassen wollten, dass sie diejenigen gewesen waren, die alles in Gang gesetzt hatten, endete der Streik so unerwartet und still, wie er begonnen hatte.[45]

Die Würde, Friedfertigkeit und der Ernst der Bauern bei ihrem Versuch, selbst etwas zu verändern, hinterließen bei Díaz del Moral und anderen Beobachtern einen tiefen Eindruck.

Dreißig Jahre später, bei einem Schlüsselereignis in der Geschichte der Zweiten Republik, nahmen die Ereignisse im andalusischen Dorf Casas Viejas einen deutlich unglücklicheren Verlauf. Ende 1932 beschloss die CNT, die zu der Zeit fest in der Hand der »Hardliner« von der FAI war, dass es an der Zeit sei, die Flagge der gewaltsamen Revolution zu hissen und gegen die »bürgerliche« Republik loszuschlagen. Die Tageszeitung der Organisation, die gleichnamige *CNT,* machte deutlich, dass die Republik und ihre Demokratie keine Rücksicht erwarten konnten:

> »Man muss die Republik verteidigen«. Eine Lüge! Heuchelei! Muss man Privilegien verteidigen? Die Latifundien? Ausbeutung? Das heilige Recht auf Eigentum? Muss man ein kapitalistisches Regime verteidigen, das in Gefahr ist? Darf man den Vormarsch der Revolution aufhalten? ... Dies ist die Stunde der Arbeiter. Nichts und niemand kann ihren Vormarsch zur völligen Befreiung aufhalten.[46]

In Barcelona nahm der Aufstand seinen Anfang. Die Eisenbahnarbeiter, die schon einmal aufbegehrt hatten, übernahmen die Führung. Größere Städte würden sich, so dachte man, zur Unterstützung ebenfalls erheben. Lokale Aufstände im Süden und anderen Teilen des Landes sollten die Guardia Civil und das Militär binden. Die Planung war chaotisch und das Ergebnis katastrophal – ein »semi-spontaner« Aufstand in all seiner tragischen Naivität.

Im entlegenen Andalusien nahmen die Vorbereitungen dennoch ihren Lauf. In Casas Viejas war das anarchistische *centro* nicht sonderlich aktiv und hatte auch nicht viele Mitglieder. Ungewöhnlich war, dass ihm auch ein 17-jähriges Mädchen angehörte, María Silva Cruz. Die attraktive und mutige María hatte den Spitznamen »La Libertaria«, weil sie mit einem rot-schwarzen Halstuch durchs Dorf ging. Im Dezember 1932 hatten sie und ihre Freundinnen in der anarchistischen nationalen Wochenzeitschrift *Tierra y Libertad* geschrieben:

> Junge Frauen haben im Dorf Casas Viejas eine Gruppe namens *Amor y Armonía* gegründet. Die Gruppe will Verbindungen zu anderen Gruppen, Frauen wie Männern, aufnehmen und sendet herzliche Grüße an die politischen Gefangenen.[47]

Am 10. Januar 1933 fand im anarchistischen *centro* des Dorfes eine lange Sitzung statt. Die Nachrichten aus anderen Teilen des Landes waren widersprüchlich. Im Dorf war man geteilter Meinung, ob man losschlagen sollte, doch die jungen Leute waren alle für den Aufstand. Am 11. Januar ging um sechs Uhr morgens eine militante Gruppe zum Bürgermeister

Zeki Faik İzer, Der Weg der Revolution, *1933*

Arshile Gorky, Der Künstler und seine Mutter, *Öl auf Leinwand, 1926–1936*

Mario Biazzi, Ascoltazione del discorso del Duce, *Öl auf Leinwand, 1939*

Mario Sironi, Periferia, *Öl auf Leinwand, 1922–1927*

Mario Sironi, La famiglia, *Öl auf Leinwand, 1932*

Pablo Picasso, Guernica, *Öl auf Leinwand, 1937*

Carlos Sáenz de Tejada, Propaganda-Plakat

George Grosz, Die Stützen der Gesellschaft, *Öl auf Leinwand, 1926*

René Ahrlé, NS-Propaganda-Plakat

Max Beckmann, Familienbild, *Öl auf Leinwand, 1920*

Adolf Wissel, Kalenberger Bauernfamilie, *Öl auf Leinwand, 1939*

Josef Thorak, Familie, *Weltausstellung in Paris, 1937, deutscher Pavillon*

Vera Muchina, Der Arbeiter und die Kolchosbäuerin, *Weltausstellung in Paris, 1937*

Vera A. Gicevič, Der Kampf für eine hochwertige Ernährung für alle ist integraler Bestandteil des Kampfes für den Wirtschaftsplan. Helft bei der Einrichtung von öffentlichen Kantinen!, *Propaganda-Plakat, 1932*

Alexander N. Samochwalow, Der militarisierte Komsomol, *Öl auf Leinwand, 1932/33*

und teilte ihm mit, dass in Casas Viejas der *comunismo libertario* ausgerufen worden sei und die Behörden nicht mehr länger das Sagen hätten. Die Revolutionäre rieten dem Bürgermeister, die Guardia Civil solle sich ergeben, dann würde ihnen nichts geschehen. Die Mitglieder der Guardia Civil, mit ihrem Vorgesetzten insgesamt vier Mann, verbarrikadierten sich in ihrem Polizeiposten, das Gebäude wurde jedoch schnell umstellt. Die besten Schützen im Dorf eröffneten das Feuer und trafen zwei Gardisten in den Kopf.

Da sich kein anderes *pueblo* in der Gegend der Rebellion anschloss, traf schon bald Verstärkung von der Guardia Civil und von der republikanischen Guardia de Asalto (Sturmtruppe) ein. Ihr Kommandant, Manuel Rojas, war für die Aufgabe völlig ungeeignet. Einige Aufständische hatten im Haus des alten Köhlers Zuflucht gesucht, bei Francisco Cruz, genannt Seisdedos (»Sechsfinger«). Rojas befahl, die kleine Hütte niederzubrennen. Als die Hütte Feuer fing, rannte María Silva Cruz, »La Libertaria«, die Enkelin von Seisdedos, mit einem kleinen Jungen auf dem Arm heraus. Auf sie schossen die Gardisten nicht, wohl aber auf andere, die fliehen wollten. Diejenigen, die in der Hütte blieben, darunter auch ein Mädchen, Manuela Lago, die Freundin von María, starben in den Flammen. Am nächsten Morgen ordnete Rojas an, weitere zwölf Männer zusammenzutreiben. Sie wurden alle erschossen. Insgesamt kamen 22 *campesinos* und 3 Gardisten ums Leben. Im Mai 1934 verurteilte ein Gericht in Cádiz den Kommandanten Rojas für seine federführende Rolle beim Massaker an den Landarbeitern zu 21 Jahren Haft.[48]

Die Nachrichten aus Casas Viejas schockierten ganz Spanien, denn im Grunde war die Republik für das Massaker verantwortlich. Am 15. Januar 1933 vertraute der spanische Ministerpräsident Azaña seinem Tagebuch an:

> Drei Vertreter verschiedener Parteien haben mich heute angesprochen und gesagt, dass eine Diktatur die einzig mögliche Lösung gegen anarchistische Aufstände sei, wenn diese anhalten. Dazu neigt man in diesem Land, man hat diese Haltung aus früheren Zeiten übernommen, es liegt aber auch am ausländischen Einfluss. Kann Spanien tatsächlich mit einer Demokratie und als Rechtsstaat bestehen? Niemand will gehorchen, es sei denn, man zwingt sie mit Gewalt dazu.[49]

María Silva Cruz wurde verhaftet, kam jedoch nicht vor Gericht. Eine Zeitlang lebte sie in Madrid in »freier Liebe« mit Miguel Pérez Cordón, mit dem sie auch einen Sohn hatte. Später kehrte sie nach Andalusien zurück, allerdings nicht nach Casas Viejas. Bei Francos Staatsstreich im Juli 1936 wurde sie von Falangisten festgenommen und zusammen mit anderen Gefangenen erschossen, vermutlich bei Cañuela zwischen Jerez und Medina. Um ihren kleinen Sohn kümmerte sich ihre Schwägerin.[50]

Mujeres Libres

Im April 1936, einige Monate vor der Ermordung von María Silva Cruz, gründeten mehrere Frauen in Barcelona, darunter Lucía Sánchez Saornil, Mercedes Comaposada und María Pilar Amparo Poch y Gascón, die anarchistische Frauenorganisation Mujeres Libres. Sie hatte auf ihrem Höhepunkt etwa 20 000 Mitglieder und 147 Ortsgruppen, über 40 davon in Katalonien. Die Organisation hatte beständig mit den herrschenden Kriegszuständen zu kämpfen, schaffte es aber zum Beispiel auch, eine eigene Zeitschift herauszugeben (bis 1938 erschienen 13 Nummern).[51]

Das politische Programm der Mujeres Libres befasste sich mit Klasse und Geschlecht – Frauen sollten gleichzeitig von der kapitalistischen Ausbeutung und der Herrschaft der Männer befreit werden. Mujeres Libres behauptete sich als völlig autonome Organisation und wollte innerhalb der anarchistischen Bewegung auf derselben Ebene wie die CNT, FAI und die anarchistische Jugendorganisation FJL (Federación Ibérica de Juventudes Libertarias) stehen. Der offizielle Antrag wurde jedoch mit der Begründung abgelehnt, dass eine autonome Frauenorganisation zur internen Spaltung führen könne. Dazu muss man sagen, dass einige militante Anarchistinnen diese Auffassung teilten, darunter auch die angesehene Autorin Federica Montseny, die keinen Grund für eine eigene Befreiung der Frauen sah; ihrer Ansicht nach genügte die Befreiung der Menschen allgemein.

Eine wichtige Möglichkeit der Einflussnahme sah die Organisation darin, ein feministisches Bewusstsein bei den Frauen der Arbeiterklasse zu entwickeln. Mujeres Libres betrachtete sich als proletarische Organisation und verwendete daher einen Großteil der Energie darauf, eine alternative weibliche Massenkultur zu schaffen. Eine der interessantesten

Debatten drehte sich dabei um die Mutterschaft. Waren Kinderbekommen und Kindergroßziehen das höchste Ziel, das eine Frau anstreben konnte, oder war die Mutterschaft nur eine von vielen möglichen Rollen für eine emanzipierte Frau? Die klassische Mutterrolle genoss allseitige Zustimmung, allerdings waren sich alle Frauen einig, dass die Mutterschaft eine »bewusste Entscheidung« sein sollte und nicht eine, auf die eine Frau keinen Einfluss hatte. Mercedes Comaposada sagte 1982 in einem Interview: »Wir wollten zumindest, dass sich die Mütter ihrer Entscheidung bewusst waren. Wir wollten, dass die Leute entscheiden konnten, ob sie Kinder haben wollten, wie und wann, und dass sie wussten, wie sie sie großziehen sollten.«[52]

Ein weiteres wichtiges, wenn auch heikles Thema war die weibliche Sexualität; allerdings widmete man der immer stärker um sich greifenden Prostitution deutlich mehr Aufmerksamkeit als den intimen Details im Leben einer Frau. Zwischen 1932 und 1935 veröffentlichte Amparo Poch y Gascón eine Reihe von Artikeln im hauseigenen Organ der Mujeres Libres darüber, dass Frauen ihre eigene Sexualität kennenlernen sollten. Die Sexualität sei ein wichtiger Bestandteil im Leben einer Frau und nicht nur Mittel zur Fortpflanzung und männlichen Befriedigung. Das Thema Sexualität wurde erneut von Etta Federn in einem Pamphlet mit dem Titel *Mujeres de las revoluciones* aufgegriffen, das 1937 erschien. Darin berief sie sich ausdrücklich auf Alexandra Kollontai, von der kurz zuvor einige Schriften in Barcelona veröffentlicht worden waren.[53]

Ein weiteres Thema von Mujeres Libres waren Kinder und ihre Erziehung. 1927 hatte Federica Montseny darauf beharrt, dass Kinder Geschöpfe ihrer jeweiligen Mutter seien: »Es ist ein Naturgesetz, dass Kinder zu ihrer Mutter gehören.«[54] Mercedes Comaposada war da anderer Ansicht: »Es gab keinen Grund, warum sie unsere eigenen Kinder sein mussten, wir mussten Verantwortung für die Kinder anderer übernehmen, für Waisen zum Beispiel.[55] Bei der Erziehung bevorzugten die meisten Beiträge in der Zeitschrift *Mujeres Libres* einen Mittelweg zwischen einer rein kollektivistischen Lösung à la Kollontai und der alleinigen Verantwortung der Familie. Eltern sollten nicht als Hindernis der Revolution und Symbol der Rückständigkeit betrachtet werden, sondern sich die Erziehung der Kinder »mit dem Kollektiv teilen«. Alle waren sich einig, dass die Erziehung nicht autoritär sein und auch nicht zur Indoktrinierung genutzt werden sollte. In einem Artikel in Heft 5 von *Mujeres Libres* hieß es unter der Überschrift »Kinder, Kinder, Kinder« kategorisch: »Kinder können und dürfen nicht katholisch, sozialistisch, kommunistisch oder liberalistisch sein. Kinder sollen nur das sein, was sie sind: Kinder.«[56] Sie sollten die Welt um sich herum erkunden dürfen, experimentieren, aus dem Klassenzimmer hinausgehen und Fragen stellen dürfen. Die Liebe zu Kindern und ihrer natürlichen Freiheit war einer der attraktivsten Aspekte des spanischen Anarchismus.

III

Einzelschicksale und Familien: Leben und Sterben im Bürgerkrieg

Asturien, Oktober 1934

Alle Versuche zur Stabilisierung der Republik scheiterten. Wie Pierre Vilar schreibt, waren die sozialen, regionalen und »religiösen« Unterschiede einfach zu groß, zu viele Kräfte wollten das Ende der Republik in Spanien, zu wenige kämpften für ihren Fortbestand.[1] Bei den Wahlen im November 1933 bildeten die Kräfte der rechten Mitte Wahlbündnisse, die Linke dagegen war gespalten und ungeduldig: Francisco Largo Caballero, der Führer der Sozialisten, betrachtete sich selbst inzwischen als spanischen Lenin, und für die Anarchosyndikalisten gab es ohnehin nur die Revolution. Nach den Wahlen 1933 machte die neue Exekutive der rechten Mitte Stück für Stück die Errungenschaften der republikanischen Gesetzgebung rückgängig. Im Herbst 1934 übernahm die Confederación Española de Derechas Autónomas, die Spanische Konföderation der Autonomen Rechten (CEDA), eine Allianz katholisch orientierter Parteien des rechten Spektrums unter Führung von José María Gil Robles, nach einer Kabinettsumbildung Regierungsaufgaben. Gil Robles hatte ein Jahr zuvor ausdrücklich erklärt, wenn die Ziele der CEDA nicht mit demokratischen Wahlen und über das Parlament erreicht werden könnten, müssten die Cortes eben aufgelöst werden.[2] In ganz Europa wurde die Linke heftig bekämpft, nun erging es der Demokratie nicht anders. Im Oktober 1934 nahmen sich die spanischen Sozialisten ein Beispiel an den Anarchosyndikalisten und riefen einen landesweiten Generalstreik aus. Doch nur ein Teil des Landes und der Arbeiterschaft folgte dem Ruf. Völlig überzeugt von einer Revolution waren eigentlich nur die Minenarbeiter in den Kohlebergwerken Asturiens, die von der Wirtschaftskrise schwer getroffen und entschlossen waren, sich dem Faschismus zu widersetzen.[3] Die CNT und die sozialistische Gewerkschaft UGT (Unión General de Trabajadores) kämpften zwei Wochen lang Seite an Seite, waren aber dem Militär nicht gewachsen, vor allem nicht, da die Soldaten von einem rücksichtslosen jungen General namens Francisco Franco kommandiert wurden. Franco hatte den Auftrag, Asturien zu befrieden, und befahl die systematische Bombardierung der Stützpunkte der Bergleute. Am Ende der Revolte waren über 1000 Aufständische tot, weitere 3000 verletzt und 30 000 in Haft. Tausende Familien erlitten grausame Verluste.

Brian Bunk hat die Pressearbeit und Propaganda beider Seiten analysiert und einige interessante Unterschiede in der Darstellung der Familie gefunden, die an frühere, immer wiederkehrende Debatten erinnern.[4] Auf der Seite der Linken findet man Gedichte und Plakate zu Ehren der heldenhaften Bergarbeiter, die *trotz* der Liebe zu ihren Familien in den Kampf zogen. Bei dieser Version opferten die Bergarbeiter sich selbst und die Bedürfnisse ihrer Familien, sowohl in emotionaler wie materieller Hinsicht, für die gute Sache – die sozialistische Revolution. Auf der anderen Seite steht die konterrevolutionäre Propaganda, die unterstrich, dass man lieber zu Hause bleiben und sich um die Familie kümmern solle. In den Kampf zu ziehen, führe nur zu einer Tragödie, weil man seine Aufgabe als Familienvater und Ernährer vernachlässige. Und wofür das alles? In der Darstellung der Rechten war natürlich nicht vom Heldentod die Rede, stattdessen wurde betont, dass die Revolutionäre für viele Jahre im Gefängnis mussten und ihre Frauen und Kinder in bitterer Armut zurückließen. Die Acción Popular (Volksaktion), die einflussreichste Partei in der rechts orientierten, katholischen CEDA, veröffentlichte zu Asturien ein Pamphlet mit dem Titel *Terror: El Marxismo en España*. Darin wurde die Geschichte von Julia Fraigedo erzählt, die zusammen mit ihrem Mann, einem Mitglied der Guardia Civil, beim Aufstand ums Leben kam. Dazu sah man erschütternde Bilder von den Kindern des Paares vor dem Gebäude, wo ihre Eltern getötet worden waren.[5]

Familien und Bürgerkrieg: Eine Typologie

Im politischen Auf und Ab der Zweiten Republik gewann das Wahlbündnis der Linken, die Frente Popular (Volksfront), die nationalen Wahlen im Februar 1936. Von da an schmiedete die Rechte systematisch Pläne für einen Staatsstreich unter Führung einer Gruppe von Generälen. Diese Bestrebungen kulminierten in Francos *pronunciamiento*, dem Putsch vom 18. Juli 1936. Die Generäle rechneten mit geringem Widerstand, fanden sich aber stattdessen mitten in einem Bürgerkrieg wieder, der drei Jahre dauern und etwa einer halben Million Menschen das Leben kosten sollte.

Es gibt viele Möglichkeiten für die Darstellung des Spanischen Bürgerkrieges – aus militärischer Sicht, als eine Geschichte unvorstellbarer Gewalt und Grausamkeit oder als Teil eines internationalen Krieges gegen Faschismus und Nationalsozialismus. Ich möchte hier etwas anderes versuchen und den Bürgerkrieg in Hinblick auf verschiedene Formen der Familienerfahrung analysieren. In den Darstellungen des Krieges findet man immer wieder Ehemänner und Ehefrauen, Onkel und Cousins, Kinder und Eltern, aber sie sind nie Teil eines größeren analytischen Rahmens. Welche Erfahrungen machten Familien angesichts des Krieges, vor allem im Sommer 1936, wie reagierten sie, welche Strategien verfolgten sie? Inwiefern war der Bürgerkrieg tatsächlich ein Bruderkrieg, als der er so oft geschildert wird? Ich möchte hier eine erste Typologie versuchen, ohne Anspruch auf Vollständigkeit.

Nach Francos Staatsstreich war Spanien ein gespaltenes Land. Hunderte Familien fanden sich auf der falschen Seite wieder – entweder als Republikaner auf nationalistischem Gebiet oder umgekehrt als Nationalisten auf dem Gebiet der Republikaner. Sie mussten mit dem Schlimmsten rechnen, denn die Bedrohung kam aus mehr als einer Richtung. Innerhalb des *pueblo* bot der Ausbruch des Bürgerkriegs die Chance, persönliche alte Rechnungen (*rencillas*) zu begleichen. Streitigkeiten unter Nachbarn, eine Kränkung des männlichen Ehrgefühls vor über einem Jahrzehnt, eine Zurückweisung in einer Liebesbeziehung, das alles konnte jemanden jetzt plötzlich in Gefahr bringen. Der Bürgerkrieg brachte das Böse in den Menschen zum Vorschein und gab ihnen die Gelegenheit, ihren Emotionen freien Lauf zu lassen. Außerhalb des Dorfes war man durchaus nicht sicher, denn die Mörder stammten ohnehin oft aus einer anderen Stadt oder einem anderen Dorf; sie führten bloß Aufträge aus.[6]

Unter diesen schrecklichen Umständen kann man verschiedene Formen erkennen, wie Familien reagierten und welche Erfahrungen sie machten. Zum einen wurden Familien durch den Krieg auseinandergerissen oder gänzlich zerstört. Juan Crespo war ein Student und Monarchist, der sich von Primo de Riveras Falange-Partei angezogen fühlte – die von allen spanischen Parteien und Bewegungen dem italienischen Faschismus am nächsten kam. Wir sind Crespo bereits im Frühjahr 1931 begegnet, als er in Salamanca eine Klosterschule besuchte. Bei Kriegsausbruch meldete er sich wiederholt als Freiwilliger bei der nationalistischen Armee und kommandierte schließlich maurische Söldnertruppen. Doch ein Onkel von ihm, Casto Prieto Carrasco, Bürgermeister von Salamanca und Professor für Medizin an der Universität, war Republikaner. Im Juli 1936 entdeckte ein Milchmann seinen Leichnam in einem Graben an der Straße nach Valladolid. Es war sehr heiß in jenem Sommer, daher verwesten die Leichen schnell.[7] Ein zweiter Onkel aus dem Dorf Morasverdes wurde verhaftet, aus dem einzigen Grund, weil er der Bruder von Casto Prieto war. Er blieb ohne Prozess bis zum Mai 1937 in Haft und wurde nur entlassen, weil er unheilbar an einem Blasenleiden erkrankt war. Ein dritter Onkel gehörte der Konföderation der Rechten CEDA an und war Bürgermeister in einem Dorf namens Manso. Trotz verschiedener politischer Bündnisse landete auch er im Gefängnis.

Viele Jahre später sagte Juan Crespo in einem Interview mit Ronald Fraser: »Die Front war eine gewundene Linie, die Freund von Freund trennte, Bruder von Bruder, und oft direkt durch ein Haus, ja sogar ein Schlafzimmer ging.«[8] Bei Crespos Familie verhielt es sich allerdings anders. Politisch war sie vielfach geteilt – es gab Carlisten (die traditionellen »Monarchisten«, die sich auf die Seite Francos geschlagen hatten), Liberale und Republikaner unter den Familienangehörigen. Dennoch blieben die Mitglieder einander emotional eng verbunden. Crespo fuhr fort: »Ich tat, was ich konnte, um das Leid meiner Verwandten auf der anderen Seite zu lindern, gab mein Möglichstes, um meine Onkel aus dem Gefängnis freizubekommen, aber ich kämpfte auch weiter für meine Ideale.«[9]

Hinter Crespos Schilderungen steckt natürlich noch mehr. Die Geschichte der Familie wurde zusätzlich durch die Haltung und Gewohnheiten der einflussreichen lokalen Familien kompliziert, die ein Netz langfristiger politischer Absicherungen aufgebaut hatten. Im 19. und frühen 20. Jahrhundert war es in Spanien wie in Italien angesichts der politischen Instabilität und häufigen Gewaltausbrüche sinnvoll, wenn ein Zweig der Familie der einen politischen Fraktion angehörte und sich ein anderer Zweig politisch anders orientierte. Crespos Familiengeschichte hat also viel mit politischer Spaltung zu tun, aber nichts mit Brudermord.

Eine ähnliche Geschichte, allerdings nicht ganz so kompliziert, findet sich bei der Familie Portillo Pérez, die ebenfalls aus der Nähe von Salamanca stammte.[10] Die Familie gehörte zur Mittelschicht und war »daher von Natur aus misstrauisch gegenüber Sozialisten und Kommunisten«. Der britische Politiker Michael Portillo, der der Konservativen Partei angehört, erinnert sich an seinen Vater Luis als den einzigen in der Familie, der auf republikanischer Seite stand. Seine fünf Brüder sympathisierten alle mit der Gegenseite:

> Mein Vater war ein liberaler Intellektueller und katholischer Idealist, der an das Gute im Menschen glaubte. An der Front weigerte er sich, eine Waffe zu tragen, weil er fürchtete, er könnte einen seiner Brüder töten.

Der Hass, den der Krieg hervorgerufen hatte, war auch noch in Michaels Kindheit in London zu spüren:

> Zu meinen frühesten Erinnerungen gehört, wie mein Vater von seinem Hass auf Franco spricht. Sein Ton war schockierend, weil er sonst ein so liebevoller und sanfter Mensch war. Meine drei Brüder und ich durften im wahrsten Sinne des Wortes nicht einmal einer Fliege etwas zuleide tun, weil unser Vater absoluten Respekt vor dem Leben hatte. Doch der Hass auf Franco strömte nur so aus ihm heraus. Der Bürgerkrieg hatte tiefe Wunden bei ihm hinterlassen, nicht körperlich, sondern seelisch ... Im Januar 1939, als sich mein Vater über die Berge ins Exil schleppte, wurde sein Bruder Justino im Kampf für Franco getötet.[11]

Beide Familien waren durch den Bürgerkrieg tief gespalten. Gleichzeitig waren die Mitglieder *innerhalb* der Familie nicht verfeindet, sondern zeigten als Verwandte Liebe und Solidarität füreinander.

Ein zweites Element unserer Typologie ist dem ersten diametral entgegengesetzt. Hier geht es um Beispiele, bei denen Familienmitglieder von ihren eigenen Angehörigen im Stich gelassen wurden und der Begriff »Familie« nur noch eine Chimäre war. In Málaga übernahm die Linke im Juli 1936 die Kontrolle über die Stadt. Vor allem die Anarchisten hatten wenig Scheu, die »Klassenfeinde« zu erschießen, die oft willkürlich ausgewählt wurden. Pepa López war mit einem lokalen Anwalt und ehemaligen Parlamentsabgeordneten der CEDA verheiratet. Als sie hörte, wie sich die feindselige Menge ihrem Haus näherte, tauschte sie rasch ihr Kleid gegen einen Arbeitskittel, zog anstelle ihrer Schuhe ein Paar Hanfsandalen an und schnappte sich drei wertvolle Ketten, Erbstücke, die ihrer Mutter gehört hatten. Sie versteckte den Schmuck in einem Korb mit Gemüse, nahm ihre Kinder fest bei der Hand und ging hinaus auf die Straße in der Hoffnung, dass niemand sie in ihrer Verkleidung als Straßenhändlerin erkennen würde.

Tatsächlich gelang es ihr, ins Haus eines Cousins zu fliehen. Von dort aus musste sie zusehen, wie die Möbel aus ihrem eigenen Haus auf die Straße geworfen und verbrannt wurden. Ihr Cousin sagte ihr, dass sie nicht länger als vierundzwanzig Stunden bleiben könne. Der weitere Gang der Ereignisse wird von María Carmen erzählt, Pepas Tochter:

> Unsere Verwandten ließen uns einer nach dem anderen im Stich. Sie wurden blass, wenn wir sie baten, uns Unterschlupf zu gewähren. Und so kam der Moment, an dem uns niemand mehr aufnehmen wollte. Das war die traurigste Erfahrung meines Lebens.[12]

Da Pepa López aus einer weitverzweigten Familie gläubiger Katholiken stammte, deren Mitglieder leidenschaftlich an die zentrale Bedeutung und den Vorrang der Familie glaubten, muss es besonders schlimm gewesen sein, derart im Stich gelassen zu werden. Trotzdem überlebten Pepa und ihre Kinder. Sie fanden Unterschlupf in der Klinik eines mutigen katholischen Gynäkologen, José Gálvez. Ihrem Mann half der Verlobte der Tochter seiner Sekretärin: »Zurückgestoßen von den Verwandten wurde er von Menschen gerettet, die er nicht kannte.«[13] Nach der Einnahme Málagas durch die Nationalisten ließ der Gegenschlag nicht lange auf sich warten. Ihre Rache zählte zu den furchtbarsten des ganzen Bürgerkriegs. María Carmen erinnert sich weiter:

Mein Vater sagte, er sei deprimiert, dass er überlebt habe. Fast alle seine politischen Freunde waren getötet worden. Dann kam man und forderte ihn auf, Anhänger der Linken anzuklagen. Die Säuberungsaktion war in vollem Gang. Er lehnte ab. Wir hörten von den Kriegsgerichten, den Hinrichtungen. Jeden Tag gab es Hunderte Fälle.[14]

Auch hier zeigt sich, dass das Überleben oft vom Zufall abhing. Das wird in vielen Darstellungen und Berichten von Zeitzeugen hervorgehoben. Luis Portillo Pérez zum Beispiel war unterwegs zur Universität von Salamanca, als er in einem Café an einer Bushaltestelle eine Kollegin traf. Sie erzählte ihm vom Chaos und den Morden an der Universität, und er beschloss umzukehren. Diese zufällige Begegnung rettete ihm vermutlich das Leben.

Eine Familie, die politisch zerrissen war, deren wichtigste Mitglieder jedoch einander eng verbunden blieben; eine andere Familie, die an die zentralen Werte der katholischen Familie glaubte, deren Mitglieder aber feststellen mussten, dass sie in der Stunde der Not von eben dieser Familie im Stich gelassen wurden. Sie sind die ersten beiden Elemente unserer Typologie. Oft, und damit sind wir beim dritten Element angelangt, war nicht nur die Solidarität innerhalb der Familie entscheidend fürs Überleben, sondern auch, welchen Ruf eine Familie in ihrem Umfeld hatte. Anders ausgedrückt, war auch das »soziale Kapital« einer Familie von großer Bedeutung. Ein gutes Beispiel dafür und für die Bedeutung des Schicksals oder Zufalls ist die Geschichte von Joan Mestres. Der Krieg währte gerade einmal vier Wochen, als Mestres, Monarchist und Mitglied der CEDA, verhaftet wurde. Mestres war stellvertretender Abteilungsleiter in der Niederlassung einer Versicherung in Barcelona. Sein Büro war von einem Revolutionskomitee beschlagnahmt worden. Er rechnete damit, jeden Moment erschossen zu werden. Die Befürchtung schien sich zu bewahrheiten, als ein lokales Mitglied der militant-anarchistischen FAI kam und ihn abholte. Doch der Mann wollte ihn nicht töten. Er lebte im selben Arbeiterviertel wie Mestres' Eltern, die er als bescheidene und ehrbare Leute kannte. Als er gesehen habe, erzählte er, wie sie wegen der Verhaftung ihres Sohnes weinten, habe er beschlossen, die Sache selbst in die Hand zu nehmen. Er fuhr mit Mestres zum Hauptquartier der CNT-Holzarbeiter-Gewerkschaft. Dort erklärte er dem Vorsitzenden, er habe

Mestres gerettet, weil er aus einer armen Familie stamme und in einem armen *barrio* gewohnt habe. Er fuhr fort:

»Er ist ein Sohn des Volkes. Er ist ein Sonderfall, und es ist ungerecht, dass er ins Gefängnis kommen soll. Sein einziger Fehler besteht darin, dass er der religiösen Propaganda auf den Leim gegangen ist; seine einzige Sünde ist die Religion. Er hat das Haus am 19. Juli nicht verlassen.« Der Vorsitzende sah mich [Mestre] an. »Stellen Sie sich auf den Tisch!«, sagte er. Zögernd stieg ich hinauf. »Ruhe«, schrie der Vorsitzende. Der Lärm und die Betriebsamkeit um mich herum, das ganze Durcheinander, auf das wir bei unserem Eintreffen gestoßen waren, verebbte sofort. Der Vorsitzende sprach zu den Anwesenden, als ob er bei einer politischen Versammlung wäre. »Dieser Mann hat keine Waffen gegen das Volk gerichtet. Wir glauben, dass er eine Chance bekommen sollte. Die Möglichkeit, sein Leben zu ändern, sich von seinen falschen religiösen Ansichten zu befreien.« Die Menge johlte zustimmend, dann wandten sich alle wieder ihren Angelegenheiten zu. Unbeachtet stieg ich vom Tisch und ging nach draußen, ich war »frei«.[15]

Mestres' Herkunft und das Ansehen seiner Eltern waren die entscheidenden Faktoren, denen er sein Überleben verdankte. Doch Armut (oder umgekehrt Reichtum) garantierte bei weitem nicht immer einen glücklichen Ausgang. Zusätzlich zur Klassensolidarität – wie wir sie in Mestres' Fall erleben – waren noch weitere soziale Mechanismen erforderlich.

Ein viertes Element unserer Typologie ist daher der Bereich, wo *klassenübergreifende* Muster des Austauschs und des persönlichen Gefallens eine wichtige Rolle spielten. Eine wirkungsvolle Möglichkeit bot die »rituelle Verwandtschaft« eines Paten oder einer Patin. Die Rolle von Paten konnte im Sommer 1936 von großer Bedeutung sein. Nicht unbedingt in den *barrios* von Barcelona, deren Bewohner ohnehin eine ähnliche Haltung vertraten und wo die Paten oft aus derselben Straße kamen. Doch auf dem Land war die Patenschaft (*padrinazgo*) häufig klassenübergreifend, da die Kirche Landarbeiter ermutigte, sich um den Schutz reicher und wohlwollender Großgrundbesitzer zu bemühen. Wenn ein einflussreiches Mitglied der dörflichen Elite in einem entscheidenden Augenblick ein gutes Wort einlegte, konnte das über das Schicksal einer Familie entscheiden. In Andalusien oder in der Extremadura kam so etwas allerdings deutlich seltener vor als in anderen ländlichen Regionen Spaniens, wo die Sozialstrukturen komplexer und ausgeglichener waren.

Doch nicht nur Patenschaften, sondern auch Arbeitsverhältnisse und das Netzwerk zwischen Patron und Abhängigen spielten eine Rolle. So berichtet beispielsweise ein sozialistischer Gewerkschaftsfunktionär, wie er im Dorf Mijas zwei Großgrundbesitzern das Leben rettete, für die er einmal gearbeitet hatte:

> Ich kannte sie, hatte in ihren Weinbergen gearbeitet. Ein Verwandter kam und sagte, sie seien auf einem Gefängnisschiff in Málaga und sollten erschossen werden. Ich und ein paar andere gingen zum Komitee für öffentliche Sicherheit in Málaga und unterschrieben Bürgschaften für sie. Wir brachten sie ins Haus einer ihrer Schwestern und sagten ihnen, sie sollten dort bleiben, damit die Leute in Casas Nuevas nichts von ihrer Freilassung erfuhren.[16]

Das soziale Kapital einer Familie war daher sehr wichtig, wie sich in verschiedenen Situationen und auf unterschiedlichen Ebenen zeigt – sowohl in Form von Solidarität *innerhalb* einer Klasse als auch *zwischen* den Klassen.

Ein letztes Element unserer Typologie hat mit weiblichen Strategien zu tun. In diesem Bereich (wie in allen anderen) muss zwar noch geforscht werden, doch man kann bereits Situationen ausmachen, in denen Frauen Männer zur Vernunft brachten und dafür sorgten, dass diese nicht zu Mördern wurden, und die so ihre Familien retteten (oder was davon übrig war). Sie waren es, die an Tugenden wie Gnade, Mäßigung und Großmut appellierten und nicht an die damals vorherrschenden Gefühle Rache und Hass. Derartige Appelle lassen sich natürlich nicht allein auf den Geschlechterunterschied zurückführen: Frauen wie Männer waren am Blutvergießen beteiligt, und Rache ist bei weitem keine rein männliche Empfindung. Aber ich möchte dennoch andeuten, dass es eine spezifisch weibliche Form gab, die eigene Familie unter solchen Bedingungen zu retten.

Mas de la Matas, ein Dorf mit 2300 Einwohnern im südlichen Aragón, war relativ wohlhabend, der Landbesitz war überwiegend auf kleine und mittelgroße Güter verteilt. Trotz dieser sozialen Zusammensetzung war das Dorf eine Hochburg der Anarchosyndikalisten. Nach Francos Staatsstreich im Juli 1936 übernahm die lokale CNT die Macht, richtete ein breit aufgestelltes antifaschistisches Komitee ein und sorgte dafür, dass niemand verhaftet oder erschossen wurde (was ungewöhnlich war). Zunächst blieb alles ruhig, doch dann traf eine bewaffnete Abordnung der CNT aus Alcañiz ein, der nächstgelegenen größeren Stadt, um »das Dorf zu säubern«. Das antifaschistische Komitee wurde einschließlich der örtlichen Mitglieder der CNT eingesperrt, anschließend wählten die marodierenden Bewaffneten sechs Männer aus, die sie sofort erschossen. Dann kehrten sie nach Alcañiz zurück.

Unter den Getöteten befanden sich der Vater und der ältere Bruder von Lázaro Martín. Nachdem auch er verhaftet worden war, beschloss seine Mutter einzugreifen. Jahre später, im Oktober 1974, erzählte Martín Ronald Fraser in einem Zeitzeugeninterview von seiner Rettung, wie man sie ihm damals geschildert hatte:

> Macario Royo war ein Mann, der zuerst ein wichtiger Sozialist im Ort und später ein Anarchist war. Er war ein Genosse Durrutis ... Nach meiner Verhaftung sah meine Mutter ihn auf der Straße und rief: »Macario, kommen Sie doch einen Moment herein.« ... Er kam ins Haus und war ein bisschen verwirrt, als er sich mit drei Frauen konfrontiert sah, darunter meiner Schwägerin, die ebenfalls einen Bruder verloren hatte ... Er war beunruhigt, denn man weiß ja, wenn es um Blutsverwandte geht, sind Frauen noch halsstarriger als Männer ... Und meine Mutter sagte zu ihm: »Hören Sie, Macario, ich bitte andere Leute nicht gern um einen Gefallen, aber nach dem, was in diesem Haushalt geschehen ist, denke ich, genug ist genug. Ich bitte Sie, wenigstens meinen Sohn zu verschonen, er ist noch ein Kind, selbst wenn er etwas getan hat, was er nicht sollte, schicken Sie ihn mir zurück, als meinen Trost, das ist das wenige, worum ich Sie bitte!« ... Am nächsten Tag wurde ich nach Hause geschickt.[17]

Ein weiteres Beispiel zum selben Thema, bei dem es allerdings nicht um Mutter und Sohn, sondern um Vater und Tochter geht, finden wir in Morasverdes in der Provinz Salamanca in den ersten Wochen nach Ausbruch des Bürgerkriegs. Wieder geht es um eine Strafexpedition, dieses Mal waren es Falangisten aus Ciudad Rodrigo, der nächsten großen Stadt. Sie hatten eine Liste mit Namen von Republikanern erstellt, die verhaftet und verschleppt werden sollten. Darunter befand sich auch der Dorfschullehrer, der Sekretär der örtlichen Sozialisten war. Doch als er verhaftet werden sollte, warf sich seine Tochter, ein »hübsches Mädchen, zwölf oder vierzehn Jahre alt« vor dem Anführer der Falangisten zu Boden, umklammerte seine Beine und küsste ihm die Füße. Ihre Geste war so schlicht und anrührend, dass der Anführer ihren Vater frei ließ.[18] Man muss jedoch hinzufügen, dass diese Strafexpedition insgesamt glimpflich verlief. Am Ende wurde nur der örtliche Stellmacher verhaftet, aber auch er kehrte am nächsten Tag mit dem Bus ins Dorf zurück. Eine seltene Ausnahme.

Der Juli 1936 war einer der schlimmsten und dramatischsten Monate der neuen spanischen Geschichte, und die Familien reagierten auf die Ereignisse auf verschiedene Weise. Jede Familiengeschichte ist für sich genommen einzigartig, dennoch kann man einige allgemeine Strukturen erkennen, die sich aus der bereits vorgestellten Typologie ergeben. Anhand der hier beschriebenen und vieler anderer Geschichten zeigt sich, dass sehr viele Familien vor einem Brudermord im eigentlichen Sinn des Wortes zurückschreckten und stattdessen einen starken Sinn für Solidarität, Loyalität und Liebe an den Tag legten, was die These von David Reher und anderen bestätigt, dass die familiären Bindungen in Spanien eine lange Tradition haben und sehr stark sind. Das galt vor allem für die direkten Familienangehörigen, in erster Linie die Ehefrauen, aber auch für weiter entfernte Verwandte mit komplexeren Bindungen. Außerdem können wir eine spezifisch weibliche Art und Weise erkennen, Druck auf feindselige und gefährliche Männer auszuüben, bei der die Frauen an deren bessere Seite appellierten, wenn sie über Leben und Tod zu entscheiden hatten.

Ein zweites Element der Typologie zeigt, dass sich die Reaktionen über alle Stereotypen hinwegsetzen können: Fromme Katholiken, die verzweifelt erfahren mussten, dass ihre Familie wenig oder gar keine Solidarität zeigte, oder Mitglieder der FAI, die in Barcelona große Mühen auf sich nahmen, um einen Sohn aus Respekt gegenüber den katholischen Eltern aus der Arbeiterklasse zu retten. Angesichts solcher Berichte klingt die Behauptung der Katholiken, die Nationalisten hätten dafür gekämpft, die Familie vor dem gesetzlosen Treiben der Anarchisten »zu retten«, ziemlich hohl.

Das Schicksal vieler Familien im Sommer 1936 hing stark vom Zufall ab, von der Stärke der familiären Verbindungen, aber auch von klassenübergreifenden Beziehungen, also dem sozialen Kapital in anderen Klassen, das einzelne Familienmitglieder in den Jahren vor dem Ausbruch des Bürgerkriegs aufgebaut hatten. Paten und Arbeitgeber konnten eine wichtige Rolle spielen. Tragischerweise gab es auf beiden Seiten viel zu wenige, die bereit waren, in ihren Gegnern in erster Linie Menschen zu sehen und dann erst den Klassenfeind oder religiösen Gegner.

Die Kreuzritter

Beim Ausbruch des Bürgerkriegs stellte sich der Großteil des spanischen Klerus auf die Seite der putschenden Generäle. Auf internationaler Ebene drängte Wladimir Ledóchowski, der Generalobere der Jesuiten, die jesuitische Presse weltweit zur Unterstützung der Nationalisten. Doch wie schon 1931 fiel die Reaktion des Vatikans differenzierter aus. Gerade in Hinblick auf einen Bruderkrieg ist die Haltung von Pius XI. sehr interessant. Am 14. September 1936 hielt er in Castel Gandolfo vor zahlreichen Spaniern, die vor den Republikanern geflüchtet waren, eine Rede mit dem Titel *La vostra presenza*. Er verurteilte die anti-klerikalen Gewalttaten, das Niederbrennen der Kirchen und die Ausbreitung des »Kommunismus«, bat die spanischen Katholiken aber auch, ihre Gegner wie Brüder zu behandeln. Dabei bezog er Begriffe wie Brüderlichkeit und Bruderliebe, die uns bereits in der Typologie begegnet sind, auf ganz Spanien:

> Liebt diese Söhne und Brüder von euch, liebt sie mit einer besonderen Liebe aus Leidenschaft und Erbarmen, liebt sie und, wenn ihr nichts anderes tun könnt, betet für sie ... So wird der Regenbogen des Friedens am schönen Himmel über Spanien erscheinen und eurem großen und prächtigen Land die Nachricht verkünden.[19]

Die Reaktion im nationalistischen Spanien reichte von Enttäuschung bis zu Empörung. Die Anhänger Francos nutzten die Teile der Rede, die ihnen passten, und ignorierten den Rest. Gomá y Tomás, der Primas von Spanien, ordnete an, den Text nicht in der kirchlichen Presse Spaniens zu veröffentlichen. Eine Woche später gab der Bischof von Salamanca, Enrique Pla y Deniel, einen Hirtenbrief heraus, *Las dos ciudades* (»Die beiden Städte«), der weite Verbreitung fand. Die eine Stadt war die »himmlische Stadt der Kinder Gottes«, bewohnt von katholischen Gläubigen, die andere die »irdische Stadt, verkörpert von Kommunisten und Anarchisten, den Söhnen Kains«. Der brüderlichen Liebe setzte er brüderlichen Hass entgegen. Ein Kreuzzug sei notwendig, um »die Religion zu retten, das Vaterland und die Familie«. Der Bischof empörte sich nicht zuletzt im Namen der heiligen Ehe: »Hat man so etwas gehört! Zügellose Mädchen, die schreien: ›Kinder ja! Ehemänner nein!‹« Angesichts anarchistischer Brandstiftungen und Morde gebe es keine Alternative zum Bürgerkrieg. »Krieg ist, wie das Leid, eine gute Schule, um Männer zu schmieden«, vor allem wenn man allgemein eine »Verweichlichung« zu beklagen habe.[20]

Dabei waren auch Frauen von der katholischen Kirche und politischen Gruppierungen mobilisiert worden, vor allem von der CEDA.[21] Ihr politisches Programm sah die allmähliche Abschaffung der bürgerlichen und wirtschaftlichen Ungleichheit der Frauen vor, erklärte aber gleichzeitig, dass die rechtliche Gleichstellung nicht die »eheliche Autorität« oder die »Autorität der Familie« schädigen sollte. Mit diesen Widersprüchen hatten alle katholischen Frauengruppen auf ihrem schwierigen Weg zu kämpfen. José Antonio Primo de Rivera, Gründer und Führer der Falange-Partei, bot für das Problem eine andere und schlichte Lösung: Man sollte den Unterschied einfach anerkennen – bei den Emotionen, der Rollenverteilung, den Handlungsspielräumen; sogar die Überlegenheit bestimmter weiblicher Werte räumte er ein. Vor Publikum erklärte er im April 1935 in Badajoz:

> Wir sind keine Feministen. Wir glauben nicht, dass man Frauen respektiert, wenn man sie von ihrer wunderbaren Bestimmung ablenkt und ihnen männliche Funktionen gibt. Der Mann ist ein reißender Strom aus Egoismus; die Frau akzeptiert fast immer ein Leben der Unterwerfung, des Dienens und des Verzichts.[22]

Die Sección Femenina der Falange, die 1934 von Pilar Primo de Rivera, José Antonios jüngerer Schwester, gegründet wurde, entwickelte sich schnell zur größten Frauenorganisation im nationalistischen Spanien und hatte über eine halbe Million Mitglieder. Von den Kirchenoberen wurde sie jedoch stets mit Misstrauen betrachtet.

Mary Vincent hat in ihrem 1999 erschienenen Artikel über die Konstruktion von Männlichkeit im franquistischen Spanien die wesentlichen Elemente des »Kreuzzugs« dargestellt, der im September 1936 begann.[23] Das Ziel dieses »Kreuzzugs« – der von der großen Mehrheit der spanischen Kirche enthusiastisch begrüßt wurde – bestand darin, eine moderne Version des christlichen Soldaten zu schaffen, mit dessen Hilfe Spanien einst zur Großmacht aufgestiegen war und der fest im kollektiven Gedächtnis verankert war. Vincent schreibt:

> Indem man aus dem Soldaten einen Kreuzritter machte ..., mobilisierte man spezielle Vorstellungen von Männlichkeit, bei denen man sich mittels einer moralischen Ordnung und eines Heldenbildes gegenüber den Ungläubigen abgrenzte und man vor allem ein Märtyrertum schuf, in dem die Idee des Kreuzzuges ihren endgültigen Ausdruck fand.[24]

Die Anführer der Kreuzzüge und ihre möglichen Märtyrer sollten junge Männer aus guten Familien sein, die an einer katholischen Eliteschule in den wohlhabenden bürgerlichen Vierteln der größeren Provinzstädte erzogen worden waren. Dabei spielten die Maristen eine besondere Rolle. Junge Männer wurden Tugenden wie Keuschheit, Reinheit und Frömmigkeit gelehrt, die zusammen eine spezielle Vorstellung von katholischer Männlichkeit in Spanien ergaben. Keuschheit wurde hier betrachtet wie in der Enzyklika *Casti Connubii* – nicht nur als sexuelle Enthaltsamkeit, sondern im weiteren Sinne als Mittel zur Befreiung der Seele. Die Elite der Soldaten-Kreuzfahrer sollte »unbefleckt« sein. Ihre Vorbilder waren die Heiligen der Gegenreformation, kämpfende Mönche, die sich geweigert hatten, auf ihre Familie zu hören, und stattdessen losgezogen waren, um der Kirche zu dienen. Ein strenges, asketisches Vorbild. Die Darstellung der Kämpfer im Bürgerkrieg, etwa in den Bildern des Malers Carlos Sáenz de Tejada, erinnert manchmal an El Greco, mit in die Länge gezogenen Figuren, die eher alttestamentarisch wirkten als modern.[25]

Wie passen diese Porträts heiligenmäßiger Krieger zu anderen Vorstellungen von Männlichkeit, vor allem der faschistischen? Hier findet man nur wenige Gemeinsamkeiten. Die Variante von Marinetti und Mussolini (Männer als militärische und sexuelle Abenteurer) passt ganz sicher nicht ins Bild. Man wagt sich kaum vorzustellen, wie Marinettis berühmt-berüchtigter Ausspruch, dass der Krieg beweise, dass Frauen »täglich Kopulation« bräuchten, in einer jesuitischen Eliteschule angekommen wäre. Auch die zweite Variante des faschistischen Diskurses, bei der Männlichkeit über die Fortpflanzung und die Familie definiert wird, passt hier nicht.

Zwischen der spanischen und italienischen Kirche lassen sich in Hinblick auf ihre Kultur und jüngere Geschichte deutliche Unterschiede erkennen. Die katholische Kirche in Italien bevorzugte, auch wenn sie den Italienisch-Äthiopischen Krieg befürwortet hatte, immer ein auf Ausgleich bedachtes Familienleben anstelle eines zerstörerischen Krieges. Die italienische Kirche hatte zwar auch Zeiten der Isolation und Diskri-

Carlos Sáenz de Tejada, Tres generationes, *nationalistische Soldaten, gegen Ende der dreißiger Jahre*

minierung erlebt und sogar das Ende ihrer weltlichen Macht mitansehen müssen, doch das war kein Vergleich zu dem, was die spanische Kirche im Bürgerkrieg durchmachte. 13 spanische Bischöfe, 4184 Priester, 2365 Mönche und 283 Nonnen starben infolge anti-klerikaler Gewalt vor allem in den sechs Monaten nach dem 18. Juli.[26] Diese Gräueltaten signalisieren, dass die spanische Kirche an der Seite des nationalistischen Militärs um ihr Überleben kämpfte. Die italienische Kirche hatte dagegen bereits 1928 gesiegt und war wieder ein fester Bestandteil des italienischen Lebens geworden, ohne zu den Waffen greifen zu müssen.

Interessanter noch ist der Vergleich zwischen der Türkei und Spanien. Hier finden sich zahlreiche Parallelen, etwa in der Anziehungskraft, die der »Heilige Krieg« im Islam besitzt, in der Gestalt der Märtyrer oder in der Leitfigur des unerschrockenen und gnadenlosen Berufssoldaten. Erinnern wir uns an Mustafa Kemals Tagebucheinträge von der Front im Juli 1915:

> Unser Leben hier ist die Hölle. Zum Glück sind meine Soldaten sehr tapfer und zäher als der Feind. Der Glauben der Männer erleichtert es mir, ihnen Befehle zu geben, die sie in den Tod schicken. Denn für sie kann das nur zwei übernatürliche Konsequenzen haben: entweder den Sieg für den Glauben oder ihr Märtyrertum. Weißt du, was das zweite bedeutet? Man kommt direkt in den Himmel. Und dort treffen sie dann die *huris,* Gottes schönste Frauen, die auf ewig ihre Wünsche befriedigen. Höchste Glückseligkeit!

Die spanische Märtyrerverehrung betonte dagegen immer die Reinheit und Keuschheit derjenigen, die in den Himmel kamen, wo das sexuelle Verlangen keinen Platz mehr hatte. Die spanische Version des Paradieses ist gleichsam militärischer. José Antonio Primo de Rivera schreibt:

> Man kann im Paradies nicht herumliegen; man steht aufrecht, wie die Engel ... Wir, die wir bereits die Besten in unserer Schar dazu gebracht haben, ihr Leben auf dem Weg ins Paradies zu lassen, wir wollen ... ein Paradies, wo es keine Rast geben kann und dessen Tore zu beiden Seiten von Engeln mit Schwertern flankiert werden.[27]

Angesichts der Gewalttaten gegen den Klerus reagierten die »Kreuzfahrer« ihrerseits mit Gewalt, und das in deutlich größerem Umfang. Nur wenige Geistliche plädierten wie der Bischof von Pamplona für ein Ende des Blutvergießens. Die große Mehrheit dachte anders – Blut *musste* vergossen werden. In einem immer wiederkehrenden Aufruf hieß es, Spanien müsse »mit dem Blut der Märtyrer getränkt und gedüngt« werden – vor allem aber natürlich auch mit dem Blut der Sünder und derjenigen, die die Religion schändeten. Das Hauptangriffsziel waren Männer, aber auch Frauen wurden nicht verschont. »Rote Huren« wurden zum Gegenbild der tugendhaften katholischen Frau. Sie waren »unkeusch, unweiblich und vor allem auch unspanisch«, wie Vincent schreibt.[28] In den Gefängnissen der Nationalisten wurden sie körperlich und sexuell gedemütigt – manchen wurden die Köpfe kahlgeschoren, andere mussten Rizinusöl trinken. Wieder andere wurden gezwungen, nackt auf und ab zu marschieren, viele wurden vergewaltigt und sexuell missbraucht. Diese ausdrücklich sexuelle Gewalt zog keinerlei Protest seitens der nationalistischen Geistlichen nach sich. Schlimmer noch, viele Gewalttaten erfolgten im Namen der Jungfrau Maria, die zur Schutzpatronin der nationalistischen Armee ernannt worden war. In Italien wurde die Jungfrau Maria als Verkörperung der Mutterliebe verehrt. Anders in Spanien, vor allem in den Jahren 1936 bis 1939. Frances Lannon schreibt dazu:

> Niemanden schien es auch nur in Verlegenheit zu bringen, dass es im August 1936 zu Massenhinrichtungen in Badajoz und anderen Städten kam, und das unmittelbar vor Mariä Himmelfahrt.[29]

Am Ende des Krieges feierte Gomá y Tomás, der Primas der katholischen Kirche Spaniens, den Sieg der Nationalisten als Triumph »der Seele unserer edlen Geschichte, der uralten Seele unserer Väter, die sich den Bastardseelen der Söhne Moskaus in den Weg gestellt haben«.[30] Pius XII., der im März 1939 Papst geworden war, gab sich ebenfalls nicht gerade zurückhaltend. Der neue Papst schickte wenige Stunden, nachdem Franco die Gefangennahme und Entwaffnung der »roten Armee« verkündet hatte, ein Telegramm an den Diktator: »Mit dem Herzen dem Herrn zugewandt danken wir zusammen mit Ihrer Exzellenz aufrichtig für diesen lang ersehnten katholischen Sieg in Spanien.«[31]

Franco: Nur die Familie und die Kirche

Von allen hier behandelten Diktatoren – Mustafa Kemal, Benito Mussolini, Adolf Hitler, Josef Stalin und Francisco Franco – kann man nur Franco als gewissermaßen »guten Familienvater« bezeichnen. 1892 in der Hafenstadt El Ferrol in der armen Provinz Galizien im Nordwesten Spaniens geboren, war Franco ein schüchternes, wohlerzogenes, aber auch trauriges und stilles Kind. Sein Vater Nicolás, der bei der spanischen Marine eine hochrangige Position in der Verwaltung innehatte, war ein übellauniger und autoritärer Mann, der selten zu Hause war. Franco gelang es nicht, seine Zuneigung zu gewinnen, am Ende verachtete er ihn. Sein eigener lebenslanger Verzicht auf Alkohol, seine Ablehnung außerehelicher Affären und seine Verachtung für Spielsüchtige sind als Gegenentwurf zum Leben seines Vaters zu verstehen. Eine zentrale emotionale Bindung bestand – wie bei den anderen großen Diktatoren – nur zu seiner Mutter, Pilar Bahamonde, einer heiteren und freundlichen Frau sowie konservativen, eifrigen Katholikin. Franco betonte stets die zentrale Rolle der Religion in der Politik und der christlichen Familie als gesellschaftliche Grundlage des Staates. Das Gefühl der Zurückweisung verstärkte sich beim jungen Franco vermutlich noch, als er nicht in die Marine aufgenommen wurde. Wie sein Biograf Paul Preston schreibt: »Ein selbstmitleidiger Ton zieht sich durch seine Reden als Caudillo, das ständige Echo des kleinen Jungen, der sich ungerecht behandelt fühlte.«[32] Die Situation änderte sich erst, als Franco zum Militär kam. Er war ein furchtloser Soldat und machte Karriere, zuerst in Marokko, dann in Spanien. In beiden Ländern zeigten sich die Abgründe seines Charakters; er hatte keine Mühe, seine Gegner als reine Objekte zu sehen, egal ob es sich dabei um marokkanische Stammesangehörige oder asturische Bergarbeiter handelte. Das passte zwar nicht unbedingt zu einem guten Katholiken, aber sehr gut zu der allgemeinen inhumanen Gesinnung, die seit Anfang des Jahrhunderts in Europa immer mehr Verbreitung fand.

Im Oktober 1923 heiratete Franco mit 30 Jahren in Oviedo die 21-jährige María del Carmen Polo. Sie war die Tochter eines reichen Landbesitzers, eine sehr elegante Erscheinung. Die Heirat verdeutlicht daher Francos raschen sozialen Aufstieg. Die Ehe hielt 52 Jahre, bis zu Francos Tod 1975, und wird von Preston als »solide und dauerhaft, wenn auch

Einzelschicksale und Familien

nicht gerade leidenschaftlich« beschrieben.[33] Franco vergötterte sein einziges Kind, seine Tochter Carmen, die ihm sieben Enkelkinder schenkte. Sein Privatleben zeichnete sich durch eben jene Symbiose zwischen Kir-

Francisco Franco mit seiner Frau María del Carmen Polo und der gemeinsamen Tochter Carmen 1936, zu der Zeit, als die Regierung von Burgos nach Salamanca verlegt wurde

che und Regime aus, auf die sich auch seine Diktatur stützte, und konnte seinen Untertanen daher mit einer gewissen Berechtigung als archetypisches Modell der Hingabe und Treue präsentiert werden.

In puncto »Männlichkeit« konnte Franco sich nicht mit Mussolini messen – nicht nur, was »Affären« anging. Franco hatte zwar eine Vorliebe für prächtige Uniformen, vor allem Admiralsuniformen, doch mit seinen 1,64 Meter war er alles andere als eine imposante Erscheinung. Außerdem sprach er leise und neigte in bestimmten Situationen sogar zu Tränen. Anders als Mussolini oder Hitler hatte er keine Erfahrung als Redner bei Versammlungen oder auf der Straße und kein Talent, bei seinen Zuhörern Emotionen zu wecken. Als ihn der italienische Außenminister Ciano im Juli 1939 besuchte, beschrieb er diesen »Caudillo« (die spanische Entsprechung eines »Führers«) als »seltsamen Fisch«, verschanzt in seinem Palast und »umgeben von Aktenbergen mit Todesurteilen«. Laut Ciano bearbeitete Franco drei am Tag, weil er eine Vorliebe für eine ausgedehnte Siesta hatte. »Diese Siestas sind seine Stärke«, wie Ciano schrieb.[34]

Die italienischen Faschisten unterschätzten Franco, und das nicht nur, weil er ihre Unterstützung benötigt hatte, sondern auch, weil sie sein Auftreten und Verhalten nicht verstanden. Nach außen hin wirkte Franco vielleicht träge, doch hinter der umgänglichen Fassade lauerte ein Mann mit ausgeprägtem Machtinstinkt, der noch dazu gerissen und absolut rücksichtslos war. Im Gespräch mit einem französischen Journalisten bezeichnete er sich 1937 als Soldaten Gottes, seine Feinde dagegen sah er als bloße Marionetten unpersönlicher Mächte. Er kämpfte nicht gegen Menschen, sondern gegen den Atheismus und Materialismus. Er führte einen Religionskrieg, einen Kreuzzug, keinen Bürgerkrieg. Aus dieser Sicht war jede ruchlose Handlung erlaubt, jedes Verbrechen gegen die Menschlichkeit gerechtfertigt.

Auch hier ist ein Vergleich mit Mustafa Kemal besonders interessant. Auch Kemal war ein Mann, der sich durch außergewöhnliche Entschlossenheit und Rücksichtslosigkeit auszeichnete. Natürlich gab es grundlegende Unterschiede. Franco war ein erbitterter Verteidiger der Kirche, Kemal war oft ihr schlimmster Widersacher. Franco wollte die Vergangenheit wieder aufleben lassen und Spanien als Großmacht feiern, während Kemal der osmanischen Tradition verächtlich den Rücken kehrte.

Mit seiner Republik sollte die osmanische Geschichte enden und die türkische beginnen. Kemal war ein Erneuerer, Franco ein fanatischer Befürworter der Restauration. Doch beide Männer waren Berufssoldaten, die es gewohnt waren, Soldaten im Feld zu lenken, Kriege von unbeschreiblicher Grausamkeit zu führen und ihre Gegner nicht nur zu besiegen, sondern zu eliminieren. So schufen sie Regime, die ihr Leben lang und in Kemals Fall auch weit darüber hinaus Bestand hatten.

Massaker und Utopien

Als die rebellierenden Generäle im Juli 1936 ihren Staatsstreich ausriefen, hatten sie in den ländlichen wie städtischen Gebieten der Extremadura und Andalusiens nur schwachen Rückhalt. Doch allen Widrigkeiten zum Trotz schaffte es General Gonzalo Queipo de Llano, Sevilla für die Nationalisten einzunehmen, und wies die Falange an, sofort jeden zu töten, der im Verdacht stand, der Linken zuzuneigen, sowohl in der Stadt als auch im Umland. Die Leichen ließ man, wie etwa am 21. Juli 1936 im dicht besiedelten Viertel Barrio de Triana, einfach auf der Straße liegen, umringt von hysterisch weinenden Frauen, die versuchten, die Toten wenigstens zuzudecken. Innerhalb weniger Tage war die Stadt fest in der Hand der Nationalisten, was sicher auf den Opportunismus und die Rücksichtslosigkeit Queipos zurückzuführen ist, aber eben auch auf die fatale Desorganisation und mangelnde Vorbereitung der Republikaner.

Das Muster wiederholte sich mit steigenden Opferzahlen, als die Todesschwadronen nach Norden in die Extremadura und Richtung Osten nach Granada vordrangen. Wieder und wieder waren die anarchistischen *pueblos*, die oft untereinander verfeindet waren, nicht in der Lage, den Widerstand zu koordinieren. Offenbar hatten sie aus den Ereignissen in Casas Vieja nichts gelernt; sie schafften es jedenfalls nicht, sich zur Selbstverteidigung zusammenzuschließen. Meistens wurden die Männer des Dorfes einfach zusammengetrieben und auf dem Friedhof oder Dorfplatz erschossen, während ihre Frauen die nationalistischen Soldaten verzweifelt um Gnade anflehten. Einige der schlimmsten Massaker ereigneten sich in der Provinz Badajoz, wo Margarita Nelken 1936 als Abgeordnete wiedergewählt worden war. Diejenigen, die von den republikanischen Landreformen vor dem Krieg profitiert hatten, Männer wie Frauen, waren besonders gefährdet. Auch alle, die einen Gewerkschaftsausweis in der Tasche trugen – von der CNT oder den Sozialisten –, mussten mit dem Schlimmsten rechnen.[35]

Die örtlichen Großgrundbesitzer arbeiteten mit der Falange Hand in Hand. Ein Beispiel ist Félix Moreno Ardanuy in der andalusischen Stadt Palma del Río in der Provinz Córdoba, ein mächtiger, einflussreicher Gutsherr mit besten Verbindungen. Er baute auf seinen ausgedehnten Ländereien keine Feldfrüchte an, sondern züchtete Kampfstiere. Nach dem 18. Juli 1936 hatte das anarchistische Komitee von Palma del Río das Land kollektiviert und die Lebensmittelzuteilung rationiert. Morenos Kampfstiere wurden getötet, und das Fleisch wurde an die Landarbeiter verteilt, von denen viele zum ersten Mal in ihrem Leben Rindfleisch aßen. Doch die Vergeltung ließ nicht lange auf sich warten. Am 27. August eroberte eine Kolonne der Rebellen die Stadt zurück, und Moreno fuhr in seinem schwarzen Cadillac zusammen mit anderen Großgrund-

Eine Frau trauert um ihre getöteten Verwandten im Barrio de Triana in Sevilla, 21. Juli 1936

besitzern hinter den Soldaten her. Die Männer des Dorfes wurden in einem Rinderpferch zusammengetrieben, dann wählte Moreno für jeden getöteten Stier zehn Männer aus, die sofort hingerichtet werden sollten. Die Männer diskutierten verzweifelt mit ihm. Einige erinnerten ihn daran, dass sie seine Patenkinder waren (was zu unserer Typologie passt), andere sogar seine Vettern. Doch es half nichts. Die Verwandtschaft, ob real oder in Form einer Patenschaft, zählte nicht. Moreno blickte stur geradeaus und wiederholte: »Ich kenne niemanden.« Mindestens 87 Dorfbewohner wurden an jenem Tag erschossen, in den nächsten Tagen waren es noch einmal doppelt so viele.[36] Insgesamt wurden in Andalusien in den Jahren 1936 bis 1939 fast 50 000 Menschen auf nationalistischem Gebiet ermordet. Unter den Opfern war auch Federico García Lorca.

In den Monaten vor dem Aufstand der Generäle war Lorca in Madrid und beendete sein letztes Theaterstück, *Bernarda Albas Haus*, aus dem er seinen Freunden gern vorlas. Das Wort »Haus« fand sich nicht zufällig im Titel; der Untertitel lautete »Tragödie von den Frauen in den Dörfern Spaniens«. Lorca wollte das erstickende häusliche Umfeld im ländlichen Spanien beschreiben, die Familien, die von Heuchelei, Intoleranz und einem inquisitorischen Katholizismus dominiert wurden. Adela, eine Tochter Bernardas, ist die revolutionäre Heldin des Stücks, nicht im engeren politischen Sinn, sondern in ihrem Aufbegehren gegen die erdrückenden Normen des Familienlebens. An einer Stelle fordert sie ihr Recht auf die eigene Sexualität mit den folgenden Worten: »Was ich mit meinem Körper mache, das geht dich gar nichts an!« Am Ende des Stücks zerbricht Adela Bernardas Stock, das Symbol der erdrückenden Vorherrschaft ihrer Mutter.[37]

Lorcas Freunde flehten ihn an, in Madrid zu bleiben, weil das der sicherste Ort schien, doch er wollte kurz vor dem Aufstand der Generäle zurück nach Granada und zu seiner Familie. Dort hätte er auf republikanisches Territorium gelangen können, das nur wenige Kilometer entfernt war, doch stattdessen entschied er sich, Zuflucht im Haus eines jungen Dichters mit falangistischen Tendenzen zu suchen, Luis Rosales, der Lorca sehr bewunderte und dessen Brüder zu den führenden Falangisten der Stadt gehörten. Diese Strategie wurde nicht nur von Lorca angewandt, doch in diesem Fall bewährte sie sich nicht, denn schon bald sprach es sich herum, wer da Unterschlupf gefunden hatte, und die Familie Rosales war nicht stark genug, um Lorca zu schützen. Der Dichter hatte sich in Granada viele Feinde gemacht, hinzu kam seine Homosexualität – sowie das »spanische Laster«, wie der Philosoph Unamuno den Neid bezeichnete. Am 17. oder 18. August 1936 wurde Lorca abgeholt, zu einem Olivenhain außerhalb der Stadt gefahren und erschossen.[38]

Wo die republikanische Front hielt und die Prinzipien des Anarchosyndikalismus zumindest einige Monate lang triumphierten, gab es interessante Versuche zu utopischen Lebensweisen. Ein Beispiel ist das andalusische *pueblo* Castro del Río in der Provinz Córdoba, nicht weit entfernt von Palma del Río, wo Félix Moreno Ardanuy so furchtbare Rache für die Tötung seiner Stiere nahm. Franz Borkenau erzählt in seinem wichtigen Augenzeugenbericht *Kampfplatz Spanien* aus dem Jahr 1937 von seinem Besuch im Dorf Anfang September 1936.[39] Castro, »ein typischer bevölkerungsreicher und armseliger *pueblo*«, war eines der ältesten Zentren des Anarchosyndikalismus in Andalusien. Im Juli hatten sich die Guardia Civil und die lokalen Gutsbesitzer gegen die Republik erhoben, die Stadt für die Generäle gesichert und alle getötet, die es gewagt hatten, sich ihnen in den Weg zu stellen. Doch die Dorfbewohner waren hier militärisch besser organisiert und hatten die Stadt belagert, die Guardia Civil ausgehungert und sich dann mit einem Massaker an ihren Gegnern gerächt. Anschließend setzten sie ihr »anarchistisches Eden« in die Realität um:

> Der springende Punkt des anarchistischen Regimes in Castro ist die Abschaffung des Geldes. Tauschhandel ist verboten; die Produktion hat sich kaum verändert. Das Land um Castro hatte den drei größten Magnaten Spaniens gehört, die natürlich nicht hier lebten; jetzt ist es enteignet ... Es gibt überhaupt keine Bezahlung; die Bewohner werden direkt aus den Vorratslagern des Dorfes gespeist ... Ich warf einen Blick auf die Vorratslager. Sie waren so dürftig, dass man eine nahende Hungersnot voraussagen konnte. Aber die Bewohner schienen auf diesen Zustand stolz zu sein. Sie wären froh, sagten sie uns, dass es mit dem Kaffeetrinken jetzt ein Ende habe; solche Abschaffung nutzloser Dinge schienen sie als moralischen Fortschritt zu betrachten. Die wenigen Gebrauchsgegenstände, die sie von außen benötigten, hauptsächlich Kleidung, hofften sie in direktem Austausch gegen ihren Olivenüberschuss zu bekommen (wofür

jedoch bis jetzt noch keine Vereinbarungen getroffen worden waren). Ihr Hass auf die Oberklasse war weniger ökonomischer als moralischer Natur. Sie strebten nicht nach dem guten Leben derer, die sie enteignet hatten, sondern wollten deren luxuriöse Gewohnheiten loswerden, die ihnen als lauter Laster erschienen. Von der neuen Ordnung, die bald entstehen sollte, hatten sie eine vollkommen asketische Vorstellung.[40]

Borkenau erwähnt in seiner Schilderung keine Maßnahmen speziell für Familien, weder was die Organisation innerhalb der Familie betrifft noch ihre Beziehungen zum Kollektiv. Man könnte meinen, das Thema befände sich außerhalb der Parameter eines anarchistischen Utopia. Auch wenn die *braceros*, die Arbeiter von Castro, die Resolution des CNT-Kongresses 1936 in Saragossa nie gelesen hatten – sie schienen es genau zu sehen: Die Familie hatte in der Vergangenheit »bewundernswerte Funktionen« ausgeübt. Damit stand sie nicht zur Diskussion.

Erhellend ist der Vergleich des landwirtschaftlichen Kollektivs von Castro mit einem weiteren Experiment in einem anderen Teil des Landes, in Orriols, einem kleinen Weiler in der Provinz Girona im östlichen Katalonien. Nachdem der Aufstand der Generäle in der Region gescheitert war, legten 23 der 44 Familien im Dorf (die meisten davon Pächter) ihr Land und ihr Vieh zusammen und gründeten ein landwirtschaftliches Kollektiv. Anfang 1937 wurden die Statuten festgelegt. Hier dominieren die Vorkehrungen für die Familie, in realer wie ritueller Form. In der Präambel heißt es: »Das Kollektiv ist eine große Familie von Produzenten und respektiert die absolute Autonomie jeder Familie beim Verbrauch.« In Statut zwei wurde festgelegt:

> Getreu dem humanen und anarchistischen Motto »Einer für alle, alle für einen« sollen die Mitglieder des Kollektivs danach streben, eine wirtschaftliche und soziale Verbesserung für alle zu erreichen, unabhängig von deren Familie oder Alter. Das Kollektiv wird einen gemeinsamen Fonds einrichten, der (im Rahmen der Möglichkeiten) dazu verwendet wird, die Bedürfnisse der großen Kollektivfamilie zu decken.[41]

Dann wurden Wochenlöhne für die Mitglieder festgelegt, die gestaffelt waren und die die traditionellen Ungleichheiten bei den Geschlechtern aufwiesen: Alleinstehende Männer über 15 Jahren erhielten 8 Pesetas;

verheiratete Männer 5 Pesetas; verheiratete Frauen, alleinstehende Mädchen über 15 und Jungen zwischen 12 und 15 Jahren bekamen 3 Pesetas, Jungen zwischen 8 und 12 Jahren 1 Peseta. Das Kollektiv versprach, »ein höheres Maß an Kultur bei den Menschen« in Form von Theater, Filmen, Lesungen, Radio und Zeitungen zu fördern, außerdem »Schriften zur Popularisierung von Wissenschaft und Moral« zu verbreiten. Die Statuten endeten mit dem folgenden großmütigen Appell:

> Das Kollektiv scheut keine Mühen, Beziehungen zu allen Arbeitern der Welt unabhängig von ihrer Klasse und Hautfarbe zu unterhalten und moralische und materielle Solidarität mit ihnen zu wahren. Die Tür des Kollektivs steht jedem Landarbeiter und Mitbürger offen; wenn er von den Vorteilen des Kollektivs überzeugt ist, wird er herzlich in den Schoß der großen Familie aufgenommen.

Zwar waren beide utopische Landkommunen vom Anarchosyndikalismus inspiriert, sie weisen jedoch deutliche Unterschiede auf. In Orriols ist die Familie das Leitbild für das Kollektiv; in Castro tritt die Familie praktisch nicht in Erscheinung, zumindest nach den uns vorliegenden Darstellungen. In Orriols wurden alle Dorfbewohner gemäß ihrem Platz in der etablierten Hierarchie bezahlt; in Castro dagegen waren Geld und Löhne komplett abgeschafft worden. In Orriols regierte der Pluralismus – nur etwas mehr als die Hälfte der Familien im Dorf hatte sich dem Kollektiv angeschlossen, die anderen mussten noch überzeugt werden (niemand wurde gezwungen, mitzumachen). Hier haben wir es mit einem »überbrückenden« Kollektiv zu tun. Castro dagegen war ein »bindendes« Kollektiv. Die einzig vorhandene politische Organisation war anarchistisch, es gibt keine Hinweise auf pluralistische Elemente; »nutzlose Dinge« wie Kaffeetrinken wurden per Dekret abgeschafft, und die einzelnen Familien konnten nicht selbst über ihren Verbrauch bestimmen. Castro kann als typisches Beispiel für eine in Südspanien vielfach anzutreffende gleichsam säkularisierte Form der religiösen Askese gelten; Orriols dagegen verkörpert eine seltsame Mischung aus sozialem Radikalismus und Familientraditionalismus. Beide Experimente wurden von den »Kreuzrittern« mit einem Blutbad beendet: Castro schon relativ früh, Orriols in den letzten Monaten des Krieges.

Margarita Nelken: Eine Frau im Krieg

Als wir zuletzt von Margarita Nelken hörten, sprach sie 1934 vor den Cortes und warnte die Abgeordneten, dass die Männer in der Provinz Badajoz, die von den Gutsbesitzern und ihren Verwaltern wie Tiere behandelt wurden, sich im Falle eines Bürgerkriegs auch wie Tiere benehmen würden. Im Herbst des Jahres war sie an der Planung des asturischen Bergarbeiterstreiks beteiligt, der sich zur Rebellion entwickelte und blutig niedergeschlagen wurde. Nelken wurde zu 20 Jahren Haft verurteilt, konnte aber in die kubanische Botschaft flüchten und gelangte von dort außer Landes. Es folgte eine Zeit intensiver publizistischer Tätigkeit. Da sie fließend Französisch, Deutsch und Englisch sprach, wandte sie sich an Botschaften in ganz Europa einschließlich der skandinavischen Länder, um die Lage in Spanien und die Not der inhaftierten Bergarbeiter bekannt zu machen. In dieser Zeit reiste sie auch zum ersten Mal nach Moskau, begleitet von ihrer Tochter Magda, die mittlerweile 20 war, und ihrem 4-jährigen Sohn Santiago (Taguín).

Nelken war mit ihrer Intellektualität, ihrem bildungsbürgerlichen Herkommen und nicht zuletzt mit ihrer ironisch-spöttischen Art eher eine Gestalt der zwanziger als der dreißiger Jahre. Doch wie so viele Intellektuelle der damaligen Zeit war auch sie von der Sowjetunion in den Bann gezogen, und wie so viele enthielt sie sich, was die bolschewistische Revolution betraf, jeglicher Kritik. Die sowjetische Regierung schien das einzig verbliebene Bollwerk gegen den Faschismus zu sein, der in Spanien und ganz Europa immer weiter um sich griff. Während ihres sechzehnmonatigen Aufenthalts in der Sowjetunion freundete sie sich mit Jelena Stassowa an, der früheren Sekretärin Lenins, und schrieb ein Buch mit dem Titel *Porqué hicimos la revolución,* das 1936 erschien.[42] Es war ihr erstes Werk, in dem die Rolle der Frau nicht im Vordergrund stand. Nelken schilderte darin die Situation der Linken während der Zweiten Spanischen Republik und urteilte sehr harsch über die gemäßigten reformistischen Sozialisten, die ihrer Meinung nach nicht die Gelegenheit zur Revolution genutzt hatten, die sich vor allem in den südlichen Landesteilen in den Jahren 1932 bis 1934 geboten hatte. Die spanischen Sozialisten hätten von der Sowjetunion nichts gelernt:

In Russland begann die Revolution damit, dass man das Land an die Landarbeiter verteilte, damit man es später, wenn der geeignete Zeitpunkt gekommen war, kollektivieren konnte, ohne die Hoffnungen der Menschen zu zerstören oder ihren materiellen Interessen zu schaden. Die Landarbeiter verstanden, dass es ihre Revolution war.[43]

Nelkens Analyse war in zweifacher Hinsicht nicht zutreffend. In den Jahren 1932/33 hatte in Spanien keine Aussicht auf eine Revolution der Landarbeiter bestanden, und auch das furchtbare Schicksal der russischen Landbevölkerung sprach nicht dafür, dass die Revolution *ihre* Revolution gewesen war. Natürlich kannte Nelken diese Ereignisse nur aus zweiter Hand, vermutlich hatte man ihr auch ein paar mustergültige Kolchosen gezeigt. Doch wie wir im letzten Kapitel noch sehen werden, war ihre Darstellung der Verhältnisse in Russland sehr weit von der Realität entfernt.

Auf privater wie politischer Ebene hatten die Moskauer Monate großen Einfluss auf Nelken und ihre kleine Familie. Sie schloss sich noch enger der Partida Comunista de España (PCE) an, der sie im Herbst 1936 auch beitrat.

In Spanien gewann die Linke 1936 die nationalen Wahlen. Nelken wurde wieder in die Cortes gewählt und konnte dank einer Amnestie nach Spanien zurückkehren.[44] Einige Monate später brach der Bürgerkrieg aus. In den entscheidenden Tagen im Juli 1936 trug Nelken maßgeblich zur Niederlage der rebellierenden Generäle in Madrid bei. Während die republikanischen Politiker am 18. Juli noch zögerten, gehörte sie zu denjenigen, die unmittelbar aktiv wurden. Sie führte eine Abordnung von der Casa del Pueblo in Madrid zum Artilleriedepot und forderte die verantwortlichen loyalen Offizier auf, 5000 Gewehre an die Arbeiter der Stadt auszugeben.[45] In solchen Situationen war sie in ihrem Element – ihre Begeisterung war ansteckend, ihre Beredsamkeit mitreißend, ihre Empörung grenzenlos. Sie, Halide Edip und Alexandra Kollontai bilden ein außergewöhnliches Trio von Frauen, die den Familienkonventionen den Rücken kehrten und Klassenschranken überwanden, um der Sache zu dienen, der sie sich in ihrer Jugend verschrieben hatten. Im Fall von Nelken brachte sie nicht nur sich selbst in Gefahr, sondern auch ihre Familie. In jenen Julitagen erfuhr sie, dass sich der erst 15-jährige Santiago der Miliz angeschlossen hatte, um die Falangisten aufzuhalten und gegen rebellierende Einheiten in den Sierras nördlich von Madrid zu kämpfen. Später war er sowohl bei der Schlacht von Jarama dabei, die zum Blutbad wurde, als auch bei der Ebroschlacht. Ihre Tochter Magda meldete sich als freiwillige Krankenschwester an die Front, und ihre kleine Enkelin Cuqui wurde nach Amsterdam gebracht, wo Martín de Paul spanischer Generalkonsul war. Während des Krieges war Margarita in ständiger Sorge um ihre Tochter und ihren Sohn und bangte um deren Leben.

In den ersten Wochen nach dem versuchten Putsch der Generäle kam die Delegation einer sozialistischen Gewerkschaft aus dem ländlichen Süden nach Madrid und bat Nelken, dringend benötigte Waffen für sie aufzutreiben, um den Vormarsch der Terrorschwadronen der »Afrikaarmee« (bestehend aus marokkanischen Kolonialtruppen) aufzuhalten. Sie konnte ihnen nicht helfen. Allerdings nahm sie ein großes persönliches Risiko auf sich und reiste mit anderen Parlamentsabgeordneten in die Extremadura, um den *braceros* ihre Solidarität zu bekunden. Doch das genügte nicht. Die Arbeiter, die nur über Mistgabeln, alte Schrotflinten und ein paar Karabiner verfügten, hatten keine Überlebenschance.

Ein Bataillon, das zu der Zeit in der Extremadura gebildet wurde, trug den Namen »Margarita Nelken«. Auch in Madrid gab es eins mit ihrem Namen; die Mitglieder bestanden zu 70 Prozent aus Studenten und sollten noch eine heroische Rolle beim Widerstand der Stadt spielen.[46] Beim Kampf um Madrid zeigte Nelken laut Paul Preston wahre Größe. Sie weigerte sich, nach Valencia zu fliehen, und blieb in der belagerten Stadt, wo sie auf einem Feldbett in den Kellern des Kriegsministeriums schlief. Sie gehörte zu General Miajas Stab, hatte dort aber keine offizielle Funktion. Dass sie nicht zum Mitglied der Junta de Defensa de Madrid ernannt wurde, kränkte sie sehr. Zusätzlich bestand innerhalb der Kommunistischen Partei eine Rivalität zwischen Nelken und Dolores Ibárruri, die den Beinamen »Pasionaria« trug. Ibárruri, die populärste Frau im republikanischen Spanien, wurde zum Symbol des Madrider Widerstands. Sie stammte aus der Arbeiterklasse und hatte sich über viele Jahre bis an die Spitze der Partei emporgearbeitet. Nelken dagegen kam aus dem Bürgertum und war erst seit kurzem Parteimitglied; ihr Beitritt war zudem von vielen mit Misstrauen registriert worden.

Die sozialistische Abgeordnete Matilde de la Torre traf Nelken im September 1937 bei einer Parlamentsdebatte und schilderte die Begegnung folgendermaßen:

> Margarita hat aufgehört, ihren berühmten, scheinbar unverzichtbaren Zwicker zu tragen, der ihr das Aussehen einer Inquisitorin verlieh. Stattdessen hat sie jetzt eine hübsche Brille, die sie ziemlich gelehrt wirken lässt. Sie zeigte mir ein Foto ihres Sohnes in seiner Offiziersuniform. Er ist an der Madrider Front, jener legendären Front, von der wir alle gerne sagen würden »Ich war dort«, wo sich aber die meisten niemals hintrauen würden.[47]

Nelken tat alles in ihrer Macht Stehende, um gegen den Krieg zu kämpfen. Sie reiste häufig ins Ausland und sprach über die Lage im Land; sie leitete die Nachrichtenagentur der PCE, und sie hielt zur Hebung der Moral Vorträge über spanische Kunst. Als die Einheiten der Nationalisten im Januar 1939 begannen, Katalonien zu erobern, hielt sie im Ateneu von Barcelona einen letzten Vortrag; er trug den Titel: »Picasso, Künstler und Bürger Spaniens«.

Barcelona

Das größte soziale Experiment jener Zeit fand in Barcelona statt, wo im Juli 1936 die Bevölkerung auf den Straßen und Plätzen der Stadt sich den putschenden Generälen erbittert widersetzte. Die Anarchosyndikalisten standen bei diesem Widerstand an der Spitze, doch auch die katalanischen Nationalisten, die Linken und die Republikaner waren dabei. In der Nacht vom 19. Juli stürmten CNT-Aktivisten die Kaserne von Sant Andreu und gelangten so in den Besitz Tausender Gewehre. Dank der Bewaffnung der Arbeiter blieb Barcelona der Republik erhalten. Am 20. Juli lud der katalanische Parlamentspräsident Lluís Companys die CNT, die mittlerweile die dominierende politische und militärische Kraft in der Stadt war, ein, sich dem Zentralkomitee der antifaschistischen Milizen anzuschließen, was die CNT auch tat.

Der vielleicht berühmteste Bericht über den Spanischen Bürgerkrieg, zumindest in der angelsächsischen Welt, stammt von George Orwell, der den außergewöhnlichen Anblick schildert, den die Stadt bei seiner Ankunft im Dezember 1936 bot:

Zum ersten Mal war ich in einer Stadt, in der die arbeitende Klasse im Sattel saß. Die Arbeiter hatten sich praktisch jedes größeren Gebäudes bemächtigt und es mit roten Fahnen oder der roten und schwarzen Fahne der Anarchisten behängt. Auf jede Wand hatte man Hammer und Sichel oder die Anfangsbuchstaben der Revolutionsparteien gekritzelt. Fast jede Kirche hatte man ausgeräumt und ihre Bilder verbrannt. Hier und dort zerstörten Arbeitstrupps systematisch die Kirchen. Jeder Laden und jedes Café trug eine Inschrift, dass es kollektiviert worden sei. Man hatte sogar die Schuhputzer kollektiviert und ihre Kästen rot und schwarz gestrichen. Kellner und Ladenaufseher schauten jedem aufrecht ins Gesicht und behandelten ihn als ebenbürtig. Unterwürfige, ja auch förmliche Redewendungen waren vorübergehend verschwunden. Niemand sagte »Señor« oder »Don« oder nur »Usted«. Man sprach einander mit »Kamerad« und »du« an und sagte »Salud!« statt »Buenos dias«. Trinkgelder waren schon seit Primo de Riveras Zeiten verboten. Eins meiner allerersten Erlebnisse war eine Strafpredigt, die mir ein Hotelmanager hielt, als ich versuchte, dem Liftboy ein Trinkgeld zu geben ... All das war seltsam und rührend. Es gab vieles, was ich nicht verstand. In gewisser Hinsicht gefiel es mir sogar nicht. Aber ich erkannte sofort die Situation, für die zu kämpfen sich lohnte.[48]

Viele Diskussionen der Zeit drehten sich um die Frage, was erste Priorität habe, die Durchführung der Revolution oder Kampf im Bürgerkrieg? Und schloss das eine das andere aus? In Einklang mit der Komintern war die PCE, die Kommunistische Partei Spaniens, die in den Kriegsjahren deutlich an Stärke gewann, überzeugt, dass eine breite Volksfront notwendig sei, der neben Arbeitern und landlosen Tagelöhnern auch Handwerker, Kleinbauern, Ladenbesitzer und Angestellte angehören sollten. Für die Kommunisten deuteten die historischen Umstände und die wirtschaftlichen Bedingungen in Spanien auf eine »bürgerliche« Revolution hin, nicht auf eine »proletarische«; außerdem konnte man den Bürgerkrieg nur mit einer hierarchisch gegliederten Armee gewinnen. Der Gewerkschaftsbund CNT dagegen beharrte darauf, dass der Sieg im Bürgerkrieg nur möglich sei, wenn man den Schwung und den Geist der Julitage bewahren konnte. Eine Kollektivierung und die Abschaffung des Privatbesitzes sollten sofort erfolgen. Nur im Zuge einer proletarischen Revolution, so argumentierte man, würden Volksmilizen und Arbeiterkomitees über die notwendige Entschlossenheit verfügen, den Bürgerkrieg zu gewinnen.

Über diese unterschiedlichen Vorstellungen zum weiteren Vorgehen wurde leidenschaftlich debattiert. Im April und Mai 1937 kam es schließlich zu einem »Bürgerkrieg innerhalb des Bürgerkriegs«, bei dem die kommunistischen Truppen mit Unterstützung der republikanischen Armee die Vormachtstellung der CNT in Barcelona brachen. Diese dramatische Entwicklung ist in der Fachliteratur oft erörtert worden. Eine Frage scheint mir dabei etwas vernachlässigt worden zu sein: Was machte die Arbeiterrevolution in ihrem Wesen eigentlich aus? Hatten die spanischen Anarchisten wirklich ein überzeugendes alternatives Gesellschaftsmodell? Und inwieweit war ihr »libertärer Kommunismus« überhaupt »libertär«? Meiner Meinung nach gab es im anarchistischen Revolutionsmodell *an sich* bereits erhebliche Verwerfungen, weshalb es nicht nur von außen, sondern auch von innen geschwächt wurde. Betrachten wir also unter dieser Fragestellung verschiedene Aspekte des Revolutionsmodells, darunter auch die Rollen von Mann und Frau und der Familie.

Ein wichtiger Aspekt ist der Pluralismus. In der anarchistischen Gesellschaft im revolutionären Barcelona gab es kaum etwas, was an den Pluralismus einer modernen Zivilgesellschaft erinnert. Die doktrinäre Politik hatte längst alle libertären Aspekte verdrängt. So sonderbar es klingen mag, doch der postrevolutionäre Anarchismus, ob in der Stadt oder auf dem Land, war zutiefst konformistisch, in Spanien noch mehr als im postrevolutionären Russland. Gerald Brenan beschreibt zwar polemisch, aber durchaus zutreffend die Stimmung der Anarchisten im Bürgerkrieg:

> Die Anarchisten ... forderten die absolute Freiheit eines jeden Individuums. Freiheit wofür? Einen natürlichen Lebenswandel zu führen, von Früchten und Gemüse zu leben, kollektiv die Höfe zu bewirtschaften, sich überhaupt so aufzuführen, wie es die Anarchisten als angemessen ansehen? Wenn das Individuum das aber nicht will, wenn es Wein trinken, zur Messe gehen, seinen eigenen Boden bearbeiten will, wenn es

sich gegen die Errungenschaften des *comunismo libertario* stemmt, was dann? Nun, dann gehört dieses Individuum zu den *los malos,* zu den *los perversos,* die nur beschränkt heilbar sind und die, wenn sie nicht der Arbeiterklasse entstammen, durch Überlieferungen und Vererbung eher für Korruption und Lasterhaftigkeit anfällig sind – sie sind demnach unfähig, am anarchistischen Paradies teilzuhaben.[49]

Diese Intoleranz richtete sich vor allem gegen die Kirche und ihre Mitglieder. Die zahlreichen Opfer in den ersten Monaten des Krieges gingen hauptsächlich auf das Konto der Anarchisten. Man muss jedoch auch erwähnen, dass viele Anarchisten ihre Mitstreiter von Gewalttaten abzuhalten versuchten. Es gab sicher viele Gründe, warum die Arbeiter Barcelonas und die andalusischen Landarbeiter die Kirche hassten. Ranzato etwa spricht von einer »verfolgenden Religiosität« in Barcelona und meint damit die oft despotische Kontrolle der Kirche über Waisenhäuser und Erziehungsanstalten, Schulen, Kranken- und Armenhäuser.[50] Doch nichts kann die Erstürmung der Kirchen rechtfertigen, die Erschießungen von Priestern, die Ausgrabungen der Leichen von Nonnen, die grotesken Paraden der FAI-Milizangehörigen, die sich in Priestergewänder kleideten.

Ein zweiter Aspekt ist die Demokratie. In diesem Bereich ist die Bilanz der Revolutionäre sehr schwach. Die Anarchisten schreckten offensichtlich vor Wahlen zurück. Der Historiker Chris Ealham, von dem die aktuellste Studie zu den Anarchisten Barcelonas stammt, hegt ihnen gegenüber durchaus Sympathie, aber auch er muss feststellen, dass die Hauptorgane revolutionärer Macht in der Stadt, die Bezirkskomitees, »nie so demokratisch wie die Sowjets waren: Sie praktizierten keine echte direkte Demokratie, und die Delegierten konnten nicht direkt gewählt werden, sondern erlangten ihre Position oft aufgrund des Respekts, den sie in der Gemeinschaft genossen«.[51] In den zehn Monaten der anarchistischen Herrschaft gibt es so gut wie keine Belege für formale demokratische Entscheidungsfindungen in Barcelona. Die Macht wurde auf einer Ad-hoc-Basis verteilt und ausgeübt: Der alte Staat wurde vom katalanischen Parlament vertreten, der Generalitat; die CNT-FAI-Führung war der Kopf der Revolution, und die Bezirks- und Fabrikkomitees waren gleichsam die Arme. Zumindest gab es in Barcelona noch verschiedene Institutionen. In Aragón sah es deutlich schlechter aus. Der Rat von Aragón, der im republikanischen östlichen Teil der Stadt präsidierte, setzte sich ausschließlich aus nicht gewählten militanten Anarchisten zusammen. Er wurde von den anderen politischen Kräften erbittert angefochten und selbst von den regionalen Vertretern der landwirtschaftlichen Kollektive nicht anerkannt. Schließlich wurde er von den kommunistischen Truppen unter General Lister gewaltsam aufgelöst.[52]

Ein dritter Aspekt ist der Staat. Dezentralisierung und Konföderalismus waren in Friedenszeiten attraktive Konzepte, doch im Krieg konnten sie tödlich sein. Im entscheidenden Moment versäumten es die Revolutionäre, eine institutionelle Struktur zu schaffen, die in der Lage war, die Kriegsanstrengungen zu koordinieren und die Vielzahl der Kollektive an der Basis auf demokratische Art zu integrieren – die Bezirksausschüsse und Fabrikkomitees, die *Federación de barricadas*, die *Milicias de retaguardia* und so weiter.[53] »Spontaneität« war ein sehr schlechter Ersatz für eine demokratische Koordination, wie das Schicksal der anarchistischen Milizen nur allzu häufig bewies.

Der letzte kritische Aspekt betrifft das Alltagsleben. Hier zeigen sich viele Verbesserungen. Auch hier, wie in der Sowjetunion, wurden nun Gemeinschaftsküchen oder Kantinen eingerichtet. Aus dem luxuriösen Ritz in Barcelona wurde das »Hotel Gastronomico No. 1«, das von Gewerkschaften geführt wurde und der gesamten Bevölkerung Kantinenessen anbot. In den Fabriken experimentierten Arbeiter mit der Selbstverwaltung. Oft setzten sie sich dafür ein, dass die ehemaligen Direktoren und Leiter ihr Wissen und ihre Erfahrung in den Dienst der Revolution stellten. Für die Produktion im Krieg waren lange Arbeitszeiten erforderlich, die Überstunden wurden kaum oder gar nicht bezahlt. Gleichzeitig schoss die Inflation in die Höhe und entwertete die Löhne der Arbeiter. Dennoch herrschte monatelang ein allgemeines Hochgefühl, weil man dachte, man werde eine Gesellschaft aufbauen, die sich auf eine andere ökonomische Basis stützte.

Am schwächsten war die Revolution in Sachen Beziehung der Geschlechter und Familienleben. Hier kam die traditionalistische Haltung der anarchistischen Männer voll zum Tragen. Cafés und Bars blieben die Enklaven der Männer; Frauen, die in der Stadt allein unterwegs waren, mussten immer noch damit rechnen, belästigt zu werden. Aus einem Zeitzeugenbericht geht hervor, dass Frauen in manchen Industrie-Kollektiven weiterhin in einem separaten Raum essen mussten. Gegen die Prostitution unternahmen auch die neuen Machthaber in der Stadt nichts. Weder für eine Verbesserung der Hygiene noch gegen die Ausbreitung von Krankheiten wurde etwas getan.[54]

Bei der Familienpolitik wird die Kluft zwischen Anspruch und Wirklichkeit besonders deutlich. Hier war offenkundig, dass sich die Anarchisten zu wenig mit dem Thema Familie beschäftigt hatten – nicht nur, was die familieninternen Beziehungen und die Organisation betraf, sondern auch die Macht der Familie als Institution, ihr Verhältnis zur Gesellschaft, ihre Stellung im Staat. Barcelona war eine Stadt der Revolution, doch das Familienleben ging »normal« weiter. Die einzige Initiative seitens der Anarchisten war, wie bereits erwähnt, die »eugenische Reform der Abtreibung«, die im Dezember 1936 verabschiedet wurde. Das Gesetz geht größtenteils auf Vorarbeiten von Dr. Félix Martí Ibáñez zurück, dem Leiter des katalanischen Gesundheitsministeriums. Er bezeichnete die Reform als »eugenisches Instrument im Dienste des Proletariats«. Abtreibung auf Wunsch wurde im öffentlichen Gesundheitswesen allen Frauen ermöglicht, die es wünschten. Doch in den darauffolgenden Monaten nahmen nur sehr wenige Frauen diese Möglichkeit in Anspruch. Das gibt Anlass zu weiteren Überlegungen über die Beziehung zwischen privatem und öffentlichem Raum in der Revolutionsstadt. Vielleicht boten die Krankenhäuser nicht die gewünschte Anonymität, die Abtreibungen in versteckten Hinterzimmern trotz aller gesundheitlichen Gefahren zu gewährleisten schienen. Vielleicht war die eher schamhafte, stark patriarchalisch geprägte Natur des spanischen Familienlebens ein unüberwindliches Hindernis und verbot jede öffentliche Debatte über den weiblichen Körper. Martí Ibáñez war zwar im Januar 1937 überzeugt, dass »die neue Sonne der Wahrheit das Dunkel erhellen wird, in das die Sexualität noch immer gehüllt ist«, doch sein Optimismus war verfrüht.[55]

Guernica

Am 26. April 1937 wurde die baskische Kleinstadt Guernica von deutschen Bombern der Legion Condor mit Unterstützung italienischer Flugzeuge bombardiert. Es war Markttag, und aus den umliegenden Dörfern waren viele in die Stadt gekommen, um Geflügel, Gemüse, Rinder zu kaufen und zu verkaufen.

Alle fünf Minuten flog ein deutscher Bomber im Tiefflug über das Stadtzentrum und warf seine Bombenlast ab. Die Familien, die nicht Zuflucht in einem Keller gefunden hatten, flohen in die Wälder. Viele von ihnen wurden aus der Luft erschossen. Die Bombardierung dauerte drei Stunden und fünfzehn Minuten. Mehrere Hundert Menschen wurden getötet oder verletzt, drei Viertel der Stadt wurden zerstört.

Nicht zum ersten Mal richtete sich in diesem Bürgerkrieg ein Angriff aus der Luft gegen wehrlose Zivilisten. Ein halbes Jahr zuvor, am 23. Oktober 1936, waren etwa 5000 Menschen in einer einzigen Bombennacht in Madrid ums Leben gekommen. Doch noch nie zuvor war eine ganze Stadt derart zerstört worden, dass nur noch rauchende Ruinen übrig blieben.

Die internationale Empörung war groß – so groß, dass Franco die Wahrheit zu vertuschen suchte und eine alternative Version der Ereig-

Robert Capa: Menschen auf der Straße hören die Sirenen bei einem Luftangriff; Bilbao, Mai 1937

nisse in Umlauf brachte, laut der die Republikaner für das Bombardement verantwortlich waren. Doch es gab zu viele Augenzeugen, Spanier wie Ausländer. Guernica war eine katholische Stadt, die von den »Kreuzrittern« zerstört worden war, weil sie wie das gesamte Baskenland zur republikanischen Regierung hielt.

Die Bombardierung war als ausdrückliche Warnung an alle Basken und vor allem an Bilbao gerichtet: Wenn sich die Basken weiterhin widersetzten, drohte ihnen dasselbe Schicksal wie den Einwohnern von Guernica. Alberto Onaindía, Chorherr an der Kathedrale von Valladolid, hatte die Bombardierung miterlebt und schrieb einen sehr bewegten Brief an Kardinal Gomá, den Primas von Spanien:

> Ich bin gerade aus Bilbao eingetroffen, meine Seele ist zerstört von dem furchtbaren Verbrechen, das gegen die friedliche Stadt Guernica verübt wurde ... Kinder und Mütter brachen am Straßenrand zusammen, Mütter schrien laut im Gebet zum Himmel, eine gläubige Einwohnerschaft wurde von Verbrechern ermordet, die nicht das geringste Anrecht auf Menschlichkeit haben. Señor Kardinal, im Namen der Evangelien, bei Jesu unendlichem Erbarmen, ein so entsetzliches, noch nie dagewesenes, apokalyptisches Verbrechen darf nicht geschehen.[56]

Im Januar 1937, einige Monate vor der Bombardierung Guernicas, hatte die republikanische Regierung begonnen, ihren Beitrag zur Weltausstellung zu planen, die im Sommer in Paris stattfand. Die Ausstellung sollte zum Schauplatz intensiver Rivalitäten werden, vor allem zwischen den beiden großen Diktaturen der Zeit, dem Deutschen Reich und der Sowjetunion, von deren monströsen Pavillons noch im Zusammenhang mit dem Nationalsozialismus und dem Stalinismus die Rede sein wird.

Der spanische Beitrag fiel dagegen deutlich bescheidener aus, ein kleiner Pavillon mit einer Reihe von Fotomontagen. Sie betonten die Wichtigkeit der republikanischen Sozialpolitik, vor allem in Hinblick auf die Bereiche Bildung und Agrarreform, und präsentierten den Bürgerkrieg als Bewährungsprobe für die europäische Demokratie und als einen Kampf zwischen Modernität und Tradition. Ein Ausstellungsstück war das Bild eines Bauernmädchens aus Salamanca, mit Kopftuch und in traditioneller Kleidung. Reglos steht das Mädchen da, wie eine Kleiderpuppe für die steife Tracht und den schweren Schmuck, den es trägt. Neben dem Mädchen sieht man in der Fotomontage eine Frau der Miliz. Sie trägt bequeme, weite Hosen, der Kopf ist unbedeckt, aber vor allem hat sie den Mund weit offen und ruft ihre Verachtung für den Faschismus in die Welt hinaus. Die französische Inschrift beschreibt sie als »moderne Frau«, die nun in der Lage sei, »eine aktive Rolle bei der Gestaltung der Zukunft zu spielen«.[57]

Der spanische Pavillon stand weit vom Eiffelturm entfernt und eröffnete mit siebenwöchiger Verspätung. Doch er zeigte ein Kunstwerk, das alle anderen Beiträge zur Pariser Ausstellung in den Schatten stellen sollte: Pablo Picassos monumentales Ölgemälde mit dem Titel *Guernica*. Wohl noch nie zuvor in der jüngeren Geschichte war ein historisches Ereignis so schnell, so aktuell zum Sujet eines Kunstwerks geworden. Das Gemälde, das von den deutschen und italienischen Delegationen geschmäht und von den Russen mit Misstrauen beäugt wurde und auch nur bei einem kleineren Teil der internationalen Kunstkritiker Anklang fand, sollte zum Inbegriff des Antikriegs-Bildes schlechthin werden, zu einer immerwährenden Anklage gegen Krieg, Zerstörung und Gewalt.

Betrachtet man die Entstehung des Gemäldes im Zusammenhang mit Picassos Leben und dem Bürgerkrieg, muss man feststellen, dass Picasso bis zur Schaffung von *Guernica* nur mäßiges Interesse an der Spanischen Republik gezeigt hatte. Im Februar 1936 war eine Ausstellung mit einer Retrospektive seiner Arbeiten eröffnet worden, doch er hatte sich geweigert zu kommen. An seiner Stelle sprachen seine Mutter María Picasso, Joan Miró und Salvador Dalí im Radio. Im Herbst 1936, als Madrid von der deutschen Luftwaffe bombardiert wurde, ernannte man Picasso zum Direktor des Prado-Museums; er hatte diese Funktion aber nur dem Titel nach inne, denn er hielt sich zu der Zeit nicht in Madrid auf. Und als eine Delegation mit Josep Lluís Sert, dem Architekten des spanischen Pavillons, Picasso im Januar 1937 aufsuchte und ihn bat, ein Werk zur Pariser Weltausstellung beizusteuern, stimmte er zwar zu, blieb aber vage, was die Form seines Beitrags und das Thema betraf. Erst nach der Bombardierung Guernicas wurde er plötzlich aktiv und erstellte das Gemälde in einer Phase intensiven Schaffens zwischen dem 1. Mai und dem 4. Juni 1937 in seinem Atelier in Paris.

Alice Miller hat in ihrer berühmten Untersuchung zu Kindheitstraumata plausibel gemacht, dass es ein bestimmtes Ereignis in Picassos

Kindheit war, das ihn jetzt besonders stark mit den Opfern von Guernica mitfühlen ließ. Im Dezember 1884, als Picasso drei Jahre alt war, war seine Heimatstadt Málaga von einem Erdbeben heimgesucht worden. Picasso selbst erzählte seinem Freund und Sekretär, dem Schriftsteller Jaime Sabartés, von seinen Erinnerungen an jene Nacht:

> Meine Mutter, damals hochschwanger, hatte ihren Kopf mit einem Taschentuch bedeckt; ich hatte sie noch nie so gesehen. Mein Vater riss seinen Umhang vom Kleiderständer, warf ihn sich über die Schultern, nahm mich in seine Arme und wickelte mich in die Falten, so dass nur der Kopf herausschaute.[58]

Fotomontage im spanischen Pavillon der Pariser Weltausstellung 1937; im Bild steht: »Befreit von Aberglaube und Elend sowie der althergebrachten Sklaverei ist die moderne FRAU geboren und nun in der Lage, eine aktive Rolle bei der Gestaltung der Zukunft zu spielen.«

Die kleine Familie ging durch eine lange, dunkle Straße, die Calle de la Victoria, während die Stadt noch bebte und Rufe und Schreie durch die Nacht hallten, bis sie das Haus eines Freundes erreichte und dort Schutz suchte. Drei Tage später brachte Picassos Mutter ihre zweite Tochter zur Welt, vermutlich waren die Wehen durch die Angst beim Erdbeben ausgelöst worden. Das war Picassos Kindheitstrauma, das sicher dadurch gemildert wurde, dass er von den schützenden Armen seines Vaters gehalten wurde. Doch laut Miller trug Picasso dieses Trauma in sich, das dann mit *Guernica* seinen kraftvoll-künstlerischen Ausdruck fand.

Die Familie findet sich auch im Bild selbst wieder. Der Raum, in dem sich die Figuren auf dem Gemälde zusammendrängen, wo sie schreien und sterben, ist weder völlig privat noch öffentlich, sie sind weder drinnen noch draußen. Links im Bild sieht der Betrachter eine Gruppe mit drei Figuren (siehe Bildteil, Tafel VI): den Stier, die Mutter und das tote Kind. In seiner Untersuchung zu *Guernica* zeigt Rudolf Arnheim, wie die tragischen drei Gestalten während der verschiedenen Entwicklungsstadien des Bildes immer mehr die Eigenschaften einer Familie erhielten. Arnheim argumentiert, dass das optische Problem, das in den frühen Phasen des Bildes auftrat, nämlich die Frage, wie man die Hinterfüße des Stieres aus der Bildmitte entfernt, von Picasso dadurch gelöst wurde, dass er den hinteren Teil nicht nur entfernte, sondern den Stier umdrehte und seinen Körper als Hintergrund für die Mutter und ihr Kind verwendete. In der endgültigen Version sind sowohl Attribute für den Stier als Erzeuger wie als Vater zu sehen. Er ist nicht der Stier, der das Pferd in der Stierkampfarena aufspießt, sondern ein Stier, der die Familie schützen würde, wenn es ihm möglich wäre. Ein Stier, der nur dastehen und starren kann, mit offenem Maul, das praktisch den Mund der schreienden Mutter berührt; seine Hoden sind auf gleicher Höhe mit ihren Brüsten.[59]

Wie unterscheidet sich die Darstellung der Familie in Picassos *Guernica* von der in Mario Sironis *La famiglia*, das drei Jahre zuvor entstanden war (siehe Bildteil, Tafel V)? Etwa in der Gestaltung von Männlichkeit? Während Sironi die männliche Figur als einsame Gestalt darstellt, immer auf der linken Seite des Bildes, mit einem verlangenden und verzweifelten Blick auf Mutter und Kind, findet man bei Picasso diese männliche Entfremdung nicht. Sein Stier ist zwar machtlos und kann die Familiengruppe nicht schützen, er ist aber dennoch ein wesentlicher Bestandteil. Auch die Darstellung von Mutter und Kind ist auffallend anders. Für Sironi sind Mutter und Kind so harmonisch miteinander verbunden, dass sie fast zu einem Körper verschmelzen. Der Blick der Mutter ruht ganz auf dem Kind, wie so oft bei den italienischen Malern und ihren Darstellungen von Maria und dem Kind. In Picassos Bild wurde dieser mütterliche Blick auf brutale und entsetzliche Weise gestört. Das Kind ist tot, sein Kopf ist leblos nach hinten gefallen. Die Mutter schaut nicht mehr zum Kind, sondern richtet den Blick nach oben, zum Stier, flehend und klagend zugleich. Bei Sironis Familie ist der Bruch privater Natur und sowohl räumlich als auch an der statischen, distanzierten Haltung des Mannes zu erkennen. Picassos Tod der Familie erfolgt dagegen in einem halb-öffentlichen Raum als Resultat einer Katastrophe, die von außen kommt. Das Pferd stirbt, die Frau verbrennt, das Kind ist tot. Die Vernichtung kommt von außen, von oben, von Sironis Freunden und deren faschistischen und nationalsozialistischen Waffenbrüdern.

Wenn man das reale Familienleben der beiden Maler vergleicht, zeigen sich ebenfalls interessante Unterschiede. Sironis Familienleben war sehr unglücklich. Er und seine Frau trennten sich in den dreißiger Jahren. Die Trauer und das Leid in seinen Familienbildern spiegelt sein Privatleben. Picasso hatte eine andere Haltung zur Familie. Roland Penrose, der mit ihm in jener Zeit eng befreundet war, kommentierte lakonisch: »Picassos blendende Entdeckerlaufbahn auf dem Gebiet der Künste war nicht von einem ähnlich erfolgreichen Familienleben begleitet.«[60] Er war zu rastlos, um sich den (nicht unerheblichen) Anforderungen seiner ersten Frau Olga zu fügen, und fürchtete, er könnte in eine Falle geraten, die seine künstlerische Schaffenskraft einengen würde. In Paris war er mit der Fotografin Dora Maar zusammen, die für ihn ein ausreichend großes Atelier gefunden hatte, um eine etwa 3 × 8 Meter große Leinwand unterzubringen. Doch er fuhr auch jede Woche zu einem alten Bauernhaus in Le Tremblay-sur-Mauldre in der Nähe von Versailles, um seine Geliebte Marie-Thérèse und ihr gemeinsames Kind Maïa zu besuchen. Dort spielte er nicht nur mit Maïa und schlief mit Thérèse, sondern er arbeitete auch weiter an den Porträts der beiden.[61]

IV

Das Regime in den ersten Jahren

Flucht

Als Francos Truppen Ende 1938 und Anfang 1939 die republikanischen Linien durchbrachen, wurde zunehmend deutlich, dass er trotz seiner Beteuerungen, er handle als Christ, rücksichtslos gegen den Teil der spanischen Bevölkerung vorgehen würde, der zur Republik gehalten hatte. Franco behauptete, das patriotische Spanien sei das unschuldige Opfer einer »jüdisch-bolschewistischen-freimaurerischen Verschwörung«. Daher könne es keine Gnade oder Vergebung geben:

> Dem Vaterland wurde so großer Schaden zugefügt und in den Familien und für die Moral ist ein solches Chaos entstanden, so viele Opfer verlangen nach Gerechtigkeit, dass sich kein ehrbarer Spanier, kein denkendes Wesen der schmerzlichen Pflicht entziehen kann, die Schuldigen zu bestrafen.[1]

Sein besonderer Hass galt den Katalanen, die die Autonomie angestrebt hatten. Am 26. Januar 1939 erreichte die Vorhut von Francos Armee die südlichen Vororte von Barcelona. Die junge Kommunistin Teresa Pamiès hinterließ uns folgenden Augenzeugenbericht:

> Eins werde ich nie vergessen: die Verwundeten, die aus dem Hospital von Vallarca krochen, verstümmelt und bandagiert, fast nackt, trotz der Kälte. Sie kamen zu uns auf die Straße und schrien und flehten uns an, sie nicht zurückzulassen, sie nicht der Willkür der Sieger auszuliefern ... Die Ge-

wissheit, dass wir sie ihrem Schicksal überließen, beschämt uns auf ewig. Diejenigen, die keine Beine mehr hatten, schleppten sich über den Boden, diejenigen, die einen Arm verloren hatten, hoben den anderen und ballten die Faust, die Jüngsten weinten vor Angst, die Älteren waren außer sich vor Wut.²

Man schätzt, dass 450 000 Menschen – oft ganze Familiensippen – Barcelona und Katalonien verließen und sich mitten im Winter auf einen langen, furchtbaren Marsch zur französischen Grenze aufmachten. Ihr Exodus erinnert in vielerlei Hinsicht an die Vertreibung der Armenier durch die Türken 1915. Damals wurden die Armenier gezwungen, ihre Dörfer zu verlassen und unter entsetzlichen Bedingungen nach Süden zu marschieren, in die Wüstengebiete im nördlichen Syrien und Irak. Die Schwächsten – die Alten und die Kinder – starben aufgrund der Hitze oder verdursteten. Die Katalanen starben aufgrund der Kälte, des Eisregens und Schnees. Beim Völkermord an den Armeniern waren die meisten kräftigen Männer vor dem Marsch getötet worden, deportiert wurden hauptsächlich Frauen, Kinder und Alte. Beim katalanischen Exodus waren auch viele Männer, Soldaten wie Zivilisten, auf der Flucht. Sie flohen vor der drohenden Vernichtung: Man schätzt, dass in den Jahren 1936 bis 1939 etwa 150 000 Frauen und Männer auf dem Gebiet der Nationalisten getötet wurden.³

Unter den Fotografien, die von dieser katalanischen Odyssee erhalten sind, sticht eine besonders hervor. Man sieht einen Vater mit seiner Tochter auf einem Pfad irgendwo in Katalonien. Der Vater ist groß gewachsen und trägt Decken und Mäntel über der Schulter. Die Tochter ist vielleicht zehn Jahre alt und hält seine Hand. Sie hat nur ein Bein und humpelt mit Hilfe einer Krücke entschlossen vorwärts. Was ist aus ihnen geworden? Wie weit ist das kleine Mädchen gekommen, bevor es von seinem Vater getragen werden musste? Wie weit kam der Vater, bis er seine Tochter nicht mehr tragen konnte? Reichten die Decken und Mäntel, um sie in den kommenden Tagen vor der Kälte zu schützen? Wir werden es nie erfahren. Auf dem Foto sieht man hinter Vater und Tochter weitere Flüchtlinge; darunter auch einen Mann mit einer Korbflasche und einem Koffer. Irgendwann stieß die kleine Gruppe sicher auf den großen Strom der Flüchtlinge auf den Hauptstraßen Richtung Norden. Vielleicht entkamen sie ja den Tieffliegerangriffen der italienischen und deutschen Flugzeuge. Vielleicht schafften sie es bis zur Grenze.

Allerdings bedeutete die französische Grenze noch nicht die Rettung. Die Flüchtlinge wurden vom französischen Staat wie Kriminelle behandelt. Familien, die es geschafft hatten, auf der Flucht zusammenzubleiben,

Katalanische Flüchtlinge überqueren die Berge, um die französische Grenze zu erreichen, 1939; im Vordergrund hält ein Vater seine verstümmelte Tochter an der Hand

wurden jetzt gewaltsam getrennt. Frauen, Kinder und Alte wurden in Übergangslager gesteckt und dann auf ganz Frankreich verteilt, während die Männer in Lager an der Küste kamen, wo unerträgliche hygienische Bedingungen herrschten. Es gab keine Baracken oder Zelte und keine Waschgelegenheiten, nur freie Flächen, die durch Stacheldraht abgetrennt waren. In diesen Lagern, etwa bei Argelès oder Saint-Cyprien, wurde tagelang kaum Trinkwasser oder Essen ausgegeben, und auch die Verwundeten wurden nicht versorgt. Krankheit und Tod waren allgegenwärtig.[4]

Margarita Nelken hatte zusammen mit ihrer Tochter ebenfalls diesen Weg ins Exil genommen. Sie erreichte erschöpft, aber unbehelligt die spanische Botschaft in Perpignan und versuchte von dort aus verzweifelt, Informationen über ihren Sohn Santiago zu erhalten. Am 12. Februar 1939 besuchte der spanische Cellist Pablo Casals das Konsulat in Perpignan. Margarita schrieb ihm später:

> Ich werde nie vergessen, wie Sie mich, sobald Sie mich in Perpignan sahen, fragten: »Und was ist mit Ihrem Sohn? Ist er entkommen?« Ja, er hat seine Leute aus dem Land geführt und sie freiwillig ins Lager bei St. Cyprien begleitet. Später habe ich erreicht, dass er dort freikam.[5]

Margarita schilderte diesen Moment als einen der denkwürdigsten in ihrem Leben, doch ihre Erleichterung währte nicht lange. Santiago entschied sich, in die Sowjetunion zu gehen und dort Maschinenbau zu studieren. 1941 meldete er sich freiwillig zur Roten Armee. Drei Jahre später, am 5. Juli 1944, fiel er in der Ukraine als Kommandeur einer Artillerieeinheit mit Katjuscha-Raketenwerfern. Margarita erholte sich nie von diesem Verlust. Sie machte sich große Vorwürfe, dass sie ihrem Sohn in seiner Kindheit nicht näher gewesen war; sie hatte das Gefühl, sie habe ihren Sohn ihrer politischen Arbeit geopfert. Das war nicht ganz von der Hand zu weisen. So hatte sie sich am Ende des Bürgerkrieges etwa entschieden, in Mexiko zu leben, nicht in der Sowjetunion; eine Entscheidung, die für sie die richtige war, die sie aber noch weiter von ihrem Sohn entfernte. In Mexiko konnte sie als freischaffende Schriftstellerin die gesamte weibliche Familie ernähren – ihre betagte Mutter, ihre Tochter und ihre Enkelin. Von ihrem Ehemann hatte sie sich getrennt, nachdem er mehrere Affären mit anderen Frauen gehabt hatte; dennoch kümmerte sie sich um ihn, als er im Sterben lag.

Doch auf Margarita Nelken wartete noch eine weitere Tragödie. Im Juni 1954 starb ihre Tochter Magda an Gebärmutterkrebs, nachdem sie »fünf Monate durch die Hölle gegangen« war. An Enrique de Francisco schrieb sie Anfang 1956:

> Dir und den Deinen, die immer noch das Glück kennen, wünsche ich von ganzem Herzen Glück für dieses und die kommenden Jahre. Was Dich angeht, wenn ich Dir wichtig bin, brauchst Du mir nur zu wünschen, dass ich, sobald ich für mein kleines Mädchen [Cuqui, mittlerweile fast 19] einen Platz im Leben gefunden habe, nicht mehr länger unter diesem entsetzlichen Streich leiden muss, den das Leben mir spielt und bei dem ich träume (bei den seltenen Gelegenheiten, wenn ich schlafen kann) und dann beim Aufwachen erkennen muss, dass ich keine Kinder mehr habe.[6]

Margarita Nelken starb im März 1968 im Alter von 74 Jahren. Der Schriftsteller Max Aub schrieb am 10. März in sein Tagebuch:

> Es gibt wohl kaum ein Leben, das stärker von Kummer, Rückschlägen, Desillusionierung und Unglück geprägt war. Sie widerstand alldem, bis sie fast achtzig Jahre alt war. Sie war nie eine einfache Frau, doch ihre scharfe Zunge hat sie wohl bei all dem Kummer geschützt. Sie war, obwohl man das eigentlich gar nicht eigens erwähnen muss, sehr intelligent. Sie hat viel gelesen und viel gesehen. Sie war eine gute Rednerin; als Abgeordnete der Extremadura kannte sie die spanische Provinz so gut, wie sie sämtliche Museen Europas kannte.[7]

Besiegte Familien

Wie alle Diktaturen, um die es in diesem Buch geht, machte auch das Franco-Regime (vor allem in den Anfangsjahren) einen grundlegenden Unterschied zwischen den Familien, die das System fördern und ernähren wollte, und denen, die außerhalb seiner Normen lagen und damit sein Wohlwollen nicht »verdient« hatten. Anfang der 1940er Jahre trauerten die meisten Familien, die im Bürgerkrieg auf der Seite der Republik gestanden hatten, um einen Vater oder Bruder, der gefallen oder vermisst war. Mütter trauerten zudem um ihre toten Babys, denn die Säuglingssterblichkeit war aufgrund der schlechten Versorgungslage hoch.[8]

Die Schnellverfahren und Hinrichtungen zogen sich über viele Jahre hin. Ende 1940 gab es 240 916 politische Gefangene in Spanien, 7762 davon waren zum Tode verurteilt. Wahrscheinlich wurden in den Jahren 1939 bis 1945 bis zu 50 000 politische Gefangene hingerichtet.[9] Unter diesen Umständen versuchten die Verwandten alles, um jemanden zu finden, der zugunsten eines Häftlings intervenieren konnte, oder sie sammelten Zeugenaussagen, die sein positives Verhalten belegten. Meist waren ihre Bemühungen vergebens. Viele Hinrichtungen fanden nachts statt, und das Regime tat alles, um den Verbleib der Leichen geheimzuhalten. Die Familien konnten ihre Toten nicht begraben; eine schreckliche psychische Belastung, die erst nach Jahrzehnten des Schweigens zumindest teilweise gelindert wurde, als man in jüngster Zeit begann, die Leichen aus namenlosen Gräbern zu exhumieren.

Wenn Häftlinge der Hinrichtung entkamen oder als »korrigierbar« eingestuft wurden, mussten sie oft viele Jahre im Gefängnis oder in Francos Arbeitslagern überstehen. Schlechte Ernährung, Überbelegung und die fehlende Hygiene führten auch hier oft zu Krankheit und Tod. Die Behörden erlaubten jedoch Essenspakete, die auch tatsächlich ankamen; sie waren oft lebensrettend. Häftlinge, deren Familien weit entfernt lebten oder nicht in der Lage waren, Pakete zu schicken, hatten eine niedrige Überlebenschance, es sei denn, ihre Mithäftlinge teilten ihre eigenen Lebensmittelsendungen mit ihnen.

Das Monument gewordene Symbol der Zwangsarbeit unter Franco ist das Valle de los Caídos (»Tal der Gefallenen«), eine riesige Basilika, die aus dem Granitgestein eines Berges nördlich von Madrid herausgehauen wurde. Der Berggipfel wird von einem 150 Meter hohen Kreuz dominiert. Das Monument wurde zum Teil von politischen Gefangenen, zum Teil von Bauarbeitern über einen Zeitraum von 20 Jahren, von 1940 bis 1959, erbaut. Im Mausoleum befinden sich die Überreste von über 40 000 Gefallenen, die für Franco kämpften, außerdem von einigen Hundert republikanischen Soldaten katholischen Glaubens. Franco selbst wurde dort im November 1975 beigesetzt.[10]

Ein besonders abstoßendes Kapitel des Strafsystems unter Franco ist die Behandlung weiblicher Häftlinge. 1939 befanden sich in Francos

Gefängnissen über 23 000 Frauen. Da bei Frauen die Kriminalitätsrate traditionell niedrig ist, kann man davon ausgehen, dass es sich bei einem geringen Prozentsatz um Prostituierte handelte und bei der überwiegenden Mehrheit um politische Gefangene. Der Missbrauch, dem die Frauen ausgesetzt waren, lässt sich unmöglich in Zahlen ausdrücken, doch alle Berichte deuten auf eine systematische Unterwerfung und Erniedrigung hin, im schlimmsten Fall Vergewaltigung, Folter und Hinrichtungen. Die Überlebenden, die zu ihren Familien oder Ehemännern zurückkehrten, litten ihr Leben lang unter den seelischen und körperlichen Verletzungen.[11]

In sozioökonomischer Hinsicht markieren die Jahre 1939 bis 1952 die erste Phase des Franco-Regimes. Sie sind gekennzeichnet von einer Politik der Autarkie oder wirtschaftlichen Eigenständigkeit, mit der bereits das faschistische Regime in Italien und das nationalsozialistische Regime in Deutschland experimentierten. In Spanien wurde diese Autarkie jedoch kombiniert mit einer systematischen Komprimierung der Löhne bei der armen Stadt- und Landbevölkerung. Diese Politik hatte verheerende Auswirkungen. Die schlimmsten Jahre waren 1940 und 1942, in denen viele Arbeiterfamilien hungerten. Bei den landlosen Arbeitern im Süden trat Pellagra wieder auf, eine Krankheit, die durch Vitamin-B-Mangel verursacht wird und hauptsächlich im 19. Jahrhundert grassierte. Durch den Verzehr ungenießbarer Pflanzen und Gräser litten Tausende hungernder Männer und Frauen unter schmerzhaften Hauterkrankungen, zitterten unkontrolliert, verloren allmählich die Sehkraft und starben schließlich.[12] In vielen Teilen des Landes wüteten weitere Krankheiten wie Typhus und Tuberkulose. Kurz: Die besiegten Familien des Spanischen Bürgerkriegs waren unterernährt, viele Angehörige waren verwundet und verstümmelt, und ausnahmslos alle waren traumatisiert von den schrecklichen Erlebnissen.

Katholische Familien, die Kirche und das Regime

Natürlich hatten auch viele der »siegreichen« Familien Schreckliches erlebt und litten unter denselben Entbehrungen wie die besiegten, allerdings gab es wichtige Unterschiede. Zum einen bestand die Bevölkerung vieler franco-treuer Regionen wie etwa Navarra aus Kleinbauern. Sie konnten sich selbst versorgen und litten daher deutlich weniger als die landlosen Arbeiter; auf dem Schwarzmarkt konnten sie mit ihren Erzeugnissen sogar Geld verdienen. In den großen urbanen Zentren verfügten die bürgerlichen Familien über finanzielle Reserven, auf die sie in Notzeiten zurückgreifen konnten. Der wichtigste Unterschied bestand jedoch

Zwei Kinder salutieren vor einem Franco-Plakat. Darauf steht: »Franco – Führer (Caudillo) Gottes und des Vaterlandes, der Erste, der auf dem Schlachtfeld über die bolschewistische Welt triumphierte«, 1939

darin, dass die »siegreichen« Familien vom Regime und der Kirche gefeiert, respektiert und unterstützt wurden. Schließlich waren sie alle gute Katholiken.

Dieser Aspekt verdient genauer betrachtet zu werden. Laut dem »Fuero de Trabajo«, dem unter Franco erlassenen Arbeitsrecht von 1938, war die Familie der »natürliche Kern und die Grundlage der Gesellschaft sowie deren moralische Institution, ausgestattet mit unveräußerlichen Rechten und damit jedem positiven Recht überlegen«.[13]

Doch wenn in den Dokumenten des Regimes und der Kirche von »der Familie« die Rede war, waren damit nicht *alle* spanischen Familien gemeint, sondern nur die katholischen. Alle anderen waren mit Makeln behaftet oder sogar illegitim. Im besten Fall betrachtete man sie als missionierbar. In der Kirche wurde die *Universalität* von Liebe und Fürsorge als Basis des Familienlebens nicht akzeptiert.

Mit bemerkenswerter Findigkeit ging die spanische Kirche sogar noch weiter und erklärte, da die große Mehrheit der Spanier in katholischen Familien lebe, könne die spanische Nation nur über den Katholizismus definiert werden.[14] Damit wurde nicht nur die bloße Existenz andersdenkender Familien ignoriert, sondern auch dreist gelogen. Die Zahlen über den sonntäglichen Messebesuch in den spanischen Gemeinden ergeben für die Jahre 1950 bis 1964 ein ganz anderes Bild. Nur im Nordwesten gingen über 50 Prozent der Bevölkerung am Sonntag in die Kirche. Für die Diözese Sevilla lagen die Zahlen zwischen null und 14 Prozent, für Badajoz zwischen 15 und 29 Prozent.[15] Trotz der hohen Militärausgaben war es der Guardia Civil nicht möglich, die Bevölkerung am Sonntagmorgen in die Kirche zu treiben.

Dennoch genoss die Kirche in den Jahren nach dem Bürgerkrieg eine eindeutig privilegierte Position. Im Zweiten Weltkrieg fürchtete sie die übermächtige Falange mit ihren Sympathien für den Nationalsozialismus und ihren Träumen von der totalen Kontrolle der Gesellschaft. Franco selbst war dem einen oder anderen Nazi sehr zugetan, wie etwa der freundliche Empfang zeigt, den man Heinrich Himmler im Oktober 1940 bereitete.[16] Doch als sich das Kriegsglück 1943 wendete und die Achsenmächte 1945 schließlich besiegt waren, kam es zu einem radikalen Umdenken. Die Falange wurde entmachtet, die Kirche dafür umso mehr vereinnahmt; das Regime kehrte zu einer tief religiösen, anti-kommunistischen Haltung zurück. Frances Lannon schreibt dazu: »Alles deutete darauf hin, dass die Kirche ... ebenso den Frieden wie den Krieg gewonnen hatte.«[17] Die Jesuiten kehrten ins Land zurück, kirchliche Einrichtungen wurden von der Besteuerung ausgenommen, katholische Feste waren wieder staatliche Feiertage, es gab wieder reine Jungen- und Mädchenschulen, und die Laienbewegung der »Katholische Aktion« dominierte eine Zivilgesellschaft, die nicht pluralistisch, sondern klerikal war.

Bereits 1937 wurde an den Schulen im Gebiet der Franco-Anhänger ein Marienkult eingeführt, der später auf das ganze Land ausgedehnt wurde. Jede Schule sollte an exponierter Stelle eine Madonna haben. Im Mai sollten Lehrer und Schüler »gemäß der altehrwürdigen spanischen Tradition« die Monatsgebete vor der Statue sprechen. An jedem Tag im Jahr sollten die Schüler beim Betreten und Verlassen der Schule ihre Lehrer mit den Worten »*Ave María Purísima*« grüßen und die Lehrer antworten: »*Sin pecado concebida*« (»ohne Sünde empfangen«).[18] Der lang ersehnte Konfessionsstaat, über den so viel theoretisiert worden war, schien nun verwirklicht.

Die von der Republik erlassenen Gesetze zur Familie wurden zurückgenommen. Mit einem Dekret vom 2. März 1938 und einem späteren Gesetz vom 23. September 1939 wurden die Gesetze zur Eheschließung und Scheidung aus den frühen dreißiger Jahren abgeschafft. Besonders perfide war, dass man bei der Wiedereinführung der alten Gesetze nicht die geringste Bereitschaft zeigte, die zu schützen, die sich zur Zeit der Republik in bester Absicht für eine Zivilehe entschieden hatten. Die Frauen, die nach dem Zivilgesetz geheiratet hatten, waren nun »Konkubinen«, ihre Kinder illegitim. Wieder einmal zeigte sich, dass die selbst ernannten »Verteidiger der Familie« ihrer Aufgabe nicht nachkamen, sondern nur anerkannt katholische Familien schützten. Diese Parteilichkeit bereitete Franco jedoch keinerlei Gewissensbisse, im Gegenteil:

Inspiration für alle Aktivitäten des Regimes ist ein katholisches Empfinden, das uns auszeichnet und es uns erlaubt, nicht zu irren ... Dieses katholische Empfinden, das in Spanien das gesamte Leben beseelt, ist für die Bürger ein solider Schutz gegen Willkür und Exzesse, stets möglich bei denjenigen, die an der Macht sind.[19]

Die Familienpolitik unter Franco war im ersten Jahrzehnt seiner Regierung sehr reduziert. Durch den Krieg war der Staat praktisch pleite. Folglich gab es nur eine Art Miniaturversion des faschistischen Programms, wobei die staatlichen Maßnahmen, wie bereits festgestellt, ohnehin begrenzt und flickschusterhaft ausfielen. In Spanien lagen die Schwerpunkte bei der Geschlechter- und Bevölkerungspolitik.

Mit seiner Geschlechterpolitik sorgte das Regime vor allem dafür, dass der öffentliche Raum wieder vor allem eine Domäne der Männer wurde und Frauen wieder ihre alte Rolle als »Engel des Herdes« einnahmen, als Dreh- und Angelpunkt der Familie. Ab 1942 gab es Bemühungen, Frauen aus der Arbeitswelt zu verdrängen. Dabei wurde beispielsweise weiblichen Angestellten im öffentlichen Dienst eine Art staatliche Mitgift bescheidenen Ausmaßes angeboten, wenn sie nach der Heirat zu Hause blieben.[20] Ideen wie die Gleichstellung von Ehemann und Ehefrau oder die Möglichkeit, dass eine Frau finanzielle Unabhängigkeit durch eine bezahlte Arbeit außerhalb des Hauses erlangte, wurden energisch unterdrückt. Der spanische Mann kehrte an seinen angestammten Platz als Oberhaupt der Familie zurück, dessen patriarchalische Vorrechte nicht infrage gestellt werden durften.

Demografisch betrachtet hinterließ der Bürgerkrieg gravierende Lücken in der Bevölkerung des Landes. Das Regime tat, was es konnte (was nicht sehr viel war), um den Schaden zu beheben. 1938 wurde eine gestaffelte staatliche Unterstützung für kinderreiche Familien eingeführt. Das Geld ging natürlich nicht an die Frauen, die die Kinder geboren hatten, sondern an die Männer als Oberhäupter der Familien. Der Erwerb und Verkauf von Verhütungsmitteln war ebenso verboten wie die Anwendung oder auch nur die Werbung dafür. Am 24. Januar 1941 wurde Abtreibung zur Straftat erklärt; das neue Strafrecht von 1944 bestätigte die harten Strafen für diejenigen, die eine Abtreibung vornehmen ließen, und diejenigen, die sie durchführten.[21]

Insgesamt fielen die staatlichen Maßnahmen aufgrund der finanziellen Notlage bescheiden aus, jedenfalls was Dienstleistungen oder finanzielle Hilfen betraf. Der Großteil der »Maßnahmen« bestand aus Verboten. Die spanische Gesellschaft in jenen Jahren war, wie Santos Juliá schreibt, repressiv, reglementiert und autark und ganz der Wiederbelebung des Katholizismus verschrieben.[22] Das Regime versuchte, strenge Normen für

Familien festzulegen und sie viel stärker als früher zu lenken – nicht nur stärker als zu Zeiten der Republik, sondern auch stärker als unter der Diktatur von Primo de Rivera. Am 12. März 1942 wurde ein neues Gesetz verabschiedet, das Ehemännern wie Ehefrauen verbot, die eigene Familie zu verlassen. In der Präambel wurde betont, wie sehr dem Regime das Wohlergehen der Familie am Herzen lag, die nach den furchtbaren Verwerfungen während des Bürgerkriegs geschützt werden müsse. Wer sein Heim im Stich ließ, dem drohte Gefängnis oder eine Geldstrafe in Höhe von 5000 bis 10000 Pesetas. Ehebruch war nach dem Gesetz der Republik nicht mehr strafbar gewesen, doch nun war Fremdgehen für beide Geschlechter wieder eine Straftat, allerdings wurden Männer und Frauen unterschiedlich hart bestraft. In einem Gesetz vom 11. Mai 1942 hieß es, dass der Ehebruch seitens der Ehefrau besonders schwer wiege, weil er »über den Bereich der privaten Ehre hinausgeht und einen Angriff darstellt auf das heiligste gesellschaftliche Gut«.[23] Der Franquismus bestand auf dem Respekt für *»honestidad y buenas costumbres«* (»Anstand und gute Sitten«) und erstickte jede öffentliche Diskussion darüber, was genau diese Begriffe beinhalten sollten.[24]

Schlussbetrachtung

In den Jahren des Spanischen Bürgerkriegs standen sich zwei Modelle gegenüber, was das Familienleben und die Familienpolitik betraf – das der Republikaner und das der katholischen Kirche. Das republikanische Modell, das in der Verfassung vom Dezember 1931 zum Ausdruck kam, basierte auf der Gleichstellung von Mann und Frau; es garantierte das Recht auf Scheidung (allerdings nicht auf Abtreibung), verpflichtete den Vater, für seine Kinder zu sorgen (sowohl für die ehelichen wie unehelichen Kinder), hob die Strafen bei Ehebruch auf und führte die Zivilehe ein.

Die katholische Kirche in Spanien hatte ein ganz anderes Familienbild. Es war aus einer langen Tradition der Familientheologie heraus entstanden und stützte sich auf die Enzyklika *Casti Connubii* von Papst Pius XI. vom 31. Dezember 1930. Die Ehe war ein Sakrament und damit unauflösbar. Die katholische Familie verdiente speziellen Schutz, ihre Autonomie musste vom Staat garantiert werden. Was die Stellung der Frau betraf, so wiederholte Pius XI. die Bedeutung des Patriarchats, allerdings sollte die Macht des Mannes in der Familie im Idealfall auf einer Kombination aus Hierarchie und Partnerschaft basieren. Nach Ansicht der katholischen Kirche war die christliche Familie durch die Moderne stark bedroht. Die moderne Kultur, Politik und Wissenschaft taten alles, um das heilige Sakrament der Ehe zu verhöhnen.

Die Kirche reagierte auf zwei Ebenen: mit einer massenhaften Mobilisierung der Gläubigen, die auf die Errichtung eines »sozialen Königtums Christi auf Erden« abzielte; außerdem mit gezielten programmatischen Vereinbarungen mit den neuen politischen Regimes. Das Konkordat des Vatikans mit den italienischen Faschisten war ein wichtiger erster Schritt. (Die Schaffung von Francos Konfessionsstaat sollte sogar noch einen Schritt weiter gehen. Unter einem solchen Regime konnte es nur einen katholischen Singular geben, nie einen ökumenischen Plural, und die Zivilehe konnte niemals als »*verdadero matrimonio*« (»wahre Ehe«) gelten, wie die spanischen Bischöfe die kirchliche Trauung nannten.)[25]

Angesichts dieser unumstößlichen Positionen und der langen Geschichte des Antiklerikalismus in Spanien könnte man meinen, dass es bei der Familienpolitik keine Möglichkeit zur Vermittlung gab. Doch dem war nicht so. Überraschenderweise waren die beiden Haltungen nicht so weit voneinander entfernt, wie der Ausbruch des Bürgerkriegs vermuten ließe. In der republikanischen Verfassung war ausdrücklich vom Schutz der Familie die Rede, nicht von ihrer Unterdrückung. Die ersten Worte des Artikels 43 lauteten: »Die Familie steht unter dem besonderen Schutz des Staates.« Das konnte man als unheilvolle Absicht interpretieren und wurde von der Kirche auch so gesehen. Doch beim Weiterlesen wird die Bedeutung klar, denn Artikel 43 endet mit der Verpflichtung des Staates, den Alten und Schwachen beizustehen sowie Mutterschaft und Kindheit zu schützen. Außerdem schloss sich die Republik der sogenannten Genfer Erklärung des Völkerbundes zum Schutz der Kinderrechte vom September 1924 an: »Das hungernde Kind soll genährt werden; das kranke Kind soll gepflegt werden ...«

Die Kultur- und Bildungsprogramme, die vom Patronato de la Misiones Pedagógicas (den republikanischen »Missionen«) nach 1931 ins Leben gerufen wurden, verfolgten größtenteils einen pluralistischen Ansatz.

Als Lorca mit seiner »La Barraca«-Truppe auf Tournee ging, wollte er die große Tradition des kastilischen Theaters wiederbeleben und nicht die atheistische Revolution verkünden. Vielmehr hatte er erklärt: »Wir werden das Gute und das Böse, Gott und den Glauben wieder in die Städte Spaniens tragen.« Selbst die Anarchisten und die Anarchosyndikalisten, die gefährlichsten Gegner der Kirche, wollten die Familie nicht abschaffen, sondern hatten betont, »dass die Familie ... bei der Vermittlung von Moral und Solidarität höchst bewundernswerte Funktionen ausgeübt hat ... und dass sie wahrscheinlich noch lange Bestand haben wird.

Tatsächlich war es vor allem die katholische und franquistische Propaganda, die den Republikanern solche Ansichten unterstellten, um sie besser attackieren zu können. Margarita Nelken hatte ebenfalls unter solchen diffamierenden Unterstellungen zu leiden. Sie wurde einerseits als »jüdische Amazone« dargestellt, die pausenlos Männer verführe, andererseits hieß es, sie sei »wie so viele angebliche Intellektuelle mehr eine Hure in ihrer bloßen Phantasie als in ihren tatsächlichen sexuellen Abenteuern«. Auf jeden Fall erklärte die gegnerische Propaganda mit einer gewissen Erleichterung, sie sei »zum Glück nicht spanisch«, und bezog sich damit auf ihre jüdische Herkunft.[26] Hysterische und völlig übertriebene Schilderungen über zerrüttete republikanische Familien fanden in der gemäßigten und in der katholischen Presse weite Verbreitung. Angeblich hatten in Barcelona junge Mädchen demonstriert und gerufen: »Kinder ja! Ehemänner nein!« Die »freie Liebe« wurde als ständiger Partnerwechsel interpretiert.

All das barg in einer so traditionellen Gesellschaft Zündstoff, der jederzeit explodieren konnte. Um das drohende Unheil abzuwenden, wären auf beiden Seiten eine hohe Kompromissbereitschaft und viel Einfühlungsvermögen nötig gewesen. Pius XI. unternahm erste Schritte in diese Richtung. Sein Gesandter, den er als Vermittler einsetzte, war anfangs der gemäßigte Kardinal Francisco Vidal y Barraquer, der Erzbischof von Tarragona, der eine aufgeklärte Minderheit spanischer Prälaten anführte. Doch die weitaus größte Mehrheit bestand aus »integralistischen« Bischöfen. Bereits 1931 rief Pedro Segura y Sáenz, Erzbischof von Toledo und damit Primas der spanischen Kirche, zu einem Kreuzzug mit Gebeten und Opfern gegen die Republik auf.

Andererseits waren die neuen republikanischen Behörden oft zutiefst antiklerikal eingestellt, lehnten die jahrhundertealte kulturelle Hegemonie der Kirche ab und waren entschlossen, ihr die Flügel zu stutzen. Die Behörden reagierten bedauerlich langsam, als es darum ging, die Welle der Brandanschläge auf Kirchen zu unterdrücken, mit der der Triumph der Republik gefeiert wurde. Azañas berühmte Äußerung »Spanien ist nicht mehr länger katholisch« war unabhängig von dem, was er tatsächlich damit meinte, bestens geeignet, die Ängste innerhalb der Kirche weiter zu schüren. Dabei hatten die Republikaner letzten Endes – mit Ausnahme der Hardliner unter den Anarchisten – gar nicht den Wunsch, die Kirche zu unterdrücken, wohingegen die »integralistischen« Bischöfe die spanische Gesellschaft und Kultur ganz eindeutig monolithisch sahen.

Als aus dem Krieg der Worte einer der Waffen wurde, der in den Jahren 1936 bis 1939 mit unglaublicher Grausamkeit ausgetragen wurde, hing das Überleben der spanischen Familien nicht zuletzt vom Glück ab, von geografischen Gegebenheiten, von unerwarteter Freundlichkeit oder Grausamkeit der Mitmenschen, oft auch vom »sozialen Kapital«, vor allem, wenn es klassenübergreifend war. Noch fehlt eine umfassende Typologie zu den Erfahrungen der Familien während des Bürgerkriegs ebenso wie eine Sozialgeschichte der spanischen Familie in dieser Zeit. Von der Generation, die von Ronald Fraser Ende der 1970er Jahre im Rahmen eines Oral-History-Projekts interviewt wurde, leben heute nicht mehr viele, und mit ihrem Tod schwinden rapide die Möglichkeiten der historischen Erfassung des häuslichen Raums.

Auf beiden Seiten wurden Gräueltaten verübt. Die Ermordung der Bischöfe, Priester, Mönche und Nonnen in den ersten Monaten des Bürgerkriegs durch die Anarchisten wird nie vergessen werden. Ebenso wenig sind diejenigen vergessen, die mitten in der Nacht aus den republikanischen Gefängnissen in Madrid geholt und ohne Prozess getötet wurden; sie hatten nicht einmal mehr Zeit, einen Abschiedsbrief an ihre Familien zu schreiben. Doch die Gewalttaten auf nationalistischer Seite, die von General Franco befohlen wurden, hatten ein so viel größeres Ausmaß, dass der quantitative Unterschied auch zu einem qualitativen wird. Und damit nicht genug: Auch in den Jahren nach Beendigung des Bürgerkriegs ging das Morden weiter. Franco unterzeichnete Todesurteile für Zehntausende Republikaner, deren einziges »Vergehen« oft nur darin bestand, dass sie Katalanen oder Gewerkschaftler waren.

Das Regime in den ersten Jahren

In den unruhigen und von Tragödien gekennzeichneten dreißiger Jahren standen die Familien unter großem Druck. Unablässig wurden sie um Hilfe und Schutz gebeten, obwohl sie nur wenig tun konnten. Kein Bild verdeutlicht diese Ohnmacht eindringlicher als Picassos *Guernica,* auf dem das tote Kind und die wehklagende Mutter die traditionelle katholische Darstellung der Jungfrau Maria mit ihrem Kind verdrängt haben. Dabei sollte man auch nicht vergessen, dass die Familien, die in Guernica getötet wurden, gläubige baskische Katholiken waren.

Ein letzter Punkt sollte noch angesprochen werden – die mangelnde zeitgenössische Reflexion der Familienpolitik in jenen Jahren. Von nationalistischer Seite waren in diesem Punkt natürlich keine Innovationen zu erwarten gewesen. Für die Nationalisten ging es einzig und allein um die Wiedereinsetzung der katholischen Familie an ihren angestammten Platz in der Gesellschaft. Doch auch die Republikaner hielten sich bei der Familienpolitik überraschenderweise zurück. Im Gegensatz zu den zahlreichen Ideen der Intellektuellen in den frühen Jahren der Sowjetunion findet man in Spanien nur wenig, was man als »Debatte über die Familie« bezeichnen könnte. Selbst die radikalen anarchistischen Feministinnen von der Organisation »Mujeres Libres« beschränkten sich bei der Diskussion auf Überlegungen, das Leben innerhalb der Familie zu verbessern, anstatt die Familie an sich infrage zu stellen. Mercedes Comaposada beschreibt das in ihren Erinnerungen so: »Wir wollten, dass die Leute entscheiden konnten, ob sie Kinder haben wollten, wie und wann, und dass sie wussten, wie sie sie großziehen sollten.« Das war ein wichtiges Ziel, es passte jedoch besser in einen liberalen als in einen revolutionären Rahmen. Im anarchosyndikalistischen Barcelona (1936/37) veränderte sich das Familienleben kaum. Verwandte konnten in den *comedores populares,* den öffentlichen Kantinen, essen, Mädchen meldeten sich als Freiwillige an die Front, wurden dann aber wieder nach Hause geschickt, und Frauen arbeiteten in den Fabriken; doch das Familienleben blieb größtenteils unverändert.

Der Mangel an Reflexion und Experimentierfreude fällt nicht nur in den *barris* von Barcelona auf, sondern auch bei der intellektuellen Elite der Republik. Margarita Nelken wetterte an einem bestimmten Punkt ihrer Laufbahn (1933) gegen den rechten Schlachtruf »Patria, Familia, Religión«: »Von welcher Familie reden sie da? Sie sagen das zu uns, die wir wissen, dass die bürgerliche Familie eine einzige Farce ist und voller Heuchelei«.[27] Doch damit wiederholte sie nur alte Schlagworte. Nelken selbst war durch und durch bürgerlich und lebte seit 1930 (wenn sie in Madrid war) in einer Wohnung an einem der Prachtboulevards der Stadt, dem Paseo de la Castellana. Das war natürlich ihr gutes Recht, doch damit wirkte sie alles andere als glaubwürdig, wenn sie die Art von Familienleben verunglimpfte, die sie selbst liebte und nach der sie sich so sehnte.

FÜNF
»Die größere und die kleine Welt«:
Familienpolitik in Deutschland,
1918–1945

I
Ein nationalsozialistischer Familienvater

Joseph Goebbels wurde am 29. Oktober 1897 geboren und wuchs in einem tristen, zweistöckigen Haus in der kleinen Textilstadt Rheydt im Rheinland auf. Seine Eltern waren gläubige Katholiken, das Familienleben war geprägt von Frömmigkeit, Sparsamkeit und Fleiß – eine scheinbar »protestantische« Arbeitsethik, die jedoch auch in katholischen Familien zu finden war. Das Geld war stets knapp: Josephs Vater Friedrich war sein Leben lang für eine örtliche Firma tätig, die Gasdochte produzierte, und hatte sich dort vom Laufburschen zum Prokuristen hochgearbeitet. Seine Mutter Katharina, die holländische Wurzeln hatte, verfügte über wenig Bildung, war jedoch ein sehr mütterlicher Typ mit starkem Charakter. Ihr Sohn Joseph erzählte gern die Geschichte (die er allerdings vielleicht auch nur erfunden hatte), wie die Mutter alle Kinder (insgesamt fünf Geschwister) um das Bett des Vaters versammelte, als dieser an einer Lungenentzündung erkrankt war. Sie wies sie an, sich an den Händen zu halten und zu singen und zu beten. Das taten die Kinder so inbrünstig, dass der Vater tatsächlich wieder gesund wurde. Wie diese Anekdote und andere Berichte illustrieren, mangelte es in der Familie nicht an Liebe, selbst wenn diese in sehr engen und religiös definierten Bahnen verlief. Anders als bei vielen der hier vorgestellten Familien gibt es auch keinen Hinweis auf eine fehlende Vaterfigur oder auf körperliche Gewalt. Ganz im Gegenteil. Wenn man etwas am Elternhaus kritisieren konnte, und da hielt sich Joseph Goebbels nicht zurück, dann war es der erstickende Konformismus, der das gesamte Familienleben prägte.[1]

In der Kindheit litt Goebbels unter einer Knochenmarkentzündung, durch die sein rechter Oberschenkel verkümmerte. Im Alter von 10 Jahren wurde er operiert, jedoch ohne Erfolg, seitdem hinkte er, auch wenn er es immer zu verbergen suchte. Seine Behinderung isolierte ihn von seinen Schulkameraden. In den Erinnerungen an seine Kindheit, die Goebbels 1924 verfasste, schrieb er: »Jugend von da ab ziemlich freudlos ... Konnte mich nicht mehr bei den Spielen der anderen beteiligen. Wurde einsam und eigenbrötlerisch.«[2] Wie so viele Kinder mit körperlichen Gebrechen fand er Trost in intensiver Lektüre und tat sich intellektuell hervor. Seine Eltern erkannten seine Intelligenz und schickten ihn auf das örtliche Gymnasium. Dort machte er sich gut, bis im August 1914, als Goebbels fast 17 war, der Weltkrieg ausbrach. Die beiden älteren Brüder zogen in den Krieg, doch Joseph wurde aufgrund seiner Behinderung vom Militärdienst ausgeschlossen. Für ihn war das ein schwerer Schlag. Er kompensierte ihn durch eine besondere Furchtlosigkeit in vielen Straßenkämpfen – worin er Marinetti ähnelt – und durch sein rednerisches Talent und seine überdurchschnittliche Intelligenz. Der Historiker Alan Bullock schrieb dazu:

> In einer Partei, in der es von kräftigen Schlägertypen und Veteranen eines Krieges wimmelte, an dem er nicht hatte teilnehmen dürfen ... war Goebbels tatsächlich genauso hart und noch dazu deutlich schneller von Begriff als die Männer, die er führen musste.[3]

1917 machte Goebbels das Abitur und schrieb sich sofort an der Universität Bonn ein. Im Vergleich zu vielen seiner Kommilitonen war er eine schmächtige Gestalt, 1,65 Meter groß, mit hängenden Schultern und mit zu weiten Kleidern. Aber er hatte einen Blick, der die Menschen in Bann schlug, und eine tiefe, sonore Stimme. Seine Eltern hofften, dass er Priester werden würde, konnten es sich aber nicht leisten, ihn weiter zur Universität zu schicken. Goebbels lebte von einem Stipendium des katholischen Albertus-Magnus-Vereins. Nach einem etwas orientierungslosen Studium mit vielen verschiedenen Stationen machte er schließlich 1921 an der Universität Heidelberg seinen Abschluss. In den Jahren intensiver Lektüre und wirtschaftlicher Not entfernte er sich immer weiter vom Katholizismus seiner Familie. In einem aufschlussreichen Brief vom 9. November 1919 brachte sein Vater seine Ängste bezüglich der Zukunft seines Sohnes und des Schicksals seiner Seele zum Ausdruck:

> Lieber Joseph! Mein vorgestriges Schreiben schätze ich in Deinem Besitz. Ich möchte jetzt kurz auf Deine lieben Zeilen vom 31. d. Monats [!] zurückkommen ... Aus Deinen lieben Zeilen vernahm ich vieles, was mich sehr gefreut hat, wenn mich auch wieder anderes recht schmerzlich berührt. Ich glaube, dass bei einem beiderseitigen guten Willen das frühere, zutrauliche Verhältniss wieder schnell hergestellt sein dürfte. Grundbedingung hierfür wäre allerdings, dass Du Deinem Vater stets offen und wahr gegenüber trittst ... Komme nach Hause, das Geld hierfür sollst Du haben ... Du schreibst in Deinem Briefe: Sage mir, dass Du mich verfluchst als den verlorenen Sohn, der seine Eltern verließ und in die Irre ging, und ferner, wenn Du meinst, ich dürfte nicht mehr Sohn sein. – Beides tue ich als katholischer Vater nicht, ich bete für Dich, wie ich so oft für Dich gebetet habe.[4]

Goebbels' ideologische Entwicklung nahm eine ganz andere Richtung. Er gehörte einer Generation an – verarmt, an den Rand gedrängt, wütend –, die durch die katastrophale Niederlage des Deutschen Reichs im Ersten Weltkrieg traumatisiert war und jetzt versuchte, ihrer trostlosen Situation einen Sinn zu geben. Goebbels' ideologisches Weltbild wurde von verschiedenen Einflüssen geprägt. Der Pessimismus war gewiss einer davon. Inspiriert von Oswald Spenglers *Der Untergang des Abendlandes* und anderen Schriften zieht sich die pessimistische Einstellung gegenüber der Welt und den Menschen wie ein roter Faden durch seine frühen Briefe und Tagebücher.[5] Im Laufe der Jahre mildert sich diese Sichtweise. Goebbels spürt jetzt ein übermächtiges Verlangen, einer Massenbewegung beizutreten und Lösungen für die Misere der Epoche zu finden. Als Goebbels im Herbst 1925 Hitler kennenlernte, gehört seine pessimistische Phase endgültig der Vergangenheit an.

Ein zweiter wichtiger Einfluss war die deutsche Romantik. Literatur und Musik sollten Joseph Goebbels sein Leben lang begleiten und eine starke Verbindung zu Hitler schaffen. Das romantische Ideal der Gemeinschaft nimmt bei Goebbels ausgesprochen völkische Züge an. In Goebbels' idealer Gemeinschaft ist der Einzelne organisch in eine hierarchische

Struktur eingebunden. Die Grundlage für eine derartige Gemeinschaft bilden Blut und Boden. 1924 schrieb Goebbels einen kurzen Roman: *Michael – Ein deutsches Schicksal in Tagebuchblättern.* Darin schreibt sein Protagonist, ein Dichter, Soldat und Revolutionär: »Ich stehe mit beiden Füßen auf der harten Heimaterde. Um mich ist Schollengeruch. Bauernblut steigt langsam und gesund hoch in mir.«[6]

Auch andere romantische Elemente finden sich in Goebbels' Alltag, etwa seine zahllosen Neuanfänge und Reisen in seiner Frühzeit als politisch militanter Agitator. In seinem Tagebuch beklagt sich Goebbels ständig über Erschöpfung, gesteht dann aber, dass er dieses »Zigeunerleben« liebe. Am 13. Januar 1926 schrieb er: »Ich freue mich, dass morgen wieder die Reiserei beginnt. Nächste Woche anschwellend, dann A.G. Hannover, dann aufs Ganze, Osnabrück, Schleswig-Holstein, Hamburg. Vogel fliegt in die Welt hinaus!«[7] Für die Nationalsozialisten allgemein und Goebbels im besonderen war mit diesem Vogel natürlich fast immer ein Adler gemeint, vielleicht der Adler aus Goethes Ballade *Adler und Taube,* der mit gebrochenem Flügel Zuflucht in einem Myrtenhain sucht und den eine Taube zum Bleiben überreden will: »O Freund, das wahre Glück / Ist die Genügsamkeit, / Und die Genügsamkeit / Hat überall genug.«[8] Doch der Adler muss weiter, muss sich einen anderen Gefährten und einen anderen Ort suchen, sehnt sich zwar nach häuslichem Leben, weist es aber stets zurück.

Ein dritter wichtiger Einfluss, weniger deutlich ausgeprägt als der Romantizismus, aber in den frühen Jahren durchaus präsent, ist Goebbels' Haltung zum Klassenkampf. Für ihn hatte der Begriff »Sozialismus« im Parteinamen eine wirkliche inhaltliche Bedeutung. Er hatte Marx gelesen (oder behauptete es zumindest), war in einem weitgehend von der Arbeiterklasse geprägten Umfeld aufgewachsen und identifizierte sich mit der Not und den Sorgen der Arbeiterfamilien in den Jahren nach dem Ersten Weltkrieg. Am 11. September 1925 schrieb er in sein Tagebuch: »National und sozialistisch! Was geht vor und was kommt nach? Bei uns im Westen kann die Frage gar nicht zweifelhaft sein. Zuerst die sozialistische Erlösung, dann kommt die nationale Befreiung wie ein Sturmwind.«[9] Es war kein Zufall, dass seine anfängliche Tätigkeit für die Nationalsozialisten eng mit den Brüdern Strasser verbunden war, die den Klassenkampf in den Vordergrund stellten. Entsprechend enttäuscht war er über Hitlers vorsichtiges Taktieren gegenüber den herrschenden deutschen Eliten und sein uneingeschränktes Bekenntnis zum Privatbesitz. Doch schon bald akzeptierte er, dass Hitler dem nationalen Kampf oberste Priorität einräumte und die Bildung der »Volksgemeinschaft«, auf die wir später noch näher eingehen werden, in den Vordergrund rückte. Seine Hetztiraden gegen die bürgerliche Gesellschaft – »alles, alles nur Brunst und Geschäft«[10] – behielt er auch bei, als sein eigener Lebensstil längst der Lebensweise des von ihm verunglimpften Bürgertums entsprach oder diese sogar noch übertraf.

Der beunruhigendste Einfluss auf Goebbels' Weltbild ist jedoch sein virulenter Antisemitismus. Sein Gefühl der Entfremdung und Verbitterung kanalisierte sich in seinem Hass auf die Juden, die er zum Sündenbock für alles machte. Die Theorien Houston Stewart Chamberlains überzeugten ihn ebenso wie Hitler davon, dass die Deutschen und die Juden in einen historischen Kampf ums Dasein verstrickt seien. Die Deutschen waren laut Chamberlain die überlegenen Vertreter der arischen »Rassenseele«, und Christus ein arischer Prophet. Die Juden dagegen waren die *Anderen* – eine Bastardrasse, die Verkörperung allen Übels, die man verachten und zerstören musste. Goebbels' literarischer Held Michael, der die friesischen Inseln bereist, um sein messianisches Theaterstück zu schreiben, formulierte das so:

> Keinen Juden sah ich bis heute. Das ist ein wahres Labsal. Der Jude ist für mich direkt ein körperlicher Ekel. Ich bekomme Übelkeitsanfälle bei seinem Anblick. Der Jude ist uns im Wesen entgegengesetzt. Ich kann ihn gar nicht hassen, nur verachten. Er hat unser Volk geschändet, unsere Ideale besudelt, die Kraft der Nation gelähmt, die Sitten angefault und die Moral verdorben. Er ist das Eitergeschwür am Körper unseres kranken Vaterlandes ... Entweder er richtet uns zugrunde, oder wir machen ihn unschädlich ... Christus kann gar kein Jude gewesen sein. Das brauche ich erst gar nicht wissenschaftlich zu beweisen. Das ist so![11]

Hier nutzt Goebbels eine der häufigsten Waffen im nationalistischen Arsenal der Entmenschlichung und Vernichtung eines Feindes – das Bild eines Fremdkörpers, der die Gesundheit der Nation langsam, aber sicher zerstört – normalerweise als Krebsgeschwulst dargestellt, hier als Eitergeschwür.

In seinen frühen Schriften und Reden betonte Goebbels stets die direkte Verbindung zwischen Kapitalismus und Juden. Die bekannte nationalsozialistische Litanei, dass die Juden sowohl für die Hyperinflation als auch für die Weltwirtschaftskrise verantwortlich seien, fand in ihm einen eifrigen Vertreter. 1923, auf dem Höhepunkt der deutschen Inflation, arbeitete er eine Zeit lang für die Dresdner Bank in Köln, die damals als das am stärksten unter jüdischem Einfluss stehende öffentliche Kreditinstitut galt. Die Erfahrung dort überzeugte ihn nicht nur, dass er sich auf keinen Fall als Bankangestellter eignete, sondern verstärkte bei ihm auch den Eindruck einer Symbiose zwischen Juden und unrechtmäßig erworbenem Vermögen und Macht.[12]

In diesem Zusammenhang sind die Aktivitäten des Wagner-Zirkels in Bayreuth unter Leitung von Wagners Witwe Cosima und später ihrer Schwiegertochter Winifred von großer Bedeutung. 1899 hatte Chamberlain sein Buch *Die Grundlagen des 19. Jahrhunderts* veröffentlicht. 27 Jahre später finden wir ihn in Bayreuth wieder, einen alten kranken Mann, der mit einer Tochter Wagners verheiratet ist. Anfang Mai 1926 machte ihm Goebbels seine Aufwartung. Die Schilderung des Besuchs in seinem Tagebuch ist sehr aufschlussreich und gibt Einblick in Goebbels' emotionalen und zunehmend antisemitisch geprägten deutschen Romantizismus:

> Am anderen Tag Bayreuth. Wagnerstadt. Ich fühle mich gehoben. Durch den Regen! Zu H. St. Chamberlain. Seine Frau, eine Tochter Wagners, bittet mich herauf. Erschütternde Szene: Chamberlain auf dem Ruhebett. Gebrochen, lallend, die Tränen stehen ihm in den Augen. Er hält meine Hand und will mich nicht lassen. Wie Feuer brennen seine großen Augen. Vater unseres Geistes, sei gegrüßt. Bahnbrecher, Wegbereiter! Ich bin im Tiefsten aufgewühlt. Abschied. Er lallt, will sprechen, es geht nicht – und dann weint er wie ein Kind! Langer, langer Händedruck! Leb wohl! Du bist bei uns, wenn wir verzweifeln wollen. Draußen klatscht der Regen! Ich hab das Bedürfnis zu schreien, zu weinen. Mir ist so weh ums Herz.[13]

Am nächsten Morgen führte ihn Winifred Wagner, von der Goebbels sagt, sie sei »fanatisch auf unserer Seite«, in das Arbeitszimmer ihres Schwiegervaters:

Da sein Flügel, sein Bild, sein Schreibtisch. Alles so wie damals. Seltsame Erschütterungen. Wagners Tannhäuser hat meine Jugend erweckt. Ich war damals 13 Jahre alt. Daran denke ich jetzt. Die Kinder toben durch die Räume. Kinderlachen, wo ehedem Musik ward. Das ist alles dasselbe: Geschenke Gottes.[14]

Goebbels war vom Gedanken der rassischen Reinheit völlig besessen, was sich auch auf sein Liebesleben auswirkte. Seine wichtigste sexuelle Beziehung in diesen prägenden Jahren hatte er mit einer zierlichen, gutaussehenden Lehrerin, Else Janke. Trotz seiner schmächtigen Statur und des verkrüppelten Beins wirkte Goebbels auf viele Frauen attraktiv und war während seines gesamten Lebens sexuell sehr aktiv. In seinen Tagebucheinträgen aus jener Zeit finden sich zahlreiche schwärmerische Bekundungen für Elses Güte und Freundlichkeit, er war voller Begehrlichkeit und Sehnsucht nach ihr (oder anderen Frauen), wenn er auf seinen Vortragsreisen durch das Land zog. Am 15. August 1925 schrieb er beispielsweise: »Ich habe Sehnsucht nach Elslein! Wann werde ich dich wieder in meinen Armen haben? Elslein, wann sehe ich dich wieder? Alma, du leichte, liebe Pflanze! Anka, dich werde ich nie vergessen! Und doch bin ich jetzt mutterseelenallein!«[15] Am 23. September 1925, ganz vertraulich: »Else, Montag, Mümmelchen, kling kling. O, deine liebe Hand. Du Süße! Schwelgende Liebe, Lösung der Spannung nach langem Sehnen. Ich bin restlos zufrieden. Else ist so lieb und gut.«[16] Am 8. Mai 1926: »Vor mir [im Zug] schläft ein prächtiges Frauenzimmer auf dem Polster. Sehnsucht nach dem Weibe!«[17] Es gab aber auch immer wieder dunklere Momente, das Bedürfnis, die Frau zu verletzen, mit der er zusammen war, nicht physisch, sondern verbal, worin er ein Meister war. Am 14. Oktober 1925 fragte er: »Warum muss ich Else so viel Schmerz bereiten?« Und am 28. Oktober 1925: »Eine süße Nacht. Sie ist so lieb und gut zu mir. Ich tue ihr manchmal so bitter weh.«[18] Dieses Muster sollte sich auch später wiederholen.

Bereits im Herbst 1923 hatte Goebbels erfahren, dass Elses Mutter Jüdin war. Seine Reaktion darauf findet sich am 22. Oktober in seinem Tagebuch, sie fällt erschreckend aus und wimmelt von rassistischen Stereotypen:

Auch E. kann das jüdische Blut nicht verleugnen. In ihrem Wesen liegt etwas stark Destruktives, vor allem im Geistigen. Nur tritt das nicht so sichtbarlich hervor, weil das Geistige in ihr nicht bis zur Blüte emporgetrieben ist. Sie ist der direkte Gegenpol zu An. [Anka], die eine Rassenatur allererster Qualität war.[19]

Elses »rassische Unreinheit« hinderte Goebbels jedoch nicht daran, jahrelang ein Verhältnis mit ihr zu haben, während er gleichzeitig in seinen Reden gegen die Juden hetzte. Die Beziehung endete schließlich im Herbst 1926, als Goebbels Gauleiter von Berlin wurde.[20]

In den Jahren der Suche, Frustration und endlosen Reisen wurde Goebbels von seiner Familie weiterhin loyal unterstützt. Manchmal traf er seinen Vater »ernst und schweigsam« an, was ihn dann sehr »bedrückte«. Bei anderen Gelegenheiten beschrieb er ihn als »guten, wohlmeinenden Spießer. Brav und bürgerlich.« Doch meistens rechnete Joseph seinen Eltern ihre Freundlichkeit und Toleranz hoch an; Tugenden, die ihm eher abgingen: »Wie bescheiden und gut die beiden, Vater und Mutter doch sind! Und ich muss ihnen so viel Gram bereiten.« Goebbels spürte die Spannung und war hin- und hergerissen zwischen der Loyalität gegenüber der Sache und der Familie – »schwere Kämpfe zwischen Idee und Elternhaus«, wie er es formulierte.[21] Doch jedes Mal – und ohne großes Zögern, wie man sagen muss – entschied sich Goebbels für die Idee. Und diese Idee stand im deutlichen Widerspruch zum Rheinland und Katholizismus, allerdings konnte er sich auch nie ganz von dieser Bindung in seiner Kindheit und Jugend lösen.

Am 14. Oktober 1925 vertraute Goebbels seinem Tagebuch an: »Ich lese Hitlers Buch [Band 1 von *Mein Kampf*] zu Ende. Mit reißender Spannung! Wer ist dieser Mann? Halb Plebejer, halb Gott! Tatsächlich der Christus oder nur der Johannes?«[22] Immer wieder beschrieb Goebbels die Begegnung mit Hitler (als dem Verfasser von *Mein Kampf* und dann auch in Person) in biblischen oder mythischen Bildern und Vergleichen. Am 8. Februar 1926 zitiert er aus Schillers *Die Kraniche des Ibykus*: »Zum Kampf der Wagen und Gesänge.«[23] Drei Tage später: »Wir können nicht untergehen. Ich will ein Apostel und Prediger sein. Ich beginne wieder zu glauben!«[24] Nach Ostern sprach er zum ersten Mal in München, der nationalsozialistischen Hochburg: »Und dann rede ich

2½ Stunde[n]. Ich gebe alles. Man tobt, man lärmt. Am Schluss umarmt mich Hitler. Die Tränen stehen i[h]m in den Augen. Ich bin so etwas wie glücklich.« Goebbels fühlte sich bestärkt: »Ich bin bei ihm in allem beruhigt. Er ist ein Mann, nehmt alles nur in allem. So ein Brausekopf kann mein Führer sein. Ich beuge mich dem Größeren, dem politischen Genie! ... Adolf Hitler, ich liebe Dich, weil Du groß und einfach zugleich bist.«[25] In den bayerischen Bergen machte er zum ersten Mal Urlaub mit Hitler und schrieb am 24. Juli 1926: »Der Chef spricht über Rassefragen. Man kann das so nicht wiedergeben. Man muss dabei gesessen haben. Er ist ein Genie. Das selbstverständlich schaffende Instrument eines göttlichen Schicksals. Ich stehe vor ihm erschüttert.«[26]

Von da an ist Goebbels' Geschichte die Geschichte seines Dienstes an Hitler und der NSDAP. Wie bereits erwähnt, wurde er im Herbst 1926 zum Gauleiter von Berlin ernannt – eine Schlüsselfunktion, die angesichts der politischen Orientierung der Stadt nicht einfach war. 1928 wurde Goebbels zusammen mit elf anderen Abgeordneten der NSDAP in den Reichstag gewählt. In den kommenden dramatischen Jahren war Goebbels für die Entwicklung der nationalsozialistischen Propaganda verantwortlich – deren Dynamik, Brutalität und Ideologie. Im März 1933 wurde er Reichsminister für Volksaufklärung und Propaganda. Noch im selben Monat umriss er für die Intendanten und Direktoren der deutschen Rundfunkhäuser die Grundlagen einer erfolgreichen Propaganda:

> Ich verwahre mich dagegen, dass die Propaganda etwas Minderwertiges sei ... Und wir hätten den Krieg [den Ersten Weltkrieg] nicht verloren, wenn wir die Kunst der Propaganda etwas besser verstanden hätten. *Das ist das Geheimnis der Propaganda: den, den die Propaganda fassen will, ganz* mit den Ideen der Propaganda zu durchtränken, *ohne dass er überhaupt merkt,* dass er durchtränkt wird [Hervorhebung im Original]. *Selbstverständlich* hat die Propaganda eine Absicht, aber die Absicht muss so klug und virtuos kaschiert sein, dass der, der von dieser Absicht erfüllt werden soll, das überhaupt nicht bemerkt.[27]

Goebbels wollte als »Volksbildner« und »Weichensteller« agieren, der sich hinter den Kulissen in das Denken der Menschen stahl. Von Victor Klemperer, damals Professor für Romanistik in Dresden, wurde er dagegen etwas anders wahrgenommen. Er beschrieb ihn am 14. Juli 1934 in seinem berühmten Tagebuch:

> Der Reklameminister Goebbels ist kein Psychologe. Er langweilt, man spottet über den langweiligen Rundfunk etc. Wo liegt der Fehler? Wenn eine Fabrik, ein Einzelunternehmen sich immer wieder einzuprägen sucht, an Straßenbahnen, durch Himmelsschreiber etc. etc., so amüsiert das, weil das Publikum nur in einer bestimmten und unwesentlichen Hinsicht kaptiviert werden soll, weil ihm die Freiheit der Wahl, etwa zwischen der und jener Rasierklinge, bleibt, weil dieser einen Reklame tausend andere entgegenwirken. Goebbels aber kaptiviert nicht, sondern »fesselt« buchstäblich, und zwar den ganzen Menschen, er tyrannisiert ihn, und dagegen lehnt sich der Gefesselte auf, und vor der absoluten Monotonie des ihm einzig Gebotenen hat er Widerwillen. Die Stufenleiter der Empfindungen geht hier über Gleichgültigkeit der Abstumpfung zu Widerwillen und Rebellion.[28]

Klemperer beschreibt gewiss treffend die Form der NS-Propaganda, aber nicht ihre Wirkung. Die NS-Propaganda war monoton und tyrannisch, doch sie hatte nicht den von Klemperer prophezeiten Effekt – dass sich aus Gleichgültigkeit Abneigung entwickeln und daraus eine Revolte entstehen würde. Im Gegenteil. Die große Mehrheit der deutschen Familien schien Goebbels bereitwillig zu folgen, da seine Propaganda in Zeiten einer akuten wirtschaftlichen Krise ihre eigenen Vorurteile treffend wiedergab und öffentlich sanktionierte.

Goebbels tat sich aber nicht nur als (ideologischer) »Volksbildner« hervor, sondern er hetzte auch ganz konkret zu Gewalttaten auf. Es gibt zwar kaum Hinweise auf physische Gewalt in seinem Privatleben, doch in der Öffentlichkeit trat seine eigene Gewalttätigkeit deutlich zutage – etwa bei Zusammenstößen mit dem kommunistischen Rotfrontkämpferbund. Seine Tagebucheinträge dazu erinnern an den Straßenkämpfer Marinetti zehn Jahre zuvor. Hierher gehört auch der von Goebbels geschaffene Horst-Wessel-Kult mit dem berühmt-berüchtigten Horst-Wessel-Lied, das zur Hymne der NSDAP avancieren sollte (»Die Straße frei / Den braunen Bataillonen / Die Straße frei / Dem Sturmabteilungsmann«.[29] Jedes Jahr organisierte Goebbels am 23. Februar, dem Tag, an dem Wessel 1930 seiner Schussverletzung erlegen war, die ihm der Kommunist und Kleinkriminelle Albrecht Höhler beigebracht hatte, einen Marsch im Gedenken an den jungen »SA-Märtyrer«. Die nationalsozialistische Begeisterung für düstere Trauermärsche und Gedenkfeiern ruft Joachim Fests treffende Bemerkung über Adolf Hitler in Erinnerung – dass Hitler nicht in der Lage gewesen sei, das Leben zu feiern (derartige Feiern hatten meist die Form müder Folklore und Tänze unter dem Maibaum), sondern ein Meister des Todes war.[30] Goebbels hatte außerdem klare Vorstellungen in einem zentralen Punkt der Familienpolitik, der hier schon häufiger angeklungen ist: Wem gehören die Toten – der Familie oder dem Vaterland? Wessels Mutter hatte 1933 eine Auseinandersetzung mit Goebbels, weil sie wollte, dass die Familie bei den Gedenkfeiern angemessen berücksichtigt werden sollte. Goebbels schrieb dazu wütend: »Sie ist unerträglich in ihrer Arroganz. Unsere Toten gehören der Nation.«[31]

Beim Versuch, Goebbels' Erfolg zu erklären, heben Historiker immer wieder seine Professionalität hervor, sein Redetalent (das nur von Hitler übertroffen wurde), seine Fähigkeit zu harter Arbeit und seine Intelligenz. Goebbels war kein tiefgründiger Intellektueller, doch er hatte sich zwei Themenbereiche angeeignet, die grundlegend für die Ausübung politischer Macht waren: fundierte Kenntnisse über die sozialen, wirtschaftlichen Gegebenheiten der deutschen Gesellschaft auf dem Land und in der Stadt, die er bei seinen zahllosen Reisen in der von den Nationalsozialisten als »Kampfzeit« bezeichneten Phase erworben hatte, und den massenwirksamen Einsatz von Sprache, Musik, Zeremonien und Dramatik, um die Familien in einer Zeit der Massenarbeitslosigkeit zu erreichen.

Goebbels hatte aber auch deutliche Schwächen: Er hatte einen Hang, sich auf Intrigen einzulassen, und neigte zu Wutanfällen, außerdem machte er sich mit seinen rhetorischen Attacken viele Feinde. Zeitgenossen hatten Schwierigkeiten, ihn richtig einzuschätzen. Sir Nevile Henderson, der britische Botschafter in Berlin, spottete, Goebbels erinnere ihn an einen kleinen irischen Agitator und wahrscheinlich sei er keltischer Abstammung.[32] Klemperer vermerkte im März 1933 boshaft in seinem Tagebuch: »Es wurden die Ereignisse des 21. März vorgeführt, Stücke aus Reden gesprochen. [Im Universum-Kino in Dresden] ... Hitler pastoral deklamierend. Goebbels sieht ungemein jüdisch aus ...«[33]

Im Dezember 1931 landete Goebbels einen der größten Coups seines Lebens: Er heiratete die gebildete und gutaussehende Magda Quandt, die geschiedene Frau eines reichen deutschen Industriellen. Magda wurde 1901 in Berlin geboren und entstammte einer bürgerlichen Familie; ihr Vater Oskar Ritschel war ein unnahbarer Mensch, ein Ingenieur und Monokelträger. Die Eltern ließen sich scheiden, als Magda noch klein war, ihre Mutter heiratete daraufhin den jüdischen Lederfabrikanten Richard Friedländer. Nach Angabe ihres Biografen Hans-Otto Meissner liebte Magda ihren Stiefvater sehr, weil er ihr all die Wärme und Güte entgegenbrachte, die der Vater ihr gegenüber vermissen ließ.[34] Tatsächlich ließ ihre Mutter den Namen der Tochter sogar in Friedländer ändern. Doch Friedländers Firma ging ebenso wie sein Privatleben schweren Zeiten entgegen, und Magdas Mutter trennte sich auch von ihm. 1906 wurde Magda in den strengen Ursulinenkonvent in Vilvoorde in der Nähe von Brüssel geschickt, wo sie bis zum Ausbruch des Ersten Weltkriegs blieb. Von den Nonnen wurde sie als »aktives und intelligentes junges Mädchen« beschrieben. Im März 1919 machte Magda ihren Abschluss an einer Berliner Schule und besuchte dann, mittlerweile 18 Jahre alt, das exklusive Mädchenpensionat Holzhausen in der Nähe von Goslar. Bei einer Bahnfahrt vom Elternhaus zurück an die Schule soll sie dem Industriellen Günther Quandt aufgefallen sein. Er war doppelt so alt wie sie, hatte zwei Kinder aus erster Ehe und führte mehrere sehr erfolgreiche Textilunternehmen. Günther Quandt machte Magda mit altmodischem Charme und einem beträchtlichen Vermögen den Hof. Die beiden heirateten im Januar 1921. Über Magdas Familiengeschichte kann man zu diesem Zeitpunkt wohl nur sagen, dass sie eindeutig unter der emotionalen und körperlichen Distanz litt, die ihre Mutter mit ihren zwei Scheidungen geschaffen hatte. Mit der Heirat nahm Magda auch den Namen Quandt an, womit sie in ihrem kurzen Leben bereits dreimal einen neuen Namen erhalten hatte – von Ritschel zu Friedländer zu Quandt. Mit Goebbels wurden es vier.

Die Ehe mit Günther Quandt erwies sich als Katastrophe. Quandt war dominant und geizig, er war ungesellig und interessierte sich nur für den Aufbau seines industriellen Imperiums. Die beiden verbrachten die Flitterwochen in Italien und reisten in Günthers prächtiger Limousine durch Umbrien – nach außen hin ein ideales Paar, reich, schön und verliebt.

Doch in Wirklichkeit langweilte sich Magda zu Tode. Anstatt die Landschaft Umbriens und die historischen Städte auf den Hügeln zu bewundern, redete Günther von der geologischen Beschaffenheit des Bodens und den Möglichkeiten industrieller Erschließung.[35] Zurück in Deutschland lief es nicht besser. Nach den langen Jahren im Internat sehnte sich Magda nach einem gesellschaftlichen Leben, das ihrem Alter und sozialen Stand entsprach. Doch Günther unterband derartige Ambitionen. Am 1. November 1921 wurde ihr gemeinsames Kind Harald geboren; die Ehe besserte sich jedoch nicht.

In diesen Jahren zeigt sich bereits eine typische Eigenschaft Magdas. Quandt verpflichtete sie nicht nur, sich zusätzlich zum eigenen Kind auch um die beiden Söhne aus seiner ersten Ehe zu kümmern, sondern holte auch die Waisen eines guten Freundes ins Haus. Magda erfüllte die Rolle der Übermutter, wenn man Meissner glaubt, mit großem Geschick und sogar Hingabe. Natürlich hatte sie Bedienstete und Kindermädchen, die ihr dabei halfen, und man kann sich vorstellen, dass es ihr nicht an deutscher Disziplin mangelte. Doch selbst unter diesen Voraussetzungen war das, was sie leistete, beachtlich. Im Haushalt von Goebbels sollte sie ähnlich aktiv werden. Als Günthers ältester Sohn in Paris schwer an einem Blinddarmdurchbruch erkrankte, war es Magda, die ins Krankenhaus eilte und in seinen letzten Tagen bei ihm war.[36]

Die Ehe endete, als Günther entdeckte, dass seine Frau einen Liebhaber hatte. Doch bei der Scheidung zeigte er sich großzügig. Magda erhielt monatlich 4000 Reichsmark, eine erhebliche Summe für die damalige Zeit, und das Sorgerecht für Harald, bis er 14 war. Falls sie jedoch wieder heiraten sollte – hier zeigte sich Günther Quandt dann doch als Patriarch –, musste der Sohn zum Vater zurück.

Nach der Scheidung sah sich Magda Quandt im Herbst 1930 nach einem neuen Betätigungsfeld um und begann, als Freiwillige für das Parteibüro der NSDAP in Berlin zu arbeiten. Was sie zu den Nationalsozialisten zog, ist nicht ganz klar. Von ihrem Vater hatte sie eine lebenslange Faszination für den Buddhismus mit auf den Weg bekommen. Und auch Quandt hatte keine nationalsozialistischen Verbindungen – zumindest bis dahin nicht. Doch Magda hatte Goebbels bei einer Massenveranstaltung in Berlin gesehen und war von seinen Worten und der Art seines Vortrags fasziniert. Natürlich wurde auch er schon bald auf die attraktive, ungewöhnliche Helferin aufmerksam und bat sie, in seinem Büro zu arbeiten, um sein Privatarchiv zu ordnen. Bei der gemeinsamen Arbeit bis spät in die Nacht kamen sich die beiden näher. Es gibt Hinweise, dass sich auch Hitler für Magda interessierte. Von seiner Seite finden sich dazu keine Äußerungen, doch der Eintrag in Goebbels Tagebuch vom 14. September 1931 ist eindeutig: Hitler sei vielleicht der Chef, aber Goebbels sei (laut eigener Aussage) der Mann, der mit Frauen umgehen könne:

> Magda erzählt: Sie hatte Sonnabend eine Unterredung mit G. Quandt. Hat ihm gesagt, dass wir heiraten wollen. Er war erschlagen. Magda hat Rache genommen für viel Leid, das er ihr angetan. Dann mit Chef. Auch ihm dasselbe gesagt. Auch er war erschlagen. Er liebt sie. Aber hält mir die Treue. Und Magda auch. Sie ist eine fabelhafte Frau. Wir hatten erst einen kleinen Krach. Aber dann waren wir ganz Akkord. Hitler resigniert. Er ist doch sehr einsam. Hat bei Frauen kein Glück. Weil er ihnen zu weich ist. Das lieben die Frauen nicht. Sie müssen den Herrn über sich fühlen.[37]

Vor der Eheschließung gab es eine weitere wichtige Wendung. Am 25. Oktober 1931 kam Goebbels nach Hause und fand Magda in Tränen aufgelöst. Ihre Mutter hatte ihr geschrieben und ihr ein Familiengeheimnis anvertraut: Bei Magdas Geburt waren ihr Vater und ihre Mutter nicht verheiratet gewesen. Ritschel hatte sie zwar anerkannt, aber genau genommen war sie ein uneheliches Kind. Welche Kreise würde diese Nachricht in der »jüdischen Presse« ziehen? Das Paar beschloss, Hitler um Rat zu fragen, was die beiden in Zukunft noch häufiger tun sollten. Hitler gab eine sehr aufschlussreiche Antwort: »Der Chef ist von zärtlicher Güte zu ihr. Er lacht uns aus. Ein Mädchen mit Kind ist ihm lieber als eine Frau ohne Kind. Typisch Hitler!«[38]

Magda Quandt und Joseph Goebbels heirateten am 19. Dezember 1931 auf einem Gut der Quandts in Severin im ländlichen Mecklenburg. Die Hochzeitsfeier war ein symbolischer Akt der Großmut vonseiten Günther Quandts. Vielleicht dachte er aber auch bereits an die Zukunft seines Firmenimperiums in einem nationalsozialistischen Deutschland.[39] Hitler war Goebbels' Trauzeuge. Auf dem Foto von der Hochzeit sehen wir einen strahlenden Goebbels, der ausnahmsweise einmal gut angezogen ist, begleitet von einer sehr zufrieden wirkenden Magda. Magda, die noch zierlicher als ihr klein gewachsener Ehemann war, hat ein schwarzes Kleid an, um zu zeigen, dass sie keine Jungfrau mehr ist. Ihr Sohn, der 10-jährige Harald, trägt die Uniform des Deutschen Jungvolkes. Hitler geht hinter dem Paar und trägt einen ziemlich extravagant wirkenden hohen Hut mit doppeltem Hutband. Der Hochzeitszug wird von Männern flankiert, die die Hand zum NS-Gruß heben.

Magda Quandt und Joseph Goebbels hatten zusammen sechs Kinder – fünf Mädchen und einen Jungen. Ihre Familie (zu der auch immer Magdas Sohn Harald aus erster Ehe gehörte) wurde vom Regime – und vor allem von Goebbels selbst – zum Idealbild nationalsozialistischer Häuslichkeit stilisiert: gut geratene, wohlerzogene Kinder in einer kinderreichen Ehe, was im nationalsozialistischen Wortsinn nicht nur »reich an Kindern« bedeutete, sondern auch »mit gesundem Erbgut versehen« und »rassisch wertvoll«. Auf einem Foto wird die Familie Goebbels der deutschen Öffentlichkeit in Pyramidenform präsentiert, die Spitze bildet der blonde und ernsthafte Harald in seiner Paradeuniform der Luftwaffe – die Verkörperung des jungen männlichen Nationalsozialisten, der bereit ist, dem Staat und seinem Vaterland zu dienen.

Die Hochzeit von Joseph Goebbels und Magda Quandt am 19. Dezember 1931

Diese Selbstdarstellung, die Propagierung der eigenen Familie als Idealbild, ist sehr bemerkenswert und bei den im Buch untersuchten Personen höchst ungewöhnlich, beginnend bei Hitler, der sich selbst als ungeeignet fürs Familienleben bezeichnete. Lenin hätte nicht im Traum daran gedacht, sich und seine Familie so in den Vordergrund zu stellen, und Kollontai auch nicht. Was hatten sie in ihrem Privatleben zu bieten, das sie als mustergültig vorweisen konnten? Sehr wenig. Auch Mussolini hatte das nicht; er hielt es für das Beste, seine Familie ebenso wie seine zahlreichen »Eroberungen« vor den Augen der anderen zu verbergen. Die Familie Marinettis macht da schon mehr her und feierte sich auch gern selbst, doch niemand, nicht einmal Marinetti, wollte sie für die Propaganda des Regimes nutzen. Franco hat es nach dem Bürgerkrieg vielleicht ansatzweise versucht, aber er hatte nur eine Tochter, und seine Frau war nun einmal keine Magda Goebbels.

Porträt der Familie Goebbels, 1942

Ein typisches Beispiel für die überhöhte Darstellung der Familie Goebbels ist der Film *Privata der Familie Goebbels*:[40] Eine Abfolge von sentimentalen Bildern und Spielszenen, begleitet von fröhlicher Musik – das Ganze wohl gedacht als Geburtstagsgeschenk für Goebbels, den seine Verpflichtungen fortgerufen hatten. Die Kinder spielen typische Kinderspiele und singen »Mein Vater ist mein bester Kamerad«. Bei Tisch verteilt Magda mit ebenso leichter wie energischer Hand Essen und Medikamente. Auch Erwin Rommel hat einen Auftritt.

Ein weiteres wichtiges Element betrifft das seltsame Dreieck Hitler–Magda Quandt–Goebbels, dessen genaue Beziehungskonstellation nie richtig zutage getreten ist. Hitler hatte in seiner Theorie zur Führerfigur erklärt – vielleicht, um seine Schwierigkeiten auf diesem Gebiet zu überwinden –, dass ein Führer ohne Familie leben müsse. Doch andererseits nahm er sehr gern Anteil am Leben der Familie Goebbels.[41] Seine Beziehung zu Eva Braun hingegen war nicht öffentlichkeitstauglich. Zudem konnte Magda Goebbels noch eine weitere Rolle übernehmen in der Öffentlichkeit: Sie war ein »arischer« Typ, charmant und elegant, schlagfertig und diplomatisch. Und sie war, wie ihr Ehemann, Hitler völlig ergeben. Zur Zeit ihrer Eheschließung war sie eine von nur sehr wenigen Frauen – eine weitere war Winifred Wagner –, die den Nationalsozialisten einen gewissen Anstrich von Respektabilität verliehen und so dafür sorgten, dass diese in der Öffentlichkeit nicht nur als Schlägerbande wahrgenommen wurden. Hitler schätzte ihre Gesellschaft sehr, sowohl in der Öffentlichkeit, bei diplomatischen Anlässen und Ähnlichem, wie auch im privaten Kreis in ihrer großen Wohnung am Reichskanzlerplatz 2 in Berlin. Es war kein Zufall, dass sie in manchen Kreisen als »Erste Dame« des Dritten Reichs bezeichnet wurde, eine Rolle, die Goebbels sehr befürwortete und die man auch heute noch mit ihr in Verbindung bringt. Gleichzeitig übernahm sie die idealisierte Rolle der »Mutter der Nation«. Die Kombination war eine beträchtliche Leistung und ging teilweise auf Goebbels zurück, teilweise auf Magda selbst. Bella Fromm, eine jüdische Gesellschaftsjournalistin aus Berlin, die 1938 aus Deutschland floh, hat ihre erste Begegnung mit Magda Goebbels folgendermaßen beschrieben:

Heute Abend, auf dem Ball, war Magda wirklich schön. Keine Juwelen außer einer Kette echter Perlen um den Hals. Ihr goldenes Haar ist nicht gefärbt, es ist echt. Ihre großen, schillernden Augen, die die Farbe von Stahlgrau bis Dunkelblau ändern können, strahlen eisige Entschlossenheit und ungewöhnlichen Ehrgeiz aus.[42]

1933 war das Schicksalsjahr, in dem die Nationalsozialisten an die Macht gelangten. Wirtschaftlich betrachtet war die Talsohle der Weltwirtschaftskrise erreicht. Doch betrachten wir zunächst, wie es dem Ehepaar Goebbels weiter erging. Propaganda und Realität waren oft weit voneinander entfernt. Im September 1932 hatte Magda das erste gemeinsame Kind zur Welt gebracht, eine Tochter, Helga. Goebbels hatte sich einen Jungen gewünscht und hatte in den folgenden Wochen wenig Zeit für Mutter und Neugeborenes. Im Januar 1933 erkrankte Magda ernstlich und wurde in eine private Berliner Klinik gebracht – tatsächlich war sie von deutlich schwächerer Konstitution, als sie Fromm und anderen erschien. Die Ehe mit Goebbels hatte sich bereits als wenig idyllisch erwiesen, im ersten Jahr gab es heftige Streitereien. Dennoch blieben die beiden eng verbunden und waren auch Hitler nach wie vor völlig ergeben. Am 2. Januar 1933 notierte Goebbels im Tagebuch:

> Zur Klinik. Magda viel besser. Fieber gesunken. Sie ist so glücklich, dass ich da bin. Wir reden viel von unserer Liebe, und wie gern wir uns haben werden, wenn sie wieder gesund ist. Ich bin so mit Magda verwachsen, dass ich gar nicht ohne sie existieren kann.[43]

Im Mai hatte sich Magda wieder vollständig erholt und hielt anlässlich der staatlichen Muttertagsfeiern eine Radioansprache mit dem Titel »Die deutsche Mutter«, in der ihre wohl empfundenen Ansichten deutlich zum Ausdruck kommen.[44] In ihrer Darstellung ist Mutterschaft unvermeidlich mit Leid verbunden: »Von der Natur schon als Dulderin gestempelt, beginnt ihr [der Mutter] Leidensweg und die Aufgabe ihrer selbst von dem Augenblick an, da sie ihr Kind empfängt.«[45] Von Leiden geprägt ist auch die Erziehung des Kindes, die liebevoll, aber auch hart sein muss: »Wieviel unendliche Arbeit, wieviel Sorgen und Mühe, wieviel verstehende Liebe und erzwungene Härte muss solch ein Mutterherz aufbringen.«[46] Magda Goebbels zieht hier nicht nur eine Verbindung zwischen Mutterschaft und Leiden, sondern auch zwischen Leiden und Ehre. In einer Phase der wirtschaftlichen und gesellschaftlichen Umbrüche, die die Zeit vor der Machtübernahme durch die Nationalsozialisten prägten, war die deutsche Mutter von ihrem Sockel gestoßen worden und nicht mehr länger die Hüterin der Familienwerte. Nun schien es an der Zeit, den Schwerpunkt wieder in die andere Richtung zu verlagern und die Ehre der deutschen Mutter wiederherzustellen.[47]

Im selben Monat waren Magda und Joseph Goebbels bei einer Reise ins faschistische Italien Ehrengäste einer deutschen Delegation. Es war für beide eine glückliche Zeit. Goebbels wurde mit großem Respekt behandelt, weil ihn die italienischen Faschisten für ein Propagandagenie hielten. Galeazzo Ciano und seine Frau Edda Mussolini schlossen mit den Goebbels nähere Bekanntschaft; die enge Beziehung bestand während der gesamten dreißiger Jahre. Endlich war Magda Teil einer aufwärtsstrebenden internationalen Elite, ein Platz, nach dem sie sich seit ihrer Hochzeit mit Günther Quandt gesehnt hatte. Goebbels verherrlichte die neue Verbindung mit einem italienischen Buch mit dem Titel *Noi tedeschi e il Fascismo di Mussolini (Wir Deutschen und Mussolinis Faschismus)*. Er erkannte in Mussolinis Italien einen neuen Geist: »Einen geistigen und moralischen Stil, der neu ist; einen Romantizismus, der energiegeladen, männlich, heroisch und stählern ist; der Romantizismus unseres Jahrhunderts.«[48]

In Berlin bemühte sich Magda sehr um einen hohen Posten in der NSDAP; sie wollte ihre zahlreichen Talente wohl nicht nur im häuslichen Bereich, sondern auch in der Öffentlichkeit anwenden. Doch sie stieß auf taube Ohren. Hitler sah Frauen, auch Magda Goebbels, als bloße Zier, also Ornament in einer ansonsten rein männlichen Welt.[49] Der Platz einer Frau war das eigene Heim. Goebbels teilte die Ansicht seines Führers:

> Kampf ist eine Männerangelegenheit, die Aufgabe der Frau ist das Mutterdasein. Die Mutter ist das Symbol der Zukunft und der Fruchtbarkeit, sie ist das Gesetz des Lebens und der Schicksalsgemeinschaft.[50]

Im Juli 1933 besuchten Magda und Joseph Goebbels die Wagner-Festspiele in Bayreuth. Es gab einen heftigen Streit, doch wie so oft konnte Hitler vermitteln:

Hitler bewohnt ein ganz kleines Haus. Dort in der Nacht noch Kaffee. Er stiftet Frieden zwischen Magda und mir. Ein wahrer Freund. Gibt mir aber recht: Frauen haben nichts in der politischen Öffentlichkeit zu suchen.[51]

Während des gesamten Jahres schrieb Goebbels in seinem Tagebuch immer wieder über die tiefe Zuneigung zu seiner Mutter, man findet diese Bemerkungen viel häufiger als früher. Er konnte ihr nun Geld schicken und im Triumph nach Hause zurückkehren; er war nicht mehr länger der in Ungnade gefallene Sohn aus der »Kampfzeit«. Im November schrieb er: »Mutter, liebe Mutter! Sie bleibt sich ewig gleich. Ich habe sie so gerne und sie ist, auch wenn sie nicht um mich ist, mein fester Halt.«[52]

Am Ende des Jahres arbeiteten die Eheleute Seite an Seite und kümmerten sich um die Familien der SA-Männer, vor allem um die »Hinterbliebenen der Gefallenen«.[53] Magda und ihre Sekretärin verschickten Einladungen zu einer Weihnachtsfeier. Der Chauffeur holte einige Familien zu Hause ab und brachte sie anschließend wieder zurück. Goebbels sprach bei einer Versammlung in Moabit, einem der ärmsten Viertel Berlins, wo seiner Schilderung zufolge 1400 Kinder von der SA beschenkt wurden: »Ich rede so ganz aus dem Herzen. Viele Mütter weinen, als sie mit ihren Kindern an die Geschenktische treten. Ich werde fast erdrückt von der Begeisterung.«[54]

II

Aspekte des Weimarer Familienlebens

Bevor wir die Familienpolitik der Nationalsozialisten im Detail analysieren, möchte ich kurz einen Schritt zurück in die Zeit der Weimarer Republik machen. Ich möchte auf Strukturen, Debatten und Maßnahmen jener Jahre hinweisen, die für die hier betrachteten Familienthemen von besonderer Bedeutung sind.

Von den fünf in diesem Buch behandelten Ländern war Deutschland zweifellos das modernste. 1933 lag das durchschnittliche Pro-Kopf-Einkommen bei knapp 3000 Euro und stieg bis 1939 auf knapp 4000 Euro. 26 Prozent der 65 Millionen starken Gesamtbevölkerung arbeiteten 1931 in der Landwirtschaft – verglichen mit 85,4 Prozent in der Sowjetunion im Jahre 1929 und 51,9 Prozent in Spanien 1940. Schon 1931 waren in Deutschland 42,2 Prozent der arbeitenden Bevölkerung in der Industrie und 31,8 Prozent im Dienstleistungsbereich beschäftigt. Die Geburtenrate war sehr niedrig und lag 1930 bei nur 1,77 Kindern pro Frau – eine Quote, die für besorgte Kommentare sorgte. Auch die Größe der Familien war im Zuge der Modernisierung des Landes stetig gesunken.[1] Allerdings erscheint die wirtschaftliche Dimension der deutschen Modernisierung – die doch im Vergleich zu den anderen hier analysierten Ländern markant hervortritt – in einem ganz anderen Licht, wenn man ihr die Produktionskraft der Alliierten des Zweiten Weltkriegs und insbesondere Großbritanniens und der Vereinigten Staaten gegenüberstellt. Adam Tooze erinnert uns daran, dass noch in den dreißiger Jahren mehr als 15 Millionen Deutsche in einem traditionellen Handwerk oder in der Landwirtschaft tätig waren. Zudem konnte die deutsche Kriegswirtschaft nicht mit den USA konkurrieren. 1943 belief sich die amerikanische Gesamtproduktion auf fast das Vierfache der Produktionsmenge im »Dritten Reich«.[2]

Diese strukturellen wirtschaftlichen Überlegungen stehen in Beziehung zu anderen Beobachtungen, die Deutschlands besondere Homogenität hervorheben. Das Fehlen hoher Gebirgsketten, die überwiegend ebene oder nur hügelige Landschaft in Verbindung mit einem gut ausgebauten Straßen- und Schienennetz brachten mit sich, dass das Staatsgebiet leicht zu durchqueren und zu kontrollieren war. Zu diesen geografischen Gegebenheiten kam eine Tradition der staatlichen Autorität und des Gehorsams gegenüber dem Staat. Deutschland erscheint so auf den ersten Blick wie ein Land, das sich für die Kontrolle von familiären Überzeugungen und familiärem Alltag besonders eignete.

Doch der Überwachungsstaat sollte erst 1933 triumphieren, nicht gleich im Anschluss an den Ersten Weltkrieg, wie es in Italien der Fall war. Die Weimarer Jahre brachten viele gesellschaftliche Veränderungen, eine progressive Gesetzgebung und kulturelle Neuerungen aller Art. Sie halten den Vergleich mit der Zweiten Republik in Spanien stand, obgleich die Spanier nur vier Jahre unruhiger Demokratie erlebten. In Deutschland waren es vierzehn: Jahre großer Konflikte und endemischer Gewalt, aber auch des Pluralismus und der freien Meinungsäußerung. Im Rückblick können Historiker leicht erkennen, welche Verwerfungen zum Niedergang der Republik führten: ein Staatsapparat, der der Demokratie skeptisch gegenüber stand; eine sozialdemokratische Partei, die keine radikale gesellschaftliche Reform anvisierte; eine große Zahl ehemaliger Soldaten, die glaubten, dass ihr Opfer und die Opfer ihrer gefallenen Kameraden vergeblich waren.

Doch keiner dieser Faktoren war allein ausschlaggebend für das, was kommen sollte, bis sich Anfang der dreißiger Jahre die Wirtschaftskrise in Deutschland mit aller Heftigkeit bemerkbar machte.

Niederlage, Verlust und Vergeltung

Ende 1918 waren noch 6 Millionen deutsche Männer im Feld. Doch nach dem Scheitern der Frühlingsoffensive an der Westfront und den damit verbundenen entsetzlichen Verlusten wurde schnell klar, dass die Kapitulation nur eine Frage der Zeit war. Immer mehr Soldaten blieben der Truppe unerlaubt fern. Die Zahl der »Drückeberger«, die Ausrüstung »verloren« und alles taten, um sich aus dem Kampfgeschehen herauszuhalten, stieg auf rund eine Million. Zu allem Überfluss erreichte die Ausbreitung der Spanischen Grippe im November 1918 ihren Höhepunkt. In Deutschland befiel sie die Männer in den Schützengräben und die Familien zu Hause, etwa ein Fünftel der Bevölkerung erkrankte. Die höchste Todesrate gab es unter den 15- bis 45-Jährigen; Frauen waren stärker betroffen als Männer.[3]

Der Waffenstillstandsvertrag, der Deutschlands Niederlage besiegelte, wurde am 11. November 1918 unterzeichnet. Das alte System brach zusammen, der Kaiser dankte ab. Eine weitgehend pazifistische revolutionäre Bewegung mit Arbeiter- und Soldatenräten an der Spitze übernahm die Macht. Diese Organe der Selbstregierung durch das Volk ähnelten den russischen Sowjets in Entstehung und Zusammensetzung, jedoch nicht bezüglich ihrer Führung. In Russland riss eine kleine revolutionäre Fraktion die Zügel an sich und errichtete bald darauf selbst eine Diktatur. In Deutschland traten die moderaten Sozialdemokraten unter dem Vorsitz von Friedrich Ebert als die führende politische Kraft hervor. Die »Mehrheits-SPD« (MSPD) stand für Gesetz und Ordnung, parlamentarische Demokratie und eingeschränkte Reformen. In Russland wie in Deutschland wurden die autonomen Räte, die auf partizipatorische Demokratie und Kontrolle durch das Volk setzten, an den Rand gedrängt und beseitigt.

Als die Soldaten nach Hause zurückkehrten, waren die Straßen in den deutschen Dörfern und Städten mit Fahnen und Blumen geschmückt. Mitte November ließ das Preußische Kriegsministerium verlauten: »Unsere feldgrauen Helden kehren unbesiegt in die Heimat zurück, nachdem sie die heimische Erde vier Jahre lang vom Schrecken des Krieges bewahrt haben.«[4] Im Dezember wiederholte Friedrich Ebert bei einer Parade in Berlin: »Kein Feind hat euch überwunden.«[5] Es erscheint verständlich, wenn Politiker so redeten, doch Äußerungen wie diese waren nicht nur unwahr, sondern auch gefährlich. Denn wenn die Truppe unbesiegt geblieben war, musste etwas oder jemand anderes für Deutschlands nicht zu leugnende Niederlage verantwortlich sein.

Millionen deutscher Familien trauerten, da ihre Männer nicht zurückkehrten – Mütter hatten ihre Söhne, Kinder ihre Väter, Schwestern ihre Brüder, Frauen ihre Ehemänner verloren. Obgleich Deutschland die verheerende Folge von Ereignissen erspart blieb, die Russland von 1917 bis 1923 erlebte, war der Weltkrieg ohne Zweifel das größte kollektive Trauma der Nation – bis etwa 1943.[6] Martin Niemöller, damals Mitglied des Freikorps, erinnerte sich:

> Als in der Silvesternacht die Neujahrsglocken das Jahr 1919 einläuteten, stand meine Schwiegermutter am offenen Fenster und blickte – still vor sich hin weinend – ins Wuppertal hinunter. Der Tod ihres geliebten Ältesten wollte dieser ungewöhnlich starken Frau das Herz abdrücken; aber erst die Schmach und Not des Vaterlandes brachte es wirklich fertig: »Meinst du, Martin, dass es noch mal anders wird in Deutschland?«[7]

Mit beinahe 1,7 Millionen männlichen Kriegstoten war das demografische Gleichgewicht in Deutschland vehement gestört. In den Jahren zwischen den Kriegen gab es etwa 2 Millionen mehr Frauen als Männer. Die Volkszählung im Jahre 1925 registrierte über 4 Millionen weibliche »Familienhelfer«. Diese Frauen kümmerten sich um Kinder und Haushalt, arbeiteten aber auch in der Landwirtschaft, in Ladengeschäften, Cafés und Werkstätten, wo sie oftmals den Platz der Männer einnahmen, die den Krieg nicht überlebt hatten.[8]

Die wenigen Heimkehrer waren voller Verbitterung. Die berühmte Erklärung für Deutschlands Niederlage, nach der die Heimatfront und insbesondere illoyale »Revolutionäre« der Armee in den Rücken gefallen waren, fand immer mehr Unterstützung.[9] Die harschen Konditionen des Versailler Vertrags trugen noch dazu bei, dass man sich betrogen fühlte. Traditions- und autoritätsgläubige Bürger in Provinzstädten und ländlichen Gegenden, die sich mit dem Kaiserreich identifiziert und es unterstützt hatten und nun angesichts der immer schneller um sich greifenden Inflation vor dem Ruin standen, suchten nach einem Sündenbock. In den Monaten nach Kriegsende formierten sich neue Kräfte: in Italien Mussolinis *squadristi* (oder Schwarzhemden), in Deutschland die Freikorps.

Ihre Mitglieder waren oft Offiziersanwärter oder Unteroffiziere aus sogenannten Stoßtrupps, die im Krieg berüchtigt für das unerschrockene Durchbrechen feindlicher Linien gewesen waren. Die Männer stammten meist aus dem ländlichen Kleinbürgertum und organisierten sich in Privatarmeen unter dem Befehl charismatischer Anführer. Zu ihrer Zahl gibt es keine genauen Angaben, man geht von 200 000 bis 400 000 Freikorpsangehörigen aus. Ihre Hauptaufgabe war die Unterdrückung von sozialen Unruhen und Umsturzversuchen, und ihr Auftraggeber war niemand anderes als die Ebert'sche Regierung, die aus Angst vor dem Einfluss der Soldatenräte unbedingt alles tat, um für Recht und Ordnung zu sorgen. Die Vergangenheit der Freikorps war der Schützengraben: »Die Leute sagten uns, der Krieg sei vorbei. Darüber mussten wir lachen. Wir selbst sind der Krieg. Seine Fackel lodert in uns.«[10] Die bekanntesten Mordopfer der Freikorps waren die beiden Anführer des Spartakusbunds, Rosa Luxemburg und Karl Liebknecht.[11] Die Zukunft vieler Kampfverbände war der Anschluss an die SA.

Dank Klaus Theweleits großer psychoanalytischer Studie *Männerphantasien* bekommen wir einen tiefen Einblick in die Familienkultur, das Privatleben und die Geisteshaltung der Freikorpsangehörigen.[12] Das Gesamtbild ist erschreckend – allem voran geprägt von einer Misogynie, die allein die Mütter ausspart. Peter von Heydebreck, der einem Freikorps beitrat und später führender SA-Offizier war, erinnerte sich 1931: »Die Stunden, da sie [die Mutter] uns von Christi Leben erzählte, Märchen vorlas oder Volkslieder mit uns sang, gehören zu den schönsten Kindheitserinnerungen.«[13] Doch selbst die Mutter, so führt Theweleit aus, ist eine gespaltene Persönlichkeit. Auf der einen Seite ist sie liebevoll und fürsorgend – diese Eigenschaften schrieben die Freikorps-Männer vor allem ihren eigenen Müttern zu. Auf der anderen Seite werden aber vor allem die Mütter der Kameraden als harte, kalte und heroische Frauen dargestellt, die Tod und Verlust tränenlos hinnehmen. Diese Charaktere flößen Angst und zugleich Respekt ein, sie rufen Bewunderung, aber auch versteckte Aggressionen hervor. Diese Frauen finden es angemessen, in Stille zu trauern, und ertragen pflichtbewusst ihr Leid.

Mütter sind also präsent, wenn auch janusköpfig. Bei den Vätern ist der Fall anders gelagert: Die Glaubwürdigkeit des männlichen Familienvorstands wurde durch den Krieg zerstört.

»Der Kaiser hätte sterben müssen – an der Spitze seines kapitulierenden Heeres« – dies klingt vorwurfsvoll allenthalben an, und oft wird es direkt ausgesprochen. Dass er es nicht tat (und dass manch alter Offizier sich aus opportunistischen Gründen für die Republik aussprach) hat die Patriarchen vollends um ihre Glaubwürdigkeit gebracht. Jetzt kommen die Söhne.[14]

Theweleit bezeichnet hier einen wichtigen Punkt. In der von ihm analysierten Literatur haben Väter in den Augen ihrer Freikorps-Söhne versagt. Nun müssen Letztere für »Mutter Deutschland« ins Feld ziehen. Das Patriarchat sichert sich seine Vorherrschaft unter dem Nationalsozialismus durch ein »Juniorat« – lauter Söhne, in wildem Zorn auf ihre Väter. Hitler ist einer von ihnen.[15]

In ihren Tagebüchern und Erinnerungen, in Gedichten und Erzählungen lassen die Freikorps-Männer drei verschiedene Frauentypen erkennen. Zum einen die nicht anwesenden, »entwirklichten« Frauen, die für den Krieg alleingelassen wurden: Mütter, Ehefrauen und Schwestern. Die meisten Ehefrauen werden kaum erwähnt und beinahe nie beim Namen genannt. Sie sind nur noch stummes Bild. Dann gibt es die »weißen« Frauen: weiß ist ihre Haut, und weiß sind ihre gestärkten Schwesternkittel, die nach Jod riechen. Sie sind die keuschen »Fräuleins«, die sich in den Lazaretten um die zahlreichen Verwundeten kümmern.

Und schließlich sind da die »roten« Frauen, die wahren Antagonisten und die Obsession der Freikorpsmänner. Diese Frauen erscheinen bei Demonstrationen, rufen Beleidigungen, spucken und beißen und provozieren die Soldaten zu Übergriffen. Sie sind emanzipiert und sexuell aggressive »Huren«.[16] Womöglich sind diese »Flintenweiber« sogar bewaffnet, verstecken eine Pistole unter der Bluse oder tragen ein Gewehr oder Bajonett bei sich – einen stählernen Penis, wie Theweleit nahelegt, als Kompensation für einen echten. Diese Frauen sind die Margarita Nelkens der deutschen Revolution. Ihnen gilt aller Hass und alle Gewalt der Freikorpsmänner. Sie nehmen sie gefangen, sie töten sie mit Messer oder Bajonett und kommen ihnen bei dieser Vergewaltigung erregend nah.

Theweleit identifiziert zudem mehrere »Fluten« oder Ströme, die das Verhalten der wilhelminischen Soldaten und ihrer Nachfolger wesentlich prägen: Redeströme, Schweißströme, Alkoholströme (die Letzteren oft begleitet von Strömen des Erbrechens). Der letzte Strom aber, auf den sich das ganze Unternehmen ausrichtete, ist das Blutvergießen.[17] Dieser Erfahrung Gestalt zu geben, ihr Sinn und Gefühl zu verleihen, darin bestand männliche Kameradschaft. Es war besser, im Krieg zu sein (irgendwo) als zu Hause (nirgendwo). Verdeckte Homosexualität stärkte den Zusammenhalt der Gruppe, deren Ziel schließlich Röhms SA war – bis zur schicksalhaften »Nacht der langen Messer« am 30. Juni 1934. Zwar ließ Hitler Ernst Röhm, den SA-Stabschef, und den oben zitierten Peter von Heydebreck ermorden, aber dies bestimmt nicht, weil er an der skrupellosen Kriegermentalität der Freikorps etwas auszusetzen gehabt hätte. Sie sollte sein Bild von nationalsozialistischen Jungen und Männern vielmehr entscheidend prägen.

Adolf Hitlers Elternhaus

Adolf Hitler ist das berühmteste Beispiel für Theweleits »Juniorat« – auch wenn der Kampfplatz seiner Familie im ländlichen Österreich lag und nicht etwa in einer großen Stadt der Weimarer Republik. Zudem tobte der Krieg zwischen Adolf und seinem Vater Alois schon zur Jahrhundertwende. Alois stirbt im Januar 1903, als Adolf knapp 14 Jahre alt ist. Ian Kershaw beschreibt Hitlers Vater folgendermaßen: »Alois Hitler war der Inbegriff eines provinziellen Beamten – ein Wichtigtuer, stolz auf seinen Status, streng, humorlos, sparsam, überpünktlich und pflichtbewußt.«[18]

Er war mehr fort als zu Hause, ging gerne nach der Arbeit noch ins Wirtshaus und hatte mehr Freude an der Bienenhaltung als an seiner Familie. Wenn er einmal zu Hause war, war er herrisch und intolerant und neigte zu cholerischen Wutanfällen. Dieses Verhalten sollte Adolf übernehmen. Adolf und sein älterer Stiefbruder Alois wurden regelmäßig geschlagen.[19]

Hitlers Mutter, Klara Pölzl, war ganz anders als ihr Mann und in mancher Beziehung komplementär zu ihm. Sie war das siebte von elf Kindern einer armen Bauernfamilie. Mit 17 Jahren zog sie zu »Onkel Alois«, in dessen Haushalt sie sich um seine kranke Frau und die beiden Kinder kümmern sollte. Alois schwängerte sie bald darauf, noch vor dem Tod seiner Frau. Alois und Klara wurden dann im Januar 1885 verheiratet: Sie war 24, er 48. Während ihrer achtzehn Jahre währenden Ehe hatte Klara immer großen Respekt vor ihrem Mann und blieb ihm vollkommen unterworfen. Alice Miller erkennt in Hitlers Familienstruktur den Prototyp des totalitären Regimes:

> Sein einziger, unumstrittener, oft brutaler Herrscher ist der Vater. Die Frau und die Kinder sind seinem Willen, seinen Stimmungen und Launen total unterworfen, müssen Demütigungen und Ungerechtigkeiten fraglos und dankbar hinnehmen; Gehorsam ist ihr wichtigstes Lebensprinzip.[20]

Dies scheint Hitlers Zuhause treffend zu beschreiben, so weit uns die spärlichen historischen Belege Rückschlüsse erlauben. Ob das Wort »totalitär« in diesem Zusammenhang so ganz passend ist, diese Frage möchte ich am Schluss dieses Buches noch einmal stellen. Fest steht, dass die Familienmitglieder von Alois tyrannisiert und eingeschüchtert wurden.

Offenbar liebte Klara Pölzl ihren Sohn Adolf hingebungsvoll und versuchte ständig, ihn vor ihrem Mann in Schutz zu nehmen. Doch die Verhältnisse waren differenzierter, als die obige Aussage nahelegt. Vor Adolfs Geburt erlebte Klara ein furchtbares Trauma, als innerhalb eines Monats Ende 1887 ihre drei ersten Kinder an Diphtherie verstarben. Das älteste Kind war zweieinhalb Jahre, das jüngste gerade drei Tage alt. Wir haben keine Nachweise zu Klaras Reaktion und können nur Vermutungen anstellen. Vielleicht betrachtete sie als Katholikin den Tod ihrer Kinder als Strafe für ihre uneheliche Beziehung zu Alois. Dreizehn Monate später jedenfalls kam Adolf zur Welt. Die Mutter muss schreckliche Angst gehabt haben, dass ihn das gleiche Schicksal wie die anderen Kinder ereilen könnte. Alice Miller macht deshalb darauf aufmerksam, »in welcher Umwelt sich sein [Adolfs] erstes, für die Sicherheit des Kindes so entscheidendes Lebensjahr vollzogen hat«.[21]

Ab 1903, mit dem Tod des Vaters, war Adolf dann das einzige männliche Mitglied der Familie, die auf vier Personen geschrumpft war: Klara, ihre unverheiratete Schwester Johanna, Adolf und seine 1896 geborene jüngere Schwester Paula. 1907 starb Hitlers Mutter nach langer, schmerzvoller Krankheit an Brustkrebs. Ihr Sohn war voller Trauer. Er hatte den einzigen Menschen verloren, den er liebte und der ihn geliebt hatte.[22]

Interessant ist ein kurzer Vergleich dieser Kindheitserlebnisse Hitlers mit den Erfahrungen anderer hier beschriebener Personen. Naheliegend in Bezug auf Ort und Zeit ist der Blick auf die Kindheit Goebbels'. Dabei ergeben sich erstaunliche Kontraste: Goebbels' Vater ist beileibe kein Haustyrann und hat viel Geduld und Zuneigung für seinen Sohn Joseph; Goebbels' Mutter wirkt allgemein resoluter und kompetenter als Klara Pölzl. Der katholische Glaube ist leitende Kraft der Familie. Und doch wird Goebbels ein ebenso heftiger Judenhasser und Gewaltprediger wie Hitler. Allein aufgrund dieser Gegenüberstellung sollten wir uns vor einfachen Erklärungen hüten, die allein die frühkindliche Prägung zum Anhaltspunkt nehmen. Das bedeutet keineswegs, dass Untersuchungen wie Miller und Stierlin sie angestellt haben, unnötig wären, im Gegenteil. Sie sind außerordentlich lehrreich. Uns sollte aber klar sein, dass die Kindheit allein sich nicht bestimmend auswirkt. Goebbels und Hitler wurden im Laufe ihres Lebens noch von zahlreichen anderen Einflüssen und Erfahrungen geprägt, welche die beiden Männer trotz ihrer sehr unterschiedlichen Kindheit zusammenbrachten.

Auch der Vergleich mit Mustafa Kemal ist lohnend. Sowohl Hitlers wie auch Kemals Vater war Zollbeamter. Das ist natürlich Zufall. Entscheidender ist, dass beide Väter in den Augen ihrer Söhne versagen. Ali Riza, Mustafa Kemals Vater, war meist nicht zu Hause, trank gern und versuchte sich erfolglos als Unternehmer. Beide Väter starben, als die Söhne noch nicht volljährig waren. Die Desillusionierung der Söhne rührt aber vor allem daher, dass die Väter kaum Interesse an ihnen zeigten und ihnen im Grunde keine Zeit widmeten. Es liegt nahe, dass sowohl Kemal als auch Hitler tiefes Misstrauen von ihren Vätern lernten und daher auch lernten, nur sich selbst zu trauen. Dieser aus der Kindheitserfahrung stammende Instinkt wird verstärkt, als Kemal und Hitler – der eine mit 6, der andere mit 13 – auf einmal die einzigen männlichen Familienmitglieder sind. Die daraus resultierende Egozentrik und Selbstverliebtheit wird dadurch noch verschärft, dass beide Mütter den Söhnen jeweils aufopferungsvoll ergeben sind. (Zugleich wird ihnen von den Söhnen tiefe Liebe entgegengebracht.) Während Hitlers Mutter früh stirbt, verfolgt Zübeyde noch lange die Karriere ihres Sohns und treibt diesen manches Mal in den Wahnsinn.

Außerdem ist bemerkenswert, dass von den fünf in diesem Buch untersuchten Diktatoren nur Kemal und Hitler keine eigene Familie gründeten.

Hitler hatte in diesem Punkt sehr feste Ansichten. In einem seiner Tischgespräche soll er geäußert haben: »Ich bin ein vollkommen unfamiliäres Wesen, ein unsippisch veranlagtes Wesen.«[23] In späteren Jahren ließ er nicht zu, dass sein Halbbruder Alois in seine Nähe kam, und er sorgte dafür, dass seine Schwester Paula, die ihm den Haushalt führte, ihren Namen änderte. Diese Ablehnung des Familiären lag nicht darin begründet, dass Hitler das Private im Öffentlichen aufgehen ließ, um eine monumentale, übermenschliche Führerfigur zu schaffen. Eher handelt es sich um eine Art emotionales Schwarzes Loch: Kershaw schreibt über die Leere in Hitlers Privatleben; Joachim Fest spricht von der »Unperson« Hitler. Als Hitler mit Eva Braun schließlich doch eine feste Geliebte hat, wird sie in einem kleinen Zimmer in der Berliner »Führerwohnung« versteckt. Es ist ihr nicht gestattet, Hitler auf seinen zahlreichen Reisen zu begleiten: Wirklich zum Zuge kommt sie nur auf dem Berghof am Obersalzberg. Doch Hitler behandelt sie oft herablassend, und es gefällt ihm geradezu, sie vor anderen zu demütigen.

Bei Mustafa Kemal liegt der Fall anders – anders schlecht. Er versuchte sich am Eheleben und verbrachte die Jahre 1923 bis 1925 mit Lâtife, fand die Situation aber unerträglich. Kemal war ein ähnlich eiskalter Mensch wie Hitler, aber er wurde durch eine Institution – das Militär – gehalten. Hitler hatte diesen engen Bezug zur Truppe nicht. Zudem adoptierte Kemal mehrere Kinder, unter anderem Afet, die seine treue Geliebte und Gehilfin wurde. Der »Vater der Türken« hat eine ganz andere Einstellung zu Frauen: Sie sind den Männern sicherlich unterlegen und dazu geschaffen, ihnen zu dienen, zugleich aber haben Männer (und die ganze Nation) großen Nutzen von der Ausbildung und Emanzipation der Frau. Hitler dagegen legte gegenüber Frauen eine defensive und verächtliche Haltung an den Tag – selbst wenn es sich um die charmante Magda Goebbels handelte. Die in seinen Augen ideale Frau beschrieb er einmal als »ein niedliches, molliges Tschapperl: weich, süß und dumm«.[24]

Deutsche Familien und die Angst vor der Unmoral

Die familiären Strukturen und Systeme waren in Deutschland ähnlich komplex wie in ganz Europa und können nicht anhand eines einzelnen Modells charakterisiert werden. Dennoch zeigen sich bestimmte Langzeittrends in Form von historischen Erfahrungen und Mythen. Wie Ingeborg Weber-Kellermann gezeigt hat, wurde der lateinische Ausdruck *familia* im ländlichen Deutschland erst ab dem 16. Jahrhundert in Bezug auf die Lebensgemeinschaft des Hauses verwendet.[25] Gebräuchlicher war die Bezeichnung »das ganze Haus« im Sinne von Luthers Bibelvers »Ich aber und mein Haus wollen dem Herrn dienen« (Josua 24,15). Dies entsprach dem komplexen Charakter vieler ländlicher und mancher städtischer Haushalte, in denen nicht nur Blutsverwandte zusammenlebten, sondern auch Durchreisende, Bedienstete und alle möglichen Helfer. Über das »ganze Haus« wachte der Hausvater als Patriarch und männliches Familienoberhaupt. Er bestimmte juristisch und ökonomisch und auch als Vormund über die Hausgemeinschaft.

Im Vergleich mit den anderen in diesem Buch betrachteten Ländern konnte sich nur bei den deutschen Bauern der Landbesitz durchsetzen. Landlose Arbeiter gab es dennoch in großer Zahl auf den Junkergütern in Ostelbien. 1933 bestellten 7000 Höfe mit mehr als 500 Hektar beinahe ein Viertel des deutschen Ackerlands. Ansonsten waren kleine und mittlere Höfe die Regel. Der bäuerliche Landbesitz ergab sich in den verschiedenen Regionen jeweils zu anderen Zeiten, doch zu Beginn des 20. Jahrhunderts traf man im Süden, Westen, Norden und in der Mitte Deutschlands überwiegend auf Landschaften mit Mehrfelderwirtschaft (Fruchtfolge) und weit auseinanderliegenden Höfen. Große Höfe mit 10 bis 100 Hektar bestellten 43 Prozent des deutschen Ackerlands. Dabei darf man die anhaltende prekäre Existenz kleiner Höfe mit 0,5 bis 10 Hektar nicht vergessen, die 74 Prozent aller Betriebe bewirtschafteten, aber nur 19 Prozent der Ackerfläche besaßen.[26]

Eine weitere Besonderheit des deutschen Landlebens war die Stammfamilie mit ihrem ungleichen Erbrecht. Ein ähnliches System gab es, wie weiter oben beschrieben, in Katalonien zur Zeit des Bürgerkriegs. Stammfamilien sicherten das Erbe dem Erstgeborenen. Nur der »Stammhalter« erbte den Hof und bewirtschaftete diesen mit seinen Eltern (bis diese sich aufs »Altenteil« zurückzogen oder starben). Weitere Kinder der Ursprungsfamilie bekamen untergeordnete Rollen oder waren gezwungen, ihr Zuhause zu verlassen. Stammfamilien gründeten also auf der Ungleichbehandlung der Kinder, auf der immer wiederkehrenden Vorherrschaft des Erstgeborenen und auf einer asymmetrischen Sicht des sozialen Raums.[27] Viele Forscher haben darin den Keim für die Entwicklung autoritärer familiärer und gesellschaftlicher Verhältnisse gesehen; wir werden darauf zurückkommen.

In der zweiten Hälfte des 19. Jahrhunderts wurden diese traditionellen Strukturen des ländlichen Lebens einem gründlichen Wandel unterzogen. Symptomatisch für die gesellschaftliche Panik, die derartige Entwicklungen hervorriefen, ist das berühmte Traktat *Die Familie*, das Wilhelm Heinrich Riehl 1855 verfasste. Die Arbeit wurde von 1855 bis 1889 immer wieder aufgelegt und war eine »romantische Lobeshymne«[28] auf das »ganze Haus«:

> Die moderne Zeit kennt leider fast nur noch die »Familie«, nicht mehr das »Haus«, den freundlichen, gemütlichen Begriff des ganzen Hauses, welches nicht bloß die natürlichen Familienglieder, sondern auch alle jene freiwilligen Genossen und Mitarbeiter der Familie in sich schließt, die man vor Alters mit dem Worte »Ingesinde« umfasste. In dem »ganzen Hause« wird der Segen der Familie auch auf ganze Gruppen sonst familienloser Leute erstreckt, sie werden hineingezogen, wie durch Adoption, in das sittliche Verhältnis der Autorität und Pietät. Das ist für die soziale Festigung eines ganzen Volkes von der tiefsten Bedeutung.[29]

Autorität und Pietät, Hierarchie und Ordnung, soziale Festigung eines ganzen Volkes – diese Schlagworte sollten auch noch das 20. Jahrhundert prägen. Begleitet werden sie von einem Lamento über eine verlorene Welt und der Sorge um die Zukunft der Familie. Traditionell gesinnte, gesetzestreue wilhelminische Bürger wurden Zeugen eines in ihren Augen katastrophalen Umbruchs. Zuerst kam es in den Jahrzehnten vor dem Ersten Weltkrieg zu einer massiven Landflucht in kleinere und größere Städte. Berlin hatte schließlich beinahe vier Millionen Einwohner, von denen 1914 ein Drittel unter 20 Jahre alt war. 55 bis 60 Prozent der Arbeitskräfte waren in der Industrie beschäftigt. Es herrschte akute Wohnungsnot: 1911 wohnten 60 000 Berliner in Kellern, und in vielen Arbeitervierteln hatte die Hälfte der Wohnungen nur ein Zimmer.[30]

Der Bevölkerungsverschiebung vom Land in die Stadt, die an sich schon destabilisierend wirkte, folgten Zerrüttung und Tod durch Krieg und Krankheit. Hiervon blieb keine Familie verschont, und es kam zudem zu einem radikalen Ungleichgewicht der Geschlechter. Nach dem Krieg war die deutsche Familie von Grund auf verändert. In den zwanziger Jahren fiel die Geburtenrate schneller als je zuvor in der deutschen Geschichte. 1933 lebte die Hälfte der Bevölkerung in kleinen Haushalten mit bis zu 4 Personen. Nur in ländlichen Gegenden machten noch Haushalte mit 6 und mehr Personen mehr als ein Drittel der Gesamtheit aus. »Das ganze Haus« war dabei auszusterben.

Ein solch radikaler Wandel stellte die bisher gültige Verbindung von Familie und Staat im traditionellen politischen Diskurs infrage. Die Familie hatte lange Zeit als die elementare Zelle gegolten, auf der der Organismus des Staates aufbaute. Der Patriarch befehligte das Haus, der Kaiser die ganze Nation. Die enge Beziehung der beiden Sphären war ein Thema, auf das Hitler und Goebbels immer wieder zurückkamen. Nun war dieses Verhältnis ernsthaft bedroht. Die Familien schrumpften, die Väter waren im Krieg geblieben, die innerfamiliäre Hierarchie war gestört, die Jugend benahm sich aufmüpfig, die Geburten- und Eheschließungsrate sank – all dies sah man als Krebsgeschwür des deutschen Gemeinwesens an.[31] Die Emotionalität und Aggressivität, die das Thema in Deutschland auszulösen imstande war, war mit dem alten »Generationenkonflikt« zu erklären. »Die heutige Jugend taugt nichts mehr« – so hatte wohl schon immer die Klage der Alten gelautet. Jetzt aber war die Angst vor einem wirklichen Umbruch spürbar.

In dieser gefühlten Gefahrensituation sollte der Staat mit seinen im Krieg erlernten interventionistischen Maßnahmen seine Pflichten wahrnehmen. Und in der Familienkrise erwartete man von ihm eine bessere Leistung als auf militärischem und wirtschaftlichem Gebiet.

Die Familie in der Weimarer Verfassung

Die Weimarer Verfassung von 1919 hielt keine eindeutige Antwort parat auf die schwierigen Familienangelegenheiten. Sie trug sämtliche Merkmale der widersprüchlichen Situation, aus der sie entstanden war. Zum einen spiegelte sie die deutsche Revolution vom November 1918 wider – ein in sich widersprüchliches Ereignis; zum anderen waren ihre Regelungen ein klarer Kompromiss zwischen den verschiedenen Parteien und Einflussgruppen. Das Ergebnis war für keine Gruppierung befriedigend.[32] Besonders im zweiten Teil der Verfassung mit dem Titel »Grundrechte und Grundrechte der Deutschen« wurden mutige Prinzipien meist gleich wieder zurückgenommen. Der Völkerrechtler Herbert Kraus kommentierte in den dreißiger Jahren, er habe den Eindruck, die Schöpfer der Verfassung hätten Angst vor der eigenen Courage gehabt.[33]

Es war aber noch mehr im Spiel. Die vorherrschende positivistische Tradition der deutschen Rechtstheorie betonte die legislative Gewalt des Reichstags. Die Verfassung formulierte demnach Grund- und Freiheitsrechte, darüber hinaus war sie der »Ermächtigungsgrund« für Gesetze; die Gesetze selbst aber, ihren »Inhalt«, arbeitete der Reichstag aus.[34]

Der Vergleich mit den Umständen und Inhalten der spanischen republikanischen Verfassung vom Dezember 1931 ist aufschlussreich, ihm wurde aber bisher wenig Aufmerksamkeit geschenkt.[35] Die verfassungsgebende Versammlung in Spanien war auf jeden Fall radikaler. 1932 hatte es in Spanien keine Revolution gegeben, aber die katholische Kirche sowohl innerhalb als außerhalb des Parlaments war zeitweise entmachtet, und die Versammlung war entschlossen, sich nicht von ihrem Ziel abbringen zu lassen. Die Deutschen dagegen erlebten 1919 eine Revolution, und waren sich durchaus nicht darüber im Klaren, welchen konstitutionellen Rahmen sie sich in der Folge geben sollten. Die einen nutzten die Verfassung quasi wie ein gewaltiges Blechblasinstrument, eine Art Tuba, die anderen eher als zarte Klarinette, die in Schlüsselfragen der Familienpolitik kaum einen deutlichen Ton herausbrachte.[36] Die wichtigste Aussage der Weimarer Verfassung zur Familie ist Artikel 119, der dem Abschnitt »Das Gemeinschaftsleben« voransteht:

> Die Ehe steht als Grundlage des Familienlebens und der Erhaltung und Vermehrung der Nation unter dem besonderen Schutz der Verfassung. Diese beruht auf der Gleichberechtigung der beiden Geschlechter.[37]

Es lohnt sich, diesem Artikel den ersten die Familie betreffenden Paragrafen (§ 43) der Spanischen Verfassung von 1932 gegenüberzustellen:

> Die Familie steht unter dem besonderen Schutz des Staates. Die Ehe gründet sich auf der Gleichheit der Rechte für beide Geschlechter und soll in gegenseitigem Einverständnis oder aufgrund des Antrages eines jeden der beiden Ehegatten, in diesem Falle unter Anführung eines berechtigten Grundes, aufgelöst werden dürfen.[38]

Sofort fällt auf, dass beide Texte die Gleichberechtigung der Geschlechter zur Grundlage der Familie erklären: Eine radikale und mutige Forderung, die der tatsächlich vorherrschenden patriarchalischen Hierarchie in Deutschland und Spanien kaum entsprach.[39] Dennoch gibt es bedeutende Unterschiede. Die Weimarer Verfassung spiegelt die weitverbreitete Sorge um die Zukunft der traditionellen Familie und sieht die Ehe als Fundament der Familie an. Sie betont die Notwendigkeit, die Nation zu schützen und zu mehren. Der spanische Wortlaut schlägt da einen ganz anderen Ton an. Die Ehe wird erwähnt, doch praktisch im selben Atemzug wird erklärt, wie sie wieder aufgelöst werden kann. Das neue Scheidungsverfahren ist wahrhaft revolutionär. Hierin gleicht die spanische Verfassung dem russischen Familiengesetz von 1918. In Deutschland gab es ebenfalls die Ehescheidung; das Scheidungsverfahren bewegte sich aber in dem engen Rahmen des Bürgerlichen Gesetzbuchs von 1900. Die neue Verfassung arbeitete die Regelungen nicht aus und bereitete so den Weg für heftige, ergebnislose Debatten.[40]

Die zweite Klausel in Artikel 119 der Weimarer Verfassung unterstreicht die Pflicht von Staat und Gemeinden zur »Reinerhaltung, Gesundung und sozialen Förderung der Familie«. Dass die »Reinerhaltung« hier als erstes Ziel formuliert wird, ist vielleicht nicht unbedeutend. Der Artikel nennt im Anschluss zwei Bereiche, die besonderen Anspruch auf Schutz und Fürsorge genießen: kinderreiche Familien und die Mutterschaft. Über die Vaterschaft wird, anders als in Artikel 43 der spanischen Verfassung, keine Aussage getroffen. Artikel 120 der Weimarer Verfassung widmet sich der »Erziehung des Nachwuchses« durch die Eltern und trägt eindeutig den Stempel einer Auseinandersetzung um katholische und nicht-katholische Formulierungen. Es ist die »oberste Pflicht und natürliches Recht« der Eltern, ihre Kinders zu »leiblicher, seelischer und gesellschaftlicher Tüchtigkeit« zu erziehen. Über die Einhaltung dieser Pflicht sollte jedoch die »staatliche Gemeinschaft« wachen. Artikel 121 (und an dieser Stelle finden der spanische und der deutsche Gesetzestext wieder zusammen) garantiert ehelichen und unehelichen Kindern die gleichen Rechte. Hier aber enden die familienspezifischen Vereinbarungen. Im zweiten Teil der Verfassung geht es noch einmal um Erziehung und Schule, aber alles in allem kann die Familie nur drei von 181 Artikeln beanspruchen – viel zu wenige und zu wenig überzeugende, um von einer Weimarer Familienpolitik zu sprechen.

Das Thema Verhältnis der Geschlechter, die in Artikel 119 als gleichberechtigt angesehen werden, wurde an anderen Stellen der Verfassung heftiger diskutiert. Als die »Gründungsväter« der Verfassung im Februar 1919 zum ersten Mal im Deutschen Nationaltheater in Weimar zusammenkamen, stellten sich einundvierzig von ihnen als »Gründungsmütter« heraus. Es sei daran erinnert, dass in den Cortes Constituyentes, der verfassungsgebenden Versammlung in Spanien im Sommer 1931, nur drei spanische Frauen saßen. In Weimar verkündete die Sozialdemokratin Marie Juchacz stolz: »Es ist das erste Mal, dass eine Frau als Freie und Gleiche im Parlament zum Volke sprechen darf.«[41]

Dennoch, die weiblichen Delegierten und ihre männlichen Verbündeten waren nicht in der Lage, die entscheidende Auseinandersetzung um Artikel 109 für sich zu entscheiden. Der Artikel beginnt mit der feierlichen Feststellung: »Alle Deutschen sind vor dem Gesetze gleich.« Sofort folgt aber nach bester Weimarer Manier eine Einschränkung: »Männer und Frauen haben grundsätzlich dieselben staatsbürgerlichen Rechte und Pflichten.« Der Streit entbrannte an dem Wort »grundsätzlich«. Denn es konnte womöglich implizieren, dass die Frauenrechte von den »natürlichen Grenzen« des Geschlechts abhingen und Gerichte infolgedessen den Artikel restriktiv anwenden würden. Im Juli 1919 wurde die verfassungsgebende Versammlung aufgefordert, über Artikel 109 abzustimmen: Der Einschub »grundsätzlich« setzte sich mit 149 gegen 119 Stimmen durch. Ähnlich ging es bei der Abänderung des Bürgerlichen Gesetzbuchs von 1900 zu. Dieses sicherte nämlich weiterhin den Männern die Vorherrschaft zu, wenn es um das Eigentumsrecht in der Ehe oder ein Arbeitsverhältnis der Ehefrau ging – im Widerspruch zu Artikel 119 der neuen Verfassung, nach dem das Familienleben auf der »Gleichberechtigung der Geschlechter« gründete. Doch auch an dieser Stelle siegten Patriarchat und Traditionalismus. Mit 144 gegen 128 Stimmen beschloss die Versammlung, das veraltete Gesetz nicht zu überarbeiten.[42]

Der Sozialstaat

In einem anderen Bereich, nämlich der Schaffung eines umfassenden Sozialhilfesystems, kann Weimar eher überzeugen. Denn im Vordergrund stand die klare Absicht, der Krise der Familie zu begegnen. Die Zahl der Fürsorgeberechtigten war groß: Invaliden, Überlebende des Krieges, Kriegswitwen, kinderreiche Familien, Mütter allgemein, alleinstehende Frauen, Jugendliche, Arbeitslose. Die Statistik nennt für 1927 1 571 700 Fürsorgempfänger, für 1930 1 983 900 und Ende 1932, mitten in der Wirtschaftskrise, sogar 4 608 200.[43]

Doch mit diesen Zahlen sollte man vorsichtig umgehen, denn sie verbergen ebenso viel wie sie offenbaren, besonders in Bezug auf Familien und das Familienleben. Die Strukturreformen und Investitionen waren im Deutschland der Weimarer Republik sicher umfangreicher als im faschistischen Italien. Die Weimarer Wohnungspolitik in Großstädten beispielsweise war eine Leistung, von der die Nationalsozialisten nur träumen konnten. Dennoch blieb das Sozialstaatspostulat der vierzehn Jahre dauernden Republik nur teilweise verwirklicht. Tatsächlich entstand, wie in vielen anderen Ländern Europas, erst nach dem Zweiten Weltkrieg ein umfassender Sozialstaat in der Bundesrepublik Deutschland.

Der Vergleich mit dem Sozialhilfesystem nach 1945 ist erhellend. Die meisten modernen Sozialstaaten sind »Hybride«, doch in der Nachkriegszeit gab es mindestens drei verschiedene Fürsorgemodelle: zum einen den »residualen« Wohlfahrtsstaat, der Basisleistungen für Bedürftige bereitstellt. Dann die »leistungsbezogene« Unterstützung, die durch Erwerbsarbeit angesammelt werden kann. Der dritte Ansatz schließlich ist »institutionell« oder »universalistisch«, indem allen Bürgern, jedoch nicht zwangsläufig allen Bewohnern des Landes, unabhängig von Einkommen, Geschlecht oder Beruf Schutz und Unterstützung gewährt wird. Das universalistische Konzept der staatlichen Fürsorge kam in den dreißiger Jahren zuerst in skandinavischen Ländern auf. Sein größter Vorteil bestand darin, dass es nicht bloß existierenden sozioökonomischen Unterschieden Rechnung trug, sondern anstrebte, Basisleistungen außerhalb des Marktes zu stellen und allen dieselbe Qualität an Unterstützung zukommen zu lassen. Zum Ende seines letzten Buchs stellt der große Theoretiker und Gründer des britischen Wohlfahrtsstaats Richard Titmuss mehrere Fragen, die auch für das Schicksal der Weimarer Republik von Interesse sind: »Welche Auswirkungen hat das System auf das soziale und psychologische Gemeinschaftsgefühl? Wirkt es eher entzweiend oder einend, und das in welcher Beziehung und für welche Gruppen?«[44]

Im Falle Weimars, um auf Titmuss' Frage zu antworten, gab es am ehesten eine Mischung aus leistungsbezogener und residualer Sozialhilfe. Daher bot sich keine gesellschaftlich kohäsive Strategie. Seit Bismarck bot das System vor allem den arbeitenden Klassen eine umfassende soziale Absicherung. Die geschützten Gruppen konnten von kumulativen Geldleistungen profitieren, vor allem bei der Rente, aber auch durch eine Versicherung, die bei Krankheit, Erwerbsunfähigkeit oder Arbeitslosigkeit eintrat. Nach 1918 aber gab es viele Deutsche, die niemals Teil dieses sozialen Netzes gewesen waren oder aber aus ihm herausfielen. Viele Menschen – Kriegsinvaliden, Kriegswitwen, aber auch durch die Inflation in Not geratene Angehörige der Mittelschicht – konnten nur minimale »residuale« Hilfe in Anspruch nehmen. Angesichts einer so großen Zahl von Bedürftigen wäre es jedem Sozialstaat schwergefallen, hier adäquat zu reagieren. Ohne eine universalistische Perspektive aber war es unmöglich, soziale Fürsorge mit sozialer Gerechtigkeit zu verbinden. Im Ergebnis wurde daher das Sozialhilfesystem als unausgewogen und daher auch ungerecht, also »entzweiend«, empfunden.

Eine Kluft im Fürsorgesystem tat sich etwa zwischen den Geschlechtern auf. Die Verfassung postulierte innerhalb der Ehe die gleichen Rechte für Mann und Frau, in Wahrheit aber blieben die Männer in der gesamten Weimarer Zeit Familienvorstand. Ihnen als den Geldverdienern standen die Zuwendungen aus der Sozialversicherung zu. Frauen konnten nur von ähnlichen Beihilfen profitieren, wenn sie einer Erwerbsarbeit nachgingen. Die Regelungen zur Mutterschaft wurden 1927 enorm verbessert, aber das Angebot an Tagesstätten und anderen Einrichtungen, die jungen Müttern ermöglicht hätten, ihre Arbeitsstelle zu behalten, war nur spärlich.[45]

Am wichtigsten für unsere Betrachtungen ist wohl die Feststellung, dass es keine allgemeinen Familienbeihilfen gab. Dem »Anspruch auf ausgleichende Fürsorge« kinderreicher Familien wurde in Form von Zahlungen entsprochen, doch es gab zu keiner Zeit eine allgemeine Strategie der Familienhilfe – dies stand in deutlichem Kontrast zu den zeitgleichen Entscheidungen in Frankreich. Die Familie wurde im Grunde nicht als gesellschaftliche Kategorie betrachtet, die man als Einheit behandeln müsste. Manche Sozialarbeiter (beziehungsweise »Fürsorger« und »Fürsorgerinnen«), deren Berufssparte zu jener Zeit stark wuchs, erkannten diese Unzulänglichkeit. Schon im Oktober 1918 schrieb einer von ihnen:

> Es hat keinen Sinn, ein Kind in einem Kindergarten unterzubringen, in dem es Sauberkeit und Ordnung lernt, wenn das Kind am Abend in ein Zuhause zurückkehrt, in dem es eine tuberkulöse Mutter erlebt, die nicht adäquat untergebracht ist und – wahrscheinlich mit einem trinkenden Ehemann – in Schmutz und Unordnung lebt.[46]

Der Wunsch, umfassende Maßnahmen ins Leben zu rufen, war groß, die zur Verfügung stehenden Mittel waren jedoch gering. Zudem barg die Einstellung und Ideologie der Sozialarbeiter Konfliktpotenzial. Die Helfer waren sicher keine vollkommen homogene Gruppe, aber wie das Dokument ahnen lässt, hatten sie stark normative Ansichten und befürworteten strenge Kontrolle und Autorität. Sie glaubten an den Siegeszug der Wissenschaft und sahen sich in der Rolle erfahrener »Techniker«. Dies war in gewisser Hinsicht sicherlich hilfreich, in anderer Hinsicht aber auch sehr gefährlich.

Einer der schwierigsten Bereiche des Weimarer Sozialsystems war die Beziehung zwischen staatlicher und privater Wohlfahrt. Die verschiedenen Organisationen standen miteinander im Konflikt. Im Dezember 1919 gründeten die Sozialdemokraten eine eigene landesweite Hilfsorganisation, die Arbeiterwohlfahrt, doch es gab auch die protestantische Innere Mission von 1848 und den katholischen Caritasverband von 1897. Die drei Organisationen hatten ganz eigene Auffassungen davon, was Wohlfahrt im Zusammenspiel von Individuum, Familie, Zivilgesellschaft und Staat erreichen sollte. Die Position des Caritasverbands war: Dem Staat und insbesondere dem liberalen Staat galt es zu misstrauen. Der Staat sollte sich nur dann in das (katholische) Familienleben einmischen, wenn die Familie nicht mehr allein zurechtkam. Das Fürsorgeprinzip galt nicht zwischen Individuum und Staat, sondern zwischen Kirche und Familie. Die protestantische Innere Mission begründete ihre Aktivitäten mit der dringenden Notwendigkeit, der um sich greifenden Auflösung der traditionellen Familie und dem verlorenen Gemeinschaftssinn entgegenzuwirken. Die Ursache dieser gesellschaftlichen Katastrophe war ihrer Meinung nach übertriebener Individualismus, eine »krankhafte Betonung der eigenständigen Persönlichkeit«, wie der Theologe und Vorsitzende des Zentralausschusses für Innere Mission, Reinhold Seeberg, seinerzeit konstatierte.[47] Heilen konnte man diesen Zustand nur durch eine protestantische Zivilgesellschaft, die auf der Luther'sche Doktrin von der »Priesterschaft aller Gläubigen« gründete. Die soziale Frage würde durch freiwillige Wohltätigkeit gelöst. Die Innere Mission sei, wie der Begründer der Bewegung, Johann Hinrich Wichern betonte, »der Organismus der Werke freier, rettender Liebe«.[48] In der Weimarer Republik stand die Innere Mission in enger Verbindung zur Deutschnationalen Volkspartei (DNVP), die sich relativ unverhohlen für eine Wiedereinführung der Monarchie und der Evangelischen Staatskirche aussprach.[49]

Die Sozialdemokraten hatten eine ganz andere Sicht auf die sozialen Probleme der Weimarer Zeit. Wohlfahrt war für sie nicht gleichbedeutend mit Wohltätigkeit oder Barmherzigkeit. Es durfte nicht darum gehen, Bedürftigen aus Mitleid oder Gnade Hilfe zukommen zu lassen. Vielmehr sollte die staatliche Hilfe ein Recht der Bürger sein (wie es auch in der Verfassung stand) und die Bekämpfung von Armut zum Ziel haben. In vielerlei Hinsicht prägten die Sozialdemokraten das Fürsorgesystem der Nachkriegszeit. Sie waren aber zugleich gefangen in einer traditionellen Gesellschaft, die Veränderungen mit großer Skepsis begegnete. Ein beliebtes Schlagwort lautete, die Arbeiterklasse sei »nicht nur Objekt, sondern auch Subjekt der Fürsorge«. Staatliche und private Organisationen sollten zusammenarbeiten, das Parlament sollte sich aber klar für den Vorrang staatlicher Hilfen aussprechen.[50]

Diese ideologischen Gegensätze und Auseinandersetzungen, die viel

Kraft und Ressourcen kosteten, schwächten die Bemühungen um das Wohlfahrtssystem in den Zwischenkriegsjahren. Dennoch gab es beachtliche Leistungen. Ich erwähnte bereits das Wohnungsbauprogramm: Von 1919 bis 1932 konnten 7,7 Millionen Deutsche eine neue Wohnung beziehen. Es wurden nicht alle Siedlungen nach demselben Muster errichtet, aber bei größeren Projekten, etwa Westhausen bei Frankfurt, stand Funktionalismus im Vordergrund. »Schönheit« wurde mit Einfachheit, Rationalismus und Effizienz gleichgesetzt und trug fortan den Namen »Neue Sachlichkeit«. Überall sonst blieb die traditionelle Ästhetik mit Giebeldächern und Ziegelmauern bestehen. In den Siedlungen gab es durchschnittlich 500 bis 1000 neue Wohnungen mit abschließbarer Eingangstür, fließendem kalten und warmen Wasser (Letzteres lieferten Gasboiler), Dusche, Badewanne und WC, teilweise Zentralheizung und beleuchtetem Treppenhaus. Die Häuser in Frankfurt verfügten zudem über eine komplette Stromverteilung. Die kleinen Wohnungen waren für Kernfamilien mit höchstens zwei Kindern konzipiert. Man wünschte sich »Gartenstädte«, die aber nicht überall verwirklicht wurden. Den Planern gefiel die Idee, die Siedlungen vom eigentlichen Stadtzentrum zu entfernen, um so eine »gesündere« Wohnumgebung und Nähe zur Natur zu schaffen. Nachbarn sollten Gelegenheit haben, sich miteinander anzufreunden. Mit dem Heranwachsen der Kinder drohte aber auch eine Vereinsamung der Familien. Die Wohnungsverwaltungen erwarteten, dass die Siedlungen sauber und ordentlich gehalten würden, und es kamen (meist weibliche) Inspektoren in die Häuser. »Sauberkeit«, »Hygiene« und »Ordentlichkeit« waren Schlüsselworte. Die Nationalsozialisten konnten mit ihrer Terminologie relativ einfach an diesen Diskurs anknüpfen.[51]

Berlin

In den zwanziger und dreißiger Jahren war Berlin mit rund 4 Millionen Einwohnern die drittgrößte Stadt der Welt. Berlin war eine beeindruckend moderne Stadt, auf den ersten Blick als Vorläufer der heutigen europäischen Metropole erkennbar. Am Potsdamer Platz (und nicht nur dort) war massiver Autoverkehr zur Norm geworden. In einem Artikel einer Arbeiterzeitschrift kommentierte man 1929 mit »futuristischer«

Begeisterung: »Wer hätte noch vor ein paar Jahrzehnten Verkehrsregeln und automatische Lichtampeln für möglich gehalten? Niemand.« Nicht nur die Gebäude hatten sich verändern, sondern auch »das Tempo, in dem das Leben auf den Straßen abläuft«.[52] Im »neuen Westen« der Stadt rund um den Kurfürstendamm standen Kaufhäuser, Theater und Tanzlokale, Cafés, Restaurants und Klubs, deren Glanz und Glamour zum Inbegriff des modernen Großstadtlebens wurden. Aber Berlin war auch eine Stadt extremer Armut und erbärmlichster Lebensbedingungen. Dieser Kontrast wurde von vielen zeitgenössischen Fotografen eingefangen – unter anderem von Willy Römer.[53] In einer von ihm etwa 1922/23 festgehaltenen Straßenszene sieht man eine verarmte Familie in die Stadt zurückkehren, die zum Holzsammeln in einem der umliegenden Wälder war.

Der Vater geht gebeugt unter der schweren Last, der Junge ist barfuß, das kleine, sicher erschöpfte Mädchen hält einen selbstgepflückten Strauß Blumen in der Hand, das Gesicht der Mutter drückt Resignation und Ruhe zugleich aus. Im Kontrast dazu steht eine andere von Römers Fotografien: Sie zeigt ein bürgerliches Interieur von 1924, in dem eine

Willy Römer: Eine Familie kehrt nach dem Holzsammeln in die Stadt zurück; 1922/23

(Römers eigene) Familie ein wenig geziert zusammen tanzt. Die Musik kommt aus einem Radio, an das ein Lautsprecher angeschlossen wurde. Die Menschen sind elegant gekleidet, die beiden Männer tragen Anzüge, und auch hier steht ein Mädchen im Bildmittelpunkt: Im Festtagskleid bestaunt es den wunderbaren Musikapparat.

Es wäre jedoch falsch, Berlin als eine Zweiklassengesellschaft der Reichen und Armen zu betrachten. Die sozialen Strukturen waren auf jeden Fall komplex, ebenso wie in anderen europäischen Großstädten der Zeit. Die Berliner Mittelklasse war sicher nicht homogen, sondern wies feine Abstufungen auf, vom historischen Kleinbürgertum aus Handwerkern und Ladenbesitzern über Büroangestellte und Beamte in den großen Verwaltungseinrichtungen der Hauptstadt bis zum eigentlichen Großbürgertum mit ihrem festen Glauben an Fleiß, Disziplin und Tüchtigkeit.[54]

Eine gewisse Homogenität innerhalb der Berliner Bevölkerungsteile ergab sich durch deren Einstellung zu Familie und Kindern. Das Alltags- und Privatleben kennzeichneten Einkind-Familien oder kinderlose Paare.

Die entsprechenden Statistiken sind sehr aufschlussreich. Die durchschnittliche Haushaltsgröße in der Hauptstadt lag 1910 bei 3,6 Personen,

Willy Römer: Familie und Freunde des Fotografen beim Tanz; die Musik kommt aus einem Radio mit angeschlossenem Lautsprecher; Berlin 1924

verglichen mit 4,2 in München. 1933 fiel diese Zahl in Berlin bereits auf 2,7, in München auf 3,3. Im selben Jahr waren gut 35 Prozent der verheirateten Paare in Berlin kinderlos. Berlin hatte nicht nur landesweit, sondern weltweit die geringste Geburtenrate. Dazu kam die höchste Scheidungsrate.[55] Familien mit nur einem Kind waren besonders typisch in den wohlhabenden westlichen Vierteln der Stadt wie Wilmersdorf und Charlottenburg. Das alles waren Anzeichen der Moderne. Es ging nicht um eine strikte Ablehnung der Familie, sondern um eine Neugewichtung der Beziehung zwischen persönlicher Freiheit und Familienpflichten sowie zwischen Eltern und Kindern.

Von außen aber und vor allem in der Provinz hatte man eine andere Meinung von Berlin. Das rechte Lager im übrigen Deutschland sah in Berlin einen einzigen Sündenpfuhl, in dem Kinderlosigkeit, Promiskuität und Hedonismus die familiären Tugenden von Fruchtbarkeit, Ordnung und Pflichterfüllung ersetzt hatten. An Berlin entzündete sich mit Leidenschaft die moralische Empörung der deutschen Konservativen. Die übertriebene Wahrnehmung emanzipierter Berliner Frauen bestätigte die in der Provinz vorherrschende öffentliche Meinung. Tim Mason schreibt hierzu:

> Als reichte es noch nicht, dass die Hauptstadt eine Festung der politischen Linken war, das kosmopolitische Zentrum des liberalen und sozialistischen Journalismus und der radikal modernen Experimente in Unterhaltung und Kunst – nein, Berlin war außerdem noch die Stadt, in der kluge junge Frauen arbeiten gingen und sich demonstrativ vergnügten.[56]

Eine richtige Beobachtung, die aber nur für bestimmte Gesellschaftsschichten zutrifft. Sekretärinnen, Schreibkräfte und Telefonistinnen waren in ihrem Arbeitstrott gefangen, sie verschoben die Mutterschaft auf später oder gaben den Kinderwunsch ganz auf. In den zwanziger Jahren lag die durchschnittliche Kinderzahl einer Angestelltenfamilie der unteren Mittelschicht zwischen 1,5 und 1,6 und damit auf dem niedrigsten Wert der Stadt.[57] In seiner berühmten, 1930 veröffentlichten Studie *Die Angestellten* konstatierte Siegfried Kracauer, junge Stenografinnen und »Ladenmädchen« würden »spießbürgerliche Ideale« hegen und wünschten sich »einen Zukünftigen mit Familiensinn, damit sie nicht mehr zu arbeiten brauchen«.[58] Der Lebensstil dieser Frauen sah Kinder nicht unbedingt vor. So steht der Ausdruck »Familie« hier für das Zusammenleben von Mann und Frau, nicht von Eltern mit Kindern.

Für Frauen der Arbeiterklasse, die in Berlin die Mehrheit stellten, ergab sich eine ganz andere Situation. Ihr Leben war zum größten Teil von Not und Elend geprägt. Im Durchschnitt hatte eine Arbeiterfamilie in den zwanziger Jahren 2,1 bis 2,4 Kinder, wahrscheinlich auch aufgrund der geringeren Verfügbarkeit von Verhütungsmitteln.[59] Die Wohnsituation besonders in den ärmeren innerstädtischen Vierteln war schlecht – oftmals teilte sich eine Arbeiterfamilie mit Eltern und zwei Kindern ein einziges Zimmer, dem manchmal noch eine kleine Küche angeschlossen war. In der Kreuzberger Nostizstraße standen vornehmlich fünfstöckige Mietshäuser aus der Gründerzeit. Durch einen Torbogen gelangte man in mehrere hintereinanderliegende Innenhöfe mit Werkstätten und Läden im Erdgeschoss und Wohnungen in den Etagen darüber. Die Miete und die Größe der Wohnungen nahmen ab, je weiter man sich von der Straße entfernte und je höher die Etage lag. Manche Wohnungen waren nicht mehr als Kammern, mit einem Fenster, das zum Luftschacht ging. In den Innenhöfen wurden mitunter sogar Kühe gehalten, und manche Familien hatten gar, wie von Römer dokumentiert, ein Schwein in der Speisekammer.

Mensch und Tier lebten mindestens genauso nah beieinander wie in der Arbeiterstadt Sesto San Giovanni. Zudem müssen aufgrund der mangelhaften sanitären Einrichtungen strenge Gerüche geherrscht haben. Selbst in den besseren Wohnhäusern gab es nur Gemeinschaftstoiletten auf halber Treppe. Angesichts dieser Umstände ist es nicht verwunderlich, dass es 1938 in Berlin zu einem Ausbruch der Maul-und-Klauen-Seuche kam und dass Kinder aus Innenstadtvierteln an Rachitis und anderen mit Unterernährung und Mangel in Verbindung stehenden Krankheiten litten.[60]

Aber das ist noch nicht die ganze Geschichte. Wie in den *barrios* von Barcelona gab es einen starken Gemeinschaftssinn, der von einer politischen Gruppierung initiiert und kontrolliert wurde. In Barcelona waren es die Anarchosyndikalisten des CNT, die bestimmte Stadtviertel nach ihren Vorstellungen gestalteten. In Berlin war die Kontrolle pluralistischer. Die KPD und die SPD wetteiferten miteinander; die Nazis brachten mit der Zeit immer mehr Viertel unter ihre Kontrolle. In der kommunistischen

Nachbarschaft rund um die Berliner Nostizstraße sprachen die Anwohner von ihrem »Kiez«. Dieser damals politisch geladene Begriff bezeichnete ein lose definiertes Viertel, das seine Identität aus einer gewissen inselartigen Lage, durch Orte des Gemeinschaftslebens und gesinnungsmäßige, politische Zugehörigkeiten bezog. Im Nostizkiez gab es die Markthalle am Marheinekeplatz, in der sich eine Kneipe ohne Alkoholausschank befand und in der sich der Sportverein »Fichte« traf. Ein weiterer beliebter

Willy Römer: Das Schwein wird in der Speisekammer gehalten und in der Küche gefüttert; Berlin 1924

Treffpunkt war der Viktoriapark und der »Rummel« – heißgeliebt von der Jugend und gefürchtet von der Sozialbehörde, die in dem Jahrmarkt den Gipfel der Verdorbenheit sah. Kneipen und größere Lokale waren in drei Kategorien unterteilt: größere Ecklokale an der Kreuzung zweier Hauptstraßen, »Familienkneipen« mit mietbaren Räumen und die politischen Kneipen. Eine berühmte Kneipe der letzten Kategorie befand sich in der Nostizstraße 16. Ihr Besitzer war Walter Lorenz, oder »Othello«, wie er von den politisch radikalen Stammgästen genannt wurde.[61]

Doch bei aller Politisierung des Alltags kann man nicht sagen, dass etwa die Kommunistische Partei Deutschlands (KPD) sich an der weitreichenden Familiendebatte beteiligt hätte, die ich in den vorangegangenen Kapiteln darzustellen versucht habe. Alexandra Kollontais Themen wurden in der Nostizstraße 16 ganz offensichtlich nicht diskutiert. Wichtige Fragen wie Demokratie innerhalb der Familie, die Geschlechterfrage innerhalb der eigenen Bewegung oder die Beziehung zwischen Familie und Zivilgesellschaft schienen die deutschen Kommunisten weniger zu beschäftigen als die spanischen Anarchisten. Auch griffen sie kaum die sowjetische Lehre auf – etwa die Pädagogik von Makarenko, um die es im folgenden Kapitel gehen wird. Frauen in der Weimarer Republik konnten wählen gehen, sie durften sich scheiden lassen und hatten insgesamt mehr Rechte als Frauen irgendwo sonst in Europa. Die KPD aber war unfähig, diese Errungenschaften als Teil einer wie auch immer gearteten Familienpolitik zu begreifen. Die Treffen in verräucherten Kneipen als einer typisch männlichen Domäne hielten Frauen davon ab, sich politisch zu beteiligen. Diese Einstellung in der Parteibasis spiegelte sich in KPD-Verlautbarungen wider, in der die proletarische Frau und Mutter als eher passiv und zumeist als schwanger und vom Mann abhängig dargestellt wurde – eine eher mitleiderregende als inspirierende Figur.[62]

Familienleben in Hessen

Das Dorf Körle im Norden Hessens liegt in einer Hügellandschaft entlang der Fulda, etwa zwanzig Kilometer südlich von Kassel. Im Jahr 1848 wurde Körle ans Eisenbahnnetz angebunden. Seither konnten die Dorfbewohner in Kassel arbeiten und trotzdem in Körle wohnen bleiben.

Aus diesem Grund litt der Ort nicht wie andere ländliche Gemeinden unter dem großen Vorkriegsexodus. 1864 hatte Körle 595 Einwohner, 1895 waren es 619 und 1939 1039. Das Dorf war ausschließlich protestantisch.[63]

In der Weimarer Zeit verstanden sich die Bewohner Körles wie viele Dorfbewohner in Deutschland zur selben Zeit weiterhin als Bauern, obgleich viele von ihnen in die industrielle Arbeit gedrängt wurden. Die Dorffamilien teilten sich in drei Kategorien: »Pferdebauern«, »Kuhbauern« und »Ziegenbauern«. Damit wurde nicht ausgedrückt, wer welche Tierhaltung betrieb – vielmehr wurden Status und Reichtum der Familien anhand der Verfügbarkeit von Nutztieren gemessen. Die Pflüge der wohlhabenderen Bauern, der »Pferdebauern«, wurden von den eigenen Pferden gezogen, während die anderen Bauern entweder Kühe anspannen oder ein Pferd beim Nachbarn mieten mussten. 1928 gab es in Körle 14 Pferdebauern, die zwischen 10 und 30 Hektar Land besaßen und vor allem für den Markt produzierten. Sie waren professionelle Vollzeit-Landwirte. Auf ihren Höfen arbeiteten Mägde und Knechte, die alle im weiteren Sinne zum Haushalt gehörten. Zur Erntezeit wurden zusätzlich Arbeitsleute engagiert. Diese Beschäftigungsverhältnisse nahmen gelegentlich paternalistische Züge an, indem wohlhabende Bauern die Patenschaft von Kindern armer Landarbeiter übernahmen.

Zur zweiten Gruppe, den »Kuhbauern«, gehörten 1928 26 Familien. Sie besaßen nur 2 bis 10 Hektar Land. Die Familien belieferten den regionalen Markt mit Butter, Käse, Geflügel und Eiern, verkauften gelegentlich auch ein Kalb und arbeiteten oft zusätzlich als Dorfhandwerker. Die letzte Gruppe bildeten die 80 »Ziegenbauern«, die im Durchschnitt weniger als 2 Hektar Land pro Familie besaßen. Damit waren sie im engeren Sinne keine Bauern. Sie verkauften den reicheren Landwirten ihre Arbeitskraft, bestellten den eigenen Kleinacker, und die Männer fuhren morgens mit dem ersten Zug nach Kassel, um dort in den Fabriken zu arbeiten. Ab den dreißiger Jahren gingen oft auch die Mädchen mit den Vätern und Brüdern in die Fabrik oder in die Büros.

Körle war damit ein Dorf im Wandel, mit einigen reichen Bauern und einer breiten Schicht armer Familien, die vor allem von ihrer Arbeitskraft lebten. Dennoch ist ihre Lebenssituation bei weitem nicht mit dem Elend der mittellosen Hilfsarbeiter in Südspanien gleichzusetzen. Diese Dorfbewohner waren zwar arm, aber sie hatten dennoch einen gewissen Grad an Kontrolle über ihr Leben und empfanden sich nicht nur als Objekte, sondern sicher auch als eigenständige Subjekte.

Das Ethos des Patriarchats herrschte uneingeschränkt über das gesamte Dorf. Der männliche Familienvorstand traf alle wichtigen Entscheidungen – jedoch nicht kollektiv wie die russischen Bauern. Disziplin stand an erster Stelle, und Väter scheuten nicht davor zurück, ihre Kinder zu schlagen, wenn diese nicht gehorchen wollten. Es liegen zwar keine Zahlen zu Körles Erbschaftsmustern vor, doch aus der Erinnerung der Dorfbewohner geht klar hervor, dass Stammfamilien vorherrschten, in denen ein einzelner männlicher Erbe an einem bestimmten Zeitpunkt sämtliche Befugnisse und Pflichten von seinem Vater übernahm. Oft kam es über den genauen Zeitpunkt des Erbantritts zu beträchtlichen Streitigkeiten innerhalb der Familie. Im Zuge der Übergabe wurden nämlich auch die Räume des Hauses neu verteilt. Das neue Familienoberhaupt und dessen Frau bekamen das Wohnzimmer, während die ältere Generation in ein oben liegendes Schlafzimmer »verbannt« wurde. Zu erheblichen Spannungen konnte auch führen, dass die traditionelle Macht der Schwiegermutter über die junge Frau im Haus mit Antritt des Erbes endete, denn oft vergalt nun die neue Hausherrin der Schwiegermutter das frühere Verhalten.

Außerhalb des Hauses übten Frauen nur wenig Macht aus. Sie erhielten zwar unter der Weimarer Verfassung das Wahlrecht, spielten aber im öffentlichen Leben keine besondere Rolle. Selbst im Kirchenvorstand saß keine einzige Frau, obwohl Frauen sich um den Kirchenraum kümmerten und sämtliche Kirchenfeste vorbereiteten. Der eigentliche Platz der Frauen war der »Herd«. Frauen kochten, kümmerten sich um die Kinder, putzten, wuschen, stopften und hatten generell mit allem zu tun, was die Kleidung betraf. Frauen, meist unverheiratete Tanten, gingen mit den Kindern der Familie in den Wald und sammelten Beeren und Pilze. An Winterabenden versammelten sich die Familien zum Stricken, Stopfen und Nähen, während man – ähnlich wie bei den *veglia* der toskanischen Landarbeiter – miteinander plauderte und Geschichten erzählte. Diese »Spinnstuben« waren von entscheidender Bedeutung für die »orale Kultur« der Dörfer. Es wurde kaum außerhalb der eigenen Kreise geheiratet, und insbesondere Pferdebauern gingen nur Verbindungen unter ihresgleichen ein. Hierzu lieferte einer von ihnen folgende Erklärung: »Frauen aus einer Kuhbauern-Familie waren zu langsam, um auf den größeren Höfen von Nutzen zu sein. Sie waren so an das langsame Trotten der Rinder gewöhnt, dass sie nicht mitkamen.«[64] Der »Nutzen« einer Frau war oft von größter Wichtigkeit.

Kinder gingen sechs Tage in der Woche von 8 bis 11 Uhr zur Schule. Am Samstagnachmittag mussten die Jungen den Hof und die Straße fegen, während die Mädchen das Haus putzten. Erst wenn sie diese und andere Pflichten erledigt hatten, wurde ihnen Zeit zum Spielen gewährt. Ältere Kinder im letzten Schuljahr wurden einmal in der Woche zum Haus des Pastors geschickt, das sechs Kilometer vom Dorf entfernt lag. Der Besuch des Gottesdiensts war für sie zwei Jahre lang verpflichtend. Kinder, die nicht in der Kirche erschienen oder sich ungehorsam verhielten, riskierten Schläge.

Das Bild, das sich ergibt, ist das eines streng reglementierten Familienlebens, in dem jeder seine Rolle innehatte und in dem der Beitrag des Einzelnen zur Gemeinschaft wichtiger war als die Förderung individueller und insbesondere weiblicher Ambitionen und Freiheiten durch die Gemeinschaft.

Doch die offenbare Frömmigkeit und Achtung vor dem Gesetz wurde mindestens in einem wichtigen Bereich verletzt. Cornelie Usbornes hervorragende Studie über illegale Schwangerschaftsabbrüche als gemeinschaftliche Erfahrung im ländlichen Hessen zu eben jener Zeit nimmt nicht das Dorf Körle zum Ausgangspunkt. Usbornes Dörfer liegen weiter südlich, im Limburger Becken, mit Frankfurt statt Kassel als urbanem Bezugspunkt. Im Dezember 1924 wurden 93 Angeklagte (darunter 45 Frauen) aus 17 Dörfern vor Gericht gebracht, weil sie illegale Abtreibungen vorgenommen, in Auftrag gegeben oder unterstützt hatten. Usbornes Analyse der Gerichtsakten hat ergeben, dass das Netz der Helfer und Mitwisser Männer wie Frauen umfasste, dass es keinen signifikanten Unterschied zwischen katholischen und protestantischen Frauen gab (keine der beiden Gruppen zeigte besondere Reue) und dass die »Engelmacherin«, eine Frau Kastner, die von ihrem Mann unterstützt wurde, recht »professionell« und mit der nötigen Hygiene vorgegangen war. Sie wurde zu drei Jahren Gefängnis verurteilt, die Strafe wurde später auf fünf Jahre erhöht. Auch viele der anderen Angeklagten wurden zu Haftstrafen verurteilt: Dazu gehörten vor allem die Ehemänner und Liebhaber, die eine Abtreibung bei ihrer Ehefrau oder Geliebten verlangt hatten. Die betroffenen Frauen selbst wurden etwas weniger hart bestraft, bekamen aber auch Haftstrafen von vier Monaten für alleinstehende, bis zu sechs Monaten für verheiratete Frauen. Die Dorfgemeinschaften nahmen die Urteile mit Unverständnis und Zorn auf. Usborne schreibt:

> Das Strafgesetz und die Kirche mochten Abtreibung »Tötung werdenden Lebens« nennen, doch für die Leute im Limburger Becken war der Umstand, dass man eine überfällige Periode herbeiführte oder eine ungewollte Schwangerschaft beendete, einfach eine praktische Maßnahme, um einen gewissen Grad an Kontrolle über ihr prekäres Leben zu behalten.[65]

Der Fall zeigt eindringlich, wie sich die Mitglieder der ländlichen Gesellschaft auf der einen Seite autoritätsgläubig und unterwürfig verhielten, auf der anderen Seite aber bereit waren, das Gesetz zu missachten – und wie drakonisch der Staat sowohl Männer wie Frauen bestrafte.

Im Vergleich mit anderen in diesem Buch untersuchten Landfamilien erinnern die reicheren Bewohner Körles (die Pferdebauern und Kuhbauern) am ehesten an die toskanischen Pachtbauern in der Gemeinde Impruneta. Beide Gruppen genossen einen gewissen Lebensstandard, lebten in der Nähe einer größeren Stadt, waren stolz auf ihre Landwirtschaft und zelebrierten die Zugehörigkeit zu einem »ganzen Haus« mit komplexen Beziehungsmustern. Dennoch fallen signifikante Unterschiede auf. Die Bauern in Körle besaßen eigenes Land, während die toskanischen Pächter letzten Endes von den Bedürfnissen und Launen der Landbesitzer abhingen. Die italienischen Familien lebten isoliert auf vereinzelten Höfen inmitten einer Hügellandschaft, während die Häuser der deutschen Familien größtenteils im Dorf versammelt waren. Vor allem aber kennzeichnet eine jeweils andere Kombination aus Erbrecht, Religion und Autoritätsglauben die beiden Beispiele. In der Toskana teilten sich die Söhne das Erbe; der italienische Katholizismus hatte zwar großen Einfluss, besaß aber keine strafenden Elemente wie Körles Protestantismus (obwohl es für Deutschland diesbezüglich wenig Zeugenaussagen gibt). In Italien wurden sanftere Töne angeschlagen, etwa beim Marienkult; und obgleich es in beiden Gegenden üblich war, seine Kinder zu schlagen, waren die Familienhierarchien in Impruneta stark von informellem Geplauder und

Humor geprägt. Zuletzt war der Respekt vor anerkannten Autoritäten auf allen Ebenen, also auch vor Beamten, ein festes Merkmal des deutschen Dorflebens (obgleich es zu Gesetzesbrüchen kommen konnte, wenn eine dringende persönliche Notlage wie ein Schwangerschaftsabbruch ins Spiel kam). In Italien dagegen begegnete man dem Staat und selbst dem faschistischen Staat mit einer gewissen Verdrossenheit und dem deutlichen Unwillen, für ihn in den Krieg zu ziehen.

Die Weltwirtschaftskrise

Im Jahre 1929 feierte die Weimarer Republik ihren zehnten Jahrestag. Nach einem holprigen Start war scheinbar eine Stabilisierung eingetreten. Wie Detlev Peukert bemerkt, fanden auch die deutschen Familien in ein neues Gleichgewicht. Während des Krieges waren viele Kinder ohne Väter aufgewachsen, und die Familien hatten in den Jahren 1918/19 materielle Not gelitten. Zehn Jahre später nun konnten Eltern der Arbeiterklasse langsam wieder aufatmen, sie hatten mehr Zeit für weniger Kinder und kümmerten sich in bescheidenem Rahmen um deren Ausbildung und Förderung.[66]

Zum ersten Mal konnten Familien den Begriff »Freizeit« denken. Eltern und Kinder machten Sonntagsausflüge aufs Land. In den Städten konnten die Sommersonntage für Picknicks im Park und vielleicht sogar einen Kinobesuch genutzt werden. Der Achtstundentag, Tarifverhandlungen und die neue Sozialpolitik hatten Freizeit zu einer (wenn auch begrenzten) Option werden lassen. Zwar blieb die Arbeitslosigkeit weiterhin hoch und die Investitionsrate stagnierte auf einem Tiefpunkt, doch das Ende des ersten Jahrzehnts der Weimarer Republik machte einen besseren Eindruck als sein Beginn.

Die Weltwirtschaftskrise zerstörte diese Illusionen auf einen Schlag und ebnete damit zugleich den Weg für den fatalen Siegeszug der Nationalsozialisten. Massenarbeitslosigkeit war die schwerwiegendste Folge der Krise: Sie stieg von 14 Prozent 1930 auf 21,9 Prozent 1931 und 29,9 Prozent 1932. Dieser letzte Wert stand für 5,6 Millionen arbeitslos Gemeldete, wobei mindestens eine weitere Million hinzukam, die nicht registriert war. Für gewerkschaftlich organisierte Arbeiter sah die Lage noch schlimmer aus: 43,7 Prozent von ihnen waren 1932 ohne Arbeit. Angestellte, die ihre Stelle behalten konnten, mussten massive Gehaltskürzungen in Kauf nehmen, Ladenbesitzer und Handwerker konnten sich nicht über Wasser halten, als der heimische Markt kollabierte. Auf dem Land waren Zwangsvollstreckungen an der Tagesordnung.[67]

Die Auswirkungen auf das Familienleben waren verheerend. Die Arbeitslosigkeit traf vor allem Männer zwischen 18 und 30, von denen viele noch zu Hause bei den Eltern lebten. Als die Krise sich noch verschärfte, herrschte in deutschen Städten wieder Hunger. So weit wie möglich organisierten Arbeiterfamilien einen eigenen Versorgungsplan. Die Zahl der Schrebergärten etwa in Hamburg stieg rasant von 4200 im Jahr 1917 auf 47 422 im Jahr 1933. Die allgemein verachteten Suppenküchen wurden wieder eingeführt. Schulspeisungen gehörten wesentlich zu den Überlebensmaßnahmen der Familien. Ebenfalls in Hamburg musste man 1931 davor warnen, dass Kinder Essen für ihre Eltern mit nach Hause nahmen: »Es muss darauf bestanden werden, dass das Essen im Speisesaal der Schule eingenommen wird.«[68]

Als die Krise immer schlimmer wurde und die Regierung immer hilfloser, wuchs die allgemeine Verbitterung. Die politischen Spannungen

Suppenküche der Heilsarmee, 1931

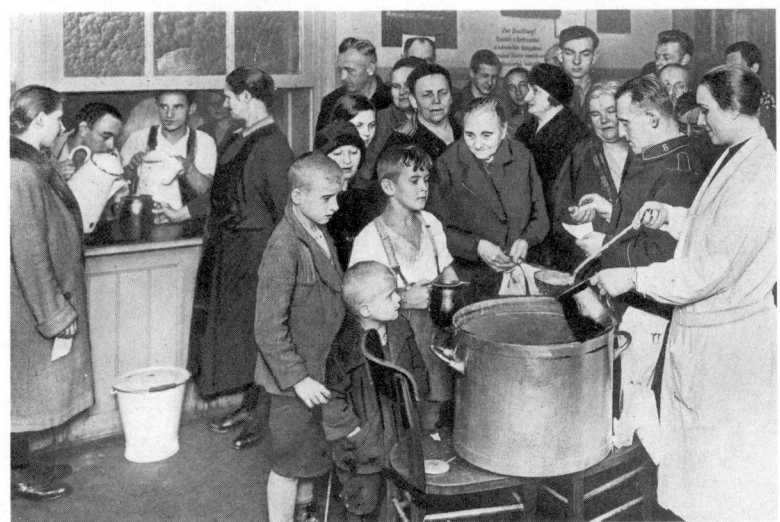

nahmen zu. Das staatliche Fürsorgesystem versagte vollkommen. Die 1927 eingeführte »Arbeitslosenunterstützung« war erschreckend niedrig und wurde nur für einen kurzen Zeitraum gezahlt. Arbeitslose mussten sich anschließend um eine »Krisenunterstützung« bemühen – ein Almosen, das nur nach strengen und demütigenden Überprüfungen gewährt wurde. In Niedersachsen, wo die Krise die Kleinbauern besonders hart traf, kamen seltsame Gerüchte auf: von jüdischen Ritualmorden, vom mysteriösen Verschwinden eines Kindes und von einem Schlachter, der verdorbenes Fleisch verkaufte.[69] Zur selben Zeit wurde die Verbindung zwischen dem Niedergang der Bauernhöfe und dem »Wucher« der Juden zur gängigen Erklärung für die Krise. In den Städten beteiligten sich viele Arbeitslose an Straßenschlachten – die SPD mit dem Reichsbanner, die Kommunisten mit dem Rotfrontkämpferbund, die SA unter dem Kommando von Ernst Röhm. Hier war die Wahrscheinlichkeit groß, dass sie auf Joseph Goebbels stießen, während dieser eine seiner Hetzreden hielt.

III
Nationalsozialistische Familienpolitik

Allgemeines Weltbild: Teil der »Volksgemeinschaft«

Als die Nationalsozialisten 1933 in Deutschland an die Macht gelangten, hatte die Partei, anders als Mussolinis Faschisten, klare Vorstellungen von der zukünftigen Familienpolitik. Die Nationalsozialisten mussten zwar Rücksicht auf die öffentliche Meinung und vor allem auf die Haltung der protestantischen und katholischen Kirche nehmen, waren jedoch nicht wie Mussolini auf die katholische Kirche angewiesen. Sie waren außerdem überzeugt, dass die langfristige Beziehung zwischen Staat, Zivilgesellschaft und Familie deutlich strenger geregelt werden musste als in Italien. Hitler erklärte am 14. September 1935 beim Parteitag in Nürnberg vor der Hitlerjugend:

> Deutschland ist kein Hühnerstall, in dem alles durcheinanderläuft und jeder gackert und kräht, sondern wir sind ein Volk, das von klein auf lernt, diszipliniert zu sein.[1]

Die Grundlage für die nationalsozialistische Familienpolitik bildete die Unterscheidung zwischen Familien, die in das nationalsozialistische Konzept passten, und Familien, die vom Regime ausgegrenzt wurden. Man kann mit Fug und Recht behaupten, dass diese Unterscheidung, die mit pseudowissenschaftlichen Argumenten unterfüttert wurde und selbst noch im hintersten Winkel des Landes umgesetzt wurde, der menschenverachtenden Haltung des Nationalsozialismus zugrunde lag. Das Regime installierte zunächst in Deutschland und dann in den eroberten Gebieten ein Regelsystem der Ablehnung, des Ausschlusses und der Vernichtung, das Millionen Familien bedrohte, auseinanderriss oder einfach auslöschte.[2]

Beginnen wir zunächst mit der Einstellung der Nationalsozialisten gegenüber den erwünschten arischen Familien, bevor wir uns Kategorien wie »rassenfremd«, »erbkrank« und »rassisch minderwertig« zuwenden. Die Nationalsozialisten unterschieden geschlechtlich streng zwischen dem öffentlichen und privaten Bereich. Die männliche und die weibliche Welt waren getrennt, die eine stand über der anderen. Die gute deutsche Familie, rassisch rein und patriarchalisch strukturiert, wurde von den Frauen koordiniert, aber von den Männern dominiert. Sie war die Keimzelle der Nation. In seiner berühmten Rede an die Frauen verkündete Hitler am 8. September 1934:

> Denn ihre [der Frau] Welt ist der Mann, ihre Familie, ihre Kinder und ihr Haus. Wo aber wäre die größere Welt, wenn niemand die kleine Welt betreuen wollte? Wie könnte die größere Welt bestehen, wenn niemand wäre, der die Sorgen um die kleinere Welt zu seinem Lebensinhalt machen würde? ... Wir empfinden es nicht als richtig, wenn das Weib in die Welt des Mannes, in sein Hauptgebiet eindringt, sondern wir empfinden es als natürlich, wenn diese beiden Welten geschieden bleiben. In die eine gehört die Kraft des Gemütes, die Kraft der Seele! Zur anderen gehört die Kraft des Sehens, die Kraft der Härte, der Entschlüsse und die Einsatzwilligkeit! In einem Fall erfordert diese Kraft die Willigkeit des Einsatzes des Lebens der Frau, um diese wichtige Zelle zu erhalten und zu vermehren, und im anderen Fall erfordert sie die Bereitwilligkeit, das Leben zu sichern, vom Manne.[3]

Demnach konnte es keine »Emanzipation« der Frau geben, weil die Frau bereits ihre wahre Rolle in der Familie gefunden hatte. »Das Wort von der Emanzipation der Frau«, erklärte Hitler in derselben Rede, »ist ein nur vom jüdischen Intellekt erfundenes Wort, und der Inhalt ist von demselben Geist geprägt.« Ein Jahr später, beim nächsten Parteitag in Nürnberg, kam er wieder auf das Thema zurück, dieses Mal stellte er es in einen militärischen Kontext und appellierte an die Männlichkeit und Ehre des deutschen Mannes:

Nationalsozialistische Familienpolitik

Wenn in marxistischen Ländern heute Frauenbataillone aufgestellt werden, dann kann man nur sagen: »Das wird bei uns niemals geschehen! Es gibt Dinge, die macht der Mann und für die steht er allein ein!« Ich würde mich schämen, ein deutscher Mann zu sein, wenn jemals im Falle eines Krieges auch nur eine Frau an die Front gehen müsste. Die Frau hat auch ihr Schlachtfeld.[4]

Die kleine Welt der Familie, die große Welt der Macht, der Politik und des Kriegs; die eine weiblich, die andere männlich. Diese Vorstellung nahm im NS-Weltbild einen wichtigen Raum ein. Ein weiteres Element kam hinzu: der Beitrag der Familien zur Volksgemeinschaft. Auch hier gibt es einen Unterschied zu Italien. Der Leser erinnert sich vielleicht, dass Giovanni Gentile, der führende Philosoph des Faschismus, bei einer internationalen Hegel-Tagung im Oktober 1931 in Berlin einen Vortrag hielt. Darin betonte Gentile den Vorrang des Staates gegenüber den beiden anderen Sphären in Hegels berühmter Trias aus Staat, Familie und bürgerlicher Gesellschaft. Für Gentile konnte sich der Staat nicht »selbst erkennen«, wenn er die Familie nicht »absorbiert« und »annulliert«. Entsprechend erklärte er: »Es gibt keine bürgerliche Gesellschaft, die nicht zugleich auch Staat ist.« Hinter diesen extremen Äußerungen stand nicht der Wunsch, die Familie aufzulösen, wie es einige radikale bolschewikische Denker empfohlen hatten. Stattdessen sollte der Staat beim Wertesystem und der Loyalität absoluten Vorrang haben, die Familie und die Gesellschaft sollte in ihm aufgehen.[5]

Die Nationalsozialisten vertraten eine andere Haltung. Die *Gemeinschaft*, nicht der Staat, stand im Zentrum ihres politischen Versprechens. Die deutsche Gesellschaft musste in sich selbst die Energie, Solidarität, Disziplin und Autorität aufbringen, um ein nationales Projekt der Einigung von ungeheuren Dimensionen voranzutreiben. Natürlich bestand der Staat in einer sehr starken Form weiter, doch es war die »Volksgemeinschaft«, mit ihrer Massenkultur und ihrem unendlichen Beziehungsgeflecht, aus der er seine Kraft schöpfte.[6]

Die Idee der Volksgemeinschaft lässt sich weit zurückverfolgen, auf jeden Fall bis zu Herder und zur deutschen Romantik. Im Ersten Weltkrieg und in der Weimarer Republik bot die Vorstellung einer Volksgemeinschaft Trost in düstern Zeiten. Der Historiker Peter Fritzsche bemerkt dazu: »Die Volksgemeinschaft hatte immer etwas dramatisch Umkämpftes an sich.«[7] Nicht nur Rechtsaußenparteien, auch andere Gruppierungen verwendeten den Begriff häufig, um sich vom programmatischen Klassen*widerspruch* abzuheben, der von der KPD propagiert wurde. Die Nationalsozialisten übernahmen ihn vorbehaltlos. Am 1. Mai 1933 machte sich Goebbels die sozialistische Tradition des Tags der Arbeit zu eigen und organisierte eine nationalsozialistische Maifeier: »Bekränzt eure Häuser und die Straßen der Städte und Dörfer mit frischem Grün und mit den Fahnen des Reiches! An allen Last- und Personenautos sollen die Wimpel der nationalen Erhebung flattern! ... Kein Kind ohne schwarzweißroten oder Hakenkreuzwimpel!« Über die Feiern wurde landesweit im Radio berichtet, wobei immer wieder zwischen den Demonstrationen in Berlin, den Chören der Bergarbeiter in Thüringen und Franken und einer Reportage an Bord eines Zeppelins hin und her geschaltet wurde, um so einen »einzigen Hörraum über ganz Deutschland« zu schaffen.[8]

In der anhaltenden Auseinandersetzung zwischen einer ganzheitlichen und individualistischen Sicht der modernen Gesellschaft entschieden sich die Nationalsozialisten eindeutig für die erste Option. Der Anthropologe Louis Dumont zeigt in einer aufschlussreichen Analyse von *Mein Kampf*, dass die deutsche Gesellschaft nach Hitlers Ansicht durch das individualistische Verhalten des Einzelnen zersetzt wurde, was für Hitler natürlich völlig inakzeptabel war. Frauen strebten neue Freiheiten an und verlangten eine grundlegende Änderung ihrer traditionellen Rolle in der Familie; das demokratische Gleichheitsprinzip stellte sämtliche Hierarchien infrage; Gemeinschaften lösten sich aufgrund kapitalistischer Krisen auf, und die nach Hitlers Ansicht größten Individualisten und Egoisten von allen, die jüdischen Plutokraten, stürzten die arischen Massen ins Elend.[9] Die Reaktion darauf durfte sich nicht auf rein staatliche Maßnahmen beschränken, sondern benötigte die Unterstützung der breiten Masse, einer militarisierten Volksgemeinschaft, die ihre größte visuelle Ausdrucksform in Leni Riefenstahls Film *Triumph des Willens* von 1935 fand. Damals schien die Volksgemeinschaft als Ideologie und Bewegung unaufhaltsam zu sein; sie war das eigentliche Signum des 20. Jahrhunderts. Tatsächlich war ein weiterer Weltkrieg mit Millionen Opfern nötig, um sie zu stoppen.

Die Vorstellung von der Volksgemeinschaft und dem Familienleben waren in der NS-Politik eng miteinander verknüpft. Auf dem Plakat (siehe Bildteil, Farbtafel IX) sieht man eine arische Familie, stolze Eltern und drei Kinder, die doppelten Schutz genießen: den Schutz der harmonischen Familiengruppe und den Schutz des riesigen NS-Adlers im Hintergrund. Dazu wird verkündet: »Die NSDAP sichert die Volksgemeinschaft«. Außerdem werden die »Volksgenossen« aufgefordert, sich an die Ortsgruppe zu wenden, wenn sie Rat und Hilfe brauchen. Die Zielsetzung war nicht nur ideologischer, sondern auch materieller Natur. Hitler hatte für bolschewikische Ideen von einem asketischen Utopia, wo das Privateigentum auf ein Minimum reduziert war, nur Hohn und Spott übrig. Er wollte die deutschen Familien materiell besserstellen und den allgemeinen Lebensstandard steigern.[10]

Der besondere Beitrag der Familie galt auf verschiedenen Ebenen als besonders wertvoll, wobei der Fortpflanzung der höchste Stellenwert eingeräumt wurde. Deutsche Paare sollten »kinderreich« sein und im eigenen Heim und im Schlafzimmer hart daran arbeiten, die großen demografischen Verluste des Ersten Weltkrieges auszugleichen. Auch die Aufgabe der Erziehung im weitesten Sinne lag bei ihnen. In der Familie sollten Kinder die nötige Disziplin und das erforderliche Pflichtgefühl lernen, um Teil der Volksgemeinschaft zu werden. Im eigenen Heim sollte das Kind die Rolle des Einzelnen früh begreifen und die Hierarchie der Geschlechter respektieren.

Das Ideal war die traditionelle Familie auf dem Land, die eloquent in Horst Beckers Buch *Die Familie* (1935) geschildert wurde. Becker stützte sich auf das berühmte gleichnamige Vorgängerwerk von Wilhelm Heinrich Riehl aus dem Jahr 1855 und definierte die ländliche Familie als das »bewahrende Element innerhalb der natürlichen Ordnung des Volkes«.[11] Sie war der städtischen oder Arbeiterfamilie auf jeden Fall vorzuziehen, weil sie sehr fruchtbar war, drei Generationen umfasste und auf einer klaren patriarchalischen Hierarchie beruhte. Mit all diesen Eigenschaften ähnelte sie der idealen ländlichen Familie im italienischen Faschismus.

Die moderne, bürgerliche Familie in der Stadt, die auf der Liebe der einzelnen Mitglieder gründete, wurde von Becker mit Misstrauen betrachtet. Hier zeigt sich wieder eine starke Parallele zu Italien: Diese Familien wurden als Nährboden für die weibliche Emanzipation und für Homoerotik dargestellt, für Pazifismus und das Fehlen eines nationalen Geistes. In Beckers rassistischem Weltbild mussten Familien auf festerem Boden stehen als auf individueller bürgerlicher Liebe. Immer wieder betonten die Nationalsozialisten in der Schule wie in den Propagandafilmen die Wichtigkeit der Verbindung zwischen Familie und Gemeinschaft und verkündeten die zentrale Botschaft von »Blut und Boden« für das deutsche Volk.[12] Dennoch war die Unzulänglichkeit dieses Modells für ein so stark urbanisiertes Land wie das Deutsche Reich in den dreißiger Jahren offensichtlich.[13]

Was die Aspekte »Ehe«, »Scheidung« und »Abtreibung« anbetrifft, so vertrat das NS-Regime auch hier sehr dezidierte Ansichten. Für »arische« Familien galt die Ehe als zwingende Voraussetzung für die Fortpflanzung; Abtreibung wurde entsprechend schwer bestraft. Doch die Scheidung war erlaubt und wurde sogar gefördert. Im Juli 1938 wurden neue Regelungen verabschiedet, die die Begründung für eine Scheidung erweiterten. Ein Grund war »vorzeitige Unfruchtbarkeit«, eine andere die Weigerung, sich fortzupflanzen. Paare, die drei Jahre getrennt voneinan-

Eine Mutter mit ihren Töchtern vor dem »Volksempfänger«, Goebbels' bevorzugtem Propagandainstrument; 1939

der lebten und deren Ehe »unwiederbringlich gescheitert« war, konnten die Scheidung einreichen. Die neuen Gesetze waren sicher nicht auf das Glück des Einzelnen ausgerichtet. Vielmehr wollte das Regime Ehen auflösen, die keinen reproduktiven Wert für die Volksgemeinschaft hatten.[14]

Außerhalb der Volksgemeinschaft

Die notwendige Verbindung zwischen der »kleinen Welt« der Familie und der Außenwelt sowie die tragende Rolle der Familie innerhalb der Volksgemeinschaft – diese beiden Elemente definieren die Weltsicht der Nationalsozialisten in Bezug auf die Familie. Beide Elemente gehören der Welt der privilegierten »arischen« Familien an. Von genauso großer Bedeutung war jedoch der Bereich der »nicht-arischen« Familien, die außerhalb standen und mit Feindseligkeit betrachtet wurden. Die Volksgemeinschaft war alles andere als eine »überbrückende« Gemeinschaft, die anderen, die sich von ihr unterschieden, die Hand reichte. Stattdessen war sie »bindend«. Sie band ihre Mitglieder eng aneinander und diskriminierte jeden, der nicht ins Schema passte.

Wie bereits in Kapitel 3 festgestellt, betrieben alle Regierungen in der ersten Hälfte des 20. Jahrhunderts, ob Demokratien oder Diktaturen, eine sogenannte »positive Eugenik«, also die allmähliche »Aufwertung« ihrer Bevölkerung durch eine Verbesserung der sozialen, medizinischen und hygienischen Standards sowie der Ernährungslage. Staatliche Maßnahmen in diesem Bereich entsprachen der seit langem bestehenden Lehre der katholischen Kirche, die mit der Enzyklika *Casti Connubii* erneut bekräftigt wurde und besagte, dass die Behinderung der Schöpfung, ein sich Einmischen in die Fortpflanzung, eine Sünde sei. Einige nordeuropäische und überwiegend protestantische Länder wie Deutschland und Schweden betrieben zusätzlich aber auch eine »negative Eugenik«. Sie beinhaltete staatliche Maßnahmen gegen »unerwünschte Elemente«, mit denen nicht nur Krankheiten, sondern auch Defekte (medizinischer, sozialer oder »rassischer« Art) ausgemerzt werden sollten, wenn nötig mit Hilfe von Zwangssterilisierungen.[15] Die Nationalsozialisten gingen mit ihrer negativen Eugenik deutlich weiter. Auf die Sterilisierung folgte die »Euthanasie«, die bei den schutzlosesten Teilen der Bevölkerung angewandt wurde.

Dazu zählten auch Alte und »Schwachsinnige« und andere, die als »rassisch minderwertig« eingestuft wurden.

Es gibt im Vokabular der Rassenhygiene noch eine zweite Kategorie – die Angehörigen »artfremder« Rassen, gegen die ein gnadenloser Vernichtungsfeldzug geführt wurde. Die »arische Rasse« sollte vor der jüdischen Bedrohung beschützt werden, entsprechend sollten die Juden aus der Volksgemeinschaft »entfernt« werden, wie Hitler es im Anfang der nationalsozialistischen Bewegung formulierte, beziehungsweise »vernichtet«, wie es dann in *Mein Kampf* programmatisch verkündigt wurde. 1933 wurde mit der Verfolgung der Juden sowie der Sinti und Roma begonnen, die schließlich im Völkermord mündete. Ziel war die Schaffung einer rein-arischen Nation, bevölkert von der germanischen »Herrenrasse«. Was das für die NS-Familienpolitik bedeutete, fasste Goebbels' Propagandaministerium unmissverständlich zusammen: »Die Parole lautet also nicht: ›Kinder um jeden Preis‹, sondern ›eine möglichst große Kinderschar aus der erbgesunden deutschen Familie‹.«[16] Auf die anderen konnte man verzichten.

Die NS-Familienpolitik gründete also auf einer Kluft, die innerhalb der deutschen Gesellschaft mit Hilfe inhumaner »Rassegesetze« geschaffen wurde. Auf der einen Seite standen die »rassisch wertvollen« Familien, die mitten in der Volksgemeinschaft lebten und denen das Regime große Aufmerksamkeit (und Unterstützung) zukommen ließ. Auf der anderen Seite standen diejenigen, die aus der Gemeinschaft ausgestoßen worden waren und die sich in zwei weitere Gruppen unterteilen lassen: die »rassisch Minderwertigen« (wie Geisteskranke) und die Angehörigen »fremder« Rassen (wie etwa die Juden).

Ich möchte diesen Abschnitt mit drei Beispielen beschließen, die zeigen, wie sich die NS-Familienpolitik auf diejenigen auswirkte, die aus der Volksgemeinschaft ausgeschlossen wurden. Das erste Beispiel ist das »Gesetz zur Verhütung erbkranken Nachwuchses« vom 14. Juli 1933. Darin wird die Zwangssterilisierung für Personen mit bestimmten »Erbkrankheiten« vorgeschrieben: bei »angeborenem Schwachsinn«, »Schizophrenie«, »zirkulärem (manisch-depressivem) Irresein«, »erblichem Veitstanz (Huntington'sche Chorea)«, »erblicher Blindheit«, »erblicher Taubheit« und »schwerer erblicher körperlicher Missbildung«. Außerdem konnten chronische Alkoholiker zwangssterilisiert werden. Von Ja-

Nationalsozialistische Familienpolitik 495

nuar 1934 bis September 1939 wurden schätzungsweise 320 000 Personen – etwa 0,5 Prozent der deutschen Bevölkerung – zwangssterilisiert. Die größte Gruppe waren die sogenannten »Schwachsinnigen«, sie stellten zwei Drittel der Sterilisierten dar, davon waren wiederum fast zwei Drittel weiblich. Viele waren deutscher Herkunft, stammten jedoch aus sozial besonders benachteiligten Schichten. Hitler hatte in *Mein Kampf* geschrieben: »Die Forderung, dass defekten Menschen die Zeugung anderer ebenso defekter Nachkommen unmöglich gemacht wird, ist eine Forderung klarster Vernunft.« Das »Gesetz zur Verhütung erbkranken Nachwuchses« vom 14. Juli 1933 war der erste Schritt in diese Richtung.[17]

Ein zweites Beispiel ist der Zeitzeugenbericht von Marta Appel, deren Mann Ernst Appel Rabbiner in Dortmund war. Das Paar hatte zwei Töchter. Am 1. April 1933 organisierten die Nationalsozialisten die erste Maßnahme gegen die Juden seit ihrer Machtübernahme: einen landesweiten Boykott jüdischer Läden und Geschäfte. Marta beschreibt jenen Tag in ihren *Erinnerungen*:

> Man hatte den Kindern gesagt, daß sie am 1. April 1933, dem Tag des Boykotts, nicht in die Schule kommen sollten. Selbst der Schuldirektor war der Meinung, dass das Leben der jüdischen Kinder nun gefährdet sei ... Auf jedem Platz, an jeder Ecke vor der Synagoge fanden sich Propagandatafeln, auf denen wir verächtlich gemacht und beschimpft wurden. Wir seien Parasiten und hätten das Unglück des deutschen Volkes verschuldet.[18]

Am schmerzlichsten war für Marta Appel nicht die eigene Ausgrenzung, sondern die Art und Weise, wie ihre Töchter in der Schule behandelt wurden:

> Ich war verzweifelt, als eines Tages das jüngere meiner beiden Kinder weinend aus der Schule kam. Sie war weggeschickt worden, während die anderen zu irgendeinem Kindertheater oder einer anderen Belustigung geführt wurden. Meine kleine Tochter weinte, nicht, weil sie das Theaterstück nicht sehen konnte – sie wusste ja, dass ihre Mutter jederzeit bereit war, mit ihr ins Theater zu gehen –, sie weinte, weil sie aus der Gruppe ausgeschlossen worden war, als ob sie nicht mehr gut genug sei für ihre Klassenkameraden. Das Ausgeschlossensein machte dieses Erlebnis so

hart und bitter für sie. Ich glaube, dass auch die Nazi-Lehrerin sich manchmal schämte, wenn sie in die traurigen Augen meiner kleinen Tochter sehen mußte ... Vielleicht war es nicht recht von mir, diese Lehrerin so zu hassen, schließlich hatte sie ihre Anordnungen, die sie befolgen musste, aber sie fügte meinem Kind soviel Schmerz und Kummer zu, daß ich es niemals vergessen kann.[19]

Nur einmal konnten sich Marta Appels Mädchen an ihren Lehrern rächen:

Eines Tages [1934] kamen meine Kinder nach langer Zeit einmal wieder mit glänzenden Augen und kichernd und lachend aus der Schule nach Hause [...] Ein Beauftragter des neugeschaffenen Rasseamtes [wollte] den Kindern einen rassekundlichen Vortrag halten ... Zuerst erklärte der Mann, dass es eine hochstehende und niedere Rassen gäbe, die am höchsten stehende Rasse seien die Germanen, die daher auch bestimmt seien, die Welt zu regieren, während die Juden eine sehr niedrigstehende, verächtliche Rasse seien. Dann, Mammi, schaute er sich in der Aula um und bat eins von den Mädchen, zu ihm zu kommen ... und zeigte dabei auf Eva: »Seht mal, den schmalen Schädel dieses Mädchens, die hohe Stirn, die blauen Augen und das blonde Haar«, und dabei nahm er einen ihrer langen Zöpfe in die Hand. Er fuhr fort: »Beachtet auch die hohe, schlanke Gestalt. All dies sind die untrüglichen Zeichen der reinen, unvermischten germanischen Rasse!« Mammi, du hättest wirklich hören sollen, wie alle Mädchen plötzlich zu lachen anfingen. Sogar Eva konnte sich das Lachen nicht verbeißen. Von allen Seiten wurde dem Beamten zugerufen: »Sie ist doch jüdisch!« Sein Gesicht war sehenswert![20]

Im Mai 1937, nachdem Marta und ihr Mann mehrere Tage in Haft gewesen waren, gab Ernst schließlich ihren Bitten nach, das Land zu verlassen. Die Familie floh nach Holland und von dort weiter in die USA.

In meinem letzten Beispiel geht es um einen Jungen namens Rudolf Langen, der 1931 in Berlin-Zehlendorf geboren wurde. Nach der NS-Rassenlehre war seine Mutter Jüdin und sein Vater »Arier«, wodurch er zu einem »Mischling ersten Grades« wurde. Als Kind schwänzte er oft die Schule und wurde wegen Herumlungerns aufgegriffen. Rudolf wurde seinen Eltern weggenommen und zunächst in ein katholisches Waisenhaus gebracht, danach in ein »Fürsorgeheim« und schließlich im März 1944 in die berüchtigte »Heilanstalt« Hadamar. Dort erhielt er die Diagnose »erblicher Schwachsinn« und starb drei Tage später an einer »Lungenentzündung«. Rudolfs Mutter bemühte sich 1957/58 um Entschädigung und erklärte, Rudolf sei nie »erblich schwachsinnig« gewesen, sondern ein ganz normales, gesundes Kind. Wie sich herausstellte, waren noch sechs weitere Kinder, die als »Mischlinge ersten Grades« eingestuft und zur gleichen Zeit nach Hadamar gekommen waren, alle drei Tage später an »Lungenentzündung« gestorben.[21]

Kirchen, Regime und Familie

Das NS-Regime zerstörte die Weimarer Zivilgesellschaft effektiv in allen Bereichen, doch die Institution der Kirche verdient eine besondere Betrachtung. Im Gegensatz zu Spanien und Italien waren in Deutschland verschiedene Konfessionen präsent. Die Mehrheit waren Protestanten; sie stellten etwa 40 Millionen Gläubige und damit zwei Drittel der Bevölkerung. Die deutsche evangelische Kirche, die wichtigste protestantische Glaubensrichtung, war politisch lange entschieden konservativ gewesen und hatte im Kaiserreich stets als ideologischer Arm des Staates fungiert. So hatte die evangelische Kirche nicht gezögert, den Ersten Weltkrieg als Konflikt der Christenheit darzustellen, bei dem die deutschen Protestanten im Westen gegen die katholischen Franzosen und Belgier und im Osten gegen die Russisch-Orthodoxen kämpften. Historisch betrachtet gingen Nationalismus und deutscher Protestantismus Hand in Hand. Es überrascht daher nicht, dass im Zuge von Hitlers Aufstieg doppelt so viele Protestanten bereit waren, die NSDAP zu wählen wie Katholiken.[22] Die (große) katholische Minderheit, die vor allem im Süden und Südwesten Deutschlands lebte, war nicht weniger patriotisch als die Protestanten im Norden, verfügte jedoch über eine starke Tradition der Autonomie und des Widerstands. Während der Weimarer Republik hatten die deutschen Katholiken ihre eigene politische Vertretung, die Zentrumspartei, und orientierten sich in der Kirchenlehre selbstverständlich am Papst in Rom. Die Hauptsorge galt auch hier der Unantastbarkeit der Familie. Die katholische Familie musste vor der Einmischung des Staates geschützt werden. Aus gutem Grund respektierte Hitler die katholische Kirche und fürchtete sie auch bis zu einem gewissen Grad, während die evangelische Kirche seiner Meinung nach deutlich einfacher zu instrumentalisieren war.

1932 gründeten die Nationalsozialisten die Vereinigung »Deutsche Christen« (DC) mit der klaren Absicht, die evangelische Kirche zu übernehmen und eine neue, geeinte, rassistische, antisemitische und nationalistische Kirche zu schaffen. Zunächst konnten die Deutschen Christen viele Protestanten für sich einnehmen und erzielten bei den Kirchenwahlen der evangelischen Landeskirchen im Juli 1933 einen überwältigenden Sieg. Die Deutschen Christen wollten Kirche und Partei gleichschalten, wovon natürlich vor allem die NSDAP profitieren sollte. Ihre zahlreichen Anhänger unter den evangelischen Pfarrern predigten sogar in SA- oder SS-Uniform, hängten Hakenkreuzflaggen in der Kirche auf und sprachen mit Vorliebe über Martin Luthers antisemitische sogenannte »Judenschriften«. Entsprechend investierte Goebbels' Propagandaministerium viel in die Feierlichkeiten anlässlich von Luthers 450. Geburtstag im Jahr 1933.[23]

Doch anders als von Goebbels und vor allem von Hitler erwartet, konnten die Deutschen Christen die Kirche nicht nach ihren Vorstellungen lenken. Als Reaktion auf die Nazifizierung wurde im Mai 1934 die »Bekennende Kirche« gegründet, die von Tausenden Pastoren unterstützt wurde. Sie waren der festen Überzeugung, dass bei einem Protestanten die Religion und nicht die Politik an erster Stelle stehen sollte. Außerdem lehnten sie den »Arierparagraphen« ab, laut dem getaufte Juden aus »rassischen« Gründen aus der Kirche ausgeschlossen werden sollten. Die Bekennende Kirche organisierte im ganzen Land Bibelkreise, die hauptsächlich von Frauen besucht wurden. Ihre Tätigkeit stand in deutlichem Gegensatz zu den männlich dominierten Deutschen Christen, die ein starkes, kämpferisches Christentum und den Kreuzfahrergedanken propagierten, auch wenn sich ihre soziale Herkunft deutlich von den spanischen »Kreuzrittern« der katholischen Kirche Spaniens unterschied. 1937 war der deutsche Protestantismus gespalten. Die Mitglieder der Bekennenden Kirche waren fortwährenden Schikanen ausgesetzt; viele Anführer waren verhaftet worden, doch die Deutschen Christen konnten sich trotzdem nicht durchsetzen. Allerdings wurde die Bekennende Kirche auch nie zur Keimzelle eines landesweiten Widerstands. So wortgewandt und mutig einzelne Mitglieder in manchen Gebieten auch auftraten, ihre Anführer blieben größtenteils stumm, wenn es etwa um das Schicksal der »rassisch Minderwertigen« und »Erbkranken« ging.[24]

Bei der katholischen Kirche gab es hingegen, was Widerstand und Anpassung angeht, eine andere Entwicklung. Zunächst war Papst Pius XI. bestrebt, mit den Nationalsozialisten ein ähnliches Konkordat zu vereinbaren wie mit den italienischen Faschisten. Auch die Verhaftung und Inhaftierung von Zentrumspolitikern und ihrer Anhänger ließen ihn aktiv werden. Bei den Grundlagen war man sich schon bald einig: Die Katholiken sollten die NSDAP anerkennen und sich aus der Politik heraushalten; im Gegenzug wurde der Kirche die freie öffentliche Ausübung der katholischen Religion in der Gesellschaft zugestanden, vorausgesetzt, sie übte keine Kritik an der neuen politischen Ordnung. Das Reichskonkordat wurde am 20. Juli 1933 unterzeichnet und von den deutschen Katholiken gefeiert. Katholische deutsche Würdenträger sandten Hitler unterwürfig schmeichlerische Grußadressen. So schrieb Michael Kardinal von Faulhaber, Erzbischof von München und Freising, am 24. Juli:

> Was die alten Parlamente und Parteien in 60 Jahren nicht fertigbrachten, hat Ihr staatsmännischer Weitblick in 6 Monaten weltgeschichtlich verwirklicht. Für Deutschlands Ansehen nach Westen und Osten und vor der ganzen Welt bedeutet dieser Handschlag mit dem Papsttum, der größten sittlichen Macht der Weltgeschichte, eine Großtat von unermesslichem Segen.[25]

Doch schon bald zeigte sich, dass die Nationalsozialisten der katholischen Presse keine freie Meinungsäußerung erlaubten und dass die Aktivitäten der katholischen Verbände streng reglementiert waren. Konfessionsschulen mussten geschlossen werden. Bis dahin hatte Pius XI. alles in seiner Macht Stehende getan, um das NS-Regime zu beschwichtigen, und sogar zugelassen, dass anfängliche Proteste gegen das »Gesetz zur Verhütung erbkranken Nachwuchses« wieder verebbten und man in diesem Bereich zusammenarbeitete. Doch im Frühjahr 1937 reagierte er schließlich mit seiner Enzyklika *Mit brennender Sorge,* die nicht weltweit veröffentlicht wurde, sondern heimlich in Deutschland gedruckt und am Palmsonntag 1937 von allen Kanzeln der katholischen Kirchen verlesen wurde. Papst Pius schrieb darin, er beobachte seit einiger Zeit »mit brennender Sorge und steigendem Befremden« den Leidensweg der Kirche in Deutschland.[26] Er forderte das NS-Regime auf, dem Neuheidentum abzuschwören, womit er die Vergötterung von Nation, Volk und Staat meinte. So dramatisch die Enzyklika auch präsentiert wurde, in ihrer Aussage war sie moderat, und die deutsche katholische Kirche strebte weiter eine Einigung mit den Nationalsozialisten an. In Wahrheit waren viele Geistliche und Gläubige mit den Projekten und Werten der Volksgemeinschaft einig.[27] Erst im Krieg, mit Hitlers »Euthanasie«-Projekt und der Verbannung der Kruzifixe aus den Klassenzimmern, wurde der katholische Protest so richtig laut.

Die verschiedenen Aspekte dieser komplexen Problematik, die jeweils unterschiedlichen Formen der Zusammenarbeit der protestantischen und katholischen Kirche mit dem NS-Regime betreffend, können hier natürlich nur bruchstückhaft wiedergegeben werden. Zwei Fragen möchte ich in diesem Zusammenhang aber versuchen zu beantworten. Erstens: Gab es bei der Haltung zur Familie gravierende Unterschiede in den Lehren der beiden Konfessionen? Und zweitens: Bestand eine mögliche Verbindung zwischen der protestantischen und katholischen Familienlehre und ihrem Auftreten im Deutschland der dreißiger Jahre? Meiner Meinung nach lautet die Antwort auf beide Fragen »Ja«, auch wenn die Ergebnisse noch vorläufig sind und mehrere Deutungen zulassen.

Der wohl entscheidende Unterschied zwischen der protestantischen und der katholischen Familien- und Ehelehre bestand darin, dass die envangelische Kirche auf das Konzept der Ehe als Sakrament verzichtete und sie dadurch, wie der Theologe Ernst Troeltsch schrieb, »mehr in das moralisch-persönliche Verhältnis« verlegte. Die protestantische Glaubenslehre verwarf außerdem die Lehre, dass sexuelle Enthaltsamkeit eine Tugend sei. Stattdessen verband man Sexualität, Fortpflanzung und Liebe untrennbar miteinander und machte die Familie zur »höchsten und spezialisiertesten Form der Nächstenliebe«.[28] Allerdings hatte die Reformation wenig dazu getan, die patriarchalischen Strukturen innerhalb der Familie aufzulösen; in der lutherischen Kirche wurde die autoritäre Rolle des männlichen Familienoberhaupts als Haushaltsvorstand stark betont, in etwas geringerem Ausmaß auch im Calvinismus. Im ständigen Zusammenspiel von Individuum, Familie und Gesellschaft hob der Protestantismus die Bedeutung der Rolle des Individuums in der Gesellschaft hervor. Erlösung wurde durch den Dienst an der Gemeinschaft und am Staat, durch Aktivität in der modernen Welt und durch gute Taten erreicht. Dieser Dienst an der Gemeinschaft passte nur allzu gut zur nationalsozialistischen Volksgemeinschaft.

Im Katholizismus waren diese Elemente etwas anders konfiguriert. Im Unterschied zum lutherischen Modell war die Familie eine heilige Festung, »eine kleine Kirche innerhalb häuslicher Mauern«, um noch einmal Antonio Rosminis Formulierung zu verwenden. Hier ging es weniger um das Individuum, das Erlösung in seinem Tun draußen in der Welt anstrebt, sondern um Familienmitglieder, die stets zu ihren gesellschaftlichen Wurzeln zurückkehren. Doch auch hier hatte, wie in der protestantischen Familie, das autoritäre männliche Familienoberhaupt das Sagen.

Die katholische und protestantische Sicht auf Familie, Kirche und Gesellschaft, die miteinander konkurrierten, sich aber auch überschnitten, erwiesen sich leider als völlig unzulänglich angesichts der schwierigen Aufgabe, die Moral und Würde der Christen in den Jahren des völligen Umbruchs, 1933 bis 1945, in Deutschland zu wahren. Protestanten und Katholiken versäumten es, ihre besondere Position in der deutschen Gesellschaft zu nutzen. Weder arbeiteten sie mit vereinten Kräften gegen das Regime, noch teilten sie der Welt mit, was in ihrem Land vor sich ging. Einige wenige Christen leisteten zwar Widerstand, doch die überwiegende Mehrheit war auf entwürdigende Art darum bemüht, sich mit dem Regime zu arrangieren.

Kontrollieren und mobilisieren

Im Zusammenhang mit der viel beschworenen »Volksgemeinschaft« wird zum Teil heftig diskutiert, ob das Naziregime die Familien wirklich gefördert habe. Ingeborg Weber-Kellermann ist der Ansicht, die Bedeutung der Familie sei sogar im Gegenteil minimiert worden wie nie zuvor in der deutschen Geschichte.[29] Damit geht sie wahrscheinlich zu weit, dennoch lässt sich nicht leugnen, dass Privatsphäre, Vertrautheit und gemeinsame Zeit von Eltern und Kindern – alles also, was Familienleben ausmacht – von einem Regime gefährdet wurde, dessen invasive Kontrolle keine Grenzen kannte.

Um die verschiedenen Aspekte der Beeinflussung deutlich zu machen, werde ich dieselben Kategorien anwenden wie bei meiner Analyse des faschistischen Italien. Denn einerseits waren die Diktaturen bestrebt, die Familienmitglieder aus dem Familienverband herauszuholen und für eigene Aktivitäten zu gewinnen; andererseits drängten sie aber auch in die Familien hinein und versuchten sie dazu zu bringen, etwa mehr Kinder zu zeugen oder althergebrachte Überzeugungen, Gewohnheiten und Sitten zu ändern. Und das deutsche Regime war bei diesem Projekt weitaus erfolgreicher als das italienische. In einem modernen Land mit einer gut ausgebauten Infrastruktur hatte die deutsche Diktatur den Vorteil, beinahe jeden Bürger erreichen und damit auch beeinflussen zu können. Es gab zwar auch in Deutschland arme Gegenden, jedoch kein Äquivalent zum südlichen Italien der dreißiger Jahre. Zudem hatte man einen besonders effizienten Staatsapparat. Die Nationalsozialisten griffen viel stärker in das Leben der Menschen ein, als es die italienischen Faschisten je konnten oder auch nur versuchten.

Schauen wir uns zunächst die Maßnahmen an, durch die das Regime Familienmitglieder für die eigenen Zwecke mobilisieren wollte. Ein genauer Beobachter der Berliner Situation, der amerikanische Soziologe Clifford Kirkpatrick, liefert uns eine gute Beschreibung des damaligen Loyalitätskonflikts:

> Ungeachtet möglicher ideologischer Gegensätze zwischen deutschen Eltern und ihren in der HJ organisierten Kindern ergibt sich ein Widerstreit zwischen Familie und Staat allein dadurch, dass ein Tag nur vierundzwanzig Stunden hat. Die Zeit, die die Kinder außerhalb ihres Zuhauses mit den Aktivitäten der Jugendorganisation verbringen, kann nicht mit den Eltern verbracht werden. Deutsche Jungen und Mädchen sind zu den verschiedensten Aufgaben für die deutsche Volksgemeinschaft verpflichtet. Es heißt, sie wären begeistert, derart eingebunden zu sein.[30]

Kirkpatrick berichtet von einem extremen Beispiel der Degradierung von Familie:

An einem besonders heißen Sommerabend besuchte ich ein Freiluftkonzert der Berliner Philharmoniker im Schlosshof. Kurz bevor das Konzert begann, sah man am Eingang plötzlich ein Leuchten, und Hunderte Hitlerjungen marschierten ein, in Reih und Glied, jeder mit brennender Fackel. Mit militärischer Präzision umrundeten sie den Platz, bis die Zuhörerschaft von einer brennenden Linie umgeben war. Die Jungen standen zwei Stunden auf dem harten Kopfsteinpflaster, in der drückenden Hitze, die durch das Feuer noch verschlimmert wurde ... Zwei oder drei weißgekleidete Schwestern achteten auf Alarmzeichen und gingen mit Wasserkrügen die Reihen entlang. Bald fiel eine Fackel zu Boden und ein schlaksiger Junge wurde von zwei Braunhemd-Kameraden herausgetragen. Ganz in der Nähe kollabierte kurz darauf noch ein Pimpf, dann ein dritter. Wie viele der kleineren Jungen auf der anderen Seite des Hofes in Ohnmacht fielen, lässt sich nicht sagen. Der Haydn-Symphonie folgte das Horst-Wessel-Lied, gespielt von einem der besten Orchester der Welt. Die Zuschauer standen ehrfürchtig auf – die Geste galt nicht Papa Haydn –, und das Konzert war beendet. Auf einen schroffen Befehl hin schleppten die Jungen ihre müden Beine im schnellen Schritt aus dem Hof ... Es war elf Uhr, und bestimmt konnten viele Mütter am anderen Ende der Stadt ihre kleinen Söhne erst kurz vor Mitternacht in Empfang nehmen.[31]

Kirkpatricks Schilderung ist aus mehreren Gründen aufschlussreich – nicht zuletzt, weil es um Jungen und mögliche Konflikte zwischen Eltern und Kindern und hier vor allem den Söhnen geht. Ein starkes Merkmal des Naziregimes war, ähnlich wie in der Sowjetunion, der Generationenkonflikt. Die Jugend wurde als das dynamische Element angesehen und dementsprechend angespornt, durch den Dienst für den Staat das Abenteuer zu suchen. Die »spießigen« Gewohnheiten der älteren Generation, ihre Unfähigkeit, sich der neuen Zeit anzupassen, wurden heftig kritisiert. Der Vorstellung, ein »Juniorat« müsse das alte Patriarchat ersetzen, sind wir ja schon bei den Freikorps begegnet. Man sollte an dieser Stelle mit Übertreibungen vorsichtig sein, denn die Autorität der Vaterfigur stand nicht infrage. Die nationalsozialistischen Jugendorganisationen waren aber in jedem Fall bestrebt, die Kinder aus ihrem Zuhause zu holen und sie nach den Vorstellungen der Partei zu formen. In einer Rede, die er im November 1933 in Kiel hielt, sagte Hitler: »Wenn ein Gegner sagt ›Ich gehe doch nicht zu euch, und ihr werdet mich auch nicht bekommen‹, so sage ich ganz ruhig: ›Dein Kind gehört uns bereits heute.‹«[32] Kehren wir einen Augenblick zurück nach Hessen in das Dorf Körle. Die Erinnerungen der Dorfbewohner an die dreißiger Jahre sind geprägt von radikalen familiären Umbrüchen. Die NSDAP wurde 1928 von den Söhnen der Pferde- und Kuhbauern in das Dorf gebracht. Die durch die Parteimitgliedschaft gewonnene neue Autorität stachelte die jungen Männer an, die Vormacht der Väter anzugreifen. Die Körler erinnern sich, dass es in jeder Familie »Krieg« gab.[33] Es entbrannten bittere Kontroversen darüber, wie viel Zeit man dem Hof und wie viel Zeit der Partei widmen sollte. Indem sie sich auf den Dienst an der Volksgemeinschaft beriefen, widersetzten sich die Söhne dem totalitären Anspruch der Familie. Zugleich holten die Nazis paradoxerweise Frauen ins öffentliche Leben. Einige traten nun den Frauenorganisationen der Partei bei, dem Deutschen Frauenwerk (DFW) und der NS-Frauenschaft (NSF). Ihre Töchter wurden Mitglied im Bund Deutscher Mädel (BDM), und viele verließen zum ersten Mal in ihrem Leben die Grenzen ihres Dorfes. Die Familien waren in Aufruhr, da die bewährten Alltagsmuster infrage gestellt wurden.[34]

Im Zentrum des Generationenkonflikts, den die Nazis selbst zu befeuern schienen, stand die Hitlerjugend (HJ). Hitler hatte klare Ansichten dazu, wie sich Jungen in der nach ihm benannten Organisation zu geben hatten:

> Meine Pädagogik ist hart. Das Schwache muss weggehämmert werden. In meinen Ordensburgen wird eine Jugend heranwachsen, vor der sich die Welt erschrecken wird. Eine gewalttätige, herrische, unerschrockene, grausame Jugend will ich.[35]

Die Mitgliederzahlen stiegen sprunghaft, nachdem alle anderen Jugendorganisationen verboten worden waren. Sportanlagen wurden nur noch an die HJ vergeben. Viele Arbeitgeber boten ihre Lehrstellen ausschließlich HJ-Mitgliedern an.

Interessant ist der Vergleich mit Italien und der Sowjetunion: Die männlichen Jugendorganisationen in Nazideutschland waren das »Jungvolk« für die 10- bis 14-Jährigen und die Hitlerjugend für die 14- bis

18-Jährigen. Die italienischen Balilla dagegen nahmen Kinder ab 6 auf, die meisten ihrer Mitglieder waren im Grundschulalter. Dieser Altersunterschied gab den beiden Organisationen eine ganz andere Prägung: Die deutsche sah eine militärische Ausbildung für Heranwachsende vor, die italienische tat dies nur zu einem ganz geringen Teil. Sinnvoller erscheint da, die Hitlerjugend mit dem Kommunistischen Jugendverband »Komsomol« in der Sowjetunion zu vergleichen, der ebenfalls eine militärische Ausbildung beinhaltete. Doch gab es auch hier einen wesentlichen Unterschied, denn das Waffentraining des Komsomol war für beide Geschlechter vorgesehen, während die HJ ausschließlich Jungen aufnahm. Die Mitgliedschaft im Komsomol bedeutete außerdem, Teil einer Eliteorganisation mit besonderem Ethos zu sein, die in der Sowjetunion oft eine kritische Rolle spielte.[36]

Die Ausbildung in der HJ nahm unangenehme, repetitive Formen an. Jede Altersgruppe musste sich durch einen Lehrplan kämpfen, der Themen wie »Germanische Götter und Helden«, »Adolf Hitler und seine Mitkämpfer« und »Das Volk und sein Bluterbe« umfasste. Die Ausbilder waren oft ehemalige Unteroffiziere, die blinden Gehorsam von ihren »Pimpfen« erwarteten. Oft herrschte eine brutale Disziplin. Tatsächlich war die Organisation für eine allgemeine Brutalisierung des deutschen Familienlebens verantwortlich, da ihre jugendlichen Mitglieder, die am Wochenende Gewaltmärsche und militärische Übungen absolvieren mussten, ihre angestaute Wut gegen die Eltern richteten. Selbst Harald Quandt, Goebbels' Stiefsohn, beschwerte sich über »schlechtes Essen, Misshandlungen, Postzensur«.[37]

Die HJ war streng hierarchisch organisiert, Reichsjugendführer Baldur von Schirach war direkt dem Führer unterstellt. Auf kritische Stimmen zur Auswirkung der Hitlerjugend auf das Familienleben entgegnete von Schirach unbekümmert, viele Kinder der Arbeiterklasse hätten ohnehin keine Familie.[38]

Einzelne nationalsozialistische Ideologen wie Alfred Rosenberg und Alfred Bäumler waren überzeugt, dass den Männerbünden eher als den Familien ein Ehrenplatz in der Volksgemeinschaft gebührte. Bäumler ging sogar so weit, die Rolle der Familie als Keimzelle der Nation zu leugnen.[39] Mit diesen Ansichten stießen sie aber auf wenig Gehör, da Hitler und vor allem Goebbels entschieden für die Familie eintraten. Doch bleibt kein Zweifel, dass eine Gemeinschaft, die stark auf männlicher Kameradschaft und der ständigen Beschwörung des Todes beruhte, ihren spontanen Ausdruck eher in der männlichen, soldatischen Gruppe fand als in der Familie. Wie wir weiter unten sehen werden, spiegelte auch die

Hitlerjungen marschieren durch Frankfurt, dreißiger Jahre

NS-Kunst diese Weltsicht. Der Freikorpsgeist war auch im Deutschland der dreißiger Jahre spürbar.

Das weibliche Äquivalent der HJ, der BDM für die Altersgruppe der 10- bis 18-Jährigen war die zweite Großorganisation mit 1 502 571 Mitgliedern im Jahr 1939. Der BDM unterstand der HJ, forderte aber natürlich ganz andere Prioritäten und Aktivitäten. Die Geschlechtertrennung unter den Nationalsozialisten war absolut. Lisa Pine schreibt hierzu:

Mädchen sollten auf ihre Umwelt mit Gefühl reagieren, Jungen dagegen mit Verstand; Mädchen sollten ihre Eindrücke für sich behalten, Jungen sollten sie aktiv und kreativ verarbeiten; Mädchen sollten sich sanft und aufopfernd geben, während Jungen auf andere einwirken, Siege erringen und erobern sollten; Mädchen sollten still zufrieden sein, Jungen aber Kulturen aufbauen oder zerstören; Mädchen sollten sich der Familie und dem Haushalt widmen, Jungen dagegen das Fundament des Staates legen; Mädchen sollten das Leben als Geschenk betrachten, Jungen sollten es als Kampf ansehen; für Mädchen war Mütterlichkeit, nicht Weiblichkeit das höchste Ziel, für Jungen war es ganz klar die militarisierte Männlichkeit.[40]

Diesen Werten folgend bot der BDM vier Betätigungsfelder an: Hauswirtschaft (Kochen, Backen, Gartenarbeit, Handarbeit), Hygiene und Medizin (unter anderem Ernährung und Pflege von Säuglingen), die Lehre der Volksgemeinschaft (Nation, »Rasse«, Wirtschaft) und vor allem Sport und Freizeit (Gymnastik, Leichtathletik, Wandern, Singen und Tanzen).

1936 wurde die Mitgliedschaft im BDM für die entsprechende Altersgruppe verpflichtend. In *Das Deutsche Mädel,* der Zeitschrift der Organisation, erschien im Juni 1936 ein Artikel, der verschiedene Reaktionen auf die Zwangsmitgliedschaft für 10- bis 14-Jährige darstellte. Die Mehrheit, so die Verfasserin, könne es gar nicht abwarten, endlich beizutreten. Eine zweite Gruppe gebe sich eher passiv und abwartend. Die dritte Sorte Mädchen aber, und hier wird deutlich, wie sehr die Volksgemeinschaft noch vom klassenlosen Ideal entfernt war, werde von den Eltern zu den Treffen begleitet. Das für den Artikel verantwortliche »Jungmädel« schimpfte:

Die »Töchterchen« sollten uns nur unter bestimmten Bedingungen, die entweder selbstverständlich oder unerfüllbar waren, überlassen werden ... Trudchen durfte nur eintreten, wenn ihre Mutter die Gewissheit hatte, dass sie nicht mit irgendwelchen ungebildeten oder »gewöhnlichen« Kindern zusammenkam ... Ilschen sollte von vornherein von allen Fahrten und Lagern beurlaubt werden – man durfte sie keiner Gefahr an Leib oder Seele aussetzen.[41]

Anderen Mädchen wiederum gefiel der Gedanke, in einem Ferienlager der Überwachung der Eltern zu entkommen. Ihre Fahrtenbücher zeugen von Abenteuerlust und Gruppengefühl, aber auch von der Treue und Ergebenheit gegenüber dem Führer: »Er hat nur eine halbe Stunde für uns, aber in dieser Zeit sagt er alles Wichtige, alles unbedingt Wissenswerte.«[42] Die Mädchen verreisten durchschnittlich acht Tage – deutlich weniger Zeit, als die Kinder in den italienischen *colonie di vacanza* verbrachten. Die älteren durften in Zelten übernachten, die jüngeren kamen in Schlafsälen unter. Der Tag begann mit dem feierlichen Hissen der Flagge und endete abends bei einem Lagerfeuer oder bedeutungsschwangeren Nachtwanderungen durch die deutsche Landschaft.[43]

Sexualität wurde niemals öffentlich diskutiert. Es gab keine Sexualaufklärung im modernen Sinn, sondern nur die dringende Empfehlung, möglichst früh zu heiraten und viele eheliche Kinder zu bekommen. Auf die zweifellos angestaute sexuelle Energie in den streng nach Geschlechtern getrennten Ferienlagern antwortete man mit »frischer, sauberer, klarer deutscher Luft« und viel Sport und Gymnastik – mit einem ganz ähnlichen Rezept wie Lenin also. 1939 gingen die Geschlechter wieder unterschiedliche Wege: Die jungen Männer bereiteten sich auf den Krieg vor, und junge, unverheiratete Frauen unter 25 mussten ein Pflichtjahr absolvieren, in dem das Regime ihnen einen Arbeitseinsatz zuwies. Mädchen aus der Stadt fanden sich so oftmals auf einem Bauernhof wieder. Diese Maßnahme stellte den Versuch dar, die Idee der Volksgemeinschaft konkret werden zu lassen, und die jungen Mädchen fungierten hierbei als Aushängeschild. Doch viele wurden auch von dem Pflichtjahr befreit, und außerdem gab es in den Kriegsjahren zahlreiche andere Arbeitsmöglichkeiten für junge Frauen.[44] Das Regime zog also die einzelnen Familienmitglieder in verschiedene Richtungen aus dem Familienverband: Töchter zum Arbeitsdienst, Väter an die Front, Söhne in die Hitlerjugend. Dementsprechend litt das Familienleben.

Kraft durch Freude

Im November 1933 wurde die NS-Gemeinschaft »Kraft durch Freude« (KdF) als Massenfreizeitorganisation der Deutschen Arbeitsfront ins Leben gerufen. Sie wurde bewusst nach dem Vorbild der 1925 gegründeten italienischen »Dopolavoro« geschaffen. Ein Vergleich der beiden Organisationen ist daher aufschlussreich. Beide waren auf ihre Art erfolgreich, doch es wird sofort deutlich, dass die KdF größere Menschenmassen erreichte und sich mit vielfältigeren Freizeitangeboten an eine anspruchsvollere Konsumentenöffentlichkeit wandte.[45] Ab Mitte der dreißiger Jahre finanzierte sich die Organisation selbst. Man verkaufte Konsumgüter wie Radios und stellte ein »KdF-Auto« in Aussicht, das sich jeder deutsche Arbeiter leisten könnte. Tatsächlich begann die Massenproduktion des »Volkswagen« aber erst nach dem Krieg.

Die KdF reichte bis tief in die deutsche Gesellschaft hinein. Feierabendaktivitäten wie Theaterbesuche, Konzerte, Tanzabende, Schachwettbewerbe und Ähnliches umfassten nach den Statistiken des Regimes 224 000 Veranstaltungen allein im Jahr 1939 mit insgesamt 60 Millionen Teilnehmern. Andere beliebte Ereignisse waren Sportwettkämpfe und Wanderungen. Die KdF gab sich unpolitisch, verfolgte dabei aber zwei zusammengehörende Ziele: Die Lücke zwischen der privilegierten Mittelklasse und anderen Gesellschaftsschichten sollte geschlossen werden, zudem sollte ein Gefühl der Dankbarkeit gegenüber der allumsorgenden Regierung geweckt werden. Auf diese Weise, so die KdF-Oberen, würde die Volksgemeinschaft ein solides Fundament erhalten. Die italienischen Faschisten konnten angesichts ihrer begrenzten Mittel, einer weniger ausgeprägten »Konsumentenhaltung« in der Gesellschaft sowie der dürftigen Präsenz im ländlichen Süden keine solch tiefe Durchdringung der Gesellschaft erhoffen.

Glanzstück des KdF-Ferienwerks war eine Flotte Kreuzfahrtschiffe, von denen es bei Ausbruch des Kriegs zwölf gab. An Bord der Schiffe konnten Angestellte und die Arbeiterelite (für alle unterhalb dieser Einkommensklasse waren die Reisen unerschwinglich) durch die Ostsee kreuzen, wo eben die gigantische KdF-Anlage »Seebad Prora« errichtet wurde, aber auch durch die norwegischen Fjorde oder das Mittelmeer, wo sie verschiedene italienische Häfen anfuhren. Am nächsten kamen diesen Reisen noch die *treni popolari*, die aber gerade weit weniger »exklusiv« waren.[46]

Dennoch lohnt ein Vergleich der beiden Angebote. Die deutschen Schiffe zogen majestätisch durch das Mittelmeer, aber die Reiseleiter und das KdF-Personal berichteten regelmäßig von Sittenbrüchen an Bord. Wie in Gegenreaktion auf das strenge Regiment zu Hause gaben sich die Passagiere allen möglichen Exzessen hin. Einer der gröbsten Zwischenfälle ereignete sich bei einem Betriebsausflug auf dem Rhein: Die Beteiligten waren schließlich so betrunken, dass sie das Schiff demolierten. Öfter war es aber individuelles Verhalten, das für Beschwerden sorgte. Unter anderem kam es zu »öffentlichen sexuellen Beziehungen an Deck und in den Rettungsbooten«, zu Trunkenheit und Widerstand gegen die Anordnungen der Reiseleiter und die festgelegten Zeitpläne. Je näher die Schiffe Italien kamen, desto kritischer wurde offenbar das Verhalten. Im Hafen von Palermo weigerte sich ein Passagier, den Hut zu ziehen, als das Schiffsorchester das Horst-Wessel-Lied anstimmte. In Pompeji verwickelten sich zwei deutsche Damen in ein »allzu intimes Gespräch« mit zwei italienischen Polizeibeamten. Ganz offensichtlich schienen die Leichtigkeit und die Freiheit des Südens den Deutschen zu Kopf zu steigen. Vielleicht, schlug einer der Reiseleiter vor, sollte man »gebundene« Frauen bei den italienischen Reisen bevorzugen, und dem Rest »strikte Anweisungen« geben.[47] Es überrascht nicht, dass vor allem das Verhalten der Frauen gerügt wurde.

Dagegen waren die Reisen mit den *treni popolari* entspannte Familienausflüge.[48] Natürlich darf man an dieser Stelle keine voreiligen Schlüsse ziehen. In Italien gab es keine Berichte der Reiseleiter, und stichfeste Belege findet man kaum. Doch die beiden Erfahrungen lassen auf Unterschiede schließen: im Konsumverhalten, im Verhältnis zwischen Einzelperson und Familie, im Charakter der beiden Regime. Vor allem: Die KdF hatte die deutsche Gesellschaft anders als die vergleichbaren Organisationen in Italien in Gänze erfasst. In einem der Berichte des exilierten

Vorstands der SPD (SoPaDe) über die Zustände in Nazideutschland hieß es: »Die Beliebtheit der KdF-Veranstaltungen ist sehr groß geworden ... Die KdF wird bei fast allen Volksgenossen als eine wirklich anerkennenswerte Leistung des Nationalsozialismus gewertet.«[49]

Privatleben

Wenn wir uns nun dem Eindringen des NS-Staates in die Familie widmen, sollten wir an erster Stelle festhalten, dass es laut höchstrichterlichem Beschluss in Deutschland keine Privatsphäre mehr gab: Im Januar 1937 verkündete das Preußische Oberverwaltungsgericht: »In dem Kampf um die Selbstbehauptung, den das deutsche Volk heute zu führen hat, gibt es auch nicht mehr wie früher einen unpolitischen Lebensbereich.«[50]

Den durch und durch politisierten öffentlichen Raum mussten die Nationalsozialisten während der dreißiger Jahre in das Alltagsleben der deutschen Familien übertragen. Eine Schlüsselfigur war hier Gertrud Scholtz-Klink, die Hitler 1934 zur Reichsfrauenführerin ernannt hatte. Die NSDAP war im wesentlichen ein »Männerbund«, doch Scholtz-Klink ließ sich davon nicht abschrecken. Sie hatte die Millionen Mütter und Frauen im Visier, die den Mittelpunkt der deutschen Familien bildeten. Diese Frauen beschwor sie, »dass das kleine eigene Ich sich diesem großen Du – Volk – unterordnen muss!«[51] Scholtz-Klink beabsichtigte jedoch nicht, die Frauen aus ihren Familien und Pflichten herauszulösen. Sie wollte dort auf die Frauen einwirken, wo sich deren Alltag abspielte. »Lasst euch eins von mir sagen«, äußerte sie Jahre später gegenüber der amerikanischen Historikerin Claudia Koonz, »ihr müsst dort ansetzen, wo ihr Leben stattfindet – sie in ihren Entscheidungen bestätigen, ihre Leistungen loben. Bei Küche und Kinderzimmer anfangen. Das haben wir getan.«[52] Der britische Historiker Tim Mason gibt dieses Element der NS-Strategie treffend wieder, wenn er schreibt, man habe das Natürliche und Alltägliche adeln wollen.[53] Die Nationalsozialisten konnten den Status und die Art der Hausarbeit nicht ändern, doch sie konnten ihr ein anderes, strahlendes Image geben, sie konnten sie überzeugend instrumentalisieren. Die »stinkende« Küche war nun nicht mehr der Ort der

Unterdrückung der Frau, wie Lenin behauptet hatte, sondern der Ort, an dem die Frau und Mutter ihr innerstes Wesen ausleben konnte. Besonders nach dem Ersten Weltkrieg wurde die Sauberkeit der deutschen Haushalte zum nationalen Mythos erhoben.[54] Ansätze hiervon konnten wir schon in den Wohnsiedlungen der Weimarer Republik finden, die regelmäßig Inspektionen unterzogen wurden. In den dreißiger Jahren trieben die Nationalsozialisten das Thema auf die Spitze. Sie betonten die besondere Überlegenheit der deutschen Haushalte im Gegensatz zu Schmutz und Unanständigkeit bei »Ostjuden«, Roma und Polen. Sauberkeit und »Rassenhygiene« gingen Hand in Hand. Wie oft sollte man Vorhänge beim Waschen spülen? Genügte es, die Böden zu wischen, oder sollte man sie schrubben und bohnern? Wie oft war Bettwäsche zu wechseln? Wie weiß bekam eine arische Hausfrau ihre Wäsche? Schneeweiß, strahlend weiß oder weißer als weiß?[55]

Ein bekanntes Beispiel für die Einflussnahme des Regimes auf den arischen Haushalt war der 1933 eingeführte »Eintopfsonntag«. Einmal im Monat sollte ein einfacher, nahrhafter und preiswerter Eintopf den Sonntagsbraten ersetzen – das gesparte Geld, meist 50 Pfennig, ging an das Winterhilfswerk.

Selbst der Weihnachtsabend war ein wichtiger feierlicher Anlass, zu dem Familien die Symbole des Regimes in ihr Zuhause holen sollten. Kleine Hakenkreuze schmückten den Weihnachtsbaum, und Hitlers Porträt wurde gut sichtbar platziert.[56] Wenn die von Mason zitierten offiziellen Zahlen stimmen, hatte das Frauenwerk Mitte der dreißiger Jahre 6 bis 8 Millionen Mitglieder, womit es die größte (offiziell) nicht-parteigebundene Organisation im Reich war. Die Verbindung von Haushalt, Familie und Regime war erfolgreich geschmiedet. Hitler äußerte 1939 gegenüber Hermann Rauschning: »Unser Sozialismus greift viel tiefer. Er ändert nicht die äußere Ordnung der Dinge, sondern er ordnet allein das Verhältnis der Menschen zum Staat. Was besagt da schon Besitz und Einkommen. Was haben wir das nötig: Sozialisierung der Banken und der Fabriken. Wir sozialisieren die Menschen.«[57]

Die Sozialisierung ging mit Überwachung und Unterdrückung einher – und das nicht nur bei »unerwünschten« Familien, sondern auch bei allen, deren »Rassenzeugnis« einwandfrei war. Wie unter den übrigen Diktaturen Europas auch waren Inspizieren, Spionieren und Denunzieren an der

Tagesordnung. Ganze Trupps von Helfershelfern, Blockwarte oder Spendensammler der Nationalsozialistischen Volkswohlfahrt (NSV) berichteten über mögliches »Fehlverhalten« von Einzelnen oder Familien. Der Reichsleiter der NSDAP, Robert Ley, ließ verlauten: »Der einzige Mensch, der in Deutschland noch ein Privatleben führt, ist jemand, der schläft.«[58] Doch selbst das stimmte nicht. Wie Detlev Peukert bemerkt, träumten die Menschen auch nachts vom Regime. Und selbst in einem Land wie Deutschland, das sich geophysisch, kulturell und ökonomisch für eine Diktatur besonders eignete, war das totalitäre Projekt nie abgeschlossen. Die Neigung, sich Autoritäten unterzuordnen und zu beugen, war in Deutschland sicher ausgeprägter als in Italien – dieser Punkt ist oftmals und zu Recht betont worden. Doch das bedeutete nicht, dass das Privatleben gänzlich verschwunden wäre.

»Entartete« Kunst und ihr Gegenentwurf: NS-Familienporträts

Die Organisationen und Ambitionen der Volksgemeinschaft nahmen in Zahl und Intensität zu, und mit ihnen wuchs das Bedürfnis, neue und andere Bilder ihrer Mitglieder zu schaffen. Dazu gehörte natürlich auch die Familie, deren Ideal gleich in verschiedenen Medien präsentiert wurde. Der Film war sicher das neueste und suggestivste Darstellungsmittel.

Doch werde ich mich hier wie in den anderen Kapiteln auf die bildende Kunst konzentrieren und versuchen, Elemente der Weimarer Zeit mit nachfolgenden Strömungen zu vergleichen. Auch soll die deutsche NS-Kunstproduktion der des faschistischen Italien gegenübergestellt werden.

Die Kunst der Weimarer Zeit und besonders die Künstler, die der Neuen Sachlichkeit nahestanden, wollten die Gesellschaft in all ihren Schattierungen wiedergeben. Der Kunsthistoriker Wieland Schmied schreibt hierzu:

Den Blick zu richten auf das Hier und Heute, darum ging es, den Blick aus dem Fenster und auf den Alltag und den Asphalt vor dem Haus, den Blick auf die Gasse und in die Gosse, in die Fabrikhalle und in die

Schiffswerft, in den Operationssaal und ins Bordell, auch wenn er manchmal nur in einem Schrebergarten oder auf ein Bahnwärterhäuschen oder das Glück im Winkel fallen sollte oder hängenblieb ...[59]

Künstler wie George Grosz und Otto Dix widmeten ihre Aufmerksamkeit den morbiden und beunruhigenden Elementen der Metropolis. Wenn sie Frauen malten, suchten sie nicht klassisches Ebenmaß, im Gegenteil, sie stellten die Frauenkörper oftmals grotesk verformt dar: zu dick oder zu dünn, zu ausladend oder zu ausgemergelt. Besonders Grosz übte durch seine Malerei scharfe Kritik an der Weimarer Gesellschaft.

In seinem berühmten Gemälde *Die Stützen der Gesellschaft* von 1926 werden verschiedene Typen der Berliner Öffentlichkeit lächerlich gemacht (siehe Bildteil, Tafel VIII): der Journalist mit Nachttopf auf dem Kopf, der Sozialdemokrat mit dampfendem Kot statt Gehirn, der Student mit Monokel und Hakenkreuzkrawatte, der Geistliche mit roter Trinkernase. Andere Künstler wie etwa Käthe Kollwitz suchten sich ihre Motive in den Arbeitervierteln und rückten das Elend der Frauen und Kinder in den Vordergrund.

Es gibt wenige echte Familienporträts, jedoch eines von besonderem Interesse: Max Beckmanns *Familienbild* von 1920 (siehe Bildteil, Tafel X). Die sechsköpfige Familie befindet sich in einem Raum, wahrscheinlich einem Dachbodenzimmer, und ist damit wohl typisches Opfer der Wohnungsnot. Die Atmosphäre ist dementsprechend klaustrophobisch – die Anwesenden sind weniger in Gefahr als die gedrängten Menschen in Picassos *Guernica*, aber noch enger zusammengepfercht. Auffallend an Beckmanns Gemälde ist der ausgeprägte Individualismus, der die Figuren kennzeichnet. Man sieht sechs Menschen auf engstem Raum, und jeder Einzelne versucht verzweifelt, sich nur mit sich selbst zu beschäftigen. Das junge Mädchen, das uns nur mit Korsett und Bluse bekleidet den Rücken zuwendet, macht sich zum Ausgehen fertig. Rechts von ihr sitzt eine ältere Frau am Tisch und legt die Hände vors Gesicht. Vielleicht hat das Lesen sie ermüdet, vielleicht wendet sie den Blick von der leichtbekleideten Tochter ab. Drei Personen lesen oder versuchen es zumindest, auch ein kleiner Junge unter dem Tisch. Seine Mutter sitzt mit dem Rücken an der Wand, den Ellbogen auf den Tisch gestützt und betrachtet die Szene. Der Eindruck, den Beckmanns Bild vermittelt, ist der kaum verhohlener familiärer Spannungen und Schwierigkeiten, die durch das Nachkriegselend noch verstärkt werden. Auch wenn es auf den ersten Blick nicht so wirkt, aber wir haben hier eine moderne Familie vor uns. Der Kontrast zu einem gefeierten Gemälde der NS-Kunst, nämlich Adolf Wissels *Kalenberger Bauernfamilie* von 1939 könnte krasser nicht sein (siehe Bildteil, Tafel XI). Hitler gefiel das Bild so sehr, dass er anordnete, es in der Reichskanzlei aufzuhängen. Der Unterschied zu Beckmann ergibt sich nicht nur durch die ländliche Umgebung, die räumliche Weite der niedersächsischen Hügel des Calenberger Lands im Hintergrund. Vielmehr ist die sitzende Familie hier eine harmonische Gruppe und keine Ansammlung von Individuen. Sie ist eine organische Einheit, der Kern der Volksgemeinschaft. Jedes Familienmitglied hat seine feste Position und Funktion. Der Vater hat den Blick abgewandt, wie in dem Wissen, dass er seine Familie bald verlassen wird, um seine Pflicht als deutscher Soldat zu erfüllen. Die Mutter schaut nach unten auf die Tochter in ihren Armen. Der Junge sitzt beim Vater, hält ein Holzpferd in der Hand und schaut den Bildbetrachter direkt an. Bald wird er dem Jungvolk angehören. Das Bild hat eine ernste, starre, ja schicksalshafte Stimmung, ganz anders als der desolate und gleichzeitig so lebendige Eindruck, den Beckmanns Familie macht.

Sowohl Hitler als auch Goebbels mit ihrem spätromantischen und »völkischen« Geschmack hatten besonderen Gefallen daran, sogenannte »entartete« Kunst an den Pranger zu stellen, und bemühten sich, Regeln dazu aufzustellen, was gemalt werden durfte und was nicht. Familiendarstellungen spielten dabei eine wichtige Rolle. Im Januar 1937 meldete die *Frankfurter Zeitung*:

> Wie die Reichskammer der bildenden Künste mitteilt, hat das Rassenpolitische Amt der NSDAP die Bemerkung gemacht, dass in der Öffentlichkeit vielfach Darstellungen aus unserer Zeit auftauchen, die bildlich oder sinnbildlich die deutsche Familie bedauerlicherweise noch mit einem oder zwei Kindern zeigten. Der Nationalsozialismus bekämpft mit Nachdruck das Zwei-Kinder-System, da es das deutsche Volk unrettbar dem Untergang zuführe. Er vertrete die Forderung nach mindestens vier Kindern in jeder Familie ... Wo immer die künstlerische Notwendigkeit es erlaube ... solle auch der bildende Künstler ... im Rahmen der künst-

lerischen Gestaltungsmöglichkeiten wenigstens vier deutsche Kinder zeigen, wenn eine »Familie« dargestellt werde.[60]

Am 18. Juli 1937 wurde die »Große Deutsche Kunstausstellung« in München eröffnet. Mehr als fünfhundert Künstler zeigten 1200 Arbeiten. Was als »Ausdruck einer neuen Ära« angekündigt wurde, war in Wahrheit die Präsentation von drittklassigen historischen Szenen, Landschaften und »züchtiger« Nacktheit. Selbst Leni Riefenstahl, die 1935 mit ihrem *Triumph des Willens* den NS-Parteitag von 1934 verherrlicht hatte, gestand ein, dass die Ausstellung sie verwirre, dass sie »Hitler als Ritter auf einem weißen Gaul und ein weiteres Dutzend heroischer und allegorischer Führerporträts« als »Peinlichkeit« empfand.[61] Einen Tag nach der Großen Deutschen Kunstausstellung eröffnete die »Entartete Kunst« mit sechshundert Werken, die in neun Räumen zusammengedrängt wurden. Die Besucher wurden ermuntert, ihr Missfallen am Gezeigten zu äußern.

Der Gegensatz zum italienischen Regime ist auffällig. Wie weiter oben bemerkt, gewährte Mussolini beträchtliche künstlerische Freiheit. Der italienische Faschismus regulierte die Kunstwelt und stellte sie unter die Kontrolle des korporativen Staates, er pries aber auch die künstlerische Avantgarde und insbesondere den Futurismus. Bei großen öffentlichen Aufträgen gab das Regime oftmals der modernistischen Sprache eines Mario Sironi den Vorzug gegenüber traditionelleren Ansätzen.

Der Nationalsozialismus dagegen griff ohne Skrupel oder Zögern in die künstlerische Produktion ein. Viele Maler verloren ihre Lehraufträge, die meisten Museumsleiter wurden durch Parteigänger ersetzt, Tausende Kunstwerke auch ausländischer Künstler wurden konfisziert, ein Großteil von ihnen zerstört.

Geburtenförderung und Wohlfahrt für »Arier«

Welchen »Wohlfahrtsstaat« errichteten die Nationalsozialisten? Die Frage lässt sich am besten beantworten, wenn wir das NS-Wohlfahrtssystem mit dem der Weimarer Republik vergleichen. Das Weimarer System war alles andere als perfekt, erst recht nicht vom Standpunkt etwa der Sinti und Roma aus oder der sogenannten »Ostjuden«. Unter dem Nationalsozialismus jedoch gab es die Unterteilung zwischen residualem, leistungsbezogenem und universalistischem Wohlfahrtssystem nicht. »Nicht-arische« Familien bekamen keinerlei Unterstützung, nicht einmal residuale Sozialhilfe. Trinker, Landstreicher, Prostituierte, »Arbeitsscheue«, »Asoziale«, Gewohnheitskriminelle, Personen mit Erbkrankheiten und Angehörige »fremder Rassen« waren von jeder staatlichen Fürsorge ausgeschlossen. Arischen Familien dagegen bot das Regime eine Kombination aus Selbsthilfestrategien und universalistischer Unterstützung. Sie sollten Klassen- und Verdienstunterschiede innerhalb der Volksgemeinschaft auflösen. Die unheilvolle Mischung aus Exklusion nach »rassenhygienischen« Kriterien und der Inklusion in eine Volksgemeinschaft hatte es in dieser Form noch nicht gegeben.

Für Hitlers, aber auch für Mussolinis und Francos Regime waren geburtenfördernde Maßnahmen ein Schlüsselelement der Sozialpolitik. Nicht nur die Quantität, auch die Qualität der nationalen Bevölkerung sollte gesteigert werden.[62] Die ihnen zur Verfügung stehenden Instrumente lassen sich wie schon erwähnt in drei Gruppen unterteilen: ökonomische Anreize und Belohnungen für Einzelpersonen oder Familien, die Schaffung spezieller Institutionen oder Programme, die Bestrafung sämtlicher Praktiken, die der Fortpflanzung der Nation hinderlich waren. In Deutschland gab es besondere Leistungen für kinderreiche Familien, Ehedarlehen, Steuervergünstigungen, Patenschaften und Auszeichnungen für Mütter kinderreicher Familien. Hitler glaubte an die Tugenden kinderreicher Familien sowohl in kultureller als auch in demografischer Hinsicht. Bei Tisch ließ er verlauten, wenn man das Zweikindersystem schon früher gehabt hätte, wäre Deutschland seiner »größten Männer« beraubt worden: Mozart war das jüngste von sieben Kindern, Bach das jüngste von acht und Schubert das zwölfte von vierzehn.[63]

Wirtschaftliche Anreize für kinderreiche Familien gab es in zweierlei Form: einmalige Kinderzulagen für Familien mit 4 und mehr Kindern unter 16 Jahren, gezahlt in Form von Gutscheinen, mit denen man Haushaltswaren kaufen konnte; sowie kontinuierliche finanzielle Hilfen, die an Familien mit mindestens 5 Kindern gezahlt wurden. Bis 1941 gab der NS-Staat 325 Millionen Reichsmark für Gutscheine an 1,1 Millionen Familien und 600 000 Reichsmark für die regelmäßige Unterstützung von 2,5 Millionen Familien aus. Dies waren beträchtliche Investitionen, doch das System wurde durch mindestens zwei Faktoren beeinträchtigt. Zum einen lebten die unterstützten Familien überwiegend auf dem Land, während die niedrige Geburtenrate vor allem in der Stadt vorherrschte. Zum anderen ließ sich oft nur schwer unterscheiden, welche Familien als »wertvoll« und damit unterstützungswürdig anzusehen waren – wobei die meisten von ihnen ganz einfach furchtbar arm waren. Die aufwendige Bürokratie für dieses System und seine komplizierten Differenzierungen war typisch für den NS-Staat.[64]

Ehekredite wurden in Deutschland zum 1. Juni 1933 eingeführt. Die Initiative ging damit der italienischen vom 21. August 1937 voraus und war zudem um vieles erfolgreicher. Das deutsche System sah die Zahlung eines zinslosen Darlehens in Höhe von 600 bis 1000 Reichsmark vor. Dieser Betrag wurde ebenso wie der Kinderzuschuss in Form von Gutscheinen ausgezahlt, mit denen Möbel, Wäsche und andere Haushaltsgegenstände erworben werden konnten. Auf diese Weise sollte auch die schwache Binnennachfrage nach Haushaltswaren angekurbelt werden. Nur wenn sich die »arischen« Antragsteller als würdig erwiesen, ging ihnen die großzügige Unterstützung direkt vom Finanzministerium zu. Der Schuldbetrag wurde mit jedem geborenen Kind verringert und ab dem vierten komplett gestrichen. Das deutsche System sah anders als das italienische zunächst vor, dass Frauen bei Inanspruchnahme des Kredits jegliche Tätigkeit außerhalb des eigenen Haushalts aufgeben mussten. Als jedoch die Vollbeschäftigung erreicht war, wurde diese Bedingung 1937 fallengelassen. Wichtig anzumerken ist auch, dass sämtliche staatlichen Zuschüsse an den männlichen Familienvorstand und nicht etwa an die Frau gezahlt wurden – im Unterschied zu Großbritannien, Schweden, Norwegen und teilweise auch Frankreich. Im November 1937 unterstrich Reichsminister Hans Frank den »vaterrechtlichen Geist der nordischen Rasse«, der durch das Naturgesetz gegeben sei und ins Zentrum aller Familienhilfen gestellt werden müsse.[65]

Die zweite Säule pro-natalistischer Sozialpolitik war die Einführung spezieller Hilfswerke und Dienstleistungen zur Bekämpfung der Säuglingssterblichkeit und zur Verbesserung der Bedingungen der Mutterschaft. Das italienische Mütterhilfswerk ONMI haben wir bereits betrachtet. Das deutsche Äquivalent war das 1934 gegründete »Hilfswerk Mutter und Kind« als Teil des Amts für Volkswohlfahrt. Die Organisation zählte zu ihren Aufgabenbereichen: Unterstützung mittelloser Mütter nach der Geburt, unter anderem durch die Unterbringung regimetreuer Frauen in Erholungsheimen; Wohlfahrtsleistungen für kleine Kinder (die Zahl der Kindergärten stieg von 1000 im Jahr 1935 auf 15 000 im Jahr 1941), Gesundheits- und Beratungsstellen für Familien (1941 waren es 28 936).[66]

Die dritte Gruppe von Maßnahmen schließlich verbot und bestrafte sämtliche Vorgehensweisen, die den Pro-Natalismus gefährdeten. Abtreibungen wurden durch das Strafgesetz streng geahndet, obgleich es Belege dafür gibt, dass es dennoch in großen Städten ebenso wie auf dem Land zu zahlreichen Schwangerschaftsabbrüchen kam.[67] Erwachsene, die hartnäckig ledig blieben und Paare, die keine Kinder bekamen, wurden besonders besteuert. 1938 lockerte man das Scheidungsrecht – auch, um eine kinderlos bleibende Beziehung leichter beenden zu können. Eine beispiellose Maßnahme im europaweiten Vergleich war Himmlers Polizeiverordnung von 1941, welche die Herstellung und Verbreitung von Verhütungsmitteln verbot.

Natürlich gab es wichtige Wohlfahrtsorganisationen, die in keiner Verbindung mit den geburtenfördernden Maßnahmen standen. Zu ihnen gehörte das im September 1933 gegründete Winterhilfswerk, das die immer noch stark verbreitete Arbeitslosigkeit und Armut auf breiter Ebene zu bekämpfen versuchte. Bei Anbruch des Winters waren 1933 schätzungsweise 1,5 Millionen Freiwillige und 4000 bezahlte Angestellte damit beschäftigt, Suppe auszugeben, Essenspakete an Familien zu verteilen und Spenden zu sammeln. Im Winter 1933/34 kamen so 358 Millionen Reichsmark zusammen. Ein kleiner, aber nicht unwichtiger Teil davon war durch die »Eintopfsonntage« eingenommen worden. Abzeichen des Winterhilfswerks waren an Straßenecken zu kaufen und schmückten auch den Weihnachtsbaum. Die Spende war im Grunde nicht freiwillig: Sie wurde auf den Straßen und bei Sammlungen von Tür zu Tür durch die Anwesenheit von SA-Braunhemden forciert. Mit dem im Dezember 1936 beschlossenen »Gesetz über das Winterhilfswerk« wurde sie zur festen Einrichtung des NS-Wohlfahrtssystems.[68]

Die vergleichende Betrachtung der nationalsozialistischen Sozialpolitik ab 1933 bis zum Ausbruch des Krieges ergibt ein gemischtes Bild. Auf der einen Seite ist auf diesem wie auf anderen Gebieten eine große

Dynamik unverkennbar. Erich Hilgenfeldt, ein enger Mitarbeiter Joseph Goebbels', setzte zwischen März und Juli 1933 alle Hebel in Bewegung, um sämtliche Wohlfahrtsleistungen unter die zentrale Kontrolle der Nationalsozialistischen Volkswohlfahrt (NSV) zu bringen. Magda Goebbels ließ sich zur ersten Schirmherrin der Organisation ernennen. Alle privaten Wohlfahrtsaktivitäten und damit auch die katholischen, evangelischen und sozialdemokratischen Organisationen wurden den Nationalsozialisten unterstellt. Sie existierten zwar weiter dem Namen nach, doch nur die nationalsozialistische Zentralorganisation erhielt Staatsgelder. Innerhalb weniger Monate war so die komplexe Struktur der deutschen Wohlfahrt radikal verändert worden. *Eine* staatliche Organisation versorgte nun *eine* Volksgemeinschaft.

Das NS-System war umfassender und effektiver als alles, was die italienischen Faschisten aufbieten konnten. Die vergleichende Statistik bezüglich der Ehekredite spricht für sich, ebenso die Zahl von knapp 30 000 Gesundheits- und Beratungszentren für Familien, die 1941 laut offizieller Statistik den deutschen Familien zur Verfügung standen. Ähnlich verfügte das »Hilfswerk Mutter und Kind« über viel mehr Mittel und Initiativen als die italienische ONMI, die auf bereits existierende Strukturen aufbaute und einen Großteil der italienischen Halbinsel nicht erreichte.

Auf der anderen Seite aber, mit Blick auf das Bevölkerungswachstum, kommt die nationalsozialistische Bilanz einem Scheitern gleich. Es wird oftmals betont, nur Deutschland und die Sowjetunion hätten während der dreißiger Jahre der rückläufigen Geburtenrate entgegenwirken können. Der Erfolg aber war nur schwach und vorübergehend. Von 1933 bis 1936 stiegen die Geburtenraten in Deutschland, in den verbleibenden Kriegsjahren stagnierten sie, im Krieg nahmen sie ab.[69] Die durch Ehekredite unterstützten Familien bekamen im Durchschnitt nur ein Kind. Die Zahl der vom Regime so geliebten kinderreichen Familie nahm zwischen 1933 und 1941 sogar ab. Den Nationalsozialisten gelang es trotz aller Bemühungen nicht, den Deutschen vorzuschreiben, wie sie sich in ihren eigenen vier Wänden, in ihrem Schlafzimmer zumal, zu verhalten hatten.

Die Gegenüberstellung mit dem Weimarer Wohlfahrtssystem ist komplex und aufschlussreich. Es gab offensichtliche Berührungspunkte, besonders in Bezug auf das Sauberkeitsideal, die »Rassenhygiene« und die stete Kontrolle. Doch Weimar konnte ein Wohnungsbauprogramm vorweisen, das um vieles umfangreicher als das der Nationalsozialisten war. In den zehn Jahren von 1928 bis 1938 wurden die Ausgaben für den Wohnungsbau, einem fundamentalen Bereich der Wohlfahrt, auf ein Fünftel reduziert. Weimars Planer und Sozialarbeiter, die sicherlich ihre Vorurteile hatten und nicht alle gleich behandelten, verfolgten immerhin die Absicht, den Armen des Landes residuale Wohlfahrtsleistungen zukommen zu lassen. Für die Nationalsozialisten aber war Diskriminierung ein bewusst eingesetztes Instrument. Alle Menschen außerhalb der Volksgemeinschaft waren der Hilfe »nicht wert« oder »unwürdig«.

IV

Das Regime im Krieg

Es gibt viele Aspekte dessen, was Hans Mommsen die »kumulative Radikalisierung« des Nationalsozialismus ab 1939 nennt.[1] Das Dritte Reich vergrößerte sich in kürzester Zeit, um schließlich zum »Großdeutschen Reich« zu werden – ein Imperium aus annektierten und besetzten Gebieten in ganz Europa. In diesem Reich wurde die Unterscheidung zwischen »Menschenführung« und bloßer »Verwaltung« immer mehr dazu benutzt, die skrupellosten und grausamsten Taten zu begehen – mit dem Ziel, unterworfene Bevölkerungen zu versklaven, wenn nicht auszulöschen. Die Physiognomie des NS-Staats veränderte sich, da korrupte, rücksichtslose Parteibosse in den eroberten Gebieten mit der alten Garde um die Macht und das Vertrauen des Führers rangen. Nun konnte der rassistische Staat ins Leben gerufen werden. Vor dem Überfall auf Polen sagte Hitler in einer geheimen Ansprache vor Wehrmachtsoffizieren:

> So habe ich, einstweilen nur im Osten, meine Totenkopfverbände bereitgestellt mit dem Befehl, unbarmherzig und mitleidslos Mann, Weib und Kind polnischer Abstammung und Sprache in den Tod zu schicken. Nur so gewinnen wir den Lebensraum, den wir brauchen ... Polen wird entvölkert und mit Deutschen besiedelt.[2]

Am 10. Oktober 1939 sagte Hitler gegenüber Goebbels, die Polen wären »mehr Tiere als Menschen, gänzlich stumpf und amorph«.[3]

Im letzten Abschnitt des vorliegenden Kapitels möchte ich untersuchen, wie die Radikalisierung des NS-Regimes die drei großen Gruppen von Familien beeinflusste: die »Arier« in der deutschen Heimat, die

»Fremdrassigen« wie Juden, Sinti und Roma und die »lebensunwerten« Menschen – »Schwachsinnige«, »Schizophrene«, »Asoziale« usw. Alle drei Gruppen litten grausam unter dem Krieg.

Arische Heimat

Die nationalsozialistische Gesellschaft war in ihrer ideologischen Ausrichtung und ganzen Organisation auf Krieg ausgerichtet. Der Krieg wurde nicht nur zur treibenden Kraft der Wirtschaft, sondern auch zum zentralen Bezugspunkt des Nationalgefühls. Verkörpert wurde dieses Nationalgefühl (wie auf dem Familienporträt der Goebbels mit Harald Quandt) in dem blonden deutschen Mann, auf dessen Schultern das Schicksal der Nation ruhte. Karl Beyer hatte in seinem Buch *Familie und Frau im neuen Deutschland* aus dem Jahr 1936 die Rollenverteilung massentauglich verherrlicht:

> In der organischen Lebensauffassung bildet der Herd des Hauses die heilige Mitte. Aufgabe der Frau ist es, die Flamme zu nähren, aus der das geheime Leben der Söhne des Volkes hervorgeht ... Der Mann nimmt sein Schild und beschützt damit Herd und Heim.[4]

Diese Geschlechtertrennung lässt sich auch auf die Gefühlswelt übertragen: Die meisten jungen Männer waren begeistert von der Idee, sich im Kampf zu beweisen. Sie waren vielleicht traurig, ihre Familien verlassen zu müssen, aber viele waren voller Kriegseifer und konnten es kaum erwarten, an die Front zu kommen. Frauen und Mütter betrauerten den Abschied von ihren Männern – sie beklagten den Krieg, akzeptierten jedoch seine Notwendigkeit. Zahllose Briefe wurden von 1939 bis 1945 zwischen den Soldaten und ihren Familien ausgetauscht. Die meisten gingen von zu Hause an die Front, wobei viel mehr von Soldaten geschriebene Feldpostbriefe erhalten sind, da die Schreiben der Familie in den Wirren des Krieges verloren gingen.[5]

In den ersten beiden Jahren des Krieges mit seinen erstaunlichen Siegen auf deutscher Seite feierten die »arischen« Familien die nationalsozialistische Volksgemeinschaft wie nie zuvor. Der triumphale Vormarsch der Wehrmacht erschien ihnen die Rache für 1918 und die schrecklichen

Jahre danach. Dies änderte sich erst mit dem Russlandfeldzug, da dort der Sieg nicht so einfach zu erringen war – wenn überhaupt. Und es ließ sich auch nicht leugnen, dass 1941/42 viele deutsche Männer ihre Familie verließen, um vor allem im Osten Europas unschuldige Familien abzuschlachten, weil sie als »minderwertig« eingestuft worden waren. In Christopher Brownings erschütterndem Bericht über deutsche Polizeireservisten, die zum Morden beordert wurden, schreibt einer der Männer im Sommer 1941 aus Oberschlesien an seine Frau. Er ist stolz darauf, die Erschießung von Partisanen gefilmt zu haben, und möchte seinen Kindern bei seiner Rückkehr die Aufnahmen zeigen. Doch er bittet seine Frau mit einem Rest Schuldbewusstsein, ihrem ältesten Sohn nichts davon zu erzählen, welche Verbrechen sein Bataillon an den jüdischen Familien begangen habe.[6] Als im Frühjahr und Sommer 1942 Wehrmachtssoldaten aus Russland zum Fronturlaub in die Heimat kamen, glaubte Goebbels, Frauen und Familien warnen zu müssen. In einem Zeitungsartikel vom 26. Juli 1942 schrieb er, das »kompromisslose Denken [der Soldaten] über den Krieg« könne sehr wohl zu »Reibungsflächen« an dem »vielfach noch friedensmäßig bestimmten Leben in der Heimat« führen. Es sei aber nötig, dass sich die Familien dem »prüfenden Blick der Front« gewachsen zeigten.[7]

An der Heimatfront hielt Victor Klemperer im Juni und September 1941 in seinem Tagebuch die Beobachtung fest, immer mehr Menschen in den Geschäften würden sich nicht mehr mit »Heil Hitler« begrüßen, »sondern mit einem einfachen ›Guten Tag‹«.[8] Er hört von einem Ehepaar, das alle vier Söhne in Russland verloren haben soll: »Der Vater erhängt sich, die Mutter schleudert das Hitlerbild aus dem Fenster auf den Hof. Eine halbe Stunde später wird sie verhaftet.«[9] Und Klemperer merkt an: »Ob die Geschichte nun stimmt oder nicht – bedeutsam ist, dass sie weitererzählt wurde.«

Wichtig festzuhalten ist auch, dass das Regime nie ganz in der Lage war, Frauen ausreichend für den Krieg zu mobilisieren. Auf diesem Gebiet wurden die Nationalsozialisten quasi mit den eigenen Waffen geschlagen. Jahrelang hatten sie die Überlegenheit der deutschen Geschlechterrollen gegenüber dem sowjetischen Modell gepriesen und gefordert, die Frau müsste in erster Linie für die Familie da sein. In Kriegszeiten erwies sich das als Nachteil. Ab 1939 versuchte das Regime daher, die Gewichtung zu ändern. So war angestellten Frauen fortan verboten, ihre Arbeit aufzugeben, da diese für die Kriegswirtschaft dringend benötigt wurde. (Schwangere Frauen waren von dieser Regelung ausgenommen, was zu einem leichten Geburtenanstieg führte.) Von 1939 bis 1941 nahm die Zahl der weiblichen Beschäftigten aber sogar ab.[10] In den ersten Kriegsjahren erwog das NS-Regime die Einführung einer »Frauendienstpflicht«. Doch die Reaktion in den Städten war nicht gerade ermutigend. Im Mai 1941 fanden sich in Dresden nur 600 von 1250 »eingeladenen« Frauen zur Rekrutierung ein, von denen wiederum gerade einmal 120 erklärten, sie seien bereit, eine Beschäftigung anzunehmen. Maßnahmen und Statistiken dieser Art sahen nicht nach einem »totalitären« Regime aus. Derselbe Eindruck bot sich etwa in Dortmund. Der Arbeitsdienst für Frauen wurde erst im Januar 1943 Gesetz, und zwar anfangs nur für Frauen im Alter von 17 bis 45. Zudem wurden viele Ausnahmen genehmigt.[11]

Als die Alliierten mit ihren schweren Bombardements auf die deutschen Städte begannen, nahm die Desillusionierung zu. Die Kritik der Familien wurde, zumindest auf privater Ebene, deutlicher formuliert. Die Evakuierung von Kindern aus den großen Städten hatte schon relativ früh begonnen. Nach den Luftangriffen auf Hamburg im Oktober 1943 versuchten viele Familien, ihre Kinder bei Verwandten auf dem Land unterzubringen, um sie nicht in die von der Partei organisierte Kinderlandverschickung geben zu müssen. In beiden Fällen aber litten Kinder und Eltern stark unter der Unsicherheit, die diese erzwungenen Trennungen mit sich brachten. Goebbels war beunruhigt von der Luftoffensive. Am 1. September 1943 notierte er in sein Tagebuch: »Vor allem wegen des britischen Luftterrors gibt es in weiten Kreisen der deutschen Öffentlichkeit Zweifel am Sieg.«[12] Diese Zweifel wandelten sich jedoch nie zu offenem Widerstand. Auch hier unterschied sich Deutschland von Italien, wo die Streiks der Industriearbeiter im Norden des Landes im März 1943 (und noch vehementer im Jahr darauf) großen Eindruck sowohl auf Mussolini als auch auf Hitler machten.[13]

»Euthanasie« und die katholische Kirche

Mit Datum vom 1. September 1939 erließ Hitler eine Ermächtigung zur Tötung von unheilbar Kranken. Die erzwungene Sterilisation von Menschen mit angeblichen Erbkrankheiten hatte man »Verhütung erbkranken Nachwuchses« genannt; die neue Maßnahme trug den Namen »Vernichtung unwerten Lebens«, »Euthanasie« oder »Aktion T4«. Heil- und Pflegeanstalten wurden Meldebögen zugesandt, nach deren Ergebnissen eine Ärztekommission die Opfer aus der jeweiligen Einrichtung auswählte. Den Familien teilte man mit, ihre Angehörigen seien an einer Erkrankung verstorben, ihre Leichen zur Kremation gegeben worden. Unter den ersten Opfern dieser Tötungen waren 5000 behinderte Kinder unter 3 Jahren. Bis 1945 wurden mindestens 70 000 Frauen und Männer, Geisteskranke, Alte und Behinderte ermordet. Die Verbrechen rechtfertigte man damit, dass so dringend benötigter Platz in den Pflegeanstalten frei würde – das Regime entledigte sich der »nutzlosen Esser«.[14]

Nur die Zurückhaltung der Kirchen konnte Hitler annehmen lassen, dass es auf seinen Erlass keine größeren Reaktionen geben würde. Was als gutgehütetes Geheimnis gedacht war, entwickelte sich schnell zu einem landesweiten Skandal. Geistig zurückgebliebene Patienten, die regelmäßig von ihren Familien besucht worden waren, verschwanden auf einmal; andere verstarben laut Sterbeurkunde an einer »Blinddarmentzündung«, obwohl ihnen der Blinddarm Jahre zuvor entfernt worden war. Jede neue Enthüllung sorgte für eine familiäre Revolte. Doch die Empörung fand kein politisches Ventil. Beinahe zwei Jahre lang beschränkten sich die evangelische und die katholische Kirche darauf, vertrauliche Protestschreiben an verschiedene Reichsministerien zu verschicken. Bis sich der katholische Bischof von Münster, Clemens August von Galen, entschloss, öffentlich Stellung zu nehmen. In seiner Predigt vom 3. August 1941 nahm er explizit Bezug auf das Geschehen:

> Wenn einmal zugegeben wird, dass Menschen das Recht haben, unproduktive Mitmenschen zu töten, und wenn es jetzt zunächst auch nur arme, wehrlose Geisteskranke trifft, dann ist grundsätzlich der Mord an allen unproduktiven Menschen, also an den unheilbar Kranken, den arbeits-

Das Regime im Krieg 527

unfähigen Krüppeln, den Invaliden der Arbeit und des Krieges, dann ist der Mord an uns allen, wenn wir alt und altersschwach und damit unproduktiv werden, freigegeben.[15]

Von Galens Predigt wurde tausendfach vervielfältigt und verbreitet. Die Führung der NSDAP war empört, aber machtlos. Manche Parteigranden wollten den Bischof am Galgen sehen. Goebbels aber mahnte zur Vorsicht: Wenn man den Bischof hinrichtete, war Münster und vielleicht ganz Westfalen für den Rest des Kriegs verloren. Knapp einen Monat später ordnete Hitler an, die Euthanasiemaßnahmen zu beenden – zumindest vorübergehend. Hitlers Kehrtwendung zeigt, wie viel man möglicherweise hätte erreichen können, wenn die christlichen Kirchen sich weniger unterwürfig verhalten hätten. Nach einer Weile wurden die Tötungen wieder aufgenommen.

Bis 1945 tötete man 100 000 Menschen »minderwertiger Rasse«. Dabei gibt es keine verlässlichen Zahlen dazu, wie viele »Tötungen unwerten Lebens« in Polen oder der Sowjetunion verübt wurden.

Genozid

1933 lebten 499 682 Juden in Deutschland und stellten damit etwa 0,77 Prozent der Gesamtbevölkerung von 65,2 Millionen. In den folgenden sechs Jahren flohen viele von ihnen vor dem NS-Regime, aber immerhin 185 000 lebten auch im September 1939 noch in Deutschland. Uns, die wir den Lauf der Geschichte kennen, mag unerklärlich erscheinen, warum so viele angesichts der drohenden Verfolgung und Vernichtung im Land blieben. Dafür gibt es vielerlei Gründe: Erwachsenen Kindern fiel es schwer, Eltern alleinzulassen, die sich einer Ausreise verweigerten; viele Angehörige der älteren Generation wollten ihr Geschäft oder ihren Betrieb nicht aufgeben; viele deutsche Juden mochten ihrer Heimat nicht den Rücken kehren; wieder andere waren überzeugt, dass das Regime zum Ende des Jahrzehnts zusammenbrechen würde. Ende der dreißiger Jahre erschwerte die zunehmende Verarmung in den jüdischen Vierteln großer deutscher Städte zusätzlich die Flucht. Der bürokratische Apparat zur Vernichtung der Juden arbeitete mit grausamer Effizienz, aber zunächst doch auch langsam. Beispielsweise wurden erst im März 1936 die Zuschüsse für kinderreiche jüdische Familien gestrichen – eine unglaublich späte Entscheidung für einen rassistisch organisierten Staat.[16] Erst im Juli 1938 wurde 3000 jüdischen Ärzten die Approbation entzogen. Die Entwicklung beschleunigte sich mit den Novemberpogromen 1938. Andererseits notierte Victor Klemperer erst im Sommer 1941, dass Juden ab sofort die Mitfahrt auf den Elbdampfern verboten sei.[17]

Mit der offiziellen Zielsetzung der »Endlösung der Judenfrage« trat der Prozess der Judenverfolgung in seine grausamste Phase. Saul Friedländer hat die Verfolgung der Juden durch das NS-Regime in drei Phasen unterteilt: Terror vom Herbst 1939 bis Sommer 1941, Massenmord vom Sommer 1941 bis Sommer 1942, Schoah vom Sommer 1942 bis zum Frühjahr 1945.[18] Die noch im Land verbliebenen Juden und die noch zahlreicheren jüdischen Bewohner der eroberten Gebiete wurden gesammelt und in die Vernichtungslager deportiert. Helen Koopmann, eine Warschauer Überlebende dieser Lager, erinnert sich:

> Es war bitterkalt in dem Güterwaggon, und ich habe die ganze Nacht meinen kleinen Bruder im Arm gehalten. Alle Menschen um uns herum weinten und stöhnten. Ich habe ihn einfach nur gehalten, die ganze Zeit. Er war krank und lag ganz still da. Da merkte ich, dass er aufgehört hatte zu atmen. Zum ersten Mal wurde es mir ganz klar. Ich sagte mir: Hitler *will*, dass wir sterben. Er wird uns *töten*.[19]

Helen Koopmann hatte recht. Man hatte die Entscheidung getroffen, sämtliche Mitglieder jüdischer Familien zu töten, unabhängig von Geschlecht und Alter. In einer am 6. Oktober 1943 vor Reichs- und Gauleitern in Posen gehaltenen Rede fragte Heinrich Himmler:

> Wie ist es mit den Frauen und Kindern? – Ich habe mich entschlossen, auch hier eine ganz klare Lösung zu finden. Ich hielt mich nämlich nicht für berechtigt, die Männer auszurotten – sprich also, umzubringen oder umbringen zu lassen – und die Rächer in Gestalt der Kinder für unsere Söhne und Enkel groß werden zu lassen. Es musste der schwere Entschluss gefasst werden, dieses Volk von der Erde verschwinden zu lassen.[20]

Doch die Nationalsozialisten waren sich der Legitimität ihrer mörderischen Sache dann offensichtlich doch nicht so sicher, als dass sie ihre

Das Regime im Krieg 529

Taten öffentlich bekannt gemacht hätten. Im Gegenteil, sie bemühten sich, jegliche Informationen zu den Tötungen zu unterdrücken. Bevor die deutschen Juden in die Deportationszüge getrieben wurden, nahm man ihnen vor allem auch Blanko-Postkarten und Briefmarken ab. Am 24. März 1942 konfiszierten die Behörden in Würzburg 358 Sechspfennig-Postkarten, 142 Sechspfennig-Briefmarken und 273 Zwölfpfennig-Briefmarken, bevor man die Menschen in den Tod schickte.[21]

Bei Ankunft in den Lagern setzten verschiedene Prozeduren ein. In Vernichtungslagern wie Auschwitz wurden die Familien sofort voneinander getrennt – meist für immer. Arbeitsfähige Männer und gesunde Frauen zwischen 16 und 45 kamen in getrennte Arbeitslager. Alle anderen – Kinder unter 16, Mütter mit Kindern, Alte und Schwache – wurden sofort in die Gaskammern geschickt.

Durch eine solche Selektion war es unmöglich, Familienbeziehungen aufrechtzuerhalten. Davon gab es nur einzelne, seltene Ausnahmen.

Eine Familie, von der nur noch die Großmutter und ihre Enkel übrig sind, auf dem Weg in die Gaskammern von Auschwitz-Birkenau; Fotografie der SS-Männer E. Hoffmann und B. Walter

Doch bleibt festzustellen, dass die Frauen in den Lagern, wie Jane Caplan schreibt –

auf die unendliche Unmenschlichkeit und Grausamkeit des Lagers eher als die Männer mit dem Knüpfen engerer Freundschaften reagierten und sich einen Kreis von Vertrauten schufen, der einen gewissen Ersatz für das schmerzvolle Fehlen der Familie bot ... Die Erinnerung der Frauen konnte auf eine unbefangene Metaphorik der Familie zurückgreifen, die den Männern eher verschlossen blieb.[22]

Es gab sogenannte »Familienlager«, die während dieser grauenvollen Monate in Auschwitz errichtet wurden. Das erste war für eine weitere »mindere Rasse«, nämlich die Roma gedacht. Bei Ankunft in Auschwitz ab Februar 1943 wurden diese nicht sofort selektiert, sondern in ein neues »Zigeunerfamilienlager« gebracht, in dem die Familien zusammenblieben.[23] Das Lager, in dem etwa 23 000 Männer, Frauen und Kinder untergebracht wurden, existierte knapp anderthalb Jahre. Es herrschten entsetzliche Bedingungen: Typhus grassierte, und die Krankenbaracken waren unbeschreiblich in ihrem Dreck und dem menschlichen Leid. Dennoch wurden die Roma von Insassen anderer Lagerbereiche dafür beneidet, dass sie mit ihren Familien zusammenbleiben durften. Guenter Lewy schreibt: »Auf der Skala des Elends, welches das Leben in der Todesfabrik Auschwitz kennzeichnete, stellte das Zigeunerfamilienlager nicht die schlimmste Möglichkeit dar.«[24] Doch ihr Status rettete die Roma nicht. 5600 wurden schließlich in den Gaskammern ermordet, 3500 in andere Lager gebracht, die verbleibenden 14 000 starben an Krankheiten, medizinischen Experimenten oder durch mordende Wachen.

In Auschwitz gab es ein zweites Familienlager, das im September 1943 für etwa 18 000 Juden aus Theresienstadt errichtet wurde.[25] Seine Geschichte ist nicht nur mit Blick auf das Vorgehen der Nationalsozialisten, sondern auch wegen der Kleinmütigkeit des Internationalen Roten Kreuzes in Genf aufschlussreich. Die Nationalsozialisten befürchteten nämlich, das Rote Kreuz würde einen Kontrollbesuch in Auschwitz durchsetzen, und errichteten deshalb dieses Vorzeigelager, in dem die Menschen Zivilkleidung trugen, die Familien zusammenblieben und täglich etwa 500 Kinder in eine Art Kindergarten gingen. Letztendlich beschloss der Delegierte des Internationalen Komitees des Roten Kreuzes, der Schweizer Maurice Rossel, die Reise nach Auschwitz sei nicht notwendig – er hatte kurz zuvor Theresienstadt besichtigt, das kein Vernichtungslager war und eigens für diesen Zweck »verschönert« worden war. Die Gründe für diese Entscheidung sind nicht bekannt. Dem deutschen Funktionär, der für den inszenierten Besuch zuständig war, dankte Rossel im Anschluss für die Gastfreundlichkeit und schrieb:

> Die Reise nach Prag wird uns in bester Erinnerung bleiben, und es freut uns, Ihnen nochmals versichern zu dürfen, dass unser Bericht über den Besuch von Theresienstadt für viele eine Beruhigung bedeuten wird, da die Lebensbedingungen zufriedenstellend sind.[26]

Sobald die Gefahr eines Kontrollbesuchs vorüber war, wurden die Insassen des »Familienlagers Auschwitz« im Juli 1944 ermordet.

Zwangsarbeit

Eine letzte, oftmals vernachlässigte gesellschaftliche Gruppe, die sich während des Kriegs in Deutschland befand, waren die in der Kriegsproduktion beschäftigten ausländischen Fremdarbeiter aus den besetzten Gebieten. Diese große und heterogene Gruppe umfasste im Sommer 1941 etwa 3 Millionen, im Herbst 1944 dann 7,7 Millionen Arbeiter. Einige kamen freiwillig, und es waren auch einige Frauen unter ihnen, aber in der Mehrheit handelte es sich um Männer, die gewaltsam ihrem Zuhause und ihren Familien entrissen worden waren. Die germanischen »Herrenmenschen« teilten die Arbeiter nach Ethnie und Staatsangehörigkeit ein – in ihrer Hierarchie standen Dänen ganz oben und Russen ganz unten. Doch die NS-Strategie wurde ad absurdum geführt, da Deutschland im Laufe des Kriegs nicht etwa »arischer« oder »germanischer« wurde, sondern genau das Gegenteil geschah. Eine Hamburgerin notierte im Frühjahr 1943 in ihr Tagebuch, überall seien so viele ausländische Arbeiter, dass man überall eine »babylonische Sprachverwirrung [antrifft], wohin man hört«.[27] Fremdarbeiter, die eine sexuelle Beziehung mit einer deutschen Frau (oder auch Prostituierten) eingingen, riskierten drakonische Strafen. So wurden 600 ausländische Prostituierte nach Deutschland geholt, um den Bedürfnissen der Zwangsarbeiter nachzukommen. Gleichzeitig drohte deutschen Frauen eine öffentliche Demütigung wie das Kahlscheren des Kopfes, wenn sie einen ausländischen Geliebten hatten. Doch angesichts der Menschenmassen ließen sich »gefährliche Liebschaften« kaum verhindern. Der Sicherheitsdienst (SD) der SS berichtete voller Sorge, dass mindestens 20 000 uneheliche Kinder von deutschen Frauen zur Welt gebracht wurden und die Rassenreinheit des deutschen Volkes immer stärker bedroht sei.[28]

Das Ende und ein Anfang

Zu Beginn des Frühjahrs 1945 war die Lage des Dritten Reichs aussichtslos geworden. Die Wehrmacht war weit ins deutsche Gebiet zurückgedrängt worden, und das Kriegsende schien nur wenige Wochen entfernt. Joseph Goebbels und seine Frau Magda standen vor einer schweren Entscheidung. Seit den glücklichen Tagen, die sie im Juni 1933 in Italien verbracht hatten, war ihre Ehe durch Höhen und Tiefen gegangen – Letztere vor allem verursacht durch Goebbels' wiederholte Seitensprünge und seine ernste Liaison mit dem tschechischen Filmstar Lída Baarová. Bei dieser Gelegenheit hatte Hitler interveniert und Goebbels klargemacht, dass das Modell der arischen Familie, das sie gemeinsam geschaffen hatten, nicht einfach so zerstört werden dürfe. Er drohte Goebbels, er würde unwiederbringlich in Ungnade fallen. Daraufhin beendete der Propagandaminister seine Affäre.

Mit jedem Tag hatte Hitler weniger Kontrolle über die Lage im Land. Am 16. April 1945 begann die sowjetische Armee mit dem letzten Angriff auf Berlin. Goebbels begab sich in Hitlers Hauptquartier in den Bunker tief unter der Reichskanzlei. Als Zeichen ihrer Loyalität gegenüber ihrem Mann und ihrem Führer beschloss Magda Goebbels mitzukommen und – mit Hitlers Genehmigung – auch ihre Kinder mitzunehmen. Am 28. April schrieb Goebbels an Magdas Sohn Harald, der sich in Kriegsgefangenschaft befand:

Wir sitzen eingeschlossen im Führerbunker in der Reichskanzlei und kämpfen um unser Leben und um unsere Ehre ... Du wirst unter Umständen der Einzige sein, der unsere Familientradition fortführt ... Du kannst stolz darauf sein, eine Mutter wie die Deine zu besitzen. Der Führer hat ihr gestern Abend das Goldene Parteiabzeichen, das er jahrelang an seinem Rock trug, gegeben, und sie hat es auch verdient ... Wie dieser Kampf ausgehen wird, das weiß nur Gott allein. Ich aber weiß, dass wir nur mit Ehre und Ruhm lebend oder tot daraus hervorgehen werden. ... Leb wohl, mein lieber Harald! Ob wir uns jemals wiedersehen werden, das steht bei Gott.[29]

Am selben Tag schrieb auch Magda ein letztes Mal an Harald:

Nun sind wir schon 6 Tage hier im Führerbunker, Papa, Deine sechs kleinen Geschwister und ich, um unseren nationalsozialistischen Leben den einzigmöglichen ehrenvollen Abschluss zu geben ... Ob Du diesen Brief erhältst, weiß ich nicht, vielleicht gibt es doch eine menschliche Seele, die es mir ermöglicht, letzte Grüße zu senden. Du solltest wissen, dass ich gegen den Willen Papas bei ihm geblieben bin, dass noch vorigen Sonntag der Führer mir helfen wollte, hier herauszukommen ... Die Welt, die nach dem Führer und dem Nationalsozialismus kommt, ist nicht mehr wert, darin zu leben, und deshalb habe ich auch die Kinder hierher mitgenommen. Sie sind zu schade für das nach uns kommende Leben, und ein Gnädiger Gott wird mich verstehen, wenn ich selbst ihnen die Erlösung geben werde ...

Am 30. April 1945 verabschiedeten sich Hitler und Eva Braun, die am Tag zuvor geheiratet hatten, von allen im Führerbunker Verbliebenen, zogen sich zurück und begingen Selbstmord. Am Tag darauf brachte Magda Goebbels ihre Kinder früh zu Bett, gab ihnen ein Schlafmittel zu trinken und vergiftete sie im Schlaf mit Zyanid. Daraufhin tötete sich auch das Ehepaar Goebbels.[30] Dass Magda Goebbels die eigenen Kinder tötete, war untypisch für die nationalsozialistische Elite (falls dieser Begriff hier angebracht ist), entsprach aber offenbar ihrem Charakter. Es gab Alternativen – beispielsweise hätten die Kinder bei Verwandten bleiben können. Magda Goebbels aber entschied sich für ihren Tod.

Zur selben Zeit wurde Victor Klemperer und seiner Frau bewusst, dass sie das NS-Regime entgegen aller Wahrscheinlichkeit tatsächlich überleben würden und ein neues Leben beginnen könnten. Von den 1265 Juden, die sich Ende 1941 noch in Dresden befanden, gab es im Februar 1945 nur noch 198. Klemperer war einer von ihnen. Der Rest war nach Riga, Auschwitz oder Theresienstadt deportiert worden. Auch Klemperer sollte eigentlich wenige Tage später abgeholt werden. Dass er überhaupt so lange überleben konnte, lag auch an seiner »Mischehe« mit Eva Schlemmer, einer Musikerin aus einer protestantischen Königsberger Familie. Am Abend des 13. Februar 1945 warfen die alliierten Flugzeuge Brandbomben über Dresden ab. Das Stadtzentrum und ein Großteil der Vororte wurden komplett zerstört, viele Tausende Familien kamen im Feuersturm ums Leben. Wahrscheinlich starben 35 000 Menschen. Die Zerstörung Dresdens gehört – nach Hiroshima und Nagasaki – zu den umstrittensten Bombardements des Krieges. Klemperer und seine Frau überlebten. Die Kontrolle der Nazis über sein Leben – die Zuweisung in ein »Judenhaus«, die eingeschränkte Lebensmittelkarte, seine bevorstehende Deportation –, alles dies ging mit Dresden in Flammen auf. Er riss sich den gelben Stern vom Mantel; Eva Schlemmer ersann einen Rettungsplan, und die beiden machten sich mit falschen Papieren – teils zu Fuß, teils per Zug – nach Bayern auf, wo sie hofften, von Bekannten aufgenommen zu werden. Als sie am 29. April, zwei Tage also, bevor Magda und Joseph Goebbels sich selbst und ihre Kinder töteten, in dem Dorf Unterbernbach Rast machten, schrieb Klemperer in sein Tagebuch:

> Hier kommt uns am Spätnachmittag tastend, zögernd, misstrauisch eine Gruppe von drei jungen deutschen Soldaten, alle in Fliegerdeckungs-Umhängen, ohne Gewehr entgegen. Einer hat eine Landkarte, alle drei haben gute Gesichter, fraglos aus guter Familie, vielleicht Studenten. Sie sind aus Ingolstadt noch gerade hinausgekommen, sie möchten in der Richtung aus Landsberg durch, sie möchten nicht gefangen werden. Ob »der Amerikaner« im Dorf sei ... Die geduckten und hilflosen Soldaten waren wie eine Allegorie des verlorenen Krieges. Und so leidenschaftlich wir den Verlust des Krieges ersehnt haben, und so notwendig dieser Verlust für Deutschland ist (und wahrhaftig für die Menschheit) – die Jungen taten uns doch leid.[31]

Klemperers Mitgefühl, das angesichts dessen, was Juden ab 1933 in Deutschland erleiden mussten, alles andere als selbstverständlich ist, war auch mit Wut und Sorge durchmischt: Wie konnte es zur Naziherrschaft kommen? Immer noch in Bayern notierte er am 5. Mai 1945:

Und immer rätselhafter, trotz Versailles, Arbeitslosigkeit und eingewurzeltem Antisemitismus, immer rätselhafter wird mir, wie sich die Hitlerei durchsetzen konnte. Hier tut man jetzt manchmal so ..., als sei Hitlerei im wesentlichen eine preußisch-militaristische-unkatholische-unbayrische Sache gewesen. Aber München war doch ihr »Traditionsgau«. Und wie hat diese Sache das skeptische und sozialistische Berlin gewinnen und behaupten können?[32]

Auf diese Fragen suchen wir noch heute Antworten.

Schlussbetrachtung

Anders als in allen anderen Ländern, die unter die Tyrannei eines Diktators fielen, fand sich im Deutschland der dreißiger Jahre eine Gruppe linker Intellektueller, die den Aufstieg des Nationalsozialismus mit direk-

Berlin, 10. Juni 1945: Frauen kehren zu ihren zerstörten Häusern zurück; neben dem kleinen Jungen sitzt seine Mutter am Bordstein

tem Bezug auf die Familie erklärten. Das unter der Leitung von Max Horkheimer unter Mitarbeit von Erich Fromm, Herbert Marcuse und anderen entstandene Gemeinschaftswerk *Studien über Autorität und Familie* konnte erst 1936 in Paris erscheinen.[33] Ab 1933 war die aus der Gruppe hervorgehende »Frankfurter Schule« gezwungen, ihr »Institut für Sozialforschung« erst in die französische Hauptstadt und von dort nach New York zu verlegen. Das Hauptargument der *Studien* war, dass bestimmte Familienmuster und insbesondere die frühkindliche Sozialisierung Menschen dafür anfällig machten, einer autoritären Politik zu folgen und sich mit ihr zu identifizieren. Im Mittelpunkt der Untersuchung stand dabei die Beziehung zwischen dem Vater und dem Kind und vor allem zwischen dem Vater und dem Sohn. Im deutschen Familien-Modell besaß der Vater uneingeschränkte Autorität. Horkheimer zitiert hierzu den Theologen Ernst Troeltsch: »Der Hausvater ist der Rechtsvertreter, der nicht kontrollierte Gewalthaber, der Brotherr, der Seelsorger und Priester seines Hauses.«[34] Das Kind wächst in Ehrfurcht und Angst vor der unnachgiebigen Herrschaft einer solch mächtigen Vaterfigur auf:

> Die geistige Welt, in die das Kind in Folge dieser Abhängigkeit hineinwächst, wie auch die Phantasie, durch welche es die wirkliche beseelt, seine Träume und Wünsche, seine Vorstellungen und Urteile sind vom Gedanken an die Macht von Menschen über Menschen, des Oben und Unten, des Befehlens und Gehorchens beherrscht.[35]

Angesichts dieser Situation fällt es dem späteren Erwachsenen leicht, einer Politik zuzustimmen, die auf denselben Regeln, derselben Sprache und denselben Praktiken beruht wie das häusliche autoritäre Patriarchat. Einerseits schwor der Einzelne dem Führer blinden Gehorsam, andererseits genoss er, innerhalb und außerhalb der Familie Aggression und Gewalt gegen Menschen auszuüben, die schwächer waren als er. Doch der Prozess, durch den sich Autorität etablierte, war in psychologischer Hinsicht alles andere als einfach. Fromm erklärt hierzu:

> Es ergibt sich, dass, wenn die äußere Gewalt die Gefügigkeit der Masse bedingt, sie doch in der Seele des Einzelnen ihre Qualität verändern muss. Die hierbei entstehende Schwierigkeit wird teilweise durch die Über-Ich-Bildung gelöst. Durch das Über-Ich wird die äußere Gewalt

transformiert und zwar, indem sie aus einer äußeren in eine innere Gewalt verwandelt wird. Die Autoritäten als die Vertreter der äußeren Gewalt werden verinnerlicht, und das Individuum handelt ihren Geboten und Verboten entsprechend nun nicht mehr allein aus Furcht vor äußeren Strafen, sondern aus Furcht vor der psychischen Instanz, die es in sich selbst aufgerichtet hat.[36]

Die Familie spielte also eine wesentliche Rolle beim Aufkommen des Nationalsozialismus. Sie lieferte ein übermächtiges Vaterbild, ein System der Unterwerfung nach einer geschlechtsspezifischen Einteilung zwischen stark und schwach, und sie förderte die Herausbildung eines übermächtigen, starren Über-Ichs. Durch die autoritäre Unterdrückung der kindlichen Triebe entsteht in dem Heranwachsenden nun selbst ein autoritärer Charakter, dessen soziales Verhalten geprägt ist von Autoritätsgläubigkeit einerseits und Intoleranz und Aggression gegenüber allem »Fremden« andererseits. Horkheimer für seinen Teil ging nicht so weit wie Trotzki 1923, der in der Familie den Hauptmotor für gesellschaftlichen Wandel sah. Dennoch betont er die außerordentliche Bedeutung der Familie für die Herausbildung gesellschaftlicher und politischer Haltungen:

Solange die grundlegende Struktur des gesellschaftlichen Lebens und die auf ihr beruhende Kultur der gegenwärtigen Weltepoche sich nicht entscheidend verändern, wird die Familie als Produzentin von bestimmten autoritären Charaktertypen ihre unentbehrliche Wirkung üben.[37]

Wie zu erwarten, sorgten die *Studien über Autorität und Familie* für heftige Diskussionen – jedoch weniger in der Geschichtswissenschaft als vielmehr in der Psychologie. Die feministische Kritik wies richtigerweise darauf hin, dass die Autoren der Beziehung zwischen Mutter und Kind so gut wie keine Beachtung schenkten und stattdessen ein ausschließlich »patrizentrisches« Weltbild präsentierten.[38] Das komplizierte Machtgefüge im »ganzen Haus«, in dem auch die Frau des Patriarchen eine bedeutende Rolle spielte, wurde nicht in Betracht gezogen. Genauso wenig wie die schwerwiegendere Tatsache, dass die von der Frankfurter Schule herausgestellten Familienmuster auch in anderen, vor allem ländlichen Teilen Europas zu finden waren, ohne dass sie dort zu einem Phänomen wie dem Nationalsozialismus geführt hätten. Anders gesagt: Die autoritäre Persönlichkeit gab es nicht nur in Deutschland, den Nationalsozialismus aber schon. Im spanischen Katalonien hatten, wie wir im vierten Kapitel dieses Buches gesehen haben, die patriarchalische Ordnung des Elternhauses (*masía* oder *casa pairal*), die autoritären Strukturen und die Regelung des Erbes große Ähnlichkeit mit den traditionellen deutschen Familienmustern. Aber die streng katholischen katalanischen Bauern hegten keine anti-republikanischen Ansichten, und ihre heimische Kirche war eine der wenigen, die offen die Gräueltaten des sogenannten »Kreuzzugs« anprangerten. Ähnliche Argumente könnte man am Beispiel der italienischen Pachtbauern vorbringen. Die Verbindung, welche die Frankfurter Schule zwischen kindlicher Prägung und dem Siegeszug der Nationalsozialisten zog, war wichtig und neu, als alleiniges Erklärungsmuster reicht sie nicht.[39]

Es bleibt unklar, ob die autoritäre Familie eine Bedrohung oder ein Vorbild für den Nationalsozialismus war. Ein wichtiges Argument der Anwerbung war der Generationenkonflikt. Autoritären Vätern, die alles bewahren wollten, wie es war, musste widersprochen werden, ihnen wollte man sich entgegenstellen – im Gemeinderat von Körle, auf den Straßen Berlins, innerhalb der eigenen Familie. Sah man die Nationalsozialisten selbst als Autorität, so konnte die Familie als Vorbild dienen. Herrschte aber der konservative oder sozialdemokratische Patriarch über das Private, so musste er bekämpft, mussten die Familienbande zerschlagen werden.

Dies leitet zu einer umfassenderen, oft gestellten Frage über: Waren die Nationalsozialisten Feinde oder Förderer der Familie? Die Meinungen hierzu gehen auseinander.[40] Meine eigene, eher pragmatische Ansicht hierzu lautet, dass die Nationalsozialisten denjenigen Familien, die sie als »fremdrassig« oder »minderwertig« klassifizierten, zweifellos feindlich gesinnt waren. Familien, die als »arisch« galten und sich parteikonform verhielten, wurden durchaus gefördert. Die Nationalsozialisten waren sicher nicht gewillt, die Familie als »Gegenmacht« zu akzeptieren, sie hatten aber auch nicht vor, die Familie zu zerstören oder abzulösen. Ihre vor allem an die Jugend gerichteten Aktivitäten beanspruchten viel Zeit, die sonst der Familie gehört hätte. Doch im Bund Deutscher Mädel predigte man sicher keine Familienfeindlichkeit. Stattdessen sollte die Familie in regimetreuer Form neu erfunden werden. Als Ilse Koehn, ein

Mädchen aus Berlin, im Oktober 1942 mit ihrer Schulklasse in das kleine Harrachsdorf auf der tschechischen Seite des Riesengebirges evakuiert wurde, war man sehr darauf bedacht, dass die Mädchen ihre Familien nicht vernachlässigten. Am Samstag wurden daher Briefe geschrieben: »Unter gedämpften Buh-Rufen hat Pfaffi [die Aufsicht] erklärt, Samstag sei Briefschreibetag. Sie sorgt dafür, dass wir regelmäßig nach Hause schreiben. Wir dürfen nicht raus, bis wir ihr den fertigen Brief gezeigt haben.«[41] Natürlich musste im Brief stehen, wie prächtig alles in Harrachsdorf war – aber entscheidend für unseren Zusammenhang ist, dass der Empfänger nicht die Partei, sondern immer noch das Elternhaus war.

Der Grad an Kontrolle, den die großen, hier vorgestellten Diktaturen auf die Familien ausübten, ist schwer zu messen. Dennoch wäre ich zögerlich mit dem Gebrauch des Adjektivs »totalitär«. Auf dieses Zögern werde ich im Nachwort noch einmal eingehen. Es reicht vielleicht aus, auf die Besonderheiten der deutschen Situation aufmerksam zu machen: Als modernste unter allen hier betrachteten Nationen war Deutschland durch seine Topografie und Infrastruktur besonders geeignet für eine umfassende Kontrolle. Goebbels kannte und nutzte diese Strukturen. Zugleich aber sorgte diese Modernität in weiten Teilen der Bevölkerung für einen nicht unbeträchtlichen Individualismus im Alltag. Wenn man die »richtige« Abstammung hatte und der richtigen Gesellschaftsschicht angehörte, konnte man unter dem Nationalsozialismus relativ ruhig leben, ja gar gewisse Freiheiten bewahren und eingeschränkt Kritik üben. Die Weigerung der Arbeiterfrauen, für den Krieg mobilisiert zu werden, ist wahrscheinlich der deutlichste Beweis für diesen passiven Widerstand.

Dennoch, die überwiegende Mehrheit der Deutschen identifizierte sich mit dem Projekt der Volksgemeinschaft. Es gab Ausnahmen, und ein Dresdener Freund Victor Klemperers meinte gar, jeder Jude habe einen »arischen Engel«, da nicht-jüdische Bewohner der Stadt ihren gedemütigten und verfolgten Mitbürgern zu helfen versuchten.[42] Es waren aber nicht genug, und ihr Widerstand wurde nie vernehmbar. Statt einer Zivilgesellschaft, statt Freiheit und Pluralismus forderten die Nationalsozialisten Gehorsam und Krieg, um ihr unvorstellbar grausames Vernichtungsvorhaben zu Ende zu führen. Zu viele ganz normale deutsche Familien gingen begeistert mit.

SECHS
Stalinismus und Familie,
1927–1945

I

Familienschicksale

Kehren wir noch einmal zum Ausgangspunkt dieses Buches zurück, kommen wir noch einmal auf Russland und die Sowjetunion zu sprechen. Hier überschneiden sich stärker als in jeder anderen hier untersuchten Nation die beiden Herangehensweisen an Familienpolitik in der Geschichte, die mich am meisten faszinieren. Die eine kommt gleichsam »von unten« und versucht, häufig auf sehr verwirrende Weise, das Privatleben ebenso wie das öffentliche Leben der Familien neu zu struktieren. Die zweite kommt hingegen »von oben« und versucht, die Struktur der Gesellschaft, ihre Form insgesamt, zu revolutionieren und zu kontrollieren. Stalins Version der letzteren kombiniert auf neuartige und zugleich grausame Weise eine Reihe der wesentlichen Elemente miteinander: die Sprache der Revolution, die Realität eines umfassenden gesellschaftlichen Umbruchs, die Praxis des Terrors, die »Normalisierung« des Familienlebens.

Der Preis des Überlebens

Erinnern wir uns an Alexandra Kollontai: Sie erlebte die bolschewistische Revolution von 1917/18. Sie war der Traum ihres Lebens, wie man sagen könnte. Kollontai wurde als einzige Frau Mitglied in Lenins Rat der Volkskommissare. Im Jahr 1921 war sie dann bereits isoliert, als die sogenannte »Arbeiteropposition« gegen Lenin den Kürzeren zog. Danach haben wir sie gesehen, wie sie ihren letzten politischen Kampf ausfocht, in der Auseinandersetzung um die Familiengesetzgebung von 1926. Nach einer neuerlichen Niederlage kehrte sie nach Skandinavien zurück. Dorthin war sie zunächst als sowjetische Handelsvertreterin in Oslo berufen worden; in Stockholm wurde sie später Botschafterin – die erste Frau, die jemals diesen Posten innehatte. Jetzt war sie nicht nur ideologisch, sondern auch räumlich isoliert; sie war 55 Jahre alt und hatte im Jahr 1927 keinerlei politischen Einfluss mehr. Außerdem stand es um ihre Gesundheit nicht zum besten.

Man sollte meinen, dass sich Alexandra Kollontai in allen Ehren aus der sowjetischen Politik hätte zurückziehen können. Stattdessen aber musste sie, wie die meisten Bolschewiki der ersten Stunde, um ihr nacktes Überleben kämpfen. Von 1928 an erlebte Russland eine Phase der Zwangskollektivierung auf dem Land, der Industrialisierung und des Massenterrors. Die sowjetische Gesellschaft wurde komplett umgekrempelt und mit ihr die Politik. In diesem Klima sahen sich die Revolutionäre der Generation Lenins schwerer, oft haarsträubender Verbrechen angeklagt. Der Hauptvorwurf lautete, dass sie sich mit Trotzki gegen die Sowjetunion verschworen hätten. Eine große Zahl alter Bolschewiki wurde verhaftet, verhört, in Schauprozessen verurteilt und hingerichtet. Dieses Schicksal blieb Kollontai erspart. Der Preis, den sie für diese Immunität zahlte, war hoch, weil die einzige Alternative zum Tod bedingungsloser Gehorsam war. Die einstige Dissidentin beugte sich dem »Gebot der Geschichte«, wie sie es nannte, und machte mit Stalin gemeinsame Sache.[1]

Ein Beispiel mag genügen, um zu zeigen, wie die Kursänderung sich bei Alexandra Kollontai äußerte. Im Jahr 1919 hatte sie zu Protokoll gegeben, wie sie das historische Treffen der Bolschewiki erlebt hatte, bei dem für die gewaltsame Machtübernahme gestimmt worden war.[2] In dieser Beschreibung spielt Trotzki eine wichtige Rolle, und Kollontai vergleicht seine Rhetorik mit dem Klang einer Glocke. Stalin wird mit keinem Wort erwähnt. Kamenew und Sinowjew, die dagegen gestimmt hatten, kommen noch relativ gut weg. Fast zwanzig Jahre später, im Oktober 1937, beschreibt sie das Ereignis erneut.[3] Jetzt wird Trotzki zum »Judas Trotzki«, zu einem berüchtigten Verräter und künftigen Gestapo-Agenten. Über Sinowjew und Kamenew, die inzwischen beide tot waren, wird übel gelästert. Und vor allem wird Stalin als der Held des Geschehens präsentiert: als »der klarste und entschiedenste Interpret der Linie

Lenins und der Partei«.[4] In den Jahren der »großen Säuberungen« blieb Kollontai der Parteilinie treu und machte, was Stalin von ihr verlangte. Zwei Fragen drängen sich hier auf: Warum verschonte Stalin ausgerechnet sie, und warum handelte sie so, wie sie es tat? Es wurde schon häufig darauf hingewiesen, dass Genossinnen der alten Garde eine viel höhere Überlebenschance hatten als Männer. Es stimmt ferner, dass Kollontai mit ihrer beachtlichen diplomatischen Erfahrung und ihrem internationalen Ansehen ein nützliches Aushängeschild für das Regime war, ein »willfähriger Zeuge«, wie Robert Tucker schrieb.[5] Beatrice Farnsworth hat dies unlängst untersucht. Seit Mitte der zwanziger Jahre behandelte Stalin sie, so Farnsworth, auf »freundlich-ironische und herablassende Weise«. Kollontai, die große Vorkämpferin für neue und egalitäre Beziehungen zwischen den Geschlechtern, reagierte auf eine typisch »weibliche« Art: »dankbar, ehrerbietig und schmeichelnd«.[6] Im Jahr 1922 hatte Stalin ihr in »einem schweren Moment« ihres Lebens geholfen – während ihrer Trennung von Pawel Dybenko –, indem er sie nach Oslo geschickt hatte. In den Jahren danach unterstützte sie ausdrücklich seine Generallinie, lehnte es ab, sich der Opposition anzuschließen, und kritisierte den stalinistischen »Personenkult« niemals. Diese Kombination, so Farnsworth, war möglicherweise ihre Rettung.

Auf die zweite Frage nach ihren eigenen Motiven gibt es ebenfalls mehrere Antworten. Die Angst war mit Sicherheit ein Faktor, allerdings konnte vor der stalinistischen Ära niemand Kollontai vorwerfen, dass es ihr an Mut gemangelt hätte. Das Alter dürfte ebenfalls eine Rolle gespielt haben. Im Jahr 1937 war sie bereits 65 Jahre alt; ihr alter Elan hatte sie längst verlassen. Aber die wohl wichtigste Erklärung lieferte ihr altes Steckenpferd: die Familie. Alexandra Kollontai hatte nicht um sich Angst, sondern um die, die ihr nahestanden. Sie hatte sich immer um ihren Sohn Mischa Sorgen gemacht, und am Ende ihres Lebens fühlte sie sich schuldig, weil er ihretwegen so viele Trennungen und unsichere Phasen durchgemacht hatte. Aus Mischa war ein erfolgreicher Ingenieur geworden, der für das Handelsministerium arbeitete und mit der hohen Politik nichts zu tun hatte. In den zwanziger Jahren hatte er eine Zeit lang in Skandinavien, in der Nähe seiner Mutter gearbeitet; in den dreißiger Jahren hielt er sich in den USA auf. Dort war er vergleichsweise sicher, aber alle im Ausland arbeitenden Sowjetbürger gerieten naturgemäß ins Visier der

Geheimpolizei. Kollontai ließ der Fall ihres Neffen keine Ruhe, eines »begabten Wissenschaftlers«, der im Jahr 1931 Selbstmord begangen hatte, nachdem er das Ziel polizeilicher Überwachung geworden war, wie sie in ihrem Tagebuch schrieb. Es blieb ihr nichts anderes übrig, als stillzuhalten.[7]

Ein letzter Aspekt, nämlich ihre Loyalität zur Sowjetunion, ist ebenfalls von Bedeutung bei der Erklärung ihrer Unterwürfigkeit gegenüber Stalin. In einem Brief vom 21. Juli 1938 an ihre enge Gefährtin in Stockholm, Dr. Ada Nilsson, ließ Kollontai Revue passieren, was sie im Leben erreicht hatte.[8] An erster Stelle steht für sie ihre Mitwirkung an der Gründung der UdSSR, die in ihren Augen wie kein anderes Land das Versprechen der Freiheit in sich barg. An zweiter Stelle nannte sie ihren Kampf für die Emanzipation der Frau, die in Sowjetrussland so große Fortschritte

Alexandra Kollontai in Stockholm im Jahr 1944, vor dem Porträt ihrer Mutter

gemacht hatte. Immerhin war sie eine überzeugte Kommunistin: Die Ziele, die man erreichen wollte, waren sehr hoch gesteckt, die eingesetzten Methoden, um sie zu erreichen, grausam. Sie wurde in den Jahren 1937 und 1938 zweimal nach Moskau zitiert, überlebte aber jedes Mal und kehrte nach Stockholm zurück. Ihre Tagebücher enthüllen ihren ganzen Kummer, als ihre alten Freunde einer nach dem anderen »beseite geschoben« wurden.[9]

Im Jahr 1942 erlitt Alexandra Kollontai einen Schlaganfall, der eine linksseitige Lähmung nach sich zog. Als Botschafterin in Stockholm war sie noch maßgeblich daran beteiligt, den russisch-finnischen Winterkrieg zu beenden; drei Jahre danach gab sie ihren Posten in Stockholm ab und kehrte nach Moskau zurück. Dort bekam sie zur Belohnung zwei komfortable Wohnungen zur Verfügung gestellt, eine für sich und ihre Sekretärin und Gefährtin Emy Lorentsson und eine zweite 1947 für ihren Sohn Mischa und dessen Familie. Es gelang ihr auch, für Mischa eine Vorruhestandsregelung durchzusetzen, weil er unter Herzproblemen litt. Ihr Enkel Wolodja kam häufig zu Besuch. Ironie der Geschichte: Ausgerechnet Alexandra Kollontai hatte die Familie für sich entdeckt und bezeichnete sich als glücklich, umgeben von »meinen vier Kindern«.[10]

Dennoch fand sie nachts keinen Schlaf, und ihren Kummer könnte man durchaus mit dem der spanischen Feministin Margarita Nelken in ihren letzten Jahren vergleichen. Alexandra Kollontai starb im März 1952, ihr Sohn folgte ihr nur ein Jahr später nach.

Stalins Familienleben:
Trauma, Fortpflanzung und Zerstörung

Von allen Diktatoren der ersten Hälfte des 20. Jahrhunderts machte Stalin vermutlich die schlimmste Kindheit und Jugend durch. Seine Eltern kamen aus einer armen georgischen Bauernfamilie und lebten in der kleinen Stadt Gori. Sein Vater war Schuster, ein mürrischer und gewalttätiger Mann – ein Trinker, der nicht nur seinen Sohn brutal verprügelte, sondern auch seine Frau, und das vor Josefs Augen. Einmal, so heißt es jedenfalls, versuchte der Junge seine Mutter zu schützen, indem er seinem Vater mit dem Messer drohte. Ob die Geschichte nun wahr ist oder nicht, sie ist bezeichnend für das Ausmaß an Hass und Elend, die in diesem Haushalt herrschten. Wissarion Iwanowitsch Dschugaschwili (mit dem Spitznamen »Besso«) war nach Augenzeugenberichten ein wahres Monster. Seine Frau Jekaterina Gawrilowna Geladse (genannt »Keke«) tat ihr Bestes, um ihren einzigen Sohn zu beschützen. Sie hatte, im Übrigen wie die Mutter von Adolf Hitler, ihre ersten Kinder allesamt durch Epidemien verloren und vereinigte ihre ganzen Ängste und Leidenschaften auf diesen ihren Sohn. Man kann nur ahnen, wie verzweifelt sie war, als Josef mit sechs Jahren Windpocken bekam. Er überlebte, aber die Krankheit hinterließ ihre Narben in seinem Gesicht, genau wie die furchtbaren Traumata der Kindheit seine Seele prägten.

Als Josef noch sehr jung war, verließ sein Vater die Familie, ging nach Tiflis und fand Arbeit in einer Lederfabrik. Zum Entsetzen von Mutter und Sohn bestand er darauf, dass Josef mit ihm ging. Die Eltern begannen ein Tauziehen um das Kind. Jekaterina gewann, weil sie eine fromme Christin und die Haushälterin des örtlichen orthodoxen Priesters war. Ihre Verbindungen über die Kirche erwiesen sich als stärker als alles, was ihr stets alkoholisierter Mann ins Feld führen konnte.[11] Nach geraumer Zeit (ein paar Wochen oder auch Monaten) kehrte Josef jedenfalls wieder aus Tiflis nach Gori zurück.

Jekaterinas Religiosität rettete ihren Sohn dieses Mal, aber sie sollte ihm als Jugendlichem noch erheblich zu schaffen machen. Seine Mutter wünschte sich sehr, dass er Priester wurde. Im Jahr 1894, mit 15 Jahren, trat er gehorsam als einer von 600 Schülern in das russisch-orthodoxe Priesterseminar in Tiflis ein. Das Seminar war eine Mischung aus Bildungseinrichtung und Kaserne. Außerdem war es eine Brutstätte des georgischen Nationalismus. Der Tagesablauf war streng geregelt, harte Strafen waren üblich, und der Lehrplan war heillos veraltet. Stalins Aufenthalt in dem Seminar lässt sich vergleichen mit dem von Mussolini in der Priesterschule der Salesianer in Faenza, auf die er 1893 im Alter von 10 Jahren geschickt wurde, nur ein Jahr vor Stalins Eintritt in das Priesterseminar.[12] Beide Jungen waren Rebellen und hassten die Disziplin, die ihnen aufgezwungen wurde. Beide wurden oft bestraft und von den anderen isoliert. Nachdem Mussolini einen Schulkameraden mit dem Messer verletzt hatte, holten seine Eltern ihn jedoch aus der Schule. Er hatte es nur zwei Jahre bei den Priestern ausgehalten, Stalin hingegen blieb fünf Jahre lang. Diese jugendliche Gefangenschaft – man kann es nicht anders nennen – nach der bereits arg gestörten Kindheit verhärteten die angeborenen Charaktereigenschaften: Misstrauen, Verschlossenheit, Lügen. Letzteres lernte und praktizierte er so geschickt, dass es ihm zur zweiten Natur wurde. Außerdem schulte er sein erstaunliches Gedächtnis, denn im Griechisch- und Lateinunterricht mussten jede Menge Vokabeln gebüffelt werden. Im Jahr 1899 schied er aus dem Priesterseminar aus, ohne das Examen abzulegen, und wechselte nahtlos und zum großen Kummer seiner Mutter in die revolutionäre, sozialistische Agitation.[13]

Vergleicht man Stalin mit Hitler unter dem Aspekt des Familienlebens, so ergeben sich auffällige Unterschiede: Anders als Hitler (und auch Mustafa Kemal) sehnte Stalin sich nach Familienglück. Über seine erste Heirat, vermutlich im Jahr 1904, mit Jekaterina Semjonowna Swanidse, genannt »Kato«, ist wenig bekannt. Sie muss sehr jung gewesen sein, eine Georgierin, und hat Stalin offensichtlich mit großer Hingabe geliebt. Josef liebte sie wohl auch, aber auf andere Art, weil er fast nie zu Hause war, agitierte und organisierte. Im Jahr 1908 schenkte Kato ihm einen Sohn, Jakow. Die Mutter starb jedoch nicht lange danach. Der Kummer brach Stalin beinahe das Herz. Um seinen Sohn kümmerte er sich indes nicht, sondern ließ ihn von seiner Schwägerin aufziehen.[14]

Stalins zweite Ehe, die große Liebe seines Lebens, hielt länger – 13 Jahre –, aber auch sie endete tragisch. Die 1901 geborene Nadeschda Allilujewa war zur Zeit der Revolution erst 16, ein kluges, unabhängiges und ernstes Mädchen, dessen Vater Eisenbahnelektriker und ein berühmter bolschewistischer Agitator war. Mit ihrer Gewissenhaftigkeit und akkuraten Arbeit stieg sie rasch zu einer Sekretärin Lenins auf. Außerdem wurde sie Stalins Geliebte. Im Jahr 1919 heirateten die beiden; sie war 18, er 41. Von Anfang hatte sie, wie wohl alle Menschen, Schwierigkeiten mit der dunklen Seite von Stalins Charakter: seinen plötzlichen Stimmungswechseln, seinen Exzessen, der Verstellung, seiner Derbheit, der Heftigkeit seines Temperaments. Aber sie liebte ihn dennoch, und sie hatten miteinander zwei Kinder: Wassili, geboren 1921, und Swetlana, geboren 1926.

Nur in diesen Jahren, in dem großen Landhaus »Subalowo« 35 Kilometer vor Moskau, genoss Stalin bis zu einem gewissen Grad häusliches Glück. Der Haushalt wurde von Nadeschdas Mutter geführt. Stalin scharte die Verwandten (sowohl aus seiner ersten als auch aus der zweiten Ehe) und die Gruppe der kommunistischen »Brüder« um sich, die ihn auf seinem Weg aus der Bedeutungslosigkeit an die Macht, aus der Peripherie ins Zentrum der russischen Politik begleiteten.[15] Das eheliche Verhältnis war im Zuge von Stalins Aufstieg immer stärkeren Belastungen ausgesetzt. Nadeschda verfolgte die politische Entwicklung aufmerksam und kritisch. Bei der Zwangskollektivierung der Bauernschaft (siehe nächsten Abschnitt) ab dem Jahr 1928 vertrat sie zum Beispiel eine völlig andere Meinung als ihr Mann. Sie litt außerdem zunehmend unter starken Kopfschmerzen und Depressionen. Die Ehekrise erreichte ihren Höhepunkt am 8. November 1932 bei einer rauschenden Party zur Feier des 15. Jahrestages der Revolution. Stalin brachte einen Trinkspruch auf die Vernichtung der Feinde der UdSSR aus. Nadeschda weigerte sich, ihr Glas zu heben. Laut mehreren Augenzeugenberichten beleidigte Stalin sie daraufhin vor allen anderen und schnippte seine Zigarette in ihre Richtung. Sie rannte aus dem Saal und erschoss sich noch in derselben Nacht.[16]

Nadeschdas Tod und Stalins maßgeblicher Anteil daran markierten, wie zu erwarten, einen emotionalen Wendepunkt in Stalins Leben. Von da an zog er sich immer mehr in sich selbst zurück, ging keine längere Beziehung mehr zu einer Frau ein und misstraute mehr den Menschen in seinem Umfeld. Seine Tochter Swetlana merkte viele Jahre später zu dieser Phase an:»Ich glaube, dass Mamas Tod ihm einen schrecklichen Schlag versetzte; er hat seinen Glauben an die Menschen und an die Freunde vernichtet, ausgelöscht. Er hat Mama stets für seinen nächsten und besten Freund gehalten, er betrachtete ihren Tod als Verrat, als Dolchstoß in den Rücken.«[17] Misstrauen und Paranoia wurden zu den dominierenden Kennzeichen seines Verhaltens. Sein »Geselligkeitstrieb« bestand nunmehr aus rein männlichen, reichlich alkoholischen Abendgesellschaften, ganz ähnlich denen Mustafa Kemals mit seinen Kameraden beim Militär. In der Tat glichen sich georgische und türkische Gesellschaftsrituale unter Männern, ungeachtet des Religionsunterschieds, sehr stark. Doch anders als Mustafa Kemal war Stalin dafür bekannt, dass es ihm besondere Freude bereitete, seine Trinkkumpane zu demütigen.

Um die gleiche Zeit schickte er sich an, seine eigene Familie systematisch zu zerstören. Sehen wir uns die einzelnen Familienmitglieder an: Seinen Sohn aus erster Ehe, Jakow, behandelte Stalin mit Verachtung und hielt ihn seiner nicht würdig. Als Jakow im Zweiten Weltkrieg in deutsche Gefangenschaft geriet, verleugnete Stalin ihn und nannte ihn einen Verräter, weil »ein echter Russe sich nicht ergibt«. Alexander, der Bruder Katos (der ersten Frau), der einst zu den engsten Freunden Stalins gezählt hatte, wurde als Spion angeklagt und erschossen. Dessen Frau wurde verhaftet und starb in einem Arbeitslager; ihr Sohn wurde als »Kind eines Volksfeindes« nach Sibirien geschickt. Marija, Katos Schwester, wurde verhaftet und starb im Gefängnis. Was die Verwandten aus seiner zweiten Heirat angeht, litt Stalins Sohn Wassili sehr stark unter dem Tod seiner Mutter. Nach einer gescheiterten Karriere in der sowjetischen Luftwaffe starb er wie sein Großvater als Alkoholiker im Alter von nur 41 Jahren. Die meisten Verwandten Nadeschdas wurden von dem Diktator in Arbeitslager oder nach Sibirien geschickt. Die wenigsten blieben am Leben.[18] Stalin liebte nur Swetlana, seine Tochter, die zur Zeit des Selbstmords ihrer Mutter 6 Jahre alt war, und sie vergalt es ihm mit der Liebe, die nur eine 6-jährige Tochter für ihren Vater aufzubringen vermag. Aber als sie

Stalin und seine Tochter Swetlana, Moskau 1933

heranwuchs, kam es rasch zu Spannungen, als er versuchte, ihr Privatleben zu kontrollieren.[19]

Die Liste der Familienmitglieder, die unmittelbar oder mittelbar auf Stalins Anordnungen hin starben, ist lang und grauenvoll. Sein Wüten innerhalb der Familie unterscheidet Stalin von allen anderen Diktatoren.

II

Der große Umbruch

Wenn Stalin am Ende dieses Buches behandelt wird, so nicht unbedingt deshalb, weil seine eigene Familie ein derart grausames Schicksal erleiden musste, sondern vor allem, um dem Ausmaß seiner Einflussnahme auf die gesellschaftlichen Veränderungen Rechnung zu tragen – wenn man es denn so ausdrücken kann. Es geht immerhin unter anderem um den Tod von Millionen von Bauern durch Verhungern – sicher keine »gesellschaftliche Veränderung« im ursprünglichen revolutionären Sinne, sondern schlicht ein beispielloses Verbrechen.

Nähern wir uns dem Phänomen in drei Schritten. Betrachten wir zunächst die Zwangskollektivierung des Bauernlebens, dann die außergewöhnliche Urbanisierung und Industrialisierung der UdSSR während des ersten Fünfjahresplans, und schließlich die kurz aufeinanderfolgenden Terrorwellen, die über die Bevölkerung der Sowjetunion hereinbrachen. Dabei möchte ich jeweils der Frage nachgehen, welche Konsequenzen derart dramatische gesellschaftliche Veränderungen auf die Familien hatten.

Kollektivierung und der Kampf gegen die Kulaken

Im Jahr 1927 erreichten die Spannungen zwischen Stadt und Land, nach dem allzu kurzen Zwischenspiel der »Neuen Ökonomischen Politik« (NEP), wiederum ein kritisches Ausmaß. In diesem Jahr produzierten die Bauern trotz einer guten Ernte weniger Getreide für die Märkte als im

Vorjahr. Zum Teil lag das daran, dass die Dorfbewohner als Reaktion auf hartnäckig sich haltende Gerüchte von einem Krieg Getreide horteten; zum Teil aber auch daran, dass sie das Glück hatten, mehr zu konsumieren und weniger zu verkaufen als je zuvor in ihrer Geschichte. In den Städten sah die Sache ganz anders aus. Steigende Lebensmittelpreise und die Gefahr eines neuen internationalen Konflikts schürten den Unmut und das Misstrauen unter den einfachen, städtischen Kommunisten und Industriearbeitern.

Was als eine Getreidekrise begann, nahm rasch Kennzeichen einer allgemeinen Wirtschaftskrise an.[1] Dafür trug Stalin die Verantwortung. Zusammen mit der Gruppe skrupelloser Männer, die er um sich geschart hatte, und gegen den Widerstand Bucharins und Rykows, die die »smytschka«, die Verbindung mit der Bauernschaft, erhalten wollten, beschloss er, dass es nunmehr an der Zeit sei, hart durchzugreifen: Die Bauernschaft musste unter die Kontrolle des Staates gebracht werden. Dazu sollten die bäuerlichen Betriebe kollektiviert werden; der bäuerliche Landbesitz sollte abgeschafft und das gesamte Land künftig vom Staat kontrolliert werden. Eine derartige Lösung schien die Garantie zu bieten, dass der Überschuss aus dem Land abgezogen und die Produktion und der Konsum kontrolliert werden konnte. Darüber hinaus winkte das Versprechen einer »höheren«, sozialistischen Form der Landwirtschaft, die sich auf Mechanisierung und rationale Planung stützte.

Damit nicht genug, rief Stalin aber auch zum »Kampf gegen die Kulaken« auf. Dies hatte die Funktion, das Feindbild der »Anderen« zu schaffen, ohne das bislang noch kein autoritärer Staat ausgekommen ist. Hier nun waren die Kulaken die »Anderen«, das heißt einigermaßen wohlhabende Bauern, denen man in erster Linie vorwarf, Getreide zu horten und die Städte auszuhungern. Sie mussten als Klasse ausgelöscht werden, auch wenn das leichter gesagt war als getan. Während die Nationalsozialisten in Deutschland einen komplizierten und langwierigen »Verwaltungsprozess« in Gang setzten, um die Juden zu registrieren, bevor sie sie vernichteten, wurde in der UdSSR willkürlich entschieden, wer ein Kulak war und wer nicht, und zwar auf lokaler Ebene, häufig aufgrund von übler Nachrede und Rachegelüsten. Ein Jude war ein Jude wie ein Katholik ein Katholik war, aber ein (zu) »wohlhabender« Bauer musste erst zu einem »Kulaken« gemacht werden.[2]

Die ersten Schritte in Richtung Kollektivierung waren noch zurückhaltend. Auf dem 16. Parteitag im April 1929 sah der erste Fünfjahresplan für Landwirtschaft lediglich eine Quote von 9,6 Prozent der Dorfbevölkerung vor.[3] Als sich der Widerstand der Bauern verstärkte, ging es um alles oder nichts. Im Jahr 1928 waren bereits 25 000 kommunistische Parteikader flankiert von Fabrikarbeitern aus den Städten aufs Land geschickt worden, um Getreide zu requirieren, Märkte zu schließen und private Händler zu verhaften. Sie machten umfassenden Gebrauch von Artikel 107 des Strafgesetzbuches, nach dem die Spekulation und das Horten von Waren schwer bestraft wurden. Die Repressionsmaßnahmen wurden in den folgenden Jahren verschärft. Am 30. Juli 1930 wurde die Dorfgemeinschaft (»*obschtschina*« oder »*mir*«) abgeschafft – ein Akt von großer symbolischer Bedeutung. Die Dorfgemeinschaft war die älteste und einflussreichste kollektive Einrichtung auf dem russischen Land, für die es in Italien, Spanien, Deutschland oder der Türkei kein Pendant gab. Der »*schod*« oder Ältestenrat wurde geschlossen, und ein großer Teil der Aufgaben wurde an staatlich organisierte kollektive Landwirtschaften übertragen. Künftig wurden »Kolchosen« – obligatorische kollektive Höfe, die als Genossenschaften getarnt waren – und »Sowchosen« – staatlich geleitete Höfe – zu den Basiseinheiten der sowjetischen Landwirtschaft. Binnen weniger Monate war die alte Ordnung auf dem Dorf, die in der einen oder anderen Form jahrhundertelang Bestand gehabt hatte, hinweggefegt worden.[4]

Was für eine traumatische Wirkung dieses Vorgehen auf die Bauernschaft, und nicht nur auf den wohlhabenderen Teil, haben würde, ließ sich nicht vorhersagen. »Am einen Tag«, schreibt Moshe Lewin, »fühlten sie sich noch zu Hause, als eigener Herr (*chosjain*); am nächsten Tag waren sie gegen ihren Willen an den Staat gekettet worden.«[5] Parallel dazu leitete das Regime eine massive Offensive gegen jene Elemente in der Gesellschaft ein, die durch »Rückständigkeit« und »kleinbürgerlicher Wertvorstellungen« auffielen. Die Kulturrevolution auf dem Land richtete sich in erster Linie gegen die Kirche: Priester wurden verhaftet, Glocken entfernt, Kirchen geschlossen, abgerissen oder für eine anderweitige Nutzung umgebaut. Gleichzeitig wurden Märkte, Mühlen und Werkstätten geschlossen, Hebammen und lokale Heiler erhielten Berufsverbot. Die »Rationalisierung« des ländlichen Lebens hatte begonnen.

Mit einer Direktive vom 30. Januar 1930 wurden die Kulaken nach dem Grad der Bedrohung, die von ihnen angeblich ausging, in drei Kategorien eingeteilt.[6] Die erste und »gefährlichste« Kategorie, alle jene, die »konterrevolutionärer Tätigkeit schuldig« und »Organisatoren terroristischer und sowjetfeindlicher Aktionen« waren, sollten verhaftet und erschossen werden. Ihre Familien sollten in Regionen im Norden, nach Sibirien oder Zentralasien deportiert werden. Die zweite Kategorie bildeten reiche und etablierte Kulaken, die sich bislang der Kollektivierung widersetzten. Der Tod durch Erschießen blieb ihnen erspart, aber sie und ihre Familien sollten in die gleichen fernen und unwirtlichen Gegenden deportiert werden wie die Familien der ersten Kategorie. Eine dritte Kategorie von Kulaken, die »Harmlosen«, sollte innerhalb der eigenen Provinz umgesiedelt werden.

Welche Folgen dies alles für das Familienleben hatte, geht etwa aus den Hunderten, wenn nicht Tausenden von Protestbriefen hervor, die an Partei- und Staatsvertreter geschickt wurden. Deportierte schrieben aus dem Ural, aus Ostsibirien und dem Norden des Landes. Eine Gruppe von Frauen reichte bei Präsident Michail Kalinin eine Petition zugunsten von 50 000 Deportierten ein:

> Unsere Männer sind von uns getrennt. Sie sind weg und lungern irgendwo herum, und wir Frauen, Alte und kleine Kinder sind zurückgeblieben, um in Kirchen zu schmachten ... Pritschen sind drei Stockwerke hoch gebaut worden, sodass immer eine dampfige Feuchtigkeit in der Luft hängt. Wir sind von dieser Luft und dem Zug alle krank geworden, und Kinder unter 14 sind wie die Fliegen umgefallen. Es gibt keine medizinische Versorgung ... Binnen einem und einem halben Monat sind sage und schreibe 3000 Kinder auf dem Friedhof von Wologda begraben worden, aber jetzt hat man uns aus Wologda in Notunterkünfte am Bahnhof Kaharow und am Kilometerstein 573 an der nördlichen Eisenbahn verlegt. Michail Iwanowitsch, wenn du sehen könntest, wie wir in diesen Unterkünften hausen, wärest du entsetzt. Wenn wir ein paar Jahre in diesen Hütten bleiben müssen, wird kein Einziger am Leben bleiben. Die Hütten wurden an einem feuchten Ort im Wald gebaut ... Als Verpflegung gibt es drei Viertel Pfund Brot und überhaupt kein gekochtes Essen.[7]

Hier handelte es sich eindeutig um eine Politik des Massenmordes, der als Deportationen getarnt war. Diese grausame Taktik ist uns bereits bei den Armeniern und Kurden, bei den Beduinen der Kyrenaika, den Juden und Sinti und Roma in Deutschland begegnet. Hier ging es nicht um eine religiöse oder ethnische Gruppe, sondern um Angehörige der eigenen Bevölkerung, der man vorwarf, kleinbürgerliche und konterrevolutionäre Überzeugungen zu vertreten.

In dem Chaos und den tragischen Ereignissen jener Jahre wurden etliche Familien auseinandergerissen, wenn die Eltern deportiert und verbannt wurden, während die Kinder verlassen und mit gebrochenem Herzen im Dorf zurückblieben. Nadeschda Krupskaja, Lenins Witwe, protestierte im Jahr 1930 gegen die grausame Praxis:

> Die Eltern eines kleinen Kindes werden verhaftet. Es geht weinend die Straße entlang ... Das Kind tut allen leid, aber keiner kann sich dazu entschließen, es zu adoptieren oder bei sich im Haus aufzunehmen: »Schließlich ist es der Sohn eines Kulaken ... Das könnte unangenehme Folgen haben.«[8]

Ein weiterer radikaler, gesellschaftlicher Umbruch auf dem Dorf wurde durch die massive Abwanderung der Männer bedingt. Viele wurden zwangsweise deportiert, aber viele andere zogen weg und suchten in den aufblühenden Städten Arbeit. Ein Dorfchronist der dreißiger Jahre, Jewgeni Gerassimow, bemerkte, wie viele alleinstehende Frauen, die von ihren Männern im Stich gelassen worden waren, damals die Dörfer bevölkerten: »Mit einer Schar halbverwaister Kinder im Schlepptau nahmen sie die Kollektivfarmen auf die eigene Schulter.«[9]

Gegen beiden Maßnahmen – die »Beseitigung« der Kulaken und den Kolchose-Zwang – wurde anfangs großer Widerstand geleistet. Die komplexen Mechanismen der Solidarität innerhalb des Dorfes erschwerten die Isolierung der Kulaken, und allein im Jahr 1930 verzeichneten die Behörden rund 13 000 Krawalle, an denen sich gut 2 Millionen Bauern beteiligten. Häufig standen Frauen an der vordersten Front der Proteste, was ihnen den Beinamen »*bab'ibunty*« (Frauenproteste) eintrug, und ihre Wut und Entschlossenheit hielten die Sowjets eine Zeit lang auf. Aber was konnten Schneebälle, Mistgabeln und Steine gegen bewaffnete Milizen ausrichten?[10]

Schon bald ging die Bauernschaft angesichts des dramatischen Umbruchs, der ihnen aufgezwungen wurde, zum bewährten passiven Widerstand über. Wie in den Jahren 1921/22 hatte die Zwangskonfiszierung des Saatguts zur Folge, dass die Aussaat im nächsten Jahr erheblich geringer ausfiel. Darüber hinaus fingen viele Bauern an, aus Protest gegen die Beschlagnahmung ihrer Ländereien das eigene Vieh zu schlachten. In großen Teilen der Sowjetunion, insbesondere in den Getreideregionen der Ukraine, Westsibiriens, der unteren Wolga und im Nordkaukasus, wo die Zwangskollektivierung am härtesten einschlug, traten wiederum Hungersnöte auf. Ein verzweifelter Brief aus Mordwinien an die Zeitschrift *Iswestija* im Jahr 1932 mag als Zeugnis für das Schicksal Hunderttausender Bauernfamilien genügen:

> Ich habe eine neunköpfige Familie, und was hatte ich vor dem *kolchos*? Ich hatte alle Waren, die ich brauchte, um meine Familie zu ernähren, und Essen, und ich hatte Kleider und Schuhe für sie. Hatte ein Pferd und drei Schafe. Lieferte an die Regierung 20 Pud Roggen, 40 Pud Hirse, Hafer, Kartoffeln und Hanf. Ich habe im *kolchos* gearbeitet, ich habe 355 Tage im Jahr gearbeitet, aber ich esse kein Brot mehr, sondern Spreu und Kartoffeln, wir haben nicht einmal genug, um unsere Schuhe zu besohlen. Meine Kinder sind vor Hunger schwarz geworden. Ehrenwerte Redakteure, gibt es keine andere Möglichkeit, den *kolchos* zu verlassen, als hier umzukommen?[11]

Die Hungersnot von 1932/33 war die schwerste in der sowjetischen Geschichte, und dies nicht infolge einer Naturkatastrophe, soll als das Ergebnis bewusster politischer Entscheidungen. Auch hier wird man wohl nie die genauen Opferzahlen wissen, aber Demografen gehen von einer Gesamtzahl zwischen 5 und 7 Millionen Toten aus. »Wir hatten nicht ausreichend Bücher, um das Massensterben zu erfassen«, schrieb ein lokaler Regierungsvertreter. »Wir kümmerten uns vornehmlich um die Beerdigung der Toten.«[12] Manche Dörfer verloren zwischen 70 und 75 Prozent ihrer Bewohner. Ein Bericht des britischen Außenministeriums weist auf die Gepflogenheit hin, am Anfang und Ende des Dorfes schwarze Flaggen aufzuhängen: »Das bedeutet, alle Einwohner sind verhungert oder geflohen.«[13] Noch mehr als 20 Jahre nach der Kollektivierung war Ethnografen und Soziologen der Zutritt zu Dörfern der Hungerregionen de facto untersagt.[14]

Die Weigerung, den Schleier abzulegen

An dieser Stelle ist noch eine Anmerkung zu den Sowjets in Zentralasien angebracht. Zuletzt war von dieser Region im Zusammenhang mit der aggressiven kommunistischen Kampagne von 1927 gegen das Tragen des Parandscha und des Tschatschwan die Rede. Und wir haben gesehen, auf welch starken Widerstand diese Initiative in muslimischen Familien, insbesondere ländlichen, gestoßen war. Das Ergebnis der »Hujum«-Kampagne, die Tausende das Leben kostete, war eine Art Patt-Situation. Die Kommunisten waren außerstande, etwas durchzusetzen, das sie für ein wichtiges Programm zur Befreiung der Frau hielten, aber gleichzeitig waren auch die traditionalistischen Kräfte in den zentralasiatischen Sowjets außerstande, die skrupellose Staatsmacht der Stalinisten herauszufordern.

Ein solcher dualer Prozess ist in verschiedenen Bereichen zu beobachten. Gegen die Kollektivierung der Landwirtschaft setzten sich viele energisch, aber am Ende erfolglos zur Wehr, weil die Kommunisten rasch Maßnahmen durchsetzten, mit denen sie den gesamten Privatbesitz und das gemeinschaftliche Land unter die Kontrolle der lokalen Parteibehörden brachten. Es gibt kaum Informationen darüber, wie verbreitet der physische Widerstand war; ein offizieller Bericht aus dem Jahr 1930 schildert einen Krawall in Sartjan, einem Dorf in der Region Choresmien, in dessen Verlauf 300 »rückständige Frauen« lokale Funktionäre in der Absicht angriffen, sie zu erdrosseln. Ähnliche Vorfälle ereigneten sich anscheinend in ganz Usbekistan. Die Ängste der Dorffrauen wuchsen noch, als Gerüchte über die wahren Folgen der Kollektivierung die Runde machten: Angeblich sollten Männer und Frauen künftig unter einer großen Decke zusammen schlafen, und Frauen würden zum allgemeinen Besitz.[15]

Auf der anderen Seite war das Regime nicht imstande, den Kampf um den Schleier zu gewinnen oder nur die Muster des Alltags und das bewährte Verhältnis zwischen privater und öffentlicher Sphäre nennenswert zu verändern. Das bolschewistische Vokabular von Rationalisierung und Befreiung, sowie die Omnipräsenz in der öffentlichen Sphäre scheiterten an Familienbräuchen und religiöser Überzeugung. Wie im Fall der Türkei blieb die »innere Domäne« der Frauen im Haus sakrosankt und für männliche Außenstehende tabu, abgesehen von nahen Angehörigen. Was den

Schleier anging, so meldeten Funktionäre untröstlich, dass die Zahl der stark verschleierten Frauen in den dreißiger Jahren tatsächlich noch zugenommen habe. Sogar in Taschkent, neben Buchara die Stadt, in der die Kommunisten die größten Erfolge verbucht hatten, ließen lokale Führungspersonen ihre Frauen verschleiert gehen. Im Jahr 1940 berichtete die Vizepräsidentin des usbekischen Obersten Sowjets, dass sich in Fergana und anderen Orten die Muster des Familienlebens nicht geändert hätten: »Wir haben eine Situation, in der Tausende von Schulmädchen unter dem Einfluss von Obskurantisten und religiösen Eltern und Angehörigen ihr Studium aufgeben, minderjährig heiraten und sogar den Parandscha tragen.«[16]

Städtische Utopien

Doch kommen wir wieder zurück zur Dynamik der Städte. Erinnert sei an die lange Tradition der Russen, mit kollektiven Lebensformen zu experimentieren. Auf Nikolai Tschernyschewskis Roman *Was tun?* bin ich bereits im ersten Kapitel zu sprechen gekommen. Er trug maßgeblich dazu bei, radikale Ideen zum häuslichen Leben unter der gebildeten Mittelschicht zu verbreiten, und Alexandra Kollontai zählte zu den Erben dieser Tradition. Auch wenn sie niemals selbst in einer Kommune lebte, blieb es ihr Traum, dass ein Teil der bolschewistischen Utopie seinen Ausdruck in kollektiven Lebensformen finden werde: Besitztümer und Geld zusammenlegen, die Kinder gemeinsam erziehen, zusammen kochen, demokratisch innerhalb des Haushalts entscheiden – und das alles in den turbulenten Zeiten des Aufbaus des ersten sozialistischen Staates der Geschichte. Doch die von Männern dominierte, in aller Regel chauvinistische Partei war für so ein Projekt nicht zu gewinnen. Dennoch wurden in der frühen Sowjetunion hier und da neuartige gemeinschaftliche Lebensformen erprobt. Auf dem Land hatten vor allem radikale, religiöse Gruppierungen Erfolg: etwa die »Tolstojaner«, die in die Fußstapfen ihres großen Meisters getreten waren, religiös lebten und sich von der »Sündhaftigkeit« der Zivilisation abwandten. In der Ära der NEP wurden viele derartige Experimente wohlwollend betrachtet, allerdings zugleich mit einer gehörigen Portion Skepsis.[17]

In den Städten der frühen zwanziger Jahre gab es, wie gezeigt, vereinzelt Arbeiterkommunen, die gemeinschaftliche Dienstleistungen wie Wäschewaschen und Brotbacken anboten. Wie so oft gingen Studenten bei der Gründung von Kollektiven am weitesten. Zu den wohl am besten dokumentierten Experimenten zählt die Leningrader »Kommune der 133«, die im Jahr 1924 von Studenten des Elektrotechnischen Instituts gegründet wurde. Die Kommune mit ihren 133 Mitgliedern war in jeder Hinsicht radikal: Mauern wurden durchgebrochen, weil jeglicher private Raum in den Schlafsälen abgeschafft wurde. Die Kollektivierung erfasste jeden Aspekt des täglichen Lebens, bis hin zur gemeinsamen Nutzung der Kleider und sogar der Unterwäsche. In Anbetracht der hohen Ansprüche, denen ihre Mitglieder gerecht werden mussten, ist es erstaunlich, dass sich die Kommune so lange halten konnte. Nicht einmal die ewigen Probleme der Liebe, Eifersucht und Sexualität brachten sie zum Scheitern.[18]

Untrennbar mit der Geschichte der stalinistischen Ära verbunden ist der Umstand, dass der Start des ersten Fünfjahresplans gemeinschaftliche Lebensformen wiederaufleben ließ, teils aus materieller Notwendigkeit – wegen der Wohnungsnot, da bäuerliche Arbeiter in immer größeren Mengen in die großen Städte drängten – und teils in einer neuen utopischen Begeisterung, die Arbeiter ebenso wie Intellektuelle dazu veranlasste, eine überaus originelle, sowjetische Version der Moderne zum Ausdruck zu bringen. Stalin selbst hob unablässig den freiwilligen, geradezu romantischen Charakter dessen hervor, was sich im Land abspielte, die Notwendigkeit heldenhafter Taten, sozialistischen Engagements und der Selbstaufopferung im ersten Fünfjahresplan. Im Oktober 1932 sagte er zu einer Gruppe Intellektueller, die sich in Maxim Gorkis Moskauer Wohnung versammelt hatte, dass ihre »Produktion« von entscheidender Bedeutung sei: »Sowjetische Panzer sind nichts wert, wenn die Seele in ihnen verdorben ist.«[19]

In dieser emotional aufgeladenen Atmosphäre des schrittweisen Aufbaus des neuen sozialistischen Bollwerks erlebte der traditionelle *artel* der Arbeiter eine Wiedergeburt, als junge Arbeiter und Arbeiterinnen dieselben Räume (oder einen Raum) zum Schlafen, denselben Topf zum Essen nutzten und in dieselbe Fabrik arbeiten gingen. Produktionsgenossenschaften oder Kollektive schossen aus dem Boden und hatten Namen wie »Funke«, »Unser Taumel«, »Fünf-in-Vier« (d. h. dass man die Hoffnung hatte, den Fünfjahresplan in nur vier Jahren zu erreichen) und dergleichen mehr. Einen Höhepunkt erreichte diese neuen Welle der Kommunen im Zeitraum von Mitte 1929 bis Mitte 1930, und die Zahl der Produktionsgenossenschaften wurde um diese Zeit auf über 134 000 geschätzt.[20] Es war eine gewaltige Bewegung.

Zur selben Zeit entstanden die wohl aufregendsten Pläne, das städtische und häusliche Leben zu revolutionieren. Zu ihnen zählte der Beitrag des herausragenden Architekten Konstantin S. Melnikow anlässlich eines Wettbewerbs von 1929, bei dem es um den Bau einer »Gartenstadt« ging. Melnikow hatte keine Chance auf den Sieg (häufig das Los der originellsten Eingaben), aber sein Plan ist in die Architekturgeschichte eingegangen. Das theoretische Hauptproblem bestand darin, wie Melnikow selbst sagte, »den Schlaf zu rationalisieren«.[21] Statt Schlaf oder den Mangel an Schlaf als eine individuelle Angelegenheit anzusehen, die den sozialistischen Staat nichts angehe, präsentierte Melnikow sie korrekt als eine zentrale Frage des Alltags. Arbeiter kamen nach langen Arbeitsstunden erschöpft in die Stadt. Sie brauchten die Sicherheit, acht Stunden Schlaf zu bekommen, doch die eigentliche Herausforderung war »weniger die Kontinuität des Schlafs, sondern seine heilsame Wirkung«.[22] Melnikows Antwort darauf war das berühmte Schlaflaboratorium »SONnaja SONata«, ein Gebäude mit zwei Flügeln und schräg ansteigenden Fußböden. Von dieser Art plante er zwölf Bauten für die Gartenstadt, in denen jeweils rund 4000 Arbeiter wohnen sollten. Beeinflusst von der zeitgenössischen Diskussionen um Schlaftherapie ebenso wie von Science-fiction-Geschichten legte Melnikow die Gebäude so an, dass die

Konstantin S. Melnikow, Schlaflaboratorium (SONnaja SONata), entworfen für das Projekt »Grüne Stadt«, 1926

Flügel seiner Schlaflabore langsam kreisförmig auf und ab bewegt werden konnten. Beruhigende Musik sollte die sanft wiegende Bewegung begleiten und angenehme Düfte die Räume erfüllen. Seine Gartenstadt war kreisförmig angelegt, mit den Schlaflaboren am Rand, umgeben von Wäldern. Im Zentrum sollte, passenderweise, das »Institut zur Veränderung des menschlichen Daseins« stehen.[23]

So absurd es vielen damals – und auch später noch – erscheinen mochte, war Melnikows Projekt ein herausragendes Beispiel für eine utopische Denkweise, denn es widmete sich einem ganz wichtigen Bereich der Angst in der Moderne und bot eine kollektive Lösung dafür an.

Wie zu erwarten, hatte Stalin für solche Experimente nicht viel übrig. Er mag sein eigenes Projekt in einem romantischen, ja sogar utopischen Licht gesehen haben, doch seine Mittel es durchzusetzen waren Kommando von oben, Disziplin, Kontrolle und Terror und hatten nichts mit der autonomen Suche nach neuen Lebensformen zu tun. In den Jahren 1931/32 war die Welle utopischer Experimente abgeflaut. Das galt auch für die Produktionsgenossenschaften und die ländlichen, religiösen Gemeinschaften, »Tolstojaner« und andere.

Leben in den Städten

Das Leben der Arbeiterklasse in den neu industrialisierten Städten der Sowjetunion war hart. Kein Vergleich mit Melnikows Gartenstadt. Die nackten Zahlen sprechen für sich: In der Zeit von 1929 bis 1933 wuchs die Moskauer Bevölkerung von 2,3 Millionen auf 3,6 Millionen. Die Rahmenbedingungen der Arbeiter verschlechterten sich real, weil die Lebenshaltungskosten den Lohn bei weitem überstiegen. Fast 10 Millionen Frauen drängten in den dreißiger Jahren zum ersten Mal auf den Arbeitsmarkt. Es bildete sich ein neues Proletariat, bestehend aus beiden Geschlechtern, doch die Grundversorgung blieb weiter hinter dem Bedarf zurück: Unterkunft, Lebensmittelgeschäfte, öffentliche Bäder, Kinderkrippen und öffentlicher Verkehr waren allesamt knapp und kostspielig. Aus Verzweiflung gingen Industriebetriebe selbst dazu über, Mietshäuser zu bauen und Krippenplätze anzubieten, damit ihre Belegschaft, Männer ebenso wie Frauen, ihrer Arbeit nachgehen konnte.[24]

Von allen Problemen, mit denen Arbeiterfamilien in diesen »Pionierjahren« zu kämpfen hatten, stand das Wohnungsproblem an oberster Stelle. Ein junger britischer Kommunist, Alan Wicksteed, beschloss um diese Zeit, nach Moskau zu fahren und dort zu arbeiten. Die von ihm überlieferte Schilderung der Probleme des proletarischen Lebens, angefangen bei der Unterkunft, ist sehr erhellend:

> Ich wohne in einem großen Block von Arbeiterunterkünften, deren 200 Zimmer rund 1000 Menschen beherbergt, darunter 300 Kinder. Das Haus ist nach dem, wie man hier sagt, Flursystem erbaut, das heißt, dass die große Mehrzahl der Zimmer nicht in Wohnungen angeordnet sind, sondern jedes Zimmer einzeln auf einen gemeinsamen Flur mit einer gemeinsamen Küche und den Waschraum führt! (Nach zehn Jahren in Russland habe ich mich mehr oder weniger akklimatisiert, aber keinesfalls mit der Art versöhnt, wie ein gewöhnlicher Russe einen Waschraum behandelt.) Das Haus ist außerdem, wie alle Moskauer Häuser, von einem weiten Hof umgeben, von meinem Fenster aus erblicke ich den größten Teil dieses Hofes. Mein eigener Flur ist etwa zweieinhalb Meter breit und fast 40 Meter lang, und mir kommt es so vor, als enthalte er einen beträchtlichen Anteil der 300 Kinder ... Ein Hauptgrund dafür, dass Moskau eine gute Stadt für Kinder ist, liegt darin, dass es, wie eigentlich alle russischen Städte, sehr weitläufig gebaut ist. Jedes Haus steht auf einem eigenen Grundstück.[25]

Wicksteed fügte einige Betrachtungen zur Familie und zur Lage der Frau an, die auch von Alexandra Kollontai stammen könnten:

> Für die überwältigende Mehrheit der Arbeiterinnen ... steht das eigene »Heim« für nicht endenwollende Schufterei und für hygienische Zumutungen; und je eher solche Häuser abgerissen werden, desto besser. Nichts findet mehr meine Sympathie als die Entschlossenheit der Bolschewiki, die Frauen des Landes von der Plackerei der Hausarbeit zu befreien, und nichts kann einen größeren Beitrag dazu leisten, als die Mütter durch Krippen, Kindergärten, Ferienlager und dergleichen von der ewigen Sorge um die Kinder zu befreien. Eine unserer intelligenteren Gäste, ihrerseits eine Arbeiterin, erzählte mir, dass sie alle werktätigen Mütter gefragt hätte, ob die neuen Maßnahmen ihr Verhältnis zu den Kindern

verbessert habe oder nicht, und die einmütige Antwort lautete, dass sie ihre Kinder kaum noch zu Gesicht bekämen, außer wenn sie Zeit hätten, sich mit ihnen abzugeben und sich um sie wirklich zu kümmern.[26]

Diese Schilderungen geben ein stark idealisiertes Bild von den sowjetischen Errungenschaften der damaligen Zeit. Man darf sich fragen, was für eine Art von Familienleben wohl hinter den Türen dieser winzigen Zimmer möglich war, die auf Wicksteeds Flur führten. Die sowjetische Arbeiterfamilie war in den dreißiger Jahren im Grunde ein absurdes Gebilde, und doch behauptete sie sich – allerdings in höchst unterschiedlichen Formen. Da war etwa die alleinstehende Mutter mit nur einem Kind und der allgegenwärtigen Großmutter; oder wiederum eine Mutter ohne Mann, der verhaftet worden war, dazu ihr Kind, die Schwiegermutter und die Schwester, vielleicht eine »Stenotypistin«, die die einzige rechtmäßige Bewohnerin des Apartments und die Haupternährerin war; oder auch alleinstehende Frauen, die in verschiedenen Winkeln desselben Zimmers lebten.[27] Da Heirat und Scheidung keine große Sache waren,

Neu errichtete Arbeiterhäuser in Leningrad (St. Petersburg), 1929

hatten sich viele Männer ihrer ehelichen Verpflichtungen entzogen und wechselten weiterhin von einer Arbeitsstelle, einer Stadt und sogar einer Familie zur nächsten. Den Behörden war es so gut wie unmöglich, ihre Spuren zu verfolgen und zur Zahlung von Alimenten zu verpflichten.

Bei allen Schwierigkeiten und Entbehrungen, dem Mangel an Komfort und Privatsphäre besteht kaum ein Zweifel daran, dass sich in diesen wuchernden Städten des neuen Russland eine ganz spezielle Sichtweise der Geschlechterbeziehungen entwickelte. Das Regime stellte sich, zumindest in der Theorie, wenn auch nicht immer in der Praxis, eindeutig auf die Seite der Frauen gegen die Männer. Wie Sheila Fitzpatrick schreibt:

> Frauen wurden konsequent ... als das edlere, leidende Geschlecht ausgegeben, das zu einer größeren Ausdauer und Selbstaufopferung imstande war. Sie waren die Säulen der Familie, die nur in den seltensten Fällen ihre Pflichten gegenüber dem Mann und den Kindern vernachlässigten. Männer hingegen wurden als selbstsüchtig und unverantwortlich geschildert, neigten dazu, ihre Frauen und Kinder zu misshandeln und im Stich

Ein Propagandabild von einer Familie in ihrer neuen Wohnung im Arbeiterbezirk in Moskau; um 1930

zu lassen. In dem unvermeidlichen Konflikt zwischen den Interessen der Frauen, die als altruistisch und familienfreundlich präsentiert wurden, und den Interessen der Männer, die als selbstsüchtig und individualistisch galten, stand der Staat fraglos auf der Seite der Frauen.[28]

Das Interesse des Regimes an den Frauen war klar: Frauen stellten einen vitalen und rasch wachsenden Bestandteil der Arbeiterschaft. Ihre produktive Kapazität musste geschützt werden. Stalins Bestreben, wiederum funktionsfähige Familieneinheiten zu schaffen, wird im nächsten Abschnitt näher unter die Lupe genommen. An dieser Stelle mag der Hinweis genügen, dass wir, wenn wir uns noch einmal Mary Ann Glendons Bild von den »zwei sich verändernden Systemen« vor Augen führen (eine sich verändernde Familienpolitik trifft auf Familien, die sich ihrerseits verändert haben und sich weiterhin verändern), erkennen, dass sich mehr als zehn Jahre der Gesetzgebung und Maßnahmen zur Gleichberechtigung der Frauen inzwischen bemerkbar machten. Dieser Fortschritt war keinesfalls geradlinig verlaufen. Häufig zeitigten aufgeklärte Gesetze die entgegengesetzten der beabsichtigten Folgen: Beispielsweise hatten viele Männer das Familienrecht von 1918 und 1926 lediglich egoistisch zu ihrem eigenen Vorteil ausgenutzt. Wenn Inessa Armand das noch erlebt hätte, wäre sie mit Sicherheit traurig darüber gewesen, dass ihre großen Anstrengungen an der Spitze des Schenotdel-Frauenamts so kümmerliche Ergebnisse gezeigt hatten. Aber dem ungeachtet hatten die egalitären Ideen und Praktiken in der Sowjetunion starke Wurzeln geschlagen, viel stärker als in den anderen hier untersuchten Ländern.

III

Terror und Verrat

Neben der Kollektivierung und der Industrialisierung war der Terror das dritte entscheidende Instrument Stalins, um seine unvergleichlichen gesellschaftlichen Umwälzungen vorzunehmen. Doch der Terror war nicht bloß ein Instrument, nicht nur Mittel zum Zweck, dafür spielte er im stalinistischen System eine viel zu wichtige Rolle. Alle hier behandelten Regime haben Einschüchterung und Angst als politische Waffe eingesetzt, doch das stalinistische Regime tat dies bei weitem am umfassendsten mit unvergleichlichen Auswirkungen auf das Gefüge der Gesellschaft, des Familien- und Ehelebens.

Der stalinistische Terror erfolgte in mehreren Wellen, mit jeweils unterschiedlichen Zielgruppen. Wohl am bekanntesten sind die Moskauer Schauprozesse von 1936, 1937 und 1938, in denen Stalins Rivalen und die alte Garde der Bolschewiki vor Gericht gestellt und zu Tode verurteilt wurden. Alexandra Kollontai gelang es nur durch strikten Konformismus, diesem Schicksal zu entgehen. In wenigen Jahren wurden die Intelligenzija, das Offizierskorps und andere Teile des Staatsapparats radikal »gesäubert«. Daneben gab es jedoch eine weitere Welle der Repression, die weniger öffentlich wurde, aber nicht weniger grausam war. Erst unlängst brachten die Studien des französischen Historikers Nicolas Werth ihr volles Ausmaß ans Licht.[1]

Von August 1937 bis November 1938 wurden rund 750 000 sowjetische Bürger als »Volksfeinde« verhaftet und nach Schnellverfahren hingerichtet. Laut Werth war dies »das größte staatliche Massaker, das in Europa jemals in Friedenszeiten angerichtet wurde«.[2] Die Opfer gehörten zwei großen Gruppen an: Da waren die »Kulaken«, die »ein für alle Mal« aus den ländlichen Gegenden vertrieben werden mussten. Außerdem gab es die »nationale« Gruppe, in erster Linie Ausländer, die in der Sowjetunion Zuflucht gesucht hatten, aber auch alle, die verdächtigt wurden, Kontakte zu »feindlichen« Ländern zu unterhalten. Diese beiden großen, bewusst unklar definierten Gruppen wurden zu »gesellschaftlich gefährlichen« und »ethnisch verdächtigen« Elementen deklariert. Sie wurden in einer Reihe von Operationen ausgelöscht, bei denen die Mitarbeiter der Geheimpolizei ihr wöchentliches Soll an Tötungen erfüllen mussten. Im Verlauf dieses »Terrors gegen das einfache Volk«, wie Werth es nennt, kam es zu 50 000 Hinrichtungen im Monat, durchschnittlich 1 600 Morde jeden Tag.[3]

Für die betroffenen Familien hatte das Ganze natürlich katastrophale Folgen. Das Schicksal einer Familieneinheit, aus der ein Mitglied (in der Regel der Mann und Vater) verhaftet worden war, hing von etlichen Variablen ab. Es gab auch hier, wie in Spanien zu Beginn des Bürgerkrieges, eine Typologie verschiedener Reaktionen und Schicksale, wobei die Stärke der Familienbande, bevor der Terror zuschlug, ein ganz wesentlicher Faktor war. Ferner war die Stellung der Einzelnen innerhalb der Familie entscheidend: Die Reaktion von Mann und Frau war in der Regel anders als die von Vater und Sohn. Was den sowjetischen Terror von dem in Spanien unterschied, war aber die Art und Weise, wie der Staat Zweifel und Misstrauen und damit auch Schuldgefühle tief in die Familie einsickern ließ. Womöglich hatten geliebte Menschen wirklich ihre »Genossen« verraten. Womöglich waren sie in sowjetfeindliche Aktivitäten verwickelt gewesen, von denen die engsten Angehörigen nichts wussten. Womöglich waren diese engen Angehörigen selbst Komplizen. Stalins Botschaft war klar: Es konnte nur eine oberste Loyalität geben, und die galt dem Staat, nicht der Familie.

Für eine mögliche Typologie der Beziehungen und Schicksale während des Terrors beginnen wir mit der »nationalen« Gruppe und dem Verhältnis zwischen Mann und Frau. Anastassia Koch war die Frau eines deutschen Auswanderers, der Anfang 1938 vom Volkskommissariat für innere Angelegenheiten (NKWD) verhaftet wurde. Sie und ihr Mann arbeiteten beide im Moskauer Elektrolampenwerk MELZ. Anastassia wollte einfach nicht akzeptieren, dass ihr Mann ein »Volksfeind« war und dass sie infolgedessen in Ungnade fiel:

> Ich habe dem Lampenwerk 24 Jahre meines Lebens gewidmet. Ich hatte das Gefühl, es sei meine eigene Familie, und jetzt haben sie mich hinausgeworfen und vergessen – oder noch schlimmer: sie verachten mich, und ich weiß nicht einmal wofür ... Als mein Mann verhaftet wurde, stellten sie mich auf einer Parteiversammlung vor die Wahl: Entweder du musst ihn verleugnen und für schuldig erklären oder du wirst aus der Partei ausgestoßen. Ich weiß nicht, ob ich damals richtig gehandelt habe, aber ich konnte ihn ohne den geringsten Beweis nicht schuldig sprechen, und das nicht nur, weil er mein Mann war.[4]

In diesem Konflikt zwischen dem, was Anastassia ihre »Familie« nannte, also ihre Kollegen in der Fabrik, und ihrer richtigen Familie entschied sie sich für die Loyalität zu ihrem Mann. Über ihr Schicksal ist wenig bekannt, aber so viel weiß man, dass ihr Mann nicht hingerichtet, sondern in ein Lager geschickt wurde und dass er überlebte.

Nehmen wir den Fall eines anderen Paares, das von dem Terror gegen die Alt-Bolschewiki betroffen war, wiederum ein Paar, das zueinander und zugleich zum sowjetischen Staat loyal war. Sofia Antonow-Owsejenko war die zweite Frau des angesehenen Kommunisten und Revolutionärs Wladimir Antonow-Owsejenko, der beim Sturm auf den Winterpalast eine führende Rolle gespielt hatte und später sowjetischer Botschafter in der Tschechoslowakei war. Sofia wurde im Oktober 1937 verhaftet und schrieb ihrem Mann aus einem Moskauer Gefängnis, ohne zu wissen, dass er drei Tage zuvor ebenfalls verhaftet worden war:

> Mein Liebling, ich weiß nicht, ob Du diesen Brief erhalten wirst, aber irgendwie spüre ich, dass ich Dir zum letzten Mal schreibe. Erinnerst Du Dich, wie wir immer gemeint haben, wenn in unserem Land jemand verhaftet werde, dann müsse es aus gutem Grund passiert sein, wegen irgendeines Verbrechens –, da müsse es etwas geben? Zweifellos gibt es auch in meinem Fall etwas, aber ich verstehe bloß nicht, was. Alles, was ich weiß, ist auch Dir bekannt, denn wir haben ein unzertrennliches und harmonisches Leben geführt ... Ich ertrage den Gedanken nicht, dass Du mir womöglich keinen Glauben schenkst ... Das bedrückt mich nun seit drei Tagen. Es verbrennt mein Gehirn. Ich weiß, dass Du keine Unehrlichkeit duldest, doch auch Du kannst Dich irren. Auch Lenin irrte sich anscheinend. Also glaub mir bitte, wenn ich Dir versichere, dass ich

nichts Unrechtes getan habe ... Noch eines: Es wird Zeit für Valitschka [Sofias Tochter aus erster Ehe] dem Komsomol [der kommunistischen Jugendorganisation] beizutreten. Das hier wird ihr gewiss im Weg stehen. Mein Herz ist voller Sorge bei dem Gedanken, dass sie ihre Mutter für eine Schurkin halten wird ... Ich bitte alle, die ich liebe, um Vergebung, weil ich ein solches Unglück über sie gebracht habe ... Vergib mir, Liebster. Wenn ich nur erfahren könnte, dass Du mir geglaubt und verziehen hast! Deine Sofia[5]

Mann und Frau wurden am selben Tag erschossen, am 8. Februar 1938. Die 15-jährige Tochter Sofias Valentina (Valitschka) wurde nicht nur vom Komsomol abgelehnt, sondern in ein Waisenhaus geschickt. Trotz allem überlebte sie den Terror.

Wenn wir uns nunmehr dem Verhältnis zwischen Eltern und Kindern zuwenden, so wird das Muster komplizierter. Es gab viele Beispiele für eine grundsätzliche Solidarität zwischen den Generationen, aber die Kinder waren inzwischen in sowjetischen Schulen aufgewachsen, hatten ihre eigenen Ambitionen und Träume und empfanden in manchen Fällen eine Wut auf ihre Väter, weil sie deren Zukunft aufs Spiel setzten. Unter diesen Umständen konnte die Loyalität der Familie so stark belastet werden, dass sie zerbrach. Lew Zelmerowski war 18, als sein Vater, ein Militäringenieur, 1938 in Leningrad verhaftet wurde. Lew war ein Pilotenschüler gewesen, aber nach der »Schande« seines Vaters schickte man ihn nach Tschimkent im fernen Kasachstan, wo er in einer Fabrik Arbeit fand. Seine Mutter und die beiden Schwestern lebten in Kasalinsk, rund 500 Kilometer entfernt von ihm. Lew schrieb an den sowjetischen Präsidenten Kalinin und bat darum, nach seinen Taten beurteilt zu werden:

Ein paar Worte über meinen Vater. Meine Mutter hat mir mitgeteilt, er sei als Kritiker in die nördlichen Lager verbannt worden. Ich persönlich konnte es nicht glauben, weil ich ihn seinen Schwestern habe erzählen hören, wie er im Norden gegen die Weißen gekämpft hat ... Doch vielleicht war all das nur eine geschickte Tarnung. Er erzählte mir mehrfach, er sei in Warschau gewesen ... Ich finde, mein Vater sollte die Möglichkeit haben, für sich selbst einzustehen, aber ich möchte nicht unter der von ihm verschuldeten Schande leiden müssen. Ich möchte in der Roten Armee dienen und ein gleichberechtigter Sowjetbürger sein, weil ich glaube, diese Bezeichnung verdient zu haben. Ich bin in einer sowjetischen Schule im sowjetischen Geist erzogen worden, und deshalb unterscheiden sich meine Ansichten natürlich völlig von den seinen. Es bricht mir das Herz, die Papiere einer fremden Person bei mir tragen zu müssen.[6]

Beim Aufeinanderprallen von individuellen Ambitionen, Familieninteressen und staatlichem Diktat konnte sich die Sowjetunion eines Gründungsmythos rühmen, für den es in den anderen Ländern kein Äquivalent gab. Erneut geht es dabei um den Konflikt zwischen Eltern und Kindern. Im Jahr 1932, so lautet zumindest die Legende, stellte ein 15-jähriger Junge namens Pawel »Pawlik« Morosow, ein Mitglied der zum Komsomol gehörenden »Pioniere«, die Interessen des Staates über die seiner Familie und denunzierte mutig seinen Vater wegen Korruption. In dem Prozess seines Vaters soll er furchtlos ausgerufen haben: »Onkel Richter, ich handle hier nicht als Sohn, sondern als Pionier!« Aus Rache erstachen später ein Vetter und ein anderer Junge Pawlik und seinen 9-jährigen Bruder. Das Ganze ereignete sich in dem abgelegenen und verarmten Dorf Gerassimowka im Ural, rund 350 Kilometer von Swerdlowsk (heute Jekaterinburg).

Aktenkundig ist, dass Morosow von seinem Vetter ermordet wurde, aber der Rest der Geschichte, die von Catriona Kelly akribisch rekonstruiert wurde, liegt immer noch im Dunkel.[7] Die Wahrheit weicht mit ziemlicher Sicherheit stark von der offiziellen Version ab. Pawlik stammte aus einer sehr armen Familie und war alles andere als ein führender Pionier, der von den anderen Dorfkindern geachtet wurde. Vielmehr war er »vernachlässigt, unglücklich, womöglich sogar psychisch labil«.[8] Das Engagement in der Pionier-Bewegung, insbesondere bei den Aktionen gegen Kulaken, war ein Weg – womöglich der einzige Weg –, sich Respekt zu verschaffen. Also fing er an, die Leute um ihn her zu denunzieren, darunter auch seinen Vater, der damals Vorsitzender des örtlichen Sowjets war. Die Brüder seines Vaters waren über die Aktion empört, und folglich wurde Morosow von einem ihrer Söhne ermordet. Das klingt nach einer exemplarischen Geschichte von verwandtschaftlicher Rivalität und Entbehrung, in die der Staat lediglich am Rande eingreift. Die Behörden sahen das allerdings anders. Hier bot sich eine hervorragende Gelegenheit, den ersten und berühmtesten sowjetischen Musterknaben zu schaffen, und zwar unter direktem Verweis auf den Konflikt zwischen Staat und Familie, in dem der Staat immer an erster Stelle zu stehen hatte. Maxim Gorki war federführend beteiligt an dem Aufbau der Legende von Morosows heldenhaftem Selbstopfer, und Sergej Eisenstein begann 1936 sogar mit den Dreharbeiten für einen Film über ihn: *Beschin Lug* (deutsch: Die Beschin-Wiese). Statuen wurden ihm zu Ehren errichtet, Parks und Kulturvereine nach ihm benannt, ebenso Pioniergruppen.

IV

Stalin und die Familie

Reformmaßnahmen 1936

Oleg Chlewnjuk hat in seiner Geschichte des Gulag-Systems der Sowjetunion die These aufgestellt, dass die sowjetische Bevölkerung in den dreißiger Jahren in zwei große, »numerisch vergleichbare« Gruppen geteilt gewesen sei: Die erste bildeten jene Familien, die keine Opfer staatlicher Verfolgung zu beklagen hatten, zumindest nicht unter den nahen Verwandten; die zweite waren jene, in denen mindestens ein Familienmitglied unter Verfolgung oder Repressionen gelitten hatte.[1] Die erste Gruppe war zwar deutlich größer als die zweite, doch das Gefühl der Bedrohung und des bevorstehenden Unheils teilten alle Bürger. Der Komponist Dmitri Schostakowitsch hat in seinen Memoiren beschrieben, wie diese Zweiteilung der Gesellschaft zu einem Verstummen führte, da privater Kummer vor der Öffentlichkeit verheimlicht werden musste:

> Doch vor dem [Zweiten Welt-]Krieg war es noch schwerer, weil jeder mit seinem Leid allein war. Schon vor dem Krieg gab es in Leningrad sicherlich kaum eine Familie ohne Verluste: der Vater, der Sohn, und wenn es kein Angehöriger war, dann ein naher Freund. Jeder hatte um jemanden zu weinen. Aber man musste leise weinen, unter der Bettdecke, niemand durfte es merken. Jeder fürchtete jeden. Der Kummer erdrückte, erstickte uns ...
> Da kam der Krieg. Der heimliche, der isolierte Kummer wurde zum Kummer aller. Man durfte über ihn sprechen, man konnte offen weinen,

offen die Toten beklagen. Die Menschen brauchten sich nicht mehr vor Tränen zu fürchten.[2]

Vergleicht man die Lage in der Sowjetunion in den dreißiger Jahren mit der in NS-Deutschland um die gleiche Zeit, so fällt ein gewaltiger Unterschied sofort ins Auge: Diejenigen in Deutschland, die wegen der Einstufung als »rassisch minderwertig« oder einer »fremden Rasse« zugehörig diskriminiert wurden, bildeten einen winzigen Prozentsatz der deutschen Bevölkerung, verglichen mit dem Anteil jener, die in der Sowjetunion Angehörige verloren hatten. Schon dieser schmerzliche Vergleich vermittelt eine Vorstellung von dem Ausmaß der Verbrechen Stalins.

Doch die Geschichte der sowjetischen Familie in diesen Jahren lässt sich nicht ausschließlich auf die verschiedenen Terrorwellen und die Verbrechen gegen die Menschlichkeit reduzieren. Parallel zur Geschichte des Terrors verlief gewissermaßen eine zweite, mit völlig konträren Zielen: Vom Mai 1936 an versuchte Stalin, die Familien zu normalisieren und zu stärken und sie wiederum als soliden Rückhalt für sein Regime einzusetzen. Natürlich waren dies ausschließlich Familien, die als parteikonform galten, und deren gab es viele. Eltern zogen lieber den Kopf ein, litten materiell große Not, auf dem Land ebenso wie in der Stadt, und hofften, dass eine Schulbildung ihren Kindern vor allem in den Städten die Möglichkeit verschaffte, in einer sich rasch verändernden Gesellschaft vorwärtszukommen. Der Lebensstandard war seit Mitte der dreißiger Jahre gestiegen. Man gab sich der Hoffnung hin, das Schlimmste sei vorüber. Aber noch vor Beginn des Zweiten Weltkriegs verschlechterte sich die Lage wiederum.

Am 26. Mai 1936 veröffentlichte die Regierung in der *Prawda* einen langen Artikel, der die wichtigsten Reformen in der sowjetischen Familienpolitik verkündete.[3] Sie lassen sich in zwei Kategorien einteilen: die erste umfasste wesentliche Änderungen im Familienrecht, die zweite führte neue staatliche Hilfen für Familien ein. So wurde in der ersten Kategorie Abtreibung, die im Jahr 1920 legalisiert worden war, für gesetzwidrig erklärt, außer im Rahmen von besonderen »therapeutischen« Maßnahmen. Eine Scheidung, die nach sowjetischem Recht, wie erwähnt, besonders einfach eingereicht werden konnte, war weiterhin möglich, wurde aber erschwert. Künftig mussten Geschiedene eine Abgabe zahlen, die sich mit jeder weiteren Scheidung erhöhte. Unterhaltszahlungen an den Elternteil, der das Sorgerecht für die Kinder bekam (fast immer die Mutter) wurden heraufgesetzt, und für alle, die ihre Zahlungen vernachlässigten (meistens die Väter) wurden höhere Bußgelder eingeführt.

Die zweite Kategorie von Maßnahmen betraf staatliche Zuwendungen und Dienstleistungen. Familien mit vielen Kindern sollten Sonderzahlungen erhalten. Detaillierte Pläne für Mutterschaftskliniken und andere Einrichtungen für Mütter und Kinder wurden angekündigt, sowie eine radikale Ausweitung des Mutterschaftsurlaubs und der Zahl der Krippenplätze.[4]

Welchen Sinn hatte diese Reihe von Maßnahmen? Anna Di Bagio warnt davor, nach einer übermäßigen Homogenität in Stalins familienpolitischen Maßnahmen zu suchen, die sich eher durch »Schwankungen, Unstimmigkeiten und offene Widersprüche« auszeichneten, wie sie schreibt.[5] Im Jahr 1946 gab der Soziologe Nikolaj Timaschew zu verstehen, dass diese und vergleichbare Maßnahmen einem »großen Rückzug« entsprächen – einem Abschied von den radikalen Maßnahmen der Revolution. Obwohl der Begriff häufig verwendet wird, scheint es eine eklatante Fehlbezeichnung zu sein. Man fragt sich: »Rückzug wovon«? Gewiss nicht von der radikalen Familienpolitik nach dem Muster Kollontais, die schon längst in Ungnade gefallen war. Vielleicht ein Rückzug von der Politik der Gleichstellung der Geschlechter; aber hier spricht manches dafür, dass die Tendenz in beide Richtungen ging. Und diese Maßnahmen können auch nicht als ein Abschied von der herkömmlichen Familie angesehen werden, weil unter der oberflächlichen Akzeptanz einiger althergebrachter *Formen* die Kommunisten ihren Kampf gegen traditionelle *Inhalte* fortsetzten: Rückständigkeit, Aberglaube, Religiosität. Ein Begriff wie »Rückzug« trifft den Sachverhalt daher nicht, ging es doch hier eher um eine Neuorientierung, eine spezifische und zweckmäßige neue Sichtweise der Beziehung zwischen Familie und Staat.[6]

Drei Interessen standen hinter dieser neuen Politik: Allem voran ging es darum – wie in anderen Ländern auch –, die Bevölkerung zu vergrößern und ihre – im Sinne einer »positiven Eugenik« – Qualität zu steigern. Das Verbot von Abtreibung war eindeutig ein Schritt in diese Richtung, genau wie das Einrichten von Mütterheimen und staatliche Belohnungen für große Familien. Die Geburtenrate stieg zwischen 1936 und 1938 kurzfristig an, aber dann wurden Mutterurlaub und andere Zuwendungen wieder gekürzt – ein gutes Beispiel dafür, wie ein Staat mit der einen Hand gibt und mit der anderen nimmt. In Leningrad befragte berufstätige Frauen äußerten in den dreißiger Jahren, dass sie unablässig in Sorge um ihre Kinder seien: »Ein Kind geht hungrig zur Schule und isst dort auch nichts. Die Kinder haben keine Stiefel, und es gibt sie auch nicht zu kaufen.« Und: »Wie kann man nein zu einer Abtreibung sagen, wenn deine Familie aus fünf Mitgliedern besteht und du 14 Quadratmeter Wohnraum hast?« Bis 1940 fiel die Geburtenrate wieder auf den Stand von 1935.[7]

Ein zweiter, ebenso komplexer, sogar widersprüchlicher Aspekt war die Rolle der Geschlechter. Hier können wir ebenso gut bei Stalin persönlich anfangen. Von allen Diktatoren war er offensichtlich der patriarchalischste: gesellig, onkelhaft und todbringend gefährlich zugleich. Er war davon überzeugt, dass Väter in der Familie das Ruder fest in der Hand haben sollten, so wie er das Ruder in der Sowjetunion in der Hand hatte. An der Verbreitung der Legende um Pawlik Morosow war er nicht beteiligt, und seine Reaktionen darauf sind sehr interessant, auch wenn sie nur auf mündlicher Überlieferung basieren. So soll er einmal mit Blick auf Morosow gesagt habe: »Was für ein Schwein, den eigenen Vater zu denunzieren.«[8] Das ist überaus aufschlussreich und führt uns zu Stalins Kindheit zurück. Man sollte meinen, dass er bei dem, was er als Knabe erduldet hatte, eine gewisse Sympathie für Pawliks Notlage empfand. Weit gefehlt. Wie Catriona Kelly schreibt: »Es liegt auf der Hand, dass Stalin sich mit dem Vater identifizierte.«[9] In seiner Haltung gegenüber den eigenen Söhnen ließ Stalin, wie gezeigt, wenig Sympathie oder Zuneigung erkennen, geschweige denn die Bereitschaft, einen klaren Trennstrich zwischen seinem eigenen Verhalten und dem seines Vaters, des grausamen »Besso«, zu ziehen. Nach einem häufig zu beobachtenden Muster wurde aus dem misshandelten Stalin als Kind der Missbrauchstäter Stalin als Erwachsener.

Die Frage der Gleichstellung der Geschlechter war damit jedoch nicht erledigt, denn Stalin war, wenn auch auf eine absurde und widersprüchliche Weise, der Erbe des bolschewistischen Vermächtnisses zur Emanzipation der Frau. Er legte beispielsweise großen Wert darauf, dass Frauen ihren Platz in der Produktion einnahmen und eine Bildung genossen, aber auch für Leitungsfunktionen geschult wurden. In seiner Rede auf dem 17. Parteitag am 26. Januar 1934 würdigte er in dem Abschnitt zur Lage auf dem Land die 6000 Frauen, die zu Vorsitzenden ihres Kolchos aufgestiegen waren, und die 60 000, die dort führende Verwaltungsposten übernommen hatten, die 100 000, die Arbeitsgruppen organisierten, sowie die 7000, die als Traktoristin arbeiteten. Er wertet dies als Zeichen für den Anstieg des Kulturniveaus auf dem Dorf und hält diesen Umstand für überaus bedeutend, weil

> die Frauen ... eine gewaltige Arbeitsarmee bilden, weil sie berufen sind, unsere Kinder, unsere künftige Generation, d. h. unsere Zukunft zu erziehen. Deshalb können wir nicht zulassen, dass diese gewaltige Armee von Werktätigen in Finsternis und Ignoranz dahinvegetiert![10]

Die im Mai 1936 in der *Prawda* angekündigte Maßnahme, nach der Abtreibung verboten wurde, wirkte sich natürlich zum Nachteil der Frauen aus, andere hingegen nicht. Die Erhöhung der Unterhaltszahlungen, die Bußgelder für nicht gezahlte Alimente, die Erschwerung der Scheidungsverfahren und die damit verbundenen Kosten sollten allesamt die Interessen der Frauen gegen verantwortungslose Männer garantieren. In dem stalinistischen Familienmodell existierten somit das Patriarchat und der Kampf um Frauenrechte auf komplexe und widersprüchliche Weise nebeneinander.

Die letzten Bausteine dieses Modells waren Disziplin und Repression. Kein Thema veranschaulicht dies besser als das Schicksal der heimatlosen und verlassenen Kinder, die unglücklichen Opfer von Stalins Politik auf dem Land und in der Stadt während des Jahrzehnts 1928 bis 1938. In der zweiten Hälfte der dreißiger Jahre zeigten die Behörden eine ganz andere Haltung als noch zu Anfang der zwanziger Jahre. Damals mangelte es dem noch jungen sowjetischen Staat an Ressourcen, aber durchaus nicht an Mitgefühl. Die Illustration aus der *Iswestija* von 1926 (siehe oben, S. 93), die einen kleinen, obdachlosen Jungen in einem Teerkessel zeigt, der sich die Zigarette an der eines anderen anzündet, war beschriftet: »Denk an die Obdachlosen! Hilfe für die Obdachlosen ist die Pflicht eines jeden Sowjetbürgers«. In den dreißiger Jahren hatte sich das Herz des Regimes verhärtet. Die Kinder wurden in erster Linie als Kriminelle behandelt, die nach dem Strafgesetzbuch gemaßregelt werden mussten.[11] Ein Dekret vom April 1935 setzte deshalb auch das Alter der Strafmündigkeit herab.

Doch auch in dieser Beziehung war die stalinistische Familienpolitik nicht konsequent. Der bekannte sowjetische Familienexperte und Pädagoge der dreißiger Jahre, Anton Makarenko, plädierte für ein Familienmodell, bei dem Disziplin nicht alles war. Die Familie sollte ein »Familienkollektiv« sein, in dem Mann und Frau gleiche Rechte genossen: »Unsere Familien sind nicht der diktatorischen Macht des Vaters untergeordnet, sondern bilden sowjetische Kollektive.«[12] Eltern sollten ihre Kinder auf eine konsequente, aber demokratische und liebevolle Weise behandeln. Wenn möglich, sollten sie auf die Prügelstrafe verzichten. Auch hier zeigte sich eine Pädagogik, welche die Familie funktionalisieren sollte. Die offizielle Losung »Danke, lieber Stalin, für eine glückliche Kindheit« wurde im Jahr 1935 ausgegeben.

Die Zukunft aufbauen

Der »Komsomol«, die kommunistische Jugendorganisation, wurde im Jahr 1918 gegründet. Alle Jugendlichen im Alter von 14 bis 23 Jahren, Jungen ebenso wie Mädchen, konnten Mitglied werden. Die »Pioniere« waren die Organisation für die jüngere Altersgruppe der 10- bis 14-Jährigen. Viele Elemente bei der Gründung und den Aktionen des Komsomol unterschieden ihn von den Avanguardisti und der Hitlerjugend. Das fängt damit an, dass es sich um eine Art Elitekorps handelte, auch wenn der Komsomol Hunderttausende Mitglieder hatte. Die Aufnahme lief über ein Auswahlverfahren, wobei Jugendliche aus proletarischen Familien bevorzugt wurden. Ein weiterer Unterschied zu den deutschen und italienischen Jugendorganisationen bestand darin, dass beide Geschlechter die gleichen Aktivitäten absolvierten, auch die Ausbildung an der Waffe. Außerdem zeichneten sich die Initiativen durch eine relative Unabhängigkeit und einen gewissen Elan aus, im Gegensatz zu den von vielen als lächerlich und langweilig empfundenen Zwangsveranstaltungen der HJ. Ende der zwanziger und Anfang der dreißiger Jahre führte der Komsomol etwa eine Kampagne gegen das Überhandnehmen der Bürokratie in Regierungsbehörden an. Er betrachtete sich selbst als radikale

Avantgarde. Mitte der dreißiger Jahre wurde seine Autonomie unweigerlich eingeschränkt und für den Konformismus des Verbands Sorge getragen.[13]

Das von Alexander N. Samochwalow im Jahr 1932 gemalte Bild *Der militarisierte Komsomol* (siehe Bildteil, Tafel XV) zeigt Mädchen bei Schießübungen, während ihre männlichen Genossen ihnen erklären, wie sie das Gewehr bedienen müssen. Eine Figur im Vordergrund ist ein Mädchen, das als Einzige von allen Gefährtinnen den Betrachter des Bildes direkt ansieht. Sie strahlt Selbstvertrauen aus. Sie hat wallendes blondes Haar, trägt ein rotes Tuch um den Hals, kurze weiße Socken und schwarze Schuhe. Mit dem Wissen der kommenden Ereignisse kann man sich ohne weiteres vorstellen, was sie uns sagen möchte: »Glaub nicht, dass wir kampflos aufgeben werden.«

Es war ein langer Weg von Malewitschs gesichtslosen, schwerfälligen und schicksalsergebenen Bäuerinnen, die aus geometrischen Formen und Grundfarben dargestellt wurden. Samochwalows Bild – ein typisches Produkt des Sozialistischen Realismus mit seiner betont narrativ-plakativen Intention – ist zugleich statisch und mobil. Der Vordergrund wird von einem hellen Licht beleuchtet, während weiter hinten Gestalten zu sehen sind, die Turner oder Schwimmer sein könnten, Männer ebenso wie Frauen.

Die Tätigkeit der Jugendorganisation beschränkte sich nicht auf Propagandakampagnen und die militärische Ausbildung. In der Schule wurden die Pioniere von jungen und engagierten Lehrern unterrichtet, die betonten, wie wichtig es war, dass jeder Einzelne sich auszeichnete; gleichzeitig galten die Ideale von Egalitarismus, sozialer Gerechtigkeit und Internationalismus. Das Bildungsniveau und die Alphabetisierung stiegen rasant an. Im Jahr 1939 besuchten bereits mehr als 80 Prozent der Zielaltersgruppe, Jungen ebenso wie Mädchen, die Grundschule.[14]

Eine neuere Untersuchung hat sowjetische und nationalsozialistische Lesefibeln, die in den Grundschulen verwendet wurden, miteinander verglichen und ist zu interessanten Schlussfolgerungen gelangt.[15] Der Stoff sowjetischer Fibeln wurde völlig neu ausgearbeitet und von einer zentralen Behörde beaufsichtigt, die NS-Fibeln hingegen wurden regional herausgebracht und bestanden im wesentlichen aus bereits vorhandenem Material. Ein zweiter Unterschied betrifft die Vermittlung von Wertvorstellungen: Für die Nazis stand die Solidarität innerhalb der Volksgemeinschaft an erster Stelle, insbesondere mit Blick auf das Winterhilfswerk; für die Kommunisten hingegen hatte der Gedanke des Fortschritts Priorität. Ein dritter, überaus wichtiger Unterschied betrifft einmal mehr die Geschlechterrollen sowohl inner- als auch außerhalb der Familie. In den NS-Fibeln glänzten die Väter vor allem durch Abwesenheit, während sowjetische Väter viel stärker präsent waren. Sowjetische Fibeln betonten die Gleichheit der Geschlechter, allein schon dadurch, dass ständig gemischte Gruppen dargestellt wurden.

Kehren wir noch einmal zur Weltausstellung in Paris im Mai 1937 zurück.[16] Die Pavillons des Deutschen Reiches sowie der Sowjetunion standen damals am rechten Seine-Ufer einander gegenüber. Der bescheidenere spanische Pavillon wurde spät eröffnet, präsentierte dafür aber Picassos monumentales *Guernica*-Gemälde. Weder der sowjetische noch der nationalsozialistische Pavillon hatten etwas zu bieten, das sich auch nur annähernd mit diesem Meisterwerk messen konnte. Allerdings lohnt

Russische Arbeiterkinder bei der Eröffnung einer neuen Fabrik, 1931; auf dem Banner vorn links steht: »Stolz auf die neue Fabrik«

es sich durchaus, die Skulpturen zu vergleichen, mit denen sich die beiden Regimes damals präsentierten.

Vor dem deutschen Pavillon standen zwei monumentale Werke von Josef Thorak: *Kameradschaft* sowie *Familie* (siehe Bildteil, Tafel XII). Beide bestanden aus drei nackten Figuren. Bei der ersten Skulptur, *Kameradschaft*, steht eine mütterliche Figur unmittelbar hinter den beiden anderen und begleitet, ja treibt die kühnen Recken womöglich gar in den Kampf und ihrem Schicksal entgegen. Bei der zweiten Skulptur steht die mütterliche Figur wiederum hinter den beiden anderen, die sie überragt. Sie scheint der Welt ihre Familie zu präsentieren, die aus zwei halbwüchsigen Kindern besteht, einem Jungen und einem Mädchen. Ein Vater fehlt. Etwas Bedrohliches geht von diesen neoklassizistischen Werken aus.

Die 20 Meter hohe Skulptur des sowjetischen Pavillons war ein Werk der Bildhauerin Vera Muchina (siehe Bildteil, Tafel XIII). Sie stellt einen jungen Arbeiter aus einer Fabrik und eine junge Bäuerin aus einem Kolchos dar. Es gibt weder Geschlechterhierarchie noch Familie. Die beiden vollständig bekleideten Figuren sind nicht statisch wie Thoraks, sondern befinden sich mitten in der Bewegung, ihre Kleider flattern im Wind. Gemeinsam halten sie die jeweiligen Symbole ihrer Arbeit hoch – Hammer und Sichel – und streben im Gleichschritt in Richtung Aufbau einer neuen Gesellschaft.[17] Die Gleichstellung der Geschlechter in Muchinas Werk ist der auffallendste Gegensatz zu den Figuren bei Thorak. Für die Nationalsozialisten steht die Familie im Vordergrund (sogar ohne Vater); für die Kommunisten nicht. Wir schreiben das Jahr 1937. Womöglich war die stalinistische »funktionale« Familie unter den sowjetischen Institutionen noch nicht so weit gefestigt, dass man sie an einem so exponierten Ort präsentiert konnte.

Ein Vergleich der Lagersysteme

In dem Abschnitt über den Terror lag das Augenmerk auf den Massenhinrichtungen der dreißiger Jahre. Doch das sowjetische Repressionssystem operierte bekanntlich nicht nur mit Hinrichtungen, sondern auch mit einem ausgedehnten Netz an Zwangsarbeitslagern. Laut den neuesten Erkenntnissen befanden sich von 1929 bis 1953 rund 18 Millionen Sowjetbürger in den Lagern und Strafkolonien. Wenn man die übrigen Kategorien (nationale und ethnische Gruppen, Kriegsgefangene usw.) hinzuzählt, steigt die ungefähre Zahl der Lagerhäftlinge im selben Zeitraum auf 28,7 Millionen. Kein anderes Inhaftierungs- und Zwangsarbeitssystem im 20. Jahrhundert in irgendeinem Land erreichte auch nur annähernd vergleichbare Zahlen. Von diesen Häftlingen kamen rund 2,75 Millionen ums Leben.[18]

Beim Vergleich mit den Konzentrationslagern der Nationalsozialisten fallen signifikante Unterschiede ins Auge. Der quantitative Unterschied ist, so grundlegend er auch sein mag, nur einer von vielen. Enzo Traverso hat überzeugend argumentiert, dass der Tod in beiden Systemen eine unterschiedliche Rolle spielte: Auch wenn er ein unauslöschlicher Bestandteil des sowjetischen Lagersystems war, so war er doch ein Nebenprodukt, während in den NS-Vernichtungslagern der Tod der Häftlinge das unmittelbare und ausschließliche Ziel war. Das wird deutlich, wenn man sich die Todeszahlen in den beiden Systemen ansieht. In den meisten Jahren, für die verlässliche Statistiken vorliegen, bleibt die Zahl der Todesopfer im Gulag relativ niedrig: 2,75 Prozent im Jahr 1935, 2,72 Prozent 1940 usw. Die höchste Quote für den Zeitraum 1930 bis 1953 wird in dem katastrophalen Kriegsjahr 1942 mit 24,9 Prozent erreicht. Die Vergleichszahl im selben Jahr im NS-Lagersystem insgesamt liegt bei astronomischen 60 Prozent.[19]

Enzo Traverso hat unter anderem die unterschiedlichen Zielsetzungen zweier bekannter Lagerkommandanten miteinander verglichen: des sowjetischen Oberstleutnants S. K. Jewstignejew (»König vom OserLag«) und des Kommandanten von Auschwitz Rudolf Höß. Für Höß ging es allein um die Zahl der Toten, die sein Lager melden konnte, nur darum, wie viele Menschenleben er vernichten konnte. Jewstignejew hingegen verfolgte primär ökonomische Ziele: Wie viele Eisenbahnkilometer er bauen konnte, inwieweit er die Ziele des Fünfjahresplans erfüllen konnte.[20]

Es gibt unzählige weitere Vergleichsfelder, und das Schicksal der Familien zählt zu den bislang am wenigsten erforschten. Die beiden Regime gingen sehr unterschiedlich mit Familien um, sowohl *außerhalb* wie *innerhalb* der Lager. Die sowjetische Gesellschaft war von Misstrauen und Willkür geprägt – jeder konnte als »Volksfeind« denunziert werden. Das führte dazu, dass Familien von heute auf morgen zerschlagen und ihre Mitglieder auseinandergerissen wurden. Es blieb eine Gesellschaft zurück, die aus Fragmenten von Familien bestand: verlassene Kinder; Ehemänner und Ehefrauen, die auseinandergerissen wurden; Jugendliche, denen man beibrachte, ihre Väter (in manchen Fällen auch ihre Mütter) als Verräter zu verachten. Das NS-Regime hingegen ging gleichsam wissenschaftlich vor; es ging ihm um einen »sauberen« und tiefen »Schnitt«, um ein »Krebsgeschwür«, wie es hieß, zu entfernen. Wie Himmler im Oktober 1943 in Posen zur »Endlösung der Judenfrage« erklärte:

> Wie ist es mit den Frauen und Kindern? – Ich habe mich entschlossen, auch hier eine ganz klare Lösung zu finden ... Es musste der schwere Entschluss gefasst werden, dieses Volk von der Erde verschwinden zu lassen.[21]

Entsprechend ging man auch innerhalb der Lager unterschiedlich mit Familien um. Das NS-Regime verfolgte, wie gezeigt, generell die Linie, Familien zu trennen, sobald sie in den Vernichtungslagern eintrafen. Arbeitsfähige Männer wurden in ein Arbeitslager gebracht; gesunde Frauen im Alter von 17 bis 45 Jahren in ein anderes. Alle übrigen, also junge Menschen unter 16 Jahren, alle Mütter, die noch kleine Kinder hatten, und alle Alten und Gebrechlichen, wurden sofort in die Gaskammern geschickt. Es gab die Ausnahmen der beiden »Familienlager« bei Auschwitz, aber wie gezeigt waren diese nur von kurzer Dauer und endeten mit der völligen Vernichtung ihrer Insassen. In der Sowjetunion war schon der Gedanke, innerhalb der Lager neue Familien zu gründen, absolut tabu, obwohl es eine hohe Zahl weiblicher Häftlinge gab. Im Jahr 1949 meldete ein Behördenbericht über den Gulag die Anwesenheit von 503 000 Frauen. Von diesen waren sage und schreibe 9300 schwanger, und weitere 23 790 hatten bereits kleine Kinder, die bei ihnen lebten. Wie Anne Applebaum dazu schreibt:

> Auf Liebe, Sex, Vergewaltigung und Prostitution folgten unweigerlich Schwangerschaft und Geburt. Neben Bergwerken und Baustellen, Forstbrigaden und Strafzellen, Baracken und Viehwagen gab es daher im Gulag auch Entbindungsstationen und Mütterlager sowie Krippen für Babys und Kleinkinder.[22]

Allerdings herrschten in den Lagern entsetzliche hygienische Bedingungen, und die Säuglingssterblichkeit war extrem hoch. Im Alter von zwei Jahren wurden die Kleinkinder von ihren Müttern getrennt und in staatliche Waisenhäuser gebracht. Diese waren wiederum völlig überfüllt. Für Kinder, die das Jugendalter erreichten, gab es ein eigenes System an Jugendlagern, die parallel zu den Lagern für Erwachsene geführt wurden. In so einem System war definitiv kein Platz für Familien, und es wurden hier auch keine gegründet.[23]

V

Der große vaterländische Krieg, 1941–1945

Geschlechterrollen und Familie im sowjetischen Widerstand

In Anbetracht der Zerrüttung und Spaltung der sowjetischen Gesellschaft der dreißiger Jahre und des Umstands, dass auch der Stab der Roten Armee in den Jahren 1937/38 massiven »Säuberungen« ausgesetzt gewesen war, hätte sich wohl niemand gewundert, wenn die Sowjetunion unter der größten Landinvasion der Menschheitsgeschichte zusammengebrochen wäre. Immerhin handelte es sich bei der angreifenden Nation um das Deutsche Reich, das im Jahr 1941 einen sehr hohen Grad an Homogenität erreicht hatte und dessen Bürger sich immer bereitwilliger in die allumfassende »Volksgemeinschaft« einfügten. Stattdessen jedoch leistete die Sowjetunion erbittert Widerstand und konnte am Ende sogar den Sieg davontragen.[1] Wie war das möglich und in welchem Ausmaß spielten Aspekte der Familie und der Stellung der Frau dabei eine Rolle?

Jeder Erklärungsversuch für den Sieg der Sowjetunion im Zweiten Weltkrieg wird an erster Stelle Stalin selbst nennen, der nicht nur die politischen Geschicke im Land mit eiserner Hand lenkte, sondern auch Oberbefehlshaber der Armee war. Zunächst hatte ihn der deutsche Angriff vom 22. Juni 1941 allerdings völlig überrumpelt, und die Schnelligkeit des Vormarsches ließ ihn fast verzweifeln. Doch die Sowjetunion hatte sich schon seit Jahren auf den Kriegsfall vorbereitet. In den dreißiger Jahren waren die sowjetischen Rüstungsausgaben ebenso hoch wie die

Deutschlands. Gleichzeitig wurde die sowjetische Arbeiterschaft schrittweise in eine, wie Bernd Bonwetsch schreibt, »mobilisierte Arbeitsarmee« umgewandelt.[2] Ein Dekret vom 26. Juni 1940 hatte die ohnehin geringe Bewegungsfreiheit der Arbeiter noch weiter eingeschränkt. Im Oktober desselben Jahres wurde der Arbeitsplatz dann formal für den Krieg mobilisiert: Arbeitern wurde es untersagt, den Arbeitsplatz zu verlassen, und sie konnten auch ohne Zustimmung einfach versetzt werden. Zehntausende, die gegen die Arbeitsdisziplin verstießen oder ständig zu spät zur Arbeit kamen, wurden zur Zwangsarbeit ins Lager geschickt. Darunter waren viele Frauen. Außerdem blieb die Geheimpolizei eine mächtige und allgegenwärtige Institution, die jederzeit bereit war, Verhaftungen vorzunehmen und Hinrichtungen zu vollstrecken. Im Gefecht wurde von Mitgliedern der Roten Armee erwartet, dass sie sich unter keinen Umständen ergaben. Andernfalls wurden ihrer Familie sofort sämtliche staatlichen Zuwendungen gestrichen; Familien sanken damit unweigerlich in die Mittellosigkeit ab.[3]

Repression und Terror waren die zentralen Kräfte, welche die sowjetischen Kriegsanstrengungen zusammenhielten. Aber sie hätten auf keinen Fall ausgereicht, wenn nicht andere, Elemente hinzugekommen wären. Dazu zählte etwa die Frage der Geschlechterrollen. Wie gezeigt, hatten die Nationalsozialisten die kategorische Trennung zwischen den Männern, die kämpfen, und Frauen, die zu Hause bleiben, theoretisch erörtert und in die Praxis umgesetzt. Hitler hatte dies, wie bereits erwähnt, schon lange vor dem Krieg im September 1935 klargestellt:

> Wenn in marxistischen Ländern heute Frauenbataillone aufgestellt werden, dann kann man nur sagen: »Das wird bei uns niemals geschehen! Es gibt Dinge, die macht der Mann und für die steht er allein ein!« Ich würde mich schämen, ein deutscher Mann zu sein, wenn jemals im Falle eines Krieges auch nur eine Frau an die Front gehen müsste. Die Frau hat auch ihr Schlachtfeld.

Als der Krieg dann begann, sollte sich allerdings zeigen, dass sich das NS-Regime mit dieser Strategie selbst geschadet hatten. Im Mai 1941 meldeten sich in Dresden von 1250 Frauen, die man zu einem Arbeitseinsatz eingeladen hatte, nur 600, und von diesen erklärten wiederum nur 120, sie seien bereit, eine Beschäftigung anzunehmen. Der Gegensatz zum sowjetischen Regime könnte kaum krasser sein. Millionen Frauen arbeiteten in der Kriegsindustrie, die der UdSSR langfristig eine überwältigende zahlenmäßige Überlegenheit an Waffen und Panzern sicherte. Rund 800 000 sowjetische Frauen leisteten im Krieg aktiven Wehrdienst. Viele dienten nicht in Kampfeinheiten: 41 Prozent aller Ärzte an der Front und 43 Prozent aller Chirurgen waren Frauen. Andere übten unterstützende Funktionen aus: Pionier, Feldmesser, Telefonist, Funker, Fahrer, Mechaniker und dergleichen mehr. Aber viele Tausend Soldatinnen dienten auch direkt an der Front. Frauen kämpften in Infanteriedivisionen, bei der Artillerie und der Flugabwehr; sie waren Pioniere und Maschinengewehrschützen, Fallschirmspringer und Partisanen.

Für die bolschewistischen Feministinnen war die Emanzipation der Frau ein Kampf in Friedenszeiten gewesen, der gegen die patriarchale Macht innerhalb wie außerhalb der Familie geführt werden musste; die

Kolchosbäuerinnen lernen Traktorfahren, um die an die Front geschickten Männer zu ersetzen; 1941

Gesetzeswerke von 1918 und 1926 waren wichtige Schritte in diese Richtung gewesen. In Zeiten des Krieges wurde die Leistung der Frauen jedoch auf ganz andere Weise gewürdigt: als ein wertvoller Beitrag sowohl auf als auch hinter dem Schlachtfeld zur Mobilisierung der Gesellschaft für den Sieg.

Ein weiterer Aspekt, der den sowjetischen Sieg erklärt, betrifft die Deutschen selbst. Die Wehrmacht war nicht nur eine ausländische und eindringende Armee, sondern sie bot auch keine Anreize, die sowjetische Bürger eventuell dazu verleitet hätten, ihre despotischen Herren im Stich zu lassen. Wie Barber und Harrison geschrieben haben: »Zivilisten unter der Besatzung hätten von einer Kollaboration kaum Nutzen gezogen.«[4] Hitler machte keine Anstalten, die Landwirtschaft zu entkollektivieren – die einzige Maßnahme, nach der sich die ukrainischen ebenso wie die russischen Bauern sehnten. Er verzichtete darauf, weil er die kollektiven Höfe zuallererst dazu nutzen wollte, die Getreideversorgung in Deutschland zu sichern, um später die slawische Bevölkerung auszurotten und ihr Land deutschen Bauern zu übergeben. Es blieb der russischen Bevölkerung also gar nichts anderes übrig, als einen »großen vaterländischen Krieg« zu führen. Ihr Überleben hing davon ab.

Wie im Ersten Weltkrieg, nur in noch größerem Ausmaß, wurden Familien auseinandergerissen. Millionen Männer wurden zum Wehrdienst eingezogen und verließen Stadt und Land – und kehrten in vielen Fällen nicht zurück. Millionen Jugendliche im Alter von 14 Jahren aufwärts wurden aus ihren Familien geholt, in staatlichen Arbeitsreserven mobilisiert und in Fabrikbaracken gesteckt, wo sie unter strenger Kontrolle lebten. Millionen Frauen arbeiteten, wie gezeigt, in Rüstungsfabriken und Hunderttausende leisteten Wehrdienst. Als die deutschen Truppen vorrückten, flüchteten unzählige Familien aus ihren Häusern und wurden im Zuge der Evakuierung getrennt. Andere erfroren und verhungerten etwa während der Belagerung von Leningrad. Der Tod war allgegenwärtig, und das in einem Ausmaß, wie es selbst die russische Geschichte noch nicht erlebt hatte. Doch das Verlangen, die deutschen Eindringlinge zu vertreiben, war übermächtig, und die dazu nötigen Mittel waren vorhanden.

Das Familienrecht vom Juli 1944 als ein Endpunkt

Im Sommer 1944 war der Sieg bereits absehbar. Das Regime konnte sich den Luxus gestatten, an die Nachkriegszeit zu denken. Zu den größten Sorgen zählte die Frage, wie es auf die schrecklichen Bevölkerungsverluste der drei vergangenen Kriegsjahre reagieren sollte. In diesem Zuge entstand das neue Familienrecht vom 8. Juli 1944. Ich möchte hier kurz darauf eingehen, denn dieses Gesetz bildet gewissermaßen den Endpunkt der lebhaften Diskussionen, die im Familiengesetz von 1918 ihren Ausdruck gefunden hatten.

Im Vorwort des neuen Gesetzeswerks heißt es recht überraschend (wenn man die Geschichte der postrevolutionären Beziehungen zwischen Familie und Sowjetmacht bedenkt): »Die Sorge um die Kinder und Mütter und die Stärkung der Familie haben stets zu den wichtigsten Aufgaben des sowjetischen Staates gezählt.«[5] Doch einmal abgesehen von frommen Bekundungen dieser Art ging es in dem Familienrecht in erster Linie darum, Ersatz zu schaffen für die demografischen Verluste. Der Gesetzestext kündigte eine beträchtliche Erhöhung der Dienstleistungen und finanziellen Unterstützung für schwangere Frauen an, für Mütter mit vielen Kindern und für unverheiratete Mütter. Bislang hatten nur Mütter mit sieben oder mehr Kindern zusätzliche Leistungen bezogen; das neue Gesetz senkte die Voraussetzung auf nur drei Kinder. In einer feierlichen Anerkennung der unzähligen Familien, die der Krieg zerrissen hatte, erklärte Artikel 2 darüber hinaus ausdrücklich, dass »bei der Festlegung der Höhe der staatlichen Hilfe für Mütter auch jene Kinder mitberücksichtigt werden, die im Krieg gefallen oder verschollen sind«.[6]

Unverheiratete Mütter sollten ebenfalls gestaffelte Leistungen erhalten: monatlich 100 Rubel für ein Kind, 150 für zwei, und so weiter. Die Zahl der Krippen und Kindergärten sollte drastisch erhöht und die Kosten gesenkt werden. Fabriken und Behörden wurden verpflichtet, Räumlichkeiten zum Stillen von Säuglingen anzubieten. Frauen mit vielen Kindern wurden mit Mutterschaftsmedaillen geehrt. Ferner wurden Sonderabgaben von jenen Bürgern im Alter von 20 bis 45 Jahren erhoben, Männern ebenso wie Frauen, die keine Kinder hatten, ja sogar von Familien mit nicht mehr als zwei Kindern.

Doch das neue Gesetz zog nicht nur sämtliche Register pro-natalistischer Sozialpolitik, es setzte auch allen Experimenten in Sachen Familienmodell ein für alle Mal ein Ende. Artikel 19 etwa legte fest, dass lediglich standesamtlich getraute Ehen sich auf das neue Familienrecht berufen könnten; und Artikel 23 bis 29 regelten das Scheidungsverfahren neu. Die alten libertären Forderungen, für die Kollontai so sehr gestritten hatte, wurden endgültig abgeschafft. Künftig war Scheidung nicht mehr nur eine Sache der individuellen Entscheidung der Ehepartner, wobei der Staat lediglich den Vollzug dokumentierte, sondern von jetzt an würde der Staat durch seine Gerichte darüber entscheiden. Die Bestimmungen von 1936 hatten die Kosten einer Scheidung erhöht, aber nicht das Zentrum der Entscheidungsfindung verlagert. Das Gesetz von 1944 tat beides.

Grigori M. Swerdlow und andere, die im Jahr 1946 das neue Familienrecht kommentierten, gaben sich alle Mühe zu betonen, wie familienfreundlich das Regime geworden sei.[7] Aber wenn man die Geschichte der Beziehung zwischen Staat und Familie in den stalinistischen Jahren näher betrachtet, ergibt sich ein etwas anderes Bild – ein sehr zwiespältiges Bild, durchsetzt von tragischen Ereignissen und geprägt von Gewalt, die nicht nur gegen Erwachsene, sondern auch gegen Kinder ausgeübt wurde. Stalin wünschte sich eine »funktionale« Familie, ein Kollektiv, das als Eckstein der neuen sowjetischen Gesellschaft dienen sollte. Aber gleichzeitig misstraute er den Familien. Er war sich ihrer Loyalität nicht sicher. Er befürchtete, dass er die familiären Instinkte nicht würde kontrollieren können. Er selbst hatte in seiner frühen Kindheit traumatische Erfahrungen in der Familie gemacht. Seine eigenen Ehen scheiterten und endeten mit dem Tod der Partnerinnen. Folglich hatte er keinen Anlass, in die Familie als Institution großes Vertrauen zu setzen.

Stalins Reaktion auf dieses Dilemma war typisch für ihn und sein Regime, nämlich widersprüchlich. Auf der einen Seite brauchte er die Familie als loyale und produktive Einheit, der er die Auszeichnung »sowjetisches Kollektiv« verleihen konnte. Auf der anderen Seite gab es Familien, die (vermeintlich oder tatsächlich) nicht loyal, nicht staatskonform waren. Diese suspekten Familien wurden mit Ausdrücken wie »rückständig«, »Kulaken-Familie«, oder »kleinbürgerlich« diffamiert. Auf diese Weise schuf das Regime eine nicht näher definierte, gleichsam amorphe Masse von »unzuverlässigen Elementen«. Die Folge war eine zutiefst zerrissene

Gesellschaft, in der es möglich war, Mütter und Väter zu verhaften und ihre Söhne und Töchter in Waisenhäuser zu stecken, sie zu Kindern von »Vaterlandsverrätern« zu erklären und sie an Kummer, Krankheit oder Hunger sterben zu lassen.

»Kinder von Vaterlandsverrätern«; Aufnahmen zur Identifizierung von kindlichen Insassen in einer Einrichtung der sowjetischen Geheimpolizei

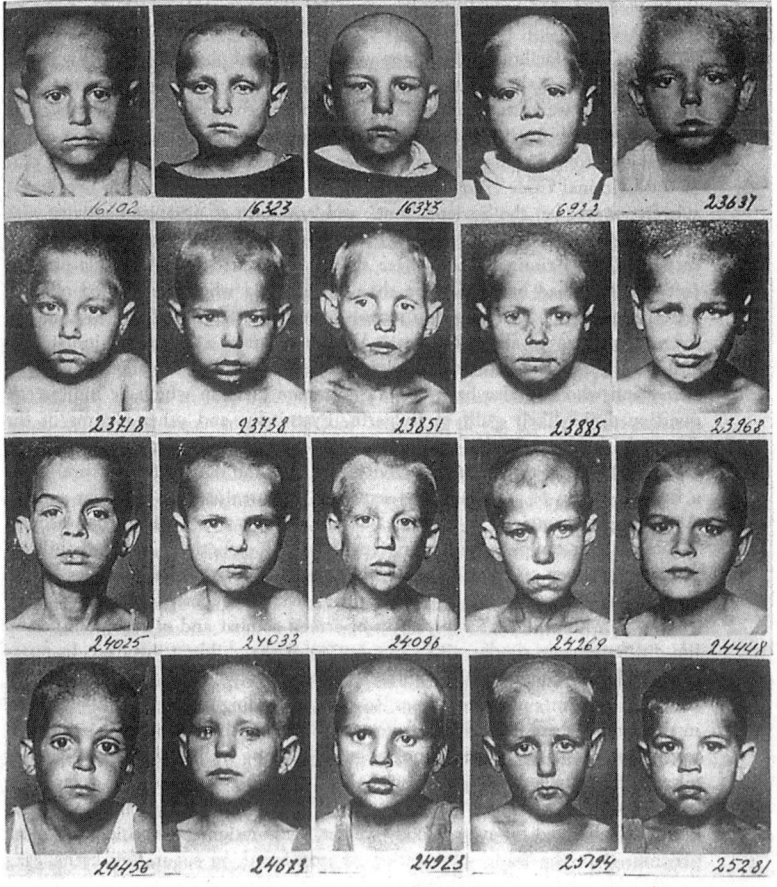

Nachwort

Fast alle Kinder waren heutzutage schrecklich. Am schlimmsten von allem war jedoch, dass sie mit Hilfe von solchen Organisationen wie den *Spähern* systematisch zu unbezähmbaren kleinen Wilden erzogen wurden. Und doch weckte das in ihnen keinesfalls die Neigung, sich gegen die Parteidisziplin aufzulehnen. Die Marschlieder, die Umzüge, die Fahnen, die Wanderungen, das Exerzieren mit Holzgewehren, das Brüllen von Schlagworten, die Verehrung des Großen Bruders – alles das war für sie ein herrliches Spiel ... Es war für Leute über dreißig nahezu normal, vor ihren eigenen Kindern Angst zu haben. Und das mit gutem Grund ... Die Erkenntnis, die Winston jetzt plötzlich dämmerte, war, dass der Tod seiner Mutter vor dreißig Jahren auf eine Weise traurig und tragisch gewesen war, die es heutzutage nicht mehr gab. Tragik, erkannte er, gehörte einer vergangenen Zeit an, als es noch ein Eigenleben, Liebe und Freundschaft gab und die Mitglieder einer Familie, ohne nach dem Grund zu fragen, füreinander eintraten.[1]

Keine der Diktaturen, mit denen wir uns hier befasst haben, hat, selbst in ihren schlimmsten Zeiten, den Grad an physischer und vor allem psychischer Kontrolle über Familien erreicht, wie ihn George Orwell im zweiten Kapitel seines utopischen Romans *1984* beschreibt. Die Wohnung der Parsons, im Roman neben der von Winston gelegen, ist Schauplatz einer vom Regime initiierten Zerrüttung der Familie. Diesen Prozess können wir ohne Bedenken »totalitär« nennen. Die tatsächlich existierenden Regime der ersten Hälfte des 20. Jahrhunderts jedoch, denen man für gewöhnlich das Adjektiv »totalitär« zuschreibt, haben in Bezug auf das Familienleben durchaus nicht derart »total« gewirkt. Sicher gingen diese Diktaturen gnadenlos und oftmals auf barbarische Weise gegen Familien vor. Doch sie waren nicht gegen die Institution Familie an sich. So mussten sie zweigleisig vorgehen: Zum einen unterdrückten sie bestimmte Bevölkerungsteile und Familien aus rassistischen, nationalistischen, gesellschaftlichen, religiösen oder politischen Gründen, zum anderen aber stärkten sie die Mehrheit der konformen Familien: Diese wurden in ihrem Alltag unterstützt und kontrolliert zugleich. Die Tyrannen wünschten sich einen Zusammenhalt der Familien, keine Zersplitterung in atomisierte Individuen. Dies trifft genauso auf Stalins Familienmodell zu wie auf das Francos und Atatürks, so unterschiedlich diese auch formell und ideologisch sein mochten.

Wie ich in meinen Ausführungen zu zeigen versucht habe, haben wir es zudem nicht nur mit der Macht der Führenden, sondern genauso mit der Macht der Familien zu tun. Der britische Autor und Kolumnist Ferdinand Mount spricht von der »subversiven Familie«,[2] die zwar nicht aktiv gegen das Regime konspiriert, aber mit bestimmten Codes und passiven Formen des Widerstands arbeitet. Immer wieder gibt es – neben zahllosen entsetzlichen Berichten über die Auslöschung von Familien – Geschichten des Überlebens, die nicht nur mit Glück oder Schicksal zu tun haben, sondern mit den besonderen Eigenschaften und Ressourcen von Familien wie Anpassungsfähigkeit, Solidarität, Vernetzung, Verschwiegenheit ... Wer hätte für möglich gehalten, dass Victor Klemperer den Krieg in Dresden überlebte? Klemperer selbst sicher nicht. Und doch haben sein Einfallsreichtum und vor allem auch der Rückhalt seiner protestantischen Frau Eva Schlemmer dafür gesorgt, dass die beiden an falsche Pässe gelangen und sich aus den Ruinen Dresdens nach Bayern retten konnten.[3] Unvergesslich bleibt auch, wie Pepa López, eine katholische Mutter aus der Mittelschicht, ihre Familie im Juli 1936 in Málaga vor den »roten Horden« rettete, indem sie sich als Obst- und Gemüseverkäuferin verkleidete und in Hanfsandalen, ihre beiden Kinder fest an der Hand, die Straße entlanglief – voller Angst, dass jemand sie erkennen könnte.[4] Nicht von ungefähr sprechen Soziologen bei der Familie von einer Primärinstitution.

Angesichts ihrer unbestreitbaren Bedeutung überrascht es umso mehr, dass Familien in der sehr umfangreichen Literatur zum Totalitarismus kaum Erwähnung finden. Um dieses Phänomen zu erklären, bedürfte es einer geschichtswissenschaftlichen Analyse. An dieser Stelle muss ein Blick auf Hannah Arendts wichtige Untersuchung *Elemente und Ursprünge totaler Herrschaft* (1955) genügen.[5] Arendt spricht von der »Verlassenheit«, der »Atomisierung« des Individuums. Die totalitäre Herrschaft ist neu, da sie nicht nur das öffentliche, sondern auch das private Leben zerstört:

> Wäre totalitäre Herrschaft nichts anderes als eine moderne Form der Tyrannis, so würde sie sich gleich ihr damit begnügen, die politische Sphäre der Menschen zu zerstören, also Handeln zu verwehren und Ohnmacht zu erzeugen. Totalitäre Herrschaft wird wahrhaft total in dem Augenblick …, wenn sie das privat-gesellschaftliche Leben der ihr Unterworfenen in das eiserne Band des Terrors spannt … Die Grunderfahrung menschlichen Zusammenseins, die in totalitärer Herrschaft politisch realisiert wird, ist die Erfahrung der Verlassenheit.[6]

Arendts erschütternde Beobachtung, wie Öffentlichkeit und Privatheit durch den »Zwang des totalen Terrors« und den »Zwang des logischen Deduzierens«[7] zerstört werden, ist wesentlich für die Analyse der betreffenden Jahrzehnte. Indem sie sich aber auf das atomisierte Individuum und dessen annulliertes Privatleben konzentriert, findet Arendt keinen Raum für die Beziehungen innerhalb der Familie. Diese sind zweitrangig, unsichtbar, der Betrachtung nicht wert. Doch die analytische und materielle Abwesenheit der Familie in der Totalitarismus-Literatur (also nicht nur bei Arendt) führt zu einer drastischen Verkürzung der Geschichtsschreibung. Denn es bleibt eine Schicht gesellschaftlichen Handelns unberücksichtigt, die auch noch in Diktaturen zwischen dem Individuum und dem Staat zu finden ist, und deren Anker die Familie ist.[8]

Ich habe daher dem Familienleben einen zentralen Platz im größeren Zusammenhang der Ereignisse eingeräumt, und dies, indem ich mich auf das Verhältnis zwischen Familien und den beiden großen, ineinandergreifenden Phänomenen der ersten Hälfte des 20. Jahrhunderts konzentriert habe: Revolution und Diktatur.

Wenn man sich zunächst die Revolutionen (von oben wie von unten) anschaut, so ergab sich, vor allem in der Frühzeit, folgendes Bild: Die bürgerliche Familie war unmodern, die Bauernfamilie war Inbegriff der Rückständigkeit, die Arbeiterfamilie konnte sich wirtschaftlich kaum über Wasser halten – warum also sollte man weiter in den Begriffen von Familie denken? Diese Frage stellte sich so manche Frau und so mancher Mann in Russland unter den Bolschewiki, doch niemand fand eine überzeugende Alternative zur Familie. Das Leben in der Kommune schien eine mögliche Lösung zu sein, doch das anfänglich so ekstatisch gefeierte Gemeinschaftsleben kollabierte, da zahlreiche innere Spannungen es erschütterten. Alexandra Kollontai sprach davon, eine große »Familiengesellschaft« aufbauen zu wollen, missachtete dabei jedoch die theoretische und politische Notwendigkeit, die beiden Bereiche getrennt zu halten. Die meisten Bolschewiki hatten keine Vorstellung vom Privaten und glaubten stattdessen an eine aktive Öffentlichkeit. Keiner von ihnen stellte die grundlegende Frage, wie die Familie in die Zivilgesellschaft und den Staat einzubinden sei, ohne dabei ihre Autonomie und Rechte zu verlieren.

Ein radikales Umdenken fordert naturgemäß zum Widerspruch heraus. Aber die postrevolutionäre russische Diskussion über die Zukunft der Familie, mit ihren öffentlichen Debatten und neuen Gesetzen hat viel bewirkt. Vor allem hat sie die Emanzipation der Frau vorangebracht, und das unter großen Schwierigkeiten und gegen den heftigen Widerstand eines tiefverwurzelten Patriarchats. Eine weitere Errungenschaft war Kollontais mutige Feststellung, dass emotionale und geschlechtliche Bindungen und nicht allein wirtschaftliche Beziehungen der Schlüssel zur Befreiung von Frauen wie Männern seien. Am Ende ihrer berühmten Schrift *Die Familie und der kommunistische Staat* forderte sie »Gleichheit, Freiheit und die kameradschaftliche Liebe der neuen Ehe«. Auf dieser Grundlage sollten Frauen und Männer, Arbeiter und Bauern gemeinsam eine neue Gesellschaft errichten.

Man hätte annehmen können, dass dieses reiche, wenn auch stark angefochtene Erbe viel Neues hervorgebracht hätte, in Theorie und Praxis. Doch nachdem die internationale revolutionäre Welle Ende der zwanziger Jahre abgeebbt war, schenkte die revolutionäre Politik der Familie keine besondere Beachtung mehr. Die spanischen Anarchosyndikalisten, die zwar in vielerlei Hinsicht zukunftsweisende Konzepte präsentierten, hatten zur Familie wenig zu sagen. Ihr Leitgedanke im privaten Raum war die »freie Liebe« – dies stellte jedoch ein stabiles Zuhause und monogame Beziehungen nicht infrage. Im Gegenteil, die Anarchisten erwiesen sich hier als durchaus konservativ. Auf dem Papier gründete »freie Liebe« auf den Prinzipien von Freiheit und Gleichheit: Freiheit von männlichen Besitzansprüchen und Kontrolle, Gleichheit zwischen den Geschlechtern im wirtschaftlichen und im häuslichen Bereich. Tatsächlich blieben die Frauen der anarchistischen Bewegung den Männern im Politischen wie im Privaten untergeordnet. Beim Nationalkongress der CNT in Saragossa im Mai 1936 verteidigten die Anarchosyndikalisten ausdrücklich die Familie: Sie sei eine Institution, die der Menschheit schon seit undenkbaren Zeiten gute Dienste geleistet habe und sollte dies auch in Zukunft tun.[9]

Die Unbeweglichkeit der spanischen Anarchosyndikalisten steht im scharfen Kontrast zu den ganz neuartigen Positionen der türkischen Kemalisten. Die Anwendung des Schweizer Zivilgesetzbuchs im Jahre 1926 auf eine überwiegend ländliche, muslimische Bevölkerung war ein einzigartiger revolutionärer Akt von oben. Das Gesetz gewährte dem männlichen Familienoberhaupt zwar nach wie vor bestimmte Vorrechte, doch in Kombination mit anderen gesellschaftlichen und kulturellen Veränderungen Mustafa Kemals eröffnete es auch Frauen und Kindern bislang nicht gekannte Perspektiven. Innerhalb der Familie besaßen Frauen nun mehr Rechte als je zuvor, und vor allem auch das Recht, auf derselben Grundlage wie der Mann die Scheidung zu verlangen. Frauen erhielten Zugang zu weiterführenden Schulen und Universitäten und dienten der Nation in verantwortungsvollen Berufen, die große Professionalität verlangten. Frauen konnten sich in der türkischen Gesellschaft oder zumindest im städtischen Umfeld frei und unverschleiert bewegen. Kinder mussten genauso diszipliniert und gehorsam sein wie früher, doch sie wurden nicht länger in einem vollkommen unangemessenen Alter zur Heirat gezwungen. Im Russland nach der Revolution war die »bürgerliche« Familie ein Feindbild. In der Türkei war sie revolutionär. Endlich, so befand Ziya Gökalp, hatte die »türkische Seele« ihre wahre Heimat gefunden: Die *ümmet* (die islamische Gemeinschaft) war zu groß, die traditionelle Familie nicht gewillt, sich der Moderne zu stellen; die Kernfamilie, das *yuva*, das »Heim« oder »Nest«, sollte daher der Hauptbezugspunkt der Nation sein.[10]

Im westlichen Europa nach der Russischen Revolution sprachen nur sehr wenige Revolutionäre über die Familie. Einer von ihnen war Antonio Gramsci. In einem Zeitungsartikel mit dem Titel »La Famiglia« vom Februar 1918 skizzierte er die Idee der Familie als »Organ des moralischen Lebens«: Die Familie sei eine schützenswerte, würdige Institution, ein wichtiges Element der Moralität, der Erziehung zu Menschlichkeit und Staatsbürgertum. Sie sollte auf einem »Rosenkranz« der guten Taten gründen. Bilder und Vokabular des Katholizismus treten bei Gramsci offen hervor – sie sind aber befreit vom eisernen Griff des Integralismus und von dem Zwang, einem starren Modell folgen zu müssen.

Gramsci reichte es jedoch nicht, die Familie zum »Organ des moralischen Lebens« zu erklären – schließlich mussten materielle Bedingungen geschaffen werden, die der Familie diese Rolle überhaupt ermöglichten. Im Kapitalismus des frühen 20. Jahrhunderts konnten aber nur Kinder des Bürgertums in Sicherheit und frei von Not leben und eine gute Ausbildung erhalten. Andere, weniger vom Glück Begünstigte wie Gramsci selbst, litten unter schlechter medizinischer Versorgung, konnten oft nicht lesen und schreiben und waren schon von früher Kindheit an gezwungen zu arbeiten. Für den Marxisten Gramsci konnte es nur eine Lösung geben: Die Abschaffung des Privateigentums und seine Umwandlung in Kollektivbesitz. Nur wenn der Reichtum der Nationen auf das Volk verteilt würde, hätten Familien überhaupt die Chance, ihre Bestimmung zu erfüllen und zu »Organen des moralischen Lebens« zu werden. Gramsci tat, was kein anderer Marxist wagte: Er übernahm die Doktrin nur *zum Teil*. Er trat für die Abschaffung des Privateigentums ein, die Degradierung der Familie und die Übertragung der Familienaufgaben an den sozialistischen Staat lehnte er aber mit aller Vehemenz ab. In seinen berühmten *Gefängnisheften* entwickelte Gramsci seine Theorien in vielerlei Richtungen weiter, die Familie aber war leider nicht mehr Thema.

Wenn wir den Blick von der Revolution ab und der Diktatur zuwenden, wird deutlich, dass alle Diktatoren – unabhängig von ihrer erklärten Ideologie – sehr ähnliche Dinge erreichen wollten. Ob es nun um Stalins »sowjetisches Kollektiv«, um Mustafa Kemals bürgerliche »yuva«, um Hitlers »kleine Welt in der großen«, um Francos katholische oder Mussolinis faschistische Familie ging – ihnen allen war an funktionierenden und loyalen Familien gelegen. Funktionalisiert wurden die Menschen in vielerlei Hinsicht: in der Vorbereitung auf den Krieg, als zuverlässige, disziplinierte Arbeiter, für das Bevölkerungswachstum und die neuen Generationen vor allem als treue Befehlsempfänger. Die Familien sollten bei ihrer Familienplanung unterstützt, in Hygiene und Gesundheit geschult, für großen Nachwuchs belohnt, alphabetisiert und auf den Krieg vorbereitet werden. Zur Belohnung durften sie sich als Teil der Nation oder Volksgemeinschaft anerkannt fühlen. Familien waren Empfänger von Hilfsleistungen – vor allem in Deutschland, das durch die starke Aufrüstung Vollbeschäftigung erreichte. Doch selbst im viel ärmeren Italien konnten Arbeiterfamilien während der dreißiger Jahre *treni popolari* besteigen und zum ersten Mal in ihrem Leben einen Ausflug ans Meer unternehmen.

Doch die zwangsverordnete Idylle zeigte überall Risse. Die Familien feierten gehorsam die Rituale des Regimes, doch hinter dieser Fassade lag tiefes gegenseitiges Misstrauen und ständige Kontrolle und Überwachung. Familien standen unablässig unter Beobachtung: durch den *portiere*, den Blockwart, den pflichtbesessenen Parteibeamten, den Geheimpolizisten und die Guardia Civil. Sie wurden, wie zahlreiche Dokumente beweisen, von ihren Nachbarn überwacht und denunziert. Die Diktatoren hatten bestimmt nicht die Absicht, ihre Normfamilien in Ruhe ihr Glück genießen zu lassen: Die verschiedenen Organisationen des Regimes forderten von den Familienmitgliedern ihren Tribut und schränkten die gemeinsame Zeit der Familien erheblich ein. Auch tat man gerne so, als sei der Übergang zwischen Familie und Staat fließend, unterlag die Beziehung doch ständigen Spannungen.

Der tragische Konflikt in Sophokles' Drama *Antigone* ist auch das Thema dieser modernen Familien. Wem schenkt man im Zweifelsfall seine Treue, dem Staat oder der Familie? Die Figur der Antigone ist der Familie nicht besonders stark verbunden. Doch in ihrer dramatischen Auseinandersetzung mit Kreon, die schließlich mit dem Tod der beiden endet, betont sie immer wieder, dass die Pflicht ihren Hausgöttern, ihrer Familie und ihrem toten Bruder gegenüber schwerer wiegt als Kreons Gesetz:

> Kreon: »Und wenn für größer als sein Vaterland / Das Liebste jemand hält, der gilt mir ganz nichts.«

Antigone: »Auch dacht ich nicht, es sei dein Ausgebot so sehr viel, / Dass eins, das sterben muss, die ungeschriebnen drüber, / Die festen Satzungen im Himmel brechen sollte.«

Kreon: »Wer aber übertretend den Gesetzen / Gewalt will antun oder Herrscher meistern, / Von mir kann dem nicht wohl ein Lob zufallen.«[11]

Ein untergeordnetes Thema in diesem zentralen Konflikt betraf das Bestattungsrecht und die Frage: Wem gehören die Toten? Antigone fordert das ihr vom Staat verweigerte Recht, ihren Bruder zu beerdigen und trägt dafür die Konsequenzen. In der hier erzählten modernen Geschichte begegnete uns derselbe Konflikt an zwei Stellen. Zuerst, als Joseph Goebbels den Leichnam von Horst Wessel für seine Zwecke instrumentalisierte. Der junge SA-Mann war in Berlin erschossen worden und sollte zum Helden stilisiert werden. Doch im Februar 1933 insistierte Wessels Mutter, die Familie solle im Zentrum sämtlicher Gedenkfeiern stehen. Goebbels kommentierte wütend in seinem Tagebuch: »Die Mutter ist unausstehlich. Sie verdient diesen heldenhaften Jungen gar nicht.«[12] Die zweite, bedeutendere Begebenheit spielte sich im Spanischen Bürgerkrieg ab. Zwischen 1939 und 1945 befahl Franco die Ermordung von 50 000 politischen Häftlingen. Die meisten wurden nachts erschossen und in Massengräbern verscharrt. Bis vor kurzem hatten die Angehörigen keine Möglichkeit, die Herausgabe der sterblichen Überreste zu fordern, um sie würdig zu bestatten. So verfuhr also der »große Freund der Familien«!

Mit Kriegseintritt wandelten sich die Regime auf nie da gewesene Weise und in nicht gekanntem Ausmaß zu Zerstörern von Familien. Selbst die italienischen Faschisten, die den Familien und besonders den Müttern zugesichert hatten, der Mittelmeerkrieg habe nur begrenzte Auswirkungen, erlebten nun, wie die eigene Heimat zum Schlachtfeld wurde. Italienische Städte wurden bombardiert, die Front wich quälend langsam nach Deutschland zurück. Der Nationalismus, der hundert Jahre zuvor so befreiend, romantisch und fortschrittlich zugleich gewirkt hatte, erwies sich jetzt als tödlich. Die aufgestauten rassistischen und imperialistischen Kräfte richteten unsagbares Übel an, und Europa erlebte einen im Grunde fortwährenden Krieg von 1914 bis 1945. Im Osten triumphierte der Kommunismus und nahm genauso repressive Formen an wie das von ihm bekämpfte System. Die Liste der Opfer auf beiden Seiten ist lang; wir haben nur die wichtigsten genannt: die muslimischen Familien zur Zeit der Balkankriege, die Armenier aus Kleinasien 1915/16, ukrainische Bauern während der Hungersnot, die Beduinen aus der Kyrenaika 1930/31, die Juden und Sinti und Roma des NS-Reichs, die Opfer von Kollektivierung und Terror in der UdSSR, die »Roten« in Barcelona und Madrid und viele andere.

Wie der französische Historiker Marc Bloch bereits 1928 forderte, muss ein historischer Vergleich sich genauso der Wahrnehmung von Unterschieden wie Ähnlichkeiten widmen.[13] Bis hierher habe ich vor allem betont, inwiefern sich die verschiedenen Herrschaftsformen mit Blick auf ihre Familienpolitik ähneln. Die Ausarbeitung der Unterschiede lässt dagegen ein äußerst komplexes Bild entstehen, das weder ein gleichbleibendes Muster noch ein vorhersehbares Ergebnis aufweist. Ganz allgemein lässt sich sagen, dass die Sowjetunion keinen Sonderfall-Status besitzt. Demografie, Nation und Geschlecht, die Reglementierung der Zivilgesellschaft – alle diese Faktoren bringen ein überraschend großes Spektrum von Regimen hervor. Wenn man nun untersucht, welchen Grad an Kontrolle die Diktaturen tatsächlich über die Familien hatten, wird deutlich, dass sie verschiedene Punkte auf derselben Skala einnehmen: An deren einem Ende steht Mussolinis hochtrabende, aber zugleich relativ laxe Familienpolitik in Italien, am anderen Ende die hochgradige Kontrolle der Nationalsozialisten über eine entwickelte Gesellschaft und die Loyalität einer großen Mehrheit der Deutschen bis zum bitteren Ende. Diese Loyalität ist umso unerklärlicher, da alle Regime mit unterschiedlichem Erfolg geburtenfördernde Maßnahmen einsetzten, aber nur die Nationalsozialisten auch anti-natalistisch vorgingen und systematisch eine »negative Eugenik« praktizierten, also die willentliche Vernichtung der schwächsten und hilflosesten Mitglieder der eigenen Gemeinschaft.

Die Sowjetunion bleibt das Regime, dessen Interpretation die meisten Rätsel aufgibt. Es fand eine intensive Beschäftigung mit Geschlechterfragen statt, die mit der Revolution begann, aber auch in den folgenden Jahrzehnten nie ganz aufgegeben wurde. Ich habe versucht, den Kampf gegen das Patriarchat und den Fortschritt in der Emanzipation der Frau bis zum Ende des Zweiten Weltkriegs nachzuzeichnen. Im Anschluss an diese Zeitspanne bewirkte der drastische Männermangel in der Sowjetunion, dass verstärkt wieder patriarchalische Verhaltensmuster innerhalb und außerhalb der Familien auftraten. Dennoch lobte eine offenkundig antistalinistisch intendierte Untersuchung des sowjetischen Familienlebens durch H. K. Geiger die ab den vierziger Jahren vorherrschende positive Geschlechterbeziehung in vielen städtischen Ehen als auf »gleichen Rechten und auf Liebe« beruhend.[14]

Das ist die eine Seite. Die andere Seite ist ein besonders dunkles Kapitel der sowjetischen Geschichte. Von allen in diesem Buch betrachteten Regimen hat keines derart viele Familien zerstört wie die Sowjetunion, und das nach höchst arbiträren Kriterien. Auf dem Höhepunkt dessen, was der französische Historiker Nicolas Werth den »Terror gegen das einfache Volk« genannt hat, in der Zeit von August 1937 bis November 1938 kam es zu bis zu 50 000 Exekutierungen im Monat. Zwischen 1929 und 1953 kamen etwa 18 Millionen Sowjetbürger in eines der Arbeits- oder Straflager des Gulag-Systems. Kein anderes staatliches Repressions- und Zwangsarbeitssystem im Europa des 20. Jahrhunderts kann sich mit diesen Zahlen messen.

Aus dem Blickwinkel der Familie wird ein wichtiger Unterschied zwischen Nationalsozialismus und Stalinismus deutlich. In Deutschland wurden jüdische Familien, Familien der Sinti und Roma und auch Homosexuelle diskriminiert und schließlich ermordet, aber die Integrität der Familie, ihr emotionaler Zusammenhalt, blieb intakt und wurde durch das Erlittene sogar gestärkt.[15] Dies traf sogar noch in dem Moment zu, da das Regime Männer, Frauen und Kinder vor dem Weg in die Gaskammern trennte. In der Sowjetunion dagegen wurden Familien nicht nur physisch, sondern auch emotional getrennt, indem man die Erwachsenen gegeneinander und die Kinder gegen die Eltern aufhetzte. Kindern wurde beigebracht, dass ihre Eltern nicht nur das Vaterland, sondern auch alles in der Schule Erlernte und sogar die eigene Familie verrieten. Die emotionalen Wirren und der tragische Bruch mit den herkömmlichen Loyalitäten, die dieses Vorgehen hervorgerufen haben muss, sind bei weitem nicht das einzige in jenen Jahren verübte Verbrechen gegen die Menschlichkeit – jedoch eines, das durch seine besondere Perfidität heraussticht.

Ein letzter Punkt betrifft die Zivilgesellschaft. Angesichts des allgegenwärtigen Terrors und der alltäglichen Repressalien aller Regime (selbst Mussolinis System erwies sich als überaus effizient, wenn es um die Aufdeckung von »Verschwörungen« ging) erübrigt sich, so sollte man meinen, eine Diskussion über die Möglichkeit einer funktionierenden Zivilgesellschaft. Organisationen, Vereine, Gruppen, die eine Zivilgesellschaft normalerweise kennzeichnen, fehlten oder wurden verboten. Tatsächlich gab es jedoch immer wieder Versuche, Widerstand zu leisten, die Zivilgesellschaft gegen das diktatorische System zu behaupten. Allerdings blieben alle diese Initiativen ohne durchschlagenden Erfolg. Im Osmanischen Reich etwa gab es zu Beginn des 20. Jahrhunderts die greifbare Chance, in Istanbul und anderen großen Städten, vor allem auch mit der Unterstützung von nicht-muslimischen Händlern und deren Familien, eine pluralistische, stabile Zivilgesellschaft zu entwickeln. Die Machtübernahme durch das Komitee für Einheit und Fortschritt (KEF) zerstörte diese Hoffnungen rasch. Im Russland zur Zeit der Revolution waren die Sowjets, wie etwa der Arbeiter- und Soldatenrat in Kronstadt, dynamische und teilweise autonome politische Organisationen, die ihre Legitimation durch die Gemeinschaft bezogen. Auch sie wurden schnell zerschlagen, in diesem Fall durch den autokratischen Kommunismus. Die Neue Ökonomische Politik (NEP) sorgte zeitweilig für Entlastung, doch die Kommunisten, die nicht vollkommen konform mit Lenins Vorstellungen gingen, hatten kein eigenes Konzept der Zivilgesellschaft oder gar der Beziehung zwischen Familie und Zivilgesellschaft. Die Gesellschaft war im Grunde nur die werktätige Öffentlichkeit, in der Männer und Frauen den Aufbau des sowjetischen Staats vorantrieben. Die spanischen Anarchisten, von denen man vielleicht etwas Neuartiges erwartet hätte, konnten in Wahrheit mit Pluralismus nicht umgehen. Die an Priestern, Mönchen und Nonnen begangenen Massaker, hauptsächlich in den ersten sechs Monaten des Bürgerkriegs von militanten Kämpfern der FAI und CNT verübt, sind grausames Zeugnis der Intoleranz und Gewaltbereitschaft dieser Gruppen.

Das Verhalten der katholischen Kirche in diesem Kontext muss gesondert betrachtet werden. Ihre Haltung gegenüber den Diktaturen ist sicherlich alles andere als vorbildlich zu nennen. Die Kirche unter Pius XI. und Pius XII. war dem Gedanken des Integralismus verpflichtet und hatte wenig Interesse an einer Zivilgesellschaft, an Autonomie und Pluralismus. Die Kirche verteidigte nicht das Familienleben als solches, sondern nur das katholische Familienleben. Im Spanischen Bürgerkrieg versagten die

Bischöfe kläglich, da sie zu den Gräueln schwiegen, welche die Afrikaarmee (aber nicht nur sie) an Frauen und Männern verübte, die republikanisch, sozialistisch oder anarchistisch gesinnt waren oder auch nur einen Gewerkschaftsausweis bei sich trugen.

Wenn also nicht einmal die Kirche Position bezog, welche Hoffnung bestand dann noch für die Zivilgesellschaft? Trotz aller Widrigkeiten blieben begrenzte Räume der freien Meinungsäußerung und auch des Dissens bestehen. Der wichtigste dieser Orte war wohl die Familie selbst. Die Diskussion wurde zwangsweise aus der Öffentlichkeit in ihre letztmögliche Zuflucht getragen: die Familie und das Zuhause. Dabei haben wir es nicht mit jener typischen »Selbstgenügsamkeit« zu tun, wie Jane Austen sie für das frühe 19. Jahrhundert diagnostiziert hat mit seinem Behagen an der – ländlichen – Häuslichkeit.[16] Stattdessen handelt es sich hier um eine deutlich städtische Häuslichkeit mit seiner, wenn auch extrem eingeschränkten, Privatheit und Intimität, wie sie etwa 1920 in Max Beckmanns *Familienbild* dargestellt wurde. Privatsprache, gemeinsame Erinnerungen, Geheimnisse, erprobte Strategien und Bündnisse – all das zeichnet Familien aus. Wenn die Tyrannen nicht hinschauten, konnten die Alltagsgespräche am Küchentisch sehr schnell politische Formen annehmen – etwa, als Turiner Arbeiter am 1. Mai rote Hosenträger (*bretelle*) trugen. Man konnte zum Regime auf »Abstand« gehen – meist nur minimal, oftmals auch weniger.

Auf eine weitere nicht ganz unerhebliche Gemeinsamkeit des italienischen und des sowjetischen Staates möchte ich noch hinweisen. Beide Systeme charakterisierte eine tiefverwurzelte Kultur des Patronats, wodurch der Handlungsspielraum für Familien von vornherein etwas größer war als etwa in Deutschland. Man konnte die starren Mechanismen des Staates umgehen, indem man Beziehungen und Abhängigkeiten ausnutzte: Frauen konnten beispielsweise auf ganz andere Weise mit Funktionsträgern verhandeln als Männer. Was man im Russischen *blat* nennt, »Klüngel«, »Beziehungen«, fügte sich dem Wesen nach eigentlich nicht ins kommunistische Weltbild, hatte aber enorme Bedeutung für urbane sowjetische Familien in ihrem täglichen Kampf gegen alle möglichen Entbehrungen.

Natürlich hatten diese Mechanismen und Rettungsanker nichts mit einer »Zivilgesellschaft« im eigentlichen Sinne zu tun. Sie dienten eher dazu, die Erinnerung daran wachzuhalten, welche Freiheit es einst gegeben hatte und vielleicht irgendwann wieder geben würde. Nach 1945 rückten andere Fragen in den Fokus. Eine der interessantesten ist wohl, wie die Familien in den verschiedenen Staaten, im radikal neuen Umfeld der zivilen und politischen Freiheiten mit der Zivilgesellschaft und dem demokratischen Staat in Verbindung traten. Aber das ist eine andere Geschichte, die an anderer Stelle erzählt werden muss.

Danksagung

Mein größter Dank gilt meiner Frau Ayşe Saraçgil, der dieses Buch gewidmet ist. Sie war meine Lehrerin und Inspiration für Kapitel 2; ohne sie wäre der türkische Teil des Buches nie entstanden. Außerdem ist sie meine beständige intellektuelle Gefährtin, die Vorschläge macht, mich unterstützt und kritisiert. Wenn man ein so umfangreiches Buch über die Familie schreibt, verlangt man seiner eigenen Familie einiges ab, daher entschuldige ich mich hiermit bei allen Familienmitgliedern, vor allem dafür, dass ich mich so lange isoliert habe, was aber für ein derartiges Unterfangen unabdingbar ist. Meine Familie entspricht vielleicht nicht unbedingt den Konventionen (welche Familie tut das heutzutage schon?), aber sie ist eine liebevolle Gemeinschaft, und jedes einzelne Mitglied war sehr nachsichtig und geduldig mit mir. Was meine Freunde angeht, möchte ich mich vor allem bei Susan James und Quentin Skinner für ihre beständige Unterstützung und die Leidenschaft bedanken, die sie von Anfang an für mein Projekt zeigten. John Barber teilte nicht nur sein umfangreiches Wissen über die Sowjetunion mit mir, sondern auch sein Haus in Grantchester mit meiner Familie. John Dunn hat mich immer freundlich angetrieben und mir unermüdlich Fragen gestellt, die ich nur mit Mühe beantworten konnte. Anna Di Biagio hat mit mir in den vergangenen 20 Jahren nicht nur denselben Unterrichtsraum in unserer Abteilung an der Universität Florenz geteilt, sondern mich auch an ihren profunden Kenntnissen über die sowjetische Familie teilhaben lassen. Jürgen Kocka, Peter Wagner und Dieter Gosewinkel luden mich freundlich ein, mich an »CiSoNet« zu beteiligen, dem European Civil Society Network, was für mich eine sehr wertvolle intellektuelle Erfahrung war.[1] Patrick Joyce ermutigte mich in den späteren Phasen der Arbeit an meinem Buch, ebenso John Keane. Michele Battini unterstützte mich nicht nur mit seiner unverbrüchlichen Freundschaft, sondern auch mit vielen Anregungen aus der politischen Theorie.

Bei der Arbeit an meinem Buch hatte ich das große Glück, dass mir ein Team aus Kollegen, Freunden und Mitarbeitern zur Seite stand: Chiara Stefani, die nicht nur für die Recherche der Bilder verantwortlich war, sondern auch mit Fug und Recht als Koordinatorin des gesamten Projekts bezeichnet werden kann; Eva Balz, deren Forschung in Berlin und intelligente Kritik unschätzbar wertvoll für mich waren; Elisa Chuliá, deren Enthusiasmus und Großmut sowie ihre fundierten Kenntnisse über die spanische Familie viele meiner Zweifel zerstreuten. Mein Dank geht auch an Bruna Bocchini und Maria Casalini für ihren Expertenrat zu speziellen Themen und an Paul Corner und Marco Palla, die das Kapitel über Faschismus lasen und kritisch kommentierten. Die Mitarbeiter der Biblioteca Nazionale in Florenz, des European University Institute in San Domenico di Fiesole, der Cambridge University Library und der British Library waren mir stets eine große Hilfe und immer sehr kooperativ.

Ich danke Robert Baldock von der Yale University Press für seine Geduld, meiner Lektorin Laura Davey für ihre exzeptionelle Arbeit, meiner Literaturagentin Caroline Dawnay für ihre vielen guten Ratschläge im Laufe der Jahre sowie meinem italienischen Verleger Ernesto Franco von Giulio Einaudi Editore.

Trotz aller Sorgfalt werden sich gewiss noch immer Fehler im Buch finden, das ist bei einem Werk von diesem Umfang wohl nicht anders möglich. Die Verantwortung dafür liegt allein bei mir.

Paul Ginsborg, Florenz, November 2013

ANHANG

Zahlen zur Demografie und Wirtschaft

Zusammen mit Giambattista Salinari

Einführender Hinweis

In diesem Abschnitt präsentieren wir zu den fünf im Buch betrachteten Ländern eine Sammlung demografischer und wirtschaftlicher Statistiken: zur Sowjetunion, zur Türkei, zu Italien, Spanien und Deutschland für die Zeit von 1900 bis 1950.

Dieses Zahlenmaterial gliedert sich in fünf Abschnitte, die jeweils einem Land gewidmet sind. Dabei folgen die Indikatoren mit wenigen Ausnahmen stets in gleicher Ordnung aufeinander und decken die gleichen Aspekte ab. Auf die Art lassen sich Entwicklungen bestimmter Phänomene in einem Land über einen Zeitraum hinweg verfolgen und zudem die jeweilige Entwicklung in verschiedenen Ländern miteinander vergleichen. Mit Blick auf die demografische Entwicklung dieser Länder ist auf drei Aspekte besonders hinzuweisen: auf den »demografischen Übergang«,[1] auf Ereignisse mit katastrophalen Folgen für die Bevölkerungsentwicklung sowie auf die sogenannten »eugenischen« (bevölkerungs- und gesundheitspolitischen) Maßnahmen.

Die fünf untersuchten Länder befinden sich (siehe Abb. 1) in deutlich unterschiedlichen Stadien des demografischen Übergangs. Dieser Prozess beginnt typischerweise damit, dass sich die Sterblichkeitsrate verringert, worauf im zeitlichen Abstand von 10 bis 20 Jahren auch die Geburtenrate absinkt. Dass der jeweilige Rückgang zeitlich versetzt beginnt, führt in der Bevölkerung zu einem jährlichen Überschuss an Geburten gegenüber den Todesfällen. In der Bilanz weisen die Bevölkerungen ein Wachstum in einem Tempo auf, wie es noch nie zuvor beobachtet wurde und wahrscheinlich auch nie wieder erreicht werden wird (vgl. Abb. 2). Dieses Wachstum ist denn auch eines der bedeutendsten Phänomene des hier untersuchten Zeitabschnitts – zusammen mit der gegenläufigen Tendenz, der massenhaften Vernichtung menschlichen Lebens durch eine ebenfalls nie da gewesene Folge von Katastrophen in Form von zwei Weltkriegen, von Bürgerkriegen und Hungersnöten.

Von den fünf hier in Rede stehenden Ländern befindet sich die Türkei im gesamten Betrachtungszeitraum offenbar noch in der Phase *vor* dem demografischen Übergang (vgl. Abb. 3): Die Geburtenraten liegen mit Werten zwischen 40 und 60 pro 1000 Einwohner noch sehr hoch, während die Sterblichkeit mit Werten zwischen 30 und 40 pro 1000 Einwohner nur moderat abnimmt. Erst ab den 1930er Jahren zeichnet sich hier ein rapider Rückgang ab.

Aufgrund all dieser Faktoren weist die Türkei unter den fünf untersuchten Ländern das höchste Bevölkerungswachstum aus.

Dagegen stecken Deutschland, Italien und Spanien mitten im demografischen Übergang: Am Ende des Betrachtungszeitraums liegen die Sterblichkeit hier bei knapp über 20 Todesfälle pro 1000 und die Fruchtbarkeit zwischen 10 und 20 Geburten pro 1000 Einwohner.

Zahlen zur Demografie und Wirtschaft 613

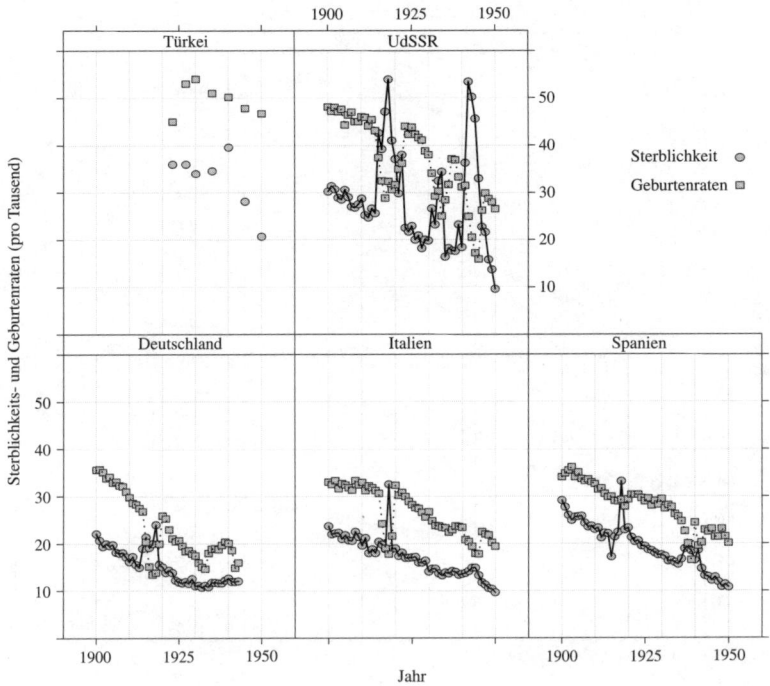

Abb. 1: *Die Geburten- und Sterblichkeitsraten in der UdSSR, der Türkei, Italien, Spanien und Deutschland (1900–1950)*

Die Sowjetunion schließlich liegt zwischen den beiden Polen Türkei auf der einen und Deutschland, Italien und Spanien auf der anderen Seite. In diesem riesigen Land ist der demografische Übergang wohl schon angelaufen, auch wenn dies schwer auszumachen ist, weil die abgebildeten Trends mindestens drei große demografische Krisen widerspiegeln, auf die jeweils eine Phase der Erholung folgte. Deshalb ergeben die sowjetischen Daten, die in Abbildung 1 und 3 dargestellt sind, ein völlig abweichendes Muster.

Abhängig vom jeweiligen Stadium, in dem sich die Länder im demografischen Übergang befinden, entwickelt sich nachfolgend deren Altersstruktur. So ist die Bevölkerung der drei europäischen Länder und der Sowjetunion (siehe die jeweilige Abb. 5 in den Abschnitten zu den einzelnen Ländern) in einer Alterspyramide dargestellt, die erste Anzeichen einer Alterung zeigt, während sich die Bevölkerung der Türkei in gegenläufiger Tendenz schrittweise verjüngt.

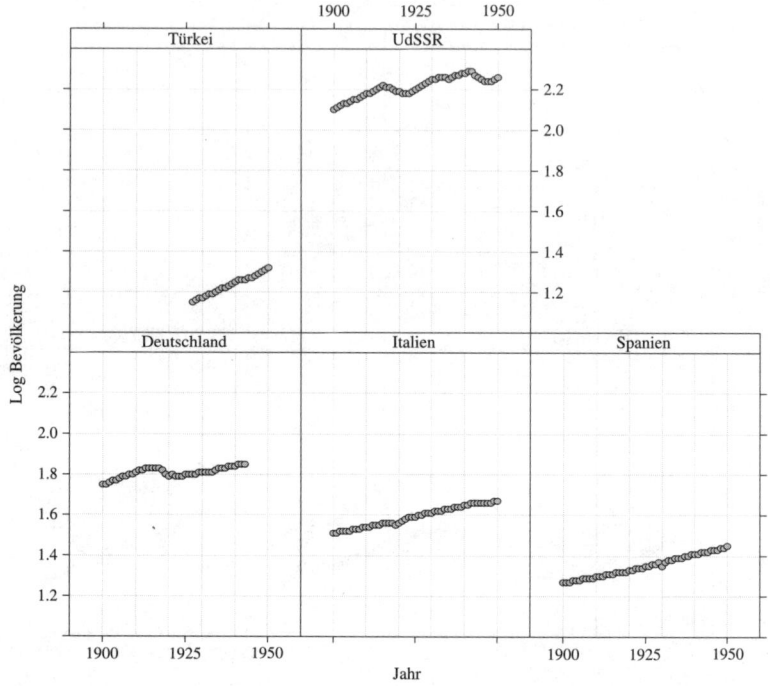

Abb. 2: Die Bevölkerungsentwicklung in der UdSSR, der Türkei, Italien, Spanien und Deutschland (1900–1950)

Der demografische Übergang, der sich in rückläufigen Geburten- und Sterblichkeitsraten ausdrückt, bildet eine Grundtendenz, die allerdings die kurzfristigeren Trends überlagern, die durch Kriege und Hungersnöte herbeigeführt werden.

Diese Katastrophen sind in Abbildung 2, die den Logarithmus der Bevölkerungszahlen wiedergibt, kaum auszumachen. Während sich hier die Linien wie Regenwürmer mit verschiedenen Steigungsgraden relativ gerade nach oben recken, zeigt Abbildung 4 ein deutlich dramatisches Bild.

Die einzelnen Diagramme in Abbildung 4 rücken die Jahre unmittelbar vor und nach einigen großen demografischen Katastrophen in den Blickpunkt. Betrachtet werden: der Erste Weltkrieg, die Pandemie der Spanischen Grippe, der Bürgerkrieg in der Sowjetunion, der Spanische Bürgerkrieg und die große

Zahlen zur Demografie und Wirtschaft

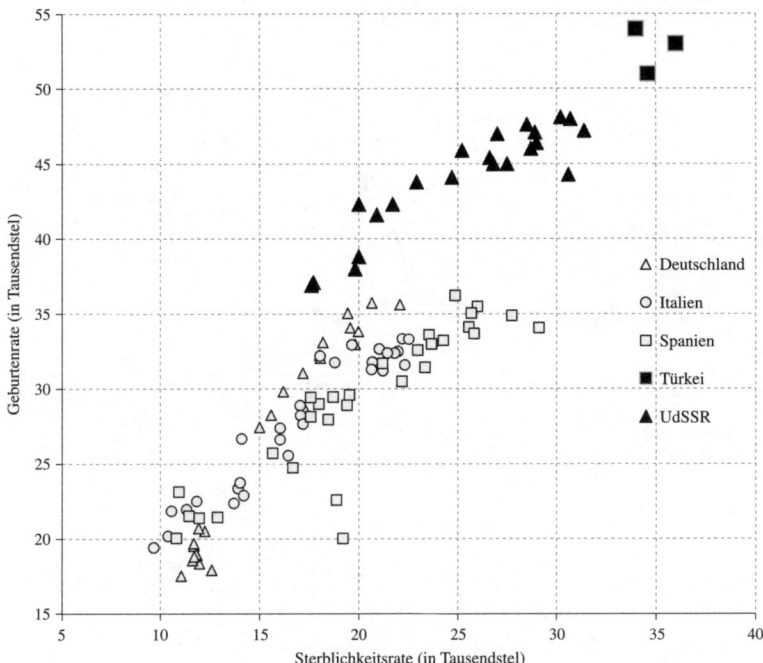

Abb. 3: *Verlauf des demografischen Übergangs in der UdSSR, der Türkei, Italien, Spanien und Deutschland (1900–1950)*

Hungersnot, welche die Kollektivierungen in der Sowjetunion auslösten. In diesen Diagrammen springen fünf verschiedene Elemente ins Auge:

- Die Sowjetunion durchlebte im Zeitraum zwischen 1900 und 1950 demografische Krisen in einer Intensität und Größenordnung, wie sie in keinem der anderen vier Länder zu verzeichnen waren.[2]
- Die Spanische Grippe (1918) ließ, wie bekannt, die Sterblichkeit erheblich stärker in die Höhe schnellen als der Erste Weltkrieg.
- Der spanische Bürgerkrieg hatte offenbar ähnliche Auswirkungen wie die beiden oben genannten Faktoren, allerdings in erheblich geringerem Ausmaß.
- Die großen Krisen wirkten auch auf die anderen Faktoren der Bevölkerungsentwicklung neben der Sterblichkeit ein: Zeitgleich mit dem Zuwachs der Todesfälle sind jeweils drastische Geburtenrückgänge zu beobachten.

Zahlen zur Demografie und Wirtschaft

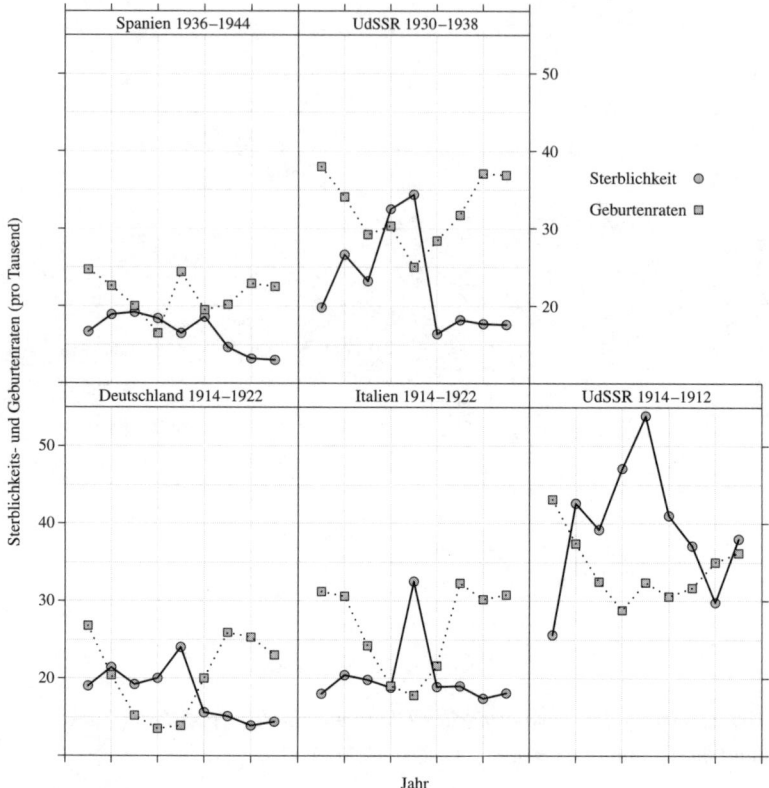

Abb. 4: *Entwicklung der Geburten- und Sterberaten im Verlauf der fünf verschiedenen demografischen Katastrophen*

Dieses Phänomen, das bei den Geburten stärker als bei der Sterblichkeit ausfällt, reißt in bestimmte Altersstufen Lücken, die in der Alterspyramide noch im Abstand von vielen Jahren sichtbar sind. (Siehe Abb. 5 der verschiedenen Länder.)

– Für die Jahre nach den Krisen ist eine mehr oder weniger starke demografische Erholung mit Geburtenraten zu verzeichnen, die jene vor der Krise tendenziell übertrifft – als wolle die Bevölkerung erlittene Verluste wettmachen.

Neben den großen demografischen Katastrophen wirken weitere Faktoren – so Maßnahmen zur Geburtenförderung in der Familienpolitik der großen Diktatoren sowie die »eugenischen« Anstrengungen, die in allen Ländern im

Zahlen zur Demografie und Wirtschaft 617

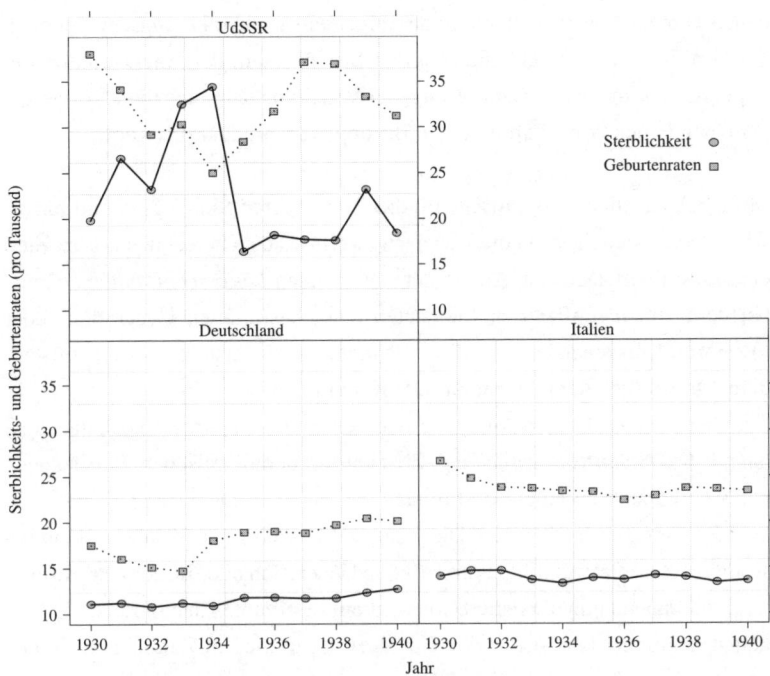

Abb. 5: Entwicklung der Geburten- und Sterblichkeitsraten in der UdSSR, Deutschland und Italien während der 1930er Jahre

Schwange waren – dem allgemeinen Trend des demografischen Übergangs entgegen (vgl. Abb. 5).

Alle in diesem Buch behandelten Diktatoren strebten ein Bevölkerungswachstum an, um die Stärke und Kampfkraft ihrer Heere zu erhöhen. In dieser Hinsicht ist Mussolinis Rede *Discorso dell'Ascensione* programmatisch. Zudem wurde in allen fünf Nationen den Infektionskrankheiten und der Kindersterblichkeit der Kampf angesagt und eine Erhöhung der Geburtenrate sowie des Bildungsniveaus propagiert. Aber inwieweit waren die Maßnahmen erfolgreich? Abbildung 5 zeigt klar, dass ihre Ergebnisse entgegen der Propaganda bescheiden ausfielen, insbesondere beim Geburtenrückgang – ein besonderes Ärgernis für diese Regime.

Anhand der Diagramme in diesem Abschnitt lassen sich die erwähnten und andere Veränderungen und Auswirkungen von Ereignissen in neun verschiedenen Dimensionen verfolgen: in der allgemeinen Bevölkerungsentwicklung, der Fertilität, den Eheschließungen, der Sterblichkeit, der Altersstruktur, der Alphabetisierung, der Urbanisierung, der Verteilung der potenziellen Erwerbspersonen in der Wirtschaft und dem Bruttoinlandsprodukt pro Kopf.

Mit Blick auf die demografischen Indizes im engeren Sinne sei darauf hingewiesen, dass sich diese theoretisch nach zwei Ansätzen berechnen lassen. Zum einen vor allem nach dem Ansatz der sogenannten *Längsschnittuntersuchung,* bei dem von identifizierten Elementen einer bestimmten Generation[3] oder »Kohorte«[4] ausgehend das fragliche Phänomen Jahr für Jahr bis zum vollständigen Aussterben der Generation oder Kohorte verfolgt wird.

In der demografischen Analyse gibt es neben diesem Ansatz noch die sogenannte *Querschnittsuntersuchung,* die sich mit demografischen Tatbeständen befasst, die sich zu einem bestimmten Zeitpunkt in mehreren Generationen oder Kohorten ereignet haben. Die Analyse konzentriert sich dabei auf ein bestimmtes Zeitintervall, für das eine fiktive Generation oder Kohorte konstruiert wird, die nur imaginär existiert. Ihr wird ein bestimmtes demografisches Verhalten zugeschrieben, das in der Bevölkerung in diesem Zeitintervall in den verschiedenen Altersstufen beobachtet wird.

Die meisten Indikatoren, anhand derer das demografische Verhalten normalerweise beschrieben wird – auch die Angaben in diesem Buch und in diesem Abschnitt – gehören diesem zweiten Typ der Untersuchung an, weil sich die Indizes einer Längsschnittuntersuchung für allzu junge Generationen im Allgemeinen nicht berechnen lassen. Dabei ist wichtig, dass die Maße des Zeitintervalls durch den sogenannten *Zeiteffekt* verzerrt werden können. In diesem Fall können Schwankungen in der zeitlichen Verteilung eines Phänomens (zum Beispiel das Durchschnittsalter der Niederkunft) mit Schwankungen der Intensität des Phänomens (zum Beispiel die durchschnittliche Anzahl der Kinder pro Frau) »verwechselt« werden.

Nach dieser allgemeinen Vorbemerkung im Folgenden detaillierte Hinweise zu den demografischen Aspekten, die in den Abschnitten zu den jeweiligen Ländern behandelt werden.[5]

Zahlen zur Demografie und Wirtschaft 619

Bevölkerung

Abbildung 1 stellt die Entwicklung der Bevölkerung jeweils zur Jahresmitte dar. Nur im Fall der Sowjetunion bezieht sich die Folge dieser Werte auf den Bevölkerungsstand zum 1. Januar. In allen untersuchten Ländern tendierten die Bevölkerungszahlen nach oben. Das schnellste Wachstum verzeichnete dabei die Türkei.

Die Sterbe- und die Geburtenraten

Abbildung 2 stellt die Entwicklung der Geburten- und der Sterberaten dar. Die Geburtenrate ist das Verhältnis zwischen der Anzahl der Lebendgeburten in einem bestimmten Zeitraum – gewöhnlich einem Kalenderjahr – und der durchschnittlichen Bevölkerungszahl in diesem Zeitraum. Die Sterberate errechnet sich derselben Logik folgend aus dem Verhältnis zwischen der Anzahl der Todesfälle und der durchschnittlichen Bevölkerungszahl. Beide Raten werden gewöhnlich in Tausendstel ausgedrückt. Die türkische Bevölkerung weist bei diesen Variablen die höchsten Werte aus: Bis Ende der 1930er Jahre schwankte die Geburtenrate zwischen 50 und 60 pro 1000, während die Sterblichkeit zwischen 30 und 40 pro 1000 Einwohner lag. Bei den Bevölkerungen Deutschlands, Spaniens und Italiens lagen die Werte dagegen niedriger: Am Ende des betrachteten Zeitraums wiesen die Geburtenraten Werte zwischen 15 und 25 und die Sterblichkeit Werte zwischen 10 und 15 pro 1000 Einwohner auf.

Zusammengefasste Fruchtbarkeitsziffer und Kindersterblichkeit

Abbildung 3 stellt die Entwicklung der Kindersterblichkeitsrate und der zusammengefassten Fruchtbarkeitsziffer (TFR) dar. Diese Maße sind in einer einzelnen Grafik abgebildet, um die starke Korrelation zwischen der Entwicklung der Sterblichkeit und der der Fruchtbarkeit aufzuzeigen. Diese Korrelation liegt, wie erwähnt, der Theorie des demografischen Übergangs zugrunde. Die Kindersterblichkeitsrate errechnet sich aus der Anzahl der Sterbefälle im ersten Lebensjahr (ausschließlich Totgeburten) im Verhältnis zur durchschnittlichen Einwohnerzahl des Landes und wird gewöhnlich ebenfalls in Tausendstel ausgedrückt. Die zusammengefasste Fruchtbarkeitsziffer gibt die durchschnittliche Anzahl der Kinder an, die eine Frau im Verlauf ihres gesamten fruchtbaren Lebens (15 bis 49 Jahre) hätte. Diese Maße, die gegenüber den Sterblichkeits- und Geburtenraten raffinierter angelegt sind, ermöglichen Vergleiche zwischen Bevölkerungen mit verschiedenen Altersstrukturen. Für die Türkei liegen dazu allerdings keine Daten vor.

Lebenserwartung

Tabelle 1 zeigt die Entwicklung der Lebenserwartung zum Zeitpunkt der Geburt. Diese drückt sich in der durchschnittlichen Anzahl der Jahre aus, die eine Generation (oder fiktive Generation) lebt. Für die Türkei ist auch der Wert der Lebenserwartung im Alter von 50 Jahren enthalten. Er gibt die durchschnittliche Anzahl der Lebensjahre an, die ein 50-Jähriger noch vor sich hat. Alle betrachteten Länder zeigen bei dieser Variablen generell steigende Werte. Diese Entwicklung spiegelt für den betrachteten Zeitraum hauptsächlich den allgemeinen Rückgang der Säuglings- und Kindersterblichkeit wider.

Durchschnittliches Heiratsalter

Abbildung 4 zeigt die Folge des Durchschnittsalters bei Eheschließungen von Männern und Frauen. Soweit möglich, wurde versucht, das Alter bei der ersten Heirat wiederzugeben. Diese Daten, die für Deutschland und Italien vorliegen, lassen sich berechnen, wenn das Alter der Brautleute zum Zeitpunkt der Eheschließung bekannt ist. Wenn sich diese Daten wie im Fall Spaniens nicht ermitteln ließen, wurde das *Singulate Mean Age at Marriage* (SMAM) wiedergegeben, ein Maß für die durchschnittliche Zeit, die Personen, die bis zum 50. Lebensjahr geheiratet haben, als Ledige verbrachten. Für die Sowjetunion war weder für das Durchschnittsalter bei der ersten Eheschließung noch für das SMAM eine fortlaufende Folge an Daten zu ermitteln. Deswegen haben wir auf die Rekonstruktion zurückgegriffen, die Sergej Scherbow vom mittleren Alter bei der ersten Eheschließung für Kohorten angefertigt hat, die in der ersten Hälfte des 20. Jahrhunderts geboren wurden. Hier ist darauf hinzuweisen, dass es sich um ein Maß handelt, das in einer Längsschnittuntersuchung berechnet wurde. Deswegen ist es mit anderen Maßen dieses Abschnitts nur begrenzt vergleichbar.

Zur Türkei ließen sich keine Informationen zum Alter der Eheschließungen ermitteln.

Die Entwicklung des durchschnittlichen Heiratsalters zeigt in Italien, Spanien und Deutschland leicht steigende Werte. Auf sie wirken allerdings die großen demografischen Katastrophen dieser Jahre ein. Besonders deutlich zeigt sich der rapide Anstieg des mittleren Heiratsalters für die Zeit des Ersten Weltkrieges.

Die Bevölkerung nach Geschlecht und Alter

Abbildung 5 zeigt die Struktur der Bevölkerung nach Geschlecht und Alter. Die Grafiken geben die Anzahl der Individuen (in Tausend) für bestimmte Altersgruppen und das jeweilige Geschlecht an.

Die Form der Pyramide der Altersstufen gibt einen Eindruck zur Alterung der Bevölkerung. Eine Dreiecksform des Diagramms steht für eine jüngere, eine Flaschenform eher für eine alternde Bevölkerung. Strukturen, die von den Jüngeren geprägt werden, sind typisch für Bevölkerungen vor dem oder zu Beginn des demografischen Übergangs. Strukturen, die durch die Älteren geprägt werden, sind charakteristisch für Phasen, in denen der demografische Übergang weit fortgeschritten oder schon abgeschlossen ist. Unter den analysierten Bevölkerungen zeigt nur noch die Türkei für die Zeit um 1950 eine dreieckige Alterspyramide.

Anteil der urbanen Bevölkerung

Abbildung 6 ermöglicht eine eingehende Betrachtung der Entwicklungen bei der Urbanisierung. Die drei Folgen der Symbole geben den Anteil der Menschen, die in Städten mit über 25 000, 50 000 oder 100 000 Einwohnern leben, an der Gesamtbevölkerung wieder. Nach Aussagen der Urheber dieser Statistiken sind die Angaben zur Bevölkerung in Städten mit über 100 000 Einwohnern als zuverlässiger einzuschätzen als die übrigen. International sind diese Werte allerdings nur begrenzt vergleichbar, weil der Ausdruck »Stadt« in den verschiedenen Ländern unterschiedlich definiert ist. Sämtliche analysierten Länder erlebten im Betrachtungszeitraum eine beachtliche Landflucht.

Anteil der Analphabeten und Alphabetisierungsraten

Tabelle 2 gibt für verschiedene Zeiträume die unterschiedlichen Anteile an Analphabeten in der Bevölkerung wieder. Für Deutschland fehlen Angaben, weil die Analphabetenraten bereits in der zweiten Hälfte des 19. Jahrhunderts vernachlässigenswert gering waren. Auch wenn die Bezeichnung »Analphabet« zeitlich und regional unterschiedlich definiert wurde, bleibt festzuhalten, dass sich diese Statistiken über die Zeit hinweg und mit Blick auf die verschiedenen Länder dennoch weitgehend miteinander vergleichen lassen.

Bruttoinlandsprodukt

Abbildung 7 zeigt die Entwicklung des Bruttoinlandsprodukts pro Kopf. Dieses Maß gibt den Wert aller produzierten Güter und Dienstleistungen im Verlauf eines Jahres in einem bestimmten Land an, unabhängig davon, ob die Produzenten In- oder Ausländer sind. Alle dargestellten Folgen an Werten wurden von Maddison rekonstruiert und in der Vergleichswährung internationaler oder Geary-Khamis-Dollar von 1990 ausgedrückt. Das bedeutet, dass sie sich auf die Kaufkraft des US-Dollar im Jahr 1990 beziehen.

Das Erwerbspersonenpotenzial nach Wirtschaftsbereich

Tabelle 3 gibt die Verteilung der potenziell erwerbstätigen Bevölkerung in Prozent nach Wirtschaftssektor und Geschlecht an. Zum Erwerbspersonenpotenzial zählen sämtliche Erwerbstätigen, Arbeitslosen und alle, die nach einer ersten Beschäftigung suchen. Um sicherzustellen, dass die von Mitchell veröffentlichten Statistiken vergleichbar sind, wurden bei einigen Ländern (Italien, Spanien und Sowjetunion) die drei Stichwörter »Baugewerbe«, »Verarbeitendes Gewerbe« und »Bergbau« unter dem Stichwort »Industrie« zusammengeführt. Kleine Abweichungen zwischen den Zahlen in diesem Abschnitt und denen im Text genannten kommen durch dieses Vorgehen zur Harmonisierung der Daten zustande.

Als die beiden wichtigsten Phänomene veranschaulichen diese Tabellen die fortschreitende Industrialisierung und die zunehmende Teilnahme von Frauen in der Arbeitswelt.

Die wichtigste Literatur

Früheste wichtige Werke zum demografischen Übergang sind:
Landry, A., *La révolution démographique*, Paris: Librairie du Recueil Sirey 1934.
Notestein, F., »Population: the long view«, in: T. Schultz (Hg.), *Food for the World*, Chicago: University of Chicago Press 1945, S. 36–57.

Zur Beziehung zwischen demografischem Übergang, Bevölkerungswachstum und Wirtschaftswachstum:
Boserup, E., *The Conditions of Agricultural Growth. The Economics of Agrarian Change under Population Pressure*, London: Aldine 1965.

Galor, O., u. Weil, D. N., »Population, Technology and Growth. From Malthusian Stagnation to the Demographic Transition and Beyond«, in: *American Economic Review* 4 (2000), S. 806–827.

Zu demografischen Krisen, Hungersnöten und Erholungsprozessen:

Galloway, P. R., »Basic Patterns in Annual Variations in Fertility, Nuptiality, Mortality, and Prices in Pre-Industrial Europe«, in: *Population Studies* XLII (2) (1988), S. 275–302.

Ograda, C., *Famine. A Short History*, Princeton/Oxford: Princeton University Press 2009.

Sowjetunion

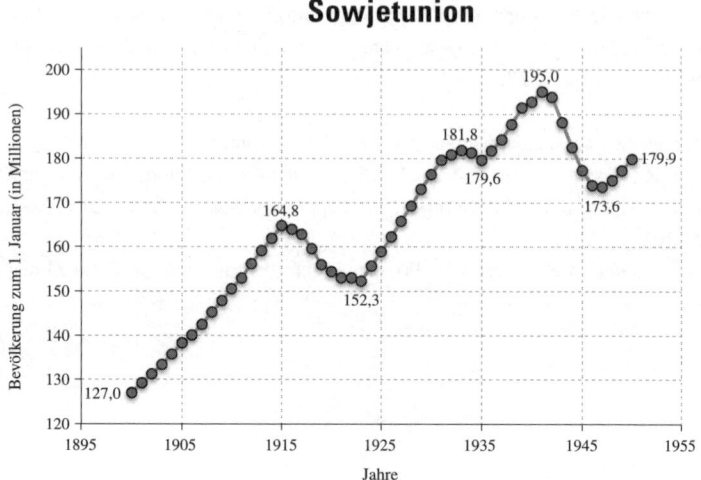

Abb. 1: Bevölkerung am 1. Januar (in den territorialen Grenzen der UdSSR von 1946)

Quelle: Daten aus J. N. Biraben, »Essai sur l'évolution démographique de l'U.R.S.S.«, in: *Population,* XIII (2) (1958), S. 29–62; erstellt von den Autoren.

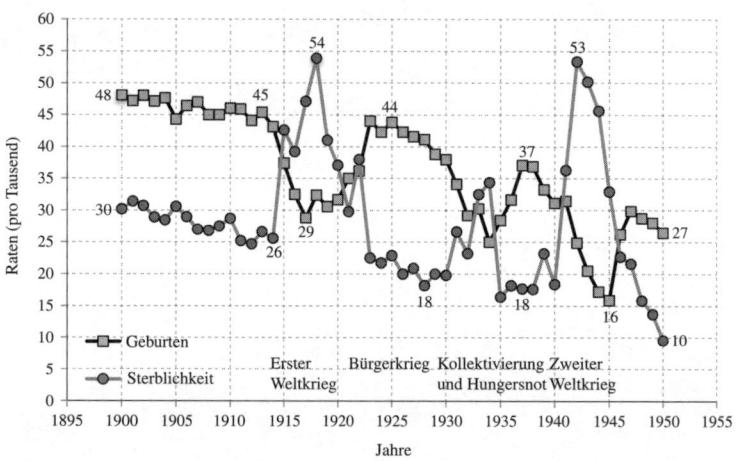

Abb. 2: Geburten- und Sterblichkeitsraten (in den territorialen Grenzen der UdSSR von 1946)

Quelle: Daten aus J. N. Biraben, »Essai sur l'évolution démographique de l'U.R.S.S.«, a. a. O.; bearbeitet von den Autoren.

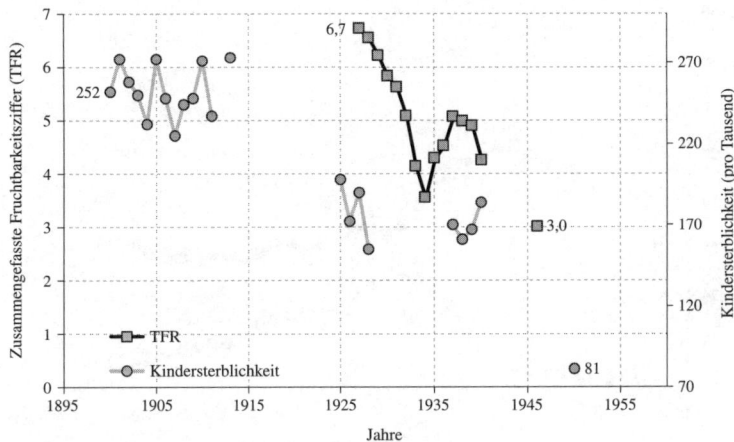

Abb. 3: Zusammengefasste Fruchtbarkeitsziffer (TFR) und Kindersterblichkeit in Russland

Quelle: Daten aus E. Andreev, L. Darski und T. Kharkova, *Histoire démographique de la Russie, 1927–1959*, Moskau: Informatika 1998, erstellt von den Autoren.

Jahr	Männer	Frauen
1900	29,4	31,4
1930	34,6	38,7
1938	35,7	41,9
1950	53,4	60,9

Tabelle 1: Lebenserwartung bei der Geburt (e_0) in Russland (in Jahren)

Quelle: E. Andreev, L. Darski und T. Kharkova, *Histoire démographique de la Russie*, a. a. O.

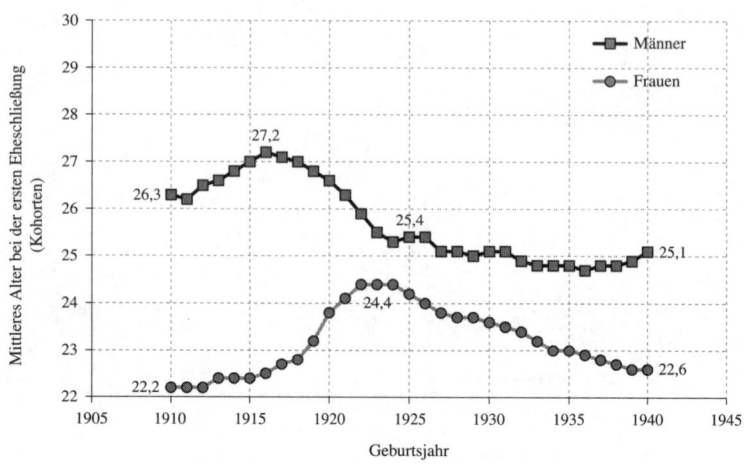

Abb. 4: Durchschnittsalter bei der ersten Eheschließung

Quelle: Daten aus S. Scherbov u. H. Van Vianen, »Marriage in Russia. A reconstruction«, in: *Demographic Research* X (2) (2004), S. 27–60; erstellt von den Autoren.

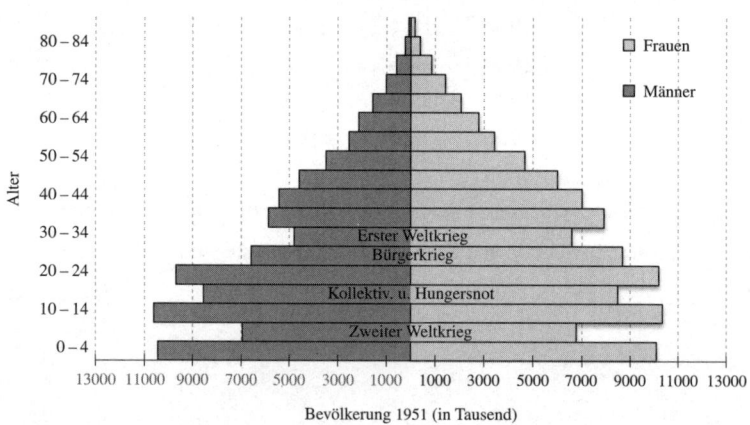

Abb. 5: Bevölkerung nach Geschlecht und Alter (in den territorialen Grenzen der UdSSR von 1946)

Quelle: Daten aus Biraben, *Essai sur l'évolution démographique de l'U.R.S.S.* a. a. O.; erstellt von den Autoren.

Sowjetunion

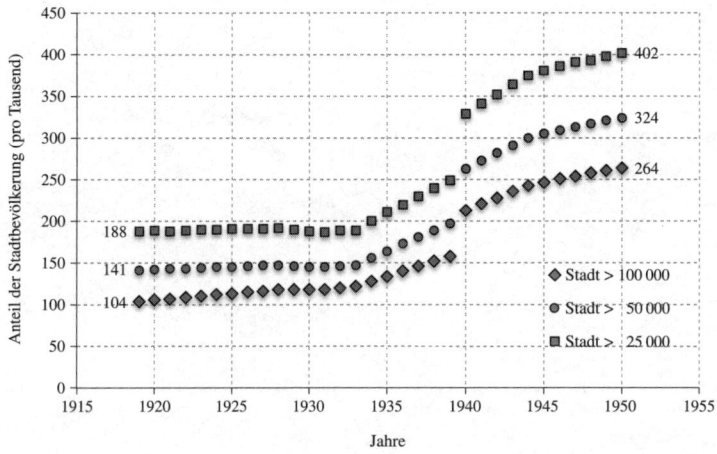

Abb. 6: *Anteil der urbanen Bevölkerung*
Quelle: Daten aus A. S. Banks und K. A. Wilson, *Cross-National Time-Series Data Archive. Databanks International*, Israel, Jerusalem 2013; erstellt von den Autoren.

Bevölkerung	Geschlecht	1897	1920	1926	1939
Ländlich	Männer	36	52	67	92
	Frauen	13	25	35	77
	Beide	24	38	51	84
Städtisch	Männer	66	81	88	97
	Femmine	46	67	74	91
	Beide	57	74	81	94
Insgesamt	Männer	40	58	72	94
	Frauen	17	32	43	82
	Beide	28	44	57	87

Tabelle 2: *Alphabetisierungsgrad in der Bevölkerung von 9 bis 49 Jahren (in Prozent)*
Quelle: B. N. Mironov, »The Development of Literacy in Russia and the USSR from the Tenth to the Twentieth Centuries«, in: *History of Education Quarterly* XXXI (2) (1991), S. 229–252.

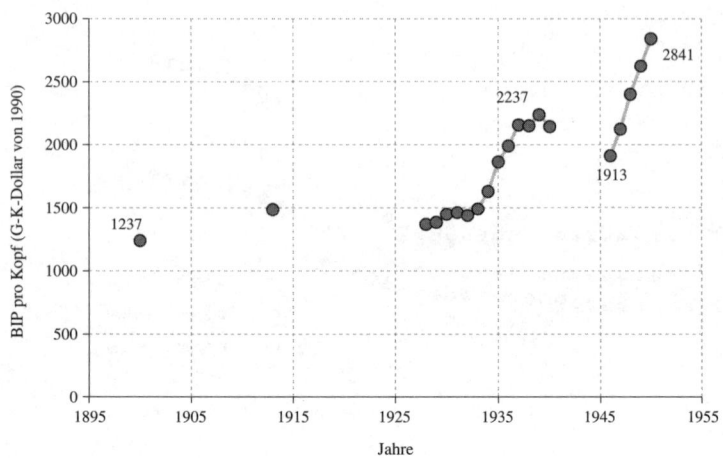

Abb. 7: Bruttoinlandsprodukt (BIP) pro Kopf
Quelle: Daten aus A. Maddison, *Statistics of World Population, GDP and Per Capita GDP*, www.ggdc.net/maddison/Maddison.htm.

	Land-wirtschaft	Industrie	Handel	Kommerzielle Transporte	Dienst-leistungen	Anderes
			Männer			
1897	52,6	13,1	3,7	2,3	11,2	0,8
1926	43,7	4,6	1,1	1,4	1,5	0,7
1959	17,6	21,7	1,9	–	5,0	0,1
			Frauen			
1897	6,5	3,2	0,5	0,1	6,2	
1926	43,0	1,4	0,3	0,1	0,9	1,0
1959	28,2	13,7	3,0	–	8,7	0,1

Tabelle 3: Erwerbspersonenpotenzial nach Wirtschaftsbereich (in Prozent)
Quelle: B. R. Mitchell, *International Historical Statistics: Europe 1750–2005*, New York: Palgrave Macmillan 2007.
Anmerkung: Im Wert für die »Industrie« 1959 ist die Kategorie »Transport und Kommunikationen« enthalten. In den Werten zu 1897 fehlt Polen. In den Werten zu 1926 fehlen die Arbeitslosen.

Türkei

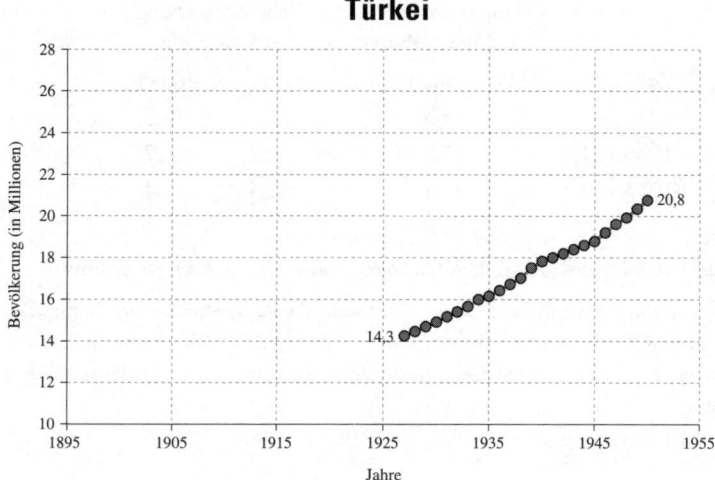

Abb. 1: Bevölkerung zur Jahresmitte

Quelle: Daten aus Mitchell, *International Historical Statistics: Europe,* a. a. O., erstellt von den Autoren.

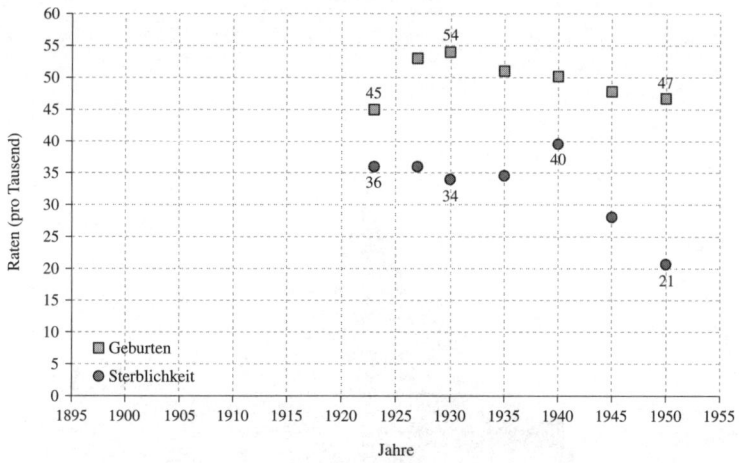

Abb. 2: Geburten- und Sterblichkeitsraten

Quelle: Erstellt von den Autoren. Zum Zeitraum 1923–1930 siehe die Rekonstruktion in F.C. Shorter, »The Population of Turkey after the War of Independence«, in: *International Journal of Middle East Studies* XVII (1985) (4). Für den Zeitraum 1935–1950 Daten aus F. Karadayi u. a., *The Population of Turkey,* Institute of Population Studies, Ankara: Universität Hacettepe 1974.

	Lebenserwartung $e_{(0)}$ bei der Geburt	Lebenserwartung mit 5 Jahren $e_{(5)}$	
Zeitraum	Männer und Frauen	Männer	Frauen
1935–40	35,4	51,5	49,6
1940–45	31,4	46,5	46,2
1945–50	38,1	52,4	53,4

Tabelle 1: Lebenserwartung bei der Geburt und mit 5 Jahren (in Jahren)
Quelle: Zur Lebenserwartung bei der Geburt siehe die Rekonstruktion in Shorter, *The Population of Turkey after the War of Independence*, a. a. O. Die Daten zur Lebenserwartung mit 5 Jahren nach Geschlecht siehe Karadayi u. a., *The Population of Turkey*, a. a. O.

Abbildung 3 und 4 wurden nicht erstellt. Siehe hierzu »Zusammengefasste Fruchtbarkeitsziffer und Kindersterblichkeit« im *Einführenden Hinweis*.

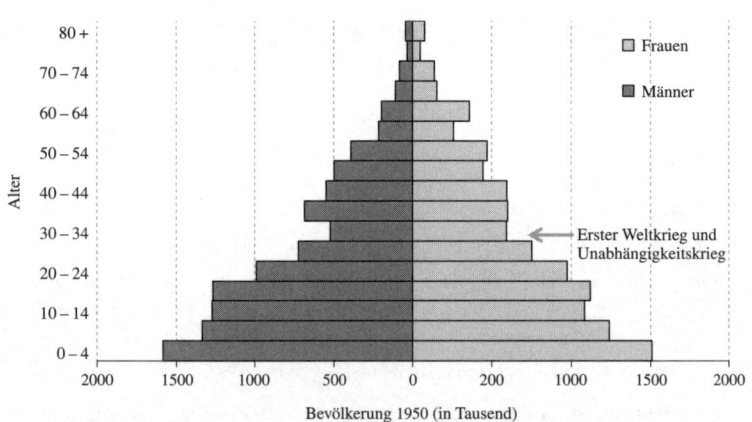

Abb. 5: Bevölkerung nach Geschlecht und Alter
Quelle: Daten aus Mitchell, *International Historical Statistics: Europe*, a. a. O.; erstellt von den Autoren.

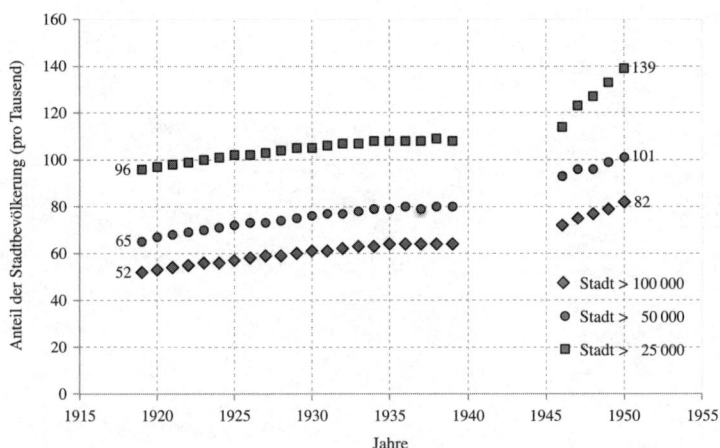

Abb. 6: Anteil der urbanen Bevölkerung
Quelle: Daten aus Banks und Wilson, *Cross-National Time-Series Data Archive*, a. a. O.; erstellt von den Autoren.

Alter	1935		1945	
	M	F	M	F
7–9	80	87	71	79
10–14	62	78	52	69
15–19	62	79	48	73
20–24	58	85	39	76
25–34	61	91	46	85
35–44	73	94	60	91
45–54	80	97	72	94
55–64	88	99	81	97
65+	94	99	88	98
Unbekannt	98	100	83	94

Tabelle 2: Anteil der Analphabeten nach Geschlecht und Alter (in Prozent)
Quelle: Unesco, *Progress of literacy in various countries*, Firmin-Didot, Paris 1953.

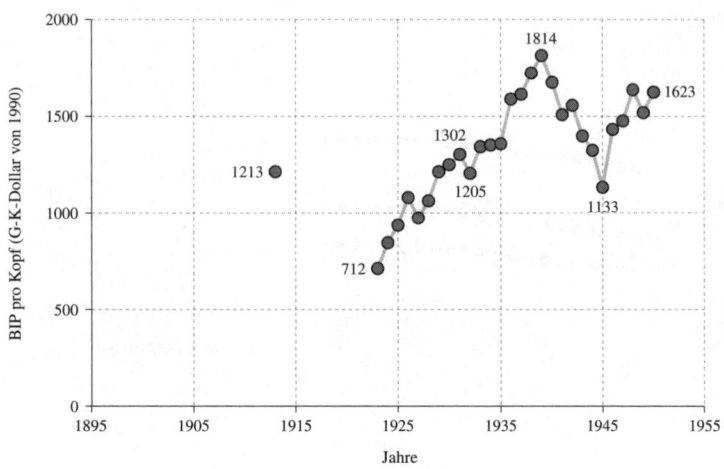

Abb. 7: Bruttoinlandsprodukt (BIP) pro Kopf
Quelle: Daten aus Maddison, *Statistics of World Population, GDP and Per Capita GDP*, a. a. O.

	Land-wirt-schaft	Berg-bau	Verarbeitende Industrie	Bau-gewerbe	Han-del	Kommer-zielle Transporte	Dienst-leistungen	An-deres
				Männer				
1935	42,6	1,0	4,9	0,9	2,6	1,5	4,9	0,1
1945	50,8	1,4	5,7	0,8	3,5	1,8	8,7	0,3
				Frauen				
1935	39,0	0,0	1,6	–	0,2	0,0	0,5	0,1
1945	25,1	0,0	1,1	–	0,1	0,0	0,5	0,1

Tabelle 3: Erwerbspersonenpotenzial nach Wirtschaftsbereich (in Prozent)
Quelle: Mitchell, *International Historical Statistics: Europe*, a. a. O.

Italien

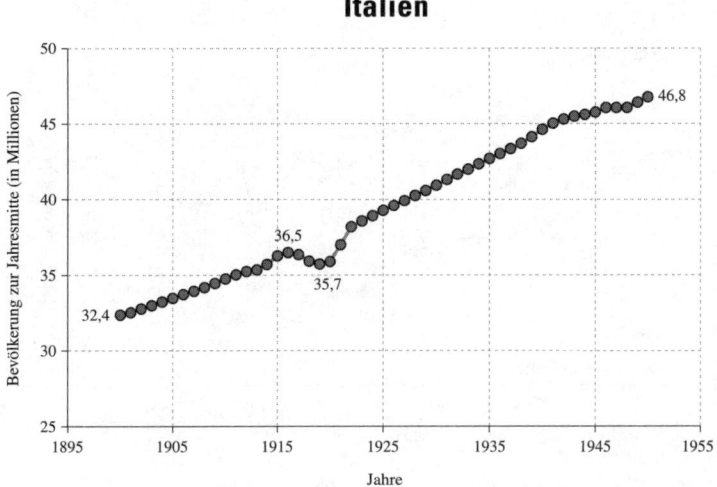

Abb. 1: Bevölkerung zur Jahresmitte

Quelle: Daten aus F. Rothenbacher, *The European Population*, Basingstoke: Palgrave Macmillan 2005; erstellt von den Autoren.

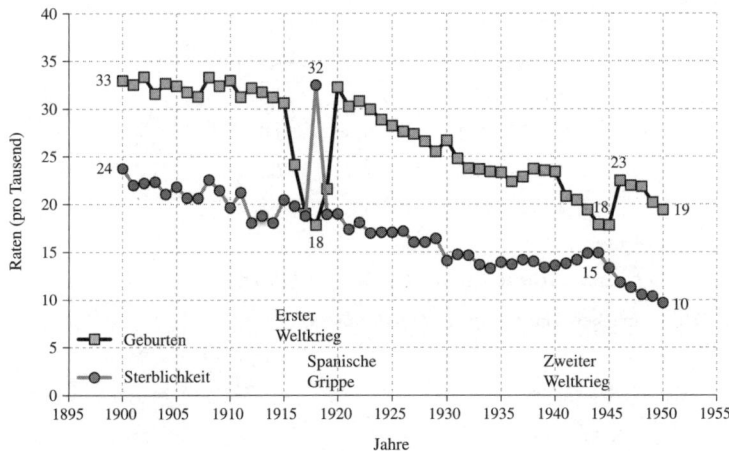

Abb. 2: Geburten- und Sterblichkeitsraten

Quelle: Daten aus Rothenbacher, *The European Population*, a. a. O.; erstellt von den Autoren.

Zahlen zur Demografie und Wirtschaft

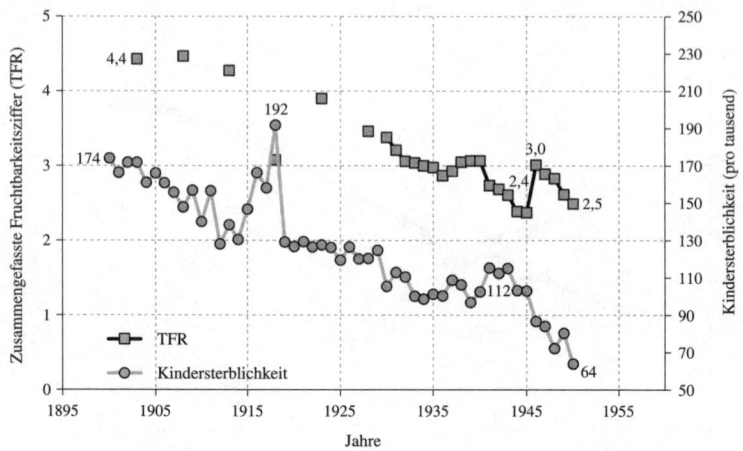

Abb. 3: Zusammengefasste Fruchtbarkeitsziffer und Kindersterblichkeit
Quelle: Daten aus Rothenbacher, *The European Population*, a. a. O..; erstellt von den Autoren.

Zeitraum	Männer	Frauen
1899–1902	42,6	43,0
1901–1910	44,2	44,8
1910–1912	46,6	47,3
1921–1922	49,3	50,8
1930–1932	53,8	56,0
1935–1937	–	57,5
1950–1953	63,8	67,3

Tabelle 1: Lebenserwartung bei der Geburt (in Jahren)
Quelle: Rothenbacher, *The European Population*, a. a. O.

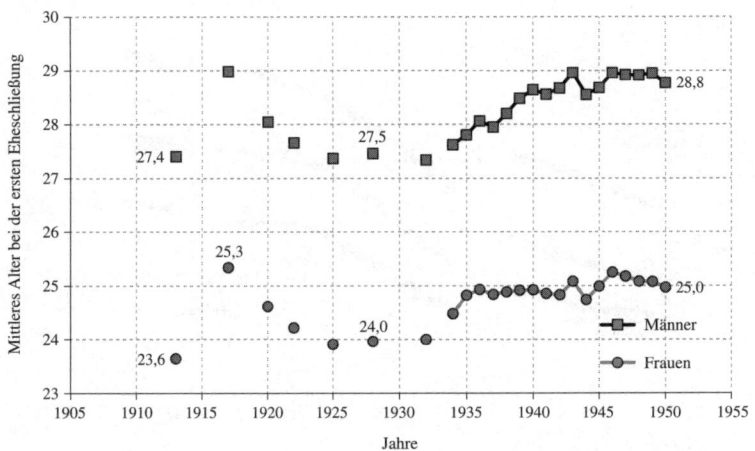

Abb. 4: *Durchschnittsalter bei der ersten Eheschließung*
Quelle: Rothenbacher, *The European Population,* a. a. O.

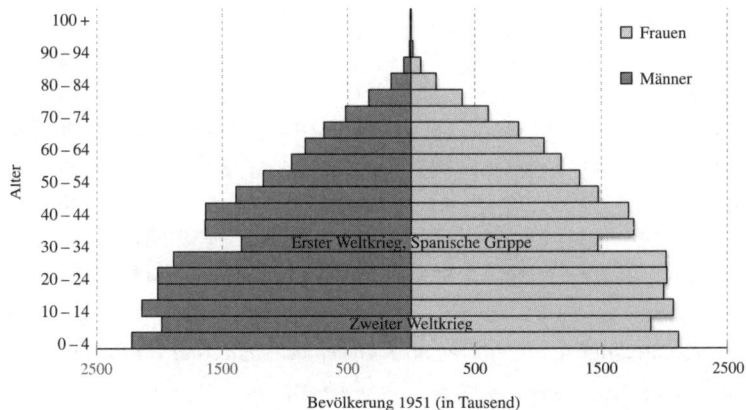

Abb. 5: *Bevölkerung nach Geschlecht und Alter*
Quelle: Daten aus Rothenbacher, *The European Population,* a. a. O.; erstellt von den Autoren.

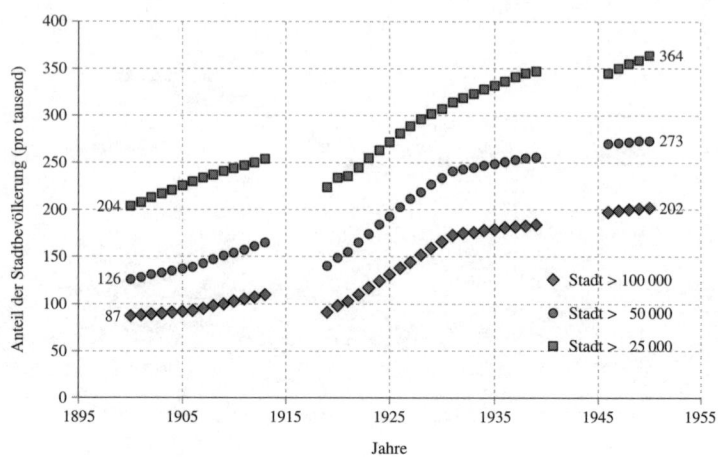

Abb. 6: Anteil der urbanen Bevölkerung
Quelle: Daten aus Banks und Wilson, *Cross-National Time-Series Data Archive*, a. a. O.; erstellt von den Autoren.

Alter	1901		1911		1921		1931	
	M	F	M	F	M	F	M	F
6–9	49	53	41	42	33	34	14	15
10–14	36	39	23	25	18	19	8	9
15–19	36	40	25	28	17	18	11	12
20–29	35	45	24	33	16	21	12	15
30–39	38	54	28	40	20	27	14	21
40–49	41	63	34	50	25	43	19	29
50–64	53	72	43	62	33	45	28	40
65+	60	79	54	72	44	58	41	57
Unbekannt	43	59	57	68	–	–	41	53

Tabelle 2: Anteil der Analphabeten nach Geschlecht und Alter (in Prozent)
Quelle: Unesco, *Progress of literacy in various countries,* a. a. O.

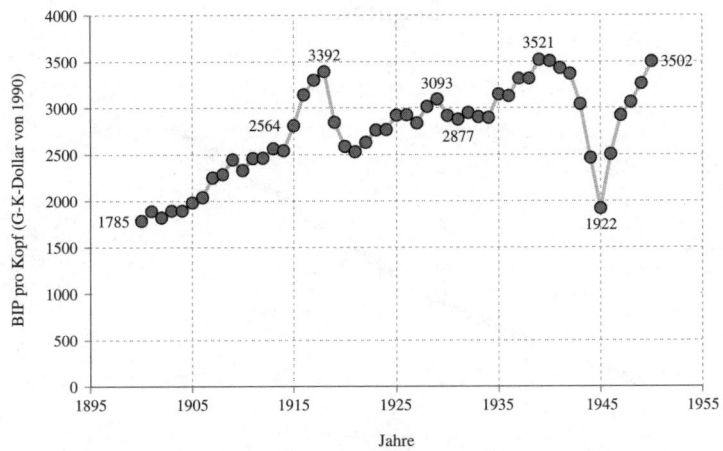

Abb. 7: Bruttoinlandsprodukt (BIP) pro Kopf
Quelle: Daten aus Maddison, *Statistics of World Population, GDP and Per Capita GDP*; a.a.O.; erstellt von den Autoren.

	Landwirtschaft	Industrie	Handel	Kommerzielle Transporte	Dienstleistungen	Anderes
			Männer			
1901	39,3	15,9	3,2	2,5	6,1	0,5
1911	37,3	18,2	4,4	3,2	5,1	0,5
1921	39,1	17,7	5,1	3,9	5,4	–
1931	37,9	23,5	6,0	4,4	5,5	–
1936	35,0	20,8	6,3	3,6	4,7	1,0
1951	28,0	22,1	0,7	3,3	11,9	11,9
			Frauen			
1901	19,4	8,3	0,7	0,0	3,6	0,4
1911	18,1	8,4	1,2	0,1	3,4	0,1
1921	17,0	6,8	1,3	0,1	3,5	–
1931	8,9	7,3	1,6	0,2	4,7	–
1936	13,3	7,4	2,4	0,2	5,2	0,2
1951	9,1	6,2	0,1	0,2	6,4	–

Tabelle 3: Erwerbspersonenpotenzial nach Wirtschaftsbereich (in Prozent)
Quelle: Mitchell, *International Historical Statistics: Europe*, a.a.O.

Spanien

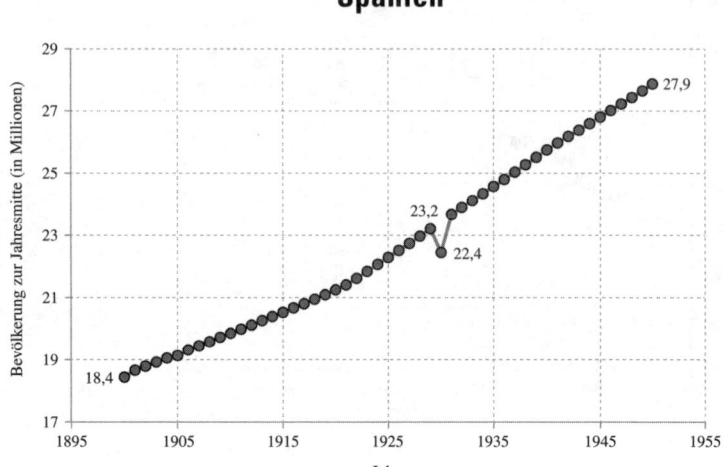

Abb. 1: Bevölkerung zur Jahresmitte

Quelle: Daten aus Rothenbacher, *The European Population,* a. a. O.; erstellt von den Autoren.

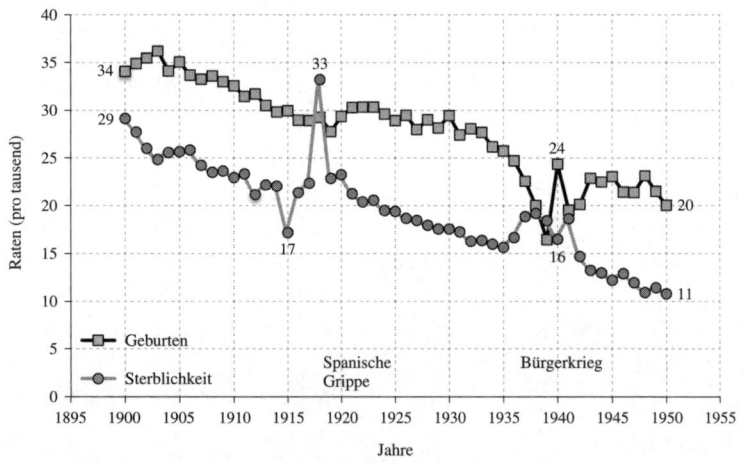

Abb. 2: Geburten- und Sterblichkeitsraten

Quelle: Daten aus Rothenbacher, *The European Population,* a. a. O.; erstellt von den Autoren.

Italien

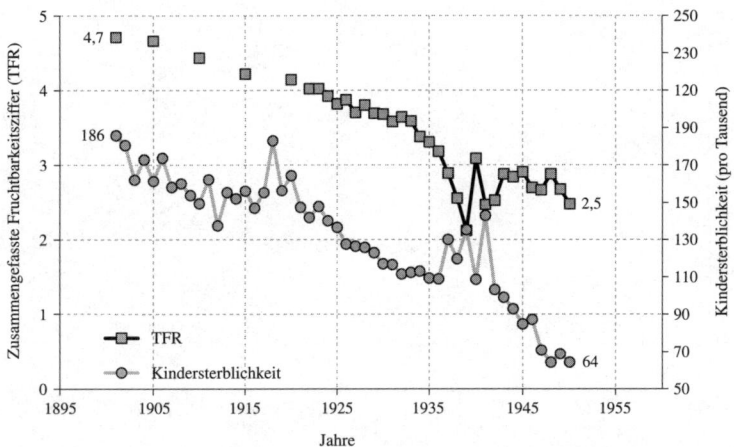

Abb. 3: Zusammengefasste Fruchtbarkeitsziffer und Kindersterblichkeit
Quelle: Daten aus Rothenbacher, *The European Population,* a. a. O.; erstellt von den Autoren.

Zeitraum	Männer	Frauen
1900	33,9	35,7
1910	40,9	42,6
1920	40,3	42,1
1930	48,4	51,1
1940	47,1	53,2

Tabelle 1: Lebenserwartung bei der Geburt (in Jahren)
Quelle: Rothenbacher, *The European Population,* a. a. O.

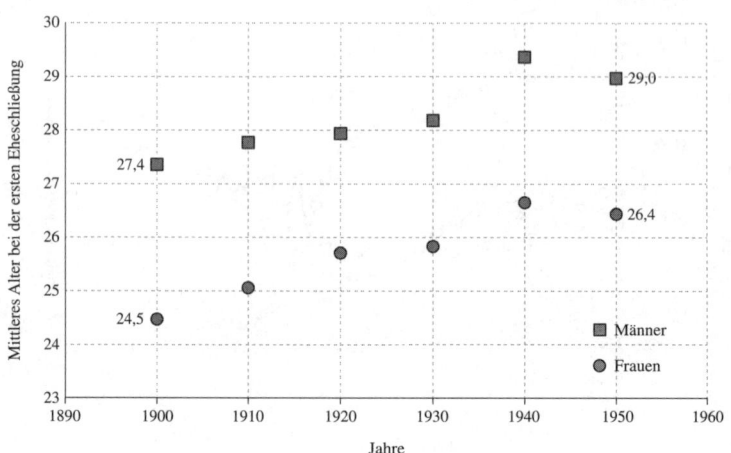

Abb. 4: Durchschnittsalter bei der ersten Eheschließung

Quelle: Daten aus Rothenbacher, *The European Population*, a. a. O.; erstellt von den Autoren.

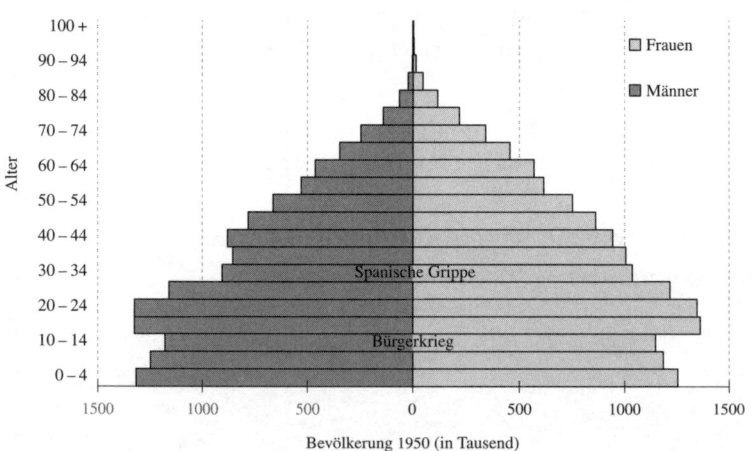

Abb. 5: Bevölkerung nach Geschlecht und Alter

Quelle: Daten aus Rothenbacher, *The European Population*, a. a. O.; erstellt von den Autoren.

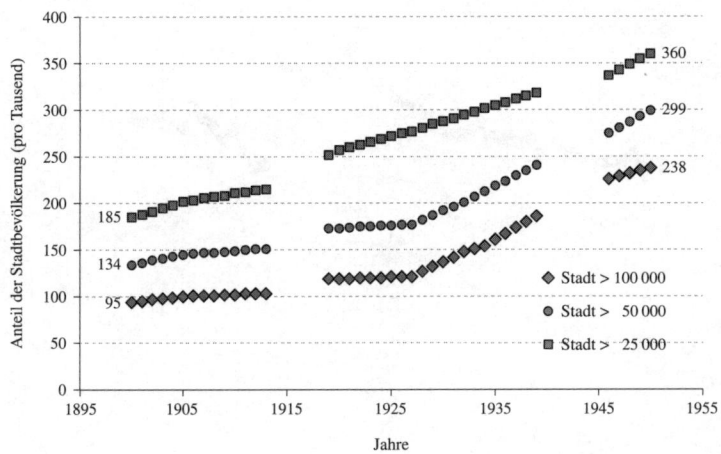

Abb. 6: Anteil der urbanen Bevölkerung
Quelle: Daten aus Banks und Wilson, *Cross-National Time-Series Data Archive,* a. a. O.; erstellt von den Autoren.

Alter	1900		1910		1920		1940	
	M	F	M	F	M	F	M	F
10+	47	69	42	61	36	52	17	29
10–15	52	63	48	56	43	48	20	21
16–20	45	60	40	51	34	42	14	16
21–30	44	64	38	55	30	44	9	19
31–40	44	69	39	60	32	50	13	26
41–50	45	74	41	66	34	55	17	32
51–60	50	80	44	72	38	62	23	40
61+	56	84	51	79	45	70	33	52
Unbekannt	56	65	40	51	37	41	–	

Tabelle 2: Anteil der Analphabeten nach Geschlecht und Alter (in Prozent)
Quelle: Unesco, *Progress of literacy in various countries,* a. a. O.

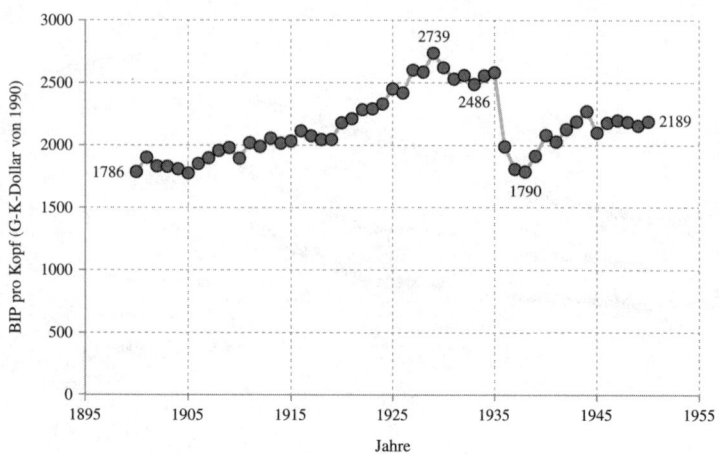

Abb. 7: Bruttoinlandsprodukt (BIP) pro Kopf
Quelle: Daten aus Maddison, *Statistics of World Population, GDP and Per Capita GDP*, a. a. O.; erstellt von den Autoren.

	Land-wirtschaft	Industrie	Handel	Kommerzielle Transporte	Dienst-leistungen	Anderes
			Männer			
1900	57,3	11,3	3,0	1,8	5,8	2,5
1910	51,5	11,5	1,5	2,0	5,8	14,1
1920	52,1	17,5	4,3	2,7	6,0	3,5
1940	49,0	20,6	5,6	3,3	9,2	0,1
1950	45,0	21,2	5,5	3,7	7,4	1,4
			Frauen			
1900	10,8	2,3	0,4	0,0	4,4	0,4
1910	4,8	2,3	0,3	0,0	4,7	1,4
1920	4,0	3,5	0,7	0,0	4,3	1,4
1940	2,8	3,4	0,8	0,1	5,1	–
1950	3,9	3,9	1,0	0,2	6,7	0,2

Tabelle 3: Erwerbspersonenpotenzial nach Wirtschaftsbereich (in Prozent)
Quelle: Mitchell, *International Historical Statistics: Europe*, a. a. O.

Deutschland

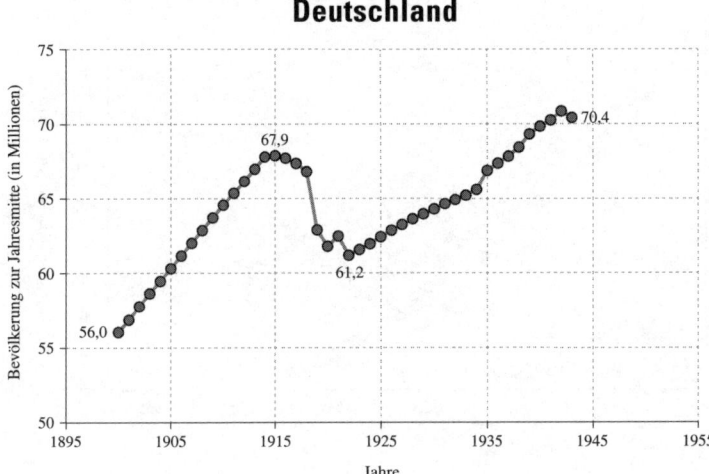

Abb. 1: *Bevölkerung zur Jahresmitte*

Quelle: Daten aus Rothenbacher, *The European Population*, a. a. O.; erstellt von den Autoren.

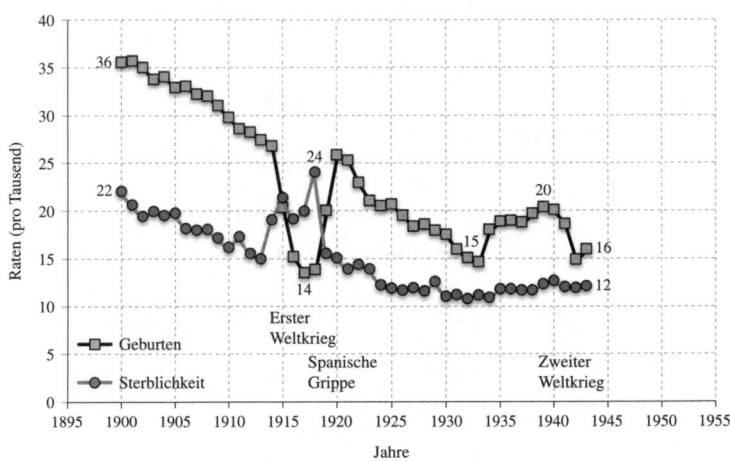

Abb. 2: *Geburten- und Sterblichkeitsraten*

Quelle: Daten aus Rothenbacher, *The European Population*, a. a. O.; erstellt von den Autoren.

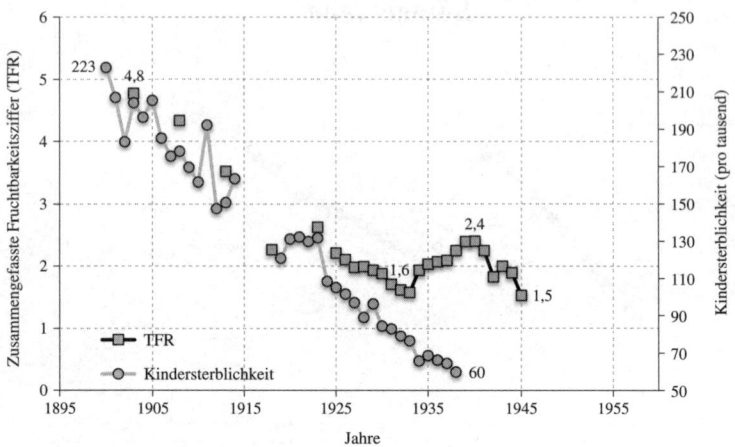

Abb. 3: Zusammengefasste Fruchtbarkeitsziffer und Kindersterblichkeit
Quelle: Daten aus Rothenbacher, *The European Population* a.a.O.; erstellt von den Autoren.

Zeitraum	Männer	Frauen
1901–10	44,8	48,3
1910–11	47,4	50,7
1924–26	55,0	58,8
1932–34	59,9	62,8
1946–47	57,7	63,4

Tabelle 1: Lebenserwartung bei der Geburt (in Jahren)
Quelle: Rothenbacher, *The European Population*, a.a.O.

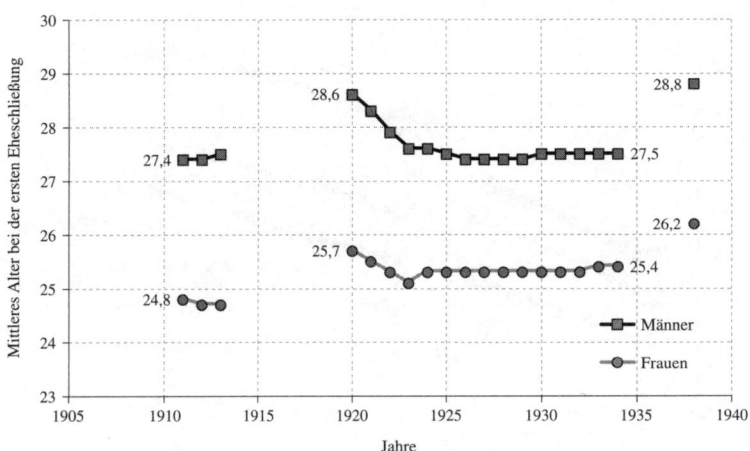

Abb. 4: Durchschnittsalter bei der ersten Eheschließung

Quelle: Daten aus Rothenbacher, *The European Population*, a. a. O.; erstellt von den Autoren.

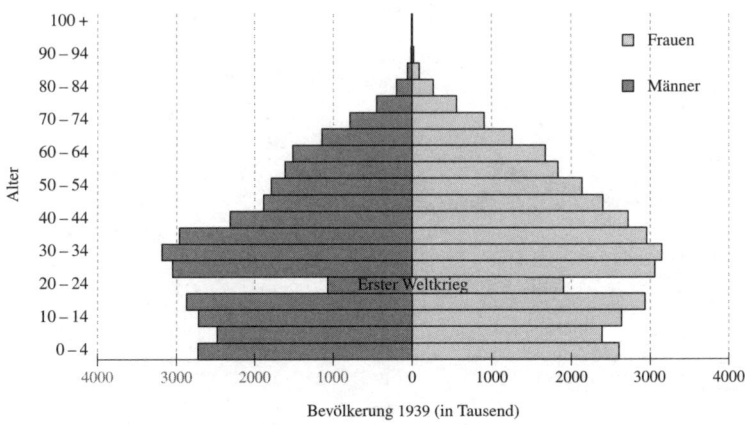

Abb. 5: Bevölkerung nach Geschlecht und Alter

Quelle: Daten aus Rothenbacher, *The European Population*, a. a. O.; erstellt von den Autoren.

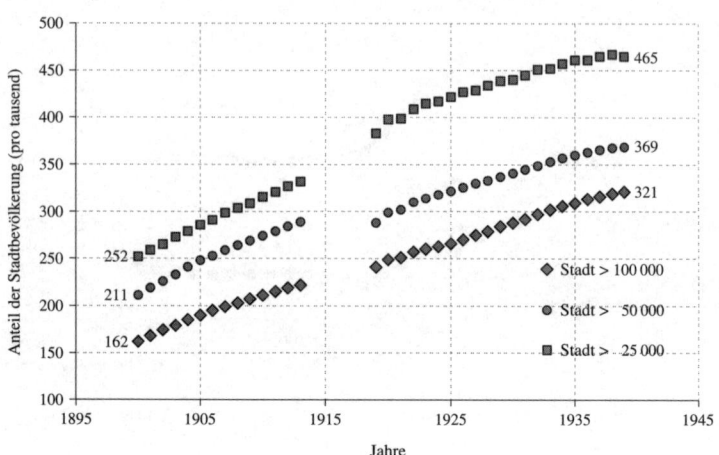

Abb. 6: Anteil der urbanen Bevölkerung

Quelle: Daten aus Banks und Wilson, *Cross-National Time-Series Data Archive,* a. a. O.; erstellt von den Autoren.

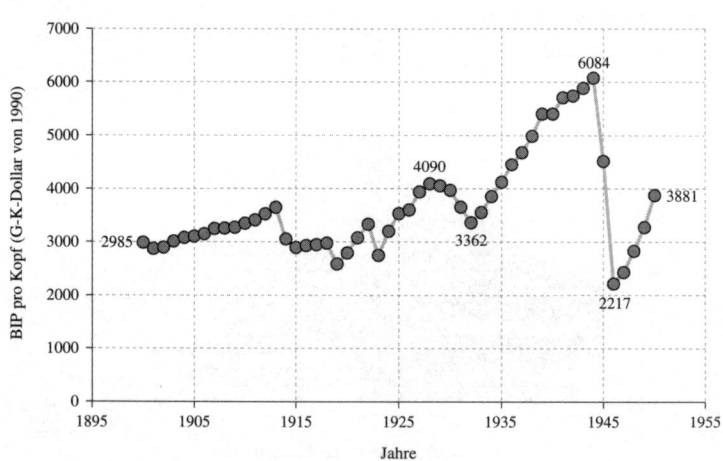

Abb. 7: Bruttoinlandsprodukt (BIP) pro Kopf

Quelle: Daten aus Maddison, *Statistics of World Population, GDP and Per Capita GDP,* a. a. O.; erstellt von den Autoren.

Tabelle 2 wurde nicht erstellt. Siehe hierzu den Eintrag »Anteil der Analphabeten und Alphabetisierungsraten« im *Einführenden Hinweis*.

	Land-wirt-schaft	Berg-bau	Verarbeitende Industrie	Bau-gewerbe	Han-del	Kom-mer-zielle	Dienst-leistungen	An-deres
				Männer				
1895	26,9	3,8	22,2	6,5	4,5	2,9	7,8	0,7
1907	19,8	4,5	22,3	7,1	4,7	3,7	7,2	0,4
1925	15,1	3,9	23,4	5,3	6,2	4,5	5,8	0,5
1933	14,5	3,3	22,5	6,1	6,8	4,5	6,7	–
1939	11,7	2,1	23,3	6,7	6,1	5,1	8,1	–
				Frauen				
1895	13,4	0,2	6,6	0,1	1,5	0,1	3,6	0,2
1907	17,2	0,2	7,0	0,1	2,1	0,2	4,0	0,2
1925	15,6	0,1	8,9	0,1	3,5	0,3	7,3	0,3
1933	14,5	0,1	8,3	0,1	4,4	0,3	7,9	–
1939	14,2	0,0	10,0	0,2	3,8	0,4	8,3	–

Tabelle 3: Erwerbspersonenpotenzial nach Wirtschaftsbereich (in Prozent)
Quelle: Mitchell, *International Historical Statistics: Europe,* a. a. O.

Anmerkungen

Vorwort

1   Sheila Rowbotham, *Im Dunkel der Geschichte. Frauenbewegung in England vom 17. bis 20. Jahrhundert*, Frankfurt/Main: Campus 1980. Ein typisches Beispiel für die marginale Behandlung der Familie ist Eric Hobsbawms renommiertes Werk *Das Zeitalter der Extreme: Weltgeschichte des 20. Jahrhunderts*, München: Hanser 1995. Natürlich gibt es auch Analysen zu bestimmten Zeitabschnitten oder Staaten, auf die ich mich bei meiner Arbeit gestützt habe; eine sehr nützliche allgemeine Einführung bieten: David I. Kertzer und Marzio Barbagli (Hg.), *Family Life in the Twentieth Century*, Bd. 3 der Reihe *The History of the European Family*, New Haven und London: Yale University Press 2003. Einen innovativen soziologischen Ansatz verfolgt die großangelegte Studie von Göran Therborn, *Between Sex and Power. Family in the World, 1900–2000*, London: Routledge, 2004.
2   Zu diesem Beziehungsgeflecht siehe auch: Paul Ginsborg, »Family, civil society and the state in contemporary European history. Some methodological considerations«, in: *Contemporary European History* 4, 1995, S. 249–273. Im Mai 2008 veranstaltete die Cambridge Historical Society eine eintägige Konferenz zu den Beziehungen zwischen Familie, bürgerlicher Gesellschaft und Staat. Die Ergebnisse dieser Konferenz sind dokumentiert in: Quentin Skinner (Hg.), *Families and States in Western Europe*, Cambridge: Cambridge University Press 2011.

EINS

Die Revolutionierung des Familienlebens: Russland 1917-1927

I Vor der Revolution

1 Alexandra Kollontai, »Is wospominanii«, in: *Oktjabr* 9, 1945, S. 61, zitiert nach: Alexandra Kollontai, *Ich habe viele Leben gelebt ... – Autobiographische Aufzeichnungen*, Berlin: Dietz 1980, S. 11 f.; siehe auch Barbara Evans Clements, *Bolshevik Feminist. The Life of Aleksandra Kollontai*, Bloomington und London: Indiana University Press 1979, S. 6. Die Tagebücher Kollontais, seit 1922, sind veröffentlicht in: Alexandra Kollontai, *Diplomatitscheskije dnewniki, 1922–1940 w dwuch tomach*, Moskau 2001. Ihre gesammelten Briefe sind enthalten in: Dies., *»Rewoljuzija Welikaja Mjateshniza«: Isbrannyje pisma, 1901–1952*, Moskau 1989. Eine wertvolle Sammlung von Artikeln und Erinnerungen enthält: I. M. Dažhina (Hg.), *Is mojej shisni i raboty. Wospominanija i dnewniki*, Moskau: Sowjetskaja Rossija 1974 (auf Deutsch leicht gekürzt erschienen als: Kollontai, *Ich habe viele Leben gelebt ... – Autobiographische Aufzeichnungen*). Auf Englisch existiert das knappe und völlig unzureichende Bändchen: Aleksandra Kollontai, *Autobiography of a Sexually Emancipated Woman*, 1926; New York 1971. Die deutsche Ausgabe *Autobiographie einer sexuell emanzipierten Kommunistin*, Berlin: Claus Guhl Verlag 1977, ist etwas umfangreicher als die englische Ausgabe.

2 Aleksandra Kollontai, *Den första etappen* (*Die ersten Schritte*), Stockholm: Bonniers 1945, S. 140, in: Clements, *Bolshevik Feminist*, S. 5.

3 Beatrice Farnsworth, *Aleksandra Kollontai. Socialism, Feminism and the Bolshevik Revolution*, Stanford: Stanford University Press 1980, S. 5, 8 ff., 97 ff. Diese Studie und das oben zitierte Werk von Barbara Clements sind hervorragende Biografien Alexandra Kollontais. Eine weitere sehr gute Monografie aus derselben Zeit: Cathy Porter, *The Lonely Struggle of the Woman who Defied Lenin* (New York: The Dial Press 1980), befasst sich besonders einfühlend mit den Familienverhältnissen Kollontais.

4 Kollontai, »Is wospominanii«, S. 85; in: Clements, *Bolshevik Feminist*, S. 272.

5 Zur Selbstfindung des Individuums in der Romantik siehe Lilian R. Furst, *The Contours of European Romanticism*, London: Macmillan 1979.

6 Iwan Sergejewitsch Turgenjew, *Gesammelte Werke in Einzelbänden*, Bd. 3, *Vorabend*, Berlin, Weimar: Aufbau Verlag 1994, S. 88 (*Nakanune*, erstmals veröffentlicht in der Zeitschrift »Russki westnik«, Nr. 1–2, 1860).

7   Ebd., S. 182 f. Die politische Rezeption von *Nakanune* in Russland erörtert Isaiah Berlin in seiner Monografie: *Russian Thinkers,* Harmondsworth: Penguin 2008 (1. Aufl. 1978), S. 312–316.
8   Im Jahr 1881 wurde eine junge Adlige, Sofia Perowskaja, ein Mitglied der Gruppe »Narodnaja Wolja« (Volkswille), wegen ihrer Beteiligung an der Ermordung von Zar Alexander II. zum Tode durch den Strang verurteilt. Ihre Hinrichtung bewegte die gebildeten Kreise in St. Petersburg sehr und auch die damals neunjährige Alexandra; Farnsworth, *Aleksandra Kollontai,* S. 6.
9   Ebd., S. 378.
10 Kollontai, *Autobiographie,* S. 16.
11 Kollontai, *Ich habe viele Leben gelebt ...,* S. 94.
12 Karl Marx, »Privateigentum und Kommunismus«, in: Karl Marx und Friedrich Engels, *Werke.* Ergänzungsband: *Schriften, Manuskripte, Briefe bis 1844,* 1. Teil, »Ökonomisch-philosophische Manuskripte aus dem Jahr 1844. Drittes Manuskript«, Berlin: Dietz Verlag 1968, S. 536.
13 Richard Stites, »Aleksandra Kollontai and the Russian revolution«, in: Jane Slaughter und Robert Kern (Hg.), *Socialism, Feminism and the Problems Faced by Political Women, 1880 to the Present,* Westport, Conn.: Greenwood Press 1981, S. 105 f.
14 Richard Stites, *The Women's Liberation Movement in Russia. Feminism, Nihilism and Bolshevism, 1860–1930,* Princeton: Princeton University Press 1978; Barbara Alpern Engel, *Mothers and Daughters. Women of the Intelligentsia in Nineteenth Century Russia,* Cambridge: Cambridge University Press 1983; Laura Engelstein, *The Keys to Happiness. Sex and the Search for Modernity in Fin-de-siècle Russia,* Cornell: Cornell University Press 1992.
15 Diese Aufsätze aus der Vorkriegszeit sind gesammelt in: Aleksandra Kollontai, *Nowaja Moral i rabotschij klass,* Moskau: Isdatelstwo Wserossijskogo Zentralnogo Ispolnitelnogo Komiteta Sowetow 1919. Auszüge daraus sind enthalten in der deutschen Ausgabe: Alexandra Kollontai, *Die neue Moral und die Arbeiterklasse,* Münster: Verlag Frauenpolitik 1977 (Nachdruck der deutschen Erstauflage: Berlin 1920); sowie auf Englisch in: Aleksandra Kollontai, *Selected Writings* (hg. v. Alix Holt), New York: Norton 1980, S. 88–98 u. S. 237–249.
16 Sogar E. H. Carr übernimmt die These, dass Kollontai »die ungehemmte Befriedigung des sexuellen Triebes predigte«; siehe Edward H. Carr, *Socialism in One Country. 1924–1926,* Bd. I, London: Macmillan 1964, S. 31.
17 Kollontai war stark von der deutschen Psychologin Grete Meisel-Hess beeinflusst, die im Jahr 1909 das Buch *Die sexuelle Krise* (Jena: E. Diederichs) veröffentlichte. Kollontai rezensierte ihr Werk in dem Artikel »Ljubow i nowaja mo-

ral«, deutsche Übersetzung: »Liebe und die neue Moral«, in: Alexandra Kollontai, *Die neue Moral und die Arbeiterklasse,* S. 51-67, hier S. 56.

18 »Die Geschlechtsbeziehungen und der Klassenkampf« (1911), in: Kollontai, *Die neue Moral und die Arbeiterklasse,* S. 75; siehe auch Kollontai, *Selected Writings,* S. 243. Ihre heftige, unglückliche, heimliche Affäre in den Jahren 1909/10 mit Pjotr Maslow, einem menschewistischen Wirtschaftswissenschaftler, der verheiratet war und fünf Kinder hatte, trug erheblich zu dieser Ernüchterung über die romantische Liebe bei, siehe Porter, *Alexandra Kollontai,* S. 153 f.

19 Aleksandra Kollontai, »Make way for winged Eros: a letter to working youth« (1923), in: Kollontai, *Selected Writings,* S. 277-288.

20 Aleksandra Kollontai, »Nowaja schenschtschina« (1913), in: Kollontai, *Nowaja moral,* S. 9; zit. nach der deutschen Übersetzung: »Die neue Frau«, in: Dies., *Die neue Moral und die Arbeiterklasse,* S. 15. Diese Äußerungen und Artikel aus der Zeit vor dem Krieg sind mit Blick auf die sexuelle Freiheit der Frauen radikaler als später veröffentlichte. Der berühmte Artikel aus dem Jahr 1923 »Make way for winged Eros: a letter to working youth« (in Kollontai, *Selected Writings,* S. 276-292) ist viel zurückhaltender. Der Grund dafür wird deutlich, sobald man sich die Entwicklung der sozialen Realitäten seit der russischen Revolution vor Augen führt.

21 N. T. Tschernyschewski, *Tschto delatj?* (1863); deutsche Übersetzung: *Was tun? Aus Erzählungen vom neuen Menschen.* Berlin: SWA-Verlag 1947.

22 Elizabeth Waters, »The Bolsheviks and the family«, in: *Contemporary European History* 4 (1995), Nr. 3, S. 276.

23 Mischa gelang es, sich der Einberufung in Russland zu entziehen, und seine Mutter half ihm, in Paterson, in New Jersey, Arbeit zu finden. Im Sommer 1916 flehte er, in seiner Isolation und Niedergeschlagenheit, von dort aus seine Mutter an, zu ihm zu kommen. »Einmal in ihrem Leben«, schreibt Barbara Clements, »gab Kollontai ihre Arbeit auf, um sich um ihren Sohn zu kümmern.« Clements, *Bolshevik Feminist,* S. 98.

24 I. M. Daschina (Hg.), »Amerikanskije dnewniki A. M. Kollontai (1915-1916)«, in: *Istoritscheskii Archiv* 1, 1962, S. 156; zitiert in: Farnsworth, *Kollontai,* S. 60.

25 Im Januar 1917 erklärte Lenin vor einem Schweizer Publikum, dass er daran zweifle, ob »wir Alten so lange leben werden, dass wir die entscheidenden Schlachten der bevorstehenden Revolution erleben«; in: Edward H. Carr, *The Bolshevik Revolution, 1917-1923,* Bd. 1, London: Macmillan 1950, S. 80.

26 Peter Czap, »›A large family: the peasant's greatest wealth‹: serf households in Mishino, Russia, 1814-1858«, in: Richard Wall, Jean Robin und Peter Laslett (Hg.), *Family Forms in Historic Europe,* Cambridge: Cambridge University Press 1983, S. 105-152.

27 *Dwor* wurde auch als Synonym für *dom* (Haus), *isba, dym* (Bauernhaus, Hütte), *semja* (Familie) und *tjaglo* (eine Einheit für die menschliche Arbeitskraft) verwendet.
28 Christine Worobec, *Peasant Russia. Family and Community in the Post-Emancipation Period*, Princeton: Princeton University Press 1991, S. 209.
29 Czap, »A large family«, S. 141. Eine andere faszinierende Studie eines Dorfes ist zu finden in: Steven L. Hoch, *Serfdom and Social Control in Russia. Petrovskoe, a Village in Tambov*, Chicago: Chicago University Press 1985.
30 Barbara Alpern Engel, *Women, Work, and Family in Russia, 1861–1914*, Cambridge: Cambridge University Press 1994, S. 4.
31 Christine Worobec fasst die Lage wie folgt zusammen: »Als Folge eines Anstiegs der *Premortem*-Spaltung, d. h., der Aufteilung der Haushalte vor dem Tod des Familienoberhaupts, und der Abschaffung der Kontrolle des Grundherrn über die Bauernfamilien war die einfache Kernfamilie im ländlichen Russland nach der Bauernbefreiung häufiger anzutreffen. Nichtsdestoweniger überwog weiterhin die normgebende erweiterte Familie.« (*Peasant Russia*, S. 12.)
32 Zu einem Bericht vom Anfang des 20. Jahrhunderts über die dörflichen Lebensbedingungen in der Schwarzerde-Region siehe Sir John Maynard, *Russia in Flux, before October*, London: Gollancz 1941, S. 44.
33 Worobec, *Peasant* Russia, S. 206 ff.; Peter Gatrell, *The Tsarist Economy*, London: Batsford 1986, S. 31–37.
34 Worobec, *Peasant Russia*, S. 188; siehe auch Peter Czap, »Marriage and the peasant joint family in the era of serfdom«, in: David L. Ransel (Hg.), *The Family in Imperial Russia. New Lines of Historical Research*, Urbana: University of Illinois Press 1978, S. 105.
35 Cathy A. Frierson, »*Razdel*: the peasant family divided«, in: Beatrice Farnsworth und Lynne Viola (Hg.), *Russian Peasant Women*, Oxford/New York: Oxford University Press 1992, S. 73–88.
36 Worobec, *Peasant Russia*, S. 177 sowie S. 186 f. zum Verhältnis zwischen orthodoxer Kirche und Frauen.
37 Vera Shevzov, *Russian Orthodoxy on the Eve of the Revolution*, Oxford: Oxford University Press 2004; vor allem Kap. 5: »Icons«, und Kap. 6: »The message of Mary«, S. 171–263; Cathy Frierson, *Peasant Icons. Representations of Rural People in late 19th Century Russia*, Oxford: Oxford University Press 1993; Orlando Figes, *Natasha's Dance. A Cultural History of Russia*, New York: Metropolitan Books 2002, S. 292–309; deutsch: *Nataschas Tanz. Eine Kulturgeschichte Russlands*, Berlin: Berlin Verlag 2003, S. 316–332. Die beste allgemeine Studie der Gestalt der Jungfrau Maria bietet immer noch Marina Warner,

Alone of all her Sex. The Myth and the Cult of the Virgin Mary, London: Weidenfeld and Nicholson 1972.

38   Moshe Lewin, *The Making of the Soviet System. Essays in the Social History of Interwar,* London: Methuen 1985, S. 275.
39   Gregory L. Freeze, »Russian Orthodoxy: Church, people and politics in Imperial Russia«, in: *The Cambridge History of Russia,* Bd. 2, *Imperial Russia, 1689–1917,* Cambridge: Cambridge University Press 2006, S. 299, Tabelle 14.1.
40   *Obschtschina* lautete die Bezeichnung, die von der gebildeten Gesellschaft jener Zeit und seither von den meisten Historikern verwendet wurde; die Bauern benutzten den »vertrauteren und älteren« Begriff »*mir*«, der darüber hinaus eine Fülle zusätzlicher Bedeutungen hat: »Gemeinschaft« und »Versammlung«, sowie »Welt« und »Frieden«; siehe Dorothy Atkinson, *The End of the Russian Land Commune, 1905–30,* Stanford: Stanford University Press 1983, S. 5 f.
41   Ebd., S. 3 ff.
42   Franco Venturi, *Roots of Revolution. A History of the Populist and Socialist Movements in Nineteenth Century Russia,* London: Weidenfeld and Nicolson 1960. In den 1870er Jahren hatten sich im Zuge der populistischen Bewegung Tausende gebildeter und idealistischer Jugendlicher »unters Volk« begeben, in der Hoffnung, in den Bauerngemeinschaften die Keimzelle einer neuen Gesellschaft zu finden. Im Großen und Ganzen sollten sie enttäuscht werden. Marx formulierte noch 1881 in einem Brief an Wera Sassulitsch: Er sei nach intensiven Studien »davon überzeugt, dass diese Dorfgemeinde der Stützpunkt der sozialen Wiedergeburt Russlands ist«. Er fügte allerdings an, dass man »zuerst die zerstörenden Einflüsse, die von allen Seiten auf sie einstürmen, beseitigen« müsse (Karl Marx und Friedrich Engels, *Werke,* Bd. 19, Berlin: Dietz 1962, S. 242 f.) Eine ausführliche und anregende Erörterung dieser Frage bietet Theodor Shanin (Hg.), *Late Marx and the Russian Road. Marx and »the Peripheries of Capitalism«,* New York: Monthly Review Press 1983.
43   Die beste aktuelle Studie der Geschichte und Funktionsweise der Dorfgemeinschaft bietet David Moon, *The Russian Peasantry, 1600–1930. The World the Peasants Made,* London: Longman 1999, S. 237–281, insb. S. 230–236.
44   »Der ihr [der Dorfgemeinschaft] innewohnende Dualismus lässt eine Alternative zu: entweder wird ihr Eigentumselement über das kollektive oder dieses über jenes siegen. Alles hängt vom historischen Milieu ab, in dem es sich befindet« (Brief-Entwurf von Marx an Sassulitsch, in: Marx, Engels, *Werke,* Bd. 19, S. 404).
45   Gregory J. Massell, *The Surrogate Proletariat. Moslem Women and Revolutionary Strategies in Soviet Central Asia, 1919–29,* Princeton: Princeton University Press 1974, S. 3–7, bietet einen hilfreichen Überblick.

46 Ebd., S. 109 ff.
47 Douglas Northrop, *Veiled Empire. Gender and Power in Stalinist Central Asia*, Ithaca: Cornell University Press 2004, S. 19.
48 Edward J. Lazzerini, »Jadīdism«, in: *The Oxford Encyclopedia of the Modern Islamic World*, Oxford: Oxford University Press 1995, Bd. 2, S. 351 f.
49 Jascha Golowanjuk, *My Golden Road from Samarkand*, London: Harrap 1958 (1. Aufl. Stockholm, 1937), S. 9–17. Der Autor und seine Familie flohen aus Samarkand. Golowanjuk wurde später Berufsgeiger und Mitglied des Symphonieorchesters von Göteborg.
50 Siehe Alain Blum und Leonid E. Darskij, »Le modèle sovietique (1917–1991) et ses devenirs«, in: Jean-Pierre Bardet und Jacques Dupaquier (Hg.), *Histoire des populations de l'Europe*, Bd. 3, *Les temps incertains (1914–1988)*, Fayard: Paris 1999, S. 697. Siehe auch den Statistischen Anhang, S. 628, Tab. 3. Zur Krise und zum Wachstum des produzierenden Sektors zwischen 1900 und 1917 siehe Gatrell, *The Tsarist Economy*, S. 141–187.
51 Rose L. Glickman, *Russian Factory Women. Workplace and Society, 1880–1914*, Berkeley und Los Angeles: University of California Press 1984, S. 129. Zu den Bedingungen in der Bastindustrie siehe Robert Eugene Johnson, *Peasant and Proletarian. The Working Class of Moscow in the Late Nineteenth Century*, New Brunswick: Rutgers University Press 1979, S. 52.
52 P. Timofeev, »What the factory worker lives by«, in: Victoria E. Bonnell (Hg.), *The Russian Worker. Life and Labor under the Tsarist Regime*, Berkeley und Los Angeles: University of California Press, S. 79.
53 Reginald E. Zelnik (Hg.), *A Radical Worker in Tsarist Russia. The Autobiography of Semën I. Kanatchikov*, Stanford: Stanford University Press 1986, S. 9.
54 Ebd., S. 10.
55 Ebd., S. 83, Tabelle 8.
56 Einen aufschlussreichen Überblick über die Arbeiterklasse von St. Petersburg bietet Stephen A. Smith, *Red Petrograd. Revolution in the Factories*, Cambridge: Cambridge University Press 1983, Kap. 1, S. 3–36.
57 Im Folgenden stütze ich mich stark auf das hervorragende Porträt einer Arbeiterfamilie, das enthalten ist in Barbara Alpern Engel, *Between the Fields and the City*, Kap. 6: »Making a home in the city«, S. 198–238.
58 Ebd., S. 215.
59 Johnson, *Peasant and Proletarian*, S. 60 u. 84 f.
60 Engel, *Between the Fields and the City*, S. 228.
61 Kollontai, »Die Geschlechtsbeziehungen und der Klassenkampf«, in: Kollontai, *Die neue Moral und die Arbeiterklasse*, S. 79.
62 Ebd., S. 78.

63 Wilfred Owen, »The parable of the old man and the young«, in: Ders., *The Complete Poems and Fragments*, hg. John Stallworthy, London: Chatto and Windus 1983, Bd. I, S. 166. Das Gedicht endet im Original mit den Zeilen: »But the old man would not so, but slew his son / And half the seed of Europe, one by one.«

64 Irina Davidian, »The Russian soldier's morale from the evidence of Tsarist military censorship«, in: Hugh Cecil und Peter H. Liddle (Hg.), *Facing Armageddon. The First World War Experienced*, Barnsley: Pen and Sword 2003, S. 428.

65 Alexei Brusilov, *A Soldier's Notebook, 1914–1918*, London: Macmillan 1930, S. 37 und 39; in: Orlando Figes, *A People's Tragedy. The Russian Revolution, 1891–1924*, London: Pimlico 1997, S. 258; deutsch: *Tragödie eines Volkes. Die Epoche der russischen Revolution 1891–1924*, Berlin: Berlin Verlag 1998, S. 281.

66 Brusilov, *A Soldier's Notebook*, S. 93 f.

67 Vladimir Buldakov, »The national experience of war, 1914–1917«, in: Cecil und Liddle, *Facing Armageddon*, S. 542.

68 Genedii Bordiugov, »The first World War and social deviance in Russia«, in: Ebd., S. 551.

69 Jay Winter, »Some paradoxes of the first World War«, in: Richard Wall und Jay Winter (Hg.), *The Upheaval of War. Family, Work and Welfare in Europe, 1914–1918*, Cambridge: Cambridge University Press 1988, S. 9.

70 Davidian, »The Russian soldier's morale«, S. 432 f.

71 Siehe Karl Marx, *Zur Kritik der Hegelschen Rechts-Philosophie*, in: Marx, Engels, *Werke*, Bd. 1, S. 378–391.

72 Das geht ganz eindeutig aus Marx' Brief an P. W. Annenkow vom 28. Dezember 1846 hervor, in: Marx, Engels, *Werke*, Bd. 4, S. 548.

73 Karl Marx und Friedrich Engels, *Das Manifest der Kommunistischen Partei*, in: Dies., *Werke*, Bd. 4, Berlin: Dietz Verlag 1972, S. 478.

74 Friedrich Engels, »Grundsätze des Kommunismus«, in: Marx, Engels, *Werke*, Bd. 4, Berlin: Dietz Verlag 1974, S. 361–380, hier S. 373, 18. Frage. Diese kurze Schrift, die als Programmentwurf gedacht war, wurde erstmals im Jahr 1914 veröffentlicht. Siehe dazu Richard Weikart, »Marx, Engels, and the abolition of the family«, in: *History of European Ideas* 18 (1994), Nr. 5, S. 665.

75 Engels, »Grundsätze des Kommunismus«, S. 377, 21. Frage.

76 Friedrich Engels, »Der Ursprung der Familie, des Privateigentums und des Staates« (1884), in: Marx, Engels, *Werke*, Bd. 21, Berlin: Dietz Verlag 1975, S. 25–173.

77 Für Engels war das ein tröstlicher Gedanke, insbesondere weil er an der viktorianischen Ehe kein gutes Haar ließ. Er schrieb: »Da aber in jeder Art Ehe

die Menschen bleiben, was sie vor der Ehe waren, und die Bürger protestantischer Länder meist Philister sind, so bringt es diese protestantische Monogamie im Durchschnitt der besten Fälle nur zur ehelichen Gemeinschaft einer bleiernen Langeweile, die man mit dem Namen Familienglück bezeichnet.« (Ebd., S. 72 f.)

78 Friedrich Engels, »Der Ursprung der Familie, des Privateigentums und des Staates«, in: Marx, Engels, *Werke,* Bd. 21, S. 173.

79 August Bebel, *Die Frau und der Sozialismus,* in: Ders., *Ausgewählte Reden und Schriften,* Bd. 10, Teil 2, München u. a.: Saur 1996 (Nachdruck der 50. Aufl. von 1910; Erstauflage von 1879 nachgedruckt in Teil 1), S. 638. Zur Debatte um die Familie in der deutschen Sozialdemokratischen Partei (SPD) siehe den überaus hilfreichen Artikel von Richard J. Evans, »Politics and the family: social democracy and the working-class family, 1891–1914«, in: Richard J. Evans und William. R. Lee (Hg.), *The German Family. Essays on the Social History of the Family in 19th and 20th Century Germany,* London: Croom Helm 1981, S. 277–289. Clara Zetkin, eine führende weibliche Figur in der Partei, war anfangs für die »Abschaffung« der Familie, änderte aber von 1896 an ihre Meinung. Seither unterstützte sie die Idee, aus der Familie anstelle einer ökonomischen Einheit eine moralische zu machen, die auf der Gleichheit der Geschlechter und Liebe basierte. Allgemein sah die SPD sich als Beschützerin der Arbeiterfamilien, ihrer Kultur und Werte. Siehe auch Maria Casalini, »La famiglia socialista. Linguaggio di classe e identità di genere nella cultura del movimento operaio«, in: *Italia contemporanea* 241 (2005), S. 415–447.

80 Victor Horta, *Mémoires,* zitiert in: Maurizio Degli Innocenti, »Per una storia delle case del popolo in Italia, dalle origini alla prima Guerra mondiale. Le case del popolo in Europa«, in: Ders. (Hg.), *Le case del popolo in Europa. Dalle origini alla seconda guerra mondiale,* Florenz: Sansoni 1984, S. 35.

81 Wladimir I. Lenin, *Werke,* Bd. 3: *Die Entwicklung des Kapitalismus in Russland,* Berlin 1956, S. 563 f.; siehe auch: Ders., *On the Emancipation of Women,* Moskau 1985, S. 17.

82 Michael Pearson, *Lenin's Mistress. The Life of Inessa Armand,* New York: Random House 2001, S. 129 f. Pearsons Biografie stützt sich vor allem auf die Briefe Armands an ihre Kinder. Siehe auch die umfangreichere und wissenschaftlichere Darstellung von Ralph C. Elwood, *Inessa Armand. Revolutionary and Feminist,* Cambridge: Cambridge University Press 1992, sowie: Georges Bardawil, *Inès Armand: La deuxième fois que j'entendis parler d'elle,* Paris: Lattès 1993.

83 Elwood, *Inessa Armand,* S. 35. Inessa zeigte sich verwundert über seine »hingebungsvolle und selbstlose Freundschaft«.

84 Pearson, *Lenin's Mistress*, S. 107, der einen langen Auszug aus diesem nichtdatierten Brief zitiert. Der vollständige Brief wurde auf Russisch veröffentlicht in: *Swobodnaja mysl* 3, 1992, S. 80–88.

85 Louis Fischer, *The Life of Lenin*, New York: Harper and Row 1964, S. 79. Zur öffentlichen Person Lenin siehe insbesondere die detailreiche Biografie in drei Bänden von Robert Service: *Lenin. A Political Life*, Basingstoke 1985, 1991,1995; gekürzte deutsche Ausgabe: *Lenin. Eine Biographie*, München, Beck 2000.

II Während der Revolution

1 Kollontai, *Autobiographie*, S. 50–54. Kollontais Phase als Kommissarin wird ausführlich behandelt bei Evans Clements, *Bolshevik Feminist*, S. 124ff, und bei Farnsworth, *Kollontai*, S. 95 ff.

2 Ekaterina Bochkarëva und Serafima Lyubimova, *Women of a New World*, Moskau: Progress 1969, S. 192; in: Farnsworth, *Aleksandra Kollontai*, S. 98.

3 Louise Bryant, *Mirrors of Moscow*, New York: Thomas Seltzer 1923, S. 111.

4 Farnsworth, *Aleksandra Kollontai*, S. 100 f.

5 John Reed, *Ten Days that shook the World (an account of Russian revolution)*, New York: Boni & Liveright 1919; deutsch: *Zehn Tage, die die Welt erschütterten*, Berlin: Dietz Verlag 1957.

6 Bryant, *Mirrors of Moscow*, S. 116.

7 Jacques Sadoul, *Notes sur la Révolution bolchevique*, Paris: Éditions de la Sirène 1919, S. 95.

8 Anna M. Itkina, *Revoljuzioner, Tribun, Diplomat: Stranizy shisni Aleksandry Michailowny Kollontai*, Moskau: Politisdat, 1970, S. 191; in: Evans Clements, *Bolshevik Feminist*, S. 135.

9 Evans Clements, *Bolshevik Feminist*, S. 135.

10 Kollontai, *Autobiographie*, S. 49.

11 Kollontai, *Autobiography*, S. 35 (nicht in der dt. Ausgabe enthalten).

12 Mary Ann Glendon, *The Transformation of Family Law. State, Law and Family in the United States and Western Europe*, Chicago: University of Chicago Press 1989, S. 5.

13 Ausführlicher zur Lage vor der Revolution siehe William G. Wagner, *Marriage Property and Law in Late Imperial Russia*, Oxford: Clarendon Press 1984.

14 *The Marriage Laws of Soviet Russia. First Code of Laws of the Russian Socialist Federal Soviet Republic dealing with Civil Status and Domestic Relations, Marriage, the Family and Guardianship*, New York: The Russian Soviet Government Bureau 1921, Abschnitt II, Kap. 4, S. 42. Das Komitee zur Ausarbeitung

des Kodex traf sich vom August 1918 an im Kommissariat für Justiz, fast ein Jahr nach der Revolution.
15   Ebd., Abschnitt III, Kap. 1, Paragraph 143, S. 57.
16   Das sowjetische Arbeitsrecht untersagte bereits Kinderarbeit für Kinder unter 16 Jahren.
17   *The Marriage Laws of Soviet Russia*, Abschnitt III, Kap. 3, Paragraph 160, S. 60. Dieser Paragraph bestätigte die Abschaffung des Erbrechts, die bereits am 27. April 1918 angeordnet worden war.
18   Ebd., Abschnitt II, Kap. 5, Paragraph 129, S. 50; zitiert nach: Horst Schützler, Sonja Striegnitz (Hg.), *Die ersten Dekrete der Sowjetmacht. Eine Auswahl von Erlassen und Beschlüssen 25. Oktober 1917 bis 10. Juli 1918,* Berlin: Dietz Verlag 1987, S. 185.
19   Ebd., »Introduction to the Code«, S. 16. Goichbarg führte ferner aus: »Es handelte sich nicht um eine Anerkennung eines unveräußerlichen Rechts auf Erbfolge, sondern lediglich um eine angemessene Methode, durch die sich die Regierung die Mühe ersparte, die Kontrolle und Aufteilung einer riesigen Zahl kleiner Besitztümer zu übernehmen«; ebd., S. 15.
20   Rudolf Schlesinger (Hg.), *The Family in the U.S.S.R. Documents and Readings,* London: Routledge and Kegan Paul 1949, S. 44.
21   Siehe dazu die erhellenden Ausführungen von Dan Healey, *Homosexual Desire in Revolutionary Russia. The Regulation of Sexual and Gender Dissent,* Chicago: University of Chicago Press 2001, S. 77–125.
22   Alexander G. Goichbarg, »Perwy Kodeks Sakonow RSFSR«, in: *Proletarskaja rewoljuzija I prawo* 7 (1918); zitiert in: Wendy Z. Goldman, *Women, the State and Revolution. Soviet Family Policy and Social Life, 1917–1936,* Cambridge: Cambridge University Press 1993, S. 53 f. Goldman bietet zudem eine ausführliche Diskussion des Gesetzestextes (ebd., S. 48–57).
23   Mill schreibt tatsächlich ganz am Ende seiner posthum veröffentlichten *Chapters on Socialism*: »Die Gesellschaft hat das volle Recht, jedes beliebige Besitzrecht aufzuheben oder zu ändern, das nach reiflicher Überlegung seiner Meinung nach dem Gemeinwohl hinderlich ist«, aber er hätte vehement gegen die Abschaffung des Besitzrechtes an sich protestiert; J. S. Mill, *Chapters on Socialism* (1879), in: Ders., *Collected Works,* Bd. 5, Toronto und London: University of Toronto Press and Routledge and Kegan Paul 1967, S. 503; dt.: *Der Sozialismus,* in: *Gesammelte Werke,* Bd. 12, *Vermischte Schriften,* Aalen: Scientia Verlag 1968 (Nachdruck von 1880).
24   Zur Frage Leviathan und Familie siehe David Runciman, »A theoretical overview«, in: Quentin Skinner (Hg.), *Families and States in Western Europe,* Cambridge: Cambridge University Press 2011, S. 1–17.

25 Moshe Lewin, »The Civil War: dynamics and legacy«, in: Lewin, *Russia/USSR/ Russia. The Drive and Drift of a Super State*, New York: The New Press 1995, S. 44.
26 Catherine Merridale, *Night of Stone. Death and Memory in 20th century Russia*, London: Penguin 2002, S. 106; dt. Ausgabe: *Steinerne Nächte. Leiden und Sterben in Russland*, München: Blessing 2001, S. 149.
27 Nikolai M. Borodin, *One Man in his Time*, London: Constable 1955, S. 19; zitiert in: Merridale, *Steinerne Nächte*, S. 151.
28 Theodor Shanin hat in einer glänzenden Untersuchung gezeigt, dass die Ungleichverteilung des Wohlstands auf dem Land nicht statisch war, sondern zyklischen Veränderungen unterlag (reiche Bauern wurde durch Erbteilung nach und nach wieder ärmer, arme Bauern konnten ihren Wohlstand mehren), ein Tatbestand, der die bäuerliche Solidarität förderte und den Ausgangspunkt aller bolschewistischen Analysen (die dauerhafte ökonomische Ungleichheit) aushebelte. Ferner muss man darauf hinweisen, dass manche reiche Bauernfamilien ganz bewusst die Strategie wählten, eine *dwor* aufzuteilen, um den Abgaben, der Requirierung und den Strafmaßnahmen zu entgehen, die sich im Kriegskommunismus gegen reiche Familien richteten; siehe: Theodor Shanin, *The Awkward Class. Political Sociology of Peasantry in a Developing Society: Russia 1910–1925*, Oxford: Clarendon Press 1972, vor allem Teil 3, S. 145–202.
29 Letzteres war einer der vier Gründe, die Lenin für den Sieg der Bolschewiki anführte. Hinzu kam der Vertrag von Brest-Litowsk, die Uneinigkeit der imperialen Kräfte und die Bauernrevolution; vgl. Ewan Mawdsley, *The Russian Civil War*, London: Allen and Unwin 1987, S. 275; zu Brest-Litowsk, ebd., S. 36ff.
30 Zur Ukraine siehe Andrea Graziosi, *The Great Soviet Peasant War. Bolsheviks and Peasants, 1917–33*, Cambridge, Mass.: Ukrainian Research Institute, Harvard University Press 1996.
31 Mawdsley, *The Russian Civil War*, S. 288f. Er zieht außerdem folgenden klugen Schluss: »Die Bolschewiki hatten weniger Angst vor dem Bürgerkrieg, als sie eigentlich hätten haben müssen.«
32 Siehe Artikel in der *Cambridge History of Russia*, Bd. 3.
33 Von Tuchatschewski und Antonow-Owsejenko unterzeichneter Befehl, 11. Juni 1921, in: Vladimir N. Brovkin, *Behind the Front Lines of the Civil War. Political Parties and Social Movements in Russia, 1918–1922*, Princeton: Princeton University Press 1994, S. 387.
34 Alexandra Kollontai, *Semja i kommunistitscheskoje gossudarstwo*, Moskau/ Petrograd: Kommunist 1920/22; engl. Übersetzung: »Communism and the family«, in: Kollontai, *Selected Writings*, S. 250–260. Der Text war Gegenstand der Diskussion der wichtigsten Figuren des westlichen Feminismus; siehe z. B.

Shulamith Firestone, *The Dialectic of Sex,* London: Cape 1971, S. 240; Sheila Rowbotham, »If you like tobogganing«, in: Dies., *Women, Resistance and Revolution,* London: Allen Lane 1972, S. 134–169.
35 Farnsworth, *Aleksandra Kollontai,* S. 141.
36 Kollontai, »Communism and the family«, S. 250.
37 Ebd., S. 253.
38 Ebd., S. 255 f.
39 Ebd., S. 257 f.
40 Ebd., S. 259. An dieser Stelle sollte nicht vergessen werden, dass der letzte Satz des Zitats: »Es gibt nur unsere Kinder, die Kinder der kommunistischen Arbeiter Russlands«, unterschiedlich übersetzt wurde. In Aleksandra Kollontai, »Communism and the family«, in der Aufsatzsammlung Kollontai, *On Women's Liberation* (London: Bookmarks 1998, S. 48), lautet die Übersetzung ins Englische aus dem Jahr 1920 wie folgt: »There are henceforth only our children, those of the communist state, the common possession of all the workers.« Nach dieser Fassung gehört das Eigentumsrecht an den Kindern eindeutig zuerst dem Staat, nicht den individuellen Eltern. Eine wörtliche Übersetzung des russischen Originaltextes bestätigt allem Anschein nach diese Version: »Es gibt nur unsere Kinder, die Kinder des werktätigen, kommunistischen Russland.« Auch hier wird der Schluss nahegelegt, dass Kinder zuallererst Mitglieder des Kollektivs sind, nicht Mitglieder einer Einzelfamilie. Es ist nur eine geringfügige Abweichung.
41 Ebd., S. 260.
42 Kollontai, »Working woman and mother« (1914), ebd., S. 134. Zuvor schreibt sie auf der gleichen Seite: »Für all jene, die mehr Aufmerksamkeit benötigen, die Frauen und Kinder, wird von der Gesellschaft gesorgt werden, die wie eine große, freundliche Familie ist ... Die Gesellschaft, diese große, glückliche Familie, wird sich um alles kümmern.«
43 W. I. Lenin, »Die große Initiative (Über Heldentum der Arbeiter im Hinterland. Aus Anlass der ›kommunistischen Subbotniks‹)«, in: Ders., *Werke,* Bd. 29: März–August 1919, Berlin: Dietz Verlag 1963, S. 397–424. Subbotniks waren unbezahlte Arbeitstage, die ein »Musterbeispiel für die kommunistische Haltung der werktätigen Bevölkerung gegenüber der Arbeit« waren.
44 Ebd., S. 419.
45 Ebd.
46 Clara Zetkin, *Erinnerungen an Lenin,* Wien, Berlin: Verlag für Literatur und Politik 1929, S. 62–65.
47 Bryant, *Mirrors of Moscow,* S. 122; Kollontai, *Autobiographie,* S. 59 f.; siehe auch: Farnsworth, *Aleksandra Kollontai,* S. 168 f.
48 A. G. Goichbarg, *Bratschnoje, semjejnoje, i opekunskoje prawo Sowetskoi re-*

spubliki, Moskau: Gossisdat 1920, S. 5; in: Goldman, *Women, the State and Revolution,* S. 9.

49 Nikolaj Bucharin und Jewgenij Preobraschenskij, *Das Abc des Kommunismus.* Populäre Erläuterung des Programms der Kommunistischen Partei Russlands *(Bolschewiki),* Zürich: Manesse Verlag 1985 (Nachdruck der dt. Erstausgabe von 1920), S. 406.

50 Elisabeth Waters, *From the Old Family to the New, Work, Marriage and Motherhood in Urban Soviet Russia, 1917–31,* unveröffentlichte Doktorarbeit, University of Birmingham 1985, S. 37 f.

51 Zitiert in: Serge Fauchereau (Hg.), *Moscow 1900–1930,* New York: Rizzoli 1988, S. 89.

52 Vladimir Mayakovsky, »Pull out the future«, ohne Seitenangabe zitiert in: Richard Stites, *Revolutionary Dreams. Utopian Vision and Experimental Life in the Russian Revolution,* Oxford und New York: Oxford University Press 1989, S. 205.

53 Ernst Davidovič Kuznecov, *L'illustrazione del libro per bambini e l'avanguardia russa,* Florenz: Cantini 1991.

54 So lautete die Losung von El Lissitzkys Propagandaorgan in Witebsk; siehe dazu: T. J. Clark, *Farewell to an Idea. Episodes from a History of Modernism,* New Haven und London: Yale University Press 1999, S. 224–297.

55 Lynn Mally, *The Proletkult Movement in Revolutionary Russia,* Berkeley: University of California Press 1990, S. 171.

56 Anatoli Lunatscharski, »Lenin o monumentalnoi propagande«, in: *Literaturnaja Gaseta,* Nr. 4/5, 29. Januar 1933, zitiert in: Christina Lodder, *Russian Constructivism,* London und New Haven: Yale University Press 1983, S. 53.

57 *Art News,* 5. April 1924; in: Clark, *Farewell to an Idea,* S. 224. Siehe auch Malewitschs Diskussion seiner Ideen zum Lenin-Monument in: Robert C. Williams, *Artists in Revolution. Portraits of the Russian Avant-garde, 1905–25,* Bloomington und London: Indiana University Press 1977, S. 124 f.

58 Clements, *Bolshevik Feminist,* S. 163.

59 Im Jahr 1919 war Kollontais Sohn Mischa, der eine Ausbildung zum Ingenieur absolvierte, in Petrograd geblieben, während sich Alexandra Kollontai hauptsächlich in Moskau aufhielt. Sie schrieb in ihr Tagebuch: »Er wohnt im Wohnheim und hungert und friert, wie es scheint. Dabei habe ich nichts, was ich ihm schicken könnte. Das lässt mir gar keine Ruhe. Mir wäre lieber, wir lebten in der gleichen Stadt, doch er hängt eben an seinem Institut.« (Kollontai, *Ich habe viele Leben gelebt,* S. 486.)

60 Die Freundin war P. S. Winogradskaja; siehe ihren Beitrag zu N. K. Krupskaja (Hg.), *Pamjati Inessa Armand,* Moskau-Leningrad: Gossisdat 1926; in: Elwood, *Inessa Armand,* S. 257.

61 *Swobodnoje mysl*, 3, 1992, in: Pearson, *Lenin's Mistress*, S. 225 f. Auffällig ist, dass Inessa in den ersten Sätzen unwillkürlich die Rangordnung ihrer Liebe auf dreifach verschiedene Weisen angibt: zuerst »für die Kinder und W. I.«, dann »für W. I. und die Arbeit«, und zuletzt für »W. I. und meine Kinder«.

62 Angelica Balabanoff, *Lenin. Psychologische Beobachtungen und Betrachtungen*, Hannover: Verlag für Literatur und Zeitgeschehen 1961, S. 49; übersetzt nach der italienischen Originalausgabe: *Lenin visto da vicino*, Rom 1959.

63 Inna heiratete Hugo Eberlein, einen prominenten deutschen Kommunisten, und sie lebten bis 1933 zusammen in Berlin. Sie hatten eine Tochter namens Inessa. Als Hitler die Macht übernahm, floh Eberlein nach Russland, fiel aber später Stalins Säuberungen zum Opfer und starb 1944 im Gefängnis. Inna setzte ihre Arbeit im Institut für Marxismus-Leninismus bis zu ihrer Pensionierung im Jahr 1961 fort. Warwara erhielt den Ehrentitel »Volkskünstlerin der Russischen Förderation«, und im Jahr 1977 wurde in Moskau eine Retrospektive ihres Werks veranstaltet. Andrej wurde Mechaniker und Ingenieur in den Automobilwerken in Gorki und Moskau. Er fiel im Jahr 1944 an der Front; Elwood, *Inessa Armand*, S. 269 ff.

III Nach der Revolution

1 Zu den Sowjets als »quasi-parlamentarische Gremien, die sich intensiv der Erziehung der Massen in der Praxis demokratischer Wahlen, des politischen Pluralismus und parlamentarischer Verfahren widmeten«, siehe: Israel Getzler, »Soviets as agents of democratisation«, in: Edith R. Frankel u. a. (Hg.), *Revolution in Russia: Reassessments of 1917*, Cambridge: Cambridge University Press 1992, S. 17. Siehe auch die grundlegende Studie von Oskar Anweiler, *Die Rätebewegung in Russland, 1905–1921*, Leiden: Brill 1958. Zu demokratischen Ansätzen auf dem Land siehe: Orlando Figes, *Peasant Russia, Civil War. The Volga Countryside in Revolution (1917–1921)*, Oxford: Oxford University Press 1989, S. 70 und 76. Siehe auch die detaillierte Recherche zu Saratow von Donald J. Raleigh, *Experiencing Russia's Civil War. Politics, Society and Revolutionary Culture in Saratov*, Princeton: Princeton University Press 2002.

2 Das Manifest ist auf Deutsch erschienen in: A. Kollontai, »Die Arbeiteropposition in Russland«, in: Gottfried Mergner (Hg.), *Die russische Arbeiteropposition. Die Gewerkschaften in der Revolution*, Reinbek bei Hamburg: Rowohlt 1972, S. 131–177.

3 Ebd., S. 154–157.

4 Ebd., S. 168.

5 Eric Naiman meint einen weiteren, tiefer liegenden Widerspruch in Kollontais

Roman *Wassilissa Malygina* entdeckt zu haben, der erstmals 1923 erschien; siehe Naiman, »When a Communist writes Gothic: Aleksandra Kollontai and the Politics of Disgust«, in: *Signs: Journal of Women in Culture and Society* 22 (1996), Nr. 1, S. 1–29. Naiman gibt zu verstehen, dass der Subtext des Romans einen »Ekel vor dem weiblichen Körper und eine Besessenheit von der Befreiung von allem Femininen« enthülle (S. 6), der, so Naiman, in einem direkten Konflikt zum revolutionären Plädoyer für die Befreiung der Frau stehe, die sowohl von der Autorin als auch von der Romanheldin ausgedrückt werde. Kollontais Roman, so Naiman, müsse in eine breitere europäische Tradition der Schauerromane eingeordnet werden. Vor diesem Hintergrund analysiert er die Sprache ihres Manifests über die Arbeiteropposition und anderer politischer Schriften von 1921 bis 1923.

6   Robert E. Johnson, »Family life in Moscow during NEP«, in: Sheila Fitzpatrick u. a. (Hg.), *Russia in the Era of the NEP. Explorations in Soviet Society and Culture*, Bloomington: Indiana University Press 1991, S. 115.

7   Robert G. Wesson, *Soviet Communes*, New Brunswick N. J.: Rutgers University Press 1963, S. 84.

8   Goldman, *Women, the State and Revolution*, S. 128.

9   Waters, »The Bolsheviks and the family«, S. 284.

10 Dies., *From the Old Family to the New*, S. 106.

11 Goldman, *Women, the State and Revolution*, S. 107, Tabelle 4 und 5.

12 Ebd., S. 117.

13 Goldman, *Women, the State and Revolution*, S. 59. Zu den Hilfslieferungen für die hungernde Bevölkerung, die international tätige amerikanische Organisationen anboten, siehe auch: Marcello Flores, *L'immagine dell'URSS. L'Occidente e la Russia di Stalin (1927–1956)*, Mailand: Il Saggiatore 1990, S. 18 f.

14 Ball, *And Now My Soul Is Hardened. Abandoned Children in Soviet Russia, 1918–1930*, Berkeley und Los Angeles: University of California Press 1994, S. 1–17; siehe auch: Dorena Caroli, *L'enfance abandonnée et délinquante dans la Russie soviétique (1917–1937)*, Paris: L'Harmattan 2004.

15 Ball, *And Now My Soul Is Hardened*, S. 4.

16 Ebd., S. 106.

17 Goldman, *Women, the State and Revolution*, S. 65.

18 Siehe die schrecklichen Zeugenaussagen in Ball, *And Now My Soul Is Hardened*, S. 109 ff.

19 Leo Trotzki, *Fragen des Alltagslebens. Die Epoche der »Kulturarbeit« und ihre Aufgaben*, Hamburg: Verlag Carl Hoym 1923.

20 Trotzki, »Der Mensch lebt nicht von ›Politik‹ allein«, in: ebd., S. 15.

21 Trotzk, »Von der alten Familie – zur neuen« (*Prawda*, 13. Juli 1923), in: Trotzki, *Fragen des Alltagslebens*, S. 54–65.
22 Isaac Deutscher, *The Prophet Unarmed. Trotsky, 1921–1929*, Oxford: Oxford University Press 1970, S. 23; deutsche Übersetzung: Trotzki. *Der unbewaffnete Prophet, 1921–1929*, Stuttgart u. a.: Verlag W. Kohlhammer 1972, S. 36.
23 Theodor Shanin, *The Awkward Class. Political Sociology of Peasantry in a Developing Society: Russia 1910–25*, Oxford: Clarendon Press 1972, Tabelle 3: IV, S. 53 und S. 145 ff.
24 Ebd., S. 157.
25 Atkinson, *The End of Russian Land Commune*, S. 302.
26 Beatrice Farnsworth, »Village women experience the revolution«, in: Farnsworth und Viola, *Russian Peasant Women*, S. 146.
27 N. S. Kokoreva, »Ochrana materinstwa«, Moskau 1975 (wird in der Bibliographie von Clements nicht genannt), zit. in: Clements, *Bolshevik Feminist*, S. 172.
28 Kollontai, *Ich habe viele Leben gelebt ...*, S. 493 f.
29 Figes, *Peasant Russia, Civil War*, S. 356.
30 Im Januar 1925 hatte das Triumvirat Stalin, Sinowjew und Kamenew erfolgreich Trotzki und die sogenannte Linke Opposition geschlagen. Anschließend zerstritten sie sich untereinander, und Kamenew und Sinowjew schlossen wieder mit Trotzki ihren Frieden.
31 Das WZIK oder nur ZIK bestand aus zwei Kammern, dem Unionssowjet mit 371 Delegierten und dem Nationalitätensowjet mit 131 Delegierten, aber für gewöhnlich trafen sie ihre Entscheidungen ohne lange Diskussion, und auf jeden Fall hatte das Gremium in der Verfassung kaum Gewicht. Die eigentliche Macht wurde anderswo ausgeübt, »im Politbüro oder in einer anderen informellen Gruppe innerhalb der Partei«, siehe E. H. Carr, *The Bolshevik Revolution, 1917–23*, Bd. 1, S. 412.
32 Schlesinger (Hg.), *The Family in the USSR*, S. 86 f.
33 Ebd., S. 92 f.; siehe auch: Hans Harmsen, *Frau und Kind in Sowjetrußland. Eine familienrechtliche und bevölkerungspolitische Studie*, Berlin: Edwin Runge 1931.
34 Schlesinger (Hg.), *The Family in the USSR*, S. 95.
35 Ebd., S. 99 f.
36 Die beste und umfangreichste Darstellung dieser Debatte findet sich in Goldman, *Women, the State and Revolution*, S. 185–253.
37 Artikel vom 4. März 1927 von N. Wigiljanski, zit. in: Waters, *From the Old Family to the New*, S. 62 f.
38 Farnsworth, *Aleksandra Kollontai*, S. 349 f.

39 Lew Trotzki, *Sotschinenija,* Bd. 21, Moskau 1927, S. 71 f.; »Sa i protiw predloschenija tow. Kollontai«, in: *Brak i semja.Sbornik statjej i materialow,* Moskau-Leningrad: Molodaja Gwardija 1926, S. 143 f.; beide zitiert in: Farnsworth, *Aleksandra Kollontai,* S. 353.

40 Siehe die faszinierende Darstellung der amerikanischen Journalistin Jessica Smith, die Smidowitsch in ihrem Haus interviewte; Jessica Smith, *Women in Soviet Russia,* New York: Vanguard Press 1928, S. 102 f.; Farnsworth, *Aleksandra Kollontai,* S. 356 – 361.

41 Schlesinger (Hg.), *The Family in der USSR,* S. 152.

42 Ebd., S. 156. Gleichzeitig unterstrich das Gesetzeswerk jedoch in Paragraph 1 (ebd., S. 155) die anhaltende Bedeutung der Registrierung einer Eheschließung »im Interesse des Staates und der Gesellschaft«.

43 Beatrice Farnsworth, »Bolshevik alternatives and the Soviet family. The 1926 Marriage Law Debate«, in: Dorothy Atkinson, Alexander Dallin, Gail W. Lapidus (Hg.), *Women in Russia,* Hassox: Harvester Press 1978, S. 162 f.

44 Harold Berman, »Soviet family law in the light of Russian history and Marxist theory«, in: *Yale Law Journal* 56 (1946), Nr. 1, S. 25 – 57.

45 Siehe *Iswestija,* 14. Januar 1926, in: Farnsworth, *Aleksandra Kollontai,* S. 363. Auf der anderen Seite geht John Quigley zu weit, wenn er behauptet, dass die dominierende Denkweise hinter dem Kodex »konservativ« sei; ders., »The 1926 Soviet Family Code: retreat from free love«, in: *Soviet Union* 6 (1979), Nr. 2, S. 173.

46 In: Northrop, *Veiled Empire,* S. 69.

47 Ebd., S. 80. Zum Reformklerus siehe: Shoshana Keller, *To Moscow, not Mecca. The Soviet Campaign against Islam in Central Asia, 1917 – 1941,* Westport, Conn.: Praeger 2001, S. 117 f.

48 Marianne Kamp, *Unveiling Uzbek Women. Liberation, Representation and Discorse, 1906 – 29,* Ph. D. Dissertation, University of Chicago 1998, S. 291; in: Keller, *To Moscow, not Mecca,* S. 116.

49 In Northrop, *Veiled Empire,* S. 92.

50 Ebd., S. 74.

51 Göran Therborn, *Between Sex and Power. Family in the world, 1900 – 2000,* London: Routledge 2004, S. 85.

52 Schlesinger, *The Family in the USSR,* S. 99.

53 Walter Benjamin, *Moskauer Tagebuch,* hg. von Gary Smith, Frankfurt/Main: Suhrkamp 1980; auf Englisch erschienen als: *Moscow Diary,* bearb. von Gary Smith, Cambridge Mass.: Harvard University Press 1986; siehe auch ders., »Moskau« in: *Gesammelte Schriften* Bd. 4,1, hg. v. Tillman Rexroth, Frankfurt/Main: Suhrkamp 1972.

54 Benjamin, *Moskauer Tagebuch*, S. 160 ff.
55 Zu der wichtigen Unterscheidung zwischen *byt* und *bytije* siehe vor allem Svetlana Boym, *Common Places: Mythologies of Everyday Life in Russia*, Cambridge Mass.: Harvard University Press 1994, S. 73–93. Zum »Innenleben« siehe die wertvolle Aufsatzsammlung, die Christina Kiaer und Eric Naiman herausgegeben haben: *Everyday Life in Early Soviet Russia. Taking the Revolution Inside*, Bloomington: Indiana University Press 2006, insbesondere ihre Einleitung, S. 1–22.
56 Benjamin, *Moskauer Tagebuch*, S. 162 f.

ZWEI
Nest und Nation: Familienpolitik im Übergang vom Osmanischen Reich zur Türkischen Republik, 1908–1938

I Familien in der osmanischen Gesellschaft

1 Halide Edip, *Mein Weg durchs Feuer*, Zürich: Unionsverlag 2010, S. 24.
2 Ebd., S. 12.
3 Der allgemein verwendete Terminus, auch in der wissenschaftliche Literatur, »Polygamie«, ist der Obergriff für eine Ehe, die Angehörigen beiderlei Geschlechts erlaubt, mehr als einen Ehepartner zu haben. »Polygynie« ist die spezielle Form der Polygamie, bei der ein Mann mehrere Frauen hat, »Polyandrie« dagegen die Form, bei der eine Frau mit mehr als einem Mann verheiratet ist.
4 *Mein Weg durchs Feuer*, S. 97 f.
5 »Der Vater wünscht in allem, von der Erziehung und Kleidung angefangen bis zur Ernährung seiner Tochter, die englische Art nachzuahmen ... Ihre dunkelblauen Winterkleider sind so kurz wie die weißen Kleider, die sie im Sommer trägt. Trotz Haminnes Sorge, dass das Kind sich erkälten könnte, sind seine Arme und Beine stets unbedeckt.« (Ebd., S. 29)
6 Hester Donaldson Jenkins, *Behind Turkish Lattices*, New Jersey: Georgias Press 2004 (1. Aufl. 1911), S. 31.
7 *Mein Weg durchs Feuer*, S. 26.
8 Ebd., S. 36.
9 Ebd., S. 36.
10 Ebd., S. 58.
11 Donaldson Jenkins, *Behind Turkish Lattices*, S. 218.
12 *Mein Weg durchs Feuer*, S. 130. Dorothea Brooke, die naive Heldin des Ro-

mans *Middlemarch*, ist ihrem ältlichen Gatten Edward Casaubon dienstbar, der seit Jahren vergeblich an einer wissenschaftlichen Veröffentlichung arbeitet.

13 Ebd., S. 130.
14 Ebd., S. 132 f.
15 Ebd., S. 168.
16 Ebd., S. 169.
17 Ebd., S. 168 f.
18 Ebd., S. 448.
19 Zur ideologischen Basis des Regimes siehe: Selim Deringil, *The Well-protected Domains: Ideology and the Legitimation of Power in the Ottoman Empire*, 1876–1909, London: Tauris 1998.
20 Siehe vor allem: Şerif Mardin, *The Genesis of Young Ottoman Thought*, Princeton: Princeton University Press, 1962.
21 Siehe: Erik J. Zurcher, *The Young Turk Legacy and Nation Building. From the Ottoman Empire to Atatürk's Turkey*, London/New York: Tauris 2010; vor allem S. 95–109.
22 *Mein Weg durchs Feuer*, S. 140 f. Zum Hergang der Revolution siehe: Aykut Kansu, *The Revolution of 1908 in Turkey*, Leiden: Brill 1997.
23 *Mein Weg durchs Feuer*, S. 145. Halide Edip schrieb für die *Tanin*, die wichtigste Zeitung der Jungtürken, in der man der Bildung und den Rechten von Frauen viel Platz einräumte.
24 Nach Ansicht des französischen Orientalisten Daniel Penzac fallen die Zensuszahlen zu niedrig aus: Daniel Panzac, *Population et santé dans l'Empire Ottoman*, Istanbul: Isis 1996, S. 187 ff. Siehe auch den Anhang »Zahlen zur Demografie und Wirtschaft«, S. 629, Abb. 1.
25 Donald Quataert, *The Ottoman Empire, 1700–1922*, Cambridge: Cambridge University Press 2000, S. 111.
26 Justin McCarthy, *Death and Exile. The Ethnic Cleansing of Ottoman Muslims, 1821–1922*, Princeton: Darwin Press 1995.
27 Alan Duben und Cem Behar, *Istanbul Households. Marriage, Family and Fertility, 1880–1940*, Cambridge: Cambridge University Press 1991.
28 Duben und Behar, *Istanbul Households*, S. 7 u. S. 25. Zur Heterogenität der osmanischen Bevölkerung bei Anbruch des Ersten Weltkriegs siehe Halil İnalcik und Donald Quataert (Hg.), *An Economic and Social History of the Ottoman Empire*, Band II, 1600–1914, Cambridge: Cambridge University Press 1994, S. 777–797; zur Marmara-Region siehe: Ryan Gingeras, *Sorrowful Shores. Violence, Ethnicity, and the End of the Ottoman Empire, 1912–1923*, Oxford: Oxford University Press 2009. Zu Izmir siehe: Oya Dağlar, *War, Epide-*

mics, and Medicine in the Late Ottoman Empire, 1912–1918, Haarlem: Sota 2008.
29 Carter Vaughn Findley, »Economic bases of revolution and repression in the late Ottoman Empire«, in: Comparative Studies in Society and History 28 (1987), S. 81–106.
30 Duben und Behar, Istanbul Households, S. 59.
31 Ebd., S. 49, S. 60 u. S. 79. Verglichen mit der Situation in anderen muslimischen Großstädten trat die Bevölkerung Istanbuls als Wegbereiter auf.
32 Mary Zwahlen, Le divorce en Turquie. Contribution à l'étude de la reception du Code civil Suisse, Genf: Droz 1981, S. 44–46; Duben und Behar, Istanbul Households, S. 110.
33 Laut der überwiegend akzeptierten Einteilung von Chafik Chehata beginnt die postklassische Periode mit dem 12. Jahrhundert und dauert bis heute an (Chafik Chehata, Études de droit musulman, Paris: Presses Universitaires de France 1971, Bd. I, S. 18 ff.).
34 Zwahlen, Le divorce en Turquie, S. 42.
35 Ebd.; andererseits erlaubte ein Mann manchmal auch seiner nicht länger begehrten Ehefrau, im Haushalt zu bleiben und sorgte weiter für sie.
36 Ayşe Saraçgil, »The failures of modernity: family, civil society and state in the passage from Ottoman Empire to Turkish Republic«, in: Jürgen Nautz, Paul Ginsborg und Tom Nijhuis (Hg.), The Golden Chain. Family, Civil Society and the State, New York/Oxford: Berghahn 2013, S. 197–218; Deniz Kandiyoti, »Islam and patriarchy: a comparative perspective«, in: Nikki R. Keddie and Beth Baron (Hg.), Women in Middle Eastern History. Shifting Boundaries in Sex and Gender, Newhaven/London: Yale University Press 1991, S. 23–42.
37 Halide Edip, Mein Weg durchs Feuer, S. 17.
38 Abdelwahab Bouhdiba, Sexuality in Islam, London: Rutledge 2008 (1. Aufl. 1985), S. 7–10; Fatima Mernissi, Beyond the Veil. Male-Female Dynamics in a Modern Muslim Society, Cambridge, Mass.: Harvard University Press 1975, S. 18 ff.
39 Aus diesem Grund sah man in unverheirateten Männern als Trägern einer unbefriedigten, unkontrollierten Sexualität eine potenzielle Gefahr für die Gemeinschaft als Ganzes.
40 Duben und Behar weisen in Istanbul Households (S. 144) darauf hin, dass »Sklave« vielleicht nicht die passendste Entsprechung des türkischen carriye (Konkubine, Hausmädchen, Jungfer) ist. An der Existenz eines blühenden Istanbuler Sklavenmarkts zum Ende des Jahrhunderts gibt es aber keinen Zweifel: Es gab regelmäßig einen Handel mit unfreien Menschen.
41 Das Thema ist ein wiederkehrendes Motiv in der modernen türkischen Literatur.

Eine Untersuchung zu den Veränderungen von Familienbeziehungen innerhalb der türkischen Modernisierung, die sich vor allem auf zwischen 1860 und 1980 veröffentlichte Romane beruft, liefert Ayşe Saraçgil: *Il maschio camaleonte. Strutture patriarcali nell'impero ottomano e nella Turchia moderna*, Mailand: Bruno Mondadori 2001.

42 In seinen Memoiren beklagt sich Abdülhamid II. über den »schädlichen« Einfluss französischer Literatur auf die Frauen in seinem Harem: Sultan Abdülhamid II, *Siyasi hayatım*, İstanbul: Hareket Yayınları, 1974, S. 120.

43 Leslie P. Peirce, *The Imperial Harem. Women and Sovereignty in the Ottoman Empire*, Oxford: Oxford University Press, 1993, S. 58 ff.

44 Namık Kemal, »Aile«, in: *İbret* 56 (1872), zitiert in: Ezel Erverdi und Aile Araştırma Kurumu (Hg.), *Sosyo-Kültürel Değişme Sürecinde Türk Ailesi*, Bd. III, Ankara: Ülke Yayın 1993, S. 1015 ff.

45 Ebd., S. 148–156.

46 Duben und Behar, *Istanbul Households*, S. 225 u. 211.

47 Ebd., S. 206 ff.

48 Etwa in Saraçgil, *Il maschio camaleonte*.

49 Donaldson Jenkins, *Behind Turkish Lattices*, S. 128 ff.

50 Duben und Behar, *Istanbul Households*, S. 29 ff.

51 Robert Halsband (Hg.), *The Complete Letters of Lady Mary Wortley Montagu*, Oxford: Clarendon Press 1965–67; dt. Auswahledition: Mary Wortley Montagu, *Briefe aus dem Orient,* Wien: Promedia, 2006.

52 Ayse Saracgil, »Generi voluttuari e ragion di stato: politiche repressive del consumo di vino, caffè e tabacco nell'Impero ottomano nei secc. XVI e XVIII«, in: *Turcica* XXVIII (1996), S. 163–194.

53 Eine Anspielung auf Ferdinand II. von Sizilien (1810–1859), der sich den Beinamen durch das grausame Bombardement von Messina erwarb. Siehe Perry Anderson, *The New Old World*, London/New York: Verso 2009, S. 401.

54 Nur Vergin, »Social change and the family in Turkey«, in: *Current Anthropology* 5/26 (1985), S. 571–574.

55 Emmanuel Todd, *La Troisième Planète*, Paris: Editions du Seuil 1984.

56 Sami Zubaida weist darauf hin, dass »traditionelle« soziale Gefüge in der muslimischen Welt zu verschiedenen Zeiten und an verschiedenen Orten zwar recht unterschiedlich waren, man aber mit Recht sagen kann, dass diese ausschließlich patriarchalisch und autoritär und oftmals auch unter Zwang funktionierten. Machtstellungen wie die des *nakib, mufti* oder Zunftmeisters wurden überwiegend von hochstehenden Familien eingenommen und durch sie vererbt. Siehe: Sami Zabaida, »Civil society, community and democracy in the Middle East«, in: Sudipta Kaviraj and Sunil Khilnani (Hg.), *Civil Society. History and Possibili-*

ties, Cambridge: Cambridge University Press 2001, S. 234. Den umfassendsten und umstrittensten Versuch, politische Ideologien von Familienformen abzulesen, liefert Emmanuel Todd, *L'Invention de l'Europe*, Paris: Seuil 1990.

57   Şerif Mardin, »Power, civil society and culture in the Ottoman Empire«, in: *Religion, Society and Modernity in Turkey*, Syrakus/New York: Syracuse University Press 2006, S. 29–33.

58   Deringil, *The Well-Protected Domains*, S. 21. Der Autor nennt vier Bereiche, in denen die symbolische Macht des Sultans bestätigt wurde: die Heiligkeit seiner Person, seine übernatürliche Gnade, seine enge Verbindung zur religiösen Tradition und die Sprache und Symbolik der offiziellen osmanischen Dokumentation.

59   So beurteilt es Cağlar Keyder, »The setting«, in: Ders. (Hg.), *Istanbul between the Global and the Local*, Lanham: Rowman und Littlefield, 1999, S. 4.

60   1839 verlas der Großwesir Mustafa Reşid Paşa das historische Edikt, in dem der osmanische Sultan den europäischen Mächten verkündete, die gesamte Bevölkerung seines Reichs, ausgenommen Frauen und Sklaven, jedoch ohne Unterscheidung nach ethnischer und religiöser Zugehörigkeit, würde als osmanische Bürger angesehen und vor dem Recht gleich behandelt. Zugleich aber waren die Reformer des Tanzimat bemüht, die politische Überlegenheit den Muslimen zu sichern.

61   Saraçgil, »The failures of modernity«, S. 204.

62   Kansu, *The Revolution of 1908*, besonders S. 78 ff. Die beiden wichtigsten Gruppierungen, die auf eine Revolution hinarbeiteten, waren die Jungtürken vom Komitee für Einheit und Fortschritt und die Armenische Revolutionäre Föderation.

63   Halide Edip, *Mein Weg durchs Feuer*, S. 291.

64   Andrew Mango, *Atatürk*, London: John Murray 1999, S. 35.

65   Eine in Halide Edips englischen *Memoirs* erzählte Begebenheit.

66   Ohne Angabe zitiert in: Mango, *Atatürk*, S. 33.

67   Ebd., S. 35–79. Auch heute noch von Interesse sind: Harold Courtenay Armstrong, *Grey Wolf. Mustafa Kemal. An Intimate Study of a Dictator*, London: Penguin Books 1937; Patrick Balfour Kinross, *Ataturk. The Rebirth of a Nation*, London: Weidenfeld and Nicolson 1969.

68   Fuat Süreyya Oral, *Türk Basın Tarihi*, Istanbul: Yeni Adım Mattassi 1968, S. 42, S. 44, S. 98–121, S. 126, S. 215.

69   Siehe: Ziya Gökalp, *The Principles of Turkism* (1923), Leiden: Brill 1968, besonders S. 1–22 u. S. 76–94. Gleich nach der Revolution von 1908 versuchte das KEF in Selanik, die von verschiedenen ethnischen und religiösen Gruppen geführten Gymnasien der Stadt zu schließen. Zudem sollte Türkisch offizielle Unterrichtssprache in den Schulen werden. Es kam zu so großen Protesten, dass

diese Pläne grundlegend abgeändert werden mussten. Kansu, *The Revolution of 1908*, S. 160–61.

70   Zu den intellektuellen Einflüssen der Jungtürken und den ideologischen Auseinandersetzungen mit anderen politischen Kräften der Zeit siehe: Şükrü Hanioğlu, *The Young Turks in Opposition*, New York/Oxford: Oxford University Press 1995, S. 7–67.

71   Zum Einfluss des deutschen Militarismus auf die Ausbildung dieser Generation osmanischer Soldaten siehe Nezir-Akmeşe, *The Birth of Modern Turkey. The Ottoman Military and the March to World War I*, London: Tauris 2005, besonders S. 19–63.

72   Louise Bryant, die Enver einige Jahre später in Moskau traf, schrieb: »Enver Pascha besitzt zweifellos Charme, trotz seines offensichtlichen Opportunismus und der Brutalität und seiner Gewissenlosigkeit, die von einer fatalistischen Gesinnung gespeist wird.« (Bryant, *Mirrors of Moscow*, S. 149.)

73   Niyazi Berkes, »Einführung des Übersetzers«, in: Ziya Gökalp, *Turkish Nationalism and Western Civilisation. Selected Essays*, hg. von Niyazi Berkes, London: Allen and Unwin 1959, S. 13. Siehe auch: Taha Parla, *The Social and Political Thought of Ziya Gökalp, 1876–1924*, Leiden: Brill 1985.

74   Siehe das entsprechende Kapitel in Gökalp, *Turkish Nationalism*, S. 90–109.

75   Katherine E. Fleming, »Women as preservers of the past«, in: Zehra F. Arat (Hg.), Deconstructing Images of the Turkish Woman, Basingstoke: Macmillan 1998, S. 127–138; Saraçgil, *Il Maschio camaleonte*, S. 123–24.

76   Ziya Gökalp, »Tradition and formalism« (1913), in: Ders., *Turkish Nationalism*, S. 95. In demselben Aufsatz heißt es: »Die Briten sind ein Volk ohne Regeln, doch wir sehen in ihnen das beste Beispiel einer Tradition, deren historische Kontinuität und evolutionäre Bedeutung unumstritten ist. Wir Türken dagegen sind Formalisten, und doch fehlt es uns an Traditionen.«

77   Die erste Reihe Aufsätze wurde 1917 in der Istanbuler Zeitschrift *Yeni Mecmua* veröffentlicht, die zweite 1922 in Diyarbakır, in der *Kücü Mecuma*. Wichtige Beobachtungen finden sich auch in dem schmalen Band *The Principles of Turkism*, dort besonders S. 108–17. Eine ausführliche Auflistung von Gökalps Aufsätzen zum Thema Familie liefert Zafer Toprak, »The family, feminism and the state during the Young Turk period, 1908–18«, in: Edhem Eldem (Hg.), *Première rencontre internationale sur l'Empire Ottoman et la Turquie moderne*, İstanbul/Paris: Isis, 1991, S. 443, Anmerkung 3. Siehe auch Sabine Dirks, *La Famille musulmane turque. Son évolution au 20e siècle*, Paris: Mouton, 1969, S. 15 und S. 18, Anmerkung 13.

78   Ziya Gökalp, »The foundations of the Turkish family« (1917), in: Ders., *Turkish Nationalism*, S. 253.

79 Ebd., S. 254.
80 Gökalp, *The Principles of Turkism*, S. 113; Ders. »Family morality« (1923), in: Ders., *Turkish Nationalism*, S. 303.
81 Gökalp, *The Principles of Turkism*, S. 111–12.
82 Émile Durkheim, »La famille conjugale«, in Durkheim, *Textes*, Bd. 3, *Fonctions sociales et institutions*, Paris: Minuit 1975, S. 35–49. Eine detaillierte Analyse liefert Mary Ann Lamanna, *Émile Durkheim on the Family*, Thousand Oaks: Sage 2002.
83 Gökalp, »Three currents of thought« (1913), in: Ders., *Turkish Nationalism and Western Civilisation*, S. 73.
84 Ders., »Culture and Refinement«, (1923), ebd., S. 280 ff.

II Weltkrieg, Völkermord und Nationalismus

1 Immer mehr Veröffentlichungen setzen die Beziehungen zu Deutschland mit dem Kriegseintritt des Osmanischen Reichs in Verbindung. Siehe beispielsweise Mustafa Aksakal, *The Ottoman Road to War in 1914. The Ottoman Empire and the First World War*, Cambridge: Cambridge University Press 2008; sowie: Sean McMeekin, *The Berlin-Baghdad Express. The Ottoman Empire and Germany's Bid for World Power*, London: Allen Lane 2010.
2 Der Mitschrift eines (später gefallenen Soldaten) verdanken wir den korrekten Wortlaut dessen, was Kemal damals sagte: »Ich nehme nicht an, dass jemand unter uns nicht lieber sterben würde, als die Schande des Balkankriegs zu wiederholen. Wenn es aber solche Männer unter uns geben sollte, sollten wir sie uns sofort herausnehmen und in eine Reihe stellen, damit sie erschossen werden.« Mango, *Atatürk*, S. 146–47.
3 Melda Özverim (Hg.), *Mustafa Kemal ve Corinne Lütfü. Bir dostluğun öyküsü*, Istanbul: Milliyet Yayınları 1998, S. 56–57.
4 S.ükü Tezer (Hg.), *Atatürk'ün hatıra defteri, Türk Tarih Kurumu*, Ankara: Türk Tarih Kurumu Yayınları 1995, S. 75 f.
5 Uluğ İğdemir, *Atatürk' ün Yaşam*, Bd. 1, 1881–1918, Ankara: AKDTYK 1988, S. 80 ff.; zitiert in: Mango, *Atatürk*, S. 164.
6 Feroz Ahmad, »The special relationship: the Committee of Union and Progress and the Ottoman Jewish political elite, 1908–1918«, in: Ders., *From Empire to Republic. Essays on the Late Ottoman Empire and Modern Turkey*, Bd. 2, Istanbul: Bilgi University Press 2008, S. 153. Siehe auch das wichtige Werk von Taner Akçam, *From Empire to Republic. Turkish Nationalism and the Armenian genocide*, London: Zed 2004.
7 McCarthy, *Death and Exile*, S. 162–64.

8 Zitiert in: Ahmad, *From Empire to Republic*, S. 174.
9 Ebd., S. 171.
10 Siehe: Panzac, *Population*, S. 204; Donald Bloxham, *The Great Game of Genocide. Imperialism, Nationalism and the Destruction of the Ottoman Armenians*, Oxford: Oxford University Press 2005; Marcello Flores, *Il genocidio degli armeni*, Bologna: Il Mulino 2006.
11 Ahmad, *From Empire to Republic*, S. 174.
12 Siehe vor allem: Donald E. Miller und Lorna Touryan Miller, *Survivors. An Oral History of the Armenian Genocide*, Berkeley: University of California Press, 1993. Das Werk basiert auf Berichten von 103 Überlebenden im Stadtgebiet von Los Angeles. Die Interviews begannen 1978 und wurden von Pasadena auf den Umkreis von Los Angeles ausgeweitet. 62 der Zeitzeugen waren Frauen, 41 Männer.
13 Ebd., S. 99.
14 Ebd., S. 97.
15 Diane Waldman (Hg.), *Arshile Gorky, 1904–1948. A Retrospective*, Solomon Guggenheim Foundation 1981.
16 Ahmad, *From Empire to Republic*, S. 184.
17 Anderson, *The New Old World*, S. 421.
18 Die letzte Phase von Envers Leben ist gut dokumentiert in: Masayuchi Yamauchi, *The Green Crescent under the Red Star. Enver Pasha in Soviet Russia, 1919–1922*, Tokyo: Institute for the Study of Languages and Cultures of Asia and Africa 1991.
19 Uriel Heyd, *Foundations of Turkish Nationalim. The Life and Teachings of Ziya Gökalp*, London: Luzac and Harvil 1950, S. 36 ff.
20 Die Kommission bestand aus den beiden Amerikanern Henry King und Charles Crane, die in den Nahen Osten reisten, um herauszufinden, welche Mandatsmacht die Bevölkerung in den einzelnen Gebieten am ehesten akzeptieren würde. Briten und Franzosen jedoch hatten keinerlei Absicht, sich durch die Ergebnisse der Kommission beeinflussen zu lassen, und so hatte das Unternehmen wenig bis gar keinen Erfolg.
21 Halide Edip, *Mein Weg durchs Feuer*, S. 293.
22 Halide Edip, *The Turkish Ordeal*, London: John Murray, 1926, S. 14.
23 *Mein Weg durchs Feuer*, S. 273.
24 Ebd., S. 313 f.
25 Ebd., S. 299.
26 Duben und Behar, *Istanbul Households*, S. 200 f.
27 Siehe Nur Bilge Criss, *Istanbul Under Allied Occupation*, Leiden: Brill, 1999.
28 *Mein Weg durchs Feuer*, S. 363.
29 Ebd., S. 371, 397, 404 f.

30 Halide Edips Erfahrungen als Soldatin lieferten ihr Material für zwei Romane, die zu den bedeutendsten Erzählungen über den nationalen Befreiungskrieg gehören: *Ateşten gömlek*, Istanbul 1922 (dt.: *Das Flammenhemd*, Wien 1924) und *Vurun Kahpeye*, Istanbul 1926.
31 *Mein Weg durchs Feuer*, S. 477.
32 Halide Edip, *The Turkish Ordeal*, S. 357. Kemal hatte sich bei Vasıf Bey über Halide Edips »weiches Herz« beklagt, das keine Gewalt ertrage.
33 *Mein Weg durchs Feuer*, S. 402.
34 Mango, *Atatürk*, S. 343–47.
35 *Mein Weg durchs Feuer*, S. 532.
36 Ebd., S. 572.

III Mustafa Kemals Revolution von oben

1 Für Mustafa Kemal war das Kalifat eine politische Institution, die ihre Existenz nur im Kontext eines vereinten pan-muslimischen Staates rechtfertigen könnte. Dies lag aber sicher nicht in der Absicht der neuen Türkischen Republik.
2 Zum Abkommen zwischen der Türkei und Griechenland zum Bevölkerungsaustausch siehe Renée Hirschon (Hrsg.), *Crossing the Aegean. An Appraisal of the 1923 Compulsory Population Exchange Between Greece and Turkey*, New York / Oxford: Berghahn, 2003, sowie Bruce Clark, *Twice a Stranger. The Mass Expulsions that Forged Modern Greece and Turkey*, London: Granta, 2006.
3 Im April 1916 befahl Innenminister Talât die Deportation der Kurden aus den östlichen Provinzen, beginnend mit Diyarbakır. Die Anordnung gründete auf mehreren politischen Entscheidungen: Kurden sollten nicht länger einem Nomaden- und Stammesleben folgen; die Stammesführer wurden jeweils von ihrem Volk getrennt; Kurden wurden in Gebiete in Zentral- und Westanatolien umgesiedelt, in denen Türken die überwiegende Mehrheit bildeten. Nirgends sollten Kurden mehr als 5 Prozent der Bevölkerung ausmachen. Die Zahl der Deportierten lässt sich schwer ermitteln, Experten gehen von 700 000 Menschen aus, von denen viele an Unterkühlung und Hunger starben. Siehe: Uğor Ümit Üngör, »Seeing like a nation state: Young Turk social engineering in Eastern Turkey, 1913–1950«, in: *Journal of Genocide Research* 10 (2008), Nr. 1, S. 15–19. Ders., *The Making of Modern Turkey. Nation and State in Eastern Anatolia 1913–1950*, Oxford: Oxford University Press 2011.
4 David McDowall, *A Modern History of the Kurds*, London: Tauris 1996, S. 188, zitiert in: Anderson, *The New Old World*, S. 418.
5 Zürcher, *Turkey*, S. 176 ff.
6 *The Hindustan Times* vom 16. Januar 1935, zitiert in: Mushirul Hasan, *Between*

Modernity and Nationalism. Halide Edip's Encounter with Gandhi's India, Oxford: Oxford University Press 2010. Leider existieren kaum weitere Dokumente zu dem Treffen.

7   *Türk Yurdu* 1 (1924), zitiert in: Niyazi Berkes, *The Development of Secularism in Turkey,* London: Hurst 1968, S. 464.

8   Ebd., S. 466. Eine ausführliche Diskussion der Beziehung zwischen Kemalismus und Religion liefert: Umut Azak, *Islam and Secularism in Turkey. Kemalism, Religion and the Nation State*, London/New York: Tauris 2010.

9   Nusret Kemal,»Halkçılık«, in: *Ülkü* 1 (1933), Nr. 3, S. 185–190, zitiert in: Saraçgil,»The failures of modernity«, S. 215.

10 Die Religion war nie abgelöst von der Nation, sondern wurde ihr unausgesprochenes Charakteristikum. Dieser Umstand ermöglichte es dem Kemalismus, mehr als nur ein Kult der Eliten zu sein und auch bei der breiten Masse einen bleibenden Eindruck zu hinterlassen. Vgl. Anderson, *The New Old World*, S. 417.

11 »Onuncu Yıl Söylevi« (Rede zum zehnten Jahrestag der Republikgründung), zitiert in: Taha Parla und Andrew Davison, *Corporatist Ideology in Kemalist Turkey. Progress or Order?* Syrakus und New York: Syracuse University Press 2004, S. 124. Eine Parodie auf die Veränderung der Zeitvorstellung findet sich in dem lesenswerten Roman *Das Uhrenstellinstitut* von Ahmet Hamdi (1962, Fischer Taschenbuch 2010).

12 Geoffrey Lewis, The Turkish Language Reform. A Catastrophic Success, Oxford: Oxford University Press 1999, S. 2, 42. Die Debatte um die linguistische Reform der Republik konzentriert sich in jüngster Zeit auf die positive Wirkung, die diese auf die Homogenität der Nation hatte. Zwei wichtige Beispiele dieser neuen Richtung sind: Hussein Sadoğlu, Türkiye'de Ulusçuluk ve Dil Politikaları, Istanbul: Bilgi Üniversitesi Yayınları 2003, und: Nergis Ertürk, Grammatology and Literary Modernity in Turkey, Oxford: Oxford University Press 2011.

13 Zitiert in: Saraçgil, *Il maschio camaleonte*, S. 186 f.

14 Nimet Arsan (Hg.), *Atatürk'ün söylev ve demeçleri*, Bd. 2, Ankara: Türk Tarih Kurumu 1959, S. 211; zitiert in: Ayşe Saraçgil,»Interno verso esterno. Il velo nella Turchia contemporanea«, in: Lidia Curti (Hg.), *La nuova Shahrazad. Donne e multiculturalismo*, Neapel: Liguori 2004, S. 75.

15 Şerif Mardin,»Islam in 19th and 20th Century Turkey«, in: Ders., *Religion, Society and Modernity*, S. 261–62; Roberta Aluffi Beck-Peccoz, *La modernizzazione del diritto della famiglia nei paesi arabi*, Mailand: Giuffré 1990, S. 45 f.

16 Mardin,»Islam in 19th and 20th Century Turkey«, S. 262.

17 Sadreddin Efendi, in: *Sebil-ur-Reşat* 330 (1914), zitiert in: Saraçgil, *Il maschio camaleonte*, S. 130; Aluffi Beck-Peccoz, *La modernizzazione*, S. 16 f.

18 Berkes, *The Development of Secularism*, S. 470.

19 Ebd., S. 471.
20 Das ursprüngliche Schweizerische Zivilgesetzbuch wies interessante Unterschiede zur späteren türkischen Version auf. Das Ehemündigkeitsalter lag in der Schweiz höher: Männer mussten 20, Frauen 18 Jahre alt sein. Im Unterschied zur Türkei gehörten in der Schweiz sämtliche Güter beiden Ehepartnern gemeinsam. Während man in der Türkei ein Jahr lang Unterhalt an den Ehepartner zahlte, gab es in der Schweiz keine zeitliche Begrenzung. Diese und andere Unterschiede vermitteln den Eindruck, dass im türkischen Gesetz die Stellung des Mannes weiter gestärkt wurde; siehe: Zwahlen, *Le divorce en Turquie*, S. 72 f.
21 Erst mit dem neuen Zivilgesetz von 2002 fordert das türkische Gesetz eine ähnliche Gleichbehandlung innerhalb der Familie ein wie die beiden frühen sowjetischen Gesetze. In der neuen Fassung können die Frau *oder* der Mann Familienoberhaupt sein; unehelich geborene Kinder haben die gleichen Erbansprüche wie die ehelichen Kinder; im Falle einer Scheidung wird der während der Ehe erworbene Besitz geteilt. Ferner spricht das Gesetz der bis dato unsichtbaren Arbeit, die Frauen für das Wohl der Familie leisten, einen wirtschaftlichen Wert zu. Diese letzte Bestimmung geht weit über den eher primitiven Egalitarismus des bolschewistischen Gesetzes hinaus.
22 Duben und Behar, *Istanbul Households*, S. 215. Für den politischen Bereich galten jedoch andere Regeln: Die Anfrage republikanischer Frauen, die eine Frauenpartei gründen wollten, lehnte Mustafa Kemal 1923 ab. 1935 wurden Frauenverbände abgeschafft.
23 Ebd., S. 223. Michel de Certeau, *Kunst des Handelns*, Merve Verlag, Berlin 1989.
24 June Starr, *Dispute and Settlement in Rural Turkey. An Ethnography of Law*, Leiden: Brill 1978, S. 89.
25 Zwahlen, *Le divorce en Turquie*, S. 77.
26 Paul Stirling, *Turkish Village*, London: Weidenfeld and Nicholson 1965, S. 209.
27 Ebd., S. 183.
28 Ebd., S. 101; Duben und Behar, *Istanbul Households*, S. 72 f.
29 Stirling, *Turkish Village*, S. 21.
30 Ebd., S. 100.
31 Mahmut Makal, *A Village in Anatolia*, hg. von Paul Stirling, London: Vallentine, Mitchell & Co. 1954. Es handelt sich um eine Zusammenstellung von zwei Werken Makals: *Bizim Köy* (Unser Dorf), das 1950 in der Türkei veröffentlicht wurde, und *Köyümden* (Aus meinem Dorf), das zwei Jahre später folgte.
32 Ebd., S. 172: Beinahe alle Kinder in den Dörfern hatten Hautausschläge im Gesicht. Da es keine nennenswerte medizinische Versorgung gab, wurden die Kinder freitags zum »Heiler« gebracht. Was tat dieser? Er blies auf die erkrankten Stellen, wie man eine Flamme ausblasen würde, dann befeuchtete er die Haut

am Rand der Wunde und kritzelte arabische Buchstaben mit unlöschbarer Tinte darauf. Das Ganze kostete eine Schachtel Zigaretten.

33 Donald Quataert, »The age of reforms, 1812–1914«, in: Inackik und Quataert (Hg.), *An Economic and Social History*, S. 864.

34 Stirling, *Turkish Village*, S. 145.

35 Lucy M. Garnett, *Turkish Life in Town and Country*, London: Newnes, 1904, S. 81.

36 Semavi Eyice, *Atatürk ve Pietro Canonica*, Istanbul: Eren, 1986, S. 43–44; zitiert in: Mango, *Atatürk*, S. 457 f.

37 Salih Bozok und Cemil Bozok, *Hep Atatürk'ün Yanında*, Istanbul: Çağdaş 1985, S. 172f; zitiert in: Mango, *Atatürk*, S. 129 f.

38 Vamik D. Volkan und Norman Itzkowitz, *The Immortal Atatürk. A Psychobiography*, Chicago/London: University of Chicago Press 1984. Von besonderem Interesse sind die Erinnerungen von Sabiha Gökçen, der Adoptivtochter Mustafa Kemals, die Pilotin der türkischen Luftwaffe werden sollte. Ihren Werdegang und ihre Persönlichkeit analysiert Ayşe Gül Altınay: *Ordu-Millet-Kadınlar: Dünyanın ilk Kadın Savaş Pilotu Sabiha Gökçen*, in: Dies. (Hg.), *Vatan, Millet, Kadınlar*, Istanbul: İletişim 2000, S. 246–279.

39 Halide Edip, *Mein Weg durchs Feuer*, S. 361.

40 Volkan und Itzkowitz, *The Immortal Atatürk*, S. 302.

41 Hasan Riza Soyak, Atatürk'ten Hatıralar, Ankara: Yapı ve Kredi Bankası, 1973; Istanbul: Y.K.Y. 2004, zitiert in: Mango, *Atatürk*, S. 46.

42 Quataert, »The Age of Reforms«, S. 862 f.

43 Garnett, *Turkish Life*, S. 176 f. Die Beobachtungen des Autors stammen aus dem Jahr 1904.

44 Auf Deutsch erschienen als: *Die Tochter des Schattenspielers*, Zürich: Manesse 2008.

45 Mahir İz, *Yılların Yılların İzi*, Istanbul: İrfan Yayınevi 1975.

46 Mardin, »Islam in 19th and 20th Century Turkey«, S. 280.

47 Bryant, *Mirrors of Moscow*, S. 155.

48 Zucher, *Turkey*, S. 180. Ein 1931 erlassenes Pressegesetz ermöglichte es der Regierung, jede Zeitung oder Zeitschrift zu verbieten, die etwas veröffentlichte, das der »allgemeinen Staatspolitik« widersprach.

49 Nimet Arsan (Hg.), *Atatürk'ün söylev ve demeçleri*, Bd. 3, Ankara: Türk Tarih Kurumu 1961, S. 51; zitiert in: Parla and Davison, *Corporatist Ideology in Kemalist Turkey*, S. 272.

DREI
Faschismus und Familie in Italien

I Marinetti, Gramsci und die Familie

1 Filippo Tommaso Marinetti, *Una sensibilità italiana nata in Egitto*, in: Ders., *Opere*, hg. von Luciano De Maria, Bd. 3–4, Mailand: Mondadori 1969, S. 205. Es handelt sich um autobiografische Notizen, die nach Marinettis Tod entdeckt wurden.
2 Ebd., S. 201.
3 Ders., *Il fascino dell'Egitto*, hg. von Luciano De Maria, 1933; Mailand: Mondadori 1981, S. 30.
4 Don Alfonso Maria Minghelli, *Impressioni e memorie del viaggio in Terra Santa nell'Egitto e Costantinopoli, Aprile e Maggio 1894*, Modena: Società Tipografica 1899, S. 9.
5 Marinetti, *Una sensibilità*, S. 206.
6 Ebd., S. 211.
7 Siehe Claudia Salaris, »Introduzione«, in: Filippo Tommaso Marinetti, *Arte-Vita*, hg. von Claudia Salaris, Rom: Edizioni Fahrenheit 451 2000, S. 9, sowie: Adrian Lyttelton, »Society and culture in the age of Giolitti«, in: Emily Braun (Hg.), *Italian Art in the Twentieth Century*, München/London: Prestel/Royal Academy of Arts 1989, S. 24.
8 »Fondazione e Manifesto del Futurismo«, in: Guido Davico Bonino (Hg.), *Manifesti futuristi*, Mailand: Rizzoli 2009, S. 39–46.
9 Umberto Boccioni, Brief an Nino Barbantini, 12. Februar 1912, in: Ders., *Gli scritti editi ed inediti*, Mailand: Feltrinelli 1971, S. 346.
10 »La Pittura Futurista. Manifesto tecnico« (11. April 1910), in: Davico Bonino (Hg.), *Manifesti futuristi*, S. 71.
11 Vladimir Markov, *Russian Futurism. A History*, Berkeley/Los Angeles: University of California Press 1968, S. 147 ff.
12 Boccioni, *Gli scritti*, Briefe an Vico Bauer vom 19. Februar 1913 und von Ende Oktober 1915, S. 366 und 385.
13 Filippo Tommaso Marinetti, »Il manuale del perfetto seduttore«, in: Ebd., *Come si seducono le donne e si tradiscono gli uomini*, Mailand: Sonzogno 1920, S. 69–74.
14 Ders., *Taccuini 1915–1921*, hg. von Alberto Bertoni, Bologna: il Mulino 1987, S. 129 (Eintrag vom 19. April 1917).
15 Ders., *Democrazia futurista. Dinamismo politico*, Mailand: Facchi 1919.
16 Ebd., S. 61 f.

17 Ebd., S. 103 f.
18 Barbara Spackman, *Fascist Virilities. Rhetoric, Ideology and Social Fantasy in Italy*, Minneapolis/London: University of Minnesota Press 1996, S. 8. In ihrer Arbeit zieht Spackman einen ausführlichen Vergleich zwischen Gabriele D'Annunzio und Marinetti, mit besonderer Berücksichtigung der jeweiligen Geschlechterpolitik. Ein wesentlicher Unterschied in den Ansätzen der beiden Männer besteht darin, dass bei D'Annunzio sowohl der Mann wie die Frau Subjekt der Virilität sein kann (ebd., S. 19).
19 Filippo Tommaso Marinetti, »Contro il lusso femminile« (11. März 1920), in: Ders., *Teoria ed invenzione futurista*, hg. von Luciano De Maria, Mailand: Mondadori 1968, S. 548.
20 Marinetti, *Democrazia futurista*, S. 63 f.
21 Ebd., S. 93 und 96.
22 Renzo De Felice, *Mussolini, I, Il rivoluzionario*, Turin: Einaudi 1965, S. 8 f.
23 Ebd., S. 10.
24 Emil Ludwig, *Colloqui con Mussolini* (1932), Mailand: Mondadori 1935, S. 194 f.
25 Siehe beispielsweise die detaillierte Analyse der Situation in der Toskana von: Roberto Bianchi, *Bocci-Bocci. I tumulti annonari nella Toscana del 1919*, Florenz: Olschki 2001.
26 Marinetti, *Taccuini*, S. 390, Eintrag vom 28. November/5. Dezember 1918.
27 Ebd., S. 414 ff., Eintrag vom 15. April 1919.
28 Ebd., S. 448, Eintrag vom 9. Oktober 1919.
29 Eine klassische Studie dieser Vorgänge auf lokaler Ebene liefert: Paul R. Corner, *Fascism at Ferrara, 1915–1925* (1974), Oxford: Oxford University Press 1975.
30 Zum Marsch auf Rom siehe die aktuelle Arbeit von Giulia Albanese, *La Marcia su Roma*, Rom/Bari: Laterza 2006.
31 »Pagine dei Diari inediti di Benedetta«, in: Anna Maria Ruta (Hg.), *Fughe e ritorni. Presenze futuriste in Sicilia. Benedetta*, Neapel: Electa 1998, S. 23, Eintrag vom 16. April 1922.
32 Marinetti, *Taccuini*, S. 468, Eintrag vom 3. Januar 1920.
33 Ebd., S. 482, Eintrag vom 6. bis 9. Mai 1920.
34 Filippo Tommaso Marinetti, »Orgoglio italiano rivoluzionario e libero amore«, in: Ders., *Teoria ed invenzione futurista*, S. 372.
35 Vittoria Marinetti, »Mio padre«, in: Marinetti, *Arte-Vita*, S. 175–179.
36 Es gibt mehrere Interviews mit Marinettis Tochter Ala, die Rückschlüsse auf das Familienleben ermöglichen, darunter: Elisabetta Ray, »Papà Marinetti il conformista«, in: *Corriere della Sera* vom 28. August 1995; Arianna Di Genova,

»La mia mamma futurista«, in: *L'Espresso*, Bd. XLIV, Nr. 49, 10. Dezember 1998; Mimmo Di Marzio,»Ala Marinetti: Mio Papà un futurista affettuoso«, in: *Il Giornale* vom 7. Februar 2009.

37 Siehe etwa Giordano Bruno Guerri, *Filippo Tommaso Marinetti. Invenzioni, avventure e passioni di un rivoluzionario*, Mailand: Mondadori 2009, S. 88 f. und 202.

38 Zur Urbanisation siehe: Paul Bairoch, *Cities and Economic Development*, London: Mansell 1988, S. 221. Die anderen Statistiken in diesem Absatz stammen aus: Massimo Livi Bacci und Georges Tapinos,»Économie et Population«, in: Jean-Pierre Bardet und Jacques Dupâquier (Hg.), *Histoire des populations de l'Europe*, Bd. III, *Les temps incertains (1914–1988)*, Paris: Fayard 1999, S. 115; Alain Blum und Leonid E. Darskij,»Le modèle sovietique (1917–1991) et ses devenirs«, ebd., S. 695; Gustavo De Santis und Massimo Livi Bacci,»La population italienne au XXème siècle«, ebd., S. 514. Siehe auch Anhang:»Zahlen zur Demografie und Wirtschaft«, S. 633–637.

39 Bei der Volkszählung im Jahr 1931 hatte eine städtische Arbeiterfamilie im Schnitt 4,1 Mitglieder: Chiara Saraceno,»La famiglia operaia sotto il Fascismo«, in: *Annali della Fondazione Giangiacomo Feltrinelli* 20 (1979–80), S. 199.

40 Stefano Musso,»La famiglia operaia«, in: Piero Melograni und Lucetta Scaraffia (Hg.), *La famiglia italiana dall'Ottocento a oggi*, Rom/Bari: Laterza 1988, S. 87.

41 Maurizio Gribaudi, *Mondo operaio e mito operaio*, Turin: Einaudi 1987, S. 102 ff. Oft hatten die Männer eine Werkstatt oder halfen bei einem Handwerker, was zusätzliches Einkommen brachte, aber die Zeit mit der Familie weiter einschränkte.

42 Bianca Guidetti Serra, *Compagne. Testimonianze di partecipazione politica femminile*, Turin: Einaudi 1977, Bd. I, S. XII.

43 Aussagen von Zeitzeugen, gesammelt und festgehalten in: *Torino fra le due guerre. Cultura operaia e vita quotidiana in Borgo San Paolo, organizzazione del consenso e comunicazioni di massa, l'organizzazione del territorio urbano, le arti decorative e industriali, le arti figurative, la musica e il teatro*, Turin: Musei Civici 1978, S. 2.

44 Gribaudi, *Mondo operaio*, S. 107 ff.

45 Die sanitären Einrichtungen in den Wohnblöcken waren sehr primitiv, die Vermieter ließen kaum Reparaturen durchführen, und der Gestank aus vielen Treppenhäusern rief Beschwerden in konservativen Lokalzeitungen hervor. Diese und andere Details stammen aus: Laura Francesca Sudati, *Tutti i dialetti in un cortile. Immigrazione a Sesto San Giovanni nella prima metà del '900*, Mailand:

FISEC, 2008, S. 181–86. Die Bevölkerung von Sesto San Giovanni wuchs von 7000 im Jahr 1901 auf 28 000 im Jahr 1929. Siehe auch den Zeitzeugenbericht von Franco Alasia, *La vita di prima*, Mailand: Evangelisti 1984, S. 83 f.

46 Perry Willson, *The clockwork Factory. Women and Work in Fascist Italy*, Oxford: Clarendon Press 1993, S. 17 ff.

47 Gribaudi, *Mondo operaio*, S. 114.

48 Ebd., S. 111.

49 Antonio Gramsci, *I Quaderni del carcere*, 4 Bände, hg. von Valentino Gerratana, Turin: Einaudi 1975; dt. Ausgabe: *Gefängnishefte: Kritische Gesamtausgabe in 10 Bänden*, hg. von Klaus Bochmann und Wolfgang Fritz Haug, Hamburg: Argument 2012.

50 Antonio Gramsci an Julca Schucht, Moskau, 13. Februar 1923, und Wien, 6. März 1924, in: Antonio Gramsci, *Vita attraverso le lettere*, hg. von Giuseppe Fiori, Turin: Einaudi 1994, S. 42 und 58. Lesenswert ist auch Giuseppe Fioris Biografie: *Das Leben des Antonio Gramsci*, Berlin: Rotbuch, Neuauflage 2013.

51 Antonio Gramsci an seine Mutter, 15. Juni 1931, in: Ders., *Lettere dal carcere*, hg. von Sergio Caprioglio und Elsa Fubini, Turin: Einaudi 1965, S. 442 f.

52 Gramsci an seine Mutter, *Lettere dal carcere*, S. 442. Zum »unendlichen Rosenkranz« siehe: Antonio Gramsci, »Cocaina«, in: *Avanti!*, Bd. 22, Nr. 139, vom 21. Mai 1918, in: Ders., *Opere. Il nostro Marx, 1918–1919*, hg. von Sergio Caprioglio, Turin: Einaudi 1984, S. 44. Zu den Tugenden der Arbeiterfamilie siehe Antonio Gramsci an Julca Schucht, 6. Oktober 1924, in: Ders., *Lettere, 1908–1926*, hg. von Antonio Santucci. Turin: Einaudi 1992, S. 389 f.

53 Antonio Gramsci, »La Famiglia«, in: *Il grido del popolo* vom 9. Februar 1918.

54 Ebd.

55 Ebd.

56 Antonio Gramsci, »Serietà«, in *Avanti!*, 3. April 1917, in: Ders., *La nostra città futura. Scritti torinesi (1911–1922)*, hg. von Angelo d'Orsi, Rome: Carocci 2004, S. 137 f.

57 Antonio Gramsci an Julca Schucht, Moskau, 10. Januar 1923, in: *Lettere, 1908–1926*, S. 105 f.

58 Antonio Gramsci an Julca Schucht, Wien, 6. März 1924, ebd., S. 271 f.

59 Antonio Gramsci an Julca Schucht, Rom, 6. Oktober 1924, ebd., S. 390.

60 Antonio Gramsci an Zino Zini, 10. Januar 1924, in: Ders., *Lettere, 1908–26*, S. 172.

61 Ders., *Vita attraverso le lettere*, S. 230 ff.

62 Antonio Gramsci an Delio, 22. Februar 1932, in: Ders., *Lettere dal carcere*, S. 578 f.

63 Ders., *Vita attraverso le lettere*, S. 289.

64 Antonio Gramsci an Delio, 2. Dezember 1936, in: Ders., *Lettere dal carcere*, S. 874.
65 Renato Zangheri (Hg.), *Lotte agrarie in Italia. La Federazione Nazionale dei Lavoratori della Terra, 1901–1926*, Mailand: Feltrinelli 1960; siehe auch die vergleichende Analyse von Elio Giovannini, »Federterra e FIOM«, in: *I due bienni rossi del Novecento 1919–20 e 1968–69*, hg. von der Fondazione Giuseppe Di Vittorio und Associazione Biondi-Bartolini, Rom: Ediesse 2006, S. 179–190.
66 Zur Po-Ebene siehe vor allem: Guido Crainz, *Padania. Il mondo dei braccianti dall'Ottocento alla fuga dalle campagne* (1994); Rom: Donzelli 2007, Kap. 5 und 6. Siehe auch Paul R. Corner, *Contadini e industrializzazione. Società rurale e impresa in Italia dal 1840 al 1940*, Rom/Bari: Laterza 1993. Zu Apulien siehe Frank M. Snowden, *Violence and Great Estates in the South of Italy. Apulia 1900–1922*, Cambridge: Cambridge University Press 1986; Giovanni Rinaldi und Paolo Sombrero (Hg.), *La memoria che resta: vissuto quotidiano, mito e storia dei braccianti del basso Tavoliere*, Foggia: Amministrazione provinciale di Capitanata 1981.
67 Carlo Pazzagli, »Dal paternalismo alla democrazia«, in: *Annali dell'Istituto Alcide Cervi* 8 (1986), S. 19. Siehe auch Pazzaglis grundlegendes Werk *L'agricoltura toscana nella prima metà dell'800*, Florenz: Olschki 1973.
68 Matteo Baragli, »Famiglie mezzadrili e culture religiose«, in: Enrica Asquer u. a. (Hg.), *Famiglie del Novecento*, Rom: Carocci 2010, S. 47 f.
69 Das Archiv von Maria Maltoni mit etwa 1500 Notizheften und mehr als eintausend Zeichnungen wird in der Biblioteca Comunale in Impruneta aufbewahrt. Siehe auch: Maria Maltoni (Hg.), *I quaderni di San Gersolè*, Turin: Einaudi 1959.
70 Giovanni Contini, *Aristocrazia contadina. Sulla complessità della società mezzadrile. Fattorie, famiglie, individui*, Siena: Dea 2005.
71 Ebd., S. 197.
72 Ebd., S. 243 f.
73 Ebd., S. 248. Tagebucheintrag vom 19. Februar 1938.
74 Ebd., S. 243, Tagebucheintrag vom 18. Februar 1936.
75 Fabio Mugnaini, »A veglia: monografia breve su un' ›abitudine‹«, in: *Annali dell'Istituto Alcide Cervi* 9 (1987), S. 119–44.
76 Siehe das Schultagebuch eines anderen Kinds aus San Gersolè: Natalino Carrai stammte aus einer sozialistischen Familie, die Wandermönche und Nonnen sehr geringschätzig behandelte; Contini, *Aristocrazia contadina*, S. 26 f.

II Faschistische Familien

1 Robert Paxton, »The five stages of Fascism«, in: *Journal of Modern History* 70 (1998), Nr. 1, S. 18.
2 Renzo De Felice, *Mussolini*, I, *Il rivoluzionario*, S. 80, Anm. 1. De Felice zitiert einen Brief von Pater Tacchi Venturi aus dem September 1925, in dem er schreibt, Mussolinis bevorstehende kirchliche Eheschließung sei »ein besonderer Trost für Seine Heiligkeit und viele Würdenträger, die sich Ihrer glanzvollen Person aufrichtig verbunden fühlen und sich dringend wünschen, Gottes Segen möge reich auf Seine Exzellenz und ihre Lieben fallen«.
3 Siehe die von Lucia Motti verfassten Einträge zu »Edda Mussolini« und »Rachele Mussolini«, in: Victoria De Grazia und Sergio Luzzatto (Hg.), Dizionario del fascismo, Turin: Einaudi 2003, Bd. 2, S. 195–200.
4 Claretta Petacci, *Verso il disastro. Mussolini in guerra. Diari 1939–1940*, Mailand: Rizzoli 2011, S. 25 f. (Eintrag vom 1. Januar 1939). Zu Fragen der Authentizität von Petaccis Tagebuch siehe das Vorwort von Mimmo Franzinelli, ebd., S. 5–17.
5 Archivio centrale dello Stato, Spd, Cr, buste 109–110; zitiert in: Martina Salvante, *La paternità durante il Fascismo. Modelli e ruoli del pater familias tra stato e società,* Florenz: European University Institute 2008 (Inauguraldissertation), S. 50.
6 Renata Broggini, »La ›famiglia Mussolini‹. I colloqui di Edda Ciano con lo psichiatra svizzero Repond, 1944–45«, in: *Italia Contemporanea* 203 (1996), S. 333–61.
7 Ebd., S. 353.
8 Benito Mussolini, »Parlo con Bruno«, in: Ders., *Opera omnia*, hg. von Duilio Susmel und Edoardo Susmel, Florenz: La Fenice 1951–63, Bd. XXXIV (1961), S. 209–269.
9 Mussolini, *Opera omnia*, Bd. XXI, S. 362 und 425. Die beste Einführung in das Thema liefert: Enzo Traverso, *Il totalitarismo. Storia di un dibattito*, Mailand: Bruno Mondadori 2002.
10 Benito Mussolini und Giovanni Gentile, »Fascismo«, in: *Enciclopedia italiana*, Florenz: Treccani 1932, Bd. XIV, S. 847 f.
11 Giovanni Gentile, *I fondamenti della filosofia del diritto*, in: Ders., *Opere complete*, 4. überarbeitete und erweiterte Auflage, Florenz: Le Lettere 1987. Im achten Kapitel (»Lo stato«, S. 103–20) findet man Gentiles Beitrag zu der Berliner Konferenz. Zum Ablauf der Konferenz siehe: Baltus Wigersma (Hg.), *Im Auftrag des internationalen Hegelbundes, Verhandlungen des zweiten Hegelkongresses vom 18. bis 21. Oktober 1931 in Berlin*, Tübingen/Haarlem: Mohr-Willink, 1932.

12 Georg Wilhelm Friedrich Hegel, *Grundlinien der Philosophie des Rechts*, in: *Werke*, Bd. 7, Frankfurt/Main: Suhrkamp 1979.
13 Gentile, *I fondamenti*, S. 119.
14 Ebd., S. 120.
15 Ebd.
16 Zur *Antigone* siehe auch das Nachwort, S. 599 f.
17 Den entscheidenden Wandel brachten die Lehren Thomas von Aquins: Sie stellen die Familie als Inbegriff, Metapher und Prototyp des Christlichen ins Zentrum aller katholischen Sozialbeziehungen. Siehe das grundlegende Werk von Ernst Troeltsch, *Die Soziallehren der christlichen Kirchen und Gruppen*, in: *Gesammelte Schriften*, Bd. 1, Aalen: Scientia 1977.
18 Antonio Rosmini, *Discorso in occasione del matrimonio del fratello Giuseppe*, in: Ders., *Scritti sul matrimonio*, Rom: Forzani 1902, S. 329.
19 Leo XIII, *Rerum Novarum*, 1891, in: *Insegnamenti pontifici*, Bd. I, *Il matrimonio*, Rom: Edizioni Paoline 1964, S. 158. Ebd.
20 Ebd.
21 Daniele Menozzi, »Secolarizzazione, cristianità e regno sociale di Cristo«, in: *Le Carte, Notizie e testi della Fondazione Romolo Murri* 2 (1997), S. 7 ff. und S. 16 ff.
22 Pius XII., *Ansprachen an Neuvermählte*, Regensburg: Habbel 1950.
23 Eine detaillierte Studie zu der Beziehung von Familie, Zivilgesellschaft und Staat in den Lehren von Pius XI. und Pius XII. liefern: Francesco Corona, *Famiglia e matrimonio nel magistero di Pio XI: le encicliche e il dibattito nel mondo cattolico (1922–1939)*, Tesi di laurea in Storia dell'Europa Contemporanea, Università di Firenze, Facoltà di Lettere, 2002; Stefania J. Cara, *Il matrimonio e la famiglia nel magistero di Pio XII*, Tesi di laurea in Storia dell'Europa Contemporanea, Università di Firenze, Facoltà di Lettere, 2000.
24 Leo XIII., *Arcanum Divinae Sapientiae* (1880), in: *Insegnamenti Pontifici*, I, *Il matrimonio*, S. 126; ders., *Rerum Novarum*, ebd., S. 159.
25 Piero Barberi und Dionigi Tettamanzi (Hg.), *Matrimonio e famiglia nel magistero della Chiesa. I documenti dal Concilio di Firenze a Giovanni Paolo II*, Mailand: Massimo 1986, S. 123 f.
26 Cecilia Dau Novelli, *Famiglia e modernizzazione in Italia tra le due guerre*, Rom: Studium 1994, S. 21 f.
27 Siehe den Bericht von Bernhard Häring, *Fede, storia, morale*, Rom: Borla 1989, S. 57. Ein Kommentar aus katholischer Sicht zu dem in *Casti Connubii* gezeichneten Bild der Ehe ist Ernesto Ruffinis Aufsatz »Il matrimonio alla luce della teologia cattolica«, in: Virgilio Melchiorre (Hg.), *Amore e matrimonio nel pensiero filosofico e teologico moderno*, Mailand: Vita e Pensiero 1976, S. 110 ff.

28 Luciano Canfora, »Classicismo e fascismo«, in: *Matrici culturali del fascismo. Seminari promossi dal consiglio regionale pugliese e dall'Ateneo barese nel trentennale della Liberazione*, Bari: Università di Bari 1977, S. 85–111.

29 Benito Mussolini, »Passato e futuro« in: *Il Popolo d'Italia*, 21. April 1922; zitiert in: Luca Scuccimarra, »Culto della Romanità«, in: *Dizionario del Fascismo*, Bd. 2, S. 539–541.

30 Luigi Chiarini, »Carattere retrivo della famiglia borghese«, in: *Critica fascista* 11 (1933), Nr. 16, 15. August 1933, S. 305.

31 Die Beziehung der weiblichen Landbevölkerung zum Regime behandeln: Silvia Salvatici, *Contadine dell'Italia fascista. Presenze, ruoli, immagini*, Turin: Rosenberg & Sellier, 1996; und: Perry Willson, *Peasant Women and Politics in Fascist Italy. The Massaie Rurali*, London/New York: Routledge 2002.

32 Grundlegend für dieses Thema ist Mariuccia Salvati, *Il regime e gli impiegati. La nazionalizzazione piccolo borghese nel ventennio fascista*, Rom/Bari: Laterza 1992.

33 Spackman, *Fascist Virilities*, passim.

34 Gut dokumentiert ist dieses Phänomen bei Chiara Saraceno »Costruzione della maternità e della paternità«, in: Angelo Del Boca u. a. (Hg.), *Il regime fascista. Storia e storiografia*, Rom / Bari: Laterza 1995, S. 482; die Autorin betont die »Aufgeblasenheit« und »Derbheit«, die diese Veranstaltungen charakterisierten.

35 1933 versuchte Manlio Pompei, ein Ideologe des Regimes, die faschistische Aggression mit der italienischen Familientradition, das Männliche mit dem Weiblichen, in Einklang zu bringen: »Wollen wir Kämpfer aus unseren Söhnen machen? Bringt dies die sorgenvollen Herzen der Mütter nicht in Widerstreit mit dem Staat? Nein. Denn wir bilden keine Söldner aus, die Ruin und Not bringen, sondern Soldaten, die bereit sind, das Vaterland zu verteidigen.« Mussolini aber hatte natürlich mehr als eine rein defensive Rolle vor Augen. In: Manlio Pompei, »La famiglia e il fascismo: un'inchiesta da fare«, in: *Critica Fascista* 11 (1933), Nr. 9, S. 165.

36 Carlo Emilio Gadda, *Eros e Priapo*, Mailand: Garzanti 1967, S. 75; zitiert in: Spackman, *Fascist Virilities*, S. 1.

37 Ebd.; in diesem Kontext sei an Marinettis Ausspruch erinnert: »Das Gehirn ist ein ungeeigneter und unnötiger Motor für das weibliche Chassis, dessen natürlicher Antrieb der Uterus bleibt.«

38 Victoria De Grazia, *How Fascism Ruled Women*, Berkeley: University of California Press 1992.

39 Vgl. »Patriarcato« in: *Dizionario del Fascismo*, Bd. 2, S. 336–341.

40 Mussolini hatte im August 1934 gesagt, innerhalb der Familie sei die wichtigste Aufgabe der Frau neben dem Kinderkriegen, ihren Mann zu beschützen und ihm

einen Rückzug vor den Auswirkungen der mechanistischen Gesellschaft zu bieten: Benito Mussolini,»Macchina e donna«, 31. August 1934, in: *Opera Omnia*, Bd. XX (1956), S. 310 f.

41 Veröffentlicht in: *Il Principe* vom 3. November 1922; Mario Sironi, *Scritti editi e inediti*, hg. von Ettore Camesasca, Mailand: Feltrinelli 1980, S. 20.

42 Siehe: Emily Braun, *Mario Sironi and Italian Modernism. Art and Politics under Fascism*, Cambridge: Cambridge University Press 2000; und: Maria Grazia Messina (Hg.), *Mario Sironi. Ritratti di famiglia*, Turin: Bollati Boringhieri 1996.

43 Giuseppe Bottai,»Resultanze«, in: *Critica Fascista* vom 15. Februar 1927.

44 Beeinflusst durch Sironis Lektüre von Hesiod, dem »griechischen Dichter der Kargheit«.

45 Chiara Stefani, *Pittura, famiglia, regime: un percorso iconografico nell'Italia fascista*, Tesi di laurea in Storia dell'Europa Contemporanea, Facoltà di Lettere, Università di Firenze, 2010, S. 279–301; Fabio Benzi (Hg.), *Mario Sironi 1885–1961*, Mailand: Electa 1993, besonders S. 250 f.

46 Messina, *Mario Sironi*, S. 46 ff.

47 Roberto Farinacci,»Ma che basta!«, in: *Regime fascista*, 1. Juni 1933.

48 Mario Sironis Konzeptionen zur Wandmalerei sind nachzulesen in: *Manifesto della pittura murale*, in: *La Colonna* vom Dezember 1933, unterzeichnet von Sironi, mit Campigli, Carrà und Funi; in: Sironi, *Scritti editi e inediti*, S. 155–157.

III Das Regime in Aktion

1 Die Rede ist nachzulesen in: Benito Mussolini, Opera Omnia, Bd. XXII (1957), S. 360–390; zum »allwissenden« Duce siehe ebd., S. 382.

2 Ebd., S. 364 und 367.

3 Ebd., S. 366.

4 Ebd., S. 389.

5 Richard Korherr, *Geburtenrückgang; Mahnruf an das deutsche Volk*, München: Süddeutsche Monatshefte 1927; Titel der italienischen Ausgabe: *Regresso delle nascite: morte dei popoli*.

6 Heinz Höhne, *Der Orden unter dem Totenkopf: Die Geschichte der SS*, Gütersloh: Mohn 1967, zit. in: Carl Ipsen, *Dictating Demography: The Problem of Population in Fascist Italy*, Cambridge: Cambridge University Press, S. 67.

7 Benito Mussolini,»Prefazione«, in: Korherr, *Regresso delle nascite*, S. 10.

8 Dieses Thema wurde erstmals, mit Bezug auf Frankreich, von Jacques Donzelot behandelt: *La Police des Familles*, Paris: Editions de Minuit 1977.

9   Zum Thema Eugenik in der ersten Hälfte des 20. Jahrhunderts gibt es eine reichhaltige Literatur; siehe insbesondere: Mari Sofia Quine, *Population Policies in 20th Century Europe. Fascist Dictatorships and Liberal Democracies*, London: Routledge 1996; Mark B. Adams (Hg.), *The Wellborn Science. Eugenics in Germany, France, Brasil and Russia*, Oxford: Oxford University Press 1990, und das grundlegende Werk von David Glass, *Population Policies and Movements in Europe*, Oxford: Clarendon Press 1940.

10 Eine hervorragende Zusammenfassung zu Aufgaben und Struktur der ONMI liefert Perry Willsons Eintrag »Opera nazionale per la maternità e infanzia (ONMI)« im *Dizionario del fascismo*, Bd. 2, S. 273–277.

11 Elizabeth Dixon Whittaker, *Measuring Mamma's Milk. Fascism and the Medicalization of Maternity in Italy*, Ann Arbor: University of Michigan Press 2000; David G. Horn, *Social Bodies. Science, Reproduction and Italian Modernity*, Princeton N. J.: Princeton University Press 1995.

12 Zu Florenz siehe die Anfangskapitel von Elisabetta Celotto, *L'Opera nazonale matenità e infanzia, 1925–1975. Il caso fiorentino*, Tesi di laurea in Storia dell'Europa Contemporanea, Università di Firenze, Facoltà di Lettere, 1997; siehe außerdem Patrizia Guarneri, »Dagli aiuti materni all'ONMI: l'assistenza alla maternità e all'infanzia del fascismo«, in: Marco Breschi und Lucia Pozzi (Hg.), *Salute, malattia e sopravvivenza in Italia fra '800 e '900*, Udine: Forum 2007, S. 59–83.

13 Istituto centrale di statistica del Regno d'Italia, *Annali di Statistica*, Serie VII, Bd. VIII, Rom: Tipografia F. Falli 1943, Nr. 7.

14 Angelo Buffa, »Problemi della maternità e dell'infanzia«, in: *Maternità ed Infanzia*, Oktober 1937, S. 4; zit. in: Ipsen, *Dictating Demography*, S. 158; siehe auch S. 220, Abb. 4.2.

15 Ebd., S. 166–170.

16 Siehe die grundlegende Arbeit von Anna Treves, *Le migrazioni interne nell'Italia fascista. Politica e realtà demografica*, Turin: Einaudi 1976.

17 Ipsen, *Dictating Demography*, S. 101, Abb. 3.2; Piero Bevilacqua, »Bonifica« in: *Dizionario del fascismo*, Bd. 1, S. 182 f.

18 Der umfassendste und aktuellste Bericht stammt von Federico Cresti: *Non desiderare la terra d'altri. La colonizzazione italiana in Libia*, Rom: Carocci 2011, S. 288; die Zahlen stammen aus: Ipsen, *Dictating Demography*, S. 119 f.

19 Ewan Evans-Pritchard, *The Sanusi of Cyrenaica*, Oxford: Clarendon Press 1949.

20 Siehe Cresti, *Non desiderare la terra d'altri*, S. 89 f.

21 Ebd., S. 92.

22 Piero Badoglio an Rodolfo Graziani, 20. Juni 1930. Zitiert in: Cresti, *Non desiderare la terra d'altri*, S. 94.

23 Diese von der italienischen Regierung über Jahre verborgenen und geleugneten Tatsachen haben die bahnbrechenden historischen Studien von Angelo Del Boca und Giorgio Rochat ans Licht gebracht. Siehe Angelo Del Boca, *Gli italiani in Libia*, Bd. 2, *Dal fascismo a Gheddafi*, Rom/Bari: Laterza 1988, und die informative Zusammenfassung »I crimini del colonialismo fascista«, in: Ders., *Le guerre coloniali del fascismo*, Rom/Bari: Laterza 1991, S. 232–55; Giorgio Rochat, »La repressione della Resistenza in Cirenaica (1927–31)«, in: Enzo Santarelli et al. (Hg.), *Omar al-Mukhtar e la riconquista fascista della Libia*, Mailand: Marzorati, 1981, S. 53–190.

24 Benito Mussolini, Rede in Basilicata, August 1936, in: Ders., *Opera Omnia*, Bd. XXVIII (1959), S. 29 f.

25 Einen aufschlussreichen Vergleich der beiden Systeme liefert Martina Salvante, »I prestiti matrimoniali: una misura pronatalista nella Germania nazista e nell'Italia fascista«, in: *Passato e Presente* XXI (2003), Nr. 60, S. 39–58.

26 Ipsen, *Dictating Demography*, S. 183, Abb. 4.6. Anna Treves zieht eine positivere Bilanz der italienischen Initiative: siehe »Prestiti matrimoniali«, in: *Dizionario del fascismo*, Bd. 2, S. 421. Siehe auch ihre grundlegende Analyse: *Le nascite e la politica nell'Italia del Novecento*, Mailand: Led 2001, besonders S. 101–105, 256–259.

27 Siehe auch: Lorenzo Benadusi, *Il nemico dell'uomo nuovo. L'omosessualità nell'esperimento totalitario fascista*, Mailand: Feltrinelli 2005.

28 Glass, *Populaton Policies*, S. 237; Quine, *Population Policies*, S. 40 f.; Saraceno, »Costruzione della maternità«, S. 488 ff.

29 Denise Detragiache, »Un aspect de la politique démographique de l'Italie fasciste: la répression de l'avortement«, in: *Mélanges de l'Ecole française de Rome*, 1980, Nr. 92, S. 673–735; Saraceno, »Costruzione della maternità«, S. 486 f.

30 Die beste Behandlung dieses Themas findet man bei De Grazia, *How Facism*. Sie stellt heraus, dass Frauen, die ihren Beruf verließen, um Kinder zu bekommen, später oftmals als unterbezahlte Hilfskräfte ohne Sozialversicherung in den Arbeitsmarkt zurückkehrten.

31 Gaetano Zingali, Rede vor der Camera dei Deputati, 5. Juni 1929, zit. in: Ipsen, *Dictating Demography*, S. 87 f.

32 Ferdinando Loffredo, *Politica della famiglia*, Mailand: Bompiani 1938, S. 20.

33 Mario Sbriccoli, »Codificazione civile e penale«, in: *Dizionario del fascismo*, Bd. 1, S. 300 f.

34 Ebd., S. 303.

35 Siehe die Ausführungen von Paolo Passaniti in seinem kürzlich erschienenen *Diritto di famiglia e ordine sociale. Il percorso storico della »Società coniu-*

gale« in Italia, Mailand: Giuffré 2011, S. 396: »Das wiederholte Scheitern von Initiativen, die einer Zivilehe Vorrang gaben, ist Zeugnis einer totalen Bewegungsunfähigkeit des Staates.«

36 Renzo De Felice, *Mussolini, II/2, Il fascista. L'organizzazione dello stato fascista*, Turin: Einaudi 1968, S. 394.

37 Zitiert in: Franco Malgeri, »Chiesa cattolica e regime fascista«, in: Angelo Del Boca u.a. (Hg.), *Il regime fascista. Storia e storiografia*, Bari/Rom: Laterza 1995, S. 174.

38 Alfredo Rocco, »Disposizione sugli enti ecclesiastici e sulle amministrazioni civili di patrimoni destinati ai fini di culto. Relazione sul disegno di legge 30 Aprile 1929«, in: Ders., *Scritti e discorsi*, Bd. III, *La formazione dello stato fascista (1925–34)*, Mailand: Giuffré 1938, S. 1052.

39 Zu Gentiles Opposition in diesem Streit siehe vor allem: Gabriele Turi, *Giovanni Gentile. Una biografia*, Florenz: Giunti 1995, S. 395 ff.

40 Carlo Alberto Biggini, *Storia inedita della Conciliazione*, Mailand: Garzanti 1942, S. 316.

41 *I Patti Lateranensi, 11 febbraio 1929*, Rom: Istituto Editoriale S. Michele 1971, S. 145 f. Siehe auch »Legge 847 (27 Mai 1929): Disposizioni per l'applicazione del Concordato nella parte relativa al matrimonio«, ebd., S. 203–210.

42 Paolo Ungari, *Storia del diritto di famiglia in Italia, 1796–1942*, Bologna: Il Mulino 1974, S. 211.

43 Pius XI. äußerte diese berühmten Worte am 13. Februar 1929 vor Zuhörern in der Katholischen Universität vom Heiligen Herzen in Mailand; zit. in: Ernesto Rossi, *Il manganello e l'aspersorio* (1958), Mailand: Kaos 2000, S. 166.

44 Zum Thema Schule siehe etwa: Mario Isnenghi, *L'educazione dell'italiano. Il fascismo e l'organizzazione della cultura*, Bologna: Cappelli 1979; Monica Galfré, *Il regime degli editori. Libri, scuola e fascismo*, Rom/Bari: Laterza 2005.

45 Rossi, *Il manganello*, S. 188 f.

46 Emilio Gentile, *Fascismo. Storia e interpretazione*, Rom/Bari: Laterza 2002.

47 Tullio Kezich und Alessandra Levantesi (Hg.), *Una giornata particolare. Un film di Ettore Scola. Incontrarsi e dirsi addio nella Roma del '38*, Turin: Lindau 2003.

48 »La sceneggiatura del film«, ebd., S. 58 und 112.

49 Giovanni Gentile, »L'educazione nella famiglia. Discorso al 3° congresso nazionale delle Donne italiane, Roma, 4 maggio 1923«, in: Ders., *Il Fascismo al governo della scuola*, Palermo: R. Sandron 1924, S. 88 f.

50 Carmen Betti, *L'Opera nazionale Balilla e l'educazione fascista*, Florenz: La Nuova Italia 1977; Paolo Bartoli u.a., *L'organizzazione del consenso nel regime*

fascista: l'Opera Nazionale Balilla come istituzione di controllo sociale, Perugia: Istituto di etnologia e antropologia culturale dell'Università di Perugia 1983; Antonio Gibelli, »Opera nazionale Balilla (ONB)«, in: *Dizionario del fascismo*, Bd. 2, S. 266–271.

51 Antonio Gibelli, »Piccole italiane e Giovani italiane«, in: *Dizionario del fascismo*, Bd. 2, S. 372.

52 Sandro Setta, »Renato Ricci«, in: ebd., S. 509.

53 Angelo Cammarata, *Pedagogia di Mussolini. Alla scuola dell'Opera Balilla*, Palermo: Trimarchi 1935, S. 35; zit. in: Bartoli u. a., *L'organizzazione del consenso*, S. 23.

54 Betti, *L'Opera nazionale Balilla*, S. 127.

55 Einen Überblick bietet: Patrizia Dogliani, »Colonie di vacanza«, in: *Dizionario del fascismo*, Bd. 1, S. 313–316.

56 Victoria De Grazia, *How Fascism Ruled Woman*, S. 147 f.

57 Benito Mussolini, »Discorso al Consiglio nazionale del PNF, 25 October 1938«, in: Ders., *Opera Omnia*, Bd. XXIX (1959), S. 192.

58 Victoria De Grazia, *The Culture of Consent. Mass organisation of leisure in Fascist Italy*, Cambridge: Cambridge University Press 1981, passim; siehe auch den Eintrag »Dopolavoro« im *Dizionario del fascismo*, Bd. 1, S. 443–447.

59 Brief von Vittorio Sandicchi an Achille Starace vom 25. November 1934, zit. in: De Grazia, *The Culture of Consent*, S. 122.

60 Ebd., S. 162.

61 Gian Franco Venè, *Mille lire al mese. La vita quotidiana della famiglia nell'Italia fascista*, Mailand: Mondadori 1988, S. 244–247.

62 Ebd., S. 246.

63 Wystan Hugh Auden, *1 September 1939*, in: *Another time*, London: Faber 1940.

64 Gianpasquale Santomassimo, »Propaganda«, in: *Dizionario del fascismo*, Bd. 2, S. 433–437. Siehe auch: Philip V. Cannistraro, *La fabbrica del consenso. Fascismo e mass media*, Rom/Bari: Laterza 1975.

65 David Forgacs und Stephen Gundle, *Mass culture and Italian society from Fascism to the Cold War*, Bloomington: Indiana University Press/Chesham 2007, S. 146. In den 1930er Jahren gab es vergleichsweise wenig Kinos. Zu einem wirklichen Aufschwung kam es erst in den Vierzigern und Fünfzigern (1955 gab es in Italien 10 570 Kinos).

66 Der 1880 geborene Mario Bazzi war ein recht unbekannter Künstler, der sich zeitweilig in futuristischen Kreisen bewegte, den größten Teil seines Lebens aber im lombardischen Cremona verbrachte, wo er 1965 verarmt starb. Details zu seiner Biografie finden sich in: *La famiglia nell'arte. Storia e immagini nell'Italia del XX secolo*, Rom: De Luca 2002, S. 183.

67 Kezich und Levantesi (Hg.), *Una giornata particolare*, S. 91.
68 Siehe beispielsweise den illustrierten Artikel von Antonio Gibelli, »Il regime illustrato e il popolo bambino« im *Dizionario del fascismo*, Bd. 2, Doppelbild auf S. 262 und 263, und seine ausführlichere Behandlung des Themas in: Ders., *Il popolo bambino. Infanzia e nazione dalla Grande Guerra a Salò*, Turin: Einaudi, 2005, S. 226–232.
69 Eine umfassende Ausführung zu diesem Thema liefert Ruth Ben-Ghiat, *Fascist Modernities. Italy 1922–45*, Berkeley: University of California Press 2001.
70 Zu Italiens Fußballerfolgen dieser Jahre siehe: John Foot, *Calcio. A History of Italian Football*, London: Fourth Estate 2006, S. 181 ff.
71 Forgacs und Gundle, *Cultura di massa*, S. 114 f.
72 Wie die Farbe Rot in vielen verschiedenen Formen als Symbol des Widerstands eingesetzt wurde, dazu siehe: Luisa Passerini, *Fascism in Popular Memory. The Cultural Experience of the Turin Working Class*, Cambridge: Cambridge University Press 1987, S. 101–105.
73 Contini, *Aristocrazia contadina*, S. 215.
74 Ebd., Eintrag vom 8. Mai 1939, S. 241.
75 Vgl. Petra Terhoeven, *Liebespfand fürs Vaterland. Krieg, Geschlecht und faschistische Nation in der italienischen Gold- und Eheringsammlung 1935/36*, Tübingen: Niemeyer 2003.
76 Alberto Romita, Predigt vom 18. Dezember 1935, zitiert in: Lucia Ceci, *Il papa non deve parlare. Chiesa, fascismo e guerra d'Etiopia*, Rom/Bari: Laterza 2010, S. 99 f.
77 Lucia Ceci, »»Il Fascismo manda l'Italia in rovina‹. Le note inedite di monsignor Domenico Tardini (23 Settembre–13 Dicembre 1935)«, in: *Rivista Storica Italiana* 120 (2008), Nr. 1, S. 343 f.
87 Benito Mussolini, »Elogio alle donne italiane«, in: *Opera Omnia*, Bd. XXVII (1959), S. 266.
79 Carlo Levi (1945), *Christus kam nur bis Eboli*, München: Süddeutsche Zeitung 2007, S. 78.
80 Angelo Del Boca, *Italiani, brava gente?*, Vicenza: Neri Pozza 2005, S. 205–227.
81 Filippo Tommaso Marinetti, *Poema africano della divisione ›28 ottobre‹*, Mailand: Mondadori 1937.
82 Zitiert im Nachwort (»Ästhetik des Krieges«) von Walter Benjamin, *Das Kunstwerk im Zeitalter seiner technischen Reproduzierbarkeit* (1935–1939), in: *Walter Benjamin – Gesammelte Schriften*, Bd. 1, Teil 2, Frankfurt/Main: Suhrkamp 1980, S. 507.

83 Archivio Centrale dello Stato, Min. Int., Demorazza b.4 f.15; zit. in: Ipsen, *Dictating Demography.*
84 Alessandro Lessona an Rodolfo Graziani, 5. August 1936, in: Giorgio Rochat, *Il colonialismo italiano*, Turin: Loescher 1973 S. 188 f.
85 Haile M. Larebo, »Africa orientale italiana«, in: *Dizionario del fascismo*, Bd. 1, S. 17. Siehe auch Giulia Barrera, »Madamato«, ebd., Bd. 2, S. 69–72; sowie Barbara Sorgoni, *Parole e corpi. Antropologia, discorso giuridico e politiche sessuali interrazziali nella colonia Eritrea (1890–1941)*, Neapel: Liguori 1998.
86 Michele Sarfatti, *Gli ebrei nell'Italia fascista. Vicende, identità, persecuzione*, Turin: Einaudi 2000, S. 31 und 41.
87 Den Text findet man auf http://www.polyarchy.org/basta/documenti/razza.1938.html
88 Vittorio Foa, *Il Cavallo e la Torre. Riflessioni su una vita*, Turin: Einaudi 1991, S. 6; siehe auch: Alexander Stille, *Benevolence and Betrayal. Five Italian Jewish Families under Fascism*, London: Vintage 1993.
89 Foa, *Il Cavallo e la Torre*, S. 5. Foa wurde 1943 aus dem Gefängnis entlassen und war im Widerstand aktiv, bevor er sich als führender Gewerkschaftler und Intellektueller in der neuen italienischen Republik engagierte.
90 Sarfatti, *Gli ebrei nell'Italia fascista*, S. 9.
91 Leonardo Sciascia, »Siamo tutti gattopardi«, in: *Corriere della sera*, 30. April 1945, S. 45.
92 Ebd.
93 Gino Agnese, *Marinetti. Una vita esplosiva*, Mailand: Camunia 1990, S. 283.
94 Ebd., S. 286–91.
95 Benedetta, *Donne e madri della patria in guerra*, Rede vom 18. April 1942 vor dem INCF. Sezione di Catania, Acireale: Tipografie 900, 1942, S. 16.
96 Ebd., S. 3 f., 13, 15 f.
97 Passerini, *Fascism in Popular memory*, S. 146 ff.
98 Paul Corner, »Fascismo e controllo sociale«, in: *Italia Contemporanea* 228 (2002), S. 381–405.
99 Hier kommt erneut der Überwachungsstaat ins Spiel. Wie Guido Melis schreibt, führte das faschistische Regime in jedem gesellschaftlichen Sektor die »Multiplikation der Registrierung, Nummerierung, Katalogisierung und Kontrollierung« ein, vgl. *Storia dell'amministrazione italiana, 1861–1993*, Bologna: il Mulino 1996, S. 375.
100 Victoria De Grazia nimmt in ihrer aufschlussreichen Arbeit eine andere Gewichtung der Verhältnisses vor, basierend auf dem Gegensatz zwischen Regime-Familiarismus (*regime familism*) und Oppositions-Familiarismus (*opposition*

familism). Ersterer beschreibt die Zustimmung, die italienische Familien dem Regime besonders in den Jahren 1935–1938 entgegenbrachten. Letzerer bezieht sich auf die Rücknahme diese Unterstützung, als der Staat Ende der dreißiger und Anfang der vierziger Jahre begann, größere Forderungen an das Volk zu stellen. Ich erachte diese Unterscheidung aus mehreren Gründen als nicht hilfreich. Zum einen ist sich die umfangreiche Literatur über Familiarismus, auf die sich De Grazia kaum bezieht, nicht einig, wie dieser Begriff zu definieren ist. Breite Zustimmung findet jedoch das Konzept, dass Familiarismus die Familie vom Staat trennt und Familieninteressen vor alle anderen Interessen stellt. Regime-Familiarismus ist in diesem Sinne ein Widerspruch in sich. Auch der Begriff Oppositions-Familiarismus bringt uns analytisch betrachtet nicht eigentlich weiter. Familiarismus ist grundsätzlich oppositionell, misstrauisch gegenüber der Zivilgesellschaft und kritisch gegenüber dem Staat. De Grazia beschreibt oppositionellen Familiarismus auch als den Rückzug der Zivilgesellschaft aus den Angelegenheiten des Staates, aber dies vergrößert die Unklarheit noch, denn Familien und Zivilgesellschaft sind keinesfalls gleichzusetzen. Vgl. De Grazia, *How Fascism*, 4. Kap., vor allem S. 82 u. 114 f.

101 Claretta Petacci, *Mussolini segreto. Diari, 1932–1938*, Mailand: Rizzoli 2009, S. 401, Brief vom 28. August 1938.

102 Giuseppe Bottai, in einer Rede in Francavilla al Mare, ohne Datum, in: Amerigo Montemaggiori, *Dizionario della dottrina fascista*, Turin: Paravia 1934, S. 311 f.

VIER

Familie und Familienleben in der Spanischen Republik und im Bürgerkrieg, 1931–1950

I Republikanische Morgenröte

1 Juan Marichal, »Los intelectuales y la guerra«, in: Edward Malefakis (Hg.), *La guerra de España*, Madrid: Taurus 1986, S. 483.

2 Übertragung von H. S.

3 Die erste Spanische Republik war kurzlebig; sie währte nur vom Februar 1873 bis Dezember 1874.

4 Victoria Románs Zeitzeugenbericht stammt wie die anderen Schilderungen in diesem Kapitel aus Ronald Frasers wichtiger Oral-History-Dokumentation: *Blood of Spain. An Oral History of the Spanish Civil War*, London: Allen Lane 1979, S. 40, 260 und 264.

5   Ebd., S. 41 und 174. »Das Erste, was mir [an der Schule] auffiel, war der Unterschied zwischen dem, was die Priester predigten, und ihrem persönlichen Verhalten. Viele jüngere Mönche ... hatten homosexuelle Neigungen und unterteilten uns Schüler in die ›hübschen‹ und die ›hässlichen‹. Die Disziplin war brutal, es war wie in einer Kaserne. Als ich später marokkanische Kolonialtruppen befehligte – Stoßtrupps, in denen es wie in der Fremdenlegion von Abenteurern und Kriminellen wimmelte –, fühlte ich mich dank meiner Erfahrungen auf der Klosterschule wie ein Fisch im Wasser.«
6   Zur komplizierten Interpretation des Wahlergebnisses siehe die ausführliche Anmerkung in Gabriele Ranzato, *L'eclisse della democrazia: La Guerra civile spagnola e le sue origini,* Turin: Bollati Boringhieri 2004, S. 126, Anmerkung 51.
7   Zit. in: Ana Aguado und Maria Dolores Ramos, *La modernización de España (1917–1939). Cultura y vida cotidiana,* Madrid: Editorial Síntesis 2002, S. 154.
8   *Constitución de la república española,* Madrid 1931; deutsche Fassung im Internet unter: www.verfassungen.eu/es/verf31-index.htm.
9   *Constitución de la república española.*
10 Siehe Artikel 119 der Weimarer Verfassung: »Die Reinerhaltung, Gesundung und soziale Förderung der Familie ist Aufgabe des Staats und der Gemeinden.« *Die Verfassung der Weimarer Republik vom 11. August 1919,* hg. von Hermann Mosler, Stuttgart: Reclam 2009. Siehe auch: Monique Da Silva, »L'impact de la Constitution de Weimar sur celle de la II République espagnole«, in: *Travaux et Documents* 23 (Résistances – Mouvements sociaux – alternatives utopiques), hg. von der Université Paris 8, Vincennes Saint-Denis 2004.
11 Siehe die Genfer Erklärung der Kinderrechte, die am 24. September 1924 vom Völkerbund verabschiedet wurde; im Internet unter: www.kinderrechtskonvention.info/die-genfer-erklaerung-3336/.
12 Julio Iglesias De Ussel, »Family ideology and political transition in Spain«, in: *International Journal of Law and the Family* 5 (1991), S. 279.
13 Siehe dazu: Ana Aguado, »Tra pubblico e privato. Suffragio e divorzio nella Spagna della Seconda Repubblica«, in: *Italia Contemporanea* 241, Dezember 2005, S. 471–490.
14 Arturo Mori, *Crónica de las Cortes Constituyentes de la Segunda República Española,* Bd. III, *La religión – La familia – La Enseñanza,* Madrid: Aguilar 1932, S. 253. Die Sozialisten in den Cortes unterstützten zwar die Scheidung an sich, vertraten aber weitaus gemäßigtere Positionen. Ihr Sprecher José Sanchís Banús betonte: »Die vollkommenste Form der sexuellen Organisation in der Gesellschaft ist eine stabile Monogamie.« (Mori, *Crónica de las Cortes,* Bd. III, S. 243).

15 Ricardo Lezcano, *El divorcio en la Segunda República,* Madrid: Akal 1979, S. 265-270.
16 Mercedes Yusta, »La Segunda República; significado para las mujeres«, in: Guadalupe Gómez-Ferrer u. a. (Hg.), *Historia de las mujeres en España y América Latina,* Bd. IV, *Del siglo XX a los umbrales del XXI,* Madrid: Cátedra 2006, S. 110.
17 Zitiert in: Aguado, »Tra pubblico e privato«, S. 474 f.
18 Ebd.
19 Ich stütze mich hier auf Paul Preston und sein detailliertes Porträt von Margarita Nelken, in: Ders., *Doves of War. Four Women of Spain,* London: Harper Collins 2002, S. 295-407.
20 Margarita Nelken, *La condicíon social de la mujer en España. Su estado actual, su posible desarrollo,* Barcelona: Editorial Minerva 1919, S. 117 f.
21 Preston, *Doves of War,* S. 299.
22 Nelken, *La condición social,* S. 38.
23 Dies., *En torno a nosotras (diálogo socrático),* Madrid: Páez 1927, S. 140.
24 Preston, *Doves of War,* S. 329.
25 *Diario de las sesiones de las Cortes, Congreso de los Diputados, comenzaron el 8 de diciembre de 1933,* 25. Januar 1934; zit. in: Preston, *Doves of War,* S. 335.
26 Offiziell wurde den Jesuiten vorgeworfen, die Ordensmitglieder würden ein spezielles Gehorsamsgelübde leisten, das nicht dem Staat, sondern dem Papst gelte. Der eigentliche Grund für die Auflösung des Ordens lag jedoch darin, dass die Mehrheit der verfassungsgebenden Versammlung die Dominanz der Jesuiten im Bereich der Bildung beenden wollte. Wie die Maristen betrieben die Jesuiten angesehene Internate und Schulen sowie die Universidad de Deusto in Bilbao; siehe: Mary Vincent, »The Martyrs and the Saints. Masculinity and the Construction of the Francoist Crusade«, in: *History Workshop Journal* 47 (Frühjahr 1999), S. 68-98. Siehe auch Frances Lannon, *Privilege, Persecution and Prophecy. The Catholic Church in Spain, 1875-1975,* Oxford: Clarendon Press 1987, S. 181 f.
27 *Constitución de la república española,* Art. 26, im Internet unter: http://www.verfassungen.eu/es/verf31-index.htm.
28 Am 6. Dezember 1931 hielt José Ortega y Gasset kurz vor der endgültigen Verabschiedung der Verfassung eine Vorlesung mit dem Titel *»Rectificación de la República«.* In seinem Vortrag, der auf ein breites Echo stieß, lobte er die sozialen Neuerungen der Verfassung, protestierte jedoch gegen ihre starke antiklerikale Haltung und die gefährlichen Konzessionen, die dem Regionalismus gemacht wurden. José Ortega y Gasset, *Rectificación de la República,* Madrid: Revista de Occidente 1931.

29 Frances Lannon, »The Church's crusade against the Republic«, in: Paul Preston (Hg.), *Revolution and War in Spain*, London/New York: Routledge 2002 (1. Aufl. 1984), S. 52.

30 Frances Lannon, *Privilege, Persecution and Prophecy*, S. 13.

31 Dies., »The Church's crusade«, S. 51 f.

32 Im 18. Jahrhundert »erwiesen die Orden mit ihrer Routine, Extravaganz und intellektuellen Mittelmäßigkeit der Kirche einen schlechten Dienst«; Zitat aus W. J. Callahan, *Church, Politics and Society in Spain, 1750–1874*, Cambridge, Mass.: Harvard University Press 1984, S. 22. Als konkretes Beispiel führt Callahan die Zisterzienser der Abtei Santa Maria de Poblet in Katalonien an.

33 José Alvarez Junco, »Alle origini dell'anticlericalismo nella Spagna degli anni Trenta«, in: Giuliano De Febo und Claudio Natoli (Hg.), *Spagna anni Trenta. Società, cultura, istituzioni,* Milan: Franco Angeli 1993, S. 210.

34 Im andalusischen Dorf Casas Viejas spielte sich 1933 einer der schlimmsten Konflikte zwischen den Landarbeitern und der Guardia Civil vor Ausbruch des Bürgerkrieges ab. Auf Grundlage ausführlicher Zeitzeugenschilderungen verfasste der Historiker Jerome Mintz folgende Zusammenfassung zur Haltung der Dorfbewohner gegenüber dem Klerus: »Selbst bei vielen Gläubigen fand sich eine antiklerikale Einstellung, die von Zynismus bis zu Verachtung reichte«; Jerome R. Mintz, *The Anarchists of Casa Viejas,* Bloomington und Indianapolis: Indiana University Press 1982, S. 71.

35 »La Juventud católica al amparo de María Inmaculada«, Toledo, 15. November 1928, zit. in: Carmelo Adagio, *Chiesa e nazione in Spagna. La dittatura di Primo de Rivera (1923–1930),* Mailand: Unicopli 2004, S. 259.

36 Mit der Herz-Jesu-Verehrung, die in der zweiten Hälfte des 19. Jahrhunderts dank der französischen Jesuiten weite Verbreitung fand, wurde unter den spanischen Jesuiten auch der Gedanke des »sozialen Königtums Jesu Christi« bekannt. Das monatliche Mitteilungsblatt, der *Messager du Cœur de Jésus – Bulletin mensuel de L'Apostolat de la Prière* (dt.: Sendbote des Herzens Jesu, span.: *Mensajero del Corazón de Jesús y del Apostolado de la Oración*) erschien von 1886 bis 1931 und brachte eine antiliberale und antisemitische Haltung zum Ausdruck.

37 Vidal y Barraquer bemerkte, Segura fehle es am »Balsam der Ruhe und Sanftmut« sowie jeglicher Kompromissbereitschaft; Lannon, *Privilege, Persecution and Prophecy*, S. 171.

38 Pio XI, *Lettera enciclica »Casti Connubii« sul matrimonio Cristiano,* in: Barberi und Tettamanzi (Hg.), *Matrimonio e famiglia nel Magistero della chiesa*, S. 123; deutscher Text der Enzyklika im Internet: www.stjosef.at/dokumente/casti_connubii.htm.

39 Ebd., S. 126 und 132.

40 »*Casti Connubii*«, Punkt 8, www.stjosef.at/dokumente/casti_connubii.htm; siehe auch: Barberi und Tettamanzi (Hg.), *Matrimonio e famiglia*, S. 153.
41 Zu den geheimen Verhandlungen und der Strategie des Vatikans siehe: Hilari Raguer, *Gunpowder and Incense. The Catholic Church and the Spanish Civil War*, London/New York: Routledge 2007, S. 20–28.
42 Raguer, *Gunpowder and Incense*, S. 29.
43 Ebd., S. 20.
44 Aus einem Artikel von Fernando de los Riós in: *El Socialista*, 1. März 1932, zitiert bei: Sandie Holguín, *Creating Spaniards. Culture and National Identity in Republican Spain*, Madison: University of Wisconsin Press 2002, S. 50. Zum ILE siehe: Vicente Cacho Viu, *La Institución Libre de Enseñanza*, Madrid: Fundación Albéniz y Sociedad Estatal de Conmemoraciones Culturales 2010.
45 Enrique Azcoaga, »Las misionas pedagogicas«, in: *Revista de Occidente*, November 1981, S. 226 f.; zitiert in: Adrian Shubert, *A Social History of Modern Spain*, London/New York: Routledge 1990, S. 189 f.
46 Holguín, *Creating Spaniards*, S. 57–64.
47 Auf sogenannte *autos sacramentales*, religiöse Einakter, die auch auf dem Land sehr verbreitet waren, wurde dagegen verzichtet.
48 Miguel de Cervantes, »Der Scheidungsrichter«, in: *Die Zwischenspiele. Elf Einakter*, hg. und übertragen von F. R. Fries, Frankfurt/Main: Insel 1967, S. 13–26; siehe auch Holguín, *Creating Spaniards*, S. 95.
49 Cervantes, »Der Scheidungsrichter«, S. 14.
50 Ebd., S. 23
51 Ebd., S. 25. Auch das *entremés* »Vom eifersüchtigen Alten« endet mit einer Beschwörung der Versöhnung: »Wie nach Regen scheint die Sonne:/Streit um Sommer-Sankt-Johann/sagt ein Jahr des Friedens an.«
52 Federico García Lorca, »Seis cartas a Carlos Martínez-Barbeito«, in: *Boletín Federico García*, 1988, Nr. 3, S. 83 f.
53 Federico García Lorca, »Mi pueblo«, in: Ders., *Primeros escritos*, hg. von M. García Posada, in: *Obras completas*, Bd. 4, Barcelona: Circulo de Lectores, Galaxia Gutenberg 1996, S. 855; auf Deutsch in: Ian Gibson, *Federico García Lorca. Eine Biographie*, Frankfurt am Main/Leipzig: Insel 1991, S. 38.
54 Aus der bereits genannten, exzellenten Biographie von Ian Gibson, *Federico García Lorca*, S. 12.
55 Mildred Adams, »The theatre in the Spanish Republic«, in: *Theatre Arts Monthly*, März 1932, S. 238, zitiert in: Holguín, *Creating Spaniards*, S. 98 f.
56 Zitiert in: Suzanne Wade Byrd, *García Lorca: »La Barraca« and the Spanish National Theater*, New York: Abra 1975, S. 40. Siehe auch Ranzato, *L'eclissi della democrazia*, S. 149 f.

57 Holguín, *Creating Spaniards*, S. 128 ff.
58 Laurie Lee, *An einem hellen Morgen ging ich fort: Aufzeichnungen eines Vaganten*, München: dtv 1973, S. 112.
59 Ebd., S. 113.
60 Ebd., S. 118.
61 Stanley G. Payne, *Spain's First Democracy. The Second Republic, 1931–1936*, Madison: University of Wisconsin Press 1993, S. 86–92; Mariano Pérez Galán, *La enseñanza en la Segunda República española*, Madrid: Cuadernos para el Diálogo 1975.

II Der drohende Bürgerkrieg

1 Siehe den Anhang: »Zahlen zur Demografie und Wirtschaft«, S. 638 f. u. 642 für Spanien sowie S. 633 f. u. 647 für Italien.
2 David S. Reher, *Perspectives on the Family in Spain, Past and Present*, Oxford: Clarendon Press 1997, S. 2.
3 Peter Nichols, *Italia, Italia*, London: Macmilian 1973, S. 227. In beiden Ländern hat die herausragende Stellung der Familie als sozialer Einheit jedoch nicht zu einer Blüte der Sozialgeschichte der Familie geführt. Das gilt besonders für Spanien in der ersten Hälfte des 20. Jahrhunderts, wo man die drastischen religiösen, gesellschaftlichen und politischen Umbrüche noch nicht aus dem Blickwinkel der Familie betrachtet hat. Erste Ansätze finden sich bei Robina Mohammad, »The Cinderella complex: narrating Spanish women's history, the home and visions of equality. Developing new margins«, in: *Transactions of the Institute of British Geographers*, Neue Serie, Bd. 30 (2005), Nr. 2, S. 248–261.
4 Zum Klientelismus in Spanien, etwa im sogenannten Kazike-System, siehe den wichtigen Artikel von Joaquín Romero Maura, »El caciquismo: tentativa de conceptualización«, in: *Revista de Occidente* 127, 1973, S. 15–44. Überlegungen zum italienischen Klientelismus und familiären Bindungen in historischer Perspektive finden sich in: Paul Ginsborg, *Italy and its Discontents. Family, Civil Society, State, 1980–2001*, London: Allen Lane and The Penguin Press, 2001, S. 97–102.
5 Eine spirituelle (oder rituelle) Bindung hat vertikale wie horizontale Elemente: Die Bindung zwischen Pate und Patenkind (vertikal) und die Bindung zwischen den leiblichen Eltern des Kindes und den Pateneltern (horizontal). Oft dominierten jedoch die vertikalen Beziehungen, da man als Paten lokale einflussreiche Persönlichkeiten wählte, um das Kind in eine solide Struktur mit vorgegebenen Beziehungen einzubinden.

6 In der Stadt Cuenca gründeten Mitte des 19. Jahrhunderts fast drei Viertel der untersuchten Neuvermählten ihren Hausstand im selben Viertel wie eine oder beide Herkunftsfamilien; David S. Reher, *Town and Country in pre-industrial Spain, 1550–1870*, Cambridge: Cambridge University Press 1990, S. 218.

7 Ausgehend von seinen wiederholten Untersuchungen zum Thema hat Reher vor kurzem vorgeschlagen, dass sich eine Demarkationslinie zwischen den europäischen Mittelmeerländern auf der einen Seite und Skandinavien, Großbritannien und Belgien sowie weiten Teilen Deutschlands und Österreichs auf der anderen Seite ziehen lässt. Im Norden finden sich schwache Familiensysteme, in denen vor allem das Individuum zählt; im Süden finden sich starke Bindungen, dort steht die Familie über dem Einzelnen. Die beiden Makrosysteme (Nord und Süd) unterscheiden sich in Hinblick auf die Stärke, Homogenität und Langlebigkeit der Familie; siehe Reher, »Family ties in western Europe: persistent contrasts«, in: Gianpiero Dalla Zuanna und Giuseppe A. Micheli (Hg.), *Strong Family and Low Fertility: a Paradox?*, Dordrecht: Kluwer Academic 2004, S. 45–76.

8 So wurde beispielsweise im spanischen Zivilgesetz sexuelle Untreue, wenn sie von der Frau begangen wurde, automatisch als Ehebruch eingestuft und entsprechend bestraft; die außerehelichen Aktivitäten des Ehemanns dagegen mussten einen »öffentlichen Skandal« hervorrufen, um als rechtliches Vergehen eingestuft zu werden, bei Gericht wurde männliche Untreue auf jeden Fall milder bestraft. In diesem Punkt gleichen sich Spanien und Italien.

9 George Crowder, *Classical Anarchism. The Political Thought of Godwin, Proudhon, Bakunin and Kropotkin,* Oxford: Clarendon Press 1991, S. 123.

10 »El amor libre«, in: *Tierra y Libertad*, 28. April 1915; zit. in: Mintz, *The Anarchists of Casas Viejas*, S. 91.

11 Ebd., S. 91.

12 Siehe dazu: José Álvarez Junco, *La ideologia politica del anarquismo español (1868–1910),* Madrid: Siglo XXI de España Editores 1976, S. 294–302.

13 Ebd., S. 300.

14 Michail Bakunin, »Das unfassbare Individuum«, in: Ders., *Gott und der Staat,* Berlin 2005 (franz. Originalausgabe 1871).

15 Eine ausführlichere Darstellung bietet Gerald Brenan, *Die Geschichte Spaniens. Über die sozialen und politischen Hintergründe des Spanischen Bürgerkrieges,* Berlin: Kramer 1978 (engl. Originalausgabe 1943), S. 188 und 196 f. Anmerkungen 37 und 38. Ein junger italienischer Anarchist namens Angiolillo, der damals in London lebte, war über die Schilderungen der Folter im Festungsgefängnis Montjuïc so schockiert, dass er nach Santa Águeda reiste und den spanischen Ministerpräsidenten Cánovas erschoss, der dort zur Kur war. Eine gute, kürzlich erschienene Darstellung der Ereignisse auf nationaler Ebene bietet

Ángel Herrerín López, *Anarquía. Dinamita y revolucíon social. Violenza y repression en la España de entre siglos (1868–1909)*, Madrid: Catarata 2011.

16   Gary Wray McDonogh, *Good Families of Barcelona. A Social History of Power in the Industrial Era*, Princeton: Princeton University Press 1986.

17   Joseph B. Harrison, *An Economic History of Modern Spain*, New York: Holmes & Meier 1978, S. 62.

18   Zum kulturellen Hintergrund der katalanischen bürgerlichen Familien siehe: McDonogh, *Good Families of Barcelona*, vor allem Kap. 6, S. 108–140.

19   Enric Prat de la Riba Sarrà, *Ley jurídica de la industria*, Barcelona: Pennella Bosch 1898, S. 76 und 161; zit. in: McDonogh, *Good Families of Barcelona*, S. 55 f.

20   McDonogh, *Good Families of Barcelona*, S. 87; Colònia Güell, *Breve reseña histórica de la Colonia Güell y Fábrica de Panas y Veludillos de Güell y Cia, S. en C.*, Barcelona: Henrich 1910, S. 72–84.

21   Javier Silvestre, Maria Isabel Ayuda, Vicente Pinilla, »The Labour Market Integration of migrants: Barcelona 1930«, in: *Economic Reports 02–2011*, Madrid: Fedea 2011.

22   Victor Serge, *Geburt unserer Macht*, München: Trikont 1976 (frz. Originalausgabe 1931), S. 26 f.

23   Angel Smith, »From subordination to contestation. The rise of labour in Barcelona, 1898–1918«, in: Ders. (Hg.), *Red Barcelona. Social Protest and Labour Mobilization in the Twentieth Century*, London/New York: Routledge 2002, S. 20, Tabelle 2.1.

24   Einen guten Einblick bietet: Chris Ealham, *Anarchism and the City. Revolution and Counter-Revolution in Barcelona, 1898–1937*, Edinburgh: AK Press 2010, S. 27. Siehe auch Dolors Marín, »Una primera aproximació a la vida quotidiana dels Hospitalencs, 1920–1929. Les històries de vida com a font històrica«, in: Identitats 1990, Nr. 4–5, 1990. Zum durchschnittlichen Tageslohn und dem Budget von Familien siehe Cristina Borderías, »Women workers in the Barcelona labour market«, in: Smith (Hg.), *Red Barcelona*, S. 150.

25   Ealham, *Anarchism and the City*, S. 159.

26   Silvestre, Ayuda und Pinilla, »The Labour Market«.

27   Manuel Castells, *Die kapitalistische Stadt. Ökonomie und Politik der Stadtentwicklung*, Hamburg: VSA 1977 (frz. Originalausgabe 1972); zitiert in: Ealham, *Anarchism and the City*, S. 10.

28   Joaquín Romero Maura, »The Spanish case«, in: David E. Apter und James Joll (Hg.), *Anarchism Today*, London: Macmillan 1971, S. 70 ff.

29   José Peirats, *The CNT in the Spanish Revolution*, hg. von Chris Ealham, Bd. 1, Oakland, Kalifornien: PM Press 2011 (1971), S. 353, Anmerkung 19; Brenan,

Die Geschichte Spaniens, S. 85 f.; Albert Balcells, *Historia contemporánea de Cataluña*, Barcelona: Edhassa 1983, S. 212 f.
30 Ealham, *Anarchism and the City*, S. 43–46.
31 Peirats, *The CNT in the Spanish Revolution*, Bd. 1, S. 107. Das vollständige Dokument zur »Konföderativen Konzeption eines libertären Kommunismus« findet sich auf S. 100–110.
32 Eine ausführliche Diskussion der »eugenischen Reform der Abtreibung« bietet Mary Nash, *Defying Male Civilisation. Women in the Spanish Civil War*, Denver: Arden Press 1995, S. 165–176. Der Hintergrund der anarchistischen Positionen wird sehr gut erörtert in: Richard Cleminson, *Anarchism, Science and Sex. Eugenics in Eastern Spain, 1900–1937*, Oxford/Bern: Peter Lang 2000. Cleminson schreibt: »Die Anarchisten benötigten im Rahmen ihrer Kritik am Kapitalismus und der von ihm verbreiteten Krankheiten eine Reihe von Erklärungen, um die Existenz guter und schlechter Eigenschaften bei den Menschen zu rechtfertigen. Dabei gingen sie über ihre traditionellen gesellschaftlichen und politischen Erklärungen hinaus und übernahmen mehr oder weniger wissenschaftliche Ansätze, die sich oft auf unausgegorene Vererbungstheorien stützten.« (Ebd., S. 258.)
33 Ein bezeichnendes Beispiel sind die Kommunen in den USA und Europa in den 1960er und 1970er Jahren. Schilderungen von Eifersucht und Verzweiflung in einem Umfeld sexueller Freiheit finden sich bei Philip Abrams und Andrew McCulloch, *Communes, Sociology and Society*, Cambridge: Cambridge University Press 1976, S. 128; allgemeiner: Paul Ginsborg, »Measuring the distance: the case of the family, 1968–2001«, in: *Thesis Eleven* 68 (2002) S. 46–63.
34 Helen Graham, »Women and social change«, in: Dies. und Jo Labanyi (Hg.), *Spanish Cultural Studies. An Introduction*, Oxford: Oxford University Press 1995, S. 102.
35 Brenan, *Die Geschichte Spaniens*, S. 202.
36 Serge, *Geburt unserer Macht*, S. 26 f.
37 Ein bekannter deutscher Verehrer ist Hans Magnus Enzensberger; siehe sein Buch: ***Der kurze Sommer der Anarchie. Buenaventura Durrutis Leben und Tod***, Frankfurt/Main: Suhrkamp 1972.
38 Romero Maura, »The Spanish case«, S. 77.
39 Edward E. Malefakis, *Agrarian Reform and Peasant Revolution in Spain. Origins of the Civil War*, New Haven und London: Yale University Press 1970, S. 33. In Malefakis' Definition des Südens, der bei ihm die 13 Provinzen umfasst, in denen die Latifundien dominieren, reicht die Region geografisch betrachtet bis weit in die Mitte Spaniens, wie auch Malefakis selbst feststellt.
40 Ebd., S. 55–62.

41 Mintz veranschlagt die Anzahl der Arbeitstage in Casas Viejas eher noch niedriger und geht von 170 bis 180 Tagen im Jahr aus; ders., *The Anarchists of Casas Viejas*, S. 17.
42 Ebd., S. 19.
43 Julian A. Pitt-Rivers, *The People of the Sierra,* London: Weidenfeld and Nicholson 1954, S. 8 ff.
44 Juan Díaz del Moral, *Historia de las agitaciones campesinas andaluzas,* Madrid: Alianza Editorial 1969 (1. Auflage 1929), S. 198 ff.
45 Ebd., S. 199 f.
46 *CNT*, 22. November 1932, zitiert in: Mintz, *The Anarchists of Casas Viejas*, S. 179.
47 *Tierra y Libertad*, 22. Dezember 1932, zitiert in: Mintz, S. 163.
48 Die beste Darstellung liefert zweifellos Mintz, *The Anarchists of Casas Viejas*, S. 201–251, der auch so manchen Fehler in Eric Hobsbawms wegweisendem Werk korrigiert. Vgl.: Eric Hobsbawm, *Primitive Rebels. Studies in Archaic Forms of Social Movements in the 19th and 20th centuries,* Manchester: Manchester University Press 1959, S. 74–92; dt. Ausgabe: *Sozialrebellen. Archaische Sozialbewegungen im 19. und 20. Jahrhundert,* Neuwied/Berlin: Luchterhand 1962.
49 Eintrag vom 15. Januar 1933; Manuel Azaña, *Memorías intimas de Azaña,* hg. von Joaquín Arrarás, Madrid: Ediciones Españolas 1939.
50 Federica Montseny, die berühmte Schriftstellerin, die während der Zweiten Republik kurzzeitig Gesundheitsministerin war, veröffentlichte 1951 im Exil ein interessantes, wenn auch nicht unbedingt objektives Porträt: *María Silva. La Libertaria,* Toulouse: Universo 1951. Siehe auch die Biographie von José Luis Gutiérrez Molina im Internet unter: www.memorialibertaria.org/spip.php?article46.
51 Siehe die von Mary Nash edierte Anthologie »*Mujeres Libres«, España 1936–1939,* Barcelona: Tusquet Editor 1975. Eine aktuellere und ausführlichere Untersuchung bietet Martha A. Ackelsberg, *»Free women of Spain«. Anarchism and the Struggle for the Emancipation of Women,* Bloomington: Indiana University Press 1991.
52 Interview mit Mercedes Comaposada, Paris, 5. Januar 1982, in: Martha Ackelsberg, *Mujeres Libres*, S. 227.
53 Etta Federn, *Mujeres de las revoluciones,* Barcelona: [Verlag] Mujeres Libres, ohne Jahr [1937], S. 44 f.; zitiert in: Ackelsberg, *Mujeres Libres,* S. 236. Allerdings muss man feststellen, dass sich vor allem das weibliche Sekretariat der Partido Obrero de Unificación Marxista (Arbeiterpartei der Marxistischen Einheit, POUM) für Kollontais Schriften interessierte, und nicht die Anarchisten,

die wenig übrig hatten für ihr Konzept eines allmächtigen kommunistischen Staates; siehe Nash, *Defying Male Civilization*, S. 96 und 238.
54 Nash, *Mujeres Libres*, S. 31, Anm. 32.
55 Ackelsberg, *Mujeres Libres*, S. 227.
56 Anonymer Artikel mit dem Titel »Niños, niños, niños«, in: *Mujeres Libres*, Nr. 5; in: Nash, *Mujeres Libres*, S. 129.

III Einzelschicksale und Familien: Leben und Sterben im Bürgerkrieg

1 Pierre Vilar, *La guerre d'Espagne (1936–1939)*, Paris: Presse Universitaires de France, 1986; dt. Ausgabe: *Der Spanische Bürgerkrieg 1936–1939*, Berlin: Wagenbach 1987.
2 Lannon, *Privilege, Persecution and Prophecy*, S. 190. Die CEDA war im Februar 1933 gegründet worden. Beim Kongress in Madrid waren 400 Delegierte; insgesamt hatte das Bündnis 735 000 Mitglieder.
3 Adrian Shubert, *The Road to Revolution in Spain. The Coal Miners of Asturias, 1860–1934,* Urbana und Chicago: University of Illinois Press 1987.
4 Brian D. Bunk, *Ghosts of Passion. Martyrdom, Gender, and the Origin of the Spanish Civil War,* Durham/London: Duke University Press 2007.
5 *Terror. El Marxismo en España. Revolucíon de Octubre de 1934,* Madrid: Acción Popular, ohne Jahr [ca. 1934]; zitiert in: Bunk, *Ghosts of Passion,* S. 115 ff.
6 Siehe die Kommentare und Beispiele bei John R. Corbin, *The Anarchist Passion. Class conflict in Southern Spain, 1810–1965,* Aldershot: Avebury 1993, S. 147.
7 Julián Casanova, *The Spanish Republic and Civil War,* Cambridge: Cambridge University Press 2010, S. 163.
8 Fraser, *Blood of Spain,* S. 173.
9 Ebd.
10 Siehe den Artikel von Michael Portillo, »It is wrong to dig up the fallen of the Spanish Civil War«, in: *Daily Mail*, 8. November 2009.
11 Ebd.
12 Fraser, *Blood of Spain*, S. 302.
13 Ebd.
14 Ebd., S. 304.
15 Ebd., S. 473.
16 Ronald Fraser, *Tajos: the Story of a Village on the Costa del Sol,* New York: Pantheon Books 1972, S. 61. Einige Monate später hatte sich das Blatt gewendet. Als die Nationalisten das Dorf besetzten, wurde der Gewerkschaftsfunktionär

verhaftet. Seine Mutter wandte sich an die Großgrundbesitzer und bat sie um Hilfe. Nun waren sie an der Reihe, zu intervenieren und sich für seine Freilassung einzusetzen. Er erhielt freies Geleit und musste das Dorf zu seiner eigenen Sicherheit verlassen.

17 Arxiu Històric de la Ciutat de Barcelona (AHCB), Abteilung für mündliche Quellen, Sammlung Ronald Fraser, Interview mit Lázaro Martín, 28. Oktober 1974. 1936 war Martín siebzehn Jahre alt.
18 Fraser, *Blood of Spain*, S. 173.
19 Zitiert in: Raguer, *Gunpowder*, S. 83.
20 Callahan, *The Catholic Church in Spain*, S. 348 ff.
21 Samuel Pierce, »The political mobilization of Catholic women in Spain's second Republic: the CEDA, 1931–1936«, in: *The Journal of Contemporary History* 45 (2010) Nr. 1, S. 74–94.
22 Luis Suárez Fernández, *Crónica de la Sección Femenina y su tiempo*, Madrid: Asociación Nueva Andadura 1993, S. 39; zit. in: Preston, *Doves of War*, S. 234.
23 Vincent, »The Martyrs and the Saints«, S. 69–98.
24 Ebd., S. 71.
25 Ebd., S. 75.
26 Callahan, *The Catholic Church in Spain*, S. 358.
27 José Antonio Primo de Rivera, »Speech on the Spanish Revolution«, 19. Mai 1935, in: Ders., *Selected Writings*, hg. von Hugh Thomas, London: Cape 1972, S. 189; zitiert in: Vincent, »The Martyrs and the Saints«, S. 76 f.
28 Vincent, »The Martyrs and the Saints«, S. 89.
29 Lannon, *Privilege, Persecution and Prophecy*, S. 209.
30 Isidro Gomá y Tomás, *Por Dios y por España*, Barcelona: Casulleras Librería 1940, S. 314; zit. in: Gabriele Ranzato (Hg.), *Guerre fratricide. Le guerre civili in età contemporanea*, Turin: Bollati Boringhieri 1994, S. XXIII, Anm. 31.
31 Casanova, *The Spanish Republic and Civil War*, S. 331 f.
32 Paul Preston, *Franco. A Biography*, London: Fontana 1993, S. 6.
33 Ebd., S. 41.
34 Cianos Kommentare stammen aus Duilio Susmel, *Vita sbagliata di Galeazzo*, Mailand: Aldo Palazzi ed., 1962, S. 158 f.
35 Siehe George A. Collier, *Socialists of Rural Andalusia. Unacknowledged Revolutionaries of the Second Republic*, Stanford: Stanford University Press 1987, S. 154 ff.
36 Paul Preston, *The Spanish Holocaust. Inquisition and Extermination in Twentieth Century Spain*, London: Harper Press 2012, S. 305; siehe auch: Francisco Moreno Gómez, *La guerra civil en Córdoba (1936–1939)*, Madrid: Editorial

Alpuerto 1985, S. 375–382; Larry Collins und Dominique Lapierre, *Or I'll Dress You in Mourning,* London: Weidenfeld and Nicholson 1968, S. 62–69, 82–99; Félix Moreno de la Cova, *Mi vida y mi tiempo: la guerra que yo viví,* Sevilla: Graficás Mirte 1988.

37 Federico García Lorca, *Bernarda Albas Haus. Tragödie von den Frauen in den Dörfern Spaniens,* Stuttgart: Reclam 2006.
38 Gibson, *Federico García Lorca,* S. 593–625, bietet die beste Rekonstruktion der letzten Woche im Leben des Dichters.
39 Franz Borkenau, *Kampfplatz Spanien. Politische und soziale Konflikte im Spanischen Bürgerkrieg. Ein Augenzeugenbericht,* Stuttgart 1986 (Originalausgabe: *The Spanish Cockpit,* London: Faber & Faber 1937).
40 Ebd., S. 205 f.
41 Peirats, *The CNT in the Spanish Revolution,* S. 271 f.
42 Margarita Nelken, *Porqué hicimos la revolucíon,* Barcelona: Ediciones Sociales Internacionale 1936.
43 Ebd., S. 147.
44 Ihre Tochter Magda war zu der Zeit hochschwanger und blieb in Moskau. Dort brachte sie im März 1936 ein Mädchen zur Welt, Margarita, die in der Familie Cuqui genannt wurde. Die Großmutter war bei der Geburt nicht dabei, kehrte aber bald darauf nach Moskau zurück. Nachdem die Geburt am 7. April registriert worden war, machten sich Margarita, Magda und Cuqui auf die lange Reise zurück nach Spanien.
45 Von Nelken selbst so in einem Interview mit Bernard Bolloten 1939 erzählt; ders., *The Grand Camouflage. The Spanish Civil War and Revolution, 1936–1939,* London: Pall Mall 1968 (1. Auflage 1961), S. 29.
46 Luis Roldán Rodríguez, *Militares de la República. Su segunda guerra civil,* Madrid: Ediciones Vosa 2000, S. 28; zit. in: Preston, *Doves of War,* S. 353 f.
47 Matilde de la Torre, »Apuntes«, in: *Cortes en la Lonja de la Seda,* 30. September 1937, FPI AH-ARLF-LXII; zit. in: Preston, *Doves of War,* S. 373.
48 George Orwell, *Mein Katalonien: Bericht über den spanischen Bürgerkrieg.* München: Rütten und Loening 1964 (engl. Originalausgabe 1938), S. 31 f.
49 Brenan, *Die Geschichte Spaniens,* S. 220 f.
50 Gabriele Ranzato, »Dies Irae, La persecuzione religiosa nella zona repubblicana durante la Guerra civile spagnola (1936–1939)«, in: *Movimento operaio e socialista* 2 (1988), S. 195.
51 Ealham, *Anarchism and the City,* S. 178.
52 Julian Casanova, *Anarquismo y revolucion en la sociedad rural aragonesa, 1936–1938,* Madrid: Siglo XXI de España 1938; siehe vor allem Teil 3, S. 133 ff.

53 Ealham, *Anarchism and the City*, S. 189.
54 Hanns-Erich Kaminski, *Barcelona. Ein Tag und seine Folgen,* Berlin: Edition Tranvia 1986, S. 50–57 (frz. Originalausgabe: *Ceux de Barcelone,* Paris: Denoël 1937); Temma E. Caplan, »Spanish anarchism and women's liberation«, in: *Journal of Contemporary History* 6 (1971), S. 101–110; Ealham, *Anarchism and the City,* S. 189.
55 Zum Abtreibungsgesetz siehe Nash, *Defying Male Civilisation,* S. 172 ff.; die Zitate von Martí Ibáñez stammen aus Richard Cleminson, »Eugenics by name or by nature? The Spanish Anarchist Sex Reform of the 1930 s«, in: *History of European Ideas* 18 (1994), S. 737.
56 Alberto Onaindía, Brief vom 28. April 1937, Gomás Antwort vom 5. Mai, in: José Andrés-Gallego und Antón M. Pazos (Hg.), *Archivo Gomá, Documentos de la Guerra civil,* Bd. 5, *(April-Mai 1937),* Madrid: Consejo Superior de Investigaciones Científicas 2003, S. 282 ff. und 357; zit. in: Preston, *The Spanish Holocaust,* S. 435.
57 Graham und Labanyi, *Spanish Cultural Studies,* S. 112, Abb. 7. Siehe auch: José Álvarez Lopera, *La política de bienes culturales del gobierno republican durante la Guerra civil española,* Madrid: Ministerio de Cultura 1982.
58 Jaime Sabartés, *Picasso. Gespräche und Erinnerungen,* Zürich: Arche 1956, S. 11 f.
59 Rudolf Arnheim, *Picasso's Guernica. The Genesis of a Painting,* Berkeley: University of California Press 1962, vor allem S. 94 dt. Ausgabe: *Picassos Guernica. Entstehung eines Bildes,* München: Rütten & Loening 1964). Siehe auch Carlo Ginzburg, *Das Schwert und die Glühbirne. Picassos »Guernica«,* Frankfurt/Main: Suhrkamp 1999; Pierre Daix, »Guernica«, in: Ders., *Le nouveau Dictionnaire Picasso,* Paris: Robert Laffont 2012, S. 120 ff.; Timothy J. Clark, *Picasso and Truth. From Cubism to Guernica,* Princeton: Princeton University Press 2013.
60 Roland Penrose, *Picasso, Sein Leben – sein Werk,* München: Piper 1961 (engl. Originalausgabe: 1958), S. 252.
61 Ebd., S. 279.

IV Das Regime in den ersten Jahren

1 Francos Ansprache zum Jahresende, 31. Dezember 1939, in: *ABC*, 1. Januar 1940; zit. in: Preston, *The Spanish Holocaust,* S. 472.
2 Teresa Pàmies, *Quan érem capitans: memorie d'aquella guerra,* Barcelona: Dopesa 1974, S. 149 f.; zit. in: Preston, *The Spanish Holocaust,* S. 465.
3 Siehe die Karte mit den Opferzahlen nach Regionen in Preston, *The Spanish Holocaust,* S. 665. Auf dem Gebiet der Republikaner schätzt man die Zahl der

Getöteten auf 50 000 Personen, darunter ein Drittel Nationalisten; ebd., S. XVI–XVIII.
4   Hugh Thomas, *The Spanish Civil War*, London: Harmondsworth 1986 (1961), S. 877 ff.
5   Preston, *Doves of War*, S. 375.
6   Preston, *Doves of War*, S. 399 f.
7   Max Aub, *Diarios (1939–1972)*, Barcelona: Alba 1998, S. 409; zit. in: Preston, *Doves of War*, S. 406.
8   Der Höhepunkt der Säuglingssterblichkeit wurde in den Jahren 1939 bis 1941 mit 140 Todesfällen auf 1000 Geburten erreicht. Siehe Antonio Cazorla Sánchez, *Fear and Progress. Ordinary Lives in Franco's Spain, 1939–1975*, Chichester: Wiley-Blackwell 2010, Abb. 2; zur schlechten Versorgungslage und zur Hungersnot: siehe S. 58 ff.
9   Ebd., S. 31; siehe auch Santos, Juliá u. a., *Victimas de la Guerra Civil*, Madrid: Temas de Hoy 1999.
10 Paloma Aguilar, *Memory and Amnesia. The Role of the Spanish Civil War in the Transition to Democracy*, New York/Oxford: Berghahn 2002, S. 73–85. Einige Häftlinge, die am Monument arbeiteten, durften schließlich ihre Familien nachholen, doch viele Zwangsarbeiter starben schon in jungen Jahren an den Folgen von Staublungen-Erkrankungen.
11 Shirley Mangini, *Memories of Resistance. Women's Voices from the Spanish Civil War*, New Haven/London: Yale University Press 1995; vor allem S. 99–148.
12 Cazorla Sánchez, *Fear and Progress*, S. 10 und 59.
13 Zitiert in: Victor Pérez-Diaz, Elisa Chuliá, Joaquín P. López Novo und Berta Álvarez-Miranda, *Catholicism, social values and the welfare system in Spain*; Studienarbeit am Analistas Socio Políticos Research Center (ASP) in Madrid, Paper 102 (b), 2010, S. 4; Download: asp-research.com/pdf/Asp102.pdf.
14 Siehe zum Beispiel den Rundbrief »Zur protestantischen Propaganda in Spanien« der Erzbischöfe an ihre Gläubigen, 28. Mai 1948: »Die Gegebenheiten in Spanien, die in offiziellen Statistiken wie in der gesellschaftlichen Realität übereinstimmen, sind die einer ›katholischen Einheit‹. Die Zahl der Spanier, die den katholischen Glauben nicht praktizieren, und vor allem derjenigen, die offiziell einem anderen Glauben als dem katholischen angehören, ist so gering, dass man sie bei der Gesetzgebung, wenn sie die Gesellschaft als Ganzes betrifft, nicht berücksichtigen kann«; Jesús Iribarren (Hg.), *Documentos colectivos del episcopado español*, Madrid: Editorial Católica 1974, S. 246.
15 Lannon, *Privilege, Persecution and Prophecy*, S. 11; Karte 2 in: Rogelio Duocostella, »Géografie de la pratique religieuse en Espagne«, in: *Social Compass* 12

(Dezember 1965), S. 28. Für viele andere Diözesen im Süden waren keine Zahlen verfügbar.

16 Himmler war wie Ciano verblüfft über das Ausmaß von Francos repressiven Maßnahmen und soll geäußert haben, es sei doch sinnvoller, militante Arbeiter in die neue Ordnung einzugliedern, als sie ausnahmslos auszumerzen; Preston, *Franco*, S. 392.
17 Lannon, *Privilege, Persecution and Prophecy*, S. 218.
18 »Bollettino Ufficiale«, 10. April 1937; in: Gabriele Ranzato (Hg.), *Rivoluzione e guerra civile in Spagna, 1931–1939*, Turin: Loescher 1975, S. 151 f.
19 *Pensamiento politico de Franco*, Madrid: Ed. del Movimiento 1975), Bd. 1, S. 275.
20 Robina Mohammad, »The Cinderella complex: narrating Spanish women's history, the home and visions of equality. Developing new margins«, in: *Transactions of the Institute of British Geographers*, Neue Serie, Bd. 30 (2005), Nr. 2, S. 252.
21 Conchita Mir Curcó, *Vivir es sobrevivir. Justicia, orden y marginación en la Cataluña rural de posguerra*, Lleida: Milenio 2000, S. 155–164.
22 Santos Juliá, »La sociedad«, in: José Luis García Delgado (Hg.), *Franquismo. El juicio de la historia*, Madrid: Ediciones Temas de hoy 2000, S. 73–89.
23 Zitiert in: Chonchita Mir Curcó, *Vivir es sobrevivir*, S. 166.
24 Ebd., S. 175–178.
25 »Postura de los obispos ante la nueva Constitución«, Erklärung der spanischen Bischöfe an die Gläubigen, Dezember 1931, in: Iribarren, *Documentos colectivos*, S. 174.
26 Zitiert in: Preston, *Doves of War*, S. 299 f.
27 Siehe dazu ihre Rede: »En la Casa del Pueblo«, in: *El Socialista*, 28. Oktober 1933, zit. in: Preston, *Doves of War*, S. 331 f.

FÜNF

»Die größere und die kleine Welt«: Familienpolitik in Deutschland 1918–1945

I Ein nationalsozialistischer Familienvater

1 Zu Joseph Goebbels gibt es zwei aktuelle Biografien: Toby Thacker, *Joseph Goebbels, Life and Death*, Basingstoke: Palgrave Macmillan 2009; und Peter Longerich, *Joseph Goebbels. Biographie*, München: Siedler 2010. Die weitverbreitete, aber weniger wissenschaftlich gehaltene Biografie von Roger Manvell

und Heinrich Fraenkel, *Doctor Goebbels. His Life and Death,* London: Pen and Sword 2010, Original 1960, wurde wegen ihrer inkonsequenten Zitierweise kritisiert. Goebbels' umfangreiche Tagebücher liegen in einer Gesamtausgabe in 29 Bänden vor: Elke Fröhlich (Hg.), *Die Tagebücher von Joseph Goebbels:* Teil I, *Aufzeichnungen 1923–1941,* München: Saur, 1998–2006; Teil II, *Diktate, 1941–1945,* München: Saur, 1993–1998 (zitiert als *TBJG,* Teil I und II). Vor allem die frühen Tagebuchaufzeichnungen geben Aufschluss über Goebbels' Ungeduld und Unzufriedenheit mit seiner häuslichen Situation.

2 Bundesarchiv Koblenz, BArch N 1118/70, »Erinnerungsblätter«, autobiographische Erinnerungen bis Oktober 1923; zitiert in: Thacker, *Joseph Goebbels,* S. 12.

3 Alan Bullock, »Preface«, in: Helmut Heiber (Hg.), *The Early Goebbels Diaries, 1925–1926,* London: Weidenfeld and Nicholson 1962, S. 10.

4 Bundesarchiv Koblenz, BArch N 1118/113, Nachlass Joseph Goebbels; fol. 22–23.

5 Longerich, *Goebbels,* S. 37.

6 Joseph Goebbels, *Michael. Ein deutsches Schicksal in Tagebuchblättern,* (Originalausgabe 1929) München: Franz Eher 1933, S. 13 (Eintrag in »Michaels« Tagebuch vom 17. Mai).

7 *TBJG,* 30. September 1925 und 13. Januar 1926, Teil I, Bd. 1/II.

8 »Adler und Taube« in: *Sämtliche Werke. Briefe, Tagebücher und Gespräche,* Frankfurter Ausgabe in 40 Bänden, Frankfurt/Main: Deutscher Klassiker Verlag 1985 ff.

9 *TBJG,* 11. September 1925, Teil I, 1/I, Oktober 1923 bis November 1925.

10 *TBJG,* 30. April 1926, Teil I, 1/II.

11 Goebbels, *Michael,* S. 57 f., Eintrag vom »9. August«. Womöglich wurde die Passage für die Buchausgabe von 1929 ergänzt. Zu Chamberlain und seiner These, dass Christus kein Jude war, siehe sein Buch *Die Grundlagen des 19. Jahrhunderts,* München: Bruckmann 1899.

12 George L. Mosse, *Rassismus. Ein Krankheitssymptom in der europäischen Geschichte des 19. und 20. Jahrhunderts,* Königstein: Athenäum 1978, S. 187–194; Christian Barth, *Goebbels und die Juden,* Paderborn: Schöningh 2003.

13 *TBJG,* 8. Mai 1926, Teil I, Bd. 1/II, S. 82.

14 *TBJG,* Teil I, 1/I, S. 342 und 356; Teil I, 1/II, S. 83.

15 *TBJG,* Teil I, 1/I, S. 342.

16 *TBJG,* Teil I, 1/I, S. 356.

17 *TBJG,* Teil I, 1/II, S. 82.

18 *TBJG,* Teil I, 1/I, S. 365 und 371.

19 *TBJG,* 22. Oktober 1923, Teil I, 1/I, S. 35.

20 Ebd., 8. Dezember 1929, Teil I, 2/I, S. 38 f. 1933 wandte sich Elses damaliger Ehemann Dr. Herber an Goebbels und bat ihn um Hilfe. Goebbels bedauerte die »schreckliche menschliche Tragödie« hinter den antisemitischen Maßnahmen, schrieb jedoch am 27. August in sein Tagebuch, »aber der Grundsatz muss bestehen bleiben«. Weitere Details siehe bei Angela Hermann, *Der Weg in den Krieg 1938/1939. Quellenkritische Studien zu den Tagebüchern von Joseph Goebbels*, München: Oldenbourg 2011, S. 501. Die Datenbank *Opfer der Verfolgung der Juden unter der nationalsozialistischen Gewaltherrschaft in Deutschland 1933–1945* des deutschen Bundesarchivs enthält keinen Eintrag für Else Janke oder Else Herber, das heißt, dass es keine Unterlagen über eine Deportation oder Verhaftung gibt.

21 Tagebucheinträge vom 11. September 1925, 6. Oktober 1925, 10. November 1925, 15. August 1925, *TBJG*, Teil I, 1/I, S. 352, 361, 376, 341.

22 14. Oktober 1925, *TBJG*, Teil I, 1/I, S. 365.

23 8. Februar 1926, *TBJG*, Teil I, 1/II, S. 53.

24 11. Februar 1926, *TBJG*, Teil I, 1/II, S. 54.

25 13. April 1926 und 19. April 1926, *TBJG*, Teil I, 1/II, S. 72 f. und 76.

26 *TBJG*, Teil I, 1/II, S. 112.

27 Joseph Goebbels, »Die zukünftige Arbeit und Gestaltung des deutschen Rundfunks«, in: Helmut Heiber (Hg.), *Goebbels-Reden*, Bd. I, *1932–1939*, Düsseldorf: Droste Verlag 1971, S. 95.

28 Victor Klemperer, *Ich will Zeugnis ablegen bis zum letzten. Tagebücher 1933–1945* (Ausgabe in zwei Bänden), Band I: *1933–1941*, Berlin: Aufbau Verlag 1995, S. 123 f.

29 Eine hervorragende Darstellung bietet Richard J. Evans, *Das Dritte Reich*, Bd. 1: *Aufstieg*, München: DVA 2004, S. 356–368.

30 Joachim Fest, *Hitler. Eine Biographie*. Frankfurt am Main: Propyläen 1973.

31 23. Januar 1933, *TBJG*, Teil I, 2/III, Oktober 1932 bis März 1934, S. 113.

32 Nevile Henderson, *Fehlschlag einer Mission. Berlin 1937 bis 1939*, Zürich: Dreistern Verlag 1940, S. 85.

33 Klemperer, *Ich will Zeugnis ablegen bis zum letzten*, Bd. 1, S. 17.

34 Hans-Otto Meissner, *Magda Goebbels. Ein Lebensbild*, München: Blanvalet 1978, S. 9. Meissner hatte das Glück, bei den Vorarbeiten zu seiner Biografie Anfang der 1950er Jahre ausführlich mit Eleonore (Ello) Quandt sprechen zu können, der Frau von Günthers Bruder Werner und Magdas engster Freundin und Vertrauten. Allerdings ist Meissner kein Historiker, die Biografie ist daher mit einiger Vorsicht zu behandeln. Siehe auch: Anna Maria Sigmund, *Die Frauen der Nazis,* München: Wilhelm Heyne Verlag 1998, S. 105 ff.

35 Meissner, *Magda Goebbels*, S. 32 ff.

36 Ebd., S. 42 und S. 65 f.
37 *TBJG*, 14. September 1931, Teil 1, 2/II, Juni 1931 bis September 1932, S. 98.
38 Ebd., 25. Oktober 1931, S. 133. Siehe auch die Darstellung bei Thacker, *Joseph Goebbels*, S. 120 ff. und S. 352, Anmerkung 100.
39 Meissner weist darauf hin, dass Magda, als Günther an Weihnachten 1930 in Florenz ernsthaft erkrankte, zusammen mit Harald an seiner Seite war. Später machten sie zu dritt Urlaub in St. Moritz. Die feindselige Phase nach der Scheidung war wohl einem freundschaftlicheren Verhältnis gewichen; Meissner, *Magda Goebbels*, S. 100.
40 Im Internet unter: www.youtube.com/watch?v=4vOQX_5gwps.
41 Peter Longerich schreibt: »Hitler war eine Art Mitglied der Familie Goebbels geworden, insbesondere konnte er seine engen Beziehungen zu Magda nur aufrechterhalten, solange ihre Reputation durch die Ehe mit Goebbels geschützt war«; ders., *Goebbels*, S. 389. Für Ian Kershaw gibt es Elemente einer Vater-Sohn-Beziehung zwischen Hitler und Goebbels; ders., *Hitler 1936–1945,* Stuttgart 2000, S. 73. Andererseits litt Goebbels laut Longerich unter einer narzisstischen Störung, die ihn nach einem Mutterersatz suchen ließ, nicht nach einer Vaterfigur; ders., *Goebbels*, S. 25 ff., 69.
42 Bella Fromm, *Als Hitler mir die Hand küßte. Mein Leben in Deutschland vor der Machtübernahme,* Berlin: Rowohlt 1993 (Originalausgabe: London 1943), S. 80 (16. Dezember 1932). Ob es sich bei Fromms Erinnerungen tatsächlich um ein echtes Tagebuch handelt, wurde von Henry Ashby Turner infrage gestellt, siehe: ders., »Two dubious Third Reich diaries«, in: *Central European History* 33 (2000), Nr. 3, S. 415–420. Doch selbst wenn es sich nur um spätere Erinnerungen handelt, bleibt Fromms Beurteilung von Magda interessant.
43 3. Januar 1933, *TBJG*, Teil I, 2/III, S. 97.
44 Magda Goebbels, *Die deutsche Mutter. Rede zum Muttertag gehalten im Rundfunk am 14. Mai 1933,* Heilbronn: Eugen Salzer 1933. Eine faszinierende Abhandlung über die Entwicklung des Muttertags in Deutschland bietet Karin Hausen, »Mothers, sons, and the sale of symbols and goods: the German Mother's Day 1923–1933«, in: Hans Medick und David Warren Sabean (Hg.), *Interest and Emotion. Essays on the Study of Family and Kinship,* Cambridge: Cambridge University Press 1984, S. 371–413.
45 Magda Goebbels, *Die deutsche Mutter*, S. 6.
46 Ebd., S. 8.
47 Ebd., S. 18.
48 Joseph Goebbels, *Noi tedeschi e il Fascismo di Mussolini,* Florenz: Beltrami 1936, S. 60 f. Zu den Tagebucheinträgen über seine Italienreise siehe: *TBJG*, 4. Juni 1933, Teil I, 2/III, S. 194–200.

49 Siehe Ian Kershaw, *Hitler, 1936–1945*, S. 283.
50 Zitiert in: Detlef Mühlberger, *Hitler's Voice. The Völkischer Beobachter, 1920–1933*, Oxford: Peter Lang 2004, Bd. 1, S. 336 (Übersetzung der englischen Version von H. S.).
51 *TBJG*, 22. Juli 1933, Teil I, 2/III, S. 232.
52 *TBJG*, 7. November 1933, Teil I, 2/III, S. 308.
53 Zur Weihnachtsfeier siehe: Thacker, *Joseph Goebbels*, S. 151.
54 *TBJG*, 25. Dezember 1933, Teil I, 2/III, S. 344.

II Aspekte des Weimarer Familienlebens

1 Siehe im Anhang: »Zahlen zur Demografie und Wirtschaft«, S. 643–647.
2 Adam Tooze, *The Wages of Destruction. The Making and Breaking of the Nazi Economy*, London: Penguin 2006; dt. Ausgabe: *Ökonomie der Zerstörung: Die Geschichte der Wirtschaft im Nationalsozialismus*, Siedler: München 2007, S. 14.
3 Catherine Rollet, »›The other war‹ II: setbacks in public health«, in: Jay Winter und Jean Louis Robert (Hg.), *Capital Cities at War. Paris, London, Berlin, 1914–1919*, Bd. 1, Cambridge: Cambridge University Press 1997, S. 482 ff. Siehe auch Rollets exzellenten Beitrag »The home and family life«, in: Winter und Robert (Hg.), *Capital Cities at War. Paris, London, Berlin, 1914–1919*, Bd. 2, Cambridge: Cambridge University Press 2007, S. 315–353.
4 Richard Bessel, *Germany after the First World War*, Oxford: Clarendon Press 1993, S. 85 f. Das Kriegsministerium zitiert Bessel nach dem Stadtarchiv Heidelberg, 212a, 7.
5 Friedrich Ebert, »Ansprache an die Heimkehrenden Truppen«, Dezember 1918.
6 Siehe den wichtigen komparativen Beitrag von Jay Winter, »The European family and the two World Wars«, in: David I. Kertzer und Marzio Barbagli (Hg.), *A History of the European Family*, Bd. 3, *Family Life in the Twentieth Century*, New Haven / London: Yale University Press 2003, S. 152–173.
7 Martin Niemöller, *Vom U-Boot zur Kanzel*, Berlin: Warneck 1934, zit. in: Klaus Theweleit, *Männerphantasien*, Bd. 1: *Frauen, Fluten, Körper, Geschichte*, 1977, Reinbek 1993, S. 109.
8 Tim Mason, »Women in Germany, 1925–1940: family, welfare and work. Part 1«, in: *History Workshop Journal* 1 (1976), S. 78 f. Siehe auch im Anhang, S. 643, Abb. 1 u. 2, sowie S. 645, Abb. 5 (siehe die Balken für das Alter ab 40 Jahren).
9 Der Kaiser selbst schrieb 1922 über seine Abdankung: »Dreißig Jahre ist die Armee mein Stolz gewesen. Ich habe für sie gelebt und an ihr gearbeitet. Und

nun nach über vier glänzenden Kriegsjahren mit unerhörten Siegen musste sie unter dem von hinten gegen sie geführten Dolchstoß der Revolutionäre zusammenbrechen, gerade in dem Augenblick, als der Friede in Greifnähe stand!« Aus: Kaiser Wilhelm II., *Ereignisse und Gestalten aus den Jahren 1878–1918*, Leipzig und Berlin: Verlag von K. F. Koehler 1922, S. 245.

10 Friedrich Wilhelm Heinz, *Sprengstoff*, Berlin: Frundsberg 1930, S. 7; zit. in: Robert G. L. Waite, *Vanguard of Nazism. The Free Corps Movement in Postwar Germany, 1918–1923*, Cambridge, Mass.: Harvard University Press 1952, S. 42.

11 Am 15. Januar 1919 wurden die beiden in Berlin bewusstlos geschlagen und anschließend erschossen. Luxemburgs Leiche fand man im Landwehrkanal. Ebd., S. 62.

12 Klaus Theweleit, *Männerphantasien*, 2 Bde., Frankfurt/Main: Verlag Roter Stern/Stroemfeld 1977, 1978. Bd. 1: *Frauen, Fluten, Körper, Geschichte*, 1977. Bd. 2: *Männerkörper. Zur Psychoanalyse des Weißen Terrors*, 1978 (Taschenbuchausgabe: Reinbek: Rowohlt 1993).

13 Theweleit, *Männerphantasien*, Reinbek 1993, S. 108, Zitat aus Peter von Heydebreck, *Wir Wehrwölfe: Erinnerungen eines Freikorpsführers*, Leipzig: Koehler 1931, S. 7 ff.

14 Ebd., S. 114.

15 Ebd., S. 114.

16 Ebd., S. 71 ff.

17 Ebd., S. 412.

18 Ian Kershaw, *Hitler: 1889–1936*, München: Pantheon 2013, S. 39.

19 Vgl. Helm Stierlin, *Adolf Hitler. Familienperspektiven*, Frankfurt am Main: Suhrkamp 1975.

20 Alice Miller, *Am Anfang war Erziehung*, Frankfurt: Suhrkamp Taschenbuch 1983, S. 174.

21 Ebd., S. 213.

22 Vgl. Kershaw, *Hitler: 1889–1936*. Später hing ein Porträt seiner Mutter an prominenter Stelle in Hitlers Berliner Wohnung und auch am Obersalzberg, seinem Feriendomizil bei Berchtesgaden.

23 Henry Picker und Gerhard Ritter (Hg.), *Tischgespräche im Führerhauptquartier 1941–1942*, Bonn: Athenäum 1951.

24 Zitiert in: Robert G. L. Waite, *The Psychopathic God: Adolf Hitler*, New York: Basic Books 1977, S. 51. Diese Einstellung entspricht der Goebbels', der 1925 schreibt: »Else Montag, Mümmelchen, kling, kling!« Zu Eva Braun siehe Kershaw, *Hitler: 1936–1945*, S. 23. Eine neuere Biografie stammt von Heike B. Görtemaker, *Eva Braun: Leben mit Hitler*, München: C. H. Beck 2010.

25 Ingeborg Weber-Kellermann, *Die deutsche Familie. Versuch einer Sozialgeschichte*, Frankfurt/Main: Suhrkamp 1974, S. 10.
26 Adam Tooze, *The Wages of Destruction*, S. 176.
27 Über die Spannungen, die aus dieser Konstellation erwuchsen, siehe z. B.: Josef Mooser, »Soziale Mobilität und familiale Platzierung bei Bauern und Unterschichten, Aspekte der Sozialkultur der ländlichen Gesellschaft im 19. Jahrhundert am Beispiel des Kirchspiels Quernheim im östlichen Westfalen«, in: Neithard Bulst, Joseph Goy und Jochen Hoock (Hg.), *Familie zwischen Tradition und Moderne. Studien zur Geschichte der Familie in Deutschland und Frankreich vom 16. bis zum 20. Jahrhundert. Kritische Studien zur Geschichtswissenschaft* 48, Göttingen: Vandenhoeck & Ruprecht 1981, S. 193.
28 Richard J. Evans, »Politics and the family: social democracy and the working-class family, 1891–1914«, in: Evans und William R. Lee (Hg.), *The German Family. Essays on the Social History of the Family in 19th and 20th Century Germany*, London: Croom Helm 1981, S. 260.
29 Wilhelm Heinrich Riehl, *Die Familie*, Tübingen: J. G. Cotta'scher Verlag 1855 (Zweites Kapitel: »Das ganze Haus«); Text ist abrufbar unter: gutenberg.spiegel. de/buch/1206/8.
30 Jean-Louis Robert, »Paris, London, Berlin on the eve of the war«, in: Winter und Robert, *Capital Cities at War*, Bd. 1, S. 25–53. Großstädte wie Berlin und Hamburg wuchsen sehr viel schneller als die britischen oder französischen.
31 Paul Weindling, »The medical profession, social hygiene and the birth rate in Germany, 1914–1918«, in: Richard Wall und Jay Winter (Hg.), *The Upheaval of War. Family, Work and Welfare in Europe, 1914–1918*, Cambridge: Cambridge University Press 1988, S. 428.
32 Hans Mommsen gibt zu bedenken, dass angesichts der immer mächtiger werdenden anti-republikanischen Kräfte in diesem Sommer 1919 nicht mehr habe erreicht werden können. Er betont jedoch auch, dass die wesentlichen Forderungen der Arbeiterbewegung – Demokratisierung von Zivilverwaltung und Militär, Beteiligung an wirtschaftlichen Entscheidungen – nicht in die Verfassung fanden; vgl. Hans Mommsen, *Aufstieg und Untergang der Republik von Weimar. 1918–1933*, Berlin: Ullstein 1998.
33 Herbert Kraus, *The Crisis of German Democracy. A Study of the Spirit of the Constitution of Weimar*, Princeton: Princeton University Press 1932, S. 98.
34 Ein Beispiel hierfür ist Artikel 115: »Die Wohnung jedes Deutschen ist für ihn eine Freistätte und unverletzlich. Ausnahmen sind nur auf Grund von Gesetzen zulässig.« Einen detaillierten Kommentar, der aber leider wenig Bezug zur Familie hat, liefert Peter C. Caldwell, *Popular Sovereignty and the Crisis of German Constitutional Law. The Theory and Practice of Weimar Con-*

stitutionalism, Durham / London: Duke University Press 1997, insbesondere S. 63–84.

35 Eine Ausnahme bildet hier: Monique Da Silva, »L'impact de la Constitution de Weimar«, passim.

36 In diesem Kontext ist interessant anzumerken, dass sowohl Hugo Preuss, den Ebert beauftragt hatte, einen ersten Entwurf der Verfassung anzufertigen, als auch Max Weber, der im Expertenrat saß, der unter Preuss' Vorsitz vom 9. bis 12. September 1918 tagte, es nicht für nötig hielten, einen Abschnitt über die Grundrechte einzufügen. Vgl. Caldwell, *Popular Sovereignty*, S. 73.

37 Die Weimarer Verfassung ist abrufbar unter: www.dhm.de/lemo/html/dokumente/verfassung/index.html.

38 *Constitución de la república española*; abrufbar unter: www.verfassungen.eu/es/verf31-index.htm.

39 In den ersten beiden Entwürfen der deutschen Verfassung gab es die Klausel zur Gleichberechtigung in der Ehe nicht; vgl. Alfred Wieruszowski, »Artikel 119. Ehe, Familie, Mutterschaft«, in: Hans-Carl Nipperdey (Hg.), *Die Grundrechte und Grundpflichten der Reichsverfassung* 1930; Kronberg: Scriptor 1975, Bd. 2, S. 72. Der Autor vermutet, dass man die »grundherrschaftliche« Organisation der Familie durch eine »kooperative« ersetzen wollte und keine absolute Gleichheit anstrebte (ebd., S. 80).

40 Nach dem Bürgerlichen Gesetzbuch von 1900 durfte die Ehe geschieden werden bei Ehebruch, bei »Zerrüttung des ehelichen Verhältnisses«, bei »böslichem Verlassen«, bei Geisteskrankheit und falls ein Ehepartner dem anderen nach dem Leben trachtete. In der während der Weimarer Jahre geführten Debatte ging es vor allem darum, die »eheliche Zerrüttung« durch »unversöhnliche Meinungsverschiedenheiten« zu ersetzen. Nationalistische Parteien des rechten Flügels und das katholische Zentrum rückten jedoch nicht von ihrer Position ab und sahen die Grundlage der deutschen Zivilisation in Gefahr; vgl. Michelle Mouton, *From Nurturing the Nation to Purifying the Volk. Weimar and Nazi Family Policy, 1918–1945*, Cambridge: Cambridge University Press 2007, S. 75 ff.

41 Antje Dertinger, »Marie Juchacz«, in: Dieter Schneider (Hg.), *Sie waren die Ersten. Frauen in der Arbeiterbewegung*, Frankfurt/Main: Büchergilde Gutenberg 1988, S. 214.

42 Kathleen Canning, »Women and the politics of gender«, in: Anthony McElligott (Hg.), *Weimar Germany*, Oxford: Oxford University Press 2009, S. 153.

43 David Crew, *Germans on Welfare. From Weimar to Hitler*, Oxford: Oxford University Press 1998, S. 11.

44 Richard M. Titmuss, *Social Policy. An Introduction*, London: Allen & Unwin 1974, S. 140 f. Eine andere Dreiteilung des Sozialhilfesystems nimmt Goran

Esping Andersen vor: *The Three Worlds of Welfare Capitalism*, Princeton, NJ: Princeton University Press 1990.

45 Tim Mason, »Women in Germany«, S. 82 ff.

46 Dokument aus dem Nürnberger Wohlfahrtsamt, 10. Oktober 1918, zit. in: Young-Sun Hong, *Welfare, Modernity, and the Weimar State, 1919–1933*, Princeton University Press, Princeton 1998, S. 159. Zur Situation in Frankreich siehe die herausragende Arbeit von Susan Pedersen, *Family, dependence, and the origins of welfare state: Britain and France 1914–1945*, Cambridge: Cambridge University Press 1993, *passim*.

47 Reinhold Seeberg, »Wo hinaus?«, in: *Der 38. Kongress für Innere Mission*, Berlin: Wichern Verlag 1919, S. 13 f.; zit. in: Hong, *Welfare, Modernity*, S. 55.

48 Johann Hinrich Wichern, »Notstände der protestantischen Kirche und die innere Mission« (1844), in: ders., SW IV/1, Berlin 1958, S. 235.

49 Vgl. Hong, *Welfare, Modernity*, S. 9 f. und 54 f. Familie, Nation und Krieg waren im Diskurs der DNVP eng miteinander verbunden. Klara Klotz, Vorsitzende des Württemberger Regionalkomitees der DNVP, erklärte im September 1926 ihre Sicht auf die Mutterrolle mit militärischen Metaphern: »Durch uns Mütter sollte die Familie Deutschlands psychologische und geistige Waffenfabrik werden.« Zitiert in: Raffael Scheck, *Mothers of the Nation. Right-Wing Women in Weimar Germany*, Oxford: Berg, 2004, S. 91.

50 Hong, *Welfare, Modernity*, S. 46–47. Aufschlussreich in diesem Zusammenhang ist auch Rebecca Heinemann, *Familie zwischen Tradition und Emanzipation. Katholische und sozialdemokratische Familienkonzeptionen in der Weimar Republik*, München: Oldenbourg 2004.

51 Adelheid von Saldern, »›Neues Wohnen‹. Housing and reform«, in: McElligott (Hg.), *Weimar Germany*, S. 207–233 (hier S. 215).

52 »Gesichter der Straße«, in: *Arbeiter Illustrierte Zeitung*, Bd. 7 (1928), Nr. 4, S. 4; zitiert in: Pamela E. Swett, *Neighbors and Enemies. The Culture of Radicalism in Berlin, 1929–33*, Cambridge: Cambridge University Press 2004, S. 25.

53 Enno Kaufhold (Hg.), *Berlin in den Weltstadtjahren. Fotografien von Willy Römer, 1919–1933*, Berlin: Edition Braus 2012.

54 David Blackbourn, »The German bourgeoisie: an introduction«, in: ders. und Richard J. Evans, *The German Bourgeoisie. Essays on the Social History of the German Middle Class from the Late Eighteenth to the Early Twentieth Century*, London: Routledge 1991, S. 9.

55 William H. Hubbard, *Familiengeschichte. Materialien zur deutschen Familie seit dem Ende des 18. Jahrhunderts*, München: C. H. Beck 1983, S. 125; Mason, »Women in Germany, 1«, S. 82.

56 Mason, »Women in Germany, 1«, S. 82.

57 Günther Schulz, *Die Angestellten seit dem 19. Jahrhundert*, in: *Enzyklopädie Deutscher Geschichte*, Bd. 54, München: Oldenbourg 2000, S. 105.
58 Siegfried Kracauer, *Die Angestellten*, Frankfurt/Main: Suhrkamp 1971 (1. Auflage 1930), S. 68.
59 Schulz, *Die Angestellten seit dem 19. Jahrhundert*, S. 105.
60 Swett, *Neighbors and Enemies*, S. 30 f. und S. 44.
61 Ebd., S. 31–34.
62 Die Frauenbilder der kommunistischen Zeitschrift *AIZ* (*Arbeiter Illustrierte Zeitung*) analysiert Patrice Petro in: *Joyless Streets. Women and Melodramatic Representation in Weimar Germany*, Princeton: Princeton University Press 1989, S. 127 ff. Petro nennt eine Ausnahme zum oben skizzierten Frauenbild, nämlich einen Artikel in der AIZ von 1929 (Nr. 12, S. 4 f.) mit dem Titel »Kameradschafts-Ehe?«.
63 Einen detaillierten Einblick in das Familienleben in Körle zur Zeit der Weimarer Republik und unter der nationalsozialistischen Herrschaft verdanken wir Gerhard Wilke und Kurt Wagner: »Dorfleben im Dritten Reich: Körle in Hessen. Eine Analyse der Mobilisierung in Marburg a. d. L., in: Eike Hennig (Hg.), *Hessen unterm Hakenkreuz. Studien zur Durchsetzung der NSDAP in Hessen*, Frankfurt/Main: Insel 1984.
64 Wilke und Wagner, »Dorfleben im Dritten Reich«.
65 Cornelie Usborne, *Cultures of Abortion in Weimar Germany*, New York/Oxford: Berghahn 2007, S. 181. Das Abtreibungsgesetz wurde 1926 abgemildert.
66 Vgl. Detlev J. K. Peukert, *Die Weimarer Republik: Krisenjahre der Klassischen Moderne*, Frankfurt am Main: Suhrkamp 1987.
67 Ebd.
68 Bericht vom 26. November 1931, zit. in: Crew, *Germans on Welfare*, S. 171–173; siehe auch: Alf Lüdtke, »Hunger in der Großen Depression: Hungererfahrungen und Hungerpolitik am Ende der Weimarer Republik«, in: *Archiv für Sozialgeschichte* 57 (1987), S. 145–176; und den Bericht des amerikanischen Journalisten Hubert R. Knickerbocker, *The German Crisis*, New York: Farrar & Rinehart 1932 (besonders die Kapitel 1–3 zu Berlin).
69 Jeremy Noakes, *The Nazi Party in Lower Saxony*, London: Oxford University Press 1971, S. 123 und S. 209 f.

III Nationalsozialistische Familienpolitik

1 Rede bei der Kundgebung der HJ, in: *Die Reden Hitlers am Parteitag der Freiheit,* München: Zentralverlag der NSDAP Franz Eher Nachf., 10. Aufl. 1936, S. 59.

2   Zur Geschichte der eroberten Gebiete siehe Mark Mazowers aktuelle und wichtige Untersuchung: *Hitlers Imperium. Europa unter der Herrschaft des Nationalsozialismus,* München: C.H. Beck 2009.
3   Adolf Hitler, »Die völkische Sendung der Frau«, Rede vom 8. September 1934, in: *N. S. Frauenbuch,* München: J.F. Lehmann 1934, S. 11.
4   Rede bei der Tagung der NS-Frauenschaft, in: *Die Reden Hitlers am Parteitag der Freiheit,* München: Zentralverlag der NSDAP Franz Eher Nachf., 10. Aufl. 1936, S. 54.
5   Zu Gentile und der Konferenz siehe Kap. 3, S. 246. Einen Überblick bietet Hubert Kiesewetter, *Von Hegel zu Hitler. Die politische Verwirklichung einer totalitären Machtstaatstheorie in Deutschland (1815–1945),* Frankfurt/Main und New York: Peter Lang 1995.
6   Um den Begriff und seine Verwendung hat sich in jüngster Zeit eine interessante Debatte entsponnen; siehe vor allem Michael Wildt, *Volksgemeinschaft als Selbstermächtigung. Gewalt gegen Juden in der deutschen Provinz 1919–1939,* Hamburg: Hamburger Edition 2007; besonders aufschlussreich ist Wildts Diskussion des Begriffs der Volksgemeinschaft bei der Entstehung der Weimarer Verfassung, S. 41 ff. und 53 f. Siehe auch den Tagungsbericht von Janosch Steuwer zur Tagung *German Society in the Nazi Era. »Volksgemeinschaft« between Ideological Projection and Social Practice,* vom 25. bis 27. März 2010 in London, in: *H-Soz-u-Kult,* 28.5.2010 (Text ist abrufbar unter: hsozkult.geschichte.hu-berlin.de/tagungsberichte/id=3121). Bei der Londoner Konferenz legten Martina Steber und Bernhard Gotto überzeugend dar, dass man die »Volksgemeinschaft« als »imaginierte Ordnung« verstehen sollte, die einen handlungsleitenden Charakter besessen und deshalb die Gesellschaft des Nationalsozialismus entscheidend geprägt habe.
7   Peter Fritzsche, *Life and Death in the Third Reich,* Cambridge, Massachusetts: Harvard University Press 2008, S. 39.
8   Ebd., S. 46 f.; siehe auch: Michael Schneider, *Unterm Hakenkreuz. Arbeiter und Arbeiterbewegung 1933 bis 1939,* Bonn: Dietz 1999, S. 92
    Louis Dumont, *Individualismus. Zur Ideologie der Moderne,* Frankfurt/Main: Suhrkamp 1991 (französische Originalausgabe: 1983), S. 185 ff.
9   Dumont schreibt, dass auch Hitler vom Zeitgeist »infiziert« gewesen sei, weil er an den Kampf aller gegen alle geglaubt habe. Laut Dumont übertrug Hitler die individualistischen Tendenzen, die er bei sich selbst erkannte, auf die Juden; ebd., S. 179 f. und 188.
10 Adam Tooze, *The Wages of Destruction,* S. 135.
11 Horst Becker, *Die Familie,* Leipzig: Schäfer 1935, S. 135.
12 Bereits am 29. September 1933 legte Walther Darré, Hitlers späterer Reichser-

nährungsminister, sein Reichserbhofgesetz vor. Darré wollte in ganz Deutschland unveräußerliche Hofstellen (Erbhöfe) schaffen, die sich selbst versorgten. Erbteilung war verboten, der Hof musste an einen einzelnen männlichen Erben übergehen. Darré hoffte, die Höfe so vor marktwirtschaftlich bedingten Zwangsversteigerungen zu schützen. Im Laufe der Zeit sollte durch natürliche Selektion eine rassisch reine Bauernschaft entstehen, die dann neue Führungskräfte für die Nation hervorbringen würde. Seine Pläne ließen sich jedoch nur zum Teil umsetzen. Bis zu einer Million Höfe mit einer Größe von 7,25 bis 125 Hektar sollten in Erbhöfe umgewandelt werden, doch die damit verbundenen Auflagen führten zu erbitterten Konflikten innerhalb der Familien. In vielen Teilen Deutschlands war die Zukunft der Kinder, die den Hof nicht erbten, ein großes Problem, außerdem waren Frauen bei der Erbregelung noch nie so umfassend ignoriert worden. Ironischerweise blieb vielen Söhnen und Töchtern, die durch das Gesetz von der Erbfolge ausgeschlossen waren, nichts anderes übrig, als in die Städte abzuwandern; siehe Richard J. Evans, *Das Dritte Reich*. Bd. II/2, *Diktatur*, München: Siedler 2006, S. 516–519 und S. 525; Tooze, *The Wages of Destruction*, S. 182–186; Gustavo Corni, *La politica agraria del Nazionalsocialismo*, Mailand: Franco Angeli 1989.

13   Lisa Pine, *Nazi Family Policy, 1933–1945,* Oxford und New York: Berg 1997, S. 9 f. und S. 66 f. Pine bietet eine informative Studie, auf die ich bei meiner Arbeit an diesem Buch mehrfach zurückgriff. Zu Becker siehe die aufschlussreichen Kommentare bei Weber-Kellermann, *Die deutsche Familie*, S. 181 ff.

14   Pine, *Nazi Family Policy*, S. 18 f.

15   Zu Schweden siehe: Luca Dotti, *L'Utopia eugenetica del Welfare State svedese, 1934–1975,* Soveria Mannelli: Rubbettino 2004.

16   Bundesarchiv Koblenz, NS 18/712, »Sicherung des biologischen Wachstums unseres Volkes. Richtlinien für eine bevölkerungspolitische Propaganda und Volksaufklärung«; zit. in: Gisela Bock, »Gleichheit und Differenz in der nationalsozialistischen Rassenpolitik«, in: *Geschichte und Gesellschaft* 19 (1993), Heft 3, S. 291.

17   Adolf Hitler, *Mein Kampf,* München: Eher Verlag 1943, S. 279. Ausführlichere Informationen zu dem Gesetz siehe: Pine, *Nazi Family Policy*, S. 13 ff. Zur Geschichte der Sterilisation im Dritten Reich siehe: Gisela Bock, *Zwangssterilisation im Nationalsozialismus. Studien zur Rassenpolitik und Frauenpolitik,* Opladen: Westdeutscher Verlag 1986. Ein weiteres Gesetz vom 24. November 1933 erlaubte die Inhaftierung und Zwangskastration bestimmter Krimineller nach »rassenbiologischen« Kriterien.

18   Die Erinnerungen wurden 1940/41 in den USA niedergeschrieben und sind nur

in Auszügen wiedergegeben in Monika Richarz (Hg.), *Jüdisches Leben in Deutschland*, Bd. 3. *Selbstzeugnisse zur Sozialgeschichte 1918–1945*, Stuttgart: DVA 1982, S. 231.

19 Ebd., S. 233 f.
20 Ebd., S. 236. Wichtige aktuelle Aufsätze zur Lage der jüdischen Familien in Nazi-Deutschland ab 1933 bieten Francis R. Nicosia und David Scrase (Hg.), *Jewish Life in Nazi Germany. Dilemmas and Responses*, New York und Oxford: Berghahn 2010, vor allem: Marion Kaplan, »Changing roles in Jewish families«, S. 15–46, und Konrad Kwiet, »Without neighbors. Daily living in Judenhäuser«, S. 117–147.
21 Siehe die Akte Rudolf Langen, Dokumentnummer 212564, Entschädigungsamt, Berlin (Seiten nicht nummeriert) und den Brief in der Akte von Rose Scharnberg, der Anwältin von Rudolfs Mutter, an Dr. Matthee vom 14. Januar 1958. Ich danke Christoph Kreutzmüller, der mir das noch unveröffentlichte Material zur Verfügung stellte.
22 Evans, *Das Dritte Reich*, Bd. 1: *Aufstieg*, S. 476.
23 Christopher J. Probst, *Demonizing the Jews. Luther and the Protestant Church in Nazi Germany*, Bloomington und Indianapolis: Indiana University Press, 2012.
24 Evans, *Das Dritte Reich*, Bd. II/1: *Diktatur*, S. 274–283.
25 Hans Müller, *Katholische Kirche und Nationalsozialismus. Dokumente, 1930–1935*, München: Taschenbuch Verlag 1963, Dokument Nr. 77, S. 170, zit. in: Guenter Lewy, *Die katholische Kirche und das Dritte Reich*, München: Piper 1965, S. 123.
26 Lewy, *Die katholische Kirche und das Dritte Reich*, S. 176 f.
27 Ein Beispiel von vielen: Unter dem Stichwort »Ehre« schrieb Konrad Gröber, Erzbischof von Freiburg in seinem *Handbuch der religiösen Gegenwartsfragen* (Freiburg: Herder 1937), S. 184: »Der Führer des Dritten Reichs hat den deutschen Menschen aus seiner äußeren Erniedrigung und seiner durch den Marxismus verschuldeten inneren Ohnmacht erweckt und zu den angestammten germanischen Werten der Ehre, der Treue und der Tapferkeit zurückgeführt«; zit. in: Lewy, *Die katholische Kirche und das Dritte Reich*, S. 184.
28 Ernst Troeltsch, *Die Bedeutung des Protestantismus für die Entstehung der modernen Welt*, Schutterwald/Baden: Wiss. Verlag, 1997 (1. Auflage 1906), S. 76.
29 Ingeborg Weber-Kellermann, *Die deutsche Familie*, S. 184.
30 Clifford Kirkpatrick, *Nazi Germany. Its Women and Family Life*, Indianapolis: Bobbs-Merrill 1938, S. 269 f. (Übersetzung der Auszüge von Ulrike Held).
31 Ebd.
32 Zitiert in: David Welch, *The Third Reich. Politics and Propaganda*, London/New York: Routledge 1993, S. 63.

33 Wilke, *Dorfleben im Dritten Reich*, in: Detlev Peukert und Jürgen Reulecke (Hg.), *Die Reihen fast geschlossen*, Beiträge zur Geschichte des Alltags unterm Nationalsozialismus, Wuppertal: Peter Hammer Verlag 1981.

34 Ebd., sowie Wilke und Wagner »Family and household«, in: Richard J. Evans und William R. Lee (Hg.), *The German family*, London: Croom Helm 1981, S. 120–147.

35 Hermann Rauschning, *Gespräche mit Hitler*, Zürich/New York 1940, S. 23.

36 Zur Mitgliederzahl der HJ siehe Michael H. Kater, *Hitler-Jugend*. Aus dem Englischen von Jürgen Peter Krause, Darmstadt: Primus-Verlag 2005. Ende 1933 hatte die HJ 2,3 Millionen Mitglieder, das entsprach 30,5 Prozent der Altersgruppe. Bis Ende 1937 stieg der Anteil auf 64 Prozent; 1939 dann, nachdem die Mitgliedschaft verpflichtend wurde, waren es 98,1 Prozent.

37 *TBJG*, 2. Juli 1936, Teil 1, 3/II, S. 121.

38 Evans, *Das Dritte Reich*, Bd. II/1: *Diktatur*, S. 341.

39 Alfred Bäumler, *Männerbünde und Wissenschaft*, Berlin: Junker und Dünnhaupt 1934, S. 42, zit. in: Pine, *Nazi Family Policy*, S. 9.

40 Pine, *Nazi Family Policy*, S. 49. Die Gegensatzreihe basiert auf Hedwig Rahn, »Artgemäße Mädchenerziehung und Rasse«, in: *Nationalsozialistische Mädchenerziehung* 12 (1940), S. 224.

41 »Aus ›Neuen‹ werden Jungmädel«, in: *Das Deutsche Mädel*, Juni 1936, S. 17. Dieses und andere Zitate aus der Zeitschrift stammen aus: Natalie Becattini, *»Führer, wir gehören dir«: la rivista »Das Deutsche Mädel« (1933–1944)*, unveröffentlichte Magisterarbeit der Universität Florenz, Facoltà di Lettere e Filosofia, 2009.

42 *Das Deutsche Mädel* 7 (1933), S. 7.

43 Ab 1937 beschloss von Schirach, diese Zeltlager seien nicht konform mit der nationalsozialistischen Auffassung von Weiblichkeit. Zur Rolle des Ferienlagers als Schlüsselelement der NS-Sozialisierung siehe auch: Fritzsche, *Life and Death*, ab S. 96.

44 Nancy R. Reagin, *Sweeping the German Nation. Domesticity and National Identity in Germany, 1870–1945*, Cambridge: Cambridge University Press 2007, S. 121 f. Laut den Statistiken des Regimes absolvierten 1943 etwa 1,5 Millionen junge Frauen ein Arbeitsjahr.

45 Siehe Jürgen Rostock und Franz Zadniček, *Paradiesruinen. Das KdF-Seebad der Zwanzigtausend auf Rügen*, Berlin: Ch. Links 2006; Hermann Weiß, »Ideologie der Freizeit im Dritten Reich. Die NS-Gemeinschaft ›Kraft durch Freude‹«, in: *Archiv für Sozialgeschichte* 33 (1993); Shelley Baranowski, *Strength through Joy. Consumerism and Mass Tourism in the Third Reich*, Cambridge: Cambridge University Press 2004.

46 Das sogenannte Ley-Cianetti-Abkommen von 1937 sah einen Austausch per

Zugreise zwischen Italien und Deutschland vor, damit die Bevölkerung das jeweils andere Land kennenlernen könne, doch die Deutschen beklagten sich über die italienischen Züge mit ihren harten Holzbänken, sie seien unbequem und schmutzig. Die italienischen Behörden wollten für zusätzlich Seife und Handtücher sorgen.

47 Baranowski, *Strength through Joy*, S. 179–182.
48 Einen Bericht aus Sicht einer Familie findet man im 3. Kapitel, S. 291.
49 Klaus Behnken (Hg.), *Deutschland-Berichte der Sozialdemokratischen Partei Deutschlands (Sopade) 1934–1940*. 7 Jahrgangsbände als Nachdruck, Frankfurt/Main und Salzhausen: Verlag Petra Nettelbeck/Zweitausendeins 1980, 3 (1936) 7, S. 881.
50 Zitiert in: Ernst Fraenkel, *Der Doppelstaat*, Europäische Verlagsanstalt 2001, S. 99.
51 Reichsparteitagsrede 1934, zit. in: Gertrud Scholtz-Klink, *Die Frau im Dritten Reich*, Tübingen: Grabert 1979, S. 501.
52 Koonz, *Mothers in the Fatherland*, dt.: *Mütter im Vaterland. Frauen im Dritten Reich*, Reinbek: Rowohlt 1994, S. 48.
53 Mason, »Women in Germany«, S. 100. Moritz Föllmer argumentiert ganz ähnlich, wenn er bemerkt, dass die Maßnahmen der dreißiger Jahre die Grenze zwischen Gewöhnlichem und Außergewöhnlichem zu verwischen suchten. Selbst eine banale Betätigung wie das Sparen für einen Volkswagen konnte die Familie mit dem »Großen und Ganzen« in Verbindung bringen. Siehe M. Föllmer, »The subjective dimension of Nazism«, in *Historical Journal* 56 (2013), Nr. 4, S. 1120 f.
54 Siehe Nancy R. Reagin, *Sweeping the German Nation*, passim.
55 Ebd., S. 16 und 39. Zum Vergleich mit Polen siehe Kap. 6 »Domesticity and ›Germanization‹ in occupied Poland«, S. 181–217. Hitler kommentierte: »Wir wollen ihnen [den Polen] gar nicht die deutsche Sauberkeit beibringen. Selbst wenn sie sich und ihre Häuser täglich schrubben würden, wäre es uns gleichgültig.« (Ebd., S. 181, ohne Quellenangabe.)
56 Kirkpatrick schreibt dazu 1938 aus Berlin: »Die glückliche um den Baum versammelte Hausgemeinschaft, die alte Lieder singt und alte Bräuche pflegt, ist ein Teil der deutschen Kultur, den der Nationalsozialismus weiterführen und durchdringen will.« (*Nazi Germany*, S. 101 f.; Übersetzung des Auszugs: Ulrike Held.)
57 Hermann Rauschning, *Gespräche mit Hitler*, Zürich: Europa Verlag 1940.
58 Detlev Peukert, *Volksgenossen und Gemeinschaftsfremde: Anpassung, Ausmerze und Aufbegehren unter dem Nationalsozialismus*, Köln: Bund Verlag 1982, S. 282.

59 Wieland Schmied, *Neue Sachlichkeit und magischer Realismus in Deutschland 1918–1933*, Hannover: Fackelträger-Verlag Schmidt-Küster 1969.
60 *Frankfurter Zeitung* vom 5. Januar 1937, zit. in: Ingeborg Weber-Kellermann, *Die deutsche Familie*, Frankfurt/Main: Suhrkamp 1974.
61 Leni Riefenstahl, *Memoiren 1902–1945*, Frankfurt/Main und Berlin: Ullstein 1994, S. 293.
62 Die Debatte, die Gisela Bock mit Claudia Koonz und anderen Historikern über die Frage führt, ob das nationalsozialistische Deutschland eher eine anti-natalistische als pro-natalistische Politik betrieb, geht offensichtlich am Punkt vorbei. Die Nationalsozialisten gaben sich pro-natalistisch gegenüber Familien, deren Kinder ihnen wünschenswert erschienen (und um die sie sich besonders kümmerten); sie waren anti-natalistisch eingestellt gegenüber Familien, deren Kinder sie nicht wollten (und die sie auf die eine oder andere Art zu vernichten suchten); siehe Anita Grossmann, »Feminist debates about women and National Socialism«, in: *Gender and History* 3 (1991), Nr. 3, S. 350–358.
63 Henry Picker und Gerhard Ritter (Hg.), *Tischgespräche im Führerhauptquartier 1941–1942*, Bonn: Athenäum 1951.
64 Pine bietet eine gute und detaillierte Übersicht zu den diversen Maßnahmen: *Nazi Family Policy*, S. 88–116.
65 Zitiert in: Gisela Bock, »Gleichheit und Differenz in der nationalsozialistischen Rassenpolitik«, in: *Geschichte und Gesellschaft* 19 (1993), S. 295.
66 Pine, *Nazi Family Policy*, S. 34.
67 Birgit Kasten, »Untersuchungen zur Abtreibung während der NS-Zeit in Leipzig«, in: Susanne Schötz (Hg.), *Frauenalltag in Leipzig. Weibliche Lebenszusammenhänge im 19. und 20. Jahrhundert*, Weimar/Köln/Wien: Böhlau Verlag 1997, S. 290 f.
68 Evans, *Das Dritte Reich*, Bd. II/2: Diktatur, S. 586–593.
69 Siehe die Zahlen zur Demografie und Wirtschaft im Anhang dieses Buches.

IV Das Regime im Krieg

1 Hans Mommsen, »Der Nationalsozialismus. Kumulative Radikalisierung und Selbstzerstörung des Regimes«, in: *Meyers Enzyklopädisches Lexikon*, Bd. 16, Mannheim 1976, S. 785–790.
2 Zitiert in: Wolfgang Jacobmeyer, »Der Überfall auf Polen und der neue Charakter des Krieges«, in: Christoph Klessmann (Hg.), *September 1939. Krieg, Besatzung, Widerstand in Polen: Acht Beiträge*, Göttingen: Vandenhoeck & Ruprecht 1989, S. 16 f.
3 *TBGJ*, Teil I, 7.

4   Karl Beyer, *Familie und Frau im neuen Deutschland*, Berlin/Leipzig: Verlag von Julius Beltz in Langensalza 1936, S. 45.
5   Peter Fritzsche, *Life and Death*, S. 145 f. Man schätzt, dass etwa vier Milliarden Briefe hin- und hergingen.
6   Christopher Browning, *Nazi Policy, Jewish Workers, German Killers*, Cambridge: Cambridge University Press 2000.
7   Joseph Goebbels, »Gespräche mit Frontsoldaten«, in: *Das Reich*, 26. Juli 1942, zit. in: Fritzsche, *Life and Death*, S. 151.
8   Victor Klemperer, *Ich will Zeugnis ablegen bis zum letzten*, Bd. 1, S. 661 (Eintrag vom 2. September 1941).
9   Ebd., Eintrag vom 8. September 1941.
10 Gisela Bock, »Gleichheit und Differenz«, S. 295; siehe auch: dies., *Zwangssterilisation*, S. 168 f.
11 Jill Stephenson, *Women in Nazi Germany*, Harlow: Longman 2001, S. 55 ff. und S. 156.
12 *TBJG*, 1. September 1943, Teil II, Bd. 9, S. 399.
13 Tim Mason stellt zu den Turiner Streiks vom März 1943 richtig fest, dass das einem einheimischen faschistischen Regime unterworfene Volk hier zum ersten Mal breiten Widerstand leistete. Die deutsche Arbeiterklasse, so Mason, habe sich der nationalsozialistischen Herrschaft niemals in vergleichbarer Weise entgegengestellt. Vgl. »The Turin strikes of March, 1943«, in: ders., *Nazism, Fascism and the Working Class*, hrsg. von Jane Caplan, Cambridge: Cambridge University Press 1995, S. 274 f.
14 Eine sehr informative Darstellung findet sich in Jeremy Noakes und Geoffrey Pridham (Hg.), *Nazism 1919–1945*. Bd. 3, *Foreign Policy, War and racial Extermination. A Documentary Reader*, Exeter: University of Exeter Press 2006, S. 389–440. Siehe auch Bock, »Gleichheit und Differenz«, S. 299 f., sowie Lewy, *Die katholische Kirche und das Dritte Reich*, S. 289–293.
15 Text abrufbar unter: www.uibk.ac.at/theol/leseraum/texte/599.html.
16 Pine, *Nazi Family Policy*, S. 153. Pine zitiert aus dem *Reichsgesetzblatt 1936*, Nr. 1, S. 252 ff.
17 Klemperer, *Ich will Zeugnis ablegen bis zum letzten*, Bd. 1, Eintrag vom 9. Juli 1941.
18 Saul Friedländer: *Die Jahre der Vernichtung. Das Dritte Reich und die Juden 1939–1945*. München: C. H. Beck 2006.
19 Helen Koopmann, Interview im Rahmen eines Oral-History-Projekts der Yale University; zit. in: Koonz, *Mothers in the Fatherland*, S. 380; dt. Ausgabe: *Mütter im Vaterland. Frauen im Dritten Reich*, Reinbek: Rowohlt 1994, S. 48 (Auszug übersetzt von Ursula Held).

20 Bradley F. Smith und Agnus F. Peterson (Hg.), *Heinrich Himmler. Geheimreden 1933 bis 1945 und andere Ansprachen*, Frankfurt am Main: Propyläen 1974, S. 169; zitiert in: Friedländer, *Die Jahre der Vernichtung*.

21 Hans G. Adler, *Der verwaltete Mensch. Studien zur Deportation der Juden aus Deutschland*, Tübingen: Mohr Siebeck 1974, S. 581 f.; zitiert in: Fritzsche, *Life and Death*, S. 144.

22 Jane Caplan, »Gender and the concentration camps«, in: Dies. und Nikolaus Wachsmann (Hg.), *Concentration Camps in Nazi Germany. The New Histories*, London / New York: Routledge 2010, S. 94 (Auszug übersetzt von Ursula Held). Siehe auch Christopher Browning, *Remembering Survival: Inside a Nazi Slave-Labor Camp*, New York: W. W. Norton 2010.

23 Guenter Lewy, *The Nazi persecution of the gypsies*, Oxford: Oxford University Press 2000; dt. Ausgabe: *Rückkehr nicht erwünscht: Die Verfolgung der Zigeuner im Dritten Reich*, München: Propyläen Verlag 2001.

24 Guenter Lewy, *The Nazi Persecution of the Gypsies*, Oxford: Oxford University Press 2000, S. 152 (Auszug übersetzt von Ursula Held).

25 Einen detaillierten Bericht vom Leben in diesem Lager liefert der australische Historiker Nicholas Stargardt – nämlich aus dem Blickwinkel der Kinder, die dort kurzzeitig interniert waren: *»Maikäfer flieg!« Hitlers Krieg und die Kinder*. Aus dem Englischen von Gennaro Ghirardelli. München: Deutsche Verlagsanstalt 2006.

26 Zitiert in: Friedländer, *Die Jahre der Vernichtung. Das Dritte Reich und die Juden 1939–1945*, München: C. H. Beck 2006, S. 966.

27 Luise Solmitz, *Tagebuch*, Eintrag vom 7. März 1943, Staatsarchiv Hamburg; zit. in: Richard J. Evans, *Das Dritte Reich*, Bd. III: *Krieg*, S. 452.

28 Vgl. Ulrich Herbert, *Fremdarbeiter. Politik und Praxis des »Ausländer-Einsatzes« in der Kriegswirtschaft des Dritten Reiches*, Berlin/Bonn: Dietz 1985.

29 Rolf Hochhuth (Hg.), *Joseph Goebbels – Tagebücher 1945. Die letzten Aufzeichnungen*, Berlin 1977, Anhang S. 455.

30 Die Selbstmorde von Joseph und Madga Goebbels, von Hitler und Eva Braun sind nur die bekanntesten Fälle eines weitverbreiteten Phänomens in der Naziführerschaft und unter Nazisympathisanten. Eine umfassende Darstellung liefert: Christian Goeschel, *Selbstmord im Dritten Reich*, Berlin: Suhrkamp 2011.

31 Victor Klemperer, *Ich will Zeugnis ablegen bis zum letzten*, Bd. 2: *1942–1945*, S. 759 f. (Eintrag vom 29. April 1945).

32 Ebd., S. 768 f. (Eintrag vom 5. Mai 1945).

33 *Studien über Autorität und Familie. Forschungsberichte aus dem Institut für Sozialforschung*, Paris: Felix Alcan 1936.

34 Ernst Troeltsch, *Die Soziallehren der christlichen Kirchen und Gruppen,* Tübingen: Mohr 1912, S. 558; zit. bei Horkheimer in: *Studien über Autorität und Familie,* Lüneburg: Dietrich zu Klampen 1987, S. 51.
35 Max Horkheimer, *Studien über Autorität und Familie,* Lüneburg: Dietrich zu Klampen 1987, S. 56.
36 Erich Fromm, *Studien über Autorität und Familie,* Sozialpsychologischer Teil, Lüneburg: Dietrich zu Klampen 1987, S. 84.
37 Horkheimer, *Studien über Autorität und Familie,* Lüneburg: Dietrich zu Klampen 1987, S. 61.
38 Christel und Wulf Hopf, *Familie, Persönlichkeit, Politik. Eine Einführung in die politische Sozialisation,* Weinheim/München: Juventa 1997, S. 38.
39 In seinem provokanten Buch *L'invention de l'Europe* (Paris: Seuil 1990) legt Emmanuel Todd dar, dass nicht etwa die Anwesenheit einer patriarchalischen Figur in der deutschen Familie, sondern vielmehr ihre Abwesenheit für die Leerstelle verantwortlich war, welche die Nationalsozialisten zu füllen suchten. »Während der Landflucht, die in Deutschland zwischen 1870 und 1929 ihre maximale Intensität erreichte, schuf die Auflösung des Zuhauses eine besondere Angst – das von Nietzsche so gut beschriebene Gefühl, von Gott verlassen zu sein.« (S. 252) Todd kommt einer deterministischen Einstellung gefährlich nahe, wenn er behauptet, man könne die Politik eines Landes oder einer Region im 19. und 20. Jahrhundert vom dort vorherrschenden Familienmuster ablesen.
40 Lisa Pine und andere betonen den destruktiven Charakter der nationalsozialistischen Familienpolitik: Pine, *Nazi Family Policy,* S. 181 ff.
41 Ilse Koehn, *Mischling, Second Degree. My Childhood in Nazi Germany,* New York: Greenwillow Books 1977, S. 146; dt. Ausgabe: *Mischling zweiten Grades,* Reinbek: Rowohlt 2002.
42 Klemperer, *Ich will Zeugnis ablegen bis zum letzten,* Bd. 1, S. 653 (Eintrag vom 21. Juli 1941). Klemperer schreibt weiter: »Heute Nachmittag bei Paschky. Es werden auf Nährmittelkarten Sardinenbüchsen ausgegeben. ›Ihre Karte, Herr Professor.‹ – ›Der Abschnitt ist weggeschnitten.‹ – Der Mann erstarrt, murmelt leise: ›Das ist doch …‹, geht herüber zur Fischausgabe und schneidet mir ein Stück von dem ungemein knappen und seltenen Vorrat herunter.« (Ebd., S. 653)

SECHS

Stalinismus und Familie, 1927–1945

I Familienschicksale

1 Die Zwangslage Kollontais in dieser Phase ist detailliert untersucht worden von Beatrice Farnsworth in ihrem Artikel »Conversing with Stalin, surviving the Terror: the diaries of Aleksandra Kollontai and the internal life of politics«, in: *Slavic Review* 69 (2010), Nr. 4, S. 944–970.
2 Alexandra Kollontai, »Ruka istorii. Wospominanija A. Kollontai«, in: *Krasnoarmejez* 10–15 (1919), S. 68–71.
3 *Iswestija*, 24. Oktober 1937, S. 3. Siehe dazu die Analyse dieser Kehrtwende in Farnsworth, *Aleksandra Kollontai*, S. 381.
4 Ebd.
5 Robert Tucker, *Stalin in Power. The Revolution from Above, 1928–1941*, New York: Norton 1990, S. 527.
6 Farnsworth, »Conversing with Stalin«, S. 949.
7 Ebd., S. 960.
8 Unveröffentlichter Brief vom 21. Juli 1938, in: Farnsworth, *Aleksandra Kollontai*, S. 380, Anm. 59.
9 A. M. Kollontai, *Diplomatitscheskije dnewniki, 1922–1940*, passim, sowie unveröffentlichte Tagebucheinträge (etwa vom 25. März 1938, wo sie voller Angst die Ermordung ihres alten und teuren Freundes A. A. Satkewitsch kommentierte); Farnsworth, »Conversing with Stalin«, S. 944.
10 Zitiert ohne Quellenangabe in Farnsworth, *Aleksandra Kollontai*, S. 395. Farnsworth merkt dazu an, dass »Kollontai die Familie als Zuflucht vor einer unangenehmen Gesellschaft brauchte«.
11 Es gibt zahlreiche Darstellungen der Herkunft Stalins, die auf Erinnerungen, Propaganda und wenigen Fakten basieren. Ich stütze mich hauptsächlich auf Lily Marcou, *Stalin. Vita privata*, Editori Riuniti, Roma 1996 (frz. Originalausgabe: *Staline, vie privée*, Paris: Callman-Lévy 1996); Aleksander N. Kolesnik, *La famiglia Stalin, affetti, enigmi, tragedie alla corte dell'ultimo zar*, Florenz: Ponte alle Grazie 1990 (russ. Originalausgabe: *Chronika schisni semji Stalina*, Moskau: SP »IKPA«, Redakzionno-isdatelskoje agenstwo ›Metafora‹, 1990); Alan Bullock, *Hitler and Stalin. Parallel Lives*, London: HarperCollins 1991 (dt.: *Hitler und Stalin. Parallele Leben*, Berlin: Siedler 1991); Simon Sebag Montefiore, *Young Stalin*, London: Weidenfeld and Nicholson 2007. Eine ausführliche, aktuelle Schilderung, die sich insbesondere den georgischen Wurzeln Stalins widmet, bietet Alfred J. Rieber, »Stalin, man

of the borderlands«, in: *American Historical Review* 106, Nr. 5 (2001), S. 1651–1691.

12 An dieser Stelle sollte man nicht vergessen, dass Francesco Franco im Jahr 1907, als er mit 15 in die nationale, spanische Militärakademie eintrat, überaus brutalen Initiationsriten ausgesetzt war. Aber obwohl er klein und schmächtig war und eine hohe Stimme hatte, überstand er die Drangsalierungen und verinnerlichte die Werte der Akademie vorbehaltlos (Preston, *Franco,* S. 9–13). Mustafa Kemal seinerseits liebte die Militärakademie von dem Moment an, als er sie betrat.

13 In den ersten Jahren des Kampfes und genaugenommen bis Dezember 1912, als er sich zum ersten Mal »Stalin« (der Stählerne) nannte, benutzte er als Decknamen »Koba«, den Namen eines georgischen Bandenchefs, der in der romantischen Erzählung von Aleksander Qasbegi unsterblich wurde; Rieber, »Stalin«, S. 1658, S. 1678–1682.

14 Viele Darstellungen behaupten, Kato sei an Typhus gestorben, nicht an den Komplikationen nach der Geburt Jakows.

15 Zur Beschreibung des Familienlebens durch Stalins Tochter siehe: Swetlana Allilujewa, *Zwanzig Briefe an einen Freund,* Wien: Molden 1967, S. 50–61.

16 Die Ereignisse der Nacht vom 8. November 1932 schildert Sebag Montefiore in: *Stalin. The Court of the Red Tsar,* London: Phoenix 2004, S. 1–21; deutsch: *Stalin. Am Hof des roten Zaren,* Frankfurt/Main: Fischer 2007, S. 11–31.

17 Allilujewa, *Zwanzig Briefe,* S. 200; zur Reaktion unmittelbar auf den Tod Nadeschdas siehe S. 168 ff.

18 Alan Bullock, *Hitler und Stalin. Parallele Leben,* Berlin: Siedler 1991, S. 498 ff.

19 In ihren berühmten Memoiren erinnert sich Swetlana voller Zuneigung an den »herzhaften, nach Tabak riechenden Kuss«, den Stalin ihr zur Belohnung gab, wenn sie ihm etwa Blumen brachte, Allilujewa, *Zwanzig Briefe,* S. 58 f. Ihr Resümee der Beziehung ist verblüffend: »Und sie alle [die Bediensteten Stalins] kannten auch mich und wussten, dass ich eine schlechte Tochter und mein Vater ein schlechter Vater gewesen war. Sie wussten aber auch, dass mein Vater mich und dass ich ihn geliebt habe«; ebd., S. 30.

II Der große Umbruch

1 Lynne Viola, *Peasant Rebels under Stalin and the Culture of Collective Resistance,* New York und Oxford: Oxford University Press 1996, S. 21 ff. Die meisten westlichen Forscher sind überzeugt, dass eine Anhebung der Getreidepreise

rasch das Problem des Getreidehandels gelöst hätte; der aktuelle Forschungsstand wird knapp skizziert in Chris Ward, *Stalin's Russia*, London: Arnold-Hodder and Stoughton 1993, S. 56-59.
2   Viola, *Peasant Rebels*, S. 36.
3   Ebd., S. 24.
4   Atkinson, *The End of the Russian Land Commune*, S. 370 f.
5   Moshe Lewin, *The Making of the Soviet System. Essays in the Social History of Interwar Russia*, London: Methuen 1985.
6   Viktor P. Danilow und Nikolai A. Iwnizkij, *Dokumenty swidetelstwujut: is istorii derewni nakanune i w chode kollektiwisazii 1927-1932*, Moskau: Politisdat 1989, S. 28, zit. in: Alain Blum, *Naître, vivre et mourir en URSS, 1917-1991*, Paris 1994, S. 95 f.
7   GARF, Gossudarstwenny Archiw Rossiiskoi Federazii (Staatsarchiv der russischen Föderation), f. 3316, op. 1, d. 448, l. 68, ohne Datumsangabe, zit. in: Lewis Siegelbaum und Andrei Sokolov (Hg.), *Stalinism as a Way of Life. A Narrative in Documents*, New Haven und London: Yale University Press 2000, S. 49.
8   Nadja Krupskaja, in: *Na putjach k nowoi schkole*, Nr. 4-5 (1930), S. 15, zit. in: Sheila Fitzpatrick, *Stalin's Peasants. Resistance and Survival in the Russian Village after Collectivization*, Oxford und New York: Oxford University Press 1994, S. 219.
9   Jewgeni Gerassimow, »Puteschestwije w Spas na Peskach«, in: *Nowy mir*, Nr. 12 (1967), S. 64, zit. in: Fitzpatrick, *Stalin's Peasants*, S. 218.
10 Näheres zu den Protesten der Bäuerinnen *(bab'ibunty)* und ihren Waffen bei: Viola, *Peasant Rebels*, S. 181 ff.
11 RGAE, Rossiiski Gossudarstwenny Archiw Ekonomiki (Russisches Staatsarchiv der Wirtschaft), f. 7486 s, op. 1, d. 236, l. 6; Brief von A. P. Kokurin, zitiert in: Siegelbaum und Sokolov, *Stalinism as a Way of Life*, S. 66.
12 RGAE, 1562/329/107, 157, zit. in: Merridale, *Steinerne Nächte*, S. 215.
13 Marco Carynnyk, Lubomyr Y. Luciuk, Bohdan S. Kovdan (Hg.), *The Foreign Office and the Famine. British Documents on Ukraine and the Great Famine of 1932-1933*, Kingston, On.: Limestone Press 1988, S. 290, zit. in: Merridale, *Steinerne Nächte*, S. 215.
14 Fitzpatrick, *Stalin's Peasants*, S. 220.
15 Northrop, *Veiled Empire*, S. 318. Siehe auch Fannina W. Halle, *Women in the Soviet East*, 1932; London: Secker and Warburg 1938, S. 195. Die gleiche Geschichte wurde in Dörfern des Nordkaukasus erzählt, siehe Viola, *Peasant Rebels*, S. 59.
16 Northrop, *Veiled Empire*, S. 329.

17 Die beste knappe Darstellung der kommunalen Bewegung findet sich zweifellos in Richard Stites, *Revolutionary Dreams. Utopian Vision and Experimental Life in the Russian Revolution,* Oxford: Oxford University Press 1991, S. 205–222; hier S. 212.

18 Eine ausführliche, kritische Darstellung der ersten fünf Jahre der Kommune bietet M. Jankowskii, *Kommuna sta tridzati trjoch,* Leningrad: Proboi 1929. Richard Stites schreibt: »Das Problem, das in dieser Kommune – wie in den meisten – nicht gelöst werden konnte, waren die sexuellen Beziehungen. Frauen waren in der ›Kommune der 133‹ in der Minderheit, auch wenn eine Frau eine Zeit lang Vorsitzende war ... Das Sexualleben war schwierig und variierte in seinem Ausmaß. Manche heirateten, innerhalb der Kommune oder außerhalb. Manche befriedigten ihren Sexualtrieb außerhalb, andere verzichteten völlig. Die wenigsten waren mit ihrem Sexualleben zufrieden.« (*Revolutionary Dreams,* S. 215).

19 David Priestland, »Stalin as Bolshevik romantic: ideology and mobilization, 1917–39«, in: Sarah Davies und James R. Harris (Hg.), *Stalin: a New History,* Cambridge: Cambridge University Press 2005, S. 193 f. Stalin hatte für Friedrich Schiller und seinen aristokratisch-bürgerlichen »Idealismus« nichts übrig, billigte aber Gorkis »gute« Romantik, seine Idealisierung des neuen Sowjetmenschen. Stalin kommentierte: »Wir brauchen diese Art von Romantik, die uns vorwärts bringen wird.«

20 Stites, *Revolutionary Dreams,* S. 218 f.

21 Konstantin S. Mel'nikov, »La città del riposo razionalizzato«, in: *Stroitelstwo Moskwy* 3, 1930, zit. in: Mario Fosso und Maurizio Meriggi (Hg.), *Konstantin S. Mel'nikov e la costruzione di Mosca,* Mailand: Skira 1999, S. 236.

22 Ebd.

23 Ebd., S. 236–247, insb. S. 246 f. zum SONnaja SONata.

24 Kenneth M. Straus, *Factory and Community in Stalin's Russia. The making of an Industrial Working Class,* Pittsburgh: University of Pittsburgh Press 1997, vor allem S. 212–244.

25 Alan Wicksteed, *Ten Years in Soviet Moscow,* London: John Lane 1933, S. 112 und 122.

26 Ebd., S. 125 f.

27 Diese Beispiele stammen aus Sheila Fitzpatrick, *Ordinary Life in Extraordinary Times. Soviet Russia in the 1930 s,* Oxford: Oxford University Press 1999, S. 139–163.

28 Ebd., S. 143. David L. Hoffmann vertritt eine andere Sichtweise in: *Peasant Metropolis. Social Identities in Moscow, 1929–41,* Cornell: Cornell University Press 1994, S. 141 ff. In seinen Augen verstärkten die sowjetischen Behörden in

der zweiten Hälfte der dreißiger Jahre die traditionelle Autorität der Männer über ihre Ehefrauen.

III Terror und Verrat

1 Nicolas Werth, *L'ivrogne et la marchande de fleurs. Autopsie d'un meurtre de masse, 1937–38,* Paris: Taillander 2009.
2 Ebd.
3 Ebd.
4 Kochs Brief aus dem Jahr 1940 wird aufbewahrt in der Akte ihres Mannes in den Archiven des Sicherheitsdienstes der Russischen Föderation, zitiert in: Siegelbaum and Sokolov, *Stalinism as a Way of Life,* S. 235.
5 Sofia Antonow-Owsejenko an Wladimir Antonow-Owsejenko, 16. Oktober 1937, im Archiv der Gesellschaft Memorial, Moskau, f. 1, op. 1, d. 169, zit. in: Orlando Figes, *The Whisperers. Private Life in Stalin's Russia,* New York: Picador 2007, S. 299 f.; deutsch: *Die Flüsterer. Leben in Stalins Russland,* Berlin: Berlin Verlag 2008, S. 439 f. Dieses Werk von Figes birgt eine reiche Sammlung sowjetischer Familiengeschichten.
6 Staatsarchiv der Russischen Föderation (GARF), Moskau, f. 7523, op. 123, d. 202, l. 16–19, zit. in: Figes, *Die Flüsterer,* S. 441.
7 Catriona Kelly, *Comrade Pavlik. The Rise and Fall of a Soviet Boy Hero,* London: Granta Books 2005.
8 Ebd., S. 258.

IV Stalin und die Familie

1 Oleg V. Khlevniuk, *The History of the Gulag. From Collectivisation to the Great Terror,* New Haven und London: Yale University Press 2004, S. 328 f.
2 Solomon Volkow (Hg.), *Zeugenaussage. Die Memoiren des Dmitrij Schostakowitsch,* Hamburg: Albrecht Knaus 1978, S. 156.
3 Näheres dazu siehe: Rudolf Schlesinger, *The Family in the U.S.S.R.,* London: Routledge and Kegan Paul 1949, S. 251 ff.
4 Eine detaillierte und sehr aufschlussreiche Darstellung der sowjetischen Sozialpolitik bietet Dorena Caroli, *Un »Welfare State« senza benessere. Insegnanti, impiegati, operai e contadini nel sistema di previdenza sociale dell'Unione Sovietica (1917–1939),* Macerata: Eum edizioni 2008.
5 Anna Di Biagio, »La famiglia sovietica nella ›grande ritirata‹«, in: Enrica Asquer, Maria Casalini, Anna Di Biagio, Paul Ginsborg (Hg.), *Famiglie del Novecento. Conflitti, culture e relazioni,* Rom: Carocci 2010, S. 120.

6   Nicholas S. Timasheff, *The Great Retreat. The Growth and Decline of Communism in Russia*, New York: E.P. Dutton 1946, S. 137 ff.; David L. Hoffmann, *Stalinist Values. The Cultural Norms of Soviet Modernity, 1917–1941*, Ithaca und London: Cornell University Press 2003, S. 97–100.
7   Sarah Davies, *Popular Opinion in Stalin's Russia. Terror, Propaganda and Dissent, 1934–41*, Cambridge: Cambridge University Press 1997, S. 62 und 66.
8   Kelly, *Comrade Pavlik*, S. 147. Ein andermal verließ er eine Vorführung des noch unfertigen Films von Sergej Eisenstein über Morosow mit den Worten: »Wir können nicht zulassen, dass sich ein kleiner Junge aufführt, als sei er die Sowjetmacht persönlich.« (Ebd., S. 15) Auf seinen Befehl hin wurde der Film dann nicht fertiggestellt.
9   Ebd., S. 147.
10 Josef Stalin, »Rechenschaftsbericht an den XVII. Parteitag«, in: ders., *Fragen des Leninismus*, Berlin: Dietz 1951, S. 556 f.
11 Eine ausführliche Darstellung der Reaktion des sowjetischen Staates auf die neue Welle heimatloser Kinder bietet Catriona Kelly, *Children's World. Growing up in Russia, 1890–1991*, New Haven/London: Yale University Press 2007, S. 221 ff.
12 Anton S. Makarenko, *A Book for Parents*, Moskau: Foreign Languages Publishing 1954; vgl. deutsche Übersetzung: *Werke*, Bd. 4, *Ein Buch für Eltern*, Berlin: Volk und Wissen 1958, S. 23 ff.
13 Sheila Fitzpatrick und Alf Lüdtke, »Energizing the everyday: on the making and breaking of social bonds in Nazism and Stalinism«, in: Michael Geyer und Sheila Fitzpatrick (Hg.), *Beyond Totalitarianism. Stalinism and Nazism Compared*, Chicago: Chicago University Press 2008, S. 273 f.; Anne E. Gorsuch, *Youth in Revolutionary Russia. Enthusiasts, Bohemians, Delinquents*, Indiana: Indiana University Press 2000, S. 49: »Unsere Generation hat den Oktober zum Geburtstag. Es ist die erste Generation in Russland, die keine Vorfahren hat. Wir sind die Generation ohne Väter.«
14 Kelly, *Comrade Pavlik*, S. 36.
15 Eva Balz, *The Implementation of State Ideology through Primers in Stalinism and National Socialism*, Magisterarbeit, Humboldt-Universität zu Berlin: Institut für Geschichtswissenschaften 2010.
16 Der offizielle Name der Ausstellung lautete »L'Exposition Internationale des Arts et des Techniques dans la Vie Moderne«. Siehe oben Kapitel 4, ab S. 409.
17 Einige aufschlussreiche Beobachtungen sind zu finden bei Danilo Udovički-Selb, »Facing Hitler's Pavilion: the uses of modernity in the Soviet Pavilion at the 1937 Paris International Exhibition«, in: *Journal of Contemporary History* 47 (2012), Nr. 1, S. 13–47; Karen Fiss, *Grand Illusion. The Third Reich, the*

Paris Exposition, and the Cultural Seduction of France, Chicago und London: University of Chicago Press 2009, S. 65 f.; Dawn Ades, »Paris 1937: art and power of nations«, in: ders. u. a. (Hg.), *Art und Power. Europe under the Dictators, 1930–45,* London: Thames and Hudson 1996, S. 58–62; Bernd Nicolai, »Tectonic sculpture. Autonomous and political sculpture in Germany«, in: Ades, *Art and Power,* S. 336, verweist auf die Technik, mit der Thorak für seine männlichen Figuren den Eindruck erweckte, eine klassische Rüstung würde mit der Hautoberfläche verschmelzen, sodass ein »gepanzerter Körper« entstand.

18   Anne Applebaum, *Gulag. A History of the Soviet Camps,* London: Allen Lane 2003, S. 515–521; deutsch: *Der Gulag,* Berlin: Siedler 2003, S. 613–620.
19   Enzo Traverso, *Il totalitarismo,* Mailand: Bruno Mondadori 2002, S. 163.
20   Sonia Combe, »S. K. Evstigneev, roi d'Ozerlag«, in: Alain Brossat (Hg.), *Ozerlag, 1937–64. Le système du Goulag. Traces perdues, mémoires réveillées d'un camp stalinien,* Paris: Editions Autrement 1991, S. 226 f.
21   Zitiert in: Smith und Peterson (Hg.), *Heinrich Himmler Geheimreden,* S. 169.
22   Applebaum, *Der Gulag,* S. 341.
23   Der erschütternde Bericht von Chawa Wolowitsch, die während einer 16-jährigen Haftstrafe im Gulag ein Mädchen zur Welt brachte und zusehen musste, wie es langsam verhungerte, ist abgedruckt in Anne Applebaum (Hg.), *Gulag Voices. An Anthology,* New Haven/London: Yale University Press 2011, S. 95–103; Auszüge in: dies., *Der Gulag,* S. 344 ff.

V Der große vaterländische Krieg, 1941–1945

1   Die beste knappe Darstellung stammt von John Barber und Mark Harrison, »Patriotic War, 1941–1945«, in: Ronald Grigor Suny (Hg.), *The Cambridge History of Russia,* Bd. 3, *The Twentieth Century,* Cambridge: Cambridge University Press 2006, S. 217–242.
2   Bernd Bonwetsch, »Stalin, the Red Army and the ›Great Patriotic War‹«, in: Kershaw und Lewin (Hg.), *Stalinism and Nazism,* S. 185. Die Rote Armee wuchs auf das Fünffache an, von 1,1 Millionen Soldaten Anfang 1937 auf fast 5,4 Millionen Ende 1941.
3   John Barber und Mark Harrison, *The Soviet Home Front, 1941–1945. A Social and Economic History of the USSR in World War II,* London/New York: Longman 1991, S. 91, Stalins Befehl vom 16. August 1941.
4   Barber und Harrison, »Patriotic war«, S. 232. Die Autoren weisen auch darauf hin, dass der Krieg mit Blick auf die Behandlung der Kriegsgefangenen auf beiden Seiten zu einer Sache von »Töten – und getötet werden« wurde. Am Ende errang die Armee den Sieg, die größer und besser ausgerüstet war.

5 Schlesinger, *The Family in the USSR*, S. 367 (der Gesetzestext vom 8. Juli 1944 findet sich, auf Englisch, auf den Seiten 367–377).
6 Ebd., S. 368.
7 Swerdlows Artikel ist in Auszügen nachgedruckt in: Schlesinger, *The Family in the USSR*, S. 377–390.

Nachwort

1 George Orwell, *1984*, Frankfurt a. M. / Berlin / Wien: Ullstein 1976, S. 25 und S. 30.
2 Ferdinand Mount, *The Subversive Family*, London: Jonathan Cape 1982.
3 Siehe Kap. 5, ab S. 533.
4 Siehe Kap. 4, ab S. 378.
5 Hannah Arendt, *Elemente und Ursprünge totaler Herrschaft: Antisemitismus. Imperialismus. Totale Herrschaft*, München: Piper 1991.
6 Ebd., S. 974 f.
7 Ebd., S. 970.
8 Einen aktuellen und wertvollen Beitrag, der über das Paradigma der Atomisierung hinausgeht, liefern Sheila Fitzpatrick und Alf Lüdtke: »Energizing the everyday: on the breaking and making of social bonds in Nazism and Stalinism«, in: Sheila Fitzpatrick und Michael Geyer (Hg.), *Beyond Totalitarianism. Stalinism and Nazism Compared*, Cambridge: Cambridge University Press 2009, S. 206–301.
9 Peirats, *The CNT in the Spanish Revolution*, Bd. 1, S. 107 ff.; siehe oben, S. 361.
10 Gökalp, »Three currents of thought«, S. 73; siehe oben, S. 150.
11 Sophokles, *Antigone*, übersetzt von Friedrich Hölderlin, 1.2, 2.1, 3.1. Kreon hatte angeordnet, dass Antigones Bruder Polyneikes nicht begraben werden dürfe: »Dass keiner ihn begrabe, keiner traure, / Dass unbegraben er gelassen sei, zu schaun / Ein Mahl, zerfleischt von Vögeln und von Hunden.« Ich bin der Ansicht, dass Judith Butler in ihrem ansonsten sehr erhellenden Werk *Antigone's Claim. Kinship between Life and Death* (New York: Columbia University Press, 2000) unterschätzt, welch zentrale Bedeutung Antigone ihrer Herkunftsfamilie und nicht nur ihrem Bruder zuspricht. Vgl. insbesondere Butlers Erörterung auf S. 9 f. und Antigones berühmte Rede im 3. Akt, 3. Szene.
12 *Die Tagebücher von Joseph Goebbels*, Teil 1, Bd. 2/III, S. 203.
13 Marc Bloch, »Pour une histoire comparée des sociétés européennes« (1928), in: ders., *Mélanges Historiques*, hg. von Charles-Edmond Perrin, Paris: S.E.V.P.N. 1963.
14 Homer Kent Geiger, *The Family in Soviet Russia*, Cambridge, Mass.: Harvard University Press 1968, S. 221 ff.

15 Vgl. zum Schicksal der Juden: Marion Kaplan, *Between Dignity and Despair. Jewish Women in the Aftermath of November 1938,* New York: Leo Baeck Institute 1996.
16 Siehe etwa: *Emma* (1816), London: Penguin 1994, S. 76: »the all-sufficiency of home«.

Danksagung

1 Ein kürzlich erschienenes Ergebnis dieser Zusammenarbeit ist Jürgen Nautz, Paul Ginsborg und Ton Nijhuis (Hg.), *The Golden Chain. Family, Civil Society and the State,* New York/Oxford: Berghahn 2013.

ANHANG

Zahlen zur Demografie und Wirtschaft

1 Dieser Ausdruck verweist gewöhnlich auf den langfristigen historischen Prozess, in dessen Verlauf die anfangs hohen Geburten- und Sterblichkeitsraten auf die niederen Niveaus absanken, die heute in den meisten Ländern der entwickelten Welt herrschen.
2 Es ist darauf hinzuweisen, dass die Abfolge der Geburten- und Sterberaten für die Sowjetunion auf einer Rekonstruktion von J. N. Biraben beruht (siehe S. 624). Diese ist vor allem mit Blick auf die Zeit der großen demografischen Katastrophen besonders ungenau.
3 Alle Menschen, die im selben Jahr geboren wurden.
4 Alle Menschen, die ein bestimmtes Ereignis in einer gegebenen Epoche erlebt haben.
5 Für die Definitionen siehe das Glossar von neodems unter www.neodemos.it.

Personenregister

A

Abdülhamid II. 119, 125–128, 139 f., 144, 155 f., 172, 318
Abdülmecid II. 171
Adıvar, Adnan 165, 172
Adoian, Vosdanig *Siehe* Gorky, Arshile 161
Aghvani 159
Ahmad, Feroz 155
Alcalá-Zamora, Niceto 331
Alfons XII. 325
Alfons XIII. 318, 334
Ali ibn Abi Talib 143
Alinari, Vittorio 237
Allilujewa, Nadeschda Sergejewna 549 ff.
Allilujewa, Swetlana Iossifowna 549 ff.
Amparo Poch y Gascón, María Pilar 370 f.
Anderson, Perry 139, 162
Antonio, Julio 326
Antonow-Owsejenko, Sofia 570 f.
Antonow-Owsejenko, Valentina 571
Antonow-Owsejenko, Wladimir 570 f.
Appel, Ernst 495, 496
Appel, Eva 496
Appel, Marta 495 f.
Applebaum, Anne 584
Arendt, Hannah 595
Armand, Alexander 56
Armand, Andrej 55, 58, 82 ff., 97
Armand, Inessa 16, 54–58, 71, 75, 81 ff., 97, 114, 165, 337, 567
Armand, Inna 83, 97
Armand, Stéphane Alexander 55
Armand, Warwara 83 f., 97
Armand, Wladimir 55
Arnheim, Rudolf 18, 412
Atif Bey 157
Aub, Max 418
Auden, W. H. 292
Augustinus 251
Austen, Jane 604
Azaña, Manuel 320, 331, 369, 428

B

Baarová, Lída 532
Bachofen, Johann Jakob 52
Badoglio, Pietro 270
Bahamonde, María del Pilar 390
Bakunin, Michail 349 ff.
Balabanoff, Angelica 83
Ball, Alan 92
Balla, Giacomo 210, 220

Barber, John 589
Basilius von Caesarea 37
Bauer, Vico 211
Bäumler, Alfred 505
Bebel, August 30, 53, 113, 229 f.
Becker, Horst 491 f.
Beckmann, Max 18, 514 f., 604
Behar, Cem 129 f., 187
Bellini, Giovanni 260
Benjamin, Walter 115 f.
Bergson, Henri 146
Berlusconi, Silvio 310
Beveridge, William 105
Beyer, Karl 523
Biazzi, Mario 293
Bismarck, Otto von 470
Blanchard, María 326
Bloch, Marc 601
Blok, Alexander 78
Boccioni, Umberto 210 f., 220, 259
Bontsch-Brujewitsch, Wladimir 67
Bonwetsch, Bernd 587
Bordjugow, Gennadij 50
Borkenau, Franz 396 f.
Borodin, Nikolai 68
Bottai, Giuseppe 259, 301, 313
Brandenburgski, Jakow 102, 104, 107
Braudel, Fernand 334
Braun, Eva 449, 462, 533
Brenan, Gerald 363, 404
Browning, Christopher 524
Brussilow, Alexej 48 f.
Bryant, Louise 59 f., 77, 201
Buccafusca, Emilio 309
Bucharin, Nikolai 77, 87, 230, 554
Buffa, Angelo 266
Bullock, Alan 434
Bunk, Brian 374
Buñuel, Luis 343

C

Caballero, Francisco Largo 373
Campanella, Tommaso 79
Campoamor, Clara 323 ff.
Canonica, Pietro 193, 196 f.
Capa, Robert 408
Caplan, Jane 530
Cappa, Alberto 309
Cappa Marinetti, Benedetta (»Beny«) 218 ff., 244, 308 ff.
Carnera, Primo 294
Caroti, Assunta 239
Caroti, Fernanda 239 f., 295, 296
Caroti, Renza 240
Carrà, Carlo 210, 259
Casals, Pablo 417
Castells, Manuel 358
Çavuş, Mehmet 197
Cemal, Ahmed 146, 152, 162, 201
Cerdá, Ildefonso 354
Certeau, Michel de 187
Cervantes, Miguel de 339
Chamberlain, Houston Stewart 437 f.
Chaplin, Charlie 338
Chiarini, Luigi 252
Chlewnjuk, Oleg 574
Chuliá, Elisa 15
Ciano, Galeazzo 245, 292, 392, 451
Clements, Barbara 81
Comaposada, Mercedes 370 f., 429
Companys, Lluís 402
Contini, Giovanni 239
Corner, Paul 310
Crane, Charles 163, 165
Crespo, Juan 319, 376, 377
Cruz, Francisco 369
Czap, Peter 34 f.

Personenregister

D

D'Amelio, Mariano 276
Dalí, Salvador 410
Dante Alighieri 239
De Felice, Renzo 279
Di Bagio, Anna 576
Díaz del Moral, Juan 367
Dix, Otto 514
Domingo, Marcelino 336
Domontowitsch, Alexandra *Siehe* Kollontai, Alexandra 55
Domontowitsch, Michail Alexejewitsch 23 f.
Dschugaschwili, Jakow Iossifowitsch 102, 549 ff.
Dschugaschwili, Wissarion Iwanowitsch 548
Duben, Alan 129 f., 187
Dumont, Louis 490
Durkheim, Émile 146, 149 f.
Durruti, Buenaventura 363, 382
Dybenko, Pawel 60–63, 545

E

Ealham, Chris 405
Ebert, Friedrich 455
Edip Bey 119, 120, 121, 135
Edip, Halide 16, 119–128, 133, 135 f., 142 f., 162–173, 185, 196, 200, 203, 208, 230, 318, 400
Eisenstein, Sergej 343, 573
El Greco 386
Elena von Italien 297
Eliot, George 123
Engel, Barbara 46
Engels, Friedrich 30, 51–54, 113, 349
Enver Paşa *Siehe* Enver, İsmail 127
Enver, İsmail 127, 146, 152 f., 156, 162, 201

Ephräm der Syrer 37
Esat, Mahmut 182
Evans-Pritchard, Edward E. 269

F

Fabbrini, Matilde 259
Farinacci, Roberto 260, 293
Farnsworth, Beatrice 71, 99, 545
Faulhaber, Michael Kardinal von 499
Federn, Etta 371
Ferdinand II. von Aragón 319
Ferdinand VII. 317
Ferrer, Francisco 351
Fest, Joachim 443, 462
Figes, Orlando 100
Fischer, Louis 57
Fitzpatrick, Sheila 566
Fjodorow, Dmitri 34
Flaubert, Gustave 134
Foa, Vittorio 306, 310
Fola Igúrbide, José 360
Fraigedo, Julia 374
Francisco, Enrique de 418
Franco, Francisco 16, 170, 193 f., 299, 319, 370, 374–377, 382, 384, 389–393, 408, 414, 418–426, 428, 448, 517, 594, 598, 600
Franco, Nicolás 390
Frank, Hans 518
Fraser, Ronald 376, 382, 428
Friedländer, Richard 444
Friedländer, Saul 528
Fritzsche, Peter 489
Fromm, Bella 449 f.
Fromm, Erich 536

G

Gabinio, Mario 222
Gadda, Carlo Emilia 257

Gagarin, Nikolai 33
Galen, Clemens August von 526 f.
Gálvez, José 378
Gandhi, Mohandas Karamchand 172
García Lorca, Federico 340 ff., 395 f., 427
Garnett, Lucy 192
Gasparri, Pietro Kardinal 281
Gaudí, Antoni 354
Geiger, Homer Kent 602
Geladse, Jekaterina Gawrilowna 548 f.
Gentile, Emilio 283
Gentile, Giovanni 18, 242, 246 f., 249, 277, 279 ff., 284, 294, 299, 313, 489
Gerassimow, Jewgeni 557
Gil Robles, José María 373
Glendon, Mary Ann 62, 276, 324, 567
Goebbels, Friedrich 433 ff., 440
Goebbels, Helga 450
Goebbels, Joseph 16, 245, 292, 433–452, 461, 465, 486, 490, 494, 498, 505, 515, 520–527, 532 ff., 539, 600
Goebbels, Katharina 433, 452
Goebbels, Magda 245, 326, 444–452, 462, 520, 532 ff.
Goethe, Johann Wolfgang von 58, 326, 436
Goichbarg, Alexander 65 f., 77, 186
Gökalp, Ziya 18, 146–151, 162 f., 168, 173, 175, 182, 204, 597
Goldman, Wendy 91
Golowanjuk, Jascha 42
Golubewa, Wera 71
Gomá y Tomás, Isidro Kardinal 335 f., 384, 389, 409
Gorki, Maxim 561, 573
Gorky, Arshile 18, 161

Graham, Helen 362
Gramsci, Antonio 16, 18, 227–236, 247, 310, 358, 598
Gramsci, Delka (Delio) 233, 235
Gramsci, Francesco 227, 230
Gramsci, Giuseppina 227 f.
Gramsci, Julik (Giuliano) 233, 235
Grazia, Victoria de 257
Graziani, Rodolfo 270, 300 ff.
Grosz, George 514
Güell López, Claudio 354
Güell López, Santiago 354
Güell, Eusebi 354
Guidi, Rachele *Siehe* Mussolini, Rachele 243

H

Harlow, Jean 294
Harrison, Mark 589
Hassell, Ulrich von 297
Haydn, Joseph 503
Hegel, Georg Wilhelm Friedrich 18, 51, 246 f., 489
Henderson, Nevile 443
Herder, Johann Gottfried 489
Herkner, Heinrich 26
Herzen, Alexander 28
Heydebreck, Peter von 457, 459
Hilgenfeldt, Erich 520
Himmler, Heinrich 422, 519, 528, 584
Hitler, Adolf 16, 180, 193, 196, 256, 259, 283, 301, 390, 392, 435, 437, 440 f., 443, 446–452, 458–462, 465, 487–491, 494 f., 497–500, 504 f., 511 f., 515 ff., 522, 524–528, 532 f., 548 f., 587, 589, 598
Hitler, Alois 459 f.
Hitler, Alois jr. 459, 462
Hitler, Klara 459 ff.

Hitler, Paula 460, 462
Höhler, Albrecht 443
Holguín, Sandie 343
Horkheimer, Max 536 f.
Horta, Victor 53
Höß, Rudolf 583
Hugo, Victor 340
Hürth, Franz 251

I

İnan, Afet 196, 462
İsmail Hakkı 127
İz, Mahir 200
Ibárruri, Dolores 401
Ibsen, Henrik 360
Ipsen, Carl 266
Isabella I. von Kastilien 319
Ismail Pascha 207

J

Janke, Else 439 f.
Jenkins, Hester 121, 136
Jewstignejew, S. K. 583
Johannes Chrysostomus 37
Juchacz, Marie 468
Juliá, Santos 424

K

Kafka, Franz 326
Kalafatis, Chrysostomos 169
Kalinin, Michail 556, 571
Kamenew, Lew 544
Kanatschikow, Semjon 44, 226
Kelly, Catriona 572, 577
Kemal Atatürk, Mustafa 16 f., 62, 109,
    123, 127, 140, 143 f., 146, 152–187,
    192–197, 201–204, 213, 256, 258,
    282, 306, 312, 314, 321, 388, 390,
    392 f., 461 f., 549 f., 594, 597 f.

Kemal, Namık 135
Kemal, Nusret 174
Kent, Victoria 325
Kershaw, Ian 459, 462
Kirkpatrick, Clifford 502 f.
Klemperer, Eva 534, 594
Klemperer, Victor 441 ff., 524, 528,
    533 f., 539, 594
Koch, Anastassia 569, 570
Koehn, Ilse 538
Kokorewa, N. S. 99
Kollontai, Alexandra 16, 23–33, 39, 43,
    46 f., 55–63, 66, 71–77, 81, 85–88,
    97, 100, 104 f., 113 f., 119, 121, 127,
    148, 165, 186, 203 f., 212 f., 228, 230,
    233, 247, 312, 326 f., 337, 361, 371,
    400, 448, 479, 543–547, 560, 564,
    568, 576, 591, 596
Kollontai, Michail gen. Mischa 24–28,
    33, 59, 61, 74, 545, 547
Kollontai, Wladimir 25 ff.
Kollwitz, Käthe 514
Koonz, Claudia 511
Koopmann, Helen 528
Korherr, Richard 262
Kracauer, Siegfried 476
Krassikow, Pjotr A. 102
Kraus, Herbert 466
Krause, Karl Christian Friedrich 337
Kropotkin, Pjotr 349
Krupskaja, Nadja 54, 56, 83 f., 97, 557
Kurski, Dmitri 101 f., 105

L

Lago, Manuela 369
Langen, Rudolf 496 f.
Lannon, Frances 331 f., 389, 423
Laurenti, Camillo Kardinal 249, 336
Le Play, Frédéric 353

Lebedew, Wladimir 79
Ledóchowski, Wladimir 384
Lee, Laurie 343 f.
Lenin, Wladimir Iljitsch 16, 24, 28, 33, 54–62, 67 f., 71, 74–84, 87, 97, 113 f., 204, 217, 226, 230, 312, 373, 399, 448, 508, 512, 543 f., 549, 557, 570, 603
Leo XII. 250
Leo XIII. 248, 333
Lessona, Alessandro 302
Levi, Carlo 300
Lewin, Moshe 555
Lewy, Guenter 530
Ley, Robert 354, 513
Liebknecht, Karl 457
Lissitzky, Eliezer »El« 79
List, Gustav 226
Lister, Enrique 406
Ljubimowa, Serafima 108
Llamas, Manuel 365
Loffredo, Ferdinando 275
López, María Carmen 378
López, Pepa 378, 594
Loren, Sofia 283
Lorentsson, Emy 547
Lorenz, Walter 479
Ludwig, Emil 215
Lütfü, Corinne 153
Luther, Martin 463, 498
Luxemburg, Rosa 28, 457

M

Maar, Dora 413
Maccari, Mino 253
Majakowski, Wladimir 78
Makal, Mahmut 191
Makarenko, Anton 479, 579
Malefakis, Edward 364

Malewitsch, Kasimir 79, 80, 161, 580
Mally, Lynn 79
Maltoni, Maria 239 f.
Mañé, Teresa 351
Marcuse, Herbert 536
Mardin, Şerif 181, 200
Marichal, Juan 317
Marinetti, Ala 219 f.
Marinetti, Amalia 207, 209
Marinetti, Enrico 207, 209
Marinetti, Filippo Tommaso 16, 207–222, 228, 230, 244, 255 f., 259, 274, 278, 279, 301, 308 ff., 313, 341, 363, 386 f., 434, 442, 448
Marinetti, Leone 209
Marinetti, Luce 219
Marinetti, Vittoria 219
Martí Ibáñez, Félix 407
Martín, Lázaro 382
Marx, Karl 27, 30, 39, 51–54, 99, 141, 349, 436
Masaccio 260
Mason, Tim 476, 511, 512
Maura, Miguel 331
Maura, Romero 363
Mawdsley, Ewan 69
Mazhar, Hasan 157
McDonogh, Gary Wray 352
Mehmed VI. Vahideddin 170 f.
Meissner, Hans-Otto 444 f.
Melnikow, Konstantin 17, 562, 563
Merridale, Catherine 67
Mestres, Joan 379 f.
Metternich, Paul 156
Miaja, José 401
Midhat Paşa 126
Mill, John Stuart 66, 209
Miller, Alice 410, 412, 460 f.
Mintz, Jerome 350, 365

Personenregister

Miró, Joan 410
Mommsen, Hans 522
Montagu, Mary Wortley 138
Montseny, Federica 370 f.
Montseny, Juan 351
Morán Bayo, Juan 328
Moreno Ardanuy, Félix 394 ff.
Morgan, Lewis Henry 52
Morosow, Pawel gen. Pawlik 572 f., 577
Mount, Ferdinand 594
Mozart, Wolfgang Amadeus 517
Muchina, Vera 582
Murad IV. 138
Mussolini Ciano, Edda 245, 257, 292
Mussolini, Alessandro 194
Mussolini, Arnaldo 215 f.
Mussolini, Benito 16, 170, 180, 194, 197, 215–223, 242–246, 251 f., 255–267, 271, 274, 279–282, 285, 287, 289–301, 306, 310–313, 386, 390, 392, 448, 451, 456, 487, 516 f., 525, 548, 598, 601 f.
Mussolini, Bruno 245 f.
Mussolini, Edda 245, 297, 451
Mussolini, Guidi 243
Mussolini, Rachele 243 ff., 279, 297

N

Nazif, Süleyman 163 f.
Nelken, Carmen Eva 325
Nelken, Magda 326, 399, 401, 418
Nelken, Margarita 16, 325–329, 332, 340, 365, 393, 399–402, 417 f., 427, 429 f., 458, 547
Nichols, Peter 347
Niemöller, Martin 456
Nilsson, Ada 546
Novelli, Cecilia Dau 251
Nurretin Paşa 168 f.

O

Onaindía, Alberto 409
Orwell, George 115, 402, 593
Owen, Wilfred 48

P

Pamiès, Teresa 414
Paúl Nelken, Santiago de 326, 399 f., 417
Paul y de Martín Barbadillo, Martín de 326, 401
Pavolini, Alessandro 308
Paxton, Robert 242
Pazzagli, Carlo 236
Pécheux d'Herbenville, Elisabeth
 Siehe Armand, Inessa 55
Penrose, Roland 413
Pereja, Pepe 350
Pérez Cordón, Miguel 370
Petacci, Claretta 243 f., 312
Peukert, Detlev 484, 513
Picasso, Maïa 413
Picasso, María 410
Picasso, Olga 413
Picasso, Pablo 18, 342, 402, 410–413, 429, 514, 581
Pine, Lisa 507
Pisanelli, Giuseppe 278
Pitt Rivers, Julian 366
Pius IX. 208
Pius XI. 249 ff., 279–282, 298 f., 334 f., 348, 384, 425 ff., 499 f., 603
Pius XII. 249, 389, 603
Pla y Deniel, Enrique 385
Polo de Franco, María del Carmen 194, 390
Polo de Franco, Carmen 391
Pölzl, Johanna 460

Pölzl, Klara *Siehe* Hitler, Klara 460
Portillo Pérez, Justino 377
Portillo Pérez, Luis 377, 379
Portillo, Michael 377
Prat de la Riba, Enric 353 f.
Preobraschenski, Jewgeni 77, 230
Preston, Paul 329 f., 401
Prieto Carrasco, Casto 376
Primo de Rivera, José Antonio 385, 388
Primo de Rivera, Miguel 318, 376, 403, 425
Primo de Rivera, Pilar 385
Puschkin, Alexander 36

Q
Quandt, Günther 444 ff., 451
Quandt, Harald 445, 447, 505, 523, 532 f.
Quandt, Magda *Siehe* Goebbels, Magda 444
Queipo de Llano, Gonzalo 393

R
Raguer, Hilari 336
Ranzato, Gabriele 405
Rauschning, Hermann 512
Reed, John 60, 201
Reher, David 346, 383
Repond, André 245
Ricci, Renato 286
Riefenstahl, Leni 490, 516
Riego, Rafael del 317
Riehl, Wilhelm Heinrich 464, 491
Ríos, Fernando de los 336 f., 344
Ritschel, Oskar 444, 446
Rivera, Diego 326
Rıza, Ali 143, 461
Rocco, Alfredo 276–281, 310

Röhm, Ernst 459, 486
Rojas, Manuel 369
Román, Victoria 318 f.
Römer, Willy 304, 474 f., 477 f.
Romita, Alberto 298
Rommel, Erwin 449
Rosales, Luis 395
Rosenberg, Alfred 505
Rosmini, Antonio 248, 501
Rossel, Maurice 531
Rossi, Ernesto 282
Rossini, Gioachino 352
Rousseau, Jean-Jacques 134
Rowbotham, Sheila 15
Roxelane (Hürrem Sultan) 134
Royo, Macario 382
Rykow, Alexei Iwanowitsch 554

S
Şakir, Bahattin 162
Sabartés, Jaime 411
Sadoul, Jacques 60
Sadreddin Efendi 182
Sáenz de Tejada, Carlos 386
Said (Scheich) 172, 202
Salvador, Santiago 352
Salvemini, Gaetano 267
Samochwalow, Alexander N. 580
Sánchez Saornil, Lucía 370
Sanders, Otto Liman von 153
Sarfatti, Margherita 243, 259, 260
Sarfatti, Michele 306
Sbriccoli, Mario 277
Schadijewa, Todschichon 110
Schadurskaja, Soja 24, 26, 28, 59, 61
Schiller, Friedrich 440
Schirach, Baldur von 505
Schlemmer, Eva *Siehe* Klemperer, Eva 534

Schmied, Wieland 215, 513
Scholtz-Klink, Gertrud 511
Schostakowitsch, Dmitri 574
Schubert, Franz 517
Schucht, Eugenia 231 f.
Schucht, Julca 232 f., 235
Schucht, Tatjana (Tania) 235
Schura *Siehe* Kollontai, Alexandra 23
Scialoja, Vittorio 276
Sciascia, Leonardo 307
Scola, Ettore 283, 293
Seeberg, Reinhold 472
Seguí, Salvador 363
Segura y Sáenz, Pedro Kardinal 334 ff., 427
Serge, Victor 356, 363
Sert, Josep Lluís 410
Shakespeare, William 124, 339
Shanin, Theodor 98
Shelley, Percy Bysshe 317
Silva Cruz, María 368 ff.
Sinowjew, Grigori 231, 544
Sironi, Mario 18, 242, 258 ff., 293, 313, 412 f., 516
Sironi, Rossana 260
Smidowitsch, Sofia 105
Sophokles 247, 599
Soyak, Hasan Rıza 197
Spackman, Barbara 213, 255
Spengler, Oswald 262, 435
Stalin, Josef 16, 43, 65, 157, 193, 259, 390, 543–554, 561, 563, 567 ff., 575–579, 586, 591, 594, 598
Stalin, Wassili 549, 551
Stassowa, Jelena 399
Stendhal 134
Stierlin, Helm 461
Stirling, Paul 188 f., 191

Stites, Richard 28
Stolypin, Pjotr 39, 98
Süha, Hakkı 163
Süleyman I. 134
Swanidse, Alexander 551
Swanidse, Jekaterina Semjonowna (Kato) 549, 551
Swerdlow, Grigori M. 591

T

Talât, Mehmed 146, 152, 156 f., 162, 201
Tardini, Domenico 299
Tatlin, Wladimir 79, 80
Therborn, Göran 113
Theweleit, Klaus 457 ff.
Thorak, Josef 582
Timaschew, Nikolaj 576
Titmuss, Richard 470
Tönnies, Ferdinand 146
Tooze, Adam 453
Torre, Matilde de la 402
Traverso, Enzo 583
Troeltsch, Ernst 500, 536
Trotzki, Leo 62, 87, 95 ff., 105, 112, 537, 544
Tschernyschewski, Nikolai 32, 560
Tucker, Robert 545
Turati, Augusto 289
Turgenjew, Iwan 25, 26

U

Uşaki, Lâtife 195 f., 462
Ugarte, Eduardo 341
Umar al-Muchtar 269 f.
Unamuno, Miguel de 396
Usborne, Cornelie 482 f.

V

Vartan Paşa 142
Venè, Gian Franco 291
Vidal y Barraquer, Francesc d'Assís Kardinal 334, 427
Viktor Emanuel II. 297
Viktor Emanuel III. 280
Vilar, Pierre 373
Vincent, Mary 386, 389

W

Wagner, Cosima 438
Wagner, Richard 438 f.
Wagner, Winifred 438, 449
Walter, Marie-Thérèse 413
Waters, Elizabeth 32

Weber-Kellermann, Ingeborg 463, 501
Werth, Nicolas 568 f., 602
Wessel, Horst 442 f., 600
Wichern, Johann Hinrich 472
Wicksteed, Alan 564 f.
Winter, Jay 50
Wissel, Adolf 515

Z

Zeki, Salih 123 ff.
Zelmerowski, Lew 571
Zetkin, Clara 76
Zingali, Gaetano 274
Zola, Émile 360
Zübeyde Hanım 193 f., 461

Bildnachweise

EINS

S. 29   Foto RIA Novosti / Archivi Alinari
S. 55   Foto RIA Novosti / Archivi Alinari
S. 93   Iswestija, Nr. 39, 17.2.1926, S. 3

ZWEI

S. 122   Austin (Texas), Perry-Castañeda Library, University of Texas Libraries
S. 145   Collezione Engin Çizgen
S. 198   Foto Photo12 / Olycom

DREI

S. 221   Foto Giovanni Giovannetti / Olycom
S. 222   Foto Raccolte Museali Fratelli Alinari (RMFA), Firenze
S. 234   Roma, Fondazione Istituto Gramsci Archivio Antonio Gramscí
S. 237   Foto Raccolte Museali Fratelli Alinari (RMFA), Firenze
S. 244   Foto Röhnert / Ullstein Bild / Archivi Alinari
S. 253   © SIAE 2013
S. 269   Foto Archivio Storico Luce
S. 285   Foto Raccolte Museali Fratelli Alinari (RMFA), Archivio Villani, Firenze
S. 288   Enit, Foto Touring Club Italiano / Gestione Archivi Alinari
S. 297   Foto Archivi Farabola

VIER

S. 355   Foto Prisma Archivio / Leemage / Mondadori Portfolio
S. 391   Foto Rue des Archives / Tips Images
S. 394   Foto Agencia EFE / Ansa

S. 408 Foto © Robert Capa / International Center of Photography / Magnum / Contrasto
S. 416 Foto Rue des Archives / Tips Images
S. 421 Foto Agencia EFE / Ansa

FÜNF

S. 447 Foto Scherl / Süddeutsche Zeitung / Archivi Alinari
S. 448 Foto Scherl / Süddeutsche Zeitung / Archivi Alinari
S. 474 © 2013, Foto Willy Römer / BPK, Bildagentur für Kunst, Kultur und Geschichte, Berlin / Scala, Firenze
S. 475 © 2013, Foto Willy Römer / BPK, Bildagentur für Kunst, Kultur und Geschichte, Berlin / Scala, Firenze
S. 478 © 2013, Foto Willy Römer / BPK, Bildagentur für Kunst, Kultur und Geschichte, Berlin / Scala, Firenze
S. 485 Foto Scherl / Süddeutsche Zeitung / Archivi Alinari
S. 492 Foto Ullstein Bild / Archivi Alinari
S. 506 © 2013, Foto Archiv Mehr / BPK, Bildagentur für Kunst, Kultur und Geschichte, Berlin / Scala, Firenze
S. 529 Foto Stringer / AFP / Getty Images
S. 535 Foto Fred Ramage / Stringer / Hulton Archive / Getty Images

SECHS

S. 551 Foto Laski Diffusion / Hulton Archive / Getty Images
S. 565 Foto Planet News Archive / SSPL / Getty Images
S. 566 Foto Akg Images / Mondadori Portfolio
S. 581 Foto Rue des Archives / Tips Images
S. 588 Foto Sovfoto / Universal Images Group / Getty Images

FARBIGE BILDTAFELN

I.   Zeki Faik İzer, *Der Weg der Revolution*, 1933
     Istanbul, Gemälde- und Skulpturenmuseum, Mimar-Sinan-Universität der schönen Künste
II. Arshile Gorky, *Der Künstler und seine Mutter*, Öl auf Leinwand, 1926–1936
     New York, Whitney Museum of American Art (© 2013, Foto DeAgostini Picture Library / Scala, Firenze) © SIAE 2013
III. Mario Biazzi, *Ascoltazione del discorso del Duce*, Öl auf Leinwand, 1939
     Privatsammlung
IV. Mario Sironi, *Periferia*, Öl auf Leinwand, 1922–1927

Bildnachweise

V. Berlin, Nationalgalerie (© 2013, Foto Jürgen Liepe / Foto BPK, Bildagentur für Kunst, Kultur und Geschichte, Berlin / Scala, Firenze) © SIAE 2013
Mario Sironi, *La famiglia*, Öl auf Leinwand, 1932
Milano, Villa Necchi Campiglio (Foto Giorgio Majno, 2008 / mit frdl. Genehmigung des FAI-Fondo Ambiente Italiano) © SIAE 2013
VI.– Pablo Picasso, *Guernica* (Detail), Öl auf Leinwand, 1937
VII. Madrid, Museo Nacional, Centro de Arte Reina Sofía (Foto Leemage / Mondadori Portfolio) © Succession Picasso / SIAE 2013
VIII. Carlos Sáenz de Tejada, Propaganda-Plakat
Foto Prisma Archivio
IX. George Grosz, *Die Stützen der Gesellschaft*, Öl auf Leinwand, 1926
Berlin, Nationalgalerie (© 2013, Foto Jörg P. Anders / BPK, Bildagentur für Kunst, Kultur und Geschichte, Berlin / Scala, Firenze) © SIAE 2013
X. René Ahrlé, NS-Propaganda-Plakat
Foto Bundesarchiv, Berlin
XI. Max Beckmann, *Familienbild*, Öl auf Leinwand, 1920
New York, Museum of Modern Art (© 2013, Digital image, The Museum of Modern Art, New York / Scala, Firenze) © SIAE 2013
XII. Adolf Wissel, *Kalenberger Bauernfamilie*, Öl auf Leinwand, 1939
München, Oberfinanzdirektion (Foto Giraudon / The Bridgeman Art Library / Archivi Alinari)
XIII. Josef Thorak, *Familie*, Weltausstellung in Paris, 1937, deutscher Pavillon (Foto Akg Images / Mondadori Portfolio)
XIV. Vera Muchina, *Der Arbeiter und die Kolchosbäuerin*, Weltausstellung in Paris, 1937, sowjetischer Pavillon
(Foto Planet News Archive / SSPL / Getty Images)
XV. Vera A. Gicevič, *Der Kampf für eine hochwertige Ernährung für alle ist integraler Bestandteil des Kampfes für den Wirtschaftsplan. Helft bei der Einrichtung von öffentlichen Kantinen!*, Propaganda-Plakat, 1932
XVI. Alexander N. Samochwalow, *Der militarisierte Komsomol*, Öl auf Leinwand, 1932 / 33
St. Petersburg, Russisches Museum